westermann

Autoren: Stephan Bäcker, Dr. Gerhard Eurich, Monika Horn, Andreas Nöthling,
Arno Platz

Herausgeber: Dr. Gerhard Eurich

Erfolgreich handeln und verkaufen in Tourismus- und Reiseunternehmen

7. Auflage

Bestellnummer 222251

Zusatzmaterialien zu „Erfolgreich handeln und verkaufen in Tourismus- und Reiseunternehmen“

Für Lehrerinnen und Lehrer

Lösungen: 978-3-14-222254-7
Lösungen Download: 978-3-14-104935-0

BiBox westermann inkl. E-Book

BiBox Einzellizenz für Lehrer/-innen (Dauerlizenz): 978-3-14-103580-3
BiBox Kollegiumslizenz für Lehrer/-innen (Dauerlizenz): 978-3-14-103709-8
BiBox Kollegiumslizenz für Lehrer/-innen (1 Schuljahr): 978-3-14-107518-2

Für Schülerinnen und Schüler

BiBox westermann inkl. E-Book

BiBox Einzellizenz für Schüler/-innen (1 Schuljahr): 978-3-14-222257-8
BiBox Klassensatz PrintPlus (1 Schuljahr): 978-3-427-81560-0

westermann GRUPPE

Druck und Bindung: Westermann Druck GmbH, Georg-Westermann-Allee 66, 38104 Braunschweig

ISBN 978-3-14-222251-6

Vorwort

Liebe Auszubildende, Ausbilderinnen und Ausbilder, liebe Kolleginnen und Kollegen,

als die Neuauflage des Buches geplant wurde, wusste noch niemand, welch dramatische Auswirkungen die Corona-Pandemie vor allem für den Reiseverkehr/Tourismus haben würde. In deren Folge sind die Umsätze der Veranstalter, Reisebüros, Fluggesellschaften und Hotels um zum Teil mehr als 80 % eingebrochen. Die Folge waren Kurzarbeit sowie Entlassungen für die Beschäftigten und Überbrückungshilfen des Staates, die oft genug spät kamen und unzureichend waren.

Daher ist es nicht verwunderlich, dass die Zahlen der Auszubildenden 2020 massiv einbrachen und sich auch 2021 nur geringfügig erholten, obwohl im Sommer 2021 die Buchungen von Reisen deutlich anzogen und in einzelnen Bereichen sogar das Vorkrisenniveau übertrafen. Jedoch können daraus noch keine Schlussfolgerungen gezogen werden, dass alles wieder wie vor der Corona-Pandemie wird, zumal immer wieder Mutationen des Virus auftauchen und potenzielle Zielgebiete mit der Schließung bedrohen. Hinzu kommt die unsichere, krisenhafte Entwicklung im Zuge des Ukraine-Krieges im Frühjahr 2022.

Gleichwohl hat der Verlag entschieden, eine Neuauflage 2022 herauszugeben, in der allfällige Änderungen, zum Teil auch Aktualisierungen, vor allem im allgemeinen Bereich (der Lernfelder 1 oder 12), berücksichtigt werden. Alle Angaben zu Tarifen, Fahrzeiten, Konditionen usw. sind auf dem Stand vom Januar 2022. Allerdings werden alle Zahlen aus dem Bereich der Reiseveranstalter und -mittler, Airlines, Hotels auf dem Niveau von 2019 eingefroren und bei der nächsten Auflage aktualisiert.

Die Auswahl der Inhalte haben wir am aktuellen, kompetenzorientierten KMK-Rahmenlehrplan für Tourismuskaufleute orientiert. Auch die Vorgaben aus dem AKA-Prüfungskatalog wurden berücksichtigt. Somit ist das Buch der ideale Lernbegleiter bis zur Abschlussprüfung.

Nach jedem Kapitel sollen, soweit sinnvoll, Situationsaufgaben die Auszubildenden an umfassendere Bearbeitungen heranführen. Danach folgen gewöhnliche Aufgabenstellungen. Weitere, ergänzende Aufgaben haben wir auf eine Onlinequelle des Verlags (BPW) ausgelagert.

Um das Buch weiter verbessern zu können, freuen wir uns auf Ihre konstruktiven, kritischen Anmerkungen.

Die Verfasser

LF 1 ← Die eigene Rolle im Unternehmen selbstverantwortlich mitgestalten

Arbeitsplatz einrichten und Abläufe organisieren → LF 2

Rahmenbedingungen touristischer Dienstleistungen analysieren → LF 3

Veranstalterreisen vermitteln LF 7

Reiseleistungen für Privat- und Geschäftsreisende vermitteln und organisieren → LF 8

LF 9 ← Eigenveranstaltungen entwickeln

LF 10 ← Eigenveranstaltungen vermarkten und auswerten

Unternehmerisches Handeln mitgestalten → LF 12

LF 13 Projekte planen, durchführen und auswerten

Die eigene Rolle im Unternehmen selbstverantwortlich mitgestalten

1 Berufsausbildung

Tourismuskauffrau/-mann gesucht

Wir suchen ab sofort für unser Büro eine/-n Tourismuskaufmann/-frau, Schwerpunkt Touristik. Wir erwarten Kenntnisse bei Touristik/TUI, Amadeus, PC, Office/Büroprogramm, Internet; Basiskenntnisse IATA sind wünschenswert. Ihre Aufgaben werden das Organisieren und Vermitteln von Reisen, eine professionelle Kundenberatung und das Zusammenstellen von Angeboten sein. Abgeschlossene Berufsausbildung, Serviceorientierung und Abschlusssicherheit sind uns wichtig. Sie sollten flexibel, kundenorientiert und freundlich sein und ein gepflegtes Erscheinungsbild mitbringen.

Sie erreichen uns unter: Adresse; schriftliche Bewerbung (Brief oder E-Mail) erbeten.

So oder ähnlich könnte eine Anzeige lauten, wenn Sie sich nach Ihrer Ausbildung nach einer geeigneten Stelle umsehen. Allerdings werden in letzter Zeit, auch im Zusammenhang mit Homeoffice und Videokonferenzen, verstärkt digitale Instrumente der Mitarbeitergewinnung – oft mit eigens dafür entwickelten Tools (oder auch über soziale Medien wie Facebook oder Instagram etc.) – eingesetzt und schriftliche Bewerbungen immer mehr in den Hintergrund gedrängt.

Bis zur Jobsuche ist es noch ein langer Weg, den es zu bewältigen gilt. Dieser Weg, Ihre Berufsausbildung, ist durch verschiedene Gesetze und Rechtsvorschriften ordnungsgemäß geregelt.

! **Ihre Ausbildung erfolgt im System der dualen Berufsausbildung.**

1.1 Rechtsvorschriften

Die folgenden Rechtsvorschriften regeln den Verlauf Ihrer Ausbildung, deren Inhalte, die Prüfungen und legen die Rechte und Pflichten von Auszubildenden und Ausbildern fest.

§ **Das Berufsbildungsgesetz (BBiG)**

Rechtsgrundlage für die Berufsausbildung ist das seit dem Jahr 1969 in Kraft befindliche **Berufsbildungsgesetz (BBiG).** In ihm werden die Zuständigkeit für die Berufsausbildung, die Einzelvorschriften für die Inhalte des Berufsausbildungsvertrages, die Ausbildungsordnung, die Prüfungsmodalitäten, die Berufsfortbildung und Umschulung sowie die Überwachung der Berufsausbildung geregelt.

Das Berufsbildungsgesetz, die Ausbildungsordnung, den Rahmenlehrplan und die Verordnung über die Berufsausbildung finden Sie auch im Internet unter www.bibb.de oder www.kmk.org.

Das **Berufsbildungsgesetz (BBiG)** bestimmt u. a., dass die Berufsausbildung an den Lernorten **Betrieb und Berufsschule** durchzuführen ist. Entsprechend werden überwiegend **praktische** und **berufsbezogene Ausbildungsinhalte** nach den Vorgaben des Ausbildungsrahmenplans im Betrieb erworben. Die Berufsschule vermittelt dominant **theoretische, berufsbezogene und berufsübergreifende Lerninhalte.** Grundlage hierfür ist der von der Konferenz der Kultusminister (KMK) erarbeitete **Rahmenlehrplan.** Die Lernorte Betrieb und Berufsschule sind zur Zusammenarbeit verpflichtet. Daraus resultiert, dass die Zwischen- und Abschlussprüfung sowohl Lerninhalte der praktischen betrieblichen als auch der theoretischen schulischen Ausbildung enthält.

Eine Zusammenarbeit der beiden Lernorte kommt u. a. durch folgende Pflichten zum Ausdruck:

» Urlaub soll grundsätzlich während der Schulferien vom Ausbilder gewährt werden.
» Urlaub für überbetriebliche Ausbildungsmaßnahmen bedarf des Einvernehmens mit dem Schulleiter, soweit sie den Berufsschulunterricht tangieren.
» Krankmeldungen, die den Berufsschulbesuch betreffen, sind an den Betrieb und die Berufsschule zu richten.
» Die Berufsschule hat den Betrieb über schulische Fehlzeiten zu unterrichten.
» Berufsschulzeugnisse sind vom Ausbilder zu unterzeichnen.

§

Die Funktion der Kammern (Handwerks- oder Handelskammer) im Rahmen der dualen Ausbildung

Das BBiG weist der IHK die Zuständigkeit für die Ausbildungsberufe zu. Sie ist die repräsentative Vertretung aller Gewerbetreibenden. Sie dient der gemeinsamen Interessenvertretung der Wirtschaft gegenüber der Politik und anderen Institutionen. Die IHK nimmt in der Berufsbildung die Zwischen- und Abschlussprüfungen vor. Dazu erlässt sie die Prüfungsordnungen und errichtet Prüfungsausschüsse. Die IHK trägt maßgebliche Verantwortung in der Berufsausbildung: Im Rahmen der Gesetze definiert sie die notwendigen Regelungen und überwacht deren Durchführung, z. B. die Eignung der Ausbilder und der Ausbildungsstätten. Sie registriert die Ausbildungsverträge und berät Auszubildende und Ausbilder und ihre anderen Mitglieder. Sie ist in Kapitel 4.1 nochmals beschrieben.

»

Die Ausbildungsordnung

Die Ausbildung in den verschiedenen Ausbildungsberufen wird durch die **Ausbildungsordnung** geregelt. Sie legt die Kenntnisse und Fertigkeiten fest, die Gegenstand der Ausbildung sind, also das genaue Ausbildungsberufsbild.

Der Ausbildungsrahmenplan

Der **Ausbildungsrahmenplan** enthält Anleitungen zur **sachlichen und zeitlichen** Gliederung der zu vermittelnden Fertigkeiten und Kenntnisse. Basierend auf den gültigen Rahmenlehrplänen legen diese den Umfang der zu beherrschenden Kenntnisse und Fertigkeiten für die Zwischen- und Abschlussprüfungen fest.

1.2 Ausbildungsvertrag und Jugendarbeitsschutz

Der Ausbildungsvertrag ist eine schriftliche Vereinbarung zwischen Ausbildendem (Betrieb) und Auszubildendem, in der die Rechte und Pflichten festgelegt sind. Für Minderjährige gilt zudem das Jugendarbeitsschutzgesetz.

Ausbildungsvertrag

Zustandekommen

- Vertragspartner: Ausbildender und Auszubildender (bei Minderjährigen: gesetzlicher Vertreter)
- Eintragung: in das Verzeichnis der Ausbildungsverhältnisse bei der zuständigen Kammer (z. B. IHK)
- Formvorschrift: keine; jedoch müssen wesentliche Inhalte schriftlich festgehalten werden (§ 4 BBIG)

- Art, Gliederung und Ziel der Ausbildung (Ausbildungsberuf, Ausbildungsplan)
- Beginn und Dauer der Ausbildung i. d. R. Beginn am 01.09., Dauer i. d. R. drei Jahre, aber auch als zeitlich gestreckte Teilzeitausbildung möglich; unter Umständen auch Verkürzung bzw. Verlängerung bei Übereinstimmung der Vertragspartner)
- Ausbildungsmaßnahmen außerhalb der Ausbildungsstätte (z. B. Seminar oder auch im Ausland)

- Dauer der täglichen Arbeitszeit
- Probezeit (zwischen ein und vier Monaten)
- Zahlung und Höhe der Vergütung (gestaffelt nach jährlicher Steigerung), jetzt mit Mindestvergütung von 585,00 € (2022) und 620,00 € (2023))
- Dauer des Urlaubs
- Kündigungsmöglichkeiten

Rechte und Pflichten

Pflichten des Auszubildenden
(= Rechte des Ausbildenden)

- Lern-/Dienstleistungspflicht
  - Weisungen befolgen
  - Weisungen sorgfältig ausführen
  - Berufsschulpflicht nachkommen
  - Berichtsheft führen
- Einhaltung der betrieblichen Ordnung
  - Einrichtungen pfleglich behandeln
  - „Kleiderordnung“ einhalten
- Wahrung von Geschäftsgeheimnissen (z. B. Bezugsquellen, Preiskalkulationen)

Pflichten des Ausbildenden
(= Rechte des Auszubildenden)

- korrekte Durchführung der Ausbildung
  - keine „ausbildungsfremden“ Tätigkeiten fordern
  - geeignete Ausbilder auswählen
  - kostenlose Ausbildungsmittel bereitstellen
  - Besuch der Berufsschule ermöglichen
- Sorgepflicht
  - Arbeitsschutz einhalten
  - Vergütung zahlen
  - Urlaub gewähren
- nach Beendigung der Ausbildung Zeugnis erstellen

Beendigung des Ausbildungsverhältnisses	
mit bestandener Abschlussprüfung	Entscheidend ist die Bekanntgabe des Ergebnisses durch den Prüfungsausschuss, ansonsten das Datum laut Ausbildungsvertrag (bei Nichtbestehen: auf Antrag des Auszubildenden Verlängerung bis zur nächsten Prüfung, höchstens um ein Jahr).
durch Kündigung (Formvorschrift: schriftlich)	während der Probezeit: jederzeit von beiden Seiten ohne Angabe von Gründen möglich nach der Probezeit: › vom Auszubildenden: mit Kündigungsfrist von vier Wochen, wenn ein anderer Beruf angestrebt wird oder die Ausbildung aufgegeben wird › von beiden Seiten: ohne Einhalten einer Frist bei einem **„wichtigen** Grund" nur innerhalb von zwei Wochen nach Bekanntwerden des Grundes (§ 22, Abs. 2 BBiG).

Vor allem für die **minderjährigen** Auszubildenden spielen auch die Vorschriften des Jugendarbeitsschutzgesetzes eine wichtige Rolle und werden deshalb nachfolgend dargestellt (im Kapitel 2.5 nur zusammenfassend).

Wichtige Vorschriften des Jugendarbeitsschutzgesetzes	
Grundlegendes	» geschützter Personenkreis: – **Kinder** (Personen, die noch nicht 15 Jahre alt sind) – **Jugendliche** (Personen, die 15 Jahre, aber **noch nicht 18 Jahre** alt sind) » überwachende Behörde ist das Gewerbeaufsichtsamt » Kinderarbeit (Ausnahmen u. a. für Theater- und Musikaufführungen) und Akkordarbeit sind für Jugendliche verboten. » Züchtigungsverbot
Arbeitszeit	» **täglich maximal 8 Stunden** (bzw. 8 1/2 Stunden, wenn an einem anderen Wochentag die Mehrstunden abgegolten werden) » **wöchentlich maximal 40 Stunden** i. d. R. an fünf Tagen (Ausnahmen) » an Samstagen, Sonn- und Feiertagen keine Beschäftigung; Ausnahmen für die Samstagsbeschäftigung (u. a. in Betrieben mit offenen Verkaufsstellen wie Reisebüros) sind zulässig » Schichtzeit ist die Arbeitszeit inkl. Ruhepausen: maximal 10 Stunden » tägliche Freizeit: mindestens **12 Stunden** zwischen Arbeitsende und Arbeitsbeginn am nächsten Tag Für **volljährige** Auszubildende nach dem ArbZG (vgl. § 3): » Die werktägliche Arbeitszeit darf grundsätzlich 8 Stunden nicht überschreiten. » Sie kann auf bis zu 10 Stunden verlängert werden, wenn innerhalb von 6 Kalendermonaten oder innerhalb von 24 Wochen im Durchschnitt 8 Stunden gearbeitet werden.
Ruhepausen	mindestens 15 Minuten, frühestens eine Stunde nach Arbeitsbeginn und eine Stunde vor Arbeitsende » bei einer täglichen Arbeitszeit von 4 1/2 bis 6 Stunden insgesamt mindestens 30 Minuten » bei einer täglichen Arbeitszeit von **über 6 Stunden insgesamt mindestens 60 Minuten**

Wichtige Vorschriften des Jugendarbeitsschutzgesetzes		
Nachtruhe	» Beschäftigung i.d.R. an fünf Tagen außer Sams- oder Sonntagen nur **zwischen 6 und 20 Uhr** » Ausnahmen: z. B. im Gaststättengewerbe bis 22 Uhr, in Bäckereien ab 5 Uhr, in mehrschichtigen Betrieben bis 23 Uhr	
Urlaub	» für Jugendliche abhängig vom Alter zu Beginn des Kalenderjahres » **30** Werktage für **15**-Jährige » **27** Werktage für **16**-Jährige » **25** Werktage für **17**-Jährige » wenn außerhalb der Berufsschulferien: für jeden Berufsschultag ein zusätzlicher Urlaubstag	
Berufsschule	» Freistellungsanspruch für den (auch virtuellen) Berufsschulunterricht und auch des volljährigen Auszubildenden am Tag vor der schriftlichen Abschlussprüfung » Fortzahlung des Arbeitsentgelts für die Zeit, die in der Berufsschule verbracht wird » keine Beschäftigung an einem Berufsschultag in der Woche bei mehr als 5 Unterrichtsstunden oder bei Blockunterricht von mindestens 25 Unterrichtsstunden (allerdings sind wöchentlich zwei Stunden zusätzlich für Ausbildungsveranstaltungen zulässig) oder bei vor 9 Uhr beginnendem Unterricht (gilt **auch für volljährige** Auszubildende) » Bei zwei Berufsschultagen in der Woche muss der Auszubildende an einem Tag nach Wahl des Ausbildungsbetriebs wieder in den Betrieb zurückkehren. » Pausen während der Berufsschule = Arbeitszeit (gilt auch für Volljährige) » Wegezeit von Schule zu Betrieb oder umgekehrt = Arbeitszeit (gilt auch für Volljährige).	
Einstellungsuntersuchung	» **Erstuntersuchung:** innerhalb der letzten 14 Monate vor Beginn der Ausbildung oder unmittelbar davor » **Nachuntersuchung:** 1 Jahr nach Beginn der Ausbildung	
Kündigungsschutz	**Kündigung durch Arbeitgeber** » während der Probezeit (1–4 Monate) – jederzeit zu einem gewählten Termin (§ 15 Abs. 1 BBiG) – Schriftform (§ 15 Abs. 3 BBiG) » nach der Probezeit – nur aus wichtigem Grund – binnen zwei Wochen nach Bekanntwerden des Grundes (§ 15 Abs. 2 BBiG) ...	**Kündigung durch Auszubildenden** » während der Probezeit (1–4 Monate) – jederzeit zu einem gewählten Termin (§ 15 Abs. 1 BBiG) – Schriftform (§ 15 Abs. 3 BBiG) » nach der Probezeit – nur aus wichtigem Grund – binnen zwei Wochen nach Bekanntwerden des Grundes (§ 15 Abs. 2 BBiG) – Beendigung der Berufsausbildung (Kündigungsfrist vier Wochen) – strebt anderen Berufswunsch an

1.3 Ausbildungsinhalte

Die vorgestellten Rechtsvorschriften bestimmen die Inhalte Ihrer Ausbildung. Tourismuskaufleute organisieren und vermitteln Privat- und Geschäftsreisen, im Unterschied zu den Kaufleuten für Tourismus und Freizeit.

Die Vermittlung von Reisen erfordert viele verschiedene Fähigkeiten (z. B. kommunikative Fähigkeiten) aus unterschiedlichen Fachgebieten (z. B. Destinationswissen). Während der Ausbildungszeit sollen Sie erlernen, berufsbezogene Probleme zielorientiert, selbstständig handelnd zu lösen. Diese Fähigkeiten bezeichnet man als **Kompetenzen.** Sie sollen Ihnen korrektes und erfolgreiches Handeln in Ihrem späteren Beruf ermöglichen.

Die Berufsausbildung gliedert sich inhaltlich in drei Abschnitte
» Abschnitt A Pflichtqualifikationseinheiten,
» Abschnitt B Wahlqualifikationseinheiten und
» Abschnitt C integrative Fertigkeiten, Kenntnisse und Fähigkeiten.

Abschnitt A **Berufsprofilgebende Fertigkeiten, Kenntnisse und Fähigkeiten**	**Abschnitt B** **Weitere berufsprofilgebende Fertigkeiten, Kenntnisse und Fähigkeiten in einer der Wahlqualifikationen**	**Abschnitt C** **Integrative Fertigkeiten, Kenntnisse und Fähigkeiten**
1. Gestaltung von Produkten und Leistungen: 1.1 Tourismusspezifische Systematik, 1.2 Destinationen, 1.3 Produkte und Leistungen, 1.4 Eigenveranstaltungen, 1.5 Nachhaltigkeit und Umweltaspekte im Tourismus. **2. Touristisches Marketing:** 2.1 Marktanalyse und Marketingmaßnahmen, 2.2 Werbung und Verkaufsförderung, 2.3 Vertriebs- und Absatzkanäle, 2.4 Öffentlichkeitsarbeit. **3. Service und Qualität:** 3.1 Serviceleistungen, 3.2 Qualitätssicherung im Service. **4. Kommunikation, Kundenberatung und Verkauf:** 4.1 Kundenorientierte Kommunikation, Kundenbetreuung, 4.2 Beschwerdemanagement, 4.3 Anwenden einer Fremdsprache bei Fachaufgaben. **5. Rechtliche Grundlagen des Tourismus:** 5.1 Vertragsrecht, 5.2 Reise- und Beförderungsrecht. **6. Kaufmännische Steuerung und Kontrolle:** 6.1 Rechnerische Abwicklung und Zahlungsverkehr, 6.2 Kosten- und Leistungsrechnung, 6.3 Kaufmännische Steuerung, 6.4 Unternehmerisches Handeln.	**1. Reisevermittlung:** 1.1 Vorbereitung und Beratung, 1.2 Verkauf, 1.3 Nachbereitung und Service. **2. Reiseveranstaltung:** 2.1 Vorbereitung und Nachbereitung, 2.2 Leistungseinkauf und Vertragsgestaltung, 2.3 Vertriebsmedien und -kanäle, 2.4 Kundenservice. **3. Geschäftsreisen:** 3.1 Planung und Organisation, 3.2 Reservierung und Buchung, 3.3 Reisekostenabrechnung und Controlling.	**1. Der Ausbildungsbetrieb:** 1.1 Stellung, Rechtsform und Struktur des Ausbildungsbetriebes, 1.2 Berufsbildung, arbeits- und sozialrechtliche Grundlagen, Personalwirtschaft, 1.3 Sicherheit und Gesundheitsschutz bei der Arbeit, 1.4 Umweltschutz. **2. Arbeitsorganisation, Informations- und Kommunikationstechniken:** 2.1 Arbeitsorganisation, 2.2 Informations- und Datenkommunikationstechniken, 2.3 Kommunikation und Kooperation, 2.4 Beschaffung, 2.5 Datenschutz und Datensicherheit.

Quelle: Bundesgesetzblatt Jahrgang 2011 Teil I Nr. 25, Bonn, 30. Mai 2011, S. 953-954. In: https://www.bibb.de/dienst/berufesuche/de/index_berufesuche.php/regulation/tourismuskaufmann.pdf [10.02.2022].

Die Auszubildenden müssen sich für eine der drei Wahlqualifikation unter Abschnitt B der Ausbildungsinhalte entscheiden. Die anderen beiden nicht gewählten Wahlqualifikationen stehen leistungsstarken Auszubildenden als Zusatzqualifikation zur Verfügung. Die über die Ausbildung hinausgehende Qualifikation wird durch eine zusätzliche mündliche Prüfung abgenommen und durch ein Zeugnis bescheinigt.

Zur Ermittlung des Ausbildungsstandes wird eine **Zwischenprüfung** durchgeführt. Sie findet i. d. R. Mitte des zweiten Ausbildungsjahres statt. Am Ende der Ausbildung wird eine **Abschlussprüfung** durchgeführt. Hier müssen die Prüflinge zeigen, dass sie die erforderlichen beruflichen Fertigkeiten beherrschen.

Nach bestandener Abschlussprüfung arbeiten Tourismuskaufleute typischerweise in Reisebüros oder bei Reiseveranstaltern. Sie finden aber auch Tätigkeitsfelder im Geschäftsreise-Management oder sind bei touristischen Leistungsträgern beschäftigt.

Tourismuskaufleute (für Privat- und Geschäftsreisen) sollen über Kompetenzen in folgenden Tätigkeiten verfügen:

- Beratung und Vermittlung oder Verkauf von Veranstalterreisen, individuellen Reisen und Gruppenreisen unter Anwendung der Kenntnisse über Zielgebiete und Leistungsträger im Tourismus
- Planen und Durchführen von Veranstalterreisen, individuellen Reisen und Gruppenreisen oder Organisation und Management von Geschäftsreisen
- Ermittlung und Kalkulation von Preisen, Bearbeitung von Zahlungs- und Abrechnungsvorgängen
- Vermarktung und Verkauf von Produkten, Dienstleistungen und Zusatzleistungen
- Kooperation mit internen und externen Partnern
- Kommunikation auch in einer Fremdsprache
- Koordination der Zusammenarbeit innerhalb der touristischen Wertschöpfungskette
- Entwicklung, Planung und Durchführung von Marketingmaßnahmen
- Ermittlung, Auswertung und Nutzung von Kennzahlen
- Nutzung von Informations-, Kommunikations- und Buchungssystemen
- Berücksichtigung von rechtlichen Rahmenbedingungen und Umweltgesichtspunkten[1]

1.4 Fort- und Weiterbildung

Fort- und Weiterbildungsmöglichkeiten in Ihrem Beruf werden von der IHK sowie privaten und staatlichen Bildungsträgern angeboten.

Weiterbildung beschränkt sich heute oft auf das Nötigste (neue Produkte, Kataloge, VA-News, Tarife). Mehr als ein Drittel der Arbeitszeit wird mit Routineaufgaben verbracht. Notwendig sind in Zukunft Generalisten mit breitem Wissen und generischen Fähigkeiten.
Die Entwicklung der Kompetenzen wird immer mehr zur Privatsache der Kollegen; Motivation und Loyalität sinken.

---

1 Quelle: Bundesinstitut für Berufsbildung: Informationen zu Aus- und Fortbildungsberufen – Tourismuskaufmann (Kaufmann für Privat- und Geschäftsreisen)/Tourismuskauffrau (Kauffrau für Privat- und Geschäftsreisen) (Ausbildung). In: www.bibb.de/dienst/berufesuche/de/index_berufesuche.php/profile/apprenticeship/rer4534 [28.10.2021].

Dabei gibt es jede Menge Angebote:

» **Förderung „WEITER.BILDUNG!":** abhängig von der Anzahl der Mitarbeiter Ersatz von Lehrgangskosten bis zu 100%, Zuschüsse zum Arbeitsentgelt bis zu 100 % (außer bei Bezug von Kurzarbeitergeld) + bis zu 15% jeder Betriebsgröße bei betrieblichen Vereinbarungen und Bedarf
» **Aufstiegs-BAföG** (z. B. Betriebswirt) durch Ämter für Ausbildungsförderung für Lehrgänge über mindestens 400 Stunden für maximal drei Jahre (für Vollzeitunterricht). Für Gebühren bis 15.000,00 € gibt es 50% Zuschuss, den Rest als Darlehen. Ferner gibt es, i.d.R. einkommensabhängig, BAföG bis zur aktuellen Höchstsumme + ggf. familienabhängige Zuschüsse.
» **Bildungsgutscheine** zur Zahlung von Lehrgängen, Büchern, Fahrtkosten, auch Kinderbetreuung, durch die Agentur für Arbeit für Rückkehrer in den Arbeitsmarkt, zur Vermeidung von Arbeitslosigkeit oder bei fehlendem Berufsabschluss
» **Weiterbildungsstipendien** durch IHKs, finanziert vom Bundesministerium für Bildung und Forschung, bis zu 8.100,00 € für drei Jahre als Begabtenförderung für engagierte Fachkräfte bis 24 Jahre mit abgeschlossener Berufsausbildung und besonderen Leistungen (z. B. Note 1,9)

Dazu können Sie geeignete Weiterbildungsseminare und Kurse in verschiedenen Themenbereichen belegen.

Fachschulen bieten eine Weiterqualifikation, z. B. zum/zur staatlich geprüften Fachwirt/-in oder Betriebswirt/-in, Schwerpunkt Touristik, an; **Berufsakademien** den Diplom-Betriebswirt (BA); die **IHK** den/die Internationale/n Tourismusassistenten/-in und private Bildungsträger den Freizeitberater und Reiseleiter.

Für Personen mit entsprechender Berechtigung ist als Fortbildung auch ein **Studium**, z. B. der Betriebswirtschaft mit Ausrichtung auf den Tourismussektor zum Bachelor, möglich. Ein solcher Studiengang wird vor allem an Fachhochschulen (University of Applied Sciences) angeboten. Er wird immer häufiger vor allem von Auszubildenden mit Abitur nach der Ausbildung angestrebt und ermöglicht den Zugang zu mittleren oder höheren Führungsebenen. Immer öfter wird bei Job-Angeboten im Tourismusbereich ein Hochschulabschluss verlangt. Zwar reicht noch für knapp die Hälfte der Jobs eine Fachausbildung, jedoch fordern etwa 44 %, der Stellenanzeigen ein Master- sowie 5 % ein Bachelor-Studium – und das mit steigender Tendenz. Absolventen dieser Studiengänge haben kaum Probleme, einen passenden Job zu finden.[1]

! **Eine passende Weiter- oder Fortbildung sichert Ihre berufliche Position, erhöht Ihre berufliche Qualifikation und bildet die Basis für Ihren beruflichen Erfolg.**

In einer schnelllebigen Branche wie der des Tourismus ist die **berufslange Bildung** unbedingt notwendig. Vor allem in den letzten Jahren hat die ständige Lernbereitschaft und die Fähigkeit, sich schnell in neue Sachverhalte und Herausforderungen einzuarbeiten, für Beschäftigte an Bedeutung gewonnen. Dies liegt nicht zuletzt an den ständigen technischen Erneuerungen, die das Berufsleben laufend neu definieren und somit immer wieder neue Kompetenzen von den Mitarbeitern fordern.

Folgende Bereiche Ihres Berufsalltags können/werden sich sicher verändern:

» angewandte Buchungs- und Abfragesysteme
» aktuelle Entwicklungen bezüglich des Reisens

1 Für weitere Informationen vgl. Bundesagentur für Arbeit: Förderung von Weiterbildung. In: www.arbeitsagentur.de/unternehmen/finanziell/foerderung-von-weiterbildung [13.10.2021].

- Reisebestimmungen, Preise, Vor-Ort-Möglichkeiten in bestimmten Reiseländern oder -gebieten
- Trends in der Reisebranche

Es ist nur eine Frage der Zeit, bis künstliche Intelligenz auch die Touristik verändert. So hat sich die Lufthansa z. B. bereits mit ihrem Bot „Mildred" auf dem Markt etabliert und einen ersten Schritt in Richtung künstliche Intelligenz (KI) gemacht.

Vor allem im Bereich der Bild-, Sprach- und Texterkennung erleichtern Bots den Buchungsvorgang und verbessern das Reiseerlebnis. Kunden können per Sprachanweisung einchecken und erhalten zu ihren Bedürfnissen passende Restaurantempfehlungen. Doch auch die Reiseveranstalter profitieren von den klugen Computerprogrammen: So kann die KI z. B. zur Qualitätsverbesserung eingesetzt werden, indem sie Beschwerde-Mails von Kunden automatisiert auswertet und Handlungsempfehlungen erteilt. Ebenfalls denkbar sind präzise Vorhersagen des zu erwartenden Kundenverhaltens. Informationen, die schon heute beim Onlineshopping keine Seltenheit mehr sind („Kunden, die diesen Artikel gekauft haben, interessieren sich auch für ..."), bieten auch für die Tourismusbranche viel Potenzial.

Es ergeben sich hieraus verschiedene Fragen: Kann künstliche Intelligenz einen Berater im Reisebüro bei seiner Arbeit unterstützen und dabei helfen, für den Kunden das beste Angebot zu finden? Fließen in ein solches Angebot neben den Preis- und Ausstattungsmerkmalen auch individuelle Kundenbedürfnisse und -wünsche sowie Urlaubsmotive mit ein? Ist besonders Letzteres der Fall, kann mit KI die Beratung verbessert und die Kundenzufriedenheit erhöht werden.

Die gesamte Touristik wird sich damit auseinandersetzen müssen, denn künstliche Intelligenz wird nicht nur das Reisen selbst verändern, sondern auch die Prozesse vor und nach der Reise.

! Um den Anforderungen Ihres Berufsalltags gerecht zu werden, ist es notwendig, immer über aktuelles Fachwissen zu verfügen und Neuerungen kennen und anwenden zu lernen.

Und: Tourismuskaufleute können sich beispielsweise durch Gründung, Übernahme oder als Teilhaber eines Reisebüros eine Existenz aufbauen und selbstständig machen.

Situationsaufgaben

Situation 1: „Noch keine 18?" – Jugendarbeitsschutzgesetz (JArbSchG)

Marc (16 Jahre) hat einen Ausbildungsplatz im Reisebüro Fernweh bekommen und freut sich schon auf seine Ausbildung. Allerdings kennt er sich noch nicht aus, welche Rechte er als jugendlicher Arbeitnehmer hat.

Aufgaben:

1_ Beschreiben Sie, was Marc über Arbeitszeiten, Pausen, Urlaub und sonstige besondere Regelungen für jugendliche Arbeitnehmer wissen muss.

2_ Geben Sie Marc für folgende Situationen einen rechtlichen Rat:

a) Er muss häufig Routinearbeiten und Botengänge erledigen.

b) Er soll nicht nur dauernd Kaffee kochen, sondern auch die Schreibtische der Kollegen putzen.

c) Trotz Rücksprache mit seinem Vorgesetzten ändert sich daran nichts und er fragt sich, ob er sich einen neuen Ausbildungsplatz suchen kann und was geschieht, wenn er dann die Ausbildungszeit verlängern muss.

d) Bei einem Betriebsfest spricht er mit Betriebsfremden über Interna des Reisebüros.

Situation 2: Rechte und Pflichten

Die Auszubildende Sonja Siebert erlernt den Beruf der Tourismuskauffrau. Ihre früheren Vorgesetzten interessierten sich wenig für ihre Ausbildung, selten hatten sie Zeit, Sonjas Fragen zu den einzelnen Arbeitsabläufen und -zusammenhängen zu beantworten. So wurde sie vorwiegend mit Routinearbeiten beschäftigt, die sonst niemand gerne macht. In ihrem dreimonatigen Einsatz in der Poststelle war sie z. B. ausschließlich mit Botengängen zu den einzelnen Abteilungen beschäftigt.

Die überwiegende Zeit war Sonja in einer Abteilung eingesetzt, in der sie regelmäßig Kaffee für alle Mitarbeiter kochen sowie abends nach Büroschluss die Schreibtische säubern musste. Ihr praktischer Wissensrückstand wurde in Gesprächen mit ihren Mitschülern in der Berufsschule immer deutlicher. Als sie schließlich eines Abends beim Putzen der Schreibtische von ihrem Vorgesetzen überrascht wurde und sich vehement gegen seine Zudringlichkeiten wehren musste, entschloss sie sich, das Ausbildungsverhältnis so bald wie möglich zu kündigen.

Glücklicherweise hat Sonja schnell wieder eine neue Stelle gefunden, sie muss jedoch das zweite Ausbildungsjahr wiederholen, weil ihre Ausbildung zu große Lücken aufweist. Im Großen und Ganzen hat sie sich inzwischen aber gut eingearbeitet und kennt ihre Rechte und Pflichten nun besser als vorher.

Allerdings musste ihre neue Chefin sie während eines Betriebsfestes ermahnen, als sie in Anwesenheit betriebsfremder Personen über Dinge redete, die nicht aus dem Betrieb herausgetragen werden dürfen. Ansonsten erledigt Sonja die ihr aufgetragenen Aufgaben aber ordentlich und sorgfältig und bemüht sich, die Kenntnisse und Fertigkeiten zu erwerben, die zum Erreichen des Ausbildungszieles erforderlich sind.

Aufgaben:

1_ Gegen welche Bestimmungen des BBiG hat Sonja bisher verstoßen?

2_ Stellen Sie mithilfe des BBiG die Pflichten von Ausbildenden und Auszubildenden heraus.

3_ Überprüfen Sie, ob Sonja das Recht hatte, das Ausbildungsverhältnis vorzeitig zu kündigen. Welche Kündigungsfrist musste sie Ihrer Meinung nach einhalten?

4_ Sonja gibt sich mit dem verlorenen Ausbildungsjahr nicht ohne Weiteres zufrieden. Schließlich wird sie aufgrund dessen ohne eigene Schuld erst ein Jahr später voll verdienen. Welche Ansprüche kann sie geltend machen?

Aufgaben

1_ Welches Gesetz ist Grundlage der Berufsausbildung und was wird darin geregelt (vier Aspekte)?

2_ Nennen und begründen Sie drei Rechtsvorschriften für die Ausbildung von Tourismuskaufleuten bzw. Kaufleuten für Tourismus und Freizeit.

3_ Warum muss der Ausbildungsvertrag bei der zuständigen Industrie- und Handelskammer registriert werden?

4_ Erarbeiten Sie die Inhalte des geltenden BBiG mithilfe der Ihnen zugänglichen Medien. Entscheiden und begründen Sie, ob in den folgenden Fällen gegen Bestimmungen des BBiG verstoßen wird:

a) Die Auszubildende weigert sich, die Katalogwand zu füllen.

b) Der Auszubildende raucht während eines Beratungsgespräches, obwohl sein Ausbilder es ihm untersagt hat.

c) Die Auszubildende weigert sich, an innerbetrieblichen Fortbildungen teilzunehmen.

d) Der Auszubildende erzählt seiner Freundin, dass der Kunde Meyer eine Kreuzfahrt für 3.500,00 € gebucht hat.

e) Der Auszubildende überträgt die Inhalte von einem anderen Ausbildungsnachweis in seinen Ausbildungsnachweis.

f) Der Ausbilder lässt den Auszubildenden einmal im Monat das Firmenfahrzeug reinigen.

g) Der Ausbilder ist der Meinung, dass die Auszubildende ihre eigenen Schreibwerkzeuge für die Arbeit am Counter nutzen muss.

h) Der Ausbilder untersagt einem schulpflichtigen Auszubildenden den Berufsschulbesuch aufgrund von Krankheit der übrigen Mitarbeiter.

i) Die Auszubildenden dürfen ihren Urlaub nur während der Schulzeit nehmen.

j) Ein Teil der Ausbildungsvergütung wird durch Reisegutscheine abgegolten.

5_ Wer ist für die Vermittlung der Lerninhalte des Rahmenlehrplans für Ihren Ausbildungsberuf verantwortlich?

Zusätzliche Aufgaben zu Kapitel 1 finden Sie im BPW unter Zusatzaufgaben LF 1, Kapitel 1.

Web

2 Arbeitsvertrag und Arbeitsverhältnis

Nach dem Bundesbildungsgesetz ist die Berufsausbildung eine berufliche Erstausbildung in einem staatlich anerkannten Ausbildungsberuf. Sie hat den rechtlichen Status eines **besonderen Arbeitsverhältnisses** und wird demnach gesondert (wie im vorigen Kapitel beschrieben) vertraglich behandelt. Arbeitsverhältnisse werden zwischen Arbeitnehmern und Arbeitgebern geschlossen.

! **Arbeitsverhältnisse unterliegen arbeitsrechtlichen Regelungen, in die sie gesetzmäßig eingebunden sind.**

2.1 Arbeitsrecht

Das Arbeitsrecht hat sich in der Zeit nach dem Ersten Weltkrieg zu einem selbstständigen Rechtsgebiet entwickelt. Bis zu dieser Zeit wurden die **Rechtsbeziehungen** zwischen dem **Arbeitnehmer** und **Arbeitgeber** vorwiegend nach den Vorschriften des BGB über den **Dienstvertrag** geregelt. Die vom BGB eingeräumte Vertragsfreiheit erwies sich jedoch als unzureichend, da sie den sozialen Anforderungen eines adäquaten Arbeitsrechts der Arbeitnehmer nicht gerecht wurde.

Die Arbeitnehmer schlossen sich zur Erreichung ihrer Belange zu **Gewerkschaften** zusammen. Die Arbeitgeber beantworteten diese Maßnahme mit der Bildung von **Arbeitgeberverbänden** (→ Kapitel 4).

Seitdem wird das heutige Arbeitsrecht auch durch diese beiden großen kollektiven Gruppen gestaltet.

Die **Tarifverträge** haben inzwischen eine Stellung im Rechtssystem erlangt, die der staatlichen Rechtsordnung fast gleichkommt. Der Staat hat mit einer umfangreichen Sondergesetzgebung ebenfalls zur Fortentwicklung des Arbeitsrechts abseits vom BGB beigetragen.

! **Das Arbeitsrecht ist die Gesamtheit der Rechtsnormen (Einzelgesetze, Verordnungen, Tarifverträge, Betriebsvereinbarungen), die die Rechtsbeziehung zwischen Arbeitnehmer und Arbeitgeber regeln.**

Das **Arbeitsrecht** zeigt grundsätzlich zwei Rechtsbereiche auf:

Arbeitsrecht	
Individuelles Arbeitsrecht	**Kollektives Arbeitsrecht**
Regelt die Rechtsbeziehung zwischen dem **einzelnen** Arbeitgeber und Arbeitnehmer durch » Arbeitsvertragsrecht (→ Kapitel 2.2) » Arbeitsschutzrechte (→ Kapitel 2.5)	Bezieht sich auf das Recht **zwischen den Sozialpartnern**, den Gewerkschaften und den Arbeitgeberverbänden, vornehmlich im » Tarifrecht (→ Kapitel 4.3) » Betriebsverfassungsrecht (→ Kapitel 4.5)

Das **Sozialrecht** ergänzt das Arbeitsrecht für Arbeitnehmer (→ Kapitel 3).

2.2 Arbeitsvertragsrecht

! **Der Arbeitsvertrag ist eine Vereinbarung zwischen einem einzelnen Arbeitgeber und einem einzelnen Arbeitnehmer.**

Er stellt im rechtlichen Sinne einen Dienstvertrag dar. Für den **Arbeitsvertrag** sind zunächst folgende Gesetze relevant:

1. Das **Allgemeine Gleichbehandlungsgesetz** kommt vor allem bei der Ausschreibung und Einstellung von Arbeitnehmern zum Zuge und schreibt dem Arbeitgeber vor, Auswahlkriterien und Einstellungsbedingungen, später dann Beschäftigungs- und Arbeitsbedingungen streng **diskriminierungsfrei** (keine Benachteiligung in Bezug auf Geschlecht, Religion, Herkunft usw.) zu gestalten.

EXKURS»

Im Nachgang zum Umgang mit der Corona-Pandemie 2020/2021 wurde diskutiert, inwieweit Arbeitnehmer versetzt bzw. entlassen werden können, wenn sie sich weigerten, geimpft zu werden. Ebenso stellte sich dann mit fortschreitender Impfquote die Frage, ob geimpfte Menschen bestimmte bisher selbstverständliche Freiheitsrechte genießen dürfen, etwa den Zugang zu Flugzeugen, Restaurants, Hotels, Veranstaltungen oder auch Einreisen in andere Länder.

2. Das **Bürgerliche Gesetzbuch** ist von grundlegender Bedeutung, da in dem § 611 ff. BGB die Vorschriften über den **Dienstvertrag** geregelt sind. Danach stellt ein Arbeitsverhältnis einen Austausch von Arbeitsleistung und Vergütung im Rahmen eines **Dauerschuldverhältnisses** dar.
3. Das **Handelsgesetzbuch** regelt in § 59 ff. das Arbeitsvertragsrecht für Handlungsgehilfen (Angestellte) und Handlungslehrlinge (Auszubildende).
4. Die **Gewerbeordnung,** die im Titel VII die Stellung der gewerblichen Arbeitnehmer ausweist.

Entsprechend einer **EU-Richtlinie** von 1991 ist seit dem 30. Juni 1993 vorgeschrieben, dass die Arbeitnehmer binnen zwei Monaten nach Arbeitsaufnahme einen **schriftlichen Arbeitsvertrag** mit den wesentlichen Vertragsinhalten, vom Arbeitgeber unterschrieben, ausgehändigt bekommen.

Grundsätzlich gilt für das Arbeitsvertragsrecht Artikel 12 des Grundgesetzes, d. h. der Grundsatz der **Vertragsfreiheit** und **inhaltlichen Gestaltungsfreiheit.**

Die **Formfreiheit** erfährt ihre Grenzen, wenn Gesetze, Tarifverträge oder Betriebsvereinbarungen die Schriftform vorschreiben. Aus Gründen der Rechtssicherheit empfiehlt sich die **Schriftform** für den Arbeitsvertrag als solchen wie für etwaige Nebenabsprachen.

Prinzipiell lassen sich hinsichtlich der Laufzeit zwei **Arbeitsvertragsarten** unterscheiden.

Unbefristete Arbeitsverträge

enden aufgrund:

- Kündigung des Arbeitgebers
- Kündigung des Arbeitnehmers
- vertraglicher Vereinbarung zwischen Arbeitgeber und Arbeitnehmer (Aufhebungsvertrag)

Befristete Arbeitsverträge

enden nach Zeitablauf:

- unmittelbar zu einem festgelegten Zeitpunkt (z. B. 31. Dezember 20..)
- mittelbar (z. B. nach Abschluss eines Projekts)

Befristete Arbeitsverträge **ohne Sachgrund** (geregelt im Teilzeitbefristungsgesetz) dürfen für maximal zwei Jahre mit höchstens drei Verlängerungen in dieser Zeit, bei Start-ups für vier Jahre und bei über 52-jährigen Arbeitnehmern mit vorangegangener Arbeitslosigkeit – Streitfall Kettenbefristungen – sogar für fünf Jahre abgeschlossen werden. Diese werden häufig geschlossen z. B. bei besonders lückenhaften Lebensläufen, ausgesprochen schlechten Zeugnissen, häufigen, auch fristlosen Kündigungen, kurzen und unregelmäßigen Beschäftigungen, Gefängnisaufenthalten, Vorstrafen oder augenscheinlich geringerer Leistungsfähigkeit.

Befristungen **mit Sachgrund** (u. a. Vertretungen, Erprobung, Übergang nach Studium oder Ausbildung, im öffentlichen Dienst usw.) dürfen für maximal fünf Jahre abgeschlossen, aber dreimal verlängert werden; in dieser Zeit ist eine ordentliche Kündigung ausgeschlossen. Allerdings finden sich vor allem im Hochschulbereich Befristungen nach der Promotion bis zu zehn Jahren; Begründungen finden sich immer.

Grundsätzlich gilt für den Arbeitsvertrag Artikel 12 des Grundgesetzes. Für Vertragsinhalte lassen sich die folgenden typischen Inhalte nennen:

Vertragsinhalte

- Vertragsparteien
- Vertragsbeginn
- Tätigkeitsbezeichnung
- Tätigkeitsbeschreibung (inkl. etwaiger Vollmachten)
- Vergütung (Art, Höhe, Fälligkeit)
- Sozialleistungen
- Arbeitszeit (regelmäßige; Mehrarbeit)
- Urlaub
- Wettbewerbsverbot
- Probezeit
- Kündigungsfrist

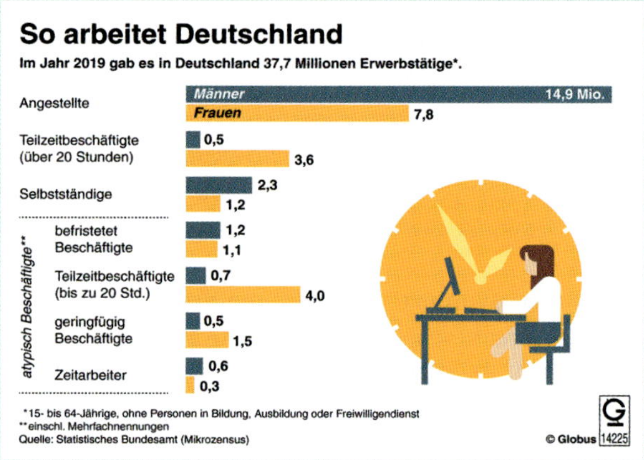

Ein **Arbeitsvertrag** darf von einer **geschäftsfähigen Person** abgeschlossen werden, für Geschäftsunfähige bedarf es des gesetzlichen Vertreters. **Beschränkt Geschäftsfähige** können mit Zustimmung des gesetzlichen Vertreters Arbeitsverträge abschließen (Geschäftsfähigkeit ➜ LF 2, Kapitel 2.1).

Web **Zwei Aufgaben zu Kapitel 2.2 finden Sie im BPW unter Zusatzaufgaben zu LF 1, Kapitel 2.2.**

2.3 Rechte und Pflichten aus dem Arbeitsverhältnis

Pflichten aus dem Arbeitsverhältnis

Die Pflichten des **Arbeitgebers**:

» **Gehaltszahlung** (= Hauptpflicht):
  - laut Tarif oder
  - laut Vertrag oder
  - angemessen = ortsüblich
  - spätestens nach vier Wochen/HGB: Ende des Monats
  - Abführung der Sozialversicherungsbeiträge
  - Entgeltfortzahlung für Feiertage und bis zu sechs Wochen bei unverschuldeter Krankheit

» Schutz von Leben und Gesundheit (**Fürsorgepflicht**) nach Arbeitsschutzgesetzen
» **Menschengerechte** Arbeitsgestaltung im Rahmen des technisch und wirtschaftlich Zumutbaren
» Schutz der eingebrachten **Sachen**
» **Beschäftigung** des Arbeitnehmers aus Persönlichkeitsrecht
» Gewährung von **Urlaub** nach Tarifvertrag, Bundesurlaubsgesetz oder Arbeitsvertrag: mindestens 24 Werktage nach mindestens sechs Monaten Wartezeit (monatlich: Zwölftelung) zur Erholung unter Fortzahlung des Entgelts; Einteilung durch Arbeitgeber oder unter Mitwirkung des Betriebsrats
» Gewährung von angemessener Freizeit zur **Arbeitssuche**
» **Kündigung** unter Beachtung der Kündigungsfristen nur **schriftlich** und mit **Begründung**
» **Zeugniserteilung:**
  - **einfach** über Art und Dauer des Arbeitsvertrags
  - **qualifiziert** auf Antrag des Arbeitnehmers mit Leistung und Führung;
  - sofortiges Zwischenzeugnis bei Kündigung durch Arbeitgeber

Die Pflichten des **Arbeitnehmers**:
» **Arbeitspflicht** (= Hauptpflicht):
  - persönlich (§ 613 BGB) gegenüber Arbeitgeber; Ausnahme: Zeitarbeitsfirmen = Arbeitnehmerüberlassung
  - Inhalt laut Arbeitsvertrag und/oder im Rahmen der Weisungsgebundenheit – zustimmungspflichtig bei Arbeitswechsel
  - laut Arbeitsvertrag für bestimmten Betrieb/Ort, unter Umständen auch häufig wechselnde Orte (Monteure); in einem anderen Betrieb nur mit Zustimmung
  - Versetzung (= Zuweisung eines anderen Arbeitsbereichs) ist mitbestimmungspflichtig (sofern Betriebsrat vorhanden)
  - tägliche/wöchentliche Dauer der Arbeitszeit häufig nach Tarifvertrag, sonst Arbeitszeitgesetz (48 Stunden) mit Ausnahmen (z. B. bei Arbeiten zur Abwendung oder Minimierung von Schäden, in Forschung und Lehre, bei unaufschiebbaren Vor- und Abschlussarbeiten sowie in der Pflege oder nach EU-Verordnung für den Straßenverkehr), auch Einzelarbeitsvertrag
  - Arbeitsmenge: den Kräften und Fähigkeiten angemessen
  - zeitliche Lage der Arbeitszeit: in Übereinstimmung mit Betriebsrat, sofern vorhanden, sonst nach Weisung im Rahmen der Arbeitsschutzgesetze
  - Befreiung bei Krankheit, Urlaub
» **Verschwiegenheit** über Geschäfts- und Betriebsgeheimnisse (Herstellungsverfahren, neue Produkte, Kreditverhältnisse)
» **Verbot der Schmiergeldannahme** (Geschenke, Vorteilsgewährung bei pflichtwidrigem Verhalten)
» **Schadenanzeige**, Pflicht zur Schadenabwendung
» **Ärztliches Attest bei Krankheit nach spätestens drei (Kalender-)Tagen**, wobei der Arbeitgeber ohne Begründung auch ein Attest schon vom ersten Tag an verlangen kann
» **Haftung nach § 276 BGB bei Verschulden:**
  - Vorsatz/grobe Fahrlässigkeit: keine Begrenzung, außer wenn zwischen Schaden und Vergütung ein erhebliches Missverhältnis besteht (mehr als drei Monatsgehälter)
  - leichte Fahrlässigkeit: keine Haftung
  - normale Fahrlässigkeit: Der Schaden wird quotal aufgeteilt.
» **Mankohaftung nach § 619a sowie § 280 ff. BGB** (z. B. Kassenfehlbestand) bei schuldhafter oder fahrlässiger Handlung: Der Arbeitgeber muss das Verschulden nur nachweisen, wenn der Arbeitnehmer nicht allein für den Schaden verantwortlich ist.
» **Wettbewerbsverbot** (§ 60 HGB):

- Grundsätzlich: Ohne Einwilligung des Arbeitgebers darf man weder ein eigenes Handelsgewerbe noch Geschäfte im Handelszweig des Arbeitgebers auf eigene oder fremde Rechnung betreiben.
- nach Beendigung: nur bei schriftlicher Vereinbarung und Vergütung, längstens zwei Jahre

Web **Aufgaben zu Kapitel 2.3 finden Sie im BPW unter Zusatzaufgaben zu LF 1, Kapitel 2.3.**

2.4 Beendigung eines Arbeitsverhältnisses

Ein Arbeitsverhältnis kann durch unterschiedliche Ursachen enden:
Der **Aufhebungsvertrag** beendet das Vertragsverhältnis in beiderseitigem Einvernehmen. Oft wird eine Abfindung ausgehandelt. Beim **Zeitablauf** endet das Vertragsverhältnis bei Erreichung einer vertraglich festgelegten Frist oder bei Erreichung des gesetzlichen Rentenalters. Die **Zweckerreichung** beendet das Arbeitsverhältnis z. B. nach Abschluss eines Projektes, wie eine Software-Entwicklung. Üblicherweise ist die Beendigung eines Arbeitsverhältnisses rechtlich unproblematisch. Ausnahme hiervon ist nur die Kündigung. Deswegen soll sie näher erläutert werden. Die **Vertragsauflösung durch das Arbeitsgericht** kann verschiedene Gründe haben (→ Kapitel 2.6).

Kündigung

! Die Kündigung ist eine einseitige, empfangsbedürftige Willenserklärung eines Vertragspartners, das bestehende Arbeitsverhältnis zu lösen. Die Schriftform ist vorgeschrieben.

Das Mitbestimmungsrecht des Betriebsrates (→ Kapitel 4.5) bei Kündigungen muss der Arbeitgeber berücksichtigen.

! Der Arbeitgeber muss bei einer Kündigung das *Kündigungsschutzgesetz* beachten, bestimmte *Fristen* einhalten und einen *Kündigungsgrund* haben (siehe nachfolgende Tabelle unten).

! Personalabbau im Rahmen von betriebsbedingten Kündigungen muss sozial verträglich sein. Bei ungerechtfertigter sozialer Auswahl steht dem Betriebsrat ein Widerspruchsrecht zu.

Kriterien für die **Sozialauswahl** sind Lebensalter, Betriebszugehörigkeit und Unterhaltsverpflichtungen. Es sollen ggf. nur Mitarbeiter entlassen werden, für die es die geringere soziale Härte bedeutet; es müssen Umsetzungsmöglichkeiten geprüft und die Verhältnismäßigkeit gewahrt werden.

Ordentliche Kündigung (fristgerechte Kündigung)

Eine ordentliche Kündigung durch den Arbeitgeber bedarf konkreter Gründe (siehe Tabelle) sowie der Beachtung von Mindestfristen (siehe nachfolgende Grafik, S. 29).

Personenbedingte Gründe	Verhaltensbedingte Gründe	Betriebliche Gründe
» mangelnde Qualifikation » eingeschränkte geistige und körperliche Leistung » Erkrankung ohne Aussicht auf Genesung » Alkohol- und Drogensucht oder -missbrauch	» Arbeitsverweigerung » fehlende/r Motivation/Leistungswille » Verstöße gegen Vertragspflichten (Verschwiegenheitspflicht) » Unterschlagung	» Rationalisierungsmaßnahmen » Stilllegung einer Betriebsstätte » Absatzprobleme » Änderung der Fertigungsverfahren

Eine ordentliche Kündigung durch den Arbeitnehmer bedarf keiner Begründung und darf unter Berücksichtigung der **einfachen Kündigungsfrist** von vier Wochen (28 Tage inkl. Samstagen und Sonntagen) zum Fünfzehnten oder zum Ende eines Kalendermonats gelöst werden (§ 622 BGB).

! **Der Betriebsrat kann ordentlichen Kündigungen innerhalb einer Woche, außerordentlichen (fristlosen) binnen drei Tagen widersprechen (§ 102 BetrVG) (→ Seite 30).**
Sollte der Arbeitnehmer mit der Kündigung nicht einverstanden sein, muss er/sie binnen drei Wochen nach Zugang der Kündigung eine Kündigungsschutzklage beim Arbeitsgericht erheben oder er/sie akzeptiert bei betriebsbedingter Kündigung eine Abfindung in Höhe von 0,5 Monatsgehältern je Beschäftigungsjahr.

Innerhalb einer Probezeit beträgt die Kündigungsfrist zwei Wochen.

! **Per Vertrag dürfen grundsätzlich (Ausnahme: Tarifvertrag, Aushilfen, Kleinbetriebe unter 20 Beschäftigten) längere, aber nicht kürzere Kündigungsfristen durch den Arbeitgeber als die vom Gesetz bestimmten vereinbart werden (§ 622 BGB).**

Ab einer Betriebszugehörigkeit von mehr als zwei Jahren gelten **verlängerte Kündigungsfristen**.

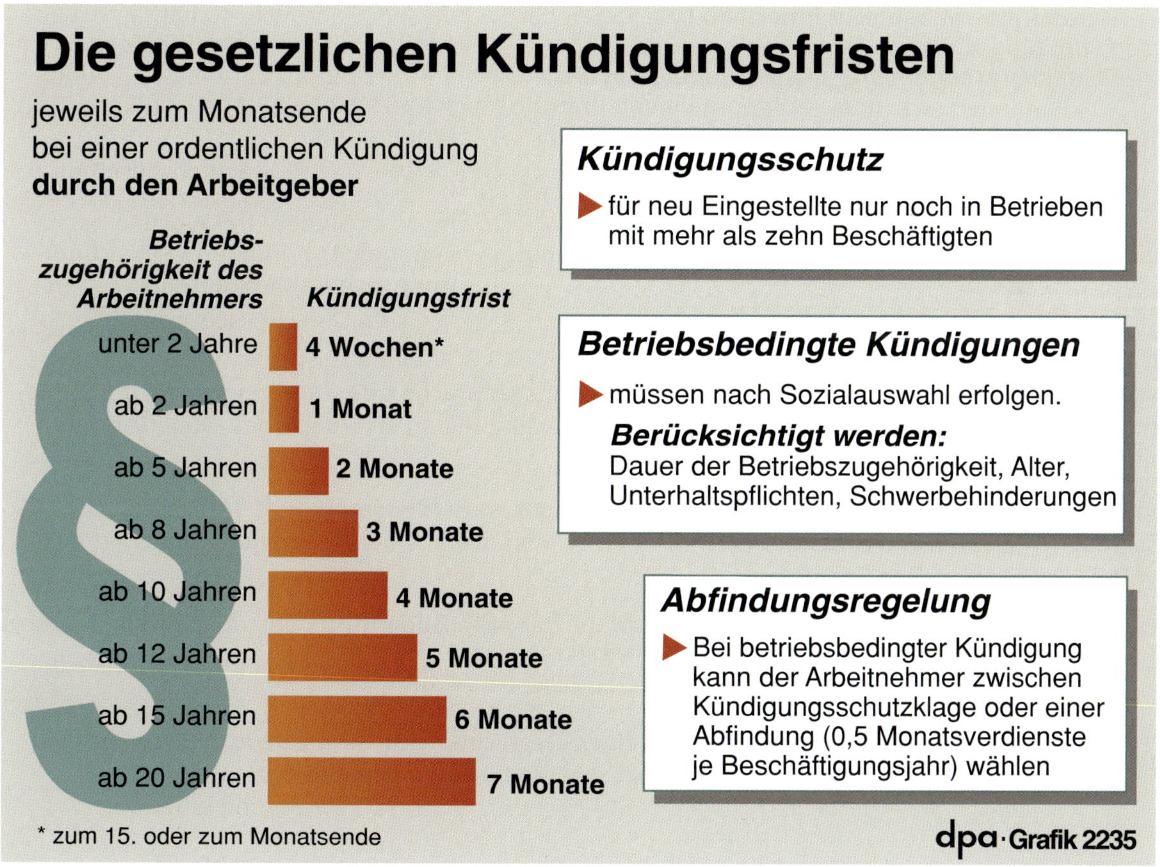

Außerordentliche Kündigung des Arbeitgebers	Ordentliche Kündigung des Arbeitgebers
» Die Kündigung muss **schriftlich** erfolgen. » Die **Kündigung kann nur aus wichtigem Grund** erfolgen. Das bedeutet, dem Arbeitgeber ist die Fortsetzung des Arbeitsverhältnisses bis zum nächsten ordentlichen Kündigungstermin nicht zumutbar (beharrliche Arbeitsverweigerung; Diebstahl; Tätlichkeiten; Beleidigungen; Mobbing; Weitergabe interner Betriebsdaten; Drohungen; Unmöglichkeit, die Arbeitsleistung zu erbringen, z. B. Haft). » Der Arbeitnehmer muss **grundsätzlich vor der Kündigung abgemahnt** werden. Nur bei besonders schweren Pflichtverstößen ist die Abmahnung nicht erforderlich. » Es besteht **kein besonderer Kündigungsschutz.** » Die außerordentliche Kündigung wurde **innerhalb zwei Wochen nach Eintreten des wichtigen Grundes** ausgesprochen und ging innerhalb dieser Frist dem Arbeitnehmer zu. » Der **Betriebsrat wurde gehört.** Ist die Anhörung des Betriebsrates unterblieben, ist die Kündigung unwirksam. » Der Betriebsrat hat nicht **innerhalb drei Tagen** der Kündigung widersprochen. » Sollte der Arbeitnehmer mit der Kündigung nicht einverstanden sein, muss er innerhalb von drei Wochen nach Zugang der Kündigung eine **Kündigungsschutzklage** erheben. » Die **Ausschlussfrist** beginnt mit dem Zeitpunkt, in dem der Arbeitgeber von den für die Kündigung maßgebenden Tatsachen **sichere Kenntnis** erlangt.	» Die Kündigung muss **schriftlich** erfolgen. » Die Kündigung ist **sozial gerechtfertigt** » Eine **gerechte soziale Auswahl** wurde getroffen, sofern die Kündigung aus dringenden betrieblichen Erfordernissen erfolgt. » Erfolgt die Kündigung aus personen- oder verhaltensbedingten Gründen, ist eine **vorherige Abmahnung** erfolgt. » **Kündigungsfristen und ggf. besonderer Kündigungsschutz** wurden beachtet. » Der **Betriebsrat wurde vor der Kündigung gehört** (sonst ist sie unwirksam). » Der Betriebsrat hat unter bestimmten Voraussetzungen ein **förmliches Widerspruchsrecht.** Macht er von diesem Gebrauch, so hat der Arbeitnehmer bis zur rechtskräftigen Entscheidung über die Kündigungsschutzklage ein Recht auf Weiterbeschäftigung. » Sollte der Arbeitnehmer mit der Kündigung nicht einverstanden sein, muss er binnen drei Wochen nach Zugang der Kündigung eine **Kündigungsschutzklage** erheben.

Nach der Kündigung hat der Arbeitnehmer gemäß § 629 BGB einen Anspruch auf Gewährung von Freizeit zur Stellensuche (besonders Vorstellungsgespräche oder medizinische Eignungsuntersuchungen). Ebenso sollte der Arbeitgeber die Teilnahme an erforderlichen Qualifizierungsmaßnahmen ermöglichen.

Im Rahmen der Gesetze für moderne Dienstleistungen am Arbeitsmarkt hat der Gesetzgeber verschiedene Pflichten von Arbeitgeber und Arbeitnehmer, die aus der Beendigung eines Arbeitsverhältnisses entstehen, festgelegt:

Die **Meldeverpflichtung des Arbeitsuchenden** bei der Arbeitsagentur unverzüglich nach Kenntnis des Beendigungszeitpunktes muss persönlich erfolgen (also nicht schriftlich oder telefonisch).

! **Meldet sich der Arbeitslose entgegen seiner Verpflichtung nicht unverzüglich, mindert sich das Arbeitslosengeld pro Tag der verspäteten Meldung um einen festgelegten Betrag.**

Der Arbeitgeber hat zum Ende des Arbeitsverhältnisses folgende Arbeitspapiere auszuhändigen:

» Arbeitszeugnis (§ 109 Gewerbeordnung: Zeugnis)
» Arbeitsbescheinigung (§ 312 SGB III)

» einen nach amtlich vorgeschriebenem Muster gefertigten Ausdruck der elektronischen Lohnsteuerbescheinigung (ELStAM). Der Ausdruck ist auszuhändigen oder elektronisch bereitzustellen (§ 41b Abs. 1 S. 3 EStG).
» Urlaubsbescheinigung (über den im laufenden Kalenderjahr bereits gewährten oder abgegoltenen Urlaub)
» Unterlagen über eventuelle betriebliche Altersversorgung
» Gesundheitsbescheinigung (bei minderjährigen Auszubildenden Erstuntersuchung bzw. Nachuntersuchung nach dem Jugendarbeitsschutzgesetz)
» unter Umständen die Arbeitsgenehmigung für Arbeitnehmer aus Nicht-EU-Staaten

Der Arbeitgeber hat kein Recht, die Arbeitspapiere zurückzuhalten, selbst wenn er noch Forderungen gegen den Arbeitnehmer aus dem Arbeitsverhältnis hat. Der Arbeitnehmer kann den Anspruch auf **Herausgabe der Arbeitspapiere** vor den Arbeitsgerichten einklagen. Hält der Arbeitgeber die Arbeitspapiere zurück, so macht er sich, wenn dem Arbeitnehmer aus der Zurückhaltung der Arbeitspapiere ein Schaden entsteht, schadenersatzpflichtig.

Aufgaben zu Kapitel 2.4 finden Sie im BPW unter Zusatzaufgaben zu LF 1, Kapitel 2.4. Web

2.5 Arbeitsschutzrechte

Der **Arbeitsschutz** ist Teil des allgemeinen Arbeitsrechts. Er beinhaltet alle Maßnahmen, die Arbeitnehmer vor den gesundheitlichen Gefahren des Arbeitslebens schützen sollen. Er ist im Arbeitsschutzgesetz und in weiteren gesetzlichen Normen geregelt, stellt Gebote und Verbote auf, die vom Arbeitgeber zu beachten sind. In den wichtigsten Vorschriften über den Arbeitsschutz ist angeordnet, dass Arbeitsschutzbestimmungen durch **Auslegung** oder **Aushang** in den betroffenen Betrieben allgemein zugänglich gemacht werden. Die Gewerbeaufsichtsämter und die Berufsgenossenschaften überwachen die Einhaltung.

§

Arbeitsschutzgesetz (ArbSchG)

Das Gesetz dient dazu, die Sicherheit und den Gesundheitsschutz der Beschäftigten bei der Arbeit zu sichern und zu verbessern. Es gilt in allen Tätigkeitsbereichen. Das Unfallschutzgesetz ist in das Arbeitsschutzgesetz integriert.

In den allgemeinen Grundsätzen (§ 4 ArbSchG) sind die Verpflichtungen des Arbeitgebers beschrieben:

1. Die Arbeit ist so zu gestalten, dass eine Gefährdung für Leben und Gesundheit möglichst vermieden und die verbleibende Gefährdung möglichst gering gehalten wird;
2. Gefahren sind an ihrer Quelle zu bekämpfen;
3. bei den Maßnahmen sind der Stand von Technik, Arbeitsmedizin und Hygiene sowie sonstige gesicherte arbeitswissenschaftliche Erkenntnisse zu berücksichtigen;
4. Maßnahmen sind mit dem Ziel zu planen, Technik, Arbeitsorganisation, sonstige Arbeitsbedingungen, soziale Beziehungen und Einfluss der Umwelt auf den Arbeitsplatz sachgerecht zu verknüpfen;
5. individuelle Schutzmaßnahmen sind nachrangig zu anderen Maßnahmen;
6. spezielle Gefahren für besonders schutzbedürftige Beschäftigtengruppen sind zu berücksichtigen;
7. den Beschäftigten sind geeignete Anweisungen zu erteilen;
8. mittelbar oder unmittelbar geschlechtsspezifisch wirkende Regelungen sind nur zulässig, wenn dies aus biologischen Gründen zwingend geboten ist.

!

Arbeitsschutzbestimmungen sind Gesetze und Verordnungen, Vorschriften und Regelungen, die den Betriebs- und Gefahrenschutz sowie den sozialen Arbeitsschutz umfassen.

Gesetz	Geltungsbereich	Wesentliche Bestimmungen
Gewerbeordnung (GewO)	alle Arbeitgeber, Arbeitnehmer	Genehmigungen und Einschränkungen der Gewerbefreiheit, Zulassungsbeschränkungen, Überwachung und/oder Genehmigung, Bestellung von Sachverständigen, Ausführungsbestimmungen zum Reisegewerbe (bei Veranstaltungen, Festen etc.), für Messen, Ausstellungen und Märkte, Innungen, Handwerksrolle, Arbeitnehmerrechte und -pflichten (§§ 105–110, entsprechend § 611 f. BGB), Straf- und Bußgeldvorschriften
Arbeitszeitgesetz (ArbZG)	alle Arbeitgeber und alle Belegschaftsmitglieder, für die keine Sondervorschriften gelten (wie z. B. für Jugendliche)	Werktägliche Arbeitszeit darf acht Stunden nicht überschreiten. Arbeitszeit kann auf bis zu zehn Stunden erhöht werden, wenn innerhalb von sechs Kalendermonaten oder 24 Wochen im Durchschnitt acht Stunden werktäglich nicht überschritten werden (§ 3). Die Ruhezeit zwischen den „Schichten" beträgt elf Stunden. Nach einer Arbeitszeit von mehr als sechs Stunden ist eine mindestens 30-minutige Ruhepause zu gewähren (§ 4). Andere Regelungen gelten bei Schichtarbeit sowie Rufbereitschaften (Krankenhaus, Feuerwehr usw.). 2019 wurde das Gesetz durch die Einführung einer **Brückenteilzeit** als § 9a TzBfG erweitert, wonach ein Arbeitnehmer (in Betrieben mit mehr als 15 Beschäftigten) mindestens ein Jahr, höchstens fünf Jahre Anspruch auf Verringerung der Arbeitszeit hat, sofern keine betrieblichen Gründe dagegen sprechen.
Schwerbehindertenrecht	alle Arbeitgeber mit mehr als 20 regulären Arbeitsplätzen	Arbeitgeber sind hiernach verpflichtet, 5 % Schwerbehinderte (Behinderungsgrad ≥ 50) zu beschäftigen. Für unbesetzte Plätze muss eine monatliche Ausgleichszahlung zwischen 125,00 € und 320,00 €, abhängig von der Anzahl Schwerbehinderter, geleistet werden (vgl. § 77); der Urlaub von beschäftigten Schwerbehinderten muss um 5 Tage verlängert werden.
Bundeselterngeld- und Elternzeitgesetz (BEEG)	alle Mütter und Väter, die während des Bezuges von Elterngeld nicht im vollen Umfang erwerbstätig sind	Nach Ablauf der Mutterschutzfrist können Mütter oder Väter **Elternzeit** erhalten, die vier Wochen vor Antritt beim Arbeitgeber zu beantragen ist (i. d. R. drei, höchstens aber acht Jahre). Das **Elterngeld** für Vater oder Mutter beläuft sich auf 67 % des Nettogehaltes des Elternteils, der nach der Geburt des Kindes zu Hause bleibt, für i. d. R. 14 Monate als ElterngeldPlus (halb so hoch, aber doppelt so lange wie das Basiselterngeld) und Partnerschaftbonusmonate (plus weitere vier Monate Elterngeld) unter bestimmten Bedingungen, z. B. wenn beide Eltern nur Teilzeit arbeiten (siehe auch www.familienportal.de). Das Elterngeld beträgt mindestens 300,00 €/Monat, maximal 1.800,00 €/Monat. Der Erziehungsurlaub wird auf die Rentenversicherung angerechnet. Während der Elternzeit gilt ein Kündigungsverbot und es besteht Anspruch auf bis zu 30 Stunden Teilzeitarbeit. Nach der Elternzeit besteht aber kein Anspruch auf Rückkehr auf den alten Arbeitsplatz.

Gesetz	Geltungsbereich	Wesentliche Bestimmungen
Jugendarbeitsschutzgesetz (JArbSchG)	jugendliche Arbeitnehmer (unter 18 Jahren)	Das Gesetz verbietet die Beschäftigung von Kindern und Jugendlichen unter 15 Jahren, regelt Besonderheiten bezüglich Arbeitszeiten, Ruhepausen und Urlaub, Arbeitsplatzgestaltung, gesundheitliche Betreuung und Berufsschulbesuch von jugendlichen Arbeitnehmern (bis 18 Jahre).
Bundes-Immissionsschutzgesetz (BImschG)	alle Arbeitgeber und Arbeitnehmer	Gesetz zum **Schutz vor schädlichen Umwelteinwirkungen** durch Luftverunreinigungen, Geräusche, Erschütterungen und ähnliche Vorgänge (früher: Umweltschutzgesetz). Zweck des Gesetzes ist es, uns selbst und unsere Mitmenschen, Tiere und Pflanzen, den Boden, das Wasser, die Atmosphäre sowie auch Kultur- und sonstige Sachgüter zu schützen und dem Entstehen schädlicher Umwelteinwirkungen vorzubeugen. Auf betrieblicher Ebene kann dies z. B. bei Wasser und Papier oder sonstigen Einsparungen beginnen (→ LF 12, Kapitel 8).
Arbeitsschutzgesetz (ArbSchG) und Arbeitsstättenverordnung (ArbStättV)	alle Arbeitgeber	Diese Verordnung dient der **Sicherheit und dem Gesundheitsschutz** der Beschäftigten beim Einrichten und Betreiben von Arbeitsstätten. Der Arbeitgeber hat dafür zu sorgen, dass Arbeitsstätten so eingerichtet und betrieben werden, dass von ihnen **keine Gefährdungen für die Sicherheit und die Gesundheit** der Beschäftigten ausgehen, u. a. durch ein Rauchverbot. Dazu gehören auch Maßnahmen für eine sichere Arbeitsstätten- und Arbeitsplatzgestaltung, einen sicheren Arbeitsmitteleinsatz, für Lärmschutz, zur arbeitsmedizinischen Vorsorge, zur Lastenhandhabung oder zum Umgang mit Gefahr- oder Biostoffen. Zu den Maßnahmen gehören Gefährdungsbeurteilungen, die Einbindung des Gesundheits- und Arbeitsschutzes in eine Arbeitsschutzorganisation, Unterweisungen der Beschäftigten sowie die Implementierung von Betriebsärzten und Sicherheitsingenieuren/Fachkräften gemäß Arbeitssicherheitsgesetz (siehe auch oben Regelungen im Arbeitsschutzgesetz). Anfang 2021 wurden Maßnahmen zur Kontaktreduzierung von Arbeitnehmern im Betrieb sowie für die Durchsetzung von Hygieneregeln (u. a. durch die Bereitstellung und Nutzung des Mund-Nasen-Schutzes) festgelegt; eine weitere Maßnahme war die Verpflichtung der Arbeitgeber, Homeoffice, dort wo möglich, anzubieten.

Gesetz	Geltungsbereich	Wesentliche Bestimmungen
Kündigungsschutzgesetz (KSchG) (→ Kapitel 2.4)	alle privatwirtschaftlichen Arbeitgeber	Das Kündigungsschutzgesetz gilt für Arbeitnehmerinnen und Arbeitnehmer, die im selben Unternehmen ohne Unterbrechung **sechs Monate** beschäftigt waren, und schützt vor sozial ungerechtfertigter Entlassung. Der allgemeine Kündigungsschutz gilt nur für Unternehmen, die **mehr als zehn Arbeitnehmer** ohne Auszubildende beschäftigen. Teilzeitbeschäftigte werden bei der Ermittlung der Arbeitnehmer anteilig berücksichtigt, Auszubildende und der Chef werden nicht mitgezählt.

Besonderer Kündigungsschutz

Besonderen Kündigungsschutz genießen:

» **Betriebsratsmitglieder, Jugend- und Auszubildendenvertreter** (**§ 15 Kündigungsschutzgesetz**)
Der Arbeitgeber darf diesen Mitarbeitern und Mitarbeiterinnen nur aus einem wichtigen Grund kündigen. Üben sie während ihrer Berufsausbildung eine der genannten Funktionen aus, müssen sie nach ihrer Berufsausbildung in ein unbefristetes Arbeitsverhältnis übernommen werden, sofern ihnen nicht drei Monate vor Abschluss ihrer Ausbildungszeit gekündigt wurde.

» **Werdende Mütter** (**§ 9 Mutterschutzgesetz**)
Frauen darf während der Schwangerschaft und vier Monate nach der Entbindung nicht gekündigt werden.

» **Junge Väter/Mütter** (**§§ 4, 15, 18 Bundeserziehungsgeldgesetz**)
Eine Kündigung während der Elternzeit ist nicht statthaft.

» **Schwerbehinderte** (**§§ 85–92 SGB IX Schwerbehindertenrecht**)
Eine Kündigung ist nur mit Zustimmung der Hauptfürsorgestelle möglich.

Mutterschutz

Schwangere Frauen bedürfen eines besonderen Schutzes ihrer Gesundheit und der ihres ungeborenen Kindes. Wichtige Bereiche des **Mutterschutzgesetzes** betreffen daher vor allem die Gefahren am Arbeitsplatz und den besonderen Kündigungsschutz.

Gesetz zum Schutz von Müttern bei der Arbeit, in der Ausbildung und im Studium (Mutterschutzgesetz – MuSchG)	
Freistellung	» gilt sechs Wochen vor und acht Wochen nach der Entbindung. » In der Schutzfrist vor der Entbindung kann auf Wunsch gearbeitet werden. » Es besteht Anspruch auf ein Mutterschaftsgeld für Frauen in der gesetzlichen Sozialversicherung nach dem Sozialgesetzbuch (maximal 210,00 €) für die Zeit des Schwangerschaftsurlaubs.

Gesetz zum Schutz von Müttern bei der Arbeit, in der Ausbildung und im Studium (Mutterschutzgesetz – MuSchG)	
Beschäftigungsverbot	» besteht in der Schutzfrist nach der Entbindung. » gilt bei schweren körperlichen Arbeiten (für regelmäßige Lasten von mehr als 5 kg oder gelegentliche Lasten von mehr als 10 kg Gewicht). » gilt bei Arbeiten mit erhöhter Unfallgefahr (Fall oder Sturz). » für Akkord- und Fließbandarbeit, Mehrarbeit, Nachtarbeit (zwischen 20:00 und 06:00 Uhr), Sonntagsarbeit. » gilt für Arbeiten auf Beförderungsfahrzeugen aller Art (nach Ablauf des dritten Schwangerschaftsmonats). » gilt bei mehr als vier Stunden stehender Arbeit (nach Ablauf des fünften Schwangerschaftsmonats).
Kündigungsschutz	» besteht während der Schwangerschaft bis vier Monate nach der Entbindung und während der Elternzeit.
Elternzeit	» kann bis zur Vollendung des dritten Lebensjahres des Kindes beansprucht werden (auch vom Vater) und mit Zustimmung des Arbeitgebers bis zum achten Lebensjahr des Kindes genommen werden. » Es besteht ein Rechtsanspruch auf Teilzeitarbeit bis 30 Wochenstunden. » Es besteht Anspruch auf Stillzeit von zweimal 30 oder einmal 60 Minuten täglich unter Fortzahlung der Bezüge.

2.6 Arbeitsgerichtsbarkeit

Das **Arbeitsgericht** entscheidet über Streitigkeiten zwischen Arbeitgeber und Arbeitnehmern und/oder deren Verbänden, sofern eine gütliche Einigung versucht wurde, diese aber nicht zu einem Ergebnis führte. Arbeitsgerichte gibt es auf kommunaler, Landes- und Bundesebene.

Inzwischen dürfen Dokumente auch elektronisch eingereicht werden. Im Zuge der Ausbreitung der Corona-Pandemie und der Schließung der meisten Geschäfte und Institutionen ist es erlaubt, dass Verhandlungen auch per Videokonferenz stattfinden.

Gang des Verfahrens

1. **Güteverhandlung** (mit nur einem Richter). Die Gerichtskosten sind niedrig (bei Güteverhandlungen entstehen gar keine Kosten für die Parteien), damit auch Arbeitnehmer mit geringem Einkommen klagen können. Die Prozessgegner tragen nur ihre Kosten (z. B. Verdienstausfall, Fahrtkosten, ggf. Anwalt). Der Prozessgewinner bekommt nicht – wie beim Zivilprozess – seine Kosten vom Prozessverlierer ersetzt.
2. Bei Ablehnung oder Scheitern der Güteverhandlung folgt ein **Kammertermin** vor dem Arbeitsgericht (drei Richter) mit einem Urteil.
3. Bei einer **Berufung** (durch eine oder beide Parteien) vor dem Landesarbeitsgericht (LAG) erfolgt eine Neuverhandlung mit Urteil.
4. Bei der Zulassung oder **Revision** durch das LAG kommt es zur Verhandlung beim Bundesarbeitsgericht (BAG) mit Urteil.

Parteien	entweder	Arbeitgeber	⟷	Arbeitnehmer
	oder	Arbeitgeberverband	⟷	Gewerkschaften

Gericht	Zuständigkeit	Vertretung der Parteien vor Gericht
Arbeitsgerichte in Großstädten und Kreisstädten (grundsätzlich: Erfüllungsort des Vertrages bzw. Sitz der juristischen Person)	Zuständig für Streitigkeiten » aus dem Arbeitsverhältnis » aus der Mitbestimmung » aus Tarifverträgen Kammern besetzt mit » einem Richter » jeweils einem Arbeitgeber- und einem Arbeitnehmervertreter	» Anwalt » Verbandsvertreter und andere Bevollmächtigte (§ 11 ArbGG) » selbst
Landesarbeitsgerichte in Großstädten und unter anderen Bedingungen (nach § 64 ArbGG) Kreisstädten	Zuständig für **Berufungen** (= Neuverhandlung) ab einem Streitwert von 600,00 € und andere Bevollmächtigte (§ 11 ArbGG) Kammern besetzt mit » einem Berufsrichter » jeweils einem Arbeitgeber- und einem Arbeitnehmervertreter	» Anwalt » Verbands-/Gewerkschaftsvertreter
Bundesarbeitsgericht in Erfurt	Zuständig für **Revisionen** (= Überprüfung des Verfahrens) und **Grundsatzentscheidungen** (siehe auch § 72 ArbGG) Senate besetzt mit » **drei** Berufsrichtern sowie » jeweils **einem** Arbeitgeber- und einem Arbeitnehmervertreter	» Anwalt

Situationsaufgabe

Situation:

Beim Reiseveranstalter „Avanti“, einem Betrieb mit mehr als 30 Beschäftigten, hat es in der letzten Woche einige Entlassungen gegeben.

Aufgaben:

1_ Welche Schritte und Formalien müssen bei einer Kündigung eingehalten werden?

2_ Beurteilen Sie jeweils, ob die folgenden Kündigungen sozial gerechtfertigt sind und welche Kriterien für die soziale Auswahl der zu Kündigenden herangezogen werden.

a) Frau Winkler, 52 Jahre alt, aus der Buchhaltung, soll gekündigt werden, weil sie sehr langsam arbeitet.

b) Der Mitarbeiter Herr Gerlach, 32 Jahre alt, telefoniert viel mit seiner Frau wegen der Kinder.

c) Frau Braun, 23 Jahre alt, seit sechs Monaten in der Touristikabteilung beschäftigt, kam in den letzten drei Wochen zweimal zu spät, weil ihr Sohn Keuchhusten hatte.

3_ Wann würden die Angestellten bei der Kündigung seitens des Betriebes am 15.05. unter Einhaltung des Kündigungsschutzgesetzes und der gesetzlichen Kündigungsfristen aus dem Betrieb ausscheiden?

a) Frau Winkler, 52 Jahre alt, zehn Jahre im Betrieb

b) Herr Gerlach, 32 Jahre alt, zehn Jahre im Betrieb

c) Frau Braun, 23 Jahre alt, ein Jahr im Betrieb

4_ Welche Kündigungsfrist hätten die betroffenen Angestellten einhalten müssen, wenn sie selbst gekündigt hätten?

Aufgaben

1_ Welche Rechtsbereiche umfasst das Arbeitsrecht?

2_ Erklären Sie den Begriff „individuelles Arbeitsrecht".

3_ Ein 17-Jähriger möchte einen Arbeitsvertrag abschließen. Die Eltern verweigern ihre Zustimmung. Kann ein Arbeitsvertrag zustande kommen?

4_ Überprüfen Sie Ihren eigenen Ausbildungsvertrag auf Gesetzmäßigkeit im Hinblick auf

a) Dienstort,

b) Ausbildungsvergütung,

c) Abgeltung von Mehrarbeit.

d) Welche Kündigungsfristen wurden vereinbart?

5_ Erklären Sie anhand von Beispielen folgende Begriffe: Fürsorgepflicht, personenbezogene Daten, Zeugnispflicht.

Weitere Aufgaben finden Sie unter BPW

Web

3 Arbeitsentlohnung und soziale Sicherung

Einmal im Monat während des Auszubildenden- oder Arbeitsverhältnisses erhalten Sie die Ihnen zustehende Entlohnung. Von dieser behält der Staat in Form von Steuerabzügen und Sozialversicherungsbeiträgen einen Teil ein. Die Höhe der Abzüge ist gesetzlich geregelt.

3.1 Entlohnung der Arbeitsleistung

Lohn ist betriebswirtschaftlich und arbeitsrechtlich der Inbegriff aller Formen des **Arbeitsentgeltes**. Wesentlich ist dabei, dass Arbeitnehmerinnen und Arbeitnehmer so entlohnt werden, wie es den Anforderungen und Leistungen an ihrem Arbeitsplatz entspricht. Zu beachten ist, dass ein gesetzlicher Mindestlohn von zunächst 9,82 € (2022) und 12,00 € geplant für alle Tätigkeiten (mit Ausnahmen) vorgeschrieben ist, um ein Existenzminimum durch Arbeit zu gewährleisten (das wäre bei einem Vollarbeitsplatz mit 180 Stunden ein Bruttolohn von 2.160,00 € und ein Nettolohn bei Steuerklasse 1 von etwa 1.440,00 €). Der gerechte Lohn ist allerdings eine ethische Größe, für die es keine objektiven Maßstäbe gibt. Die Arbeitnehmerinnen und Arbeitnehmer müssen das Empfinden haben, gerecht behandelt zu werden. Dazu gehört auch eine Staffelung des Einkommens für qualifizierte und weniger qualifizierte Tätigkeiten.

> **!** **Arbeitslohn ist i. d. R. Geldlohn, der unter Umständen durch Lohnergänzungen oder andere Vorteilsgewährungen aufgestockt oder teilweise abgegolten wird.**

Folgende Möglichkeiten können zur Realisierung der Lohngerechtigkeit beitragen:

1. **angemessene Beteiligung** der Arbeitnehmerinnen und Arbeitnehmer an der einzelwirtschaftlichen **Wertschöpfung** des Unternehmens
2. angemessene **Lohnformen**
3. **Lohnergänzungen** (**→ Kapitel 3.3**).

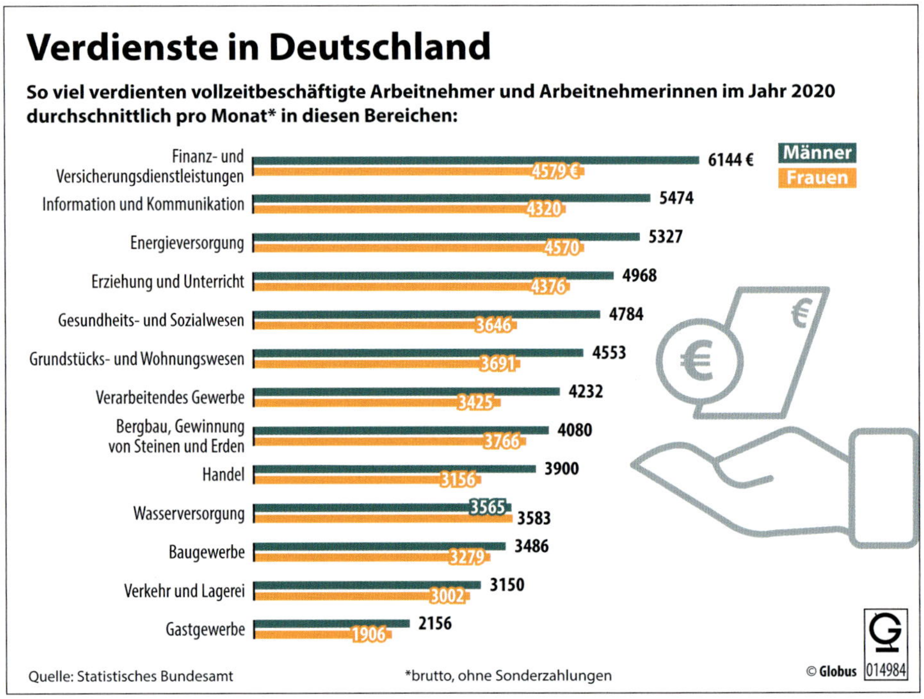

Lohnformen	
Zeitlohn	» Stundenlohn » Tageslohn » Monatslohn
Leistungslohn	» Prämienlohn » Pensumlohn
Beteiligungslohn	» Ergebnisbeteiligung » Kapitalbeteiligung
Soziallohn	» Familienlohn » Zahlung von Kranken-, Urlaubs- und Weihnachtsgeld » Arbeitgeberanteil zur Sozialversicherung

3.2 Bruttogehalt und Nettogehalt

Vom **Bruttogehalt** werden die Steuern sowie die Sozialversicherungsbeiträge in Höhe der jährlich neu festgelegten Prozentpunkte (wie in den Tabellen in Kapitel 3.5 dargestellt) abgezogen.

Der **Nettoverdienst** ergibt sich aus dem Gesamtbruttogehalt abzüglich der zu entrichtenden Steuern und Sozialversicherungsbeiträge.

Steuerabzüge

Der an den Staat abzugebende Steueranteil des erhaltenen Einkommens setzt sich aus mehreren Steuern zusammen. Diese Steuern werden dem Finanzamt im Abzugsverfahren durch den Arbeitgeber direkt überwiesen.

Der **Grundfreibetrag** (jeweils für Ledige) beträgt 9.984,00 € (2022) jährlich, d. h., bis zu diesem Betrag bleibt das zu versteuernde Einkommen steuerfrei. Der Eingangssteuersatz beträgt 14 % (2022), steigt bis 14.926,00 € progressiv auf 24 % bis 42 % bis 58.597,00 €, dann darüber hinaus weniger progressiv bis auf 45 % (2022).

Für die **Kirchensteuer** ist die zu entrichtende Lohnsteuer die Bemessungsgrundlage.

Ein **Solidaritätszuschlag** wird seit 2021 für ca. 90 % der Arbeitnehmer (bis zu einem zu versteuernden Einkommen von 73.000,00 € oder bis zu einer Einkommensteuer von 16.956,00 € pro Jahr) nicht mehr erhoben. Eine Beschreibung der bisherigen Regelungen entfällt daher.

Die Höhe der vom Arbeitgeber einbehaltenen Lohnsteuer richtet sich nach derzeit sechs Steuerklassen. Die Zuordnung zu diesen Steuerklassen ergibt sich aus dem **Familienstand** und der **Anzahl der Beschäftigungsverhältnisse** des Arbeitnehmers.

Die Wahl der Steuerklasse (siehe Tabelle auf Folgeseite) beeinflusst auch die Höhe von Lohnersatzleistungen entscheidend mit: Wer ALG I oder eine andere Lohnersatzleistung erhält, wird auf der Grundlage der Lohnsteuerklasse einer bestimmten Leistungsgruppe zugeordnet. Somit ist das Hauptziel eines Steuerklassenwechsels bei Ehepaaren, ein höheres Nettoeinkommen für den Partner mit Anspruch auf eine Sozialleistung zu erzielen.

Seit 2011 liegt die Verwaltung der Lohnsteuermerkmale bei den zuständigen Finanzämtern. Die Finanzämter sind verantwortlich für
- die Neuausstellung,
- die Änderungen der Steuerklasse, Religionszugehörigkeit, Namen, Kinderzahl und Wohnsitz und
- die Eintragung von Frei- und Hinzurechnungsbeiträgen.

Lohnsteuerklasse I	Arbeitnehmer, die » ledig oder geschieden sind, » verheiratet sind, aber dauernd getrennt leben, » verwitwet sind, » keinen Anspruch mehr auf Steuerklasse III haben.
Lohnsteuerklasse II	Arbeitnehmer, die » Bedingungen für Steuerklasse I erfüllen und » bei denen mindestens ein Kind im Haushalt lebt.
Lohnsteuerklasse III	Verheiratete Arbeitnehmer » die nicht dauernd getrennt leben, » bei denen ein Ehepartner keinen Arbeitslohn bezieht oder » bei denen ein Ehepartner Arbeitslohn bezieht und der andere Ehepartner in Steuerklasse V eingereiht ist.
Lohnsteuerklasse IV	Verheiratete Arbeitnehmer, wenn beide Ehegatten » Arbeitslohn beziehen, der weitgehend gleich hoch ist, » nicht dauernd getrennt leben.
Lohnsteuerklasse V	Verheiratete Arbeitnehmer, die eine (vorübergehende) Tätigkeit ausüben, » bei der das Einkommen so gering ist, dass die Freibeträge, die Steuerklasse IV enthält, nicht ausgeschöpft werden, » oder wenn ein Ehegatte bereits in Steuerklasse III eingereiht wurde.
Lohnsteuerklasse VI	Arbeitnehmer, die gleichzeitig von mehreren Arbeitgebern Arbeitslohn beziehen: » Die Steuerklasse wird auf die zweite bzw. jede weitere Lohnsteuerkarte eingetragen.

Berechnungsbeispiel 1 auf Grundlage der Daten für 2022

Beispiel 1: Herr Klein ist 1972 geboren, ledig, rk und kinderlos; er hat während des ganzen Kalenderjahres gearbeitet und wohnt in Worms.
Beispiel 2: Ines ist Auszubildende, 24 Jahre alt, ledig und kinderlos; sie wohnt in Hamburg.

	Lohn/Gehalt Nettoberechnung		
	Beispiel 1		**Beispiel 2**
Steuerpfl. brutto:	**3.000,00 €**	0,00 €	**720,00 €**
dar. Versorgungsbezüge:		0,00 €	
V-Bez. im Jan. od. im erst. voll. Monat:		0,00 €	
vorauss. Sonderzahlung V-Bezüge:		0	
Zahl der Monate für V-Bezüge:		0,00 €	
Sachbezüge:			
Lohnsteuer:	383,16 €		0,00 €
Kirchensteuer:	34,48 €		0,00 €
Krankenversicherung (7,3 % + 0,65 % durchschn. Kassenbeitr.):	238,50 €		57,24 €
Pflegeversicherung (1,525 % + 0,35 % Kinderlosenzuschl.):	56,25 €		13,50 €
Rentenversicherung (9,3 %):	279,00 €		66,96 €
Arbeitslosenversicherung (1,20 %):	36,00 €		8,64 €
netto:	**1.972,61 €**		**573,66 €**

Zum Ende des Jahres 2012 wurden die Lohnsteuerkarten durch das elektronische Verfahren „Elektronische Lohnsteuer-Abzugs-Merkmale“ (**ELStAM**) ersetzt. Das neue Verfahren erlaubt es dem Arbeitgeber, die Lohnsteuerabzugsmerkmale für den Arbeitnehmer beim Bundeszentralamt für Steuern online abzurufen (§ 39e Abs. 4 EStG). Der Arbeitnehmer muss ihm dazu bei Dienstantritt seine Steuer-Identifikationsnummer und sein Geburtsdatum mitteilen.

3.3 Sachbezüge im Tourismus

Wie in Kapitel 3.1 festgestellt, ist Arbeitslohn i. d. R. Geldlohn, der unter Umständen durch **Sachbezüge** oder andere **Vorteilsgewährungen** ergänzt oder teilweise abgegolten wird. Diese geldwerten Einnahmen unterliegen, sofern ein Wert von 50,00 € im Monat überschritten wird, der Einkommensteuer bzw. Lohnbesteuerung und der gesetzlichen Sozialversicherung (mit Ausnahmen, s. u.).

§ **Arbeitslohn und Sachbezüge**

Alle Güter, die dem Arbeitnehmer im Rahmen seines Dienstverhältnisses zufließen unabhängig davon, unter welcher Bezeichnung oder in welcher Form sie gewährt werden, zählen nach § 8 Abs. 1 EStG in Verbindung mit § 2 Abs. 1 LStDV zum Arbeitslohn. Bestehen die Güter nicht in Geld, sondern in Geldeswert, so spricht man von Sachbezügen.

EXKURS»

Extras: Das ist steuerfrei

Folgende Zuwendungen bleiben steuer- und abgabenfrei, falls sie zusätzlich zum Gehalt ausgezahlt werden:

- **Sachleistungen:** Geschenke und Gutscheine oder auch ein Friseurbesuch sind pro Monat und Mitarbeiter bis zu 50,00 € möglich.
- **Fahrtkosten:** Für den Weg zwischen Wohnung und Arbeitsplatz kann man Jobtickets für Fahrten mit öffentlichen Verkehrsmitteln in voller Höhe gewähren (dafür verringert sich die Fahrtkostenpauschale in der persönlichen Einkommensteuererklärung).
- **Online:** Arbeitgeber können pauschal den privaten Internetzugang des Mitarbeiters mit 50,00 € im Monat bezuschussen.
- **Verpflegung/Unterkunft:** Die Verpflegung eines Mitarbeiters kann man mit maximal 270,00 € im Monat unterstützen, die Unterkunft mit bis zu 241,00 € (2022).
- **Familien:** Der Arbeitgeber kann die Gebühren für einen Kindergartenplatz, einen Hort oder eine Tagesmutter in voller Höhe steuerfrei übernehmen.
- **Gesundheit:** Anti-Stress- oder Burn-out-Trainings, Ernährungs- oder Nichtraucherkurse kann man pro Mitarbeiter jährlich mit bis zu 600,00 € fördern. Aber: Mitgliedschaften in Sportvereinen und Fitnessstudios sind ausgenommen.
- **Geschenke:** Zu persönlichen Anlässen wie Geburtstag oder Jubiläum können Firmen einem Mitarbeiter Geschenke im Wert von bis zu 60,00 € zukommen lassen.

! **Sachbezüge, wie Wohnraumüberlassung, verbilligte Mahlzeiten oder Gutscheine, sind geldwerte Güter, die einem Arbeitnehmer im Rahmen seines Dienstverhältnisses als nicht geldlicher Arbeitslohn zufließen.**

Allgemeine Berechnung des Sachbezuges

» Erhält der Arbeitnehmer als Sachbezug **Waren oder Dienstleistungen** vom Arbeitgeber aus dessen Leistungsportfolio – nicht Nutzungsüberlassungen –, so kann gemäß § 31 Abs. 2 LStR der übliche Endpreis mit 96 % des Preises angesetzt werden, zu dem sie fremden Letztverbrauchern angeboten werden (Angebotspreis).
Von dem verbleibenden Preis wird ggf. der Rabattfreibetrag (jährlich 1.080,00 € im Jahr 2022) abgezogen. Der Rest ist grundsätzlich lohnsteuerpflichtiger Arbeitslohn des Arbeitnehmers.

» Im Bereich Tourismus gibt es prinzipiell zwei Gruppen von „Lohnaufbesserungen“ in Form von **Arbeitnehmerreisen:**
  1. Dienstreisen (Auswärtstätigkeit), Informationsreisen und Belohnungsreisen
  2. Reisen des Arbeitnehmers unter in Anspruchnahme von Reisepreisermäßigungen und Reisegutscheinen aufgrund seiner Tätigkeit. Diese Reisen fallen unter die Sachbezüge.

Der Arbeitnehmer eines Reisebüros hat für eine vom Arbeitgeber vermittelte Pauschalreise, die im Katalog des Reiseveranstalters zum Preis von 2.000,00 € angeboten wird, nur 1.500,00 € zu zahlen.

Vom Preisnachlass entfallen 300,00 € auf die Reiseleistung des Veranstalters und 200,00 € auf die Vermittlung des Arbeitgebers, der keine Vermittlungsprovision erhält. Die unentgeltliche Vermittlungsleistung des Reisebüros ist mit ihrem um 4 v. H. = 8,00 € geminderten Endpreis von 200,00 € zu bewerten, sodass sich ein Arbeitslohn von 192,00 € ergibt, der im Rahmen des Rabattbeitrages von 1.080,00 € jährlich steuerfrei bleibt. Auf die 300,00 € ist der Rabattfreibetrag nicht anwendbar, weil die Reiseveranstaltung nicht vom Arbeitgeber durchgeführt wird (vgl. § 8 Abs. 3 S. 2 EStG); der Preisnachlass ist als Lohnzahlung durch Dritte in voller Höhe als Arbeitslohn zu versteuern.

In der **Sozialversicherungsentgeltverordnung** (SVEV, auch **Sachbezugsverordnung**) werden für die Gewährung kostenloser Verpflegung und Unterkunft amtliche Sachbezugswerte festgesetzt.

3.4 Sozialversicherung

Das **Sozialstaatsprinzip** nach Artikel 20 und 28 Grundgesetz verpflichtet den Staat, in angemessener Weise für die soziale Sicherheit seiner Bürger zu sorgen und soziale Härten zu mindern.

Zum Netz der sozialen Sicherung gehören beispielsweise eine Absicherung der finanziellen Lebensgrundlagen im Alter, ein Schutz vor finanziell gravierenden Einbußen bei Krankheit, die Milderung der Folgen von Arbeitslosigkeit und die Herabsetzung finanzieller Hürden bei der beruflichen Bildung.

Im Wesentlichen unterscheidet man bei der sozialen Sicherung zwischen **Versicherung, Versorgung und Sozialhilfe.**

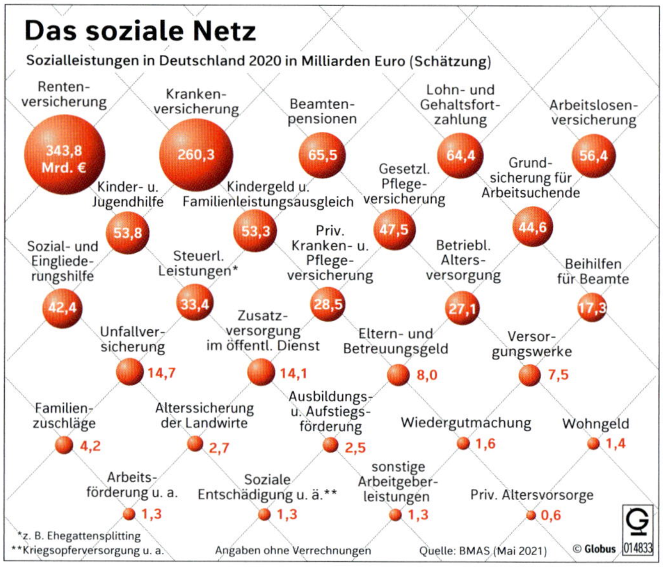

Unsere soziale Sicherung

§ **Die Grundprinzipien der deutschen Sozialversicherung**

Das Prinzip der Versicherungspflicht
In Deutschland sind nahezu 90 % der Bevölkerung in der Sozialversicherung pflicht- oder freiwillig versichert.

Das Prinzip der Beitragsfinanzierung
Die einzelnen Sozialversicherungszweige finanzieren sich bis auf wenige Ausnahmen aus Beiträgen die jeweils hälftig vom Arbeitgeber und Arbeitnehmer aufgebracht werden. Diese Beiträge richten sich nach dem Bruttogehalt des Arbeitsnehmers, jedoch nur bis zur jeweiligen Beitragsbemessungsgrenze.

Das Prinzip der Solidarität
Die zu versichernden Risiken werden von allen Versicherten gemeinsam getragen. Unabhängig davon, wie viel die Versicherten an die Sozialversicherungen gezahlt haben, sind sie in umfassendem Maße abgesichert. Durch diesen solidarischen Ansatz wird ein Ausgleich zwischen Gesunden und Kranken, zwischen besser und weniger gut Verdienenden, zwischen Jung und Alt, zwischen Familien und Singles geschaffen.

Das Prinzip der Selbstverwaltung
Beim Selbstverwaltungsprinzip wird der Staat durch Delegation von Aufgaben und Verantwortungsbereichen an die Träger entlastet (Subsidiaritätsprinzip). Das heißt, dass die Träger der Sozialversicherung als öffentlich-rechtliche Körperschaft alle Steuerungsaufgaben in Eigenverantwortung unter Rechtsaufsicht des Staates erfüllen. Damit sind sie organisatorisch und finanziell weitgehend selbstständig. Das Besondere an diesem Prinzip ist, dass Arbeitnehmer und Arbeitgeber unmittelbar an der Selbstverwaltung beteiligt sind.

Das Prinzip der Freizügigkeit
Das Prinzip der Freizügigkeit wurde innerhalb der Europäischen Union im Rahmen des Binnenmarktes eingeführt. Es bedeutet den freien Verkehr von Waren, Dienstleistungen und Kapital innerhalb der EU-Mitgliedstaaten. Die Freizügigkeit wurde schrittweise erweitert, um jedem Bürger der Union die Möglichkeit zu geben, sich in allen EU-Mitgliedsstaaten frei zu bewegen und aufzuhalten.

Zweige und Träger

Das Sozialgesetzbuch unterscheidet folgende Sozialversicherungszweige:

Versicherungszweige nach SGB				
Krankenversicherung (SGB V)	**Unfallversicherung** (SGB VII)	**Rentenversicherung** (SGB VI)	**Arbeitslosenversicherung** (SGB II/III)	**Pflegeversicherung** (SGB XI)

Ergänzt werden die Sozialversicherungen durch **soziale Ausgleichs- und Vorsorgeleistungen** in Form von Kindergeld, Elterngeld, Bildungs- und Arbeitsförderung, Wohngeld und Ähnlichem.

Das Sozialgeld oder die **Sozialhilfe** soll ein der Menschenwürde entsprechendes Leben ermöglichen. Gesetzlich geregelt ist sie im SGB XII. Hierbei fallen bedürftige, aber als erwerbsfähig eingestufte Personen zusammen mit ihren Angehörigen als Bedarfsgemeinschaft unter das SGB II, und damit unter das Arbeitslosengeld II (auch als Hartz IV bekannt). Sie werden dann nicht mehr als Sozialhilfebezieher geführt.

Die **Versicherungsträger** der Sozialversicherungen sind **juristische Personen des öffentlichen Rechts,** deren Selbstverwaltung in den §§ 29 bis 90 SGVB IV festgelegt ist. Aufgrund der fehlenden Praxisrelevanz wird auf eine nähere Erläuterung verzichtet.

Gemeinsame Vorschriften (SGB IV)

! **Das Sozialversicherungsgesetz gilt für die Versicherungszweige der Kranken-, Unfall-, Renten- und Pflegeversicherung.**

Für die Sozialversicherung besteht eine **Versicherungspflicht** (gesetzliche Zwangsversicherung); sie kann aber auch durch den eigenen Beitritt aufgrund einer **Versicherungsberechtigung** begründet werden. Diese allgemeine Feststellung wird in § 2 SGB IV um den Personenkreis, der als **Versicherungsnehmer** in Betracht kommt, ergänzt.

Versicherungsnehmer

- Personen, die gegen Arbeitsentgelt (nicht: Beamte) oder zu ihrer Berufsausbildung beschäftigt sind
- Behinderte, die in geschützten Einrichtungen beschäftigt werden
- Landwirte

Entsprechend dem **Territorialprinzip** besteht eine Versicherungspflicht bzw. eine Versicherungsberechtigung in dem Land und zu den Landesbedingungen, in dem man seine berufliche Tätigkeit ausübt.

Versicherungspflicht/-berechtigung

1. Beschäftigung oder selbstständige Tätigkeit wird im Inland ausgeübt.
2. Wohnsitz oder gewöhnlicher Aufenthalt ist im Staatsgebiet.

Letztere Möglichkeit ist für die freiwillig Versicherten von Bedeutung.

Aus- und Einstrahlung

Die deutsche Sozialversicherungsgesetzgebung gilt entsprechend den §§ 4 und 5 SGB IV auch für Beschäftigte, die eine Beschäftigung für einen **Arbeitgeber mit Sitz im Inland** im Ausland ausüben (Ausstrahlung). Jedoch gelten die deutschen Sozialversicherungsgesetze nicht für **ausländisch Beschäftigte** mit zeitlich begrenzter **Inlandstätigkeit** (Einstrahlung).

Beschäftigungsverhältnis

Ein Beschäftigungsverhältnis liegt gemäß § 7 SGB IV dann vor, wenn **nicht selbstständige Arbeit** ausgeübt wird, insbesondere in einem Arbeitsverhältnis.

Geringfügige Beschäftigung

Hierunter fallen geringfügig entlohnte Beschäftigung, Beschäftigung im Privathaushalt, kurzfristige Beschäftigung und Jobs im Niedriglohnbereich bis 450,00 €. Zur Sozialversicherungspflicht siehe Seite 48.

Selbstständige Tätigkeit

Dieser Begriff ist im SGB nicht definiert. Die Rechtsprechung sieht sie unter folgenden Voraussetzungen gegeben:

- eigenes Unternehmensrisiko (Ungewissheit des Erfolges)
- freigestaltete Tätigkeit und Arbeitszeit
- Einkommensteuer aus Unternehmertätigkeit und Vermögen oder freiberuflicher Tätigkeit (niedergelassener Arzt, Anwalt, Steuerberater, Künstler)

Beschäftigungsort

Der Beschäftigungsort eines Arbeitnehmers ist der Ort, an dem sich die Arbeitsstätte des Versicherten befindet. Er ist u. a. für die Mitgliedschaft und den Beitragseinzug der örtlich zuständigen Krankenkasse von Bedeutung.

Beitrag

Die Sozialversicherung finanziert sich durch Beiträge der Versicherten, der Arbeitgeber und Dritter. Die maximale Höhe richtet sich nach jährlich neu festgelegten Beitragsbemessungsgrenzen für die verschiedenen gesetzlichen Sozialversicherungen. Der Arbeitgeber ist verpflichtet, die Gesamtsozialversicherungsbeiträge aus allen Sozialversicherungszweigen an die Krankenkassen zu zahlen.

Die **Fälligkeit der Sozialversicherungsbeiträge** richtet sich nicht nach der tatsächlichen Zahlung des Lohns, sondern nach dem Entstehen des Anspruchs. Entsprechend sind die Beiträge spätestens **am drittletzten Bankentag** des Monats fällig.

Sozialversicherungsausweis und Meldepflicht

Zur Erhaltung der Funktionsfähigkeit der Sozialversicherung ist es notwendig, dass alle Betroffenen ihren Verpflichtungen nachkommen und Missbrauch von Leistungsansprüchen ausgeschlossen wird.

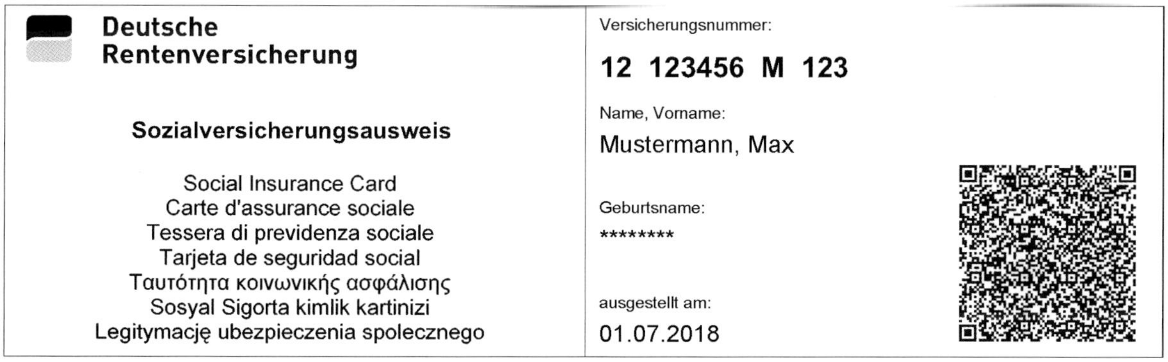
Deutsche Rentenversicherung

Sozialversicherungsausweis

Social Insurance Card
Carte d'assurance sociale
Tessera di previdenza sociale
Tarjeta de seguridad social
Ταυτότητα κοινωνικής ασφάλισης
Sosyal Sigorta kimlik kartinizi
Legitymację ubezpieczenia spolecznego

Versicherungsnummer:
12 123456 M 123

Name, Vorname:
Mustermann, Max

Geburtsname:
****

ausgestellt am:
01.07.2018

Seit dem 31. Dezember 1995 besitzt jeder Beschäftigte einen **Sozialversicherungsausweis,** den er beim Arbeitgeber vorzulegen hat und bei seiner Beschäftigungsausübung für Kontrollen mit sich führen muss oder beim Sozialleistungsträger hinterlegen kann. Durch dieses **Kontrollinstrument** sollen illegale Beschäftigungsverhältnisse und Leistungsmissbrauch verhindert werden.

3.5 Sozialversicherungszweige

3.5.1 Gesetzliche Krankenversicherung (KV)

Träger: Allgemeine Ortskrankenkassen (AOK), Innungs-, Betriebs-, Ersatzkassen	
Versicherte	**Leistungen**
Versicherungspflichtige: » alle **Arbeitnehmer** bis zur Beitragsbemessungsgrenze (wird jährlich neu festgelegt) » Auszubildende, Studenten, Arbeitslose, Rentner, Freiwillige im sozialen Jahr (FSJler) **Freiwillig Versicherte:** » Personen, die aus der Pflichtmitgliedschaft ausgeschieden sind » Selbstständige » Arbeitnehmer über der Pflichtgrenze » Familienmitglieder **Beiträge (2022):** » Arbeitnehmer und -geber je 7,3 % » zusätzlich paritätischer Beitrag von derzeit je nach Krankenkasse durchschnittlich 1,3 %	» **Aufklärung** und Beratung » **zahnärztliche** Regeluntersuchung und Vorsorgebehandlung » **Früherkennung** von Krankheiten » **ambulante** und **stationäre Krankenbehandlung** » **Krankengeld** (ab der 7. Krankheitswoche durchschnittlich 70 % vom Brutto bis maximal 90 % vom Netto) bis zu 72 Wochen insgesamt innerhalb von drei Jahren für dieselbe Krankheit) » Leistungen bei **Schwangerschaft** und **Mutterschaft** (Vorsorgeuntersuchungen, Krankenhauskosten, Mutterschaftsgeld) » **Familienhilfe:** Leistungen für die Familienangehörigen des Versicherten » zahlreiche Sonderleistungen zur Abwendung der Folgen der Corona-Pandemie

Weitere Informationen finden Sie unter www.gkv-spitzenverband.de.

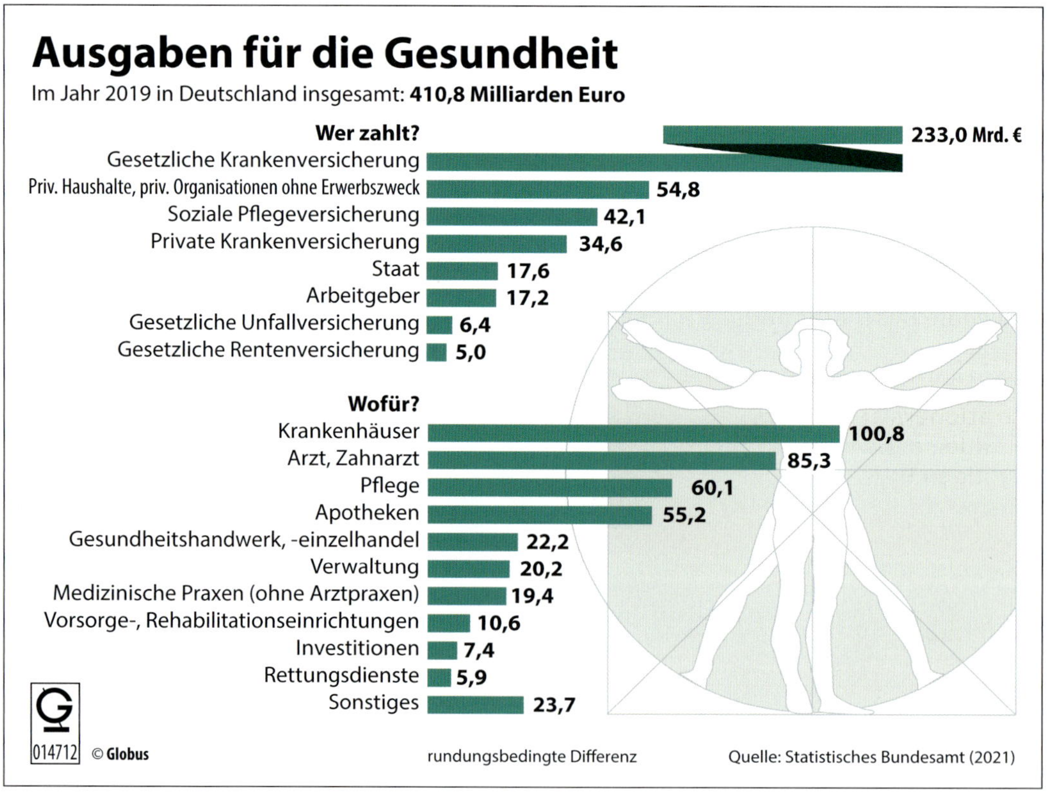

3.5.2 Gesetzliche Pflegeversicherung (PV)

Träger: Pflegekassen, die von den Organen der Krankenkassen mitbetreut werden	
Versicherte	**Leistungen**
Versicherungspflichtige: » **Alle**, die in der **gesetzlichen Krankenversicherung** versichert sind. » **Alle**, die sich **privat** gegen Krankheit versichert haben, müssen eine **private Pflegeversicherung** abschließen. **Beiträge** (2022): » Arbeitnehmer und -geber je 1,525 % » Kinderlose Arbeitnehmer ab 23 Jahren zahlen allein + 0,35 %	**fünf** Pflegegrade (einschließlich Demenzkranke) ermittelt durch Einstufung in eine Punktetafel: » **Pflegegrad 1:** mindestens 12,5 Punkte bis 27 Punkte bis Pflegegrad 5 » Leistungen für **häusliche Pflege** je nach Pflegegrad von 216,00 € (Privatpflege) bis 1.995,00 € (professionelle Pflege) (2022) » **Pflegesachleistungen** (auch für ambulanten Pflegedienst) » **teil- und vollstationäre** Pflege » Zur Abfederung der Sonderleistungen infolge der Corona-Pandemie wurden etliche Zusatzleistungen gewährt.

3.5.3 Gesetzliche Rentenversicherung (RV)

Träger: Deutsche Rentenversicherung mit angeschlossenen Landesversicherungsanstalten; Knappschaft	
Versicherte	**Leistungen**
Versicherungspflichtige: » **alle** gegen Entgelt beschäftigten **Arbeitnehmer** und Auszubildenden » FSJler » Personen in der Elternzeit » Bezieher von Lohnersatzleistungen **Versicherungsfrei:** Personen mit eigener Versorgung (berufsständische Versorgungswerke, Beamte) **Freiwillig Versicherte:** » Selbstständige » Beamte » Hausfrauen/-männer Prinzip „**Generationenvertrag**“: Heute Aktive zahlen die Rente mit ihren Beiträgen für die heutigen Rentner. **Beiträge** (2022): » Arbeitnehmer und -geber je 9,3 %	**Rentenzahlungen:** » **Regelaltersrente** ab dem 65. Lebensjahr (allg. Wartezeit von 5 Jahren erfüllt) mit schrittweiser Anhebung auf 67 (für jedes Geburtsjahr nach 1947 ein Monat später) » **Altersrente** für langjährig Versicherte ab dem 65.–67. Lebensjahr (Wartezeit von 35 Jahren erfüllt – Abschlag pro Monat 0,3 %) » **Abschlagsfreie Altersrente** bei 45 Beitragsjahren ab 63 bei ebenfalls schrittweiser Anhebung auf 65 » **Erwerbsminderungsrente** für Versicherte, die eine regelmäßige Erwerbstätigkeit nicht mehr ausüben können » **Hinterbliebenenrente** (Witwen/Witwer, Waisen) **Leistungen der Rehabilitation:** » Heilbehandlungen » berufsfördernde Maßnahmen (Fortbildung, Umschulung)

Weitere Informationen finden Sie unter www.deutsche-rentenversicherung.de.

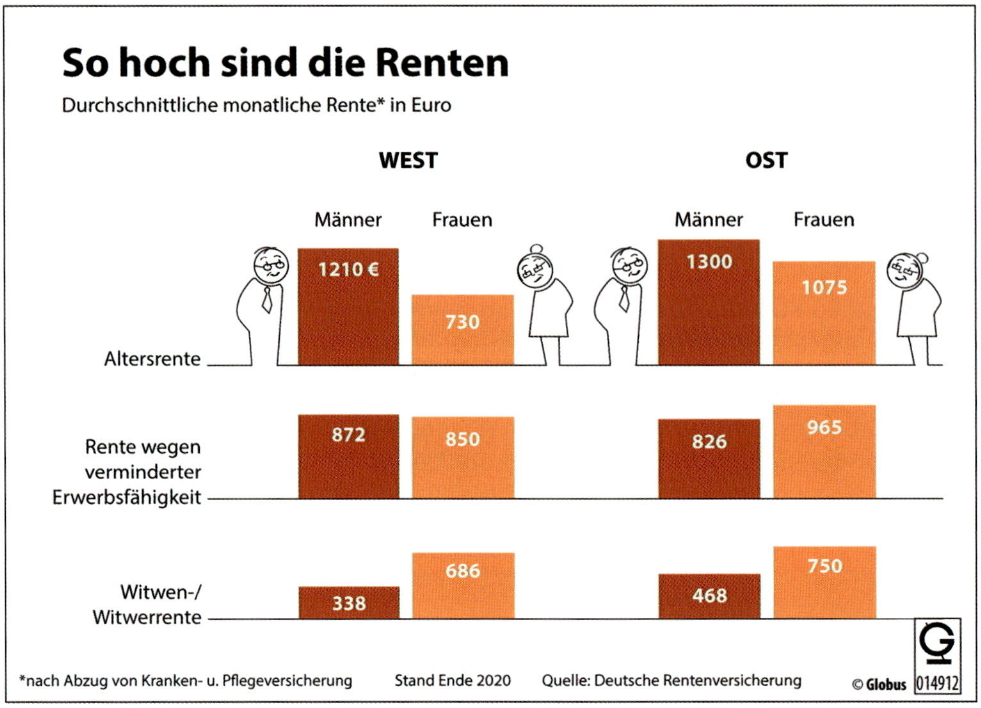

3.5.4 Gesetzliche Arbeitslosenversicherung (AlV)

Träger: Bundesagentur für Arbeit	
Versicherte	**Leistungen**
Versicherungspflichtige: alle gegen Entgelt beschäftigten **Arbeitnehmer** und **Auszubildenden** **Ausgenommen** u. a.: » geringfügig beschäftigte Teilzeitkräfte » Aushilfen, Beamte » Schüler und Studenten » Selbstständige **Ein freiwilliger Beitritt zur ALV ist nicht möglich (z. B. freiberufliche Künstler).** **Beiträge (2022):** Arbeitnehmer und -geber je 1,2 %	» **Arbeitsvermittlung** (Berufsberatung) » **Umschulung** (Zuschüsse zur Aus- und Fortbildung) » Finanzierung von Weiterbildungsmaßnahmen bis zu 100 % zur Abmilderung der Folgen der Corona-Pandemie » **Arbeitslosengeld I:** ab zwölf Monaten Beschäftigung für sechs Monate bis maximal 24 Monate für Beschäftigte ab 58 Jahren und Beitragszeit von 48 Monaten **Höhe:** 67 % vom durchschnittlichen Nettoarbeitsentgelt (für kinderlose Arbeitslose 60 %) » **Arbeitslosengeld II** (auch **Hartz IV**): wenn kein Anspruch (mehr) auf ALG I besteht, ohne zeitliche Beschränkung mit Pro-Kopf-Höchstsätzen (2022: 449,00 € + Mehrbedarf bei mehreren Personen + angemessene Wohnungskosten) » **Insolvenzgeld** » **Kurzarbeitergeld** (maximal zwölf Monate, als Folge der Corona-Pandemie verlängert bis März 2022) » **Schlechtwettergeld** » **Gründungszuschuss** » **Eingliederungsbeihilfen** » **Fahrtkostenbeihilfen** » **Lohnkostenzuschüsse** für Arbeitgeber zur Einstellung oder Weiterbeschäftigung von Beschäftigten auch und insbesondere von Auszubildenden wegen der Betriebsschließungen während der Corona-Pandemie » Beiträge zur gesetzlichen KV, PV, und RV

3.5.5 Gesetzliche Unfallversicherung (GUV)

Träger: Berufsgenossenschaften und Unfallkassen von Bund, Ländern, Gemeinden	
Versicherte	**Leistungen**
Versicherungspflichtige: » **alle** gegen Entgelt beschäftigten **Arbeitnehmer** und Auszubildenden » Arbeitslose » Schüler, Studenten » Kinder in Kindergärten und Vorschulen Gegen **Arbeits**- und **Wegeunfälle** (**von** und **zur Arbeit**) **Beiträge (2022):** Diese trägt der Arbeitgeber allein, nach Beschäftigtenzahl und Gefahrenklasse, im Durchschnitt 0,9 % der Bruttogehaltssumme der Beschäftigten im Tourismusbereich.	**Unfallverhütung:** » Erlass von Unfallverhütungsvorschriften » Überwachung durch Aufsichtsbeamte » Maßnahmen zur Früherkennung von Berufskrankheiten **Leistungen nach Arbeits- oder Wegeunfällen**: » **Heilbehandlung** und Krankengeld während der Behandlung » **Rehabilitation** und berufsfördernde Leistungen (Umschulung) oder Übergangsgeld » **Verletztenrente** nach Beendigung der Heilbehandlung bei mindestens 20 % Erwerbsbeschränkung (Unfallrente) » **Verletztengeld** » **Pflegegeld** » **Hinterbliebenenrente** » **Kapitalabfindung** statt Verletzten- oder Hinterbliebenenrente » **Sterbegeld**

Weitere Informationen finden Sie unter www.dguv.de.

3.6 Sozialversicherungsbeiträge

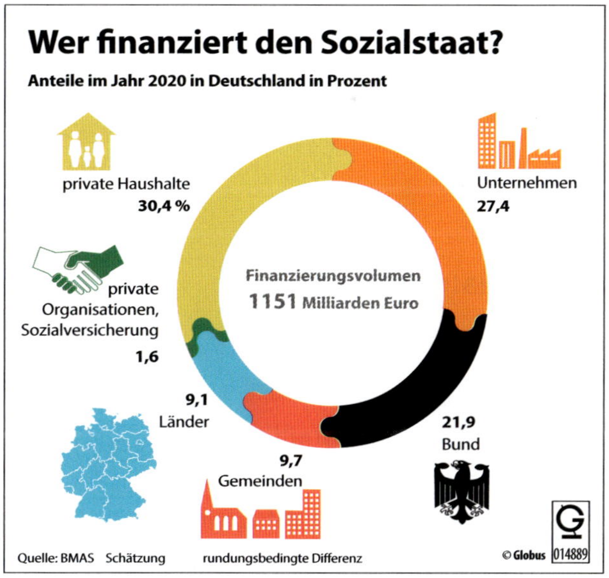

Die Leistungen der gesetzlichen Sozialversicherung werden grundsätzlich (Ausnahmen: siehe Beiträge zu den einzelnen Versicherungszweigen) von Arbeitnehmern und Arbeitgebern zur Hälfte getragen.

Für sog. geringfügig Beschäftigte (bis monatlich 450,00 € Bruttolohn) entrichtet der Arbeitgeber (i. d. R.) pauschal 30 % an Steuern und Sozialversicherungen.

Dabei werden die Beiträge insofern gedeckelt, als die Bundesregierung jährlich sog. Beitragsbemessungsgrenzen für die einzelnen Versicherungszweige festgelegt, bis zu deren Erreichen die jeweiligen Beiträge errechnet werden, indem das Bruttogehalt mit dem Beitragssatz multipliziert wird.

Auch dieser Beitragssatz wird jährlich von der Bundesregierung für die verschiedenen Zweige neu festgelegt.

Eine Besonderheit der Kranken- und Pflegeversicherung besteht darin, dass Arbeitnehmer über der Beitragsbemessungsgrenze aus der gesetzlichen Versicherung ausscheiden und sich privat versichern können, was gut überlegt werden sollte, vor allem von Familien mit Kindern.

Überblick über Werte des Jahres 2021:

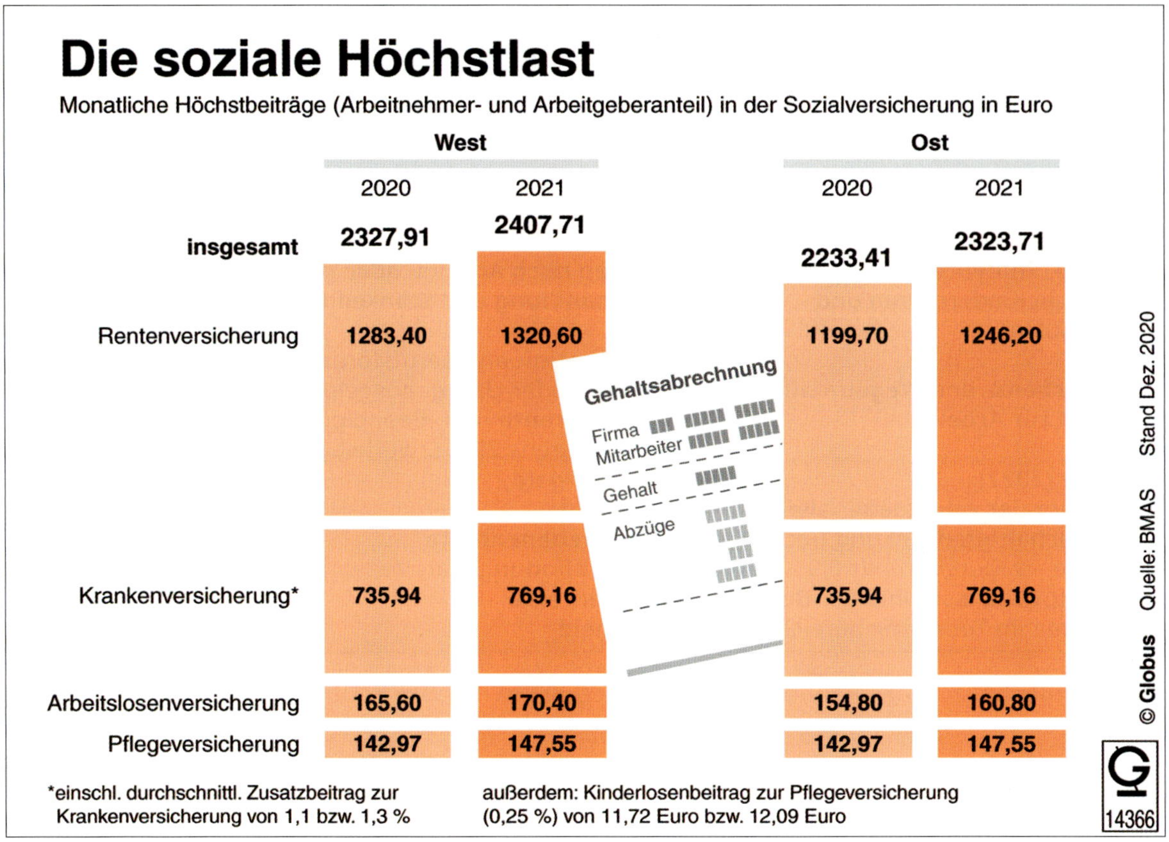

Detaillierte Werte für die Sozialversicherungsbeiträge finden Sie unter www.deutsche-sozialversicherung.de oder www.sozialpolitik.com.

3.7 Sozialgerichtsbarkeit

Sozialgerichte sind Sondergerichte für **Sozialversicherungsangelegenheiten**; Rechtsgrundlage ist das Sozialgerichtsgesetz (SGG).

Sie sind zuständig für **Streitigkeiten** zwischen den **Sozialversicherungsträgern** einerseits und den dort **Versicherten** andererseits.

Jeder Streitfall beginnt unabhängig von der Höhe des Streitwertes beim **Sozialgericht.**

Gegen dessen Urteil kann unter Umständen Berufung beim **Landessozialgericht** eingelegt werden. Gegen Urteile des Landessozialgerichts ist unter Umständen Revision beim **Bundessozialgericht** möglich.

Die Instanzen der Sozialgerichtsbarkeit werden aus Berufsrichtern und ehrenamtlichen Richtern gebildet (siehe Grafik).

Aufbau der Sozialgerichtsbarkeit

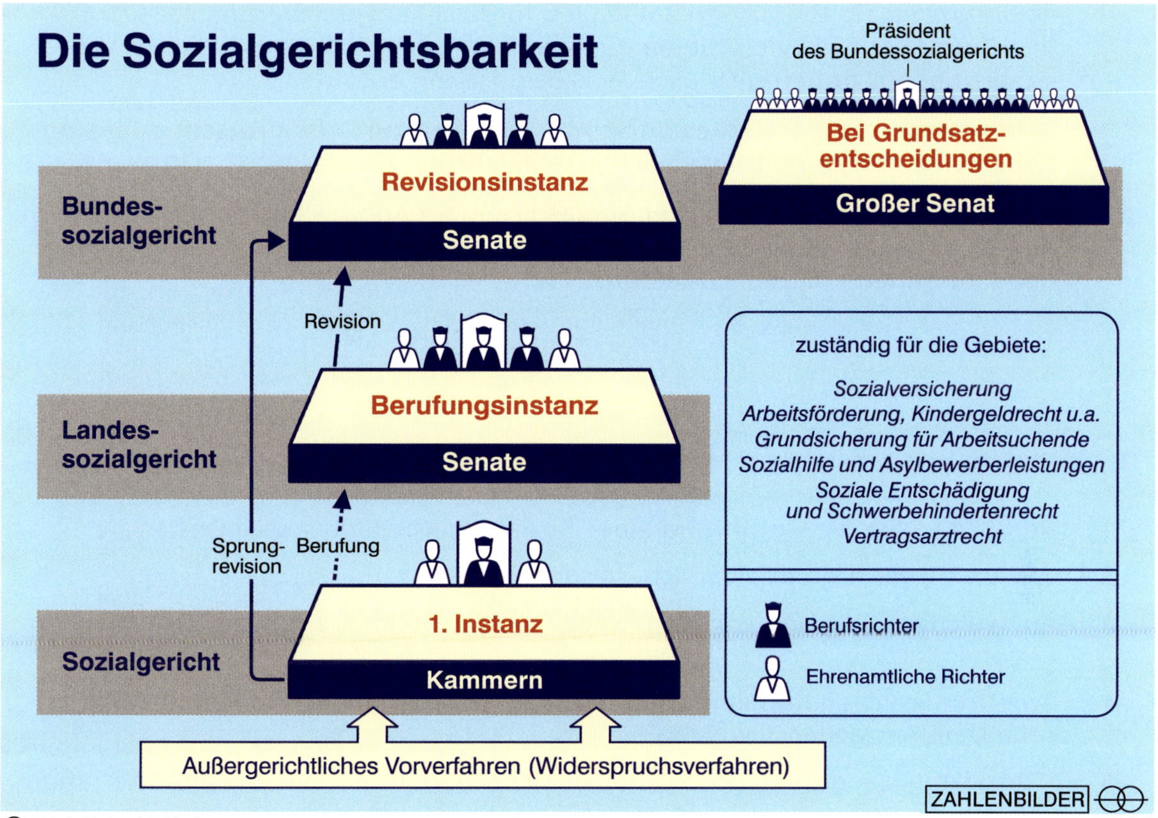

Situationsaufgabe

Situation:

Der Auszubildenden Sonja Sommer und ihrer Familie geht es zurzeit nicht so gut. Klären Sie die Rechtslage und formulieren Sie Möglichkeiten für die Familie:

Aufgaben:

1_ Sonja hat gerade eine Grippe überstanden, jetzt bricht sie sich beim Skilaufen ein Bein.

2_ Ihr Vater wurde mit 55 Jahren im Zuge der Corona-Pandemie von seinem Arbeitgeber zunächst auf Kurzarbeit gesetzt mit der Hoffnung, bald wieder arbeiten zu können. Doch wenn nicht und die kleine Firma Konkurs anmelden muss, verliert er seinen Arbeitsplatz.

3_ Dazu kommt, dass seine Mutter ein Pflegefall wird.

4_ Sonjas Chef, der Büroleiter, ist sauer. Bisher war er so gut wie nie krank und da er mit seinem Gehalt von 2.400,00 € für Krankenversicherung ca. 175 € (der Betrieb ebenso viel) zahlen muss, will er sich von der gesetzlichen Versicherungspflicht befreien lassen – klären Sie Ihn auf.

5_ Aber irgendwann passiert es doch: Auf dem Weg zur Arbeit rutscht er aus und zieht sich einen komplizierten Schenkelhalsbruch zu. Was nun?

6_ Am schlimmsten erging es aber Sonjas Freundin Anna. Sie konnte niemanden finden, der sich um ihre kleine Tochter kümmert. Deshalb hat sie ihre Ausbildung aufgeben müssen – und nun?

Aufgaben

1_ Begründen Sie die Einführung eines Sozialversicherungsausweises.

2_ Wer ist Träger der Sozialversicherungen?

3_ Auf welchem Weg und von wem werden Arbeitnehmer zur Sozialversicherung angemeldet?

4_ Zwischen welchen Krankenkassen können krankenversicherungspflichtige Arbeitnehmer generell wählen?

5_ Wieso ist in der gesetzlichen Unfallversicherung immer eine bestimmte Tätigkeit versichert?

Web

Weitere Aufgaben, speziell zu Kapitel 3.3 finden Sie im BPW unter Zusatzaufgaben zu LF 1, Kapitel 3.3.

22225152

4 Kollektives Arbeitsrecht

Das individuelle Arbeitsrecht (also die Rechtsverhältnisse zwischen den einzelnen Arbeitgebern und -nehmern) darf nicht losgelöst von dem **kollektiven Arbeitsrecht** (Betriebsverfassungsrecht und Tarifvertragsrecht) gesehen werden. Die Zulässigkeit von z. B. individualvertraglichen Vereinbarungen ist durch Tarifverträge, Betriebsvereinbarungen und Gesetze begrenzt.

! **Das kollektive Arbeitsrecht regelt die Rechtsverhältnisse zwischen den Sozialpartnern.**

Die Grundlage für das kollektive Arbeitsrecht, die sog. **„Koalitionsfreiheit“**, ist als Grundrecht in Artikel 9 des Grundgesetzes gewährleistet („Recht zur Vereinigung zum Zweck der Förderung der Arbeits- und Wirtschaftsbedingungen“). Der Begriff umfasst die individuelle und die kollektive Koalitionsfreiheit. Die **individuelle Koalitionsfreiheit** bietet dem Arbeitnehmer z. B. die Möglichkeit, zur besseren Durchsetzung seiner Arbeitnehmerinteressen einer Gewerkschaft beizutreten. Die **kollektive Koalitionsfreiheit** garantiert z. B., dass Gewerkschaften frei von staatlichem Eingriff gebildet werden können. Gewerkschaften (→ Kapitel 4.2) sind in ihren internen Strukturen autonom, soweit die allgemeinen Gesetze, insbesondere die verfassungsrechtlichen Grundsätze, eingehalten werden. Selbstverständlich gilt die Koalitionsfreiheit auch für Arbeitgeber. Sie organisieren sich in Arbeitgeberverbänden, die Unternehmensinteressen gegenüber den Gewerkschaften und dem Staat vertreten. Der **Dachverband der Arbeitgeber** ist die **Bundesvereinigung der Deutschen Arbeitgeberverbände (BDA)**. Er sieht als seine zentrale Aufgabe, die unternehmerischen Interessen im Bereich der Sozialpolitik aktiv zu vertreten.

! **Zum kollektiven Arbeitsrecht gehören das Tarifvertragsrecht, das Arbeitskampfrecht und das Mitbestimmungsrecht.**

Die für Ihren Beruf wichtigsten arbeitsrechtlichen Koalitionen (Verbände und Gewerkschaften) sowie die weiteren Bereiche des kollektiven Arbeitsrechts werden hier nacheinander vorgestellt.

4.1 Arbeitgebervereinigungen und Kammern

Die BDA ist die Dachorganisation der Arbeitgeberfachverbände. Sie nimmt die **gemeinschaftlichen sozialpolitischen Interessen der Arbeitgeber** wahr. Sie formuliert Grundlagen der Arbeitgeberpolitik, ohne selbst an Tarifverhandlungen beteiligt zu sein. Sie äußert sich in Fragen der Lohn- und Tarifpolitik, des Arbeitsrechtes und der Sozialversicherungen sowie der Wirtschafts-, Sozial- und betrieblichen Personalpolitik; die Aus- und Fortbildung stellt ein weiteres Arbeitsfeld dar. Die BDA vertritt 48 entsprechend den **Wirtschaftszweigen** gegliederte Fachspitzenverbände und 15 Landesarbeitgeberverbände. Die wichtigsten Verbände im Bereich des Tourismus sind:

» der **Deutsche Reiseverband (DRV)**, der vor allem Reisebüros und Reiseveranstalter vertritt
» der **Deutsche Tourismusverband (DTV)**, der hauptsächlich das Sprachrohr der Tourismusverbände und Informationsstellen in Deutschland ist
» der **Deutsche Hotel- und Gaststättenverband (DEHOGA)**

> **! Fachspitzenverbände und Landesarbeitgeberverbände und die diese vertretende Dachorganisation BDA sind privatrechtliche Arbeitgebervereinigungen.**

Kammern dagegen sind öffentlich-rechtliche Arbeitgebervereinigungen. Berufe, die in Gewerben, Unternehmen und Betrieben ausgeübt werden, werden den entsprechenden Kammern zugeordnet.

- » Die **Handwerkskammern (HWK)** sind hierbei die gesetzlichen Berufsvertretungen der Handwerksbetriebe und handwerksähnlichen Betriebe im jeweiligen Kammerbezirk, ergänzt durch verschiedene Innungen (z. B. der Friseure).
- » Betriebe mit einem hohen Anteil an betriebswirtschaftlich orientierter Warenproduktion und Warenverkäufen und Dienstleistungsbetriebe werden dagegen der **Industrie- und Handelskammer (IHK)** des entsprechenden Kammerbezirks zugeordnet.
- » Außerdem gibt es **berufsständige Vertretungen** auf gesetzlicher Grundlage, wie z. B. Steuerberaterkammern, Wirtschaftsprüferkammern, Rechtsanwaltskammern usw.

> **! Kammern sind öffentlich-rechtliche Arbeitgebervereinigungen, die als Vertreter für die Betriebe oder die Berufsstände bei Bund und Ländern auftreten. Für sie besteht Mitgliedspflicht.**

Ihr Ausbildungsberuf ist der IHK zugeordnet (→ Kapitel 1.1).

4.2 Arbeitnehmervereinigungen: Gewerkschaften

Gewerkschaften sind nach Industriegruppen, nach Berufen oder nach politischen oder religiösen Richtungen gegliederte Vereinigungen von Arbeitnehmern bzw. von **Arbeitnehmervereinigungen** zur Verbesserung der sozialen und **wirtschaftlichen Lebensbedingungen.** Sie treten als sonstige Interessenvertretungen gegenüber dem Staat und den Arbeitgebern auf.

Ziele der Gewerkschaften:

- » die Erhöhung der Lohnquote, d. h. des prozentualen Anteils der Arbeitnehmereinkommen am Volkseinkommen
- » die Anhebung der unteren Lohngruppen, also die Verringerung der Lohnunterschiede zwischen den einzelnen Arbeitnehmergruppen
- » die Humanisierung der Arbeitsbedingungen
- » die Förderung des Ausbildungsstandes der Arbeitnehmer
- » die Sicherung von Arbeitsplätzen
- » die Bekämpfung der Arbeitslosigkeit

Die „moderne" Gewerkschaft ver.di

Die Gewerkschaft **ver.di** vereint 2 Mio. Mitglieder. Sie gestaltet die Arbeit und bietet Leistungen für die Beschäftigten in mehr als 1 000 Berufen aus 13 Fachbereichen, einer davon ist der Bereich Tourismus.

Damit ist ver.di zur weltweit größten Einzelgewerkschaft geworden.

Das ver.di-Konzept

Das Lebenselixier der Gewerkschaften ist die Solidarität. Mit ver.di leisten sich über zwei Millionen Mitglieder für ein Prozent ihres Bruttoverdienstes eine Organisation, die sie über ihre Rechte informiert und berät, in Betriebs- und Personalräten vertritt, Gehälter und Arbeitsbedingungen aushandelt und, falls nötig, auch Streiks organisiert und solange Streikgeld zahlt, bis ein akzeptables Ergebnis erreicht ist [...]

Quelle: Vereinte Dienstleistungsgewerkschaft (ver.di): Idee & Tradition – Das ver.di-Konzept. In: www.verdi.de/ueber-uns/idee-tradition/++co++f8a1b5f0-b90a-11e0-6fc7-00093d114afd [29.10.2021].

Gewerkschaft heute

In globalen Zeiten und Krisen zeigt sich, wie schnell Löhne sinken, Arbeitsbedingungen sich verschlechtern und Arbeitsplätze verlorengehen können. Während Gewinne und Höchsteinkommen drastisch steigen, gehen kleine und mittlere Realeinkommen sogar zurück. Und für die meisten Beschäftigten, die ihren Arbeitsplatz verlieren, liegen nur noch 12 Monate zwischen dem Verlust des Arbeitsplatzes und dem Abstieg in Hartz IV. Absoluten Schutz können auch wir nicht garantieren, das ist richtig. Aber mehr Sicherheit, Hilfe und Ertrag aus der eigenen Arbeit kann man nicht haben und erreichen als in und mit der Gewerkschaft. Und mit jedem neuen Mitglied wächst unsere Kraft.

Quelle: Vereinte Dienstleistungsgewerkschaft (ver.di): Idee & Tradition – Gewerkschaft heute. In: www.verdi.de/ueber-uns/idee-tradition/++co++23a68a6a-b905-11e0-6fc7-00093d114afd [29.10.2021].

Rechtliche Aufgaben der Gewerkschaften:

- Abschluss von **Tarifverträgen**
- Durchführung von **Arbeitskämpfen**
- Vertretung ihrer Mitglieder vor dem Arbeitsgericht (→ Kapitel 2.6)

4.3 Tarifverträge und Tarifautonomie

Tarifverträge sind entsprechend dem Tarifvertragsgesetz ein bürgerlich-rechtlicher Vertrag zwischen Parteien, die Tariffähigkeit besitzen, zur Regelung ihrer Rechte und Pflichten und zur Festsetzung von arbeitsrechtlichen Normen.

! **Tarifverträge werden zwischen Arbeitgeberverbänden und Gewerkschaften oder zwischen Unternehmen und Gewerkschaften geschlossen. Sie gelten für die *gewerkschaftlich organisierten* Arbeitnehmer und die in den *Arbeitgeberverbänden zusammengeschlossenen* Unternehmen. Es kann jedoch auch im Arbeitsvertrag vereinbart werden, dass der jeweils aktuelle Tarifvertrag für ein bestimmtes Arbeitsverhältnis Anwendung finden soll.**

Tarifverträge unterliegen der **Schriftform** und werden vom Bundesminister für Arbeit und Soziales in das Tarifregister eingetragen. Da sie in eigener Verantwortung von den Tarifparteien geschlossen werden, spricht man auch von **Tarifautonomie.**

Das Tarifvertragsgesetz (TVG) regelt das Tarifvertragsrecht. Nach dem Inhalt werden folgende Arten unterschieden:

- **Lohn- und Gehaltstarifvertrag**
  Er beinhaltet: Lohn- und Gehaltshöhe, Lohn- und Gehaltsgruppen.
  Leistungslohnregelung, Erfolgsbeteiligung und die Lohnfortzahlung. Die Regelung über die Vergütung wird i. d. R. für ein Jahr bis zwei Jahre abgeschlossen.

» **Manteltarifvertrag**
Er beinhaltet: Arbeitsbedingungen, Urlaubsregelungen, Arbeitszeit, Arbeitsschutz und unter Umständen Rationalisierungsschutz.
Er wird für einen längeren Zeitraum abgeschlossen.

» **Rahmentarifvertrag**
Er hat ebenfalls eine längere Geltungsdauer und regelt die Bedingungen zur Ermittlung des Entgeltes.

Nach dem Geltungsbereich werden folgende Arten unterschieden:

» **Verbandstarifvertrag**
Dieser Vertrag wird zwischen einem oder mehreren Arbeitgeberverbänden und einer oder mehreren Gewerkschaften abgeschlossen und gilt für das Gebiet der Tarifvertragsparteien.

» **Firmentarifvertrag**
Diese Vereinbarung bezieht sich auf sämtliche Betriebsteile des Arbeitgebers und wird zwischen Arbeitgeber und einer oder mehreren Gewerkschaften geschlossen.

In jedem Tarifvertrag muss der **Geltungsbereich** definiert sein.

Geltungsbereiche von Tarifverträgen
- **räumlich**: Bundesgebiet, Bundesland, Regierungsbezirk, Ort, Werk
- **fachlich**: chemische Industrie, Metallindustrie usw.
- **persönlich**: Auszubildender, Angestellter, Arbeiter usw.

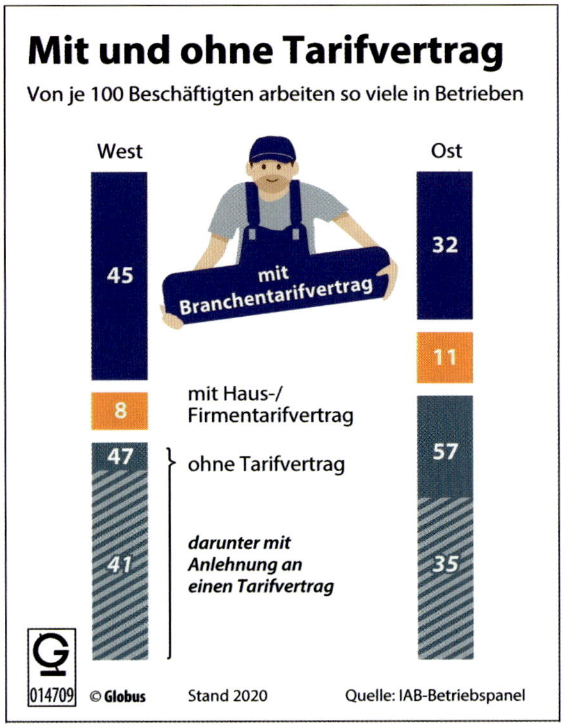

Das Bundesministerium für Arbeit und Soziales kann nach § 5 TVG einen **Tarifvertrag** bei Vorliegen eines „öffentlichen Interesses" für allgemeinverbindlich (av) erklären.Tarifverträge können durch das Bundesministerium für Arbeit und Soziales im Einvernehmen mit einem aus je drei Vertretern der Spitzenorganisation der Arbeitgeber und der Spitzenorganisation der Arbeitnehmer bestehenden Ausschuss für **allgemeinverbindlich** erklärt werden, wenn dies die Tarifvertragsparteien gemeinsam beantragen und wenn die Allgemeinverbindlichkeitserklärung im öffentlichen Interesse geboten erscheint.

Die **Allgemeinverbindlichkeitserklärung** erscheint laut Gesetz i. d. R. im öffentlichen Interesse geboten, wenn

» der Tarifvertrag in seinem Geltungsbereich für die Gestaltung der Arbeitsbedingungen **überwiegende** Bedeutung erlangt hat oder

» die **Absicherung der Wirksamkeit** der tarifvertraglichen Normsetzung gegen die Folgen wirtschaftlicher Fehlentwicklung eine Allgemeinverbindlichkeitserklärung verlangt.

Allgemein verbindliche Tarifverträge gibt es u. a. zurzeit im Baugewerbe, im Maler- und Lackiererhandwerk sowie im Dachdeckerhandwerk. Hinzu kommt der gesetzliche Mindestlohn von 12,00 € ab 1. Juli 2022.

! Während der Gültigkeitsdauer eines Tarifvertrages herrscht Friedenspflicht, d. h., Arbeitskampfmaßnahmen wie Streik und Aussperrung (→ Kapitel 4.4) sind verboten.

für Arbeitgeber — Vorteile von Tarifverträgen	für Arbeitnehmer
» Aufgrund einheitlicher Lohn- und Gehaltstarife besteht eine einheitliche Kalkulationsgrundlage. » Arbeitsvertragsabschluss wird vereinfacht. » Rechte und Pflichten sind festgelegt. » Personalwerbung innerhalb einer Branche ist eingeschränkt.	» Sicherheit über Arbeitsmindestbedingungen (Mindestlohn, Kündigungsschutz, soziale Komponenten) » Schutz vor willkürlichen Verfahrensweisen bei gleichartigen Tätigkeiten » Vereinfachung des Arbeitsvertragsabschlusses

4.4 Arbeitskampf

! Unter Arbeitskampf versteht man die von Arbeitnehmern oder Arbeitgeberseite aufgrund eines Kampfbeschlusses vorgenommene Unterbrechung des Arbeitsablaufes.

Der Arbeitskampf dient dem Zweck, durch **kollektiven Druck** eine verbesserte kollektivvertragliche Regelung (z. B. einen Tarifvertrag) der Arbeitsbedingungen oder Löhne durchzusetzen oder abzuwehren, die ohne Kampfmaßnahmen nicht erreichbar wäre.

Streik

In der Bundesrepublik Deutschland gibt es kein einheitliches Streikrecht, da dieses nach Auffassung der Gewerkschaften eine Regelung wäre, die ihre Autonomie und ihre Gestaltungsrechte einschränken würde. Vielmehr ist das **Streikrecht** ein aus Artikel 9 Abs. 3 des Grundgesetzes **abgeleitetes Recht** des Arbeitskampfes. Bevor der Gewerkschaftsvorstand oder z. B. die Tarifkommission zu einem Streik aufrufen darf, müssen 75 % der gewerkschaftlich organisierten Mitglieder sich in einer **Urabstimmung** für den Streik aussprechen. Ein Streik ist dennoch nicht unabwendbar, da es in weiteren Tarifverhandlungen zu einem Konsens zwischen den Tarifparteien oder auch zu einer Schlichtung kommen kann. Da dem Streik keine Kündigung des Arbeitsverhältnisses vorausgeht, bleibt dieses auch während der Kampfmaßnahme erhalten, allerdings wird die Lohnzahlung für die Streikenden ausgesetzt. Streikberechtigt sind sowohl Gewerkschaftsmitglieder als auch nicht organisierte Arbeitnehmerinnen und Arbeitnehmer. **Streikgeld** erhalten jedoch von der Gewerkschaft nur deren Mitglieder.

Spontane **Arbeitsniederlegungen** und **Warnstreiks,** also eine Demonstration zur Streikbereitschaft, sind nach Auslaufen des geltenden Tarifvertrags und der Friedenspflicht zur Unterstützung der Gewerkschaftsforderungen erlaubt.

Zur **Beendigung des Streiks** ist eine erneute Urabstimmung notwendig, an der sich mindestens 25 % (plus eine Stimme) der Gewerkschaftsmitglieder für die Beendigung des Streiks und die Annahme eines Tarif- oder Schlichtungsergebnisses aussprechen.

Streiks bei Bahn und Lufthansa

Heftige Streik- und Warnstreikrunden, genervte Bahnfahrer und immer wieder neue Vorwürfe – über mehr als ein Jahr beschäftigte der Tarifkonflikt zwischen Deutscher Bahn und der Gewerkschaft der Lokführer (GDL) Deutschland (2015/2016 und auch wieder 2021). Hunderttausende Reisende der **Deutschen Bahn** mussten sich wegen eines mehrtägigen Streiks der Lokführer auf Verspätungen und Zugausfälle einstellen.

Die (Streik-)Aktivitäten sog. Branchen- oder Berufsgewerkschaften wie GDL (Gewerkschaft der Lokführer), Vereinigung Cockpit (Gewerkschaft der Piloten bei der Lufthansa) oder UFO (Unabhängige Flugbegleiter Organisation, bei der LH) können mit geringem Aufwand (wenige Streikende) zum Teil ganze Wirtschaftszweige bzw. vor allem wichtige Teile der Infrastruktur lahmlegen:

Allerdings werden in jeder Tarifrunde Warnstreiks zur Bekräftigung der Gewerkschaftsforderungen durchgeführt, die auch andere, dem Tarifvertrag nicht unterliegende Bereiche oder Betriebe betreffen. Wird ein Streik angekündigt, streichen LH oder die DB vorsorglich einen mitunter nicht unerheblichen Anteil ihrer Leistungen.

Das 2015 verabschiedete und vom Bundesverfassungsgericht 2017 für mit Art. 9 Grundgesetz (Koalitionsfreiheit) weitgehend vereinbar erklärte „Gesetz zur Tarifeinheit“ schränkt die Verhandlungsmacht der kleinen Gewerkschaften recht massiv ein.

Als Konsequenz aus dem Urteil des Bundesverfassungsgerichts wurde dann das Tarifvertragsgesetz in § 4a ergänzt (s. u.), was jedoch den kleinen Gewerkschaften nicht ausreichend erscheint: Wie lässt sich das Grundrecht auf Koalitionsfreiheit (Art. 9 GG) garantieren und wie die Tatsache, dass unterschiedliche Berufsgruppen vor allem in großen Unternehmen (Bahn: Lokführer, Zugbegleiter, Verwaltung, Techniker oder Lufthansa mit Piloten, Flugbegleitern, Stationspersonal) eigene Regelungen haben (wollen)?

„[W]urden beim Zustandekommen des Mehrheitstarifvertrags die Interessen von Arbeitnehmergruppen, die auch von dem nach dem ersten Halbsatz nicht anzuwendenden Tarifvertrag erfasst werden, nicht ernsthaft und wirksam berücksichtigt, sind auch die Rechtsnormen dieses Tarifvertrags anwendbar.“ (Ergänzung zu § 4a Abs. 2 S. 2 TVG)

Das Tarifvertragsgesetz sieht vor:

§

§ 4a TVG
Tarifkollision

[...]

(2) [...] Soweit sich die Geltungsbereiche nicht inhaltsgleicher Tarifverträge verschiedener Gewerkschaften überschneiden (kollidierende Tarifverträge), sind im Betrieb nur die Rechtsnormen des Tarifvertrags derjenigen Gewerkschaft anwendbar, die zum Zeitpunkt des Abschlusses des zuletzt abgeschlossenen kollidierenden Tarifvertrags im Betrieb die meisten in einem Arbeitsverhältnis stehenden Mitglieder hat.

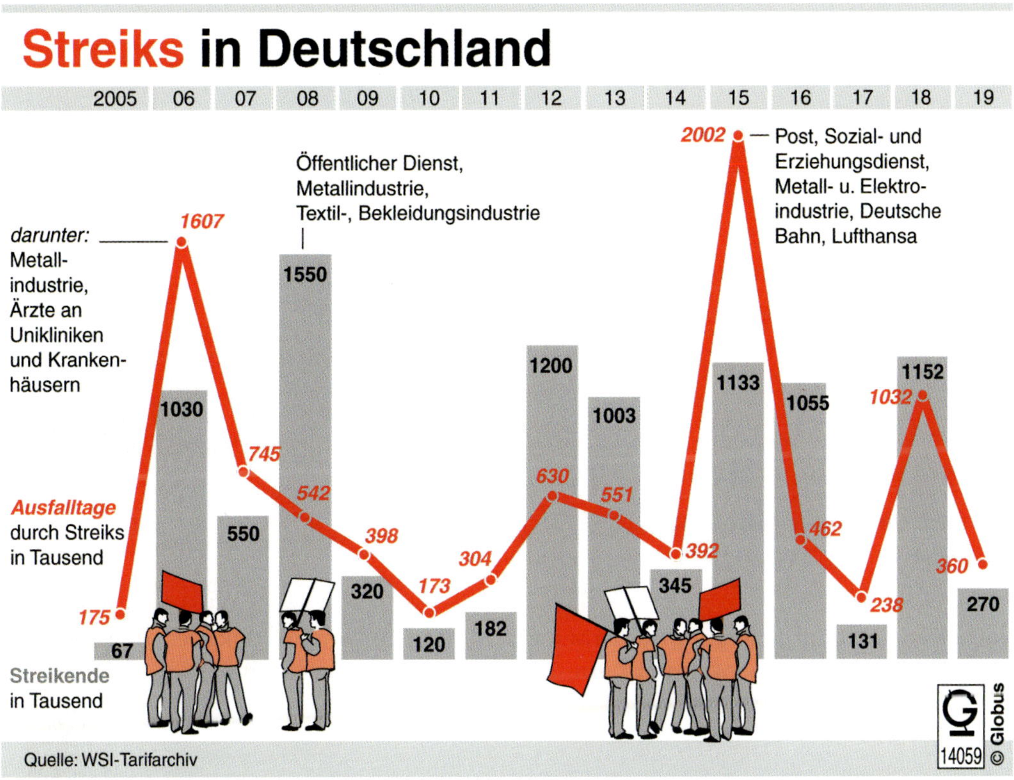

Streikformen	
organisierter Streik	» ist von den Gewerkschaften beschlossen und organisiert
wilder Streik	» ist von den Gewerkschaften nicht gestattet und nicht arrangiert
Generalstreik	» die wichtigsten Unternehmen eines Landes werden bestreikt
Schwerpunktstreik	» Schlüsselunternehmen werden bestreikt
Teilstreik	» er wird nur von Belegschaftsteilen durchgeführt

Aussperrung

Aussperrung ist die vorübergehende Freistellung der Arbeitnehmer von der Arbeit ohne Fortzahlung des Lohns – die Gewerkschaften müssen mehr Streikgeld zahlen – und damit eine Arbeitskampfmaßnahme der Arbeitgeber, um eine eigene Forderung durchzusetzen (sog. heiße Aussperrung) oder eine der Gewerkschaften abzuwehren.

> **!** Das Arbeitsverhältnis wird durch die Aussperrung nicht gelöst.

Die Teilbelegschaft bzw. **Belegschaft** ist bis zur Beendigung des Arbeitskampfes genauso wie der Arbeitgeber vorübergehend **von** seinen **Rechten** und **Pflichten** aus dem Arbeitsverhältnis **befreit** (z. B. keine Gehaltszahlung, keine Arbeitsleistung). Der Arbeitgeber hat **nach der Aussperrung** die Pflicht, die gesamte Belegschaft weiterzubeschäftigen; dies gilt nicht für Initiatoren eines „wilden" Streiks.

Schlichtung

Gelten Tarifverhandlungen als gescheitert, kommt es i. d. R. zu einem Schlichtungsverfahren.

Zu unterscheiden sind hierbei:

1. **Privates Schlichtungsverfahren**
   Es wird von Schlichtungsstellen durchgeführt, deren Zusammensetzung im bestehenden Tarifvertrag festgeschrieben ist; daher spricht man auch von vereinbarter Schlichtung, die aber nicht in allen Tarifverträgen vorgesehen ist.
2. **Behördliches Schlichtungsverfahren**
   Es kann von den Tarifparteien beantragt werden, sofern das private **Schlichtungsverfahren** zu keinem Konsens führt.

   Die Schlichtung bei der Lufthansa begann im Januar 2016 unter der Leitung des Ex-Politikers Matthias Platzeck und führte schließlich Anfang 2017 zum Erfolg.

   Im Jahr 2015 hatte die Bahnschlichtung Erfolg: Nach einem Jahr Streit haben der Konzern und die Lokführergewerkschaft GDL einen Tarifkompromiss erzielt.

! Dieses Verfahren dient der Beilegung von arbeitsrechtlichen Gesamtstreitigkeiten, d. h. der Schaffung von neuen oder ergänzenden Tatbeständen in den Tarifverträgen.

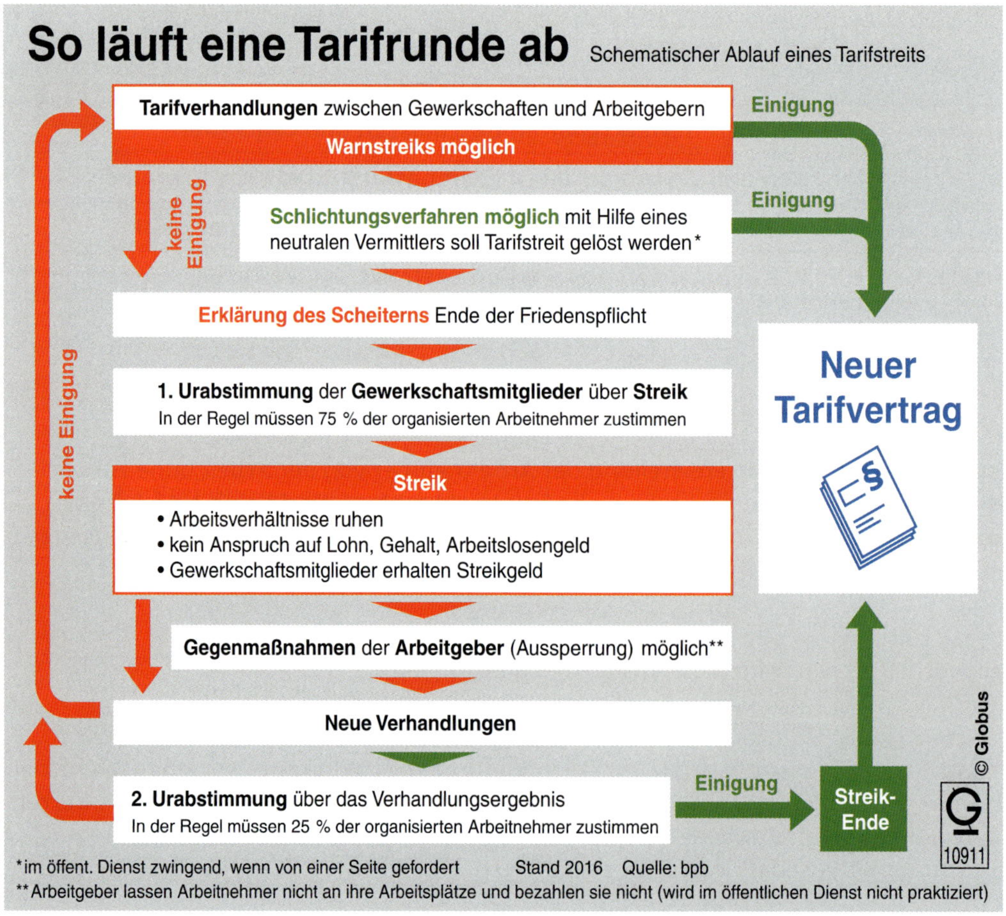

22225160

Ein Schiedsspruch im Schlichtungsverfahren ist für die Tarifparteien nur dann bindend, sofern sie die Annahme erklärt haben bzw. nach der Verkündung erklären.

Mittelbar vom Arbeitskampf betroffene Arbeitnehmerinnen und Arbeitnehmer haben einen Leistungsanspruch auf **Kurzarbeiter- und Arbeitslosengeld,** wenn ihr Unternehmen weder aussperrt noch bestreikt wird und **außerhalb** des räumlichen und fachlichen Geltungsbereichs des umstrittenen Tarifbereichs liegt.

Die Bundesagentur für Arbeit darf während eines Arbeitskampfes an **direkt vom Arbeitskampf** betroffene Arbeitnehmerinnen und Arbeitnehmer kein Arbeitslosen- und Kurzarbeitergeld zahlen.

! **Während eines Arbeitskampfes gilt für die Bundesagentur für Arbeit das Neutralitätsgebot (§ 116 Abs. 1 S. 1 AFG).**

4.5 Mitwirkung und Mitbestimmung

In der Begründung für den Beteiligungslohn wurde bereits darauf hingewiesen, dass die betriebliche Leistung auf das Zusammenwirken aller Produktionsfaktoren zurückzuführen ist.

! **Der Anspruch der Arbeitnehmer auf Mitbestimmung leitet sich somit aus der Gleichstellung von Arbeit und Kapital ab.**

In der Bundesrepublik Deutschland ist zwischen zwei Ebenen der Mitbestimmung zu unterscheiden:

Mitbestimmung in Unternehmen	Mitbestimmung in Betrieben
» Ein **Unternehmen** kann als Rechtsträger (→ Kapitel 6.1) einen oder mehrere Betriebe führen. » Die Mitbestimmungsrechte der Arbeitnehmer beziehen sich hier auf die **Unternehmensverfassung;** die Mitwirkungsrechte auf die **Aufsichtsräte.** » Die Unternehmensmitbestimmung ist im **Betriebsverfassungsgesetz** (BetrVG), im **Mitbestimmungsgesetz** und im **Montan-Mitbestimmungsgesetz** geregelt.	» Ein **Betrieb** ist eine organisatorische Einheit, die für ein Unternehmen einen Betriebszweck erfüllt (z. B. Produktion, Vertrieb usw.) » Die Mitbestimmungsrechte der Arbeitnehmer beziehen sich hier auf die **Betriebsverfassung;** die Mitwirkungsrechte auf den **Betriebsrat** (Arbeitnehmer) und die **Sprecherausschüsse** (leitende Angestellte). » Die betriebliche Mitbestimmung ist im **Betriebsverfassungsgesetz** (BetrVG) geregelt. » Für Beamte gilt in Betrieben der öffentlichen Hand das von den Ländern erlassene Personalvertretungsgesetz, bei Behörden auf Bundesebene das Bundespersonalvertretungsgesetz.

Das BetrVG von 1952, in der zuletzt geänderten Fassung vom 10.12.2021, lässt sich in drei Bereiche gliedern:

1. Unmittelbare Beteiligungsrechte der Belegschaft
2. Mittelbare Beteiligungsrechte der Belegschaft durch den Betriebsrat
3. Mittelbare Beteiligungsrechte der Belegschaft durch Sitz im Aufsichtsrat bei Kapitalgesellschaften.

Unmittelbare Rechte der Belegschaft

Das **Betriebsverfassungsgesetz** legt folgende **unmittelbare Rechte** der einzelnen Arbeitnehmerinnen und Arbeitnehmer fest:

» **Recht auf Unterrichtung**
Der Arbeitgeber muss das einzelne Belegschaftsmitglied über seine Aufgabe und Verantwortung sowie die Art der Tätigkeit unterrichten (§ 81 BetrVG).

» **Recht auf Anhörung**
Mitarbeiterinnen und Mitarbeiter sind von den zuständigen Stellen des Betriebes in allen betrieblichen Angelegenheiten zu hören, soweit es ihre Person betrifft (§ 82 BetrVG).

» **Einsicht in die Personalakte**
Arbeitnehmerinnen und Arbeitnehmer haben das Recht, in die über sie geführte Personalakte Einsicht zu nehmen; dabei kann ein Mitglied des Betriebsrates hinzugezogen werden (§ 83 BetrVG).

» **Beschwerderechte**
Sollten Belegschaftsmitglieder vom Arbeitgeber oder Arbeitskollegen benachteiligt oder ungerecht behandelt werden, können sie sich bei der dafür zuständigen Stelle des Betriebes beschweren (§ 84 BetrVG).

Mittelbare Beteiligungsrechte der Belegschaft

! **Mittelbare Beteiligungsrechte werden über den von der Belegschaft zu wählenden Betriebsrat wahrgenommen.**

Der **Schutz von Betriebsratsmitgliedern** ist gewährleistet. Nicht nur die **Kündigung** von Betriebsratsmitgliedern (hier gefordert: Schutz auch von Mitarbeitern, die erst einmal einen Betriebsrat einrichten wollen) vor, während und nach der Wahl, sondern auch deren **Versetzung** bedarf der Zustimmung des Betriebsrats, wenn sie gegen dessen Willen erfolgt und zum Verlust der Mitgliedschaft im Betriebsrat führen würde (§ 103 Abs. 3).

Betriebsordnung – Betriebsvereinbarung

Mitarbeiter und Betriebsrat können den Tarifvertrag durch Vereinbarungen mit der Geschäftsleitung ergänzen. Betriebsvereinbarungen können geschlossen werden z. B. über die Lage und den Beginn von Arbeitszeiten, Pausenregelungen, (Sonder-)Urlaub, betriebliche Sozialleistungen wie Kantinen oder Kinderbetreuung, ggf. Sozialplan bei Betriebsänderungen oder -schließungen.

! **Eine schriftliche Betriebsvereinbarung, die von der Arbeitgeberseite und dem Betriebsrat unterzeichnet ist, ist eine Betriebsordnung.**

In ihr werden u. a. zusätzliche Vereinbarungen zur Unfallverhütung, zum Gesundheitsschutz, zur Vermögensbildung und über die Einrichtung von Sozialeinrichtungen (z. B. Kantinen, Erholungsheime) festgelegt.

! **Eine solche Betriebsvereinbarung ist dann für alle Arbeitsverhältnisse des betreffenden Unternehmens bindend.**

22225162

I. Mitbestimmung des Betriebsrates

Gesetzliche Grundlage: **Betriebsverfassungsgesetz**
zuletzt geändert am 10.12.2021

Betriebsversammlung (BV)	**Betriebsrat (BR) (in Betrieben mit mindestens 5 Arbeitnehmern, von denen 3 wählbar sein müssen)**	**Jugend- und Auszubildendenvertretung (JAV) (nur bei Bestehen eines BR)**
» **Anzahl:** vierteljährlich für alle Arbeitnehmer » **Leitung:** BR-Vorsitzender » **Aufgaben:** – Rechenschaftsbericht – Anträge an BR behandeln – Stellungnahmen zur bisherigen Tätigkeit des BR » **Beschlüsse:** für BR nicht bindend » **Arbeitgeber:** – ist zu laden, – einmal im Jahr hat er Bericht abzugeben	» **Wahlberechtigt (= aktives Wahlrecht):** Alle Arbeitnehmer über 16 Jahre » **Wählbar (= passives Wahlrecht):** Alle Arbeitnehmer über **18** Jahre mit mindestens **6** Monaten Betriebszugehörigkeit **Nicht wählbar** und **wahlberechtigt:** » Mitglieder der gesetzlichen Vertretungsorgane von Kapitalgesellschaften (Vorstandsvorsitzender einer AG, Aufsichtsratsmitglieder einer GmbH) » die zur Geschäftsführung befugten Gesellschafter einer Personengesellschaft (Komplementär einer KG, Gesellschafter einer OHG) » leitende Angestellte » **Größe:** – bei 5–20 Besch.: 1 Obmann – darüber je nach Betriebsgröße: 3–35 – ab 200 Besch. Freistellungen » **Amtszeit:** 4 Jahre; Kündigungsschutz + 1 Jahr » **Zusammensetzung:** Gruppen/Geschlechter/Betriebsteile nach ihrem Anteil » **Vertretung:** 1 Vorsitzender + 1 Stellvertreter	» **Wahlberechtigt:** alle (mindestens 5) Jugendliche bis **18** Jahre sowie Auszubildende bis **24** (= Vollendung **25.** Lebensjahrs) » **Wählbar:** Betriebsangehörige unter **25.** Lebensjahr » **Amtszeit:** 2 Jahre » **Aufgaben:** – Maßnahmen für Jugendliche, Anregungen von Jugendlichen **dem BR** vortragen – Überwachung geltender Gesetze, Vorschriften usw. dem BR vortragen – **1** Vertreter geht zu **allen** BR-Sitzungen, alle JAV bei Angelegenheiten der Jugend/Auszubildenden

Allgemeine Aufgaben des Betriebsrats:

» Zusammenarbeit zum Wohl des Betriebs (u.a. in monatlichen Besprechungen mit der Geschäftsleitung)
» Beschäftigungssicherung und Qualifizierung
» Integration auch älterer, behinderter, ausländischer Arbeitnehmer in den Betrieb
» Mitwirkung am betrieblichen Arbeits- und Umweltschutz
» Förderung der Gleichstellung von Männern und Frauen sowie deutschen und ausländischen Arbeitnehmern, auch durch den Abbau von Diskriminierungen (z. B. unterschiedliche Bezahlung für die gleiche Arbeit)[1]
» Verhinderung/Bekämpfung von Diskriminierung, Rassismus und Fremdenfeindlichkeit

↓

1 Vgl. hierzu auch die Regelungen des Entgelttransparenzgesetzes unter www.gesetze-im-internet.de/entgtranspg/BJNR215210017.html.

↓

R E C H T E des Betriebsrats (BR)

Rechtzeitige Information und Erörterung (Beratung) **vor** der Umsetzung:
» Personalplanung (auch hinsichtlich des Einsatzes von Leiharbeitnehmern)
» Betriebsänderungen: Rationalisierungen, Stilllegungen
» Investitionen
» Gestaltung von Arbeitsplätzen

Umfassende Information (§ 106 f.) (im Wirtschaftsausschuss in Betrieben mit über 100 Besch.) über:
» wirtschaftliche und finanzielle Angelegenheiten
» Produktions- und Absatzplan
» Rationalisierungen
» Einschränkungen, Verlagerungen

Mitbestimmung in sozialen Angelegenheiten (§ 87 f.), d. h. nur mit **Zustimmung** des BR kann Maßnahme durchgeführt werden (Letztentscheidung bei **Einigungsstelle***) für:
» Arbeitszeit (Mehrarbeit, Kurzarbeit, Lage, Pausen)
» Lohnzahlung und Entlohnungsgrundsätze
» Beurteilungsgrundsätze
» Urlaubsplanung und -grundsätze
» Ausbildung
» Betriebsordnung
» Soziale Einrichtungen
» Erstellung eines Personalfragebogens
» Betriebsvereinbarungen

Hier fordern die Gewerkschaften eine Novellierung des Gesetzes durch die Einbeziehung z. B. von geplanten Video- und Telefonkonferenzen oder auch die Einführung von Künstlicher Intelligenz zur Verbesserung von Information und Kommunikation, hier auch durch das Recht zur Heranziehung von Sachverständigen.

* Aus AG- und AN-Vertretern **paritätisch** besetztes Gremium mit einem gemeinsam gewählten **neutralen Vorsitzenden** (häufig: Arbeitsrichter)

Mitwirkung in personellen Angelegenheiten (§ 92 f.), d. h. **Widerspruchsrecht** mit Letztentscheidung durch **Arbeitsgericht** bei:
» Einstellungen
» Umgruppierungen, Lohneingruppierungen
» Versetzungen
» Kündigungen
» Betriebsänderungen, u. a. auch Sozialplan

II. MITBESTIMMUNG im Aufsichtsrat (AR) des Unternehmens
(nur Kapitalgesellschaften: AG, GmbH, KGaA, eG, VvaG)

Drittelparität (BVG 1972, Drittelparitätsgesetz):
» in Kapitalgesellschaften mit mehr als **500** Beschäftigten
» **ein Drittel** der AR-Mitglieder Arbeitnehmer

Mitbestimmungsgesetz von 1976
» in Kapitalgesellschaften mit mehr als **2 000** Beschäftigten
» **50 %** der AR-Mitglieder Arbeitnehmervertreter, davon **50 %** aus dem Betrieb und mindestens ein leitender Angestellter
» Der Vorsitzende wird mit **Zweidrittelmehrheit** gewählt.
» Der Vorsitzende hat eine **doppelte Stimme** beim Stichentscheid.

22225164

Sozialplan

> ! **Der Sozialplan ist eine besondere Betriebsvereinbarung.**

Er soll Härten für die Belegschaft bei geplanten Betriebsveränderungen verhindern. Ein Sozialplan kann u. a. Umzugshilfen bei Versetzungen an einen anderen Ort, die Finanzierung von Umschulungsmaßnahmen, Zuschüsse bei vorzeitigem Ruhestandseintritt und Abfindungen bei Personalabbau beinhalten.

Kriterien für die Ausgestaltung eines Sozialplans sind:

- » voraussichtliche Dauer der Arbeitslosigkeit
- » Einkommensverluste aus Folgetätigkeiten
- » Einbußen bei der Rente
- » Mobilitätseinschränkungen
- » Grundbetrag der Abfindung
- » Einrichtung einer Transfergesellschaft (für Umschulungen, Weiterbildung)
- » Eigenkündigungen
- » Bewertung von anderen Abfindungskriterien bei Milderung der Nachteile

Eine Betriebsvereinbarung darf entsprechend dem Betriebsverfassungsgesetz (BetrVG → Kapitel 4.5) jedoch zu keiner Schlechterstellung gegenüber dem Tarifvertrag führen. Diesen Rechtsgrundsatz nennt man **Günstigkeitsprinzip.**

> ! **Nach dem Günstigkeitsprinzip gilt bei Kollision verschiedener Rechtsnormen die für den Betroffenen (Arbeitnehmer) günstigere Regelung.**

Das Günstigkeitsprinzip gilt im Verhältnis zwischen Tarifvertrag und Einzelvertrag oder Betriebsvereinbarung, was in § 4 Abs. 3 Hs. 2 TVG ausdrücklich festgeschrieben ist.

> Sieht der Tarifvertrag einen Stundenlohn von 18,00 € vor, dann kann im Arbeitsvertrag (oder auch in der Betriebsvereinbarung) auch ein Stundenlohn von 19,00 € vereinbart werden.
>
> Nicht zulässig ist es aber, einen Stundenlohn von 16,00 € zu zahlen (weniger als tarifvertraglich zugesichert).

Um in Betrieben neue Gesamtregelungen zuzulassen, die einzelne Arbeitsverhältnisse benachteiligen, während andere besser gestellt werden (z. B. bei einer Anpassung der betrieblichen Zulagenregelung), hat die Rechtsprechung das **kollektive Günstigkeitsprinzip** entwickelt. Danach ist die Ablösung einheitsvertraglicher Regelungen zulässig, wenn die Neuregelung für die Mehrheit der betroffenen Arbeitnehmer günstiger ist. Eine Verminderung seiner Gesamtbelastung (Abzüge) kann der Arbeitgeber mit diesem Prinzip aber nicht erreichen.

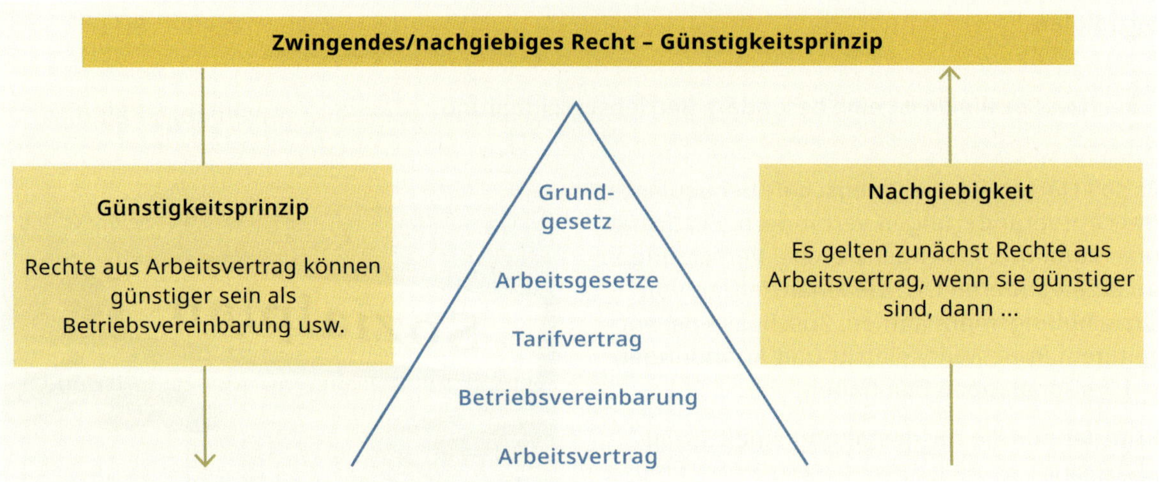

Situationsaufgaben

Situation 1: Tarifvertrag – Betriebsrat – Betriebsversammlung

Ihr Betrieb gehört dem zuständigen Arbeitgeberverband an und ist tarifgebunden. Für den geltenden Tarifvertrag sind keine Öffnungsklauseln vereinbart. Vor Kurzem wurde eine Betriebsvereinbarung zur Regelung des innerbetrieblichen Unterrichts für Auszubildende erlassen. Im Rahmen einer Jugend- und Auszubildendenversammlung stellen Sie die Betriebsvereinbarung vor und bieten die Möglichkeit, Fragen zum Arbeitsrecht zu stellen. Sie erläutern, dass in Betriebsvereinbarungen Inhalte geregelt werden, die nicht bereits als Mindestbedingungen im geltenden Tarifvertrag festgelegt sind.

Aufgaben:

1_ Welches richtige Beispiel geben Sie hierfür an?

2_ Welche Bedeutung hat die Tarifbindung für Sie (als Gewerkschaftsmitglied bzw. ohne Gewerkschaftszugehörigkeit)?

3_ Wer schließt einen neuen Tarifvertrag ab?

4_ Stellen Sie fest, in welchen Schritten ein gültiger Tarifvertrag zustande kommt.

5_ S. P., geb. am 25.02.1995, ist am 01.09.2021 in den Betrieb, ein größeres Büro (25 Mitarbeiter) mit eigenen Veranstaltungen und Geschäftsreisen neben der Vermittlung von Reisen, eingetreten und fühlt sich dort äußerst wohl. Daher überlegt er, sich bei den nächsten Betriebsratswahlen im Mai 2022 als Kandidat aufstellen zu lassen. Kann er das oder welche Voraussetzungen sind an eine Kandidatur gebunden?

6_ Eine neue Mitarbeiterin fragt Sie, unter welchen Bedingungen Betriebsversammlungen abgehalten werden. Sie haben sich dazu das Betriebsverfassungsgesetz besorgt. Welche Antwort dürfen Sie ihr demnach geben?

7_ Ihr Unternehmen plant verschiedene Maßnahmen (u. a. Expansion in die USA und dafür Kontaktaufnahme im Incoming-Agenturen im Land), die Auswirkungen auf die Beschäftigten haben werden. Prüfen Sie, in welchem Fall der Betriebsrat nicht mitbestimmungsberechtigt ist.

Situation 2: Jugend- und Auszubildendenvertretung

Eine Kollegin möchte von Ihnen über die Jugend- und Auszubildendenvertretung informiert werden. In Ihrem Unternehmen sind folgende Mitarbeiter beschäftigt:

- kaufmännische Mitarbeiter: 36, davon 35 volljährig und einer minderjährig
- sechs Auszubildende, davon drei minderjährig, zwei volljährig (unter 25 Jahre) und einer volljährig (über 25 Jahre)

Aufgaben:

1_ Erklären Sie der Kollegin anhand des Betriebsverfassungsgesetzes, wie viele Personen bei der Wahl zur Jugend- und Auszubildendenvertretung wahlberechtigt sind.

2_ Die Jugend- und Auszubildendenvertretung stellt sich im Rahmen einer Informationsveranstaltung den neuen Auszubildenden vor und erläutert ihre Rechte und Pflichten. Stellen Sie fest, welches Recht der Jugend- und Auszubildendenvertretung nach dem Betriebsverfassungsgesetz zusteht.

3_ Der erste Tagesordnungspunkt der Betriebsratssitzung bezieht sich auf die Beurteilung von Auszubildenden durch den Ausbilder. Für die Auszubildenden soll auf Antrag der Geschäftsleitung ein neuer Beurteilungsbogen entworfen werden. Prüfen Sie anhand des Betriebsverfassungsgesetzes (§ 94 BetrVG) die Rechtslage.

4_ Der Beurteilungsbogen für die Auszubildenden soll zum kommenden Jahr geändert werden. Prüfen Sie, welcher Sachverhalt den Vorschriften des Betriebsverfassungsgesetzes entspricht.

Aufgaben

1_ Was ist kollektives Arbeitsrecht?

2_ Welche Aufgaben nehmen die öffentlich-rechtlichen Arbeitgebervereinigungen und die privatrechtlichen Arbeitgebervereinigungen wahr?

3_ Erklären Sie zwei Ziele der Gewerkschaften.

4_ Warum müssen in jedem Tarifvertrag der räumliche, der fachliche und der persönliche Geltungsbereich definiert sein?

5_ Kann eine Betriebsvereinbarung einen Tarifvertrag ersetzen?

5 Rechtsordnung und Rechtsgebiete

Der Rechtsraum mit seinen vielen Rechten, die unsere Gesellschaft, unser Zusammenleben und unser Arbeitsleben strukturieren, organisieren und umgeben ist gleichsam vielfältig und verwirrend. Trotzdem ist es notwendig und wichtig, einige Teilbereiche und deren Ineinandergreifen zu kennen, um ein gewisses Verständnis für unser Handeln und Tun und die daraus resultierenden Auswirkungen zu wecken.

Die vorangehenden Kapitel machten Sie bereits mit einigen Rechten und Pflichten Ihrer Ausbildung, des Sozialrechts und des Arbeitsrechts vertraut. Dieses Kapitel soll Ihnen dabei helfen, den Sie privat und beruflich umgebenden Rechtsraum noch ein wenig mehr kennen- und begreifen zu lernen.

Die über den einzelnen Rechten stehende **Rechtsordnung sorgt für einen Interessenausgleich** in der Summe aller Rechtsbeziehungen.

Die Rechte können grundsätzlich in vier Rechtsformen unterteilt werden:

Gewohnheitsrecht

Das **Gewohnheitsrecht** ist die ursprüngliche Form des Rechts. Es ist ohne das Zutun eines Gesetzgebers aus den von Generation zu Generation **überlieferten Rechtsanschauungen** eines Volkes entstanden; die Kurtaxe oder das Wegerecht seien als Beispiele genannt. Gewohnheitsrechte sind ungeschriebenes Recht.

Gesetzesrecht

Mit Beginn der Neuzeit trat das **gesetzte Recht** neben das Gewohnheitsrecht. So wurden in der zweiten Hälfte des 19. Jahrhunderts viele Gesetze gemacht, die zum Teil heute noch gelten, aber immer wieder aktualisiert wurden.

» Strafgesetzbuch 1871
» Zivilprozessordnung 1877
» Strafprozessordnung 1877
» Bürgerliches Gesetzbuch 1900
» Handelsgesetzbuch 1900

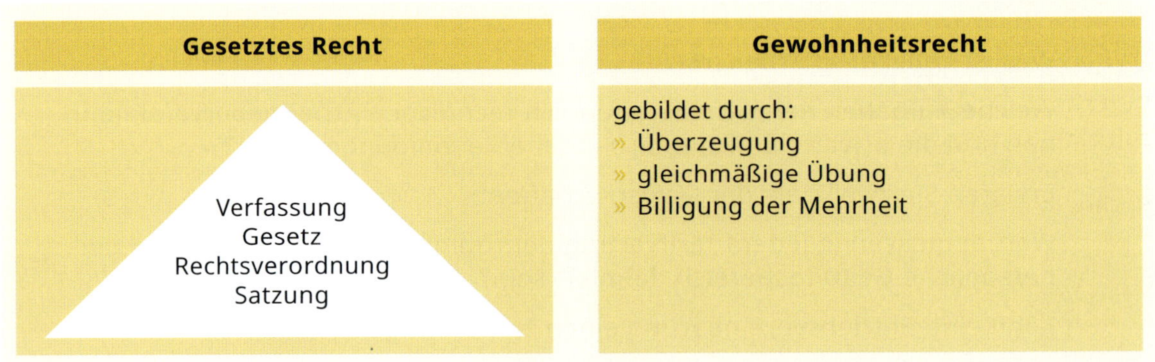

! Gesetze sind geschriebene Rechtsnormen, die in einem förmlichen Verfahren von den Parlamenten erlassen werden.

Die Rechtsordnung wird durch die **Rechtsprechung** aufrecht erhalten. Die Rechtsprechung entscheidet, was Recht ist. Sie ist in Deutschland eine selbstständige Staatsgewalt (neben der Exekutive und Legislative die Judikative) und in selbstständigen Gerichtszweigen klar geregelt.

Richterrecht

Richterrecht ist faktisches Recht, das durch die Rechtsprechung der Gerichte entsteht. Es dient – wie auch das Gewohnheitsrecht – vor allem der Schließung bestehender Gesetzeslücken, aber auch der Rechtsfortbildung als Reaktion auf sich verändernde Verhältnisse. Unter Berücksichtigung des Gleichheitssatzes sollen gesetzliche Begriffe wie „Treu und Glauben" oder „die guten Sitten" in Fall vergleichenden Schritten konkretisiert werden.

Die Rechtsprechung befasst sich mit verschiedenen **Rechtsgebieten.** Methodisch unterteilt sind das Privatrecht (Zivilrecht), das öffentliche Recht und das Strafrecht. Sachlich oder inhaltlich (methodenübergreifend) unterteilt sind z. B. das Verkehrsrecht, das Wirtschaftsrecht oder auch das Reiserecht.

Privatrecht (Zivilrecht)

! Das Privatrecht regelt die Rechtsbeziehungen (Rechte und Pflichten) der Privatpersonen gegenüber anderen Staatsbürgern und privaten Einrichtungen untereinander nach dem Grundsatz der Gleichberechtigung.

Das Privatrecht ist **nachgiebiges Recht;** somit können bestehende Gesetze durch individuelle vertragliche Vereinbarungen geändert werden. Diese Tatsache bezeichnet man als **Vertragsfreiheit.** Die Vertragspartner können Verträge im Rahmen bestehender Gesetze ausgestalten. Somit können u. a. der Zeitpunkt des Vertragsabschlusses, der Inhalt und die Dauer grundsätzlich frei festgelegt werden. Eine Rechtsnorm greift in diesem Fall nur dann, wenn keine andere vertragliche Vereinbarung getroffen wurde.

Das Privatrecht umfasst:
» das **bürgerliche Recht** (BGB)
» das **Handelsrecht** (HGB)

Vertragsrecht als wesentlicher Teil des Privatrechts

Durch individuelle Vereinbarungen zwischen Vertragspartnern (Willenserklärungen der Rechtssubjekte) können für diese bindende, geschriebene und ungeschriebene Rechtsnormen, Verträge (u. a. Kaufverträge → LF 2, Kapitel 2.2), entstehen. Sie finden ihre Grenzen dort, wo gegen die Rechte Dritter bzw. bestehende Gesetze verstoßen wird.

! Verträge sind Vereinbarungen, die durch mindestens zwei übereinstimmende Willenserklärungen zustande kommen.

Rechtsgebiete

Öffentliches Recht			Privatrecht		
Völker- und Staatsrecht	**Strafrecht**	**Kirchenrecht**	**Handelsrecht (HGB)**	**Bürgerliches Recht (BGB)**	**Bank-Börsenrecht**
Völkerrecht 1. **UN-Charta** 2. **EU-Recht** bindet ... **<u>Staatsrecht</u>** 1. **Verfassungsrecht** – Grundgesetz – Länderverfassungen – Wahlgesetze – Gemeindeordnungen 2. **Verwaltungsrecht** – Finanz- und Steuerrecht – Gewerberecht – Verkehrsrecht – Schulrecht	**Strafgesetzbuch (StGB)**	...	1. Handelsstand 2. Handelsgesellschaften 3. Handelsbücher 4. Handelsgeschäfte 5. Seehandel	1. Allgemeiner Teil 2. Schuldverhältnisse 3. Sachenrecht 4. Familienrecht 5. Erbrecht	...
	Strafprozessordnung (StPO)		**Zivilprozessordnung (ZPO)**		

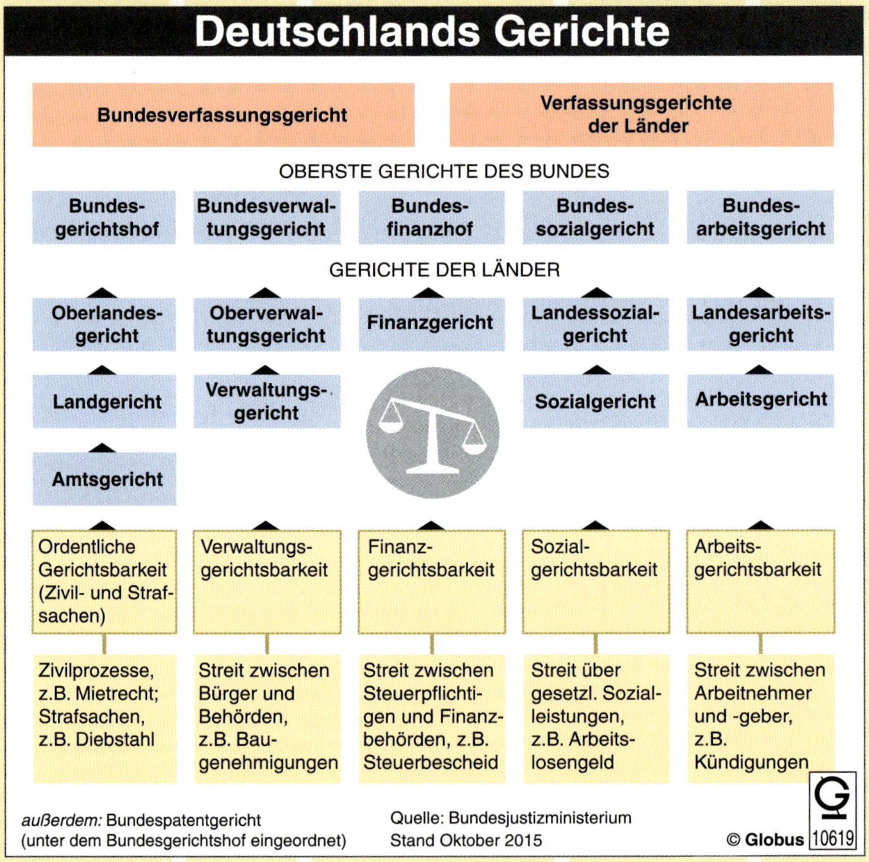

Als Grundlage sollen hier nur die Rechtsgebiete des Zivilrechts (➜ LF 2, Kapitel 2, Kaufvertrag) und des öffentlichen Rechts kurz vorgestellt werden.

Öffentliches Recht

> **!** **Das öffentliche Recht befasst sich grundsätzlich mit der Rechtsbeziehung der Privatperson bzw. privaten Einrichtung zum Staat und seinen Einrichtungen (Kreis, Gemeinde, Land, Bund) untereinander.**

Es gilt hier das **Prinzip der Unterordnung unter die Staatsgewalt,** d. h., die im Gesetz verankerten Rechtsnormen sind für die Privatperson bzw. öffentliche Einrichtung zwingend.

Das öffentliche Recht wird durch **Verwaltungsakte** vollzogen. Hierunter versteht man hoheitliche Maßnahmen, die zur Regelung eines Einzelfalls von einer Behörde getroffen werden und der sich die Privatperson bzw. private Einrichtung, sofern kein Rechtsbehelf möglich ist, nicht verweigern kann. Die Privatperson oder Institution (Unternehmen) kann über die Verwaltungsgerichtsbarkeit Entscheidungen (Gesetze, Verordnungen) anfechten, wie z. B. Demonstrationsverbote oder Auflagen während der Corona-Pandemie 2020/2021.

Aus den Rechtsnormen und Rechten (als Teile des „objektives Rechts") ergeben sich Berechtigungen („subjektive Rechte"), diese anzuwenden.

Situationsaufgabe

Situation:

Als 2020 über lange Zeit ein Lockdown zur Bewältigung der Corona-Pandemie beschlossen wurde, gab es nicht nur viele gegensätzliche Meinungen, sondern auch Auseinandersetzungen zur Frage, wer wofür zuständig ist.

Aufgabe:

Recherchieren Sie im Internet die einschlägigen Kommentare und Urteile und stellen Sie diese in einer möglichst übersichtlichen Tabelle zusammen.

Aufgaben

1_ Wozu bedarf es einer Rechtsordnung?

2_ Unterscheiden Sie die Formen des Rechts.

3_ Welche Merkmale grenzen das Privatrecht von dem öffentlichen Recht ab?

4_ In welcher Form wird das öffentliche Recht vollzogen?

5_ Nennen Sie vier Gebiete des öffentlichen Rechts.

6 Tourismusunternehmen

6.1 Rechtsformen von Touristikunternehmen

Für die Wahl einer bestimmten **Rechtsform des Unternehmens** sind sowohl **rechtliche** als auch **betriebswirtschaftliche Faktoren** relevant.

Rechtliche Einflussgrößen	Betriebswirtschaftliche Einflussgrößen
» Firma » Handelsregistereintragung » Geschäftsführung » Vertretungsbefugnis » Haftung » Besteuerung » Publizität des Jahresabschlusses	» Kapitalaufbringung » Ergebnisverteilung » Kreditbasis » Mitbestimmung der Arbeitnehmer

Nach der **Zahl der Inhaber des Unternehmens** unterscheidet man zwischen **Einzel- und Gesellschaftsunternehmen.**

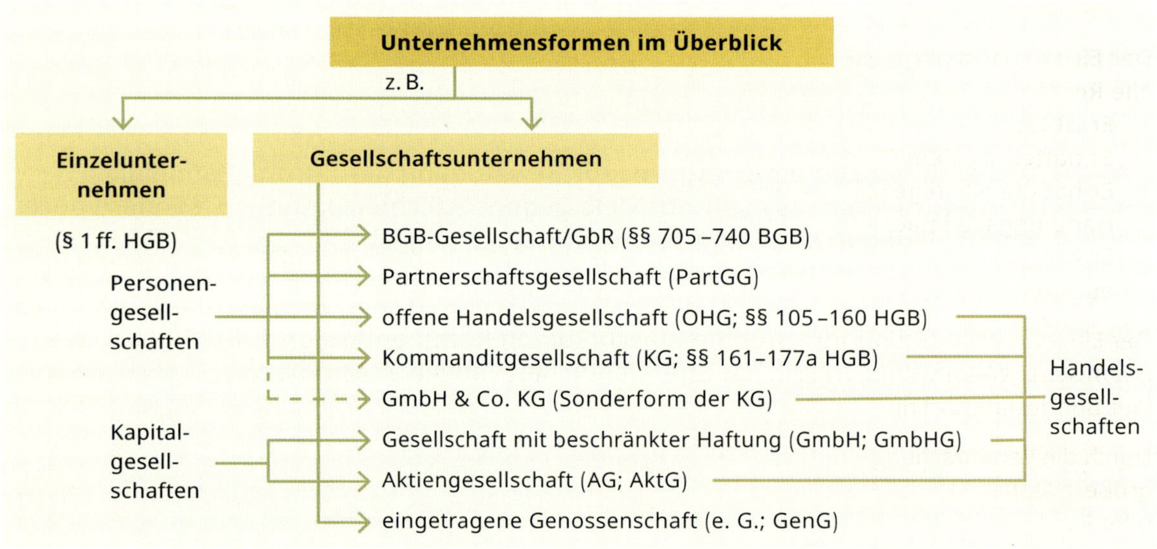

Aufgrund der Marktgegebenheiten im Segment Tourismus werden hier nur die Rechtsformen e. K., GmbH und eingeschränkt der AG näher erläutert.

6.1.1 Einzelunternehmen (e. K.)

Das **Einzelunternehmen** ist die häufigste Unternehmensform und eignet sich für kleine und mittelgroße Unternehmen. Ein Einzelunternehmen ist voll rechtsfähig und kann in der Person des Inhabers oder Eigentümers als Rechtssubjekt Eigentum oder Rechte an Sachen (Rechtsobjekten) erwerben.

Beispiel: Globetrotter e. K., Worms

22225172

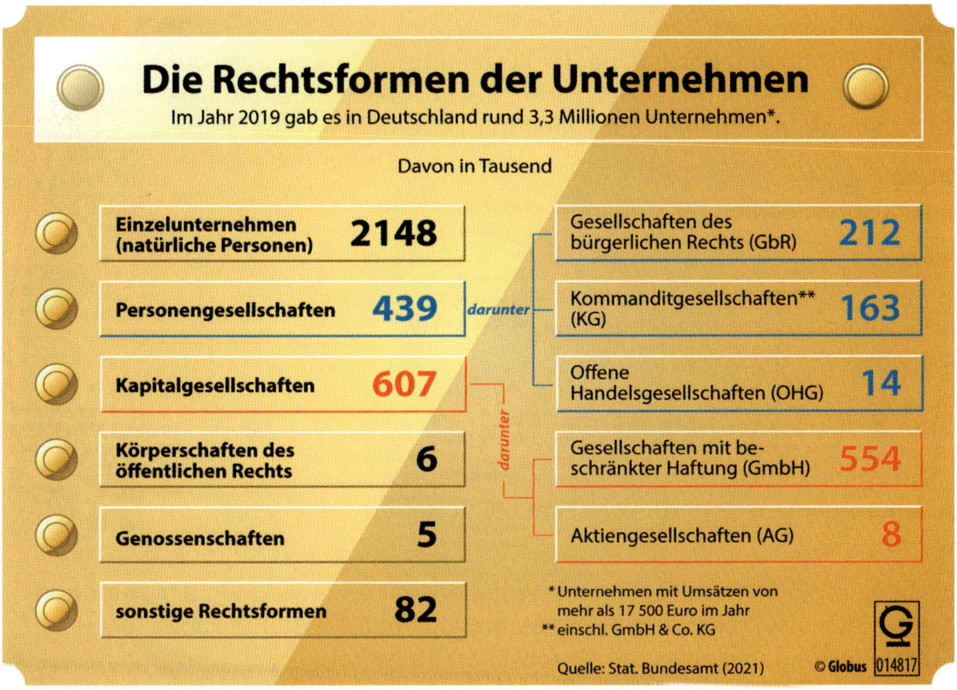

Der **Eigentümer** eines Einzelunternehmens führt dieses in alleiniger Verantwortung. Er **vereinigt** alle **Rechte** und **Pflichten** in einer Person.

- Er ist für die Kapitalaufbringung allein verantwortlich (kein Mindestkapital erforderlich).
- Er haftet mit dem Privat- und Geschäftsvermögen.
- Er hat die alleinige Vertretungsbefugnis (allerdings besteht die Möglichkeit, Prokura oder Handlungsvollmacht zu erteilen).
- Er kann den erwirtschafteten Gewinn allein vereinnahmen, eventuelle Verluste muss er aber auch allein tragen.

Der Einzelunternehmer ist **Istkaufmann** nach § 1 HGB, sofern er ein **Handelsgewerbe** (ein in kaufmännischer Weise eingerichteter Gewerbebetrieb, notwendig ab einem Umsatz von 600.000,00 €, laut Bundesfinanzministerium) betreibt, ansonsten ist er **Nichtkaufmann** (ggf. Kannkaufmann).

Durch die Vereinfachung und Liberalisierung des Firmenrechts haben auch die Einzelkaufleute eine größere Freiheit bei der Wahl ihrer Firma (Name des Kaufmanns/Unternehmens; Personen-, Sach- oder Fantasiefirma). Unter Beachtung der allgemeinen Firmengrundsätze (z. B. Firmenwahrheit, -klarheit und -beständigkeit ...) muss die Firma des Kaufmanns zwingend die Bezeichnung der Rechtsform eingetragener Kaufmann bzw. eingetragene Kauffrau oder eine übliche Abkürzung dieser Bezeichnung enthalten (§ 19 Abs. 1 Nr. 1 HGB).

Vor- und Nachteile

Die Vor- bzw. Nachteile eines Einzelunternehmens ergeben sich im Hinblick auf:

- **Kapital und Haftung**
  Die Kapitalausstattung und die Haftung sind abhängig von der finanziellen Situation des Einzelunternehmers. Eine zu geringe Kapitalkraft schlägt sich auf die Kreditbeschaffungsmöglichkeiten und das Vertrauensverhältnis zu den Geschäftspartnern (z. B. Lieferanten) nieder. In jedem Fall haftet der Unternehmer auch mit seinem Privatvermögen!
  Insbesondere durch die begrenzte Kapitalkraft und die damit verbundene geringe Haftungsgrundlage stößt das Einzelunternehmen an seine Grenzen.

» **Geschäftsführung und Vertretung**
Durch das alleinige Entscheidungsrecht kann der Einzelunternehmer schnell auf sich ändernde wirtschaftliche Gegebenheiten reagieren. Bei unzureichender unternehmerischer Qualifikation können diese Merkmale den Bestand des Unternehmens gefährden.

» **Ergebnisverteilung**
Da der Gewinn dem Unternehmer allein zusteht, ergibt sich ein besonderer Leistungsanreiz.

» **steuerliche Aspekte**
- Einzelunternehmer unterliegt der Einkommensteuer (§ 1 Abs. 1 EStG)
- Gewerbebetrieb unterliegt der Gewerbesteuer (§ 15 EStG)
- Umsätze unterliegen der Umsatzsteuer (§ 2 UStG)

6.1.2 Gesellschaft mit beschränkter Haftung (GmbH)

Diese Rechtsform wird eingehender behandelt, weil sie im touristischen Bereich die vorherrschende Unternehmensform ist, vor allem bei Reisebüros und (eher kleineren) Veranstaltern.

Die Gesellschaft mit beschränkter Haftung (GmbH) stellt eine Weiterentwicklung der **Personengesellschaft** dar, bei der sich die Gesellschafter mit Stammeinlagen am Stammkapital beteiligen, **ohne persönlich für die Verbindlichkeiten der Gesellschaft zu haften.**

Zur **Errichtung** ist ein **Gesellschaftsvertrag** notwendig, der folgende **Mindestbestandteile** enthalten muss (§ 2 f. GmbHG):
1. Firma und Sitz der Gesellschaft,
2. Gegenstand des Unternehmens,
3. Betrag des Stammkapitals,
4. Höhe der Stammeinlage eines jeden Gesellschafters.

Zur **Entstehung** einer GmbH ist die **Eintragung ins Handelsregister** (öffentliches Verzeichnis aller Kaufleute in einem Amtsgerichtsbezirk, Abteilung A für Personengesellschaften, Abteilung B für Kapitalgesellschaften) durch elektronische Einreichung notwendig.

Der Handelsregistereintrag hat **konstitutive (rechtserzeugende) Wirkung,** d. h., erst durch diesen Eintrag
» hat die GmbH eine eigene Rechtspersönlichkeit **(juristische Person);**
» **haftet** die GmbH den Gläubigern nur mit dem Gesellschaftsvermögen;
» gilt sie als **Handelsgesellschaft** im Sinne des HGB, auch wenn sie kein Handelsgewerbe betreibt (§ 13 GmbHG).

Werden schon vor diesem Eintrag Geschäfte im Namen der Gesellschaft durchgeführt, haften die Handelnden persönlich und solidarisch (§ 11 Abs. 2 GmbHG).

Mögliche Firmenbeispiele:

Frau Graf, Frau Zimmer und Herr Golz betreiben zusammen ein Reisebüro. Mögliche Firmierungen sind u. a.
- als Personenfirma: Graf GmbH; Zimmer GmbH; Golz GmbH
- als Sachfirma: Reiseservice GmbH

Beispiel: FTI Touristik GmbH

Durch die zum Handelsregister einzureichende **Gesellschafterliste** wird der Gesellschafterbestand für Außenstehende transparent. Hiervon profitieren potenzielle Geschäftspartner einer GmbH, da sie sich leichter informieren können, wer hinter der Gesellschaft steht, was insbesondere bei der Übertragung von Geschäftsanteilen von Bedeutung ist.

Kapitalaufbringung und Haftung

Vom **Stammkapital** einer GmbH (mindestens 25.000,00 €) muss ein Betrag von 12.500,00 € zur Gründung aufgebracht werden. Dieser kann als Bar-, Sach- oder Mischmittel aufgebracht werden. Die Gesellschafter haften dann nur mit ihrer **Stammeinlage**, die GmbH mit dem Gesellschaftsvermögen. Dies mindert i. d. R. ihre Kreditwürdigkeit.

Geschäftsführung

Die **Geschäftsführung** erfolgt durch **den/die Geschäftsführer.** Bei einer GmbH können dies sein (§ 6 GmbHG):

» ein oder mehrere Gesellschafter oder
» andere Personen, die nicht gleichzeitig Gesellschafter sind (Angestellte der GmbH).

Zum Geschäftsführer kann nur bestellt werden, wer nicht gegen zentrale Bestimmungen des Wirtschaftsstrafrechts verstoßen hat (§§ 82, 84 Abs. 1).

Organe

Die GmbH als **juristische Person handelt durch ihre Organe,** die sich aus natürlichen Personen zusammensetzen.

Ist die Geschäftsführung leitendes Organ, so ist die **Versammlung der Gesellschafter** das **beschließende Organ.** Als oberstes Organ gehört zu ihren Aufgaben (§ 46 GmbHG):

» das Feststellen des Jahresabschlusses (Bilanz, GuV, Lagebericht),
» die Verwendung des Ergebnisses,
» das Einfordern von Einzahlungen auf Stammeinlagen,
» das Bestellen und Abberufen von Geschäftsführern,

» das Entlasten der Geschäftsführer,
» das Bestellen von Prokuristen und Handlungsbevollmächtigten.

Die Beschlüsse werden durch **einfache Mehrheit** der abgegebenen Stimmen gefasst (pro 1,00 € Geschäftsanteil eine Stimme). Bei Satzungsänderungen ist eine **qualifizierte Mehrheit** der abgegebenen Stimmen erforderlich (§§ 53 Abs. 1 und 60 GmbHG).

Ein **Aufsichtsrat** als **überwachendes Organ** ist vorgeschrieben nach
» dem Betriebsverfassungsgesetz (§ 77) für Gesellschaften mit mehr als 500 Arbeitnehmern,
» dem Mitbestimmungsgesetz (§ 1) bei mehr als 2 000 Arbeitnehmern,
» dem Montanmitbestimmungsgesetz (§ 3) für Unternehmen der Montanindustrie.

Ergebnisverteilung

Grundsätzlich haben die Gesellschafter **Anspruch auf den Jahresüberschuss** im **Verhältnis der Geschäftsanteile,** sofern im Gesellschaftsvertrag keine andere Regelung getroffen wurde (§ 29 Abs. 3 GmbHG). Es besteht auch die Möglichkeit, Teile des Ergebnisses zur Stärkung der Finanzkraft des Unternehmens in sog. Gewinnrücklagen einzustellen oder als Gewinn vorzutragen.

Ein **negatives Ergebnis** kann durch einen Gewinnvortrag des Vorjahres oder die Auflösung von Rücklagen ausgeglichen werden. Des Weiteren wäre ein Verlustvortrag oder das Einfordern von Nachschüssen möglich.

Zahlungsunfähigkeit

Bei Zahlungsunfähigkeit bzw. Überschuldung haben die Gesellschafter einen **Insolvenzantrag** zu stellen, was auf den Geschäftsbriefen kenntlich gemacht werden muss; im Handelsregister muss eine zustellungsfähige inländische Geschäftsanschrift eingetragen werden. Dies gilt auch für Aktiengesellschaften, Einzelkaufleute, Personenhandelsgesellschaften sowie Zweigniederlassungen (auch von Auslandsgesellschaften).

Die GmbH im Überblick	
Namens-/Firmenzusatz	GmbH
Firma	Personen-, Sach-, Fantasie- oder gemischte Firma
Kapitalaufbringung Mindestzahl der Gründer	eine oder mehrere Personen
Mindestkapital	Mindeststammkapital 25.000,00 €, die Hälfte als Bar-, Sach- oder Mischeinlage
Mindesteinlage	Stammeinlage eines Gesellschafters mindestens 1,00 €, 25 % sind einzuzahlen
Haftung	Gegenüber den Gläubigern haftet die Gesellschaft mit Gesellschaftsvermögen (§ 13 Abs. 2 GmbHG). Wenn im Gesellschaftsvertrag vorgesehen, können Gesellschafter beschließen, dass über die Stammeinlage hinaus weitere Einzahlungen (Nachschüsse) erbracht werden müssen.
Geschäftsführung (Innenverhältnis)	durch einen oder mehrere Geschäftsführer (natürliche Personen); Gesamtgeschäftsführungsbefugnis
Vertretung (Außenverhältnis)	Gesamtvertretungsmacht aller Geschäftsführer; Einzelvertretungsbefugnis kann im Gesellschaftsvertrag vereinbart werden (§ 35 GmbHG).
Ergebnisverteilung	Gewinn: Verteilung des Bilanzgewinns nach Anteilen (§ 29 GmbHG).

6.1.3 Aktiengesellschaft (AG)

Begriff und Wesen der AG

Die Aktiengesellschaft hat eine eigene Rechtspersönlichkeit (**juristische Person**). Sie gilt als **Handelsgesellschaft,** auch wenn der Gegenstand des Unternehmens nicht im Betrieb eines Handelsgewerbes besteht (§ 3 AktG).

Ihre Gesellschafter (Aktionäre) sind mit Einlagen an dem in Aktien zerlegten Grundkapital beteiligt, ohne persönlich für die Verbindlichkeiten der Gesellschaft zu haften. Die AG ist somit eine **Kapitalgesellschaft** als Formkaufmann, bei der nur das von den Gesellschaftern aufgebrachte Kapital (Gesellschaftsvermögen) für die Verbindlichkeiten der AG einsteht. Durch diese rechtliche Gestaltung eignet sich die Organisationsform der AG besonders für Unternehmen, die für die Realisierung ihrer Vorhaben **hohe Kapitalsummen** benötigen und diese über die Börse zu bekommen suchen. Die Rechtsform wird aus diesem Grund von Großunternehmen der Industrie, des Verkehrs (wie z. B. der Bahn, Lufthansa, aber auch TUI), des Handels sowie von Banken und Versicherungen bevorzugt. Die Rechtsgrundlagen befinden sich hauptsächlich im Aktiengesetz (AktG) und im Handelsgesetzbuch (HGB).

Die **Firma** (Personen-, Sach- oder Fantasiefirma) **muss** die Bezeichnung Aktiengesellschaft oder eine allgemein verständliche Abkürzung dieser Bezeichnung enthalten (§ 4 AktG).

Gründung und Kapitalorganisation der AG

Zur Gründung einer AG sind ein oder mehrere Personen erforderlich (Aktionäre), die die Aktien gegen Einlagen übernehmen. Sie schließen einen Gesellschaftsvertrag (Satzung) ab, der durch einen Notar beurkundet werden muss. Bis zur Eintragung in das Handelsregister (= Verzeichnis aller Kaufleute nach HGB) muss das Grundkapital zur Verfügung gestellt werden. Die Mindesthöhe des Grundkapitals beträgt 50.000,00 €, zerlegt in Aktien zum Mindestnennbetrag von 1,00 € oder in nennwertlose Stückaktien, denen ein Anteil am Grundkapital von mindestens 1,00 € entsprechen muss. Mindestens ein Viertel des notwendigen Grundkapitals muss als Einzahlung geleistet werden.
Mit der Eintragung in das Handelsregister ist die Aktiengesellschaft entstanden. Die Firma muss die Bezeichnung „Aktiengesellschaft" bzw. „AG" enthalten.

Wesentliche Rechte des Aktionärs der AG

Eine Aktie ist eine Urkunde über die Beteiligung an einer AG, die dem Aktionär folgende Rechte garantiert:

- Stimmrecht auf der Hauptversammlung
- Gewinnanteilsrecht (Dividende)
- Bezugsrecht bei Ausgabe neuer Aktien

Aktienarten der AG

Neben der Unterscheidung in Nennbetragsaktien (über mindestens 1,00 €) und Stückaktien (Anteile mit gleichem Umfang am Grundkapital, mindestens 1,00 €) unterscheidet man

a) nach den verbrieften Rechten in **Stammaktien** und **Vorzugsaktien**. Letztere sind häufig ohne Stimmrecht in der Hauptversammlung, dafür aber mit einer höheren Rendite ausgestattet.
b) nach der Übertragbarkeit in **Inhaberaktien** (Übertragung durch Einigung und Übergabe) und **Namensaktien**. Sie sind auf bestimmte Personen ausgestellt (zwingend, wenn das Grundkapital noch nicht voll eingezahlt ist). Die Eigentumsübertragung erfolgt durch **Indossament** (Übergabevermerk) und Übergabe. Namensaktien sind in das bei der AG geführte Aktienbuch einzutragen, denn nur der Eingetragene kann der AG gegenüber Aktionärsrechte geltend machen.

Organe der AG

Da die Aktiengesellschaft als juristische Person nicht wie ein Mensch handeln kann, braucht sie Organe, um handlungsfähig zu sein. Diese Organe sind
» der Vorstand,
» der Aufsichtsrat (AR),
» die Hauptversammlung (HV).

Vorstand der AG

Der Vorstand ist das **ausführende Organ** der AG. Er leitet die laufenden Geschäfte und vertritt die Gesellschaft gerichtlich und außergerichtlich nach außen (z. B. Vertragsabschlüsse, Behördenverkehr). Bei der Durchführung seiner Aufgaben hat der Vorstand die Sorgfalt eines ordentlichen und gewissenhaften Kaufmanns anzuwenden. Bei nachgewiesenen Verfehlungen (in der Praxis äußerst selten, siehe die Schadenersatzprozesse gegen ehemalige Manager im Dieselskandal) ist er schadenersatzpflichtig. Vorstandsmitglieder bestellt der Aufsichtsrat auf höchstens fünf Jahre.

Der Vorstand kann aus einer oder mehreren Person(en) bestehen, die natürliche und unbeschränkt geschäftsfähige Personen sein müssen. Sämtliche Vorstandsmitglieder sind gemeinschaftlich zur Geschäftsführung befugt. Abweichende Bestimmungen müssen in der Satzung niedergelegt sein.

Der Vorstand hat den Aufsichtsrat regelmäßig über die Geschäftslage (z. B. Umsätze) der AG sowie über die beabsichtigte Geschäftspolitik und Unternehmensplanung zu unterrichten. Er ist zur Führung der Handelsbücher verpflichtet. Jahresabschluss und Lagebericht einschließlich Vorschlag über die Verwendung des Bilanzgewinns der AG hat der Vorstand dem Aufsichtsrat nach ihrer Aufstellung unverzüglich vorzulegen. Mindestens einmal jährlich beruft der Vorstand die Hauptversammlung ein. Die Bezüge der Vorstandsmitglieder können sich aus einem Gehalt, Gewinnbeteiligungen, Provisionen usw. zusammensetzen. Personelle Änderungen des Vorstands sind im Handelsregister einzutragen.

Aufsichtsrat der AG

Der Aufsichtsrat ist das **Kontrollorgan** der AG. Damit der Aufsichtsrat seinen Aufgaben gerecht werden kann, dürfen seine Mitglieder nicht gleichzeitig im Vorstand vertreten sein. Für seine Tätigkeit erhält der Aufsichtsrat eine Vergütung (Tantieme).

Art der AG	Gesetzl. Grundlage	Vorschriften über den Aufsichtsrat (AR)
kleine AGs (501 bis 2.000 Arbeitnehmer)	**DrittelbeteiligungsG und AktG**	Die Hauptversammlung wählt 2/3, die Belegschaft 1/3 der AR-Mitglieder („**Drittelparität**“). Die Zahl der AR-Mitglieder muss durch 3 teilbar sein. Die Anzahl der AR-Mitglieder beträgt mindestens drei und maximal 21. Sie richtet sich nach der Höhe des Grundkapitals.
große AGs (i. d. R. mehr als 2.000 Arbeitnehmer)	**MitbestG**	Der AR hat 12 bis 20 Mitglieder. Er besteht je zur Hälfte aus Vertretern der Aktionäre und der Belegschaft („**paritätische Mitbestimmung**“). In Patt-Situationen hat der Vorsitzende ein Doppelstimmrecht.

22225178

Der Aufsichtsrat bestellt und überwacht den Vorstand und nimmt Einsicht in die Geschäftsbücher. Er prüft den Jahresabschluss, den Lagebericht und den Vorschlag für die Verwendung des Bilanzgewinns und berichtet an die Hauptversammlung.

Hauptversammlung der AG

Die Hauptversammlung als **beschließendes Organ** der Aktiengesellschaft ist die Versammlung der Gesellschafter (Aktionäre). Sie wird mindestens einmal jährlich vom Vorstand einberufen. Dort üben die Aktionäre ihre Auskunfts- und Stimmrechte aus. Zur Ausübung des Stimmrechts muss der Aktionär nicht persönlich an der Hauptversammlung teilnehmen. Kleinaktionäre übertragen ihr Stimmrecht häufig an Bankenvertreter oder Aktionärsvereinigungen, sodass diese für eine Vielzahl von Beteiligten handeln können. Moderne Kommunikationstechniken erlauben auch eine virtuelle Abhaltung oder Teilnahme an der Hauptversammlung.

Beschlüsse wie z. B. über Satzungsänderungen, Verschmelzungen, Kapitalerhöhungen bzw. -herabsetzungen oder die Auflösung der Gesellschaft werden mit einfacher oder qualifizierter Mehrheit der abgegebenen Stimmen gefasst, wobei das Stimmrecht nach Aktiennennbeträgen, bei Stückaktien nach deren Anzahl, ausgeübt wird. Bei Satzungsänderungen, bei denen eine Mehrheit von 75 % des bei der Beschlussfassung vertretenen Grundkapitals erforderlich ist, kann ein Aktionär, der 25 % zuzüglich 1 Aktie besitzt, solche Beschlüsse verhindern („Sperrminorität"). Die Hauptversammlung wählt die Aufsichtsratmitglieder der Anteilseigner mit einfacher Mehrheit auf 4 Jahre und beruft sie ggf. ab. Vorstands- und Aufsichtsratmitglieder werden durch die Hauptversammlung entlastet (Entlastung: nachträgliche Billigung ihrer Tätigkeit). Die Hauptversammlung entscheidet über die Gewinnverwendung und wählt den Abschlussprüfer.

Die AG im Überblick	
Namens-/Firmenzusatz	AG
Firma	Personen-, Sach-, Fantasie- oder gemischte Firma
Kapitalaufbringung Mindestzahl der Gründer	mindestens eine Person (natürliche oder juristische)
Mindestkapital bzw. Mindesteinlage	Grundkapital mindestens 50.000,00 €; Stückelung in Nennbetragsaktien (mindestens 1,00 € bzw. höhere volle Eurobeträge) oder Stückaktien[1]
Haftung	nur das Gesellschaftsvermögen (§ 1 AktG)
Rechtspersönlichkeit	juristische Person
HR-Eintragung	konstitutive Wirkung
Organe	Vorstand (leitendes Organ), Aufsichtsrat (überwachendes Organ), Hauptversammlung (Interessenvertretung der Aktionäre)
Geschäftsführung (Innenverhältnis)	Vorstand, Gesamtgeschäftsführung; abweichende Regelungen durch Satzung möglich. (§ 77 AktG)
Vertretung (Außenverhältnis)	Vorstand, Gesamtvertretung; abweichende Regelungen durch Satzung möglich (§ 78 AktG)
Ergebnisverteilung	Hauptversammlung beschließt über Verwendung des Bilanzgewinns (§ 174 AktG); Verzinsung im Verhältnis der Anteile.

1 Stückaktien lauten auf Bruchteile der AG.

Eine neue Aktiengesellschaft mit dem Ziel, umweltfreundliche Pauschalreisen zu entwickeln, soll gegründet werden. Die Firma könnte lauten: Pauschalreisen AG (= Sachfirma).

Weitere AG: TUI AG

Situationsaufgabe

Situation:

Nachdem Sie eine geraume Zeit in einem großen Reisebüro und danach für drei Jahre im Ausland gearbeitet und einiges angespart haben, überlegen Sie gemeinsam mit einer früheren Kollegin, ob Sie sich trotz der derzeit widrigen Umstände selbstständig machen und ein eigenes Reisebüro gründen bzw. ein abzugebendes kaufen wollen.

Ihre Kollegin ist sich noch nicht sicher, ob sie mit einsteigen soll. Sie ist der Meinung, dass noch viele Aspekte geklärt werden sollten, bevor Sie starten.

Aufgaben:

1_ Gehen Sie im Rahmen der Planungen zur Gründung eines Unternehmens auf folgende Gesichtspunkte ein:
- Geschäftsidee (Was soll verkauft werden? Wer sind die Kunden?)
- Standort (Miete oder eigene Räume)
- Kapitalbedarf/Finanzierung
- Unternehmensform (Größe, allein/mit Partner)
- Genehmigung/Anmeldung
- Firma
- Geschäftsausstattung (Was muss angeschafft werden?)
- Buchführung
- Rentabilität/geplantes Einkommen
- Gewinnverteilung/Rücklagenbildung

2_ Bilden Sie Gruppen für die verschiedenen Unternehmensformen und streichen Sie deren Vor- und Nachteile heraus.

Aufgaben

1_ Warum werden viele Reisebüros als Einzelunternehmen gegründet?

2_ Welche Vor- und Nachteile hat diese Unternehmensform?

3_ Bilden Sie vier Firmierungsmöglichkeiten für ein Einzelunternehmen in der Reisemittlertätigkeit.

4_ Warum ist der Reisemittler ein Gewerbetreibender und wie lautet die Definition eines Gewerbetreibenden?

5_ Wieso ist die Kreditwürdigkeit eines Einzelunternehmens häufig begrenzt?

Web **Zusätzliche detaillierte Aufgaben zu LF 1, Kapitel 6.1 finden Sie im BPW.**

22225180

6.2 Betriebliche Strukturen

6.2.1 Aufbauorganisation

Ein touristisches Unternehmen verfolgt verschiedene betriebliche Ziele wie z. B.:
- Erhöhung der Umsatzes
- qualitativ bestmögliche Reisen anbieten
- Gewinnung neuer Kunden
- Steigerung des Gewinns
- nachhaltigen Geschäftserfolg

Um diese, zum Teil sehr unterschiedlichen Ziele zu erreichen, braucht das Unternehmen eine entsprechende Organisation, um die vorhandenen Ressourcen sinnvoll einzusetzen.

Je nach Betrachtungsweise kann die betriebliche Organisation als Aufbauorganisation oder als Ablauforganisation beschrieben werden.

Zweck der **Aufbauorganisation** ist es, durch Bildung und Verteilung von Aufgaben eine sinnvolle Ordnung der betrieblichen Handlungsprozesse zu erreichen. Erreicht wird dies durch eine **hierarchische Ordnung** von Stellen sowie einer dauerhaften Festlegung von Aufgaben und Pflichten der Stellen. Als Stelle werden die zusammengefassten Aufgaben eines Arbeitsgebietes des einzelnen Mitarbeiters bezeichnet. Eine Abteilung eines Unternehmens besteht aus der Zusammenfassung mehrerer Stellen mit zusammenhängenden Aufgaben.

Die hierarchisch gegliederten Organisationsformen werden auch **Leitungssysteme** genannt. Im Folgenden sollen gängige Formen der Leitungssysteme näher beschrieben werden.

Einliniensystem

Das Einliniensystem ist die straffste Organisationsform. Danach darf eine Organisationseinheit nur von einer übergeordneten Instanz Anweisungen erhalten. Somit sind sämtliche Abteilungen in einem einheitlichen Instanzenweg gegliedert, es besteht von der untersten Stelle bis zur Unternehmensleitung eine eindeutige Linie der Weisungsbefugnis und Verantwortung.

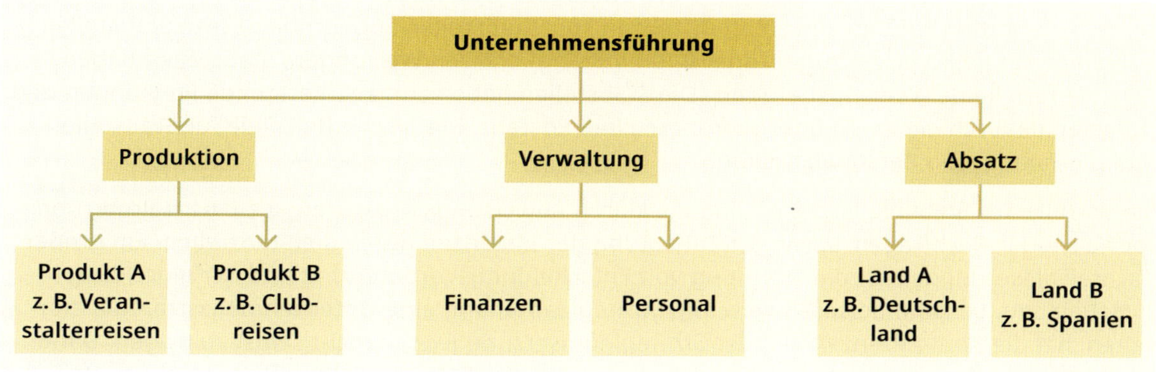

Einliniensystem

Die **Vorteile** des Einliniensystems liegen im Wesentlichen in einer klaren Kompetenzabgrenzung, einer genauen Übersicht hinsichtlich der Organisation eines Unternehmens, sowie eindeutig geregelter Kommunikationswege.

Nachteile dieser Organisationsform liegen in einer fehlenden Dynamik, in umständlichen Kommunikationswegen (nach oben) und „Befehlswegen" (nach unten) sowie in einer unflexiblen

Entscheidungsfindung. Daneben sind die Zwischeninstanzen durch die Kommunikationswege stark belastet und alle Instanzen unterliegen dem Nachteil der Informationsfilterung durch Vorinstanzen. Man findet diese Art des Aufbaus in der öffentlichen Verwaltung, aber vor allem auch in kleineren Betrieben mit relativ wenigen Beschäftigten.

Mehrliniensystem

Bei einem Mehrliniensystem erhält eine untergeordnete Stelle von mehreren übergeordneten Stellen Weisungen. Die Einheitlichkeit der Leitung und Aufgabenverteilung ist aufgehoben.

Der wesentliche Vorteil dieser Organisationsform sind die kurzen und schnellen Informations- und Entscheidungswege. Nachteilig sind hingegen die Überschneidungsgefahr von Kompetenzen und Aufgaben sowie die möglicherweise leistungshemmende Wirkung, wenn ein Mitarbeiter von verschiedenen Vorgesetzten und dann auch noch widersprüchliche Weisungen erhält.

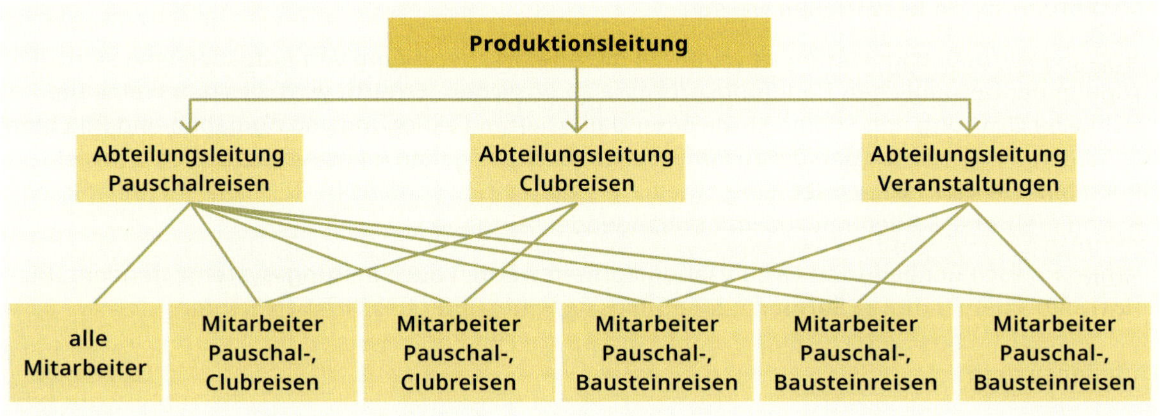

Mehrliniensystem

Stabliniensystem

Eine Kombination der Vorteile der zuvor beschriebenen Systeme stellt das Stabliniensystem dar. Bei diesem System werden einzelnen Instanzen sog. Stabstellen zugeordnet. Diese Stabstellen sind einer Abteilung direkt zugeordnet und empfangen deren Weisungen. Stabstellen haben selbst jedoch keine Weisungsbefugnis. Die Stabstellen haben zumeist beratende Funktionen und entlasten dadurch die ihnen übergeordnete Linieninstanz. Klassische Beispiele für Stabstellen sind die Finanz- und Personalabteilung.

Die Vorteile des Stabliniensystems sind die klaren Anweisungsstrukturen, die Einschaltung von Spezialisten in Sachfragen, sowie die Entlastung der Instanzen durch die Stabstellen. Ein großer Nachteil dieses Models ist die Trennung von Entscheidungsvorbereitung und der eigentlichen Entscheidung. So kann beispielsweise die Strategieabteilung eine Unternehmensstrategie erarbeiten, hat die Konsequenzen aus der Strategieumsetzung jedoch nicht selbst zu tragen. Daneben kann sich die mangelnde Entscheidungsbefugnis der Stäbe negativ auf deren Motivation auswirken.

Die drei genannten Leitungssysteme können hierarchisch entweder nach **Funktionen** (funktionale Organisation) oder nach **Sparten** (divisionale Organisation) organisiert werden. Bei der funktionalen Organisation werden gleichartige Funktionen (Beschaffung, Produktion, Absatz, Forschung & Entwicklung) im Unternehmen für alle Produkte zentralisiert. Hingegen wird bei der divisionalen Organisation das Unternehmen auf der zweiten Hierarchieebene nach Produkten, Regionen oder Kunden gegliedert.

22225182

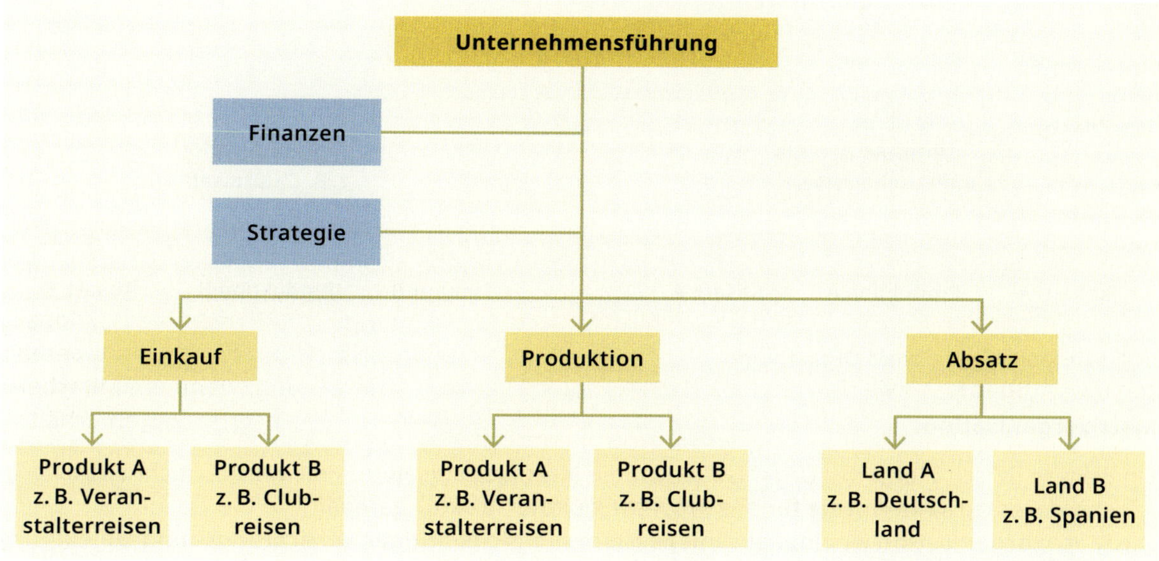

Stabliniensystem

Die **funktionale Organisationsstruktur** (Gliederung nach Aufgaben) eignet sich besonders für Unternehmen, die ein nur wenig schwankendes Produktionsprogramm haben und über stabile Absatzmärkte verfügen, wie mittelständische Maschinenbauer oder Anlagenhersteller.

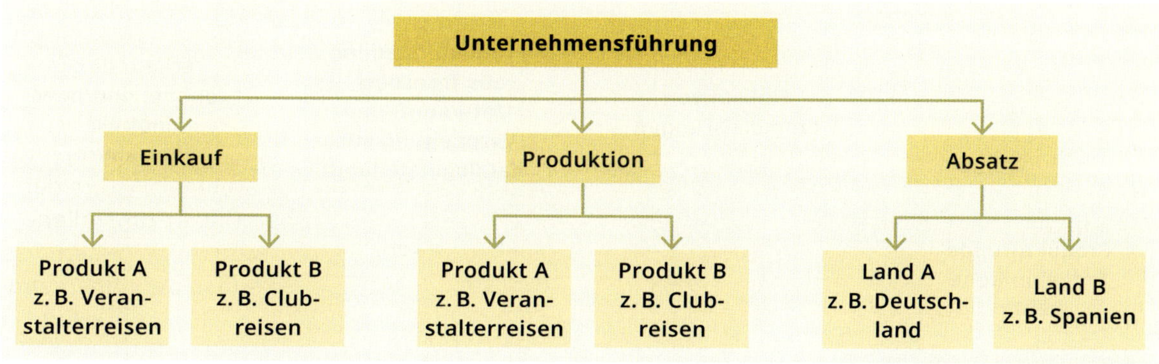

Einliniensystem – funktionale Organisation

Die **divisionale Organisationsstruktur** (Gliederung ab der zweiten Hierarchiestufe nach Objekten wie Produkten, Kundengruppen oder Absatzgebieten) hingegen eignet sich besonders für Unternehmen, die über ein stark diversifiziertes Absatzprogramm oder in mehreren Ländern über große Niederlassungen verfügen, wie z. B. die großen Automobilhersteller wie VW oder Daimler.

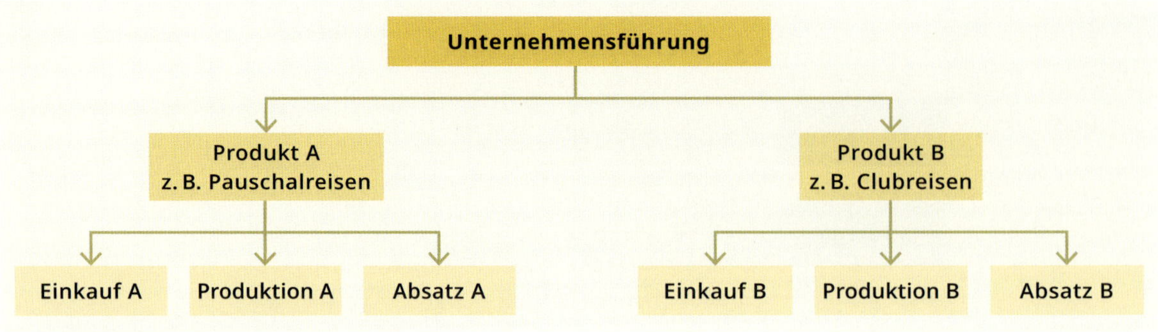

Einliniensystem – divisionale Organisation

Matrixorganisation

Ein weitere (Misch-)Form der Organisation ist die Matrixorganisation. Hier werden nicht einzelne Arbeitsprozesse, sondern eine für alle Prozesse gültige Struktur geregelt.
Die **Matrixorganisation** ist ein Mehrliniensystem mit gleichzeitiger Verrichtungs- und Objektgliederung. Die Verrichtungsgliederung ist die Gliederung nach Funktionsbereichen wie beispielsweise Beschaffung, Produktion, Verkauf und bildet typischerweise die vertikale Dimension (Linieninstanz), während die Objektgliederung – beispielsweise die Gliederung nach Märkten (z. B. Inland, verschiedene Länder), Produkten (z. B. Art der Reise) oder Regionen (z. B. der Länder) – die horizontale Dimension (Matrixinstanz) bildet.

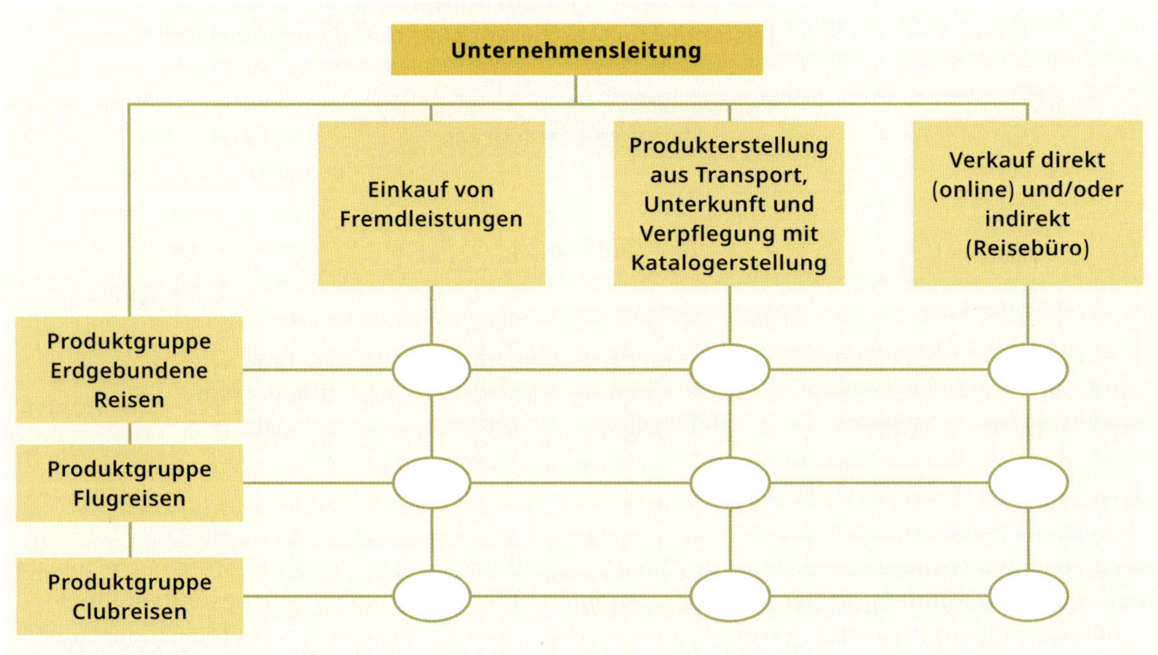

Matrixorganisation

Als **Vorteile** werden genannt:
- das Unternehmen ist flexibler in Bezug auf Anpassung an Marktschwankungen und den Wettbewerb
- die obere Führungsebene wird durch die Projektmanager entlastet
- Teamwork wird gefördert, Sachkompetenz rangiert vor der Hierarchie
- man beschäfitgt sich mehr mit der Problemlösung

22225184

Für den Mitarbeiter werden **Vorteile** deutlich hinsichtlich ...
- einer hohen fachlichen Kompetenz und damit auch von Motivation
- des Zur-Verfügung-Stellens eines Ansprechpartners in der Linienorganisation
- einer engen Verzahnung innerhalb eines Teams
- des Findens von Führungskräften mit Fokus auf technisch-inhaltliche oder disziplinarische Aufgaben

Zu den **Nachteilen** und Gefahren dieser Organisation zählen:
- Kompetenzkonflikte infolge von Zuständigkeiten oder unklaren Regelungen
- hoher Kommunikationsaufwand oder auch schwerfällige/lang andauernde Entscheidungsfindung
- hoher Planungsaufwand
- geringer werdende Motivation, wenn die Leistung durch die Linieninstanzen nicht anerkannt wird.

Matrixorganisationen findet man häufig(er) in großen internationalen Unternehmen mit Projektorientierung wie dem Baubereich und Fahrzeugentwicklung, nicht dagegen in der Verwaltung und Massenproduktion, aber zunehmend auch in kleineren Startups, die sich auf verschiedene Projekte konzentrieren.

6.2.2 Ablauforganisation (→ LF 13)

Die Gestaltung des Betriebsablaufs ist Aufgabe der **Ablauforganisation.** Sie legt die notwendigen Arbeitsprozesse unter Berücksichtigung der Faktoren **Inhalt, Zeit, Raum, Sachmittel und Personen** fest. Ziel der Ablauforganisation ist ein störungsfreier Ablauf von Arbeitsvorgängen im Unternehmen.

Bei der Ordnung des **Arbeitsinhaltes** ist die vom Unternehmen zu erfüllenden Gesamtaufgabe zunächst zu analysieren, um die Gesamtaufgabe in mehrere Teilaufgaben gliedern zu können. Dazu werden die Aufgaben in ihre einzelnen Bestandteile zerlegt (**Aufgabenanalyse**). Folgende Elemente sind bei der Analyse zu beachten:
- Verrichtung – durch welche Art von Tätigkeit soll die Aufgabe erledigt werden
- Objekt – an welchem Gegenstand soll die Verrichtung vollzogen werden
- Aufgabenträger – wer soll die Aufgabe ausführen
- Hilfsmittel – durch welche Sach- und Arbeitsmittel soll die Aufgabenerledigung erfolgen
- Raum – an welchem Ort soll die Aufgabenerledigung erfolgen
- Zeit – zu welchem Zeitpunkt soll die Aufgabe erledigt sein

Im zweiten Schritt werden die analysierten Teilaufgaben in Arbeitsgängen zusammengefasst (**Aufgabensynthese**). Ziel der Aufgabensynthese ist es, die gebildeten Teilaufgaben so zu kombinieren, dass daraus arbeitsteilige Einheiten (Stellen) entstehen. Die notwendige Verkettung der einzelnen Teilaufgaben ist Aufgabe der Ablauforganisation.

Die Ordnung der **Arbeitszeit** erfolgt in drei Stufen. Zunächst ist die Reihenfolge einzelner Teilaufgaben festzulegen, im Anschluss muss die Dauer jeder Teilaufgabe bestimmt werden, um auf der dritten Stufe den Kalenderzeitpunkt der Fertigstellung der Teilaufgabe zu bestimmen.

Auch die **räumliche Zuordnung** der Aufgabenverrichtung ist Aufgabe der Ablauforganisation. Ziel ist es, einzelne Stellen räumlich so zu organisieren, dass die bestmögliche Wirtschaftlichkeit erreicht wird.

Ebenfalls Aufgabe der Ablauforganisation ist die **Zuordnung von Sachmitteln und Personen** zu den einzelnen Teilaufgaben.

Es wird ersichtlich, dass zwischen der Aufbau- und der Ablauforganisation sehr enge Beziehungen bestehen. Dadurch ist es sinnvoll, die Organisation von Aufbau und Ablauf synchron erfolgen zu lassen.

6.2.3 Führungsstile

Neben der Organisation kann auch der Führungsstil einen erheblichen Einfluss auf den Erfolg eines Unternehmens haben. Werden Mitarbeiter gut geführt, führt dies regelmäßig zu einer **hohen Motivation** und einem großen Engagement. Dadurch wird auch die Zufriedenheit der Kunden gesteigert, was sich wiederum positiv auf den wirtschaftlichen Erfolg auswirkt.

Gerade in Zeiten der Krise mit Kurzarbeit und Homeoffice ist es wichtig, Freiräume zu gewähren und Handlungsspielräume zu schaffen, wozu es Vertrauen und offene Kommunikation braucht. Gerade das Homeoffice nutzt häufig nicht die Kompetenz und Ideen der Mitarbeiter, z. B. bei Projekten Mitarbeiter aus verschiedenen Abteilungen einzusetzen, was aber doch schon einige Unternehmen wie z. B. Amadeus oder Urlaubsguru tun.

In der klassischen Betrachtungsweise werden drei Führungsstile unterschieden. Der **autoritäre** Führungsstil, der **demokratische** und **Laisser-faire-Führungsstil**. Bei der Laisser-faire-Führung sind die Mitarbeiter sich selbst überlassen, es handelt sich bei diesem Stil vielmehr um eine „Nichtführung" der Mitarbeiter. Zwischen den beiden extremen Stilausprägungen autoritär und demokratisch lassen sich feinere Abstufungen beschreiben: vom autoritären über den patriarchalischen, beratenden, informierenden, kooperativen und partizipativen zum demokratischen Stil.

Merkmale des **autoritären Führungsstils** sind neben der **alleinigen Entscheidungsgewalt des Vorgesetzten** und einer strikten Vorgabe von Zielen und Aufgaben eine fehlende Delegation von Verantwortung an die Mitarbeiter. Die Degradierung zu „Befehlsempfängern" ohne eigenen Verantwortungsbereich kann bei den Mitarbeitern zu einem Motivationsverlust führen. Ein Vorteil dieses Führungsstils ist jedoch die hohe Entscheidungsgeschwindigkeit.

Im Gegensatz zum autoritären Führungsstil ist die Machtstellung des Vorgesetzten beim **demokratischen Führungsstil** stark beschränkt. Vorgesetzter und Mitarbeiter **gestalten zusammen** die betrieblichen Aufgaben und Ziele. Notwendig hierfür ist eine systematische, kooperative Kommunikation. Alle Mitarbeiter müssen durch den Vorgesetzten hinreichend informiert werden, um auch komplexe Aufgaben korrekt erledigen zu können. Daneben sind eine hohe Selbstständigkeit der Mitarbeiter und die Bereitschaft, Verantwortung zu übernehmen, für diesen Führungsstil unabdingbar.

6.2.4 Vollmachten

Kann ein gesetzlicher Vertreter einer Gesellschaft seine Funktion aufgrund von Abwesenheit (z. B. Krankheit, Urlaub) nicht selbstständig ausüben, sind Vertretungs- und Vollmachtsregelungen nötig, um reibungslose Geschäftsabläufe zu gewährleisten.

Die **Prokura** stellt eine umfangreiche Vollmacht dar. Nach § 49 HGB ermächtigt die Prokura den Prokuristen, für das Unternehmen **alle Arten** von **gerichtlichen** und **außergerichtlichen** Geschäften und Rechtshandlungen zu tätigen. Gegenüber Dritten gilt die Prokura als erteilt, sobald die Erteilung im Handelsregister eingetragen und veröffentlicht wurde. Sie wird beendet durch Widerruf, Auflösung des Unternehmens, Tod des Prokuristen, Wechsel des Gesellschafters oder durch einen Arbeitsplatzwechsel des Prokuristen. Bei der Prokura werden zwei Arten der Vertretungsvollmacht unterschieden: Darf der Prokurist seine Vollmacht allein, ohne Mitwirkung eines

CD-ROMs und DVD-ROMs können in vielen Computergeschäften mit Sammelstellen für gebrauchte CD-ROMs abgeben werden. Um Datenmissbrauch zu vermeiden, reicht es i. d. R. aus, wenn Sie mit einem scharfen Gegenstand die glänzende Seite der CD wiederholt vom inneren Kreis zum Rand hin einritzen. Lassen Sie CDs mit sensiblen Daten jedoch professionell entsorgen.

Wer zum Sichern und Austauschen von Daten häufig CD-ROMs nutzt, sollte sich einen CD-RW-Brenner anschaffen. CD-RWs können im Gegensatz zu herkömmlichen CD-ROMs immer wieder beschrieben werden.

Alternativ können auch **USB-Sticks** zum schnellen Datenaustausch genutzt werden. Sie lassen sich problemlos an jedem moderneren Computer anschließen.

Altpapier sollte, wie in den meisten Haushalten bereits üblich, auch in Büros getrennt gesammelt und der Wiederverwertung zugeführt werden. Fehldrucke, einseitig beschriebene Seiten usw. können darüber hinaus als Schmierpapier für Notizen genutzt werden.

Müll sollte, wenn immer möglich, vermieden werden. Ist er nicht zu vermeiden, sollte er ordnungsgemäß getrennt und entsogt werden (Gelber Sack, Biomüll usw.).

Ökonomisch arbeiten

Probedrucke mit niedrigerer Auflösung: Für Probedrucke bieten die meisten Drucker die Möglichkeit, in den Druckereinstellungen einen Sparmodus einzustellen oder die Druckauflösung herunterzusetzen. Das spart teure Tinte oder Druckertoner.

Nicht alle E-Mails ausdrucken: Prüfen Sie, ob es wirklich nötig ist, eine E-Mail auszudrucken. In vielen Fällen können E-Mails auch elektronisch weiterverarbeitet werden.

Beim Kopieren und Drucken die Verkleinerungsfunktion nutzen: Mit den Druckoptionen „mehrere Seiten pro Blatt drucken" oder „Vor- und Rückseite bedrucken" lässt sich Papier einsparen.

Strom sparen

Achten Sie bei der Anschaffung eines Monitors auf den Energieverbrauch, da es zwischen verschiedenen Modellen teilweise deutliche Unterschiede gibt. Dazu sind TFT-Bildschirme ergonomischer, da sie flimmerfrei sind, ein gestochen scharfes Bild liefern und keine schädliche Strahlung abgeben. Sie können sehr platzsparend aufgestellt werden.

Bildschirme in Pausen ganz abschalten: Wenn Ihre Arbeit für längere Zeit unterbrochen wird z. B. in der Mittagspause, sollten Sie Ihren Bildschirm mit dem Ein/Ausschalter einfach abschalten.

Keine Bildschirmschoner verwenden: Aufwendige Bildschirmschoner verursachen eine nicht unwesentliche Rechenleistung. Diese wirkt sich negativ auf den Stromverbrauch aus.

Stand-by-Modus vermeiden: Wichtig ist es, die Geräte wirklich abzuschalten und nicht nur in den Bereitschaftsmodus zu schalten. Auch im Stand-by-Modus verbrauchen die Geräte Strom.

Festplattenruhemodus aktivieren: Eine arbeitende Festplatte rotiert mit mehreren Tausend Umdrehungen in der Minute. Im Festplattenmodus schaltet sich die Festplatte nach einer gewissen Zeit im Ruhezustand automatisch ab und verbraucht weniger Strom. Wenn Sie weiterarbeiten möchten, dauert es nur 1–2 Sekunden, bis die Festplatte die normale Arbeitsgeschwindigkeit wieder erreicht hat. Den Zeitraum für den Ruhezustand können Sie selbst festlegen.

Geräte vom Netz trennen: Auch scheinbar ausgeschaltete Geräte können Strom verbrauchen. Oft sind es die Netzteile, deren Transformatoren auch im Ruhezustand Strom verbrauchen. Teilweise macht sich das durch leichtes Vibrieren oder durch Wärmeabstrahlung bemerkbar. Diese Geräte sollten durch eine Steckdosenleiste mit eigenem An- und Ausschalter konsequent vom Stromnetz getrennt werden. Dies gilt insbesondere für Zusatzgeräte wie Scanner, Drucker, aktive Lautsprecherboxen usw., die nicht ständig benötigt werden.

Das elektronische Büro

Die Verwaltung der meisten Daten kann auf elektronischem Wege anstatt auf Papier erfolgen. Vorteile:

- Daten können leicht mehreren Mitarbeitern zugänglich gemacht werden.
- Daten können über Suchfunktionen leicht nach bestimmten Themen oder Stichwörtern durchsucht werden.
- Der Platzbedarf ist geringer als bei endlosen Aktenschränken.

Allerdings muss ein adäquates Sicherungssystem für die Daten sichergestellt werden. Denn beschädigte Hardware, Computerviren und andere Probleme können in einem elektronischen Büro schnell zu Datenverlust mit schweren wirtschaftlichen Folgen führen.

Büromöbel

Bei Anschaffung von Holzmöbeln sollten Sie darauf achten, dass sie ein Zertifikat für nachhaltige Waldbewirtschaftung z. B. des Forest Stewardship Council® (FSC) tragen. Tropenhölzer aus Regenwäldern ohne ein solches Zertifikat sollten Sie auf alle Fälle meiden.

FSC

> **!** **Jedes Büro bietet andere Voraussetzungen für das Einsparen von Ressourcen. Daher ist jeder selbst aufgefordert, in seiner (Arbeits-)Umgebung nach Einsparmöglichkeiten zu suchen und sie konsequent zu nutzen.**

1.3 Ablauforganisatorische Aspekte

Ihr Arbeitsplatz nimmt eine gewisse Stellung innerhalb Ihres Betriebes ein, die sich durch die Aufbauorganisation (→ LF 1, Kapitel 6.2.1) ergibt.

> **!** **Die Aufbauorganisation bildet das Gerüst eines Unternehmens mit entsprechenden Weisungsbefugnissen innerhalb dieses Gerüstes.**

> **!** **Die Ablauforganisation sorgt dafür, dass die Arbeitsabläufe im Unternehmen innerhalb dieses Gerüstes optimal ablaufen.**

Die Aufbauorganisation und die Ablauforganisation stehen in einem Abhängigkeitsverhältnis und betrachten somit gleiche Objekte unter verschiedenen Aspekten.

Mit der Ablauforganisation wird geregelt, wie die innerbetriebliche mündliche und schriftliche Kommunikation und Berichterstattung erfolgt.

22225192

An Ihrem Arbeitsplatz sollten die Arbeitsabläufe im besten Fall so organisiert werden, dass
- die Kapazitäten voll ausgeschöpft werden,
- die Warte- und Leerzeiten minimiert werden,
- dadurch die Kosten der Vorgangsbearbeitung reduziert werden,
- die Vorgangsbearbeitung und die Arbeitsbedingungen sich verbessern und
- die Verteil- und Transportaufwendungen reduziert werden, in dem die Arbeitsplatzanordnung optimal ist.

Ist einer dieser Punkte nicht erfüllt, sollte das Anlass für eine Reorganisation sein. Schwachstellen (z. B. lange Wege zwischen Mitarbeitern, die eng zusammenarbeiten; Informationsverlust, häufige Nachfragen) müssen analysiert und optimiert werden. Wichtig ist dabei, dass die betroffenen Mitarbeiter beteiligt sind, Verbesserungsvorschläge einbringen können und dazu ermuntert werden.

1.4 Wirtschaftliche Aspekte

Wie oben schon mehrmals erwähnt, trägt bereits die Beachtung ökologischer Gesichtspunkte auch zur Wirtschaftlichkeit einer Beschaffung bei. Wichtigstes Entscheidungskriterium bleibt jedoch der Kostenfaktor.

1.4.1 Quantitativer Angebotsvergleich

Nach dem ökonomischen Prinzip in der Ausprägung des Minimalprinzips werden Sie also versuchen, z. B. einen bestimmten Schreibtisch, den sie nach den oben genannten Kriterien der Ergonomie und Ökologie ausgesucht haben, zum niedrigsten Preis zu erwerben.

! **Das Minimalprinzip: Ein bestimmtes Ziel mit möglichst geringen Mitteln erreichen.**

Um dieses Ziel zu erreichen, ist es sinnvoll, mehrere Anbieter aufzufordern, ein entsprechendes Angebot abzugeben. Mithilfe eines quantitativen Angebotsvergleichs können Sie dann entscheiden, welches Angebot das kostengünstigste ist.

Beim Vergleich sind u. a. folgende Punkte zu beachten (→ Kapitel 1.4.2):
- der Preis,
- Rabatte und Skonti,
- Zahlungsbedingungen (Zahlungsziel, Skonti, Vorkasse, Nachnahme),
- Lieferbedingungen (frachtfrei, frei Haus, frei Bahnhof, frei Rampe),
- Verpackungskosten und
- Montagekosten.

Der quantitative Angebotsvergleich ist durch messbare Größen berechenbar.

1.4.2 Qualitativer Angebotsvergleich

In die Entscheidung für einen bestimmten Anbieter fließen aber auch andere Faktoren mit ein, die nicht in Geldgrößen fassbar sind, z. B.
- Herstellungsland
- Erfüllungsort
- Lieferzeit
- Zuverlässigkeit
- Bestehende Geschäftsbeziehungen

» Servicequalität
» Gewährleistung
» Erreichbarkeit
» Ökologische Aspekte
» Kulanz

Um auch diese Kriterien in die Entscheidung einzubeziehen, bedienen sich viele Unternehmen einer Entscheidungsmatrix, in der die Kriterien gewichtet werden. Das Problem dabei ist zum einen die Festlegung der Kriterien und zum anderen die Gewichtung der Kriterien. Jedes Unternehmen muss für sich entscheiden, welches Kriterium ihm wie wichtig ist.

Die Fly and Bike Reisen GmbH sucht einen Lieferanten für die Ausstattung ihrer Büroräume. Sie hat Angebote von drei Lieferanten und führt einen qualitativen Angebotsvergleich durch. Dabei bedient sich das Unternehmen einer Entscheidungsmatrix. Es können 1 bis 10 Punkte vergeben werden, die Summe der Gewichtungsfaktoren ergibt 100.

Kriterien	Gewichtungsfaktor	Büromöbel AG		Office GmbH		Wolter KG	
		Punkte	**x Faktor**	**Punkte**	**x Faktor**	**Punkte**	**x Faktor**
Bestehende Geschäftsbeziehung	20	8	160	1	20	4	80
Erreichbarkeit	15	4	60	6	90	7	105
Servicequalität	30	6	180	3	90	2	60
Lieferzeit	15	3	45	5	75	9	135
Ökologie	20	6	120	3	60	8	160
Gesamtwert	**100**		**565**		**335**		**540**

Damit schneidet die Büromöbel AG am besten ab. Zusammen mit dem Ergebnis des quantitativen Angebotsvergleichs kann die Fly and Bike Reisen GmbH eine Entscheidung herbeiführen.

1.4.3 Optimale Bestellmenge

Bei Waren, die regelmäßig in einem Unternehmen in einer gewissen Menge vorrätig sein müssen (z. B. Druckerpapier oder Give-aways wie T-Shirts oder Schlüsselbänder) stellt sich die Frage nach der optimalen Bestellmenge. Dazu muss man wissen, dass die Lagerkosten und die Bezugskosten in einem bestimmten Abhängigkeitsverhältnis zueinander stehen: je niedriger die Lagerkosten, umso höher die Bezugskosten und umgekehrt.

Die optimale Bestellmenge ist die Lösung für folgenden Zielkonflikt
» Je höher Bestellmenge, desto höher fallen die Lagerkosten durch das gebundene Kapital, das nicht anderweitig genutzt werden kann, aus, während sich die Bezugskosten durch Rabatte und geringere Transportkosten mindern, da weniger Lieferungen im Jahr erfolgen müssen.
» Je geringer die Bestellmenge, desto niedriger sind Lagerkosten und Kapitalbindung bei gleichzeitig hoher Lagerumschlagshäufigkeit. Jedoch bedeutet eine geringe Bestellmenge auch mehr Bestellungen bei gleichem Bedarf und damit höhere Kosten für Transport und Verpackung bei gleichzeitig geringeren Rabatten. Dem Unternehmen steht allerdings aktuell Kapital zur Verfügung, welches sonst im Lager gebunden wäre.

22225194

Tabellarische Lösung

In der tabellarischen Lösung werden die Kosten in einer Tabelle für verschiedene mögliche Bestellmengen aufgeschlüsselt und schließlich die Bestellmenge ausgesucht, welche die niedrigsten Gesamtkosten hat. Die Lagerkosten (inkl. Kapitalbindung) werden dabei mit einem Lagerzinssatz berechnet, der auf das durchschnittlich im Lager gebundene Kapital berechnet wird.

Das durchschnittliche gebundene Kapital wird durch die Hälfte des Bestellwerts ermittelt, da anzunehmen ist, dass sich das Lager nach der Lieferung gleichmäßig leert und vor der nächsten Bestellung fast vollständig leer ist:

$$\frac{\text{Bestellwert}}{2} \cdot \text{Lagerzinssatz} = \text{Lagerkosten}$$

Die Fly and Bike Reisen GmbH verschickt an ihre Kunden zusammen mit der Buchungsbestätigung zu jeder gebuchten Fahrradreise ein Reparaturset für Fahrradschläuche. Diese Sets werden von einem Lieferanten bezogen und in einem Lagerraum vorgehalten. Aus der Bedarfsermittlung sind folgende Zahlen bekannt:

- Jahresbedarf: 20 000 Stück
- Lagerkosten (inkl. Kapitalverzinsung): 20 % des durchschnittlichen Lagerwerts
- Kosten je Bestellung: 60,00 €
- Stückpreis: 5,00 €
- Lagerkapazität: 10 000 Stück

Bestell-menge	Bestellungen	Bestell-wert	Durchschn. Bestands-wert	Bezugs-kosten	Lager-kosten	Gesamt-kosten
1 000	20	5.000	2.500	1.200	500	1.700
2 000	10	10.000	5.000	600	1.000	1.600
3 333	6	16.665	8.333	360	1.667	2.027
4 000	5	20.000	10.000	300	2.000	2.300
5 000	4	25.000	12.500	240	2.500	2.740
6 666	3	33.330	16.665	180	3.333	3.513
10 000	2	50.000	25.000	120	5.000	5.120
20 000	1	100.000	50.000	60	10.000	10.060

Die optimale Bestellmenge liegt in diesem Fall bei 2 000 Stück.

Grafische Lösung

Mittels eines Kostengraphen lässt sich bei konstantem Verbrauch ebenso die optimale Bestellmenge ermitteln:

- am Minimum der Gesamtkostenkurve oder
- am Schnittpunkt zwischen Lagerkostengerade und Bezugskostenkurve

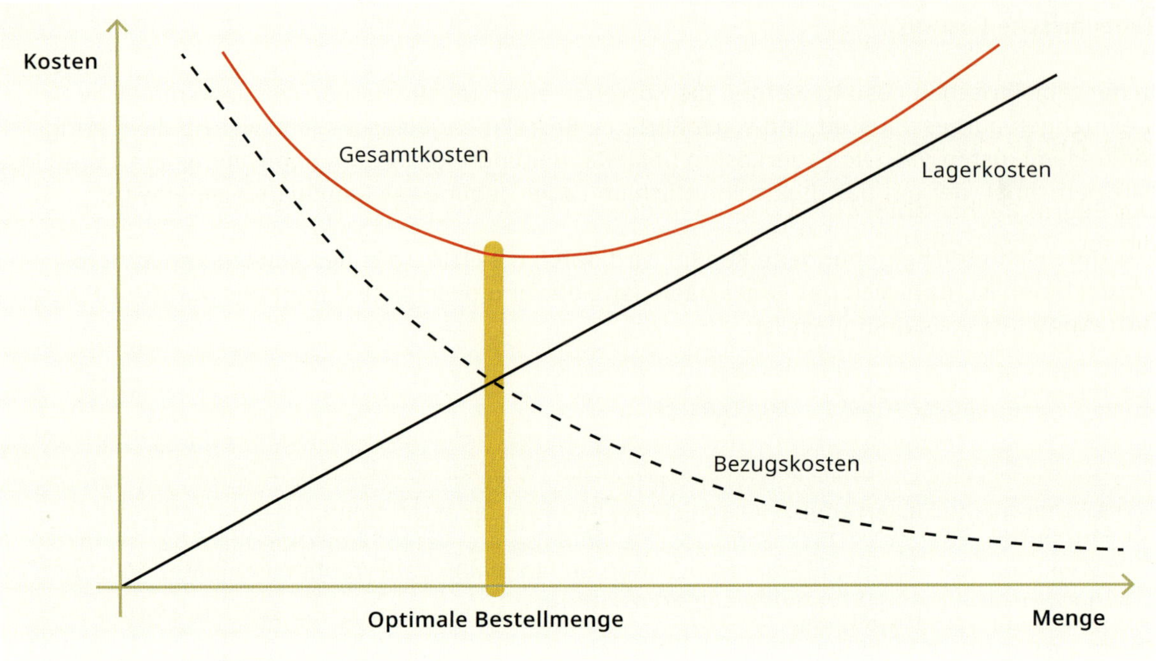

Situationsaufgabe

Situation:

Die Fly and Bike Reisen GmbH benötigt für ihre Verkaufsräume eine neue Ausstattung.

Aufgaben:

1_ Planen Sie die Anschaffung unter ökologischen und ergonomischen Aspekten, indem Sie für beide Aspekte Mindestanforderungen formulieren.

2_ Beschreiben Sie die ablauforganisatorischen Anforderungen an die neue Ausstattung der Verkaufsräume.

3_ Um einen Angebotsvergleich durchführen zu können, fordern Sie mehrere Hersteller von Büromöbeln schriftlich zur Abgabe eines Angebots auf. Formulieren Sie ein entsprechendes Schreiben unter Berücksichtigung Ihrer bisherigen Überlegungen.

Aufgabe

Die Fly and Bike Reisen GmbH lagert u. a. auch Kopierpapier für die Abteilung Verkauf.

Folgende Daten sind bekannt:
- Jahresbedarf: 2 000 Kartons à 2 500 Blatt
- Lagerkosten: 10 %
- Bezugskosten: 30,00 € pro Lieferung
- Stückpreis pro Karton 25,00 €

Ermitteln Sie die optimale Bestellmenge.

2 Kaufvertrag

2.1 Rechtssubjekte und ihre „Fähigkeiten"

Der Begriff **Rechtsfähigkeit** ist der zentralste in der gesamten Rechtsordnung. Er unterscheidet die sog. **Rechtssubjekte** von den **Rechtsobjekten**.

> ! **Wer rechtsfähig ist, ist Rechtssubjekt.**

- Rechtssubjekte sind natürliche und juristische Personen.
- Rechtssubjekte können von Rechts wegen Träger von Rechten und Pflichten sein.
- Rechtssubjekte besitzen die Fähigkeit, sich am Rechtsverkehr zu beteiligen.

Wer nicht rechtsfähig ist, hat auch keine Möglichkeit, Verträge abzuschließen, Rechtsansprüche geltend zu machen, **Eigentum** zu besitzen und vor Gericht als Kläger oder **Beklagter** aufzutreten.

RECHTSSUBJEKTE = Träger von Rechten und Pflichten

Natürliche Personen
Menschen zwischen Geburt und Tod

Juristische Personen
= anerkannte Personenvereinigungen oder Vermögensmassen

des öffentlichen Rechts

Öffentlich-rechtliche Anstalten
- Rundfunk- und Fernsehanstalten
- Universitäten
- Schulen
- Bibliotheken

Öffentlich-rechtliche Stiftungen
- Deutsche Studienstiftung
- Stiftung preußischer Kulturbesitz

Körperschaften des öffentlichen Rechts

Gebietskörperschaften
- Gemeinden
- Landkreise
- Länder
- Bund

Personenkörperschaften
- Innungen
- Religionsgemeinschaften
- Gewerkschaften

des Privatrechts

Rechtsfähige Vereine

Wirtschaftliche Vereine
- *AG*
- *GmbH*
- *eG*
- *KgaA*

Idealvereine
- *Sport-,*
- *Gesangs-*
- *Geselligkeitsvereine*

Privatrechtliche Stiftungen
- *Familienstiftungen*
- *Stiftung Warentest*

Die natürliche Person

Nach **§ 1 BGB** sind alle **Menschen rechtsfähig,** Erwachsene und Kinder, ein Inländer wie ein Ausländer, Kranke und Gesunde. Das BGB geht von der **rechtlichen Gleichheit** aller Menschen aus. Da der Rechtsfähigkeit eine besondere Bedeutung zukommt, z. B. bei erbrechtlichen Auseinandersetzungen, werden Geburts- und Todesstunde jeder Person im Geburts- und Sterberegister der Standesämter dokumentiert.

Rechtsfähigkeit natürlicher Personen
» Rechtsfähig sind alle Menschen. » Rechtsfähigkeit beginnt mit Vollendung der Geburt und endet mit dem Tod.

Ein zweijähriges Kind kann aufgrund einer Schenkung Eigentümer einer Immobilie werden.

Geschäftsfähigkeit

Die Geschäftsfähigkeit bestimmt den Umfang der Teilnahme am rechtsgeschäftlichen Verkehr, insbesondere durch Abgabe von rechtsbedeutsamen Erklärungen oder den Abschluss von Verträgen.

Geschäftsunfähig sind Minderjährige unter sieben Jahren und Personen, deren Geisteszustand eine freie Willensbestimmung ausschließt. Hierunter fallen häufig Personen mit geistigen Behinderungen oder psychischen Krankheiten wie senile Demenz (Altersdemenz, vaskuläre Demenz oder Alzheimer Krankheit), angeborene geistige Minderbegabung, Schizophrenie, Alkoholkrankheit, Manie usw.

Teilweise muss durch gerichtliche Verfahren entschieden werden, ob eine Geschäftsunfähigkeit vorliegt. Die von einem Geschäftsunfähigen abgegebene Willenserklärung ist nicht rechtsverbindlich, ein getätigtes Rechtsgeschäft damit ungültig und nichtig. Der Geschäftsunfähige benötigt einen gesetzlichen Vertreter oder Betreuer.

Kinder können somit bis zur **Vollendung** des 7. Lebensjahres weder rechtswirksamen **Willenserklärungen** abgeben noch entgegennehmen (§ 104 Ziff. 1 BGB).

! **Geschäftsunfähige geben keine rechtswirksame Willenserklärung ab; solche Willenserklärungen sind nichtig (von Anfang an ungültig) (§ 105 BGB).**

Damit diese Personengruppe Rechtsgeschäfte abschließen kann, benötigt sie einen **gesetzlichen Vertreter**. Dies sind bei Kindern i. d. R. kraft Gesetzes die Eltern oder ein (anderer) gesetzlicher Vormund.

Der fünfjährige Jürgen soll von seinem Patenonkel eine Gitarre geschenkt bekommen. Die Eltern erklären sich damit einverstanden. Jürgen ist Eigentümer des Instruments, weil er rechtsfähig ist.

! **Willenserklärungen werden gegenüber Geschäftsunfähigen erst rechtswirksam, wenn sie deren gesetzlichen Vertretern zugehen (§ 131 BGB).**

Beschränkte Geschäftsfähigkeit

Willenserklärungen, die von **beschränkt geschäftsfähigen Personen** (natürliche Personen zwischen 7 und 18 Jahren) abgegeben werden, sind schwebend unwirksam. Sie erhalten nur dann Gültigkeit, wenn die **gesetzlichen Vertreter** ihre Zustimmung vor dem Rechtsgeschäft oder nach dem Rechtsgeschäft ihre Einwilligung erteilen (§§ 107, 108 BGB).

Der 17-jährige Hans kauft einen Computer zum Preis von 1.200,00 €. Wird die Zustimmung des gesetzlichen Vertreters nicht erteilt, ist die Willenserklärung des Jugendlichen unwirksam. Ein Kaufvertrag kommt nicht zustande.

! **Ein Rechtsgeschäft ohne Einwilligung der gesetzlichen Vertreter kommt bei beschränkt Geschäftsfähigen nicht zustande.**

Diese generelle Regelung wird jedoch von **Ausnahmefällen** durchbrochen, in denen beschränkt Geschäftsfähige ohne Zustimmung des gesetzlichen Vertreters rechtlich wirksame Willenserklärungen abgeben können oder diese Zustimmung nachträglich einholen können:

» **Der rechtliche Vorteil**
Ein beschränkt Geschäftsfähiger darf eine Willenserklärung rechtsverbindlich abgeben, wenn er durch sie lediglich einen **rechtlichen Vorteil** erlangt (§ 107 BGB).

Der zwölfjährige Manfred bekommt von seinem Onkel dessen Fahrrad geschenkt. Nimmt der Junge das Geschenk an, ist das Rechtsgeschäft auch ohne Zustimmung der gesetzlichen Vertreter rechtswirksam.

» **Taschengeldparagraf**
Schließt ein beschränkt Geschäftsfähiger ohne die Zustimmung der gesetzlichen Vertreter ein Rechtsgeschäft ab, so ist dieses rechtswirksam, wenn er die vertragliche Verpflichtung aus Mitteln erfüllen kann, die ihm zu diesem **Zweck** oder zur **freien Verfügung** von seinen gesetzlichen Vertretern oder mit ihrer Zustimmung von einem Dritten zur freien Verfügung überlassen worden sind (§ 110 BGB).

Die achtjährige Alina kauft von ihrem Taschengeld ein Kinderbuch. Der elfjährige Steffen kauft sich von seinem gesparten Taschengeld einen Lederfußball.

» **Selbstständiger Betrieb eines Erwerbsgeschäftes**
Ein beschränkt Geschäftsfähiger kann unbeschränkt Rechtsgeschäfte im **Rahmen eines Geschäftsbetriebs** nur dann abschließen, wenn die Ermächtigung dazu der gesetzliche Vertreter mit Genehmigung des Vormundschaftsgerichts erteilt hat (§ 112 BGB).

Der 16-jährige Norbert betreibt unter den oben genannten Voraussetzungen den Vertrieb von Computerzubehör.

» **Dienst- und Arbeitsverhältnis**
Schließt ein beschränkt Geschäftsfähiger einen Dienst- oder Arbeitsvertrag mit Einwilligung der gesetzlichen Vertreter ab, so ist er für solche Rechtsgeschäfte unbeschränkt geschäftsfähig, die sich im Rahmen eines solchen Verhältnisses nach Art und Erfüllung ergeben (§ 113 BGB).

Die 16-jährige Andrea schließt mit Einwilligung der gesetzlichen Vertreter einen Ausbildungsvertrag ab. Sie kann ein Girokonto bei einem Kreditinstitut eröffnen, auf das ihre Ausbildungsvergütung überwiesen wird.

Die juristische Person

Im rechtsgeschäftlichen Verkehr spielen die juristischen Personen häufig eine bedeutendere Rolle als die natürlichen Personen, da sie im Wirtschaftsleben oft eine dominante Rolle innehaben. Hierbei handelt es sich insbesondere um Aktiengesellschaften (AG), Gesellschaften mit beschränkter Haftung (GmbH) und rechtsfähige Genossenschaften (e. G.).

Ihre **Rechtsfähigkeit** beginnt mit ihrer Eintragung in das **Handelsregister** bzw. **Genossenschaftsregister.** Die Rechtsfähigkeit **endet** mit der **Löschung** der Eintragung der betreffenden juristischen Person im Handelsregister bzw. Genossenschaftsregister.

Rechtsfähigkeit juristischer Personen

- Juristische Personen sind alle anerkannten Personenvereinigungen oder Vermögensmassen mit eigener Rechtspersönlichkeit.
- Man unterscheidet zwischen juristischen Personen des öffentlichen und des privaten Rechts.
- Die Rechtsfähigkeit juristischer Personen des Privatrechts beginnt und endet mit einem Verwaltungsakt (Eintrag und Löschung im Unternehmensregister).

Die GmbH und die AG sind **juristische Personen des Privatrechts.** Ihre Rechtsfähigkeit beginnt mit der Eintragung ins Handelsregister/Unternehmensregister. Da sie Rechtssubjekte sind, können die GmbH und die AG auch zur Zahlung von Steuern herangezogen werden (z. B. Körperschaftsteuer).

Geschäftsfähigkeit juristischer Personen

Juristische Personen als juristische Gedankengebilde können nicht selbst handeln. Sie benötigen zur Teilnahme am Rechtsverkehr durch das Gesetz bestimmte Organe. Dies sind Menschen, denen die Rechtsordnung die Rechtsstellung von **gesetzlichen Vertretern** einräumt. Wer Organ ist und welche Befugnisse diese im Einzelnen haben, wird bei rechtsfähigen Personenvereinigungen durch die Satzung und bei rechtsfähigen Stiftungen durch die Stiftungsurkunde bestimmt.

Die Geschäftsführung und Vertretung einer Aktiengesellschaft obliegt dem Vorstand in eigener Verantwortung.

! Juristische Personen sind von ihrer Gründung, also mit Erlangen der Rechtsfähigkeit, bis zur Auflösung unbeschränkt geschäftsfähig.

Die nicht rechtsfähige Personenvereinigung

Bei nicht rechtsfähigen Personenvereinigungen sind die **Mitglieder** in ihrer Gesamtheit **Träger** von **Rechten** und **Pflichten.** Kommt es zu rechtlichen Auseinandersetzungen mit Dritten, werden sie **gemeinsam** verklagt oder müssen klagen.

- Gesellschaften bürgerlichen Rechts (§ 705 BGB)
- nicht eingetragene Vereine (§ 54 BGB)
- Erbengemeinschaften (§ 2032 BGB)

Wer rechtsfähig ist, braucht damit noch nicht **handlungsfähig** (geschäftsfähig) zu sein. Säuglinge sind rechtsfähig, aber nicht handlungsfähig. Sie können sich nicht selbst am Rechtsverkehr beteiligen. Dies gilt ebenso für die juristischen Personen. Sie können als juristische Gedankengebilde nur durch ihre Organe rechtlich bedeutsamen Handlungen vornehmen, an die das Recht Rechtsfolgen knüpft.

! Um durch Handeln rechtswirksame Folgen zu bewirken, bedarf es der Geschäfts- bzw. Handlungsfähigkeit.

Handlungsfähigkeit (§ 104 ff. BGB) gliedert sich in: Geschäftsfähigkeit und Deliktsfähigkeit.

2.2 Das Zustandekommen eines Kaufvertrages

Der Verkäufer hat dem Käufer die Sache frei von Sach- und Rechtsmängeln zu verschaffen. Die Initiative zum Abschluss eines Kaufvertrages kann sowohl vom Verkäufer als auch vom Käufer ausgehen. Liegen zwei übereinstimmende **Willenserklärungen** vor, kommt ein Kaufvertrag zustande.

! Ein Kaufvertrag über eine Sache verpflichtet den Verkäufer:
- **dem Käufer die vereinbarte Sache zu übergeben,**
- **dem Käufer das Eigentum an der Sache zu verschaffen.**

Ein Kaufvertrag über eine Sache verpflichtet den Käufer:
- **dem Verkäufer den ausgemachten Kaufpreis zu zahlen,**
- **dem Verkäufer die gekaufte Sache abzunehmen.**

1. Antrag geht vom Verkäufer aus:

Der Verkäufer formuliert ein Angebot (Offerte), das der Käufer in Form einer Bestellung annimmt. Hierbei ist es unerheblich, ob es sich um ein verlangtes/nicht verlangtes Angebot handelt, ob eine Anfrage vorausging oder der Lieferer von sich aus aktiv wurde.

Um Missverständnisse zu vermeiden, wird eine Bestellung häufig durch eine Auftragsbestätigung belegt. Durch das Angebot teilt der Verkäufer einer bestimmten Person mit, unter welchen Bedingungen er bereit ist, zu einem späteren Zeitpunkt einen Kaufvertrag abzuschließen. An diese Willenserklärung ist er gebunden, wenn das Angebot die entscheidenden Vertragsinhalte aufweist. Von Bedeutung sind vor allem:

» Kennzeichnung der Ware
» Menge und Preisangaben
» Verpackung
» Beförderung
» Lieferzeit
» Zahlungsbedingungen
» Erfüllungsort und Gerichtsstand

2. Antrag geht vom Käufer aus:

Der Käufer unterbreitet einen Vertragsantrag durch eine Bestellung. Der Verkäufer entspricht dieser durch die Vertragsannahme in Form einer Auftragsbestätigung bzw. der Lieferung der Ware. Der Bestellung können Anpreisungen durch den Verkäufer, z. B. durch Zeitungsinserate, Schaufensterauslagen, Werbematerialien, vorausgegangen sein.

! **Aufgrund von Antrag und Annahme wird ein Verpflichtungsgeschäft begründet, das die Vertragspartner zur Erfüllung der vereinbarten Leistung verpflichtet.**

Wer einem anderen die Schließung eines Vertrages anträgt, ist an den Antrag gebunden, es sei denn, dass er die Gebundenheit ausgeschlossen hat.

Keine rechtliche Bindung an den Vertragsantrag besteht	
» wenn Freizeichnungsklauseln (unverbindlich, solange der Vorrat reicht, freibleibend, Zwischenverkauf vorbehalten) die Bindung ausschließen, » die **Antragsfrist** abgelaufen ist (§ 148 BGB), » die Annahme nach Ablauf einer **gesetzten Frist** erfolgte (§ 149 BGB),	» der Antrag abgeändert oder erweitert wurde (§ 150 Abs. 2 BGB), » der Antrag rechtzeitig widerrufen wurde (§ 130 Abs. 1 BGB), » auf das Angebot geschwiegen wurde.

Wird einem Kaufinteressenten in dessen Anwesenheit ein **mündlicher Antrag** unterbreitet, ist dieser nur für die Dauer des persönlichen oder telefonischen Gespräches bindend.

Ein **schriftlicher Antrag** gegenüber Abwesenden gilt nur so lange, wie der Anbietende unter normalen Umständen eine Antwort erwarten darf. Die Antwort muss dabei auf dem gleichen **Verkehrswege** erfolgen, auf dem der Antrag unterbreitet wurde. Der **Widerruf** muss vor oder gleichzeitig mit dem Angebot eintreffen.

Bei der **Zusendung unbestellter Sachen,** die als Antrag anzusehen sind, ist zu unterscheiden, ob der Empfänger ein Kaufmann oder ein Nichtkaufmann ist. Ist der Adressat ein **Nichtkaufmann,** so gilt: Bestanden bisher keine Geschäftsbeziehungen zum Absender der Sache, wird die Zahlung des Kaufpreises oder die Nutzung der Sache als Annahme des Antrages verstanden. Der Empfänger hat zwar **keine Annahme- und Rücksendungspflicht;** es besteht jedoch eine Aufbewahrungspflicht für einen bestimmten Zeitraum. (Die Rechtsprechung geht z. B. bei der Zusendung von Zeitschriften von drei Tagen aus.)

! **Das Schweigen des Adressaten gilt hier weder als Zustimmung noch als Ablehnung des Angebotes. Für einen Kaufmann, der bereits geschäftlichen Kontakt zum Absender unterhält, gilt Schweigen als Antragsannahme.**

Der Kaufmann muss den Antrag unverzüglich ablehnen, die Ware aufbewahren und zurücksenden. An dieser Stelle sei auf die Besonderheit für außerhalb von Geschäftsräumen geschlossene Verträge (sog. Haustürgeschäfte) hingewiesen. Solche Verträge können binnen zwei Wochen nach schriftlicher Widerrufsbelehrung, die der Kunde unterschreiben muss, schriftlich widerrufen werden.

In § 312g BGB sind Ausnahmen aufgezählt, in denen kein Widerrufsrecht besteht.

222251102

Durch den Abschluss des Kaufvertrages sind Vereinbarungen getroffen worden, die den Vertragspartnern die Pflicht auferlegen, das eingegangene Schuldverhältnis zu erfüllen (Verpflichtungsgeschäft).

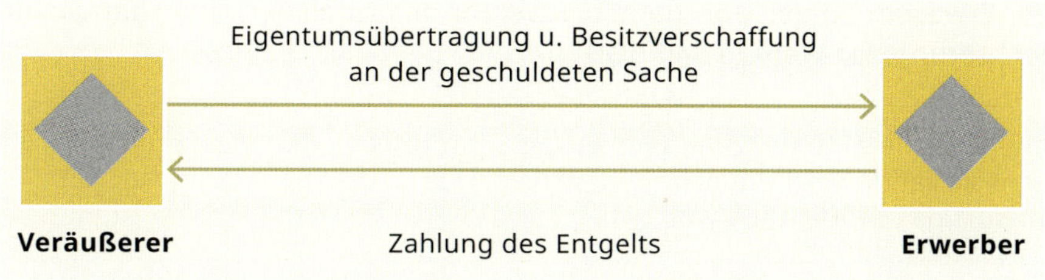

<table>
<tr><th colspan="4">Kaufvertrag</th></tr>
<tr><th colspan="2">Verpflichtungsgeschäft</th><th colspan="2">Erfüllungsgeschäft</th></tr>
<tr><td>Verkäuferpflichten
» einwandfreie Ware am richtigen Ort
» in der richtigen Menge, Art und Weise
» zur richtigen Zeit liefern
» Zahlung annehmen</td><td>Käuferpflichten
» die Ware annehmen
» dem Verkäufer fristgerecht das Entgelt zukommen lassen</td><td>Verkäufererfüllung
» Ware liefern
» Eigentum übertragen</td><td>Käufererfüllung
» Warenannahme
» Kaufpreis zahlen</td></tr>
<tr><th>Pflicht</th><th>Gegenpflicht</th><th>Leistung</th><th>Gegenleistung</th></tr>
</table>

Entgelt ist alles, was der Leistungsempfänger (Erwerber) aufwendet, um die Leistung zu erhalten.

! Das Erfüllungsgeschäft ist ein eigenes Rechtsgeschäft, durch das jeder Vertragspartner seinen jeweils eingegangenen Verpflichtungen aus dem Verpflichtungsgeschäft nachkommt. Durch das Erfüllungsgeschäft erlischt das entstandene Schuldverhältnis (§ 362 BGB).

- Geld gegen Ware
- Ware gegen Ware
- eine sonstige Leistung gegen Ware
- Ware und Geld gegen Ware
- eine sonstige Leistung gegen Geld

! Die Vertragspartner werden erst durch ihre jeweiligen Leistungen am Leistungsort von dem Verpflichtungsgeschäft befreit.

Leistungsort

Grundsätzlich muss nach § 269 BGB die Leistung an dem Ort erfolgen, an dem der Schuldner zum Zeitpunkt des Vertragsabschlusses seinen **Wohnsitz** bzw. seine **gewerbliche Niederlassung** hat.

! Warenschulden sind Holschulden.

Der Veräußerer trägt die Kosten der Übergabe; die Kosten und Gefahren der Übernahme und des Transports sind vom Erwerber zu tragen.

Somit trägt der Erwerber ab der Übergabe die Gefahr des zufälligen Unterganges oder der zufälligen Verschlechterung der Ware (§ 446 BGB).

Familie Boll erwirbt in einem Möbelhaus einen Schreibtisch, den sie selbst nach Hause transportiert. Beim Verladen wird die Arbeitsplatte verkratzt. Den Schaden trägt Familie Boll, da der Leistungsort das Möbelhaus war.

<table>
<tr><th colspan="4">Leistungsort</th></tr>
<tr><th colspan="2">Gesetzlicher Leistungsort</th><th colspan="2">Vertraglicher Leistungsort</th></tr>
<tr><td>Verkäuferpflichten
» Verkäufer schuldet Ware</td><td>Käuferpflichten
» Käufer schuldet Geld</td><td>Verkäufererfüllung
» Verkäufer schuldet Ware</td><td>Käufererfüllung
» Käufer schuldet Geld</td></tr>
<tr><td>an seinem Wohn- oder Geschäftssitz</td><td>an seinem Wohn- oder Geschäftssitz</td><td colspan="2">am jeweils vereinbarten Ort (häufig Sitz des Verkäufers)</td></tr>
<tr><td colspan="2">zwei Schuldner, zwei Leistungsorte</td><td colspan="2">zwei Schuldner, ein Leistungsort</td></tr>
</table>

Neben dem gesetzlichen **Leistungsort** können die Vertragsparteien einen anderen Leistungsort aufgrund der **Vertragsfreiheit** bestimmen.

Der Verkäufer in Worms und der Käufer in Neustadt vereinbaren:
„Leistungsort für beide Teile ist Worms."

Wird eine Ware auf Verlangen des Käufers durch einen Dritten (Spediteur, Frachtführer) befördert, so erfolgt der **Gefahrenübergang** mit der Übergabe der Ware an die beauftragte Person, da beim **Versendungskauf** die **Verfügungsmacht** des Verkäufers zu diesem Zeitpunkt übergeht.

Zahlungsort ist hingegen grundsätzlich der Wohn- oder Geschäftssitz des Gläubigers. Somit hat der Käufer seine Zahlung auf eigene Kosten und Gefahr dem Verkäufer zukommen zu lassen, obwohl sein **Wohn-** bzw. **Geschäftssitz** der **Leistungsort** für den Kaufpreis ist.

! **Geldschulden sind Bring- bzw. Schickschulden.**

Gerichtsstand

Ergeben sich zwischen den Vertragsparteien Streitigkeiten über das Bestehen, die Auslegung oder bezüglich der Erfüllung des Vertragsverhältnisses, so können sie die Hilfe des zuständigen Gerichts in Anspruch nehmen (→ Kapitel 2.4).

!
- **Die sachliche Zuständigkeit bestimmt die Gerichtsart, bei der Klage zu erheben ist (Amtsgericht, Landgericht, Finanzgericht).**
- **Die örtliche Zuständigkeit regelt den Gerichtsort, an dem zu klagen ist.**

Der allgemeine Gerichtsstand (**gesetzlicher Gerichtsstand**) ist der Sitz desjenigen Gerichtes, in dessen Bezirk der Beklagte seinen **Wohn-** bzw. **Geschäftssitz** hat (**gesetzlicher Leistungsort**).

bei Warenklage:	Sitz des Verkäufers
bei Zahlungsklage:	Sitz des Käufers

Kaufleute und juristische Personen des öffentlichen Rechts können einen Gerichtsstand frei vereinbaren (**vertraglicher Gerichtsstand**).

Der Einzelhändler Klein in Mainz vereinbart mit dem Großhändler Nolte aus Trier, dass der Gerichtsstand für beide Vertragsparteien Mainz sein soll.

Durch das Vereinbaren eines Erfüllungsortes kann zugleich der Gerichtsstand bestimmt werden, da dadurch unmittelbar und stillschweigend der Gerichtsstand festgelegt wird (**besonderer Gerichtsstand**).

Zwischen dem Reisebüro Rausch GmbH, Köln, und der SAB-Computer GmbH, Wiesbaden, wird für die Lieferung einer DV-Anlage als gemeinsamer Erfüllungsort Köln vereinbart. Gerichtsstand für die Waren- und Zahlungsklage ist Köln.

Kaufvertragsarten

Die in einem Kaufvertrag fixierten Zahlungsbedingungen und Lieferbedingungen und die Rechtsstellung der beteiligten Vertragspartner beeinflussen den Ablauf von Verpflichtungs- und Erfüllungsgeschäft und die damit verbundenen Rechte.

Kaufvertrag	
» **Barkauf, Nachnahmekauf**	Zahlung des Kaufpreises Zug um Zug (Waren gegen Geld, bei Lieferung)
» **Vorauszahlungskauf**	Der Käufer entrichtet den gesamten Kaufpreis oder Teilbeträge vor Lieferung
» **Zielkauf und Ratenkauf**	die Zahlung erfolgt innerhalb einer bestimmten Frist (Zielkauf) oder in Teilbeträgen (Ratenkauf) nach der Lieferung

Nach § 271 BGB kann der Verkäufer die sofortige Zahlung verlangen; daneben können besondere Vereinbarungen getroffen werden.

! **Zahlungsbedingungen regeln den Zeitpunkt oder Zeitraum sowie die Art der Zahlung.**

! **Lieferbedingungen regeln den Zeitpunkt bzw. Zeitraum der Lieferung sowie die Übernahme der Versandkosten.**

Vereinbarungen über die Versandkosten	
1. Der Käufer trägt alle Kosten	→ ab Werk, ab Lager
2. Der Verkäufer trägt alle Kosten	→ frei Haus, frei Lager, frei Werk
3. Der Käufer trägt die Kosten ab Versandstation	→ ab hier, ab Bahnhof hier, unfrei
4. Der Käufer trägt die Kosten ab Empfangsstation	→ frachtfrei, frei dort, frei Bahnhof dort

Kaufvertragsarten nach den Lieferbedingungen	
» **Tageskauf**	Die Lieferung der Ware erfolgt unmittelbar nach Vertragsabschluss.
» **Terminkauf/Fixkauf**	Beim Terminkauf erfolgt die Lieferung innerhalb einer vereinbarten Frist, beim Fixkauf muss die Lieferung an oder bis zu einem genau festgelegten Zeitpunkt erfolgen.
» **Deckungskauf**	Kauf bei einem anderen Lieferer nach einem Lieferungsverzug
» **Kauf auf Abruf**	Selbstbestimmung der Lieferzeitpunkte durch den Käufer innerhalb einer festgesetzten Frist
» **Spezifikationskauf**	Der Grundstoff der verkauften Sache ist angegeben, der Käufer muss sie jedoch innerhalb einer Frist nach Form, Farbe und Maß näher bestimmen.

Häufig beinhalten Kaufverträge Klauseln, die einen **Eigentumsvorbehalt** regeln. Sie sind in Kaufverträgen zu finden, die die Übereignung einer **beweglichen Sache** beinhalten. Im Fall des Eigentumsvorbehalts hat der Verkäufer ein Rücktrittsrecht vom Vertrag und das Recht zur Rückforderung der Ware, wenn der Käufer den vereinbarten **Zahlungsverpflichtungen** nicht nachkommt. Der Käufer wird somit bei Übergabe der Ware Besitzer, aber das **Eigentumsrecht** an der Ware hat weiterhin der Verkäufer.

Auch der Rechtsstellung der Vertragspartner kommt bei den Kaufvertragsarten eine besondere Bedeutung zu. Entscheidet sie doch u.a., ob Betriebsausgaben geltend gemacht werden können oder Vorsteuerabzug möglich ist. Des Weiteren bestimmt sie die gesetzlichen Grundlagen des Kaufvertrages.

Kaufvertragsarten nach der Rechtsstellung der Vertragspartner		
Verkäufer	**Käufer**	**Vertragsart**
Privatmann	Privatmann	**Bürgerlicher Kauf** (nach BGB)
Privatmann	Kaufmann	**Einseitiger Handelskauf** (nach BGB und HGB)
Kaufmann	Kaufmann	**Zweiseitiger Handelskauf** (nach HGB)

222251106

2.3 Kaufvertragsstörungen

Die Stufen der Leistungserfüllung und die Rechte und Pflichten von Verkäufern und Käufern sind genauestens vertraglich geregelt. Aber nicht jeder Kaufvertrag läuft reibungslos ab. Gerichte befassen sich häufig mit den Folgen von Kaufvertragsstörungen. Diese werden in Nicht-Rechtzeitig-Leistung, Schlechtleistung, Annahmeverzug und Zahlungsverzug unterschieden. Klare Verfahrensweisen regeln deren Beseitigung.

Bis auf den Annahmeverzug werden die Kaufvertragsstörungen auf den nächsten Seiten behandelt.

2.3.1 Nicht-Rechtzeitig-Leistung (Lieferungsverzug)

Die fristgerechte **Lieferung** einer vereinbarten **Leistung** gehört zu den Verpflichtungen aus dem **Kaufvertrag** (§ 323 BGB).

! **Nicht-Rechtzeitig-Leistung (Lieferungsverzug) besteht, wenn trotz Vorliegens eines gültigen Kaufvertrages eine fällige Leistung vom Lieferer schuldhaft nicht oder nicht vertragsgemäß erbracht wird und der Gläubiger erfolglos dem Schuldner eine angemessene Frist zur Leistung oder Nacherfüllung bestimmt hat.**

Verschulden des Lieferers

Den Lieferer trifft ein Verschulden an der unterbliebenen Leistung, wenn er **fahrlässig** oder durch **vorsätzliches Handeln** die Nichtlieferung zu vertreten hat. Dies gilt ebenso für seine gesetzlichen Vertreter oder **Erfüllungsgehilfen** (§ 276 BGB).

- Der Liefertermin wird überschritten, weil der Verkäufer die verkaufte Ware seinerseits zu spät geordert hat.
- Der Geschäftsinhaber bestellt für die Zeit seines Urlaubs keinen Vertreter.

Höhere Gewalt bedeutet dabei kein Verschulden des Lieferers, da er sie nicht zu vertreten hat (§ 75 BGB).

Schwere Krankheit, Streik, Hochwasser, Lieferstopp der entsprechenden Exportländer.

Fälligkeit der Lieferung und Fristsetzung

- Ist beim Kaufvertragsabschluss **kein Liefertermin** bestimmt worden, kann der Käufer die Leistung sofort verlangen, der Verkäufer muss sofort liefern.
- Ist die **Leistungszeit** kalendermäßig bestimmt oder bestimmbar, liegt ein Terminkauf (Lieferung Ende August 20..) oder ein Fixkauf (Lieferung 18. Juni 20..) vor.

> Ware ist exakt am 28. Juli zu liefern ..., Lieferung bis 13. Mai 20.., präzise Anlieferung der Blumen bis spätestens 13. November 20..

Besteht der Käufer weiterhin auf Lieferung, muss er dies dem Verkäufer mitteilen.

- Der Lieferer kommt mit Eintritt der **Fälligkeit in Verzug;** eine **Mahnung** des Käufers ist **nicht erforderlich.**
- Kann die Lieferzeit **kalendermäßig** nicht oder **nicht genau** bestimmt werden, so muss der Käufer den Verkäufer durch eine **Mahnung** in **Verzug** setzen.

> Lieferung erfolgt so bald wie möglich; Lieferung erfolgt ab 4. August 20..; Bestellung erfolgt zur sofortigen Lieferung.

- Eine Mahnung erübrigt sich, wenn der Verkäufer erklärt, dass er nicht liefern will oder kann (**Selbstinverzugsetzung** § 286 BGB).
- Eine Nachfristsetzung ist auch nicht erforderlich, wenn der Schuldner die **Leistung** ernsthaft und endgültig **verweigert** oder der Schuldner die Leistung zu einem im Vertrag bestimmten Termin oder innerhalb einer bestimmten Frist nicht bewirkt.

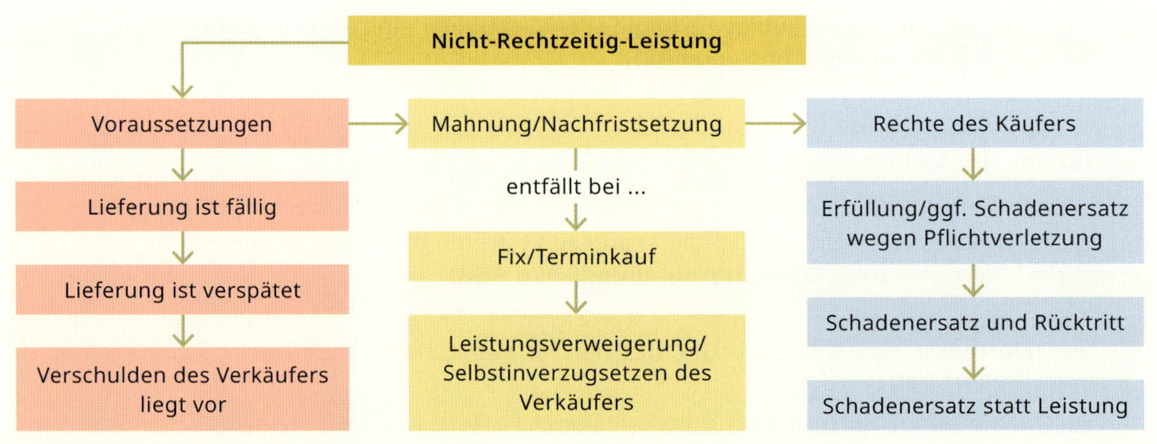

> **!** **Bei Lieferungsverzug kann der Käufer**
> **– auf Vertragserfüllung bestehen,**
> **– Erfüllung und Schadenersatz wegen Fälligkeitsüberschreitung fordern,**
> **– Rücktritt vom Vertrag und/oder**
> **– Schadenersatz statt Leistung wegen Nichterfüllung einfordern.**

Um den Lieferer zur Lieferungspünktlichkeit anzuhalten, kann für den Fall der Lieferfristüberschreitung eine Vertragsstrafe (**Konventionalstrafe**) vereinbart werden.

2.3.2 Schlechtleistung

Als eine Schlechtleistung wird kaufvertragsrechtlich ein Sachmangel und/oder ein Rechtsmangel verstanden.

> ! **Sachmängel werden in offene, versteckte und arglistig verschwiegene Mängel unterschieden.**

Sachmängel

„sofort sichtbar"	„bei Verwendung entdeckbar"	„verschwiegen"
offene	**versteckte**	**arglistig verschwiegene**
– Mangel in der Art (Gattungsmangel) – Mangel in der Menge (Quantitätsmangel) – Mangel in Eignung und Beschaffenheit (Qualitätsmangel)	– mangelhafte Montageanleitung (IKEA-Klausel) – unsachgemäße Montage – falsche Werbeaussagen (außerdem Verstoß gegen InfoV → LF 4)	– bewusstes Verschweigen von bekannten Mängeln – „Betrug"

Nach § 433 Abs. 1 BGB gehört das **Fehlen von Sachmängeln** zur **Leistungspflicht** des Verkäufers. Es gibt keine Differenzierung der **Rechte des Käufers bei Mängeln** zwischen Sach- und Rechtsmängeln (§ 437 BGB). Der Begriff des Sachmangels ist in § 434 BGB definiert und eine Regelung über den Rechtsmangel befindet sich in § 435 BGB.

Sachmangel (§ 434 BGB)
Die **Sache** ist **frei** von Sachmängeln, wenn sie bei Gefahrenübergang die vereinbarte **Beschaffenheit** hat. Wenn der Verkäufer bei Vertragsabschluss die Eigenschaft einer Sache in bestimmter Weise beschreibt oder zuvor eine Probe geliefert hat, so werden die Eigenschaften der Probe zum Inhalt der Beschaffenheitsvereinbarung.
Die **Kaufsache** ist **frei** von Sachmängeln, wenn sie sich für die nach dem Vertrag **vorausgesetzte Verwendung eignet.** Hierzu reicht eine *konkludente* Übereinstimmung der Parteien über den Verwendungszweck aus. Dies gilt auch für u.U. vereinbartes Zubehör. Ergänzend gilt für Sachen mit digitalen Inhalten, dass sie ihre Funktionen ohne diese digitalen Inhalte nicht erfüllen kann. Dies gilt vor allem für Smartphones und Computer, für die auch im Kaufvertrag vereinbarte Aktualisierungen (Updates) nebst Montageanleitung bereit zu stellen sind.

Rechtsmangel (§ 435 BGB)
Die Sache ist **frei** von **Rechtsmangel,** wenn **Dritte** in Bezug auf die Sache **keine** oder nur die im Kaufvertrag übernommenen **Rechte** gegen den Käufer **geltend machen können.**
Mängel im Recht liegen z. B. vor, wenn die gelieferte Ware unter Eigentumsvorbehalt eines Dritten steht, sich als Pfand beim Verkäufer befindet oder zur Sicherung übereignet ist.

Mangel in Eignung und Beschaffenheit

Die Kaufsache ist **mangelhaft,** wenn sie sich **nicht** für die **gewöhnliche Verwendung eignet** und eine Beschaffenheit aufweist, die bei Sachen gleicher Art üblich ist und die der Käufer nach Art der Sache erwarten kann. Der Verkäufer schuldet somit eine Sache von „üblicher Beschaffenheit", d. h., die Tauglichkeit zur „gewöhnlichen Verwendung" darf nicht beeinträchtigt sein.

Zur üblichen Beschaffenheit zählen auch die Eigenschaften, die der Käufer nach öffentlichen Äußerungen des Verkäufers, des Herstellers oder seiner Gehilfen, insbesondere in der Werbung oder bei der Kennzeichnung über bestimmte Eigenschaften der Sache, erwarten kann.

! Eine Haftung des Verkäufers für Werbeaussagen des Herstellers ist auch dann gegeben, wenn der Verkäufer die Äußerungen nicht kannte.

Montagemangel

Ein Sachmangel liegt auch vor, wenn die **vereinbarte Montage** durch den Verkäufer oder dessen Erfüllungsgehilfen **unsachgemäß** durchgeführt worden ist.

Ebenso liegt ein **Sachmangel** vor, wenn die **Kaufsache zur Montage** bestimmt ist und die Montageanleitung mangelhaft ist (sog. **IKEA-Klausel**).

Mangel in der Menge

Einem Sachmangel steht gleich, wenn der Verkäufer eine andere oder eine zu **geringe Menge** liefert (vgl. § 434 Abs. 3 BGB).

Reklamation im Elektrogeschäft

EXKURS»

Gewährleistung und Produkthaftung

Muss der Verkäufer für eine Schlechtleistung (fehlerhaftes oder ungenügend leistungsfähiges Produkt oder Dienstleistung) eintreten, ist das seine Gewährleistungspflicht.

! Gewährleistung ist das Eintreten für das Erfüllen von Leistungen.

Gewährleistung gilt im Rahmen von Verträgen und ausschließlich zwischen den Vertragspartnern. Sie ist beim einseitigen Handelskauf zeitlich auf 24 Monate befristet (vertretbare Sachen), allerdings tritt die Verjährung nicht vor Ablauf von vier Monaten nach Auftreten des Mangels ein. Damit endet die Händlerhaftung faktisch bei spät auftretenden Mängeln erst nach 28 Monaten. Die Beweislast liegt in den ersten zwölf Monaten beim Verkäufer.

Der Verkäufer kann im Übrigen durch juristisch einwandfreie Formulierungen, wie „Gewährleistungsrechte schließe ich aus." oder „Ich übernehme keine Haftung für Sach- oder Rechtsmängel." seine Gewährleistungspflicht im Rahmen der Vertragsfreiheit ausschließen, bzw. die Gewährleistung ist ausgeschlossen u. a. unter folgenden Voraussetzungen:

Gewährleistungsausschluss gemäß § 442 BGB
Sie ist ausgeschlossen, wenn der Käufer den Mangel bei Vertragsabschluss kennt.

Gewährleistungsausschluss gemäß § 445 BGB
Wird eine Sache in einer öffentlichen Versteigerung ohne weitere Absprachen als Pfand verkauft, entfällt die Gewährleistung.

Haftungsausschluss gemäß § 377 HGB
Verletzt der Käufer beim zweiseitigen Handelskauf die Prüf- und Rügepflicht (s. u.), ist die Gewährleistung ausgeschlossen.

Mit dem Produkthaftungsgesetz, das seit dem 1. Januar 1990 in Kraft ist, wird neben der **Mängelhaftung** dem Verbraucher ein **Schadenersatzanspruch** gegenüber dem Hersteller eingeräumt.

! **Wird durch den Fehler eines Produktes jemand getötet, sein Körper oder seine Gesundheit verletzt oder eine Sache beschädigt, dann ist der Hersteller des Produktes verpflichtet, dem Geschädigten den daraus entstandenen Schaden zu ersetzen.**

Demnach fällt das fehlerhafte Produkt selbst unter die **Mängelhaftung (Gewährleistung)** und das Eintreten für die Folgen von Schäden fehlerhafter Produkte an Personen oder Sachen unter die **Produkthaftung.** Dieses Eintreten des Verkäufers wird allgemein als **Haftung** bezeichnet.

Nach dem Schadenersatzrecht vom 1. August 2002 gibt es Schmerzensgeld nicht nur bei unerlaubten Handlungen, sondern auch bei verschuldeten Reisemängeln mit Personenschaden. So beträgt z. B. die Schadenersatzhöchstgrenze für Personenschäden bei einem Inlandsflug 600.000,00 € (Reisemängel und Schadenersatz auch → LF 8, Kapitel 3.1.1).

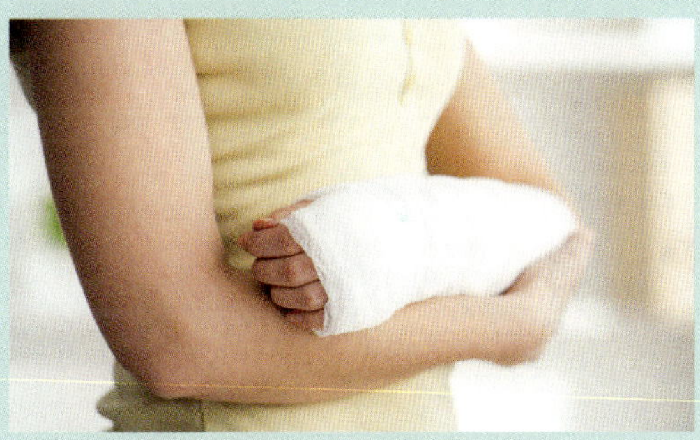

Im Falle der Sachbeschädigung gilt **Schadenersatzpflicht** nur, wenn eine andere Sache als das fehlerhafte Produkt beschädigt wird und diese andere Sache ihrer Art nach gewöhnlich für den privaten Ge- oder Verbrauch bestimmt und hierzu von dem Geschädigten hauptsächlich verwendet worden ist. (Produkt im Sinne des Gesetzes ist i. d. R. jede bewegliche Sache.) Es liegt dann ein **Verbrauchsgüterkauf** nach den § 474ff. BGB vor.

! **Wenn ein Verbraucher von einem Unternehmer eine bewegliche Sache kauft, spricht man von einem Verbrauchsgüterkauf.**

Das heißt, die Paragrafen auf Kaufverträge beim bürgerlichen Kauf, beim ein- und zweiseitigen Handelskauf (→ Kapitel 2.2) und beim Kauf von unbeweglichen Sachen (Grundstücke oder Wohnungen) finden keine Anwendung.

- **Verbraucher** ist gemäß **§ 13 BGB** jede natürliche Person, die ein Rechtsgeschäft zu einem Zweck abschließt, der weder ihrer gewerblichen noch ihrer selbstständigen beruflichen Tätigkeit zugerechnet werden kann.
- **Unternehmer** ist gemäß **§ 14 BGB** eine natürliche oder juristische Person, eine rechtsfähige Personengesellschaft, die beim Abschluss eines Rechtsgeschäftes in **Ausübung ihrer gewerblichen oder selbstständigen beruflichen Tätigkeit handelt.** Damit fallen unter den Unternehmerbegriff nicht nur Gewerbetreibende, sondern auch Freiberufler, Handwerker und Landwirte.

Beweislastumkehr und Unternehmerregress

Zeigt sich beim **Verbrauchsgüterkauf innerhalb von zwölf Monaten seit Gefahrübergang ein Sachmangel,** so wird grundsätzlich **vermutet,** dass die Sache bereits bei Gefahrübergang mangelhaft war. Es handelt sich um eine **Beweislastumkehr** zugunsten des Verbrauchers (vgl. § 476 BGB).

! Ein Verkäufer, der für mangelhafte Ware einstehen musste, obwohl er den Mangel nicht zu vertreten hat, hat ein Rückgriffsrecht auf seinen Lieferanten. Die Rückgriffskette endet beim Verursacher des Schadens (vgl. §§ 478, 479 BGB).

Eine Rückgriffsregel für den Verbrauchsgüterkauf ist erforderlich, weil anderenfalls die Gefahr besteht, dass der Einzelhändler allein die Nachteile des verbesserten Verbraucherschutzes tragen muss, obwohl i. d. R. der Grund für die Haftung nicht in seinem Bereich entstanden ist, sondern bei der Herstellung.

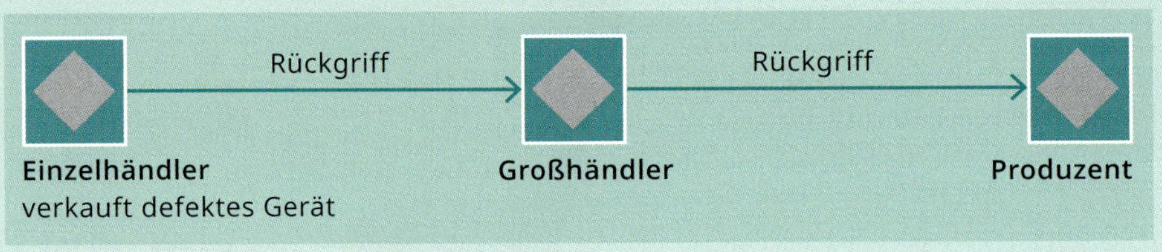

Des Weiteren gelten auch die Rechte für den Verbrauchsgüterkauf.

Mängelrüge

Prüfpflicht und Rügepflicht

- Beim **zweiseitigen Handelskauf** hat der Käufer die gelieferte Ware
  - **unverzüglich,** d. h. ohne schuldhaftes Verzögern, zu prüfen.
- Werden Mängel festgestellt, müssen diese
  - **unverzüglich gerügt** werden.
- Beim **einseitigen Handelskauf** und beim **bürgerlichen** Kauf muss
  - der Käufer weder unverzüglich prüfen
  - noch unverzüglich rügen.

  Prüfung und Rüge können **innerhalb von 28 Monaten** nach Lieferung bzw. während der vereinbarten Gewährleistungsfrist für bewegliche Sachen erfolgen.

Form der Mängelrüge

Die Mängelrüge kann **formlos** erfolgen. Wesentlich ist, dass der Mangel präzise beschrieben ist. Die Mängelrüge ist eine empfangsbedürftige **Willenserklärung.** Aufgrund dessen muss der

Käufer die rechtzeitige Absendung und den Zugang beim Verkäufer beweisen. Daher empfiehlt sich eine schriftliche und eine beweissichere Form, z. B. per **Einschreiben** mit Rückschein.

Aufbewahrung der gerügten Ware beim zweiseitigen Handelskauf

Befindet sich der Erfüllungsort für Verkäufer und Käufer am gleichen Ort (**Platzkauf**), so muss die mangelhafte Ware zurückgeschickt werden. Beim Versendungskauf (**Distanzkauf**) muss der Käufer die Ware für den Verkäufer aufbewahren oder bei einem Dritten ordnungsgemäß zulasten des Lieferers einlagern.

Ist Gefahr im Verzug oder handelt es sich um verderbliche Ware, kann der Käufer die gerügte Ware versteigern oder zu einem **Börsen-** oder **Marktpreis** verkaufen lassen.

Rechte des Käufers bei Sach- oder Rechtsmangel

> **!** **Im Vordergrund der kaufrechtlichen Gewährleistung steht der Nacherfüllungsanspruch aus §§ 437 und 439 BGB. Er ist vorrangiges Recht.**

Dabei gilt gemäß § 440 S. 2 BGB die Nachbesserung nach dem erfolglosen zweiten Versuch grundsätzlich als fehlgeschlagen.

Die weiteren Rechte – **Rücktritt** oder **Minderung** und **Schadenersatz** oder **Aufwendungsersatz** – kann der Käufer grundsätzlich erst unter bestimmten Voraussetzungen geltend machen.

> **!** **Die Voraussetzungen für die nachrangigen Rechte:**
> 1. **Es besteht ein wirksamer Kaufvertrag zwischen Verkäufer und Käufer.**
> 2. **Die Kaufsache muss bei Gefahrübergang mit einem Mangel behaftet sein.**
> 3. **Erfolgloser Ablauf einer dem Verkäufer vom Käufer gesetzten angemessenen Frist.**
> 4. **Zwei Nacherfüllungen verliefen erfolglos.**

Dabei ist die Fristsetzung (Mahnung) entbehrlich, wenn
- der Schuldner die Leistung ernsthaft und endgültig verweigert,
- ein Fixgeschäft vorliegt,
- besondere Umstände vorliegen, die unter Abwägung der beiderseitigen Interessen den sofortigen Rücktritt rechtfertigen,

- die Nacherfüllung unmöglich ist bzw. der Verkäufer ein Leistungsverweigerungsrecht gemäß § 275 Abs. 2 oder Abs. 3 BGB hat,
- der Verkäufer beide Arten der Nacherfüllung gemäß § 439 Abs. 3 BGB zu Recht verweigert,
- die dem Käufer zustehende Art der Nacherfüllung fehlgeschlagen oder ihm unzumutbar ist.

Rücktritt

Sind die vorgenannten Voraussetzungen gegeben, kann der Käufer vom Vertrag zurücktreten. Er wird dies z. B. tun, wenn er die Sache bei einem Dritten preisgünstiger erwerben kann.

Pflichten des Käufers:
Nach gemäß § 439 Abs. 3 BGB muss er die Kaufsache zurückgeben.

Pflichten des Verkäufers:

1. Er muss den Kaufpreis zurückzahlen.
2. Gemäß § 346 Abs. 1 BGB sind beim gesetzlichen Rücktritt die empfangenen Leistungen zurückzugewähren.
3. Der Verkäufer muss nach dem Rücktritt des Käufers die Kaufsache abholen.
4. Der Verkäufer muss Vertragskosten als nutzlose Aufwendungen im Rahmen von §§ 437 Nr. 3, 284 BGB ersetzen.

Spezielle Ausschlussgründe für das Rücktrittsrecht
» Ausschluss gemäß § 323 Abs. 5 S. 2 BGB: Bei einem unerheblichen Mangel ist das Rücktrittsrecht ausgeschlossen, nicht aber die Minderung.
» Ausschluss gemäß § 323 Abs. 6 BGB: – alleinige oder weit überwiegende Verantwortlichkeit des Käufers für den Rücktrittsgrund, – Annahmeverzug des Käufers bei Eintritt des Rücktrittsgrundes.

! Das Rücktrittsrecht ist ausgeschlossen, wenn die Gewährleistung insgesamt ausgeschlossen ist. Das Rücktrittsrecht wird dann unwirksam, wenn der Anspruch auf Nacherfüllung verjährt ist.

Minderung des Kaufpreises

! Die Minderung steht alternativ neben dem Rücktrittsrecht.

Ausschluss des Minderungsrechts:
Anders als das Rücktrittsrecht ist das Minderungsrecht nicht ausgeschlossen bei unerheblichen Mängeln (§ 323 Abs. 5 BGB).

Aber: Ausschluss des Minderungsrechts, wenn Gewährleistung ausgeschlossen ist.
Unwirksamkeit der Minderung tritt ein (§§ 438 Abs. 5 BGB, 218 BGB), wenn der Anspruch auf Nacherfüllung verjährt ist.

222251114

§

Rechtsfolge
(§ 441 Abs. 3 BGB)

Bei der Minderung ist der Kaufpreis in dem Verhältnis herabzusetzen, in welchem zur Zeit des Vertragsschlusses der Wert der Sache im mangelfreien Zustand zu dem wirklichen Wert gestanden haben würde. Die Minderung ist, soweit erforderlich, durch Schätzung zu ermitteln.

Schadenersatz und Aufwendungsersatz

Der Käufer kann bei Lieferung einer mangelhaften Sache durch den Verkäufer Schadenersatz verlangen, weil der Verkäufer seine Pflicht aus § 433 Abs. 1 S. 2 BGB verletzt hat, dem Käufer die Sachen frei von Sach- und Rechtsmängeln zu verschaffen. Folgende **Schadenersatzansprüche** des Käufers kommen in Betracht:

Schadenersatz aufgrund
» der **Unmöglichkeit der Nacherfüllung,** z. B. ein als echt verkaufter Monet ist nur ein Bild nach Art Monets.
» **nachträglicher Unmöglichkeit der Nacherfüllung,** z. B. wenn bei einem Gattungskauf[1] eine mangelhafte Sache geliefert und anschließend der ganze Bestand vernichtet wird.

Es gilt zwischen **vier möglichen Schadenersatzleistungen** zu unterscheiden:

» Mangel-Schadenersatz erhält der Käufer, wenn der Verkäufer schlecht erfüllt hat und die Nacherfüllung scheitert. Der Ausgleich der **Wertdifferenz** zwischen der mangelhaften Sache und der mangelfreien Sache wird ersetzt (sog. **kleiner Schadenersatz**).

» Schadenersatz **statt der ganzen Leistung** erhält der Käufer unter den Voraussetzungen der §§ 437 Nr. 3, 280 Abs. 1 und 3 und 281 Abs. 1 BGB. Der **sog. große Schadenersatz** setzt zusätzlich voraus, dass die Pflichtverletzung nicht unerheblich ist.

» Entstehen dem Käufer durch den Mangel der Kaufsache **Folgeschäden** an anderen Rechtsgütern, so kann der Käufer diese Schäden ersetzt verlangen.

» Kommt der Verkäufer mit der Nacherfüllung in Verzug, so kann der Käufer den **Verzögerungsschaden** i. S. von §§ 437 Nr. 3, 280 Abs. 1, 286 BGB ersetzt verlangen.

Der Käufer kann keinen Ersatz verlangen, wenn die festgestellten Mängel unerheblich sind.

Verzugsschaden § 280 BGB

- konkrete Schadenberechnung durch z. B. Preisdifferenz bei der Beschaffung von Ersatzware durch den Käufer (Deckungskauf).
- abstrakte Schadenberechnung:
  Der Schaden wird aufgrund von Erfahrungen geschätzt; z. B. entgangener Gewinn (§ 252 BGB).

1 Bei einem Gattungskauf werden Gattungswaren geliefert. Gattungswaren (Gattung = Art), wie Zeitschriften, Hemden, Orangen, werden durch Angaben wie Farben, Muster, Qualität, Preis oder Menge näher bestimmt und sind austauschbar. Der Verkäufer ist verpflichtet, eine mittlere Qualität der Ware zu liefern, wenn nichts anderes vereinbart ist.

Rücktritt oder Schadenersatz

Der Käufer wird sich bei sinkenden Preisen für den Rücktritt, bei steigendem Preis für den Schadenersatz bei Gattungswaren entscheiden.

Ersatz der vergeblichen Aufwendungen

Bereitstellungszinsen für einen Kredit, den der Käufer ausschließlich zur Finanzierung der Kaufsache aufgenommen hat.

In den Fällen, in denen der Käufer einen Schadenersatzanspruch statt der Leistung hat, kann er stattdessen auch **Ersatz** seiner **vergeblichen Aufwendungen** verlangen (vgl. §§ 437 Nr. 3, 284 BGB).

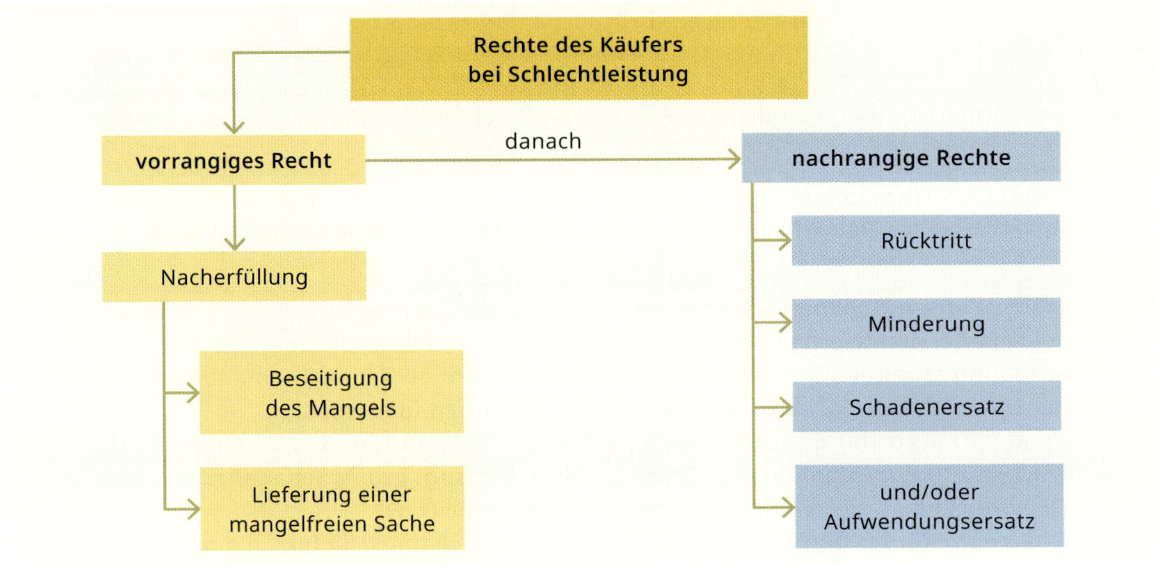

2.3.3 Nicht-Rechtzeitig-Zahlung (Zahlungsverzug)

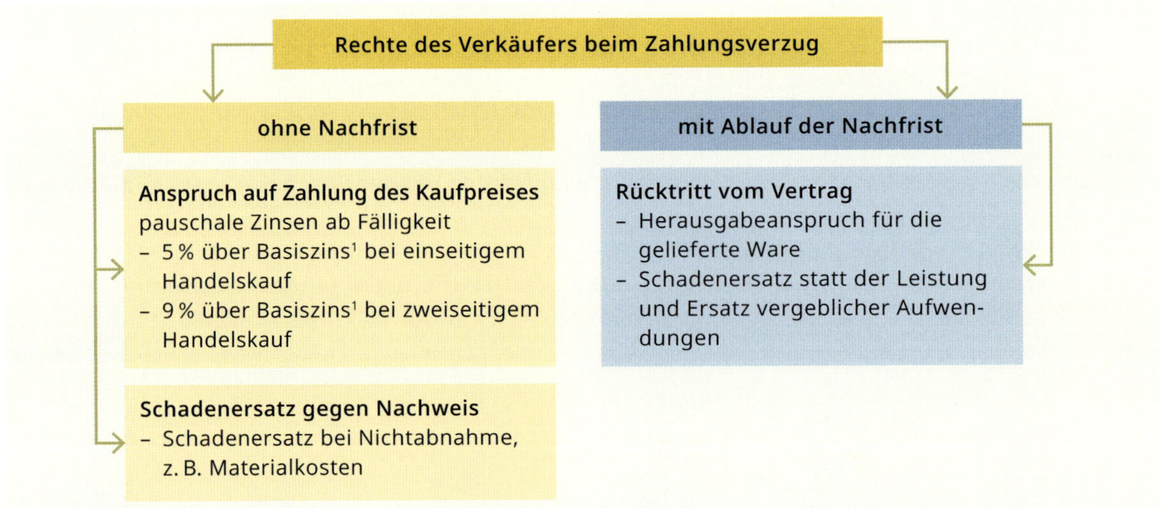

1 Basiszins: Zu diesem Zinssatz gewährt die EZB Geschäftsbanken Kredite für die Laufzeit von höchstens drei Monaten.

Der **Käufer** kommt in **Zahlungsverzug**, wenn er die vereinbarte Zahlungspflicht **schuldhaft** nicht oder nicht **rechtzeitig erfüllt.**

Voraussetzungen für den Zahlungsverzug
- gültiger Kaufvertrag
- Fälligkeit der Zahlung
- Verschulden des Verzuges

Ist im **Kaufvertrag** kein genauer Zahlungszeitpunkt festgelegt, muss der Verkäufer den Käufer erst durch eine **Mahnung** unter Gewährung einer angemessenen **Zahlungsfrist** in Verzug setzen.

Der Zahlungsverzug tritt ein, wenn
» der Schuldner nicht auf eine Mahnung des Gläubigers, die nach dem Eintritt der Fälligkeit erfolgt, leistet,
» der Schuldner nicht innerhalb einer kalendermäßig bestimmbaren Zeit leistet, in der vereinbarungsgemäß die Leistung zu erbringen ist,
» der Schuldner ernsthaft und endgültig die Leistung verweigert,
» aus besonderen Gründen der Verzug sofort gerechtfertigt ist (z. B. Zug-um-Zug-Geschäft).

Der Schuldner kommt jedoch **nicht** in **Zahlungsverzug,** solange die Leistung aufgrund eines **Umstandes** unterbleibt, den er **nicht zu vertreten** hat, z. B. bei höherer Gewalt.

Kaufvertragsstörungen können nicht nur zu einem getrübten Verhältnis zwischen den vorher „einigen" Vertragspartnern führen, sondern können auch erhebliche Kosten verursachen.

Häufig ist für den Fall der Nichtzahlung beim Kaufvertrag ein Eigentumsvorbehalt vereinbart. Diese Klausel erleichtert es i. d. R. dem Verkäufer, wieder in den Besitz seiner Ware zu kommen.

Mit dem **Gesetz zur Beschleunigung fälliger Zahlungen** soll kleineren Unternehmen, insbesondere Handwerksbetrieben geholfen werden, bei denen unpünktlich gezahlte Rechnungen zu wirtschaftlichen Schwierigkeiten führen können.

! **Nach § 286 BGB tritt 30 Tage nach Fälligkeit und Zugang einer Rechnung Verzug und somit Zinszahlungspflicht ein, ohne dass es hierzu einer Mahnung bedarf.**

Dies gilt gegenüber einem Schuldner, der Verbraucher ist, nur, wenn auf diese Folge in der Rechnung besonders hingewiesen worden ist. Den Zugang der Rechnung muss im Streitfall der Gläubiger beweisen.

2.4 Mahnverfahren

Das **außergerichtliche Mahnverfahren** hat zweierlei Ursachen. Zum einen findet es Anwendung, wenn der Fälligkeitstag einer Verbindlichkeit nicht kalendermäßig bestimmt ist, um den Kunden in Verzug zu setzen. Zum anderen möchte man den Kunden, sofern er bereits im **Verzug** ist, zur **Erfüllung** seiner **Verpflichtung** veranlassen, ohne das Gericht zu bemühen.

Für dieses, auch **kaufmännisches Mahnverfahren** genannt, gibt es keine Formvorschrift, dennoch hat sich in der Praxis folgendes Ablaufschema herausgebildet.
» **Zahlungserinnerung:** Sie ist eine höfliche Aufforderung, die fällige Zahlung zu leisten und erfolgt häufig mit der entsprechenden Rechnungskopie bzw. dem Kontoauszug.

- **1. Mahnung:** Durch sie wird ausdrücklich auf die Fälligkeit der Zahlung hingewiesen und eine letzte **Zahlungsfrist** festgesetzt.
- **2. Mahnung:** Dem Kunden wird angedroht, die überfällige Zahlung durch Nachnahme oder ein **Inkassoinstitut** einziehen zu lassen. Ferner erfolgt ein Hinweis auf die dadurch zusätzlich entstehenden Kosten.
- **3. Mahnung:** Die letzte Mahnung beinhaltet eine letzte Fristsetzung. In ihr werden weiterhin eine **Klage** auf Zahlung oder ein **gerichtliches Mahnverfahren** angedroht.

Sollte das außergerichtliche Mahnverfahren nicht zur Erfüllung der Zahlungspflicht führen, kann der Gläubiger, der in diesem Verfahren laut **Zivilprozessordnung** nun Antragsteller zu nennen ist, den Erlass eines **Mahnbescheides** beantragen. Durch ihn wird der Antragsgegner, der Schuldner, zur Zahlung aufgefordert und das **gerichtliche Mahnverfahren** eröffnet.

Das gerichtliche Mahnverfahren

! Zweck dieses Verfahrens ist es, einerseits die Verjährung einer Forderung zu unterbrechen und andererseits den Prozessweg (Klage auf Zahlung) zu vermeiden.

Zuständig für den Antrag auf Erlass eines Mahnbescheides ist das Mahngericht, in dessen Bezirk der Antragsteller seinen Sitz oder Wohnsitz hat, unabhängig von der Forderungshöhe. Der Antrag auf Erlass eines Mahnbescheides kann online erfolgen.

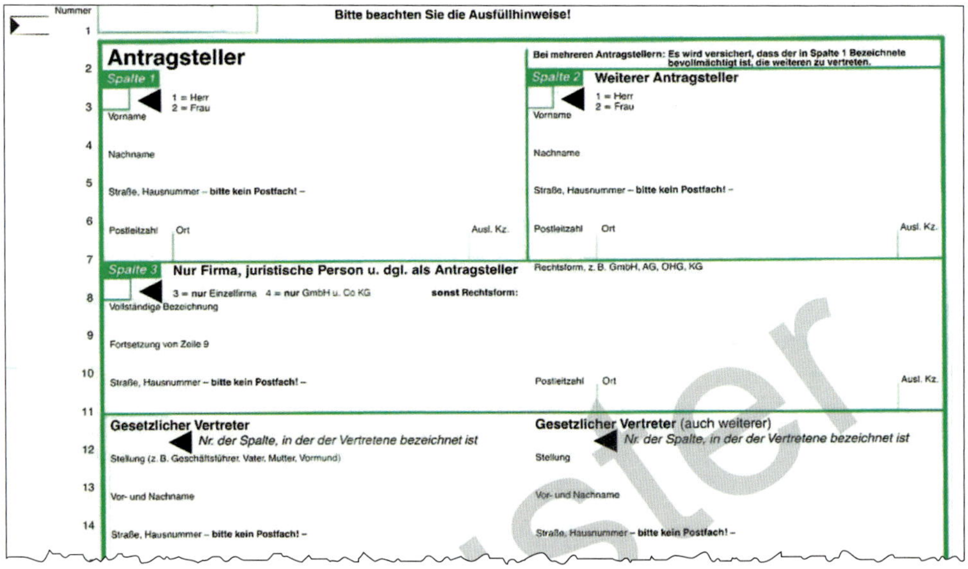

Nummer 1 — Bitte beachten Sie die Ausfüllhinweise!

2 **Antragsteller** — Bei mehreren Antragstellern: Es wird versichert, dass der in Spalte 1 Bezeichnete bevollmächtigt ist, die weiteren zu vertreten.

Spalte 1	Spalte 2 **Weiterer Antragsteller**
3 1 = Herr, 2 = Frau; Vorname	1 = Herr, 2 = Frau; Vorname
4 Nachname	Nachname
5 Straße, Hausnummer – **bitte kein Postfach!** –	Straße, Hausnummer – **bitte kein Postfach!** –
6 Postleitzahl, Ort, Ausl. Kz.	Postleitzahl, Ort, Ausl. Kz.

7 Spalte 3 **Nur Firma, juristische Person u. dgl. als Antragsteller** — Rechtsform, z. B. GmbH, AG, OHG, KG

8 3 = nur Einzelfirma, 4 = nur GmbH u. Co KG, **sonst Rechtsform:**; Vollständige Bezeichnung

9 Fortsetzung von Zeile 9

10 Straße, Hausnummer – **bitte kein Postfach!** – ; Postleitzahl, Ort, Ausl. Kz.

11

Gesetzlicher Vertreter	**Gesetzlicher Vertreter** (auch weiterer)
Nr. der Spalte, in der der Vertretene bezeichnet ist	*Nr. der Spalte, in der der Vertretene bezeichnet ist*
12 Stellung (z. B. Geschäftsführer, Vater, Mutter, Vormund)	Stellung
13 Vor- und Nachname	Vor- und Nachname
14 Straße, Hausnummer – **bitte kein Postfach!** –	Straße, Hausnummer – **bitte kein Postfach!** –

Der **Mahnbescheid** wird i. d. R. vom **Rechtspfleger** erlassen, ohne dass das Gericht geprüft hat, ob der geltend gemachte Anspruch tatsächlich besteht, und dem Antragsgegner von Amts wegen zugestellt.

Der Antragsgegner kann auf den Mahnbescheid folgendermaßen reagieren:

1. Er zahlt den angemahnten Betrag sowie angefallene **Verzugszinsen, Mahnkosten und Gerichtskosten** an den Antragsteller. Damit ist das Verfahren beendet.
2. Der Antragsgegner erhebt innerhalb zwei Wochen seit Zustellung schriftlich **Widerspruch** gegen den **Mahnbescheid.** Im Falle des fristgerechten **Widerspruchs** kann nun der Antragsteller oder Antragsgegner den Rechtsstreit durch einen **Zivilprozess** klären lassen.

Zuständig ist immer das Gericht, das im Antrag auf Erlass eines Mahnbescheids und später im Mahnbescheid bezeichnet wurde.

3. Sollte der **Antragsgegner** nichts unternehmen, kann der Antragsteller nach Ablauf der Widerspruchsfrist beim Mahngericht den Erlass eines Vollstreckungsbescheids beantragen.

Wird gegen einen Mahnbescheid kein Widerspruch erhoben oder binnen sechs Monaten seit Zustellung kein Antrag auf Erlass eines Vollstreckungsbescheides gestellt, verliert der Mahnbescheid seine Wirkung.

Vollstreckungsbescheid

Durch den Vollstreckungsbescheid (**Vollstreckungstitel**) ist der Antragsteller berechtigt, die **Zwangsvollstreckung** zu betreiben. Der Antragsteller kann einen Gerichtsvollzieher mit der Zustellung beauftragen. **Der Antragsgegner hat daraufhin folgende Möglichkeiten:**

- Er erfüllt die im Vollstreckungsbescheid bezeichnete Forderung.
- Er erhebt **Einspruch** binnen zwei Wochen ab Zustellung des **Vollstreckungsbescheides.** Dies führt ebenso wie der Widerspruch gegen den **Mahnbescheid** zu einem Gerichtsverfahren.
- Er bleibt untätig. Der Vollstreckungsbescheid ist vorläufig vollstreckbar.

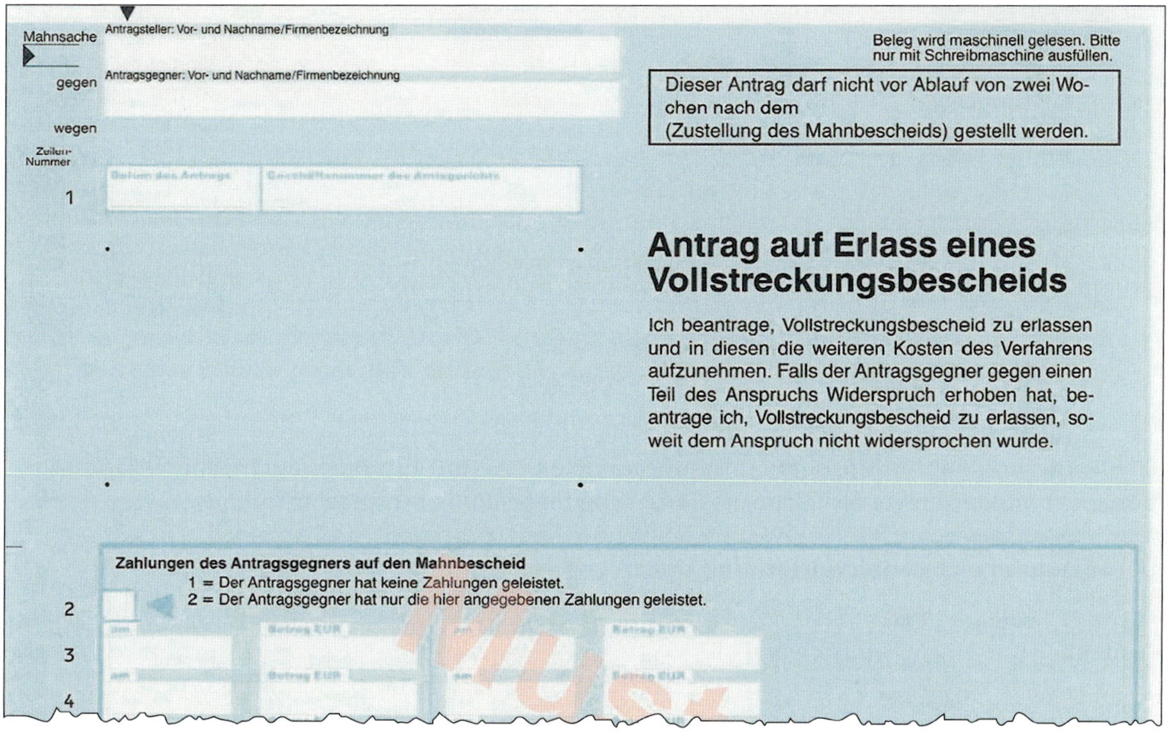
Mahnsache

Antragsteller: Vor- und Nachname/Firmenbezeichnung

gegen

Antragsgegner: Vor- und Nachname/Firmenbezeichnung

wegen

Zeilen-Nummer

1

Beleg wird maschinell gelesen. Bitte nur mit Schreibmaschine ausfüllen.

Dieser Antrag darf nicht vor Ablauf von zwei Wochen nach dem (Zustellung des Mahnbescheids) gestellt werden.

Antrag auf Erlass eines Vollstreckungsbescheids

Ich beantrage, Vollstreckungsbescheid zu erlassen und in diesen die weiteren Kosten des Verfahrens aufzunehmen. Falls der Antragsgegner gegen einen Teil des Anspruchs Widerspruch erhoben hat, beantrage ich, Vollstreckungsbescheid zu erlassen, soweit dem Anspruch nicht widersprochen wurde.

Zahlungen des Antragsgegners auf den Mahnbescheid

1 = Der Antragsgegner hat keine Zahlungen geleistet.

2 = Der Antragsgegner hat nur die hier angegebenen Zahlungen geleistet.

2

3

4

Zwangsvollstreckung

Geldforderungen können im Rahmen der Zwangsvollstreckung durch Pfändung in das bewegliche Vermögen und in Grundstücke befriedigt werden.

Der **Gerichtsvollzieher** nimmt hierbei die beweglichen Sachen in seinen Besitz (z. B. Briefmarkensammlung, Goldmünzen, Schmuck, Geld) oder kennzeichnet sie durch Anbringen der **Pfandmarke** als gepfändet, z. B. Möbel, Computeranlage. Barvermögen wird unmittelbar zur Befriedigung des Antragstellers herangezogen, während die sonstigen beweglichen Sachen zunächst öffentlich durch den **Gerichtsvollzieher** versteigert werden (§ 814 ZPO) und der Erlös hieraus zur weiteren Befriedigung des Antragstellers verwertet wird.

Das **unbewegliche Vermögen** des Antragsgegners kann zur Deckung der Forderung **zwangsverwaltet** oder **zwangsversteigert** werden.

Ablauf des gerichtlichen Mahnverfahrens

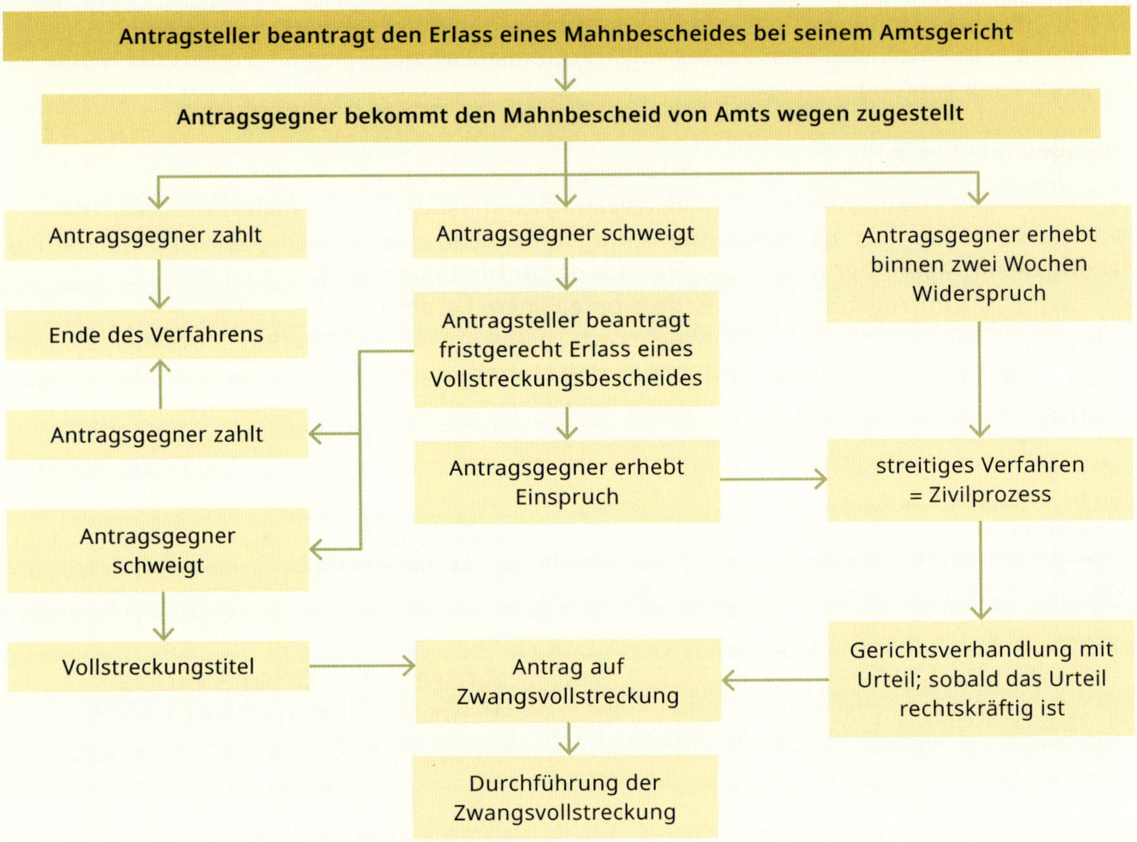

Eine Forderung des Antragsgegners kann zugunsten des Antragstellers durch einen **Pfändungsbeschluss** verwertet werden; d. h., die Forderung fließt dem Antragsteller zu.

Der Pfändung nicht unterworfen sind u. a.:

» bewegliche Gegenstände, deren Pfändung die wirtschaftliche Existenz des Schuldners gefährden:

Kleidungsstücke, Wäsche, Betten, Küchengeräte

» Gegenstände, die der Erwerbstätigkeit dienen:

Lupe eines Optikers, Fahrzeug eines Taxifahrers

» bestimmte Teile des Arbeitseinkommens:

Umzugskosten, Schmutzzulage, Geburtsbeihilfe

222251120

Sollte die **Zwangsvollstreckung** erfolglos sein, kann der Antragsteller beim zuständigen **Amtsgericht** beantragen, dass der Antragsgegner ein **Vermögensverzeichnis** einreicht und seine Angaben an Eides statt versichert. Die Abgabe der Erklärung wird in ein **öffentliches Schuldenverzeichnis** aufgenommen. Weigert sich der Antragsgegner, die **eidesstattliche Versicherung** abzugeben, so kann er auf Antrag des Antragstellers bis zu sechs Monate in Erzwingungshaft genommen werden.

! **Kann der Antragsteller seine Forderung bzw. einen Teil der Forderungen nicht durch das gerichtliche Mahn- und Vollstreckungsverfahren eintreiben, bleiben die Ansprüche 30 Jahre bestehen.**

Streitiges Verfahren (Klageverfahren)

Zum einen kann der **Widerspruch** gegen den **Mahnbescheid** bzw. der **Einspruch** gegen den **Vollstreckungsbescheid** zu einem Gerichtsverfahren führen. Zum anderen ist es dem Gläubiger unbenommen, zur Klärung und Durchsetzung seiner Rechtsansprüche (z. B. Forderungen) Klage zu erheben.

Die Prozessparteien können sich in **Zivilprozessen** selbst beim Amtsgericht vertreten. In Prozessen beim **Landgericht, Oberlandesgericht** oder **Bundesgerichtshof** müssen sie sich durch einen beim entsprechenden Gericht zugelassenen Rechtsanwalt vertreten lassen (Anwaltzwang).

Instanzenweg der ordentlichen Gerichtsbarkeit für zivile Streitigkeiten			
1. Streitwert ≤ 600,00 €	Amtsgericht	→ Aufgrund der Streitwertschwelle kann keine weitere Instanz angerufen werden.	
2. Streitwert > 600,00 €	Amtsgericht 1. Instanz	→ Berufung	Landgericht 2. Instanz
3. Streitwert > 5.000,00 €	Landgericht 1. Instanz	→ Berufung	Oberlandesgericht 2. Instanz

Die aufgeführten **Streitwertschwellen** verstehen sich ohne Zinsen und Nebenkosten.

Nach der Klageerhebung prüft das Gericht diese und setzt einen mündlichen Verhandlungstermin fest. Die Prozessparteien bekommen diesen in der Klageschrift mitgeteilt und werden dazu geladen. Eine **Klageschrift** muss neben der Bezeichnung der Parteien den **Klageantrag** und den **Klagegrund** enthalten.

Prozessparteien:	Feinkost Müller ./. Gästeservice GmbH
Klageantrag:	... die Beklagte zu verurteilen, dem Kläger 7.000,00 € nebst 8 % Zinsen seit dem 13. Mai 20.. zu zahlen.
Klagegrund:	... aufgrund einer Forderung von 7.000,00 € aus dem Kaufvertrag zwischen dem Kläger und Beklagten vom ...

Während der **Gerichtsverhandlung** können beide Parteien aus ihrer Sicht zur Klage Stellung nehmen. Im Rahmen der **Beweisaufnahme** werden unter Umständen auch Dritte gehört, die zur Klärung des Sachverhaltes beitragen könnten. Nach Abschluss der Beweisaufnahme ergeht das **Urteil.**

Das **Gerichtsurteil** wird rechtskräftig, d. h. vollstreckbar, sofern es nicht mehr durch Rechtsmittel (Berufung, Revision) angefochten werden kann, Kläger oder Beklagter auf **Rechtsmittel** verzichten oder die Frist zur Einlegung von Rechtsmitteln abgelaufen ist.

Berufung und Revision

Möchte der Kläger oder der Beklagte das Urteil nicht annehmen, so hat er die Möglichkeit, Berufung einzulegen. Dies führt zur neuen Untersuchung des Tatbestandes. Die Berufung erfolgt immer bei dem der Klageinstanz übergeordneten Gericht, der Berufungsinstanz.
Eine Berufung bei vermögensrechtlichen Streitigkeiten ist jedoch nur möglich, sofern der Streitwert größer als 600,00 € ist (§ 511a ZPO).

> Klagerecht: Amtsgericht Worms
> Streitwert: 500,00 €
>
> Das dem Amtsgericht übergeordnete Gericht ist das Landgericht Mainz. Aufgrund des Streitwertes könnte die Berufungsinstanz nicht angerufen werden.

Das Oberlandesgericht ist die dem Landgericht übergeordnete **Instanz.** Gegen Berufungsurteile kann – sofern die Sache grundsätzliche Bedeutung hat und das Berufungsgericht die Revision zugelassen hat – beim Bundesgerichtshof Revision eingelegt werden.

Gegen eine Nichtzulassung der Revision kann ab einer Revisionssumme von 20.000,00 € Beschwerde beim Bundesgerichtshof eingelegt werden. Der Bundesgerichtshof kann dann ggf. die Revision zulassen.

Bei der Revision werden Tatbestände nicht neu gewürdigt, es findet nur noch eine Prüfung des Urteils in rechtlicher Hinsicht statt.

Aufgaben

1_ Wann beginnt und endet die Rechtsfähigkeit
a) natürlicher Personen?
b) juristischer Personen?

2_ Erklären Sie folgende Aussage: Wer rechtsfähig ist, ist Rechtssubjekt.

3_ Wer ist Träger von Rechten und Pflichten einer nicht rechtsfähigen Personenvereinigung?

4_ Erläutern Sie den Begriff Geschäftsfähigkeit.

5_ Ein Reiseveranstalter kauft einen gebrauchten Bus, der laut Aussage des Gebrauchtwagenhändlers unfallfrei sein soll. Später stellt sich heraus, dass das Fahrzeug in einen schweren Verkehrsunfall verwickelt war. Der Verkäufer hatte diesen Umstand auf Nachfrage des Käufers verschwiegen. Wie ist dieses Rechtsgeschäft zu beurteilen? Kann es angefochten werden und wann?

Web **Weitere Aufgaben speziell zu Kapitel 2.1 finden Sie im BPW unter Zusatzaufgaben zu LF 2, Kapitel 2.**

222251122

3 Finanzierungsmöglichkeiten

Im Geschäftsleben ist es durchaus üblich und sinnvoll, Investitionen nicht aus eigenen Mitteln zu bestreiten, sondern andere Finanzierungsmöglichkeiten zu nutzen, an erster Stelle Kredite.

Das Wort Kredit kommt von den lateinischen Worten „credere" und „creditum" = glauben, vertrauen, das Anvertraute. Der **Kreditgeber** (**Gläubiger**) vertraut darauf, dass der **Kreditnehmer** (**Schuldner**) die geschuldete Leistung zu einem in der Zukunft liegenden Zeitpunkt ordnungsgemäß erbringt.

Ein Kredit wird auch als Darlehen bezeichnet, wenn eine feste Tilgungsvereinbarung getroffen wurde. Die Tilgung kann in Raten oder auf einmal am Ende der Laufzeit erfolgen.

Für die befristete Überlassung von Geld oder Sachen zahlt der Kreditnehmer einen Preis, den **Zins.**

Da Sie Geschäfte im Auftrag der Veranstalter vermitteln, werden Sie und Ihre Kunden in der Abwicklung von Verträgen, wie z. B. Reise-, Miet- und Geschäftsbesorgungsvertrag oder Kaufvertrag mit der Finanzierungsfrage konfrontiert.

Sie müssen als Privatperson Ihr Leben finanzieren. Auch sind die Funktionsbereiche Ihres Arbeitsplatzes im Unternehmen oder Betrieb von Ihrem Arbeitgeber zu finanzieren. Kredite können Finanzbedürfnisse befriedigen und Finanzierungen ermöglichen.

! **Die Beschaffung von Geld- und Sachkapital zur Deckung des Finanzbedarfs eines Unternehmens oder Haushalts wird Fremdfinanzierung oder Kreditfinanzierung genannt.**

Es gilt aus der Vielzahl von Krediten möglichst die Art herauszusuchen, die für die spezielle Finanzierung gut geeignet ist.

3.1 Kreditvertrag und Kreditsicherung

Die Überlassung eines Kredits setzt einen **Kreditantrag** voraus.

Angaben im Kreditantrag bei natürlichen Personen
» Nachname, Vorname » Geburtsdatum » Adresse » Beruf » Familienstand » Güterstand » Staatsangehörigkeit

Angaben im Kreditantrag bei juristischen Personen
» Firma » Registereintrag » Geschäftssitz » Geschäftszweig/Branche » Rechtsform

Generelle Angaben im Kreditvertrag
» Kredithöhe » Sicherheiten » Kreditart » Rückzahlungswünsche » Verwendungszweck

Das Kreditinstitut prüft aufgrund der im Kreditgesuch aufgeführten Daten die **Kreditfähigkeit** und die **Kreditwürdigkeit.**

! Kreditfähigkeit ist die Fähigkeit, Kreditverträge rechtswirksam abzuschließen.

Kreditfähigkeit besitzen alle natürlichen Personen, die voll geschäftsfähig sind sowie alle juristischen Personen (z. B. eine GmbH). Sind die natürlichen Personen beschränkt geschäftsfähig, benötigen sie zur Kreditaufnahme die Einwilligung des gesetzlichen Vertreters und des Vormundschaftsgerichtes.

Prüfung der Kreditwürdigkeit

- **persönliche Kreditwürdigkeit**
  - Charakter
  - Ruf
  - berufliche und unternehmerische Fähigkeit
  - Einholen von Auskünften/ Referenzen
- **materielle Kreditwürdigkeit**
  - **Privatpersonen**
    - Einkommen
    - Vermögen
    - Gehaltsabrechnung
  - **Unternehmen**
    - Vermögens- und Kapitalstruktur
    - Ertragslage
    - Liquiditätslage

Im Rahmen der **Kreditwürdigkeit** werden zum einen die materielle und zum anderen die persönliche Kreditwürdigkeit geprüft.

Dabei holen Kreditgeber u. a. Auskünfte über den Kreditnehmer bei der **SCHUFA Holding AG** (Schutzgemeinschaft für Allgemeine Kreditsicherung AG) ein, indem sie die Personendaten des Kreditnehmers und den zu gewährenden Kredit melden.

Erst die Einwilligung zu der sog. **SCHUFA-Klausel** ermöglicht diese Datenweitergabe und Abfrage, denn Kreditgeber erhalten als Rückmeldung eine sog. **SCHUFA-Auskunft** über den Kreditnehmer. Dies beinhaltet z. B. Informationen über evtl. weitere bestehende Kredite oder Vermerke über Unregelmäßigkeiten bei der Abwicklung früherer Kredite. Das von der SCHUFA geführte Register soll die Vertragspartner vor Forderungsausfällen schützen bzw. Überschuldung vermeiden.

222251124

Ist die Prüfung des Kreditantrages für den Kreditsuchenden positiv, so erhält er von dem Kreditinstitut ein entsprechendes **Kreditangebot.** Mit der Angebotsannahme kommt der **Kreditvertrag** zustande.

Der Kreditvertrag enthält u. a. folgende Einzelheiten	
» persönliche Daten des Kreditnehmers	» *Disagio* (Abgeld)
» Daten des Kreditgebers	» Bereitstellungszeitpunkt
» Kredithöhe	» Bereitstellungsprovision
» Verwendungszweck	» Tilgungsraten
» Zinssatz	» Sondertilgungsmöglichkeiten
» Zinsfestschreibungszeitraum	» Kündigungsmöglichkeiten
» Auszahlung	» Informationen über Widerrufsrecht

Entsprechend der Kreditsicherung unterscheidet man zwischen persönlich gesicherten Krediten (**Personalkrediten**) und dinglich gesicherten Krediten (**Realkrediten**).

Die Kreditsicherung dient der Rechtssicherheit des Gläubigers (Kreditgeber) zu seiner Forderung zu kommen und motiviert den Schuldner (Kreditnehmer), seine Schuld zu begleichen.

Im Falle der Nichterfüllung der Schuld werden zur Kreditsicherung herangezogene Werte von Vermögensgegenständen oder Eigentum zur Kreditauslösung herangezogen.

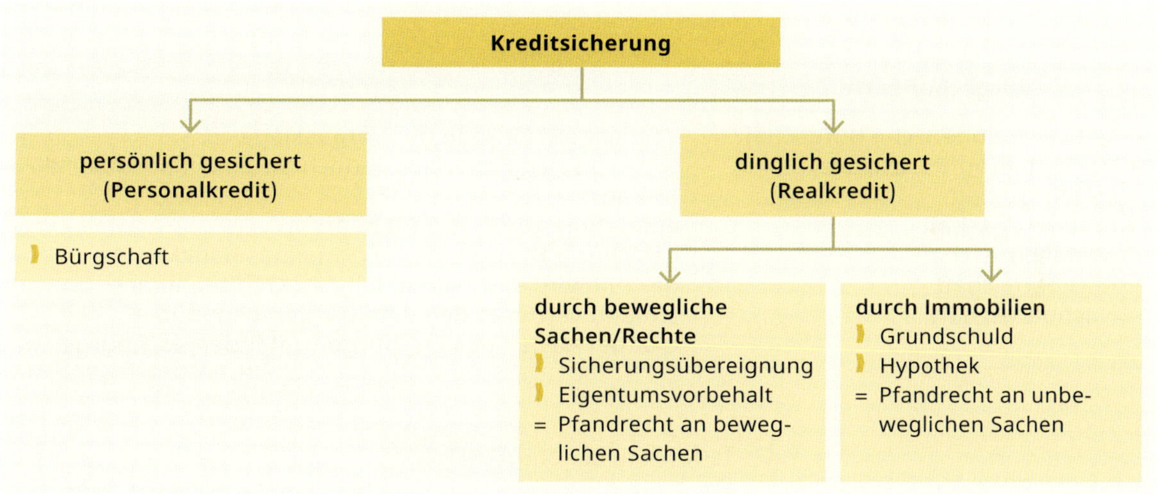

3.2 Personalkredite

Bürgschaft

Die Bürgschaft zählt zu den **verstärkten Personalkrediten** und stellt ein umfassendes Sicherungsinstrument für bestehende, künftige oder bedingte Forderungen dar.

Die Bürgschaft ist ein Vertrag zwischen Kreditgeber bzw. Gläubiger und dem Bürgen, wonach der Bürge sich verpflichtet, für die Verbindlichkeiten eines Dritten (Hauptschuldner) zu haften bzw. einzustehen. Außer bei Kaufleuten im Rahmen eines Handelsgeschäftes (§ 350 HGB) bedarf die Bürgschaft der Schriftform. Der Bürge haftet nur in dem Umfang, in dem auch der Hauptschuldner haftet, sie ist *akzessorisch*.

Der Bürge kann grundsätzlich dieselben Rechte gegen eine Zahlung geltend machen wie der Hauptschuldner, z. B. Einrede der Verjährung. Merkmal der gewöhnlichen Bürgschaft ist, dass der Bürge die Einrede der Vorausklage in Anspruch nehmen kann. Macht er sie geltend, dann muss er erst nach erfolgloser Zwangsvollstreckung in das Vermögen des Hauptschuldners eintreten.

Jeder Bürgschaftsvertrag hat individuelle Bestandteile, beinhaltet aber auch feste Elemente, wie z. B.

- Vereinbarung des Sicherungsumfangs (Forderung des Hauptschuldners)
- Vereinbarung der Bürgschaft (Haftungssumme, Art und Ende der Bürgschaft)
- weitere Bestimmungen sind: Schriftform, Erfüllungsort, AGB des jeweiligen Kreditinstitutes, Gesetzestexte, Adresse und Unterschriften des Hauptschuldners, des Bürgen und des Gläubigers, Pflichten des Gläubigers gegenüber dem Bürgen, Recht des Gläubigers, Informationen über den Bürgen einzuholen, Verhältnis zwischen Bürge und Hauptschuldner.

Kreditinstitute bevorzugen selbstschuldnerische und unbefristete Bürgschaften und eine Unterschrift zur SCHUFA-Klausel (SCHUFA → S. 124). Bei Inanspruchnahme der Bürgschaft geht die Forderung gegen den Schuldner auf den Bürgen über.

! Die Bürgschaft muss im Einklang mit den Kreditsicherungsinteressen stehen, die Verhältnismäßigkeit wahren und der Bürge muss mindestens die Zinslast tragen können, ansonsten ist sie unter Umständen sittenwidrig.

Bürgschaftsarten	Merkmale
» selbstschuldnerische Bürgschaft	Verzicht auf Einrede der Vorausklage
» Höchstbetrag-Bürgschaft	wie selbstschuldnerisch, jedoch bis zu einem Maximalbetrag
» Zeitbürgschaft	auf definierten Zeitraum begrenzt
» Kreditbürgschaft	gesicherte Bürgschaft in Form eines Bankkredits
» Ausfallbürgschaft	gezahlt wird erst bei Ausfall des Kreditnehmers
» Rückbürgschaft	jemand verbürgt sich dem Bürgen gegenüber
» Nachbürgschaft	erst bei Ausfall des Erstbürgen zahlt der Nachbürge

Erlöschen der Bürgschaft

- Erlöschen der Forderung
- Zeitablauf
- Hinterlegung anderer Sicherheiten, z. B. Wertpapiere
- Kündigung soweit vertraglich vereinbart

3.3 Realkredite

Das Pfandrecht gibt dem Gläubiger das Recht, zur Befriedigung seiner Forderung das Pfand zu verwerten, z. B. bei Nichttilgung eines Kredites (§ 1228 ff. BGB).

! Das Pfandrecht entsteht durch Einigung und Übergabe des zu verpfändenden Gegenstandes (Faustpfandprinzip) bei einer beweglichen Sache oder durch die Belastung mit dem Pfandrecht an einer unbeweglichen Sache.

Der Pfandgläubiger (Kreditgeber) wird Besitzer des Pfandes, der Schuldner (Kreditnehmer) bleibt Eigentümer. Der Kreditgeber ist verpflichtet, das Pfand mit der Sorgfalt eines Lagerhalters zu verwahren oder zu verwalten. Die Verpfändung ist **streng** *akzessorisch*, d. h. an den Bestand der Forderung gebunden. Die Bewertung des Pfandes erfolgt zum Marktwert, Rückkaufswert oder Börsenkurs abzüglich eines Risikozuschlages.

Sollte das Pfandrecht in Anspruch genommen werden, stehen folgende Möglichkeiten zur Verfügung:

Einlösung des Pfandrechts	
Bewegliche Sachen	**Forderungen/Rechte**
» öffentliche Versteigerung » freihändiger Verkauf, wenn Marktpreis existiert	» Drittschuldner muss an den Gläubiger leisten, nach einer Verpfändungsanzeige
Wertpapiere	**Unbewegliche Sachen**
» freihändiger Verkauf zum Börsenpreis	» Unterwerfungsklauselvollstreckung/Titel

Besteht keine Forderung mehr, so muss das Pfand dem Eigentümer übergeben werden.

Grundpfandrechte	
» Grundschuld	» Hypothek

Grundstücke können mit einem Pfandrecht (Grundschuld) belastet werden. Somit dient das Grundstück dem jeweiligen Grundpfandrechtsgläubiger (dem Begünstigten) als Sicherheit für ein Darlehen gegen den Grundstückseigentümer.

! Darlehen, die durch Grundpfandrechte gesichert sind, bezeichnet man als Hypothekendarlehen.

Kommt der Darlehensnehmer seinen Verpflichtungen aus dem Darlehensvertrag nicht nach, so kann der Grundpfandrechtsgläubiger seine Ansprüche aus der Verwertung, z. B. durch die öffentliche Versteigerung des Grundstückes, befriedigen.

Grundschuld

Der § 1191 BGB (Grundschuld) hat denselben Wortlaut wie § 1113 BGB (die Hypothek), allerdings mit dem entscheidenden Unterschied, dass folgende Worte fehlen: „zur Befriedigung wegen einer ihm zustehenden Forderung".
Somit ist die Grundschuld im Unterschied zur Hypothek nicht an eine Forderung gebunden, sie ist abstrakt. Daher sind Konditionsanpassungen, Umschuldungen, Abtretungen sowie Nachbelastungen mit weniger Aufwand und Kosten verbunden.

> **!** **Die Grundschuld ist die Belastung eines Grundstücks in der Weise, dass an denjenigen, zu dessen Gunsten die Belastung erfolgt, eine bestimmte Geldsumme aus dem Grundstück zu zahlen ist.**

Dieses Grundpfandrecht wird meist zur Sicherung einer Forderung bestellt.

Die **Grundschuldbestellung** erfolgt in Form einer **notariellen Urkunde,** in der der Grundstückseigentümer zustimmt, eine Belastung seines Grundstückes in das Grundbuch eintragen zu lassen.

Der Grundstückseigentümer kann die Grundschuld zugunsten eines Kreditgebers (Fremdgrundschuld) oder für sich selbst eintragen lassen (originäre Eigentümergrundschuld § 1196 BGB). Der Eigentümer verschafft sich im Fall der Eigentümergrundschuld eine absolute Rangstelle zur künftigen Verwertung der Grundschuld, d. h., er kann sie abtreten oder verpfänden und sich so einen Kredit beschaffen.

Die **Rangstelle** gibt bei mehreren im Grundbuch eingetragenen Rechten (Vorlasten) Aufschluss über die Reihenfolge, in der die Gläubiger im Fall der Zwangsvollstreckung aus dem Erlös befriedigt werden.

Die Grundschuld kann als Buch- (Einigung und Eintragung ins Grundbuch) oder Briefgrundschuld (zusätzliche Ausstellung eines Grundschuldbriefes) bestellt werden.

Hypothek

Ebenso wie die Grundschuld dient die Hypothek zur Sicherung einer Forderung. Anders als die Grundschuld ist sie unmittelbar mit einer Forderung verbunden und somit abhängig von der zugrunde liegenden Forderung, sie ist *akzessorisch.* Ist die Forderung nichtig, so ist es die Hypothek folglich auch. Bei der Hypothek besteht eine persönliche und dingliche Haftung, Schuldner und Grundstück haften also gemeinsam. Ebenso wie die Grundschuld wird die Hypothek durch einen Notar bestellt.

Hypothekenformen

- » **Verkehrshypothek**
  Gläubiger kann sich auf den Eintrag ins Grundbuch berufen, Schuldner trägt Beweislast.
- » **Sicherungshypothek**
  Gläubiger muss die Forderung nachweisen.
- » **Höchstbetraghypothek**
  Nur der Höchstbetrag, bis zu dem das Grundstück haftet, wird in das Grundbuch eingetragen.

Nach der Tilgung des Darlehens kann der Kreditnehmer die Hypothek löschen oder in eine Grundschuld umwandeln. In der Praxis ist die Hypothek weitgehend durch die Grundschuld ersetzt. Darlehen, die durch Grundpfandrechte gesichert sind, bezeichnet man als Hypothekendarlehen.

Sicherungsübereignung

Durch die Sicherungsübereignung erwirbt der Kreditgeber das treuhänderische (bedingte) Eigentum an einer Sache, der Kreditnehmer bleibt Besitzer. Die Übergabe der Sache wird durch einen Sicherungsübereignungsvertrag (Besitzkonstitut) ersetzt, es handelt sich somit um eine abstrakte Sicherheit.

Geeignete Sachen

- **Kfz**
  Vollkaskoversicherung und Abtretung der Ansprüche aus der Versicherung
- **Maschinen**
  Individuelle Merkmale wie Seriennummer müssen festgehalten werden.
- **Waren, Vorräte, Einrichtungen**
  Konkrete Benennung der Gegenstände und Standort aufnehmen; eindeutige Identifizierung muss möglich sein.

Die Risiken der Sicherungsübereignung sind u. a.: Veralterung der Sache, doppelte Übereignung, Abnutzung, Zerstörung, Weiterverkauf.

Beurteilung der Sicherungsübereignung		
Vorteile	**durch den Kreditnehmer** » Produktion wird nicht gestört. » Übereignung ist nach außen nicht erkennbar.	**durch den Kreditgeber** » Sicherung der Kreditrückzahlung durch Erhaltung der wirtschaftlichen Existenz des Schuldners » schnelle Verwertbarkeit der Sicherungsgegenstände
Nachteile	» keine freie Verfügung über die Sicherungsgegenstände » Kosten durch Versicherung der Gegenstände » Für die Sicherungsübereignung gibt es keine festen gesetzlichen Regeln.	» Gefahr des Untergangs der Sache » Sache steht unter Eigentumsvorbehalt.

Eigentumsvorbehalt

Durch die Vereinbarung eines **einfachen Eigentumsvorbehalts** (§ 449 BGB) bleibt der Verkäufer bis zur vollständigen Bezahlung Eigentümer einer Ware. Der Käufer kann bis dahin lediglich das Besitzrecht ausüben.

Möchte der Erwerber die Ware weiterveräußern oder verarbeiten, so ist für den Verkäufer die Vereinbarung eines **verlängerten Eigentumsvorbehalts** sinnvoll. Im Falle eines Weiterverkaufs gelten die daraus resultierenden Forderungen als an den ursprünglichen Lieferanten abgetreten. Auch im Falle einer Weiterverarbeitung wird der Käufer nicht Eigentümer der neu entstandenen Sache, sondern der Lieferant behält darüber die rechtliche Herrschaft.

Zur Sicherung seiner Forderungen kann der Verkäufer auch einen **erweiterten Eigentumsvorbehalt** vereinbaren. Er beinhaltet, dass das Eigentum an einer Leistung erst gegeben ist, wenn die Zahlung **aller** Forderungen an den Gläubiger geleistet sind, die im Rahmen der Geschäftsbeziehungen bestehen.

3.4 Kreditarten

Im allgemeinen Wirtschaftsleben unterscheidet man Kreditarten, die auf die jeweiligen Bedürfnisse und die Situation des Kunden zugeschnitten sein sollten, nach gängigen Kriterien, wie z. B. Laufzeit, Besicherung, Höhe der geliehenen Summe, Bereitstellungsart, Verwendung und Kreditgeber.

Aufgrund dessen werden Kreditarten üblicherweise folgendermaßen systematisiert:

	Kreditart	Erklärung	Beispiel/Handhabung
Laufzeit	kurzfristige Kredite mittelfristige Kredite langfristige Kredite	bis 12 Monate 12–48 Monate über 48 Monate	Kontokorrentkredit Darlehen Anleihen
Verwendung	Investitionskredit Betriebsmittelkredit Saisonkredit Konsumkredit	Produktivkredit an Unternehmen an Privathaushalt	Gebäude Maschinen Weihnachtsgeschäft Haushaltsgeräte
Befristung	befristete Kredite unbefristete Kredite	mit Rückzahlungsterminen kein bestimmter Rückzahlungstermin	einziger oder mehrere Rückzahlungstermine Kündigungsfristen
Kapitalherkunft	Lieferantenkredit Kundenkredit Privatkredit Bankkredit	Zahlungsziel Anzahlung Privatpersonen Privatbanken/Sparkassen	ER-Ausgleich binnen 30 Tagen (Eingangsrechnung wird bezahlt) Sonderanfertigung Mutter → Tochter Sparkasse
Sicherheit	gesicherte Kredite reine Personalkredite	Personal-/Sachsicherheit keine Sicherheit	Bürgschaft/Grundschuld Dispositionskredit
Verfügbarkeit	Geldleihe Kreditleihe (hier nicht behandelt)	Bereitstellung von Bar-/Buchgeld Kreditinstitut stellt seine eigene Kreditwürdigkeit zur Verfügung	Kontokorrentkredit Avalkredit

Im Weiteren werden die Kreditarten unter dem Aspekt der unterschiedlichen Laufzeiten dargestellt.

3.4.1 Kurz- und mittelfristige Kredite

Kurz- und mittelfristige Kredite lassen sich nach der Art der zur Verfügung gestellten Mittel in **Geldleihe** (**Effektivkredit**) und **Kreditleihe** (**Eventualkredit**) unterteilen.

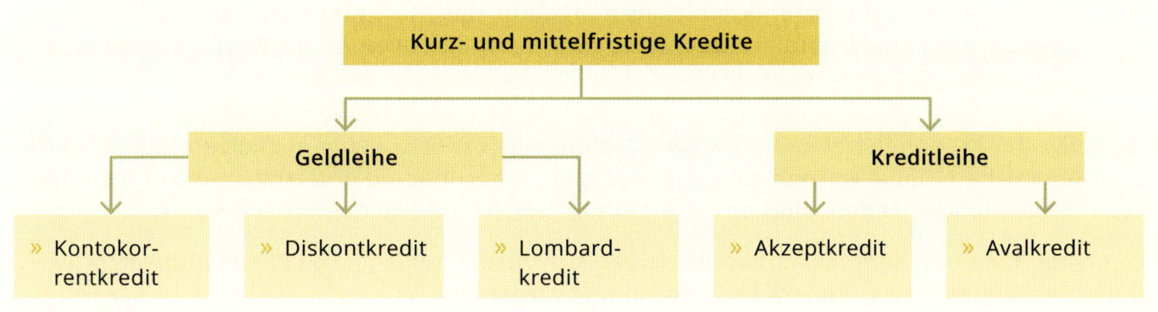

Bei der Geldleihe erhält der Kreditnehmer Bargeld oder eine Gutschrift auf sein Konto. Die Kreditleihe besteht darin, dass das Kreditinstitut seine eigene Kreditwürdigkeit zur Verfügung stellt.

Kundenkredit

Die Gewährleistung von Kundenkrediten in Form von Anzahlungen ist u. a. in der Industrie und der Tourismusbranche, insbesondere bei Pauschalreisen, üblich.

> Mit Erhalt der schriftlichen Reisebestätigung und Aushändigung des Sicherungsscheines werden Anzahlungen wie folgt fällig:
>
> 20 % des Reisepreises, höchstens 250,00 € pro Person. Bei Ferienwohnungen beträgt die Anzahlung 20 % des Preises je Wohneinheitbuchung. Die Anzahlung wird auf den Reisepreis angerechnet.

Die Anzahlung hat einen Finanzierungseffekt, da sie vor der Erbringung der Gegenleistung, d. h. der Reisedurchführung erfolgt.

Lieferantenkredit

Der Lieferantenkredit ist ein Mittel zur Absatzförderung. Dabei räumt der Lieferer dem Kunden ein Zahlungsziel von z. B. 20 Tagen ein. Um ihn jedoch zu einer vorzeitigen Zahlung zu veranlassen, gewährt der Lieferer einen Preisnachlass in Form von Skonti, z. B. 3 %.

> Die Hard- und Software GmbH bietet der Reiseinsel eines Kaufmannes folgende Zahlungsbedingungen: „3 % Skonto innerhalb von 10 Tagen, 30 Tage netto“.
>
> Mithilfe folgender Formel kann man den gewährten Skontosatz als Jahreszins ausdrücken:
>
> $$\text{Jahreszins} = \frac{\text{Skontosatz in \%} \cdot 360}{\text{Zahlungsziel} - \text{Skontofrist}} = 54\ (\%)$$
>
> $$\text{Jahreszins} = \frac{3 \cdot 360}{30 - 10}$$

Kontokorrentkredit

Der Kontokorrentkredit (ital. conto corrente = laufende Rechnung) kann von den Kunden bis zu einer Kreditgrenze (Limit) in Anspruch genommen werden und dient der Abwicklung des Zahlungsverkehrs. Durch die unterschiedlichen Last- und Gutschriften variiert die Inanspruchnahme des Kontokorrentkredits.

! Das Wesen des Kontokorrentkredites besteht darin, dass dem Kreditnehmer über sein Bankkonto ein Kreditrahmen eingeräumt wird, der ihm roulierend zur Verfügung steht.

Das heißt, der Kreditnehmer kann den Kreditrahmen jederzeit beliebig ausnutzen und teilweise sogar überziehen. Dabei werden die gegenseitigen Forderungen der Vertragspartner gestundet und in regelmäßigen Zeitabständen, i. d. R. quartalsweise, gegeneinander verrechnet.

Die Kosten für einen Kontokorrentkredit setzen sich zusammen aus: Soll-Zinsen, Umsatzprovision, Überziehungsprovision, Kreditprovision und Auslagen.

Je nach Verwendungszweck wird der Kontokorrentkredit unterschiedlich bezeichnet:

Kontokorrentkreditverwendung

Betriebsmittel-/ Umsatzkredit	**Saisonkredit**	**Zwischenkredit**	**Überziehungskredit**
z. B. Finanzierung der Produktion oder des Warenumschlages	z. B. Überbrückung saisonaler Engpässe (Spielzeugindustrie, Weihnachtsgeschäft)	z. B. Baufortschrittszahlungen, bis langfristige Finanzierung greift	z. B. für Skontoausnutzung, sonstige Liquiditätsengpässe

Ein Kontokorrentkredit an Privatpersonen wird als **Dispositionskredit** bezeichnet.

EXKURS»

Kontokorrentkonto

Die **Rechtsgrundlage des Kontokorrentkontos** (Girokontos) ist der **§ 355 HGB.**

Jeder Kaufmann (z. B. Kreditinstitut) kann ein solches Konto in der dort beschriebenen Form führen. **Wesentliche Merkmale eines Kontokorrentkontos sind:**

- Mindestens ein Vertragspartner muss Kaufmann sein (ein Kreditinstitut ist Kaufmann gemäß § 1 HGB).
- Es erfolgt eine gegenseitige Verrechnung der Ansprüche und Leistungen (Belastungen und Gutschriften).
- Der Rechnungsabschluss erfolgt mindestens einmal jährlich. Kreditinstitute rechnen i. d. R. vierteljährlich ab.
- Das Kontokorrentverhältnis kann jederzeit, ohne Einhaltung einer Frist, gekündigt werden.

Das Kontokorrentkonto kann kreditorisch (auf Guthabenbasis) und debitorisch (auf Schuldnerbasis) geführt werden. Das Girokonto, rechtlich eine Unterart des Kontokorrentkontos, ist ein kreditorisches Konto. In der Praxis werden aber auch auf diesen Konten in beschränktem Maße Überziehungen zugelassen (z. B. bis zum Zweifachen bzw. Dreifachen des Monatsgehaltes).

222251132

Falls das Konto debitorisch geführt wird, entstehen für den Kontoinhaber Kosten in Form von
» Soll-Zinsen,
» Kreditprovision und
» Überziehungsprovision.

Für die Kontoführung berechnen die Kreditinstitute u. a. Buchungsgebühren, die dem Konto belastet werden.

Teilweise werden von den Kreditinstituten auch Haben-Zinsen vergütet.

Die folgende Übersicht zeigt mögliche **Belastungen und Vergütungen** auf einem Kontokorrentkonto:

S **Kontokorrentkonto**	H
Barabhebungen Überweisungsaufträge Scheckbelastung Soll-Zinsen, Gebühren	Bareinzahlungen Überweisungseingänge Scheckgutschriften Haben-Zinsen

Der Kontoinhaber erhält je nach Vereinbarung in gewissen Zeitabständen einen Kontoauszug, der ihn über alle Veränderungen auf seinem Konto informiert.

Der Kontoauszug enthält im Wesentlichen:
» Namen und Kontonummer des Kontoinhabers
» Saldo des letzten Kontoauszuges
» Art und Höhe der Soll- bzw. Haben-Umsätze
» den aktuellen Kontostand

Für Privatleute und insbesondere Unternehmen, die gesetzlich verpflichtet sind, Bücher zu führen, wird somit die Buchhaltung übersichtlich und erheblich vereinfacht.

3.4.2 Mittel- und langfristige Kredite (Darlehen)

Kredite werden üblicherweise entsprechend ihrer Laufzeit in mittelfristige (12–48 Monate) und langfristige Kredite (Laufzeit > 48 Monate) unterteilt. Es werden Darlehen und Kapitalmarktpapiere unterschieden.

Aufgrund der geringen Relevanz für Ihre Ausbildung werden die Kapitalmarktpapiere nicht dargestellt, die Darlehen dafür umso ausführlicher.

! **Kredite, die in einer Summe oder Teilbeträgen gewährt werden und dann entweder am Fälligkeitstag in einer Summe oder in festgelegten Beträgen in einer vorher bestimmten Laufzeit getilgt werden, sind Darlehen.**

In der Regel haben sie eine Laufzeit zwischen einem und 30 Jahren.

Wird ein Ratenkredit für überwiegend private Zwecke aufgenommen und übersteigt der Nettokreditbetrag 200,00 €, so liegt nach § 491 BGB ein **Verbraucherdarlehen** vor.

Investitionsdarlehen sind gegeben, wenn mit ihnen Investitionsgüter/Waren finanziert werden und die Rückführung aus dem Umsatzerlös erfolgt.

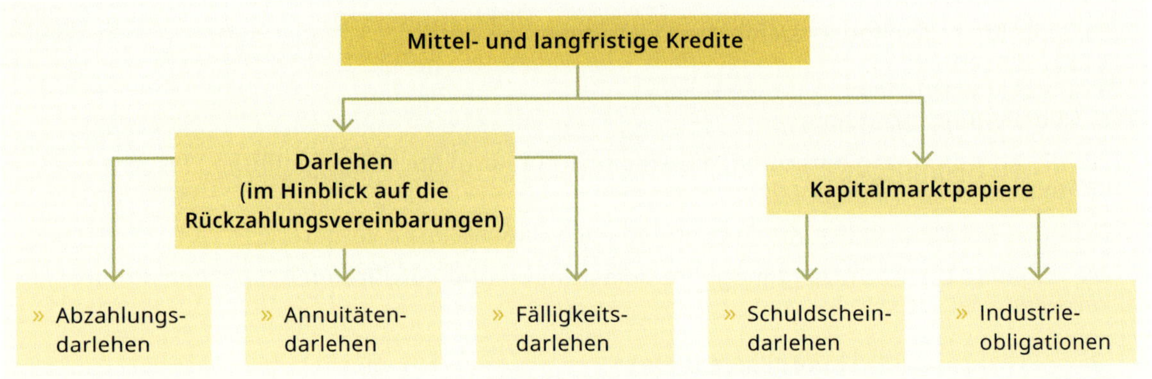

Praxisdarlehen dienen zur Finanzierung der Praxisausstattung von Selbstständigen (z. B. Steuerberater). Je länger die Laufzeit eines Kredites, desto höher ist das Ausfallrisiko. Aus diesem Grund werden Darlehen durch Sachen abgesichert (**Realkredit** → Kapitel 3.3).

Auszahlungskurs

Kreditsumme:	200.000,00 €
Disagio:	4 %
Auszahlungsbetrag:	192.000,00 € (96 %)

Ein Darlehen kann zum Nominalbetrag (100 %) oder zu einem niedrigeren Auszahlungskurs an den Kreditnehmer ausgezahlt werden. Die Differenz zwischen Nominalbetrag und niedrigerem Auszahlungskurs nennt man **Disagio** (lat.: *Damnum*).

Das Disagio kann die Funktion einer laufzeitunabhängigen Bearbeitungsgebühr haben oder eine laufzeitabhängige Zinsvorauszahlung darstellen, die zu einer geringen Nominalverzinsung des Darlehens führt.

Bei einem Darlehen wird ein bestimmter Kreditbetrag für eine bestimmte Zeit auf einem eigenständigen Konto in einer Summe oder in Teilbeträgen zur Verfügung gestellt. Die Tilgung (Rückzahlung) des Darlehens erfolgt in festgelegten Beträgen oder in einer Summe.

Im Hinblick auf die Rückzahlungsmöglichkeiten unterscheidet man **Abzahlungsdarlehen bzw. Annuitätendarlehen** und **Fälligkeitsdarlehen.**

Die Jahresleistung *(Annuität)* des Kreditnehmers umfasst beim Abzahlungs- und Annuitätendarlehen **Zins und Tilgung,** beim Fälligkeitsdarlehen nur die **Zinszahlungen.** Die Preisangabenverordnung schreibt vor, dass in Darlehensverträgen die Effektivverzinsung auszuweisen ist. Je nach Kapitalmarktlage werden Nominalzins, ein Disagio sowie weitere Kreditkosten berücksichtigt. Die Angabe der Effektivverzinsung ermöglicht eine bessere Vergleichbarkeit der Darlehenskonditionen.

Fälligkeitsdarlehen

Bei dieser Darlehensform fallen jährlich nur Zinsen an. Für die Rückzahlung der gesamten Darlehenssumme ist ein bestimmter Termin vereinbart, z. B. „rückzahlbar am 31. Dezember 20..“.

Weitere langfristige Finanzierungsinstrumente sind: Null-Kupon-Anleihen, Doppelwährungsanleihen, Floating-Rate-Notes, Wandelanleihen, Gewinnschuldverschreibungen und Optionsanleihen.

Zur Finanzierung einer Immobilie nimmt Familie Schmalhans ein Grundschulddarlehen über 100.000,00 € mit einer Laufzeit von 15 Jahren auf. Zum Ausgleich des Darlehens schließt sie eine Lebensversicherung in der entsprechenden Höhe ab.

Während der Laufzeit des Darlehens bezahlt Familie Schmalhans lediglich die Zinsen, die Tilgung erfolgt am Ende der Laufzeit über die Auszahlung der Lebensversicherung.

Abzahlungsdarlehen

Beim Abzahlungsdarlehen bleibt der jährliche Tilgungsanteil während des gesamten Rückzahlungszeitraumes konstant. Da die Restschuld von Jahr zu Jahr abnimmt, verringert sich auch die Höhe der zu zahlenden Zinsen. Somit sinkt auch die Höhe der *Annuität*.

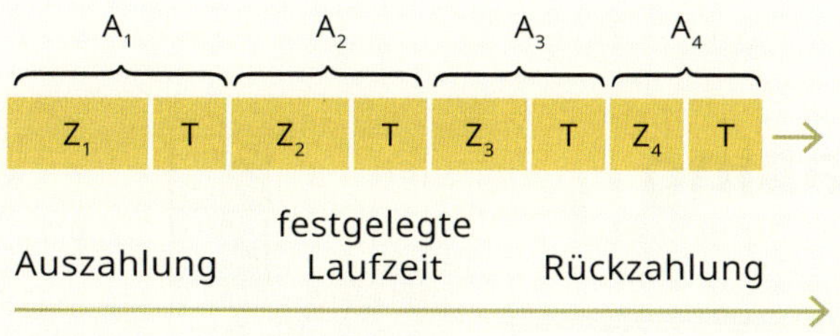

Z = Zinsen
T = Tilgung
A = Annuität

Annuitätendarlehen

Das Charakteristikum der Annuitätendarlehen ist die gleichbleibende Leistung des Kreditnehmers während der gesamten Kreditlaufzeit. Da der Zinsanteil aufgrund der Vereinbarung der Restschuld sinkt, steigt der Tilgungsanteil entsprechend. Durch die stetige Erhöhung des Tilgungsanteils ist die Rückführung eines solchen Darlehens zeitlich schneller als beim Abzahlungsdarlehen.

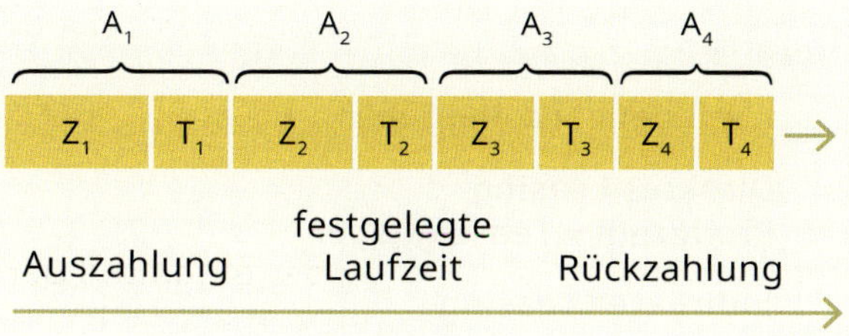

Z = Zinsen
T = Tilgung
A = Annuität

Ein Darlehen in Höhe von 60.000,00 € ist mit 6 % p. a. zu verzinsen. Es ist in fünf gleichen Jahresraten zurückzuzahlen.
Folgender Tilgungsplan veranschaulicht den Schuldenabbau:

Annuitätentilgungsplan mit fester Laufzeit (Angabe in Euro)				
Jahr	Schuld	Zinsen	Tilgung	Annuität
1	60.000,00	3.600,00	10.643,78	14.243,78
2	49.356,22	2.961,37	11.282,41	14.243,78
3	38.073,81	2.284,43	11.959,35	14.243,78
4	26.114,46	1.566,87	12.676,91	14.243,78
5	13.437,55	806,25	13.437,53	14.243,78

Die Annuität beträgt in dem obigen Beispiel 14.243,78 €. Diesen Betrag hat der Schuldner am Ende eines jeden Jahres der Darlehenslaufzeit an den Darlehensgeber zu zahlen.

3.5 Leasing

! **Leasing ist eine Sonderform der Fremdfinanzierung.**

Durch *Leasing* werden vertragliche Nutzungsrechte an langlebigen beweglichen Sachen oder Immobilien vom Leasinggeber (Vermieter) auf den Leasingnehmer (Mieter/Pächter) übertragen.

Der Leasinggeber gewährt somit einen **Sachkredit**, für dessen Nutzungsrechte im Laufe der Nutzungsdauer **Mietzahlungen** geleistet werden müssen. Somit stellt *Leasing* eine **Sonderform des Mietvertrages** oder der Verpachtung dar.

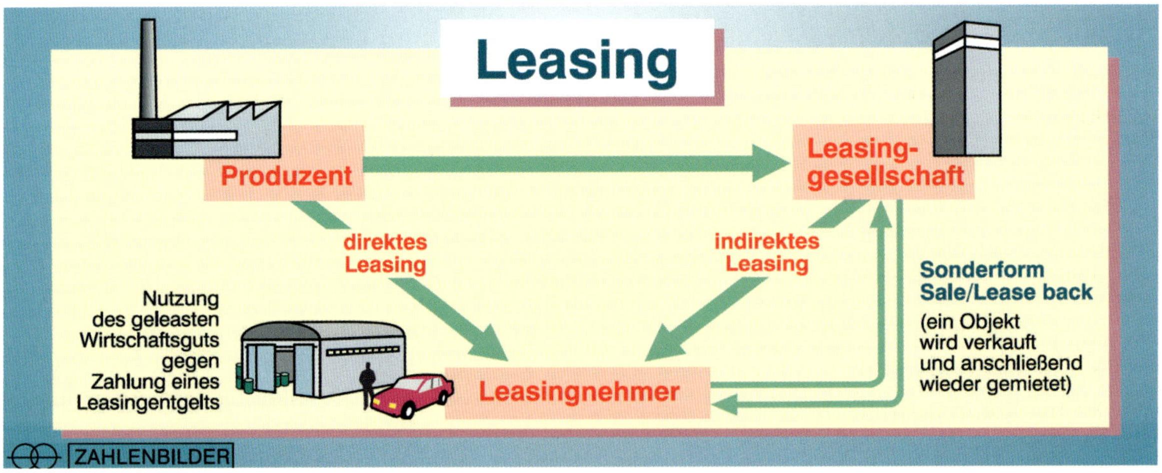

Leasingarten	
nach dem Gegenstand	nach dem Leasinggeber
Mobilien-Leasing (Maschinen, Fahrzeuge)	Direktes Leasing Produzent = Leasinggeber
Immobilien-Leasing (Gebäude)	Indirektes Leasing Leasinggesellschaft = Leasinggeber

Leasingarten	
Nach den Kündigungsmöglichkeiten des Vertrages	
Operate-Leasing » Vertragspartner haben ein Kündigungsrecht » Gegenstände lassen sich wiederholt vermieten » Leasinggeber trägt das Investitionsrisiko » zusätzliche Dienstleistung, z. B. Kfz-Wartung möglich (*Full-Service*-Vertrag)	**Finanzierungs-Leasing** » in der Grundmietzeit unkündbar » Leasingnehmer trägt Wartungs-, Versicherungs-, Reparaturkosten während der Grundmietzeit » Gefahr der Überalterung in der Grundmietzeit

Eine weitere Unterscheidung des Leasings ist nach der **Verwertungsmöglichkeit des Leasinggegenstandes** möglich.

Der Kreditvertrag enthält u. a. folgende Einzelheiten	
Leasingraten decken während der Grundmietzeit das eingesetzte Kapital des Leasinggebers (Anschaffungskosten, Zinsen, Wagnisprämie, Verwaltungskosten, Gewinn). » **mit Kaufoptionsrecht:** Leasingnehmer kann nach der Grundmietzeit den Gegenstand zu einem vorher ausgemachten Betrag erwerben. » **mit Mietoptionsrecht:** Leasingvertrag kann nach Grundmietzeit verlängert werden.	Leasinggeber trägt Risiko, da das von ihm eingesetzte Kapital durch die Leasingrate nicht voll gedeckt ist. » **mit Andienungsrecht:** Kommt keine Vertragsverlängerung zustande, kann der Leasingnehmer zum Kauf des Gegenstandes zu einem vorher vereinbarten Preis gezwungen werden. » **mit Erlösbeteiligung:** Bei Veräußerung des Gegenstandes nach der Grundmietzeit wird der Leasingnehmer am Erlös beteiligt.

Die Praxis zeigt, dass Unternehmer mit ausreichend eigenen finanziellen Mitteln den Kauf dem **Leasing** aufgrund der damit verbundenen Kosten vorziehen. Somit stellt sich nur die Entscheidung zwischen **Leasing** und Kreditkauf.

Kreditkauf:	Aufwand = Abschreibungsbeträge + Zinsen (ausgabewirksam auch die Tilgungsbeträge)
Leasing:	Leasingraten sind in voller Höhe ausgabewirksame Aufwendungen

Die typischen Leasinglaufzeiten und Leasingsätze betragen im Allgemeinen:
- Ausrüstungsgegenstände 2–6 Jahre, Dreijahresvertrag/monatlich ca. 3 %
- Komplette Industrieanlagen bis zu 14 Jahren, Vierjahresvertrag/monatlich ca. 2,7 %
- Gebäude bis 30 Jahre, Fünfjahresvertrag/monatlich ca. 2,3 %

Eine Entscheidungshilfe kann die Gegenüberstellung von Leasingraten und anfallenden Aufwendungen bzw. Ausgaben beim Kreditkauf geben. Dabei sollte jedoch berücksichtigt werden, dass der Abschluss eines Leasingvertrages die Bilanz nicht tangiert, wenn das Wirtschaftsgut beim Leasinggeber bilanziert wird. Im Jahresabschluss des Leasingnehmers sind die Kosten nur in der GuV[1]-Rechnung berücksichtigt.

1 GuV = Gewinn- und Verlustrechnung

Die Vor- und Nachteile von Leasing:

	Leasinggeber	Leasingnehmer
Vorteile	» Absatzförderung » dauerhafter und guter Kundenkontakt	» keine hohen Anschaffungskosten » keine Überalterung von Anlagen
Nachteile	» unsachgemäßer Umgang mit dem Leasinggegenstand » Leasingvertrag kann gekündigt werden	» Beeinträchtigung der Liquidität durch monatliche Mietkosten » bei längerer Vertragsdauer insgesamt höhere Aufwendungen als beim Kauf

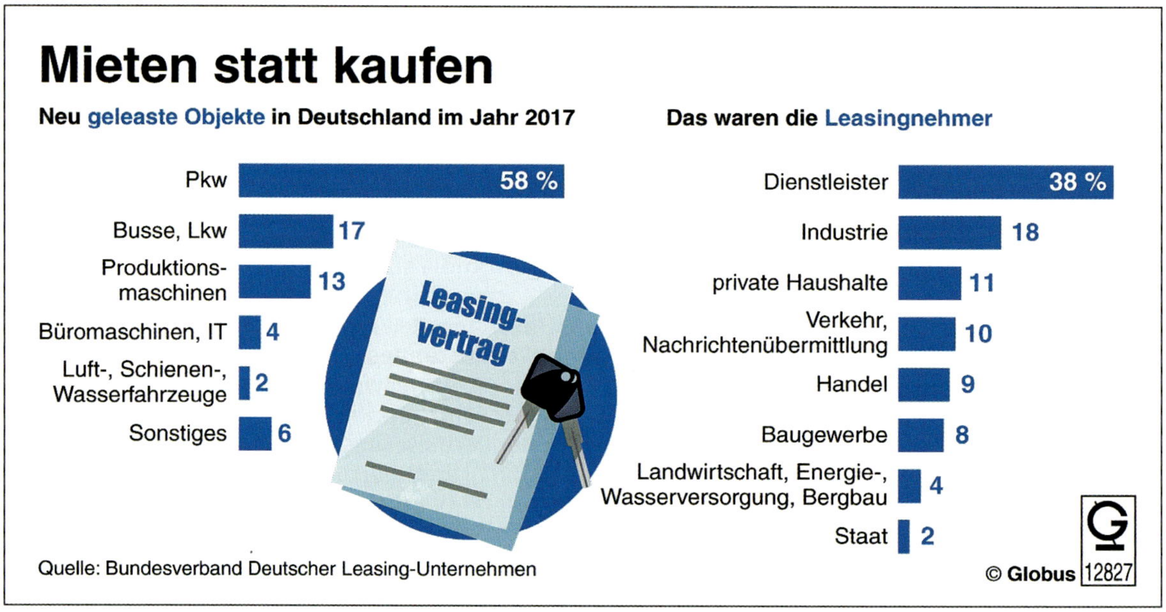

Situationsaufgabe

Situation (Fortsetzung von Seite 96):

Die Fly and Bike Reisen GmbH erwägt, die neue Ausstattung der Verkaufsräume durch ein Darlehen zu finanzieren oder ein Leasingangebot des Herstellers wahrzunehmen.

Aufgabe:

Stellen Sie die Vor- und Nachteile eines Darlehens gegenüber dem Leasing dar.

222251138

Aufgaben

1_ Welche Bürgschaftsart bietet für den Gläubiger die größte Sicherheit und für den Bürgen das geringste Risiko?

2_ Hans Martens, Inhaber und Geschäftsführer von Globus Reisen GmbH, richtet sein Reisebüro mit neuen Möbeln ein. Der Warenwert beträgt 19.500,00 €. Die Zahlungsbedingungen lauten: 30 Tage netto Kasse, bei Zahlung innerhalb von acht Tagen 3 % Skonto. Für einen Kontokorrentkredit der Hausbank wären 12 % effektiver Jahreszins zu entrichten. Herr Martens möchte den Skonto nutzen, muss dafür aber den Kontokorrentkredit in Anspruch nehmen.

a) Ermitteln Sie den Überweisungsbetrag nach Skontoabzug.

b) Ermitteln Sie die Zinsen für den Kontokorrentkredit.

c) Ermitteln Sie den Finanzierungsgewinn.

d) Ermitteln Sie den Effektivzinssatz für den Skonto.

3_ Erklären Sie die verschiedenen Arten des Darlehens.

Zusätzliche Aufgaben zu Kapitel 3 finden Sie im BPW unter Zusatzaufgaben zu LF 2, Kapitel 3. Web

4 Zahlungsverkehr

4.1 Zahlungsmittel

Zu den **Zahlungsmitteln** zählen **Geld** (Bargeld, Buchgeld und elektronisches Geld) **sowie Geldersatzmittel** (Scheck und Wechsel), auch Geldsurrogate genannt.

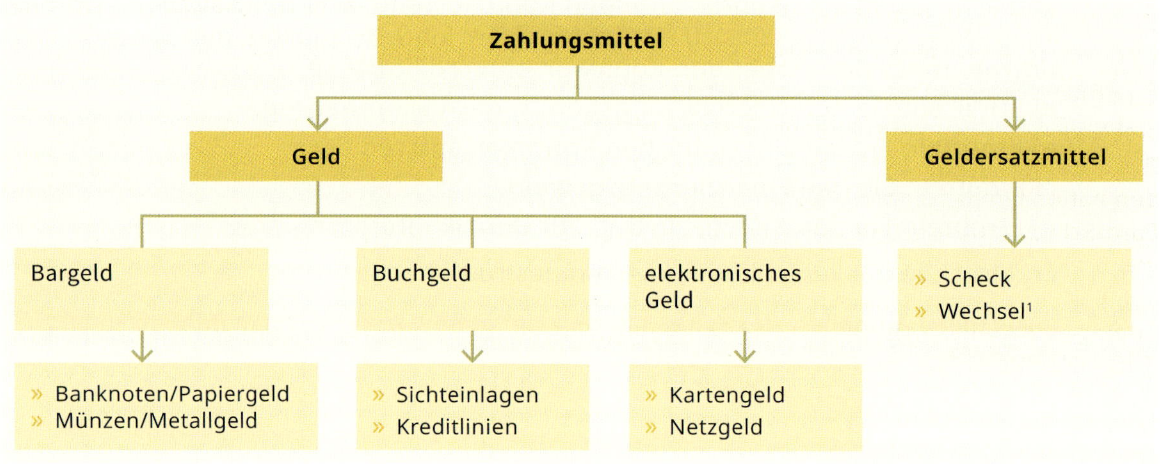

Zahlungen bestimmen den Zahlungsverkehr, der in seiner Gesamtheit den vertraglichen Austausch von Waren und Gütern sowie Dienstleistungen darstellt. Er lässt sich nach den Zahlungsformen, also nach der Art und Weise, wie gezahlt wird, in baren, halbbaren und bargeldlosen Zahlungsverkehr einteilen. Getätigt wird er von den Wirtschaftssubjekten mithilfe von Zahlungsmitteln.

! Zahlungsmittel sind allgemein anerkannt und werden regelmäßig zum Gütererwerb, zur Schuldentilgung und zur Schenkung verwendet. Erst die Zahlungsmittel ermöglichen Personen, die am Wirtschaftsleben teilnehmen, die Durchführung des Zahlungsverkehrs.

Da Geld besondere Eigenschaften aufweist (z. B. leichte Übertragbarkeit, Teilbarkeit, relative Wertbeständigkeit), ist es geeignet, bestimmte Funktionen in einer modernen Wirtschaft zu erfüllen:

Geld ist

- **Tauschmittel,** d. h., es wird dazu benutzt, Güter und Dienstleistungen einzutauschen.
- **Recheneinheit bzw. Wertmesser,** d. h., jedes wirtschaftliche Gut und jede Dienstleistung kann in Geldeinheiten bewertet werden.
- **Wertübertragungsmittel,** d. h., es kann von einem Wirtschaftssubjekt auf ein anderes übertragen werden.
- **Wertaufbewahrungsmittel,** d. h., es kann für die Zukunft zurückgelegt (gespart) werden.

---

1 Der Wechsel hat an Bedeutung verloren, da die EZB keine Wechsel mehr ankauft und er europäisch nicht anerkannt ist. Er wird daher im Rahmen dieses Buches nicht behandelt.

Bargeld (Banknoten und Münzen) ist **gesetzliches Zahlungsmittel,** für das Annahmezwang besteht. Eingegangene Schuldverhältnisse erlöschen sofort durch die Zahlung mit Bargeld (schuldbefreiende Wirkung).

Seit 1. Januar 2002 hat die Deutsche Mark ihre Gültigkeit als gesetzliches Zahlungsmittel verloren. Der **Euro** hat in allen Teilnehmerländern der Europäischen Währungsunion die nationalen Währungen als gesetzliches Zahlungsmittel ersetzt.

Bisher hatte die Deutsche Bundesbank allein das Recht, Banknoten herauszugeben (Notenmonopol, § 14 BBankG). Seit 1. Januar 2002 steht dieses Recht der **Europäischen Zentralbank** in Zusammenarbeit mit den nationalen Notenbanken zu. Die Euro-Scheine weisen eine Stückelung von 5, 10, 20, 50, 100, 200 und 500 € auf. Für diese Noten besteht ein **uneingeschränkter Annahmezwang,** d. h., jeder Gläubiger ist verpflichtet, Banknoten in unbegrenztem Umfang zur Begleichung der Verbindlichkeiten vom Schuldner anzunehmen.

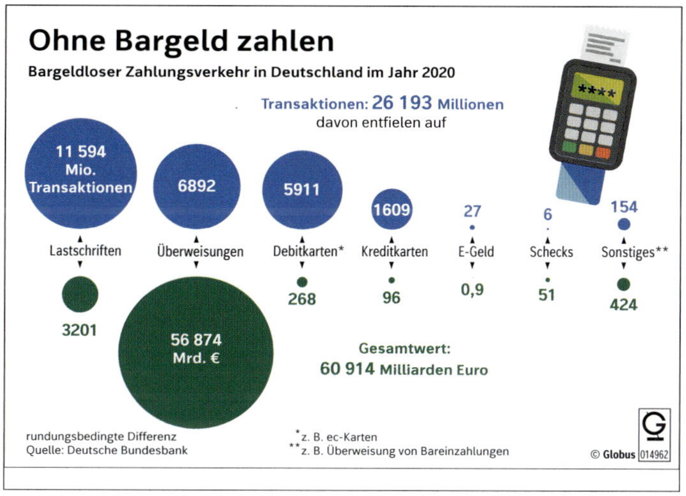

Für Euro-Münzen, deren Ausgabe durch die Regierungen der beteiligten Staaten vorgenommen wird (Münzregal), besteht ein **eingeschränkter Annahmezwang,** d. h., Personen des privaten Rechts sind nicht verpflichtet, bei einer Zahlung mehr als 50 Münzen zu akzeptieren. Diese Beschränkung gilt nicht für öffentliche Kassen und Kreditinstitute. Die Euro-Münzen werden als 1, 2, 5, 10, 20 oder 50 Cent sowie 1 oder 2 € geprägt. Der sog. **Münzgewinn** kommt den nationalen Staatshaushalten zugute.

Der Münzgewinn (Schlagschatz oder Seigniorage) ergibt sich aus der Differenz zwischen dem Nennwert einer Münze und den bei ihrer Herstellung anfallenden Kosten sowie das Inverkehrbringen und z. B. dem Austausch beschädigter Münzen und Noten.

Buchgeld setzt sich aus dem Geld auf **Girokonten (Sichteinlagen)** und der Einräumung von Krediten auf **Kontokorrent- und Darlehenskonten**, die für den Zahlungsverkehr zur Verfügung stehen, zusammen.

Ein Kontoinhaber zahlt 6.000,00 € bar auf sein Girokonto ein. Es entsteht eine Sichteinlage in Höhe von 6.000,00 €.

Ein Kreditinstitut gewährt seiner Kundin einen Kredit über 9.000,00 € auf ihrem Kontokorrentkonto. Die Kundin kann über diese Kreditlinien verfügen.

Spareinlagen gehören nicht zum Buchgeld, da sie nicht dem Zahlungsverkehr dienen. Für Buchgeld besteht kein Annahmezwang, sofern z. B. auf einer Rechnung keine Kontoverbindung angegeben ist. **Elektronisches Geld** *(electronic money)* wird als dritte Form des Geldes in Kartengeld (kartengestütztes E-Geld) und Netzgeld (softwaregestütztes E-Geld) unterteilt. Die vom Zentralen Kreditausschuss der Banken (ZKA) herausgegebene GeldKarte als ein Beispiel für **Kartengeld** speichert elektronische Werteinheiten auf einem in einer Karte befindlichen Chip, die im Voraus bezahlt, bei Bedarf abgerufen werden können. Das **Netzgeld** (früher: *Cyber-Money* oder digitales Geld genannt) sind elektronische Werteinheiten, die vom Kunden an einen Heraus-

geber des Netzgeldes (eine Bank oder ein E-Geld-Institut) überwiesen, dort auf einem Computer gespeichert und als Betrag an den Kunden in Form von digitalem Geld übermittelt werden. Der monetäre Betrag kann dann vom Benutzer nach erfolgter Authentifizierung (→ Kapitel 4.5) durch das Institut zu Zahlungszwecken online eingesetzt werden.
Auch **Schecks und Wechsel** können als Zahlungsmittel dem Zahlungsverkehr dienen. Sie werden als **Geldersatzmittel** (Geldsurrogate) bezeichnet. Für sie besteht **kein Annahmezwang.**

> **!** **Während bei der Zahlung mit Bargeld das Schuldverhältnis sofort erlischt, bleibt es bei der Zahlung mit Geldersatzmitteln rechtlich so lange bestehen, bis der Gläubiger das Geld gutgeschrieben bekommen hat und das Schuldnerkonto belastet wurde. Die Zahlung erfolgt zahlungshalber (erfüllungshalber).**

4.2 Zahlungsformen

> **!** **Traditionell werden drei Zahlungsformen unterschieden:**
> - **Barzahlung** – **halbbare Zahlung** – **bargeldlose Zahlung**

Barzahlung

Der Zahlende zahlt mit Bargeld, der Empfänger erhält Bargeld. Die **Zahlung mit Bargeld** erfolgt heutzutage hauptsächlich beim Einkauf von Waren und bei der Inanspruchnahme von Dienstleistungen des täglichen Bedarfs in Form der **persönlichen Übergabe.** Weitere Möglichkeiten:

» Zahlung durch Boten
» „Minutenservice"
» Expressbrief

Der Schuldner übergibt dem Gläubiger persönlich das Bargeld (**Zahlung von Hand zu Hand**) bzw. beauftragt dazu einen Dritten (Boten). Die Postbank bietet dafür den sog. **Minutenservice** oder **Western Union Geldtransfer** an. Beträge, die der Schuldner bei einem Postamt bar eingezahlt hat, werden dem Gläubiger am Postbankschalter eines beliebigen Postamtes wieder bar ausgezahlt. Die **Zahlung per Expressbrief** ist eine Dienstleistung der Deutschen Post-Tochter DHL: Mit diesem können Wertsachen (z. B. Wertpapiere oder Bargeld) versandt werden, die durch einen Eilboten in gesonderten Behältern befördert und zugestellt werden.

Als Nachweis für die erfolgte Zahlung sollte der Schuldner (Bote) sich eine **Quittung** ausstellen lassen.

Wesentliche Bestandteile der Quittung

» Gesamtbetrag
» Zahlungspflichtiger
» Anlass der Zahlung (z. B. Leistung)
» Ort und Datum der Zahlung
» Unterschrift des Zahlungsempfängers

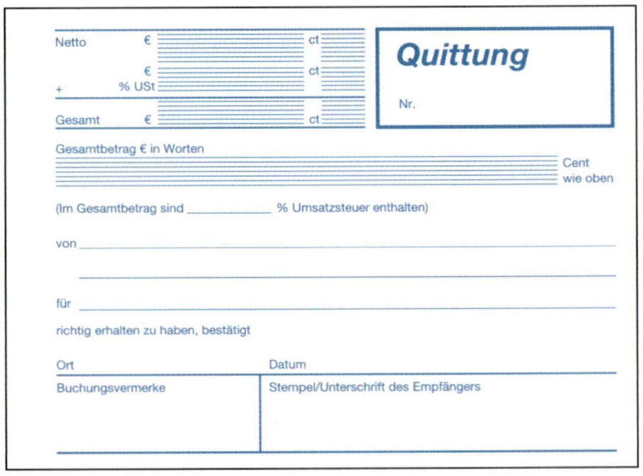
Netto € ct
€ ct
+ % USt
Gesamt € ct
Quittung
Nr.
Gesamtbetrag € in Worten
Cent wie oben
(Im Gesamtbetrag sind ______ % Umsatzsteuer enthalten)
von
für
richtig erhalten zu haben, bestätigt
Ort
Datum
Buchungsvermerke
Stempel/Unterschrift des Empfängers

Halbbare Zahlung

Während bei der Barzahlung kein Konto bei einem Kreditinstitut eingeschaltet wird, benötigen die beiden Möglichkeiten der halbbaren Zahlung **entweder ein Konto des Zahlungsempfängers oder ein Konto des Zahlungspflichtigen.** Hat der **Zahlungspflichtige kein Konto** und/oder möchte er seine Verbindlichkeit durch eine **Zahlung auf das Konto des Zahlungsempfängers** begleichen, kann er eine **Bareinzahlung** vornehmen.

Möglichkeiten
- Zahlschein
- Barscheck

Der Schuldner kann mit dem dafür auszufüllenden Formular bei jedem Kreditinstitut den geforderten Betrag bar einzahlen. Der Zahlungsempfänger erhält den Betrag auf seinem Konto gutgeschrieben (unbarer Teil).

Auch die zweite Möglichkeit der halbbaren Zahlung, das Benutzen eines **Barschecks,** kommt heute in der Praxis relativ selten vor, da der **vom Zahlungspflichtigen ausgestellte Scheck** dem Empfänger nur **bei dem Kreditinstitut des Zahlungspflichtigen bar ausgezahlt** wird. (Weitere Informationen zum Barscheck → Kapitel 4.3.3)

Die Barzahlung sowie die halbbare Zahlung weisen Nachteile auf, da Bargeld übertragen wird. Sie sind:
- unsicher (Verlust-/Diebstahlgefahr),
- teuer (Buchungskosten, Fahrtkosten),
- zeitraubend (Vor- und Nachzählen des Geldes, große Entfernungen).

Diese Nachteile versuchen die bargeldlosen Zahlungsmöglichkeiten zu beseitigen.

Bargeldlose Zahlung

Möglichkeiten der bargeldlosen Zahlung

formulargebundene Formen (→ Kapitel 4.3)
- Überweisung
  - Einzelauftrag/Sammelüberweisung
  - Dauerauftrag
  - Eilüberweisung
- Lastschriftverfahren
  - Abbuchungsverfahren
  - Einzugsermächtigung
- Verrechnungsscheck

kartengebundene Formen (→ Kapitel 4.4)
- Kreditkarte
- *electronic cash* (POS)
- *Elektronisches Lastschriftverfahren (ELV)*
- GeldKarte

elektronische Formen (→ Kapitel 4.5)
- **Onlinebanking**
- *e-payment*
- *m-payment*

Bargeldlose (**unbare**) **Zahlungsformen** sind relativ **sicher, kostengünstig** und **bequem** durchzuführen. Sie vereinfachen sowohl für den Zahlungspflichtigen als auch für den Zahlungsempfänger den Zahlungsverkehr.

Allerdings besteht die Gefahr, dass der Zahlungspflichtige schnell den Überblick über seine Geldflüsse verliert. Insbesondere wenn zwischen bargeldloser Zahlung und Kontobelastung ein längerer Zeitraum liegt.

Außerdem muss der sorgfältige Umgang mit sicherheitsrelevanten Daten wie z. B. dem PIN-Code gewährleistet sein, um die Gefahr von Missbrauch und Manipulation möglichst gering zu halten.

4.3 Formulargebundene unbare Zahlungen

Bei den formulargebundenen unbaren Zahlungsformen wird mithilfe von Zahlungsträgern Buchgeld vom Konto des Zahlungspflichtigen (Belastung) auf das Konto des Zahlungsempfängers (Gutschrift) übertragen.

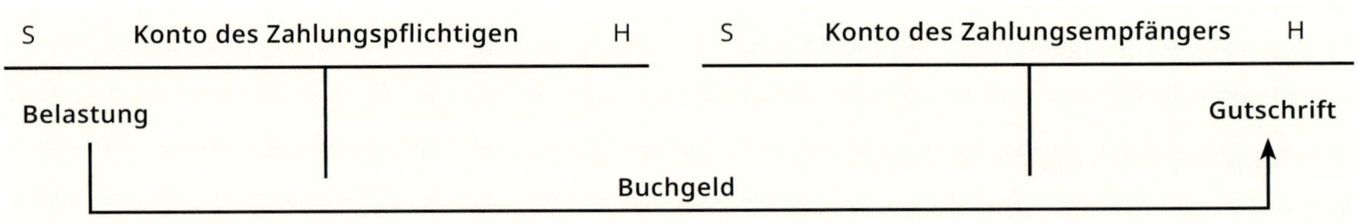

4.3.1 Überweisung

Bei der Überweisung **erteilt der Zahlende** (**Schuldner**) **seinem Kreditinstitut den Auftrag, einen bestimmten Betrag von seinem Konto auf das Konto des Zahlungsempfängers** (**Gläubiger**) **zu übertragen.** Dieser Auftrag kann entweder beleghaft mit einem Überweisungsvordruck oder beleglos (an einem Kundenterminal oder online) unter Eingabe der **PIN** (**P**ersönliche **I**dentifikations-**N**ummer, engl.: Personal Identifying Number) erfolgen (→ Kapitel 4.5).

Der Überweisungsvordruck ist einteilig (Überweisungsauftrag mit anhängender Durchschrift für den Auftraggeber). Die notwendigen Daten:

- » Name, Vorname oder Firma des Empfängers
- » IBAN (International Bank Account Number)[1] des Kreditinstituts des Zahlungsempfängers
- » Betrag
- » Verwendungszweck
- » Name, Vorname oder Firma des Zahlungspflichtigen sowie
- » IBAN[1] des Zahlungspflichtigen

1 Seit 01.02.2014 ersetzt die IBAN (International Bank Account Number) die nationale Kontokennung (in Deutschland die Kontonummer und Bankleitzahl). Für grenzüberschreitende Zahlungen in EU-Länder muss neben der IBAN noch der Bank Identifier Code (BIC) angegeben werden (→ Kapitel 4.6).

Der Überweisungsvordruck sollte in Druckschrift mit Großbuchstaben ausgefüllt werden. Er wird mit Datum und Unterschrift des Auftraggebers versehen und an dessen Kreditinstitut zur elektronischen Bearbeitung und Weiterleitung gegeben. Die Durchschrift verbleibt beim Auftraggeber.

Viele Kunden, die die technischen Voraussetzungen aufweisen, tätigen Onlineüberweisungen (→ Kapitel 4.5).

! Die Überweisung ist die buchmäßige Übertragung einer bestimmten Geldmenge vom Konto des Zahlungspflichtigen auf das Konto des Zahlungsempfängers gemäß einem schriftlichen Auftrag an das Kreditinstitut.

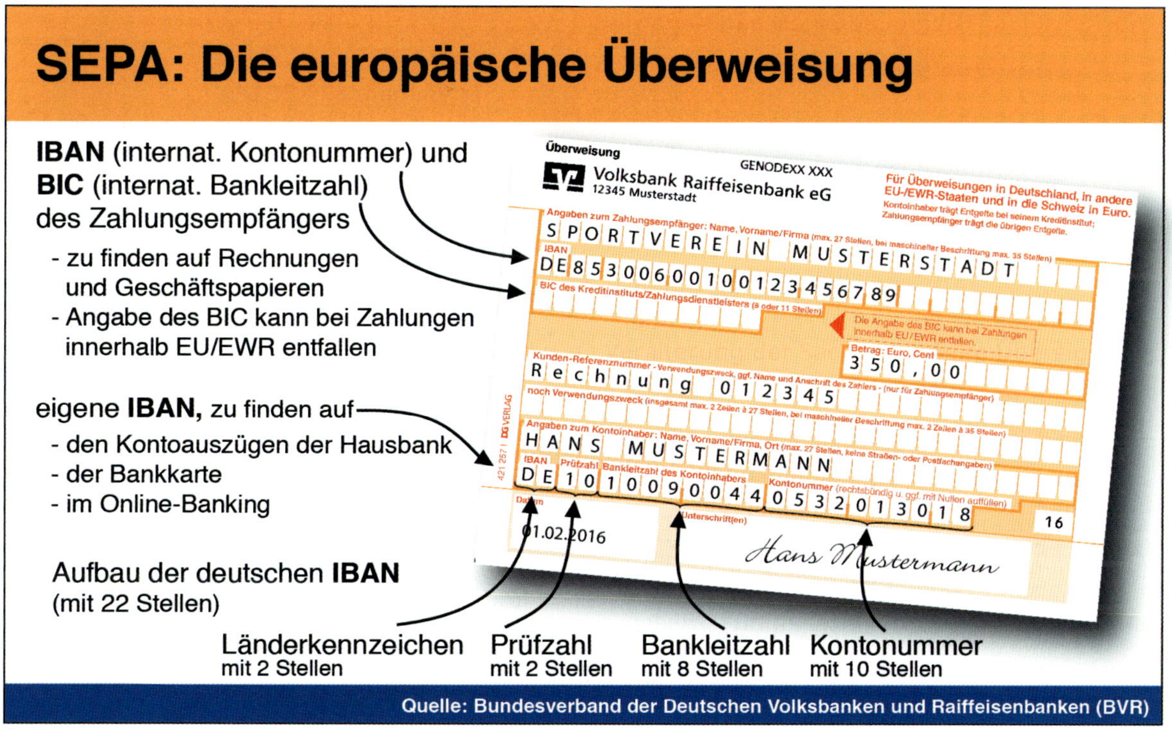

Überweisungsträger

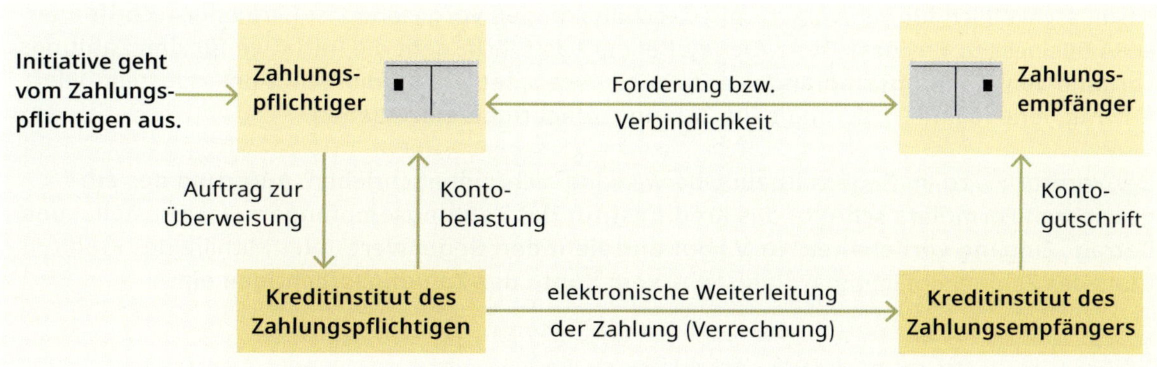

Die Überweisung ist eine Zahlung an Erfüllung statt, d. h., der Gläubiger hat eine Forderung in Höhe des Überweisungsbetrages an seine Bank anstelle des ursprünglichen Schuldverhältnisses.

Eine Überweisung ist **rechtzeitig** getätigt, wenn
- » alle Angaben auf dem Überweisungsbeleg eindeutig und korrekt sind,
- » genügend Guthaben oder eine verfügbare Kreditlinie zur Ausführung bereitstehen,
- » sie bis zum letzten Tag der Fälligkeit zur Buchung bei der Bank abgegeben ist.

Ausnahme: Bei Steuerzahlungen zählt der fristgerechte Eingang auf dem Konto der Finanzkasse als rechtzeitig!

Hierbei ist zu beachten, dass Bankgeschäftstage definierte Werktage sind. Samstage, echte Feiertage und Schließungstage gehören nicht dazu.

Ausführungsfristen in Bankgeschäftstagen

– Auslandszahlungen in Euro	1 Arbeitstag (Mo–Fr) bei Auftragserteilung bis 14:00 Uhr
– Inlandszahlungen institutsübergreifend	1 Arbeitstag, papierhaft 2 Tage
– Zahlungen innerhalb eines Instituts	1 Arbeitstag
– Zahlungen derselben Haupt- oder Zweigstelle	am gleichen Tag

Ein **Rückruf** einer Überweisung ist nur möglich, solange der Überweisungsbetrag noch nicht auf dem Empfängerkonto gutgeschrieben wurde.

Überweisungen können als Einzelaufträge getätigt werden, jedoch ist es mithilfe der **Sammelüberweisung** möglich, mehrere Überweisungen an verschiedene Zahlungsempfänger mit einem einzigen Auftrag zu tätigen.

Für regelmäßig wiederkehrende Zahlungen in gleicher Höhe (z. B. Miete, Beiträge) eignet sich der **Dauerauftrag.** Er ist eine einmalige Anweisung des Zahlungspflichtigen an das Kreditinstitut, bis auf Widerruf oder befristet eine definierte Geldsumme regelmäßig terminiert an einen bestimmten Empfänger zu überweisen.

Die **Eilüberweisung** verkürzt die Laufzeit einer Überweisung aufgrund taggleicher Buchung.

4.3.2 Lastschriftverfahren

Es gibt zwei Lastschriftverfahren: eine Basisvariante (SEPA Core Direct Debit) sowie ein Verfahren, das ausschließlich für den Verkehr mit Geschäftskunden vorgesehen ist (Firmenlastschrift oder SEPA Business to Business Direct Debit). Bei der Lastschrift geht die **Initiative für den Zahlungsvorgang vom Zahlungsempfänger** aus. Dieser erteilt seinem Kreditinstitut (Inkassostelle[1]) den **Auftrag, eine** fällige Forderung beim **Zahlungspflichtigen einzuziehen.**

Der Vordruck wird im Gegensatz zur Überweisung nicht unterschrieben. **Aufgrund des eingereichten Formulars schreibt das Kreditinstitut des Zahlungsempfängers** (*Inkasso*stelle) **den Betrag „Eingang vorbehalten" (e. V.) gut und zieht den Gegenwert** unter Mithilfe des Kreditinstituts des Zahlungspflichtigen (Zahlstelle) **vom Konto des Zahlungspflichtigen ein.**

1 *Inkassostelle* = Institut, das mit dem Einzug (Inkasso) beauftragt wird.

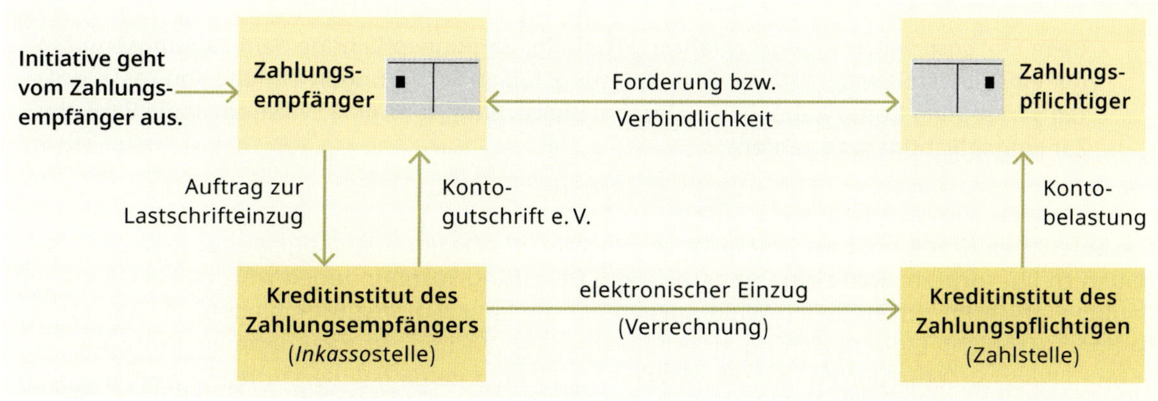

Der Lastschriftvordruck ist einteilig. Die notwendigen Daten sollten auch hier in Druckschrift mit Großbuchstaben geschrieben werden:

» Name, Vorname bzw. Firma des Zahlungspflichtigen
» Kontokennung des Zahlungspflichtigen
» Betrag
» Verwendungszweck
» Name, Vorname bzw. Firma des Zahlungsempfängers
» Kontokennung des Zahlungsempfängers

Viele Kunden, die die technischen Voraussetzungen aufweisen, reichen ihre Lastschriften **beleglos** ein, d. h. online (➜ Kapitel 4.5).

Um per Lastschrift eine Forderung einziehen zu können, muss die Vereinbarung des Zahlungsempfängers mit seinem Kreditinstitut folgende Punkte beinhalten:
» bei Einzug muss eine Ermächtigung des Zahlungspflichtigen vorliegen (sog. Lastschriftmandat),
» die Ermächtigung muss auf Verlangen dem Kreditinstitut vorgelegt werden,
» nur der Einzug fälliger Zahlungen ist erlaubt,
» Fristen, Termine, Fälligkeiten u. Ä. gelten als nicht geschrieben auf dem Beleg,
» die Lastschrift ist bei Sicht fällig,
» Wertstellung (= Valutierung = Festsetzung des Tages, an dem eine Gutschrift oder Belastung für den Kunden erfolgt) ist zwei Tage nach Einreichung,
» bei Rückgabe wird als Rückbuchungsdatum der Wertstellungstag genommen,
» zurückgegebene Lastschriften wegen Widerspruch dürfen kein weiteres Mal eingereicht werden,
» Teileinlösungen sind nicht möglich.

Da der Zahlungsempfänger mithilfe der Lastschrift über das Konto des Zahlungspflichtigen verfügt, benötigt er die **Zustimmung des Zahlungspflichtigen.** Nach dem Abkommen über den Lastschriftverkehr (Lastschriftabkommen), das die Spitzenverbände der Kreditwirtschaft und die Deutsche Bundesbank vereinbart haben, erfolgt diese Zustimmung als **Einzugsermächtigung**.

> **!** **Beim Einzugsermächtigungsverfahren erteilt der Zahlungspflichtige dem Zahlungsempfänger eine jederzeit widerrufliche Ermächtigung, fällige Forderungen mithilfe von Lastschriften von seinem Konto abbuchen zu lassen. Gleichzeitig ist es eine Weisung an die Bank des Zahlungspflichtigen, zu zahlen.**

Die beteiligten Kreditinstitute sind nicht verpflichtet, die Ordnungsmäßigkeit der Lastschriftangaben zu überprüfen. Sollte eine unberechtigte Belastung vorgenommen worden sein, kann der Zahlungspflichtige unverzüglich **Widerspruch** bei seinem Kreditinstitut einlegen. Die Zahlstelle ist dann verpflichtet, die Belastung innerhalb von acht Wochen zurückzunehmen (Stornobuchung). Einer unautorisierten Lastschrift kann bis 13 Monate lang widersprochen werden.

„Bei der SEPA-Firmenlastschrift besteht keine Möglichkeit des Widerspruchs der Lastschrift, da der Zahlungsdienstleister des Zahlers (Zahlstelle) verpflichtet ist, die Mandatsdaten bereits vor der Belastung auf Übereinstimmung mit der vorliegenden Zahlung zu prüfen."

Quelle: Deutsche Bundesbank: SEPA. In: www.bundesbank.de. veröffentlicht o.J. unter: https://www.bundesbank.de/de/aufgaben/unbarer-zahlungsverkehr/serviceangebot/sepa/inhalte/inhalte-642840?index=3#dossierItem [11.01.2022].

Das Lastschriftverfahren eignet sich besonders für den **Einzug von Forderungen in wechselnder Höhe** (z. B. Telefongebühren). Es bietet dem Zahlungsempfänger rasche Zahlungssicherheit.

Vorteile des Lastschriftverfahrens	
für den Zahlungsempfänger » Er löst den Zahlungsvorgang aus und bestimmt somit den Zahlungseingang. » Er erhält den Gesamtbetrag der eingereichten Lastschriften sofort gutgeschrieben. » Er kann aufgrund der zurückgegebenen Lastschriften das Mahnverfahren auslösen. » Er kann i. d. R. sofort über den Gutschriftsbetrag verfügen und damit eigene Verbindlichkeiten begleichen.	**für den Zahlungspflichtigen** » Er versäumt keine Zahlungstermine, da der Zahlungsempfänger die Initiative ergreift. » Er spart Arbeit und Zeit, da er kein Zahlungsformular ausfüllen und weitergeben muss. » Er erfährt durch den Kontoauszug, dass seine Zahlungsverpflichtung erfüllt ist.

Nachteile des Lastschriftverfahrens	
für den Zahlungsempfänger » Er muss insbesondere mit der Stornierung der E.-v.-Gutschriften rechnen, wenn die Lastschriften vom Zahlungspflichtigen zurückgegeben werden.	**für den Zahlungspflichtigen** » Er muss zu den Fälligkeitsterminen und evtl. darüber hinaus (falls der Zahlungsempfänger später einziehen lässt) für ausreichende Kontodeckung sorgen.

4.3.3 Schecks

Der Scheck ist eine schriftliche Anweisung des Ausstellers an sein Kreditinstitut, zulasten seines Kontos einen bestimmten Betrag gegen Vorlage (bei Sicht) des Schecks zu zahlen.

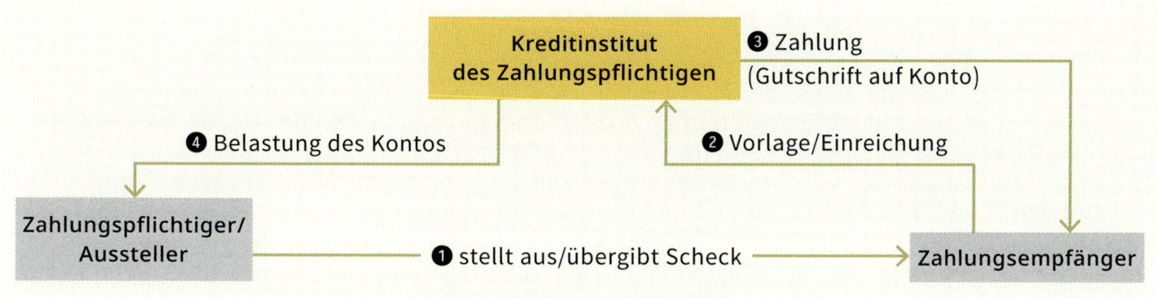

Schecks können nach unterschiedlichen Gesichtspunkten eingeteilt werden.

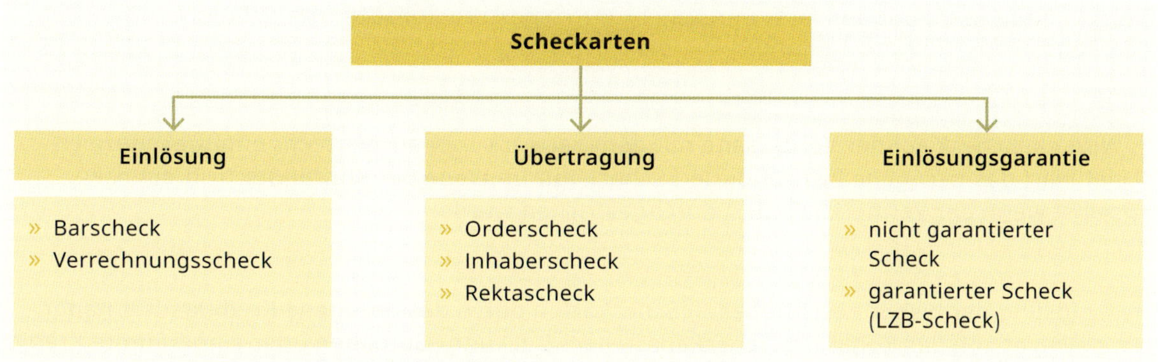

! Der Kunde akzeptiert die Verwendung von Scheckvordrucken im Rahmen eines Geschäftsbesorgungsvertrages mit seiner Bank.

Schecks sollen für den Scheckaussteller **kein Kreditmittel** sein. Deshalb schreibt Artikel 28 ScheckG vor, dass **Schecks „bei Sicht" fällig** sind; so ist ein Scheck, der vor dem Ausstellungsdatum zur Zahlung vorgelegt wird, am Tage der Vorlage zahlbar.

Die **Vorlegungsfristen** für Schecks sollen bezwecken, dass in Umlauf befindliche Schecks so schnell wie möglich dem bezogenen Kreditinstitut zur Einlösung vorgelegt werden. Sie betragen für in Deutschland zahlbare Schecks (Art. 29 ScheckG):

- **8 Tage,** wenn im Inland ausgestellt;
- **20 Tage,** wenn im europäischen Ausland;
- **70 Tage,** wenn in einem sonstigen Land ausgestellt.

! Gesperrte Schecks dürfen nach BGH-Urteil auch binnen von Vorlagefristen nicht ausgezahlt oder verrechnet werden.

Die Vorlegungsfristen beginnen an dem Tag, der auf dem Scheck als Ausstellungsdatum angegeben ist. Werden diese Fristen überschritten, ist das bezogene Kreditinstitut nicht mehr zur Einlösung des Schecks verpflichtet. In der Praxis werden aber auch verspätet eingereichte Schecks i. d. R. eingelöst, wenn keine schwerwiegenden Gründe (z. B. Scheckwiderruf, Schecksperre) dagegen sprechen.

Barscheck

Gegen Vorlage des Barschecks wird der entsprechende Geldbetrag an jeden Überbringer ausgezahlt. Die Auszahlung erfolgt jedoch nur bei dem bezogenen Kreditinstitut, da dieses die Rechtmäßigkeit des Schecks anhand der vorliegenden Kontounterlagen prüfen kann. Erfolgt die Auszahlung, kann der Vorgang als **halbbare Zahlung** verstanden werden. Eine Einreichung zur Gutschrift auf ein Konto ist bei jedem Kreditinstitut möglich.

Verrechnungsscheck

Der **Verrechnungsscheck erhöht die Sicherheit,** da sich die Zahlung des bezogenen Kreditinstituts buchhalterisch bis auf das Konto des Zahlungsempfängers zurückverfolgen lässt. Der Gläubiger übergibt den Scheck an sein Kreditinstitut. Dieses schreibt den Gegenwert „Eingang vorbehalten“ (e. V.) gut und lässt den Scheck durch das Kreditinstitut des Schuldners belasten (Zahlungsform = unbare Zahlung).

Wird ein Scheck auf der Vorderseite mit dem Vermerk „nur zur Verrechnung“ gekennzeichnet, darf das bezogene Institut diesen Scheck nur im Wege der Kontogutschrift einlösen, selbst wenn der Vermerk (wieder) durchgestrichen wurde!

Die Einlösung der bisher beschriebenen Scheckarten durch das bezogene Kreditinstitut hängt u. a. davon ab, ob das Konto des Scheckausstellers Deckung (Guthaben oder eingeräumte Kreditlinien) aufweist oder nicht. Das Kreditinstitut kann die Einlösung unter Umständen verweigern, für den Schecknehmer besteht also **keine Einlösungsgarantie.**

4.4 Kartengebundene Zahlungen

Kreditkarte

Unter dem Begriff Kreditkarten werden alle Karten zusammengefasst, die ein Logo einer Kreditfirma tragen. Sie werden von Banken oder Kreditkartenfirmen in verschiedenen Varianten von „normal“ (Silber, Classic) über „besonders“ (Goldkarte) bis hin zu „superexklusiv“ (Centurion) herausgegeben. Anbieter sind z. B. Eurocard/Mastercard, Visa, Amex (American Express) oder Diners Club. Je nach Ausstattung (z. B. auf Wunsch mit Telefonchip) ändern sich der Preis und die Zusatzleistungen (Versicherungen, Servicepaket, Buchungsdienste usw.), die mit der Karte verknüpft sind. Von einer Kreditkartenorganisation erhält der Kunde gegen Zahlung einer Gebühr eine Kreditkarte zugeschickt. Mit dieser **Ausweiskarte** kann **der Inhaber** bei bestimmten Unternehmen (**Vertragsunternehmen, Akzeptanzstellen**) Waren und Dienstleistungen **durch seine Unterschrift oder die Eingabe einer PIN-Nummer auf einem** von der Akzeptanzstelle erstellten **Beleg** oder durch die Angabe der Kreditkartennummer im Internet **bezahlen.**

Die Neuregelung der EU-Zahlungsrichtlinie sieht vor, dass die in den einzelnen EU-Staaten sehr unterschiedlichen Interbanken-Entgelte (zwischen Bank und Unternehmen) für Kreditkarten auf 0,3 % des Zahlungsbetrags und bei sog. Debitkarten auf 0,2 % begrenzt werden. Die Regelung gilt sowohl für inländische als auch für grenzüberschreitende Transaktionen.

In der Folge dürfen Unternehmer von ihren Privatkunden für persönliche Kreditkarten keine Gebühren mehr abverlangen.

Der Einsatz der Kreditkarte beschränkt sich nicht nur auf das bargeldlose Bezahlen. Sie kann **auch zur Bargeldbeschaffung an Geldausgabeautomaten unter Verwendung einer Geheimnummer** (PIN → Kapitel 4.5) eingesetzt werden. Hierbei entstehen jedoch für den Benutzer i. d. R. relativ hohe Gebühren (ca. 1–4 % des Auszahlungsbetrages), sodass diese Möglichkeit seit Einführung grenzüberschreitender *Electronic-cash*-Auszahlungen immer weniger Nutzer findet.

Abrechnungsmodalitäten bei Kreditkarten		
» *charge card* Umsätze werden gesammelt und am Ende des Monats per Lastschrift vom Konto abgebucht.	» *credit card* Der Kunde entscheidet, ob er am Ende des Monats mit dem Gesamtbeitrag oder nur einer Rate belastet werden möchte.	» *debit card* Der Umsatz wird taggenau erfasst und mit Soll-Zinsen belastet. Der Kunde entscheidet am Monatsende, ob er Gesamtbelastung oder Ratenzahlung möchte.

Das girocard-System

Im Einzelhandel, in welchem in Deutschland zwar noch immer gerne bar bezahlt wird, überwiegt inzwischen die bargeldlose Zahlung. Das Bezahlen mit girocard und PIN (ehemals electronic cash) sowie das Deutsche Geldautomatensystem wurden 2007 als girocard-System zusammengefasst. Am POS (Point of Sale[1]) kann so schnell und einfach bezahlt werden: Karte stecken oder vorhalten, Zahlbetrag prüfen und – falls vom Terminal gefordert – mit der persönlichen Geheimzahl (PIN) bestätigen. Nach einem kurzen Augenblick ist die Zahlung abgeschlossen. Über einen Autorisierungsvorgang werden die auf der Karte gespeicherten Daten und die Geheimzahl überprüft. Fällt die Überprüfung positiv aus (im Display erscheint „Zahlung erfolgt"), heißt dies, dass das **Karten ausgebende Kreditinstitut** gegenüber dem Händler eine **Zahlungsgarantie** für diesen Betrag abgibt. Der Kunde bekommt den quittierten Kassenbeleg, der Händler erhält den Betrag (abzüglich Gebühren) später auf seinem Konto gutgeschrieben. Das Kundenkonto wird belastet.

Das girocard-Logo ersetzt schrittweise die Electronic-Cash-Symbole.

! Bei der girocard-Zahlung erfolgt eine Online- oder Offlineautorisierung. Die Zahlungsgarantie ist gegeben. Gegen die Abbuchung ist kein Widerspruch möglich.

ELV (Elektronisches Lastschriftverfahren)

Auch hier wird mit Karte gezahlt, allerdings erstellt der Händler dabei eine Lastschrift und lässt sich die Einzugsermächtigung vom Kunden unterschreiben. Der Kunde benötigt keine Geheimzahl. Das Kreditinstitut übernimmt jedoch im Gegensatz zu Zahlungen im girocard-System keine Einlösungsgarantie. Bei Verlust, Diebstahl usw. sollte man seine Karte schnellstmöglich sperren lassen und Anzeige bei der Polizei erstatten. Mit der Abgabe der Sperrmeldung haftet man i. d. R. nicht mehr für den Missbrauch mit der abhandengekommenen Karte.

1 „Punkt des Verkaufs"

! Der Vorteil des ELV gegenüber dem girocard-System sind die oftmals geringeren Kosten; dem steht jedoch der Nachteil der nicht garantierten Zahlung gegenüber.

GeldKarte und girogo

Die **elektronische Geldbörse** dient insbesondere der **Bezahlung von geringen Beträgen an Verkaufsstellen** (Kiosk, Automaten aller Art, Einzelhandelsunternehmen usw.) und ist das Prepaid-System auf der girocard vieler Banken und Sparkassen. Es ist i. d. R. keine eigene Karte.

Der Kunde kann seine GeldKarte auf der girocard am Geldautomaten und an bestimmten Ladeterminals durch **Eingabe seiner Geheimzahl bis zu einem Betrag von 200,00 € aufladen.** Der Betrag wird seinem Konto belastet. Für die Verwendung der elektronischen Geldbörse ist somit eine **Vorauszahlung notwendig.**

Mit der aufgeladenen Karte ist ein **Bezahlen „wie bei einer Barzahlung"** bei Verkaufsstellen möglich, die einen Kartenleser für die elektronische Geldbörse zur Verfügung stellen *(Terminal)*. Der Käufer führt seine Karte in dieses Gerät ein und bestätigt den angezeigten Kaufbetrag. **Der Betrag wird von der GeldKarte abgebucht und letztendlich dem Händler auf dem Verrechnungsweg gutgeschrieben.** Beim eigentlichen Zahlungsvorgang ist weder die Eingabe einer Geheimzahl noch eine Unterschrift des Käufers notwendig. Gegenüber dem Händler übernimmt das kartenausgebende Institut eine **Zahlungsgarantie.**

Durch die Verwendung der modernen Zahlungsmöglichkeiten ergeben sich folgende **Vorteile:**
- Die Kunden benötigen zum Bezahlen **weder Bargeld noch Geldersatzmittel.**
- Das Risiko, das mit hohen Kassenbeständen verbunden ist, **wird reduziert.**

Als **Nachteil** ergibt sich hauptsächlich der **hohe Investitionsaufwand für die technischen Voraussetzungen** (z. B. Ausstattung der Kassen oder Terminals).

Da sich die Bezahlung mit der Geldkarte bisher nicht durchsetzen konnte, wurde mit girogo ein neues Verfahren eingeführt. Mit einem Funkchip auf der Debitkarte können Beträge bis 25,00 € an teilnehmenden Händlerterminals kontaktlos bezahlt werden. Dazu muss die Karte nur kurz vor den Terminal gehalten werden.

EXKURS»

Von der EC-Karte zur girocard

Die früher zusammen mit einem Scheck vorzulegende EC-Karte (*Eurocheque*-Karte) hatte sich zu einem wahren Multitalent weiterentwickelt. Die Karte wurde von den ausgebenden Instituten individuell gestaltet. Der Nachteil dabei war, dass der gut eingeführte Name, der als Marke Generationen ein Begriff war, verloren ging. Das „EC" steht heute bereits für *electronic cash* und kaum mehr für die europäische Marke *„Eurocheque"*.

Die EC-Karte wurde von **Kreditinstituten** an ihre Girokonteninhaber i. d. R. als Kundenkarten herausgegeben. Zu den typischen Basisfunktionen der EC-Karte früher und der girocard heute zählen die Bedienung des Kontoauszugsdruckers, die Barabhebung am Geldautomaten unter Eingabe einer Geheimzahl sowie das Bezahlen im Handel.

Die Kartenzahlung erfolgt heute über die auf einem integrierten *Chip* hinterlegten Merkmale. Die GeldKarten-Funktion ist eine zusätzliche Funktion, die ebenfalls auf dem Chip hinterlegt sein kann.

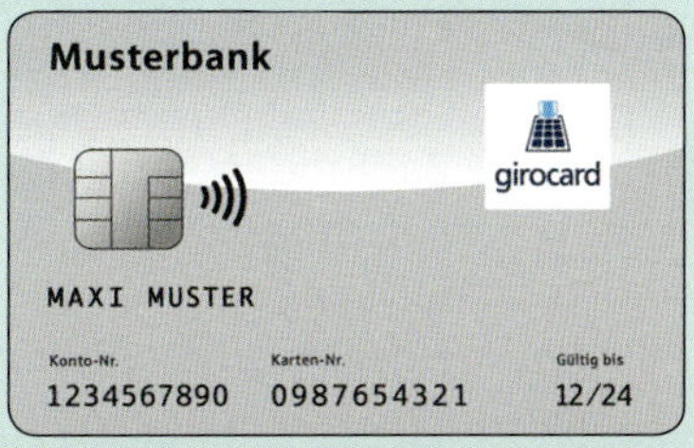

Häufige Kartenfunktionen

- girocard: Mit dieser Karte kann im Handel – überall dort, wo das girocard-System akzeptiert wird – bezahlt werden.
- maestro: Diese Karte kann für Maestro[1]-Zahlungen im Ausland benutzt werden.
- GeldKarte: Diese Karte verfügt über die GeldKarten-Funktion auf dem Chip zur Nutzung als elektronische Geldbörse.
- girogo: Diese Karte verfügt über einen funkfähigen Chip mit girogo-Funktion zur kontaktlosen Bezahlung mit girogo.

Die Symbole für die unterstützten Zahlverfahren finden sich auf der Karte.

Bei dem Wandel der EC-Karte zur girocard wurden die Funktionen der Karte ständig erweitert. So ermöglicht beispielsweise die girocard-Kontaktlos-Funktion ein bequemes und schnelles Bezahlen am POS. Zum Bezahlen muss die Karte des Kunden bis auf ca. 4 cm an den Kontaktlos-Leser des Terminals herangeführt werden, damit eine Kommunikation stattfinden und somit die Transaktion abgewickelt werden kann. Die Karte muss nicht wie bisher in das Bezahlterminal gesteckt werden. Bei Beträgen bis 50,00 € entfällt i. d. R. die Eingabe der PIN. Beträge über 50,00 € können ebenfalls kontaktlos bezahlt werden – dann jedoch mit PIN-Eingabe.

Immer mehr Kunden und Händler setzen auf das berührungslose Bezahlen mit der girocard, da das Verfahren insbesondere bei Kleinbetragszahlungen schnell und praktisch ist.

---

1 Maestro ist ein internationaler Debitkartendienst von **Mastercard**, der mittels Maestro-Karte (auch Maestro-Card) weltweit bargeldlose Zahlungen sowie die Nutzung von Geldautomaten mit Maestro-Logo ermöglicht.
Als Debitkarte wird dabei eine Kunststoffkarte bezeichnet, die einen direkten und unmittelbaren Zugriff auf das Guthaben bzw. den verfügbaren Kreditrahmen des Girokontos zulässt.

4.5 Weitere Zahlmöglichkeiten im Überblick

Fortschreitende technische Entwicklungen und der Einzug des Computers nicht nur in unsere Arbeitswelt, sondern auch in unserem Zuhause, haben die Möglichkeiten und Formen von bargeldlosen und formularunabhängigen elektronischen Zahlungen gefördert. Mittlerweile gibt es so viele verschiedene Verfahren, dass hier lediglich Bezug auf die wichtigsten genommen wird.

Elektronische Zahlungen können über verschiedene digitale Medien getätigt werden: Computer, Notebook, Tablet, Smartphone, Onlineterminal. Digitale Zahlungen, z. B. mit dem Smartphone, sind auch an der Ladenkasse möglich. Sie unterliegen verschiedenen Vorgehensweisen. Aber ihnen ist gemeinsam: eine notwendige **Identitätsüberprüfung** des Zahlenden vor bzw. während des Zahlvorganges. Hierzu erhält jeder Benutzer (wie auch der Kartenkunde in → Kapitel 4.4) eine persönliche Geheimzahl, seine PIN. Diese dient der Authentifizierung des Kontoinhabers und ersetzt dessen Unterschrift.

Authentisierung

Bei einer Authentisierung stellt eine Person den Nachweis dar, dass sie tatsächlich die Person ist, die sie vorgibt zu sein. Diese Person legt also Nachweise zur Bestätigung ihrer Identität vor. Je nach der eingesetzten Authentisierungsmethode kann die Person ihre Identität auf verschiedene Art und Weisen behaupten:
- sie hat spezielle Informationen, die nur ihr selbst bekannt sind (z. B. Passwort oder Zugangscode) ,
- sie besitzt ein Identifizierungspapier (z. B. Personalausweis oder Reisepass),
- sie ist selbst das Identifizierungsobjekt (z. B. biometrische Merkmale wie Fingerabdruck oder Gesichtsmerkmale).

Authentifizierung

Als Authentifizierung wird die Prüfung der behaupteten Authentisierung bezeichnet. Hierbei überprüft ein Prüfer die Echtheit der Angaben. Zeitlich betrachtet findet demnach zunächst eine Authentisierung und danach eine Authentifizierung statt.

Onlinebanking

Wie in → Kapitel 4.4 erwähnt, können **Überweisungen und Lastschriften**, aber auch Kontostandabfragen und mehr bei entsprechender technischer Ausstattung elektronisch getätigt werden. Beim *Homebanking* sind hierzu ein Computer mit Internetzugang, eine entsprechende Software (ein elektronisches Girokonto) und das passwortgeschützte Einloggen in dieses nötig. Es gibt mittlerweile viele Banken, die Onlinekonten anbieten und viele Kunden (im Jahr 2020 ca. 65 % der deutschen Bevölkerung mit ca. 79 Mio. Konten), die diese Angebote nutzen.

Einige Vorteile des *Homebankings* aus Sicht des Bankkunden:
- geringe Gebühren für Kontoführung und Transaktionen,
- Kontozugang unabhängig von Bankfilialöffnungszeiten,
- kein Anfahrtsweg für Bankgänge und Zeitersparnis,
- EDV-gesteuerte Terminierung von Überweisungen und Daueraufträgen.

Um eine Transaktion, z. B. eine Überweisung ausführen zu können, benötigt man eine weitere Nummer, die sog. **Transaktionsnummer (TAN).** Aufgrund von bekannt gewordenen Missbrauchsfällen wird aus Sicherheitsgründen das „Sm@rt-TAN plus-Verfahren" eingeführt, bei dem ein Kartenlesegerät verwendet wird, das die TAN bei Bedarf für eine bestimmte Transaktion unabhängig vom PC und offline ermittelt. Eine weitere Möglichkeit ist das SecureGo TAN-Verfahren, bei dem

Kartenzahlungen in Europa – das SEPA Cards Framework

Im SEPA Cards Framework (übersetzt „Rahmenwerk für Kartenzahlungen“) definiert der European Payments Council (EPC) Mindestanforderungen für die SEPA-Fähigkeit der betreffenden Zahlungssysteme und Zahlungskarten, die das Bezahlen in Europa vereinfachen sollen. Die wichtigsten Merkmale sind:

» Man kann mit der Bankkarte überall in Europa bezahlen und an allen Geldautomaten in Europa Geld abheben.
» Für Kartenzahlungen gelten europaweit einheitliche Sicherheits-Standards.
» Unter der Maxime „Any card at any terminal“ (übersetzt „Jede Karte an jedem Terminal“) soll sichergestellt werden, dass eine in Europa ausgegebene Karte an jedem europäischen Terminal einsetzbar ist.

Bislang konnten der europäische Binnenmarkt und die gemeinsame Währung des Euro ihre positiven Wirkungen nicht voll entfalten. Die Schaffung eines gemeinsamen Zahlungsverkehrsraums in Europa (SEPA) war eine weitere Voraussetzung für die Vollendung des Binnenmarktes.

Die Abwicklung von Überweisungen, Lastschriftverfahren und Kartenzahlungen wird europaweit vereinheitlicht und bewirkt schnellere, barrierefreiere und kostengünstigere Geldtransfers. Urlaube, Auslandsaufenthalte und Auslandsgeschäfte werden bequemer und der Mehrwert der EU begreifbarer. Für die europäische Wirtschaft und die Verbraucher sind mit dem Projekt hohe Kostenersparnisse und Effizienzgewinne verbunden.

Die **EU-Zahlungsverkehrsrichtlinie** ist die rechtliche Basis für den europäischen Zahlungsraum SEPA *(Single Euro Payments Area)*. Kernelemente der Richtlinie sind Transparenz- und Informationsanforderungen sowie standardisierte Rechte und Pflichten für die Erbringer und Nutzer von Zahlungsdienstleistungen.

Situationsaufgabe

Situation (Fortsetzung von Seite 138):

Die Rechnung für die neue Ausstattung der Verkaufsräume trifft in der Fly and Bike Reisen GmbH ein.

Aufgabe:

Entscheiden Sie, welche Zahlungsart gewählt werden soll, und begründen Sie Ihre Entscheidung.

Aufgaben

1_ Welche Funktionen erfüllt das Geld in einer modernen Volkswirtschaft? Geben Sie ein praktisches Beispiel.

2_ Überweisung oder Lastschriftverfahren?
a) Erläutern Sie die Unterschiede zwischen einer Überweisung und einer Lastschrift im Hinblick auf die zu verwendenden Formulare bzw. die Verrechnungswege.
b) Welche Vor- bzw. Nachteile hat das Lastschriftverfahren für die Beteiligten?

5 Zeitmanagement

Wenn Ihr Arbeitsplatz optimal gestaltet ist, ist eine wichtige Voraussetzung erfüllt, dass Sie Ihre Aufgaben mühelos und kompetent lösen können. Darüber hinaus ist es wichtig, dass Sie die Ihnen zur Verfügung stehende (Arbeits-)Zeit optimal nutzen. Dabei sollen Ihnen Methoden des Zeitmanagements helfen.

Im Folgenden finden Sie einige Ratschläge, die Sie befolgen können, um Zeit, auch Freizeit, zu gewinnen.

Welche der genannten Methoden für Sie persönlich sinnvoll ist, müssen Sie selbst herausfinden. Zum Thema Zeitmanagement werden auch Seminare angeboten, auf denen zahlreiche andere Methoden behandelt werden.

» Die SMART-Methode

Überprüfen Sie vor Arbeitsbeginn Ihre Zielsetzungen mit der SMART-Methode: Sind die Ziele

- **Spezifisch?**
  Das bedeutet, dass Sie sich nicht allgemeine Ziele setzen sollen, sondern speziell für eine ganz bestimmte Situation und Aufgabe.
- **Messbar?**
  Es muss überprüfbar sein, ob Sie das Ziel erreicht haben.
- **Anspruchsvoll?**
  Legen Sie bei der Formulierung des Zieles etwas Ehrgeiz an den Tag.
- **Realistisch?**
  Das Ziel sollte erreichbar sein.
- **Terminiert?**
  Bestimmen Sie einen Zeitpunkt, bis zu dem Sie das Ziel erreicht haben möchten.

» Der Tagesplan

Führen Sie einen Tagesplan, elektronisch oder in Papierform. Tragen Sie alle Termine ein, auch die Pausen und Freizeitaktivitäten. Haken Sie die Termine ab, die Sie erledigt haben.

» Die ALPEN-Methode

Die ALPEN-Methode liefert fünf Schlüsselkategorien für eine geordnete Tagesplanung:

- Aufgaben und Termine aufschreiben
- Länge der Aktivitäten einschätzen
- Pufferzeiten reservieren
- Entscheidung über die Prioritäten
- Nachkontrolle

222251160

Die 60:40-Methode

Verplanen Sie nur 60 % Ihrer Zeit für Arbeit, der Rest füllt sich von allein. Dadurch sollen automatisch genügend lange Pufferzeiten entstehen, die 60:40-Methode könnte also als Ergänzung zur ALPEN-Methode eingesetzt werden, bei der ausdrücklich gefordert wird, Pufferzeiten zu reservieren.

Die Eisenhower-Methode

Die nach dem ehemaligen amerikanischen Präsidenten benannte Methode besagt: Ordne deine Aufgaben nach Wichtigkeit und Dringlichkeit. Dadurch lassen sich vier Aufgabenklassen bilden. Aufgrund dieser Einteilung können Sie Ihre Arbeitszeit entsprechend einplanen.

unwichtig	**Aufgabe delegieren**	**Aufgabe muss nicht erledigt werden**
wichtig	**Aufgabe sofort selbst erledigen**	**Aufgabe später selbst erledigen**
	dringend	nicht dringend

Rahmenbedingungen touristischer Dienstleistungen analysieren

1 Überblick über die Tourismusbranche in Deutschland

1.1 Aktuelle Statistiken

1.1.1 Darstellungsmöglichkeiten von Statistiken

Um eine Statistik richtig zu interpretieren, ist auf folgende Merkmale zu achten:
- **Art der einbezogenen Daten**
- **Informationsquellen zur Gewinnung dieser Daten**
- **Datenmenge: Je mehr Daten (z. B. befragte Personen) zur Erstellung einer Statistik herangezogen werden, desto repräsentativer wird diese.**
- **Aufbau der Grafik**

Mithilfe von Statistiken lässt sich nach landläufiger Meinung alles beweisen, was gerade erwünscht ist oder als notwendig erachtet wird. Man findet solche Zählungen und Messungen daher heute überall: in Zeitungen und Zeitschriften, in der Werbung, in Unternehmensmeldungen usw. Sie werden von amtlichen Stellen (z. B. vom Statistischen Bundesamt) oder auch von Unternehmen oder Verbänden (z. B. vom Deutschen Reiseverband DRV) durchgeführt. Meist sind die Ergebnisse zur besseren Übersicht in Grafiken abgebildet.

Die einfachste Methode, die Aufteilung einer bestimmten Menge auf verschiedene Einheiten darzustellen, ist die **tabellarische Form.** Dabei wird meist zwischen **absoluten und relativen Häufigkeiten** unterschieden. Relative Häufigkeiten, also prozentuale Angaben, eignen sich besser zu Vergleichszwecken als absolute Häufigkeiten. Entwicklungen können durch Wachstumsraten verdeutlicht werden.

Anschaulicher sind grafische Darstellungen in Form von Kreis-, Stab- oder Kurvendiagrammen.

Kreisdiagramme zeigen oft eine Verteilung der relativen Häufigkeiten, wobei der volle Kreis 100 % darstellt und in einzelne „Kuchenstücke“ jeweils in der Größe des relativen Anteils des dargestellten Merkmals aufgeteilt ist.

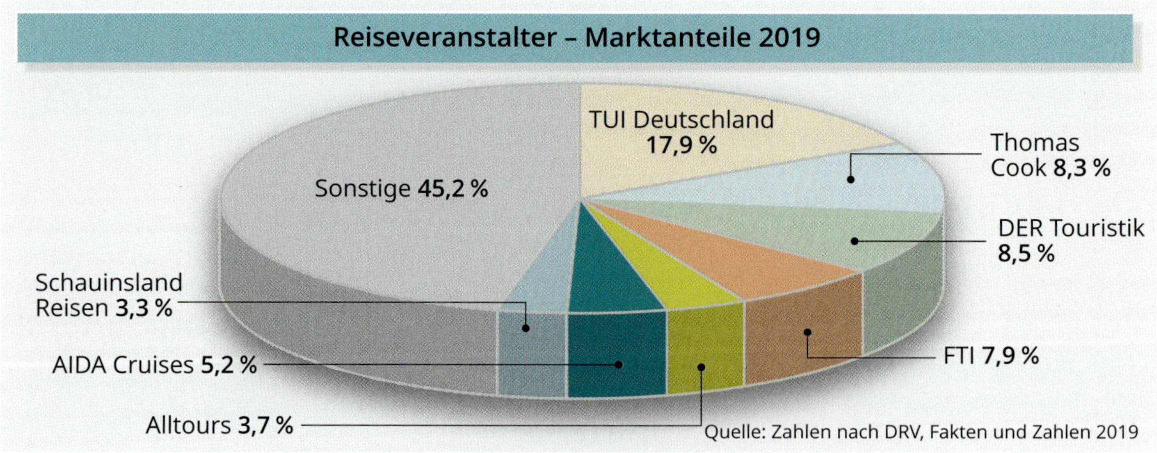

Beispiel für ein Kreisdiagramm[1]

1 Nach der Insolvenz von Thomas Cook und der Corona-Pandemie wird sich natürlich ein neues Bild ergeben.

Stab- oder Säulendiagramme können absolute oder relative Häufigkeiten darstellen, wobei die Säulenhöhe eines Merkmals gut mit denen der anderen Merkmale verglichen werden kann.

Kurvendiagramme werden bei der Darstellung von Entwicklungen über einen längeren Zeitraum verwendet. Sehr typische Kurvendiagramme sind z. B. die Darstellungen der Aktienkurse in Form von sog. Charts oder die Umsatzentwicklung von Unternehmen.

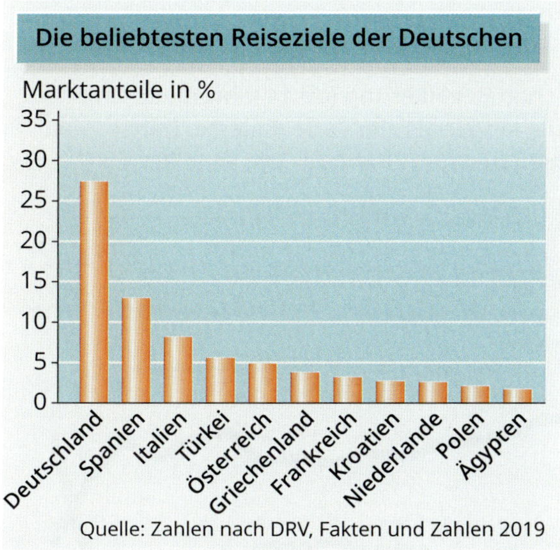

Beispiel für ein Säulendiagramm

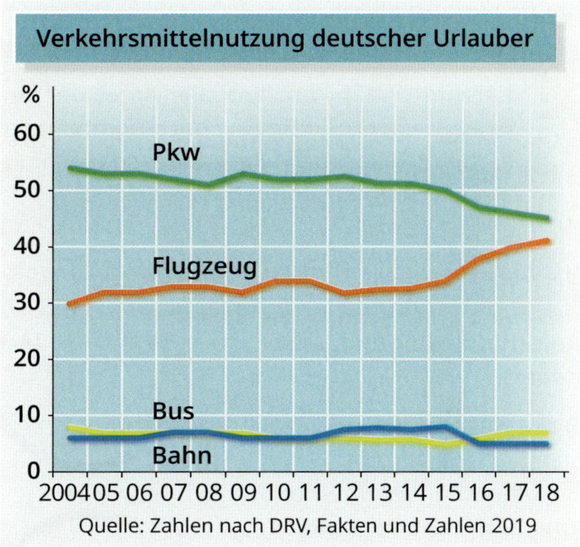

Beispiel für ein Kurvendiagramm

1.1.2 Touristische Kennzahlen

Zahlreiche amtliche Stellen und tourismusnahe Institute untersuchen regelmäßig das Reiseverhalten sowohl der Deutschen, die ins Ausland reisen (Outgoing-Tourismus) oder die ihren Urlaub im Inland verbringen (Domestic-Tourismus) als auch der internationalen Gäste, die nach Deutschland kommen (Incoming-Tourismus). Dies sind z. B.

- das Statistische Bundesamt (Tourismus),
- die Forschungsgemeinschaft Urlaub und Reisen e. V. (FUR, „Reiseanalyse"),
- der Deutsche Reiseverband (DRV, „Fakten und Zahlen zum deutschen Reisemarkt),
- der ADAC (Reisemonitor),
- das Institut für Management und Tourismus (Destination Brand),
- der Deutsche Tourismus Verband (DTV, Zahlen und Statistiken),
- die Gesellschaft für Konsumforschung (GfK Travel Scope),
- Tourism Watch (Nachhaltiger Tourismus) und
- der Verband Internet Reisevertrieb e. V. (Daten und Fakten).

Nicht immer herrscht Einigkeit über die Definition von „Reise" oder „Tourismus". Der Begriff „Tourismus" beinhaltet z. B. nach einer Definition der UNWTO (World Tourism Organization) sowohl private Reisen und Geschäftsreisen als auch Tagesreisen ohne Übernachtung. Dagegen beinhaltet eine Reise nach Ansicht vieler deutscher Institutionen (DRV, FUR) mindestens vier Übernachtungen (ansonsten handelt es sich um eine Kurzreise).

Wenn es um Kennzahlen des Tourismus geht, wird zwischen der **Urlaubs-** und der **Geschäftsreise** unterschieden. Anlass, Ziel, Durchführung und Finanzierung von Geschäftsreisen unterscheiden sich deutlich von Urlaubsreisen und werden daher getrennt untersucht.

Der Begriff des Tourismus beinhaltet keinen Einwanderungs- oder Umsiedlerverkehr, militärische Truppenbewegungen oder langfristige Arbeitsaufenthalte.

Reise- oder Urlaubsintensität

Die Reiseintensität gibt Aufschluss über das Reiseverhalten der gesamten deutschen Bevölkerung. Der Begriff „Intensität" weist hierbei nicht auf Dauer oder Häufigkeit von Reisen hin, was häufig vermutet wird.

> **!** **Reiseintensität = prozentualer Anteil der deutschen Bevölkerung (ab 14 Jahren), der mindestens eine Urlaubsreise unternommen hat, die länger als vier Tage dauerte. Dabei spielt es keine Rolle, ob die Reise zwei oder fünf Wochen gedauert hat oder wie viele Reisen zusätzlich unternommen worden sind.**

Die Reiseintensität in Deutschland betrug 2019 etwa 78,2 %.

Reisehäufigkeit und Reisedauer

Diese Kennzahlen beziehen sich nur auf den Anteil der Bevölkerung, der überhaupt eine Reise von mindestens fünf Tagen Dauer unternommen hat.

> **!** **Reisehäufigkeit = durchschnittliche Anzahl von Reisen je Reisendem innerhalb eines Jahres (Anzahl Urlaubsreisen/Anzahl Urlaubsreisender)**

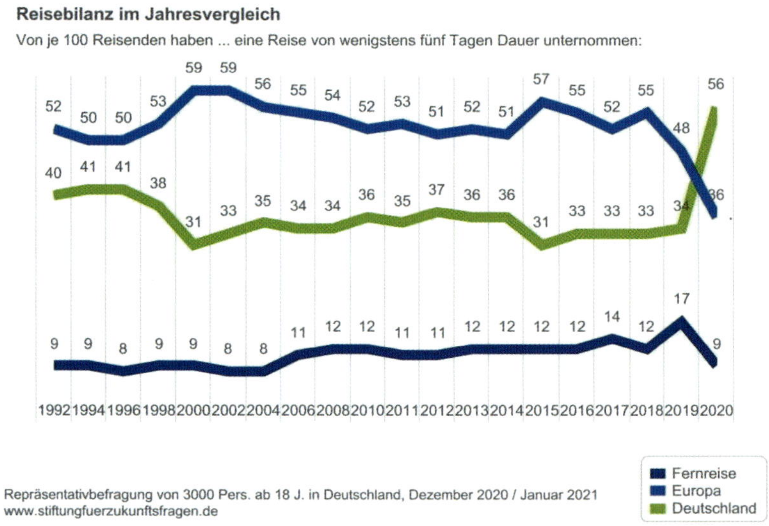

Die Reisehäufigkeit in Deutschland betrug im Jahr 2019 etwa 1,3.

> **!** **Reisedauer = durchschnittliche Länge einer Urlaubsreise (Summe der Urlaubsreisen in Tagen/Anzahl Urlaubsreisen). Bei der Berechnung der Reisedauer ist darauf zu achten, ob lediglich die Haupturlaubsreise oder auch die Zweit- und Drittreisen berücksichtigt werden!**

Die durchschnittliche Reisedauer lag 2019 bei ca. 12,3 Tagen. Der Trend geht eher hin zu mehreren kürzeren Reisen.

Sonstige Kennzahlen

Interessante Erkenntnisse besonders für Reiseveranstalter und Verkehrsträger (Fluggesellschaften, Busunternehmen usw.) bringen die jährlichen Statistiken über die genutzten **Reiseverkehrsmittel** sowie die beliebtesten **Reiseziele.**

Das Verkehrsmittel Nummer eins der Deutschen war 2019 das Auto (ca. 43 %), allerdings nimmt der prozentuale Anteil der Urlauber, die mit dem Auto verreisen, allmählich ab, während immer mehr Menschen in die Ferien fliegen (im Jahr 2019 ca. 42 %). Dies liegt hauptsächlich an den sinkenden Flugpreisen und dem auch dadurch bedingten Zuwachs außereuropäischer Reiseziele. Der Anteil der Bus- und Bahnreisenden stagniert seit einigen Jahren etwa bei jeweils etwa 6 %.

Umfragen über die **Reiseorganisation** sollen Hinweise darüber geben, welcher Anteil der Reisenden die Dienstleistungen eines Reisebüros in Anspruch genommen oder die Angebote von Reiseveranstaltern genutzt hat.

1.2 Leistungsanbieter in der touristischen Dienstleistungskette

Von der Planung einer Urlaubsreise bis zu ihrer Nachbereitung werden verschiedene Dienstleistungen in Anspruch genommen, wie die nachfolgende Übersicht zeigt:

Phase	Anbieter der benötigten Dienstleistung
Reisevorbereitung/-information	Reisebuchverlage, Medien, Messegesellschaften, Onlinereiseführer, Reiseportale, Zielgebiete mit ihren Homepages
Reisevermittlung	Örtliche Reisebüros, Onlinereisebüros, einzelne Leistungsträger, sonstige Reisevermittler
Reisevorbereitung und -organisation	Reiseveranstalter oder Selbstorganisation (durch aktuelle Medien)
Anreise	Transportunternehmen (Fluggesellschaft, Busunternehmen, Bahn, Reederei)
Reiseorganisation im Zielland	Incoming Agenturen
Reiseinformation im Zielland	Reiseveranstalter oder Incoming Agentur, Tourist Boards, Informationsbüros, andere Reisende
Inlandstransport	Transportunternehmen (Fluggesellschaft, Busunternehmen, Mietwagenunternehmen, Taxiunternehmen, ...)
Unterkunft	Beherbergungsbetriebe
Verpflegung	Hotellerie, Restaurants, Lebensmittelgeschäfte
Touristische Aktivitäten	Reiseveranstalter (Reiseleiter, Animateure), Vergnügungsparks, Geräteverleiher, Sportlehrer, Führer
Nebenaktivitäten	Betreiber von Bars, Souvenir- und Fotobedarfsläden usw.
Rückreise	Transportunternehmen
Reisenachbereitung	Reiseveranstalter, Reisebüros, Bewertungsportale

Die Liste könnte noch weiter verfeinert werden, denn schließlich profitieren z. B. auch die Kosmetik- oder Bekleidungsindustrie in gewissem Sinne vom Tourismus. Viele Anbieter sind lediglich tourismusnah tätig. Daher ist es auch schwierig, die Tourismusbranche gegen andere Branchen abzugrenzen.

Die touristische Wertschöpfungskette besteht also aus drei Stufen: Leistungsträger und Destinationen (1), deren Produkte bzw. Dienstleistungen durch verschiedene, weltweit miteinander vernetzte Vertriebssysteme (Global Distribution Systems, GDS) sowie Reiseveranstalter (2) einzeln oder gebündelt weitergegeben werden an die Reisemittler (3; Reisebüros, Onlineplattformen, sonstige Anbieter).

! **Betriebe, deren primärer Zweck in der Durchführung, Veranstaltung und/oder Vermittlung von Reisen besteht, können grob in drei Gruppen unterteilt werden:**
- **Die Leistungsträger, die die Grundleistungen der Reise erbringen (z. B. Beherbergungs- und Transportbetriebe, Mietwagenunternehmen),**
- **Unternehmen, die Bereitstellungs- und Vermittlungsaufgaben übernehmen (Reiseveranstalter und Reisevermittler) und**
- **Destinationen mit ihren Einrichtungen (z. B. Fremdenverkehrsvereine, Tourist-Informationen).**

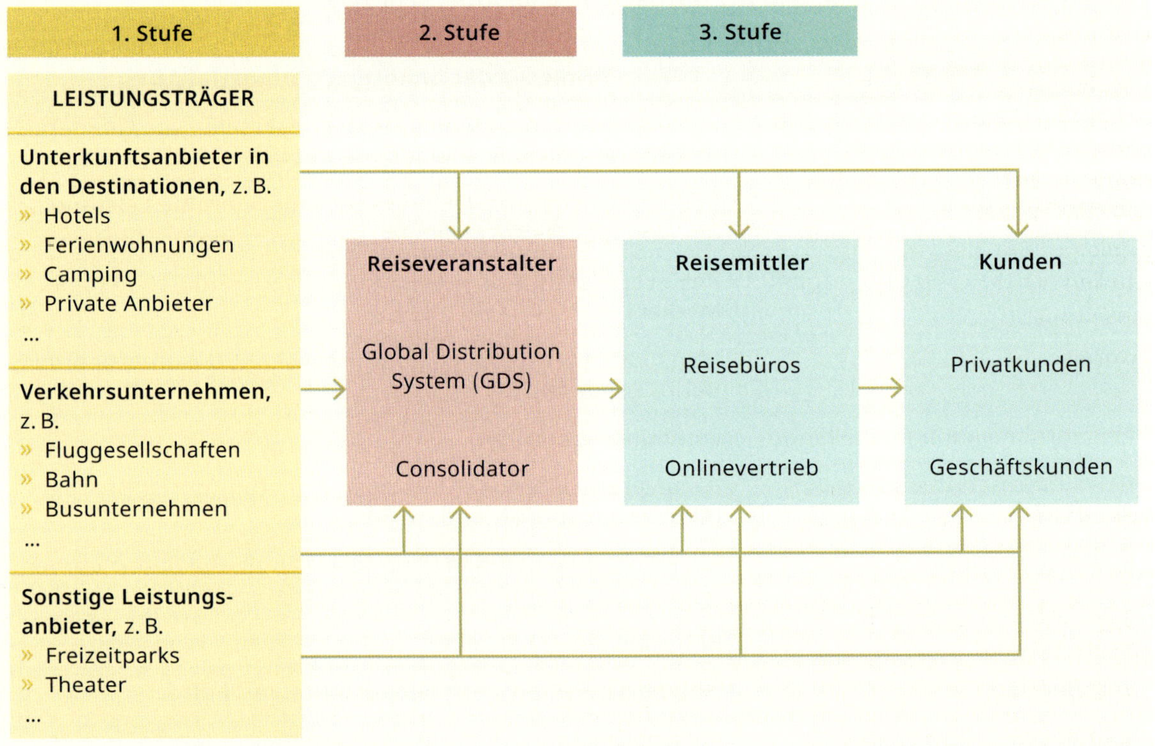

Insbesondere die im Tourismus tätigen Leistungsträger werden ausführlich in LF 8 vorgestellt.

1.3 Wirtschaftliche Bedeutung des Tourismus

Die Tourismusbranche ist einer der beständigsten und dennoch dynamischsten Wirtschaftsbereiche. Die Destinationen sowie die tourismusnahen Branchen profitieren dabei vom Incoming- und Domestic-Tourismus. In vielen Ländern ist der Tourismus zur Hauptquelle für Devisen (ausländische Währungen) geworden. Leistungsträger, Veranstalter und Vermittler dagegen leben vom Outgoing-Tourismus.

Incoming-Tourismus in Deutschland

Der Anteil der vom Tourismus abhängigen Arbeitsplätze an der Gesamtbeschäftigung in Deutschland liegt bei ungefähr 7 %; dies entspricht ca. 2,9 Mio. Arbeitsplätzen. Insbesondere für Regionen, die in größerer Distanz zu den Industrie- und Dienstleistungszentren liegen, kommt den Einnahmen aus der Tourismuswirtschaft eine große Bedeutung für die Sicherung von Arbeitsplätzen und die Erhaltung und Förderung der regionalen Wirtschaftskraft zu. Etwa 80 % der Reisenden in Deutschland kommen aus dem Inland (Domestic-Tourismus). Außerdem stammen viele Gäste aus den europäischen Nachbarländern sowie den USA. Ein Drittel der deutschen Gemeinden sind in Tourismusverbänden organisiert, über 300 davon sind als Heilbäder oder Kurorte anerkannt.

Deutschland ist weltweit einer der wichtigsten Standorte für internationale Messen und Kongresse. Berlin rangiert auf Platz 4 der Messestandorte mit den meisten internationalen Messen (2016, hinter Paris, Wien und Barcelona).

Outgoing-Tourismus

Die Deutschen gelten als Reiseweltmeister. Schließlich gaben sie 2019 rund 4,6 % ihrer Konsumausgaben für Reisen aus und sind weltweit die größten Devisenbringer im internationalen Reiseverkehr. Von den ca. 70 Mio. Urlaubsreisen, die die Deutschen im Jahr 2019 unternahmen, waren mehr als 40 % Pauschal-/Bausteinreisen, die mithilfe von Reiseveranstaltern/Reisebüros organisiert werden. Die Mehrzahl der Pauschalreisen buchten die Deutschen 2019 weiterhin im Reisebüro, schließlich gibt es hierzulande eine der dichtesten Reisebüro-Abdeckungen weltweit. Vermittelt wurden u. a. Reisen von über 2 300 Reiseveranstaltern. Neben den Verkehrsunternehmen stellen diese touristischen Dienstleister also einen bedeutenden Anteil der Arbeitsplätze im Tourismus.

Aktuelle Informationen erhalten Sie in der jährlich erscheinenden Broschüre „Fakten und Zahlen zum deutschen Reisemarkt“ vom DRV.

1.4 Rahmenbedingungen für die Tourismusentwicklung

Das Wachstum des Tourismus in den Industrieländern wurde durch verschiedene Faktoren, häufig Boomfaktoren oder Megatrends genannt, wesentlich beschleunigt. Andere Faktoren wirken eher bremsend.

Wesentliche Einflussfaktoren sind:
- » Einkommen/Wohlstand
- » Verfügbare Freizeit/Urlaub
- » Transportwesen/Mobilität
- » Kommunikationswesen
- » Bevölkerungswachstum/-stuktur
- » Globalisierung/offene Grenzen
- » Sicherheit/Gesundheit

1.4.1 Einkommen und Freizeit

Das sog. **verfügbare Einkommen,** also das Einkommen, das den Menschen nach Abzug von Steuern und Abgaben zur Verfügung steht, ist seit der Nachkriegszeit stetig gestiegen. Der Stundenlohn hat sich von 1,29 DM (= 0,66 €) im Jahr 1950 auf etwa 19,38 € in 2020 verdreißigfacht. Natürlich sind auch die Preise gestiegen. Wenn man diese Preissteigerung berücksichtigt, also den sog. Reallohn betrachtet, so hat sich dieser im genannten Zeitraum immer noch verfünffacht.

Aus diesem Grund können die Menschen heute ihre Grundbedürfnisse leichter decken. Es bleibt ihnen sehr viel mehr Geld für den gehobenen Bedarf übrig, also für Luxusgüter oder Freizeitunternehmungen, wie z. B. Reisen.

Ob sie dieses zusätzliche Einkommen für Reisen verwenden, hängt von ihrer Freizeit ab. Urlaub war zu Beginn des 20. Jahrhunderts für Arbeiter noch ein Fremdwort. Ihr Tag bestand durchschnittlich aus 10,5 Arbeitsstunden. Nach dem Zweiten Weltkrieg stieg der Einfluss der Gewerkschaften an, die Zahl der **Urlaubstage** stieg von 12 Tagen im Jahr 1950 auf durchschnittlich 29 Tage im Jahr 2018, die Zahl der Arbeitsstunden pro Woche sank im gleichen Zeitraum von 48 auf 40 Stunden.

1.4.2 Mobilität und Verkehrsmittel

Mobilität kann zum einen technisch, zum anderen gesellschaftlich verstanden werden. Die **technische Mobilität** bezieht sich auf die Verkürzung der Reisezeiten durch schnellere und bequemere Transportmittel und die Verringerung der Transferzeiten als logistische Herausforderung. Die **gesellschaftliche Mobilität** findet in den Köpfen der Menschen statt. Man hat weniger Angst vor der Fremde, dem Fremden. Die Auslandsreise ist kein unkalkulierbares Abenteuer, wenn die Großeltern bereits ihren Lebensabend auf Mallorca verbringen oder Freunde begeistert von ihren Fernreisen nach Indonesien oder Mexiko erzählen. Die Medien informieren laufend und werben für Reisen in die entferntesten Winkel der Erde. Englisch als Universalsprache hilft, Sprachbarrieren zu überwinden, und erleichtert die Kommunikation. Und wenn man unbedingt will, kann man sich in der Fremde bei Rippchen, Kraut und Bier, umgeben von deutschen Mitstreitern, und Tages- und Sportschau wie zu Hause fühlen.

Die Möglichkeit, überhaupt ohne größeren Aufwand an einen anderen Ort zu reisen, war noch vor wenigen Jahrzehnten nicht gegeben. Durch den Ausbau des Straßen- und Schienennetzes, die Ausweitung der privaten Motorisierung in den 1960er-Jahren und schließlich die Entwicklung auf dem Flugsektor ist die technische Mobilität der Menschen in den Industrieländern rasant gestiegen.

Der eigene **Pkw** ist nach wie vor das Reiseverkehrsmittel Nummer Eins der Deutschen. Der eigentliche Massentourismus entstand jedoch erst durch das Aufkommen von Charterreisen mit **Großraumflugzeugen,** wodurch sich die Reisezeit erheblich verkürzt hat.

Trotz schneller ICE-Verbindungen und neuer Hochgeschwindigkeitszüge stagniert die Bedeutung des ältesten Transportmittels für Urlauber, der **Bahn,** bereits seit Jahren.

Inwieweit sich eine Weiterentwicklung der Verkehrsmittel noch positiv auf die Mobilität der Menschen auswirken wird und welche Entwicklungen auf uns zukommen, bleibt abzuwarten. Fest steht jedoch, dass die Kapazitäten von Straße und Luftraum bald ausgelastet sein werden und daher neue Lösungen und Verkehrskonzepte entwickelt werden müssen.

1.4.3 Informationstechnologie im Tourismus

Die Entwicklung der modernen Kommunikationstechnologien hat wesentlich zum Wachstum des Tourismus beigetragen. Moderne, leistungsstarke und vernetzte Hardware ermöglichen die Reservierung von Beförderungs- und Unterkunftskapazitäten im In- und Ausland von nahezu jedem Punkt der Erde aus. Reise- und Länderberichte in Zeitungen, Funk und Fernsehen und im Internet zeigen fremde Kulturen und exotische Landschaften und fördern oftmals den Wunsch, diese hautnah zu erleben. Dadurch wächst die Nachfrage nach Auslandsreisen. Gleichzeitig erleichtern moderne Kommunikationstechnologien der Tourismusindustrie die Planung und machen Buchungsabwicklungen effektiver und damit kostengünstiger. Große Datenmengen können schneller verarbeitet werden, sodass es immer leichter wird, viele Menschen auf einmal auf die Reise zu schicken, und das sehr kurzfristig. Sogenannte Computer-Reservierungs-Systeme (CRS) und Global Distribution Systems (GDS) wie AMADEUS, SABRE und GALILEO (Travelport) ermöglichen dies.

In der Tourismusbranche werden Informationstechnologie-Systeme in allen Bereichen der Wertschöpfungskette eingesetzt. Man unterscheidet üblicherweise die Bereiche Leistungsträger-, Reiseveranstalter-, Reisemittler- und die in der ganzen Wertschöpfungskette eingesetzten Managementsysteme. Im direkten Kontakt zum Kunden stehen die Endkundensysteme zur Verfügung. Diese Informationsmanagementsysteme stellen weitestgehend alle Geschäftsprozesse im Unternehmen, den Geschäftspartner und Kunden dar, sind untereinander stark vernetzt und aufeinander abgestimmt.

» **IT der Leistungsträger:** Anbieter im öffentlichen Personenverkehr (z. B. Lufthansa und Deutsche Bahn) verwenden sog. **Netzmanagementsysteme,** um auf der Basis von aktuellen Nachfragemodellen und Wettbewerbsmodellen ihre Ressourcen wie Flug- und Fahrzeuge gewinnbringend einzusetzen. **Operative Systeme** werden bei der Durchführung der Dienstleistung eingesetzt, d. h., die Hauptaufgaben sind die Überwachung und Kontrolle des durchgeführten Fluges bzw. der Zugfahrt. Hierunter fallen auch alle Prozesse der Einsatzplanung des begleitenden Personals. **Administrative Systeme** dienen der Analyse von Daten (z. B. Darstellung von Ticketverkäufen und Anfragen), der Abrechnung von erbrachten und eingekauften Leistungen, sowie dem Vertrieb der Leistungen von der Auskunft zu einer bestimmten Verbindung bis zur Zahlung der Leistung durch den Kunden. Durch den Einsatz von Internet Booking Engines (IBE) sind Endkunden zunehmend direkt an den Leistungsträger bzw. deren CRS angeschlossen.
» **IT der Reiseveranstalter:** Ein Reiseveranstalter kauft mit seinen **Systemen für die Einkaufs- und Kontingentverwaltung** Angebote der Leistungsträger auf Basis seiner Saisonplanungsdaten ein. In den **Produktionssystemen** werden diese eingekauften Leistungen vorab (Pre-Packaging) zu festgelegten Pauschal-/Rund- oder Bausteinreisen gebündelt und der entsprechende Preis kalkuliert. Beim Dynamic Pre-Packaging werden die bereits eingekauften Leistungen kurzfristig zu Reisepaketen gebündelt und Last Minute über die verschiedenen Vertriebskanäle angeboten. Noch aufwendiger ist das **Dynamic Packaging**. Hier werden Pauschalreisen nicht vorproduziert, sondern erst auf der Basis einer Kundenanfrage individuell zusammengestellt. Der Einkauf der Leistungen vom Leistungsträger erfolgt parallel zur Buchung des Kunden.
» **IT im Reisebüro:** Im Reisebüro unterscheidet man zwischen Front-, Mid- und Back-Office Systemen. Im direkten Kundenkontakt unterstützen die IT-Systeme im **Front-Office** den Expedienten z. B. bei der Bedarfsanalyse, der Angebotspräsentation und der ausführlichen Information des Kunden. Dem **Mid-Office,** der Schnittstelle zwischen Front- und Back-Office, werden alle Aufgaben zugerechnet, die zwar einen direkten Kundenbezug haben, aber nicht im unmittelbaren Kundenkontakt ausgeführt werden. IT-Systeme unterstützen z. B. bei der Abwicklung des Zahlungsverkehrs, der Auswertung automatisch erfasster Kundendaten zu Marketingzwecken. Dem **Back-Office** werden alle Tätigkeiten zugerechnet, die keinen direkten Kundenbezug haben, also nicht am Counter ausgeführt werden. Hier stehen im Reisebüro IT-Systeme zur Verfügung, die Verwaltungsaufgaben wie z. B. die Buchhaltung erleichtern sollen. Bisher gibt es keine für alle Vorgänge übergreifende Komplettlösung, da abhängig vom Sortiment des Reisebüros, seiner erworbenen Lizenzen (IATA, DB) und seiner Kundengruppen unterschiedliche Anforderungen an das IT-System gestellt werden.

- **Marketingsysteme:** Sie werden über die ganzen Wertschöpfungskette von touristischen Anbietern eingesetzt. Yield-Management-Systeme, ursprünglich von Luftverkehrsunternehmen entwickelt, steuern automatisch in Abhängigkeit vom Kundenverhalten den Preis für eine angebotene Leistung so, dass der maximale Ertrag bzw. Gewinn für das Unternehmen erwirtschaftet werden kann. **Vertriebskanalsysteme** verteilen die touristischen Leistungen von der Herstellung bis zum Kunden und bestimmen, über welchen Vertriebskanal die Leistung dem Kunden angeboten wird. Beispielsweise kann eine Leistung über das Reisebüro offline an den Kunden vermittelt werden oder über einen Onlinevertriebsweg (E-Commerce-Portale) zu ihm gelangen. Da meistens beide Vertriebswege gleichzeitig eingesetzt werden (Multi Channel), ist eine ergebnisoptimale Steuerung durch IT-Systeme unverzichtbar. **CRM-Systeme** (Customer-Relationship-Management) werden eingesetzt, um den Kunden stärker an das Unternehmen zu binden. Darunter fallen u. a. Kundenbindungsprogramme, wie z. B. die BahnCard der DB AG, aber auch Systeme, die das Beschwerdemanagement der Unternehmen unterstützen.
- **Global Distribution Systems (GDS):** Weltweit vermitteln Leistungsträger und Reiseveranstalter ihre Leistungen über ein sog. globales Vertriebssystem. Der in Deutschland führende Anbieter Amadeus Germany GmbH vertreibt über die verschiedenen Vertriebskanäle wie Reisebüro, Callcenter und Internet die Leistungen von Fluggesellschaften, Hotels, Mietwagen-Firmen, Reiseveranstaltern, europäischen Bahnen, Fähranbietern, Versicherungs- sowie Kreuzfahrtanbietern. Außerdem bietet Amadeus Germany umfangreiche Mid- und Back-Office-Lösungen für die Reisebranche an.

Touristik-Reisebüros	Geschäftsreisebüros	Corporates	Onlinereisebüro
» Amadeus Selling Plattform » Bistro Portal » Amadeus all Fares » Booking Engines Touristik & Amadeus Internet Engine » Travel Expert Community » Help Desk	» Alle Reisemittlerlösungen, zusätzlich: » „Full Content“ » Amadeus Ticketless » Hotel Plus » Robotic-Lösungen » Policy Arranger » Schnittstellen	» Amadeus Selling Plattform » Amadeus E-Travel Management » SAP Travel Management » Mobile Devices » Coporates Rates » Service & Consulting	» Booking Engines Touristik » Amadeus Internet Engine » Vergleichs- und Beratungssysteme

Beispiele für Amadeus Lösungen

Fluggesellschaften	Bahnen	Hotels	Reiseveranstalter
» Full Altea Suite – Inventory – Reservation – Departure Control » Amadeus Ticketless Access » Ticket Changer » Low Cost Carrier Lösungen	» Kernfunktionen – Fahrplanauskunft – Reservierung – Ticketing » Amadeus Rail Plus » Amadeus Fly by Rail » Amadeus Airport Express	» Amadeus Property Management System » Amadeus Revenue Management System » Amadeus Distribution » Amadeus Hotel Plattform	» Amadeus Selling Plattform » Bistro Portal » Toma

Quelle: Vgl. Schulz, Axel; Weithöner, Uwe; Goecke, Robert: Informationsmanagement im Tourismus, 1. Auflage, München: Oldenbourg 2010, S. 264 ff.

1.4.5 Bevölkerungsentwicklung

Weltweit stellt das Bevölkerungswachstum ein großes Problem dar, da die natürlichen Ressourcen schon heute und erst recht in Zukunft erschöpft sein werden. Von diesem Problem sind direkt zunächst eher die Entwicklungsländer betroffen.

In den Industrieländern liegt eine andere Problematik vor: Das zahlenmäßige Verhältnis von älteren zu jungen Menschen ist aufgrund der niedrigen Geburtenrate und der hohen Lebenserwartung ungünstig. Dies ist problematisch im Hinblick auf die finanzielle, soziale und medizinische Versorgung der älteren Menschen durch die jüngeren Erwerbstätigen.

Altersstruktur in Deutschland				
Jahr	**0–20 Jahre Anteil in %**	**20–65 Jahre Anteil in %**	**Über 65 Jahre Anteil in %**	**Bevölkerung insgesamt**
2020	18,5	59,6	21,9	83,4 Mio.
2030	19,5	55,1	25,4	84,4 Mio.
2040	19,7	53,7	26,7	84,6 Mio.
2050	19,8	54,0	26,2	84,4 Mio.
2060	20,5	53,2	26,3	84,5 Mio.

Quelle: Vgl. Statistisches Bundesamt 2019

Diese Entwicklung der Altersstruktur wirkt sich natürlich auch auf die Struktur der Reisenden aus und verändert das touristische Angebot. Sie hat in jüngerer Vergangenheit sicherlich nicht zuletzt zur steigenden Nachfrage nach Wellness-Reisen und Kreuzfahrten geführt.
Auch die Haushaltsstruktur spielt eine Rolle für die touristische Aktivität der Bevölkerung. Seit der Nachkriegszeit kann eine drastische Veränderung der Haushaltsgrößen festgestellt werden. So ging die Zahl der Haushalte mit vier und mehr Personen von 1950 bis 2019 von ca. 32 % auf ca. 13 % zurück. Im gleichen Zeitraum nahmen die der Einpersonenhaushalte von 19 % auf 42 % zu (Statistisches Bundesamt, 2020). Die Zahl der in einem Haushalt lebenden Personen steht in einem negativen Verhältnis zur Reiseintensität: je weniger Personen demnach in einem Haushalt leben, umso größer sind tendenziell die Reiseintensität sowie die Reisehäufigkeit und -ausgaben.

1.4.6 Offene Grenzen und internationale Zusammenarbeit

Die Welt wächst zusammen. Nicht nur durch schnellere Verkehrs- und Kommunikationsmittel, sondern vor allem durch den Abbau von Hindernissen und den Aufbau von Verbindungen können wir heute ohne Schwierigkeiten in fast jedes Land reisen. Da der Tourismus ein wichtiger Wirtschaftsfaktor ist, also z. B. viele Arbeitsplätze durch ihn entstehen, wird besonders in Europa, aber auch weltweit eine **Tourismuspolitik** verfolgt, die sein langfristiges Wachstum sicherstellen soll. Teile dieser Politik sind z. B. der Aufbau einer grenzüberschreitenden Verkehrsinfrastruktur und der Abbau von Zoll-, Pass- und Devisenvorschriften.

Pass und Personalausweis gelten als Ausweispapiere. Während die Ausstellung des Personalausweises in Deutschland für jede meldepflichtige Person ab dem vollendeten 16. Lebensjahr als Legitimationspapier gesetzlich vorgeschrieben ist, wird der Reisepass nur auf Antrag ausgestellt. Grundsätzlich gilt der Pass als Nachweis der Staatsangehörigkeit, sodass allein dieses Dokument international anerkannt wird. Das stimmt zwar heute so nicht mehr. Immer mehr ausländische Staaten akzeptieren den deutschen Personalausweis als Legitimation bei der Einreise. Aber nur im Reisepass können Ein- und Ausreise im Zielland durch die entsprechenden Stempel beglaubigt werden und nur dort werden Transit- oder Einreisevisum eingetragen. Aufgrund der

Ereignisse vom 11. September 2001 stellen die USA allerdings hohe Anforderungen an die Qualität des Reisepasses, wenn man visafrei einreisen will. So verlangen sie gegenwärtig den sog. e-passport, mit biometrischen Daten in Chipform.

Bürokratische Hemmnisse, die bewusst den Reiseverkehr erschweren und dem jeweiligen Staat eine Kontrolle über die Ein- und Ausreise von Ausländern ermöglichen, gehören glücklicherweise in vielen Ländern der Erde der Vergangenheit an. Vor allen Dingen ist es der Integrationspolitik der Europäischen Union zu verdanken, dass Grenzkontrollen in den Staaten, die das **Schengener Abkommen** von 1995 ratifiziert haben, nicht mehr existieren. Norwegen und Island als Nicht-EU-Mitglieder traten dem Abkommen 1996 bei und die Schweiz hat 2005 in einer Volksabstimmung den Beitritt ebenfalls beschlossen.

Seit 1993 verwirklicht die **Europäische Union** den freien Verkehr von Waren, Dienstleistungen, Kapital und Arbeit. Im sog. Europäischen Binnenmarkt sind prinzipiell alle Handelshemmnisse beseitigt. Damit entfallen die Warenkontrollen an den Grenzen und das Kabotagerecht[1] im Transportgewerbe. Mehr Wettbewerb und somit günstigere Preise und Bedingungen für Reisende

Karten der Schengen-Staaten

1 Vorrecht (Monopol) der nationalen Verkehrsträger für gewerbliche Fahrten innerhalb des eigenen Landes

sind die Folge. Nicht zuletzt erleichtert der Binnenmarkt die Einfuhr von Mitbringseln aus dem Urlaubsort – ein positiver Effekt für die Destinationen.

Mit der Einführung des Euro in den meisten Ländern der Europäischen Union und der Entwicklung eines einheitlichen europäischen Zahlungsraums (SEPA = Single Euro Payments Area) gilt für alle Unternehmen und Bürger der Teilnehmerstaaten eine höhere Sicherheit beim Ausgleich ihrer Rechnungen. Währungsschwankungen sind gerade für die Veranstalter, die langfristig kalkulieren müssen, ein kaum zu kalkulierendes Risiko. Etwa 40 % aller Auslandsreisen ab Deutschland führen in Länder der Eurozone und damit entfällt seit 2002 für Veranstalter und Urlauber das lästige und oft kostspielige Umrechnen und Umtauschen in fremde Währungen.

1.4.7 Sicherheit und Gesundheit

Insbesondere seit den Terroranschlägen des 11. September 2001 ist das Thema Sicherheit von großer Bedeutung für den Tourismus. Politische Unruhen und Terrorgefahren, oft durch die Darstellung in den Medien verstärkt wahrgenommen, verringern die Touristenbesuche nicht selten in erheblichem Maße (wie z. B. in den vom „Arabischen Frühling" betroffenen Ländern Ägypten und Tunesien oder der Türkei, wo immer wieder politische Geschehnisse zum Einbruch des Tourismus geführt haben). Auch auf erhöhte Kriminalität in den Destinationen reagieren Touristen sensibel, z. B. schreckt die Bandenkriminalität in Mittelamerika oder manchen, auch europäischen Großstädten Urlauber ab.

Neben politischen und gesellschaftlichen Unruhen haben Natur- und Umweltkatastrophen einen starken Einfluss auf die touristische Aktivität. Der Vulkanausbruch des isländischen Eyjafjallajökull im Jahr 2010 hat den Luftverkehr tagelang lahmgelegt. Erdbeben bzw. Tsunamis führten zu Katastrophen in vielen Traumzielen am Indischen Ozean sowie an der Ostküste Japans, wo es zur Kernschmelze im Atomkraftwerk Fukushima kam.

Schließlich wurde in den Jahren 2020/2021 deutlich, dass ein Virus die weltweite Mobilität lahmlegen kann. Allein die deutschen Reiseanbieter hatten monatelang einen Umsatzrückgang von über 75 % hinzunehmen – aufgrund von Reisewarnungen und -verboten, der Einstellung vieler Flugverbindungen und natürlich der Angst der Reisenden selbst. Auch zuvor hatte es lokale Epidemien gegeben, wie die des Ebolavirus in Westafrika (2014–2016) oder die Verbreitung des Zika-Virus in Südamerika (2018).

Das nach der Corona-Pandemie gestiegene Sicherheitsbedürfnis vieler Urlauber bietet eine Chance für den Binnentourismus in Deutschland und Europa. Besonders bei Fernreisen muss das Vertrauen der Touristen in die Anbieter gestärkt werden. Das Konzept des nachhaltigen Tourismus – also eine Beachtung von ökologischen, wirtschaftlichen und sozialen Erfordernissen in den Zielländern statt deren Ausbeutung – kann dazu führen, dass dieses Vertrauen wieder aufgebaut wird.

1.5 Tourismus und Nachhaltigkeit

Nachhaltig orientierte Veranstalter in der Zwickmühle

Kundenwünsche, Nachhaltigkeitskriterien und die Verhältnisse im Reiseland sind für Reiseveranstalter oftmals schwer zu vereinen. Die Gründe dafür sind vielfältig:

» Soziale Gründe verbieten eigentlich eine Reise in bestimmte Gebiete, nach denen allerdings eine starke Nachfrage der Reisenden besteht.
» Die Anreise in viele Zielgebiete ist nur mit dem Flugzeug möglich.

- Durch die begrenzte Zeit, die der Besucher zur Verfügung hat, sind schnelle Transportmöglichkeiten (Auto, Flugzeug) notwendig.
- Der erste Blick der Kunden gilt häufig dem Preis einer Reise, ohne die Leistungen (besonders unter Nachhaltigkeitsaspekten) genau zu vergleichen.
- Die Erwartungen der Kunden an die gebotenen Leistungen und den Komfort sind nicht mit den Möglichkeiten des Landes in Einklang zu bringen.
- Die einheimische Reiseleitung genügt bezüglich des Bildungsniveaus und der Sprachkenntnisse nicht den Ansprüchen der Kunden.
- Durch die Anwesenheit der Touristen werden Ressourcen (Nahrungsmittel, Wasser, Bauland, Plätze in Transportmitteln) verbraucht, die von den Einheimischen dringend selbst benötigt werden.

Die steigende Nachfrage treibt die Preise in die Höhe und verstärkt damit die Armut. Diese Zwickmühlen sind bei vielen Reiseveranstaltern Alltag. Der Konflikt besteht in der Erfüllung der Kundenwünsche einerseits und der Schonung von Mensch und Natur als übergeordnetem Ziel andererseits. Er ist nur zu lösen durch eine Sensibilisierung der Reisenden für die Belange von Natur und Bevölkerung in ihrem bereisten Land.

Seit dem „Erdgipfel" von Rio de Janeiro 1992 ist der Begriff der Nachhaltigkeit zu einem Leitbegriff für das neue Jahrhundert geworden. Das englische „Sustainable Development", das in der UN-Deklaration von Rio verwendet wurde, macht deutlich, dass es um mehr als Umweltschutz im traditionellen Sinne geht. Durch Einbindung weiterer wichtiger Parameter soll vielmehr die dauerhafte Existenzfähigkeit der Menschen gesichert werden.

Nachhaltiger Tourismus

„Tourism that takes full account of its current and future economic, social and environmental impacts, addressing the needs of visitors, the industry, the environment and host communities."
Quelle: World Tourism Organization (UNWTO): Sustainable Development. In: www.unwto.org/sustainable-development [18.10.2021].

Zwischen Umwelt, Sozialem und Wirtschaftlichem bestehen vielschichtige Zusammenhänge und Abhängigkeiten. Zwischen ihnen gilt es, eine Balance zu finden.

Berliner Erklärung

Die Bundesregierung hatte 1997 mit der Berliner Erklärung eine internationale Initiative für ein globales Abkommen über umweltverträglichen Tourismus gestartet. Kernaussagen daraus sind u. a.:

- Nachhaltiger Tourismus stellt eine sinnvolle Nutzung der biologischen Vielfalt dar und kann zur Erhaltung der biologischen Vielfalt beitragen.
- Die Tourismusentwicklung bedarf der Steuerung und eines sorgfältigen Managements, um sicherzustellen, dass sie in nachhaltigen Bahnen verläuft; geeignete Steuerungsinstrumente werden benannt.
- Dem Tourismus muss in ökologisch und kulturell sensiblen Gebieten besondere Aufmerksamkeit gewidmet werden. Massentourismus sollte in diesen Gebieten vermieden werden.
- Große Bedeutung wird der lokalen Ebene beigemessen, die nicht nur Verantwortung für eine nachhaltige Entwicklung des Tourismus trägt, sondern auch in besonderer Weise aus dem Tourismus Nutzen ziehen soll.

» Für eine nachhaltige Tourismusentwicklung sind alle Akteure verantwortlich, insbesondere auch der private Sektor; freiwillige Initiativen der Wirtschaft (Selbstverpflichtungen, Verhaltenskodizes, Gütesiegel) sind zu ermutigen.

Die Deutsche Tourismuswirtschaft unterstützt ausdrücklich die internationalen Aktivitäten der Bundesregierung in einer gemeinsamen Umwelterklärung. Die Tourismuswirtschaft unterstützt außerdem die Entwicklung international harmonisierter Regelungen für eine nachhaltige Tourismusentwicklung.

Seit 2015 definiert die UNO 17 Ziele für nachhaltige Entwicklung, die sog. SDG *(Sustainable Development Goals)*. Einige davon werden von touristischen Unternehmen in ihren Nachhaltigkeitsstrategien besonders berücksichtigt:

1.5.1 Umweltauswirkungen des Tourismus

Die Tourismusbranche zählt zu den beständigsten und gleichzeitig dynamischsten Wirtschaftsbereichen.

Wie in jeder anderen Branche auch werden im Tourismus nicht vermehrbare und nicht erneuerbare Ressourcen verbraucht und Umweltbelastungen verursacht. Gemäß einer Studie des WWF (World Wildlife Fund: Der touristische Klima-Fußabdruck) verursacht der Tourismus weltweit mindestens 5 % aller Treibhausgasemissionen, die für den Klimawandel verantwortlich sind. Dabei spielen natürlich Flugreisen eine große Rolle. Diese tragen neben dem Autoverkehr zudem erheblich zur Lärmbelastung in den Heimat- und Urlaubsländern bei.

Der Tourismus ist ein Beispiel für die engen Wechselwirkungen zwischen wirtschaftlicher Entwicklung und Umwelt. Vom Tourismus können negative wie positive Wirkungen auf die Umwelt ausgehen. Insbesondere werden die folgenden Umweltbelastungen vom Tourismus verursacht:

» Flächeninanspruchnahme durch die touristische Infrastruktur (Hotels, Freizeitanlagen, Zubringerstraßen);
» Emissionen von Schadstoffen (z. B. Kfz-Abgase), Treibhausgasen (Kohlendioxid CO_2) und Lärm durch den Transport und den Verkehr in den Zielgebieten;

» daraus resultierende Klimaverschiebungen, die die Wetterverhältnisse und damit die Nutzbarkeit von touristischen Regionen (z. B. in Wintersportgebieten) beeinträchtigen;
» Ressourcenverbrauch (Energie, Wasser) und vermehrte Abfälle durch Beherbergung, Verpflegung und Transport;
» Störung und Gefährdung wild lebender Tiere und Pflanzen durch Souvenirhandel und Freizeitaktivitäten in den Zielgebieten.

Andererseits ist der Tourismus selbst wesentlich von einer intakten Umwelt und Natur abhängig, denn Urlaub und Erholung verlangen nach einer gesunden Umwelt. Die touristische Qualität eines Feriengebietes wird maßgeblich von sauberem Wasser, reiner Luft und einer intakten Landschaft bestimmt. Einheimische Bevölkerungsgruppen sind somit eher bereit, die Natur zu schützen, wenn sie erkennen, dass eine intakte Natur dazu beiträgt, dass Touristen ins Land kommen und ihre wirtschaftliche Situation verbessern.

Vom Tourismus können darüber hinaus durch „Inwertsetzung" von Natur und Landschaft auch positive Wirkungen auf die Umwelt ausgehen. So kann der Tourismus dazu beitragen, traditionelle Kulturlandschaften und Wirtschaftsformen (z. B. Berglandwirtschaft) zu erhalten sowie historische Stätten oder Schutzgebiete zu finanzieren.

Beispiele für die Inwertsetzung der Natur durch den Tourismus:
- Die Anerkennung als Weltnaturerbe (z. B. das Wattenmeer);
- Ausweisung von Naturparks und Landschaftsschutzgebieten (z. B. in Südafrika);
- durch die UNESCO anerkannte Biosphärenreservate (z. B. Donaudelta).

Auf der internationalen Konferenz in Berlin vom 11. bis 13. Oktober 2000 *(Sustainable Tourism, Environment and Employment)* wurde in einer Empfehlung darauf hingewiesen, dass u. a. zur Umsetzung der Berliner Erklärung Tourismusfachkräfte im Bereich Umweltmanagement ausgebildet werden sollten mit der Zielsetzung, die Kenntnisse von Reiseveranstaltern in den folgenden Bereichen zu verbessern:
» Erhalt der natürlichen Ökosysteme (Küsten- und Meeresökosysteme, Berge, Wasserläufe und dazugehörige Feuchtgebiete, Feuchtgebiete auf dem Land, Wälder und Grasland);
» Erhalt von Landschaften sowie Erhalt des kulturellen und biologischen Erbes;
» begrenzte Nutzung von Mineral- und Energieressourcen;
» Management von Wasserressourcen;
» Kontrollmaßnahmen gegen Verschmutzung und Störung;
» Förderung der Lebensqualität;
» Berücksichtigung von Umweltgesichtspunkten bei sämtlichen betriebswirtschaftlichen Aktivitäten;
» Interesse an globalen Problemen.

! **Wegen der internationalen Dimension des Tourismus besteht nicht nur für die nationale Umwelt eine Verantwortung!**

1.5.2 Kulturelle Auswirkungen des Tourismus

Neben den Eingriffen in die Umwelt führt der Tourismus auch zu Problemen für die gastgebenden Gesellschaften.

222251176

So wird u. a. die **Lebensqualität der Einheimischen** spürbar eingeschränkt durch die häufig stark steigenden Preise, die nur von Touristen bezahlt werden können. Es kommt zur inneren Entfremdung derjenigen Einwohner, die am Tourismus mit ihren zahlreichen Wirtschafts-, Gewerbe- und Industriezweigen verdienen (wie Gastronomie-, Verkehrs- und Bauwirtschaft) und denen, die leer ausgehen.

Herrschte früher noch Gastfreundschaft, wird heute der Tourismus nicht selten als „Melkkuh" gesehen. Kennen Sie Beispiele?

Vielfach wird der Tourismus auch mit als Ursache für den **Verlust der eigenen kulturellen Identität** der Gastgeber genannt, da sie u. a. ihre Kulturgüter wie religiöse Feste, Rituale, Gegenstände nach dem Geschmack und den Wünschen der Touristen kommerzialisieren.

Ein asiatisches Sprichwort sagt:
„Tourismus ist wie ein Feuer – man kann seine Suppe damit kochen. Man kann auch sein Haus damit abbrennen."

Vieles, was der Reisende in seinem Urlaub schätzt, ist durch sein Reiseverhalten gefährdet. Vieles, vor dem er aus seinem Alltag fliehen will, holt ihn schon längst an den Urlaubsorten wieder ein.

Damit auch in Zukunft das Reisen noch lohnenswert ist, muss nicht nur die Natur als wichtigste Grundlage geschützt werden, sondern auch sozial verträglicher Tourismus stattfinden. Nur so wird sichergestellt, auch in Zukunft ferne Regionen kennenzulernen, fremde Kulturen zu erleben und Freundschaften mit Menschen aus anderen Ländern zu schließen.

! **Die These von Hans Magnus Enzensberger darf keine Gültigkeit haben: „Der Tourist zerstört, was er sucht, indem er es findet."**

Der Wohlstand in meist westlichen Industrienationen, billige Flüge und schnelle Erreichbarkeit von verschiedensten Destinationen der Erde ermöglichen seit der zweiten Hälfte des letzten Jahrhunderts verschiedene Arten von Tourismus mit allen ihren Auswirkungen auf (die Umwelt und) die sozialen Strukturen der Urlaubsländer. „Sextourismus" bzw. die sexuelle Ausbeutung von Kindern, ist eine Form davon.

Der internationale Verhaltenskodex

Die internationale Kinderrechtsorganisation ECPAT (End Child Prostitution, Child Pornography and Trafficking of Children for Sexual Purposes) hat bereits 1998 einen Verhaltenskodex entwickelt, der Maßnahmen gegen die sexuelle Ausbeutung von Kindern insbesondere im Zusammenhang mit internationalem Tourismus enthält. Er wird von UNICEF sowie von der Internationalen Tourismusorganisation UNWTO unterstützt. Deutschland, vertreten durch den DRV, unterzeichnete den Kodex 2001.

Quelle: Vgl. Deutsche Gesellschaft für Technische Zusammenarbeit (GTZ) GmbH:
Kommerzielle sexuelle Ausbeutung von Kindern und Jugendlichen im Tourismus. Stand 2008.

! Tourismus verändert die Infrastruktur und die sozialen und kulturellen Strukturen eines Reiselandes. Es muss daher im Interesse der touristisch tätigen Unternehmen liegen, Mechanismen zu entwickeln, die der Zerstörung der eigenen Wirtschaftsgrundlage Einhalt gebieten.

Situationsaufgabe

Situation:

Sie haben den Auftrag, das Reiseverhalten von jungen Leuten im letzten Jahr zu analysieren.

Aufgabe:

Führen Sie dazu eine Umfrage in Ihrer Klasse oder Schule durch. Halten Sie die Ergebnisse über Reiseintensität, Reisehäufigkeit, Reiseziele, genutzte Verkehrsmittel sowie Unterkünfte möglichst anschaulich fest. Diskutieren Sie anschließend, welche Maßnahmen und Verhaltensänderungen zu einer Verbesserung der Nachhaltigkeit des Reiseverhaltens beitragen würden.

Aufgaben

1_ Besorgen Sie sich die aktuelle Broschüre „Fakten und Zahlen zum deutschen Reisemarkt“ des DRV oder informieren Sie sich im Internet über die „Reiseanalyse“ der FUR und diskutieren Sie die Ihrer Meinung nach wichtigsten Entwicklungen.

2_ Ordnen Sie Ihre berufliche Tätigkeit in die Übersicht der touristischen Wertschöpfungskette ein (→ Kapitel 1.2).

3_ Die Abbildung „Karte der Schengen-Staaten“ nennt die Namen der Mitgliedstaaten, aber nicht deren Hauptstädte. Erstellen Sie die entsprechende Liste (beginnend im Norden).

4_ Betrachten Sie die einzelnen Rahmenbedingungen des Tourismus (→ Kapitel 1.4.1 bis 1.4.7) und entwickeln Sie in Kleingruppen ein Bild des Tourismus in 50 Jahren (wie wird gereist, wer reist, wohin reisen die Menschen usw.).

Sie können das Bild malen, eine Collage anfertigen oder Ihre Version aufschreiben. Stellen Sie anschließend Ihr Ergebnis der Klasse vor.

Web **Zusätzliche Aufgaben zu Kapitel 1 finden Sie im BPW unter Zusatzaufgaben zu LF 3, Kapitel 1.**

222251178

2 Reisemotive und Reisearten

Aus welchen Gründen unternehmen Urlauber ganz verschiedene Reisearten? Diese Frage ist von großer Bedeutung, nicht nur für die Programmplanung von Reiseveranstaltern, sondern auch für die zielgerichtete Beratung im Reisebüro. Um sie beantworten zu können, sind zunächst die Faktoren zu betrachten, die generell Einfluss auf die Nachfrage nach Urlaubsreisen haben. Hier spielen die wirtschaftliche und gesellschaftliche Situation im Herkunftsland eine bedeutsame Rolle. Ausschlaggebend sind neben diesen exogenen Einflüssen besonders die individuellen Wertvorstellungen der Reisenden (endogene Einflüsse). Innerhalb dieser drei großen Einflussgebiete wirken die persönlichen Bedürfnisse sowie die von Familienmitgliedern, Freunden oder Geschäftskollegen auf die Bildung bestimmter Reisemotive und damit auf die Nachfrage nach bestimmten Reisearten ein.

2.1 Reisemotive

Individuelle Bedürfnisse stellen ein Gefühl des Mangels dar, wobei der Wunsch besteht, diesen Mangel zu beseitigen. Je nach ihrer Wichtigkeit für den Menschen können sie in verschiedene Gruppen eingeteilt werden.

Vgl. dazu LF 4 Kapitel 3.1 Maslowsche Bedürfnispyramide.

Urlaubsreisen stellen demnach also kein Grundbedürfnis dar, obwohl sie in unserer Gesellschaft inzwischen Standard geworden sind und nicht mehr als Luxus angesehen werden. Dementsprechend werden in der touristischen Fachliteratur Erholungs- oder Kuraufenthalte teilweise den Grundbedürfnissen zugeordnet, während Erlebnisreisen den ganz oben angesiedelten Bedürfnissen entsprechen.

Umfragen, wie z. B. die jährlich durchgeführte Reiseanalyse, nehmen jedoch keinen Bezug auf die Maslowsche Bedürfnispyramide, sondern orientieren sich eher an praktisch erfahrbaren Reisemotiven, die aber durchaus in die Pyramide einzuordnen sind. Meist werden vier bis fünf Motivgruppen unterschieden:

- **Psychische Motivation:** Geistiger Ausgleich zum Alltag; abschalten, genießen, vom Alltag erholen,
- **Physische Motivation:** Körperlicher Ausgleich zum Alltag; sportlich aktiv sein, viel erleben oder auch ausruhen, faulenzen,
- **Interpersonelle Motivation:** Kommunikation; Leute kennenlernen, mit Freunden/Familie zusammensein,
- **Kulturelle Motivation:** Bildung, Kulturinteresse, Abwechslung; Neues kennenlernen, fremde Kulturen erleben, zu religiösen Stätten reisen und
- **Prestige-/Status-Motivation:** Anerkennung, Selbstverwirklichung; Neues lernen, Abenteuer erleben.

„Weg von-" und „Hin zu-Motive"

> „Wohin reitest du, Herr?" „Ich weiß es nicht", sagte ich, „nur weg von hier. Immerfort weg von hier, nur so kann ich mein Ziel erreichen." „Du kennst also dein Ziel?", fragte er. „Ja", antwortete ich, „ich sagte es doch: ‚Weg-von-hier', das ist mein Ziel." (Franz Kafka, Der Aufbruch)

Die **„Weg-von"-Motive** sind vor allem darauf ausgerichtet, einen Ausgleich zum Alltag zu bilden. Reisen, die diese Motive befriedigen, haben oftmals auch eine Ventilfunktion für den Ärger und die Entbehrungen des Alltags. „Ich bin urlaubsreif", heißt es dann und im Reisebüro wird gefragt nach einem kurzfristig buchbaren Angebot „irgendwo in den Süden, wo es schön warm ist und wo ich Sport treiben kann ...".

Offenbar gewinnen diese „Weg-von"-Motive immer mehr an Bedeutung und verdrängen die ursprüngliche Motivation des **„Hin-zu"-Reisens,** das weniger mit Alltagsfrustration und vielmehr mit der Lust am Forschen und dem Interesse an fremden Ländern und Menschen zu tun hat.

2.2 Urlaubertypologien

Die Kombination des Wissens über Reisemotive mit soziodemografischen Daten (Alter, Beruf, Wohnort, Familienstand usw.) ermöglicht eine Gruppierung der Reisenden in Urlaubertypen:

> **!** **Ein Urlaubertyp ist innerhalb einer Urlaubertypologie ein empirisch gewonnenes idealtypisches Konstrukt einer Anzahl von Urlaubern mit ähnlichen Reisemotiven, Urlaubsverhaltensweisen und Urlaubsformen.**

Häufig bedient sich die Gruppierung der Einteilung einer Gesellschaft in verschiedene Milieus, deren Angehörige sich in **Lebensauffassung und Lebensweise ähneln.** Diese Einteilung bezieht Faktoren wie Alltagseinstellung zu Arbeit, Familie, Freizeit, Geld und Konsum ebenso mit ein wie grundlegende Wertorientierungen.

Die jährlich durchgeführte Reiseanalyse der Forschungsgemeinschaft Urlaub und Reisen e. V. (FUR) bedient sich der Studien des Sinus-Instituts: Hier werden in der sog. Kartoffelgrafik verschiedene Milieus nach sozialer Lage und Grundorientierungen der Deutschen gebildet:

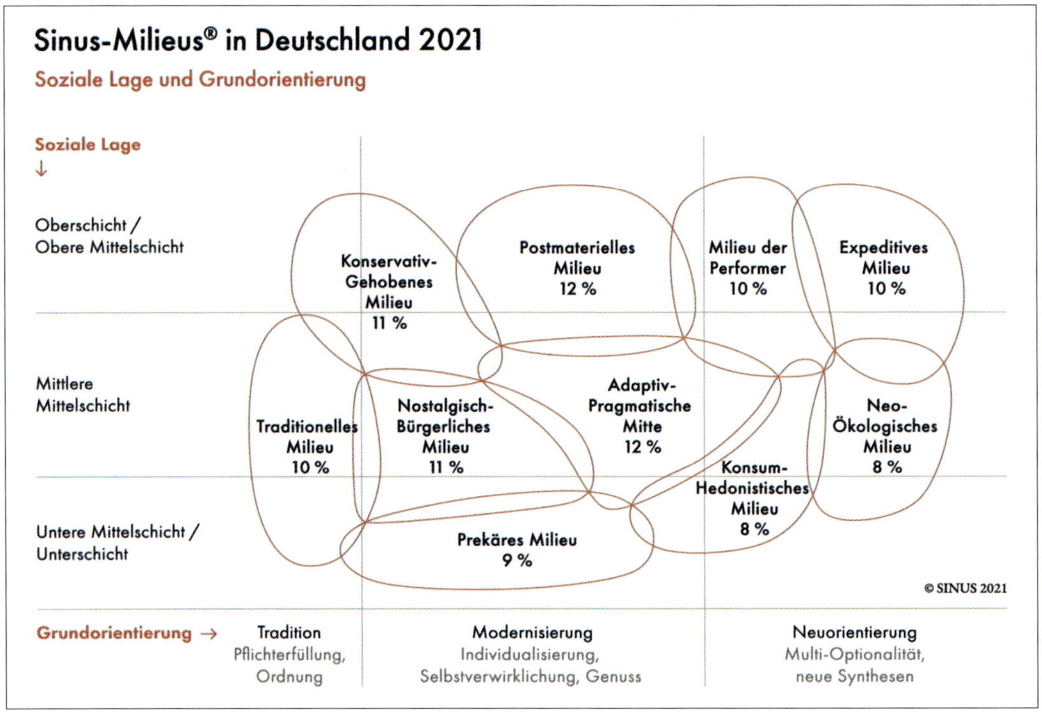

Die Amadeus-Studie „Future Traveller Tribes 2030" unterteilt die Reisenden nach ihren psychografischen Merkmalen in die folgenden Gruppen:

» Selbstdarsteller, die ihre Reisen hauptsächlich nach ihrer Onlinewirkung auswählen
» Kulturpuristen, die nach authentischen Erlebnissen suchen
» Reiseethiker, die dem Urlaubsland Gutes tun möchten
» Schnörkellose, die ihre begrenzte Urlaubszeit möglichst perfekt organisiert bekommen möchten
» Pflichtreisende, die z. B. aus beruflichen Gründen reisen und daher größten Wert auf Effizienz legen
» Reisehedonisten, die auf großen Urlaubsgenuss als Belohnung für den harten Arbeitsalltag fixiert sind

222251180

Obwohl derartige Typologisierungen recht oberflächlich erscheinen, ermöglichen sie doch Aussagen über die Vorlieben bei der Urlaubsplanung und können damit als erste Grundlage für einen Beratungsansatz dienen, besonders nach einer eingehenden Bedarfsanalyse im Gespräch mit dem Kunden (→ LF 4).

Der Einfluss des demografischen Wandels

Niedrige Geburtenraten auf der einen, höhere Lebenserwartungen auf der anderen Seite führen zu einer zunehmenden Überalterung der deutschen Bevölkerung. Dies bezeichnet man als demografischen Wandel. Das relativ frühe Rentenalter, die körperliche und geistige Fitness vieler älterer Menschen und das Phänomen der Erbengeneration bringt eine große und zahlungskräftige Gruppe von Urlaubern mit sich, die sog. Best Ager:

Der Urlaubertyp Best Ager
- ist meist zahlungskräftig,
- frei von beruflichen oder familiären Verpflichtungen,
- mobil und flexibel,
- anspruchsvoll,
- möchte im Urlaub aktiv sein, Neues erleben und erfahren, sich verwöhnen lassen und entspannen und
- interessiert sich zunehmend (neben Busreisen) für Fern- und Städtereisen sowie Kreuzfahrten.

2.3 Reisearten

Je nachdem, welche Motive ein Reisender hat bzw. welchem der verschiedenen Urlaubertypologien er zuzuordnen ist, begibt er sich auf eine bestimmte Art von Reise. Die grobe Einteilung von Reisen in **investive Geschäfts- und konsumptive Urlaubsreisen** kann noch weiter in verschiedene Reisearten unterteilt werden.

Der Bereich der **Geschäftsreisen** umfasst die klassische Geschäftsreise zur Anbahnung oder Aufrechterhaltung wirtschaftlicher Unternehmensbeziehungen, aber auch Messe- und Ausstellungsreisen sowie Kongress- und Seminarreisen. Incentive-Reisen sind Belohnungs- oder Motivationsreisen für Mitarbeiter. Sie stellen für das Unternehmen also eher einen Kostenfaktor dar und weisen typische Merkmale einer Vergnügungsreise auf. Dennoch werden sie meist den Geschäftsreisen zugeordnet, da sie nicht in der Urlaubszeit stattfinden.

Die verschiedenen **Urlaubsreisearten** lassen sich nach unterschiedlichen Kriterien unterteilen. Die folgende Übersicht zeigt einige Beispiele auf:

Kriterien	(Urlaubs-)Reisearten
Alter der Reisenden	Kinder-, Jugend-, Familien-, Seniorenreise
Reiseplanung und -gestaltung	Individual- und Pauschalereise
Beförderungsmittel	Rad-, Pkw-, Bus-, Bahn-, Flug-, Schiffsreise
Zahl der Mitreisenden	Single-, Paar-, Familien- und Gruppenreise
Unterkunft	Camping-, Bauernhof-, Pensions-, Hotel-, Club-, Schiffsreise
Destination	Inlands- und Auslandsreise, Nah- und Fernreise, Land- und Städtereise, See- und Bergreise
Reisemotiv	Sport-, Abenteuer-, Erholungs-, Besichtigungs-, Bildungs-, Event-, Shopping-, Gesundheits-, Pilgerreise
Reisedauer und Zeitpunkt	Sommer- und Winterreise Tages-, Kurz- und Langzeitreise

Ungeklärt ist die Frage, ob **Kur- und Bäderreisen,** die zwar auch der Erholung dienen, aber nicht während der Urlaubszeit unternommen werden, und Verwandten- und Bekanntenbesuche auch zu den Urlaubsreisen zu zählen sind oder eine ganz andere, eigene Kategorie bilden.

2.4 Merkmale von Zielgebieten

„Wenn einer eine Reise tut ...", sollte er sich vorab über sein Ziel und dessen Eigenarten informieren. Häufig interessiert lediglich die Frage nach dem Wetter, der Nähe des Strandes und der Verpflegung vor Ort. Seit der Ferntourismus sehr an Bedeutung gewonnen hat, sind weitergehende Informationen aber unerlässlich, um unangenehme Überraschungen sowohl für den Reisenden als auch für seine Gastgeber zu vermeiden. Viele Reisende bereiten sich natürlich anhand von Reiseführern und Zeitschriften gründlich vor. Reisebüros und -veranstalter haben aber auch die Pflicht, ihre Kunden auf die wichtigsten Merkmale ihres Zielgebiets hinzuweisen. Neben Informationen über Einreisebestimmungen, Anreisewege sowie die Attraktionsfaktoren (z. B. Sehenswürdigkeiten) des Urlaubslandes können die folgenden Aspekte für den Reisenden von großer Bedeutung sein:

» **Klima:** Häufig für den Urlauber ausschlaggebend. Dazu gehören jedoch nicht nur die Temperaturen, sondern auch Luftfeuchtigkeit, Regenmengen, Winde und Wassertemperatur. Daher sollte z. B. klar sein, in welcher Klimazone sich der Urlaubsort befindet. Beispiele: Schwüle Hitze in den Tropen, eisige Kälte in New York bis in den Frühling, eiskalte Gewässer an den Westküsten der USA und des südlichen Afrikas.
» **Topografie:** Je nachdem, wie der Reisende seinen Aufenthalt verbringen will, kann es für ihn bedeutsam sein, welche landschaftlichen Besonderheiten sein Urlaubsort aufweist. Dazu gehören z. B. Gebirge, Flachland, Feuchtgebiete, Wüsten, Regenwälder oder auch großflächige Besiedlung. Beispiele: Feuchtgebiete in Florida mit Mückenplagen, endlose Wüstengebiete im Südwesten der USA oder schneebedeckte Gipfel in Andalusien.
» **Natur:** Wenn nicht schon Fluggesellschaften oder Reiseveranstalter für eine angemessene Schonung der Umwelt des Urlaubslandes sorgen, so sollten bereits bei der Reisevorbereitung wichtige Verhaltensregeln verinnerlicht werden. Dazu gehören u. a. Informationen über Wasserknappheit, Naturschutzgebiete usw. oder auch Warnungen vor Urlaubstrophäen wie z. B. abgebrochene Korallen oder Tierbestandteile. Beispiele: Müllproblem auf Inseln wie den Malediven oder Zerstörung der Korallenbänke im Roten Meer durch Urlauber.
» **Infrastruktur:** Besonders für Individualreisende sind Informationen über die örtlichen Transportmittel (Bus-/Bahnverbindungen), bei Selbstfahrern auch Straßenanbindungen und -zustand sowie die Unterkunftsmöglichkeiten unabdingbar. Beispiele: Linksverkehr in Südafrika, gutes Bus- und Bahnnetz in Thailand oder Verbot der Durchreise für Wohnmobile im Death Valley (Kalifornien) im Sommer.
» **Kulturkreis und Religion:** Selbst bei Reisen in ausgesprochene „Touristenghettos" mit All-inclusive-Angebot und deutschsprachiger Animation sollte der Urlauber auf Begegnungen mit Einheimischen bei Ausflügen oder während der An- und Abreise vorbereitet sein. Es genügt dabei nicht, zu wissen, dass es sich etwa um eine muslimische oder buddhistische Kultur handelt. Die wichtigsten Verhaltensregeln sollte der Gast auf jeden Fall kennen und beherzigen, um seine Gastgeber nicht zu verletzen. Zur allgemeinen Völkerverständigung wäre es aber wünschenswert, wenn Reisende versuchen würden, die kulturellen und religiösen Gebräuche und Besonderheiten ihres Ziels zu verstehen bzw. zumindest zu respektieren. Beispiele: Keine freizügige Kleidung bei Besuchen auf Souks oder gar in Moscheen in muslimischen Ländern oder keine Berührung des Kopfes von Kindern in buddhistischen Ländern.
» **Bevölkerung:** Reisenden sollte in etwa klar sein, unter welchen wirtschaftlichen und sozialen Bedingungen ihre Gastgeber leben. Dies ist nicht nur entscheidend für ihre eigene Urlaubs-

3 Geografische Grundlagen

3.1 Darstellungen der Erde

3.1.1 Karten und Maßstäbe

Entstehung der Kartografie

Die Darstellung der Erdoberfläche in Karten, also in einer zweidimensionalen Ebene, beschäftigt die Menschheit schon seit Jahrtausenden. Erste datierbare Darstellungsformen gehen bis auf das Jahr 6200 v. Chr. zurück, z. B. die in der Türkei gefundenen Wandzeichnung einer Siedlung unterhalb eines Vulkans. Die Grundlagen der modernen Kartografie entstanden allerdings erst ca. 150 n. Chr. durch den Astronom und Mathematiker Ptolemäus. Er nutzte die naturwissenschaftlichen Erkenntnisse der Griechen, um die damals bekannte und besiedelte Erdoberfläche (Europa, Asien und Afrika) mit ihren Ländern, Orten, Bergen und Flüssen lagerichtig in einem Gradnetz – unter der Angabe von Breiten- und Längengraden – wiederzugeben.

Im Mittelalter ging das erworbene kartografische Wissen aufgrund religiöser Zensur zeitweise unter. Karten wurden im Mittelalter nicht vermessen und dienten somit, mit Ausnahme von Seekarten, nicht der Praxis, indem sie ein möglich genaues Abbild der Erde gaben, sondern der Übermittlung eines bestimmten Weltbildes. Ein Beispiel hierfür sind die Radkarten der christlichen Mönche, die die Erde als Scheibe mit ihren Mittelpunkten in Rom und Jerusalem darstellten.

Erst an der Wende vom Mittelalter zur Neuzeit (ca. 1400–1600) setzte sich, im Gegensatz zur damals herrschenden kirchlichen Lehre, die von den Wissenschaftlern Galilei und Kopernikus vertretene Auffassung durch: Die Erde ist eine Kugel, die sich um die eigene Achse dreht und um die Sonne kreist. Das Problem, die nun anerkannte Kugelgestalt der Erde auf die Ebene einer Landkarte zu projizieren, wurde unter Rückgriff auf die Geografie Ptolemäus' von dem berühmten Kartografen Gerhard Mercator (1512–1594) gelöst. Neben der Ausrichtung der Himmelsrichtungen auf ihre heute übliche Lage hatte Mercator die geniale Idee, die Kugelgestalt der Erde winkeltreu auf die Fläche zu übertragen. Eine solche Übertragung des Gradnetzes und der Oberfläche der Erde in eine Kartenebene nennt man Projektion. Die Mercator-Projektion wird auch heute noch bei der Herstellung von Navigationskarten, also z. B. in der Luft-, Schiff- und Raumfahrt genutzt.

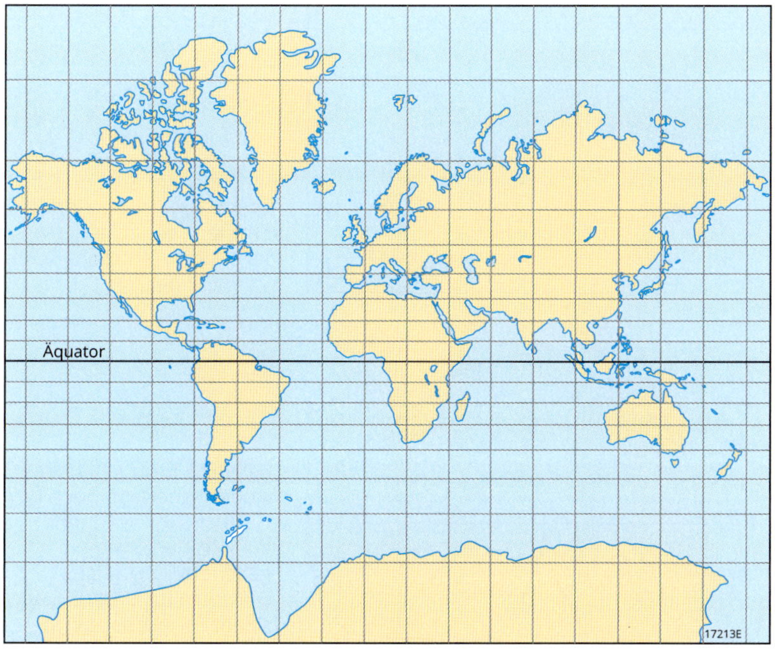

Mercator-Karte: Eine winkeltreue Karte, die sich für die Navigation eignet, aber die Länder und Kontinente mit falschen Umrissen zeigt.

Projektionen

Wegen ihrer Kugelform kommt es bei allen Projektionen der Erde auf eine Kartenebene zu Verzerrungen. Denn auch die Schale einer Orange kann man nicht glatt auf einer ebenen Fläche ausbreiten, ohne sie zu pressen, zu strecken oder sonst wie zu verzerren.

Um trotz dieser Verzerrungen mit Karten arbeiten zu können, müssen drei Kriterien berücksichtigt werden:

- » **Flächentreue**: Besagt, dass kleine Flächen bzw. Länder klein und große Flächen bzw. Länder dementsprechend groß, also in ihrem tatsächlichen Verhältnis zueinander dargestellt werden.
- » **Winkeltreue**: Besagt, dass die auf der Karte dargestellten Himmelsrichtungen denen in der Natur entsprechen. Deshalb sind winkeltreue Karten, wie z. B. die von Mercator entwickelte, besonders für Navigationskarten (z. B. Luftfahrt-, Seefahrtkarten) zur Kursbestimmung geeignet.
- » **Längentreue**: Besagt, dass die Abstände, sprich die Entfernungen, in der Wirklichkeit exakt mit denen der Karte übereinstimmen. Dieses Kriterium lässt sich wegen der Kugelform der Erde auf keiner Karte vollkommen erfüllen.

Da die Forderung nach gleichzeitiger Flächen-, Winkel- und Längentreue von keiner Karte allein erfüllt werden kann, wird je nach praktischen Anforderungen von vielen Karten nur jeweils ein Kriterium erfüllt: Entweder das der Flächentreue oder der Winkeltreue.

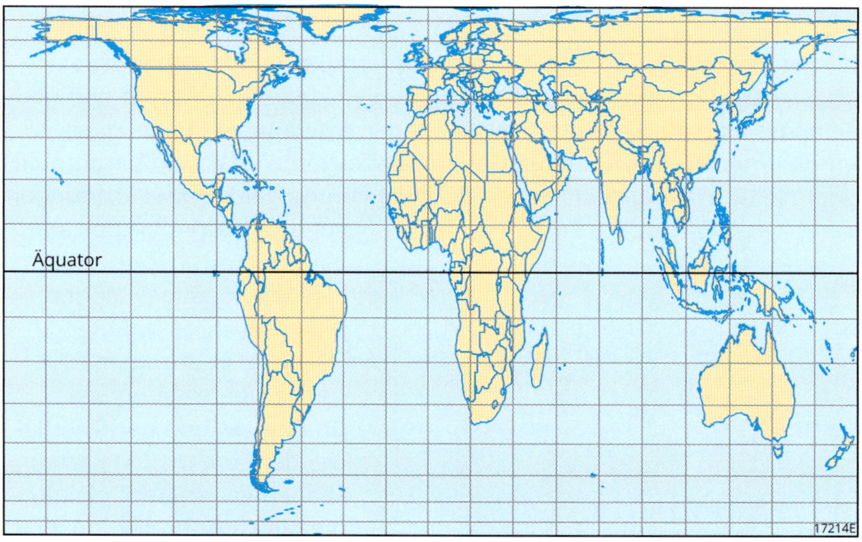

Flächentreue Karte nach Peters: Die Proportionen stimmen, aber die Peters-Projektion zieht Kontinente in die Länge.

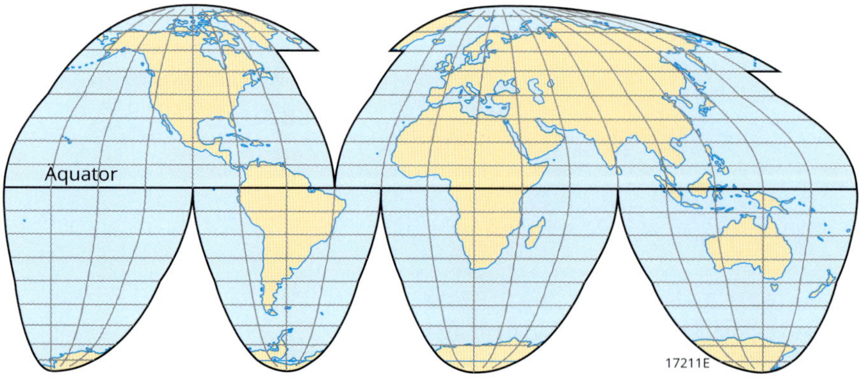

Zerteilte Erde – flächentreue Projektion nach de Goode: Die Erde sieht auf der Karte wie ein geschälter Apfel aus. Die zerteilte Darstellung strebt möglichst geringe Verzerrungen an beiden Polen an. Jedoch: Die Pole sind zerteilt.

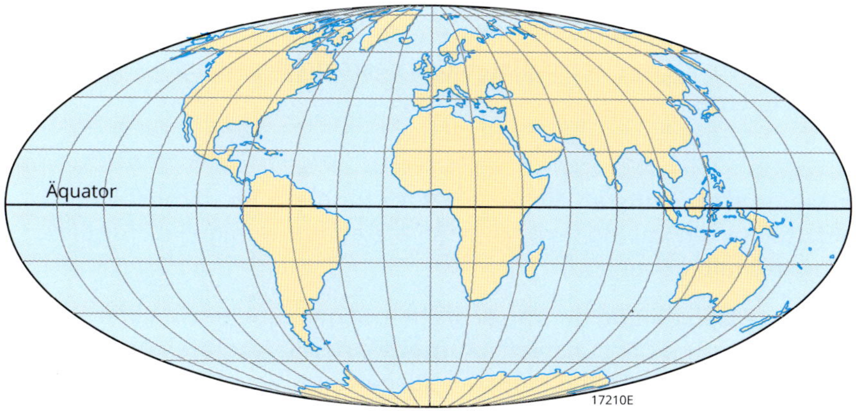

Vermittelnde Karte nach Mollweide: Relativ flächentreue Karte, aber nicht winkeltreu. Ein Kompromiss.

Einen Kompromiss stellen die Vermittelnden Karten dar. Sie erfüllen zwar keines der drei genannten Kriterien ganz, verteilen aber ihre Ungenauigkeiten gleichmäßig über die Erdoberfläche. So bleibt das einzig „richtige" Modell der Erde mit gleichzeitiger Flächen-, Winkel- und Längentreue der Globus.

Kartentypen

Je nach Verwendungszweck einer Karte gibt es nicht nur unterschiedliche Projektionen, sondern auch verschiedene Kartentypen. Da wegen der Übersichtlichkeit und der Lesbarkeit keine Karte alle in der Natur vorhandenen Objekte darstellen kann, werden je nach Kartentyp nur für diesen Typ wichtige in der Natur vorzufindende Gegebenheiten hervorgehoben. Andere, für den Verwendungszweck jedoch weniger wichtige Gegebenheiten, werden reduziert oder ganz weggelassen. Diesen Vorgang der vereinfachten Wiedergabe der Natur in einer Karte nennt man Generalisierung. Aufgrund der in einer Karte behandelten Sachverhalte lassen sich grob zwei Kartentypen unterscheiden:

» **Topografische Karten:** (Topografie (altgriechisch) = Ortsbeschreibung) Geben eine Landschaft je nach Maßstab vollständig und korrekt wieder. Sie beruhen auf exakter Landvermessung, die für die Bundesrepublik Deutschland von den Landesvermessungsämtern durchgeführt wird. Daher kommt auch die oftmals verwendete Bezeichnung amtliche Karten. Zum Inhalt einer topografischen Karte gehören u. a. die Geländedarstellung mit Höhenlinien sowie die landschaftsgetreuen Eintragungen von Verkehrswegen, Siedlungen, Gewässern und anderen Geländemerkmalen. Topografische Karten sind immer großmaßstäbig (1 : 25 000–1 : 100 000).
» **Thematische Karten:** Sind eine Sammelbezeichnung für alle Karten, deren Inhalte je nach Anforderung über die einer topografischen Karte hinausgehen. Sie behandeln nur einen oder wenige Sachverhalte, diese dafür aber umso detaillierter. Wichtige thematische Karten sind z. B. Straßen- und Wanderkarten, Klimakarten, Vegetationskarten und Geschichtskarten.

Maßstäbe

Der Maßstab ist das Verkleinerungsverhältnis des Kartenbildes gegenüber der Natur. Er wird meistens als Bruch oder Verhältnis dargestellt, wobei der Zähler eine Einheit auf der Karte angibt und der Nenner die Anzahl derselben Einheiten in der Natur wiedergibt.

Ein Maßstab von 1 : 100 000 bedeutet, dass 1 cm auf der Karte 100 000 cm oder umgerechnet 1 km in der Natur entsprechen.

Ein Maßstab von 1 : 10 000 entspricht damit 10 000 cm oder 100 m in der Natur.

! Je kleiner die Maßstabszahl (der Nenner), desto größer der Maßstab und desto kleiner ist der auf der Karte dargestellte Teil der Erde.
Je größer die Maßstabszahl, desto kleiner der Maßstab und desto größer ist der auf der Karte gezeigte Ausschnitt der Erde.

Anders ausgedrückt: Karten mit großem Maßstab bieten viel Platz für die in ihr dargestellten Objekte und sind deshalb präzise. Karten mit kleinem Maßstab bieten nur wenig Platz für die dargestellten Objekte und sind deshalb ungenau.

Diese je nach Maßstab vereinfachte Darstellung der tatsächlichen Gegebenheiten in einer Karte ist eine weitere Form der Generalisierung. Die kunstvolle Aufgabe eines Kartografen besteht demnach darin, die Karte je nach Einsatzzweck und Maßstab ausgewogen, verständlich und übersichtlich zu gestalten.

Aufgaben

1_ Die Entfernung zwischen Frankfurt und New York beträgt ca. 6 200 km. Schätzen Sie anhand der Peterskarte die Entfernung zwischen Frankfurt und Kapstadt (Südafrika). Welches Kriterium wird in diesem Fall verletzt?

2_ a) Vergleichen Sie die Projektionen „Mercator“ und „Peters“ in Bezug auf die Flächen Brasiliens, Afrikas und Grönlands und deren Lage in der Karte.

b) Welche der beiden Projektionen ist winkeltreu, welche flächentreu?

c) Wo glauben Sie, dass in der Praxis Winkeltreue von Bedeutung ist, wo Flächentreue?

d) Welche der beiden Karten sind Sie gewohnt?

3_ Überlegen Sie, wie mit verschiedenen Projektionen manipuliert werden kann.

4_ Welche Projektion würden Sie bei der Erstellung einer Schulwandkarte bevorzugen?

Web **Zusätzliche Aufgaben zu Kapitel 3.1.1 finden Sie im BPW unter Zusatzaufgaben zu LF 3, Kapitel 3.1.1.**

3.1.2 Das Gradnetz

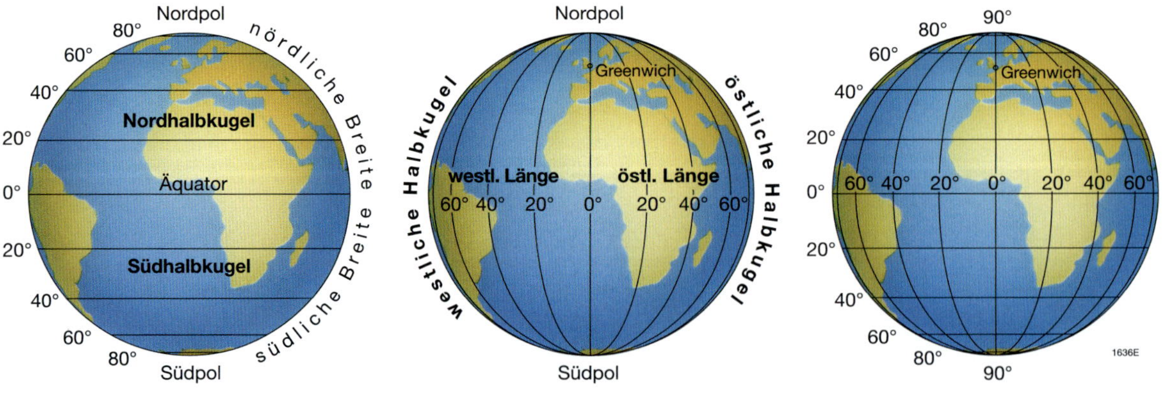

Über die Erde ist zur Ortsbestimmung und Orientierung ein Gradnetz gelegt, mit dessen Hilfe jeder Punkt auf der Erde durch Bezugnahme auf die Netzlinien genau bestimmt werden kann. Dieses Gradnetz besteht aus 180 Breitenkreisen und 360 Längenkreisen.

Breitenkreise

Der 0. Breitenkreis, der Äquator, stellt mit 40 000 km den längsten Breitenkreis dar. Parallel zum Äquator (= Gleicher) verlaufen jeweils 89 Breitenkreise in Richtung der beiden Pole. Die 89. Breitenkreise haben nur noch eine Länge von 702 km, die beiden 90. Kreise sind jeweils Punkte, nämlich der Südpol sowie der Nordpol. Neben dem Äquator sind die beiden Wendekreise (23. südlicher und 23. nördlicher Breitenkreis) und Polarkreise (66. Breitenkreise) wichtige Breitenkreise.

Im allgemein üblichen Sprachgebrauch spricht man aber nicht von Breitenkreisen, sondern von Breitengraden. Ein Breitengrad ist die Breite des Streifens auf der Erdoberfläche, der von zwei Breitenkreisen eingeschlossen wird. Dieser Streifen ist etwa 111 km breit.

Mainz liegt genau auf dem 50. nördlichen Breitenkreis. Man sagt: „Mainz liegt bei 50° nördlicher Breite."

Längenkreise

Sie werden auch Meridiane genannt, da alle Orte auf dem selben Längenkreis zur gleichen Zeit Mittag haben (meridies = Mittag). Sie verlaufen senkrecht zum Äquator durch die geografischen Pole. Im Gegensatz zu den Breitenkreisen zählt man sie nach Halbkreisen. Der Globus hat zweimal 180 Längen(halb)kreise. Der Nullmeridian (0. Längenkreis) verläuft durch die Sternwarte von Greenwich (bei London); von ihm ausgehend werden die Halbkreise nach Osten als östliche, die nach Westen als westliche Längenkreise bezeichnet. Früher wurden auch andere Nullmeridiane benutzt, weil in der Entwicklung der Seeschifffahrt die Nationen ihr Gradnetz nach landeseigenen Nullpunkten festlegten (z. B. Paris für die Franzosen, Ferro – heute: El Hierro – für die Portugiesen und Spanier). Heute rechnen die Geografen, Nautiker und Astronomen allgemein nach dem Nullmeridian von Greenwich.

Auch hier spricht man üblicherweise eher von Längengraden (Bereich zwischen zwei Längenkreisen). Die Breite eines Längengrads beträgt am Äquator 111 km und nimmt zu den Polen hin bis auf Null ab.

Rio de Janeiro liegt auf dem 43. westlichen Längenkreis. Man sagt: „Rio de Janeiro liegt bei 43° westlicher Länge."

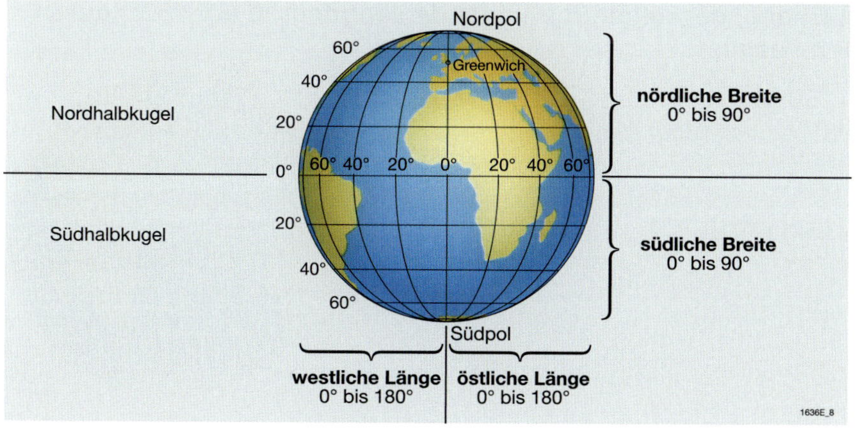

Position

Um die Lage eines Ortes genau zu bestimmen, wird also seine Position innerhalb dieses Gradnetzes angegeben, also seine Lage bezüglich der Breitenkreise sowie der Längenkreise. Bei der schriftlichen Kurzbezeichnung werden zunächst der Breitengrad (n. B. oder s. B.) und dann der Längengrad (ö. L. oder w. L.) genannt. Eine andere Schreibweise verwendet jeweils ‚+' für östlich und ‚–' für westlich bzw. ‚+' für nördlich und ‚–' für südlich.

Die isländische Hauptstadt Reykjavik liegt auf dem 64. nördlichen Breitenkreis und auf dem 23. westlichen Längenkreis. Man sagt: „Reykjavik liegt bei 64° nördlicher Breite und 23° westlicher Länge."

Reykjavik: (64° n. B., 23° w. L.) bzw. (+64°, –23°)

Zur exakten Angabe der Lage eines Ortes wird ein Grad (°) weiter in 60 Minuten (´), die wiederum jeweils aus 60 Sekunden (˝) bestehen, unterteilt. Dabei entspricht 1° 60´ (Minuten), 1´ entspricht 60˝ (Sekunden).

Frankfurt/Main liegt bei 08° 41´ östlicher Länge und 50° 07´ nördlicher Breite. Oftmals werden die Bogensekunden als Dezimalstellen der Bogenminuten angegeben, statt 12° 26´ 39˝ wird dann geschrieben: 12° 26,65´. Üblich ist auch die komplett dezimale Darstellung, z. B. 12,4365.

Aufgaben

1_ Finden Sie anhand des Atlas große Städte, die ungefähr auf dem gleichen Breitengrad liegen wie Frankfurt/Main, sowie Städte, die ungefähr auf dem gleichen Längengrad liegen.

2_ Was bedeutet in Worten: Fidschi (-17,896; 177,973)?

3_ Versuchen Sie, anhand der Angaben über die geografischen Koordinaten die Lage der folgenden Orte herauszufinden.

(Hilfestellung: Der Äquator verläuft durch Ecuador, Nordbrasilien, D. R. Kongo, Kenia, südlich der Malediven und Indonesien. Der Nullmeridian verläuft durch London, Algerien, Ghana; der gegenüberliegende Längengrad (+/–180°) durch Ostsibirien und den Pazifik.)

Fairbanks (+65°; –150°)
Tampico (+22°; –98°)
Bounty (–46°; 180°)
Lamu (–2°; +40°)
Quedlinburg (+52°; +11°)

3.2 Zeitzonen und Reisezeiten

3.2.1 Ursache des Zeitunterschieds

Die Einteilung der Zeit in Jahre, Monate, Tage, Tageszeiten und damit der tägliche Wechsel von Tag und Nacht entsteht durch die Rotation der Erde um die eigene Achse. Da sich die Erde alle 24 Stunden einmal um sich selbst dreht, beträgt ihre Rotationsgeschwindigkeit:

360°	**in**	**24 Stunden**	**oder**
15°	**in**	**1 Stunde**	**oder**
1°	**in**	**4 Minuten**	

Wir richten unsere Uhrzeit an der sog. **Ortszeit** aus, d. h., der Zeitpunkt, an dem die Sonne ihren höchsten Stand über dem Horizont erreicht, entspricht genau einer Uhrzeit von 12 Uhr. Würden nun alle Uhren entsprechend der Ortszeit ausgerichtet werden, hätte man auch unterschiedliche Ortszeiten, da der Sonnenhöchststand je nach Lage des Ortes unterschiedlich ist.

Orte, die östlich von uns liegen, haben ihren Sonnenhöchststand früher; Orte, die westlich von uns liegen, haben ihren Sonnenhöchststand später und damit auch eine spätere Ortszeit.

Vergleicht man beispielsweise die Ortszeiten der Städte Köln (ca. 7° östliche Länge) und Kassel (ca. 9° 30´ östliche Länge) dann würden die Uhren in Kassel um 10 Minuten vorgehen. Statt bspw. 12 Uhr Mittags in Köln wäre es damit in Kassel bereits 12:10 Uhr.

3.2.2 Entstehung eines vereinheitlichten Zeitsystems

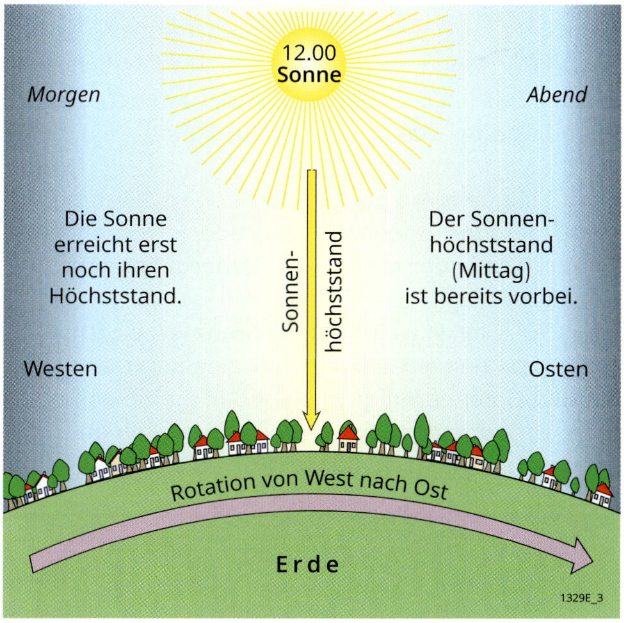

Bis Mitte des 19. Jahrhunderts galt an den meisten Orten der Erde tatsächlich Ortszeit. Solange die Menschen keine großen Distanzen zurücklegen konnten und mussten, waren die unterschiedlichen Ortszeiten kein großes Problem. Dies änderte sich aber mit der Entwicklung eines Verkehrswesens. Mit der Einführung der Eisenbahn konnten verschiedene Orte relativ schnell erreicht werden, damit wurden aber Probleme unterschiedlicher Ortszeiten offensichtlich: Abfahrts- und Ankunftszeiten galten nur für den Ort, dessen Ortszeit als Grundlage für den Fahrplan galt. Die Erstellung eines überregionalen Fahrplans war wegen unterschiedlicher Ortszeiten nicht durchführbar.

Unabhängig voneinander vereinheitlichten die Eisenbahngesellschaften in England ab 1840 die lokalen Ortszeiten. Jede einzelne Eisenbahngesellschaft verwendete für ihre Fahrpläne die Ortszeit, an welcher die Gesellschaft ihren Firmensitz hatte. Die Folge davon war, dass an Bahnhöfen, die von unterschiedlichen Gesellschaften angefahren wurden, Uhren mit den verschiedenen Zeiten der unterschiedlichen Gesellschaften aufgestellt werden mussten und entsprechend eine weitere Uhr mit der Ortszeit des Bahnhofs. Später schlossen sich allerdings die einzelnen Eisenbahngesellschaften zusammen und führten die Greenwich Zeit als gemeinsame **Eisenbahnzeit** für das gesamte Netz Englands ein. Der Unterschied zwischen Ortszeit und Eisenbahnzeit bestand bis 1880, bis England als erstes Land die Eisenbahnzeit als **Standardzeit** einführte. 1884 wurde auf einer internationalen Konferenz in Washington beschlossen, die Erde in **Zeitzonen** aufzuteilen.

3.2.3 Zeitzonen

Mit der Einführung von Zeitzonen wurde auch der **Nullmeridian** als Basis der Zeitberechnung verbindlich festgelegt. Er verläuft als **0. Längengrad** genau durch die Königliche Sternwarte Greenwich in England.

Von diesem Nullmeridian ausgehend teilte man eine östlich und westlich gelegene Zone von jeweils 7° 30´ Breite ein, in der die **Greenwich Mean Time (GMT)** gelten sollte.

Davon ausgehend wurden alle 15° östlich (22° 30´ ö. L., 37° 30´ ö. L. usw.) weitere Zonen gebildet, in der jeweils eine Stunde dazu addiert wurde. Analog dazu wurden in westlicher Richtung alle 15° (22° 30´ w. L., 37° 30´ w. L. usw.) Zonen gebildet, in denen jeweils eine Stunde abgezogen wurde.

So entstanden **24 Zeitzonen,** die jeweils eine Breite von 15 Längengraden umfassen. Der durch den Pazifik verlaufende 180. Längengrad trennt die beiden Tage, in denen es 12 Uhr in Greenwich ist. Er stellt die sog. **Datumsgrenze (International Date Line)** dar. Beim Überqueren der Datumsgrenze von West nach Ost wird ein Tag zweimal gezählt, beim Überqueren von Ost nach West wird ein Tag übergangen.

1972 wurde die GMT zu **UTC (Universal Time Coordinated)** umbenannt, wobei die alte Bezeichnung GMT aber immer noch gebräuchlich ist. Andere Bezeichnungen für diese Zeit sind **Zulu-Time** oder **westeuropäische Zeit.** In Mitteleuropa dagegen gilt die **mitteleuropäische Zeit (MEZ = UTC + 1).** Sie ist die genaue Ortszeit der Insel Bornholm, die auf dem 15. Grad östlicher Länge in der Ostsee liegt. Nach der **osteuropäischen Zeit (OEZ = UTC + 2 Stunden)** gehen die Uhren in Finnland, den Balkanländern, Griechenland und im westlichen Teil Russlands.

Die genaue Einteilung der Zeitzonen in ein jeweils 15 Längengrad breites Gebiet wird allerdings nur auf dem Meer eingehalten. Ganze Staaten und Staatengruppen sind aufgrund wirtschaftlicher und kommunikativer Überlegungen zu einer einheitlichen Zonenzeit z. B. MEZ übergegangen.

Bei der Nennung einer bestimmten Uhrzeit in einer Zeitzone ist weiterhin die **Sommerzeit (Daylight Saving Time = DST)** zu berücksichtigen. Sie wird von den einzelnen nationalen Regierungen festgelegt und ist deshalb nicht durchgehend für eine Zeitzonenregion anwendbar. Ein Überblick der genauen Ortszeiten (Zonenzeiten unter Berücksichtigung der Sommerzeit) der einzelnen Länder gibt der **Official Airline Guide (OAG)** unter der Rubrik International Time Calculator.

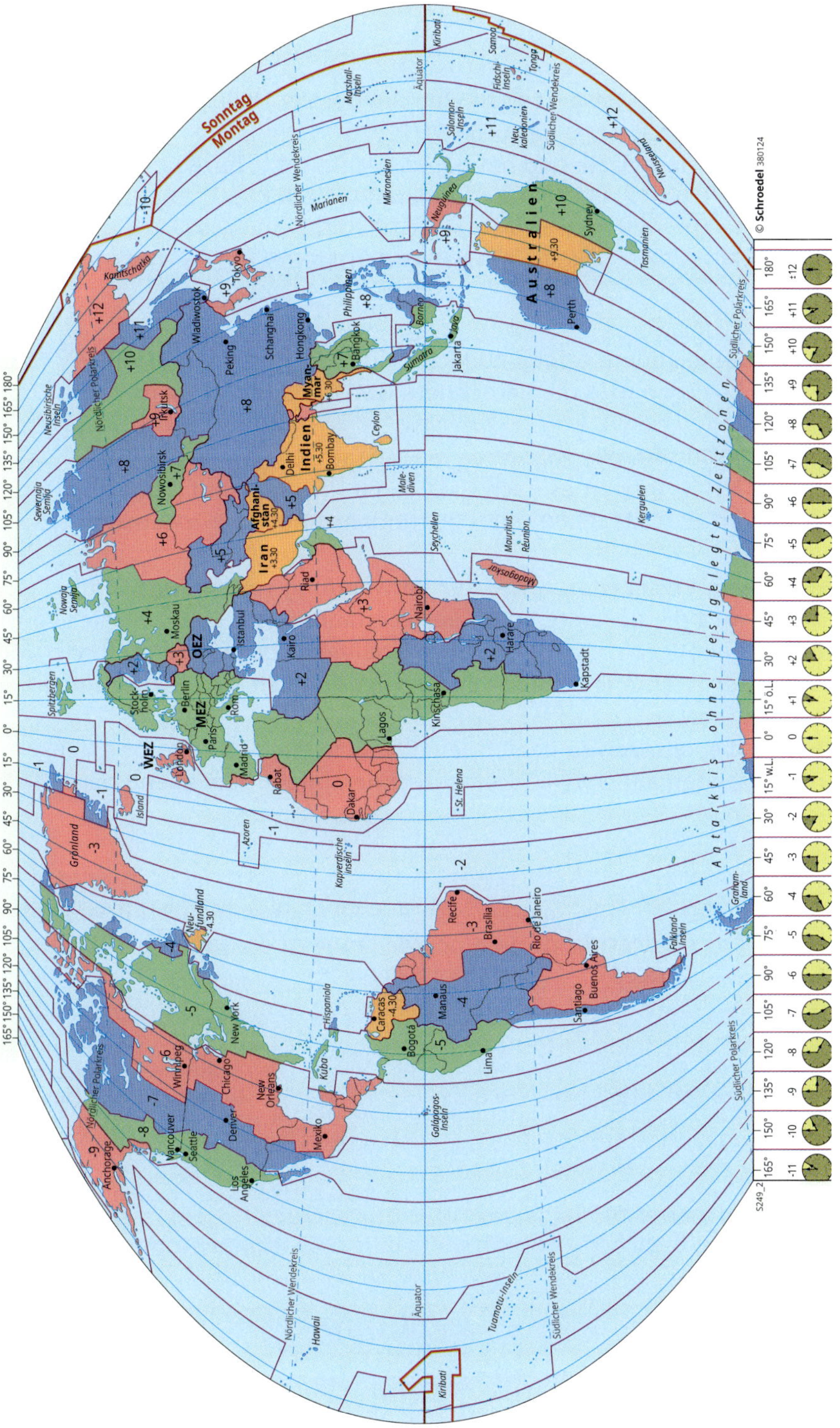

Zeitzonen nach koordinierter Weltzeit (UTC) – evtl. Sommerzeitregelungen sind nicht berücksichtigt

3.2.4 Berechnung von Reisezeiten

In Flugplänen werden alle Abflugs- und Ankunftszeiten in der jeweiligen Ortszeit angegeben. Außerdem ist bei der Beschreibung des Flughafens meist die Abweichung der Ortszeit des Flughafens gegenüber GMT/UTC angegeben.

Anhand des International Time Calculator ist es leicht, die jeweilige Ortszeit in GMT/UTC und umgekehrt auszurechnen:

» Nach GMT/UTC ist es 11:00 Uhr. Wie spät ist es in Vietnam?
  Vietnam ist GMT/UTC 7 Stunden voraus, also ist es in Vietnam bereits 18:00 Uhr.
» In San Francisco ist 12:45 Uhr. Wie spät ist es nach GMT/UTC?
  San Francisco (USA) befindet sich am Pazifik und hat damit Pacific Time, die 8 Stunden hinter GMT/UTC liegt. Es ist nach GMT/UTC (12:45 Uhr + 8 Stunden) 20:45 Uhr.
» In Singapur ist es Montag 05:15 Uhr. Wie spät ist es nach GMT/UTC?
  Singapur ist GMT/UTC 8 Stunden voraus. Also ist es nach GMT/UTC (05:15 Uhr – 8 Stunden) Sonntag 21:15 Uhr.

Das Umrechnen einer Ortszeit in eine andere erfolgt zunächst über die Berechnung von GMT/UTC der angegebenen Zeit. Anschließend wird die berechnete GMT/UTC Zeit in die gefragte Ortszeit umgerechnet.

» In Berlin ist es im November 10:00 Uhr. Wie spät ist es in Kapstadt?
  Berlin ist eine Stunde vor GMT/UTC, also ist es nach GMT 09:00 Uhr. Kapstadt (Südafrika) ist 2 Stunden vor GMT/UTC, also ist es (GMT 09:00 Uhr + 2 Stunden) 11:00 Uhr in Kapstadt.

Schwieriger ist die Berechnung von **Reisezeiten** unter der Verwendung von Abflugs- und Ankunftszeiten. Unter Reisezeit wird die gesamte Zeitdauer verstanden, die ein Passagier vom Abflugsort bis zum Ankunftsort benötigt. In der Reisezeit sind alle von Zwischenlandungen und Umsteigezeiten mit eingeschlossen, während sich der Begriff der **Flugzeit** nur auf die reine Flugdauer ohne Bodenzeiten bezieht.
Es gibt verschiedene Methoden, die Reisezeit zu berechnen. Die sicherste Methode ist es, zunächst die Abflugs- und Ankunftszeiten auf GMT/UTC umzurechnen und anschließend die Differenz zwischen beiden zu ermitteln.

» Der Lufthansa-Flug von Athen nach Los Angeles (via Frankfurt) startet montags um 06:00 Uhr in Athen und landet in Los Angeles um 12:55 Uhr. Wie lange ist die Reisezeit?

		+/– GMT/UTC	GMT/UTC
Abflug Athen	Montag 06:00 Uhr	+ 2	Montag 04:00 Uhr
Ankunft Los Angeles	Montag 12:55 Uhr	– 8	Montag 20:55 Uhr
Differenz = Reisedauer		16:55 Stunden	

» Der Flug der Air New Zealand startet montags um 14:50 Uhr von den Fidschi-Inseln (Nadi), überquert die Datumsgrenze in östlicher Richtung und landet auf Hawaii (Honolulu) am Sonntag um 23:15 Uhr.

		+/– GMT/UTC	GMT/UTC
Abflug Fidschi-Inseln	Montag 14:50 Uhr	+ 12	Montag 02:50 Uhr
Ankunft Hawaii	Sonntag 23:15 Uhr	– 10	Montag 09:15 Uhr
Differenz = Reisedauer		06:25 Stunden	

222251196

Aufgaben

1_ Wie spät ist es in Deutschland, wenn es in Kenia 13:00 Uhr ist?

2_ In China ist es Dienstag, 09:00 Uhr. Wie spät ist es auf Barbados?

3_ Wie spät ist es in Finnland, wenn es auf Hawaii Donnerstag, 05:30 Uhr ist?

4_ Wie spät ist es in New York, wenn es in Argentinien 12:00 Uhr ist?

5_ Berechnen Sie die Reisezeiten der angegebenen Flüge.

+ 1 = nächster Tag + 2 = übernächster Tag – 1 = Vortag

Abflugs-/Ankunftszeiten			+/– GMT/UTC	GMT/UTC	Reisedauer
1.	Frankfurt	ab 10:50			
	Boston	an 13:00			
2.	Vancouver	ab 15:50			
	Frankfurt	an 10:45 + 1			
3.	Abu Dhabi	ab 01:15			
	Brüssel	an 09:55			
4.	Helsinki	ab 13:30			
	São Paulo	an 06:40 + 1			
5.	Singapur	ab 01:20			
	Buenos Aires	an 19:45			
6.	Johannesburg	ab 19:15			
	Auckland	an 11:25 + 2			
7.	Sydney (via LAX)	ab 19:00			
	Papeete	an 06:00 + 1			
8.	Hongkong	ab 22:15			
	Athen	an 08:10 + 1			
9.	Los Angeles	ab 10:00			
	Tokio	an 16:00 + 1			
10.	Brisbane	ab 16:25			
	Honolulu	an 23:40			

Weitere Aufgaben zu Kapitel 3.2.4 finden Sie im BPW unter Zusatzaufgaben zu LF 3, Kapitel 3.2.4. Web

3.3 Das Klima der Erde

3.3.1 Die Entstehung der Jahreszeiten

Reiseentscheidungen werden in hohem Maße von der Jahreszeit und dem entsprechenden Klima in den potenziellen Urlaubsländern beeinflusst. Doch wie kommt es zu den verschiedenen Jahreszeiten und dazu, dass unsere Sommerferien nicht gerade die beste Zeit für Reisen in die südlichen Länder der Südhalbkugel sind?

Die Entstehung der Jahreszeiten auf unserer Erde wird oft dem Umstand zugeschrieben, dass sich die Entfernung Erde–Sonne wegen der elliptischen Erdbahn um die Sonne (eiförmig, nicht kreisrund) im Laufe eines Jahres ändert. Allerdings haben diese Differenzen nur sehr geringe Auswirkungen, da der Sonnenabstand von uns Anfang Januar 147 Mio. km und Anfang Juli 152 Mio. km beträgt – diese für diese Größenordnung relativ kleine Differenz von rund 3 % spüren wir nicht.

Die Jahreszeiten entstehen vielmehr durch die **Schrägstellung der Erdachse,** die während der Wanderung um die Sonne ihre räumliche Lage beibehält. Sie beträgt genau 23° 27´. Da einmal die Nordhalbkugel, dann wieder ein halbes Jahr später die Südhalbkugel steiler und länger von den Sonnenstrahlen getroffen wird, sind die Jahreszeiten auf beiden Erdhalbkugeln stets entgegengesetzt – Weihnachten feiert man daher z. B. in Neuseeland oder Chile im dortigen Hochsommer! Für eine Umdrehung um die Sonne benötigt die Erde somit etwa (nicht exakt, daher gibt es Schaltjahre) 365 Tage, also ein Jahr.

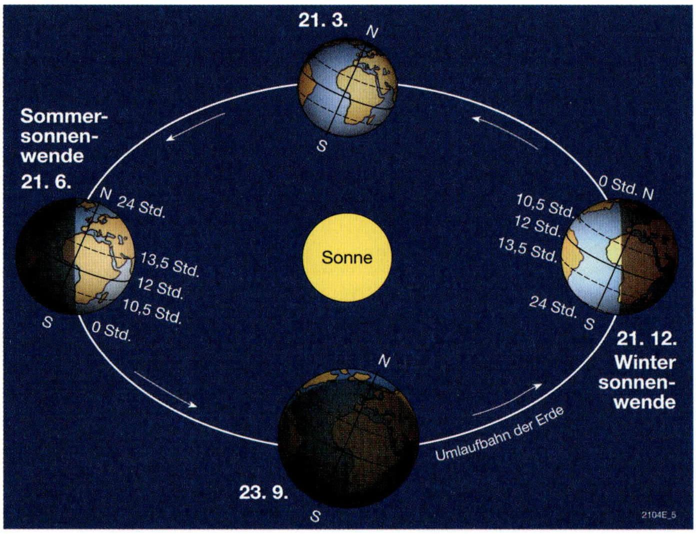

Die Abbildung rechts zeigt die Bahn der Erde um die Sonne. Man kann gut sehen, wie die Erde aufgrund der Neigung der Äquatorebene in unterschiedlicher Weise von der Sonne beschienen wird.

In der Abbildung unten sieht man, dass die Sonne am 21.06. senkrecht über dem nördlichen und am 21.12. über dem südlichen Wendekreis der Erde steht.

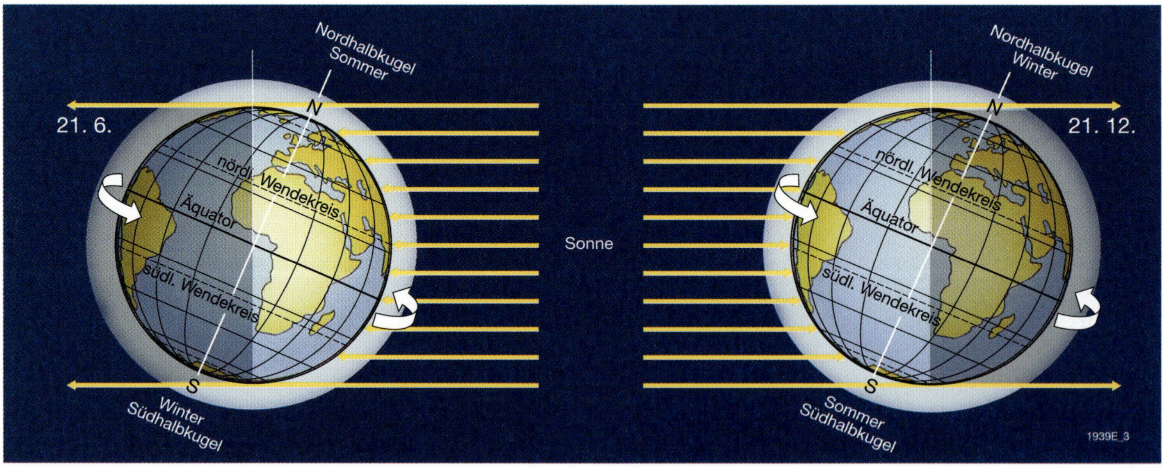

Aufgaben

1_ Erklären Sie (auch anhand der Abbildungen), wie es dazu kommt, dass die Sonne z. B. in Nordnorwegen im Hochsommer zur Sommersonnenwende nicht untergeht und im Winter die Tage dort so dunkel sind.

2_ Ihre Kunden, die Sie heute im Reisebüro zu beraten haben, stellen Ihnen die folgenden Fragen:

a) „Ich dachte, in der Karibik seien die Abende lange hell! Stattdessen ist die Sonne immer schon gegen 18:00 Uhr untergegangen! In welchem Monat ist es denn dort länger hell?"

b) „Ich freue mich schon richtig auf weiße Weihnachten in Südafrika! Meinen Sie, in den Bergen dort haben wir im Dezember Schnee?"

c) „Ich möchte eine Kreuzfahrt in die Antarktis machen. Damit es nicht ganz so kalt wird, sollte ich in den Sommerferien reisen, oder?"

3.3.2 Die Klimazonen

Die Wissenschaft unterteilt das Klima in verschiedene Typen, vom polaren bis zum tropischen. Welches Klima jeweils vorherrscht, hängt jedoch nicht nur vom Breitengrad ab, auch die Lage am Ost- oder am Westrand der Kontinente, die Nähe zum Ozean, die Abgrenzung durch hohe Gebirgsketten und die Höhe über dem Meeresspiegel sind von Bedeutung. So nimmt die Temperatur etwa um 6,5 °C pro 1 000 m Höhenunterschied ab, an den windzugewandten Seiten (Luv) der Berge kommt es häufig zu Niederschlägen, während die windabgewandten Seiten (Lee) im Regenschatten eher trocken sind. Große Wasserflächen wirken klimatisch ausgleichend, da Wasser die Wärme besser und länger speichert als Festland und sie auch leitet – warme Meeresströme (wie z. B. der Golfstrom) spielen daher eine große Rolle für das Küstenklima.

Die karge Wüste des Sinai, der schneebedeckte Gipfel des Mount Everest und die dschungelähnlichen Wälder Floridas liegen alle etwa auf dem 28. Breitengrad und gehören dennoch völlig verschiedenen Klimatypen an.

Lässt man solche geografischen Feinheiten außer Acht, lassen sich um die Erde herum verschieden breite Streifen unterscheiden, die Klimazonen. Sie sind durch bestimmte klimatische Merkmale gekennzeichnet:

Die Tropen: Dies ist die Klimazone zwischen den beiden Wendekreisen (solares Klima), also beiderseits des Äquators jeweils bis etwa zum 20. Breitenkreis. Die Tropen nehmen etwa zwei Fünftel der Landoberfläche der Erde ein. Hier herrschen stets hohe Temperaturen vor (außer in den Gebirgen), die geringe Tagesschwankungen haben, aber noch geringere Jahresschwankungen. Die Tropen gliedern sich in zwei Hauptvegetationszonen, nämlich den tropischen Regenwald und die nördlich und südlich daran anschließenden Savannen. Diese Vegetationszonen kommen dadurch zustande, dass die Tropen in eine immerfeuchte Zone nahe des Äquators und eine wechselfeuchte Zone mit ausgeprägten Regen- und Trockenperioden unterteilt sind. Die Regenzeiten in der wechselfeuchten Zone fallen i. d. R. nördlich des Äquators in den Juli/August, südlich des Äquators in den Dezember/Januar.

Beispiele für Reisezielgebiete in den Tropen:
Regenzeit Juli/August: Malediven, Sri Lanka, Südindien, Thailand (außer östliche Inseln), Vietnam, Hongkong und Südchina, Karibik (z. B. kleine und große Antillen), Mittelamerika, Südflorida, Kapverden, Westafrika.

Regenzeit Dezember/Januar: Indonesien, Malaysia, Nordaustralien, Südbrasilien, Peru, Seychellen, Mauritius, Fidschi/Südseeinseln.

Immerfeuchte Gebiete: Kenia, Nordtansania, Singapur, Nordbrasilien.

Die Subtropen: Sie liegen etwa zwischen den Wendekreisen und dem 45. Breitenkreis und bilden somit die Übergangszone zwischen den Tropen und der gemäßigten Zone. Hier ist das Klima immer frostfrei und an den Westflanken der Kontinente durch heiße, trockene Sommer und milde, feuchte Winter gekennzeichnet (Mittelmeerklima, z. B. Portugal), an den Ostflanken sind die Sommer eher niederschlagsreich (z. B. Florida), die Winter kühler und trocken. Es handelt sich also – im Gegensatz zum Klima der Tropen – um ein Jahreszeitenklima.

Beispiele für Reisezielgebiete in den Subtropen:
Nordhalbkugel, Westflanken (Mittelmeerklima): europäischer Mittelmeerraum, Portugal, Rotes Meer, Kalifornien, Mexikanische Pazifikküste, Kanarische Inseln, Marokko.

Nordhalbkugel, Ostflanken (Sommerregenklima): China, Florida und Südstaaten.

Südhalbkugel, Westflanken: Chile, Namibia und Südafrika (Westküste), Australien (Westküste).

Südhalbkugel, Ostflanken: Südbrasilien, Südafrika (Ostküste), Australien (Ostküste).

Die gemäßigte Zone: Diese Zone liegt zwischen der subtropischen und der subpolaren bzw. kalten Zone. Die Bezeichnung gemäßigt leitet sich vom in Mitteleuropa herrschenden ozeanisch geprägten Westwindklima ab. Diese Westwinde und die damit in Zusammenhang stehende Tiefdruckzone lassen Regen zu allen Jahreszeiten erwarten, d. h., es gibt keine Trocken- und Regenzeiten. Aufgrund der jeweiligen geografischen Breite lassen sich jedoch, z. B. im Gegensatz zur tropischen Zone, stark ausgeprägte Jahreszeiten mit Frost im Winter ausmachen. Allerdings handelt es sich hier um eine äußerst heterogene Zone. Das jeweilige Klima hängt stark von Ozeanität bzw. Kontinentalität eines Ortes sowie seiner Lage an der Ost- oder Westflanke des Festlands ab (wie auch innerhalb der Subtropen).

Beispiele für Reisezielgebiete in der gemäßigten Zone:
Nordhalbkugel, Westflanken: Nordkalifornien (San Francisco), Westkanada (Vancouver), Frankreich (Paris), Großbritannien (London), Skandinavien.

Nordhalbkugel, Ostflanken: New York und die sog. Neuenglandstaaten, Nordchina (Peking).

Nordhalbkugel, kontinentale Lage: Osteuropa (ab Berlin), Russland (Moskau, St. Petersburg).

Südhalbkugel, Westflanken: Südchile, Südinsel Neuseelands.

Südhalbkugel, Ostflanken: südliches Argentinien.

Die kalte Zone: Diese Zone liegt jeweils um die Pole herum und wird bereits deutlich durch ihren Namen charakterisiert: kalt. Auf lange, teils sehr kalte Winter folgen kurze, warme Sommer. Die Niederschlagsmenge und auch die Temperatur hängt auch hier sehr stark von der Lage bzw. der Nähe zum Ozean ab.

222251200

Neben diesen Klimazonen, die sich auf einer Weltkarte ausgehend von der geografischen Breite relativ leicht ausmachen lassen, können noch drei weitere Klimatypen unterschieden werden, die, wie oben angedeutet, eher von der Lage zum Ozean abhängen.

Das ozeanische Klima (auch maritimes oder Seeklima): Es wird in erster Linie durch die Einflüsse der großen Wassermassen der Ozeane geprägt. Diese heizen sich nicht so stark auf, speichern Wärme jedoch länger als das Festland und leiten sie an die Küsten weiter.

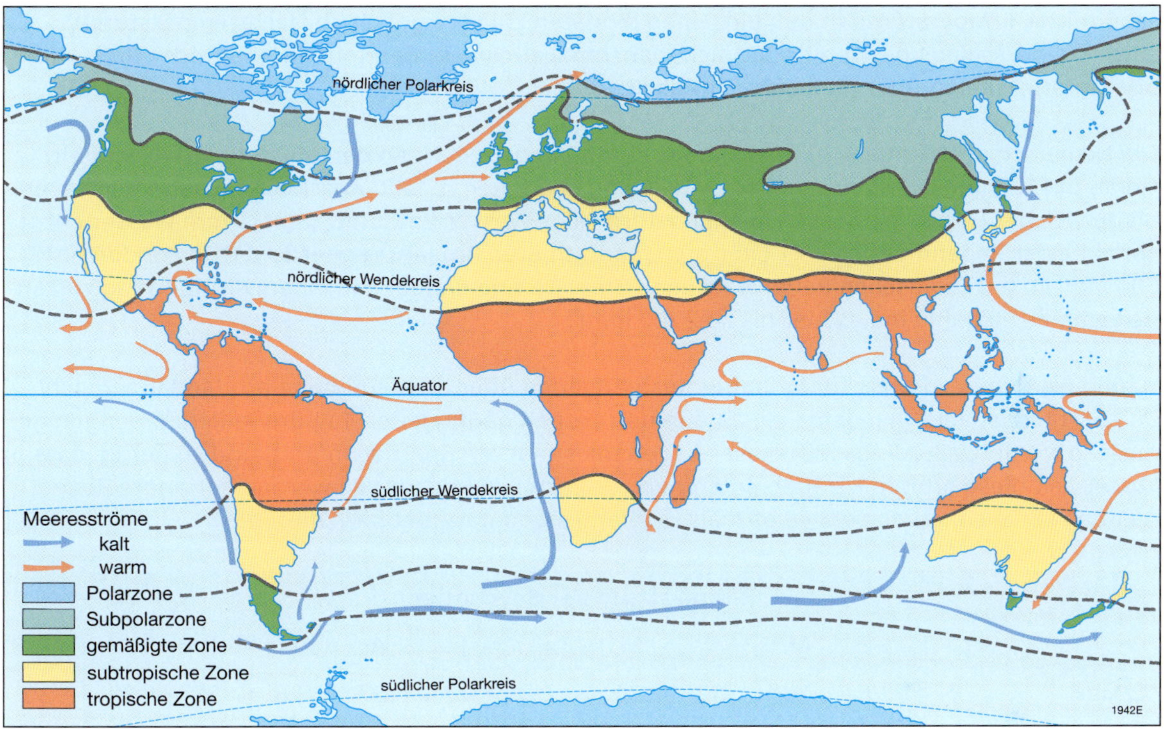

Die Klimazonen

Das ozeanische Klima wirkt somit ausgleichend auf die benachbarten Landgebiete. Kennzeichen sind nicht zu heiße Sommer und milde Winter. Dieses Klima findet man z. B. in Westeuropa oder im Westen der USA. An den Ostflanken der Kontinente finden sich die Merkmale des ozeanischen Klimas selten, da hier meist Winde vom Festland heiße oder polare Luftmassen an die Küsten bringen. Meereswinde kommen fast nur von Westen her über das Festland.

Das kontinentale Klima (oder Binnen- bzw. Landklima): Das Klima der inneren, meerfernen Festlandgebiete unterscheidet sich vom Seeklima durch geringere Luftfeuchte und allgemein geringere Bewölkung sowie geringere Jahresniederschlagsmengen mit Maximum im Sommer. Die Sommer sind hier sehr heiß, die Winter dagegen lang und kalt. Frühling und Herbst sind relativ kurz. Besonders ausgeprägtes kontinentales Klima herrscht in Russland, den USA sowie Kanada vor. Auch die Ostflanken des Festlands weisen häufig die Kennzeichen des kontinentalen Klimas auf (z. B. an der Ostküste Nordamerikas).

Das Mittelmeerklima (auch Etesienklima): Hier handelt es sich um ein Winterregenklima, das im Sommer von der Passatwindzone, im Winter von den Tiefdruckgebieten der Westwindzone beeinflusst wird. Kennzeichen sind trockene heiße Sommer sowie milde, regenreiche Winter und die daran angepasste immergrüne Hartlaubvegetation. Dieses Klima findet man jedoch nicht ausschließlich am Mittelmeer, sondern an der Westseite der Kontinente etwa um 40° nördlicher Breite sowie 35° südlicher Breite (z. B. Kalifornien oder Chile).

3.3.3 Klimatabellen und -diagramme

Eine Klimatabelle zu einem geografischen Ort, wie man sie z. B. in den Informationsteilen der Reisekataloge findet, gibt Aufschluss über die Wetterbedingungen, die über das Jahr vorherrschen. Meist ist erkennbar, in welcher Klimazone der jeweilige Ort liegt. Neben Angaben über durchschnittliche Temperaturen in den einzelnen Monaten (Tages-, ggf. auch Nachttemperaturen) sowie Niederschlagsmengen finden sich manchmal auch Zahl der Sonnen- und/ oder Regentage oder Informationen über die Luftfeuchtigkeit.

Die Niederschlagsmenge wird in Millimetern (mm) angegeben. An den Messstationen wird ein Gefäß mit 126 mm Durchmesser aufgestellt, in das der Regen fällt. Anschließend wird gemessen, bis zu welcher Höhe – gemessen in Millimetern – das Wasser im Gefäß steht. 1 mm Wasser entspricht einer Regenmenge von 1 Liter pro Quadratmeter. Pro Jahr regnet es z. B. in London etwa 600 mm, im brasilianischen Regenwald kann diese Menge dagegen in einem einzigen Tag zustande kommen, im Jahr sind es hier bis zu 2 700 mm!

Häufig werden besonders für Urlauber auch Angaben über die Regentage pro Monat gemacht. Zu beachten ist aber in jedem Fall, dass in den Tropen häufig jeden Tag große Regenmengen gemessen werden, allerdings fällt dieser Regen meist nur am Spätnachmittag und so heftig, dass in kurzer Zeit diese großen Mengen entstehen. In Westeuropa dagegen werden geringere Regenmengen verzeichnet, obwohl es oftmals tagelang ständig regnet bzw. nieselt!

Klimatabelle der Seychellen

	J	F	M	A	M	J	J	A	S	O	N	D
°C/Max.	28	29	30	32	30	29	27	27	28	28	29	30
°C/Min.	24	22	26	25	25	25	24	25	25	24	24	25
mm Regen	380	280	250	200	180	120	110	80	130	160	220	330

Die gleichmäßigen Temperaturen weisen auf eine Lage in den Tropen hin, die Regenzeit im Dezember/Januar auf eine Lage südlich des Äquators (➔ Kapitel 3.3.2).

Um das Jahresklima anschaulicher darzustellen und besser vergleichbar zu machen, wird es häufig in Form eines Klimadiagramms dargestellt.

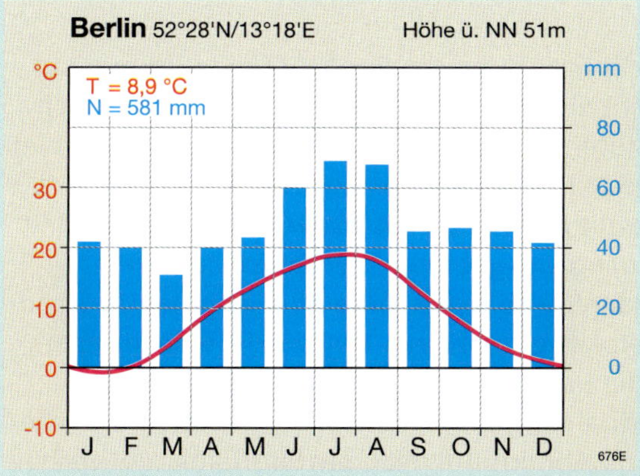

Klassisches Klimadiagramm
Abzisse: Monatsangaben
Rechte Ordinate: Niederschlagsmenge (mm)
Linke Ordinate: Temperaturwerte (°C)
Die Kurve zeigt die monatlichen Durchschnittstemperaturen, die Säulen die monatlichen Niederschlagsmengen.

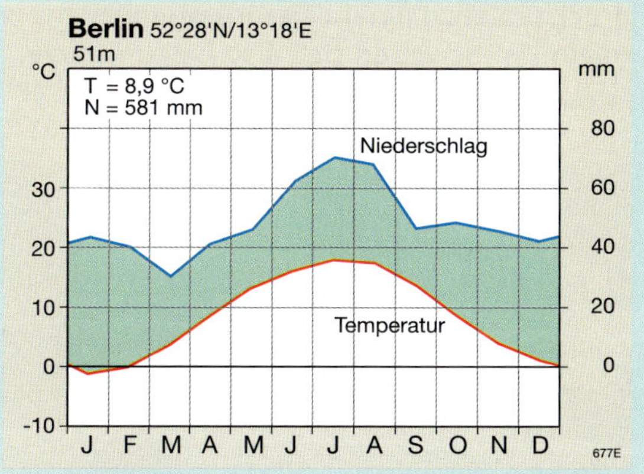

Hygrothermisches Klimadiagramm
Abzisse: Monatsangaben
Rechte Ordinate: Niederschlagsmenge (mm)
Linke Ordinate: Temperaturwerte (°C)
Wenn die Temperaturkurve oberhalb des Niederschlags verläuft, handelt es sich um eine aride (trockene) Periode, unterschreitet die Temperatur die Niederschlagskurve, herrschen humide (feuchte) Verhältnisse.

Aufgaben

1_ Verschiedene Kunden kommen zu Ihnen ins Reisebüro und erkundigen sich nach den unten aufgeführten Reisezielen.
Was ist Ihrer Meinung nach die jeweils beste Reisezeit? Begründen Sie Ihre Ansicht. (Diese Aufgabe können Sie in arbeitsteiliger Gruppenarbeit erledigen und die Ergebnisse dann Ihren Mitschülerinnen und Mitschülern darlegen.)
Singapur – Nordostaustralien – Santiago de Chile – Los Angeles – Tokio – Mumbai – Rio de Janeiro – St. Petersburg – Miami – Bali – Westkanada – Kapstadt

2_ Erstellen Sie aus folgenden Angaben eines Reisekatalogs ein Klimadiagramm.

	J	F	M	A	M	J	J	A	S	O	N	D
°C/Max.	28	27	27	24	18	13	12	15	22	24	27	29
°C/Min.	14	12	8	7	6	3	3	4	7	9	10	10
mm Regen	60	62	71	59	60	58	56	59	61	73	65	59

3_ Wo könnte der Ort, zu dem diese Klimatabelle gehört, Ihrer Meinung nach liegen (Klimazone und Lage auf der Weltkarte)? Begründen Sie.

4_ Erstellen Sie ein typisches Klimadiagramm für die nördlichen Tropen und eines für subtropisches Westseitenklima (Mittelmeerklima).

3.3.4 Das Windsystem

Folge der ungleichmäßigen Aufheizung der Erdoberfläche durch die Sonne ist die Bildung von Hochdruck- und Tiefdruckgebieten. Warme Luft dehnt sich aus und steigt nach oben; dadurch sinkt der Luftdruck über dem warmen Gebiet. Es entsteht ein Tiefdruckgebiet. Hochdruckgebiete entstehen dagegen durch absinkende kühle Luft, die in Bodennähe zu hohem Luftdruck führt. Unterschiedliche Drucklagen führen dazu, dass Luft mit hohem Druck ausweicht in Gebiete mit niedrigem Druck. Winde wehen daher immer von Hochdruckgebieten zu Tiefdruckgebieten. Durch die Drehung der Erde von West nach Ost werden diese Luftströme aber abgelenkt. Strömt die Luft aus einem Hochdruckgebiet auf der Nordhalbkugel zu einem Tief, wird sie nach rechts abgelenkt. Das nördlichere Tiefdruckgebiet nimmt die Luft in einer Linksdrehung auf. Somit entstehen um die Druckzentren Wirbel: auf der Nordhalbkugel um Hochdruckgebiete im Uhrzeigersinn und um Tiefdruckgebiete andersherum (siehe Abbildung). Auf der Südhalbkugel verhält es sich umgekehrt: Luftströme, die von einem Hochdruckgebiet zu einem Tiefdruckgebiet strömen, werden nach links abgelenkt. Die Wirbel um ein Tief bewegen sich also hier im Uhrzeigersinn, die um ein Hoch gegen den Uhrzeigersinn.

Luftströme zwischen Hoch- und Tiefdruckgebieten auf der nördlichen Halbkugel

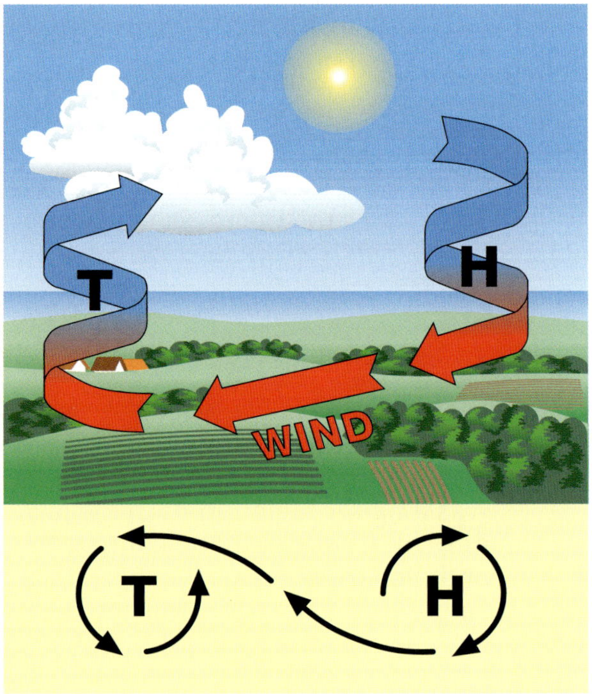

Windgürtel

Dies sind grundlegende physikalische Erklärungen der Bildung von Hoch- und Tiefdruckgebieten und den dazwischen auftretenden Luftströmungen. Im Einzelnen kann man das Windsystem auf der Erde folgendermaßen erklären: Entlang des Äquators erwärmt die Oberflächenstrahlung der Erde die unteren Atmosphärenschichten, die sich daraufhin ausdehnen und emporsteigen. In dieser Zone steigt die Luft lediglich auf, es herrscht meist Windstille. Daher nennt man diese Zone die **Kalmen.** Durch die Ausdehnung der sich erwärmenden Luft entsteht niedriger Luftdruck. Daher findet sich entlang des Äquators eine andauernde **Tiefdruckzone** (Tiefdruck = niedriger Luftdruck). Die aufsteigenden Luftmassen kühlen ab, verdichten sich und durch die nun geringere Fähigkeit, Flüssigkeit zu speichern, fällt Regen. Gleichzeitig weichen sie nach Norden und Süden aus, um bei etwa 30° nördlicher und südlicher Breite zu Boden zu sinken. Es entstehen zwei Gürtel mit hohem Luftdruck (**Hochdruckzone**). Die nun trockene, absinkende Luft bewirkt ausgedehnte Wüstengebiete an der Erdoberfläche, z. B. die Sahara. Das Gebiet der absinkenden Luftmassen nennt man auch die **Rossbreiten**[1]; sie sind weitgehend windstill. Die dichte Luft in diesem Gebiet fließt nun zum Teil Richtung Äquator, um den dort herrschenden niedrigen Luftdruck auszugleichen. Da sie durch die Erdrotation abgelenkt werden (siehe oben), entstehen die gleichmäßigen von Nordosten (Nordhalbkugel) bzw. Südosten (Südhalb-

1 Dieser Begriff kommt aus der frühen Schifffahrt: die Windstille im Bereich der Rossbreiten hat die Fahrt durch diese Gebiete erheblich verlangsamt. Kapitäne waren angeblich häufig dazu gezwungen, an Bord befindliche Rösser wegen ihrem zu großen Gewicht oder fehlender Futtermittel über Bord zu werfen.

kugel) kommenden **Passatwinde**[2]. Sie treffen am Äquator aufeinander. Diese Zone wird daher **innertropische Konvergenzzone**[3] genannt.

Sie ist gekennzeichnet durch Windstille (Kalmen) und regelmäßige Regenfälle. Ein anderer Teil der an den Rossbreiten absinkenden Luftmassen wird zu den Polen hingezogen, da sich etwa zwischen 40° und 50° nördlicher und südlicher Breite wiederum große Tiefdruckgebiete befinden. Dadurch entstehen die auch bei uns vorherrschenden **Westwinde.** Die Pole sind Gebiete hohen Luftdrucks, der durch das Absinken kalter, dichter Luft verursacht wird. Hier herrschen Ostwinde vor.

Abgesehen von lokalen Winden stellen sich die planetarischen Windgürtel folgendermaßen dar:

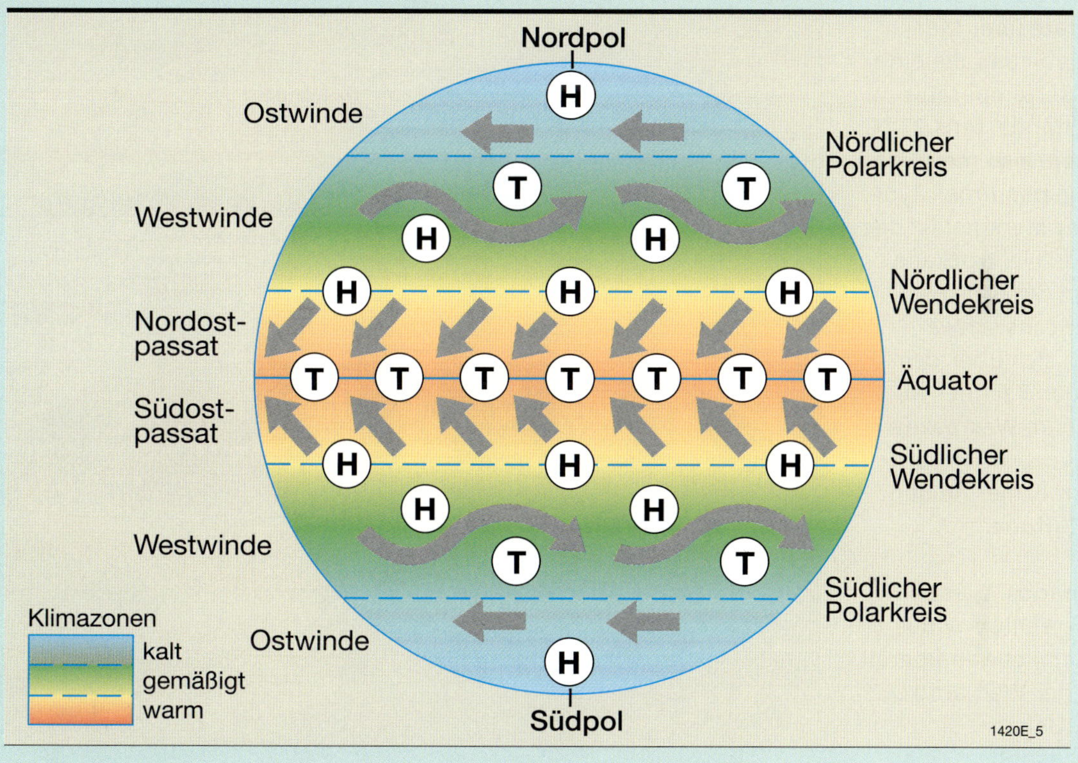

Ein besonders für den Ferntourismus nach Südostasien bedeutsames Phänomen ist der **Monsun.** Auch er tritt wie die oben erklärten Winde regelmäßig auf. Eigentlich versteht man darunter die wechselnden Winde in Ostasien: Im Sommer (der Nordhalbkugel) handelt es sich um die Feuchtigkeit bringenden Südwestwinde, im Winter um die trockenen Nordostwinde Indiens. Meist denkt man bei dem Begriff des Monsuns aber an die sommerliche Regenzeit in Süd- und Ostasien, besonders die auf dem indischen Festland, wo es regelmäßig zu schlimmen Überschwemmungen kommt. Diese **Monsunregen** finden dadurch ihre Erklärung, dass die innertropische Konvergenzzone dem jahreszeitlich wandernden Sonnenhöchststand folgt. Im Juli befindet sie sich daher nördlich, im Januar etwas südlich vom Äquator. Seine Feuchtigkeit nimmt der Südwestmonsun aus dem Arabischen Meer auf, denn von dort kommt die Luft, die sich über Indien stark aufheizt und daher besonders schnell abregnet. Die entsprechende Erscheinung ist der Nordwestmonsun Indonesiens und Nordaustraliens, der im Sommer der Südhalbkugel auftritt.

2 passata (span.) = Überfahrt. Die Passatwinde halfen den Segelschiffen der früheren Jahrhunderte bei ihrer schnellen Überfahrt.
3 Konvergenz = Übereinstimmung, Zusammentreffen, Überschneidung

Die nachfolgenden Abbildungen sollen die beschriebenen Luftzirkulationen verdeutlichen. Achten Sie besonders auf die Verschiebung dieser Zirkulationen gemäß der Jahreszeit. Neben diesen allgemeinen Luftzirkulationen finden sich überall auf der Welt regionale Windphänomene, wie z. B.:

Hurricans: Diese tropischen Wirbelstürme treten im Bereich des karibischen Meeres auf. Sie entstehen durch Störungen der Passate über Meeresgebieten, die eine Wassertemperatur von mindestens 27 °C haben, also meistens im Spätsommer. Typisches Merkmal ist das windstille, trockene Auge des Sturms. Hurricans schwächen sich über dem Festland schnell ab. Auch im Westpazifik finden sich Wirbelstürme, hier heißen sie **Taifune.**

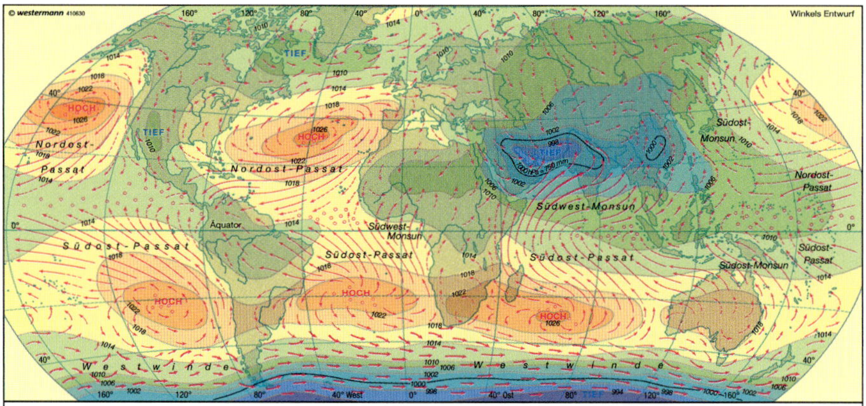

② Luftdruck und Winde im Juli

Windstärke: schwach, mäßig, stürmisch

Windbeständigkeit: lange Pfeile = beständig, kurze Pfeile = veränderlich

Häufige Windstillen: Äquatoriale Kalmen und Kalmen der Rossbreiten an den Wendekreisen

weitere Erläuterungen siehe Karte ①

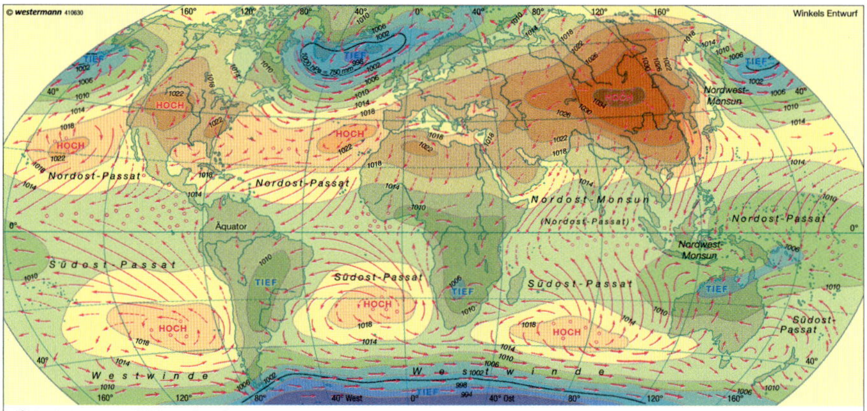

① Luftdruck und Winde im Januar

TIEF 994 998 | 1000 hPa | 1002 1006 1010 1014 1018 1022 1026 1030 1034 HOCH

—1018— Linien gleichen Luftdrucks (Isobaren) in Hektopascal (hPa)

1000 hPa = 750 mm Quecksilbersäule (Torricelli-Barometer)

weitere Erläuterungen siehe Karte ②

Tornados: Diese senkrechten Windhosen können überall auf der Welt auftreten. Bekannt sind sie besonders über dem Festland Nordamerikas (Twister) im Frühsommer. Ihre Entstehung ist sehr komplex und wird noch immer erforscht. Sie treten häufig in Verbindung mit Gewitter auf.

Warme lokal auftretende Winde sind z. B. die **Etesien.** Sie treten im Sommer im östlichen Mittelmeer auf. Es handelt sich um sehr trockene Nordwinde, die über den Alpen entstehen.

Der **Föhn** ist ein warmer, trockener Fallwind am Rande eines Gebirges. Am bekanntesten ist der Föhn auf der Nordseite der Alpen. Er entsteht durch Luftmassen, die an einem Gebirge emporsteigen, sich dadurch abkühlen und abregnen. Dadurch werden sie leichter, sinken auf der windabgewandten Bergseite (Lee) wieder ab und erwärmen sich dadurch. Sein nordamerikanischer Verwandter, der **Chinook,** fällt an der Ostseite der Rocky Mountains herab.

Schirokko wird ein heißer Wind aus der Sahara genannt, der im gesamten Sommer im östlichen Mittelmeer auftreten kann. Obwohl er meist Sand mit sich trägt, ist er nicht immer trocken, da er über dem Mittelmeer Feuchtigkeit aufnimmt. Winde aus der Sahara werden auf den Kanaren **Kalima,** auf dem spanischen Festland **Leveche** und in Nordafrika **Kamsin** genannt.

Bekannte kalte Luftströmungen sind z. B. in Nordamerika der schneereiche **Blizzard,** an der östlichen Adria im Winter die kalte und böige **Bora** sowie in Südfrankreich der meist im Frühjahr auftretende trockene **Mistral.**

Situationsaufgabe

Situation:

Frau und Herr Schön, beide Rentner und reiselustig, erkundigen sich bei Ihnen im Reisebüro nach einem Fernreiseziel für den nächsten Januar. Sie bevorzugen ein warmes, aber nicht zu heißes Klima, wenig Regen und Wind und einen möglichst geringen Zeitunterschied zur MEZ.

Aufgabe:

Wägen Sie verschiedene passende Reiseziele gegeneinander ab. Machen Sie dem Ehepaar Schön anschließend eine konkrete Empfehlung einer passenden Destination unter Angabe der Klimazone, des dort im Januar typischen Klimas (Luft- und Wassertemperatur, Regentage, Windverhältnisse) und der Zeitumstellung. Recherchieren Sie auch die Reisezeit.

Aufgaben

1_ Welche Windrichtung herrscht in West- und Mitteleuropa vor?

2_ Was sind Passatwinde?

3_ In welcher Region der Erde tritt der Monsun auf?

4_ Wie entsteht der Monsun?

5_ Warum bringt der Sommermonsun die meisten Regenfälle in dieser Region?

Weitere Aufgaben zu Kapitel 3.3.4 finden Sie im BPW unter Zusatzaufgaben zu LF 3, Kapitel 3.3.4 Web

Verkaufsgespräche zielorientiert führen

1 Vorbereitung von Kundenkontakten

Im Rahmen eines jeden Verkaufssystems und einer jeden Vertriebsstruktur gehört die praxisorientierte Vorbereitung von Kundenkontakten zu den wichtigsten Erfolgsfaktoren.

> **!** **Die Praxis belegt, dass die in die Vorbereitung investierte Zeit hinterher Arbeit, Zeit und Kosten spart.**

Zu den in Ihrem Beruf wichtigsten Kundenkontakten gehört die Beratung des Kunden im Reisebüro oder am Agenturschalter, am Telefon und der schriftliche Kontakt, z. B. per E-Mail und Briefsendung. Hierfür sind besondere Vorgehensweisen und Regeln zu beachten, die die Kommunikation mit dem Kunden erleichtern.

1.1 Was ist Kommunikation?

Der Begriff kommt aus dem Lateinischen. *Communicare* wird mit teilen, mitteilen und gemeinsam machen übersetzt. **Kommunikation** ist das Umsetzen und Weitergeben von Informationen in Sprache, Gestik, Mimik, Schrift, Bild oder in u. a. elektronischen Impulsen.

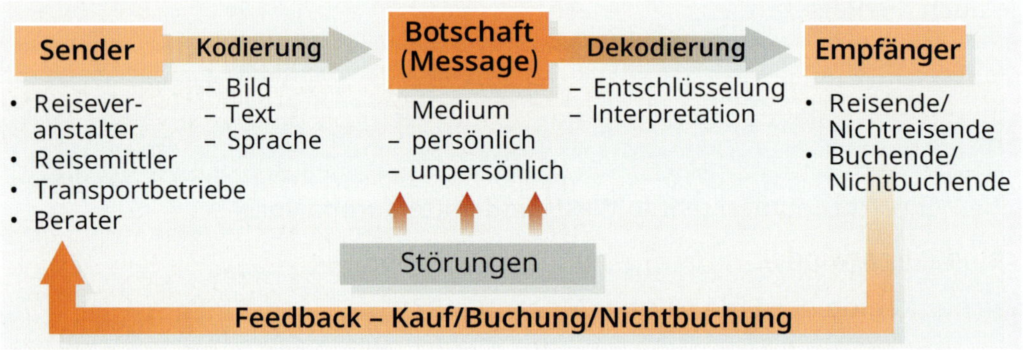

Das **Ziel von Kommunikation** ist, neben dem Mitteilen auch Wissen zu vermehren, Beziehungen zu knüpfen oder Leistungen zu erhalten. Dies geschieht genau dann, wenn ein wechselseitiges Weitergeben von Informationen stattfindet. Es wird auch als Interaktion oder als Austausch bezeichnet, der über verschiedene Medien und zwischen mindestens zwei Personen (oder auch Maschinen, z. B. Computern) stattfindet.

Das **Wesen der Kommunikation** kann mithilfe verschiedener Modelle verdeutlicht und verstanden werden. Das wohl bekannteste Modell ist das **Sender-Empfänger-Modell.**

Der Sender übermittelt eine dem Empfänger und seiner Zielsetzung angepasste kodierte Information und nutzt dazu ein Medium. Die übermittelte Botschaft wird vom Empfänger entschlüsselt und es folgt eine Rückkopplung an den Sender. Störungen treten auf, wenn die Botschaft nicht richtig beim Empfänger ankommt, die Botschaft nicht richtig entschlüsselt wird oder die verwendete „Kodierung" unpassend war.

Ein Gespräch läuft auf verschiedenen Ebenen ab, die alle dessen Verlauf und Ausgang beeinflussen können. Es ist zwischen **verbaler** (sprachlicher) und **nonverbaler Kommunikation** zu unterscheiden. Die Körpersprache kann sich von den verbal geäußerten Gesprächsinhalten unterscheiden und kann eine Kommunikationsstörung verursachen. Daher werden bei jedem Gespräch **inhaltliche Aspekte** (Informationen) und **Beziehungsaspekte** (zwischenmenschliche Beziehung, z. B. Kunde – Verkäufer) ins Gewicht fallen.

! Für die Übermittlung von Botschaften zwischen Berater/Verkäufer und Kunde gibt es bestimmte Regeln, die helfen sollen, Kommunikationsstörungen im Verkaufsgespräch zu vermeiden.

1.2 Verkaufsmodelle und Verkaufsgespräche im Tourismus

Der **Verkaufsvorgang** wird i. d. R. in drei Grundphasen unterteilt.
- » Begrüßungs- und Kontaktphase (= Anbahnung des Geschäfts)
- » Beratungsphase, Verhandlungsphase (= Angebotsaufbau und Einstimmung)
- » Abschluss- und Weiterführungsphase (= Geschäftsabschluss mit Anbahnung weiterer Geschäfte)

Aus der Erfahrung entfallen auf die generalisierten Phasen eines Verkaufs, und zwar unerheblich vom Produkt, folgende Zeitansätze:
- » 50 % Analyse des Kundenbedarfs
- » 35 % Angebotsdarlegung und Problemlösung
- » 10 % Nutzenargumentation
- » 5 % Abschluss

Mit Augenmerk darauf, dass zwischen 20 % und 30 % aller Kundenkontakte im Tourismus per Telefon oder schriftlicher und 70–80 % persönlicher Natur sind, wird der richtige Umgang mit Kunden hauptsächlich am Beispiel des Beratungsgespräches dargestellt (→ Kapitel 2 bis 6).

Jedes **Verkaufsgespräch** in der Tourismusbranche sollte in einem Fünf-Phasen-Schema ablaufen.

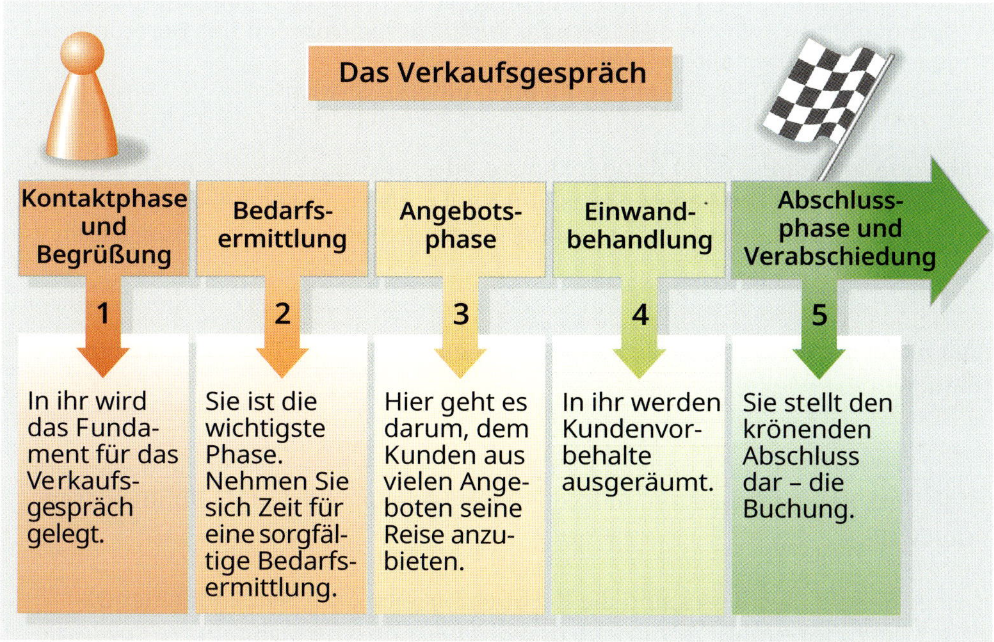

Im Anschluss an das Verkaufsgespräch folgt die Nachbereitung.

1.3 Praxisorientierte Vorbereitung

Die Vorbereitungen für die unterschiedlichen Kundenkontakte haben gemeinsame, aber auch unterschiedliche Komponenten. Eine gemeinsame Komponente ist Ihre **fachliche Kompetenz.** Hierunter werden gute fachliche Kenntnisse über Ihre Arbeitsinhalte verstanden.

Praxisorientierte Vorbereitung von Kundenkontakten
» Hauptreisezeit: Vorabprüfung der Vakanz beliebter Ziele » neue Kataloge: Übersicht verschaffen, Reisebüroaufkleber anbringen » Schaufensterangebote: Kenntnis der Inhalte

! Fachliche Kompetenz ist das erste Gebot!

Mögliche, zu treffende Vorbereitungen für einen persönlichen Kundenkontakt
» Überprüfen Sie, dass alle zur Kundenberatung nötigen technischen Abfragesysteme und die technische Ausstattung (z. B. Kopiergerät, Drucker) eingeschaltet sind und störungsfrei funktionieren. » Sichern Sie den reibungslosen Zugriff auf die Kundendatei oder legen Sie Kundenberatungsbogen in ausreichender Anzahl zurecht. » Legen Sie Unterlagen für eventuelle terminlich anzubietende Buchungen oder Aufführungen zurecht. » Ihr Arbeitsplatz sollte aufgeräumt und sauber sein, Ihre Kataloge und Prospekte gut sortiert. » Legen Sie Schreibwerkzeug und Papier zurecht, um sich Notizen machen zu können. » Überprüfen Sie das Vorhandensein von sauberen Trinkgefäßen, falls Sie Ihrem Kunden etwas zu Trinken anbieten möchten. » Ein gut gelüfteter/angenehm beduftetder und wohltemperierter Beratungsraum wird vom Kunden oft unbewusst wahrgenommen und sehr geschätzt. » Spezielle Vorbereitungen, wie z. B. die Bereitlegung der Unterlagen für die terminlich vereinbarte Beratung von Kundschaft sind im Einzelfall zu treffen. Schalten Sie ggf. den Anrufbeantworter ein, um Ihr Beratungsgespräch nicht unterbrechen zu müssen oder vereinbaren Sie mit einem Kollegen/einer Kollegin die Übernahme der für Sie während des Beratungsgesprächs eingehenden Anrufe, falls möglich. » Sehen Sie noch einmal in den Spiegel – ein gepflegtes Äußeres ist wichtig!

Für jeden geplanten oder nicht geplanten Kundenkontakt ist es wichtig, Zugriff auf die **aktuelle Kundendatei** Ihres Unternehmens zu haben. Sei es, um Neukundendaten eingeben zu können oder zu notieren, oder um die Daten bereits bekannter Kunden zu erweitern, zu aktualisieren und zu pflegen (Datenpflege).

! Jeder Kontakt bietet die Möglichkeit, die Kundendatei um für Sie oder Ihren Betrieb nutzbare Informationen zu erweitern.

Für die Speicherung und Nutzung der Kundendaten gibt es gesetzliche Regelungen, die Sie und das Sie ausbildende Unternehmen beachten müssen. Diese Regelungen sind im **Bundesdatenschutzgesetz** formuliert.

Für die Tätigkeit eines Reiseveranstalters sind die Rechtmäßigkeitsvoraussetzungen der Datenverarbeitung, das Datengeheimnis, technische und organisatorische Maßnahmen sowie die Bestellung eines Datenschutzbeauftragten nicht durch Berufsrecht geregelt. Hingegen finden

Anforderungsprofil für die Kommunikation mit dem Kunden

Aufgrund von Erfahrungen lässt sich für den Expedienten folgendes Anforderungsprofil aufstellen.

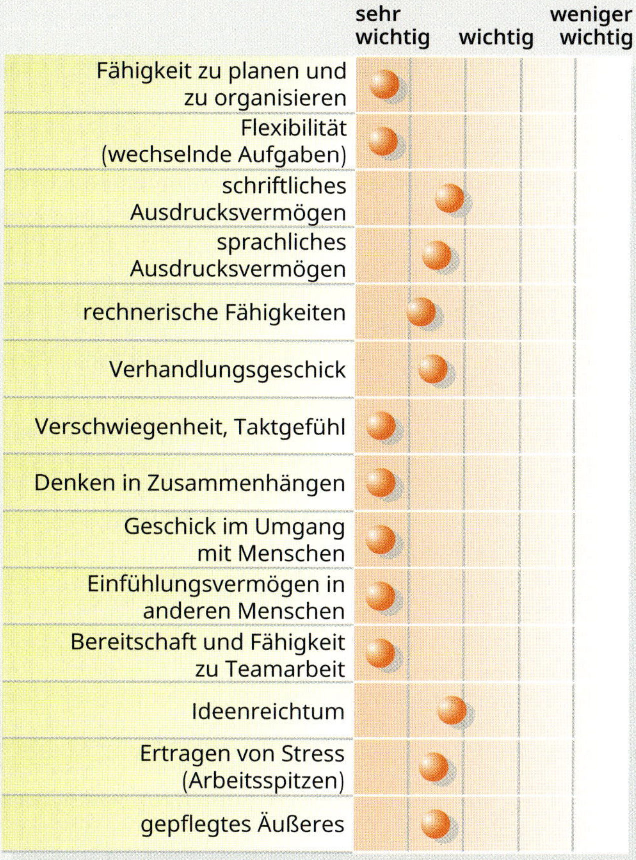

Anhand der in LF 1 dargestellten Ausbildungsinhalte lassen sich förderliche und eher nachteilige Interessen und Fähigkeiten für Ihren zu erlernenden Beruf ableiten. Fehlende Kommunikations- oder Teamfähigkeit ist z. B. eher hinderlich.

Achten Sie auf Ihr gepflegtes Äußeres und lassen Sie Ihre Allgemeinbildung nicht zu kurz kommen; Sie werden sich mit Ihrem Kunden auch einmal über „Gott und die Welt" unterhalten. Ein versierter Expedient ist einladend, entgegenkommend, aufmerksam, freundlich und dienstbereit.

Wesenszüge eines „Antiverkäufers" sind hingegen

» Überheblichkeit,
» Ungeduld,
» Aufdringlichkeit,
» Desinteressiertheit

2.2 Willkommen Kunde

Der Empfang Ihres Kunden beginnt bereits, bevor er oder sie die Agentur oder das Reisebüro betreten: Bereits bei Betrachtung des Schaufensters soll die Präsentation Ihres Angebotes Aufmerksamkeit erregen und Interesse wecken. Die **Gestaltung Ihres Schaufensters** sollte so ausgerichtet sein, dass werbliche Inhalte mithilfe von Formen und Farben nach bestimmten Vorgaben und Gesetzmäßigkeiten wahrnehmbar gemacht werden.

> **!** **Gestaltungsprinzip ist ein sinnvolles Gruppieren, Kombinieren, Zusammenfügen von Einzelheiten zu einem Ganzen.**

Verschiedene **Farben, Formen und Materialien** lösen unterschiedliche Gefühle aus. Sie können den Verkauf fördern und hemmen. Für den Erfolg der Schauwerbegestaltung ist ihr Einsatz von entscheidender Bedeutung.

Farbgruppen und ihre Bedeutung im Hinblick auf die touristische Verwendung	
Rot	Leidenschaft, Liebe, Lebensfreude, Aktivität, Dynamik, Wärme, Gefahr, Kraft, Feuer, Energie, Lebendigkeit, Mut
Orange	Vergnügen, Heiterkeit, Fröhlichkeit, Entspannung, Erleichterung, Zerstreuung, Selbstbewusstsein, Unabhängigkeit, Genuss, Lust, Freude, Geselligkeit
Gelb	Sonne, Licht, Wärme, Lebhaftigkeit, Leichtigkeit, Sommer, Optimismus, Überfluss, Pracht, Reichtum, Luxus, Glück
Grün	Natur, Leben, Frische, Vitalität, Jugend, Sicherheit, Hoffnung, Zufriedenheit, Erholung, Ruhe, „Öko“, Harmonie
Blau	Himmel, Ferne, Weite, Sehnsucht, Sympathie, Harmonie, Entspannung, Sportlichkeit, Ruhe, Frieden, Freundschaft, Tiefe
Violett	Spannung, Melancholie, Spiritualität, Mystik, Macht, Magie, Fantasie, Festlichkeit
Braun	Gutbürgerlichkeit, Konservativität, Gemütlichkeit, Gelassenheit, Zuversicht, Geborgenheit, Ruhe
Schwarz	Eleganz, Besonderheit, Würde, Modernität, Sachlichkeit, Macht, Kreativität, Urteilskraft
Weiß	Klarheit, Ehrlichkeit, Unschuld, Vollkommenheit, Reinheit, Leichtigkeit, Helligkeit, Würde, Weisheit, Sauberkeit

Starre Gesetze, welche Farben, welche Farbzusammenstellungen usw. richtig oder falsch sind, gibt es nicht. Es gibt lediglich einige Grundregeln über die Bedeutung bestimmter Farbgruppen.

> **!** **Um Farben in der Schauwerbegestaltung erfolgreich einzusetzen, muss letztendlich jedes Mal in Kombinationen mit Materialien, Objekten, Figuren und Accessoires neu entschieden werden.**

Beleuchtung und Schriftzüge in realistischer oder illusionärer Form sollten sich in die Gesamtgestaltung des Schaufensters einfügen.

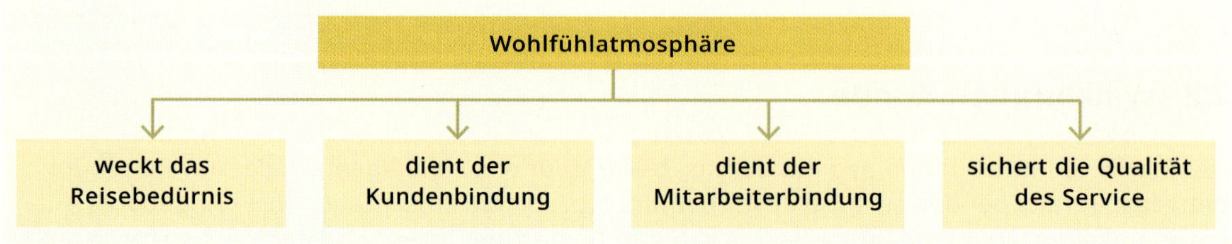

Beim Betreten der Agentur oder des Reisebüros sollte der Kunde eine „Wohlfühlatmosphäre" zu spüren bekommen.

Der **Empfang** findet in einem *Welcome-Desk* oder an einem *Extra-Counter* statt. Kaffeeautomat, Erfrischungsgetränke und Spielecke für begleitende Kinder sind selbstverständlich; Internetterminals verkürzen dem Kunden die Wartezeit.

Im **Reisebüro** wird eine Urlaubsatmosphäre durch Düfte, Sound und visuelle Animation geschaffen. Decke, Wand- und Bodenbelag sind Garant für eine gute Akustik, Möbel haben ein helles Furnier.

Eine entsprechende Beleuchtung unterstützt das entspannende Ambiente. Einrichtung und Beleuchtung sollten auch für Informations- und Verkaufsschalter mit Geschick ausgewählt werden.

Daneben sind die Freundlichkeit und die Kompetenz des Beratungspersonals und die technische Ausstattung weitere **Qualitätsmerkmale.** Sie können ergänzt werden um Urkunden und Zertifikate über Aus- und Weiterbildung des Personals.

Im **Empfangsbereich** werden auch die Schnellgeschäfte *(Quick-Counter)* abgewickelt. Für Schnäppchenjäger gibt es eine Last-Minute-Theke. Prospektschränke sind zentral aufgestellt und freie Wandflächen dienen zum Anbringen von Großfotos oder als Projektionswand.

Vom Empfangsbereich wird der Kunde z. B. in einem Reisebüro zu den **Beratungsinseln** geleitet. Ohne Wartende im Rücken des Kunden können hier seine Wünsche erforscht und umgesetzt werden. Der Expedient selbst ist mobil und hat seine Arbeitsunterlagen günstigenfalls in einem rollbaren Container dabei.

! **Offener Zugang, Kundenkontakt ohne Sichtsperren, Atmosphäre, gekoppelt mit modernster Technik kann Buchungsbedürfnisse wecken, den Kunden binden, den Service verbessern und die Mitarbeiter motivieren und binden.**

Störungen der Atmosphäre (z. B. lautes Rufen durch den Raum, Gesprächsunterbrechungen durch eingehende Telefonate, durch Kolleginnen und Kollegen, Ihre Kunden finden keinen Sitzplatz oder keine „Wartebeschäftigung") können das Reisebedürfnis des Kunden und den Erfolg eines individuellen Beratungsgespräches erheblich schmälern.

2.3 Die Begrüßung

Die Begrüßung ist der Grundstein für einen vertrauensvollen Gesprächseinstieg und eine positive Gesprächsatmosphäre.

2.3.1 Der optimale Empfang

Der optimale Empfang am Counter ist gekennzeichnet durch:
- Blickkontakt
- Frage nach dem Kundenwunsch
- Aufstehen
- persönliche Vorstellung
- Lächeln
- Platz anbieten
- offene Körperhaltung
- Erfragen des Kundennamen
- Dienstbereitschaft signalisieren

Die folgenden Punkte sollen von Ihnen nicht abgearbeitet werden, sondern je nach der Situation als Hilfe dienen:
- Nehmen Sie mit dem eintretenden Kunden Blickkontakt auf. Dadurch fühlt sich der Kunde zur Kenntnis genommen.
- Stehen Sie auf und gehen Sie auf den Kunden zu. Halten Sie dabei weiterhin Blickkontakt, dadurch wird er Ihr Kunde.
- Begrüßen Sie Ihren Gesprächspartner betont und freundlich.
- Kunden, die Ihnen persönlich bekannt sind, sprechen Sie mit dem Namen an.
- Fragen Sie den Kunden nach seinem Wunsch.
- Bei Kunden, die Ihnen bereits bekannt sind, eröffnen Sie das Gespräch verbindlicher (z. B. „Wie war Ihr letzter Urlaub, Frau/Herr ...?"

Fragen nach dem Kundenwunsch:
- „Was kann/darf ich für Sie tun?"
- „Wie kann ich Ihnen helfen?"
- „Wie kann ich Ihnen behilflich sein?"

Reagieren Sie positiv auf den Kundenwunsch und signalisieren Sie Dienstbereitschaft, indem Sie auf den vom Kunden geäußerten Wunsch eingehen und die Vielfalt Ihres Angebots darlegen.

Kunde: „Ich möchte zwei Wochen Urlaub auf den Kanaren verbringen."
Expedient:
- „Ja gerne, da kann ich Ihnen sicher helfen."
- „Ja gerne, da werde ich sicher etwas Schönes für Sie finden."
- „Da haben Sie sich ein schönes Reiseziel ausgesucht!"
- „Da kann ich Ihnen einiges anbieten."

Bei unangebrachten Fragen wie, „Haben Sie sich schon etwas ausgesucht?" oder „Wie viel möchten Sie ausgeben?" oder „Kann ich Ihnen weiterhelfen?" übernimmt der Kunde die Gesprächsführung. Diese Art von Fragen sollten Sie vermeiden.

!
Die Verhaltensweisen in der Begrüßungsphase sind:
- **Lächeln Sie Ihren Kunden an.**
- **Wechseln Sie die ersten Worte im Stehen.**
- **Signalisieren Sie dem Kunden Ihre Dienstbereitschaft.**
- **Bieten Sie Ihrem Kunden einen Platz an.**

222251218

Sollte der Kunde nicht unverzüglich von Ihnen beraten werden können, müssen Sie ihm trotzdem vermitteln, dass er willkommen ist. Deshalb, reagieren Sie positiv!

- Signalisieren Sie dem Kunden verbal und durch Blickkontakt, dass er schnellstmöglich beraten wird.
- Zur Überbrückung der Wartezeit bieten Sie ihm einen Sitzplatz an und ggf. ein Getränk.
- Verweisen Sie auf bereitliegende Reisemagazine, Kataloge usw.
- Bestätigen Sie, dass der nächste frei werdende Expedient sofort für den Wartenden zur Verfügung steht. Sollte die voraussichtliche Wartezeit zu lang sein, bieten Sie dem Kunden lieber gleich einen Katalog und in Folge einen persönlichen, ggf. telefonischen Termin an, den Sie sich für ihn freihalten.

! Kunden warten nicht gerne. Ein potenzieller Kunde wird wahrscheinlich nach einer kurzen Wartezeit das Reisebüro verlassen und ist damit vielleicht für Sie als Kunde verloren.

2.3.2 Die Vorstellung

Nachdem der Kunde Platz genommen hat, stellen Sie sich vor.

„Ich freue mich, dass Sie zu uns gekommen sind, mein Name ist Killig, Wolfgang Killig."

Der Vorname wirkt persönlicher und der Kunde hat Zeit, sich Ihren Namen zu merken. Der Kunde wird sich i. d. R. daraufhin ebenfalls vorstellen. Andernfalls fragen Sie nach seinem Namen.

- „Sagen Sie mir bitte auch Ihren Namen?"
- „Wie darf Ich Sie ansprechen?"
- „Wie ist Ihr Name?"

Sprechen Sie den Kunden von jetzt an mit seinem Namen an! Notieren Sie sich den Kundennamen! Sollten Sie den Namen akustisch nicht verstanden haben, so verwenden Sie folgende Formulierungshilfen:

- „Bitte sagen Sie mir Ihren Namen noch einmal."
- „Wie schreibt man Ihren Namen?"
- „Bitte buchstabieren Sie mir Ihren Namen."

Bedanken Sie sich für die Hilfe. Vermeiden Sie in einer solchen Situation Fragen, von denen der Kunde den Eindruck gewinnen könnte, dass Sie ihn nicht ernst nehmen. Solche ungeeigneten Namensnachfragen sind Formulierungen, wie „Wie war Ihr Name?" (... hat nicht zugehört) oder „Können Sie mir Ihren Namen buchstabieren?" (... glaubt, ich kann das Alphabet nicht).

2.3.3 Der Telefonkontakt

Das Telefon ist ein wichtiges Medium zur „Außenwelt" und für Ihren Kunden die Möglichkeit, Sie zu sprechen, ohne Ihren Buchungsschalter oder Ihre Agentur aufsuchen zu müssen.

Für den Kunden hat die Kontaktaufnahme per Telefon drei entscheidende **Vorteile:**

1. Anfragen, Angebote, Bestellungen, Wünsche oder Reklamationen können kostengünstiger abgewickelt werden als beim herkömmlichen Schriftwechsel (= Kunde spart Geld).
2. Ein Telefonberater kann unverzüglich Auskunft geben und der Kunde kann sofort nachfragen (= Kunde spart Zeit).
3. Der Experte am Telefon garantiert individuelle Beratung (= Kunde steht im Mittelpunkt).

Diese Sichtweisen des Kunden bedeuten für Sie, dass Sie zu erreichen sind, d. h. ansprechbar sind, und – falls Sie gerade einen Kunden persönlich betreuen – flexibel genug, das Beratungsgespräch zu unterbrechen. Sollten Sie einmal nicht in der Lage sein, das Telefonat anzunehmen, sollten Sie einen **Anrufbeantworter** eingeschaltet haben.

Bitte beachten Sie hierbei:
» Besprechen Sie diesen mit freundlicher Stimme.
» Gestalten Sie den aufgesprochenen Text nicht zu lang.
» Rufen Sie so schnell wie möglich zurück, spätestens am folgenden Tag.

! Der Anrufbeantworter ist die „mündliche Visitenkarte" Ihres Unternehmens. Der aufgesprochene Text sollte eindeutig und verständlich sein.

Für telefonische Kontakte gelten eigene Regeln, die im Folgenden dargestellt werden.

Am Telefon müssen wir auf folgende Einflussfaktoren verzichten
» das persönliche eigene Erscheinungsbild » den Blickkontakt » Anschauungsmaterialien » die Büroatmosphäre » die Körpersprache

Beeinflussen können wir unseren Gesprächspartner durch
» unsere Stimme » unsere Sprechweise » unsere Formulierungen » unsere Gesprächsinhalte » unsere persönliche Ansprache » unser Zuhören

Stimme

Lassen Sie sich nicht auf die Lautstärke Ihres Gesprächspartners ein, pointieren Sie durch Heben und Senken der Stimme. Eine gewisse Distanz in der Stimme vermittelt einen selbstsicheren Eindruck. Verzichten Sie auf eine zu starke Dialektfärbung, wenn der Kunde Dialekt spricht, äffen Sie keinen Dialekt nach.

222251220

Sprachrhythmus und Akzentuierung

Benutzen Sie keine eintönige Sprachmelodie, sie erzeugt Langeweile. Bewegen Sie Ihre Stimme in einem natürlichen Auf und Ab; Satzzeichen vermitteln Sie akustisch. Pausen von ein bis zwei Sekunden geben dem Gesprächspartner die Möglichkeit, Ihre Informationen zu verarbeiten und erzeugen Spannung.

Formulierungen	
Benutzen Sie den Indikativ (Wirklichkeitsform); der Konjunktiv (Möglichkeitsform) drückt Unsicherheit aus. Vermeiden Sie Telefonlaute und Füllwörter.	
ungeeignete Formulierungen » müsste, hätte, könnte, wäre, würde » ääh, hmm, mm » eigentlich, vielleicht	**Kundenwertung** » unsicher » unkonzentriert » aussagelos
Vermeiden Sie auch das Futur (Zukunft). Zukunftsaussagen suggerieren Unsicherheit. Nutzen Sie das Präsens (Gegenwartsform), da diese Form keinen Spielraum für eventuelle Hindernisse zulässt.	

Stacheldrahtphrasen und Sperrformulierungen

Stacheldrahtphrasen können einen Gesprächsverlauf sehr schnell hemmen oder zu einem Gesprächsabbruch führen, da sich der Gesprächspartner durch sie angegriffen fühlt. Zusammen mit Sperrformulierungen sind sie Angriffspunkte, die in der eigenen Person, dem Gesprächspartner, dem Gesprächsgegenstand oder in den Rahmenbedingungen des Gespräches begründet sind.

- Das ist nicht unsere (Ihre) Aufgabe ...
- Dafür habe ich keine Zeit ...
- Auf dem Gebiet habe ich die größere Erfahrung ...
- Was Sie sagen, ist einfach falsch ...
- Wir haben schon alles versucht ...
- Im Moment sind wir dazu nicht in der Lage ...
- Darüber reden wir ein andermal ...
- Das geht mich nichts an ...
- Das können Sie nicht beurteilen ...
- Das machen wir immer so ...
- Ich verstehe gar nicht, wo Sie noch ein Problem sehen ...
- Was für eine Pfeife ist denn darauf gekommen ...
- Das wird sowieso nichts ...
- Da kommt doch nichts bei raus ...
- Das kann doch nicht Ihr ernst sein ...
- Das glauben Sie doch selbst nicht ...

! Beim Telefonat beeinflussen Sie Ihren Gesprächspartner zu 85 % durch die Art, wie Sie sprechen, zu 15 % durch das, was Sie sagen.

Entsprechend dem Text auf dem Anrufbeantworter (s. o.) ist die telefonische Begrüßung die „mündliche Visitenkarte" Ihres Unternehmens. Sie ist für ein erfolgreiches Gespräch notwendig und wichtig.

Telefonische Begrüßung	
» Guten Tag	= Grußformel
» Reisebüro „Palmen und Meer"	= Unternehmensnennung
» Mein Name ist Alina Berg.	= persönliche Vorstellung
» Was kann ich für Sie tun?	= Dienstbereitschaft signalisieren

! Sie werden vom Kunden angerufen – die korrekte Begrüßung am Telefon wird als „4er-Meldung" bezeichnet.

Für einen Anrufer wirkt es nachlässig und interesselos, wenn der Angerufene sich schon meldet, bevor die Sprechmuschel in der richtigen Position ist. Er versteht vom Tagesgruß nur noch „... Tag" oder von der Unternehmensnennung nur noch „... Meer".

Es gibt auch eine Vielzahl von Gründen, warum Sie den Kunden anrufen, z. B.:

- » das Servicegespräch vor/nach der Reise (Kundenbindung)
- » die Nachfrage bei Katalogabholern
- » die Kontaktaufnahme bei „Nicht-mehr-Buchern"
- » der Rückruf bei Nachricht auf dem Anrufbeantworter
- » das telefonische Direktmarketing

Egal weshalb Sie auch immer die Initiative ergreifen, ein Telefongespräch bedarf einer guten Vorbereitung.

Fragen der Anrufsvorbereitung

- » Wer ist mein Gesprächspartner?
- » Welche Informationen habe ich über meinen Gesprächspartner? (→ Kundenkartei)
- » Welches Ziel möchte ich mit meinem Anruf erreichen?
- » Welcher Kundennutzen ist mit meinem Anruf verbunden?

Wie auch beim persönlichen Empfang ist es wichtig, mit dem Kunden von Beginn des Telefonates an eine **gute Gesprächsatmosphäre** aufzubauen. Nutzen Sie Ihre Stimme und die angebrachten Formulierungen. Seien Sie freundlich, aber nicht überfreundlich. Bedenken Sie, dass der Kunde nicht durch Ihr Aussehen oder Ihre Körpersprache abgelenkt ist; er/sie achtet noch intensiver auf Ihre Stimmlage und Ihre Worte.

Wenn Sie den Kunden anrufen, benutzen Sie die „3er-Meldung"	
Telefonische Visitenkarte/Ansprache (3er-Meldung)	Guten Tag. Hier ist Ihr Reisebüro „Sonne und Meer". Mein Name ist Hannelore Ehrlich.
Identifizierung des Ansprechpartners Bestätigung	Frau Spengler? Schön, Frau Spengler, dass ich Sie persönlich erreiche.
Aufhänger (Zielfixierung und Eröffnung)	Ich habe die Informationen für Sie, die Sie wünschten ...

Weitere Formulierungsbeispiele für gutes Telefonieren

» **positive Gesprächsatmosphäre**
  - Wie Sie wissen, ist es für unser Reisebüro selbstverständlich, dass ...
  - In Ihrem besonderen Fall werden wir gerne für Sie ...

» **Kundenappelle**
  - Wäre es Ihnen vielleicht ausnahmsweise möglich, dass ...
  - Könnten Sie dies bitte in diesem Ausnahmefall selbst veranlassen?

» **Entschuldigungen**
  - Bitte entschuldigen Sie vielmals ...
  - Es tut mir außerordentlich leid, dass ...

» **Schlussformulierung**
  - Selbstverständlich werde ich mich unverzüglich um Ihre Angelegenheit kümmern.
  - Ich werde rückfragen und Sie sofort wieder anrufen.

Vermeiden Sie in Ihren Telefonaten, aber auch im direkten Beratungsgespräch, **Negativ-Formulierungen;** sie führen zu Konfrontationen oder gar zum Abbruch des Gespräches.

» Nein, das geht so nicht.
» Das sehen Sie völlig falsch.
» Ich bitte Sie, so etwas würde ich niemals sagen.
» Aber nein, das kann doch nicht Ihr ernst sein.

! Machen Sie sich während oder nach dem Telefonat Notizen über die wichtigsten Besprechungspunkte und ausstehende oder erledigte Aufgaben. Ergänzen Sie Ihre Kundendatei, wenn möglich.

Situationsaufgabe

Situation:

Ein Ihnen fremder Kunde betritt Ihr Reisebüro. Alle Ihre Mitarbeiter sind in ein Kundengespräch vertieft.

Aufgabe:

Beschreiben Sie ausführlich, wie Sie den Kunden begrüßen und empfangen.

Aufgaben

1_ Nennen Sie acht Faktoren, die die Reisebüro- oder Agenturatmosphäre stören können.
Unterbreiten Sie entsprechende Vorschläge zur Abhilfe.

2_ Analysieren Sie das Soll-Profil für Ihren Ausbildungsberuf und wählen Sie sechs Merkmale auf Ihre Person bezogen aus, die Sie für verbesserungsfähig halten.

3_ Formulieren Sie jeweils zwei selbst gewählte Redeverhaltensweisen zu den einzelnen Gesprächstypen und Ihre individuelle Reaktion darauf.

4_ Erläutern Sie fünf konkrete Vorschläge, um Kundenärgernisse abzubauen.

5_ Nennen Sie jeweils drei Signale für Interesse und Desinteresse.

3 Die Bedarfsermittlung

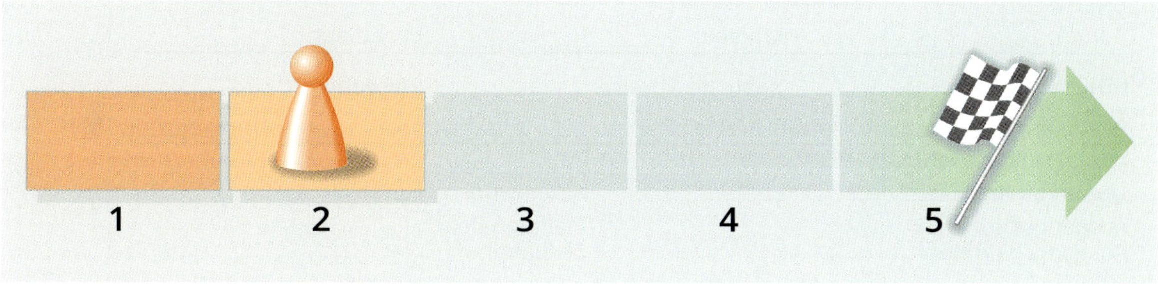

Je exakter die gewonnenen Informationen in der Phase der Bedarfsermittlung sind, desto erfolgreicher verläuft Ihr Verkaufsgespräch.

Sie benötigen den Bedarf, die Reisemotive des Kunden:
- für eine adäquate (bedarfsgerechte) Beantwortung einer Anfrage
- für ein adäquates Angebot oder Alternativangebote
- für die Einwandbehandlung
- für die Preisargumentation
- für die Abschlussphase

Führen Sie den Kunden dabei mithilfe von Fragen (➔ Kapitel 3.2–3.3). Gegebenenfalls begründen Sie Ihre Fragen mit dem Argument, dass Sie ihm/ihr/ihnen ein individuelles und maßgeschneidertes Angebot unterbreiten möchten.
Lassen Sie den Kunden ausreden.
Hören Sie aktiv zu (➔ Kapitel 3.4)!
Dokumentieren Sie alle wichtigen Informationen nach und nach in einem Kundenberatungsbogen (siehe Seite 226) oder in der entsprechenden Maske Ihres Computerprogramms. Er gibt Ihnen einen „roten Faden" für die Bedarfsermittlung vor und zeigt dem Kunden, dass er ernst genommen wird.

! **Der Bedarf des Kunden ist der Schlüssel zum Abschluss!**

3.1 Buchungsmotive

Die Ursachen für das Reisen oder das Buchen von Events sind vielfältig. In der Tourismuswirtschaft interessieren vor allem die den Entscheidungen zugrunde liegenden ökonomischen Überlegungen.

Reisen oder Ausflüge/Veranstaltungsbesuche als ökonomische Güter dienen der Befriedigung von Bedürfnissen. Dabei wird die **Maslowsche Bedürfnispyramide** am häufigsten zur Erklärung herangezogen.

Kundenberatungsbogen

Name des Kunden: ______

Datum: ______ Uhrzeit: ______ Expedient: ______

früheste Abreise: ______ späteste Abreise: ______ Reisedauer: ______

Personen gesamt: ______ Anzahl Erwachsene: ______ Anzahl Kinder: ______ Alter: ______

Verkehrsmittel: ______ Veranstalter/Airlinewunsch: ______

Ausgangsflughafen/Ausgangsbahnhof: ______ Zielflughafen/Zielbahnhof: ______

Beförderungsklasse: ______ ☐ Raucher ☐ Nichtraucher ☐ Fenster ☐ Gang

Hotel/Fewo/Kabine: ______ Anzahl/Art Zimmer: ______ Verpflegung: ______

(optional) Preis: ______ € Zielgebiet: ______

______
Name des Kunden

______
Geburtsdatum

______
Straße

______
PLZ/Wohnort

______
Telefon privat

______
Telefon geschäftlich

______
Telefax/E-Mail

______
Mitreisende (Namen)

Urlaubserwartungen

______

Vorschläge des Beraters

______

Sonstiges

______

Buchungs-/Options-Nr.: ______ Option ☐ fest ☐ verfällt Optionsende (Datum): ______

Gesprächspartner/Leistungsträger: ______

Zusatzleistungen: ☐ Mietwagen ☐ Stadtrundfahrt ☐ Reiseversicherung

Sonstiges: ______

Sonstiges

- ☐ Kabinenplan
- ☐ Landausflüge
- ☐ Tischplatz/Sitzung
- ☐ Reiseführer
- ☐ ausführliche Bestätigung
- ☐ Willkommensgrußkarte
- ☐ Buchungsdokumentation
- ☐ Blumen/Sekt/Zimmer/Kabine
- ☐ Restaurantempfehlung
- ☐ Reiseführer/Autokarte
- ☐ Hotelanschrift
- ☐ Hotelprospekt/Länderinfos
- ☐ Telefonanruf nach der Ankunft
- ☐ TV-Termine

	Anzahlung	Endbetrag
allgemeine Zahlungsvereinbarungen		
Direktinkasso des Reiseveranstalters	☐	☐
EC-Karte/bar	☐	☐
Scheck	☐	☐
besondere Zahlungsvereinbarungen		
Überweisung	☐	☐
Barscheck	☐	☐
Lastschrift	☐	☐
Kreditkarte	☐	☐

Gesellschaft ______

Nummer ______ Gültigkeit ______

Die Begriffe der Maslowschen Bedürfnispyramide:

Physiologische Grundbedürfnisse » Essen, Trinken, Schlafen, Wohnen	**Touristische Umsetzung** » Fahrten zur Arbeit, Geschäftsreisen
Soziale Sicherheit » Gesetze, Versicherungen, Vorsorge	**Touristische Umsetzung** » Reisen zur Sicherung des Einkommens, z. B. Kurzreisen, Geschäftsreisen, Regeneration der Arbeitskraft (Kuren)
Soziale Bindungsbedürfnisse » Zuneigung, Liebe, Geselligkeit, Freundschaft, Kontakt, Kommunikation, Familie	**Touristische Umsetzung** » private und gesellschaftliche Ereignisse/ Besucherreisen
Selbstachtung » Prestigebedürfnis, Anerkennung durch andere, Macht, Freiheit	**Touristische Umsetzung** » Reisen oder Veranstaltungsbesuche als Prestige, gesellschaftliche Achtung
Selbstverwirklichung » Unab hängigkeit, Freude, Glück, Kreativität, Persönlichkeitsentfaltung	**Touristische Umsetzung** » Reisen oder Events als Selbstzweck, Freude, Vergnügen, „Sonnenhunger", „Erlebnishunger"

Die Pyramide macht deutlich, dass der Mensch zunächst Grundbedürfnisse befriedigt, ehe er Interessen entwickelt, die über das Lebensnotwendige hinausgehen.
Unter Beachtung dieser Erkenntnis lassen sich Faktoren, die das Motiv des Kunden bestimmen, generell in zwei Ebenen unterscheiden:

Ebene der extrinsischen Faktoren (von außen vorgegebene Faktoren)
» die **individuellen Verhältnisse** des Kunden, d. h. Geschlecht, Alter, Gesundheit, Bildung, Budget, Urlaubszeitraum » der **Informationsstand** des Kunden durch Radio, Fernsehen, Presse, Kataloge, Reisebüros » die **Empfehlungen** durch Familie, Freunde, Nachbarn » eigene **Erfahrungen** während des letzten Urlaubs oder Events

Die extrinsischen Faktoren für das Motiv Ihres Kunden erfragen Sie mithilfe von **Produktfragen:**
- » Wohin soll's denn gehen?
- » Welche Anreisemöglichkeit?
- » Wie viele Personen, Kinder (Alter)?
- » Kategorie des Hotels?
- » Wann?
- » Welche Verpflegung?
- » Wie lange?
- » Welcher Abflughafen?

Ebene der intrinsischen Faktoren (von innen vorgegebene Faktoren)
Tapetenwechsel, abschalten, ausspannen, Zeit füreinander haben, gut essen, Spaß und Unterhaltung haben, Sport treiben, sich verwöhnen lassen, reinere Luft, sauberes Wasser, Horizont erweitern, Verwandte/Bekannte besuchen

Die intrinsischen Faktoren für das Motiv Ihres Kunden erfragen Sie mithilfe von **Emotionsfragen:**
- » Wie stellen Sie sich Ihren Urlaub/Ausflug vor?
- » Was hat Ihnen im letzten Urlaub besonders gefallen?
- » Worauf legen Sie in Ihrem Urlaub besonderen Wert?
- » Was ist Ihnen im Urlaub besonders wichtig?

Buchungsmotive, die Elemente beider Ebenen enthalten

» **häufige, unbewusste Motive**
Partnersuche, Sex, Kontakt knüpfen, Prestige, Sicherheit, Sparen, Bequemlichkeit
» **Flucht vor dem Alltag**
Die Reise dient dazu, etwas hinter sich zu lassen (z. B. Arbeit, Stress, Familie) und etwas für die Gesundheit zu tun. Häufig wird das auch als Ankunftsmotiv bezeichnet, da die Ankunft im Zielgebiet schon den Reisezweck erfüllt.
» **Neues erleben und erlernen**
Die Reise wird unternommen, um etwas zu erleben (z. B. Land eigenständig erforschen, Attraktion zu sehen) und/oder Neues zu erlernen (z. B. Tauchen, Töpfern).

! Bitte beachten Sie, dass Bedürfnisse zu 80 % emotionaler Natur sind!

Die Motivliste lässt sich natürlich noch beliebig erweitern, doch eines ist allen Motiven gemeinsam: Der Kunde ist voller Erwartungen, wenn er Ihr Reisebüro betritt! Da diese Erwartungen (Bedürfnisse) bei jedem Kunden unterschiedlich sind, kann der Expedient nur dann durch Angebote und Empfehlungen zur Bedürfnisbefriedigung beitragen, wenn er die Motive seines Kunden kennt.

3.2 Fragetechnik zur Bedarfsanalyse

! Durch gezieltes Fragen erhalten Sie die notwendigen Informationen, um ein entsprechendes Angebot zu präsentieren. Sie helfen dem Kunden, sich über die eigenen Wünsche klar zu werden.

Der Fragetechnik kommt aus folgenden Gründen besondere Bedeutung zu:
» Wer fragt, führt das Gespräch.
» Wer fragt, aktiviert den Gesprächspartner.
» Wer fragt, erhält Informationen.
» Wer fragt, zeigt Interesse.

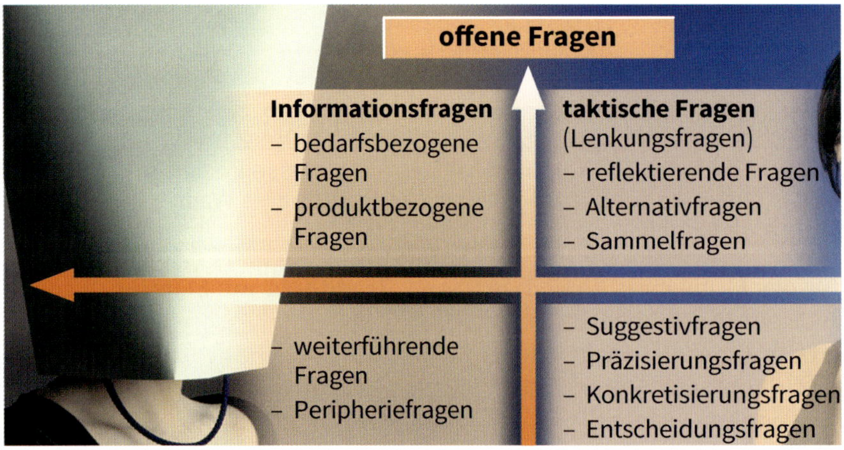

Die offene Frage

Der Zweck der offenen Frage ist es, Bedürfnisse, Motive, Wünsche, Sehnsüchte, Träume, Meinungen, Gefühle und Probleme des Kunden herauszufinden.

Der Gesprächspartner hat durch diese Frageform selbst die Möglichkeit, seine Wünsche zu akzentuieren, ihnen eine Gewichtung zu geben. Dabei kann der Kunde mit einem Satz oder nur mit einem Wort antworten.

- „Welche Vorstellungen haben Sie von Ihrem Urlaub?"
- „Wie möchten Sie Ihren Urlaub gestalten?"
- „Was ist Ihnen besonders wichtig im Urlaub?"

Die offene Frage beginnt immer mit einem Fragewort: Wer? Was? Wie? Wann? Wo? Wen? Wie viel? Womit? Wieso? Warum? Wozu? Weshalb? ...

Diese Fragetechnik eignet sich besonders
- » für den Beginn eines Verkaufsgespräches,
- » für die Bedarfsermittlung,
- » als Impuls bei Gesprächsstockungen und
- » für die Behandlung von Einwänden.

Der Nachteil bei dieser Frageform kann unter Umständen ein Abschweifen sein.

Die geschlossene Frage

Eine solche Frage hat einen konkreten Informationsgehalt. Sie kann nur mit einem „Ja" oder „Nein" beantwortet werden, unter Umständen auch mal mit einem „Vielleicht". Sie dient dazu, die Zustimmung für einen Vorschlag oder ein Angebot zu bekommen. Die geschlossene Frage beginnt immer mit einem Verb: Möchten Sie? Haben Sie? Sind Sie? Kennen Sie? Gefällt Ihnen? Wissen Sie? ...

- „Möchten Sie nach Mallorca reisen?"
- „Entspricht dieses Angebot Ihren Vorstellungen?"
- „Wünschen Sie ein Zimmer mit Balkon?"

Der Nachteil bei dieser Frageform ist, dass es sehr mühsam sein kann, Informationen vom Kunden zu erlangen, wenn er sich darauf beschränkt, nur mit Ja oder Nein zu antworten.

Die Alternativfrage

Durch diese Frageform bieten Sie dem Kunden die Möglichkeit, frei und selbstständig unter mehreren Möglichkeiten wählen zu können und geben ihm das Gefühl, die richtige Wahl getroffen zu haben. Alternativfragen werden häufig in der Bedarfsermittlung und auch in der Abschlussphase (Kapitel 5) eingesetzt. Ziel ist es, „Nein-Antworten" zu vermeiden. Die Alternativfrage beginnt mit einem Verb, zeigt aber eine zweite Möglichkeit (z. B. Steigerung, Gegenteil), verknüpft durch „oder", auf: Möchten Sie ... oder lieber ...? Soll ich heute ... oder morgen ...? Bezahlen Sie ... oder ...?

- „Möchten Sie ab München oder Frankfurt fliegen?“
- „Bevorzugen Sie Voll- oder Halbpension?“
- „Wäre Ihnen ein Einzel- oder Doppelzimmer angenehm?“
- „Wünschen Sie ein Hotel oder eine Ferienwohnung?“

Der Nachteil dieser Frageform ist, dass der Gesprächspartner regelmäßig die erste Alternative vergisst. Diesen Nachteil können Sie zu Ihrem Vorteil einsetzen: Präzisieren Sie immer die zweite Variante, damit sich der Kunde erst recht für die zweite Variante entscheidet!

Die Suggestivfrage

Die Suggestivfrage bedarf keiner Antwort; sie nimmt die Antwort vorweg. Die Fragen beginnen mit „Sie“ und enthalten häufig Redewendungen:
Sie sind doch auch der Meinung, dass ...?
Sie haben sicherlich schon die Erfahrung gemacht, dass ...?
Sicherlich ist Ihnen auch bekannt, dass ...?

- „Sie sind doch sicher auch der Meinung, dass dieses Hotel eine ausgezeichnete Lage hat?“
- „Finden Sie nicht auch, dass der beste Urlaubsmonat der Oktober ist?“

Der Nachteil dieser Frageform ist die Manipulation (Steuerung, Kunstgriff). Die Bedarfsermittlung sollte daher nie mit Suggestivfragen geführt werden! Der Kunde könnte sonst leicht den Eindruck haben, Sie würden ihn manipulieren, übervorteilen oder überreden. Dadurch werden Sie auch sehr wahrscheinlich niemals den wahren Bedarf Ihres Kunden ermitteln. In der Angebotsphase (→ Kapitel 4) wird durch diese Frageform eine positive Wirkung erzielt, der Kunde bleibt bei der „Stange“.

Die reflektierende Frage

Sie fasst Ausschnitte aus einem Gespräch zusammen und spiegelt im Rückblick das wider, was der Kunde gesagt hat. Die reflektierende Frage eignet sich besonders gut für die Bedarfsermittlung und die Abschlussphase.

- „Wie Sie gerade schon sagten, legen Sie im Urlaub Wert auf ein Viersternehotel, sportliche Betätigung und einen nahe gelegenen Strand. Habe ich etwas vergessen?“

Die Präzisierungsfrage

Häufig äußern die Kunden Urlaubswünsche, die es dem Verkäufer nicht ermöglichen, ein konkretes Angebot zu formulieren. Die Kundenaussage muss durch weitere Fragen des Expedienten präzisiert werden.

Die Präzisierungsfrage hilft dem Kunden, seine Bedürfnisse auf den „Punkt“ zu bringen.

- „Was konkret meinen Sie mit ...?“
- „Worauf genau legen Sie besonderen Wert?“
- „Was speziell interessiert Sie?“
- „Was genau verstehen Sie unter ...?“
- „Was meinen Sie mit ...?“

222251230

Die Körpersprache

Beobachten Sie während des gesamten Dialogs die Körpersprache Ihres Kunden, denn die körperliche Ausdrucksweise wird häufig unbewusst angewandt. Sie gibt emotionale Zustände wieder.

Körperliche Ausdrucksweise
» **Mimik,** z. B. ein zufriedenes Lächeln (der Kunde formuliert seinen Wunsch) » **Haltung,** z. B. offene Armhaltung (er übergibt Ihnen die Wünsche) » **Gestik,** z. B. schaut auf die Uhr (er möchte das Gespräch beenden).

Machen Sie sich Notizen bezüglich der geäußerten Antworten.

Vorteile
» Sie entlasten Ihr Gedächtnis. » Sie können besser zusammenfassen. » Sie erhalten eine Checkliste. » Sie veranlassen den Kunden zur präzisen Aussage. » Sie zeigen Interesse.

! **Sie erinnern sich: Wer fragt, führt!**

3.3 Systematische Bedarfsermittlung

Die allgemeine Vorgehensweise für eine Bedarfsermittlung gestaltet sich in **fünf Schritten:**

1. **Schlüsselfrage:** Wie stellen Sie sich Ihren Urlaub vor?
2. **Weiterführende Frage:** Was ist Ihnen im Urlaub besonders wichtig?
3. **Konkretisierungsfrage:** Was konkret verstehen Sie unter ...?
4 **Peripheriefrage:** Sie haben noch nicht erwähnt, wie Sie ...? Wie sieht es damit aus?
5. **Sammelfrage:** Haben wir noch etwas vergessen?

Diese zentralen Fragen können noch weiter spezifiziert werden. Helfen Sie dem Kunden durch eine systematische Befragung, seine Bedürfnisse zu formulieren.

Systematische Befragung	
1. Aufwärmfragen (Rahmenbedingungen klären)	Wann soll die Reise sein? Wie lange möchten Sie verreisen? Wann können Sie frühestens Ihre Reise antreten? Was ist Ihr spätester Rückreisetermin? Mit wie vielen Personen möchten Sie verreisen? Wie viele Erwachsene nehmen an der Reise teil? Wie alt sind Ihre Kinder?
2. Schlüsselfragen (generell; Reisewünsche nach der Wichtigkeit ordnen)	Wie stellen Sie sich Ihren Urlaub vor? Worauf legen Sie besonderen Wert? Was möchten Sie in Ihrem Urlaub erleben? Was ist Ihnen generell im Urlaub wichtig? Worauf legt Ihr Partner wert?
Nachfassfrage	Welche weiteren Wünsche haben Sie noch?

Systematische Befragung	
3. Frage nach Bedürfnissen (speziell; das passende Angebot zu finden)	Sie haben mir noch nichts über Ihre ... gesagt (z. B. Hobbys, kulturellen Interessen, Unterhaltung, Unterbringung, Verpflegung, Verkehrsmittel, Preisvorstellung ...).
4. Präzisierungsfragen (Der Kunde bringt seine Bedürfnisse auf den Punkt.)	Was verstehen Sie unter Wellness? Was bedeutet für Sie ...? Was meinen Sie konkret damit? Was darf ich darunter verstehen? Was soll das Angebot umfassen?
5. Zusammenfassung (Damit überprüfen Sie Ihre bisher erhaltenen Informationen.)	Ich möchte Ihre Reisewünsche kurz zusammenfassen, damit Sie sehen, ob ich alle Punkte richtig notiert habe. Ich sehe einmal schnell auf meinem „Spickzettel" nach, damit wir auch keine wichtige Frage vergessen.
6. Rückkopplungsfragen (Dadurch erzielen Sie Einigkeit im Hinblick auf die Reisewünsche.)	Habe ich etwas übersehen? Habe ich etwas nicht genannt? Habe ich etwas Wesentliches vergessen?

Sollte sich kein Zielgebiet aus der Bedarfsanalyse ergeben, so bieten Sie verschiedene Zielgebiete an und kreisen das Ziel dann räumlich ein. Diese Vorgehensweise wird auch **„Adlertechnik"** genannt. Fragen Sie, welches Zielgebiet den Kunden am meisten interessiert.

- „Fernreise oder Europa?"
- „Nord- oder Südeuropa?"
- „Festland oder Insel?"

Mithilfe von **Leerformeln** können Sie während des Verkaufsgespräches eine Atempause gewinnen, denn die Beantwortung entsprechender Fragen/Antworten beeinflusst Ihr Angebot nicht.

- Um es ganz deutlich zu sagen ...
- Man kann es auch so ausdrücken ...
- Eine Frage bleibt noch ...

Lassen Sie dosiert **„Zauberworte"** in Ihr Gespräch einfließen. Sie werden unbewusst vom Kunden registriert und Sie zeigen so Ihre Freundlichkeit.

- bitte
- danke
- sofort
- gerne
- selbstverständlich

3.4 Aktives Zuhören

Aktives Zuhören heißt: „Die Welt mit den Augen meines Gesprächspartners sehen.“ Es erfordert eine bewusste Entscheidung, dem Gesprächspartner während des gesamten Verkaufsgespräches wirklich zuzuhören, sowohl auf der inhaltlichen als auch auf der emotionalen Ebene. Das erfordert einerseits von Ihnen Konzentration und Reaktionsbereitschaft, zum anderen aber auch Sicherheit in den Phasen der Verkaufstechnik, da Sie durch das Zuhören Informationen gewinnen, die Sie jederzeit wieder für sich nutzen können.

Gespräch ohne Blickkontakt

Aktives Zuhören und offene Fragen

- Das war sicher ein tolles Erlebnis für Sie!
- Das freut mich für Sie!
- Prima!
- Da haben Sie ja gute Erfahrungen gemacht!
- Wie waren Sie mit dem Service zufrieden?
- Besser kann man es nicht treffen!
- Was hat Ihnen besonders gut gefallen?
- Worauf legen Sie besonderen Wert?
- Sie sagten, die Animation sei nicht nach Ihren Vorstellungen gewesen?

Signale für ein aktives Zuhören sind Blickkontakt zum Sprechenden, sog. Bestätigungslaute wie „ähm“ oder „mh“, Rückfragen und Zusammenfassung.

> Was der Kunde oder Sie sagen, ist nicht immer das, was der andere auch darunter versteht!

Gespräch mit Blickkontakt

Um ein guter Gesprächspartner zu sein – denn erst ein guter Zuhörer macht ein gutes Gespräch aus – sollten Sie sich durch folgende Fragen kontrollieren:

1. Habe ich die Inhalte der Aussage meines Gesprächspartners verstanden?
2. Habe ich die Gefühle des Gesprächspartners erkannt?

Ob Sie die Inhalte/Gefühle/Bedürfnisse Ihres Gesprächspartners richtig verstanden haben, kontrollieren Sie mit **reflektierenden Aussagen.**

Inhaltskomponente

- Mit anderen Worten, Sie meinen ...
- Wenn ich Sie richtig verstanden habe, dann ...
- Sie sind der Ansicht, dass ...
- Sie glauben, dass ...

Gefühlskomponente

- Sie befürchten, dass ...
- Sie haben Bedenken, dass ...
- Sie fühlen sich ...
- Sie sind verärgert, weil ...

Die reflektierende Aussage ist die **positive Wiederholung einer Aussage** des/der Gesprächspartners/-in, um zu kontrollieren, ob man ihn/sie richtig verstanden hat. Dabei wird entweder die Aussage bestätigt und bekräftigt oder die Aussage zum eigenen Vorteil günstiger formuliert.

Durch aktives Zuhören entspannen Sie die Gesprächsatmosphäre und versichern sich, Ihren Gesprächspartner tatsächlich verstanden zu haben. Sie vermeiden einen *Dissens* (= Interpretationsunterschied). Den sprachlichen *Dissens* nennt man auch Verständnis*dissens*.

Expedient: Die Ferienanlage ist nur durch eine Straße vom Strand entfernt.

Kunde interpretiert: Der Strand ist bequem zu erreichen oder aber: Das bedeutet: Lärm, Verkehr, Gefahr.

Kommt es zu einem solchen Missverständnis, wird die korrekte Bedarfsanalyse erheblich erschwert. Man redet „aneinander vorbei" und verbleibt in einer Schleife. Das heißt, dass als Konsequenz der Falschinterpretation Ihrer reflektierenden Aussage der Kunde seine Bedürfnisse wieder und nun vielleicht anders konkretisiert.

Visueller Dissens

Wissen als Kippfigur? Was sehen Sie:
junges Mädchen oder Schwiegermutter?

Neben dem sprachlichen existiert auch der visuelle *Dissens*. Zu diesem kann es durch die unterschiedlichen Betrachtungsweisen, Erziehungen und Erfahrungen, intellektuellen Fähigkeiten, Lebenseinstellungen, aber auch z. B. durch Vorurteile von verschiedenen Betrachtern kommen.

Bei Verwendung von Katalogabbildungen zur Bedarfsanalyse sollten Sie daher besser durch konkretes Nachfragen (reflektierende Fragen) einen visuellen *Dissens* ausschließen.

3.5 Umgang mit Katalogabholern und „Last-Minute-Kunden“

Ebenso wie bei der Begrüßung in einem kompletten Verkaufsgespräch reagieren Sie beim Katalogabholer dienstbereit und positiv auf die Wünsche des Kunden. Weisen Sie sich als Fachmann/-frau aus, indem Sie anbieten, gerne ein paar Informationen und wichtige Tipps zu einem Zielgebiet zu geben. Bieten Sie hierzu dem Kunden einen Sitzplatz an mit dem Hinweis, dass Sie dafür einige Anhaltspunkte über seine Urlaubsvorstellungen benötigen und führen Sie dann die Bedarfsermittlung durch.

! Im Übrigen gilt: Alle Kataloge tragen Reisebüro- oder Agenturaufkleber!

Sollte ein gewünschter Katalog vergriffen sein, bieten Sie dem Kunden an, den Katalog zu besorgen und zum Abholen bereitzulegen. Alternativ können Sie anbieten, ihn dem Kunden zuzusenden, indem Sie die Kundenadresse erfragen und notieren.

! In allen Fällen bieten Sie dem Kunden eine Beratung zu einem späteren Zeitpunkt an und informieren ihn auch über die Möglichkeit einer telefonischen Buchung.

Auch Katalogabholer sind für Sie eine Chance, neue Kunden zu gewinnen. Dieser Personenkreis hat häufig konkrete Urlaubswünsche, jedoch noch „Schwellenangst“ vor dem individuellen Beratungsgespräch.

Situationsaufgabe

Situation (Fortsetzung von Seite 223):

Der Kunde äußert den Wunsch, einen „schönen, erholsamen Urlaub“ zu suchen.

Aufgabe:

Wie gehen Sie weiter vor, um den Wunsch des Kunden konkreter zu fassen? Beschreiben Sie Ihr Vorgehen ausführlich.

Aufgaben

1_ Beschreiben Sie die Zielsetzung der Phasen des Verkaufsgespräches.

2_ Überprüfen Sie Ihren Arbeitsplatz auf „Gleichberechtigung" im Platzangebot.

3_ Formulieren Sie fünf Fragen nach dem Kundenwunsch in der Begrüßungsphase.

4_ Nennen Sie vier Möglichkeiten, Dienstbereitschaft zu signalisieren.

5_ Formulieren Sie jeweils zwei Beispiele für
- Ihre persönliche Vorstellung,
- das Erfragen des Kundennamens.

Web

Zusätzliche Aufgaben zu Kapitel 3 finden Sie im BPW unter Zusatzaufgaben zu LF 4, Kapitel 3.5.

222251236

4 Angebotsphase

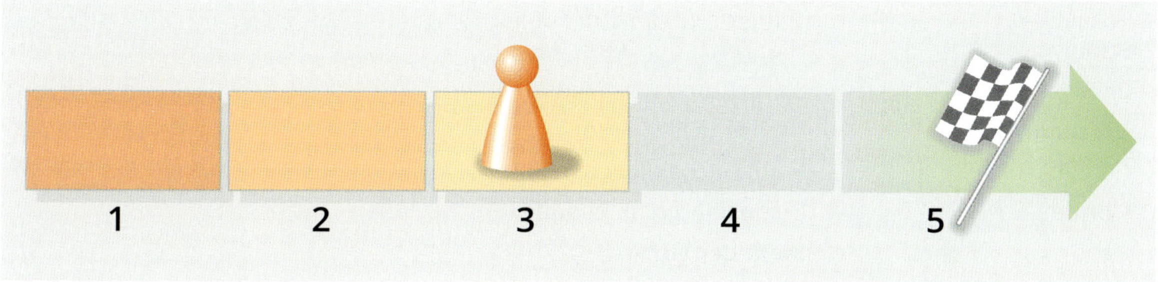

In der Angebotsphase unterbreiten Sie dem Kunden ein bedarfsorientiertes, auf ihn passendes Angebot. Sie sind nun im Kommunikationsmodell (→ Kapitel 1.1) der Sender, der eine möglichst passende Kodierung für die Übermittlung der Botschaft verwenden muss.

„Urlaubsbilder"

- *all-inclusive*

Dieses Hotel verspricht ein besonders angenehmes Urlaubserlebnis: Verpflegung, *Snacks*, Unterhaltung und diverse Sportangebote sind bereits im Preis inbegriffen. *All-inclusive* heißt für Sie: sorglose Sonnentage!

- *Familienferien*

In dieser Ferienanlage können Sie mit Ihren Kindern unbeschwerten Urlaubsspaß erleben: Ob flache Strände, Spielplätze, *Miniclub*, Kinderfestspiele oder so praktische Dinge wie Hochstühle, Babybetten oder *Babysitting* – hier können Sie sich so richtig erholen.

- *Spanien, Balearen, Kanaren*

Urlaub auf Spanisch, so viel das Herz begehrt: feuriges Andalusien, sonnige Balearen, faszinierende Kanaren.

- *Türkei, Ägypten*

Buntes Treiben auf Basaren, herrliche Moscheen, Ausflüge in die Wüste, Hotels in Oasen, morgenländische Gastfreundschaft – erleben Sie Urlaub mit orientalischem Flair!

- *Griechenland/Korfu*

Wer denkt da nicht an Mythologie, antike Stätten, Olympische Spiele, Wein, Sirtaki und weiß gekalkte Häuser. Dazu kommen das tiefblaue Meer, griechische Gastfreundschaft und unzählige reizvolle Inseln, darunter auch Korfu. Die grüne Insel bietet lange Strände, versteckte, verträumte oder weit geschwungene Buchten, unberührte Natur und Lebensfreude pur.

- *Rhodos*

Sonne satt, Familienspaß, Strand und Meer, Unterhaltung, Sport und antike Stätten, historische Sehenswürdigkeiten, herrliche Landschaften – was braucht man mehr?

- *Karibik*

Feiner Sand unter nackten Füßen, glasklares Meerwasser, leises Palmenrauschen, exotische Drinks, der blaue Himmel, so weit das Auge reicht. Entdecken Sie Ihr ganz persönliches Paradies in der Ferne.

Heben Sie in Ihrer Destinationsbeschreibung das Typische hervor, das „Urlaubslogo".

Statt:	sagen Sie:
Ägypten	Land der Pharaonen
Berlin	Hier tanzt der Bär.
Brasilien	Samba am Zuckerhut
Dresden	Sachsens Elbflorenz
Côte d'Azur	Frankreichs edelstes Blau
Florida	Disneyland plus Reggae
Paris	Stadt der Liebe
Prag	die Goldene Stadt
Rom	die Ewige Stadt

4.1 Vakanz prüfen und Zusammenstellen des Angebots

Bei der Zusammenstellung des Angebots sollten Sie mit den „Augen des Kunden" sehen. Verwenden Sie die in der Bedarfsermittlung gesammelten Informationen und Daten. Beziehen Sie sich bei der Auswahl immer auf die Aussagen des Kunden. Nutzen Sie Ihre eigenen Erfahrungen und Erlebnisse nur soweit, wie sie mit den Kundenwünschen nicht in Konflikt geraten.

! **Sie sollen die Kundenbedürfnisse befriedigen, nicht Ihre eigenen.**

! **Sehen Sie bereits während der Angebotszusammenstellung stichprobenartig nach, ob es noch freie Plätze gibt oder suchen Sie direkt nach einem Alternativangebot, bevor Sie Ihrem Kunden ein gar nicht mehr vorhandenes Angebot unterbreiten.**

4.2 Angebotspräsentation

Verwenden Sie bei der Präsentation des Angebots die dreistufige Argumentation:

1. **Produktmerkmal** herausheben,
2. **Produktvorteile** nennen,
3. **Kundennutzen** darstellen.

Legen Sie dem Kunden einen Katalog mit der entsprechenden, aufgeschlagenen Seite vor. Verwenden Sie dabei einen Katalog für den Kunden und einen für sich. Lesen Sie nicht „über Kopf".

Verwenden Sie für die Vorstellung und Demonstration des Angebotes eine **bildhafte Sprache.** Malen Sie Ihrem Kunden ein Bild von seinem Urlaub mit Ihren Worten. Geben Sie Ihrer Stimme den entsprechenden Klang. Die Sprache ist voller Bilder. Sie sprechen von Dingen wie von Personen.

So können Sie anschaulich Empfindungen wecken und beim Gesprächspartner Bilder von der angebotenen Reise entstehen lassen. Besonders anschaulich sind Vergleiche. Durch einen Vergleich wie „Das Wasser glänzt wie Gold" entsteht ein Bild vor unserem Auge.

Der **bildhafte Vergleich** wird in den meisten Sätzen durch Wendungen eingeführt.

- wie
- als ob, als wenn
- von der Farbe eines
- von der Art eines

Verwenden Sie **Metaphern,** bildhafte Ausdrücke für sich (abstrakt) ähnelnde Eigenschaften, Gegenstände oder Begriffe (Bezeichnungsübertragungen, Gleichnisse).

- „Der Höhleneingang gähnt."
- „Die Sonne lacht."
- „Der goldene Herbst"

Verdeutlichen Sie Ihre Beschreibungen durch Adjektive und Attribute. Schmücken Sie Ihre Aussagen durch die oben genannten Wortarten aus.

Statt:	**sagen Sie:**
„gutes Hotel"	„gemütlich ausgestattetes Haus mit Ambiente"
„sauberes Wasser"	„kristallklares Wasser"

Wählen Sie Substantive so, dass der geschilderte Sachverhalt bildhaft dargestellt wird und „Urlaubsbilder" entstehen.

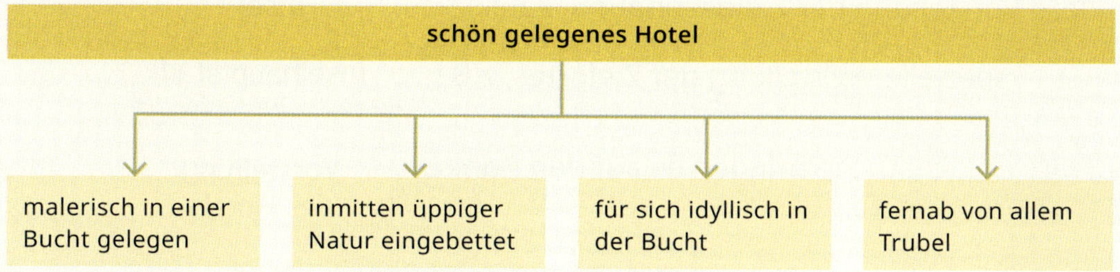

Kinder spielen oft die entscheidende Rolle bei der Wahl des Urlaubsziels. Wer ihre Wünsche am besten trifft, macht im Tauziehen um die Familien das Rennen.

Beziehen Sie durch Situationsbeschreibungen diese Kunden in den möglichen Reiseverlauf ein. Lassen Sie sie den Urlaub spüren.

Statt:	**sagen Sie:**
„kinderfreundliches Hotel“	– „Da wird sich Ihre Tochter freuen.“ – „Sie können Ihre Kinder unbesorgt herumtoben lassen.“

! **Vermeiden Sie so weit wie möglich „Fachchinesisch“. Sagen Sie Fluggesellschaft statt Airline, Bestätigungsvermerk statt Sticker, Hotelgutschein statt Voucher.**

! **Die fünf Schritte der Angebotsphase sind:**

1. **Vakanz prüfen**
2. **Angebot präsentieren**
3. **Nutzen deutlich machen**
4. **Zusatzleistungen**
5. **Gesamtpreis präsentieren**

Nennen Sie die **Merkmale** des Angebots. Nennen Sie die **Vorteile** des Angebots, indem Sie jeweils den Bezug zum Kundenwunsch herstellen.

- „Sie sagten, dass, erstens ... zweitens, dass ...“
- „Schauen Sie mal, hier kann ich Ihnen ... “

Stellen Sie nun das mögliche Reiseziel in einer Abfolge von festgelegten Schritten dar, die beim Kunden einen individuellen Charakter der Reise aufkommen lassen. Diese Vorgehensweise wird **Angebotstrichter** genannt.

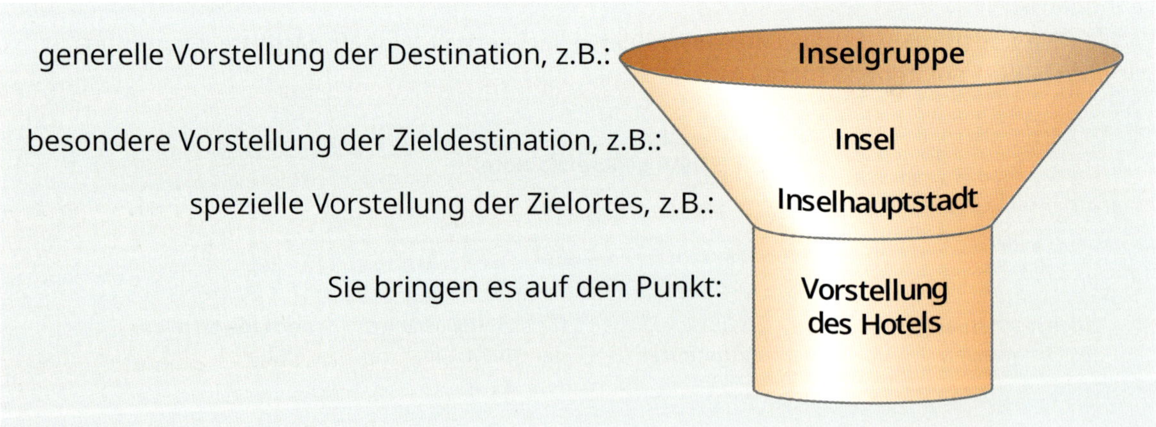

Lassen Sie sich durch bestätigende Fragen während der einzelnen Schritte des Angebotstrichters die Attraktivität Ihres Angebots vom Kunden versichern.

4.3 Nutzen deutlich machen

Bauen Sie dem Kunden Schritt für Schritt eine Nutzenbrücke von den Merkmalen einer bestimmten Reise zum persönlichen Kundennutzen.

Merkmal	Nutzenbrücke	Kundennutzen
Das Hotel liegt mitten in der Altstadt.	Das bedeutet für Sie, ...	... dass Sie die Sehenswürdigkeiten zu Fuß besichtigen können.
Als Verpflegung wird „all-inclusive" angeboten.	Das bietet Ihnen den Vorteil, ...	... dass Sie geringe Nebenkosten haben.
Die Transfers zwischen Flughafen und Hotel sind im Reisepreis eingeschlossen.	Damit sparen Sie sich ...	... Kosten und langes Suchen nach einem Taxi.
Das Schiff legt jeden Tag in einem anderen Hafen an.	Das ermöglicht Ihnen ...	... in kurzer Zeit viele verschiedene Städte und Kulturen kennenzulernen.

Brückenformulierungen:

... das erhöht Ihre ...
... das garantiert Ihnen ...
... dadurch erzielen Sie ...
... das bringt Ihnen ...
... das senkt Ihre ...
... damit sparen Sie ...
... damit erhalten Sie ...
... das erklärt Ihnen ...
... das beinhaltet für Sie ...
... das sichert Ihnen ...
... das bedeutet für Sie ...
... das vereinfacht für Sie ...

Von der Reise, die Sie dem Kunden anbieten, müssen Sie selbst überzeugt sein und die entsprechenden Vorteile und Nachteile kennen. Primär ist jedoch, dass Sie alle Vorteile Ihres Angebotes als Nutzen für Ihren Kunden darstellen können.

4.4 Zusatzleistungen

Zusatzleistungen komplettieren eine Reise. Bevor Sie diese jedoch anbieten, muss die Enscheidung des Kunden für die Reise gefallen sein.

Zusätzliche Leistungen werden angeboten, weil
- der Kunde danach gefragt hat,
- der Kunde den Bedarf danach direkt bzw. indirekt zu erkennen gibt,
- der Expedient ihn auf den Bedarf aufmerksam macht.

Die **Kernleistungen** einer Reise sind vor allem Transport-, Verpflegungs- und Beherbergungsleistungen, die häufig als selbstverständlich angesehen werden.

Zusatzprodukte sind u. a. wahrnehmbare Leistungseigenschaften, die durch die Touristen gefühlt, gerochen, gesehen, gehört oder als Sicherheit verstanden werden.

Auch hier gilt: Machen Sie den Zusatznutzen dem Kunden deutlich!

Er liegt vor allem im imagebildenden und -fördernden Bereich sowie im Sicherheitsgefühl.

Typische Zusatzleistungen:

- Reiseversicherungen
- Ausflüge im Zielgebiet
- Mietwagen
- Eintrittskarten
- Sportkurse

! Sprechen Sie im Zusammenhang von Versicherungen immer von Reiseschutz und gebrauchen Sie so die Nutzenbrücke Sicherheit.

Der folgende Überblick informiert Sie über die wichtigsten Versicherungsarten und deren entsprechende Leistungen.

Die Reiseversicherungen

Rund um die Reise gibt es verschiedene Versicherungsleistungen, die in der gebuchten Urlaubsleistung meist nicht enthalten sind.

Sparte (Versicherungen)	Leistungen
– Reiserücktrittskosten	Stornokosten/Nachreisekosten
– Reiseabbruch	zusätzliche Reisekosten/nicht in Anspruch genommene Reiseleistungen/Reisegutscheine
– Reisekrankheit	ambulante und stationäre Behandlungskosten/Krankenrücktransport (medizinisch sinnvoll)/Überführungskosten
– Reisenotruf	Kostenübernahmeerklärung/Krankenrücktransport (operative Maßnahme)/weitere Hilfeleistungen (Krankenbesuch usw.)
– Reiseunfall	bei den Ereignissen Unfall und Tod: Entschädigung entsprechend den abgeschlossenen Versicherungssummen
– Reisegepäck	mitgeführtes persönliches Reisegepäck: Entschädigung entsprechend der abgeschlossenen Versicherungssumme
– Reisehaftpflicht	bei Sach- und Personenschäden gegenüber Dritten: Entschädigung entsprechend den abgeschlossenen Versicherungssummen

Die aufgeführten Einzelversicherungen werden häufig zu Versicherungspaketen kombiniert. Diese Pakete unterscheiden sich hinsichtlich der Transportmittel und den verschiedenen Reisezielen (europa-/weltweit).

Weitere Informationen zu Reiseversicherungen finden Sie in LF 8, Kapitel 6.1.

222251242

Mietwagen

Fast 60 % aller Kunden nutzen in ihrem Urlaub einen Mietwagen. Viele davon werden erst im Zielgebiet angemietet. Erwähnen Sie die Möglichkeit dieser Zusatzleistung bereits in der Angebotsphase (→ Kapitel 4). Machen Sie in der Abschlussphase noch einmal auf den Mehrwert eines Mietwagens für den Urlaub aufmerksam. Bauen Sie Nutzenbrücken mit den Argumenten: Mobilität, Individualität, Unabhängigkeit und Freiheit.

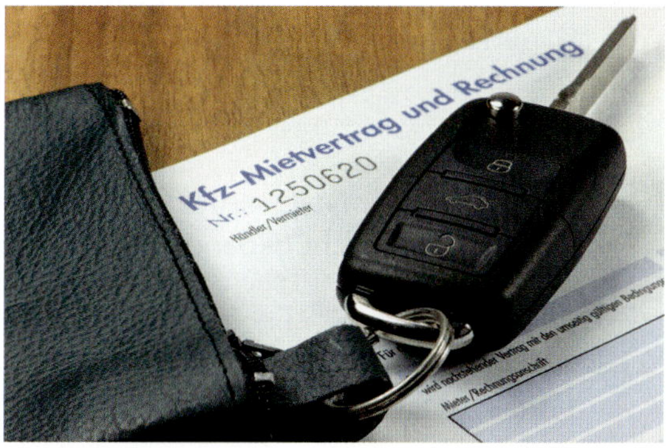

Zusatzprogramme vor Ort

Zeigen Sie Möglichkeiten auf, Land und Leute des Zielgebietes kennenzulernen, Naturschönheiten zu erleben und Sehenswürdigkeiten zu genießen. Bieten Sie an, diese Ausflüge direkt bei Ihnen zu buchen.

Zeigen Sie Ihrem Kunden den Weg aus dem Alltag auf; informieren Sie ihn über Sport- und Wellnessangebote im Hotel. Bieten Sie Ihrem Kunden das „Tüpfelchen auf dem i" und runden Sie den Urlaub durch das Anbieten der Zusatzleistung von z. B. Theater-, Musical- oder Opernbesuch ab.

4.5 Reisebedingungen und Informationspflicht

Ihre Informationspflicht als Reisevermittler oder Veranstaltungsvermittler endet aber nicht bei den Zusatzleistungen. Sie beinhaltet weiterhin, dass Sie Ihre Kunden von den **allgemeinen Reisebedingungen** des Veranstalters unterrichten. Sie werden Bestandteil des Vertrages zwischen dem Kunden und dem Reiseveranstalter.

> **!** **In den allgemeinen Reisebedingungen definiert der Veranstalter seine über den Vertrag hinausgehenden Bedingungen. Diese dürfen allerdings nicht zu einer Schlechterstellung des Kunden oder zu einer Beschneidung seiner gesetzlich verankerten Rechte führen.**

In diesen Vertragsanhängen definiert der Veranstalter u. a. die Bedingungen bezüglich Anmeldung und Bestätigung des Vertrages, Bezahlung (Anzahlung, Betragsstaffelung), Leistungsabweichungen und Preisveränderungen (z. B. durch gesetzlich beschlossene höhere Besteuerung von Flugzeugbenzin), Rücktritt und Umbuchungen (vom Buchenden zu tragende Ausfall- oder Stornokosten), Rücktritt und Kündigung durch den Veranstalter (z. B. bei Nichterreichung der Mindestteilnehmerzahl), Gewährleistungs- und Haftungsbeschränkungen (bei Mängelanzeigen bzw. grob fahrlässigem Verhalten des Kunden) usw. Händigen Sie Ihrem Kunden die geltenden Reisebedingungen des Veranstalters aus. Sie sind meist in den Veranstalterkatalogen oder Prospekten abgedruckt. Klären Sie ggf. einzelne Passagen.

Dieser Schritt Ihrer Informationspflicht gegenüber Ihrem Kunden hat seine Basis ebenfalls in der **BGB-Informationspflichten-Verordnung** (BGB-InfoV). Sie regelt den Geschäftsbesorgungsvertrag, den Fernabsatzvertrag und die Informationspflicht von Reiseveranstaltern und Kreditgebern.

> **!** **Es sei noch einmal ausdrücklich darauf hingewiesen, dass Sie als Reisemittler der vollen Informationspflicht gegenüber dem Kunden Genüge tun müssen.**

4.6 Gesamtpreis präsentieren

Der Preis für eine Reise muss richtig präsentiert werden. Verkaufen Sie den Preis!

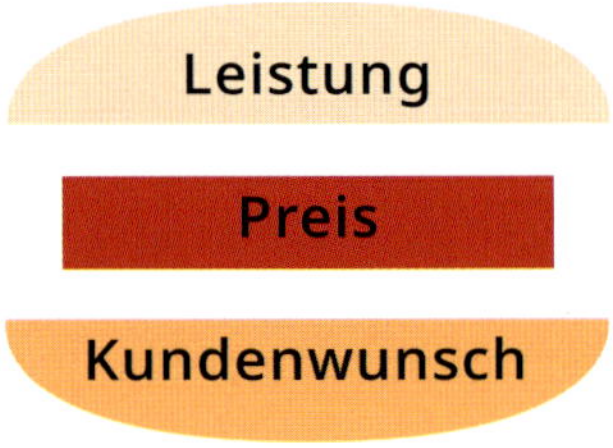

Hierzu eignet sich u. a. die **Sandwich-Methode.** Sie zeichnet sich dadurch aus, dass negative Tatsachen (der Preis) von positiven Argumenten eingerahmt werden.

Ihre Vorgehensweise ist dabei folgende:

1. Zählen Sie die einzelnen **Haupt- und Nebenleistungen** auf.

> Die Reise enthält folgende Leistungen:
>
> Bahnfahrt 1. Klasse von Mannheim nach Innsbruck und zurück, Bustransfer nach Sölden und zurück, zehn Hotelübernachtungen mit Halbpension und ein Skipass für zehn Tage.

2. Nennen Sie den **Preis.**

> Das alles kostet Sie zusammen nur 480,00 €.

> **!** **Vorsicht!**
> **Immer erst die Leistungen nennen, sonst besteht die Gefahr, dass der Kunde bei der Nennung des Preises sich verschließt und die Leistungen nicht aufnimmt.**

3. Stellen Sie den **Bezug zum Kundenwunsch** her.

> ... Sie sehen, diese Reise ist genau die, die Sie sich gewünscht haben.
>
> ... Dies entspricht in vollem Umfang Ihren Wünschen.
>
> ... Sie sehen also, genau maßgeschneidert für Sie.

222251244

Preisrelativierung

Eine weitere Methode ist die sog. **„Salamitaktik"**, die **Preisrelativierung.** Hierbei legen sie z. B. den Gesamtpreis auf eine Woche, einen Tag oder eine Person um. Diese Taktik wird auch **Zerlegungsmethode** genannt.

Dies alles kostet Sie zusammen 480,00 €, also für nur 48,00 € pro Tag haben Sie Skispaß pur.

! **Wesentlich für das „Preisverkaufen" ist, dass der Kunde**
- **ein Wertbewusstsein für die Leistung erhält,**
- **den Reisepreis als angemessen bewertet,**
- **den Zusatznutzen erkennt,**
- **von der Qualität des Angebotes überzeugt ist.**

Situationsaufgabe

Situation (Fortsetzung von Seite 235):

Sie bieten dem Kunden eine Reise nach Ägypten an. Reisetermin ist der Mai nächsten Jahres.

Aufgaben:

1_ Stellen Sie dem Kunden die Reise vor (z. B. anhand eines Katalogs), sodass dieser „Urlaubsbilder" im Kopf hat.

2_ Machen Sie dem Kunden den Nutzen deutlich, den er von der Reise hat.

3_ Bieten Sie Zusatzleistungen an. Erläutern Sie einige Vorteile, die ein Reiseschutzpaket im Vergleich zu einer Kreditkartenversicherung bieten kann. Nennen Sie auch jeweils zwei Vorteile für den Kunden und das Reisebüro beim Abschluss einer Jahresversicherung.

4_ Präsentieren Sie den Gesamtpreis.

5 Umgang mit Kundeneinwänden

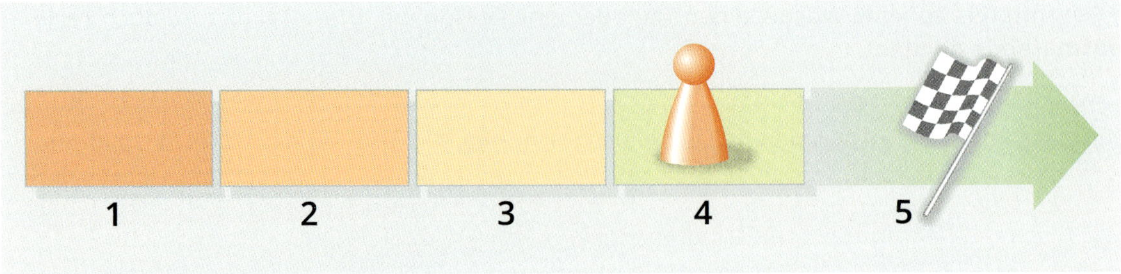

Da Kundeneinwände das „tägliche Brot" eines Expedienten sind, sollten Sie alle ernst nehmen und damit umgehen lernen. Einwände signalisieren das grundsätzliche Interesse des Kunden an der Leistung. Sie geben Ihnen die Möglichkeit, letzte Unsicherheiten zu entkräften.

Die vom Kunden geäußerten Bedenken haben verschiedene Ursachen:

Zum einen kann es sich um **allgemeine Einwände** handeln, z. B. gegen das Buchen selbst/eine Entscheidung überhaupt zu treffen, zum anderen gegen den Service oder gegen Sie als Berater. „Einsprüche" dieser Art gelten als keine „echten" Einwände und sollten mithilfe der nachfolgend aufgeführten Methoden entkräftet oder „überhört" werden.

Häufiger kommen aber **spezielle Einwände** vor, wie solche gegen einen Teil des Angebots (den Preis, das Hotel) oder gegen das unterbreitete Angebot in seiner Gesamtheit (das Arrangement ist zu starr). Hier können Sie immer auch ein **Alternativangebot** unterbreiten, das diese speziellen Vorbehalte des Kunden berücksichtigt, oder die Einwendungen versuchen zu entkräften.

» Typische Kundeneinwände lassen Sie in das Verkaufsgespräch einfließen und entkräften sie an geeigneter Stelle.
» Formuliert der Kunde „Proteste", stimmen Sie diesen zunächst zu (Streicheleinheit) und wiegen sie durch entsprechende Vorteilsnennungen auf.

> **!** **Alle Reaktionen des Expedienten auf Kundeneinwände sollten einem Ziel untergeordnet sein: einer vertrauensvollen und dauerhaften Geschäftsbeziehung.**

Drei Methoden zum Umgang mit Kundeneinwänden werden Ihnen nachfolgend vorgestellt.

Das Antizipieren

Expedienten wissen aus Erfahrung um die üblichen Kundeneinwände. Deshalb nehmen sie selbst ganz bestimmte Einwände vorweg und verhindern so einen Konflikt. Die Vorteile der **Vorwegnahmemethode** sind u. a., dass der Expedient selbst den Zeitpunkt der Einwandbehandlung bestimmen kann und zugleich Offenheit zeigt; dadurch verliert der Einwand an Bedeutung.

Thema	Flugzeit
Einwand	zu lang
Antizipieren	Sie werden feststellen, dass durch den hervorragenden Service an Bord die Zeit wie im Fluge vergeht.

Die Drei-A-Methode	
Sie akzeptieren den Kundeneinwand, lösen ihn und wiegen ihn auf.	
Einwand	Da ist es mir zu heiß.
Akzeptieren	Ja, der von Ihnen gewünschte Reisetermin ist die heißeste Zeit.
Auflösen	Es ist aber eine trockene Hitze, die Sie gut ertragen können.
Aufwiegen	... doch eben hier finden Sie die prachtvollsten Korallenriffe, auf die Sie so viel Wert legen.

Bitte beachten Sie:

» Die **Drei-A-Methode** eignet sich nicht für den Einwand „zu teuer“, da ein Preis nicht aufgewogen werden kann. I. d. R. hilft gegen eine Preisbeanstandung nur ein neues Angebot.

Die Ja-aber-Methode	
Bejahen Sie zunächst den Kundeneinwand und gehen Sie anschließend auf ihn ein.	
Thema	Strandnähe
Einwand	Der Strand ist mir zu weit vom Hotel entfernt.
Ja-aber-Methode	Ja, bis zum Strand sind es zu Fuß gut 15 Minuten. Aber Sie werden dadurch entschädigt, dass die Badebucht sehr idyllisch liegt und das seichte Wasser ideal zum Planschen für Ihre beiden Mädels ist.
Weitere Beispiele Ja-aber-Methode	
Das klingt gut, ... aber man sollte auch bedenken ...	
Das kann man sicher so sehen, ... aber bitte beachten Sie auch ...	
Ihr Einwand ist durchaus berechtigt, ... aber ich bin der Meinung ...	

Situationsaufgabe

Situation (Fortsetzung von Seite 245):

Der Kunde befürchtet, dass es in Ägypten im Mai zu heiß sein könnte.

Aufgabe:

Entkräften Sie den Einwand des Kunden mit der Drei-A-Methode.

Aufgaben

1_ Formulieren Sie fünf „Urlaubsbilder“ als Vergleich, Metapher und durch den Gebrauch von Adjektiven und Attributen.

2_ Nennen Sie jeweils fünf sinnverwandte Wörter für schön, gut, sauber, ruhig und familienfreundlich.

3_ Zeigen Sie eine Situationsbeschreibung bei der Vorstellung Ihres Angebots unter Einbeziehung von Kindern auf.

4_ Nennen Sie fünf Redewendungen, die „Urlaubsbilder“ entstehen lassen.

5_ Beschreiben Sie je ein „Urlaubsbild“ für Djerba, die Malediven, Mauritius und Kuba bzw. für Bayern, Mecklenburg-Vorpommern und die Nordsee.

Zusätzliche Aufgaben zu Kapitel 5 finden Sie im BPW unter Zusatzaufgaben zu LF 4, Kapitel 5. Web

6 Abschlussphase und Verabschiedung

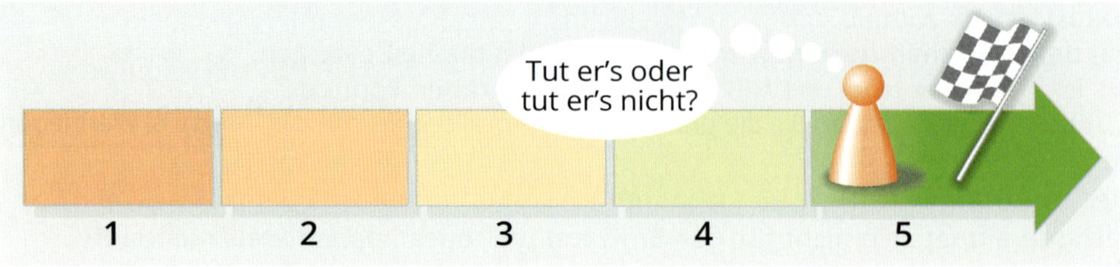

6.1 Kaufsignale verstehen

Kaufsignale im Verlauf des Beratungsgespräches zu verstehen ist wichtig, da der Kunde z. B. nicht immer sagt: „Diese Reise möchte ich buchen." Die Erfahrung zeigt, dass Kunden häufig schneller bereit sind zu buchen, als man es erwartet. Sollten Sie als Expedient hier das Angebot noch vertiefen wollen, können unter Umständen bereits getroffene Entscheidungen wieder in Zweifel gezogen werden.

Kaufsignale

- Kunde spricht von meiner/unserer Reise.
- Kunde fragt den Expedienten nach persönlichen Empfehlungen.
- Kunde bestätigt verbal, dass er mit dem Angebot zufrieden ist: „Das passt." „Das klingt gut." „Das entspricht meinen Vorstellungen." „So habe ich es mir vorgestellt."
- Kunde fragt nach Zusatzleistungen (Versicherung, Mietwagen, Ausflüge).
- Kunde fragt nach Details: Impfungen, Reisebestimmungen, Anzahlung.
- Kunde fragt nach Sekundärinformationen: Kleidung, Trinkgeld, Verträglichkeit.
- Kunde fragt nach den erforderlichen Reiseunterlagen.
- Kunde bestätigt das Angebot durch Gestik und Mimik.

Ein positives Gesprächsklima ist die Voraussetzung für den Erfolg eines jeden Verkaufsgespräches. Deshalb ist es notwendig, zuerst **klimaorientiert** und dann **sachorientiert** zu sprechen. Die Grafik vermittelt einen Überblick über die Faktoren, die ein positives Klima während eines Verkaufsgespräches schaffen können.

222251248

! Die Kaufsignale werden in einer offenen Gesprächsatmosphäre schneller und eindeutiger geäußert.

6.2 Abschlussmethoden

Um zu einem erfolgreichen Buchungsabschluss zu kommen, gehen Sie folgendermaßen vor:

Sie beachten die Kaufsignale:
- Nachfragen signalisiert Interesse.
- Kunde äußert sich zustimmend.
- Kunde ist ruhig geworden.
- Kunde möchte Detailfragen klären.

Sie bemerken, der Kunde ist noch unentschlossen:
- Wenden Sie eine der folgenden Techniken an:

Die **„Mal sehen, ob noch frei ist"-Technik** – Sie arbeiten auf den Buchungsabschluss hin, indem Sie telefonisch oder per Internet noch einmal nachfragen/nachsehen, ob das Angebot zur gewünschten Zeit wirklich noch verfügbar ist.

Die **Reservierungstechnik** – Bei dieser schlagen Sie dem Kunden vor, ein bestimmtes Hotel/einen Flug/eine ganze Reise bis zu einem bestimmten Zeitpunkt zu reservieren. Verstärkend wirken Aussagen, wie „… die besten Zimmer in diesem Hotel sind sonst schnell ausgebucht."

Die **Vorwegnahme-Technik** – Sie nehmen Einzelfragen der Buchung vorweg. Der Kunde sieht die Buchung dann bereits als vollzogen an. Beispiele: „Sollen wir das Visum besorgen?", „Möchten Sie mit Kreditkarte zahlen?"

Sie stellen die Buchungsfrage:
- direkt: „Sie haben sich für … entschlossen. Ich buche also für Sie …"
- indirekt: „Sollen wir den Mietwagen gleich mit dazu buchen?"
- oder Sie nutzen andere Techniken und Methoden.

! Die Buchung einer Reise soll der Kunde als Erlebnis erfahren, sie soll ihm wertvoll erscheinen.

Das Erlebnis für den Kunden besteht darin, dass er sich selbst für seine Reise entscheidet und nicht der Expedient. Die folgenden Abschlussmethoden eignen sich für dieses „Kundenerlebnis".

Die Bestätigung

Voraussetzung für diese Methode sind eindeutige Kaufsignale, da sich der Kunde ansonsten „über den Tisch" gezogen fühlen könnte.

„Sie haben sich also für … entschlossen."
„Dies entspricht in vollem Umfang Ihren Vorstellungen. Ich buche für Sie …"

Die Empfehlung

Sie, als Expedient, empfehlen die Buchung der Reise dadurch, dass Sie im „Sie-Stil" den Vorschlag unterbreiten, offerieren, anraten, zuraten, vorschlagen, den Rat geben, anregen, hinweisen, nahelegen, …

Durch die Empfehlung wird dem Kunden die Entscheidung erleichtert und Sie erzielen dadurch ein schnelleres Ergebnis.

„Ich empfehle Ihnen in Ihrem speziellen Fall …"
„Am besten entscheiden Sie sich für …"
„In Ihrem Fall ist dies genau das Richtige."

Die Alternativmethode

Der Expedient bietet seinem Kunden i. d. R. zwei (in Ausnahmefällen mehrere) Entscheidungsmöglichkeiten an, die sich aus dem bisherigen Verkaufsgespräch herauskristallisiert haben. Die Frage des eigentlichen Buchens ist hierbei nicht mehr relevant, sondern nur noch, wie Sie diesen Vertrag abschließen.

„Zuerst die Rundreise oder den Badeaufenthalt?"
„Bevorzugen Sie Halbpension oder Vollpension?"
„Möchten Sie die Anzahlung in bar oder mit Kreditkarte zahlen?"

Die Ja-Straße

Mit gezielt eingesetzten Ja-Fragen steuert der Expedient seinen Kunden direkt zur Buchung. Sie formulieren eine Kette von Kontroll- und Bestätigungsfragen, die der Kunde mit „Ja" beantworten wird, sodass abschließend die Buchungsfrage auch nur logischerweise mit einem „Ja" beantwortet werden kann.

Expedient:	„Sie wollten doch Golf spielen?"
Kunde:	„Ja!"
Expedient:	„Im letzten Urlaub hatten Sie vom Hotel 30 Minuten Transfer zum Golfplatz?"
Kunde:	„Ja."
Expedient:	„Sie möchten jetzt ein Hotel mit einem eigenen Golfplatz?"
Kunde:	„Ja!"
Expedient:	„Dann bleibt nur das Hotel …"
Kunde:	„Ja, einverstanden."

8.1 Das „Rechtsgeschäft Reise“

Als Reisevermittler buchen Sie dem Kunden stellvertretend für den Veranstalter die Komponenten seiner Reise im Rahmen eines Geschäftsbesorgungsvertrages.

Stellen Sie selbst Komponenten zu einer Reise zusammen, agieren Sie als Veranstalter.

In einem **Geschäftsbesorgungsvertrag** verpflichtet sich jemand, selbstständig eine Tätigkeit wirtschaftlicher Art für einen anderen und in dessen Interesse zu besorgen (vgl. § 675 BGB). Im Vertrag zwischen Kunde und Reisemittler verpflichtet sich der Reisemittler durch die Annahme eines Auftrages das übertragene Geschäft für diesen unentgeltlich zu besorgen (vgl. § 662 BGB). Ein Serviceentgelt darf nur verlangt werden, wenn vor der Aufnahme der Tätigkeit durch den Reisemittler darauf hingewiesen wurde.

§

§ 675
Entgeltliche Geschäftsbesorgung

(1) Auf einen Dienstvertrag oder einen Werkvertrag, der eine Geschäftsbesorgung zum Gegenstand hat, finden, soweit in diesem Untertitel nichts Abweichendes bestimmt wird, die Vorschriften der §§ 663, 665 bis 670, 672 bis 674 und, wenn dem Verpflichteten das Recht zusteht, ohne Einhaltung einer Kündigungsfrist zu kündigen, auch die Vorschrift des § 671 Abs. 2 entsprechende Anwendung.

(2) Wer einem anderen einen Rat oder eine Empfehlung erteilt, ist, unbeschadet der sich aus einem Vertragsverhältnis, einer unerlaubten Handlung oder einer sonstigen gesetzlichen Bestimmung ergebenden Verantwortlichkeit, zum Ersatz des aus der Befolgung des Rates oder der Empfehlung entstehenden Schadens nicht verpflichtet.

Der auch **Auftrag, Reiseberatungsvertrag** oder **Vermittlungsvertrag** genannte Vorgang kommt dann zustande, wenn der Kunde Informationen, eine Beratung oder die konkrete Buchung einer Pauschalreise, eines Reisearrangements oder eine oder mehrere Einzelleistungen nach seinen Vorgaben wünscht.

§

BGB
Auftrag und Geschäftsbesorgungsvertrag (Auszug)
Untertitel 1
Auftrag

§ 662 [Vertragstypische Pflichten beim Auftrag]
Durch die Annahme eines Auftrags verpflichtet sich der Beauftragte, ein ihm von dem Auftraggeber übertragenes Geschäft für diesen unentgeltlich zu besorgen.

§ 663 [Anzeigepflicht bei Ablehnung]
Wer zur Besorgung gewisser Geschäfte öffentlich bestellt ist oder sich öffentlich erboten hat, ist, wenn er einen auf solche Geschäfte gerichteten Auftrag nicht annimmt, verpflichtet die Ablehnung dem Auftraggeber unverzüglich anzuzeigen. Das Gleiche gilt, wenn sich jemand dem Auftraggeber gegenüber zur Besorgung gewisser Geschäfte erboten hat.

§ 664 [Unüberbrückbarkeit; Haftung für Gehilfen]

! **Der Reisemittler ist verpflichtet, die Aufträge des Kunden mit der Sorgfalt eines ordentlichen Kaufmanns zu erfüllen.**

Sorgfältige Beratung:
- » Weiterleitung der korrekt ausgefüllten Anmeldung an den Reiseveranstalter
- » Weiterleitung von Sonderwünschen des Kunden
- » Weitergabe der Reisebestätigung des Reiseveranstalters an den Kunden
- » Aushändigung des Sicherungsscheines
- » Aushändigung der Reiseunterlagen gegen (Rest-)Zahlung des Reisepreises
- » Unverzügliche Weiterleitung von Reklamationen (→ Kapitel 9)

Sorgfalts- und Informationspflicht:
- » Überprüfung der Volljährigkeit des Vertragspartners
- » Korrekte Fahrplan-/Flugplanauskunft
- » Hinweis auf Pass-/Visum- und Gesundheitsbestimmungen
- » Nach neuem Reiserecht Informationen über besondere Spracherfordernisse für oder während der Reise, mögliche Einschränkungen der Barrierefreiheit, evtl. auftretende Zusatzkosten (z. B. wie Kurtaxe oder Übernachtungssteuer), Aushändigung des zutreffenden Formblatts (aus Anlage 11 zu Art. 250 § 2 Abs. 1 EGBGB) über die Rechte des Reisenden
- » Hinweis auf Reiserücktrittskosten-Versicherung (→ LF 8, Kapitel 6)
- » Hinweis auf die Reisebedingungen
- » Unverzügliches Weiterleiten von Stornierungen

Reisemittler
= Reisebüro
= Handelsvertreter

← Agenturvertrag/
Handelsvertretervertrag § 84 f. HGB →

Reiseveranstalter
= Handelsherr
= Unternehmer

Auch zwischen Vermittler und Veranstalter besteht ein Geschäftsbesorgungsvertrag. Allerdings ist dieser dienst- oder werkvertraglicher Natur und daher gegen Entgelt. Das Vermittlungsgeschäft selbst erfolgt auf Grundlage des **Agenturvertrages**.

Der Agenturvertrag ist die rechtliche Grundlage für die Geschäftsbeziehung. Er enthält insbesondere Bestimmungen über die Annahme und Abwicklung der Buchungen und das Inkasso und regelt den Provisionsanspruch des Reisemittlers. Unter **Provision** wird das Entgelt für die Vermittlungsleistung verstanden.

Reiseagenturen, Reisebüros und sonstige Reisemittler sind ständig damit betraut, als **Handelsvertreter** (vgl. § 84 ff. HGB) für einen oder eine Vielzahl von Reiseveranstaltern oder Beförderungsunternehmen usw. Geschäfte zu vermitteln oder in deren Namen abzuschließen.

Aus § 86 Abs. 1 HGB und dem Agenturvertrag ergeben sich weitere **Pflichten für den Reisemittler.**

1. **Um Vertragsanbahnung bemühen:**
   - » Erfassen des vollständigen Namens und der Anschrift des Kunden,
   - » exakte katalogmäßige Bezeichnung der Reise verwenden,
   - » Hinweis auf Reisebedingungen,
   - » Unterschrift des Kunden auf der Reiseanmeldung einholen,
   - » Anerkennung der Reisebedingungen bestätigen.

2. **Alle erforderlichen Nachrichten zu der jeweiligen Buchung übermitteln.**
3. **Entgegennahme der Anzahlung des Kunden bei Reisebestätigung.**

Auf der Grundlage des Agenturvertrages arbeitet der Reisemittler als selbstständiger Gewerbetreibender, der zwischen Kunde und Reiseveranstalter Reiseverträge vermittelt und abschließt, ohne dass er i. d. R. selbst für Erfolg und Wirkung des Reisevertrages verantwortlich ist.

Wann haftet das Reisebüro für die Vertragserfüllung

Was tut das Reisebüro?	Wesentliches Kriterium	Haftung für Reiseleistungen	Pflichten
1 Reisebüro vermittelt Angebot eines Reiseveranstalters	Der Reiseveranstalter hat die Reise zusammengestellt, das Reisebüro verkauft sie nur = fremde Pauschalreise	übernimmt der Reiseveranstalter	Reisebüro hat Informationspflichten und muss ein Formblatt ausgeben
2 Reisebüro kombiniert selbst Einzelleistungen zu einer Gesamtreise	Leistungen werden im Reisebüro ausgewählt und in Rechnung gestellt = eigene Pauschalreise	liegt beim Reisebüro als Reiseveranstalter	Reisebüro hat Informations-, Haftungs-, Unterstützungs- und Insolvenzabsicherungspflichten und muss ein Formblatt ausgeben
3 Reisebüro vermittelt mehrere Einzelleistungen für eine Reise	Leistungen werden im Reisebüro getrennt ausgewählt und in Rechnung gestellt, gemeinsame Bezahlung aber möglich = verbundene Reiseleistung	liegt bei den Leistungsträgern, da keine Pauschalreise	Reisebüro hat Informationspflichten, muss ein Formblatt ausgeben und muss bei Reisebüroinkasso sein Insolvenzrisiko absichern

Quelle: DRV

Mittler müssen ihren Kunden künftig rechtzeitig per Formular mitteilen, welche Art der Reise sie buchen, ob etwa eine Pauschalreise oder eine verbundene Reiseleistung. Diese Information muss unbedingt vor der Buchung erfolgen, etwa zum Zeitpunkt, wenn dem Kunden ein oder mehrere Angebote unterbreitet werden.

Es gibt für Reisebüros ein erhöhtes Risikio, um als Veranstalter zu haften, z. B. dann, wenn mehr als 25 % des Gesamtreisepreises auf Extraleistungen, wie z. B. Musicalkarten, Ausflüge oder sonstige Events entfallen. Unterhalb dieser Grenze muss der Veranstalter nur haften, wenn die Extras ein wesentliches Merkmal der Reise darstellen und auch entsprechend beworben werden. Der Vermittler muss insbesondere bei verbundenen Onlinebuchungsverfahren darauf achten, dass er nicht selbst zum Veranstalter wird, etwa wenn er innerhalb von 24 Stunden einen weiteren Bestandteil für die gleiche Reise anbietet. In jeden Fall benötigt der Mittler bei der Vermittlung von verbundenen Reiseleistungen mit Inkasso eine Kundengeldabsicherung gemäß § 651w Abs. 3 BGB und muss einige wichtige Informationspflichten nach Art. 250 Nr. 3 EBGB über eine möglicherweise notwendige Fremdsprache, Visa, evtl. Zusatzgebühren erfüllen.

8.2 Pauschalreisevertrag, Reisevermittlung und Vermittlung verbundener Reiseleistungen

Den vollständigen Gesetzestext finden Sie im Internet unter der Eingabe von „2394 Bundesgesetzblatt Teil I, 2017, Nr. 48 vom 21.7.2017“ (oder unter: www.gesetze-im-internet.de).

Reiseleistungen →

1. Beförderung
2. Unterkunft
3. Mietwagen und -Krafträder
4. Sonstige touristische Leistungen

Keine Pauschalreise

sind Leistungen, die ...

... Kombinationen von 2 Reiseleistungen sind, wobei eine Reiseleistung „wesensmäßig“ in der anderen enthalten ist.

... Kombinationen von

1x Reiseleistung aus 1.–3. und mindestens 1x Reiseleistung aus 4. sind
- und die Reiseleistung aus 4. keinen erheblichen Anteil am Gesamtwert (< 25 %) darstellt und
- kein wesentliches Merkmal aus Kundensicht darstellt und
- nicht beworben wird.

Oder die Reiseleistung aus 4. nach Beginn der Erbringung einer Reiseleistung aus 1.–3. ausgewählt und vereinbart wurde.

Gleiches gilt für verbundene Reiseleistungen, welche dann Einzelleistungen sind!

... Pauschalreisen sind, aber
- nur **gelegentlich** und nicht **zum Zwecke der Gewinnerzielung** und nur einem **begrenzten Personenkreis** angeboten werden.
- nur **bis 24 h** dauern und **keine Übernachtung** beinhalten und **nicht mehr als 500,00 €** kosten.

Gleiches gilt für verbundene Reiseleistungen, welche dann Einzelleistungen sind, die allerdings mehr als 500,00 € kosten können!

... auf der Grundlage eines **Rahmenvertrages** mit einem anderem Unternehmer für die **Organisation von Geschäftsreisen** geschlossen wurden.

... die nicht mit anderen Reiseleistungen kombiniert werden, also Einzelleistungen sind.

Pauschalreisen sind

Einzelleistungen, die vom Reiseveranstalter freiwillig dem dt. Pauschalreiserecht unterworfen werden, sog. „gewillkürte“ Pauschalreisen.

Kombinationen von mindestens zwei verschiedenen Reiseleistungen aus 1.–3.

oder

1x Reiseleistung aus 1.–3. und mindestens 1x Reiseleistung aus 4.

Vermittlung verbundener Reiseleistungen

Voraussetzung: Die Reise ist keine Pauschalreise!

Bei verbundenen Reiseleistungen werden dem Reisenden bei einem **einzigen** Kontakt, in **einer** Vertriebsstelle mindestens **zwei verschiedene Reiseleistungen** für **dieselbe** Reise gezielt vermittelt

wobei
- die Reiseleistungen **getrennt ausgewählt** werden
- und **getrennt gebucht**
- und **getrennt bezahlt** werden oder gemeinsam bezahlt werden, der Reisende sich aber getrennt zur Zahlung verpflichtet hat.

Ein Vertrag über eine Reiseleistung geschlossen wurde

und mindestens **ein weiterer Vertag** mit einem anderen Unternehmer über eine andere Reiseleistung für dieselbe Reise gezielt vermittelt wird

und

spätestens 24 h nach Bestätigung der ersten Reiseleistung geschlossen wird.

8.2.1 Verbundene Reiseleistungen

Seit dem 01.07.2018 gilt die nach dem Europäischen Recht umgesetzte neue **„Pauschalreiserichtlinie"**. Sie soll den Verbraucher vor allem mehr Schutz vor den Fallen der Internetbuchung bieten, indem in das Reiserecht nach § 651 a–y der § 651w für sog. **„verbundene Reiseleistungen"** eingefügt wurde.

Durch das Inkrafttreten des neuen Reiserechts zum 01.07.2018 ändern sich vor allem für Reisemittler (-büros und Onlineportale) einige wesentliche Sachverhalte. Unter anderem können Reisemittler neben Pauschal- und Einzelleistungen nun eine dritte Kategorie, **verbundene Reiseleistungen**, verkaufen.

! **Verbundene Reiseleistungen liegen vor, wenn mindestens zwei verschiedene Leistungen zum Zweck derselben Reise verkauft werden und dabei Verträge mit verschiedenen Leistungsträgern entstehen, etwa mit einer Fluggesellschaft und einem Mietwagenanbieter.**

§

§ 651w Vermittlung verbundener Reiseleistungen

(1) Ein Unternehmer ist Vermittler verbundener Reiseleistungen, wenn er für den Zweck **derselben** Reise, die keine Pauschalreise ist,

1. dem Reisenden anlässlich eines einzigen Besuchs in seiner Vertriebsstelle oder eines einzigen Kontakts mit seiner Vertriebsstelle Verträge mit anderen Unternehmern über mindestens **zwei verschiedene** Arten von Reiseleistungen vermittelt und der Reisende diese Leistungen **getrennt** auswählt und
a) **getrennt** bezahlt oder
b) sich bezüglich jeder Leistung getrennt zur Zahlung verpflichtet oder

2. dem Reisenden, mit dem er einen Vertrag über eine Reiseleistung geschlossen hat oder dem er einen solchen Vertrag vermittelt hat, in gezielter Weise mindestens einen Vertrag mit einem anderen Unternehmer über eine andere Art von Reiseleistung vermittelt und der weitere Vertrag **spätestens 24 Stunden** nach der Bestätigung des Vertragsschlusses über die erste Reiseleistung geschlossen wird.

8.2.2 Die Pauschalreise

Die vertragliche Beziehung zwischen dem Reiseveranstalter und dem Kunden ist der Reisevertrag, dessen Inhalte im Bürgerlichen Gesetzbuch im **§ 651 a–y** gesetzlich geregelt sind. Sie wurden unter der Überschrift **„Reisevertrag"** in den Gesetzestext eingefügt.

EXKURS»

Nicht im Reiserecht geregelt: Der Garantievertrag

Fehlender Schnee im Skiurlaub bedeutet an sich noch keinen Reisemangel. Anders stellt sich die Situation dar, wenn der Veranstalter eine ausdrückliche Schneegarantie verspricht. Die Gewährung einer Garantie kann im Rahmen der Vertragsfreiheit vereinbart werden. In einem sog. **Garantievertrag** übernimmt der Hauptschuldner eine Einstandspflicht, ohne dass die den Erfolg betreffende Schuld feststeht.

TUI Schneegarantie

Unser Winterversprechen: Sie haben sich für ein Hotel aus dem TUI Programm mit Schneegarantie-Logo entschieden. Sollten dann 7 Tage vor Anreise wegen Schneemangels nicht mindestens 75 % der Lifte in dem Skigebiet des Zielortes (Gültigkeitsbereich Skipass) geöffnet sein, können Sie in der Zeit vom 06.01.2019 (erste Anreise) bis zum 31.03.2019 (letzte Abreise) bis 5 Tage vor Antritt der Reise auf ein anderes TUI Hotel oder auf einen anderen Zeitpunkt gebührenfrei nach Verfügbarkeit umbuchen. [...] Im Garantiefall oder bei Rückfragen kontaktieren Sie bitte Ihr TUI Reisebüro [...]

Quelle: TUI Deutschland GmbH: Winterurlaub, Juni 2018. In: https://mediacenter.tui-info.de/onlinekataloge/index.php?catalog=tui_wintersport_w18_g#page_339 [28.10.2021], S. 339.

Ein Anspruch auf Garantie ist nicht gesetzlich, sondern einzelvertraglich geregelt.

Im Gegensatz zur Garantie ist die **Gewährleistung** im BGB gesetzlich geregelt.

Unter Gewährleistung wird die gesetzliche Verpflichtung des Schuldners verstanden, eine Sache oder ein Werk in mangelfreiem Zustand abzuliefern.

Unter **Kulanz** versteht man ein Entgegenkommen zwischen Vertragspartnern nach Abschluss des Vertrages. Ein sehr guter Kunde muss beispielsweise seine Pauschalreise umbuchen. Der Reiseveranstalter ist aus Kulanz mit einer kostenlosen Umbuchung einverstanden. Der Veranstalter verzichtet auf seinen Rechtsanspruch mit dem Ziel, den Kunden weiter an sich zu binden (Kundenbindung → Kapitel 10).

Die Pauschalreise wird nach **§ 651a BGB** als eine **„Gesamtheit von Reiseleistungen“** angeboten, d. h., eine Gesamtheit von mindestens zwei verschiedenen Arten von Reiseleistungen für den Zweck derselben Reise verkauft werden. Auf die überwiegenden Produkte eines Reiseveranstalters trifft diese Definition zu. Allerdings ist zu beachten, dass Reiseveranstalter auch (nicht gebündelte) Einzelprodukte wie Flüge, Hotels, Rundreisen in ihren Katalogen anbieten. Werden aber einzelne Hauptleistungen wie Flug oder Hotel über einen Veranstalter gebucht, werden auch sie rechtlich wie eine Pauschalreise behandelt; es gilt also das Reiserecht.

Der **Gesamtreisepreis** ist gemäß Preisangabenverordnung immer ein Endpreis. Er beinhaltet die Umsatzsteuer und schließt zusätzliche Nebenkosten wie besondere Beratungskosten oder spezielle Serviceentgelte ausdrücklich aus. So darf beispielsweise bei einem über das Reisebüro abgeschlossenen Vertrag über die Anmietung einer Ferienwohnung nicht vor Ort zusätzlich eine Pauschale für die Endreinigung vom Vermieter verlangt werden, wenn sie bei der Reisebestätigung nicht vereinbart wurde.

Wie beim Werkvertrag schuldet der Reiseveranstalter im Unterschied zum Dienstvertrag dem Kunden den Erfolg, d. h., Planung und Durchführung der Reise müssen mit dem im Katalog ausgeschriebenen Programm übereinstimmen.

Grundsätzlich lassen sich die Produkte eines Reiseveranstalters wie folgt typisieren:
- » Vollpauschalreise
- » Teilpauschalreise
- » Individuelle Pauschalreise
- » All-inclusive-Reisen (→ LF 9, Kapitel 3.3)

8.2.3 Die Reisebestätigung

Art. 250, §§ 6 und 7 Einführungsgesetz zum BGB (kurz: EGBGB) bestimmt, dass dem Kunden bei oder unverzüglich nach Abschluss des Reisevertrages die Reisebestätigung (Urkunde des Vertrages) neben dem Sicherungsschein übergeben wird. Reisebestätigung, Katalog- oder Prospektbeschreibung und Nebenvereinbarungen haben bestimmte Formvorschriften zu erfüllen, die in Art. 250 § 6 EGBGB formuliert sind.

Die Bestimmungen dieser Regelungen gelten nicht für Gelegenheitsreiseveranstalter und nur eingeschränkt, wenn die Buchung sieben Werktage vor Reiseantritt erfolgt. Die AGB müssen dem Reisenden vor Vertragsabschluss bekannt gegeben werden. Sie sind deshalb in den Katalogen immer abgebildet.

Nachstehend finden Sie einen Überblick über die wichtigsten Punkte der Informations- und Nachweispflichten von Reiseveranstaltern.

Den vollständigen Text des Artikels 250 § 3 finden Sie im Internet unter www.gesetze-im-internet.de/bgbeg/art_250__3.html.

Prospekt- bzw. Katalogangaben	**Zwingend:** Reisepreis, Anzahlung, Fälligkeit des Restbetrages **Falls erforderlich:** Bestimmungsort, Transportmittel, Unterbringung, Verpflegung, Reiseroute, Einreisebestimmungen einschließlich der Gesundheitsvorschriften, Mindestteilnehmerzahl Diese Angaben sind für den Reiseveranstalter bindend. Ein Vorbehalt der Preisanpassung ist jedoch möglich, wenn in den Reise-AGB ausdrücklich vermerkt.
Reisebestätigung, Allgemeine Reisebedingungen	Aushändigung einer schriftlichen Reisebestätigung und des Sicherungsscheins sofort nach Vertragsabschluss **Inhalt der Reisebestätigung** » Reisepreis und Zahlungsmodalitäten » Weitere Angaben sind nicht erforderlich, wenn vor Vertragsabschluss die Allgemeinen Geschäftsbedingungen ausgehändigt wurden bzw. auf den entsprechenden Katalog des Reiseveranstalters verwiesen wurde. Ansonsten müssen folgende Punkte angesprochen werden: » Bestimmungsort » Zeit und Ort für Abreise und Rückkehr » Leistungsumfang » Vereinbarte Sonderwünsche » Vorschriften über Mängelanzeige » Abschluss der Reiserücktrittskosten-, einer Reiseunfall- und Reisekrankenversicherung
Unterrichtung vor Beginn der Reise	» Abfahrts- und Ankunftszeiten, Zwischenstationen » Platzreservierung » Vertretung des Reiseveranstalters vor Ort

	Diese Angaben sind nicht erforderlich, soweit der Reisende bereits im Katalog oder der Reisebestätigung darüber informiert wurde, wobei das BGB davon ausgeht, dass, sofern in den AGB nichts anderes steht, alle Reisen auch für mobilitätseingeschränkte Personen geeignet sind.
Sicherungsschein für Pauschalreisen	Formvorschriften für die Gestaltung des Sicherungsscheins

8.2.4 Die Reisepreisanpassung

Reisekataloge werden viele Monate, bevor die Kunden die Reisen antreten, erstellt und haben nach Erscheinungsdatum häufig eine Gültigkeitsdauer von bis zu einem Jahr und mehr. Deshalb gilt die Schutzklausel der BGB-Informationspflichten, dass **vor Abschluss** des Reisevertrages Preisänderungen gegenüber den ausgedruckten Katalogpreisen jederzeit möglich sind, wenn in den Allgemeinen Geschäftsbedingungen des Veranstalters konkret darauf hingewiesen wird (Preisänderungsvorbehalt). Damit kann er auf bestimmte, unvorhersehbare Kostenänderungen reagieren. In letzter Konsequenz führt das zu tagesaktuellen Preissystemen mit der entsprechenden Ertragssteuerung (Yield-Management). Im Katalog wird lediglich ein Grundpreis für die entsprechende Pauschalreise genannt, der sich je nach Buchungszeitpunkt erhöhen oder ermäßigen kann. Über den jeweils aktuellen Preis informiert das Reisebüro.

Nach Vertragsabschluss darf der Endpreis nur unter ganz bestimmten engen Voraussetzungen geändert werden, wie sie in **Art. 250 § 3 EGBGB** geregelt sind. Eine Preisanhebung ist nur aufgrund der folgenden Ursachen möglich:

» Erhöhung der Beförderungskosten,
» Erhöhung bestimmter Abgaben (z. B. Hafengebühren) und
» Wechselkursanpassungen.

Die Preiserhöhungen müssen gegenüber dem Kunden genau begründet und der Reisende muss mindestens **21 Tage vor Reisetermin** darüber informiert werden. Sollte die Preisanpassung **8 %** übersteigen, hat der Reisende nach **§ 651g BGB** ein kostenfreies Rücktrittsrecht oder die Möglichkeit, eine gleichwertige Ersatzreise beim gleichen Veranstalter zu buchen (kostenlose Umbuchung).

Die Klausel der Preiserhöhung ist ungültig, wenn nicht in den AGB auch auf die Möglichkeit der Preissenkung hingewiesen wird.

8.2.5 Der Ersatzreisende – Sonderfall der Umbuchung (Vertragsübertragung nach § 651e BGB)

Bis spätestens sieben Tage vor Beginn der Reise kann der Reisende einem Dritten seinen **Reisevertrag abtreten** – also weiterverkaufen. Er wird von dieser Möglichkeit Gebrauch machen, die ihm **§ 651e BGB** einräumt, wenn er entweder keine Reiserücktrittskosten-Versicherung abgeschlossen hat oder aber aus einem Grund, der durch die Versicherung nicht gedeckt wird, die Reise nicht antreten kann. In beiden Fällen wird er die Stornokosten vermeiden. Der Veranstalter muss nicht jede Ersatzperson akzeptieren. Bei einer ausgeschriebenen Seniorenreise kann der Enkel als Ersatzperson abgelehnt werden, weil er die besonderen Reiseerfordernisse nicht erfüllt. Kann das erforderliche Einreisevisum nicht mehr rechtzeitig beschafft werden, erlischt diese Möglichkeit aus rechtlichen Gründen. Reisender und Ersatzreisender haften dem Veranstalter als **Gesamtschuldner** für den Reisepreis und die Umbuchungsgebühren, d. h., dass jeder Schuldner gegenüber dem Gläubiger verpflichtet ist, die gesamte Schuld zu leisten. Natürlich hat der Ersatzreisende dann einen schuldrechtlichen Anspruch gegenüber dem ursprünglichen Auftraggeber.

Bei der Stellung eines Ersatzreisenden handelt es sich tatsächlich um eine Umbuchung. Sie unterscheidet sich aber rechtlich von der eigentlichen Umbuchung aufgrund von Änderungswünschen nach Erhalt der Reisebestätigung. In diesem Fall entscheidet sich der Kunde nachträglich für einen anderen Reisetermin oder ein anderes Reiseziel. Umbuchungen, die sich nicht auf den Ersatzreisenden beziehen, sind in den Geschäftsbedingungen der Veranstalter geregelt. Sie können zeitlich befristet (bis 7 Tage vor Reisebeginn) und mit einer pauschalisierten Umbuchungsgebühr belastet werden. Oder sie werden so behandelt, als ob der Kunde vom Reisevertrag zurücktritt mit der entsprechenden Belastung aufgrund der Stornobedingungen.

8.2.6 Reisemängel – Gewährleistungsansprüche – Fristen

! Reiseveranstalter und Reisemittler können durch Beachtung der Informationspflichten bereits im Verkaufsgespräch Kaufvertragsstörungen bzw. Mängelrügen vorbeugen.

Die Paragrafen **651 i, k, l, m, n BGB** befassen sich mit den zentralen Problemen des Reiserechts: den **Reisemängeln** und den sich daraus ergebenden Gewährleistungsansprüchen. Also mit der unerfreulichen Feststellung, dass der Kunde von der Reise insgesamt oder einzelnen Elementen enttäuscht ist, sich bitter beschwert und Abhilfe verlangt, unter Umständen aber von sachkundigen Dritten bestätigt bekommt, dass es sich lediglich um eine Unannehmlichkeit handele, die er akzeptieren müsse. Bei Auslandsreisen sprechen die Gerichte dann häufig von landestypischen Besonderheiten und unerheblichen Reisemängeln.

Reisemängel nach BGB		
Unerhebliche Reisemängel	**Einfache Reisemängel**	**Erhebliche Reisemängel**
(Unannehmlichkeit) müssen vom Reisenden akzeptiert werden – keine Rechtsfolgen	» Der Reisende verlangt Abhilfe aus Sicht des Veranstalters (§ 651i Abs. 3 S. 3 –**Nachbesserungsrecht**). » Der Reisende schafft selbst Abhilfe und verlangt Ersatz der erforderlichen Aufwendungen (§ 651k Abs. 3 S. 2). » Der Reisende verlangt Minderung des Reisepreises (§ 651i Abs. 3 S. 6). » Der Reisende verlangt Schadenersatz wegen Nichterfüllung (§ 651i Abs. 3 S. 7).	» Der Reisende kündigt den Vertrag (§ 651l Abs. 1). » Der Reisende verlangt Schadenersatz wegen nutzlos aufgewendeter Urlaubszeit (§ 651n Abs. 2).

Zunächst erläutert der Gesetzgeber, was unter einem Reisemangel zu verstehen ist: Der Reise fehlt – sinngemäß – eine Eigenschaft, die ihren Wert nach den im Vertrag vorausgesetzten Nutzen aufhebt oder mindert (**§ 651i Abs. 2**). Das ist eine Umschreibung für die Tatsache, dass es sich zunächst um ein subjektives Empfinden des Reisenden handelt und dass Menschen unterschiedlich reagieren. Was für den einen unerträglich erscheint, nämlich die permanente Belästigung am Strand durch aufdringliche Verkäufer, ist für den anderen eine eher interessante Abwechslung.

Reisemängel sind eben nicht allgemein Fehler in der Beschaffenheit einer serienmäßig gefertigten Sache oder eines Gutes, das tausendfach industriell identisch hergestellt wird, sodass Abweichungen leicht feststellbar und objektiv nachprüfbar sind, sondern zunächst subjektiv bedingte Empfindungen. Auch wenn im Zeitalter des Massentourismus die Pauschalreise praktisch wie ein industriell gefertigtes Serienprodukt hergestellt und ebenfalls tausendfach angeboten wird, bleibt sie doch eine singuläre Dienstleistung und in ihrer Wiederholung kann es zwangsläufig zu Abweichungen kommen. Allein schon deshalb, weil es sich immer um einen anderen Reisenden handelt. Hinzu kommt, dass die Interessenlage der Vertragspartner unterschiedlich ist.

Der Kunde fühlt sich vom Veranstalter um seine unbeschwerte Urlaubszeit betrogen, wenn er jeden Abend zur Essenszeit am Buffet eine halbe Stunde in der Schlange wartet und der Vertreter des Veranstalters stöhnt – bei den entsprechenden Beschwerden – darüber, dass fast alle deutschen Kunden partout um Punkt 19:00 Uhr essen wollen.

Daher werden viele Reklamationen erst durch die Gerichte endgültig entschieden. Die Klage wird immer vor dem Amts- bzw. Landgericht am Firmensitz des Beklagten, also des Veranstalters, verhandelt.

Regelung der Zuständigkeiten im Gerichtsverfassungsgesetz

! **Das Amtsgericht (Einzelrichter) stellt die unterste Instanz der Gerichtsbarkeit dar. Es ist zuständig bei allen Zivilprozessen bis zu einem Streitwert von 5.000,00 €. Ab einem Streitwert von 600,00 € wird grundsätzlich eine Berufung beim Landgericht zugelassen. Bei einem Streitwert über 5.000,00 € verlagert sich die Zuständigkeit auf das Landgericht.**

Der Richter oder die Richterin können sich in der Entscheidungsfindung an der sog. **Frankfurter Tabelle** zur Reisepreisminderung orientieren, sind dazu aber nicht verpflichtet. Umgekehrt wird der Reiseveranstalter in seiner Berechnung der finanziellen Folgen des Reisemangels immer die Werte der Frankfurter Tabelle zugrunde legen.

Verjährungsfrist

Die **gesetzliche Verjährungsfrist** beträgt zwei Jahre (§ **651j** – manche Veranstalter erweitern die Frist auf drei Jahre – und zwar beginnend mit dem Tag, an dem die Reise vertragsgemäß enden sollte. Innerhalb dieser Frist muss die Klage beim zuständigen Gericht eingereicht werden, sonst sind die Ansprüche verfallen (verjährt), wobei der Mangel bereits vor Ort gerügt und Abhilfe verlangt werden muss. Sie sollten auch dokumentiert werden, damit der Reisende seine Rechte später vor Gericht auch geltend machen kann. Sollte der Beklagte auf die Tatsache der Verjährung hinweisen können, wird das Verfahren sofort eingestellt. Ausgenommen von dieser Verjährungsfrist sind die Ansprüche wegen Körperverletzung oder Tod des Reisenden (unerlaubte Handlung, deliktische Haftung), wenn sie in den Verantwortungsbereich des Reiseveranstalters fallen.

Höchsthaftung

Die vertragliche Haftungsbeschränkung (Höchsthaftung des Veranstalters) auf den **„dreifachen Reisepreis"** (**§ 651p**) zu begrenzen, ist nur dann möglich, wenn sie in die AGB des Veranstalters übernommen wurde, der Anspruch des Reisenden nicht auf unerlaubter Handlung beruht und der Veranstalter „weder vorsätzlich noch grob fahrlässig" (BGB) gehandelt hat. Ist beispielsweise eine Reise überbucht, so handelt der Veranstalter grob fahrlässig und kann sich daher gegenüber dem Reisenden nicht auf diese Haftungsbeschränkung berufen.

8.2.7 Stornokosten

Ein einmal abgeschlossener und mängelfreier Reisevertrag kann nicht kostenlos gekündigt werden. Kündigt der Kunde vor Reiseantritt aber doch den Vertrag (**§ 651h BGB**), verliert der Reiseveranstalter zwar den Anspruch auf den Reisepreis, kann aber eine angemessene Entschädigung verlangen:

» Die Entschädigung bemisst sich entweder nach der Höhe des Reisepreises minus ersparter Aufwendungen, z. B. wenn die Reise nochmals verkauft wird oder
» die Entschädigungskosten (Stornokosten) können – gestaffelt nach Reisearten und Zeitpunkt der Kündigung – pauschalisiert werden.

Beispiele

- Bis vier Monate vor Reisebeginn ist pauschal eine Bearbeitungsgebühr in Höhe von 15,00 € fällig.
- vier Monate bis 30 Tage vor Reiseantritt: 20 % vom Reisepreis
- 29 bis 22 Tage vor Reiseantritt: 35 % vom Reisepreis
- 21 bis 15 Tage vor Reiseantritt : 50 % vom Reisepreis
- 14 Tage bis einen Tag vor Reiseantritt: 75 % vom Reisepreis

In den AGB der Veranstalter wird eine konkrete Berechnung des Einzelfalles der Entschädigung bei Kündigung vor Reisebeginn zwar nicht generell ausgeschlossen aber praktisch unmöglich gemacht, denn diese Regelung gilt allgemein als praxisfern, weil zu aufwendig. Die Pauschalisierung der Stornokosten wird daher von der Rechtsprechung auch nicht infrage gestellt. Je näher der Reisetermin rückt, desto höher sind die Stornokosten, da die Möglichkeit, diese Reise nochmals zu verkaufen, immer geringer wird. Es ist aber durchaus legitim, die Reise ein zweites Mal zu verkaufen – evtl. als Last-Minute –, ohne dass der Kunde darüber informiert werden muss. Sollte er von dieser Tatsache jedoch erfahren und dies nachweisen können, hat er natürlich einen Anspruch auf Anrechnung der ersparten Aufwendungen.

8.2.8 Reiseabsagen

Höhere Gewalt

Bei „unvermeidbaren, außergewöhnlichen Umständen" (höhere Gewalt) (**651h Abs. 4 S. 2 BGB**), d. h. im Falle eines katastrophalen Ereignisses, das bei Vertragsabschluss nicht voraussehbar und danach auch durch äußerste Sorgfalt von keiner Seite abgewendet werden konnte, dürfen Veranstalter oder Reisender die Reise kündigen. Dieses Sonderkündigungsrecht bedeutet vor Reiseantritt, dass dem Kunden keine Stornokosten entstehen und dass der Veranstalter nicht mit Schadenersatzforderungen des Reisenden rechnen muss. Tritt der Fall der höheren Gewalt während der Reise auf und führt zum Reiseabbruch, sind „die Mehrkosten für die Rückbeförderung"

(BGB) von Kunde und Veranstalter je zur Hälfte zu tragen. Im Einzelfall ist die Situation schwer zu beurteilen und erfordert ein professionelles Krisenmanagement seitens der Veranstalter.

Als am 26. Dezember 2004 die Tsunami-Katastrophe über Thailand hereinbrach, wurden an der Westküste Urlaubszentren wie Phuket und Khao Lak total zerstört und Tausende Tote waren zu beklagen. Selbstverständlich wurden alle Urlaubsreisen in diese Zielgebiete abgesagt bzw. die Kunden stornierten kostenfrei ihre Buchungen. Pattaya und Ko Samui, die der Tsunami nicht erreicht hatte, blieben von der Katastrophe unberührt, also war – rein rechtlich – eine stornofreie Kündigung des Reisevertrages nicht möglich. Stattdessen haben die Veranstalter ihren Kunden kostenfreie Umbuchungen angeboten, falls diese nicht an einem thailändischen Strand entspannen wollten, wenn einige 100 Kilometer weiter verzweifelte Menschen ihre vermissten Angehörigen unter den Trümmern suchten.

Erklärt das Auswärtige Amt eine bestimmte Region zum Krisengebiet (generelle Reisewarnung), ist i. d. R. von höherer Gewalt auszugehen. Muss der Abflug verschoben werden, weil beispielsweise die Fluglotsen streiken, liegt höhere Gewalt vor, da der Veranstalter keine Möglichkeit hat, den Ablauf des Arbeitskampfes zu beeinflussen. Streikt dagegen das Personal eines Vertragshotels, liegt keine höhere Gewalt vor und der Veranstalter haftet gegenüber seinem Kunden für entstandene Schäden.

Mindestteilnehmerzahl

Beispiel für einen Katalogauszug:

Studienreise nach Sizilien

Höchstteilnehmerzahl 25

Mindestteilnehmerzahl 12. Diese muss bis 21 Tage vor Reisebeginn erreicht werden, sonst behalten wir (der Veranstalter) uns vor, die Reise nicht durchzuführen.

Für diese Reise hat der Veranstalter in seinem Katalog festgelegt, dass bei weniger als zwölf Reiseanmeldungen die Reise abgesagt und dem Kunden der anteilige Reisepreis erstattet wird; dies muss der Veranstalter bei einer Reise über 6 Tagen spätestens 20 Tage vor Reisebeginn mitteilen (§ 651h Abs. 4, 1a), bei kürzeren Reisen 7 bzw. 2 Tage vor Reisebeginn. Der Kunde hat in diesem Fall – wie im Fall einer Preiserhöhung um mehr als 8 % – das Recht, an einer gleichwertigen Ersatzreise teilzunehmen. Hinter der Entscheidung des Veranstalters, die Reise komplett abzusagen, stehen ausschließlich betriebswirtschaftliche Überlegungen (Erreichen der Gewinnschwelle). Natürlich handelt es sich hier nicht um einen Fall höherer Gewalt, aber die Kündigung ist rechtens, weil die Klausel aufgrund der AGB Teil des Reisevertrages wurde.

8.2.9 Der Sicherungsschein

JT Touristik Insolvenz Ende 2017

„[...] Pech haben diejenigen, die bereits Anzahlungen für eine Reise im nächsten Jahr getätigt haben, jedoch ohne gültigen Sicherungsschein. Diese können nicht erstattet werden, sondern müssten zur Insolvenztabelle angemeldet werden. [...]“

Quelle: Volkmann, Lisa: JT Touristik Insolvenz: Kein generelles Recht auf kostenlose Stornos, 08.11.2017. In: https://urlaub.check24.de/news/jt-touristik-insolvenz-storno-63775 [28.10.2021].

Diese oder ähnliche Meldungen waren und sind immer mal wieder in der Tagespresse zu lesen. Die letzte Insolvenz, die 2019 für Schlagzeilen sorgte, war der Zusammenbruch des Reiseveranstalters Thomas Cook. Für die Reisenden ist die Situation in Wirklichkeit oft katastrophal. Je nach Situation müssen sie

» ihren Urlaub abbrechen und sofort das Hotelzimmer verlassen oder die Kosten für Unterkunft, Verpflegung und Rücktransport selbst übernehmen,
» den Transfer zum Flughafen selbst organisieren,
» am Flughafen Stunden, manchmal auch Tage, auf eine Reservierung für den Rückflug warten und die Kosten übernehmen,
» bei Überschreitung der Urlaubszeit akzeptieren, dass ihr Arbeitgeber sie wegen unentschuldigten Fernbleibens vom Arbeitsplatz abmahnt oder zusätzliche Urlaubstage abrechnet bzw. Gehaltsabzüge vornimmt.

Alle Zahlungen, ob vor oder wäremd der Reise sind über den Sicherungsschein abgesichert.

Jeder Reiseveranstalter ist verpflichtet, die Gelder seiner Kunden im Falle einer immer möglichen **Insolvenz** (Konkurs) vor dem Zugriff seiner Gläubiger zu schützen (**§ 651r BGB**). Der Text des Sicherungsscheins ist gesetzlich festgelegt (siehe Abbildung „Muster eines Sicherungsscheins"). Er wird entweder auf der Rückseite der Reisebestätigung abgebildet oder es wird ein separater Sicherungsschein ausgestellt. Damit soll erreicht werden, dass den Kunden im Falle der Beendigung der Geschäftstätigkeit aufgrund der **Zahlungsunfähigkeit** des Veranstalters der Reisepreis wieder erstattet wird, wenn die Reise noch nicht angetreten wurde. Wurde die Reise bereits angetreten, werden am Urlaubsort der Rücktransport gewährleistet und notwendige Aufwendungen durch die Sicherungsgeber beglichen, denn Hotels und Verkehrsträger verweigern weitere Leistungen wegen der offenen Forderungen, die der insolvente Reiseveranstalter nicht mehr begleichen kann. Der Reisende muss seinen Urlaub abbrechen.

Nach den Vorschriften des Reisevertragsgesetzes ist das Reisebüro verpflichtet, jeden Sicherungsschein auf seine Gültigkeit hin zu überprüfen. Unterlässt es diese Überprüfung, haftet es im Schadenfall gegenüber dem Kunden aufgrund seiner Verpflichtungen aus dem abgeschlossenen Geschäftsbesorgungsvertrag. Sollten Reisebüros Pauschalreisen für ausländische Veranstalter aus der EU vermitteln, müssen sie die entsprechende Kundengeldabsicherung nachweisen, ansonsten haften sie im Leistungsausfall gegenüber ihren Kunden.

Seit dem 01.07.2021 gilt das Gesetz über die Insolvenzsicherung durch Reisesicherungsfonds (Reisesicherungsfondsgesetz – RSG). Ab November 2021 soll der Fonds als Absicherer aktiv werden und später ein Zielkapital in Höhe von 750 Mio. € erreichen. Die Veranstalter müssen dieses Kapital über Sicherheiten und Entgelte selbst aufbauen auf 5 % des Umsatzes. Je nach Entwicklung wird die mögliche Höhe bei 7 % gedeckelt. Die Aufbauphase geht bis zum 31.10.2027.

Auf den maßgeblichen Umsatz angerechnet werden nur Pauschalreisen mit Vorauszahlungen sowie – auch ohne Vorauszahlungen – mit vereinbarter Rückreise. Das gilt entsprechend für verbundene Reiseleistungen und dort zusätzlich bei Agenturinkasso.

Statt der bisherigen Haftungsobergrenze von 110 Mio. € knüpft die Einstandspflicht des Insolvenzabsicherers an den Maximalverlust an, der im Insolvenzfall zu erwarten ist. Demgemäß entspricht der erwartbare Maximalverlust 22 % des Jahresumsatzes des jeweiligen Reiseveranstalters. Ein Haftungsschnitt kann zum 01.11.2021 erfolgen. Risiken aus gebuchten, aber noch nicht erfolgten Reisen können auf den Fonds übergehen.

Veranstalter bis 3 Mio. € Umsatz jährlich können sich wie bisher über Versicherer oder Banken absichern. Die Haftung wird für diese Gruppe auf 1 Mio. € pro Veranstalter begrenzt. Veranstalter ab 3 Mio. € bis 10 Mio. € Umsatz erhalten ebenfalls eine Opt-out-Möglichkeit. Für diese Gruppe installiert der Gesetzgeber aber keine Haftungsbegrenzung.

Muster für den Sicherungsschein

(gegebenenfalls einsetzen Sicherungsscheinnummer)

Sicherungsschein für
[1] Pauschalreisen
gemäß [2] § 651r des Bürgerlichen Gesetzbuchs
für ....

(einsetzen: Namen des Reisenden, die Wörter „den umseitig bezeichneten Reisenden" oder die Buchungsnummer) [3]

(gegebenenfalls einsetzen: Geltungsdauer des Sicherungsscheins) [4]

Dem Reisenden steht im Fall der Insolvenz [5] gegenüber dem unten angegebenen Absicherer unter den gesetzlichen Voraussetzungen ein unmittelbarer Anspruch nach § 651r Absatz 4 des Bürgerlichen Gesetzbuchs zu.

Die Einstandspflicht des Absicherers für die zu erbringenden Leistungen ist auf 1 Million Euro für jeden Insolvenzfall begrenzt. Sollte diese Summe nicht für alle Reisenden ausreichen, so verringern sich die einzelnen Leistungsansprüche der Reisenden in dem Verhältnis, in dem der Gesamtbetrag ihrer Ansprüche zum Höchstbetrag steht. [6]

Bei Rückfragen wenden Sie sich an: (mindestens einsetzen: Namen, Anschrift und Telefonnummer der anzusprechenden Stelle; falls diese nicht für die Schadensabwicklung zuständig ist, auch Namen, Anschrift und Telefonnummer der dafür zuständigen Stelle).

(einsetzen: Namen, ladungsfähige Anschrift des Absicherers)

Absicherer

Gestaltungshinweise:

[1] Hier ist bei einer Vermittlung verbundener Reiseleistungen (§ 651w des Bürgerlichen Gesetzbuchs) anstelle des nachfolgenden Wortes „Pauschalreisen" Folgendes einzufügen: „verbundene Reiseleistungen".

[2] Hier ist bei einer Vermittlung verbundener Reiseleistungen (§ 651w des Bürgerlichen Gesetzbuchs) anstelle der nachfolgenden Angabe „§ 651r" Folgendes einzufügen: „den §§ 651r und 651w".

[3] Diese Angaben können entfallen. In diesem Fall ist folgender Satz einzufügen: „Dieser Sicherungsschein gilt für den Buchenden und alle Reiseteilnehmer."

[4] Falls der Sicherungsschein befristet ist, muss die Frist mindestens den Zeitraum vom Vertragsschluss bis zur Beendigung der Reise umfassen.

[5] Hier ist einzufügen:
- a) wenn ein Pauschalreisevertrag vorliegt: entweder die Wörter „des umseitig bezeichneten Reiseveranstalters" oder „der"/„des" und sodann Firma/Name und Anschrift des Reiseveranstalters.
- b) wenn eine Vermittlung verbundener Reiseleistungen (§ 651w des Bürgerlichen Gesetzbuchs) vorliegt: „der"/„des" und sodann Firma/Name und Anschrift des Vermittlers verbundener Reiseleistungen.

[6] Diese Angabe entfällt, wenn
- a) die Absicherung durch den Reisesicherungsfonds erfolgt,
- b) der Reiseveranstalter oder Vermittler verbundener Reiseleistungen im letzten abgeschlossenen Geschäftsjahr einen Umsatz nach § 1 Nummer 2 des Reisesicherungsfondsgesetzes von mindestens 3 Millionen Euro erzielt hat oder
- c) ein Versicherer oder Kreditinstitut in allen anderen Fällen keine Beschränkung der Einstandspflicht nach § 651r Absatz 3 Satz 3 des Bürgerlichen Gesetzbuchs vereinbart.

Quelle: Bundesgesetzblatt Jahrgang 2021 Teil I Nr. 37, ausgegeben zu Bonn am 30. Juni 2021, Seite 2121

Aufgaben

1_ Berichtigen oder bestätigen Sie folgende Aussagen:

a) Der Reiseveranstalter kann den vereinbarten Reisepreis beliebig verändern.

b) Der Reiseveranstalter hat das Recht, einen Haftungsausschluss für Reisemängel in seinen Vertragsbedingungen zu formulieren.

c) Veranstalter können die Verjährungsfrist für Reisemängel auf sechs Monate reduzieren.

2_ Zu welcher Gruppe von Verträgen zählt der Reisevertrag?

3_ Nach Vertragsabschluss sind Preiserhöhungen lediglich innerhalb bestimmter Fristen möglich. Um welche handelt es sich?

4_ Besorgen Sie sich die AGB eines (Reise-)Veranstalters Ihrer Wahl und die AGB Ihres Ausbildungsbetriebes. Welche Aussagen werden über
- den Abschluss des Reisevertrages,
- die Anzahlung und Restzahlung
- eventuelle Preis- und Leistungsänderungen,
- den Rücktritt des Veranstalters,
- den Leistungsumfang

jeweils gemacht?

5_ Vergleichen Sie Ihre Antworten mit dem Reisevertragsparagrafen § 651a–y BGB.

Zusätzliche Aufgaben zu Kapitel 8.2 finden Sie im BPW unter Zusatzaufgaben zu LF 4, Kapitel 8.2.

Web

8.3 Beherbergungs- und Beförderungsvertrag

Zwischen dem Unterkunftsbetrieb und dem Gast wird ein **Beherbergungsvertrag** abgeschlossen. Er verpflichtet zum einen Unterkunft zu gewähren und zum anderen, dafür ein Entgelt zu bezahlen.

Es handelt sich rechtlich gesehen um einen **Mietvertrag** mit teilweise dienst-, werk- und kaufvertraglichen Bestandteilen.

Neben dem Beherbergungsvertrag stellt der Beförderungsvertrag einen weiteren möglichen Baustein des „Rechtsgeschäft Reise“ dar.

Der **Beförderungsvertrag** ist im Sinne der § 631 ff. BGB ein Werkvertrag, der die Beförderung von Personen zum Gegenstand hat.

! Der Verkehrsträger ist zur ordnungsgemäßen Beförderung bis zum Reiseziel und der Inanspruchnehmende zur Entrichtung des Beförderungsentgeltes verpflichtet.

Der Vertrag kommt i. d. R. durch den Kauf eines Fahrausweises zustande. Er unterliegt den von den Verkehrsträgern formulierten **allgemeinen Beförderungsbedingungen (ABB).**

Für bestimmte Verkehrsträger gelten gesetzliche Sonderregelungen, z. B. Allgemeines Eisenbahngesetz (AEG), Luftverkehrsgesetz (LuftVG) oder Personenbeförderungsgesetz (PBefG).

Informationen über Verträge zwischen Veranstaltern und Leistungsträgern finden Sie im LF 9, Kapitel 3.6, Einkauf von Fremdleistungen.

Aufgaben

1_ Berichtigen oder bestätigen Sie folgende Aussagen.

a) Allgemeine Geschäftsbedingungen (AGB) sind Individualabreden zwischen Reiseveranstalter und Verbraucher.

b) AGB müssen jedem Verbraucher vom Reisemittler ausgehändigt werden.

c) Der Reisemittler darf Individualabreden des Reiseveranstalters mit dem Verbraucher ändern.

2_ Durch welche Willenserklärungen kommt ein Reisevertrag zustande?

3_ Worin bestehen das Verpflichtungs- und das Erfüllungsgeschäft bei folgenden Vertragsarten?
- Geschäftsbesorgungsvertrag
- Beherbergungsvertrag
- Beförderungsvertrag
- Reiseversicherungsvertrag

4_ Wer ist Reiseveranstalter?

5_ Warum sind die Reise- und Zahlungsbedingungen Bestandteil eines geschlossenen Reisevertrages?

9 Umgang mit Kundenbeschwerden

9.1 Beschwerdemanagement

Jedes Unternehmen hat ein Interesse an einer dauerhaften Kundenbeziehung. Wiederkehrende Kunden müssen weniger beworben werden, haben meist eine geringere Preissensibilität und helfen dem Unternehmen mit ihrem Weiterempfehlungspotenzial bei der Gewinnung von Neukunden.

Im Tourismus ist das Produkt eine Dienstleistung, die nicht bedingungslos fehlerfrei sein kann, da sie zum großen Teil von Menschen erbracht wird und Menschen auch Fehler machen können. Unterschiedliche subjektive Erwartungen der Kunden und objektive Mängel z. B. im Hotel oder Zielgebiet führen unvermeidlich zu Reklamationen der Kunden, die das Ziel einer dauerhaften Kundenbeziehung gefährden. Hinzu kommt, dass auf einen Kunden der sich beschwert, ungefähr neun weitere Kunden kommen, die ebenfalls unzufrieden sind, sich aber z. B. aus Gründen der Bequemlichkeit nicht beschweren. Auf diese unzufriedenen Kunden hat das Unternehmen zunächst gar keinen Einfluss und sie stellen mit ihrer potenziellen Negativwerbung bei Freunden, Kollegen und auf den verschiedenen Internetplattformen eine größere Gefahr dar als die Kunden, die sich beschweren.

Für die Organisation des Beschwerdemanagements bedeutet dies, dass die rein passiv-reaktive Beschwerdebehandlung ergänzt werden sollte durch ein aktives Beschwerdemanagement, das nicht nur unzufriedene Kunden dazu auffordert, seine Beschwerden zu formulieren, sondern auch den gesamten Prozess der Bearbeitung von Beschwerden kundenfreundlich gestaltet.

! Es ist teurer einen neuen Kunden zu gewinnen, als einen vorhandenen zu halten!
Die Markentreue nach erfolgreicher Beschwerde ist hoch!

Die Kunden sollten systematisch nach Verbesserungen oder Bestätigungen befragt werden. Dies hilft die Hürden zur Beschwerde abzubauen und erhöht gleichzeitig die Akzeptanz bei den Mitarbeitern. Fragebögen und Bewertungssystem erleichtern positive und negative Kundenbewertungen.

Es sollte dem Kunden leicht gemacht werden, sich zu beschweren und der Beschwerdegrund sollte nicht bezweifelt werden. Die Zufriedenheit des Kunden hat immer Priorität. Sie muss ggf. über eine Kulanzregelung hergestellt werden. Hilfreich an dieser Stelle ist ein vorwegnehmendes Handeln durch den Mitarbeiter.

Beschwerden von Kunden sind nicht als persönlicher Angriff auf den Mitarbeiter zu werten. Vielmehr bieten sie eine Gelegenheit, die Servicequalität zu verbessern und aus unzufriedenen Kunden zufriedene zu machen.

Phasen des Beschwerdemanagements		
Beschwerdestimulierung und Beschwerdeannahme	**Beschwerdebearbeitung und Reaktion auf die Beschwerde**	**Beschwerde-analyse**
» Gute Auffindbarkeit und Erreichbarkeit der Beschwerdestelle » Kundenzufriedenheitsbefragungen, z. B. Monitoring » Organisation klarer Prozesse für Annahme, Erfassung, Zuordnung zu einem Beschwerdeträger, Terminverfolgung und Eskalation	» Schnelle, umfassende und angemessene Bearbeitung » Bearbeitungsprozesse klar definieren (Zuständigkeiten, Befugnisse, Eskalationswege, zeitliche Standards der Bearbeitung)	» Einrichtung von hochwertigen Analyse- und Reportingsystemen

9.2 Reklamationen

Reklamationen sind Ausdruck von Abweichungen der ursprünglichen Erwartungen Reisender und deren Erfüllung. Nicht immer ist eine Schlechtleistung der Grund für die Unzufriedenheit des Kunden. Eine Reklamation kann sich auch gegen von Ihnen oder vom Veranstalter unbeeinflussbare Dinge richten, wie z. B. schlechtes Wetter oder andauernde Familienstreitigkeiten im Urlaub. Diese können dann dazu führen, dass der Kunde die angebotene Leistung sehr kritisch sieht oder gar gänzlich ablehnt.

Ergründen Sie die genauen Motive der Reklamation! Handelt es sich wirklich um bemängelte (Dienst-)Leistungen, können die Gründe für die Reklamation zum einen in unrealistischen Erwartungen liegen, andererseits aber auch in der fehlerhaften Erfüllung von vorab zugesicherten Eigenschaften einer Reise.

Generell gibt es für den Umgang mit verärgerten Kunden folgende **Verhaltensregeln:**
- Kunden freundlich begrüßen
- Verständnis zeigen
- auf die Gefühle des Kunden eingehen
- seine Reklamation ernst nehmen
- dem Kunden einen ungestörten Platz anbieten
- Kunden mit dem Namen ansprechen
- gut zuhören
- Notizen machen
- Fragen und Sachverhalt klären
- Reklamation zusammenfassen
- sich entschuldigen
- nichts beschönigen
- sich nicht vor der Verantwortung drücken
- schnelle Erledigungen zusagen
- bei unberechtigten Reklamationen nicht triumphieren
- sich für die Reklamation bedanken

Reklamationen abfangen (telefonisch)

! **Reklamationen spiegeln den Dissens zwischen den Kundenwünschen und unseren Dienstleistungen wider.**

Die folgenden Formulierungen können Ihnen helfen, Beschwerden und Reklamationen von anrufenden Kunden abzufangen.

- „Es ist gut, dass Sie uns anrufen."
- „Es ist gut, dass Sie mich darüber informieren."
- „Sie geben uns nützliche Hinweise."
- „Es tut mir leid, dass ..."
- „Wir bedauern, dass uns da eine Panne unterlaufen ist."
- „Ich kann Ihre Enttäuschung verstehen."
- „Ich werde das unverzüglich für Sie klären."

Gerade hier wird die Beziehung zu Ihrem Kunden auf die Probe gestellt. I. d. R. geht einer Beschwerde der Wunsch für eine weitere geschäftliche Beziehung voraus. Freuen Sie sich über jeden Kunden, der mit einer Reklamation zu Ihnen kommt, denn damit zeigt er Ihnen gegenüber ein gewisses Vertrauen. Die Alternative wäre, dass der Kunde sich verärgert ein anderes Reisebüro sucht. Oberstes Ziel der Reklamationsbehandlung muss es daher sein, die Unstimmigkeit auszuräumen, um somit eine neue Vertrauensbasis für künftige Geschäfte zu schaffen.

Die **GEWINN-Formel** soll Ihnen im Alltag helfen, verlorenes Vertrauen beim Kunden zurückzugewinnen.

G = gut zuhören (aktives Zuhören, nicht unterbrechen, ausreden lassen)
E = Entschuldigung (Verständnis zeigen)
W = Wiederholung (gravierendste Mängel)
I = Information (Fragen stellen)
N = Notiz (Wichtiges mitschreiben)
N = Nachfragen (bei Veranstalter nachfassen)

! Reklamationen werden zügig, unbürokratisch und schnell erledigt!

Im Hinblick auf die rechtlichen Aspekte der Reklamationsbearbeitung sollen für den Reisemittler noch folgende praxisorientierte Empfehlungen erwähnt werden:

» Nehmen Sie keine Bewertung der Reklamation des Kunden vor.
» Formulieren Sie keine Beschwerdeschreiben für Ihren Kunden.
» Bitten Sie die Vertragspartner (Kunde/Veranstalter), die entsprechende Korrespondenz direkt zu führen.
» Führen Sie keine Verhandlungen mit einem Veranstalter über Erstattungsansprüche.
» Nehmen Sie Schreiben zur Weiterleitung an den Veranstalter nur an, wenn Sie sicher sein können, die fristgerechte Vermittlung zu gewährleisten (ein Monat nach vertraglich vorgesehenem Reiseende).
» Verweisen Sie allgemein auf das Einholen von rechtlichem Rat.

! Professionelles Beschwerdemanagement ist ein wichtiges Instrument der Kundenbetreuung und Kundenbindung.

9.3 Garantie, Gewährleistung und Kulanz

Die Gewährung einer **Garantie** kann im Rahmen der Vertragsfreiheit vereinbart werden. In einem sog. Garantievertrag übernimmt der Hauptschuldner eine Einstandspflicht, ohne dass die den Erfolg betreffende Schuld besteht.

! Ein Anspruch auf Garantie ist nicht gesetzlich, sondern einzelvertraglich geregelt.

Im Gegensatz zur Garantie ist die **Gewährleistung** im BGB gesetzlich geregelt.

! Unter dem Begriff Gewährleistung (Mängelanspruch) wird die gesetzliche Verpflichtung des Schuldners verstanden, eine Sache oder ein Werk in mangelfreiem Zustand abzuliefern.

Die beim Reisevertrag bestehenden Gewährleistungsansprüche sind u. a. Minderung des Kaufpreises, Anspruch auf Schadenersatz und Abhilfeverlangen.

! Zur Geltendmachung von Ansprüchen gegenüber dem Reiseveranstalter gilt eine Frist von zwei Jahren nach der vertraglich vorgesehenen Beendigung der Reise.

Als **Kulanz** gilt eine erbrachte Gewährleistung für ein mangelhaftes Produkt bzw. eine mangelhafte Dienstleistung, ohne dass hierzu eine rechtliche Verpflichtung bestand. Kulanz kann, muss aber nicht gewährt werden. Sie liegt im Ermessen des Vertragspartners.

Ein Kunde bucht eine Pauschalreise in der Annahme, dass er für diesen Zeitraum im Sommer Urlaub von seinem Arbeitgeber erhält. Aus betrieblichen Gründen kann der Urlaub jedoch erst für einen späteren Zeitraum genehmigt werden. Der Reiseveranstalter ist kulanterweise mit einer kostenlosen Umbuchung der Reise auf einen späteren Termin einverstanden.

Für berechtigte Reklamationen und daraus resultierende Ansprüche gelten **Verjährungsfristen,** die es zu kennen gilt.

9.4 Verjährungsfristen im Tourismus

! Reisevertragliche Ansprüche verjähren in zwei Jahren mit Beginn des geplanten Termins der Rückreise.

Eine fristgerecht angezeigte Mängelrüge startet die **24-monatige Verjährungsfrist,** beginnend mit dem Tag, an dem die Reise dem Vertrag nach enden sollte.

Diese gesetzliche Verjährungsfrist für Gewährleistungsansprüche kann der Reiseveranstalter durch seine AGB von zwei Jahren verlängern (häufig auf drei Jahre). Machen Sie Ihre Kunden auf diesen Umstand aufmerksam!

Verjährungsfristen sind nicht einheitlich geregelt. Abhängig von der Art des jeweiligen Anspruchs gelten unterschiedliche Fristen für die Verjährung.

! Die Verjährung einer Forderung tritt nicht ein
- bei Hemmung (= Unterbrechung) oder
- bei Neubeginn der Verjährung.

» **Gehemmt** ist die Verjährung, wenn z. B. der Schuldner wegen Stundung der Forderung die Leistung zu einem späteren Zeitpunkt erbringen kann. Der Lauf der Verjährung wird dann ausgesetzt (vgl. § 204 BGB Hemmung der Verjährung durch Rechtsverfolgung).
» **Neubeginn der Verjährung** bedeutet, dass der Lauf der Verjährung vorzeitig und vollständig abgebrochen wird und mit der gesamten ursprünglichen Frist wieder neu beginnt.

Informieren Sie Ihre Kunden, dass außergerichtliche Mahnungen, also private Zahlungsaufforderungen, die laufende Verjährung der Ansprüche nicht unterbrechen, selbst wenn sie schriftlich und in Form eines eingeschriebenen Briefes erfolgen. Auch mehrfache schriftliche Mahnungen bewirken keine Verjährungsunterbrechung auf die Ansprüche.

Nach neuem Reiserecht sind Sie als Vermittler verpflichtet, bei Mängelanzeigen des Kunden nach § 651v mitzuwirken:

„(4) Der Reisevermittler gilt als vom Reiseveranstalter bevollmächtigt, Mängelanzeigen sowie andere Erklärungen des Reisenden bezüglich der Erbringung der Reiseleistungen entgegenzunehmen. 2Der Reisevermittler hat den Reiseveranstalter unverzüglich von solchen Erklärungen des Reisenden in Kenntnis zu setzen."

Allgemeine Verjährungsfristen		
Art des Anspruchs	**Fristbeginn**	**Frist**
Regelmäßige Verjährung für alle vertraglichen Ansprüche, z. B.: Zahlungs- und Lieferansprüche aus einem Kaufvertrag	Nach Ablauf des Entstehungsjahres und Kenntnis des Gläubigers von Anspruch und Schuldner	3 Jahre

Besondere Verjährungsfristen		
Art des Anspruchs	**Fristbeginn**	**Frist**
Ansprüche des Vermieters wegen Veränderung oder Verschlechterung der vermieteten Sache	Ab Rückgabe der Mietsache	6 Monate
Ansprüche des Mieters wegen Aufwendungen	Ab Beendigung des Mietverhältnisses	
Ansprüche des Reisenden aus einem Reisevertrag	Geplanter Rückreisetermin	2 Jahre
Mängelansprüche aus einem Kaufvertrag (Ausnahmen möglich: siehe unten)	Übergabe der gekauften Sache	
Mängelansprüche aus einem Werkvertrag (Ausnahmen möglich: siehe unten)	Abnahme des Werkes	
Ansprüche wegen arglistig verschwiegenen Mängeln an der Kaufsache durch den Verkäufer	Nach Ablauf des Entstehungsjahres und Kenntnis des Gläubigers von Anspruch und Schuldner	3 Jahre
Ansprüche wegen arglistig verschwiegenen Mängeln am Werk durch den Hersteller	Nach Ablauf des Entstehungsjahres und Kenntnis des Gläubigers von Anspruch und Schuldner	
Mängelansprüche bei einem Kaufvertrag über ein Bauwerk bzw. einem Gegenstand, der einen Fehler an einem Bauwerk verursacht hat	Übergabe der Sache	5 Jahre
Mängelansprüche aus der Herstellung eines Bauwerkes oder aus Arbeiten am Bauwerk	Ab Abnahme des Werkes	
Ansprüche auf Übertragung des Eigentums an einem Grundstück	Ab Entstehung des Anspruchs	10 Jahre
Ansprüche aus vollstreckbaren Vergleichen oder Urkunden (Vollstreckungsbescheid)	Mit der Errichtung des vollstreckbaren Titels	30 Jahre
Rechtskräftig durch Urteil festgestellte Ansprüche	Mit der Rechtskraft der Entscheidung	
Schadenersatzansprüche, die auf Verletzung des Lebens, des Körpers, der Gesundheit oder der Freiheit beruhen	Ab Begehung der Handlung	
Herausgabeansprüche aus Eigentum und anderen dinglichen (= einen körperlichen Gegenstand betreffend) Rechten	Entstehung des Anspruchs	
Familien- und Erbrechtliche Ansprüche	Entstehung des Anspruchs	

Aufgaben

1_ Begründen Sie, ob und inwieweit der Reisemittler aktiv in das Reklamationsmanagement des Reiseveranstalters eingreifen darf (vgl. § 651v Abs. 4 BGB sowie Art. 250 BGBEG „Informationspflichten bei Pauschalreiseverträgen“).

2_ Sie erhalten von einem Kunden nach einer Reise einen Beschwerdebrief.
Den Beschwerdebrief finden Sie im BPW unter Zusatzaufgaben a) zu LF 4, Kapitel 9. Web

Sie sind

a) Reisemittler,

b) Veranstalter.

Formulieren Sie jeweils ein Antwortschreiben auf die Reklamation.

3_ Grenzen Sie die Begriffe Garantie, Gewährleistung und Kulanz voneinander ab.

4_ Erläutern Sie die Begriffe
– Hemmung der Verjährung,
– Neubeginn der Verjährung.

10 Kundenbindungskonzepte

Voraussetzung für die Kundenbindung ist ein zufriedener Kunde.

> **!** **Zufriedenheit wird durch die touristische Leistung erzeugt, d. h., sie muss zur richtigen Zeit, im vereinbarten Umfang und in der zugesicherten Qualität bereitgestellt werden.**

Wesentliche Leistungsmerkmale sind neben der eigentlichen Reise aber auch die Darbietung der Reise, Ambiente und Flair im Reisebüro/in der Agentur sowie Freundlichkeit und Hilfsbereitschaft des Personals.

Der Erfolg einer Reise (und damit die Zufriedenheit des Kunden) ist aber auch von den **Mitwirkungsmöglichkeiten** des Reisenden abhängig. Dies erfordert vom Dienstleister, dass entsprechende Kenntnisse über Kundenwünsche vorhanden sind und dass er/sie auf diese eingeht.

> **!** **Sollten diese Faktoren nicht verwirklicht werden, wird die Kundenbindung bereits in der Phase der ersten Reisebuchung gestört.**

Erfragen Sie möglichst immer die genauen **Kundenwünsche** (→ Kapitel 3) und versuchen Sie diese – soweit wie möglich – zu erfüllen. Notieren Sie sich besondere Vorlieben oder besondere Zufriedenheitsäußerungen des Kunden in der Kundendatei, aber auch Kritikpunkte aus dem **Beschwerdemanagement** (→ Kapitel 9). Zusammen mit den Aufzeichnungen aus der **Nachbereitung** (→ Kapitel 7) erwächst so nach und nach ein persönliches **Kundenprofil.**

Basierend auf den erarbeiteten Kundenprofilen sind gezielte Werbemaßnahmen wie z. B. das **Direktmarketing** (→ LF 10, Kapitel 2.2.8) oder auch die Beglückwünschung zum Geburtstag des Kunden, zu Weihnachten oder anderen Anlässen möglich – ebenso ein Willkommensgruß mit einer Flasche Sekt bei der Ankunft im Hotel. Immer wird Ihr Kunde Ihre Aufmerksamkeit zu schätzen wissen.

Es ist eine Maßnahme der Nachbetreuung, wenn Sie Ihren Kunden drei bis vier Tage nach Rückkehr von der Reise anrufen. Dieser Kundenkontakt wird auch **Welcome-home-Service** genannt. Erkundigen Sie sich, ob der Urlaub gefallen hat und ob der Kunde ggf. bereits Ideen/Wünsche/Vorschläge für seinen nächsten Urlaub hat. Das ist aktive Kundenbindung nach dem Verkauf (**Aftersales-Service**).

Weitere Möglichkeiten der Betreuung des **Einzelkunden** bieten Einzelaktionen zu bestimmten (Reise-)Themen, wie eine Kundenbefragung oder eine Einladung zu einem Vortrags- oder Stammkundenabend.

> **!** **Maßnahmen der Nachbetreuung, d. h., Aktivitäten nach dem Verlassen des Urlaubsortes, ein professionelles Reisereklamationsmanagement und regelmäßiges Aufmerksammachen auf neue Reiseziele (unter Berücksichtigung des Kundenprofils), tragen zur aktiven Kundenbindung bei.**

2 Badereisen am Beispiel der Balearen und Thailands

2.1 Allgemeine Merkmale einer Badereise

Den typischen Badeurlauber gibt es nicht, denn die Motive für einen Badeurlaub sind vielfältig. Die einen verbringen den ganzen Urlaub mehr oder weniger am Strand, die anderen wollen neben dem Strand auch noch etwas von dem Land sehen. Für die einen ist ein ruhiger Urlaubsort wichtig, die anderen verlangt es nach möglichst viel Freizeitangeboten, insbesondere am Abend. So sind die typischen Reisemotive bei einem Badeurlaub wie „abschalten“, „vom Alltag erholen“, „sportlich aktiv sein“, „faulenzen“, „Leute kennenlernen“, „mit der Familie zusammen sein“, „fremde Kulturen erleben“, „Neues kennenlernen“ oder „Selbstverwirklichung“ alle vertreten.

2.2 Die Balearen

Die Inselgruppe (Archipel) der Balearen liegt zwischen 100 und 200 km von der spanischen Ostküste entfernt. Zu ihr gehören Mallorca, Menorca und Cabrera als die eigentlichen Balearen und die „Pytusen“ (Pinieninseln) genannten Inseln Ibiza und Formentera.

Mit Ausnahme von Mallorca, das über einen größeren Gebirgszug mit über 1 000 m hohen Bergen verfügt, sind die Inseln hügelig mit kleineren Bergen von selten mehr als 300 m Höhe.

Die Inselgruppe bildet eine autonome Gemeinschaft innerhalb Spaniens; Hauptstadt ist Palma de Mallorca (ca. 420 000 Einwohner). Spanisch und Katalanisch sind die Amtssprachen, daneben spielen im öffentlichen Leben auch die örtlichen (katalanischen) Dialekte wie Mallorquinisch, Ibizenkisch und Menorquinisch eine große Rolle.

Von den rund 1,1 Mio. Einwohnern der Balearen leben ca. 80 % auf Mallorca. Von den jährlich 8–10 Mio. Touristen, die die Balearen besuchen, verbringen ca. 90 % ihren Urlaub auf Mallorca.

Die Balearen sind das ideale Ziel für einen Badeurlaub. Mallorca ist die landschaftlich vielseitigste Insel, die Strände in allen Variationen und das größte Angebot an Ausflugsmöglichkeiten bietet. Ibiza ist als Partyinsel bekannt, hier geht es etwas teurer und exklusiver zu als auf Mallorca. Strandurlaub und Partyurlaub dominieren im Wechsel mit etwas exklusiverem Erholungsurlaub. Wer mehr Ruhe sucht, für den ist Formentera geeignet. Auf Menorca geht es ebenfalls ruhiger zu und die Insel bietet mit ihren großen Naturschutzgebieten viel Ursprünglichkeit. Die Bademöglichkeiten auf den Balearen – wie fast überall am Mittelmeer – sind ideal. Gezeiten sind kaum vorhanden, sodass sowohl bei Ebbe als auch bei Flut gebadet werden kann, und im Sommer präsentiert sich das Meer i. d. R. ruhig mit nicht zu hohen Wellen.

Klima

Die Balearen liegen im Bereich des subtropischen Mittelmeerklimas mit milden Wintern und warmen bis heißen Sommern, wobei Ibiza hinsichtlich der Temperaturen und der Regentage am günstigsten und Menorca am wenigsten günstig liegt. Der meiste Regen fällt von Oktober bis Dezember sowie dann weniger werdend von Januar bis März/April. Juni, Juli und August sind fast niederschlagsfrei.

Das Frühjahr bringt Temperaturen von 15 bis 19 °C. Dies ist die beste Zeit für Wanderungen und Radtouren. Ende April beginnt der Sommer und bis Ende September ist die ideale Zeit für Sonnenhungrige und Badeurlauber. Die Wassertemperaturen steigen ab Mai von ca. 18 °C bis August auf über 25 °C und selbst Ende Oktober liegen sie noch bei 20 bis 22 °C.

Anreise mit dem Flugzeug
Die Flugzeit beträgt ca. 2 Stunden. Zielflughäfen sind: **PMI** – Palma de Mallorca **IBZ** – Ibiza-Stadt **MAH** – Mahon (Menorca)

Anreise mit dem eigenen Pkw/Fähre
Fährverbindungen gibt es u. a. Von Barcelona nach Mallorca/Menorca/Ibiza (Dauer ca. 4–7 Stunden) Von Valencia und Denia nach Mallorca/Ibiza (Dauer ca. 2–4 Stunden)

Mallorca

Mallorca gliedert sich in drei größere Landschaftseinheiten. Der **Nordwesten** wird von der Serra de Tramuntana bestimmt. Das 88 km lange und 10 bis 15 km breite Gebirge hat zehn Gipfel, die mehr als 1 000 m hoch sind. Tiefe Schluchten schneiden in die Bergwelt und öffnen sich zu winzigen Buchten. Höchster Berg ist der Puig Major (1 443 m). An das Bergland schließt sich die fruchtbare zentrale Ebene (Es Pla) an. Der **Südosten** besteht aus einem höhlenreichen Gebirgszug (Serra de Llevant), der bis auf 561 m ansteigt. An der **Ostküste** gibt es viele kleine Buchten (cales) mit Sandstränden.

Mallorca – Badeorte	
Nordküste	**Sehenswertes in der Nähe**
Die Nordostküste wird bestimmt durch die **Bucht von Pollensa** (ca. 3 km Sandstrand) mit dem Ferienort **Port de Pollensa** (exklusiver Jachthafen, internationales Publikum) und die **Bucht von Alcudia** zwischen **Puerto de Alcudia** und **Ca'n Picafort** mit ca. 12 km flach ins Meer fallendem Sandstrand, besonders geeignet für Familien mit Kindern.	**Alcudia:** zwischen den beiden Buchten gelegen, mit gut erhaltener mittelalterlicher Stadtmauer und Gebäuden aus dem 16./17. Jahrhundert **Pollensa:** kleines, verwinkeltes Städtchen, Musikfestspiele im Juli/August  **Formentor:** die im äußersten Nordwesten gelegene, bis zum Leuchtturm am Cap Formentor 13 km lange Halbinsel, bietet herrliche Aussichtspunkte auf die gebirgige Küste und das Meer, beliebtester Strand ist der Platja de Formentor  **Naturpark Albufera:** Vogelschutzgebiet mit Wanderwegen

Ostküste	Sehenswertes in der Nähe
Cala Mesquida: eingebettet in Dünen und Kieferwäldern, kleine feinsandige Bucht; **Cala Ratjada:** kleines Fischerstädtchen in grüner, felsiger Umgebung mit versteckten Buchten in der Nähe.	**Capdepera:** die mittelalterliche Burg oberhalb des Ortes ist die größte Wehranlage Mallorcas; Sehenswertes in der Nähe: **Arta:** kleiner mittelalterlicher Ort mit wehrhaftem Schloss; **Cuevas de Arta:** Tropfsteinhöhlen oberhalb der Steilküste.
Bucht von Cala Millor: sehr lebhaft, 1,5 km langer, flach abfallender Sandstrand, beliebt bei Familien und – nur von einer Halbinsel getrennt – befinden sich hier die Badeorte **Sa Coma/S'Illot;** **Cala Mandia/Calas de Mallorca/Cala d'Or:** die stark zerklüftete Küste bietet herrliche Badebuchten mit idealen Tauchmöglichkeiten.	**Cuevas del Drach (Drachenhöhlen):** 1,5 km südlich von Porto Christo, mit vier großen Kammern und 1 300 m Länge gehören sie zu den größten Tropfsteinhöhlen Europas, eine Bootsfahrt auf einem unterirdischen See, begleitet von klassischer Musik, ist ein unvergessliches Erlebnis.  **Manacor:** Zentrum der Perlenmanufaktur (Marjorica-Perlen).

Südküste	Sehenswertes in der Nähe
Colonia de Sant Jordi: besonders beliebt bei Erholungssuchenden und Naturverbundenen, zu beiden Seiten des kleinen Fischerortes liegen traumhafte Natursandstrände; **Playa de Palma:** die berühmte feinsandige Bucht erstreckt sich zwischen dem ruhigeren **Can Pastilla** und dem alten, eher lauten Urlaubsort **El Arenal** auf einer Länge von 8 km, mit einer schönen Promenade für lange Spaziergänge. Berühmt natürlich wegen u. a. Schinken-, Bierstraße, Ballermann 6, Diskothek Riu Palace ... **Paguera:** bei Deutschen beliebt, 1 km Strand und von Pinienwäldern und einer malerischen Berglandschaft umgeben, für Sommer- und Winterurlauber geeignet; **Magaluf:** das El Arenal der Engländer.	Die Inselhauptstadt **Palma de Mallorca;** **Llucmayor:** bekannt für seine engen Gassen und den farbenfrohen Obst- und Gemüsemarkt; **Insel Cabrera:** Nationalpark, Schiffausflug von Colonia St. Jordi aus; **Es Trenc:** breiter und über 3 km langer Naturstrand im Südosten der Insel, nur über kleine Straßen zu erreichen, ohne Hotels.

Westküste	Sehenswertes in der Nähe
Port de Sóller: einziger geschützter Fischerhafen an der Westküste mit kleinem Strand, durch die umliegenden hohen Berge schön gelegen.	**La Calobra:** eine von ungewöhnlich hohen und schroffen Felswänden umgebene Bucht (mit Sandstrand) am Ende einer Schlucht, am einfachsten zu erreichen mit dem Schiff von Port de Soller, am spannendsten aber über die abenteuerliche Serpentinenstraße, die aus 800 m Höhe in zahllosen Kurven hinunterführt. 

Weitere sehenswerte Orte

Palma de Mallorca:
- Kathedrale La Seo
- Almudaina (Königspalast)
- La Llotja (mittelalterliche Börse, heute Ausstellungshalle)
- zahlreiche Stadtpaläste aus dem 15./16. Jahrhundert (meist im Kathedralenviertel)
- Banys Arabs (maurische Bäder)
- Plaza Mayor
- Mallorca Museum
- Miro-Museum (in einem Vorort gelegen)
- Castell Bellver aus dem 14. Jahrhundert (liegt außerhalb, schöner Blick auf Palma)

» „Roter Blitz“: Historische Bahn von Palma über die Berge und Tunnel nach Soller (ca. 1 Stunde inkl. eines Stopps), von dort weiter mit einer ebenfalls nostalgischen Straßenbahn ins 4,5 km entfernte Port de Soller

Port d'Andratx: Prominentenort mit noblem Jachthafen, attraktiver Bar- und Restaurantszene, wenige, dafür exklusive Hotels und fast keine Strände;

Port d'Andratx

Valldemosa: mittelalterliches Handwerkerstädtchen, in einem Hochtal gelegen, berühmt durch den Aufenthalt von Frederic Chopin und seiner Gefährtin George Sand im Winter 1838/39 in der mittelalterlichen Kartause (Klosteranlage);

Deia: malerisch gelegenes Bergdorf, bekannt geworden durch seine Künstlerkolonie;

Kloster Lluc: weites Klostergelände aus dem 13. Jahrhundert, Wallfahrtsort seit dem Mittelalter, Verehrung der Schwarzen Madonna, Singschule für Knaben, guter Ausgangspunkt für Bergtouren;

Deia

Inca: Hauptattraktion ist der Wochenmarkt am Donnerstag, der sich über viele Straßen der Innenstadt verteilt. Ebenso beliebt sind die Kellerlokale mit lokaler Küche.

Ibiza

Die Landschaft ist durch unzählige bewaldete (Pinien-)Hügel geprägt, die selten über 400 m ansteigen (höchster Berg 475 m). Die Küsten sind meist felsig mit vielen kleinen windgeschützten Buchten (calas). Eine Ausnahme bildet die Region um Ibiza-Stadt im Süden der Insel. Hier erstreckt sich die fruchtbare Ebene Es Pla mit einigen der wenigen flachen Sandstrände der Insel und den ehemaligen Salinenfeldern, die heute ein Naturschutzgebiet sind.

Ibiza Stadt (Eivissa): Die mauerumwehrte Altstadt (Weltkulturerbe der UNESCO) mit einem Kastell, vielen verwinkelten Gassen und historischen Plätzen wird von einer Kathedrale aus dem 13. Jahrhundert gekrönt. Hier von der Oberstadt hat man einen schönen Blick auf die Stadt und die Umgebung. In der Unterstadt am Hafen in den Vierteln La Marina und Sa Penya – dem ehemaligen Fischerviertel – pulsiert das (Nacht-)Leben. Große Barszene, Restaurants, Diskotheken, Geschäfte und Boutiquen, Galerien und Juweliergeschäfte.

Ibiza – Badeorte	
Südküste	**Playa d'en Bossa** – 3 km Strand mit großem Unterhaltungsangebot, aber auch beliebt bei Familien; **Figueretas** – wenig Strand, aber die Altstadt von Ibiza-Stadt ist ganz in der Nähe; **Playa de Talamanca** – beschaulicher, schöne Badebucht mit flach abfallenden Strand (bei allen drei Orten kann die Nähe zum Flughafen zu Lärmbelästigungen führen).
Ostküste	**Santa Eulalia** – ehemaliger Fischerort mit Badebucht und attraktivem Zentrum zum Flanieren; **Cala Nova** – kleine abfallende Bucht, im Ortsteil Es Canar findet wöchentlich der berühmte Hippiemarkt statt; **Cala Llonga** – kleiner Ferienort mit breitem, flachen Strand, ideal für Kinder.
Westküste	**San Antonio** – zweitgrößte Stadt mit einer großen weiten Bucht, vielen Hochhäusern und ein ebenfalls sehr ausgeprägtes Nachtleben.
Nordküste	**Portinatx** – kleiner Badeort mit felsiger Küste und mehreren Badebuchten.

Aktivitäten/Ausflüge:
- Alle Arten von Wassersport,
- Inselrundfahrt,
- Flohmarkt und Nachtleben Ibiza-Stadt,
- Schiffsfahrten in abgelegene Buchten,
- Wandern und Radtouren und
- Inselrundfahrt Formentera.

Formentera

Ein 4 km langer Meeresarm trennt Ibiza von der kleinen Insel, die nur 23 km lang und zwischen 1,7 und 17 km breit ist. Die Südküste besteht aus Sandstränden, während die Nordküste felsig ist. Über Serpentinen erreicht man die Hochebene von La Mola (ca. 200 m hoch), von wo aus man einen schönen Blick über die ganze Insel hat. Durch das Fehlen eines Flughafens ist die einzige Verbindung zur Insel die Fähre, die von Ibiza zwischen 30 bis 45 Minuten braucht.

Kilometerlange feinsandige Strände am seichten türkisblauen Wasser schaffen fast Karibik-Flair. Ein Badeparadies auch für Kinder. Die unberührte Dünenlandschaft steht unter Naturschutz. Mit dem Hauptverkehrsmittel der Insel, dem Fahrrad, kann jeder sein stilles Plätzchen am Strand finden.

Sport & Fitness: Surfen, Segeln, Katamaran fahren und die Unterwasserwelt vor bizarrem Küstengestein erkunden. Wassersport- und Tauchbasen bieten Kurse an. Es gibt Tennisplätze und vor allem Fahrradverleihe.

San Francisco Xavier ist die Hauptstadt der Insel.

Es Pujos ist das Zentrum des Tourismus auf der Insel, mit vielen Geschäften, Restaurants, Bars und Diskotheken und einer langgezogenen, feinsandigen Bucht.

Der **Platja Mitjorn** ist mit fast 5 km Länge und nur wenigen Hotels der schönste Strand der Insel. Der **Platja des ses Illetes** liegt im Norden der Insel und bietet Sonnenschirme und Liegen sowie alle möglichen Wassersportarten. Zu ihm zieht es auch die meisten der Tagesausflügler aus Ibiza.

Menorca

Menorca ist am weitesten vom Festland entfernt und lässt sich landschaftlich in zwei Hauptregionen einteilen. Der Norden (Tramuntana) mit hoch aufragender Steilküste, bizarren Felsformationen und fjordähnlich eingeschnittenen Buchten bietet ideale Windverhältnisse für Segler, Surfer und Windsurfer. Der Küstenstreifen im Süden (Migjorn) ist flacher und hier befinden sich auch die meisten (windgeschützten) Badebuchten und Strände, an die es die Mehrzahl der Besucher zieht. Das Zentrum der Insel präsentiert sich grüner mit üppigen Feldern, kleinen Pinien- oder Steineichenwälder sowie einer flachen Hügelkette, deren höchste Erhebung der Monte Toro (357 m) ist.

Obwohl relativ grün, ist die Vegetation nicht so reich wie auf den anderen Baleareninseln. Die ganze Insel ist ein Biosphärenreservat der UNESCO, 40 % der Insel stehen unter Natur- und Landschaftsschutz und der Naturpark S'Albufera d'es Grau zählt zu den bedeutendsten Feuchtbiotopen Südeuropas.

Menorca ist außergewöhnlich reich an prähistorischen Monumenten (Megalithkultur). Hunderte Dörfer und Bauten aus der Bronzezeit (2000–1000 v. Chr.) sind über die Insel verstreut. Am bekanntesten sind die großen „talaiot“ (Steintürme), die die Landschaft prägen, sowie die „taulas“ (T-förmige Steinmonumente) und die „navetas“ (steinerne Häuser/Grabstätten).

Mahón (Maó) liegt am Ende einer 6 km langen natürlichen Hafenbucht. Der Hafen gehört zu den schönsten des Mittelmeeres und ist die größte Attraktion der Inselhauptstadt. Eine Hafenrundfahrt, bei der im Sommer auch Badebuchten angelaufen werden, ist ein „Muss“ für Menorca-Urlauber. Die Stadt erstreckt sich vom Hafen einen steilen Hügel hinauf und weist architektonisch noch viele Zeugnisse aus der britischen Kolonialzeit auf.

Ciutadella war die einstige Hauptstadt der Insel und das Stadtbild ist mehr spanisch-maurisch geprägt. Eine stattliche Kathedrale, zahlreiche Adelspaläste, von Arkaden umsäumte Plätze und ein malerischer Hafen machen den Reiz der Stadt aus.

Menorca – Badeorte	
Nordküste	Wegen der guten Windverhältnisse ist die Nordküste insbesondere bei Seglern und Surfern beliebt, die Strände dort sind eher dunkel und grobkörnig: » **Fornells,** » **Arenal d'en Castell und** » **Son Parc** (mit dem einzigen Golfplatz der Insel).
Südküste	An der Südküste sind die Strände der von Hügeln und Felsen eingerahmten Badebuchten meist flach ins Meer abfallend. Viele Strände bieten hier weißen Sand und kristallklares Wasser. » **Cala'n Bosch** – größter Touristenort; » **Cala Galdana** – Bucht mit imposanter Steilküste; » **Son Bou** – mit 3 km Länge gilt er als der größte Sandstrand der Insel, eingerahmt von Dünen und an ein Naturschutzgebiet grenzend, ideal für Kinder; » **Punta Prima** – kleiner Ort mit nur 200 m Strand und wenigen Hotels.

Verkaufsargumente für die Destination Badeurlaub auf den Balearen

- » Kurze Anreise (Flugzeit nur ca. 2 Stunden)
- » Badeurlaub von Mai bis September möglich
- » Für alle Reisemotive einer Badereise und für alle Altersgruppen finden sich auf den Inseln geeignete Badeorte
- » Vorwiegend Sandstrände, viele davon flach abfallend, deshalb besonders für Familien geeignet
- » Kaum Sprachbarrieren, in vielen Urlaubsorten wird auch Deutsch gesprochen
- » Gut ausgebaute Infrastruktur für Spaziergänger in den Urlaubsorten und gutes Straßennetz im Inland für eigene Unternehmungen mit dem Mietwagen
- » Zahlreiche Ausflugsmöglichkeiten (Sport, Natur, Kultur)
- » Mallorca ist die landschaftlich abwechslungsreichste Insel und bietet viele Ausflugsmöglichkeiten
- » Die Hauptstadt Palma de Mallorca bietet Großstadtflair und ein großes Kulturangebot

Situationsaufgabe

Situation:

Herr und Frau Keller planen für dieses Jahr einen zweiwöchigen Urlaub auf Mallorca. In der ersten Woche möchten sie wandern und in der zweiten Woche im Meer baden sowie gelegentliche Ausflüge unternehmen.

Aufgaben:

1_ Empfehlen und erläutern Sie Ihren Kunden eine geeignete Reisezeit und Region.

2_ Schlagen Sie dem Ehepaar Keller drei Ausflugsmöglichkeiten für die zweite Urlaubswoche vor.

Aufgaben

1_ Nennen Sie für die drei Zielflughäfen der Balearen die Three-Letter-Codes.

2_ Nennen Sie zwei Orte auf dem spanischen Festland, von denen aus Fährverbindungen auf die Balearen bestehen.

3_ Welche Baleareninsel liegt hinsichtlich der Regentage und Temperaturen am günstigsten?

4_ In welchem Zeitraum können Sie einen Badeurlaub auf den Balearen empfehlen?

5_ Welches sind die beiden Amtssprachen auf den Balearen?

Web **Zusätzliche Aufgaben zu LF 7, Kapitel 2.2 finden Sie im BPW.**

222251290

2.3 Badeurlaub in Thailand

Thailand, das historische Siam, hat sich zu einem der beliebtesten exotischen Reiseziele der Deutschen entwickelt. Die ausgezeichnete touristische Infrastruktur, zahlreiche und schnelle Flugverbindungen, die breite Palette von Urlaubsaktivitäten und das sehr gute Preis-Leistungs-Verhältnis haben diesen Erfolg möglich gemacht. Mit ihrer Freundlichkeit und ihrem liebenswürdigen Service haben die Thais die Herzen ihrer Gäste erobert. Kultur, Abenteuer, Natur, Sonne, Sand, Meer und Sport – in Thailand finden Reisende den Urlaub, den sie suchen.

Das Meer präsentiert sich außerhalb der Monsunzeiten i. d. R. ruhig mit nicht zu hohen Wellen. Jedoch machen sich die Gezeiten stärker bemerkbar, sodass an vielen Stränden nur bei einsetzender Flut die besten Badebedingungen herrschen, bei Ebbe kann man herrliche Strandwanderungen machen, aber eben kaum baden. Die Reiseveranstalter weisen in ihren Katalogen auf die besonderen Strandverhältnisse hin.

Thailand in Kürze

Staatsform	Konstitutionelle Monarchie
Landschaften	Gebirgsketten im Westen und Norden bis zur Halbinsel Malakka, Kernraum des Landes ist das Tiefland von Menam (Chao Phraya)
Einwohner	Ca. 69 Mio, davon ungefähr 80 % ethnische Thai sowie Chinesen, die sog. Bergvölker und Malaien
Religion	Ca. 95 % der Thais sind Buddhisten, die größtenteils in der Grenznähe zu Malaysia lebenden Muslime stellen rund 4 % der Bevölkerung
Sprache	Thai, Englisch ist Handelssprache
Währung	Baht
Gesundheitsvorschriften	keine, Malariaprophylaxe wird empfohlen
Einreisebestimmungen	bis 30 Tage nur gültiger Reisepass erforderlich (noch mindestens sechs Monate nach Ende der Reise gültig), Visum bei längerem Aufenthalt
Flugdauer nach Bangkok (BKK) oder Phuket (HKT)	ca. 11 Stunden (nonstop ab FRA) ca. 14–17 Stunden (Umsteigeverbindungen)
Bangkok und der Golf von Thailand (Norden)	November bis Februar warm und trocken (beste Reisezeit), März bis Juni heiß und trocken, Juli bis Oktober heiß und regnerisch (hohe Luftfeuchtigkeit). Die heißesten Monate sind April/Mai (bis 35/40 °C). Die meisten Regenfälle fallen im September/Oktober. Als beste Reisezeiten gelten die Monate November bis April, wobei in den Sommermonaten die Badeorte Cha Am/Hua Hin auch zu empfehlen sind, da sie vom Südwest-Monsun weniger stark betroffen sind als die östlich gelegenen Badeorte von Pattaya bis Ko Chang.
Der Süden	Im Winterhalbjahr warm und nicht so schwül. Im Sommerhalbjahr heiß und schwül (hohe Luftfeuchtigkeit). Die heißesten Monate sind März und April (bis 35/40 °C). Zwischen Mai und September starker Monsunregen an der Westküste (Phuket). Im November/Dezember starker Monsunregen an der Ostküste (Samui). Während der Monsunregenzeit ist das Meer stark aufgewühlt und die Bademöglichkeiten sind dadurch eingeschränkt. Als beste Reisezeiten für die Westküste (Phuket) gelten November bis April, für die Ostküste (Samui) Januar bis September.

Klima und Reisezeit

Das Klima in Thailand wird in erster Linie von den Monsun- bzw. Passatwinden geprägt. Im Sommerhalbjahr kommen die über dem Indischen Ozean mit Feuchtigkeit angereicherten Winde aus Südwest (SW-Monsum). Im Winterhalbjahr wehen beständig Winde aus Richtung Nordost (NO-Monsun). Sie bringen kühles, trockenes Klima, der Ostküste jedoch oft Regen.

Bangkok mit seinen über 8 Mio. Einwohnern ist für die meisten Badeorte Ziel- oder Umsteigeflughafen. Viele Urlauber nutzen die Gelegenheit, sich die Stadt für einen oder mehrere Tage auf dem Hin- oder Rückflug anzuschauen. Ebenso nutzen viele Urlauber in den Badeorten am nördlichen Golf von Thailand (Pattaya, Hua Hin) die Nähe zu Bangkok für einen Tagesausflug.

Sehenswürdigkeiten Bangkok:
- Großer Königspalast (weitläufige Anlage, mit vielen reich verzierten Pavillons und Tempeln, u. a. Wat Phra Kaeo),
- Wat Arun (Wahrzeichen von Bangkok, 45 m hoch),
- Wat Pho (Tempel mit einem 46 m langen, ruhenden Buddha),
- Wat Saket und der Goldene Hügel (schöner Panoramablick auf Tempelbezirk),
- Chinatown (u. a. ein Gassenlabyrinth mit vielen Verkaufsbuden und Wat Traimit – Tempel des goldenen Buddha),
- Vivanmek-Palast (größter, ausschließlich aus Teakholz gebauter Palast der Welt),
- Jim-Thompson-Haus (eine der besterhaltenen traditionellen Thai-Wohnanlagen),
- Bootsfahrt durch die Klongs (Kanäle),
- berühmtes Kolonialhotel: das Oriental,
- eine Fahrt mit dem Tuk-Tuk (dreirädriges Motorrad) und
- Shopping.

Wat Phra Kaeo

2.3.1 Badeorte am Golf von Thailand – der Nordosten

Pattaya/ Jomtien	**Pattaya** ist der bekannteste und auch wegen seiner vielen Bars berüchtigste Badeort seit über 30 Jahren und bietet mit seinen über 40 000 Hotelbetten aller Kategorien Unterhaltungsmöglichkeiten bei Tag und bei Nacht, aber auch Familien und Rentner verbringen hier ihren Urlaub. In den 1990er-Jahren umfassend saniert, bietet der Ort heute eine 4 km lange Strandpromenade, viele Grünanlagen und über zehn Golfplätze in der Nähe. Alle möglichen Arten von Wassersport sind möglich, entsprechend lebhaft geht es am Strand zu. Abends verwandeln sich einige Straßenzüge in eine Fußgängerzone mit Straßenständen und Garküchen. Je nach Strandabschnitt bieten sich den Touristen unzählige Bars, Pubs, Restaurants, Travestie-Shows, Diskotheken und ein riesiges Shoppingangebot. Die ca. 4 km lange sichelförmige Bucht von Pattaya teilt sich in North (eher ruhig mit vielen Vier- und Fünfsternehotels), Central (viele Geschäfte und Restaurants) und South Pattaya, dem eigentlichen Vergnügungsviertel. Von den Hotels zum Strand

	muss eine laute Strandstraße überquert werden. Südlich von Pattaya Beach liegt Pattaya Cliff auf einer Klippe, hier befinden sich Hotels mit ruhigeren Buchten. **Jomtien** mit seinem 6 km langen Strand ist nur durch Pattaya Cliff von Pattaya getrennt. Auch hier geht es je nach Strandabschnitt lebhaft zu, aber insgesamt ist es beschaulicher und eher die familienfreundlichere Ausgabe von Pattaya. Die Bademöglichkeiten in Pattaya/Jomtien sind durch die Gezeiten etwas eingeschränkt, Schwimmen und viele Wassersportaktivitäten sind meist nur bei Flut möglich. **Aktivitäten/Ausflüge:** » Pattaya Walking Street – ca. 1 km lange Partymeile ab Einbruch der Dunkelheit » Big Buddha Pattaya – 18 m große vergoldete Buddha-Statue auf einem ca. 100 m hohen Hügel mit schöner Aussicht auf Pattaya und Jomtien » Buddha Mountain – außerhalb gelegener, mit 130 m größter an einem Felsen angebrachter Buddha der Welt » „Sanctuary of truth" – ein Teakholztempel in einer Bucht im nördlichen Teil von Pattaya, 105 m hoch und 100 m lang, seit 40 Jahren wird an ihm gebaut und geschnitzt » Pattaya Floating Market (etwas außerhalb gelegen) » Badeausflug zur vorgelagerten Insel Koh Lan » Tagesausflug nach Bangkok **Anreise:** Bustransfer von Bangkok, ca. 2 Stunden (Pattaya) bzw. 2,5 Stunden (Jomtien).
Ko Samet	 Die nur 6 km lange und 3 km breite Insel mit vielen Kokosnussplantagen ist hügelig und herrliche Strände mit weißem Sand verteilen sich auf 15 Buchten. Die Westküste verfügt über die flacheren Strände, während sich an der Ostküste die Gezeiten stärker bemerkbar machen und die Wellen höher sind. Die gesamte Insel sowie die umliegenden Inseln und mehrere Festlandsstrände gehören zu einem Meeresnationalpark. Wer einen ruhigen Badeurlaub sucht, ist hier richtig. **Aktivitäten/Ausflüge:** Ausflüge zu den nahe gelegenen Inseln, ansonsten Schwimmen, Schnorcheln, Tauchen. **Anreise:** Bustransfer von Bangkok zur Fähre ca. 3 Stunden, die Überfahrt mit der Fähre dauert ca. 30 Minuten.

Ko Chang	Die zweitgrößte Insel Thailands liegt nahe der kambodschanischen Grenze und ist 30 km lang und zwischen 8 und 13 km breit. Das Insel innere ist gebirgig (bis 800 m), was auch den Namen „Elefanteninsel" erklärt, da die Bergkämme aus größerer Entfernung wie eine Herde Elefanten aussehen sollen. Ungefähr 70 % der Insel bestehen aus ursprünglichem Regenwald, und die üppige grüne Vegetation zusammen mit den herrlichen weißen, flachen Sandstränden machen den Reiz der Insel aus. Die gesamte Insel sowie 46 umliegende kleinere Inseln gehören zu einem Meeresnationalpark. Die schönsten Strände liegen an der Westküste, wobei der 3 km lange White Sand Beach (Hat Sai Kao) und der fast 6 km lange Klong Prao Beach touristisch am besten erschlossen sind. Die Insel bietet Naturerlebnisse und einen ruhigen Badeurlaub. **Aktivitäten/Ausflüge:** » Organisierte Wanderungen und Trekkingtouren in den Regenwald, in dem auch noch viele Wildtiere leben, und zu drei Wasserfällen; » Bade- und Tauchausflüge zu nahe gelegenen Inseln. **Anreise:** » Flug von Bangkok mit Bangkok Airways (PG) nach Trat (TDX) – Flugdauer ca. 45 Minuten, Fahrt zur Fähre, Überfahrt und Transfer zum Hotel ca. 1,5–2 Stunden, » Per Bus von Bangkok nach Trat ca. 4 Stunden.

2.3.2 Badeorte am Golf von Thailand – der Nordwesten

Cha Am	Der kleine Ort liegt ca. 25 km nördlich von Hua Hin und ist eigentlich nur Namensgeber für eine südlich von Cha Am gelegene Ferienregion mit einem endlos langen, breiten und flachen Sandstrand, an dem sich zahlreiche Hotels befinden. Sie ist ideal für einen erholsamen Urlaub, denn in unmittelbarer Umgebung der Hotelanlagen befindet sich nicht allzu viel und Cha Am und Hua Hin sind etliche Kilometer entfernt. Von fast allen Hotelanlagen fahren allerdings Busse nach Hua Hin (unter Umständen gegen Gebühr).
Hua Hin (ca. 200 km südlich von Bangkok)	 Der historische Badeort – schon in den 1920er-Jahren machte der thailändische König hier Urlaub – hat ungefähr 45 000 Einwohner und ist ruhiger und stilvoller als Pattaya und Phuket, wenngleich auch hier am Abend in der Altstadt einiges geboten wird mit Nachtbars, Diskotheken und Nachtmarkt (ab ca. 18:00 Uhr viele Verkaufsstände und Garküchen). Auch viele Thais verbringen hier ihre Urlaubstage. Besonders beliebt sind die vielen Seafood-Restaurants am Fischereihafen. Dort beginnt auch der lange, breite Strand, der sich 3 km in Richtung Süden zieht, bis zu einem Felsvorsprung im Meer, den ein buddhistischer Tempel krönt. **Aktivitäten/Ausflüge:** » Alle Arten von Wassersport und Golfen auf einem der fünf 18-Loch-Plätze; » lange Strandwanderungen – auch zu Pferde; » Besichtigung des Sommerpalasts des thailändischen Königs 2 km nördlich von Hua Hin oder des königlichen Wartehäuschens am Bahnhof von Hua Hin;

» Der Khao Sam Roi Yot Nationalpark („Gebirge der 300 Gipfel") liegt 63 km südlich von Hua Hin und bietet neben den zerklüfteten Kalksteinbergen Mangrovensümpfe, Strände und eine reiche Tier- und Pflanzenwelt;
» Der Kaeng Krachan Nationalpark (ca. 50 km westlich) ist der größte Nationalpark Thailands mit Bergen, Wasserfällen, Stausee und reicher Fauna, noch heute leben hier Tiger, Affen und Elefanten;
» Floating Market in Damnoen Saduak (ca. 120 km nördlich) und Rose Gardens (Folkoreaufführungen und Elefantenshows);
» Die Brücke am Kwai bei Kanchanaburi (Mahnmal für die Opfer der im Zweiten Weltkrieg unter japanischer Besetzung gebauten Bahnlinie).

Floating Market

Anreise:
Busfahrt von Bangkok ca. 3 bis 3,5 Stunden.

2.3.3 Badeorte am Golf von Thailand – der Süden

Ko Samui

Ehemals Paradies für Rucksackreisende gehört die sog. „Kokosnussinsel" zu den populärsten Badezielen Thailands. Heute teilen sich Rucksackreisende und Pauschalurlauber aller Kategorien die Insel. Über die rund 50 km lange Ringstraße, die fast immer an der Küste entlangführt, erreicht man fast alle Buchten und Strände. Das Inselinnere ist hügelig und von dichtem Regenwald und Kokosnussplantagen durchzogen. Die bekanntesten, belebtesten und schönsten Strände sind Chaweng und Lamai, die sich kilometerlang über mehrere Buchten erstrecken und immer wieder von felsigen Landzungen unterbrochen sind. Unzählige Freiluft-Bars, Geschäfte, Restaurants und Straßenstände sowie am Abend (Strand-)Diskos warten hier auf das vorwiegend junge Publikum. Wer's ruhiger mag, wählt andere Strände wie z. B. Mae Nam oder Bophut im Norden. Die Insel bietet etwas für jeden, Familienurlaub, alle Arten von Wassersport, Party, und auch der Ruhesuchende wird seine Bucht finden. Das alles in ungezwungener, entspannter, internationaler Atmosphäre.

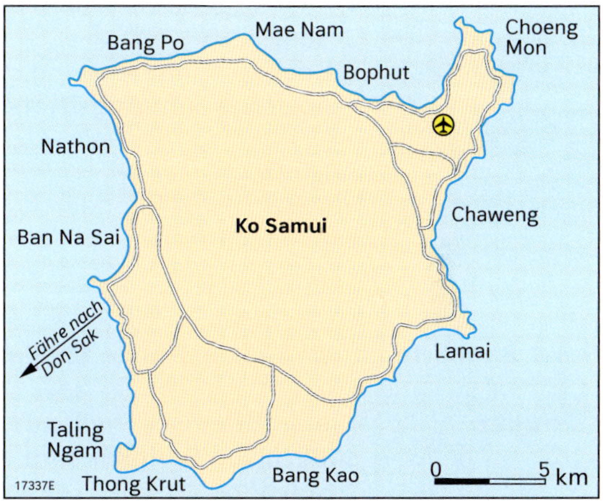

Aktivitäten/Ausflüge:
» Sehenswert auf der Insel sind neben der Erkundung der anderen Strände (vorzugsweise mit einem Motorroller) zwei Wasserfälle im Landesinneren, die 12 m hohe Big-Buddha-Statue im Norden und ein Besuch des Hauptortes und Fährhafens Nathon;

	» Ausflug zu dem 40 Inseln umfassenden Ang-Thong-Meeresnationalpark mit seinen herrlichen Stränden, klarem Wasser und bizarren Kalksteinformationen; » Ausflug zur wegen ihrer Form „Schildkröteninsel" genannten Insel Ko Tao mit ihren versteckten Buchten und ausgedehnten Korallenriffs, die zum Tauchen und Schorcheln einladen; » Abend- und Nachtausflug zur „Full Moon Party" nach Ko Phangan.  Ko Tao **Anreise:** Flug von Bangkok mit Bangkok Airways (PG) oder Thai Airways (TG) nach Ko Samui (USM) – Flugdauer ca. 1 Stunde.
Ko Phangan	Die kleine Nachbarinsel Ko Samuis ist gebirgig, zum größten Teil bewaldet und bis auf einige Strandregionen wenig erschlossen. Die Insel wurde bis vor wenigen Jahren nur von Rucksackreisenden, denen Samui zu kommerziell war, besucht. Inzwischen ist sie auch bei einigen großen Veranstaltern mit wenigen luxuriösen Hotels im Angebot. Bekanntester Strand mit den meisten Bungalowanlagen ist Hat Rin, auf dem auch die allmonatlichen Vollmond-Strandparties stattfinden. **Aktivitäten/Ausflüge:** » Ausflüge mit dem Jeep ins bergige Landes innere und zu abgelegenen Stränden; » Bootsausflüge entlang der Küste zu abgelegenen Stränden; » Ausflüge zum Ang-Thong-Meeresnationalpark oder nach Ko Samui. **Anreise:** Von Bangkok Flug nach Ko Samui, von dort nach Ko Phangan mit der Fähre – ca. 30 Minuten

2.3.4 Badeorte an der Südwestküste Thailands (Andamanensee)

Phuket	Die größte Insel Thailands (ca. 50 km lang und 22 km breit) liegt rund 860 km südlich von Bangkok und gehört mit 16 Stränden zu den beliebtesten Urlaubszielen Südostasiens. Die Insel ist im Norden nur durch eine 700 m lange Brücke vom Festland getrennt. Vor allem an der Westküste liegen die traumhaften Sandstrände in kleinen und großen Buchten, an die sich eine gebirgige Hügellandschaft anschließt. Im Insel inneren ist durch Zinnabbau und Plantagenwirtschaft vom tropischen Regenwald nicht viel übrig geblieben. Nur der im Norden gelegene Khao-Phra-Taeo-Nationalpark bietet auf ca. 7 % der Inselfläche noch ein echtes Dschungelerlebnis. Die Ostküste ist weitgehend flach mit vielen Mangrovenwäldern. Patong ist die Bucht mit den meisten Hotels und dem größten Angebot an Bars, Restaurants, Geschäften und Nachtleben. Wer es weniger laut mag, weicht in die südlich gelegenen Buchten Karon, Kata Yai und Kata Noi sowie die nördlich gelegenen Strände Bang Tao und Mai Khao aus, wobei die Regel gilt, je weiter weg von Patong, umso ruhiger. Die vielfältigen Ausflugsmöglichkeiten auf der Insel sind insbesondere ideal für einen Familienurlaub.

222251296

	Aktivitäten/Ausflüge: Alle Wassersportarten wie Windsurfing, Jetski, Paragliding, Speedboot, Wasserski, Tauchen usw. **Ausflüge:**  James-Bond-Insel » Phuket-Town (ca. 70 000 Einwohner): koloniales Viertel mit Villen in chinesisch-portugiesischer Architektur, chinesische Tempel, 24-Stunden-Markt und vielen Geschäften; » Schmetterlingsgarten und Aquarium sowie Thaidorf (Kulturshows aus den verschiedenen Regionen Thailands) und Orchideengarten. Beide Attraktionen liegen in der Nähe von Phuket-Town; » Elefantencamps (Show und Reiten); » Inselrundfahrt mit dem Mietwagen oder dem Motorroller; » Tauchsafari zu den Similan-Inseln; » „James-Bond-Insel“ in der Phang-Nga-Bucht (aus dem Film „Der Mann mit dem goldenen Colt“); » Kanu-Tour in der Phang-Nga-Bucht (grün bewachsene Kalksteinfelsen, die aus dem Meer ragen); » Phi Phi Islands. **Anreise:** Condor, Eurowings und Thai Airways fliegen nonstop nach Phuket (ca. 11,5 Stunden), alle anderen Fluggesellschaften haben einen Zwischenstopp (insgesamt ca. 13–15 Stunden), die Transferzeit auf Phuket beträgt je nach Lage des Hotels 10–50 Minuten.
Khao Lak	 Khao Sok Nationalpark Die Strände von Khao Lak befinden sich ca. 70–90 km nördlich vom Flughafen Phuket. Ohne eigentliches Zentrum reiht sich ein Strandabschnitt an den anderen, gelegentlich nur unterbrochen von wenigen Felsen. Hinter einem flachen Landstreifen ragen die bewaldeten Berge des Khao-Lak-Nationalparks auf. Die Küstenstraße, an der sich meist auch zahlreiche Restaurants und Geschäfte befinden, verläuft mehrere Hundert Meter vom Strand entfernt. Ideale Voraussetzungen also für einen Urlaub zum Entspannen und Abschalten. **Aktivitäten/Ausflüge:** » Ausflüge in die nahe gelegenen Nationalparks Khao Lak und Khao Sok (reiche Pflanzen- und Tierwelt in einer bergigen Landschaft mit schroffen Kalksteinbergen, Flüssen, Stauseen und Höhlen); » Tauch- und Schnorchelausflüge zu den Surin- und Similan-Inseln; » Ausflug in die Phang-Nga-Bucht zur „James-Bond-Insel“. **Anreise:** Transferdauer vom Flughafen Phuket ca. 1,5 Stunden.

Ko Phi Phi

Hierzu gehören die beiden Inseln Phi Phi Don und die unbewohnte Insel Phi Phi Lei. Die Inseln sind berühmt für ihre atemberaubende Landschaft mit den senkrecht in die Höhe reichende Kalksteinfelsen (über 300 m). Dies insbesondere auf Phi Phi Don, wo rechts und links aufragende Felsen mit einem schmalen, ein Kilometer langen, flachen Landstreifen verbunden sind, der auf beiden Seiten einen Strand aufweist. Dort befinden sich auch die meisten Hotels und Bungalowanlagen sowie ein kleines Fischerdorf. Wer Ruhe sucht, wird sie erst am späten Nachmittag finden, wenn alle Tagesausflügler von Phuket oder Krabi die Insel verlassen haben.

Aktivitäten/Ausflüge:

» Aufstieg zu den beiden Felsmassiven von Phi Phi Don;
» Schnorchel- und Tauchausflüge nach Phi Phi Lei oder anderen nahe gelegenen Inseln;
» Ausflüge nach Phuket oder Phang Nga.

Anreise:
Transfer vom Flughafen Phuket zur Fähre und Überfahrt ca. 2–4 Stunden (je nach Schifftyp).

Krabi

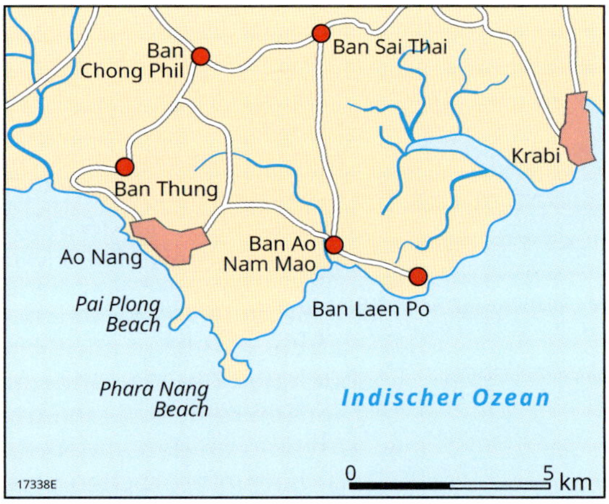

Die Region Krabi zählt zu den schönstgelegenen Badeorten Thailands. Sie ist von bis zu 300 m hohen Kalksteinfelsen umgeben. Sowohl auf dem Festland als auch auf den vielen vorgelagerten Inseln bietet sie den Urlaubern ein unvergleichliches Panorama. Hauptstrand mit den meisten Hotels und Geschäften ist Ao Nang Beach, der auch Ausgangspunkt ist zu abgelegeneren Stränden, die nur über Boot erreichbar sind, wie die Postkartenstrände der Rai-Leh-Landzunge (Phra Nang Beach). Abgesehen von Ao Nang ist die Region ideal für Erholungssuchende, wer allerdings viele Buchten, Felsen, Höhlen und Strände sehen möchte, muss schon aktiv sein, denn mobil ist man nur mit einem Boot.

Aktivitäten/Ausflüge:

» Bootsausflüge auf vorgelagerte Inseln (von Ao Nang nur eine halbe Bootsstunde entfernt) mit herrlichen Stränden und Tauch/Schnorchelmöglichkeiten oder zur Rai-Leh-Phra-Nang-Landzunge;
» Fahrt in die Provinzhauptstadt Krabi (eigentlich nur ein Fischerdorf);
» Kanutouren entlang der Küste;
» Tagesausflug zu den Phi-Phi-Inseln.

Rai Leh

	Anreise: » Von Bangkok Flug mit Thai Airways nach Krabi (KBV) – ca. 1 Stunde – Transfer zu den Hotels ca. 20–40 Minuten, » Von Phuket mit dem Bus – ca. 4 Stunden.
Ko Lanta	Die Inselgruppe mit insgesamt 52 Inseln liegt 70 km südlich von Krabi und touristisch ist nur die Insel Ko Lanta Yai (ca. 25 km lang) erschlossen. Teile von Ko Lanta Yai sowie mehrere Inseln gehören zu einem Marine-Nationalpark. Das Landesinnere ist hügelig und von dichtem Dschungel überwuchert und für jene, die Ruhe und Einsamkeit suchen, ist die Insel mit ihren endlosen Stränden ein idealer Urlaubsort. **Aktivitäten/Ausflüge:** » Bootsausflüge auf nahe gelegene Inseln zum Schwimmen, Schnorcheln, Tauchen; » Ausflug in den Dschungel im Inselinneren mit Wasserfällen, Fledermaushöhlen (auch auf dem Rücken eines Elefanten möglich); » Tagesausflug zu den Phi-Phi-Inseln. **Anreise:** Vom Flughafen Krabi mit dem Bus und Fähre – ca. 2 Stunden.

Anreise: Vom Flughafen Krabi mit dem Bus und Fähre – ca. 2 Stunden.

Verkaufsargumente für Badeurlaub in Thailand

- Badeurlaub ist je nach Region ganzjährig möglich.
- Temperaturen in den Badeorten sinken ganzjährig nachts nicht unter 20 °C, tagsüber immer um die 30 °C, Wassertemperaturen um die 26 bis 30 °C.
- Die Thais sind äußerst freundliche Gastgeber.
- Mit Englischkenntnissen kann man sich in den Badeorten gut verständigen.
- Für Bangkok und die Badedestinationen sind normalerweise keine Impfungen notwendig.
- Bis 30 Tage Aufenthalt kein Visum notwendig.
- Thailand ist ein sicheres Reiseland, die Kriminalitätsrate ist gering.
- Gutes Preis-Leistungsverhältnis für 4- und 5-Sterne-Hotels.
- Die Hauptstadt Bangkok bietet zahlreiche Zeugnisse der thailändischen Kultur.
- Die meisten Badeorte bieten eine faszinierende vorgelagerte Inselwelt.
- Zahlreiche Ausflüge mit sportlicher Aktivität und Naturerlebnissen sind möglich.

Situationsaufgabe

Situation:

Ein Ehepaar mit zwei Kindern (10 und 13 Jahre) plant im Spätsommer einen zweiwöchigen Badeurlaub in Thailand. Sie möchten einige geruhsame Tage am Strand verbringen (evtl. auch schnorcheln) und von dort aus ein paar Ausflüge unternehmen.

Aufgaben:

1_ Geben Sie Informationen über Flugzeiten, Reisezeit, Zielflughäfen, Einreise- und Gesundheitsbestimmungen sowie benötigte Sprachkenntnisse.

2_ Welche Regionen mit welchen Ausflugsmöglichkeiten empfehlen Sie der Familie?

Aufgaben zu LF 7, Kapitel 2.3 finden Sie im BPW unter Zusatzaufgaben zu LF 7, Kapitel 2.3. Web

3 Studienreisen am Beispiel Siziliens

3.1 Allgemeine Merkmale einer Studienreise

> **!** **„Eine Studienreise ist eine Reise mit begrenzter Teilnehmerzahl (i. d. R. 10–30 Teilnehmer), festgelegtem Reisethema und Reiseverlauf und deutschsprachiger, fachlich qualifizierter Reiseleitung.“[1]**

Dennoch bereitet es Schwierigkeiten, die Studienreise exakt von anderen Rundreisen abzugrenzen. Die Spezialveranstalter wie Studiosus, Klingenstein, Gebeco/Dr. Tigges (TUI, Hauser, Ikarus, Marco Polo, Wikinger, Windrose) oder Karawane haben das ursprüngliche Produkt der klassischen Bildungsreise für Akademiker – respektlos auch Trümmertourismus genannt – ausgeweitet auf Wander-, Natur-, Erlebnis- und Forschungsreisen. Im weiteren Sinne spricht man deshalb auch von Kulturtourismus, wenn der Reisende die besonderen kulturellen und landschaftlichen Eigenarten eines Ortes oder einer Region erleben will: Festspiele, Tradition und Brauchtum, Industriedenkmäler, Gastronomie, Oper, Theater, historische Persönlichkeiten, Museen, Ausstellungen.

Diese Reisen werden heute weltweit angeboten, nicht mehr nur nach Italien, Griechenland und Ägypten. Die Zielgruppen sind allerdings immer noch überwiegend Reisende mit Hochschulabschluss und in einem relativ hohen Alter, einfach deshalb, weil sie über die notwendigen finanziellen Mittel und genügend Freizeit verfügen, denn die Studienreise ist ein Hochpreisprodukt, da der Gast stärker betreut und beraten wird. Aber die Gruppen bestehen heute nicht nur aus Lehrern – alle Berufsgruppen sind vertreten: Apotheker, Ärzte, Ingenieure und Manager. Zudem bemühen sich die Veranstalter, das Zielgebiet nochmals unter einem anderen Schwerpunkt in ihr Programm aufzunehmen. Damit soll der Reisende erneut motiviert werden, das Land zu besuchen, bzw. es sollen andere – vor allen Dingen – jüngere Zielgruppen motiviert werden.

Diese Angebote unterscheiden sich in der Reisedauer, im Preis, in der Wahl der Hotels, in der Zahl der angebotenen Termine und in den Attraktionsfaktoren. Es sind dies Kultur, Geschichte, Architektur, Kunst und Vulkanismus/Naturphänomene. Unterschiede bestehen in der Gestaltung der Rundreise durch die Elemente Wandern, zusätzliche Freizeitangebote und Begegnung mit dem Alltagsleben statt Besichtigung, um weitere Zielgruppen anzusprechen. Das Programm der Studienreisen auf Sizilien ergänzt Studiosus mit dem Inselhopping auf den Äolischen Inseln (Vulcano, Lipari, Alicudi, Filicudi, Salina, Panarea, Stromboli) und Eventreisen zur Mandelblüte. Denkbar wäre eine weitere Studienreise mit dem Schwerpunkt „Große Vulkane in Italien: Vesuv – Ätna – Stromboli“, die Kampanien, Kalabrien und Sizilien verbindet. Gemeinsam ist allen Studienreisen nach Sizilien, dass die Anreise per Flug erfolgt, es sich fast immer um Rundreisen mit einem Reisebus handelt, individuelle Verlängerungsmöglichkeiten angeboten werden und eine Mindest- bzw. Höchstteilnehmerzahl angegeben ist. Bei den Rundreisen auf und zu den Äolischen Inseln werden zusätzlich seegängige Motorboote eingesetzt.

Neben den kommerziellen Leistungsträgern müssen noch die gemeinnützigen Organisationen erwähnt werden, wie Volkshochschulen, Kirchengemeinden, politische Stiftungen und Vereine, die Studienreisen für ihre Mitglieder organisieren, oft in Kooperation mit dem örtlichen Reisebüro als Veranstalter.

---

1 Quelle: Definition der „Arbeitsgemeinschaft Studienreisen“, zitiert nach: Mundt, Jörn W.: Reiseveranstaltung, 6. Auflage, München: Oldenbourg 2007, S. 320.

222251300

Kommerzielle Studienreisen sind i. d. R. offene Gruppenreisen. Die Teilnehmer melden sich einzeln an und lernen sich erst kennen, wenn die Reise am Zielort beginnt. Man weiß nichts voneinander. Man kann zwar das Alter der Teilnehmer einschätzen, sieht, ob es Paare oder Alleinreisende sind und erfährt vielleicht, dass sie das Zielland bereits kennen oder dass sie Erfahrungen mit Gruppenreisen haben. Und man kann vermuten, dass die anderen Teilnehmer die gleichen oder ähnliche Interessen haben:

- Man will die Kultur und Sehenswürdigkeiten des Landes kennenlernen.
- Man will neuen und interessanten Menschen begegnen und Kontakte und Freundschaften knüpfen.
- Man bewertet das Gruppen- und Gemeinschaftserlebnis als eine Bereicherung.
- Man sucht neue und außergewöhnliche Erfahrungen.

Aber wie verhält sich die zusammengewürfelte Gruppe tatsächlich, mit der man die nächsten Tage verbringen muss? Welches ist ihre soziale Herkunft? Welche Einstellungen und Vorstellungen haben die Teilnehmer? Wie werden die einzelnen Gruppenmitglieder miteinander auskommen? Je nachdem, wie die jeweilige Gruppe und ihr Reiseleiter mit möglichen Konflikten umgehen, kann dies zu einer starken Beschäftigung der Teilnehmer mit sich selbst führen, die den Erlebniswert der Reise erheblich einschränkt. Die gruppendynamischen Prozesse mit der Bildung von Teilgruppen, von Sympathien und Aversionen führen möglicherweise dazu, dass die Beziehungen der Reisenden untereinander eine größere Bedeutung erlangen als die täglich besuchten Reiseziele.

Es ist die Aufgabe des Reiseleiters, dies zu verhindern bzw. Lösungen anzubieten, die allen Teilnehmern gerecht werden. Von seinen Fähigkeiten hängt letzten Endes der Erfolg der Reise und der Ruf seines Veranstalters ab. Der qualifizierte **Studienreiseleiter** verbindet detaillierte Sachkenntnisse über die zu besichtigenden Orte und den spezifischen sozialen Hintergrund des Gastlandes mit dem Fingerspitzengefühl eines guten Animateurs, der souverän auf die Wünsche und Launen seiner Gäste reagiert. Einzelne Fachleute vertreten die Ansicht, dass gut 80 % des Erfolges einer Studienreise von der Fachkompetenz und der Kommunikationsfähigkeit des Reiseleiters abhängen.

Anforderungen an den Reiseleiter
Gepflegtes Äußeres, gute Umgangsformen, umfangreiches Allgemeinwissen, landeskundliches und kunstgeschichtliches Wissen, Durchsetzungsvermögen, Hilfsbereitschaft, Belastbarkeit, Organisationstalent, Kontaktfreude, Einfühlungsvermögen, sprachliche Fähigkeiten, Improvisationsvermögen, Orientierungssinn und Fremdsprachenkenntnisse

Das Berufsbild des Studienreiseleiters ist in Deutschland weder geschützt noch geregelt. Veranstalter im Hochpreissegment erwarten von ihren Kräften eine abgeschlossene Hochschulausbildung in Archäologie oder Kunstgeschichte und vertiefte Fremdsprachenkenntnisse. Eine freiwillige Qualifizierungsmaßnahme bietet beispielsweise die Hochschule in Bremen mit dem Erwerb des Reiseleiterzertifikates des BTW (Bundesverband der Deutschen Tourismuswirtschaft) an.

Will der Kunde den geschilderten Problemen einer Gruppenreise aus dem Weg gehen, kann er auf die Individualreise – zumindest im Fall von Sizilien – zurückgreifen. Große Veranstalter, z. B. DERTOUR, bieten acht- bzw. vierzehntägige Mietwagenreisen in vorgebuchten Hotels an, die mit dem Routenverlauf der Gruppenreisen weitgehend übereinstimmen. Möglicherweise wird der Reisende es dann allerdings bedauern, dass ihm die fachkundigen Erläuterungen des Reiseleiters und die Ortskenntnisse des Busfahrers fehlen.

3.2 Studienreise durch Sizilien

Sizilien – Reisen für 8–14 Tage (Studiosus-Programm 2021/2022)

Beispiele:

- Äolische Inseln ab 1.345,00 € pro Person
- Höhepunkte Siziliens, ab 1.395,00 € pro Person
- Sizilien, die umfassende Reise, 14 Tage, ab 2.795,00 € pro Person

Für Details siehe z. B.: www.studienreisen.de/studienreise_245325.html

Viele Eroberer haben das Gesicht von Sizilien geprägt und ihre Spuren hinterlassen. Auf der klassischen Rundreise wird der Teilnehmer sie alle kennenlernen: Griechen, Römer, Byzantiner, Sarazenen (Araber), Normannen, Staufer und Spanier. Aber auch der Ätna, mit ca. 3350 m der höchste, imposanteste und aktivste Vulkan Europas, kann ein wichtiger Programmpunkt werden. Daneben locken so bekannte Badeorte wie Taormina mit seinen Nachbarorten Letojanni und Giardini Naxos an der Ostküste und Mondello bei Palermo und Cefalù an der Nordküste zu einer Verlängerung des Urlaubs nach der Gruppenreise.

222251302

Die hier beschriebene Studienreise soll als klassische Rundreise in Catania beginnen und im Uhrzeigersinn wieder zurück nach Catania führen. Im Wesentlichen folgt die Route dem Küstenverlauf, nur Piazza Armerina liegt im Landesinneren. Die Gruppe besichtigt die folgenden Orte:

Catania	Catania liegt an den Südhängen des **Ätna** und wurde durch Erdbeben und Vulkanausbrüche Ende des 17. Jahrhunderts (1693) vollständig zerstört. Wenige Jahre später begann der Wiederaufbau im Stil des römischen Barock. Auf dem Domplatz befindet sich der Elefantenbrunnen, das Wahrzeichen Catanias. Ihn umringen der nach 1693 neu erbaute Dom und zwei barocke Paläste. Weitere Höhepunkte der Barockarchitektur sind die Kirche Sant'Agata (neben dem Dom) und die Universität mit ihrem eleganten Innenhof. Beeindruckend ist auch die staufische Zwingburg, das viertürmige Castello Ursino, aus dem 13. Jahrhundert, direkt neben dem lebendigen Fischmarkt. 
Syrakus	Syrakus war zwischen dem 5. und 3. Jahrhundert vor Christi Geburt die größte und bedeutendste Stadt, die auf die Kolonisierung durch Griechenland zurückgeht. Am Rande der Innenstadt liegt der weitläufige Archäologische Park der Neapolis (Neustadt), mit dem Griechischen Theater und dem Römischen Amphitheater, dem Ohr des Dionysos (einer riesigen künstlichen Höhle mit fantastischer Akustik) und dem monumentalen, fast 200 m langen, Altar des Hieron II. Die barocke Altstadt befindet sich auf der Insel Ortigia. Sehenswert sind der Dom aus dem 18. Jahrhundert – die Barockfassade des Domes verbirgt den Athenatempel, dessen Säulen in den Dom integriert wurden –, der Artemisbrunnen und die Quelle der Arethusa, einer Süßwasserquelle, die direkt am Meer entspringt. An der äußersten Spitze der Insel findet man das Castello Maniace, von Friedrich II. 1239 erbaut. 
Noto	Noto, die Hauptstadt des sizilianischen Barocks, wurde nach dem verheerenden Erdbeben von 1693 im frühen 18. Jahrhundert in dieser Stilrichtung von Grund auf an anderer Stelle neu errichtet. Kirchen, Klöster oder Paläste, keine Fassade ohne Schnörkel in goldgelbem, honig farbenem Sandstein. Eine Besichtigung des barocken Theaters sollte man nicht versäumen. 

Agrigent	 Außerhalb des heutigen Agrigent liegt das Tal der Tempel. Auf dem Gebiet der antiken griechischen Stadt, der zweitmächtigsten nach Syrakus mit über 400 000 Einwohnern, sind mehrere Tempelanlagen zu bestaunen. Sie stammen meist aus der Zeit zwischen 500 und 400 v. Christus. Darunter auch der Concordia-Tempel, der wohl einer der am besten erhaltenen Tempel der griechischen Antike ist. Weitere Anlagen, die zur Besichtigung einladen, sind die Tempel von Hera, Zeus und Herakles. Man sollte die Kultstätten nochmals am Abend besuchen, wenn die vielen Scheinwerfer die Bauten in ein warmes Licht tauchen.
Selinunt	Von der ehemals bedeutenden griechischen Stadt ist wenig übrig geblieben. Sehenswert sind die Reste von acht Tempeln, insbesondere der Tempel der Hera, und die antike Akropolis mit ihren mächtigen Mauern. Die weitläufige Anlage liegt inmitten einer großartigen – fast unberührten – Landschaft, und im kleinen Hafen von Selinunt kann man wunderbar essen. Der lange Sandstrand lädt im Sommer zum Baden ein.
Segesta	 Hier befindet sich ein wuchtiger dorischer Tempel auf einem einsamen Hang, nach dem Concordia-Tempel von Agrigent der wohl schönste griechische Kultbau auf Sizilien. Er ist auch deshalb einmalig, weil er im Rohbau aufgegeben wurde. Der Besucher sollte unbedingt das Angebot des archäologischen Parkes nutzen und mit dem Pendelbus zum hochgelegenen griechischen Theater fahren. Er wird mit einem großartigen Blick auf den Monte Erice und den Golf von Castellammare belohnt.
Palermo	 Die Hauptstadt Siziliens und bedeutende Hafenstadt (Fährhafen) schmiegt sich an die schützende Flanke des Monte Pellegrino. Araber und Normannen haben ein reiches architektonisches Erbe hinterlassen, Barock- und Jugendstilbauten runden das Gesamtbild ab. Spätestens hier sollte der Reiseleiter über die Geisel Siziliens informieren, die Mafia, die bis vor wenigen Jahren die Stadt in ihrem unheilvollen Griff hielt. » Kathedrale (Dom): Im 12. Jahrhundert von den Normannen auf einer Moschee gegründet, ist sie das größte Gotteshaus der Stadt mit mehreren berühmten Grabstätten u. a. des deutschen Kaisers Friedrich II. » Normannenpalast (Palazzo Reale): Hauptattraktion sind die Capella Palatina, sie verbindet byzantinisches, islamisches und normannisches Kunsthandwerk für die luxuriösen königlichen Gemächer. » San Giovanni degli Eremiti: Normannische Kirche, erbaut auf den Resten einer Moschee; mit ihren rosaroten Rundkuppeln ist sie eines der beliebtesten Fotomotive der Stadt.

	» Quattro Canti (Piazza Vigliena): Von vier sich gleichenden, konkav gewölbten Häuserfassaden begrenzter Platz im Schnittpunkt der Hauptverkehrsstraßen. Er ist geschmückt mit Brunnen, Nischen und Statuen und beliebt bei den Bürgern von Palermo. » Kapuzinergruft: Ca. 8 000 Mumien vorwiegend wohlhabender Bürger und kirchlicher Würdenträger aus dem 16. bis 19. Jahrhundert warten auf den Besucher, ein Ort zum Gruseln.
Monreale	 Das Städtchen liegt rund 10 km entfernt von Palermo in den Bergen. Hauptsehenswürdigkeit ist der Normannische Dom mit seinen prachtvollen Mosaiken, ein Juwel arabisch-normannischer Baukunst im Stil der Romanik. Sehenswert sind auch Hauptportal und der romanische Kreuzgang im ehemaligen Benediktinerkloster, direkt neben dem Dom. Vom Belvedere hat man einen fantastischen Blick auf Palermo und die Conca d'Oro, das von den Sarazenen kultivierte fruchtbare Becken um die Hauptstadt Siziliens.
Mondello	Mondello ist ca. 10 km westlich von Palermo gelegen und der Badestrand der Palermitaner sowie vieler Touristen. Bereits um 1900 als mondänes Seebad berühmt, bietet Mondello viele Hotels und Luxusvillen im Jugendstil.
Messina	 Messina befindet sich am Ausgang der gleichnamigen Meerenge und seine Fähren verbinden Sizilien mit dem italienischen Festland (Reggio di Calabria). Häufig von Erdbeben heimgesucht, – das letzte im Jahr 1908 zerstörte 90 % aller Gebäude –, ist Messina vor allen Dingen Industrie- und Handelsstadt. Lohnenswert ist allein die Besichtigung des wieder aufgebauten Domes aus dem 12. Jahrhundert und seines Glockenturms (Campanile) mit der größten mechanischen Uhr der Welt.
Taormina	 Taormina liegt traumhaft in 200 m Höhe am Meer und ist Siziliens bekanntester und ältester Urlaubsort. Hauptsehenswürdigkeit ist das Griechische Theater mit dem Ätna als Hintergrundkulisse. Im Sommer finden hier Konzert- und Opernaufführungen statt. Der Corso Umberto, die Fußgängerzone mit zahlreichen mondänen Geschäften, Kaffees und Restaurants, zieht sich durch den ganzen Ort. Links und rechts davon befinden sich alte Patrizierhäuser, Paläste und Kirchen und immer wieder herrliche Ausblicke auf die Küste und den Ätna. Man sollte es nicht versäumen, einen Espresso im Café Wunderbar zu trinken und von der glanzvollen Vergangenheit von Taormina zu träumen. Eine Seilbahn verbindet das Stadtzentrum mit **Mazzaro**, dem nächstgelegenen Badeort.

Ätna	Er ist einer der aktivsten Vulkane weltweit und eine der größten Attraktionen im Nordosten Siziliens. Auf dem Gipfel befinden sich die vier Hauptkrater und über den Berg verteilt rund 520 Nebenkrater. Mit dem Reisebus gelangt man bis auf eine Höhe von 1 900 m. Dort können erloschene Krater besichtigt werden. Wer weiter hinauf will, kommt mit einer Seilbahn (wenn sie nicht gerade mal wieder durch einen Ausbruch zerstört wurde) und Jeep bis auf 2 917 m. In der kalten Jahreszeit ist auf dem Ätna Wintersport möglich und der Schnee bedeckt den Gipfel bis in den Frühling hinein.
Piazza Armerina	 Nahe der mittelalterlichen Stadt findet man die Villa del Casale. Hier wurden mehr als 40 Mosaik-Fußböden freigelegt. Sie zählen zu den schönsten, aber auch informativsten Darstellungen aus der römischen Epoche. Weltberühmt sind die römischen „Bikini-Mädchen“. Der Abstecher nach Piazza Armerina wurde von Catania aus unternommen. Die Studienreise ist nach einem gemeinsamen Abend der Gruppenmitglieder beendet. Am nächsten Morgen fliegen sie zurück in ihre verschiedenen Heimatorte.

Verkaufsargumente für eine Studienreise nach Sizilien

- Ganzjahresdestination, beste Reisezeit für Studienreisen Frühjahr und Herbst (mediterranes Klima)
- breite Angebotspalette der Veranstalter – sowohl der Generalisten als auch der Spezialreiseveranstalter
- keine Währungsverluste aufgrund der gemeinsamen Währung
- keine Zeitumstellung; MEZ
- Wahl zwischen Gruppen- (mit Reiseleitung) und Individualreise im Mietwagen und ausgearbeiteter Reiseroute in vorgebuchten Hotels
- Kombination von Studienreise und Badeurlaub
- glorreiche Zeugen der Vergangenheit: Tempel, Kirchen, Theater und andere Artefakte
- Sizilien verdichtet die Entwicklungsstufen der europäischen Zivilisation: Griechenland, Rom, Byzanz, Araber, Normannen, Staufer, Spanier
- Ätna, der größte aktive Vulkan Europas

Situationsaufgabe

Situation:

Für die Teilnehmer einer Studienreise bereiten Sie das „Handout Sizilien von A bis Z“ vor.

Aufgaben:

1_ Ergänzen Sie die folgenden Stichpunkte.
Ankunft mit dem Flugzeug, Anreise mit der Fähre, Einwohner, Fläche, Klima, Grenzübergänge, Impfungen, Kleidung, Feiertage, Souvenirs, Sprache, Reisezeiten, Religion, Strom, Telefonieren, Handyempfang, Trinkgeld, Währung, Zeitzone, nützliche Links

2_ Stellen Sie eine achttägige Studienreise durch Sizilien zusammen und nennen Sie für die geplanten Besuchsorte jeweils ein bis zwei Sehenswürdigkeiten. Die Reise soll in Catania beginnen und die Gruppe will über Palermo zurückfliegen.

Aufgaben

1_ Studienreisen finden heute weltweit statt. Welche fünf verschiedenen Studienreisen würden Sie einem Kunden anbieten, wenn er Sie um entsprechende Vorschläge bittet?

2_ Welcher Verkehrsträger wird im Gegensatz zu Sizilien auf einer Studienreise in Ägypten vom Veranstalter hauptsächlich eingesetzt? Begründen Sie Ihre Antwort.

3_ Bei kommerziellen Studienreisen überwiegt die Zahl der weiblichen Gäste. Auf welche Gründe ist dies zurückzuführen?

4_ Warum werden bei Studienreisen generell Mindest- bzw. Höchstteilnehmerzahlen angegeben?

5_ Welche Vor- und Nachteile gibt es bei einer Individualreise gegenüber der geführten Gruppenstudienreise?

4 Rundreisen am Beispiel des Südwestens der USA und Südafrikas

4.1 Allgemeine Merkmale von Rundreisen

! Eine Rundreise ist eine mehrtägige Reise, bei der verschiedene Orte eines Zielgebiets möglichst in sinnvoller Reihenfolge mit einem Fahrzeug (Auto/Bus/Fahrrad) besucht werden.

Die Übernachtungsorte der Rundreisenden wechseln also häufig. Im Vordergrund steht das Kennenlernen von Landschaften, Städten und kulturellen Attraktionsfaktoren innerhalb eines mehr oder weniger großen Gebietes. Gut organisierte Rundreisen beinhalten ein abwechslungsreiches Besichtigungsprogramm, genügend Erholungspausen, z. B. in reizvollen Naturlandschaften sowie landestypische kulturelle Veranstaltungen.

Rundreisen unterscheiden sich hinsichtlich ihrer Organisationsform, der Teilnehmeranzahl, der Fortbewegungsmittel, der Unterkunftsarten sowie der Aktivitäten während der Reise:

Rundreiseart	Gruppengröße, Organisation	Merkmale und Inhalte
Klassische Busrundreise	Gruppen ab 20 Personen in Komfortbussen. Geführt von deutschsprachiger Reisebegleitung, unterstützt von einheimischer Reiseleitung. Komplett organisierte Pauschalreise.	Meist Besuch der Highlights eines Zielgebiets zur Gewinnung eines ersten oder zweiten Eindrucks. Übernachtung in größeren Hotels oder Hotelketten. Bequemlichkeit steht im Vordergrund.
Kleingruppenreise per Bus	Maximal 15 Personen in Kleinbussen mit deutschsprachiger Reisebegleitung und einheimischer Reiseleitung. Komplett organisierte Pauschalreise.	Besuch der Höhepunkte eines Zielgebiets oder Konzentration auf bestimmte Themen (z. B. Kultur) oder Aktivitäten (z. B. Wandern). Oft Fahrt abseits der üblichen Routen und Übernachtung in kleineren landestypischen Hotels.
Organisierte Mietwagenrundreise (Auto, zum Teil auch Motorrad)	Selbstfahrer-Reisen mit vorgebuchtem Besichtigungs- und Übernachtungsprogramm oder Chauffeur-Reisen, wobei der Fahrer meist auch die Rolle des Reiseleiters oder Naturführers übernimmt (bes. bei Afrika- und Asienreisen).	Individuelles Reisen bei Ausnutzung der Fachkenntnisse eines Veranstalters und ggf. sogar eines Fahrers. Tagesetappen sind kurz genug für Besichtigungen und entspanntes Reisen. Übernachtungen in kleineren landestypischen Hotels, oft werden mehrere Alternativen angeboten.
Individuelle Selbstfahrer-Rundreisen (Auto, Motorrad)	Planung, Organisation und Durchführung der Reise liegt in den Händen der Reisenden. Nutzung des Bausteinangebots von Veranstaltern oder Zusammenstellung der Reise mithilfe eines spezialisierten Reisebüros oder anhand von Angeboten im Internet.	Erfordert genaue Vorbereitung und Informationssammlung durch die Reisenden. Meist in Ländern mit entsprechender Infrastruktur (gutes Straßenverkehrsnetz, moderates Verhalten der anderen Verkehrsteilnehmer, vielfältige Übernachtungsmöglichkeiten). Individualität und intensives Erleben von Land und Leuten steht im Vordergrund.

222251308

Rundreiseart	Gruppengröße, Organisation	Merkmale und Inhalte
Wohnmobil-, Camperrundreisen, Jeep-Safaris	Vororganisiert oder individuell, Jeep-Safaris oftmals mit Fahrer. Wohnmobile werden in unterschiedlichen Komfort- und Größenklassen vermietet: vom einfachen Kastenwagen mit Schlafmöglichkeit bis hin zum voll ausgestatteten Wohnmobil mit Küche, Bad, Fahrradkammer etc.	Übernachtung in naturnahen Unterkünften (Campingplätzen, Wohnmobil-Stellplätzen, Lodges), Naturerlebnisse stehen im Vordergrund. Während und nach der Corona-Pandemie besonders auch für Kurzreisen im Inland beliebt.
Schiffsrundreisen (→ Kapitel 10 „Kreuzfahrten")	Hochsee- oder Flusskreuzfahrten, auf Schiffen verschiedener Größe und Ausstattung.	„Rundreise ohne Kofferpacken", verschiedene Schwerpunkte (Sport, Natur, Kultur, Abenteuer ...) und Komfortstufen. Erkundung der Attraktivitätsfaktoren an den Küsten mit einem hohen Maß an Bequemlichkeit.
(Luxus-)Zugreisen	Individuell gebucht oder Teil einer (Gruppen-)Pauschalreise, oftmals kombiniert mit einer Bus- oder Autorundreise, da meist nur Teilstrecken der Rundreise per Zug zurückgelegt werden.	Fahrt in nostalgischen (Orient Express), besonders komfortablen (Rovos Rail) oder spektakuläre Routen nutzenden (Glacier Express) Zügen. Gemächliche und bequeme Fahrt entlang traditionsreicher oder besonders sehenswerter Routen. Übernachtung meist in luxuriösen Schlafwagen, Verpflegung in Zugrestaurants.
Fahrradrundreisen (ähnliches gilt für Wander-, Kanurundreisen und andere Aktivreisen)	Individuell oder in Kleingruppen mit Führer. Organisierte Rundreisen bieten den Komfort des Gepäcktransports zu den Unterkünften und ggf. die Begleitung durch ein Fahrzeug (Hilfe bei Pannen, Überanstrengung usw.).	Unterschiedliche Anforderungen und Komfortstufen. Von der gemütlichen Fahrt entlang Flüssen oder Tälern mit Übernachtung nach Tagesetappen von 20 km in gehobeneren Hotels bis zur Mountainbike-Tour im Gebirge abseits asphaltierter Straßen und Übernachtung in Berghütten oder Camps. Meist steht neben der Bewegung die Natur im Vordergrund, Kulturfahrradreisen werden aber immer beliebter.

Erwünschter Kundennutzen von Rundreisen

Aus den Reisemotiven der Urlauber ergeben sich verschiedene Erwartungen an ihre Reise und den Nutzen, den sie daraus ziehen. Diese Erwartungen beziehen sich meist auf das Urlaubsland mit seinen Merkmalen, das Reiseerlebnis sowie die Organisation der Reise. Darüber hinaus spielen praktische Gesichtspunkte besonders bei Fernreisen eine Rolle; dies sind z. B. die Dauer und der Komfort der Anreise, Einreise- und Gesundheitsbestimmungen des Urlaubslandes, die Infrastruktur des Landes sowie die kulturellen, sozialen, gesundheitlichen und politischen Gegebenheiten im Land.

Nutzenstruktur von Rundreisen

Neben dem Grundnutzen einer Rundreise, der sich aus den Reisemotiven der Urlauber ableiten lässt, bieten die verschiedenen Arten der Rundreisen einen oder mehrere Zusatznutzen, die dieser besonderen Art ihren Charakter verleihen. Eine klassische Busrundreise z. B. bietet vielfältigere Kontakt- und Kommunikationsmöglichkeiten mit Mitreisenden als eine selbst organisierte Mietwagenrundreise, dafür hat der Urlauber hier eher das Gefühl der Unabhängigkeit und Freiheit.
Zum unvergesslichen Erlebnis wird die Reise, wenn sie etwas Einmaliges bietet. Das kann bereits im Angebot des Veranstalters enthalten sein (z. B. der Auftritt des Lieblingssängers auf der Kreuzfahrt oder die Übernachtung in einer Tropfsteinhöhle während der Fahrradrundreise); oftmals ergibt sich dieses einmalige Erlebnis aber zufällig und unerwartet während der Reise.

Anforderungsprofil für Rundreise-Zielgebiete

Wer eine Rundreise macht, ist neugierig auf Land und Leute, Natur und Kultur. Viele Rundreisende haben daher hohe Erwartungen an ihre Reise bzw. an die Gegebenheiten im Urlaubsland:

- Gut ausgebaute touristische Infrastruktur mit bestimmten (Straßen-)Verkehrs- und Hotelstandards, Restaurants und Raststätten;
- Reibungsloser Ablauf der Rundreise ohne Behinderungen bürokratischer, politischer, hygienischer oder klimatischer Art;
- Gut zugängliche und interessant arrangierte Attraktionen, historische Stätten, Monumente und Museen;
- Qualifizierte Informationen über die verschiedenen Besuchsstätten und/oder mehrsprachige Informationen vor Ort;
- Saubere und erlebenswerte Landschaften und Siedlungen;
- Saubere Luft, Strände und Gewässer.

Diese Anforderungen werden in hohem Maße z. B. vom Südwesten der USA als auch von Südafrika erfüllt. Daher werden diese beiden beliebten Rundreisezielgebiete im Folgenden exemplarisch vorgestellt.

4.2 Rundreisen durch den Südwesten der USA

Grundlegende Informationen zum Zielgebiet

Staatsform

Die United States of America sind eine präsidiale Republik mit bundesstaatlicher Verwaltung. Daher können verschiedene Vorschriften – z. B. Verkehrsregeln – in den einzelnen Bundesstaaten unterschiedlich sein. Es gibt insgesamt 50 Bundesstaaten sowie den sog. District of Columbia (D.C.), in dem die **Hauptstadt Washington** liegt.

Fläche/Einwohner

Auf einer Fläche von 9 630 000 km² leben ca. 332 Mio. Einwohner, das entspricht einer Bevölkerungsdichte von etwa **34 Einwohnern pro Quadratkilometer**. (Zum Vergleich: In Deutschland leben 235

Einwohner auf einem Quadratkilometer.) 74 % der Amerikaner haben **europäische Vorfahren,** Afroamerikaner, mehrheitlich Nachfahren afrikanischer Sklaven, machen etwa 13 % aus, Asiaten etwa 4 %. Im Südwesten der USA gibt es einen hohen Bevölkerungsanteil **lateinamerikanischer** – hier besonders mexikanischer – Herkunft, die dort pauschal als „Hispanics" oder „Latinos" bezeichnet werden. Da sie sehr an ihrer Kultur und Sprache festhalten, wird in bestimmten Gegenden, z. B. in Teilen Los Angeles, eher **Spanisch** als Englisch gesprochen. Die Indianer („Native Americans" oder „American Indians") stellen heute nur noch rund 1 % der Bevölkerung und leben vorwiegend im Südwesten sowie in Alaska.

Zeitverschiebung

Mitteleuropäische Zeit **– 9 Stunden** (Pacific Time, z. B. in Kalifornien, Nevada), **– 8 Stunden** (Mountain Time, z. B. in Arizona, Utah) bis zu **– 6 Stunden** (Eastern Standard Time, z. B. in Florida). Vom zweiten Sonntag im März bis zum letzten Sonntag im Oktober gilt die Daylight Saving Time (Sommerzeit), die Uhr wird um 1 Stunde vorgestellt.

Währung/Zahlungsmittel

1 US-Dollar (USD, $) = 100 Cent (¢), als Zahlungsmittel werden neben Bargeld gerne **Kreditkarten** angenommen. Auch die in Europa gängige MAESTRO-Card wird inzwischen immer häufiger akzeptiert. Auch Mobile-Payment-Dienste wie Apple Pay und Google Pay werden immer beliebter. Als Sicherheit bei Autovermietungen und in Hotels ist die Mitnahme einer Kreditkarte unbedingt zu empfehlen.

Einreisebestimmungen

Deutsche Touristen und Geschäftsreisende können im Rahmen des Programmes **„Visa Waiver"** für maximal 90 Tage visumfrei in die USA einreisen, wenn sie einen elektronischen Pass mit biometrischen Daten und Chip besitzen, der mindestens für die Dauer des Aufenthalts gültig ist. Allerdings gilt für alle Reisenden aus Ländern, welche für eine Einreise ohne Visum zugelassen sind, die Pflicht zur Durchführung einer **Onlineregistrierung** und Beantragung einer (gebührenpflichtigen) Einreisegenehmigung möglichst bis 72 Stunden vor der Einreise (Electronic System for Travel Athorization, ESTA genannt). Voraussetzungen für eine reibungslose Einreise sind weiterhin der Besitz eines Weiter- oder Rückreisetickets sowie ausreichender Zahlungsmittel. Da sich die Einreisebestimmungen besonders seit Ausbruch der Pandemie kurzfristig ändern können, ist die direkte Information bei den US-amerikanischen Vertretungen (Konsulat, Botschaft) ratsam.

Darüber hinaus sind die Fluggesellschaften verpflichtet, der US-amerikanischen Transportation Security Administration (TSA) bis 72 Stunden vor Abflug die Flug- und Reservierungsangaben jedes Passagiers zur Verfügung zu stellen, der aus der EU in die oder über die USA reist (Secure Flight Passenger Data). Die EU-Kommission hat mit den amerikanischen Behörden die Offenlegung der Reservierungs- und Check-in-Daten vereinbart. Reisende müssen (gemäß Bundesdatenschutzgesetz) bereits vor Abschluss der Buchung über diese Vereinbarung informiert werden! Darüber hinaus sind Passagiere verpflichtet, spätestens beim Check-in das sog. APIS-Formular (Advanced Passenger Information System) auszufüllen, in dem z. B. Angaben über die erste Adresse oder die Mietwagenstation in den USA gemacht werden müssen.

Anreise/Internationale Flughäfen

Ankunft meist auf einem der großen internationalen Flughäfen Los Angeles International Airport (LAX), San Francisco International Airport (SFO) oder Las Vegas Mc Carran International Airport (LAS). **Flugdauer: 10–11 Stunden.**

Inneramerikanischer Reiseverkehr

Die offizielle Bahngesellschaft AMTRAK sowie die öffentlichen Verkehrsmittel in den Städten spielen für den internationalen Reiseverkehr praktisch keine Rolle. Inlandsflüge sind relativ günstig und die größeren Städte bieten durch ihre nationalen Flughäfen gute Anschlussmöglichkeiten.

Highway

Die USA sind ein perfektes **Selbstfahrerland.** Durch das gut ausgebaute und beschilderte Netz von Highways und Freeways, die ruhige Fahrweise der Amerikaner, das große Angebot an Raststätten, Parkplätzen und Motels und schließlich durch die weiten und menschenleeren Landschaften stellt sich bei vielen Urlaubern am Steuer eines zwei- oder vierrädrigen Fahrzeugs ein großartiges Gefühl von Freiheit ein.

Für Mietwagen und Wohnmobile sind die USA ein ideales Reiseland.

Durch die hohe Dichte an komfortablen Campingplätzen sind auch Wohnmobilreisen sehr beliebt. Entfernungen werden in **Meilen** angegeben (1 Meile = 1,61 km) und sind aufgrund der strengen Tempolimits und des teilweise schlechten Straßenzustands nicht zu unterschätzen.

Beispiele für Entfernungen im Südwesten der USA:

San Francisco – Los Angeles: 641 km	Las Vegas – Grand Canyon: 443 km
Los Angeles – Las Vegas: 443 km	Las Vegas – San Francisco: 917 km

Topografie

Der Südwesten der USA gliedert sich wie folgt, von West nach Ost:

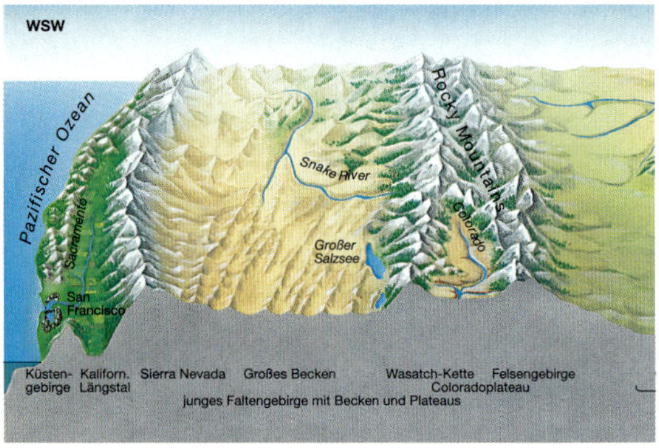

- Schmale **Küstenebene,** östlich davon die Coast Ranges (Mittelgebirgsketten);
- Dahinter das kalifornische Längstal, an das sich östlich die **Sierra Nevada** anschließt. Hier liegt im Kings Canyon National Park die höchste Erhebung des US-amerikanischen Festlands: der **Mount Whitney mit 4420 m** Höhe.
- Südöstlich der Sierra Nevada befindet sich in der heißen **Mojave-Wüste** der tiefste Punkt der westlichen Hemisphäre, **Badwater im Death Valley National Park mit 85,5 m unter dem Meeresspiegel.**
- In Nevada schließt sich nördlich von Las Vegas die kühle **Great-Basin-Wüste** an, hier befinden sich im nördlichen Utah einige **Salzseen,** z. B. der große Salzsee bei Salt Lake City.
- Westlich von Las Vegas liegen viele monumentale Nationalparks (z. B. Grand Canyon, Arches National Park) im durchschnittlich **1500 m hohen Colorado-Plateau,** das sich bis zu den Ro-

cky Mountains erstreckt. Hier findet man Verwerfungen, Schluchten, Tafelberge, Bögen und Säulen sowie den landschaftsbildenden **Colorado-Fluss,** der westlich von Las Vegas mehrmals gestaut wird (große **Stauseen,** z. B. Lake Mead, Lake Powell).

» Im südlichen Arizona liegt die artenreiche **Sonora-Wüste.**

Klima/Reisezeiten

© Ing.-Büro für Kartographie J. Zwick

Das Klima im Südwesten der USA ist sehr **kontrastreich** und differenziert sich hauptsächlich nach der Höhenlage:

» Südliche Küste Kaliforniens: subtropisches Mittelmeerklima.

» Mittlere und nördliche Küste Kaliforniens: feuchtes, besonders im Sommer zu Nebel neigendes ozeanisches Klima (kalter Kalifornienstrom; niedrige Wassertemperaturen!).

» Höhenlagen der Sierra Nevada, Arizonas und Utahs: Milde Sommer, kalte schneereiche Winter.

» Wüstengebiete, z. B. Mojave-Wüste, südliches Nevada: heiße, trockene Sommermonate mit bis zu 50 °C, milde Winter, Höhenlagen jedoch kalt.

Die „beste" Reisezeit für eine Rundreise durch den Südwesten der USA richtet sich daher nach ihrem Verlauf. Während das südliche Kalifornien sowie die Wüstengebiete ganzjährig bereist werden können, muss von Reisen im Winter dringend abgeraten werden, wenn z. B. die Sierra Nevada oder die Höhenlagen Arizonas besucht werden sollen. Viele Straßen und Unterkünfte sind dann nämlich aufgrund der winterlichen Verhältnisse gesperrt und auch der Aufenthalt ist wenig angenehm. Ebenso gibt es Gegenden, die im Hochsommer nicht zu empfehlen sind, zum einen wegen der großen Hitze (vor allem in den Wüstengebieten), zum anderen wegen Überfüllung in Ferienzeiten.

> **!** **Als optimale Reisezeit für eine Rundreise, die große Teile des Südwestens beinhaltet, können daher die Monate April bis Juni sowie September und Oktober empfohlen werden.**

Attraktionsfaktoren im Südwesten der USA

Der Südwesten der USA ist für viele ein Traumziel: charakteristisch für die Region sind die endlosen, kargen **Wüstenlandschaften** Kaliforniens sowie das rund 2 000 m hochgelegene Colorado-Plateau mit seinen Canyonlands. Im Gegensatz dazu steht die abwechslungsreiche Küstenregion mit **interessanten Städten**, weiten **Stränden** und wilderen Abschnitten Richtung Norden.

Viele Amerikaner lieben die Natur, insbesondere die natürlichen Attraktionen ihres Landes, auf die sie sehr stolz sind. Sie verbringen trotz oder gerade wegen ihrer wenigen Urlaubstage viel Zeit in den **Nationalparks und National Forests** des Landes, um dort zu campen oder zu wandern. Aber sie lieben auch große und moderne **Shopping- und Freizeit-Malls**, die sich mit Sonderangeboten unterbieten und daher auch bei Touristen sehr beliebt sind.

Eine typische Rundreise führt durch die US-Bundesstaaten **Kalifornien, Nevada, Utah, Arizona** und ggf. Colorado zu einigen der spektakulärsten Reisezielen des amerikanischen Südwestens. Sie gilt als der Klassiker unter den Rundreisen im Westen der USA, weil sie eine Vielzahl von abwechslungsreichen Attraktionen wie eine Perlenkette aneinanderreiht.

Im Folgenden werden einige der wichtigsten Ziele einer Rundreise in den einzelnen Bundesstaaten vorgestellt, jeweils von **Nord nach Süd:**

Städte in Kalifornien	
San Francisco	In der San Francisco Bay gelegen, hügelig, überschaubar, toleranter Lebensstil, eher europäisch anmutend. **Sehenswürdigkeiten:** Chinatown, Restauriertes Hafengebiet Fisherman's Wharf mit seiner Pier 39, Fahrt mit der nostalgischen Straßenbahn „Cable Cars", die Golden Gate Bridge, der abwechslungs- und kulturreiche Golden Gate Park, die Gefängnisinsel Alcatraz. Ausflüge ins mediterrane Sausalito, zum Muir Woods National Monument mit Mammutbäumen, ins Küstlerörtchen Mendocino und ins Weingebiet Napa Valley.  San Francisco
Santa Barbara	Spanische, exklusive Kolonialstadt mit Palmenalleen, langen Sandstränden, attraktivem Stadtzentrum und schöner spanischer Mission.
Los Angeles	Riesiges Stadtgebiet, viele Strände (z. B. Malibu der Prominenten, Santa Monica der Strandgänger, Venice zum Sehen und Gesehen werden, Long Beach mit dem Museumsschiff Queen Mary). **Sehenswert:** Hollywood (mit Walk of Fame und Mann's Chinese Theatre, Griffith Park), Sunset Boulevard, Beverly Hills und das „reichste Museum der Welt": J. Paul Getty Museum. Ausflüge ins Freizeitparadies Anaheim (Disneyland u. a.). 

Städte in Kalifornien	
Palm Springs	Exklusives Winterziel von Golfern und Kururlaubern in der Wüste. Ausflüge in die bis 3 000 m hohen Berge und Indianerhöhlen.
San Diego	Großstadt mit ganzjähriger Badesaison und spanisch-mexikanischem Flair in der schönen Altstadt, Freizeitpark Sea World, Balboa Park mit weltberühmtem San Diego Zoo, Wild Animal Park, Point Loma (beeindruckender Aussichtspunkt) und dem alten Traditionshotel Coronado. Ausflüge ins mexikanische Tijuana.

Natürliche Attraktionsfaktoren in Kalifornien		
Yosemite National Park	Etwa 300 km östlich von San Francisco gelegenes beliebtes Ausflugs-, Wander- und Kletterziel mit den Erhebungen El Captain und Half Dome, spektakulären Yosemite Falls im Yosemite Valley, Aussichtspunkt Glacier Point oberhalb des Tales, Mammutbäumen in der Mariposa Grove und hochalpiner Traumstrecke Tioga Pass Road (im Winter gesperrt).	 Half Dome im Yosemite National Park
Kings Canyon National Park und Sequoia National Park	Riesige Bergwälder mit mächtigen Sequoia-Bäumen (Mammutbäume mit einem Durchmesser von bis zu 11 Metern), Hochgebirge, Wandergebiet. Hier liegt der 4 421 m hohe Mount Whitney, der höchste Berg der USA außerhalb Alaskas.	 Im Sequoia National Park
Death Valley National Park	Heißester Ort der Erde mit Sanddünen, Kraterlandschaften, Canyons, Salzseen und Aussichtspunkten (Dante's View oder Zabriski Point).	
Küstenstraße Highway No 1	Traumstraße zwischen San Francisco und Los Angeles (700 km) mit malerischen Städtchen (z. B. auf der Monterey-Halbinsel das Fischerörtchen Monterey mit dem spektakulären 17-Mile-Drive zum Künstlerort Carmel), einzigartigen Küstenlandschaften (z. B. Big Sur), Naturschutzgebieten (z. B. Point Lobos State Reserve) und Stränden (z. B. Pismo Beach).	

Natürliche Attraktionsfaktoren in Kalifornien		
Joshua Tree National Park	Bizarre Joshua-Bäume, Kakteen und schroffe Granitmonolithe zwischen Mojave- und Colorado-Wüste, im Winter beliebt bei Kletterern.	 Joshua Tree National Park

Nevada		
Las Vegas	Spieler- und Vergnügungsparadies mit spektakulären Hotel-Casinos am Boulevard „Strip“ und in Downtown um die traditionelle Fremont Street, attraktiven Shows (Lasershows, künstliche Vulkanausbrüche, Wasserfontänen, Seeschlachten), Shopping Malls und Auftritten internationaler Künstler. 350 m hoher Showturm „Stratosphere“ mit Achterbahn. Zahlreiche Ausflugsangebote zum Grand Canyon National Park.	 Hotels in Las Vegas am Strip

Natürliche Attraktionsfaktoren in Arizona		
Grand Canyon National Park	Durch den Colorado River entstandene größte Schlucht der Erde, bis zu 1 800 m tief, Aussichtspunkte am South Rim (z. B. Sky Walk über Glasplattform, um das Touristenzentrum Grand Canyon Village herum) oder am North Rim (im Winter gesperrt), Wanderwege, Helicopter-Flüge ab Las Vegas.	 Colorado River im Grand Canyon

Natürliche Attraktionsfaktoren in Arizona	
Lower und Upper Antelope Canyon	Kurze und enge Slot Canyons nahe Page (Arizona) am Lake Powell mit sagenhaften durch Auswaschungen entstandenen Formen, Farben und versteinerten Sanddünen. Betreut von Navajo-Indianern, daher kein nationales Schutzgebiet. Zum Durchlaufen.  Im Antelope Canyon
Monument Valley (Grenze zu Utah)	Wüstenebene innerhalb der Navajo-Nation-Reservation (daher kein staatliches Schutzgebiet), beeindruckende Tafelberge, Monolithe und Felsnadeln, diente oft als Kulisse für Dreharbeiten. Holperige Rundfahrt als Selbstfahrer oder per geführter Tour möglich.  Monument Valley

Natürliche Attraktionsfaktoren in Utah	
Capitol Reef National Park	Bergkette am Fremont River, senkrechte Felswände. Große und markante „Faltung“ von Bodenschichten mit gut ausgebautem Wanderwegenetz.
Canyonlands National Park	Hochebene mit tiefen Canyons, gebildet durch den Colorado und den Green River, abwechslungsreiche Landschaft mit Felsspitzen, Schluchten und Steinbögen.
Arches National Park	Weltweit größte Konzentration an durch Erosion entstandenen Steinbögen (ca. 2 000 Bögen) in der Wüstenlandschaft des Colorado-Plateaus, bekanntester Bogen: Delicate Arch mit 14 m Höhe.  Delicate Arch

Natürliche Attraktionsfaktoren in Utah		
Bryce Canyon National Park	Einzigartiger Park mit tausenden von turmhohen farbigen Kalksteinskulpturen, sog. Hoodoos. Panoramastraße am Rand des Canyons, das Zentrum bildet das Bryce-Amphitheater, in das Wanderwege hineinführen.	 „Hoodoos" im Bryce Canyon
Zion National Park	Schluchtenreiche Landschaft um den Virgin River mit zahlreichen Canyons, Kuppeln und steil aufragenden Felswänden. Panoramastraße in der Schlucht, Wander- und Kletterrouten.	 Virgin River im Kings Canyon

Colorado		
Mesa Verde National Park	Kulturhistorisch bedeutsamster Nationalpark der USA im Südwesten des Staates, in dessen Canyons unter höhlenartigen Überhängen sog. Cliff Dwellings angelegt sind, Steinbehausungen, die vor über 800 Jahren von Indianerstämmen gebaut worden sind. Museum über Lebensweise der Indianer.	 Steinbehausungen im Mesa Verde National Park

Verkaufsargumente für Rundreisen durch den Südwesten der USA

- » Abwechslungsreiche Erlebnisse (Berge, Städte, Küstenlandschaften, Wüsten)
- » Grandiose Landschaften im Westen der USA erleben
- » Unterschiedliche Städte Kaliforniens und Nevadas kennenlernen
- » Zahlreiche Outdoor-Aktivitäten möglich (Wandern, Schwimmen, Klettern, Golf spielen ...)
- » Einkaufen in den zahlreichen Einkaufszentren und Outlet-Stores
- » Durch die gute Infrastruktur ist individuelles und entspanntes Reisen möglich
- » Keine Verständigungsschwierigkeiten mit englischen Sprachkenntnissen
- » Gute medizinische Versorgung, keine besonderen gesundheitlichen Risiken
- » Keine zeitliche Einschränkung, Rundreisen sind zu jeder Jahreszeit möglich
- » Zahlreiche Anreisemöglichkeiten durch viele internationale Flughäfen mit Direktverbindungen ab Deutschland

Situationsaufgabe

Situation:

Familie Schmidt möchte eine Rundreise mit dem Wohnmobil durch den Südwesten der USA unternehmen. Die Rundreise soll entweder in den Osterferien (März) oder in den Sommerferien (August) stattfinden.

Aufgaben:

1_ Wägen Sie die Vor- und Nachteile der beiden Termine gegeneinander ab.

2_ Stellen Sie eine dreiwöchige, abwechslungsreiche Rundreise zu den bekanntesten Highlights in den Osterferien für die Familie zusammen.

3_ Stellen Sie eine zweiwöchige, abwechslungsreiche Rundreise zu den bekanntesten Highlights in den Sommerferien zusammen.

4_ Vergleichen Sie Ihre Vorschläge mit den Angeboten der großen Reiseveranstalter.

Aufgaben

1_ Machen Sie sich mit den aktuellen Einreisebestimmungen der USA vertraut (benötigte Daten, Anforderungsmerkmale für Pässe, Kosten der Einreisegenehmigung).

2_ Informieren Sie sich über die Großräume von San Francisco, Los Angeles und Las Vegas. Legen Sie „Counterhilfen" an (z. B. in Form von Tabellen) mit Angaben zu kulturellen und natürlichen Attraktionen, möglichen Aktivitäten, Ausflügen in die nähere Umgebung sowie nahe gelegenen Nationalparks.

4.3 Rundreisen durch Südafrika

Grundlegende Informationen zum Zielgebiet

Staatsform

Die Republik Südafrika ist seit 1961 eine Parlamentarische Republik und im Commonwealth vertreten. Sie gliedert sich in neun Provinzen (Eastern Cape, Free State, Gauteng, KwaZulu-Natal, Limpopo, Mpumalanga, Northern Cape, North-West und Western Cape).

Fläche/Einwohner

Auf einer Fläche von 1 219 100 km² leben ca. 60 Mio. Einwohner, das entspricht einer Bevölkerungsdichte von etwa **48 Einwohnern pro Quadratkilometer**. (Zum Vergleich: In Deutschland leben 235 Einwohner auf einem Quadratkilometer.) Südafrika hat die größte europäischstämmige Bevölkerung Afrikas und viele Einwohner mit indischer Herkunft. Schwarzafrikaner machen dennoch 79 % der Gesamtbevölkerung aus und setzen sich hauptsächlich aus den Gruppen der Zulu, Xhosa, Basotho, Venda, Tswana, Tsonga, Swazi und Ndebele zusammen. Aufgrund seiner ethnischen Durchmischung wird Südafrika auch als Regenbogennation bezeichnet. Unruhen und Konflikte zwischen den verschiedenen Ethnien, besonders zwischen der weißen Minderheit und den Schwarzafrikanern beherrschten die Geschichte und Politik des Landes. Die National Party der niederländisch-stämmigen Buren richtete nach ihrem Wahlsieg im Jahr 1948 das weltweit geächtete System der Apartheid ein, das bereits zuvor unter der britisch-stämmigen Staatsführung ihren Anfang genommen hatte. Die Wahl des ersten afrikanisch-stämmigen Präsidenten des Landes, Nelson Mandela, bedeutete eine Wende dieser Politik (1994). Die Apartheid wurde in den 1990er-Jahren des letzten Jahrhunderts weitgehend abgeschafft.

EXKURS»

Während der Apartheid wurden in Südafrika sowie Namibia Wohnsiedlungen für schwarze, farbige oder indische Bevölkerungsgruppen eingerichtet, um die Ethnien voneinander zu trennen. Sie existieren heute noch zum Teil mit Ausmaßen von großen Städten. Ein typisches und bekanntes Beispiel ist Soweto (South Western Township) bei Johannesburg. Der Besuch eines Townships gehört heute häufig zum Programm einer Rundreise durch Südafrika. In den Vorstellungen der Besucher handelt es sich oft um enge und dicht bebaute Siedlungen aus Wellblechhütten und Pappkartons mit hoher Kriminalität, Armut, Hunger und Krankheiten. Die Situation in den Townships hat sich jedoch in den letzten Jahrzehnten erheblich verbessert bzw. auch innerhalb einzelner Townships differenziert.

Zeitverschiebung

MEZ + 1 bzw. während der europäischen Sommerzeit 0 Stunden (keine Sommerzeitumstellung in Südafrika!). Diese geringe zeitliche Umstellung ist für viele Urlauber eines der Hauptargumente für eine Reise nach Südafrika, auch Kurzreisen sind so möglich.

Sprachen

Aufgrund der vielfältigen Ethnien gibt es die Amtssprachen Zulu, Xhosa, Pedi, Afrikaans, Englisch, Ndebele, Nordsotho, Südsotho, Setswana, Swati, Tsonga, Venda. Mit Englischkenntnissen kommt man im Land aber meist gut zurecht, obwohl die Mehrheit der Einwohner Afrikaans spricht.

Währung/Zahlungsmittel

1 Südafrikanischer Rand (R, ZAR) = 100 Cent. Als Zahlungsmittel werden neben Bargeld in den Städten und touristisch erschlossenen Gebieten Kreditkarten sowie die MEASTRO-Card akzeptiert. Vor der Fahrt in ländliche Gebiete sollte Bargeld, z. B. an Geldautomaten, besorgt werden. Die Ein- und Ausfuhr der Landeswährung ist auf einen Betrag von 5.000,00 R begrenzt.

Einreise- und Gesundheitsbestimmungen

Für einen Aufenthalt bis zu 90 Tagen genügt für Einreisende aus den meisten EU-Ländern ein Reisepass, der noch 30 Tage über das Rückreisedatum hinaus gültig ist sowie zwei freie Seiten hat. Eine Besonderheit gilt für die Einreise mit Kindern: Für sie muss eine internationale Geburtsurkunde mitgeführt werden, wenn beide Eltern mit dem Kind reisen. Für alleinreisende Elternteile mit Kind oder andere Begleiter als die leiblichen Eltern gelten noch strengere Vorschriften! Eine Impfung bei Einreise ist nur vorgeschrieben, wenn man aus einem Gelbfiebergebiet einreist. Empfohlen werden aber Impfungen gegen Hepatitis A (und ggf. B), Tetanus, Diphterie und Polio.

Insbesondere der Kruger-Nationalpark und der Norden der Provinz Kwazulu-Natal sind Malaria-Gebiet. Da die Krankheit durch die Anopheles-Mücke übertragen wird, ist neben einer wirksamen Malaria-Prophylaxe (über geeignetes Medikament informieren!) auf intensiven Mückenschutz besonders abends und nachts zu achten. Da sich die Einreisebestimmungen besonders seit Ausbruch der Pandemie kurzfristig ändern können, ist die direkte Information bei den südafrikanischen Vertretungen (Konsulat, Botschaft) oder beim auswärtigen Amt ratsam.

Anreise/Internationale Flughäfen

Ankunftsflughäfen sind der Johannesburg International Airport (JNB), Kapstadt (Cape Town International Airport, CPT) oder der Port Elizabeth Airport (PLZ), nach einem Flug aus Deutschland von 11 bis 13 Stunden, z. B. mit Lufthansa, SAA, Condor oder Etihad.

Verkehrsmittel im Land

Obwohl nahezu alle größeren Städte Südafrikas durch ein Schienennetz verbunden sind, müssen die Züge wegen des schwierigen Terrains oftmals große Umwege über das Binnen-Hochland fahren und sind auf der kurvigen Strecken hinauf ins Hochland sehr langsam. Dadurch verlor der Bahnverkehr mit dem Ausbau der Straßen sowie gleichzeitigen Aufkommens von Überland-Bussen schnell an Bedeutung. Eine wichtige Rolle für den Tourismus spielen aber die berühmten Luxuszüge.

Der **Blue Train** ist der Traum vieler Südafrikareisender und berühmt für die luxuriösen Abteile, hervorragende Küche und perfekten Service in den Restaurant- und Panoramawagen. Leider ist der Zug oft über Monate hin ausgebucht und sollte daher mindestens ein halbes Jahr im Voraus reserviert werden. Die Standard-Strecke ist Pretoria – Kapstadt (1 600 km, 26 Stunden Fahrtzeit), aber es gibt auch Fahrten zu den Victoria Fällen und zum Kruger-Nationalpark. Im Verlauf der Fahrt werden mehrere kurze Stopps für Besichtigungen gemacht.

Der **Rovos Rail** ist bekannt für seine nostalgisch restaurierten Abteile und Speisewagen aus den 1920er- und 1930er-Jahren, aber dennoch mit modernem Komfort ausgestattet. Auf einigen kurzen Strecken wird der Zug von einer Dampflok gezogen. Wie auch der Blue Train besitzt der Zug eine hervorragende Küche und einen perfekten Roomservice und muss sehr langfristig im Voraus gebucht werden. Die Routen entsprechen teilweise denen des Blue Train, beliebt sind aber auch die Fahrten nach Namibia und Tansania.

Der **Shongololo-Express** (übersetzt „Tausendfüßler“) bietet eine legerere Möglichkeit, Südafrika kennenzulernen: Der Hotelzug fährt während der Nacht z. B. auf der Strecke Kapstadt – Johannesburg (über Durban und die Gardenroute) und bietet tagsüber die Möglichkeit, mit klimatisierten Kleinbussen Ausflüge zu den verschiedenen Attraktionsfaktoren der jeweiligen Region zu unternehmen oder andere Ausflüge, z. B. auch mit dem Heißluftballon, zu unternehmen. Eine solche Reise dauert etwa 14 Tage.

Die Linienbusgesellschaften Greyhound Cityliner, Intercape Mainliner und Translux Express oder der komfortablere „Baz-Bus“ verbinden regelmäßig die größeren Städte mit Zwischenstopps auf der Strecke.

Viele Urlauber reisen mit dem Mietwagen und ggf. einem Inlandsflug durch Südafrika. Inlandsflüge sind relativ günstig und die größeren Städte bieten durch ihre nationalen Flughäfen gute Anschlussmöglichkeiten. Die Straßen und Mietwagen haben europäischen Standard, die Infrastruktur ist gut und die Südafrikaner sind hilfsbereite und freundliche Gastgeber, die sich über Besucher sehr freuen. Allerdings herrscht Linksverkehr (Rechtssteuerung!).

Beispiele für Entfernungen in Südafrika:
Johannesburg – Kapstadt: 1 405 km
Johannesburg – Durban: 598 km
Kapstadt – Port Elizabeth: 756 km
Port Elizabeth – Durban: 927 km

Geografie und Topografie

Das Land mit drei Hauptstädten (Pretoria: Regierung, Kapstadt: Parlament, Bloemfontein: Oberstes Gericht) grenzt im Süden und Südosten an den Indischen Ozean und im Westen an den Atlantik. Im Norden liegen die Nachbarstaaten Namibia, Botsuana und Simbabwe, deren Besuch häufig mit einer Südafrikareise kombiniert wird. Östliche Nachbarländer sind Mosambik und Swasiland, das Königreich Lesotho ist eine Enklave, wird also vollständig von Südafrika umschlossen.

Südafrikas Landschaften von Nord nach Süd gestalten sich wie folgt:

» Der äußerste Nordwesten wird an der Küste von der Küstenwüste Namaland (auch: Namaqualand), die sich an die Namib-Wüste in Namibia anschließt, sowie östlich davon von der **Kalahari-Wüste** dominiert. Im Nordosten liegt die hügelige Savanne, das sog. **Lowveld,** in dem sich der riesige **Kruger-Nationalpark** befindet.
» Die Westküste bis zur Südspitze des Kontinents am **Kap Agulhas,** wird vom kalten Benguelastrom bestimmt; die Landschaft ist karg und baumlos, wandelt sich im Frühling aber zu einem Blumenmeer.
» Das Zentralplateau, auch **Highveld** genannt, liegt in einer Höhe zwischen 900 und 2 000 Metern über dem Meeresspiegel. Es wird vom Lowveld durch die **Drakensberge** getrennt. Sie durchziehen das Land vom Nordosten bis in die Enklave Lesotho im Südosten und erreichen dabei bis zu 3 500 m, wodurch sie im Winter schneebedeckt sind. Die meisten Flüsse Südafri-

kas entspringen in den Drakensbergen und fließen nach Osten in Richtung Indischer Ozean. Der mit 1 860 km längste Fluss, der **Oranje,** entspringt auch in den Drakensbergen, fließt aber nach Westen und mündet als Grenzfluss zu Namibia in den Atlantischen Ozean.

» Die Ostküste um Durban verdankt dem warmen Agulhas-Strom ihr subtropisches Klima. Die goldenen Strände machen die Region zu einem beliebten Badeurlaubsziel.
» Im Süden des Landes, hinter den Drakensbergen, erstreckt sich die Halbwüste **Karoo** fast bis an die abwechslungsreiche Küste westlich Port Elizabeths.

Klima/Reisezeiten

Landschaftsprofil durch den Süden Afrikas

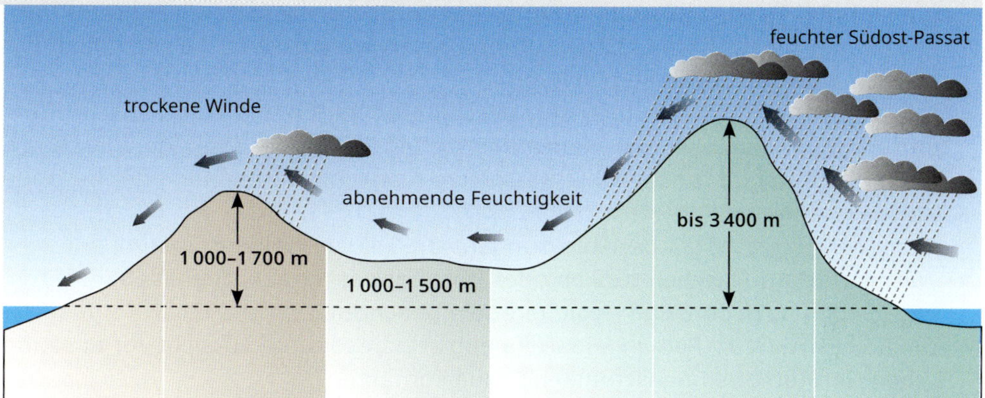

Landschaft	Namib	Namaland	Kalahari	Hochveld	Drakensberge	Tiefveld
Relief	Küsten-tiefland	Randstufe	Becken	Hochland	Randstufe	Küsten-tiefland
Klima	21 °C 17 °C	23 °C 13 °C	27 °C 13 °C	20 °C 9 °C	17 °C 5 °C	25 °C 18 °C
Vegetation	Wüste	Wüsten-steppe	Steppe, Savanne	Savanne, Kulturland	Wald, Kulturland	Wald, Kulturland

Da Südafrika südlich des Äquators liegt, sind die Jahreszeiten entgegengesetzt zu denen der nördlichen Halbkugel. Allerdings differenziert es sich auch wesentlich nach der Höhen- und Küstenlage:

» Küste am Kap bis Port Elizabeth: Oktober bis März trocken und sonnig, gleichmäßig verteilte Niederschläge. Kapregion mit feuchteren und kühlen Wintern.
» Subtropische Küste von Natal und der Nordosten (z. B. Kruger-Nationalpark): Typisches Ostseiten-Klima mit Niederschlägen im Sommer (November bis März) und trockeneren Wintern, die sich aufgrund des warmen Agulhas-Stroms zum Baden eignen und auch für Tierbeobachtungen gut geeignet sind.
» Karoo-Halbwüste und Kalahari: Heiße Sommer, im Winter angenehmer.
» Highveld (u. a. Johannesburg) und Drakensberge: Warme, zum Teil feuchte Sommer, kühle (nachts kalte) und trockene Winter mit Frost.
» Westküste: Warme Sommer und milde Winter mit stetigem frischen Wind. Winterregenklima.

Die „beste" Reisezeit für eine Rundreise durch Südafrika richtet sich nach den Aktivitäten und Hauptzielen der Reise. Für Tierbeobachtungen eignet sich der dortige Winter, auch ist es an der Ostküste dann nicht so schwül; der Westen, die beliebte Kapregion und die Gardenroute sind aber von November bis März angenehmer und trockener.

Als optimale Reisezeit für eine Rundreise, die sowohl den Südwesten, die südlichen Küstenabschnitte sowie den Nordosten beinhaltet, also die klassischen Ziele des Landes, können daher der Frühling sowie der Herbst empfohlen werden. Die Temperaturen sind zu dieser Zeit in allen Regionen sehr angenehm und die Natur zeigt sich von ihrer schönsten Seite.

Hinweise für Reisen nach und durch Südafrika

- Hohe Kriminalitätsrate in den Innenstädten von Johannesburg, Durban, Kapstadt und Pretoria. Ein Besuch an Sonntagen und auch nach Geschäftsschluss ist zu vermeiden. Stadtbesichtigungen und Township-Besuche möglichst nur mit ortskundigem Führer.
- Taxis lieber bei bekannten Unternehmen reservieren anstatt die sog. Minibustaxis zu nehmen (Überfüllung und Sicherheitsmängel).
- Selbstfahrer möglichst Autofenster geschlossen halten und Türen abschließen, um Fahrzeugentführungen vorzubeugen. Keine Wertsachen im Auto liegenlassen. Nachtfahrten, einsame Nebenstraßen oder unbesuchte Rastplätze möglichst vermeiden oder besondere Vorsicht walten lassen.
- Besondere Vorsicht gilt bei Abhebungen von Geld an Geldautomaten!
- Wasser nur aus Flaschen trinken oder Leitungswasser abkochen. Lebensmittel schälen oder kochen und auch sonstige Hygieneregeln beachten.
- Die hohe HIV-/AIDS-Rate in Südafrika gebietet besondere Vorsicht vor unsauberen medizinischen Geräten und ungeschützten Sexualkontakten.

Attraktionsfaktoren in Südafrika

Südafrika ist ein Land mit großer landschaftlicher und kultureller Vielfalt, daher sein Slogan „Die ganze Welt in einem Land". Sightseeing, Safaris, Trekkingtouren, Badeaufenthalte und Begegnungen mit fremden Kulturen werden meist in einer einzigen Rundreise kombiniert. Außerdem bietet es vielseitige Sportmöglichkeiten – besonders Wassersportler, Golfer und Wanderer kommen auf ihre Kosten.

Reisende mit viel Zeit kombinieren eine Südafrikareise teilweise mit Besuchen in Botswana, Simbabwe oder Namibia. Neben Besichtigungen der Hauptsehenswürdigkeiten sollte Zeit für kurze Wanderungen und Erkundungen der Natur eingeplant werden. Übernachtet wird meist in gemütlichen Guest Houses, zentralen Stadthotels oder – in den Natur- und Nationalparks – in Lodges, die sich perfekt in die Natur ihrer Umgebung einpassen. Der Standard aller Unterkünfte reicht von einfachen Selbstverpfleger-Häusern bis hin zu komfortablen Luxusresorts.

Eine typische Rundreise durch Südafrika beinhaltet die folgenden Highlights:
die Kapprovinz mit Kapstadt, eine Fahrt entlang der Gardenroute mit ihrer üppigen und wildromantischen Landschaft, die Kultur der Zulu, die Erkundung der Panorama Route und der beeindruckenden Bergmassive der Drakensberge, eine Safari im Kruger-Nationalpark und ggf. eine Fahrt mit einem der berühmten Luxus-Züge ab oder bis Johannesburg bzw. Pretoria. Für eine Reise, die alle diese Highlights beinhaltet, sollten drei Wochen veranschlagt werden.

Die Ziele im Einzelnen bei einer Tour ab Kapstadt	
Kapstadt	Schöne Stadt mit spektakulärer Lage am Tafelberg (Seilbahn) und den Sehenswürdigkeiten „Castle of Good Hope", dem Hafengebiet „Victoria & Alfred Waterfront", Signal Hill mit einmaligem Blick, Stadtzentrum mit Einkaufs- und Flanierstraßen (z. B. Long Street, Green Market Square), Botanischem Garten und Gefängnisinsel „Robben Island". Ausflüge entlang der spektakulären Küstenstraße zum Kap der Guten Hoffnung, Besuch der Pinguinkolonie bei Simon's Town, oder Richtung Osten in die Weinanbaugebiete um Stellenbosch, Franschhoek und Paarl. 
Gardenroute	 Mossel Bay bis Port Elizabeth. Von Kapstadt aus nach Hermanus (Strände, Walbeobachtungen im Winter), Cape Agulhas (südlichster Punkt Afrikas mit Leuchtturm) und Oudtshoorn (Straußenzuchtgebiet am Rande der Karoo-Wüste, nördlich Tropfsteinhöhlen Cango Caves). Eigentliche Gardenroute mit schönen Küstenabschnitten, steilen Felsklippen und Buchten, Regenwald und kleine Seebäder (z. B. Wilderness, Knysna, Plettenberg Bay). Großes Angebot an Freizeitaktivitäten, Wanderungen in den wald- und wasserreichen Nationalparks Wilderness (Binnenseen) und Tsitsikamma, Nordöstlich von Port Elizabeth der Addo Elephant National Park (Wildbeobachtungen). Von Port Elizabeth aus meist Inlandsflug nach Durban oder Johannesburg).
Durban	Zweitgrößte Stadt mit subtropischem Klima, indischem Flair, Küstenpromenade „Golden Mile".
Kwazulu-Natal	Fülle an Naturschutzgebieten, kulturellen Einblicken in die Dörfer der Zulu und weiten Sandstränden am indischen Ozean. Hluhluwe-Imfolozi Nationalpark (Nashörner, Löwen, Elefanten) und „iSimangaliso Wetland Park" am Lake St. Lucia.

Die Ziele im Einzelnen bei einer Tour ab Kapstadt	
Drakensberge	Tour mit allradbetriebenen Fahrzeugen durch die Bergwelt, z. B. ins Königreich Lesotho oder in die „Schweiz Afrikas“ Swaziland.
Panoramaroute	Nördliche Drakensberge, drittgrößter Canyon der Welt Blyde River Canyon (grandiose Ausblicke bis über den Kruger-Nationalpark und Mozambik), Passstraßen mit Wasserfällen, Goldgräberstadt Pilgrim's Rest.  Blyde River Canyon
Kruger-Nationalpark	Startpunkt für Touren in den größten Park des Landes ist oft Hazyview. Im Park selbst gut ausgebaute Infrastruktur durch Wälder und hügelige Savanne. Geführte Touren oder Pirschfahrten im eigenen Fahrzeug möglich, Aufenthalt meist zwei bis drei Tage. Verschiedene Camps und Lodges als Übernachtungs- und Informationsmöglichkeit. Beste Möglichkeit in Südafrika die „Big Five“ in freier Wildbahn zu entdecken. Beste Zeit für Tierbeobachtungen im Südwinter (Trockenzeit). 
Johannesburg	Riesige Stadt, Zentrum mit modernen Hochhäusern und Art-Déco-Gebäuden, möglichst nur organisiert besichtigen. Grandioser Ausblick vom Carlton Centre. Ausflüge ins bekannte Township Soweto, nach Gold Reef City ins Apartheid Museum, ins 60 km entfernte Pretoria (Hauptstadt mit ländlichem Flair, Jacaranda-Blüte im Oktober, vielen geschichtlichen Monumenten) oder ins zwei Stunden entfernte Freizeitparadies Sun City und dem nahe gelegenen Pilanesberg Nationalpark.

EXKURS»

Als die „Big Five“ werden in Afrika jene Wildtierarten bezeichnet, deren Bezwingung zu Zeiten der Großwildsafaris die Erfüllung jedes Jägers war. Und auch heute noch ist es ein besonderes Erlebnis für die Teilnehmer an „Foto-Safaris“, diese imposanten Tiere vor die Kamera zu bekommen. Es handelt sich um den afrikanischen Elefanten, das Nashorn, den afrikanischen Büffel, den Löwen und den Leopard. Alle „großen Fünf“ standen bereits kurz vor ihrer Ausrottung, u. a. aufgrund der Jagdlust früherer Jäger und Wilderer für Trophäen wie Stoßzähne, Hörner oder Felle. Heute wird die Jagd auf diese und andere Wildtiere in Südafrika und vielen anderen afrikanischen Ländern streng reglementiert.
Die Tourismusorganisation von Südafrika hat den Begriff der „Big Seven“ erfunden: An der Südküste, z. B. im bis an die Küste reichenden Addo Elephant Park, kann man mit Glück neben den „Big Five“ auch Wale und Weiße Haie sehen.

222251326

Urlaubsorte und Tauchreviere	
Safaga	Das Hafenstädtchen Safaga liegt an einer großen Bucht ca. 50 km vom Flughafen Hurghada entfernt. Der touristisch noch wenig erschlossene Ort bietet Hotels mit schönem Sandstrand und Wellengang fürs Surfen. Der schönste Strand der Region ist die Soma Bay, dort gibt es auch Hotels mit eigenen Golfplätzen. Von hier aus werden mit Booten z. B. die Tauchgebiete Panorama Riff, Abu Kafan oder das Wrack der Salem Express angefahren.
El Quseir	Das kleine Hafenstädtchen liegt 120 km südlich von Hurghada, die Transferdauer beträgt ca. 2,5 Stunden. Mit einer Stunde Transferdauer liegt der Flughafen Marsa Alam näher, ist aber nicht so stark frequentiert wie Hurghada. In El Quseir geht es ruhig zu. Vom einfachen Hotel bis zur neuen Fünfsterneanlage sind alle Hotelkategorien vertreten. Die Tauchgänge starten von Land oder vom Boot aus. Viele Hotels verfügen über Hausriffe, die über Stege vom Strand aus zu erreichen sind. Hier kommen Schnorchler auf ihre Kosten.
Marsa Alam	Marsa Alam bezeichnet einen 110 km langen Küstenstreifen, der sich über den Ort nach Süden zieht. Die Anreise kann über den nahe gelegen Flughafen Marsa Alam erfolgen oder über Hurghada in drei Stunden Transferdauer. Im Gegensatz zu El Quesir ist Marsa Alam kein Ort, sondern eher eine Häuseransammlung und dementsprechend ruhig. Die Umgebung wurde erst in jüngerer Zeit touristisch erschlossen, weshalb die Hotels neueren Ursprungs sind. Der zum Flughafen nächst gelegene Hafen Port Ghalib hat sich als Ausgangspunkt für Tauchsafaris etabliert. Viele der Hotelstrände der Region besitzen Hausriffe, die von Land aus betaucht werden können. Für Bootstauchgänge sind das Elphinstone Reef und das Dolphin House (Samedai) empfehlenswert.
Hamata und Berenice	Ist die südlichste Urlaubsregion Ägyptens am Roten Meer, etwa 2,5 Fahrtstunden vom Flughafen Marsa Alam entfernt. Hotels bieten Tauchern und Schnorchlern noch unberührte Plätze an. Die Region ist noch relativ unerschlossen und bietet neben dem Tauchen kaum touristische Infrastruktur. Landtauchgänge zu vorgelagerten Riffen sind an vielen Stellen möglich. Das Shab Cluade, nahe Berenice, ist ein aufregendes Höhlensystem, das auch von Sporttauchern gut betaucht werden kann, weil es jederzeit einen Durchgang zur Oberfläche gibt.

5.2.3 Tauchkreuzfahrten

Bedingung für eine Teilnahme an einer Tauchkreuzfahrt ist eine Taucherlizenz sowie – von der Region abhängig – der Nachweis über 30 bis 50 Tauchgänge. Da an jedem Tag ca. drei bis vier Tauchgänge an unterschiedlichen Stellen durchgeführt werden, eignet sich eine Tauchsafari nur für ambitionierte Sporttaucher.

Angeboten werden verschieden lange Routen in den unterschiedlichen Tauchrevieren, z. B. führt die M/Y OBSESSION in einer einwöchigen Tour von Ras Ghalib bis in den äußersten Süden zu den Riffen von St. Jones und zurück.

5.2.4 Ausflüge, Rundreisen und Kombinationen

Regionen	Attraktionsfaktoren
Sinai-halbinsel	Coloured & White Canyon (Felsenschluchten mit verschiedenen Gesteinsfarben); Berg Moses (hier soll Moses die zehn Gebote empfangen haben, besonders imposant zur Sonnenaufgangszeit; nicht für Gehbehinderte geeignet); Katharinenkloster (noch heute von orthodoxen Mönchen bewohnt, hier soll der Legende zufolge Gott aus einem brennenden Dornbusch zu Moses gesprochen haben); Mosesquelle (hier soll Moses Brackwasser zu Trinkwasser verwandelt haben). Jeepsafaris über mehrere Tage in die Wüste Sinai, mit der Möglichkeit, in Beduinendörfern zu übernachten.  Katharinenkloster
Kairo und Umgebung	Grand Egyptian Museum (Schatz des Tutanchamun mit der berühmten Goldmaske, Goldsarg und Kriegswagen); Al-Azhar-Moschee mit der Universität; Khan-el-Khalili-Basar, Zitadelle mit Alabastermoschee, am Stadtrand in Gizeh die Große Sphinx mit den drei Pyramiden des Cheops, Chephren und Mykerinos, etwas außerhalb Memphis (die erste Hauptstadt der Pharaonen) mit monumentaler Statue Ramses II und Alabaster-Sphinx sowie in Sakkara die Stufenpyramide des Djoser.  Pyramiden von Gizeh mit Sphinx
Luxor und Theben-West	Der über 200 m lange Luxor-Tempel liegt direkt am Nil inmitten der alten Hauptstadt Theben. Im November 2021 wurde der 2,7 km lange antike Prozessionsweg, (u. a. mit über 1 200 Sphinx-Statuen bestückt) zur Tempelstadt Karnak (berühmt für den monumentalen Säulensaal) neu eröffnet. Auf der anderen Nilseite befinden sich die Totenstadt Theben-West mit den Felsengräbern im Tal der Könige und im Tal der Königinnen (am bekanntesten das des Tutanchamun) sowie der terrassenförmige Totentempel der Hatschepsut, der einzigen Pharaonin Ägyptens. Die riesigen Memnon-Kolosse auf der Ebene davor sind die einzigen Überreste des Totentempels Amenophis III.  Luxor-Tempel

Regionen	Attraktionsfaktoren
Nilkreuzfahrt	Dauer drei bis sieben Tage mit folgenden Orten: Luxor mit Theben-West – Esna (Tempel des widderköpfigen Gottes Chnum) – Edfu (Horus-Tempel) – Kom Ombo (Doppeltempel des krokodilköpfigen Gottes Suchos und des falkenköpfigen Gottes Haroeris) – Assuan (Assuan-Staudamm, antiker Steinbruch mit dem unvollendeten Obelisken, der Tempel von Philae auf der Insel Agilkia, Kitchener-Insel mit Botanischem Garten, das koloniale Old Cataract Hotel mit herrlichem Blick auf den Nil)  Theben-West – Hadschepsut-Tempel
Abu Simbel	Per Schiff oder Flugzeug erreichbar, 280 km südlich von Assuan am Nasser Stausee gelegen. Felsentempel des Ramses II., Nefertari-Tempel.  Felsentempel des Ramses II. (Abu Simbel)

Kombinationen

- Kairo + Tauch-/Badeurlaub am Roten Meer mit Flugtransfer,
- Nilkreuzfahrt + Tauch-/Badeurlaub am Roten Meer mit Bus- oder Flugtransfers,
- Kairo + Luxor + Tauch-/Badeurlaub mit kombinierten Flug-/Bus-Transfers,
- Kairo + Nilkreuzfahrt + Tauch-/Badeurlaub am Roten Meer mit kombinierten Flug-/Bus-Transfers,
- Tauchkreuzfahrt mit Tauch-/Badeurlaub am Roten Meer oder
- Tauchkreuzfahrt mit Rundreise Sinai und Tauch-/Badeurlaub am Roten Meer

Natürlich sind auch andere Kombinationen bei vielen Reiseveranstaltern möglich.

Situationsaufgabe

Situation:

Die Eheleute Berger (26 und 29 Jahre alt) sind beide begeisterte Sporttaucher, interessieren sich aber auch für die Geschichte und Kultur anderer Länder. Im September haben sie zwei Wochen Zeit für einen Urlaub. Da für sie maximal fünf Stunden Flug infrage kommen, haben sie sich für Ägypten entschieden. Sie möchten ab Frankfurt fliegen und nehmen ihre eigene Tauchausrüstung mit.

Aufgaben:

1_ Benennen Sie die allgemeinen Attraktivitätsfaktoren des Urlaubsziels Ägypten.

2_ Welche Flughäfen gibt es für die Anreise in die verschiedenen Urlaubsregionen? Notieren Sie die Flughäfen mit den zugehörigen Three-Letter-Codes.

3_ Welche Reisezeit empfehlen Sie für einen Tauchurlaub in Ägypten? Begründen Sie Ihre Entscheidung.

4_ Was macht Ägypten als Tauchreiseziel so attraktiv?

5_ Welche Informationen zum Thema Tauchsicherheit können Sie den Kunden mit auf den Weg geben?

6_ Welche Informationen zum Transport des Tauchgepäcks geben Sie?

7_ Bieten Sie den Kunden drei Orte am Roten Meer an und beschreiben Sie anhand zweier Merkmale, worin sie sich unterscheiden bzw. welche unterschiedlichen Tauchmöglichkeiten sie bieten.

Aufgaben

1_ Stellen Sie fest, an welchen Orten besonders gut am Hausriff geschnorchelt werden kann.

2_ Arbeiten Sie aus, für welche Kundentypen die einzelnen Bade-/Tauchorte zu empfehlen sind.

3_ Verschaffen Sie sich einen Überblick über Veranstalter in Deutschland, die sich auf Tauchreisen spezialisiert haben.

4_ Arbeiten Sie mithilfe von aktuellen Katalogen und/oder dem Internet in Kleingruppen zu jeder oben beschriebenen Reisekombination einen detaillierten Reiseverlauf aus.

5_ Recherchieren Sie im Internet, welche aktuellen Reise- und Sicherheitshinweise derzeit für Ägypten bestehen.

6_ Informieren Sie sich im Internet über ökologische Schäden, die durch Taucher verursacht werden können.

6 Golfurlaub am Beispiel Andalusiens

6.1 Allgemeine Merkmale von Golfreisen

Golf während des Urlaubs zu spielen oder zu erlernen, ist heute ohne Einschränkungen fast überall möglich. Golfreisen im Winter in klimatisch günstigere Gegenden sind im Trend: Neben Südeuropa und den Kanaren werden Südostasien, Südafrika, die Karibik und die Vereinigten Arabischen Emirate gerne als Ziel für die Wintergolfreise gebucht.

Diverse Reiseveranstalter bieten „echte" Golfreisen anhand Sonderkatalogen an oder bauen die Möglichkeit zum Golfspielen als Baustein in ihre Angebote ein. Für Individualreisende bieten zahlreiche Golfanlagen auf der ganzen Welt in Kooperation mit nahen Hotel- oder Appartementanlagen Pauschalangebote an. In der Nähe der meisten Golfplätze haben sich Golfhotels und -resorts auf die Bedürfnisse der Golfer eingestellt: Sie bieten Wellness-, Fitness- und Entspannungsmöglichkeiten, Aufbewahrungsmöglichkeiten des Golfgepäcks, virtuelle Golfräume sowie oftmals hervorragende Restaurants.
Folgende Voraussetzungen sollten gegeben sein, damit der Golf spielende Kunde zufrieden gestellt wird:

- Die Golfbag wird von der Fluggesellschaft problemlos als Sportgepäck befördert.
- Vor Ort kann die Golfausrüstung (Bag, Schläger, Schuhe) geliehen werden.
- Die Golfplätze sind gepflegt, landschaftlich reizvoll und abwechslungsreich. Vor der Reise sollte geklärt werden, ob sog. Start- oder Abschlagszeiten gebucht werden müssen (die Spieler erhalten dann einen Starttermin für ihre Runde auf dem Platz).
- Die Höhe der Greenfees (Gebühr für die Platznutzung) ist bekannt bzw. bereits im Reisepreis inbegriffen.
- Sonstige Voraussetzungen und Nebenkosten sind transparent (z. B. vorgeschriebene Benutzung eines Golfcarts).
- Der Transport zum Golfplatz ist geklärt (Fußweg, Shuttlebus, Mietwagen) und unkompliziert.

Gemäß den Ansprüchen und Wünschen der Kunden sind verschiedene Variationen von Golfreisen denkbar:

- Reine Golfurlaube mit praktischen und theoretischen Kursen und Erreichen eines bestimmten Ziels (z. B. Erreichen der Platzreife oder eines bestimmten Handicaps).
- Aufenthalte in Regionen mit attraktiven Golfplätzen, die während der Reise bespielt werden.
- Rundreisen und Kreuzfahrten mit Schwerpunkt Golf, d. h., der Verlauf der Reise berücksichtigt regelmäßige Golfplatzbesuche.
- Cluburlaube in Ferienclubs (z. B. Robinson, Aldiana) mit Schwerpunkt Golf.
- Gruppen-, Single-, Seniorengolfreisen.

Zusatzinformationen zum Golfsport mit Fachbegriffen finden Sie im BPW. Web

Anbieter von Golfreisen

Der Markt für Golfreisen ist in den vergangenen Jahren stark gewachsen, sowohl im Angebot der etablierten Veranstalter als auch durch viele neue Spezialanbieter:

Anbieter von Golfreisen
DERTOUR verfügt über ein sehr umfangreiches und vielfältiges Angebot zum Thema Golfreisen und Golfurlaub, buchbar sind sowohl Golfurlaube mit Greenfee-Paket als auch Golfreisen zum Erlangen der Platzreife oder Verbesserung des Handicaps (www.dertour.de).
Auch **TUI** und **FTI** bieten zahlreiche interessante Golfreisen an (www.tui.de, www.fti.de).
Bounty Golf, eine Kooperation des Albrecht Golfverlags mit einem Spezialisten-Reisebüro, ist ein Spezialanbieter mit Golfreisen in alle Welt (www.bountygolf.eu).
Auch **Tchibo** bietet einige schöne Golfreisen an. Derzeit sind verschiedene Reisedestinationen im Angebot, wobei die meisten davon in Deutschland liegen, hauptsächlich auf dem Golf- und Landclub Fleesensee (https://reisen.tchibo.de/reisearten/golfreisen).
Ein Spezialveranstalter mit vielen Informationen auf der Homepage für Reisen in die ganze Welt ist **Fairway Golfreisen** (www.fairway-golfreisen.de).
Golfmotion hat ein umfangreiches Angebot und bietet Specials auf den spanischen Inseln, aber auch auf dem Festland an, außerdem Golfreisen für Familien, Paare und Singles (www.golfmotion.com).

6.2 Golfreisen nach Andalusien

Grundlegendes zum Zielgebiet

! **Spanien ist seit den ersten Pauschalreisen eines der liebsten Reiseländer der Deutschen. Dadurch hat sich ein dichtes Netz an Charterflughäfen, touristische Infrastruktur besonders an den Küsten und eine meist aufgeschlossene Bevölkerung herausgebildet, die das Reisen erleichtern.**

Anreise mit dem Auto

Entfernung Frankfurt/Main – Malaga: 1 800 km. Fahrt über Lyon, Barcelona, Alicante (Vorsicht: mautpflichtige Autobahnen in Frankreich und an der spanischen Mittelmeerküste) oder über Bordeaux am Atlantik auf Landstraßen nach Madrid bzw. durch die Extremadura (zentrales Westspanien). Dauer: mit Pausen ca. 24 bis 28 Stunden.

Fluganreise

Die meisten deutschen Ferienfluggesellschaften, zum Teil auch die Deutsche Lufthansa, fliegen in ca. drei Stunden die Flughäfen Malaga (Pablo Picasso International Airport, AGP), Sevilla (San Pablo, SVQ) und Jerez de la Frontera (XRY) an; die Flughäfen Almeria (ALM) und Granada-Jaén (GRX) werden hauptsächlich von Billigfluggesellschaften genutzt.

Verkehrsmittel im Land

Die andalusischen Provinzhauptstädte (Sevilla, Granada, Cordoba, Cadiz, Malaga, Huelva, Jaen, Almeria) sind mit dem Zug erreichbar und an das Streckennetz der RENFE angeschlossen, der AVE Hochgeschwindigkeitszug verbindet Malaga über Cordoba mit Madrid (2,5 Stunden).

222251338

Gemächlicher, aber dafür sehr nostalgisch, fährt der historische Zug „Al Andaluz" ebenfalls von Madrid aus zu verschiedenen Stationen in Andalusien. An der Costa del Sol verkehrt ein Nahverkehrszug zwischen Malaga und Fuengirola. Das öffentliche Busnetz ist sowohl an der Küste als auch im Hinterland gut ausgebaut. Große Städte verfügen meistens über einen zentralen Busbahnhof. Das Straßen- und Autobahnennetz in Andalusien ist sehr gut ausgebaut und beschildert, sodass Selbstfahrer keine Probleme bekommen dürften.

Geografie und Topografie Andalusiens

Südlichste von 17 autonomen Gemeinschaften Spaniens. Hauptstadt: Sevilla. Im Norden liegen Kastilien-La Mancha und die Extremadura, im Süden Mittelmeer und Atlantik, im Osten Murcia und im Westen Portugal. Bedeutendste Naturräume sind das Becken des Guadalquivir-Flusses bei Sevilla und die Sierra Nevada bei Granada. Der Felsen der britischen Enklave Gibraltar bildet den südlichsten Teil des europäischen Feslandes. Bei Tarifa, der südlichsten Stadt, liegen Europa und Afrika nur 14 Kilometer voneinander entfernt, getrennt durch die Straße von Gibraltar. Gibraltar trennt auch die Küsten Andalusiens: Die am Atlantik gelegene Costa de la Luz hat goldfarbene feine Sandstrände mit Dünen, starke Gezeitenunterschiede und hohe Wellen, auch bedingt durch den stetigen Wind. Die Mittelmeerküste gliedert sich in die Costa del Sol, die Costa Tropical sowie die Costa de Almeria. Hier finden sich Steilküsten mit mehr oder weniger langen und breiten Buchten, ruhiges, transparentes und wärmeres Wasser.

Klima

Die Mittelmeerküsten haben – geschützt durch verschiedene Gebirgszüge wie die Sierra Nevada – ein sehr warmes subtropisches Klima. Im Sommer wird es hier sehr heiß, Frühjahr und Herbst sind angenehme Zeiten und sogar im Winter kann man – außer Baden – allen Urlaubsaktivitäten nachgehen. In den höher gelegenen Regionen dahinter können Frühjahr und Herbst besonders nachts recht kühl werden, im Winter findet man in der Sierra Nevada hervorragende Skigebiete (z. B. um den Mulhacen, mit 3 482 m die höchste Erhebung des spanischen Festlandes). Insgesamt ist es an der Atlantikküste und in deren Hinterland kühler und niederschlagsreicher als am Mittelmeer, besonders im Winter.

! Die beste Reisezeit für Golfer ist von Februar bis Juni sowie von September bis November. Die Landschaften sind im Herbst allerdings braun und ausgetrocknet, während im Frühjahr die Natur noch grün und blumenreich ist – was das Golfspielen noch reizvoller macht. Vorsicht aber in der „semana santa" (Woche vor Ostern) – viele Spanier sind in dieser Zeit unterwegs, sodass es zu Engpässen bei Verkehr und Unterbringungen kommen kann.

Golf in Andalusien:

Golf ist eine der Sportarten, die in Málaga oder Cádiz am häufigsten ausgeübt wird. In Andalusien gibt es die höchste Golfplatzdichte in ganz Europa. Knapp ein Drittel aller spanischen Golfanlagen liegen hier. Es gibt kaum eine Straße ohne Golf-Wegweiser. In Golf-Ballungszentren ist dies so häufig, dass man als Neuling leicht die Orientierung verliert.

Anfänger fühlen sich meist auf den landschaftlich reizvollen Golfplätzen der Costa de la Luz wohl, die mit ihrem Kursangebot, Übungsgrüns und Driving Ranges ganz auf die Bedürfnisse von Neu-Golfern eingestellt sind. Aber auch Fortgeschrittene finden anspruchsvolle Plätze rund um die Hauptort des Golfsports Chiclana, Puerto de Santa María, Islantilla, Vejer de la Frontera, Costa Ballena und **Jerez de la Frontera.**

Die Costa del Sol, ein Gebiet mit langer Golftradition, wird häufig auch „Costa del Golf" genannt, da hier nicht nur außerordentlich viele Golfplätze existieren (über 50!) und neu gebaut werden, sondern auch besonders exklusive und anspruchsvolle Anlagen. Mit Greenfee-Beträgen von mehr als 200,00 € pro Tag muss man zum Teil rechnen!

Grundsätzlich sollte der Clubausweis sowie ein Nachweis über das Handicap mitgenommen werden. Viele Plätze an der Costa del Sol verlangen ein Handicap von mindestens 28 (Damen 34), z. B. die weltberühmten Turnierplätze Valderrama, Almenara oder San Roque nahe Sotogrande östlich von Gibraltar. Da viele dieser Golfplätze auch besonders begehrt sind, verlangen die Betreiber häufig eine Kreditkartenabsicherung für die reservierten Startzeiten. Außerdem werden zur Schonung der außergewöhnlich gepflegten Grüns Schuhe mit Softspikes verlangt (keine Metallspikes mehr!). Die meisten Golfplätze liegen in den Küstennahen Gebieten Andalusiens. In den nächsten Jahren werden aber insbesondere im Umfeld der berühmten „Weißen Dörfer" von Cádiz zahlreiche neue Goflplätze in traumhafter Lage eröffnen.

Golfplatz Valderrama

Attraktivitätsfaktoren Andalusiens

Aus dem ehemaligen „Armenhaus Spaniens" ist eines der beliebtesten Touristenziele Europas geworden. Der Ausbau der Infrastruktur ermöglichte es den Besuchern, die schönen Strände, spektakulären Landschaften, fabelhaften Monumente und liebenswerten Städte mit den gastfreundlichen Bewohnern kennenzulernen. Insbesondere Golfer kommen immer wieder nach Andalusien zurück, nicht zuletzt wegen seines Klimas, das es zu einem Ganzjahresziel macht.

Kulturell bietet die Region nicht nur typisch spanische Traditionen wie Flamenco, Stierkampf und Tapas; der Sherry von Jerez ist weltbekannt ebenso wie die dortige Pferdezucht- und Reitkunst, und die sog. weißen Dörfer rund um Ronda ziehen immer mehr Besucher in ihren Bann. Es sind aber besonders die Hinterlassenschaften der Mauren, die Andalusien zu einem einzigartigen Reiseziel machen.

EXKURS»

Die Mauren waren eine Mischung aus Berbern und wenigen Arabern, die um 700 n. Chr. von Nordafrika über die Straße von Gibraltar nach Spanien eindrangen. Die dort herrschenden Westgoten hatten ihnen nicht viel entgegenzusetzen und so konnten die Mauren in kurzer Zeit die gesamte Region erobern, die sie al Andalus nannten. Unter ihrer Herrschaft erlebte Andalusien ein goldenes Zeitalter. Cordoba stieg zur Hauptstadt der Mauren auf. Durch den Handel mit Gold, Silber, Leder, Seide, Parfüm und Gewürzen erlangte die Stadt ihren Reichtum und avancierte zum Zentrum von Kunst und Wissenschaft. Bewässerungssysteme ermöglichten einen Zuwachs an landwirtschaftlich genutzter Fläche und unzählige Gartenanlagen entstanden. Auch in Sevilla und Granada entstand eine der am höchsten entwickelten Zivilisation des Mittelalters. Die christliche Wiedereroberung (reconquista) des spanischen Nordens begann zwar schon im 8. Jahrhundert. Aber erst gegen Ende des 15. Jahrhunderts bildete Granada mit der Alhambra die letzte Bastion der Mauren auf dem spanischen Festland, 1492 übergab schließlich König Boabdil die Schlüssel der Alhambra an das katholische Königspaar Isabella von Kastilien und Ferdinand von Aragon. Mehr als 700 Jahre maurischer Herrschaft fanden ihr Ende.

Einige Ausflugsziele in Andalusien von West nach Ost	
Cádiz	Hafenstadt mit vielen Sehenswürdigkeiten und malerischer Altstadt auf einer Halbinsel. Sehenswürdigkeiten sind vor allem das Museo Provincial, die Iglesia de Santa Cruz, eine alte Kathedrale und die Heilige Höhle La Santa Cuerva, wo man einige Gemälde von Goya bestaunen kann. Besondere Attraktion: Der Karneval de Cadiz.  Cádiz
Jerez de la Frontera	Berühmt für Sherry und Pferdezucht, Vorführungen der königlichen Andalusischen Reitschule, Besuch und Weinprobe in einer der Bodegas und sein historisches Stadtzentrum mit maurischer Festung Alcazar.

Einige Ausflugsziele in Andalusien von West nach Ost	
Sevilla	Kulturelles Zentrum Andalusiens, zahlreiche historische Baudenkmäler wie die **Kathedrale** von Sevilla (Santa María de la Sede, größte gotische Kirche der Welt, erbaut auf den Ruinen einer ehemaligen Moschee), der gegenüberliegende Glockenturm **„Giralda“** (ehemaliges Minarett), die vielen intakten Brunnen und die berühmte Stierkampfarena Plaza de Toros de la Real Maestranza. Die Stadt ist berühmt für ihr Nachtleben und gilt als Wiege des Flamenco.  Die Kathedrale von Sevilla
Gibraltar	Britisches Überseegebiet am Felsen von Gibraltar, auf dem sich unzählige Affen niedergelassen haben („Affen-Felsen“) und Höhlen zu besichtigen sind. Beliebte Shopping-Meile (Duty Free!) mit britischem Flair.
Ronda	Kleines malerisches Städtchen im Hinterland der Costa del Sol, das durch eine 160 m hohe Schlucht geteilt wird, über die drei zum Teil sehr alte Brücken führen. Älteste Stierkampfarena Spaniens (1785). Fahrt zu den sog. **weißen Dörfern** im Umland Rondas.  Die „puente nuevo“ in Ronda
Cordoba	Imposante Weltkulturerbestadt mit über 2000-jähriger Geschichte, ca. 200 km nördlich von Malaga. Bekannteste Sehenswürdigkeiten sind die riesige **Mezquita** mit prachtvoller Säulenhalle und innenliegender Kathedrale, das mittelalterliche Viertel Juderia, die Römische Brücke über den Fluss Guadalquivir und die Schlossanlage des „Alcazar de los Reyes Cristianos“.  Säulenhalle in der Mezquita von Cordoba
Malaga	Quirlige Hafenstadt an der Costa del Sol mit römischem Theater, arabischer Alcazaba (maurische Burg oberhalb der Stadt), Kathedrale, Palästen und Herrenhäusern in der Altstadt. **Pablo Picasso** wuchs hier auf, sein Geburtshaus und ein beachtliches Museum sind zu besichtigen.

Einige Ausflugsziele in Andalusien von West nach Ost	
Granada	Am Fuß der Sierra Nevada im Hinterland der Costa del Sol gelegen. Sie beherbergt historische Bauten sowohl aus maurischer Zeit als auch aus Gotik und Renaissance, z. B. das alte maurische Viertel Albaicin, die Festung **Alhambra** oberhalb der Stadt mit wunderschönen Palästen und reizvoll angelegten Gärten und die Kathedrale von Granada mit der Grabkapelle der spanischen Könige. Granada ist bekannt für seine Gitarrenbaukunst.

Die Alhambra bei Granada

Verkaufsargumente für Golfreisen nach Andalusien

- Das angenehme Klima außerhalb der Sommersaison ermöglicht das Golfspiel auch in unserem Winter
- Die Auswahl von über 100 Golfplätzen, darunter einige Weltklasseplätze, bietet Abwechslung
- Zahlreiche Flughäfen, eine kurze Flugzeit und ein sehr gut ausgebautes Straßennetz erleichtern die Anreise
- Die erstklassige Hotellerie und ein großes Angebot an Ferienwohnungen und -häusern bieten für jeden Geschmack die passende Unterkunft
- Die Umgebung bietet vielfältige Möglichkeiten neben und nach dem Golfsport, wie z. B. interessante Kulturdenkmäler und Städte, feinsandige Strände und ein wildromantisches Hinterland
- Infrastruktur, Einkaufs- und Verpflegungsmöglichkeiten und medizinische Versorgung entsprechen dem westeuropäischen Standard

Situationsaufgabe

Situation:

Familie Meyer (Eltern mit zwei Kindern im Alter von 12 und 14 Jahren) möchte das Golfspielen erlernen und dafür eine Golfreise nach Andalusien machen. Alle kennen sich noch nicht mit den Eigenheiten des Golfsports aus und waren noch nie in Spanien. Um sich zu informieren und evtl. eine entsprechende Reise zu buchen, geht die Familie in das Reisebüro ihres Vertrauens.

Aufgaben:

1_ Bereiten Sie sich in Gruppen auf ein Rollenspiel vor: Die Gruppe der Kunden überlegt sich Fragen, die Familie Meyer bei der Planung ihres Vorhabens stellen könnte. Die Gruppe der Reisebüromitarbeiter stellt Informationen über den Golfsport (Was ist wichtig für Neulinge?) sowie Angebote und Informationen über das Reiseziel Andalusien zusammen. Die Gruppe der Reisebüromitarbeiter kann aus zwei Dritteln der Großgruppe bestehen und die Aufgabe in Kleingruppen aufteilen.

2_ Führen Sie nach ca. 30-minütiger Vorbereitungszeit ein Rollenspiel mit jeweils zwei bis drei „Schauspielern" der Familien- und der Reisebürogruppe vor.

7 Winterurlaub am Beispiel von Tirol

7.1 Allgemeine Merkmale eines Winterurlaubs

Welche Reisemotive und Wünsche des Kunden mit „Winterurlaub" angesprochen werden sollen, lässt sich nicht allgemein ermitteln. Hier hilft dem Expedienten nur die ausführliche Bedarfsermittlung weiter, um die Erwartungen des Kunden herauszuarbeiten und einen geeigneten Winterurlaub zu empfehlen. Im Folgenden werden daher exemplarisch einige Kundentypen und deren Ansprüche bzw. Wünsche bezüglich eines gelungenen Winterurlaubs dargestellt.

Wintersportler

Klassische Skifahrer: Schneesicheres (auch durch Beschneiung) und abwechslungsreiches Skigebiet evtl. mit ausgewiesenen Skirouten, ausreichend Liftkapazitäten ohne lange Wartezeiten, hinreichende Anzahl von Skihütten und Verpflegungsstationen, regelmäßig und kurz getaktete Skibusslinien, ausreichend Parkplätze an den Talstationen, beheiztes Ski/-Schuh Depot an den Tal- oder Bergstationen, angemessenes Preis-Leistungs-Verhältnis der Liftkarten, serviceorientiertes Liftpersonal.

Snowboarder: neben den bereits genannten Ansprüchen klassischer Skifahrer zusätzlich Funpark mit Halfpipe und Parcour, gute Vernetzung der Lifte im Skigebiet ohne lange Ziehwege, wenig Schlepplifte.

Langläufer: ausgedehntes, abwechslungsreiches und gepflegtes Loipennetz mit unterschiedlichen Schwierigkeitsgraden, Unterkünfte nahe der Loipe, sinnvolle Skibussanbindungen, Umkleidekabinen am Loipenstart bzw. -ende, Sonnenplateau.

Freerider: schneesichere und auf dem Pistenplan ausgewiesene Tiefschneehänge, sicheres und einfach zu erreichendes Terrain, Bergführer mit ausgewiesenen Geländekenntnissen, exakte Informationen zu Wetter- und Schneeverhältnissen.

Tourengeher: geeignete Aufstiegsmöglichkeiten abseits gespurter Pisten, speziell geschulte Bergführer

Winterwanderer/Schneeschuhläufer: ausreichende Anzahl markierter und gepflegter Wanderwege und Trails, gute Erreichbarkeit der Wege von den Unterkünften, Einkehrmöglichkeiten unterwegs, gute Busanbindungen, geführte Gruppenexkursionen mit speziell geschultem Führer bei Schneeschuhläufern.

> **!** **Für alle hier beschrieben Wintersportarten gilt die Wintertouristische Grundregel „Ohne Schnee kein Wintersport und ohne Wintersport kein (oder kaum) Winterurlaub." Schneesicherheit ist also das zentrale Grundbedürfnis für Winterurlauber.**

Wellnessorientierte Kunden

Zertifizierte Wellnesseinrichtungen im Hotel und Therme, Bäder und Saunaanlagen in der Umgebung, qualifiziertes Servicepersonal, abgestimmte Bewegungs-, Sport- und Gastronomieangebote, Spa & Beauty Einrichtungen im Hotel, evtl. Physio-Wellness-Angebote in der Umgebung.

Familien

Kinderpauschalen im Hotel und Skigebiet, gute Erreichbarkeit der Liftanlagen, Kinderbetreuung von 2 bis 16 Jahren mit den entsprechenden Aktivitäten, zentral gelegene und preiswerte Einkaufsmöglichkeiten, verkehrsberuhigte Zonen, großzügig angelegte Hotelzimmer (evtl. mit Verbindungstür) und Apartments, Kindern angemessene Infrastruktur z. B. Spielplätze, Winter-Rodelbahnen usw., kindersichere Liftanlagen und Pisten.

Partyorientierte Kunden

Ausreichendes Après-Ski Angebot, vielfältiges Nachtleben mit entsprechenden Öffnungszeiten, besondere Events und Inszenierungen, besondere Trendsportarten wie Snowkiting, Snowtubing.

Erholungssuchende Kunden

Verkehrsberuhigte Orte evtl. autofrei, kein obligatorischer Skizirkus, neben traditionellem Wintersportangebot sollten weitere auch schneeunabhängige Aktivitäten wie z. B. Schlittenkutschfahrten, Hallenbad, Eisstockschießen angeboten werden.

Naturverbundene Kunden

Ursprüngliche überwältigende Landschaften und Panoramen, authentische Unterkünfte in kleinen Einheiten, ursprüngliche Ortsatmosphäre mit regionalen Gastronomieangeboten und Produkten, gelebtes Brauchtum.

Beispielsweise kann eine Familie mit zwei Kindern, 8/16 Jahre alt, durchaus Ansprüche aus allen hier genannten Kategorien von Kundentypen haben.

> **!** **Die verschiedenen Anforderungen der Kunden an ihren Winterurlaub beziehen sich nicht ausschließlich auf eine Kategorie von Kundentypen. Bei der individuellen Beratung sind vielmehr die Bedürfnisse der verschiedenen Kundentypen zu berücksichtigen.**

7.2 Grundlegende Informationen zum Zielgebiet Tirol

Lage und Geografie

Tirol ist eines von neun Bundesländern Österreichs. Es ist in räumlich getrennte Regionen und Bezirke gegliedert:

Nordtirol: Imst, Innsbruck, Innsbruck-Land, Kitzbühel, Kufstein, Landeck, Reutte und Schwaz
Osttirol: Lienz

Tirol grenzt an die Nachbarstaaten Deutschland, Italien, Schweiz und die österreichischen Bundesländer Vorarlberg, Salzburg und Kärnten.
Einen Großteil der Landesfläche nimmt das Gebirge ein und der nutzbare Dauersiedlungsraum beträgt gerade 12 % der Gesamtfläche. Nordtirol liegt als Ganzes in den Ostalpen und hat Anteil an drei Großformationen der Alpen: an den Nördlichen Kalkalpen, an den Zentralalpen und an deren Grenze die Grauwackenzone. Abgetrennt von Nordtirol liegt Osttirol – der politische Bezirk Lienz – südlich des Alpenhauptkammes zwischen den Hohen Tauern und den beginnenden Karnischen Alpen. Der höchste Berg ist mit einer Höhe von 3 798 m der Großglockner in Osttirol, der höchste Gipfel in Nordtirol ist die Wildspitze (3 772 m).
Hauptstadt des Landes ist Innsbruck.

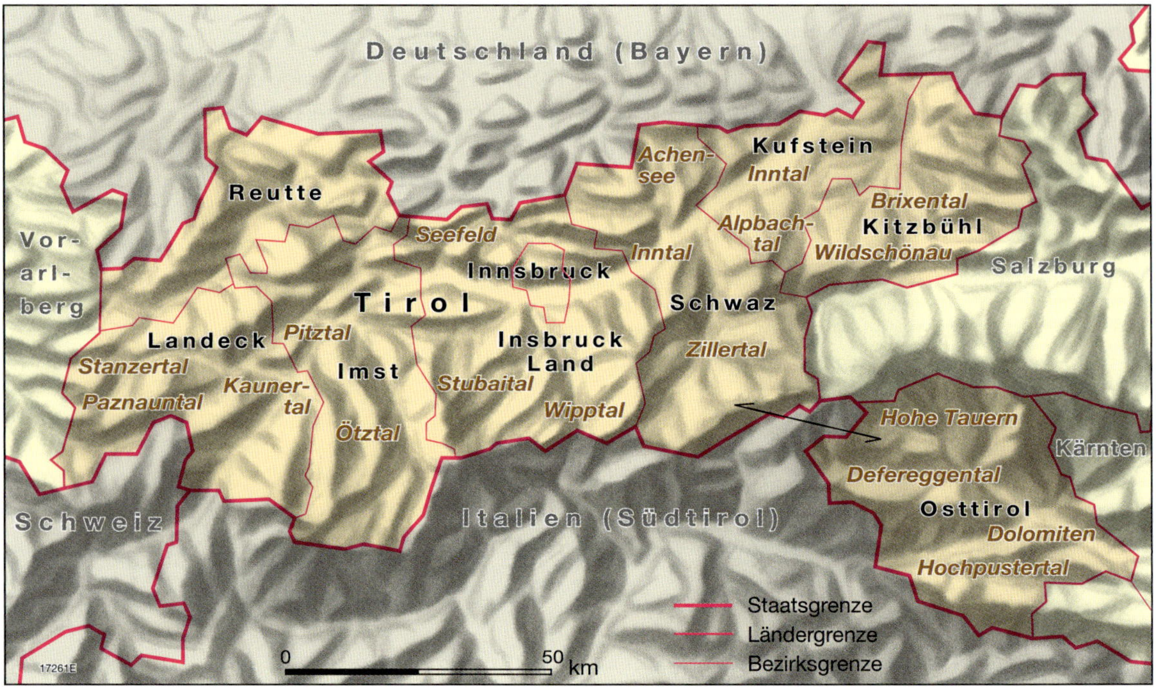

Klima

Tirol befindet sich im Grenzbereich atlantischen, kontinentalen und mediterranen Einflusses, besonders stark aber prägt das Gebirgsrelief das lokale Klima, das hier „alpines Klima" heißt. Kennzeichnend hierfür sind feuchte Sommer, ein trockener Herbst, schneereiche Winter und starke Unterschiede durch lokale Einflüsse.

Vor allem Kettengebirge (wie die nördlichen Kalkalpen) sind ausgeprägte Wetterscheiden, an denen es zu Staulagen und Niederschlag kommt. Auf der Wind abgewandten Leeseite ist es dagegen mild und trocken. Da Tirol im Einfluss der Westwetterzone liegt, die Niederschläge also vor allem von Westen her kommen, ist der nördliche Alpenrand feucht und schneereich. Die inneralpinen Täler haben dagegen ein viel milderes Klima. Beträgt die jährliche Niederschlagsmenge in Reutte im Mittel 1 375 mm, am Nordrand des Karwendels rund 2 000 mm und in Kufstein 1 330 mm, sind es um Innsbruck kaum 900 mm und im obersten Inntal gar nur noch 600 mm. Bedeutung hat in einem Gebirgsland auch, wie die Berge die Sonneneinstrahlung verkürzen. Verliert das breite Inntal in Ost-West-Richtung im Dezember etwa ein Drittel, im Juni aber nur ein Siebtel des möglichen Sonnenscheins, büßen schmale Nord-Süd-Täler (Ötztal, Pitztal) im Dezember zwei Drittel und im Juni ein Drittel des Sonnenscheins ein.

Anreise

Pkw: Von München über Salzburg auf der A12 direkt nach Innsbruck oder weiter östlich über Bregenz auf der A14 und dem Arlbergtunnel nach Landeck. Für die Autobahnen und zahlreichen Bundesstraßen besteht Vignettenpflicht. Mautfrei kann die Anreise nach Tirol über Füssen, Reutte und den Fernpass nach Landeck erfolgen. Winterausrüstung ist auf allen Strecken empfohlen oder vorgeschrieben.

Bahn: Der **ICE** verbindet Hamburg und Berlin auf der Karwendelstrecke zwischen Garmisch-Partenkirchen, Seefeld mit Innsbruck. Der **Railjet,** ein Hochgeschwindigkeitszug der ÖBB, fährt zweimal täglich von Zürich nach St. Anton, Landeck und Innsbruck. Regionalzüge der ÖBB verkehren von Innsbruck nach Landeck bis St. Anton und ins Zillertal. Eine Besonderheit in St. Anton ist die Eurocity-Station im Ortszentrum. Hier hält auch der Venice-Simplon-Orient-Express.

Postbusse: Alle Wintersportorte lassen sich über den nächstgelegenen Bahnhof über ein gut ausgebautes Postbusnetz erreichen.

Flug: Direktflüge von Deutschland nach Innsbruck (Flughafen Innsbruck-Kranebitten INN) mit z. B. Austrian gibt es u. a. ab Hamburg, Berlin, Köln-Bonn, Frankfurt, Hannover und Weeze. Im Winter zur Skisaison verkehren die Fluglinien häufiger und verstärkt am Wochenende. Eine weitere Möglichkeit ist es, den Flughafen Zürich in der Schweiz zu nutzen und dann mit dem Railjet in die Skigebiete im Westen Tirols zu reisen.

Versicherungen

Neben dem Abschluss einer Reiserücktrittversicherung und Reiseabbruchversicherung (insbesondere wegen der hohen Stornierungsgebühren bei Ferienwohnungen und Apartments) ist eine Reisekrankenversicherung empfehlenswert. Über sie sollten auch die Kosten für die Pistenrettung inkl. Hubschrauber abgedeckt sein. Eine Reisegepäckversicherung sollte für den Verlust der Skiausrüstung abgeschlossen werden, sofern dies nicht über die individuelle Hausratversicherung des Kunden abgedeckt ist.

Tourismus

Das Bundesland Tirol ist in Bezug auf Ankünfte und Übernachtungen das am stärksten nachgefragte Urlaubsziel in Österreich gefolgt von Salzburg und Wien.

Tirol als Winterdestination

Tirol wird vorwiegend als gemütliche Winterdestination gesehen, die als gastfreundlich, unterhaltsam und sehr symphatisch eingeschätzt wird. Tirol besitzt ein breites Angebot für jeden Kundentyp, wobei sich die einzelnen Regionen und Orte auf ihre Kundengruppe zu spezialisieren versuchen.

Auch Trendsetter sind in Tirol richtig. Viele Regionen in Tirol liegen beim Angebot verschiedener Trendsportarten ganz weit vorn und bieten eine Vielzahl von Fun- und Snowparks für Skifahrer, Snowboarder, Freerider und andere Pisten-Künstler. Von Anfang bis Ende der Wintersaison jagt eine hochkarätig besetzte Veranstaltung die nächste, z. B. die „Top of the Mountain Concerts“ auf der Idalp in Ischgl. Zudem sind die Après-Ski-Partys in Österreich an Berghütten-Charme und Musikvergnügen kaum zu überbieten.

Wintersportorte in Tirol (Auswahl)

Region	Charakterisierung	Besonderheiten	Alpine Abfahrten/km	Preis*
St. Anton am Arlberg	Gigantisch-Vielseitig	180 km Tiefschneeabfahrten, Speedcheck an der Kandahar Herrenabfahrtsstrecke	271	••
Paznauntal		Silvretta-Center mit Erlebnishallenbad	300	
– Ischgl	Après Ski	Mekka für Skifahrer und Snowboarder, „Schmuggler"-Ski-Tour in die Schweiz nach Samnaun	240	•••
– Galtür	Familiär	Skisafari auf die Silvretta, 45 km Langlaufloipen	35	•••
– Kappl	Anfänger-freundlich	„Sonnenbalkon", nur 13 % schwarze Abfahrten	35	••
Sefaus-Fiss-Ladis	Familien-freundlich	Betreuung ab Babyalter, 110 km Langlaufloipen	175	••
Kaunertal	Snowboard-szene	Gletscherskigebiet 100 % schneesicher, Snowboard-Opening im Oktober	32	••
Pitztal	Snowboard-szene	Mit dem Pitzexpress in 7 Minuten auf den Gletscher, Höhenloipe	22	••
Ötztal		Futuristische Thermalbad Aqua Dom in Längenfeld		
– Sölden	Partyhoch-burg	markierte Skitour „Big 3 Rallye" mit 10 000 Höhenmetern, Sommerskigebiet	145	•••
– Obergurgl und Hoch-gurgl	Champagner Skihütten	Hüttenkultur mit Gourmetküche, 4 km lange 8-Gondel verbindet die beiden Skigebiete	55	•••
Tannheimer Tal	Langlauf-paradies	194 km Loipen, 47 km Winterwanderwege, kein Skizirkus	35	•
Zugspitz-arena	Anfänger-freundlich	Zusammenschluss von 7 Bergbauerndörfern zur Arena	132	•
Nauders	Familien-freundlich	Drei Skigebiete – zwei Nationen – ein Skipass	120	••
Kühtai	Familien-freundlich	Ort auf 2000 m Höhe gelegen, variantenreiche Tourenskimöglichkeiten	40	••
Seefeld	Langlauf-paradies	300 km Loipen aller Schwierigkeitsstufen, Snowboard AirStyle Contest	35	•••
Innsbruck	Stadtflair in Tirols Hauptstadt	Freerideparadies am Hungerburgplateau, Olympiaabfahrtstrecke am Patscherkofel	82	••
Axamer Lixum	Snowboard-paradies	Variantenreicher Funpark und Freeridegebiet	41	••
Stubaital	Gletscher-welt	22 km Gletscherabfahrten, JumpPark für Snowboarder	120	••

Region	Charakterisierung	Besonderheiten	Alpine Abfahrten/km	Preis*
Zillertal		365 Tage Skifahren am Tuxer Gletscher		
– Tuxer Tal	Gletscherskipisten	12 km Abfahrt von der Gerorenen Wand, Europas höchstgelegener Weltcup-Halfpipe	86	••
– Mayrhofen und Finkenberg	Party Szene	Skizirkus rund um den Penken mit Talabfahrt, „Harakiri"-Abfahrt mit 78 % Gefälle		••
– Zell im Zillertal	Familienfreundlich	Zusammenschluss mit Gerlos und Königsleiten zur Zillertal Arena	160	••
– Hochfügen-Hochzillertal	Free Ride Klassiker	Powderparadies für ambitionierte Abseitsfahrer, aber auch familienorientiert	145	••
Alpachtal	Beschauliche Ruhe	„schönstes" Dorf Österreichs, kein Haus höher als zwei Stockwerke, viele Winterwanderwege	6	•
Wilder Kaiser	Familienfreundlich	Größtes zusammenhängendes Skigebiet Österreichs, viele blaue und rote Pisten	250	••
St. Johann	Familienfreundlich	Hallenbad mit größter Wasserrutsche Tirols, Heißluftballon-Fahrten	60	••
Kitzbühl	Snow-Society	Hahnenkamm-Weltcup Rennen mit der Streif	145	
Kaiserwinkel	Langlaufparadies	Hochtal mit 150 km Langlaufloipen	30	••
Defereggental	Anfängerfreundlich	Ideales Einsteiger- und Familiengelände	27	•
Hochpustertal	Beschaulich	Altertümliche Bauerndörfer in Osttirol	45	•
Lienzer Dolomiten	Stadtflair	Mittelalterliches Lienz lockt mit Après Ski und Kultur	14	••

* Preis: • = gering •• = mittel ••• = hoch

Verkaufsargumente für Winterurlaub in Tirol

» Vielfältiges Angebot aller Wintersportarten für alle Kundengruppen
» Wintersport ist in Tirol in den verschiedenen Höhenlagen möglich
» Gut ausgebaute Infrastruktur. Es gibt ca. 5 150 km Skipisten (ca. 0,6 % der Tiroler Landesfläche), daneben gibt es noch 3 900 km Loipen und 1 400 bewirtschaftete Hütten)
» Relative Schneesicherheit durch den Einsatz von mehr als 10 000 Schneekanonen
» Gute Erreichbarkeit der Skianlagen auch von außerhalb der Zentren durch das Postbussystem
» Leichte Erreichbarkeit durch Pkw, Zug und Flugzeug

Situationsaufgabe

Situation:

Familie Bauer (zwei Erwachsene, zwei Kinder im Alter von drei und sechs Jahren) möchte zum ersten Mal einen Winterurlaub in den Bergen verbringen. Die Kinder sollen mindestens vormittags betreut werden, das ältere Kind soll in der Skischule das Skilaufen lernen. Die Eltern fahren Ski und legen Wert auf ein Wellnessangebot im Hotel.

Aufgabe:

Unterbreiten Sie Familie Bauer ein Angebot in Tirol (eine Woche), das ihren Wünschen entspricht. Recherchieren Sie auch die Preise für Skipässe (Liftbenutzung), Skischule/-kindergarten und Leihausrüstung.

Aufgaben

1_ Informieren Sie sich im Internet über Sicherheitsstandards für das Fahren abseits der präparierten Pisten.

2_ Informieren Sie sich ausführlich über Umweltbeeinträchtigungen in Wintersportorten und die Konzepte der Orte, wie Nachhaltigkeit erreicht werden kann.

3_ Sprechen Sie für jede Wintersportart und jeden Kundentypen eine Ortsempfehlung aus.

222251350

8 Wanderurlaub im Allgäu

8.1 Kundenspezifische Merkmale einer Wanderreise

Wandern liegt derzeit in fast allen Alterstufen im Trend und der wird sich die nächsten Jahre auch fortsetzen. Allerdings hat sich nicht nur das Image des Wanderns geändert, sondern auch die Bedürfnisse der Zielgruppe. Im Vordergrund stehen die Motive Naturerlebnis, Gesundheit, Wohlbefinden und das Entdecken der regionalen Besonderheiten. Laut einer Studie des Bundesministerium für Wirtschaft (Grundlagenuntersuchung Freizeit- und Urlaubsmarkt Wandern 2010) hat sich das Durchschnittsalter der Wanderer auf 47 Jahre gesenkt, wobei sich der Anteil der 20- bis 39-Jährigen in zwei Jahren um 50 % erhöht hat. Die Studie zeigt auch, dass der Wanderer qualitätsbewusst und neben dem eigentlichen Wandern auch an kulturellen Angeboten interessiert ist. Bemerkenswert, dass die durchschnittliche Wanderdauer nur ca. 2:45 Stunden beträgt. Dies und der Wandel zu neuen Zielgruppen erfordert bei der Planung von Wandertourismus die verstärkte Berücksichtigung von kurzen flexiblen Einstiegsangeboten sowie den Ausbau eines Wanderwegenetzes mit unterschiedlichen Tourenanforderungen in abwechslungsreicher Landschaft. Weitere wichtige Faktoren für die Zufriedenheit von Wanderern sind laut der Studie des BMWI:

» Oberflächenqualität der Wege: Bevorzugt werden vor allem naturbelassene Wege im Gegensatz zu geschotterten bzw. asphaltierten Wegen.
» Einbindung der Wege in die Landschaft: Die Wanderwege sollten in unberührte Natur führen und nicht über oder entlang von Straßen geführt werden.
» Wegweisung und Markierung
» Absicherung von Gefahrenstellen

Neben diesen unabdingbaren Faktoren spielen auch die Rast- und Picknickmöglichkeiten, die Gastronomie sowie die Erreichbarkeit mit dem Pkw bei der Bewertung einer Wanderregion eine Rolle. Nur geringen Einfluss üben die Faktoren Anbindung an den öffentlichen Personen-Nahverkehr und die Errichtung von Schutzhütten auf die Bewertung aus.

Durch die Einführung von Qualitätssiegeln für Wanderwege und -Regionen wie z. B. die Prädikate
» „Qualitätsweg" (Deutscher Wanderverband),
» „Premiumweg" (Deutsches Wanderinstitut),
» „Qualitätsgastgeber" (auch Deutscher Wanderverband)

werden den Tourismusorganisationen in den Wanderregionen effektive Instrumente gegeben, die oben genannten Kriterien abzufragen und zu bewerten.

Aber auch „der Wanderer" ist keine einheitliche Zielgruppe, weshalb die unterschiedlichen Ansprüche berücksichtigt werden müssen.

Geschlechterprofile	
Männlich	**Weiblich**
Orientierung mit Karte Herausfordernde Wege und Touren Nutzung Internet Unterwegs auch mal Bier und Wurstbrot	Infrastruktur, Leitsystem, Bänke Gemütliche Touren, bequeme Wege Interesse an Natur und Kultur Nur leichte Getränke und Speisen
Insgesamt: Zünftiger Wanderer	Insgesamt: Genusswandern

Altersprofile	
Altersgruppe 40 –	**Altersgruppe 60 +**
Spontane Touren Tourenideen von Freunden Motiv: Stressentlastung Motiv: Sport und Abenteuer Nutzung Internet Kritik an Wanderwegen, Asphalt Aversion Kaum Mitglied von Wandervereinen Stöcke stören Gerne Essengehen, Bummeln	Höhere Wandermotivation Häufiger unterwegs, öfter Wanderurlaub Vorliebe für Inlandsurlaub und Mittelgebirge Interesse an Natur und Kultur Infrastruktur und Wandermarkierungen wichtig Bessere Orientierungsfähigkeit Beschwerdefreudig, kontra Biker und Reiter Geführte Touren, Gepäcktransport Mitglied von Wandervereinen Stöcke dabei, Gesundheit wichtig Neigung zu Ausflügen und Besichtigungen
Ingesamt: flexibel und anspruchsvoll	Insgesamt: wanderfreudig und sensibel

Profilgruppe Familie	
Eher orientiert an	**Eher weniger orientiert an**
Sport und Abenteuer Freizeitorientierung Schwimmen, Walking Bummeln Schlechtwetterangebote Pkw-Nutzung Ansprüche an Unterkünfte	Wanderintensität (Strecke, Frequenz) Landschaftsorientierung Interesse an Fern- und Spitzenwegen Ansprüche an Wanderinfrastruktur Interesse an Wandervorschlägen Urteil Gastronomie Interesse an Kultur
Hohe Ansprüche an Umfeld	Geringes Wanderengagement

Quelle der drei Tabellen: Vgl. Brämer, Rainer: Zielgruppen auf dem Wandermarkt, 3/2009. In: www.wanderforschung.de/files/zielgruppen1235930268.pdf [29.10.2021].

8.2 Allgemeine Informationen zum Wanderurlaub im Allgäu

Lage und Geografie

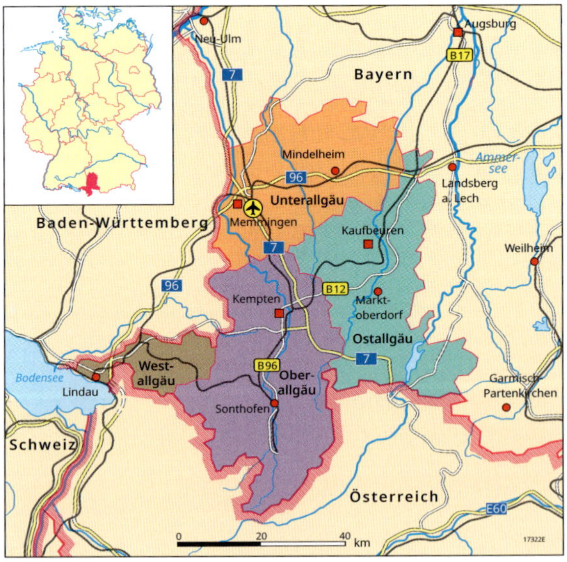

Politisch ist das Allgäu seit einer Gebietsreform aus den 1970er-Jahren in die Landkreise West, Ost-, Unter- und Oberallgäu aufgeteilt, eine genaue geografische Begrenzung der Region Allgäu gibt es jedoch nicht.

Die Region Allgäu erstreckt sich von den Ufern des Bodensees (bestehend aus Teilbezirken des bayrischen Landkreises Lindau und Teilen des baden-württembergischen Landkreises Ravensburg) über die Voralpenlandschaft bis zum nordöstlichen Grenzfluss Lech und im Südosten bis zu den Ammergauer Alpen. Nach Süden wird das Allgäu durch den Hauptkamm der Allgäuer Alpen begrenzt. Dazu gehört auch – unter geografischen Gesichtspunkten –

die zu Österreich/Tirol gehörende Enklave Jungholz, wobei aber teilweise umstritten ist, ob die Regionen auf österreichischem Territorialgebiet wie Kleinwalsertal, Tannheimer Tal und Reutte noch dem Allgäu zuzurechnen sind. Auch die nördliche geografische Grenze des Allgäus ist ungenau. Politisch dem Bezirk Ostallgäu zugeordnet, wird Bad Wörishofen geografisch nicht dem Allgäu zugerechnet, obwohl es aus touristischen Gründen das „... im Allgäu" im Namen trägt. Oftmals wird die Autobahn A 96 als nördlichste Grenze der geografischen Region Allgäu angesehen.

Geologisch entstanden die im Süden gelegenen 75 × 50 km großen Allgäuer Alpen im Erdmittelalter durch die enormen Kräfte der Plattentektonik, in dem unterschiedliche Sendimentgesteine emporgehoben, aufgefaltet und übereinander abgelagert wurden. Das nach der letzten Eiszeit vor ca. 20 000 Jahren entstandene Alpenvorland zwischen Lech und Bodensee ist eine Berg- und Hügellandschaft, die aus dem Rückgang der Gletscher durch hinterlassene Moränenwälle entstanden ist. Charakteristisch für diese Landschaftsform sind die in Mulden zurückgebliebenen Seen und Moore sowie die durch tiefe Schluchten schießenden Sturzbäche, die Tobel.

Klima

Das Allgäu liegt in der warm-gemäßigten Klimazone Mitteleuropas und zwischen dem maritimen Klima im Westen und dem kontinentalen Klima im Osten. Im Voralpenland ist ein gemäßigtes Klima mit häufigen Nebellagen im Winter und warmen, sonnigen Tagen im Sommern vorzufinden. In dem Bereich von Wangen bis Kempten ist die Sonneneinstrahlung einer der höchsten in Deutschland.

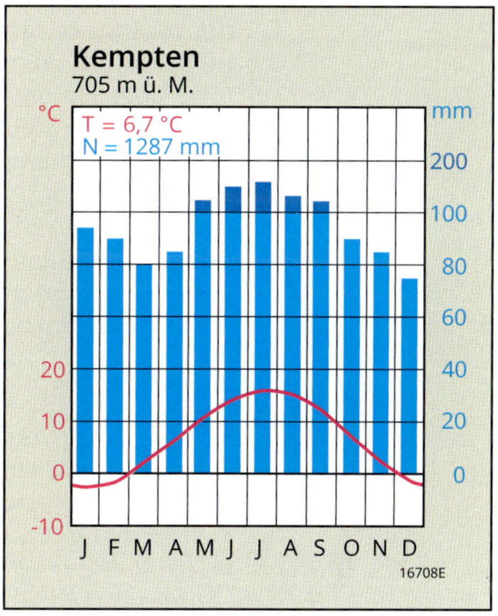

Die Wettergrenze ist das Allgäuer Tor ca. 25 km nördlich von Kempten, südlich davon scheint oft die Sonne im Winter, während der Rest des Alpenvorlandes im Nebel eingehüllt ist. In den südlicheren Bereichen wird es alpiner und die Jahresmitteltemperatur nimmt ab und der Niederschlag nimmt im Gebirge stetig mit der Höhe zu.

Durch den Wolkenstau vor den Alpen ist mit ergiebigen Niederschlägen in Form von Regen oder Schnee zu rechnen. Wie im gesamten Alpengebiet kommt es öfter zu Föhn, einem südlichen Wind, der zu höheren Temperaturen bzw. mildem Wetter führt.

Anreise

» **Pkw:** Aus dem Westen Deutschlands über die A5 bis Karlsruhe, dann weiter über die A8 bis Ulm, dann auf der A7 bis Kempten. Aus der Mitte Deutschlands direkt über die A7, die von Dänemark bis nach Kempten führt. Aus dem Osten Deutschlands über die A9 nach München, dann weiter über die A96 nach Memmingen.
» **Bahn:** Fast stündliche Verbindungen über Augsburg und München ins Allgäu.
» **Flug:** Der AllgäuAirport Memmingen (FMM) liegt direkt im Allgäu, wird aber derzeit nicht von innerdeutschen Abflugorten angeflogen. Deutschlandweit können die Flughäfen Friedrichshafen (FDH) und München (MUC) angeflogen werden, anschließend mit Bus (auch Privatanbieter) und Bahn ins Allgäu.

Wandern

Das Allgäu erstreckt sich auf einer Fläche von ca. 4600 Quadratkilometern, worauf 7000 Kilometer Wanderwege und 4000 Kilometer Radwege existieren. Das Wandern ist in drei Höhenlagen möglich:

» Im Tal an vielen Flüssen, Bächen und Seen und am Alpenrand durch feuchte Tobel und Klamme.
» In den mittleren Hochlagen der Voralpe findet der Wanderer leicht hügeliges Gelände mit verschiedenen Sennalpen vor und genießt den Blick auf die schroffen Allgäuer Alpen, Bodensee und Österreicher Alpen.
» Ambitionierte Bergwanderer bevorzugen die Höhenlagen der Allgäuer Hochalpen, zu denen auch die Berge der Kleinwalsertal und des Tannheimer Tals gehören.

8.3 Wandern und Ausflüge im Allgäu nach Regionen

	Oberallgäu	Westallgäu
Allgemein	Mit einem riesigen Angebot von Wanderwegen auf drei Höhenlagen mit schonendem Heilklima stehen dem Wanderer angefangen von der gemütlichen Wanderung in Allgäuer Täler über kleine Touren auf mittleren Höhen bis zu alpinen Höhenlagen und Klettersteigen alle Möglichkeiten auf einheitlichen und gut markierten Wanderwegen offen. Eine Besonderheit im Oberallgäu ist das Wandern zu 31 verschiedenen Sennalpen, über 1000 Meter hoch gelegene bewirtschaftete Hochalpen.	Typisch für das Westallgäu ist das Geflecht aus Wäldern und Weiden, Hügeln und Schluchten, Bächen und Mooren, Höfen und kleine Siedlungen. Es besteht ein 620 Kilometer langes Wanderwegenetz, in das in den letzten Jahren viel Geld für eine einheitliche Beschilderung investiert worden ist, das Gehzeiten, Schwierigkeitsgrade und Wanderziele aufzeigt. In Oberstaufen (liegt eigentlich.
Wanderregionen und -wege	» Bärenweg (Bad Hindelang) » Panorama Weg (Oy-Mittelberg) » Petersthaler Horn (Oy-Mittelberg) » Rottachschlucht (Oy-Mittelberg) » Steinmeile (Oy-Mittelberg) » Große Alpsee Wander Runde (Immenstadt) » Mittag Steineberg Alpe Gund (Immenstadt) » Nebelhorn Bergbahn (Oberstdorf) » Fellhorn Bergbahn (Oberstdorf) » Söllereck Höhenweg (Oberstdorf) » Breitachklamm Alpe Dornach Tiefenbach (Oberstdorf) » Holzgau → Heilbronner Weg → Oberstdorf » Teufelsküche (Obergünzburg)	» Nagelfluhkette rund um Oberstaufen » Pfänderrücken bei Scheideck » Herrgottswiesen (Gestratz) » Königsalpe Pferrenberg (Stiefenhofen) » Jakobus-Pilgerweg » Besteigung der 1068 Meter hohen Kugel bei Maierhöfe mit der Durchquerung des Eistobel » Europäische Fernwanderwege E4/E5
Sehenswürdigkeiten und Ausflüge	» Benediktinerabtei Ottobeuren » Geißalpsee » Breitachklamm (Tiefenbach) » Starzlachklamm (Sonthofen) » Hinanger Wasserfall » Allgäumuseum (Kempten) » Bergbauernmuseum (Immenstadt) » Surmannshöhle (Obermaiselstein)	» Eistobel (Maierhöfen) » Hausbachklamm (Weiler) » Ellhofer Tobel (Röthenbach) » Scheidecker Wasserfälle » Inselstadt Lindau » Konstanz mit Blumeninsel Mainau

	Ostallgäu	Unterallgäu
Allgemein	Das Ostallgäu bietet ein ausgedehntes Wanderwegenetz durch hügeliges bis hoch alpines Gelände. Das Angebot reicht von Rundwanderwegen, Themenwegen, alpinen Wanderwegen über Fernwanderwege bis hin zu Wanderungen in den Voralpen an den Flüssen Wertach und Lech. Das Wegenetz ist einheitlich und gut beschildert.	Das Kneippland Unterallgäu zwischen Iller und Mindel ist eine sanfthügelige Voralpenlandschaft mit zahlreichen Auen und Seen. Ausgebaute Wanderwege werden von den einzelnen Kommunen angeboten, ein überspannendes Wegenetz gibt es nicht. Vermarktet werden hauptsächlich die Pilgerwege.
Wanderregionen und -wege	» Füssen – Rote Wand – Pinswang (A) » Lechfall – Dreiländereck – Walderlebniszentrum (Füssen) » Alpe Beichelstein – Senkele Alm (Hopfen) » Alpspitze (Nesselwang) » Breitenberg (Pfronten) » Der Kappeler Höhenweg (Pfronten Kappel) » Der Trauchberg Höhenweg (Halblech) » Tegelbergbahn – Ahornreitweg – Bleckenau (Schwangau) » Rundweg Drachenköpfle (Eisenberg) » Fernwanderwege » Lech-Höhenweg » Ostallgäuer Höhenweg » Prälatenweg » Romantische Straße	» Crescentia-Pilgerweg » Jakobus-Pilgerweg » Kneipp-Wanderweg » Falken (Bad Grönenbach) » Aurikelschlucht (Markt Rettenbach) » Hochfirst (Frechenrieden) » Erlebniswanderung entlang der Iller
Sehenswürdigkeiten und Ausflüge	» Altstadt Füssen und Kaufbeuren » Schloss Hohenschwangau » Schloss Neuschwanstein » Forggensee mit Schifffahrt » Pöllatschlucht (Schwangau) » Wasserfall Nesselwang » Höllschlucht zur Kappeler Alm (Pfronten) » Lechfall (Füssen) » Reichenbachklamm (Pfronten) » Wasserfälle Lobental (Kenzen – Halblech) » Hängesteg und Wasserfall (Kaltenbrunn)	» Sebastian Kneipp Museum (Bad Wörishofen) » Altstadt Memmingen » Barockbasilika Ottobeuren » Hohes Schloss (Bad Grönebach) » Fuggerschlösser (Babenhausen und Kirchheim) » Schwäbisches Bauernhofmuseum (Illerbeuren)

8.4 Ausgewählte Wanderwege nach Art des Wanderns

Talwandern

In dem leicht hügeligen Gelände der Allgäuer Tallandschaften kann vielerorts um Seen und entlang der vielen Flüsse ohne große Anstrengung gewandert werden. Das Wandern in mittleren Höhen in den Voralpen des Allgäus verspricht wegen den unterschiedlichen Landschaften wie Berge, Täler, Mulden und Wiesen große Abwechslung mit teils grandiosen Aussichten.

Kneipp-Wanderweg	Auf dem 40 km langen Wanderweg von Bad Grönenbach nach Bad Wörishofen folgt man den Spuren des berühmten „Wasserdoktors" Sebastian Kneipp. Sein Geburtsort und seine Lebensstationen sind über den bachreichen Wanderweg miteinander verbunden. Die Wanderung führt auch vorbei an der sehenswerten barocken Benediktinerabtei Ottobeuren.	
Breitachklamm	Zwischen Oberstdorf und dem Kleinwalsertal liegt die Breitachklamm, eine in Mitteleuropa einzigartige Schlucht, durch die sich der Fluss Breitach hundert Meter tief mit senkrechten Wänden und Überhängen eingegraben hat. Über Stege und Brücken, hinter Wasserfällen vorbei und an Felshängen entlang führt ein gut gesicherter Pfad, auf dem die tosende Breitach beobachtet werden kann. Verschiedene Rundwege, die auch für Kinder geeignet sind, führen den Wanderer wieder zurück zum Ausgangspunkt seiner Route.	
Um den großen Alpsee	Bei Immenstadt im Oberallgäu beginnt der ca. 18 km lange gut beschilderte Rundwanderweg um den großen Alpsee. Der Weg führt meist – auch über Stege – an den Ufern des großen Alpsees entlang, der im Sommer zum Baden einlädt, bietet aber auch Abwechslung durch die Erwanderung verschiedener Gebirgsbäche und deren Tobel.	
Fürstenstraße	Die leichte ca. 5 km lange Wanderung führt auf der asphaltierten Fürstenstraße von Hohenschwangau vorbei am Alpsee, einem der schönsten Gebirgsseen der bayrischen Alpen, bis zum in Österreich gelegenen Gasthof Schluxen. Auf dem Weg bieten sich Ausblicke auf die berühmten Königsschlösser Hohenschwangau und Neuschwanstein.	

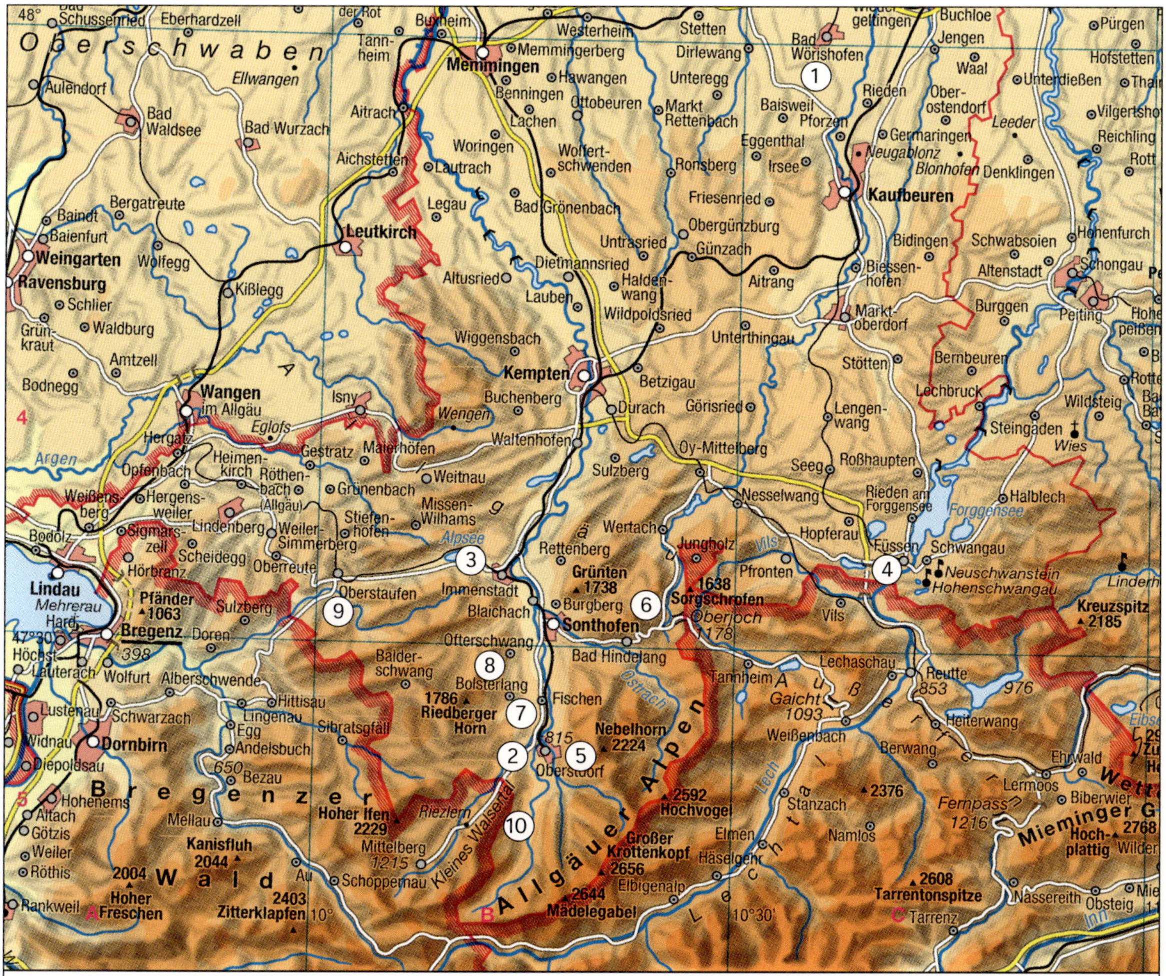

17321EX © Westermann

① Kneip-Wanderweg
② Breitachklamm
③ Alpsee
④ Fürstenstraße
⑤ Naturerlebnisweg Söllereck
⑥ Bad Hindelang
⑦ Sturmannshöhle
⑧ Hörner Panoramatour
⑨ Nagelfluhschleife
⑩ Heilbronner Weg

Wandern mit Kindern

Für das Wandern mit Kindern aller Altersstufen gibt es im Allgäu eine große Auswahl an Touren mit unterschiedlichem Erlebnischarakter und Aktivitäten neben der eigentlichen Wanderung, wie z. B. Hochseilgärten. Familienwanderungen mit Babys im Kinderwagen sind wegen der vielen asphaltierten und für den Verkehr gesperrten Wege kein Problem.

Naturerlebnisweg Söllereck	 Ausgangspunkt für die leichte, auch mit Kinderwagen zu begehende, 3,5-stündige Tour ist die Bergstadion der Söllereckbahn auf 1 650 Metern Höhe in der Nähe von Oberstdorf. Auf dem ca. 9 km langen Weg erklären ein dutzend Stationen über die Fauna und Flora der Allgäuer Alpenwelt auf, verschiedene Mitmachstationen lassen keine Langeweile aufkommen. GPS-Geräte für das Geocaching können im Kletterwald Söllereck ausgeliehen werden.
Bad Hindelang – Hinterstein	 Ausgangspunkt für diesen Familienwanderweg ist Bad Hindelang auf 820 Metern Höhe. Auf diesem Wanderweg können Familien selbst entscheiden, wo, wie lange und in welchem Schwierigkeitsgrad sie laufen wollen. Über das Tal verteilt sind viele Spielstationen für Kinder, an denen es sich auch gut picknicken lässt. In den höheren Regionen Richtung Oberjoch und Hinterstein gibt es Wassertretbecken, Wasserspiele, Schaukeln und Rutschen. Je nach gewählter Route beträgt die Wegezeit zwischen drei und fünf Stunden.
Sturmannshöhle und der Sagenweg	 Die Sturmannshöhle am Schwarzenberg bei Obermaiselstein ist die einzige begehbare Höhle im Allgäu. Warme Kleidung und festes Schuhwerk sind erforderlich, da es Sommer wie Winter 4 bis 8 °C hat und die 180 Treppenstufen hinab feucht und steil sind. Daran anschließend kann man auf dem Sagenweg viele Geschichten rund um die Höhle und den Schwarzenberg erfahren. Metallfiguren sind in den Wald gesetzt und Tafeln erläutern die Sagen. Anschließend kann noch der Alpenwildpark mit Gemsen, Steinböcken, Hirschen und seltenen Greifvögeln besucht werden.

weil man in Wien – wie in jeder Großstadt – als Fremder mehr Zeit mit der Parkplatzsuche als mit der Besichtigung verbringt. Sinnvoll ist dagegen der Kauf der **Wien-Karte,** mit der der Gast u. a. unbeschränkten Zugriff auf die öffentlichen Verkehrsmittel hat. Das hat auch den Vorteil, dass man nicht unbedingt auf ein Hotel in der Innenstadt angewiesen ist, sondern – wegen der guten Verkehrsverbindungen – auch auf günstigere Hotels in den Außenbezirken zurückgreifen kann.

Die Wien-Karte bekommt man in Hotels und den Tourist-Informationsstellen oder bereits vor der Anreise über das Internet zusammen mit einem Kuponheft und den notwendigen Erläuterungen. Die Wien-Karte bietet für 72 Stunden freie Fahrt auf fast allen Linien des öffentlichen Nahverkehrs, Rabatte auf den Verkehrsverbindungen zum Flughafen, auf die Eintrittspreise beim Besuch von Museen, Sehenswürdigkeiten, Theater, Konzerten, beim Einkaufen, beim Heurigen, in Cafés und Restaurants.

Rundgang durch die Innenstadt

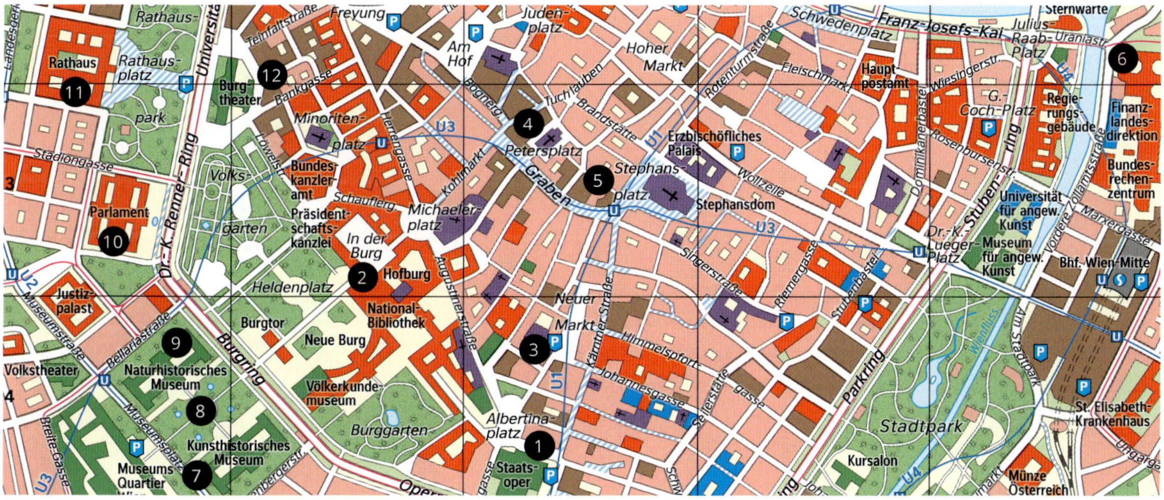

Wien Innenstadt

Staatsoper	Unsere Stadterkundung beginnt – wegen der zentralen Lage – an der Staatsoper (1) Ecke Kärntner Straße/Opernring und wird am besten zu Fuß gemacht, denn der größte Teil der Innenstadt ist Fußgängerzone. Der Opernring selbst ist Teil der Ringstraße, jenes 60 m breiten Boulevards, der die Innenstadt mit seinen Prachtbauten aus der Gründerzeit des 19. Jahrhunderts umschließt. Die Kärntner Straße wiederum gehört mit den Straßen Graben und Kohlmarkt zu den luxuriösen Einkaufszeilen der Wiener. An der Kärntner Straße liegt das weltberühmte Hotel Sacher. In der Staatsoper spielen die Wiener Philharmoniker und einmal im Jahr zu Fasching findet der weltberühmte Opernball statt, der Höhepunkt der Wiener Ballsaison.

Hofburg	Nächste Station ist die Hofburg (2). 600 Jahre war sie Residenz der Habsburger, also der Kaiser Deutschlands bis 1806 (Heiliges Römisches Reich Deutscher Nation) und später der Kaiser Österreichs und Könige Ungarns bis 1918. Sie haben einen riesigen und unübersichtlichen Komplex in verschiedenen Baustilen geschaffen. Besichtigenswert sind die Nationalbibliothek, die Winterreitschule der Lipizzaner (Spanische Hofreitschule), die Schatzkammer, die Kaiser appartements und die Räume der Kaiserin Elisabeth, besser bekannt als Sissi. 
Kapuzinergruft	Weiter geht es zur Kapuzinergruft (3). In ihren unterirdischen Räumen findet man über 130 prunkvolle Särge der Habsburger und ihrer nächsten Angehörigen. 
Pestsäule und Stephansdom	Über den Graben mit der Pestsäule (4) nähert man sich dem Stephansdom (5). Die Pestsäule wurde errichtet in Erinnerung an die verheerende Pestepidemie von 1679 mit über 100 000 Toten.  Das Wahrzeichen und Highlight der Stadt ist der gotische Stephansdom mit seinen prächtigen, farbig lasierten Dachziegeln und dem gewaltigen, 137 m hohen Südturm. Das Kircheninnere beeindruckt durch seine mystische Atmosphäre (allerdings nur ohne die Heerscharen der Touristen) und die zahlreichen Sakralbauten, wie die steinerne Kanzel des Anton Pilgram.  Jetzt wird es Zeit für eine Erholungspause, am besten im Dachrestaurant des supermodernen Konsumtempels „Haas-Haus“. Man genießt gleichzeitig den einmaligen Blick auf Kärntner Straße, Graben und Stephansdom. Es lohnt ein Abstecher zur **Urania** (6), dem Volksbildungsheim der Stadt, 1909 im Jugendstil erbaut mit Sternwarte, Kino- und Vortragssälen. Von hier aus führt der Rundgang über die Ringstraßen am Stadtpark vorbei wieder in Richtung Hofburg und Heldenplatz.

Kunsthistorisches Museum	Das Kunsthistorische Museum (7) und seine weltberühmte Gemäldegalerie (Rubens, Rembrandt, P. Bruegl d. Ä., Tizian, Caravaggio usw.) laden zur Besichtigung ein. Weniger interessant für den Touristen dürfte das **Naturhistorische Museum** (9) sein. 
Denkmal Maria Theresia und Parlament	Zwischen den beiden Museen steht das Denkmal von Maria Theresia (8). Sie lebte von 1717 bis 1780, wurde österreichische Kaiserin und war eine der bedeutendsten Regentinnen Europas. Das Parlament (10) gilt als der schönste Ringstraßenbau. In seinen Räumen tagen heute National- und Bundesrat.
Neues Rathaus und Burgtheater	Gegenüber dem neugotischen Prunkbau des Neuen Rathauses (11) stößt der Besucher auf das Burgtheater (12), der angeblich besten deutschsprachigen Bühne und Nationalheiligtum Österreichs. Karten für eine Aufführung müssen Monate vorher bestellt werden, das gilt übrigens auch für die Staatsoper, aber eine Besichtigung des Gebäudes kann empfohlen werden. 

Sehenswertes außerhalb des Zentrums

Hundertwasserhaus und Kunsthaus-Wien	Mit der Wohnanlage Hundertwasserhaus und dem Kunsthaus-Wien schuf der Maler Friedensreich Hundertwasser (geboren 1928) zwei Gebäudekomplexe, in denen nur ökologische Materialien verbaut wurden und der rechte Winkel verpönt ist. 
Prater	Ein Muss für jeden Touristen ist ein Fahrt mit dem Riesenrad auf dem Prater, dem weltberühmten Vergnügungspark, der das ganze Jahr geöffnet ist. 

UNO-City	Auf der anderen Seite der Donau findet man die hochmodernen Bauten der UNO-City mit dem Vienna International Centre und vom Drehrestaurant des Donauturms hat man einen herrlichen Blick über Wien. 
Schloss Schönbrunn	Das Schloss Schönbrunn, die Sommerresidenz der Kaiserfamilie, gilt als die meistbesuchte Attraktion der Stadt. Nicht nur ein Besuch der im Schloss zur Besichtigung frei gegebenen Räume ist zu empfehlen, sondern auch der Besuch des Parks mit der Gloriette, der Wagenburg mit den prunkbeladenen Krönungskarossen und Leichenwagen, des Schlosstheaters und des ehemaligen Tiergartens der Kaiserfamilie. Schönbrunn scheut nicht den Vergleich mit dem Schloss Versailles von Ludwig XIV., dem Vorbild aller Barockschlösser. 
Obere und Untere Belvedere	Sehenswert sind weiterhin das Obere und Untere Belvedere, die beiden Barockschlösser des Feldherrn Prinz Eugen von Savoyen, der die Vorherrschaft der türkischen Osmanen auf dem Balkan beendete und mit dem der Aufstieg Österreichs zur Großmacht begann. Im Oberen Belvedere befindet sich die Galerie der österreichischen Maler des 19. und 20. Jahrhunderts mit überragenden Werken von Klimt, Schiele, Kokoschka und Makart. 

Wiens Besonderheiten und nicht nur Kulinarisches

An der U-Bahn-Station Kettenbrückengasse findet täglich der **Naschmarkt** (Lebensmittel) und samstags der Flohmarkt statt. Bei einer Fahrt mit dem **Fiaker** erläutert der Kutscher die Sehenswürdigkeiten und informiert über den neuesten Tratsch der Stadt. Nicht nur im Hotel Sacher kann man die berühmte Torte probieren und die Grundbegriffe der Wiener Kaffeehauskultur lernen. Die „größten" Wiener Schnitzel gibt's beim Figlmüller in der Wollzeile, aber nicht nur da. Im **„Bermuda-Dreieck"** verbringt man den Abend und die Nächte in den angesagten Bars und Kneipen. In den **Heurigenlokalen** von Grinzing trinken Wiener und ihre Gäste den Hauswein, denn Wien verfügt über ausreichend eigene Weinanbaugebiete. Und wenn man viel Zeit erübrigt, lohnen sich Ausflüge in die Weinorte Baden und Gumpoldskirchen, die Besichtigung von Stift Klos-

terneuburg und Kloster Heiligenkreuz oder des Jagdschlosses Mayerling, wo sich 1889 Kronprinz Rudolf das Leben nahm und – wahrscheinlich – seine minderjährige Geliebte erschoss, wenn sie nicht doch Selbstmord begangen hat. Der Wein- und Kurort Baden mit seinen Schwefelquellen – bequem mit der Straßenbahn (Lokalbahn Wien – Baden) von der Staatsoper erreichbar – spiegelt wunderbar die vergangene k. k. (königlich/kaiserliche) Atmosphäre Österreichs wider.

Verkaufsargumente für eine Städtereise nach Wien

- » Auswahl unter alternativen Verkehrsmitteln bei der Anreise
- » Angebotsvielfalt der Veranstalter
- » ideales Ziel für Kurz- (Zweit-, Dritt-)reisen
- » geeignet für Gruppen- oder Individualreisen (Pauschalreisen)
- » keine Verständigungsprobleme
- » großes Angebot an unterschiedlichen Themenreisen
- » keine Währungsprobleme (Euro)
- » Ganzjahresdestination
- » für alle Urlaubertypen von Interesse

Situationsaufgabe

Situation:

Sie sollen für eine Saisoneröffnungsfahrt nach Wien mit dem Bus einen Programmpunkt vorbereiten. Ihnen steht ein Nachmittag zur Verfügung, die Stadtrundfahrt hat bereits stattgefunden und Ihre Reisegruppe möchte sich in der Innenstadt bei einem Spaziergang einige Ziele in Ruhe anschauen.

Aufgabe:

Planen Sie den Programmpunkt und kalkulieren Sie auch eine Pause in einem typischen Wiener Kaffeehaus ein.

Aufgaben

1_ Gegenwärtig stagnieren die globalen Buchungszahlen für Pauschalreisen im Segment Städtereisen im stationären Vertrieb. Welche Ursachen können Sie dafür benennen?

2_ Ihr Kunde hat in seiner Reisebeschreibung die Begriffe OPEC, IAEO, Spanische Hofreitschule, Gloriette und Heurigenlokale gelesen und kann sich nichts darunter vorstellen. Erläutern Sie ihm, was darunter jeweils zu verstehen ist.

3_ Welche Merkmale fallen Ihnen spontan ein, wenn Sie das besondere Flair von Wien beschreiben wollen?

4_ Ein Kunde (50, ohne BahnCard) möchte an einem Freitag von Düsseldorf aus mit der Bahn nach Wien fahren. Welche Zugverbindung können Sie ihm für die Hinfahrt (einmal mit fünfmonatiger Vorausbuchung, einmal für nächsten Freitag) empfehlen, damit er einen zusätzlichen Tag für die Besichtigung der Stadt einplanen kann?

5_ Was sind die Besonderheiten des Hundertwasserhauses?

Eine zusätzliche Aufgabe zu Kapitel 9.2 finden Sie im BPW unter Zusatzaufgaben zu LF 7, Kapitel 9.2.

Web

9.3 Städtereise nach Rom

Rom, caput mundi (Haupt der Welt), die „Ewige Stadt", ist mit ihrer über 2 000 Jahre alten Geschichte eines der meistbesuchten Touristenziele der Welt. Sie lockt mit Baudenkmälern aller Epochen – von der Antike bis zur italienischen Renaissance – und Barockarchitektur, berühmten Kunstsammlungen und einer offenen und internationalen Atmosphäre. Zugleich ist sie eines der wichtigsten Pilgerziele der katholischen Christenheit aus aller Welt. Modeateliers und die Filmstadt Cinecittà unterstreichen den Ruf einer modernen Weltstadt.

Geschichte

Der Sage nach 753 v. Chr. von den Zwillingen Romulus und Remus gegründet, entwickelte sich ein gewaltiges Imperium, das bis ca. ins 2. Jahrhundert v. Chr. zunächst die in Mittelitalien herrschenden Etrusker sowie die Mittelmeermächte Karthago und Griechenland besiegte und unter Kaiser Trajan (98–117) seine größte Ausdehnung erreichte. Der Kontakt mit der griechischen Zivilisation beeinflusste die römische Kunst, Architektur und Kultur in dieser Zeit. Mit der Verlegung der Hauptstadt des Reiches nach Konstantinopel (330) begann der Abstieg des antiken Rom. 756 wurde der Kirchenstaat gegründet, der bis 1870 existierte, aber erst Anfang des 15. Jahrhundert begannen die Päpste, die inzwischen entvölkerte Stadt wieder auszubauen, und während der Renaissance und des Barocks entstand mit prachtvollen Kirchen und grandiosen Palästen das heutige Stadtbild.

Lage

Die Landschaft um Rom – die Campagna Romana – ist hügelig, nur Richtung Westen, zum Meer hin, liegt eine niedrige Schwemmlandebene. Die Innenstadt Roms erstreckt sich auf sieben Hügeln[1] zu beiden Seiten des Tibers.

Einwohner: ca. 2,8 Mio., in den Vororten und im Umland weitere ca. 1,5 Mio.

Klima und Reisezeit

Rom ist ein Ganzjahresziel. Im Frühjahr, von April bis Juni, ist hinsichtlich der Temperaturen und Niederschläge jedoch die beste Reisezeit. Der Herbst von September bis Oktober ist ebenfalls zu empfehlen, obwohl ab Oktober die Monate mit den meisten Niederschlägen beginnen (ca. bis Februar). Der Sommer ist i. d. R. zu heiß und zu schwül, zumindest für ältere Menschen. Die Wintermonate sind ideal für den Besuch von Museen und man erhält eher einen Eindruck vom römischen Alltag.

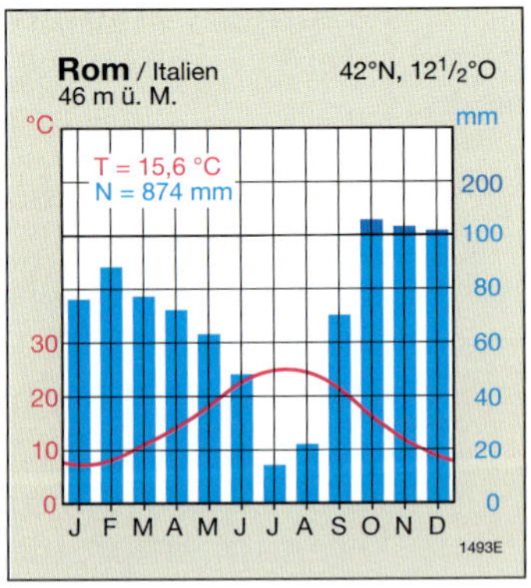

Anreise und Verkehrsmittel

Fiumicino (FCO), Roms größter Flughafen, auch als International Airport „Leonardo da Vinci" bekannt, wird u. a. von Lufthansa, Eurowings, TUI fly, easyJet und Alitalia bedient und liegt 26 km südwestlich

1 Diese Hügel sind: Aventin, Caelius, Esquilin, Kapitol, Palatin, Quirinal und Viminal.

vom Stadtzentrum. Der zweitgrößte Flughafen in Rom, Ciampino (CIA), liegt etwa 15 km südöstlich des Stadtzentrums und wird hauptsächlich von Low-Cost-Airlines angeflogen, z. B. Ryanair, Wizz Air. Die Flugzeit beträgt z. B. ab Frankfurt: 1:45 Stunden; der Transfer in die Stadt zur Stazione Termini, dem Knotenpunkt des Nahverkehrssystems (U-Bahnen und Busse), dauert mit dem Bus von beiden Flughäfen ca. 30 Minuten.
Hier enden auch die Auslandsverbindungen mit dem Zug. Die Fahrtzeit von München bis Rom beträgt ca. 10 Stunden.
Civitavecchia – der Hafen von Rom – ist in ca. einer Stunde mit dem Zug erreichbar.

Das antike Rom

Campidoglio (Kapitol)	Wo einst die Tempel Jupiters und Junos standen, gestaltete Michelangelo im Jahr 1536 den trapezförmigen Platz mit dem Sternenmuster, der vom Senatorenpalast, dem römischen Rathaus, dem Konservatorenpalast und dem Palazzo Nuovo gerahmt wird. Das Piedestal, wo Kaiser Mark Aurel seit 1538 mit erhobener Hand grüßte, schmückt seit April 1997 eine Kopie, das Original steht nach jahrelanger Restauration in einer verglasten Nische der Kapitolinischen Museen.
Konstantinbogen	Der monumentale Triumphbogen (21 m hoch) steht in der Nähe des Kolosseums. Er wurde zu Ehren Kaiser Konstantins 313–315 errichtet.
Palatin	Der Palatin ist der älteste besiedelte Hügel Roms. Hier wohnte der Adel und später entstanden hier die Paläste der Kaiser. Sehenswert sind das **Haus der Livia** und das **Haus des Augustus.**
Pantheon	 Das am besten erhaltene und am schönsten proportionierte antike Denkmal Roms, das Pantheon, ist zu einem Symbol der Stadt geworden. Kaiser Hadrian ließ den runden Bau als Tempel für die Götter errichten (119–128 n. Chr); im Jahr 608 wurde er zu einer Kirche umgewandelt. Der Radius der Kuppel entspricht genau deren Höhe. Licht dringt in das Bauwerk durch eine neun Meter große Öffnung in der Mitte der Kuppel ein. Das Pantheon wurde einst von Götterdenkmälern geschmückt, heute birgt es die Grabmäler zahlreicher Berühmtheiten, u. a. das von Raffael.
Colosseo (Kolosseum)	 Kaiser Vespasian begann mit dem Bau des vierstöckigen Theaters 72 n. Chr., sein Sohn Titus weihte das Gebäude nach nur achtjähriger Bauzeit mit hunderttägigen Festspielen ein. 5 000 Tiere und unzählige Gladiatoren wurden hier geopfert.
Forum Romanum	Inmitten des Lärms des brausenden Verkehrs findet man den ehemaligen Hauptplatz des Imperium Romanum. Einige Höhepunkte: Eingang von der Via dei Fori Imperiali, vorbei an der Basilica Aemilia, dem Tempel der Faustina, am Caesarstempel und Augustus bogen über die Via Sacra zur Rostra, der Rednertribüne; rechts davon der Lapis Niger, der Schwarze Stein, über dem Grab von

	Romulus, die Kurie des Senats, der Septimius-Severus-Bogen; linker Hand der Saturntempel und die Basilica Julia, die Gerichtshalle, von Caesar kurz vor seiner Ermordung gebaut; rechteckige Kastor- und Pollux-Tempel und der kreisrunde Vesta-Tempel, wo die Vestalinnen, Jungfrauen aus den vornehmsten Familien, das Heilige Feuer hüteten; die Via Sacra entlang, vorbei am Haus der Vestalinnen und dem Romulus-Tempel, den Maxentius für seinen früh verstorbenen Sohn baute, und die Maxentius-Basilika, die sein Bezwinger Konstantin zur ersten christlichen Wallstatt umbaute. Beim Titusbogen führt der Weg hoch auf den Palatin, wo viele reiche Römer, Cicero, Catull und die Eltern des Augustus ihre Villen besaßen. 
Trajansforum	Mehr und mehr dehnte sich Rom aus, sodass ein Forum nicht mehr ausreichend war, es entstanden weitere Kaiserforen. Caesar, Augustus, Vespasian, Nerva und Trajan ließen je einen großen Platz bauen, der von öffentlichen Gebäuden umgeben war. Sehenswert ist das Trajansforum mit den Gebäuden der Trajansmärkte. Das eindruckvollste Monument der Kaiserforen ist die 40 m hohe **Trajanssäule,** deren Außenrelief mit über 2.500 Figuren sich spiralförmig nach oben zieht und mit einer Statue des Apostels Paulus gekrönt wird.
Castel Sant'Angelo (Engelsburg)	Die Engelsburg wurde unter Kaiser Hadrian erbaut und sollte als Mausoleum dienen. Sie wurde als Verteidigungsburg, päpstliche Festung und Gefängnis genutzt. Durch einen Gang auf den Grenzmauern des Vatikans gelangte man auf kürzestem Weg vom Petersdom zur sicheren Engelsburg. Heute befindet sich ein Museum in dem Bauwerk. Zu sehen sind die Geschichte der Engelsburg, die päpstlichen Gemächer, die Zellen der Gefangenen, Fresken, die Truhen der Kirchenschätze, Statuen.  Imposant ist auch die **Engelsbrücke,** die die Engelsburg mit dem Zentrum von Rom verbindet. Sie wurde 134 n. Chr. unter Kaiser Hadrian erbaut. Die barocken Statuen wurden erst unter Papst Clemens VII. im 16. Jahrhundert aufgestellt.
Katakomben	Für die Menschen der Antike gab es nichts Schlimmeres, als unbeerdigt und ungeehrt von den Angehörigen zu sein. Die Christen nahmen den römischen Grabkult auf. Da die Toten nicht innerhalb der Stadtmauern bestattet werden durften, boten sich die Tuffsteinhügel entlang der Ausfallstraßen als Gräber an. Vor dem Grabmal der Caecilia Metella an der Via Appia Antica liegt ein Talkessel, „catacumba" (griechisch: bei der Senkung) genannt. Der Name setzte sich für alle unterirdischen Totenstädte durch.  Die verschiedenen Katakomben: » Domitilla » Priscilla » San Callisto » Sant'Agnese fuori le Mura » Sebastiano

Die Vatikanstadt

Innerhalb der Vatikanstadt dürfen nur bestimmte Orte besucht werden: der Petersdom, der Petersplatz, das Vatikan-Museum und die Vatikangärten.

Petersdom	Der prächtige, im Renaissancestil gebaute Petersdom (San Pietro in Vaticano) dürfte wohl das bekannteste Wahrzeichen der Stadt sein; er kann nachmittags besichtigt werden, kostet allerdings Eintritt.
Petersplatz	 Der vor dem Dom liegende Petersplatz ist eine Schöpfung des Architekten Bernini (errichtet 1656 bis 1667). Auf beiden Seiten stehen im Halbkreis angelehnte Kolonnaden. Der ägyptische Obelisk in der Mitte des Platzes wurde zur Zeit Caligulas errichtet. Der 1667 vollendete Petersplatz ist ein Meisterwerk, auch der optischen Illusion. Denn der kreisförmig anmutende Platz ist in Wirklichkeit eine Ellipse und das flach wirkende Rechteck vor dem Dom ein vier Meter ansteigendes Trapez. Von den kleinen Marmorplatten links und rechts des Brunnens betrachtet, verschmelzen die vier Säulenreihen zu einer einzigen Kolonne. Die halbkreisförmigen Kolonnadenkränze, mit 140 Heiligen bestückt, wirken wie einladende Arme. So erreichte Bernini sein Ziel: Michelangelos perfekte Kuppel, die hinter der missproportionierten Domfassade von Maderno fast verschwand, rückt wieder in den Mittelpunkt.
Vatikanische Museen	Rechts vom Petersdom stehen die Vatikanischen Paläste, die offizielle Residenz des Papstes. Die wichtigsten Kulturschätze des Palastes sind die Räume von Raffael sowie Wandmalereien von Raffael und seinen Schülern; das Gartenhaus; die Vatikan-Bibliothek, die 1450 gegründet wurde und einen unermesslichen Reichtum bibliophiler Kostbarkeiten beherbergt; die Kunst- und Gemäldesammlung des Vatikans und die Sixtinische Kapelle (s. u.) mit den weltberühmten Deckenmalereien von Michelangelo, die die Erschaffung der Welt darstellen, wie sie in der Bibel beschrieben wird. Zu den Vatikan-Museen gehören eine Antiquitätensammlung, das Ägyptische Museum, das Etruskische Museum; das Museum für moderne religiöse Kunst mit Werken von Beckmann, El Greco, Kandinsky, Matisse, Munch und anderen und die Pinacoteca mit Gemälden vom Mittelalter bis zur Gegenwart, u. a. von Caravaggio, Cranach d. Ä., Raffael, Tizian, Leonardo da Vinci und niederländischen und flämischen Meistern. Im Museum gibt es ein Restaurant und auf dem Dach des Petersdoms eine Bar und Cafeteria.
Sixtinische Kapelle	 Schon bei seiner Entstehung machte das „Jüngste Gericht", Michelangelos Spätwerk, an der Altarwand der Sixtinischen Kapelle im Vatikan Geschichte. An Allerheiligen im Jahr 1541 „lief ganz Rom, ja, die ganze Welt zusammen, um es mit Erstaunen und Verwunderung anzuschauen", schrieb der Maler und Kunsthistoriker Vasari: Ein nackter Christus, der mit einer machtvollen Geste einen Strudel von ebenfalls nackten Heiligen, Auferstande-

	nen und Verdammten um sich zieht! Das war zu viel für die Zeit der Gegenreformation. Und so mussten Michelangelo und sein Schüler Daniele di Volterra den Unzüchtigen Schleier um die edlen Teile malen. Als 453 Jahre später, am Osterfest 1994, das Gerüst zum zweiten Mal fiel und ein restauriertes Jüngstes Gericht in den alten Farben des Meisters erstrahlte, waren die Besucher begeistert. Bei der delikaten Frage, ob bei der Restaurierung die nachträglich aufgemalten Hüllen und Höschen fallen sollten, hat sich der Vatikan mit einem „Jein" aus der Affäre gezogen: Die Lendenschürze, die Daniele di Volterra den Heiligen verpasste, sollen als kunsthistorisches Zeugnis bleiben, 17 der insgesamt 40 Schamtüchlein, die spätere Puristen auftrugen, haben die Restauratoren jedoch abgewaschen. Damit ging die wohl aufwendigste Restaurierung des Jahrhunderts glücklich zu Ende.

Plätze, Straßen und Stadtteile

Campo de' Fiori	Der Name stammt von einer blumigen Rinderweide, die sich hier im Mittelalter befand. Heute findet man hier eher Gemüse und Grünzeug als Blumen. Zwischen Corso Vittorio Emanuele und der sehr viel vornehmeren Renaissancepiazza Farnese gelegen, von hohen, inzwischen etwas abgeblätterten Palästen umgeben, ist er besonders abends, wenn die Wirte ihre Tische aufs Straßenpflaster stellen, einer der romantischsten Essplätze Roms.
Piazza Navona	 Nicht nur die Kunstwerke wie Berninis Vierströmebrunnen, der Nil, Donau, Rio de la Plata und Ganges symbolisiert, die Kirche Sant'Agnese, die aprikosenfarbenen Paläste, vor allem das lebendige Inventar der Piazza muss man gesehen haben: Hier treffen sich in den teuren Cafés im Freien immer dieselben Künstler, Politiker und Journalisten, verweilen Handwerker, Nonnen und Großmütter mit Kindern auf den Marmorbänken.
Scalinata di Trinità dei Monti (Spanische Treppe)	 Die Balustraden unter der französischen Kirche Trinità dei Monti sind das harmonische Ergebnis eines jahrzehntelangen Streits zwischen den Päpsten und der französischen Krone. Die Franzosen stifteten die Taler, um den Aufgang zu ihrer Nationalkirche glanzvoll zu gestalten. Die Päpste setzten schließlich ihre Version durch und ließen 1723 den eleganten Aufgang von Alessandro Specchi und Francesco de Sanctis schaffen. Früher war diese Treppe Treffpunkt der internationalen Jugendszene, seit ihrer Restaurierung im Frühjahr 1996 ist sie nur noch eine schöne Treppe: Essen und Trinken ist nicht mehr erlaubt.

Fontana di Trevi	Der Trevi-Brunnen ist eine der Touristenattraktionen in Rom. Vor ihm drängen sich die Touristen, um über Kopf nach hinten eine Münze in den Brunnen zu werfen – in dem Glauben bzw. der Hoffnung, eines Tages wieder hierher zu kommen. 
Via Appia Antica	Einst rollte hier der gesamte Verkehr des römischen Weltreiches, die der Zensor Appius Claudius Caecus 312 v. Chr. angelegt hatte, nach Süden bis zum Hafen Brindisi. Heute braust der Autoverkehr über die nur 4,30 m breite „Königin der Straßen". Es gibt keine Bürgersteige, sodass die Touristen auf den ersten Kilometern hinter der Porta San Sebastiano gnadenlos an die Mauern gedrängt werden. Erst hinter dem Rundgrab der Caecilia Metella, Frau des Generals Crassus, wird die Via Appia ruhig und romantisch. Hier beginnt der eigentliche Spaziergang durch den archäologischen Park, gesäumt von antiken Grabmälern reicher Römer und den oft illegal gebauten Villen heutiger Römer. 
Trastevere	Schön ist Trans Tiberim, also jenseits des Tibers, wie der Stadtteil zu Augustus' Zeiten hieß, mit seinem Gewirr von Gässchen noch immer, aber auch ein wenig herausgeputzt. Der Immobilienboom der letzten Jahre hat das Handwerkerviertel zu einem Nobel- und Kneipenviertel vor allem für Ausländer gemacht. Aber es gibt noch viele alte Trasteverianer, die ihre kleinen, verwinkelten Wohnungen um keinen Preis verkaufen. Und die, die fortgezogen sind, kommen einmal im Jahr, zur „Festa de' Noantri" im Juli, zurück. 

Museen

Ein Drittel aller Kunstschätze der Welt liegt in Italien, aber man hütet die Schätze schlecht. Und so sind denn auch viele der 60 römischen Museen Geistermuseen, von denen niemand weiß, ob es sie wirklich gibt oder ob sie nur die offizielle Statistik zieren, ob sie wegen Personalmangel oder Restaurierung immerfort geschlossen sind. Fast alle Museen haben verschiedene und häufig wechselnde Öffnungszeiten. Die meisten staatlichen Museen haben nur vormittags geöffnet und sind meist montags geschlossen.

Galleria Borghese	mit Berninis sinnlichen Skulpturen im verfallenen Lustschloss
Kapitolinische Museen	zeigen Venus, Wölfin und Kaiser Mark Aurel, der echte, hinter Glas
Etruskisches Museum	Das Etruskische Museum zeigt etruskische Kleinode in der päpstlichen Sommerresidenz, die seit 1889 das Etruskische Museum mit Funden aus den etruskischen Nekropolen in Latium, Umbrien und vor allem der Toskana beherbergt: Gläser, Schmuck, Tongefäße, Grabbeigaben und einen faszinierenden Sarkophag mit dem liegenden Ehepaar.
Galleria Spada	Die Galleria Spada, ehemals Wohnsitz von Kardinal Bernardino Spada, besticht vor allem durch den Palast selbst als Meisterwerk des italienischen Manierismus aus dem Jahre 1540, aber auch die perspektivische Spielerei im Innenhof verwirrt den Besucher.

Essen, Trinken und Einkaufen

Ob im Restaurant, im Café, in der Pizzeria oder im Schnellimbiss – Essen ist die Leidenschaft der Italiener, also auch der Römer.

Für die modernen Römer liegt Kunst nicht unbedingt im Barock, in Marmorbüsten und antiken Trümmern, sondern in den alltäglichen Lebensgenüssen. Essen zu Hause oder im Ristorante! Und Essen heißt immer auch Pasta („pasta asciutta“ = trockene Nudeln, d. h. solche, die nach dem Kochen abgetropft werden, also die meisten Nudelgerichte). Es gibt bei den Nachfahren des Lukull, der natürlich Römer war, keinen nudelfreien Tag. Pastaläden bieten oft mehr Auswahl und Vielfalt als Spielzeuggeschäfte. Arm und Reich unterscheiden sich – an den Saucen. Alle lieben den Sugo aus Tomaten, aber für Betuchte dürfen es auch schon mal Bandnudeln mit frisch geriebenen Trüffeln oder mit Kaviar sein.

Einkaufen

Rom ist der Laufsteg, Mailand die Modefabrik. Die Modemessen finden im italienischen Norden statt, Modeschauen auf der Spanischen Treppe oder dem Kapitol. Fast alle Boutiquen der Modeschöpfer liegen im historischen Zentrum zwischen der Via del Corso, der Piazza di Spagna und der Via Frattina, die Ateliers in der Via Gregoriana und an der Piazza Mignanelli. Die berühmteste und wohl auch teuerste Adresse Roms ist immer noch die Via Condotti, die zur Spanischen Treppe führt, auch die Via Borgognona und die Via delle Carrozze sind ein elegantes Pflaster; als schickste Querstraße hat sich die Via Bocca di Leone herausgeputzt. Ein Einkaufsbummel wird zum ästhetischen Erlebnis: Alta Moda, Italiens Exportartikel Nummer eins.

Flohmarkt Porta Portese

Es gibt nichts, das es hier nicht gibt. Jeden Sonntagmorgen kommen Römer, Neapolitaner, Russen, Polen oder Afrikaner und bieten Hüte, Schuhe, Ferngläser, Uhren und originelle Klamotten zuhauf an.

Ausflüge in die Umgebung

Tivoli, Frascati, Genzano, Castel Gandolfo und Rocca di Papa sind die beliebtesten Ausflugsziele weiter im Landesinneren.

Ostia, der alte Hafen von Rom, ist heute ein beliebter **Badeort** mit vielen Freizeiteinrichtungen. In Anzio, Sabaudia, San Felice Circeo, Terracina und Sperlonga kann man ebenfalls einen erholsamen Badeurlaub verbringen. 30 km vor der Küste liegt die idyllische Insel Ponza.

Civitavecchia ist ein bedeutender Handels- und Marinehafen, von hier aus fahren regelmäßig Schiffe nach Sardinien.

Verkaufsargumente für eine Städtereise nach Rom

- 2 000 Jahre Geschichte haben Baudenkmäler von der Antike bis zur italienischen Renaissance- und Barockarchitektur hinterlassen.
- Rom bietet eine Vielzahl von berühmten Kunstsammlungen.
- Rom ist eines der wichtigsten Pilgerziele der katholischen Christenheit.
- Modeateliers und Boutiquen der Modeschöpfer (Einkaufen!) sowie die Filmstadt Cinecittà unterstreichen den Ruf einer modernen Weltstadt.
- Rom ist aufgrund seines Klimas ein Ganzjahresziel und kann deshalb spontan besucht werden.
- Rom ist mit Flugzeug, Bahn, Auto und Bus von Deutschland aus gut erreichbar.

Situationsaufgabe

Situation:

Ein Ehepaar, das bei Ihnen eine dreitägige Städtereise nach Rom mit Anreise und Hotel gebucht hat, bittet Sie um Vorschläge für Besichtigungen in Rom.

Aufgabe:

Arbeiten Sie ein Besichtigungsprogramm für drei Tage aus.

Aufgaben zu LF 7, Kapitel 9.3 finden Sie im BPW unter Zusatzaufgaben zu LF 7, Kapitel 9.3. Web

10 Gesundheits- und Wellnessurlaub am Beispiel Mecklenburg-Vorpommerns

10.1 Allgemeine Merkmale eines Gesundheits- und Wellnessurlaubs

Der Tourismus mit dem Motiv Gesundheit kann in zwei Formen abgegrenzt werden. Der von den Teilnehmerzahlen her rückläufige klassische Gesundheitstourismus, der sog. Kuraufenthalt, auf der einen Seite. Hier spielen die folgenden Aspekte eine besondere Rolle:

» Natürliche Heilmittel des Bodens oder des Klimas
» Einschlägige Kureinrichtungen
» Kurortcharakter
» Natürliche Heilwasser

Ziel eines Kuraufenthalts ist die Prävention von Erkrankungen, Rehabilitation nach Unfällen und medizinischen Eingriffen oder die Behandlung chronischer Erkrankungen. Kuraufenthalte sind stets an eine bestimmte Aufenthaltsdauer gekoppelt.

Auf der anderen Seite gibt es die moderne Form des Gesundheitstourismus, auch Wellness genannt.

Wellness

Wellness steht für eine Vielzahl von Angeboten, Produkten und Lebensweisen und ist bis heute weder geschützt noch genau definiert. Bereits in den 50er-Jahren des letzten Jahrhunderts wurde dieser Begriff in den USA benutzt, um eine grundlegende Änderung des amerikanischen Gesundheitssystems hin zu mehr Förderung der Eigenverantwortung für die Gesundheit zu beschreiben. Die individuell vorhandenen Potenziale sollten nach dem Sozialmediziner Halbert L. Dunn unter Berücksichtigung der jeweiligen Lebensumstände maximiert werden. Es sollte Einfluss auf die Lebensweise, auf Verhaltensmuster, innere Einstellungen und Überzeugungen genommen werden. Verbesserungen des Gesundheitszustands gelingen nur, wenn die den Verhaltensweisen zugrunde liegenden Motive, Emotionen und (meist unbewussten) Lebenskonzepte angesprochen werden.

Aus den vorgenannten Gründen definiert der Deutsche Wellness Verband den Begriff Wellness heute als „genussvoll gesunde Lebensweise".

Medical Wellness

Als weiterer Begriff davon abzugrenzen ist Medical Wellness. Auch hier liefert der Deutsche Wellness Verband eine Definition: „Medical Wellness bezeichnet die synergetische Kooperation von Medizin und Wellness, die in ihrer Kombination mehr gesundheitliche Wirkung erzielt als jedes der beiden Kompetenzfelder für sich allein. Entsprechende Angebote müssen auf Grundlage medizinischer Fachkompetenz die Lebensqualität verbessern und zur Stärkung der eigenen Gesundheit durch einen genussvoll gesunden Lebensstil befähigen. Zumindest im Falle bekannter gesundheitlicher Vorbelastungen oder Vorschäden ist eine ärztliche Mitwirkung unerlässlich."

Medical Wellness ist also mehr als Massage und Solarium. Die anspruchsvollen Medical Wellness Kunden wollen freiwillig und vorbeugend etwas für ihre Gesundheit tun. Sie wollen ggf. Verhaltensweisen, Ernährungsgewohnheiten und ihren Lebensstil ändern.

Aber Vorsicht: Auch dieser Begriff ist nicht geschützt. Jedes spärlich ausgestattete Kurhotel mit einem Masseur und Sauna kann mit dem Begriff werben. Allerdings sind die Wellnessverbände in Deutschland um einheitliche Kriterien bemüht. Sie haben Zertifikate entwickelt, die teilnehmende Einrichtungen auszeichnen.

Zu Medical-Wellness-Anwendungen zählen u. a. Kneipp-Kuren, Ayurveda, traditionelle chinesische Medizin, Thalasso-Therapien, Akupunktur, Autogenes Training, Heilfasten, Fußreflexzonenmassagen, Anti-Stress-Training, Nordic Walking oder Balneo- und Hydrotherapie.

Der gesundheitsfördernde Nutzen ist aber nicht bei allen Methoden erwiesen. Im Zweifelsfall sollten sich die Kunden von einem Arzt beraten lassen.

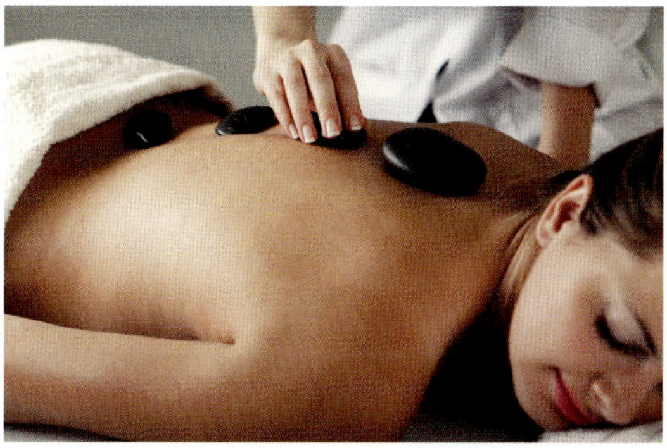

Wellness- und Medical-Wellness-Angebote

Die Angebote sind zahlreich. So werben z. B. die Veranstalter TUI oder DERTOUR mit eigenen Katalogen für klassische Wellnessreisen.

Der Veranstalter Ameropa zielt mit seinem Angebot an Wellnessreisen z. B. auf zwei Zielgruppen:

a) klassische Wellness: Paare und Frauen zwischen 35 und 55 Jahren, die auch gerne in kleinen Gruppen reisen. Gehobenes Haushaltseinkommen (> 3.000,00 € netto/Monat), es wird ohne Kinder gereist.

b) Medical Wellness: Paare und Einzelreisende zwischen 45 und 65 Jahren. Schwerpunkt Prävention, etwas für die Gesundheit tun. Hier werden auch mehr Männer angesprochen als bei klassischer Wellness. Der Ameropa-Gast bleibt bei einer Urlaubsreise in Deutschland ca. 5,2 Nächte im Zielgebiet. Bei Wellnessaufenthalten kürzer (ca. 3,2 Nächte).

Gesundheitsreisen werden, wenn es sich um Präventionskurse handelt, evtl. von den Krankenkassen bezuschusst. Die Höhe des Zuschusses ist aber von Kasse zu Kasse verschieden. Nachfragen lohnt sich!

10.2 Die Ostseeküste

Die Ostseeküste in Mecklenburg-Vorpommern weist 24 Seebäder und sechs Seeheilbäder auf. Grund genug, einen Wellnessurlaub an der Küste zu verbringen. Darüber hinaus bieten die Hansestädte Rostock, Wismar, Stralsund, Greifswald und Demmin sowie die Landeshauptstadt Schwerin Gelegenheiten für Tagesausflüge.

Graal Müritz, Ostseebad Wustrow, Ostseebad Dierhagen

Graal Müritz

Die Stadt befindet sich zwischen der Hansestadt Rostock und der Halbinsel Fischland-Darß-Zingst. **Sehenswürdigkeiten:**

» Die 350 m lange Seebrücke wird mit Solarenergie betrieben und sieht sehr futuristisch aus (einzigartig in Europa).
» Der 5 km lange Sandstrand ist von der Europäischen Union mit der „Blauen Europaflagge" für die gute Qualität des Ostseewassers ausgezeichnet.
» Der ca. 4,5 ha große Rhododendronpark mit seinen 55 verschiedenen Azaleen- und Rhododendronarten ist einzigartig in Meckenburg und einer der größten in ganz Deutschland. In der Blütezeit Mai/Juni erstrahlen die über 2 100 Stauden im Park in allen Farben. Die Rhododendronkönigin führt in dieser Zeit durch den Park und wöchentlich finden Parkkonzerte statt.
» Die Rostocker Heide ist das größte, geschlossene Waldgebiet Norddeutschlands. Markierte Wander- und Radwanderwege laden zu aktiven Ausflügen ein.
» Die restaurierten Fischerkaten mit schilf gedeckten Dächern und die historischen Büdner-Häuser sind immer wieder sehenswert.
» Im Naturschutzgebiet Ribnitz-Müritzer Hochmoor sind zahlreiche Tiere und Pflanzen, die es nur noch sehr selten gibt zu Hause, darunter u. a. einige Orchideenarten und vom Aussterben bedrohte Vögel. Die Tourismus- und Kur GmbH bietet geführte Wanderungen durch das Moor an.

Ostseebad Wustrow

Seebrücke, Hafen, Kirche mit Rundblick, Kapitänshäuser, historische Seenotrettungsstation, Heimatstube, Fischlandhaus, Bauerngehöfte in Barnstorf, Friedhof mit Kapitäns- und Künstlergräbern.

Ostseebad Dierhagen
Küstenschutzwald mit Windflüchtern (Gespensterwald), Moorgebiete, Dorfkirche (Votivschiff), Friedhof mit alten Seemannsgräbern.

Fischland-Darß-Zingst

Fischland-Darß-Zingst ist eine 45 Kilometer lange Halbinsel an der Ostseeküste zwischen Rostock und Stralsund. Der südwestliche Teil der Halbinsel bildet das Fischland, es folgt der Darß, an den sich im Osten die Halbinseln Zingst und der Große Werder anschließen. Zu Fischland-Darß-Zingst gehören die Gemeinden Wustrow, Ahrenshoop, Born a. Darß, Wieck a. Darß, Prerow und Zingst. Die nördlichste Stelle der Halbinsel bildet der Darßer Ort mit seinem Leuchtturm.

Das Ostseebad **Ahrenshoop** mit dem Hohen Ufer von Althagen, dem Hafen Althagen, der Schifferkirche und dem Schifferfriedhof ist einen Ausflug wert. Die abgeschiedene und idyllische Landschaft um Ahrenshoop bewegte im letzten Jahrzehnt des 19. Jahrhunderts einige Maler dazu, hier eine **Künstlerkolonie** zu gründen. Die Häuser der Künstler stehen heute unter Denkmalschutz. 1909 ließen die Maler Paul Müller-Kaempf, Theobald Schorn und Fritz Wachenhusen den Kunstkaten im Stil eines Fischlandhauses bauen und schafften damit eine Ausstellungsmöglichkeit, die nicht nur Künstler aus Ahrenshoop nutzten.

Das ca. 50 ha große **Naturschutzgebiet Ahrenshooper Holz** liegt im Nordosten des Ostseebades. Im etwa 400 Jahre alten Wald wachsen Buchen und bis zu 4 m hohe Stechpalmen.

Usedom

Usedom ist eine deutsch-polnische Insel in der Ostsee vor dem Stettiner Haff. Zu Usedom gehören die Ostseebäder **Kölpinsee, Karlshagen, Trassenhagen, Zinnowitz**, die Bernsteinbäder **Zempin**, **Koserow**, **Loddin** und **Ückeritz** sowie die drei Kaiserbäder **Heringsdorf**, **Bansin** und **Ahlbeck** auf deutscher und **Swinemünde** auf polnischer Seite. Die Insel ist für den Fremdenverkehr beider Länder von großer Bedeutung.

Neben den Bernsteinbädern, Kaiserbädern und den anderen Badeorten an der Ostsee ziehen vor allem die auf der Insel gelegenen Binnenseen (Süßwasserseen) wie **Schmollensee**, **Gothensee** oder **Wolgastsee** viele Touristen an.

Mit seinen zahlreichen Sandstränden, der Bäderarchitektur, seinen Meerwasserbädern, der Schmetterlingsfarm (Trassenheide), den Bauernhöfen und Handwerksbetrieben (Strandkorbmanufaktur Heringsdorf), den Kletterparks, seinen Museen und mit etlichen Kultur- und Kinderangeboten hat Usedom für jeden etwas zu bieten.

	Sehenswert im Hinterland: Städte Usedom und Penemünde, Dörfer mit Schlössern (Mellenthin, Schloss Stolpe), reetgedeckte Häuser, Salzhütten und Windmühlen (Benz, Pudagla, Trassenheide, Kamminke), die alte Hubbrücke Karnin und die Halbinseln Lieper Winkel und Gnitz.

Rügen

Neben den insgesamt 60 km feinen Sandstränden besticht Deutschlands größte Insel mit seiner landschaftlichen und strukturellen Vielfalt. Die Ostseebäder und die großen Nationalparks laden zu Aufenthalten ein. Die urigen Fischerdörfer, die vielen Hügelgräber und Opfersteine, Gärten, Parks, Schlösser und Herrenhäuser sind ebenfalls einen Besuch wert.

Binz	Binz ist das größte Seebad der Insel Rügen. Die 3,2 km lange Strandpromenade mit Häusern in typischer Bäderarchitektur lädt zum Spazierengehen ein. Den Mittelpunkt der Promenade bilden das Kurhaus, der Konzertplatz und die 1994 errichtete Seebrücke. Die Seebrücke ist 370 m lang und Ausgangspunkt für Schiffsfahrten u. a. zur Kreideküste.  Die weitläufigen Waldgebiete der Schmalen Heide und der Granitz sowie die Parkanlagen (Park der Sinne am Schmachter See und Binzer Kurpark) sind ebenfalls ideal für Spaziergänge. Bei 1 872 Sonnenscheinstunden pro Jahr herrscht ein mildes Reizklima.
Sellin	Die faszinierende Bäderarchitektur, ein feiner Sandstrand und das vielseitige kulturelle Angebot zeichnen das Ostseebad aus. Das Wahrzeichen, die Seebrücke Sellins, ist mit 394 Metern die längste Seebrücke auf Rügen. Zu jeder Jahreszeit gibt es vielfältige Sport- und Freizeitmöglichkeiten.  Seebrücke von Sellin
Göhren	Das gefragte Ostseebad der Halbinsel Mönchgut verfügt über einen Nord- und Südstrand mit einer Gesamtlänge von 8 km. Die 270 m lange Seebrücke am Nordstrand wurde in den 1990er-Jahren wieder neu errichtet. Kultur: Musikpavillon, in dem im Sommer oft Konzerte und Veranstaltungen stattfinden, die Komödie Rügen, der Kurpark und das Waldkino Göhren. Nordperd: Der markanteste Punkt und am weitesten östlich liegende Vorsprung Rügens. Vier von sechs Mönchguter Museen befinden sich in Göhren. Zu ihnen zählen das Heimatmuseum, das Rookhus und das Museumsschiff Luise.

Unternehmung	Firmenporträt	Fahrgebiete
nicko cruises GmbH, Stuttgart	Der Veranstalter disponiert fremde Schiffe im Vollcharter; Eigenvertrieb und Kooperation mit anderen Veranstaltern.	Mittel- und Osteuropa, Donau, Elbe Russland, Ukraine, China, Ägypten
Phoenix-Reisen GmbH, Bonn	Marke Phoenix Flussreisen, mit mehr als 50 Flussschiffen renommierter und preisbewusster Veranstalter für Flussreisen, alle Schiffe im Vollcharter mit weltweitem Angebot. Bietet eigene Hochseekreuzfahrten an.	West-, Mittel- und Osteuropa, Donau, Russland, Ukraine, Ägypten, China, Vietnam, Indien, Myanmar (Burma), Südamerika
Viking River Cruises S.A., Basel	Reederei, weltweiter und führender Anbieter im Premiumsegment, Quellmärkte u. a. USA, UK, Australien, 2013 Rückzug vom deutschen Markt, ab 2015 Aufbau einer Hochseekreuzfahrtflotte	Mittel-, West- und Südeuropa, Russland, Ukraine, Ägypten, China
Premicon AG, München	Fondsgesellschaft und Reederei, Vertrieb nur über Zeitcharter bzw. Bare Boat Charter – Kooperation u. a. mit Viking River Cruises, DERTOUR und anderen Reedereien und Veranstaltern	Hauptsächlich Rhein, Main, Donau

In einer schnelllebigen Welt bietet die geruhsame Flussreise einen wohltuenden und preiswerten[1] Kontrapunkt.

Anbieter Flusskreuzfahrten auf der Donau 2021/2022	Anzahl der Reisen
1AVista Reisen	5
AmaWaterways	34
A-ROSA	49
DCS-Touristik	8
Lüftner Cruises	17
Nicko Cruises	19
Phoenix	22
PLANTOURS	2
SE-Tours	4
VIVA Cruises	15

Quelle: Vgl. www.e-hoi.de/flusskreuzfahrt/donau-flusskreuzfahrten/32214_0/dcs-amethyst-dcs-touristik-passau-deutschland.html

Neben den allgemeinen Vorteilen einer Seekreuzfahrt wie guter Verpflegung (Vollpension) und Unterhaltungsmöglichkeiten rund um die Uhr, die bereits im Preis enthalten sind, sowie dem Wegfall des bei Rundreisen üblichen ständigen Kofferpackens (das Hotel reist mit und zwar in gleichbleibender Qualität), bieten Flusskreuzfahrten weitere Vorteile:

1 Tagespreise von ca. 140,00 € und weniger einschließlich Transfer sind zu bestimmten Zeiten (Nebensaison) möglich, in der Hochsaison (Sommer) i. d. R. ab 200,00 €.

- Es gibt keinen (oder nur wenig) Wellengang, also auch keine Gefahr der Seekrankheit.
- Wechselnde Landschaften ziehen vorbei. Es vergeht kein Tag ohne Landsicht.
- Durch die überschaubare Größe und die geringe Zahl an Passagieren entsteht eine ungezwungene Atmosphäre mit besseren Kontaktmöglichkeiten, insbesondere für Einzelreisende. Auch der Kontakt zur Besatzung ist dadurch wesentlich persönlicher und Sprachprobleme lassen sich leichter überwinden.
- Regionen, Menschen und Kulturen lernt man vom Fluss aus kennen.
- Städte und Landschaften können besucht werden, zu denen Seeschiffe keinen Zugang haben.
- Oft werden an einem Tag mehrere Orte besucht, von denen Ausflüge unternommen werden.
- Die Schiffe legen häufig im Zentrum einer Stadt an. Die Gäste können dadurch problemlos von Bord gehen und einen individuellen Ausflug unternehmen.
- Außenkabinen sind die Regel. Sie verfügen somit über Tageslicht und gestatten einen freien Ausblick auf die vorüberziehende Landschaft.
- Es werden überwiegend klimatisierte Zweibettkabinen angeboten. Häufig lassen sich die Fenster auch öffnen. Eines der beiden Unterbetten wird tagsüber hochgeklappt, um den Aufenthalt in der Kabine angenehmer zu gestalten. Ansonsten gleicht die Standardausrüstung der Seekreuzfahrt (Nasszelle).

- Die Mahlzeiten werden im Restaurant eingenommen. Feste Essenszeiten sind üblich, i. d. R. mit nur einer Sitzung.
- Häufig befindet sich ein Schiffsarzt an Bord. Im Gegensatz zur Seekreuzfahrt handelt es sich aber um eine Serviceleistung der Reederei.

Als Besonderheiten der Flusskreuzfahrt, auf die die Veranstalter auch hinweisen, gelten:

- Für die Betreuung der Gäste ist der Reiseleiter des Veranstalters zuständig. Von seiner Kompetenz wird der Erfolg der Flusskreuzfahrt wesentlich mitbestimmt.
- Die abendlichen Unterhaltungsshows haben nicht das Niveau von vergleichbaren Veranstaltungen in der Hochseekreuzfahrt. Es überwiegen die vom Reiseleiter gestalteten Shows wie Bingo, Quiz oder JeKaMi (Jeder kann mitmachen – Gäste machen Programm für Gäste).
- Das Freizeitangebot ist eingeschränkt und spielt sich entweder auf dem Sonnendeck oder dem einzigen allgemein zugänglichen Raum ab, der Lounge (Salon) mit ihrer Bar.
- An manchen Anlagestellen liegen mehrere Schiffe nebeneinander, sodass mit Sicht- und Geräuschbelästigung gerechnet werden muss.
- Schiffstypische Geräusche (Maschinengeräusche) übertragen sich in fast alle Räumlichkeiten.
- Änderungen des Reiseablaufs aufgrund von Hoch- oder Niedrigwasser bzw. Verzögerungen bei Schleusen sind möglich, ggf. müssen andere Transportmittel eingesetzt werden.

Mit der Entwicklung des TwinCruisers (TC) durch Neptunwerft und Premicon AG wurden zum ersten Mal Antriebs- und Fahrgasteinheit getrennt. Beide sind über eine spezielle Kupplung fest miteinander verbunden. Im Frachtschiffsgeschäft spricht man in diesem Zusammenhang von einem Schubschiff. Das neuartige Konstruktionsprinzip des TwinCruisers ermöglicht es, Lärm und Vibration der Schiffsmotoren im Fahrgastraum wesentlich zu senken.

Für Beratung und Verkauf gelten folgende Kriterien:

- Welches Reisegebiet interessiert den Kunden?
- Welches Schiff entspricht am ehesten seinen Erwartungen?
- Welche Extrakosten fallen an (Landausflüge, Transfers, Bordkonto, Trinkgelder)?

Ermäßigungen auf den Festpreis existieren praktisch nur in der Form von Frühbuchertarifen und Abschlägen für Kinder. Auch kostspielige Marketingmaßnahmen zur Kundenbindung stellen eher die Ausnahme dar. Ursachen für dieses Verhalten der Unternehmen finden sich zum einen in der Marktsituation – es gibt sehr viele Anbieter – zum anderen darin, dass die Unternehmen aufgrund ihrer Größe nicht alle Fahrgebiete anbieten können und die Wiederholung der gleichen Kreuzfahrt eher selten ist.

Hat der Kunde den Reisevertrag abgeschlossen, gelten wiederum die Bedingungen des BGB zum Reiserecht. Die Haftungserweiterung für den deutschen Beförderer bzw. Veranstalter hinsichtlich Personen- und Sachschäden (Verschuldensprinzip) ist im Binnenschifffahrtsgesetz geregelt und weitgehend identisch mit den Vorschriften der Seeschifffahrt.

» Zwischen Fluss- und Hochseekreuzfahrten bestehen keine grundsätzlichen Unterschiede hinsichtlich Beratung, Verkauf und Buchungsablauf.
» Trotz einer komplexeren Marktstruktur in der Flusskreuzfahrt kann das Verkaufsgespräch zielgerichteter geführt werden, da das Fahrgebiet noch im Zentrum des Kundeninteresses steht.

Mit neuen Konzepten (Kurz- und Partyreisen, Wellnessurlauben, Themenreisen, ganztägiger Kinderbetreuung und Großkabinen für Familien) werden die Reedereien ihr Angebot ausweiten und neue Zielgruppen ansprechen.

11.2 Kreuzfahrten von Passau bis zur Donaumündung

Die Donau und ihre Anrainerstaaten

Die Donau

Bei einer Gesamtlänge von 2 888 km ist die Donau nach der Wolga der zweitlängste Strom Europas. Sie ist die Königin unter den Flüssen Europas. Mit den Quellflüssen Brigach und Breg entspringt die Donau im Südschwarzwald, fließt in Richtung Südosteuropa durch das Alpenvorland, das Wiener Becken, die Pannonische Ebene, die Rumänische Tiefebene und mündet in einem großen Delta im Schwarzen Meer. Auf ihrem Weg durchquert sie die Gebirgslandschaften der Wachau (Teil des Böhmischen Gebirges) und der Karpaten (Eisernes Tor). Sie bildet die Grenze oder durchfließt zehn Anrainerstaaten – nämlich: Deutschland, Österreich, Slowakei, Ungarn, Kroatien, Serbien, Rumänien, Bulgarien, Republik Moldau und die Ukraine. Über den Rhein-Main-Donau-Kanal ist die Donau mit der Nordsee verbunden, sodass heute eine Großschifffahrtsstraße von Rotterdam (Nordsee) bis Constanza (Schwarzes Meer) – quer durch Europa – existiert. In Bulgarien, Rumänien, der Republik Moldau und der Ukraine gilt die Osteuropäische Zeit (UTC +3).

Eine Kreuzfahrt auf der Donau gilt von jeher als beliebtestes Reiseziel unter den Flussreise-Liebhabern. Und die Veranstalter haben sich auf die Wünsche ihrer Kunden eingestellt. Die Saison beginnt Ende März und endet Ende Oktober. Als beste Reisezeit werden Frühjahr und Frühherbst empfohlen. Als Geheimtipp gilt eine Fahrt durch die Wachau zur Blütezeit der Marillen; das österreichische Wort für Aprikosen. Im Sommer ist es bei großer Hitze auf dem Wasser wegen des Fahrtwindes recht angenehm, aber die Besichtigungen der Metropolen Wien, Bratislava, Budapest, Belgrad und die Busfahrt nach Sofia können dann doch recht anstrengend werden.

Man unterscheidet drei Klimazonen:
» Obere Donau: relativ raues und feuchtes Kontinentalklima mit harten Wintern,
» Mittlere Donau: trockenes Kontinentalklima mit langen Sommern und Perioden der Trockenheit, aber milden Wintern,
» Untere Donau: sehr trockenes Kontinentalklima mit sehr heißen Sommern (durchschnittliche Tagestemperatur im Juli und August 28 °C) und kalten Wintern, keine ausgeprägten Zwischenjahreszeiten.

Für den deutschen Gast beginnt die Reise i. d. R. in Passau, seltener in Wien. Seine Anreise kann für Passau auf drei verschiedenen Wegen erfolgen
» mit dem eigenen Wagen, dann stellt der Veranstalter ihm einen bewachten Parkplatz oder eine Garage gegen Entgelt zur Verfügung,
» mit der Deutschen Bahn, dann bietet der Veranstalter ihm die Anreise deutschlandweit zum Pauschalpreis einschließlich Bustransfer zur Anlegestelle an,
» mit dem Bus, in diesem Fall kann er einen Busabfahrtsort wählen, der an seinem Wohnort liegt oder eine Haustürabholung mit dem Taxi zum Busabfahrtsort buchen.

Die Abfahrtszeiten der Schiffe liegen so, dass Zwischenübernachtungen nicht erforderlich sind.

Der Kunde kann für seine Donaureise unter den vielfältigsten Angeboten wählen. Die Expedientin im Reisebüro sollte bei der Beratung aber unbedingt darauf hinweisen, dass die Schiffe Tag und Nacht unterwegs sind (Continufahrt) und dass sie nur in Ausnahmefällen nachts anhalten. Bei einer One-Way-Reise riskiert er daher, bestimmte Sehenswürdigkeiten nicht zu erleben, weil sie zu nächtlicher Zeit angefahren werden. Bei einer Abreise von Passau gegen Abend gilt dies für die Wachau, denn der Reisende wacht am nächsten Morgen bei der Ankunft des Schiffes in Wien auf. Also unbedingt eine Hin- und Rückreise empfehlen.

Reiseangebote der Veranstalter

Klassische (meistgebuchte) Route	**Dauer je nach Reiseverlauf**
Passau/Engelhartszell – Wien – Passau	3–5 Tage
Erweiterungen	**Dauer je nach Reiseverlauf**
Passau – Wien – Budapest – Passau	8–11 Tage
Passau – Wien – Budapest – Donaudelta – Passau	11–15 Tage

An Beliebtheit gewinnen Spezialreisen wie Radkreuzfahrten, Gourmetreisen auf Premiumschiffen, Kreuzfahrten plus Golfpaket und Sonderfahrten zu Silvester und Weihnachten. (Allein 2019 werden 140 Kreuzfahrten von verschiedenen Reedereien auf der Donau angeboten, siehe: Onlinebuchungsplattform für Kreuzfahrten unter www.e-hoi.de.

Preisstruktur

- Drei bis vier Saisonzeiten,
- Mittelklasseschiffe (Drei-Sterne) bis Premium (Fünf-Stern-Plus),
- Unterschiedliche Preisstufen für Unterdeck – Hauptdeck – Oberdeck,
- Standardkabine, ca. 10 m², ausgerüstet mit Klapp- und Sofabett, Nasszelle, abweichende Kabinengrößen, Sonderpreise für Suiten auf dem Sonnen- oder Promenadendeck, soweit vorhanden,
- Zuschläge für Zwei-Bett-Kabinen zur Alleinbenutzung,
- Kinderermäßigung.

Kundeninformationen

- Jeder Reisende muss ein Passagier-Manifest ausstellen, damit die behördliche Freigabe des Schiffes in den Häfen erfolgen kann.
- Kein Garderobenzwang, aber zum Abendessen wird dezente Garderobe erwartet (sportlich-elegant).
- Für Serbien als Nicht-EU-Mitglied benötigen deutsche Staatsbürger einen gültigen Reisepass, ansonsten reicht der Personalausweis.
- Währungen: Man benötigt neben dem Euro für Österreich und die Slowakei Leva für Bulgarien, Leu für Rumänien, Dinare für Serbien und Forint für Ungarn, die am besten vor Ort umgetauscht werden. Auf dem Schiff ist kein Umtausch möglich.
- Im Gegensatz zu den Seekreuzfahrtschiffen darf auf den Binnenschiffen im Innenbereich nicht geraucht werden.
- Die Mitnahme von Tieren ist nicht erlaubt (Ausnahmen).
- Trinkgelder sind allgemein üblich und werden vom Servicepersonal am Ende der Reise auch erwartet.

Reisebeschreibung von Passau bis zur Mündung (Stromkilometer Null)[1]

Dürnstein in der Wachau

Der Reisende bewundert bei der Abfahrt die barocke Kulisse der Drei-Flüsse-Stadt Passau und nimmt die ersten Eindrücke von Schiff und Mannschaft auf. Die Donau fließt beinahe träge in einer fast flachen Landschaft. Nach Linz erreicht das Schiff die **Wachau** (UNESCO-Weltkulturerbe) zwischen dem weltberühmten **Stift (Kloster) Melk** und der mittelalterlichen Stadt Krems. Die Berge rücken näher, auf den Hängen wachsen die Trauben des Grünen Veltliners und von den Höhen grüßen die berühmten Burgen **Dürnstein,** Aggstein, Hinterhaus und Senftenberg. **Wien** ist nicht mehr weit und wenige Kilometer nach der Hauptstadt Österreichs beginnt der Nationalpark Donau-Auen mit seinen seltenen Vögeln und Tieren, der sich praktisch bis **Bratislava** erstreckt.

Weitere Informationen über Wien siehe Kapitel 9.2.

1 Es handelt sich um eine idealtypische Beschreibung. Die tatsächlichen Abfahrts-, Strecken- und Ankuftszeiten weichen ab.

Bratislava

Bratislava – Hauptstadt der Slowakei

Auf der rechten Donauseite ein riesiges Wohnviertel in Plattenbauweise, ein Relikt aus der Zeit des Kommunismus, auf dem linken Donauufer das quirlige Zentrum mit seiner mächtigen Burg und den markanten vier Türmen. Sehenswert ist die Altstadt, leicht zu Fuß zu erreichen, mit dem bekannten St.-Martins-Dom.

Nach einem Zwischenstopp von etwa vier Stunden fährt das Schiff weiter Richtung Budapest, passiert **Esztergom**, überragt von der gewaltigen Basilika mit unvorstellbaren 8 000 Sitzplätzen, und das berühmte Donauknie, das den Reisenden eigentlich wenig beeindruckt. Aber die Donau hat ihre Laufrichtung geändert und fließt jetzt endgültig nach Süden.

Die Einfahrt in Ungarns Hauptstadt ist unvergesslich. Am rechten Ufer liegt das hügelige Buda mit Burgberg, Schloss und Fischerbastei. Am linken Ufer das flache Pest mit dem Parlamentsgebäude im bombastischen Neorenaissance-Stil mit Börse, Oper und modernen Bürogebäuden. Zahlreiche Brücken verbinden Buda und Pest, die bekannteste ist die Kettenbrücke von 1849.

Budapest

Budapest 1,8 Mio. Einwohner – die Hauptstadt Ungarns – Sehenswürdigkeiten

Burgberg und Burgpalast sind am besten mit der Standseilbahn zu erreichen. Das ehemalige königliche Schloss (heute Museum) beherrscht den Burgberg. Von hier aus sind es nur wenige Schritte bis zur Fischerbastei, einem der großen Highlights von Budapest und einem beliebten Treffpunkt – vor allem der Jugend. Abends genießt man einen unvergleichlichen Blick auf das hell erleuchtete Pest. Nach der Besichtigung der mittelalterlichen Matthiaskirche lohnt sich der Spaziergang durch das Burgviertel. In der Matthiaskirche wurden die letzten ungarischen Könige gekrönt und Franz Liszt schrieb seine Krönungsmesse für die Thronbesteigung von Franz Joseph I. Das Burgviertel bietet mittelalterliche Gassen, barocke Palais und elegante Restaurants. Wenn der Reisende hier einkehrt, wird er von der Kapelle mit Zigeunermusik begrüßt und das ungarische Nationalgericht (Gulasch) schmeckt vorzüglich. Weiterhin lohnt sich ein Bummel durch die Innenstadt von Pest mit seinen breiten Boulevards, den eleganten Geschäften und beeindruckenden Gebäuden aus der Gründerzeit. Wenn noch Zeit bleibt, sollte man unbedingt die Margareteninsel besuchen: Park und Konzertort. In einem ihrer Thermalbäder kann man sich wunderbar erholen, denn Budapest trägt sogar offiziell den Beinamen Bäderstadt und ist für Heilkuren hervorragend geeignet. Seine warmen und heißen Quellen helfen bei Rheumabeschwerden. Das berühmteste Thermalbad im Jugendstil liegt auf dem Gellértberg und ist in eines der elegantesten Hotels von Budapest integriert.

Nach nur einem Tag Liegezeit heißt es wieder „Leinen los“. Die meisten Passagiere haben an der Stadtrundfahrt teilgenommen. Sicher werden sie Budapest nochmals zum Ziel einer Reise machen. Der nächste Stopp ist **Mohács**. Der Veranstalter bietet einen Ausflug mit dem Bus nach Pécs an.

Pécs

Pécs – Bischofssitz und bedeutende Universität, ehemaliges Zentrum der Donauschwaben.

Aufgrund seiner zahlreichen Kulturdenkmäler hat Pécs den Status eines UNESCO-Weltkulturerbes erhalten, vor allen Dingen wegen seines Friedhofs aus spätrömischer Zeit mit vielen ausgemalten Grabkammern. Er liegt direkt bei der Kathedrale und dem Bischofspalast und wurde zu einem Museum umgestaltet. Erwähnenswert sind außerdem die Moschee des Paschas Jakowali Hassan, das am besten erhaltene islamische Bauwerk in Ungarn, mit seinem hohen Minarett.

Am nächsten Tag erreicht das Schiff Belgrad am Zusammenfluss von Donau und Save. Es bleiben wenige Stunden Aufenthalt für eine Stadtrundfahrt und einen Abendausflug (serbische Folklore).

Belgrad

Belgrad – Hauptstadt Serbiens – 1,63 Millionen Einwohner

Das historische Zentrum liegt hoch über der Donau mit der osmanischen Festung Kalemagdan (heute Zoo und Kriegsmuseum) und der Altstadt. Zahlreiche Prachtbauten aus der Zwischenkriegszeit findet man u. a. auf der Hauptstraße Belgrads, der Fürst-Michael-Straße, wie das Gebäude der Serbischen Akademie der Künste und Wissenschaften und das Alte Schloss. Einige Regierungsgebäude wurden während der NATO-Bombardierung 1999 (Kosovokonflikt) schwer beschädigt und sind teilweise noch nicht wiederaufgebaut. An den Baustil von Byzanz erinnert die monumentale serbisch-orthodoxe Kathedrale des Heiligen Sava, der größte Sakralbau Südeuropas. Im Jugoslawien der Nachkriegszeit entstand auf dem linken Ufer der Save das völlig neue Viertel Novi Beograd mit seinen riesigen Wohnblöcken und dem Genex-Turm im internationalen Stil der Moderne.

Der Gast entspannt sich auf dem Sonnendeck, während sich das Schiff der rumänischen Grenze nähert und die Donau sich in ihr immer enger werdendes Flussbett zwängt. Wir kommen zum spektakulärsten Teil der Reise, der Passage durch das **Eiserne Tor**. Hoch ragen die Felswände auf beiden Seiten des Ufers auf, manchmal senkrecht abfallend. Die Straße verschwindet in zahlreichen Tunneln und das Flussbett, das einmal 1 000 m und mehr breit war, verengt sich im Kazan (Kessel) bis auf 150 m. Gegen Mittag ist „Djerdap I“ erreicht, die größte Schleuse der Donau mit 32 m Höhenunterschied. Nach dem Durchbruch durch die Gebirge verbreitert sich der Strom auf 2 000 m in der flachen Landschaft der Walachei.

Eisernes Tor

Beim Eisernen Tor handelt es sich um eine etwa 100 km lange Flussstrecke – auch Kataraktenstrecke genannt –, auf der die Donau die Karpaten und die Ausläufer des Balkangebirges durchbricht. Bevor – unter Tito und Ceausescu – Staumauer, Kraftwerk und Schleuse gebaut wurden und 1972 der ca. 150 km lange Stausee entstand, war die Kataraktenstrecke tatsächlich die gefährlichste Fahrrinne der Donau für die gewerbliche Schifffahrt und durfte nur mit einem Lotsen befahren werden. Im gesamten Streckenbereich existierten viele Unterwasserriffe, in die man eine Durchfahrt gesprengt hatte, die man aber nicht sehen konnte. Im eigentlichen Eisernen Tor stauten zahlreiche Riffe quer zum Strom das Wasser. Gleichzeitig war der Wasserstand selbst so niedrig, dass man einen Kanal gegraben hatte, der das Passieren bei jedem Wasserstand erlaubte. Die Fließgeschwindigkeit der Donau aufgrund des Gefälles war allerdings so hoch, dass die Schiffe bei Bergfahrt mit speziellen Treidelloks gezogen werden mussten, weil die Leistung ihrer Schiffsmotoren nicht ausreichte.

Donaudelta

Bevor das Kreuzfahrtschiff das Donaudelta erreicht, werden noch drei Zwischenaufenthalte eingelegt, einmal in Giurgiu (Rumänien), dann in Ruse, Bulgariens größtem Binnenhafen, und ein weiteres Mal in Oltenita (Rumänien).

- Giurgiu – Bukarest – Oltenita: Angebot des Veranstalters zu einem Busausflug nach Bukarest.
- Ruse: Angebot des Veranstalters zu einem Busausflug nach Veliko Tarnavo, der alten Hauptstadt Bulgariens.

Im Donaudelta können unterschiedliche Anlegestellen angefahren werden

- Tulcea (Rumänien) oder Meile 35 (Rumänien) für einen Bootsausflug ins Donaudelta,
- Cernavoda für einen Busausflug ans Schwarze Meer nach Constanza, beide Städte liegen in Rumänien,
- Wilkowo (Ukraine) für eine Busausflug zum Stromkilometer Null.

Das Donaudelta (UNESCO-Biosphärenreservat) ist eine abenteuerliche, weitgehend unberührte Urlandschaft von riesigem Ausmaß (achtmal so groß wie der Bodensee), die sich durch die mitgeführten Sedimente der Donau ständig verändert, mit Ausnahme der drei kanalisierten Mündungsarme. Bei Stromkilometer Null in Sulina steht ein Leuchtturm (1802 gebaut), weil hier einmal das Schwarze Meer begann. Heute befindet er sich etwa ein Kilometer entfernt im Landesinnern. Im Irrgarten der unzähligen Wasserläufe unterscheidet man zwischen toten, versandeten, ehemaligen Armen der Donau, Kanälen, also begradigten und ausgebaggerten Flussarmen, Durchbruchsadern zum Meer als Wassertauscher zwischen Süß- und Salzwasser, Sümpfen, Seen und Lagunen. Dazu gesellen sich im Wasser treibende Schilfinseln und die Auenwälder an den Ufern. Einzigartig sind Fauna, Vogelwelt (Pelikan, Reiher, Seeadler) und seltene Tiere wie Wolf, Fischotter, Wasser- und Sumpfschildkröte und Schlangen.

Unsere Reise endet im Delta, tatsächlich tritt das Kreuzfahrtschiff aber seinen langen Rückweg bis Passau an. Ob Städtepanorama oder Entdeckungsfahrt bis zum Schwarzen Meer – die Donau ist eine Reise wert.

Verkaufsargumente für eine Kreuzfahrt auf der Donau
» günstigere Tagesraten der Fluss- gegenüber der Seekreuzfahrt » bequeme und sichere Art, ein Land kennenzulernen » Quellmärkte sind getrennt, d. h. der deutsche Gast trifft auf seiner Reise überwiegend deutsches Publikum » kurze Anreisewege, z. B. Passau als wichtigster Einschiffungshafen für Reisen auf der Donau » mit Kurz-, Aktiv- und Themenreisen können auch andere Zielgruppen angesprochen werden als der favorisierte Kundentyp: z. B. kulturinteressierte Best Ager » die Donau gilt als bevorzugte Destination der Flussreisen, etwa ein Drittel der deutschen Gäste entscheidet sich jährlich dafür » breite Angebotsstruktur hinsichtlich Reisepreis und Reisedauer » mit einwöchigen (Budapest) und zweiwöchigen (Donaumündung) Reisen kann der Kunde zur Wiederholung motiviert werden » Beschreibung des Reiseweges und seiner Highlights

Situationsaufgabe

Situation:

Ein Kunde, der schon mehrere Seereisen unternommen hat, interessiert sich für eine Flusskreuzfahrt und möchte von Ihnen wissen, ob denn ein grundsätzlicher Unterschied zwischen beiden Reisearten bestehe.

Aufgaben:

1_ Nennen Sie dem Kunden im Verkaufsgespräch fünf typische Vorteile einer Fluss- gegenüber einer Seekreuzfahrt.

2_ Welche Freizeitangebote stehen den Passagieren auf einem Flusskreuzfahrtschiff in Zentraleuropa zur Verfügung? Beantworten Sie diese Frage mithilfe des entsprechenden Kataloges oder des Internets am Beispiel eines Veranstalters der Premiumklasse.

Aufgaben

1_ Was versteht man unter dem Paketgeschäft in der Flusskreuzfahrt?

2_ Warum liegen in Zentraleuropa in den Wintermonaten die Schiffe still?

3_ Beschreiben Sie mithilfe des Atlas das Flusssystem der Donau von der Quelle bis zur Mündung.

4_ Die Donau durchfließt oder bildet die Grenze für insgesamt zehn Staaten. Wie heißen die Staaten und ihre Hauptstädte (von der Quelle bis zur Mündung)?

5_ Welche Besonderheit kennzeichnet die Reiseroute Wien – Budapest – Linz?

Zusätzliche Aufgaben zu LF 7, Kapitel 11.2 finden Sie im BPW. Web

11.3 Allgemeine Merkmale einer Seekreuzfahrt

Web **Weitere Aufgaben zu Kapitel 11.3.–4. finden Sie im BPW unter Zusatzaufgaben zu LF 7, Kapitel 11.3.–4.**

Kreuzfahrten liegen im Trend. Die AIDA-Schiffe haben sich als Durchbruch für die Branche in Deutschland erwiesen. Sie haben vor allem jüngeres Publikum an das Produkt herangeführt und inzwischen arbeiten fast alle Anbieter mit Erfolg an neuen Konzepten und Ideen, um für diese Form des Reisens einen immer größeren Kundenkreis zu erschließen.
Die Kreuzfahrt als Alternative zum klassischen Pauschalurlaub im Strandhotel gilt mittlerweile als modernes Lifestyle-Produkt, dessen Wachstumspotenzial in Deutschland noch nicht ausgeschöpft ist. Die Zahl der deutschen Kreuzfahrtgäste stieg in den letzten 10 Jahren jährlich stetig um etwa 10 % auf ca. 2,2 Mio.

Für das Zielgebiet Ägäis/Östliches Mittelmeer sind die folgenden Arten von Seekreuzfahrten von Bedeutung:

Die **Turnus-Kreuzfahrt:** Damit bezeichnet man Reisen, die an mehreren Terminen auf gleicher Route und mit gleicher Dauer durchgeführt werden.

Die **Schmetterlings-Kreuzfahrt:** Ausgehend von einem Basishafen fährt das Schiff im Wochenrhythmus jeweils abwechselnd eine andere Route. Der Kunde kann zwischen dem ein- oder zweiwöchigen Turnus wählen.

Die **Kurz-Kreuzfahrt** (oder **Mini-Kreuzfahrt** bzw. Schnupper-Kreuzfahrt): Dieser Begriff stellt ausschließlich auf die Reisedauer ab. Sie beträgt bis zu vier Tagen. Damit sollen zum einen neue Kunden gewonnen werden, zum anderen wird sie als Zweitreise oder als Event für bestimmte Festtage (z. B. Sylvester-Kreuzfahrt) vermarktet.

Die **Themenkreuzfahrt:** Hier stehen Bordprogramm und Landausflüge unter einem bestimmten Thema und im Zentrum der Reise. Die Reiseleitung wird unterstützt von wissenschaftlichen Fachkräften und bekannten Persönlichkeiten aus Kultur, Politik und Sport. Themenkreuzfahrten können unter den folgenden Mottos stehen: Golf, Fitness, Wein, Jazz, Heavy Metal, Rockmusik usw.

! **Bei einer klassischen Kreuzfahrt handelt es sich um eine mehrtägige Fahrt (mindestens fünf Tage) auf offener See (Hochseekreuzfahrt) oder Flüssen (Flusskreuzfahrt) auf einem Schiff mit zahlreichen urlaubsgerechten Einrichtungen und Aktivitäten. Es werden mehrere Häfen angelaufen und es besteht die Möglichkeit, individuelle oder geführte Landgänge bzw. -ausflüge zu unternehmen. Im Arrangement inbegriffen sind Übernachtung, Verpflegung, Unterhaltungsprogramme, Sport, Animation und meistens auch An- und Rückreise mit Flugzeug, Bus oder Bahn.**

80 % des weltweiten Marktvolumens teilen sich drei Kreuzfahrtgesellschaften		
Carnival Cruise Line (CCL)	**Royal Caribbean Cruises Ltd. (RCCL)**	**Norwegian Cruise Line Holdings Ltd.**
Zum weltgrößten Anbieter gehören: » Carnival » Costa Crociere/Costa Cruises » Aida Cruises » Cunard » P & O (Peninsular & Oriental) » Holland America Line » Princess Cruises	Zum zweitgrößten Anbieter gehören: » Royal Caribbean International (RCI), größte Kreuzfahrtmarke der Welt) und » Celebrity Cruises » Azamara Club Cruises » TUI Cruises (50 %)	Zum drittgrößten Anbieter gehört: » Norwegian Cruise Line (NCL)

Internationale und nationale Anbieter von Kreuzfahrten

Der deutsche Markt wird weitgehend von zwei Gesellschaften dominiert. Es sind AIDA Cruises und TUI Cruises mit einem Marktanteil von fast 70 %.

	Umsatz in Mio. Euro		Teilnehmer	
Platz	**2017/2018**	**Veränd. in %**	**2017/2018**	**Veränd. in %**
1. AIDA Cruises	1.850,0	+8,8	1.090.500	+4,7
2. TUI Cruises	1.247,0	+18,4	532.000	+13,9
3. Phoenix Reisen	358,7	+4,9	167.597	+5,4
4. MSC Kreuzfahrten	330,0	+20,9	230.000	+15,0
5. Hapag-Lloyd Cruises	326,3	+4,6	28.047	+5,6
6. Costa Kreuzfahrten	240,0	+4,3	208.000	±0,0
7. Hurtigruten	165,4	+12,5	49.860	+4,3
8. A-Rosa Flussschiff	91,5	+4,6	85.486	+1,1
9. PLANTOURS & Partner	45,2	−0,9	16.460	+1,1
10. 1AVista Reisen	34,2	+37,9	29.259	+13,0

Quelle: Vgl. von Pilar, Christiane: Kreuzfahrt steht vor Herausforderungen, 22.02.2019. In: www.fvw.de/touristik/datenanalyse/dossier-veranstalter-kreuzfahrt-steht-vor-herausforderungen-200234 [24.10.2021].

Andere deutsche Anbieter wie Hapag-Lloyd Cruises, Phoenix Seereisen, Plantours, TransOcean Tours verfügen ausschließlich über kleinere Schiffe mit unter 1 000, meist sogar unter 500 Passagieren, die mit ihren Marktsegmenten Weltreisen, Themenreisen oder Expeditionskreuzfahrten ein entsprechend kleines Marktvolumen haben. Das Zielgebiet Ägäis wird von ihnen im Rahmen einer Weltreise oder Themenkreuzfahrt durchaus bedient, spielt aber eine eher untergeordnet Rolle.

Das Kreuzfahrtschiff

Das Qualitätsniveau eines Kreuzfahrtschiffes wird durch Sterne angegeben. Der Berlitz Cruise Guide von Douglas Ward stellt den bekanntesten Führer für Kreuzfahrtschiffe dar. Seine Einteilung der Schiffe in ein bis fünf Sterne gilt heute weltweit als Standard. MS EUROPA und MS EUROPA 2 sind seit ihrer Indienststellung die einzigen beiden Kreuzfahrtschiffe weltweit mit der Klassifizierung Fünf-Sterne-Plus.

Allgemein unterscheidet man Luxusschiffe (Fünf Sterne), gehobene Kategorie (Vier Sterne), Mittelklasse (Drei Sterne) und Einsteigerschiffe (Zwei bis Drei Sterne).

Qualitätskriterien für ein Kreuzfahrtschiff:

» die Einrichtungen des Schiffes (Anzahl der Bars, Salons, Restaurants, Pools und Geschäfte sowie Bereiche für Sport, Fitness und Wellness),
» die Kabinenausstattung und -größe, (Mindestgröße, Zahl der Kabinen mit Balkon und Suiten),
» die Gastronomie (zusätzliche A-la-carte-Restaurants, Anzahl der Sitzungen im Hauptrestaurant beim Dinner),
» All-inclusive-Angebote,
» das Unterhaltungsangebot (Shows, Auftritte bekannter Künstler, Konzerte),
» die technische Ausstattung (Klimaanlage, Stabilisatoren, Laufruhe des Schiffsantriebs, Zahl der Tenderboote für schnelleres Ausschiffen),
» das Sicherheitsniveau,
» das Serviceniveau (Zahlenverhältnis Passagiere/Besatzung), ein Verhältnis von 2 zu 1 gilt als hervorragend,
» der Komfort an Bord; er wird durch die sog. Space Ratio gemessen, dem Verhältnis von Bruttoraumzahl des Schiffes zur Zahl der Passagiere. Eine Space Ratio von über 50 zählt zu einem optimalen Raumangebot und
» die Bordsprache und Bordwährung.

Für Liebhaber einer klassischen Kreuzfahrt (anspruchsvolles Unterhaltungsprogramm, feste Essenszeiten und Tischreservierungen, Captain's Dinner, persönliche Atmosphäre an Bord und Kleidervorschriften) gibt es sowohl kleine als auch große Schiffe, außerdem einige Segelschiffe, im Niedrigpreisbereich bis zur Luxusklasse. Nicht unerheblich ist auf der klassischen Kreuzfahrt die Kleidungsetikette. Wenn die Kunden abends den Smoking/das Abendkleid bevorzugen, sind sie auf den (höher bewerteten) britischen und deutschen Schiffen (außer AIDA) richtig. Bevorzugen sie legere Kleidung, so fühlen sie sich auf den italienischen und amerikanischen Schiffen (jeder Preisklasse) wohler.

Moderne Schiffe, die eher der Turnus-Kreuzfahrt zuzuordnen sind, weisen natürlich noch Merkmale der klassischen Kreuzfahrt auf. Sie unterscheiden sich aber von den Schiffen einer klassischen Kreuzfahrt durch ihr großes Angebot für Familien (insbesondere die in Deutschland beliebten Schiffe der Costa Crociere), an Unterhaltung/Sport/Wellness, Spielkasinos, den großen zollfreien Einkaufsmalls, All-inclusive-Angebote für Getränke oder den variableren Essensmöglichkeiten, z. B. keine festen Essenszeiten und Sitzordnungen beim Abendessen.

Als Fun- und Clubschiffe zählen vor allem die Carnival- und die AIDA-Schiffe. Unterhaltung und Spaß an Bord mit Animation und Entertainment, weniger reglementierten Essenssitzungen sowie generell zwangloserem Bordleben spielen hier eine große Rolle.

Zur Standardausstattung in allen Kabinen auf fast allen Schiffen gehört eine eigene Dusche/WC (in den Suiten auch Bäder), eine individuell regelbare Klimaanlage, Radio/TV, Telefon, Safe und Minibar.

Die **Schiffskabinen** unterscheiden sich nach der Größe und Ausstattung sowie ihrer Lage:

Innenkabinen
Sie haben kein Tageslicht. Als Ersatz bieten die meisten Schiffe eine Bugkamera, sodass der Passagier bei eingeschaltetem Fernseher Tag und Nacht unterscheiden und zumindest einen Blick in Fahrtrichtung werfen kann.
Außenkabinen
Sie haben entweder einen Balkon, ein großes Fenster oder nur ein kleineres rundes Fenster, ein sog. Bullauge (meist auf den unteren Decks gelegen). Die Ausstattung, z. B. Balkon oder mehr Wohnfläche (oft mit der Bezeichnung Superior) sowie das gewählte Deck wirken sich auf den Preis aus. Nur die Balkonkabinen bieten die Möglichkeit der Frischluftzufuhr, die Fenster in den Außenkabinen ohne Balkon lassen sich aus Sicherheitsgründen nicht öffnen.
Suiten
Sie bieten die größte Wohnfläche mit getrennten Wohn- und Schlafbereichen, Fenstern und meist auch einem Balkon. Es gibt sie in unterschiedlichen Dimensionen und Bezeichnungen (von der kleineren Minisuite oder Juniorsuite bis zur großen Penthouse- oder Ownersuite).

Zweibettkabine
Zwei Betten nebeneinander bzw. Doppelbettkabine (ein großes Bett). Die Betten können auseinander- bzw. zusammengeschoben werden.
Dreibett- bzw. Vierbettkabine
Sie besteht aus zwei Unter- und ein bzw. zwei Oberbetten. Die Oberbetten sind aus der Wand ausklappbar und werden auch Pullmanbetten genannt.
Doppelkabine
Ein Unter- und ein Oberbett. Sie werden meist nur als Innen-/Außenkabine mit Etagenbett bezeichnet. Es gibt sie fast nur noch auf älteren Schiffen oder auf Seglern.

Generell wird der Preis einer Kabine durch die Größe und Ausstattung, die Art der Unterbringung und auch ihre Lage bestimmt. Eine Vierbett-Kabine ist also preislich pro Passagier am günstigsten. Auf den höheren Decks liegen i. d. R. die teureren Kabinen. Die Innenkabinen auf den unteren Decks sind die günstigsten. Daneben gibt es oft eine preisliche Differenzierung für Kabinen, die im Vorschiff gelegen sind (meist etwas kleiner und wegen des Bugstrahlruders und des Ankers lauter) sowie Kabinen am Heck (sie leiden unter Vibrationen durch Maschinen und Heckstrahlruder). Einzelkabinen sind auf vielen Schiffen buchbar, kosten aber i. d. R. deutlich mehr als die Hälfte einer Zweibett-Kabine. Die ruhigsten Kabinen, insbesondere bei starkem Seegang, liegen mittschiffs, d. h. in der Mitte des Schiffs auf einem mittleren Deck, weil sich hier die Rollbewegungen des Schiffes bei starkem Seegang am geringsten auswirken.

Unabhängig von der gebuchten Kabine kann grundsätzlich jeder Passagier alle Schiffseinrichtungen in gleichem Maße benutzen. Eine gewisse Ausnahme bilden die Cunard-Schiffe (Queen Mary II, Queen Elizabeth und Queen Victoria). Hier bestimmt der Passagier über die gebuchte Kabine, welchem Restaurant er zugeordnet ist. Die höherwertige Kabine erlaubt den Eintritt in ein exklusiveres Restaurant.

Der Kunde sollte bei der Buchung seiner Kabine darauf achten, dass
- bei Außenkabinen auf dem Boots- oder Promenadendeck die Sicht oft durch Rettungsboote behindert wird.
- bei einer Suite mit Balkon in Fahrtrichtung der Balkon durch den ständigen Fahrtwind kaum zu gebrauchen ist.
- Ruhesuchende bei der Kabinenwahl die Nähe der Diskothek meiden sollten.
- eine Suite auf einem älteren Dreisterneschiff nicht unbedingt mehr Platz bietet als eine normale Kabine auf einem neueren Vier- oder Fünfsterneschiff.
- es zwar beliebt ist, wegen der Exklusivität eine Kabine möglichst weit oben im Schiff zu wählen, allerdings wird dann jede Schiffsbewegung stärker gefühlt.

Verkaufsargumente für eine Kreuzfahrt

- » Eine Kreuzfahrt bietet die Möglichkeit, verschiedene Länder auf einer Reise kennen zu lernen.
- » Es handelt sich um eine geruhsame Urlaubsform, bei der man viele Länder sieht, sein „Hotelzimmer" aber behält. Das lästige Kofferpacken bei einer Rundreise entfällt.
- » Entertainment, Sportmöglichkeiten und gutes Essen sind stets verfügbar und meist im Preis eingeschlossen.
- » Viele Sonderleistungen sind im Preis eingeschlossen.
- » Man lernt schnell Leute kennen.
- » Ein Arzt fährt immer mit, d. h., die medizinische Betreuung gerade für ältere Passagiere ist gewährleistet.
- » Die Kinderbetreuung – i. d. R. ab drei Jahren – zählt zum festen Angebot.
- » An Bord wird nur mit der Bordkarte gezahlt, die am Ende der Kreuzfahrt über die Kreditkarte oder bar abgerechnet wird.
- » Man muss sich nicht mit ungewohntem Essen auseinandersetzen, denn auf den Schiffen wird internationale Küche angeboten.
- » An Deck befindet man sich immer in gesunder Luft und der Klimawechsel bei Fahrten durch verschiedene Klima- und Zeitzonen vollzieht sich langsam und problemlos.

11.4 Kreuzfahrten in die Ägäis

Kreuzfahrten in der Ägäis bieten den Passagieren Ausflüge in die über 4000 Jahre alte Geschichte Europas im griechischen Siedlungsraum, mit eindrucksvollen Ruinen und Bauten der ersten Hochkulturen (Minoer und Mykener), aus griechischer, römischer und byzantinischer Zeit sowie der Epochen der Kreuzfahrer, Venezianer, Genuesen und schließlich der Osmanen. Die Kombination von griechischer Inselwelt mit ihren Stränden, ihrer vielfältigen Landschaft und dem reichen kulturellen Erbe macht den Reiz einer Kreuzfahrt in diese Region aus.

222251398

Das Fahrtgebiet Ägäis umschließt die Ost- und Nordküste Griechenlands, die ägäische Küste der Türkei bis ungefähr Marmaris, sowie die ägäischen Inselgruppen, die im Süden durch Kreta begrenzt werden.

Klima und Reisezeit

Die Region Ägäis hat ein sommertrockenes Subtropenklima, gekennzeichnet durch lange, sehr warme und trockene Sommer mit viel Sonnenschein und mit mildem, feuchtem Winter. Frühling herrscht von März bis Mai. Die größeren Inseln wie Kreta und Rhodos und das angrenzende Festland haben um 30 °C im Sommer, während die kleineren Inseln und die türkische Ägäisküste wegen des zwischen Juni und September wehenden trockenen Nordwindes Meltemi/Etesien unter Umständen ca. 5 °C kühler sind (auch Etesienklima genannt).

Die Saison besteht normalerweise vom Frühjahr bis Herbst, da der Mittelmeerraum ab Oktober/November westlichen Luftströmungen ausgesetzt ist und dann zahlreiche Tiefdruckgebiete mit ihren Stürmen und Schlechtwetterzonen dorthin gelangen. Die meisten Schiffe wechseln deshalb im Winter in die Karibik. Inzwischen gibt es aber auch noch in den Monaten November bis März vereinzelt Angebote im Mittelmeer, z. B. von Costa, MSC, NCL und RCCL.

Die Osterzeit kann noch kühl und regnerisch sein.
Nicht nur für Studienreisende ist der Juni ideal, mit angenehmen, warmen Klima mit Bademöglichkeiten und einer Restblütezeit mit grüner Landschaft vor der Hauptsaison.
Ab Juli sind die Felder abgeerntet, die Gräser verdorrt und die Landschaft zeigt sich gelblich-braun.
Ein Badeurlaub ist insbesondere auf Kreta, Rhodos und der türkischen Ägäisküste bis in den Oktober möglich.
In der Wintersaison (November bis April) fällt je nach Region viel Regen (im südöstlichen Teil der Region liegt das Regenmaximum im Frühjahr), die Tagestemperaturen liegen dann im Durchschnitt meist unter 20 °C, nachts unter 10 °C und zum Baden ist es zu kalt.

Zielhäfen und Ausflüge

Die Ägäis gehört zu den Kreuzfahrten ins Östliche Mittelmeer, die meist ihren Ausgangspunkt von einem italienischen Hafen haben. Dabei werden außer der Ägäis Häfen in Italien, der Westküste Griechenlands, auf Zypern, in Ägypten, in Israel oder Istanbul besucht. Bei siebentägigen Fahrten gehören i. d. R. ein bis zwei, bei 10–14-tägigen Fahrten ca. drei bis fünf Häfen in der Ägäis zum Programm. Eine Ausnahme bilden einige Kreuzfahrten mit Segelschiffen oder den exklusiven Jachten, die speziell die griechische Inselwelt der Ägäis zum Ziel haben.

Zu den im Folgenden beschriebenen Landausflügen ist zu ergänzen, dass in den Sommermonaten und abhängig vom Zielgebiet auch reine Badeausflüge zu öffentlichen Stränden oder in hochwertige Hotels mit entsprechender Infrastruktur angeboten werden.

Das griechische Festland

Die wichtigsten Häfen, die von den großen Kreuzfahrtschiffen auf dem griechischen Festland angelaufen werden, sind Piräus, Volos sowie Nauplia (Peleponnes-Halbinsel).

Häfen	Sehenswürdigkeiten	Typische Landausflüge
Piräus (Athen)	Piräus ist der drittgrößte Mittelmeerhafen und von hier starten alle Ausflüge nach Athen und Umgebung. Piräus wirkt heute eher laut und schmutzig, bietet aber Hafenatmosphäre mit Tavernen, Geschäften sowie ein sehenswertes Schifffahrtsmuseum. Mit der Metro erreicht man das Zentrum Athens in einer halben Stunde.	Athen Delphi Alt-Korinth und Kanal von Korinth Kap Sounion
Volos	Die Hafenstadt mit ca. 100 000 Einwohnern ist Ausgangspunkt für einen Ausflug zu den Meteora-Klöstern.	Meteora-Klöster
Nauplia	1. Hauptstadt des freien Griechenlands, sehr schöne Altstadt, teilweise aus osmanischer Zeit, mit gut erhaltenen Gebäuden auch aus dem 19. Jahrhundert. Über der Stadt thront die Festungsanlage Palamidi, die vor allem von den Venezianern ausgebaut wurde.	Nauplia Epidauros Mykene

Ausflugsziele	Sehenswürdigkeiten
Athen	Die **Akropolis** (= Oberstadt, Burgberg) ist ein Tempelbezirk aus dem 5. Jahrhundert v. Chr. auf einem etwa 150 m hohen Kalkfelsen, der der Stadtgöttin und Göttin der Weisheit Athena geweiht war und nachts angestrahlt wird. Am Eingang befinden sich die **Propyläen** (Torhalle), weiter geht es zum Athena **Nike Tempel** und zum **Parthenon,** dem Haupttempel der Akropolis. Er war einer der bedeutendsten Tempel der Antike mit 46 dorischen Säulen aus weißem Marmor um einen Innenraum mit der 11 m hohen Statue der Athena Parthenos. Sehenswert ist noch das **Erechtheion,** berühmt für seine Jungfrauenstatuen, die das Dach tragen.  Akropolis Nahe der Akropolis gelegen, breitet sich das älteste und malerischste Stadtviertel Athens aus. Enge, labyrinthische Gassen, niedrige Häuser neben schönen Herrenhäusern, Tavernen und Nachtlokale, zusammen mit vielen Volkskunstgeschäften machen die **Plaka** zu einem der beliebtesten Winkel Athens. **Monastiraki** ist der Stadtteil mit den meisten Antiquitäten- und Volkskunstgeschäften jeder Art. Am **Sintagmaplatz** ist das geschäftige Zentrum und der Repräsentationsplatz Athens. Das angrenzende, ehemalige Königsschloss dient heute als Parlamentssitz. In der Nähe befindet sich der Nationalgarten, eine Oase der Ruhe und Entspannung inmitten des Großstadttrubels. Das **Archäologische Nationalmuseum** begeistert jeden Besucher den Schätzen des antiken Griechenlands, berühmt u. a. der Mykenische Saal mit der weltberühmten „Goldmaske (Totenmaske) des Agamemnon" (Sieger von Troya). Das **Neue Akropolis-Museum**, am Fuß der Akropolis gelegen, zeigt die Höhepunkte der klassischen Antike.

Ausflugsziele	Sehenswürdigkeiten
Delphi	**Delphi** war das Heiligtum des Apollo, Sitz des berühmten Orakels und liegt beeindruckend am Fuß eines steil aufragenden Gebirges. Der **Heilige Bezirk** erstreckt sich entlang der bergauf führenden Heiligen Straße mit den **Schatzhäusern** der Stadtstaaten, dem **Theater** und dem **Apollontempel.** Oberhalb des Heiligen Bezirks liegt das gut erhaltene Stadion.  Tholos von Delphi
Kap Sounion	Ausflug an die Südspitze Attikas mit dem **Poseidontempel** (444 v. Chr.), der auf einem Felsplateau oberhalb des Ägäischen Meeres liegt (besonders sehenswert zum Sonnenuntergang).
Korinth	Besichtigung von **Alt-Korinth**, der Hauptstadt des römischen Griechenlands mit Ruinen von Tempeln und der Agora. Eine Fahrt in den **Kanal von Korinth.** Der 6 km lange Kanal wurde Ende des 19. Jahrhunderts erbaut und ist nur 23 m schmal und die Seitenwände erheben sich bis zu 80 m hoch.
Epidaurus	Kurort der Antike mit Ruinen-Gelände, das dem Gott der Heilkunst **Asklepios** geweiht war. In der Nähe das besterhaltene Theater der Antike mit 12 000 Sitzplätzen, berühmt wegen seiner schönen Lage, direkt an einem Hang und seiner berühmten Akustik. Von Juli bis August finden alljährlich **Theaterfestspiele** statt.
Mykene	Über 3 000 Jahre alte Burg, Ausgrabungen durch Schliemann (u. a. die Schätze der Königsgräber mit der Maske des Agamemnon), das **Löwentor** am Eingang der Akropolis und das **Schatzhaus des Atreus.**  Löwentor von Mykene
Meteora-Klöster	In einer Berglandschaft mit freistehenden, bizarren **Sandsteintürmen**, von denen einige 300 m hoch sind, befinden sich auf Klippen und Bergspitzen über 24 Klöster, die nur über Leitern oder Seilaufzüge zu erreichen sind. Die meisten davon sind allerdings mittlerweile verlassen. Die Fahrt von Volos dauert ca. 2 Stunden (150 km).

Die Inseln der Ägäis

Am häufigsten werden die Kykladeninseln Mykonos und Santorin sowie Kreta besucht. Die Dodekanes-Insel Rhodos ist ebenfalls sehr beliebt, während Kos (ebenfalls Dodekanes) und die Nordostägäische Insel Samos eher seltener angefahren werden.

Kreta	Ortsbeschreibung	Typische Landausflüge
Herak-lion	**Heraklion** ist die Hauptstadt Kretas (ca. 150 000 Einwohner). Zentrum der durch den starken Verkehr und die neuen Betonbauten teilweise unattraktiven Stadt ist der Platz Eleftheriou mit Cafes, Geschäften und Fußgängerzone sowie dem Markt und dem kleinen Park **El Greco** (berühmtester Maler Kretas, der aber in Spanien lebte), weiter sehenswert: der alte Hafen mit der **venezianischen Festung** und das **Archäologische Museum** mit der weltweit größten Sammlung minoischer Funde.	Heraklion Rethymnon Chania Knossos Phaistos Agios Nikolaos/Kritsa Kloster Arkadi Lassithi-Hochebene
Chania	**Chania** ist eine der schönsten Städte der Insel, mit zahlreichen Gebäuden aus venezianischer und türkischer Zeit und einem Hafen mit zahlreichen Cafes und Tavernen. Die Stadt ist auch bekannt für ihre vielen Geschäfte, die Lederwaren anbieten.	wie Heraklion, außer Agios Nikolaos/Kritsa

Ausflugsziele Kreta	Sehenswürdigkeiten
Rethymnon	In der Altstadt finden sich viele gut erhaltene venezianische und türkische Gebäude, eine riesige **venezianische Festung** überragt den Hafen mit seinem **Leuchtturm** aus dem 13. Jahrhundert, der mit seinen zahlreichen Straßencafes ein beliebter Anziehungspunkt für Touristen ist.
Agios Nikolaos	**Agios Nikolaos** gilt als einer der schönsten (und auch meistbesuchten) Ferienorte Kretas, herrlich gelegen am **Golf von Mirabello** mit einem lebhaften Hafen, dem ein See vorgelagert ist, vielen Tavernen und Einkaufsstraßen.
Kritsa	Eines der sehenswerten kretischen Bergdörfer, oberhalb von Agios Nikolaos gelegen mit **Blick auf die Mirabello Bucht,** bekannt wegen seiner **byzantinischen Kirche** und Zentrum kretischer Handwerkskunst (Spitzen, Teppiche und Stickereien).
Knossos	Der Palast von **Knossos** ist die besterhaltene bzw. rekonstruierte minoische Anlage des Königs Minos (ca. 1700 v. Chr.), Detailfunde befinden sich im Archäologischen Museum von Heraklion. 
Phaistos	Der **Palast von Phaistos** ist die zweitgrößte minoische Palastanlage Kretas. Das Ruinenfeld liegt auf einem Hügel mit schönem **Blick auf die Küste und das Ida-Gebirge.**
Arkadi-Kloster	**Nationalheiligtum** der Kreter, da 1866 hier während der türkischen Belagerung Hunderte von Griechen Selbstmord begangen haben.
Lassithi-Hochebene	Sehr fruchtbare Hochebene, von Bergen eingerahmt, charakteristisch sind die vielen **Windmühlen.** Die Orte sind durch eine Ringstraße miteinander verbunden. Höhepunkt eines Ausflugs ist die **diktäische Höhle bei Psychro,** dem sagenhaften Geburtsort des Göttervaters Zeus.

Insel	Sehenswürdigkeiten/Ausflüge
Mykonos	Im Gegensatz zu vielen anderen Kykladen-Inseln ist Mykonos relativ flach (Höchste Erhebung 390 m). Die Vegetation sehr spärlich (kaum Bäume). Die Insel überzeugt mit vielen Sandstränden. Mykonos ist die **Partyinsel** der Ägäis mit internationalem Flair und entsprechend hohen Preisen. **Mykonos-Stadt** (Chora) ist das Zentrum des Nachtlebens. Der Ort zieht sich mit seinen weißen, kubischen Häusern, zahlreichen Kirchen, engen verwinkelten Gassen und mehreren Windmühlen im Halbrund um eine molengeschützte Bucht. Das **Kastro,** der älteste Teil der Stadt, erhebt sich hoch über dem Hafen. Hier befindet sich das **Volkskundemuseum** (u. a. mit einer restaurierten Windmühle) sowie das beliebte Postkartenmotiv, die Kirche **Panagia Paraportiani.** Das **Künstlerviertel Venetia** (Klein-Venedig) ist unten am Hafen. Die bemalten Balkone der Häuser ragen bis ins Meer, hier trifft man sich abends zum Sundowner. **Ano Mera** ist der einzige nennenswerte Ort im Inland mit zwei sehenswerten Klöstern. Die Nachbarinsel **Delos** ist heute unbewohnt. In der Antike war sie dem Gott Apollon geweiht. Sehenswert sind die berühmte **Löwenterasse,** das antike Theater, der Apollontempel und die Tiermosaike.  Löwenterrasse
Santorin	Die halbmondförmige **Vulkaninsel** entstand bei einem Vulkanausbruch um 1450 v. Chr. und besteht letztlich nur aus den Resten eines Kraterrandes des im Meer versunkenen Vulkans. Der Blick von der Steilküste des Kraterrandes (bis 370 m) auf das Halbrund des Kraters und das darunter liegende Meer mit drei kleineren Inseln ist unvergleichlich. Dies gilt ebenso für den Blick, der sich den Kreuzfahrtgästen bietet, wenn die Schiffe im **Golf von Santorin** ankern.  Der Hauptort der Insel **Thira/Fira** liegt terrassenförmig am Kraterrand und bietet herrliche Ausblicke. Mit seinen vielen Hotels, Bars, Restaurants und Geschäften in den engen Gassen ist er auch ein Zentrum des Nachtlebens auf der Insel. **Oia** der kleine, beschaulichere Ort im Norden der Insel besteht aus einem Labyrinth von Gässchen, Treppen, weißen Häusern und bietet den besten Blick auf den Golf von Santorin. Der Ort ist berühmt für seine atemberaubende Sonnenuntergänge. Der **Golf von Santorin** lädt zu einer Bootsfahrt mit Besuch der Inseln **Nea Kameni** (Vulkankrater) und **Palea Kameni** (heiße Schwefelquellen) ein.

Rhodos	Ortsbeschreibung	Typische Landausflüge
Rhodos-Stadt	Hauptattraktion ist die von den Kreuzrittern des Johanniter-Ordens erbaute **Altstadt** aus dem 14.–16. Jahrhundert: » **Stadtmauer:** 4 km lang, bis zu 12 m breit, » **Großmeisterpalast:** Kastell mit dreifachem Mauerring, an der höchsten Stelle der Stadt gelegen, » **Ritterstraße:** Ritterherbergen säumen diese Straße, » **Ordensritterhospital:** heute ein Archäologisches Museum, » **Türkisches Viertel** mit Moschee, türkischem Bad (Hamam). **Mandraki-Hafen:** Jachthafen außerhalb der Altstadt, Bronzestatuen von Hirsch und Hirschkuh flankieren die Einfahrt, angeblicher ehemaliger Standort des Kolosses von Rhodos, eines der antiken Weltwunder.	Rhodos-Stadt Petaloudes Kamiros Lindos

Ausflugsziele Rhodos	Sehenswürdigkeiten
Petaloudes	Von Juni bis September bevölkern Tausende von Schmetterlingen das sog. **Tal der Schmetterlinge**, das in einer schmalen, grünen Schlucht liegt.
Lindos	Von der Akropolis, die auf einem 125 m hohen **Tafelberg** über dem Meer erbaut wurde, sind sehenswerte Reste einer antiken **Tempelanlage** erhalten. Sie wurden von den Johannitern im 15. Jahrhundert mit einer mächtigen **Festungsmauer** umgeben. Der Ort selbst besteht aus weißen Häusern, den sog. **Kapitänshäusern**, die sich im Schatten der Festung am Burgberg entlangziehen. Der ganze Ort gehört zu den bekanntesten Ausflugszielen der Insel.  Lindos
Kamiros	Eine der besterhaltenen griechischen Städte der Antike, auf einer Anhöhe gelegen.

Insel	Sehenswürdigkeiten/Ausflüge
Kos	Der Hauptort **Kos** bietet Strände, Nachtleben, griechische und römische Ausgrabungen, eine mächtige **Johanniterfestung am Hafen** und ein Archäologisches Museum mit sehenswerten Mosaikböden und Statuen aus römischer Zeit. Auf dem Marktplatz steht die Platane des Hippokrates, dem berühmtesten Arzt der Antike, der auf Kos geboren wurde. Landausflüge: **Kos-Stadt,** ein Besuch des 4 km entfernten **Asklepieion** (Ausgrabungsstätte mit Tempeln, medizinischer Schule und Krankenhaus, die sich über drei Terrassen erstreckt), Ausflug zu den **Asfendiou-Dörfern** (an den bewaldeten Hängen eines 846 m hohen Berges gelegen) mit viel griechischem Flair und vielen Geschäften und Tavernen.
Samos	Die relativ grüne, bewaldete Insel bietet eine malerische, an einem Bergrücken gelegene, überschaubare Insel-Hauptstadt, die im Halbkreis um die geschützte Hafenbucht liegt. Geschäfts- und Touristenzentrum ist die im 19. Jahrhundert gegründete Unterstadt am Hafen, während die über 400 Jahre alte Oberstadt mit ihren Pflastergassen wesentlich weniger hektisch wirkt. Das Museum in der Stadt zeigt die Funde aus der berühmtesten Ausgrabungsstätte der Insel – dem **Heraion** – Pilgerstätte und Tempelanlage, der Göttin Hera gewidmet. Landausflüge: **Samos-Stadt,** Inselrundfahrten mit einem Besuch von Pythagorio (kleiner Hafenort, ehemalige, antike Hauptstadt mit einem antiken, unterirdischen Äquädukt, Geburtsort des Pythagoras) und dem Heraion.

Die türkische Ägäisküste

Die türkische Ägäisküste ist ein uraltes Siedlungsgebiet und insbesondere Griechen und Römer haben hier zahlreiche Spuren hinterlassen. Wegen ihrer Nähe zur antiken Stadt Ephesus sind Izmir und Kusadasi die Häfen mit den meisten Ankünften.

Türkische Ägäisküste

Kreuzfahrthäfen	Ortsbeschreibung	Typische Landausflüge
Dikili	Das kleine Städtchen (ca. 45 000 Einwohner) ist für Einheimische ein beliebter Badeort. Als Kreuzfahrthafen bekannt ist es wegen seiner Nähe zu der antiken Ausgrabungsstätte von Pergamon.	Pergamon
Izmir	Die drittgrößte Stadt (ca. 2,9 Mio. Einwohner) der Türkei hieß in der Antike Smyrna. Sie ist kein erstrangiges Ausflugsziel, da Smog und Verkehrschaos das mediterrane Leben begleiten und die Altstadt 1922 bei einem Feuer zerstört wurde. Sehenswert sind der Burgberg mit grandiosem Ausblick, der Basar, die römische Agora und die Seepromenade mit Restaurants, Cafes, Bars.	Pergamon Ephesus
Kusadasi	Lebhaftes Touristenzentrum der türkischen Ägäis mit hervorragendem Bade-, Einkaufs- und Unterhaltungsmöglichkeiten. Beliebtes Kreuzfahrtziel wegen der Ausflugsziele, z. B. nach Ephesus und Pamukkale. Auf der vorgelagerten **Taubeninsel** (= **Kusadasi**) befindet sich eine genuesische Festung mit Restaurant und Disco.	Ephesus Pamukkale Priene Milet Didyma
Bodrum	Die Bucht von **Bodrum** bietet eines der malerischsten Panoramen der Mittelmeerküste. Weiße Häuser vor grüner hügeliger Landschaft und dem Blau der weitgeschwungenen Bucht mit dem **Johanniterkastell St. Peter** (mit einem einzigartigen Unterwasserarchäolgie-Museum) und Jachthafen bieten eine wunderbare Kulisse, die viele Künstler- und Lebenskünstler anzieht und eine mit Ibiza oder St. Tropez vergleichbare Szene mit zahlreichen Unterhaltungsmöglichkeiten entstehen ließ. In **Halikarnassos,** wie Bodrum in der Antike hieß, stand ein weiteres der sieben antiken Weltwunder: das **Mausoleum von Halikarnassos** (Grabtempel für König Mausolos, 4. Jahrhundert v. Chr.), das wahrscheinlich durch Erdbeben beschädigt wurde und im Johanniterkastell im 15. Jahrhundert verbaut wurde.	Bodrum Halikarnassos
Marmaris	Das in einer malerischen Bucht mit kleineren felsigen Inseln gelegene Marmaris ist heute eines der Tourismuszentren der Türkei, mit umfassender touristischer Infrastruktur einschließlich eines modernen Jachthafens. Hübschester Teil ist die Altstadt um ein kleines osmanisches Kastell; an der langen Uferpromenade befinden sich viele Restaurants und in der Bar Street viele Discos.	Dalyan Kaunas Fethiye

Ausflugsziele	Sehenswürdigkeiten
Pergamon	 Das heutige **Bergama** (traditionelle türkische Stadt mit Basargassen – altem Handwerk, Teestuben usw.) wird überragt vom griechischen Burgberg (Akropolis) mit dem steilsten **Amphitheater** der Antike. In der Nähe befinden sich auch Ausgrabungen des griechischen Asklepieions (antiker Kurort nach dem griechischen Heilgott Asklepios). Bergama war im 3. Jahrhundert Zentrum des Hellenismus – hier befand sich die zweitgrößte Bibliothek des Altertums (Pergamentrollen) und auch der Pergamon-Zeus-Altar (heute in Berlin im Pergamon-Museum).
Ephesus	**Ephesus** ist das größte Ausgrabungsgebiet der Westküste und zeigt Überreste einer antiken Weltstadt, die als Hafen- und Handelsstadt wohlhabend wurde und als Standort des **Artemistempels,** eines der sieben Weltwunder, als Hauptstadt der römischen Provinz Asia und als Wirkungsstätte des Apostels Paulus und Sterbeort Marias eine bedeutende Rolle spielte. Die wichtigsten Details des ausgedehnten Ruinenfeldes: Museum (u. a. mit Artemis-Statue), Großes Theater mit Blick über die Hauptstraße zum verlandeten Hafen, **Celsus-Bibliothek** mit sehr schöner Schaufassade und sehr gut erhaltenen Hauptstraßen (u. a. Hafen- und Marmorstraße) und dem Hadriantempel an der Straße der Kureten (Priester), **„Haus der Mutter Maria“** (Pilgerstätte).  Celsus-Bibliothek
Pamukkale	**Pamukkale (= Baumwollschloss),** eines der beeindruckendsten Naturphänomene des Mittelmeerraumes, entstanden durch den Ausfall von grauweißem Kalk bei der Abkühlung des heißen Quellwassers, das von einem Hügel in der Nähe des Ortes in Terrassen gestaffelt hinunterfließt. Inzwischen sind alle Hotels oberhalb der **Sinterterassen** stillgelegt, übrig geblieben ist ein preiswertes Thermalschwimmbad, auf dessen Grund die Badenden antike Säulen liegen sehen. Etwas oberhalb der Anlage befinden sich die Ruinen des römischen Kurortes **Hierapolis** sowie eine riesige **Nekropole** (Grabstätten).
Priene **Milet** **Didyma**	**Priene:** Antike verlandete Hafenstadt aus dem 4. Jahrhundert v. Chr. Auf einem Bergrücken gelegen, zeigt das Ruinenfeld eine klassisch griechische Stadtanlage. Sehenswert sind der an einer Felswand gelegene Athena-Tempel, ein Theater und der **Agorabezirk,** an dem zahlreiche öffentliche Bauten freigelegt wurden. **Milet** war das politische und kulturelle Zentrum Ost-Griechenlands; heute beeindrucken vor allem das Theater, die Reste des riesigen Agora-Bezirks und die römischen Thermen der Faustina mit ihren unterschiedlichen Bädern. **Didyma** war keine Stadt, sondern nur der Tempelbezirk von Milet und neben Delphi war es die berühmteste Orakelstätte in der Antike. Hauptsehenswürdigkeit sind die Fragmente des riesigen **Apollon-Tempels.** Einige aufgerichtete Säulen, das Portal sowie ein großes Medusenhaupt vermitteln noch heute den monumentalen Charakter der früheren Anlage.

Ausflugsziele	Sehenswürdigkeiten
Dalyan/ Kaunos	Der **Dalyan-Strand**, mit den dort brütenden Meeresschildkröten, gehört zu einem der beliebtesten Tagesausflugsziele. Von dort geht es meist mit Booten auf dem Köycegiz-See zur nahe gelegenen antiken Stadt **Kaunos.** Sehenswert sind vor allem die monumentalen **lykischen Felsengräber** sowie ein Theater (mit schönem Blick über die Küste), Tempelfundamente und eine byzantinische Festung.
Fethiye	 Bekannt durch die vielen **lykischen Felsengräber**, die idyllischen Strände und die zum Teil unbewohnten vorgelagerten Inseln, ist **Fethiye** heute ein Zentrum des Fremdenverkehrs. Ein ganz eigenartiges Flair verbreiten die noch vereinzelt zwischen den Häusern stehenden **lykischen Schiffskielsarkophage** sowie die Tempelfassadengräber im Steilhang über der Stadt. Der in 12 km Entfernung liegende Traumstrand **Ölü Deniz** zählt mit seiner geradezu paradiesischen Küstengebirgslandschaft zu den schönsten Stränden der Türkei.

Verkaufsargumente für die Ägäis
» Angenehme Temperaturen mit Bademöglichkeiten von Mai bis Oktober » Einzigartige Kulturregion mit Zeugnissen aus der über 4 000 Jahre alten Geschichte Europas mit dem Schwerpunkt griechische Antike. » Der besondere Reiz der griechischen Inselwelt liegt in ihrer Kombination von vielfältiger Landschaft, malerischer Architektur ihrer Dörfer, den Stränden und dem reichen kulturellen Erbe. » Die Vielzahl an sehenswerten Häfen ermöglichen wenige Seetage bei einer Kreuzfahrt. » Die Kreuzfahrt lässt sich gut mit dem Badeurlaub vor Beginn oder nach Ende der Reise kombinieren.

Situationsaufgabe

Situation:

Herr Cornelius möchte mit seiner Frau und den zwei Kindern (sieben und elf Jahre alt) erstmals eine (deutschsprachige) Kreuzfahrt unternehmen, wenn möglich im östlichen Mittelmeerraum. Die Eltern sind beruflich sehr eingespannt und genießen in den Ferien gerne auch einmal Zweisamkeit, wenn die Kinder gut betreut sind.

Aufgaben:

1_ Bekräftigen Sie den Kreuzfahrtwunsch, indem Sie die Vorteile einer Kreuzfahrt insbesondere für diese Familie hervorheben.

2_ Welche Schiffe bzw. Reedereien können Sie der Familie empfehlen?

3_ Erläutern Sie der Familie folgende Aspekte der Kreuzfahrt:
- Kabinenauswahl
- Kleiderauswahl
- Essenszeiten/-möglichkeiten, Verpflegung und Getränke
- Freizeitmöglichkeiten/Unterhaltungsprogramm an Bord
- Kinderbetreuung
- zusätzliche Nebenkosten

4_ Nennen Sie wichtige Häfen in der Region mit jeweils einem Ausflugsziel, die je nach Route angelaufen werden.

12 Cluburlaub am Beispiel der türkischen Riviera

12.1 Der Cluburlaub

Die Idee des Cluburlaub geht auf den Mitbegründer des „Club Méditerranée“, Gérard Blitz, zurück, der 1950 für seine Urlaubsgäste auf Mallorca ein Zeltlager anbot und dabei auch für die Unterhaltung seiner Gäste sorgte.

Bei den großen Cluburlaub-Anbietern (z. B. Robinson Club, TUI Magic Life und 1-2-fly-Fun-Club von TUI oder Club Calimera von ITS sowie ClubMed) lassen sich Gemeinsamkeiten feststellen, anhand derer diese Urlaubsart gut zu charakterisieren ist:

» professionelles Sportprogramm,
» professionelle Kinderbetreuung,
» ein abwechslungsreiches Unterhaltungsprogramm sowie
» gute und reichhaltige Restauration.

Die Clubanlage, die oft der landestypischen Kultur nachempfunden ist oder berühmten Vorbildern (z. B. der Topkapi-Palast), in ihrer i. d. R. landschaftlich reizvollen Umgebung sowie die professionelle Animation runden das umfangreiche Leistungsangebot ab. In diesem Ambiente wächst die Kommunikationsbereitschaft, die das eigentliche Geheimnis für Akzeptanz und Erfolg des Cluburlaubs ist.

12.2 Die türkische Riviera

Sie erstreckt sich von **Tekirova/Kemer** bis hin nach **Alanya** und ist geprägt vom Golf von Antalya. Ein selbst in den Wintermonaten angenehmes Klima, schöne Sandstrände, ausgezeichnete Hotels und Clubanlagen sowie eine Fülle von Sehenswürdigkeiten – von Ruinenstädten, antiken Theatern bis hin zu großartigen Kreuzfahrerfestungen. Schon Marc Anton überließ diese Küste angeblich Kleopatra als Hochzeitsgeschenk.

Der **Flughafen Antalya** (**AYT**) wird von fast allen deutschen Flughäfen bedient. Die Flugzeit beträgt ca. 3 Stunden.

Die teils pinienbewachsene, schroffe Berglandschaft des Taurusgebirges im Hinterland (bis über 3 000 m Höhe) sowie fruchtbare Ebenen, besonders um Antalya und Side, prägen die Landschaft. Die meist großen modernen Hotel- und Clubanlagen liegen überwiegend direkt am Strand außerhalb der Urlaubsorte und bieten häufig „All-inclusive-Komfort“, ein breites Sportangebot für jeden Urlaubertyp und dazu Ausflugsprogramme und Animation.

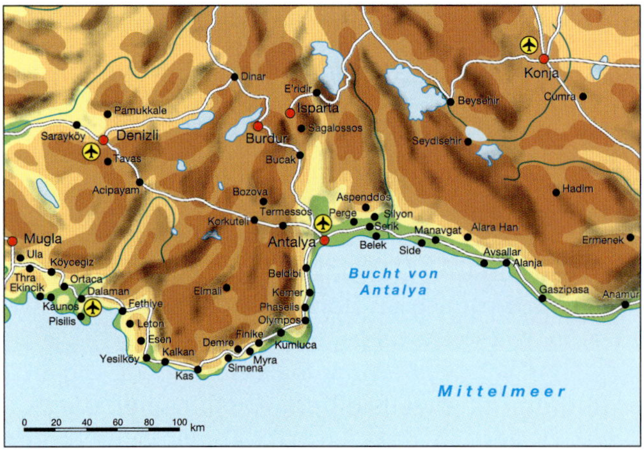

222251408

Antalya

Die Provinzhauptstadt Antalya mit ca. 2,4 Mio. Einwohnern gilt als die schönste Stadt der türkischen Mittelmeerküste. Sie ist berühmt für ihre schattigen Palmenboulevards, die malerische Altstadt und für den Jachthafen. **Sie breitet sich über eine felsige Terrasse aus**, die zu einer Bucht mit dem alten Hafen abfällt. Im Hintergrund bilden die Berge ein effektvolles Panorama. Im Osten zieht sich ein schöner langer Sandstrand (Lara-Strand) hin, der durch Bäche und Wasserfälle unterbrochen ist. Hier liegen auch einige Fünfsternehotels. Im Westen breitet sich der große Stein- und Kiesstrand von Konyaalti aus.

Sehenswert: Das gewaltige **Hadrianstor** mit seinen drei Bögen und den Marmorornamenten (130 n. Chr.) und die **Altstadt** mit den verwinkelten Gassen und Gebäuden aus osmanischer Zeit mit Souvenir- und Bazarläden und immer wieder Cafes/Restaurants mit Blick auf den Hafen. Die Altstadt wird überragt von dem **Yivili Minarett**, dem Wahrzeichen der Stadt. Die Parks auf den Klippen direkt am Meer laden zu einem Spaziergang ein. Das **Archäologische Museum** gilt als eines der bedeutendsten der Türkei mit sehenswerten Skulpturen aus vor allem hellenistischer und römischer Zeit. In der Nähe des Lara-Strandes ergießen sich die unteren **Düden-Wasserfälle** über 50 m ins Meer.

Antalya und Umgebung

Konyaalti Beach Park erstreckt sich auf 3 km Länge, 16 verschiedene Abschnitte laden zum Verweilen ein, wobei es Liegen und Sonnenschirme nur gegen Gebühr gibt, zum Park gehören Cafes, Restaurants und ein über 500 000 m² großes Areal mit Sportangeboten, abends viele Beachpartys und andere Unterhaltungen.

Lara: junges Urlaubsgebiet mit feinen, hellen Sandstränden. Hier befinden sich fast ausschließlich Fünfsternehotels mit beeindruckender Architektur und großen Außen anlagen.

Lara Beach Park: auf 2 km Länge bietet der Küstenabschnitt Cafes, Restaurants, Bars und zahlreiche Diskotheken, am Abend wandelt sich der Sandstrand zur Partymeile.

Kundu: ebenfalls relativ neues Feriengebiet mit Themenhotels auf hohem Niveau.

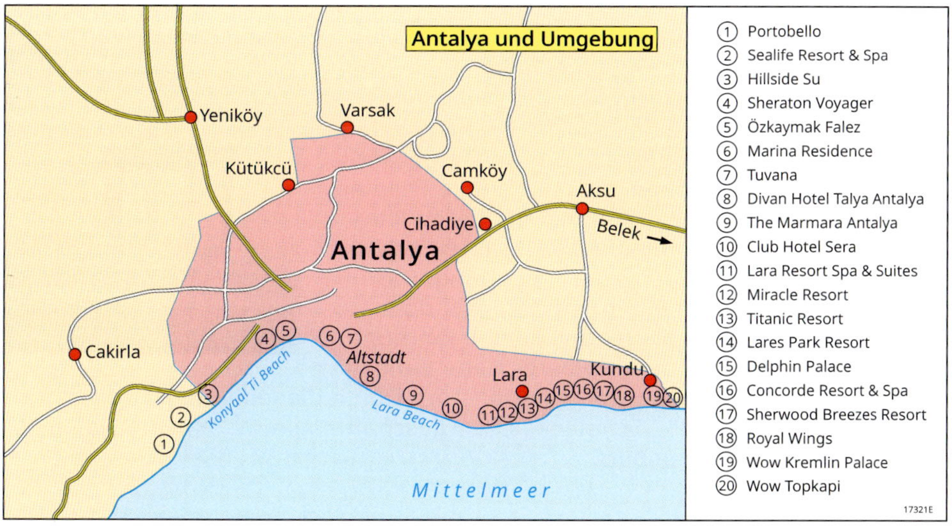

Kemer und Umgebung

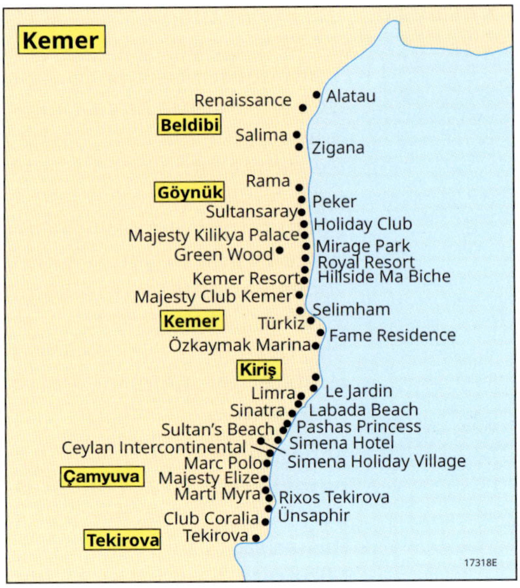

Über hundert Hotels, davon etliche in der Fünfsternekategorie, Feriendörfer, Campingplätze und noch immer neue Baustellen – das ist Kemer. Kein Fischerdorf wie noch zu Anfang der 1980er-Jahre, aber auch keine Großbaustelle mehr, sondern ein Ort für Urlauber, samt einer Vielzahl von Buchten und Stränden (Kies) mit Tennisplätzen und Jachthafen vor der Kulisse des Taurusgebirges. Die Hotels liegen meist außer halb in kleineren Orten wie Beldibi, Camyuya und Tekirova.

Beldibi: dichte Pinienwälder mit langen Kieselstränden vor einem wilden Berpanorama.

Göynük: Ferienanlagen, die in natürliche Vegetation aus Pinien und Oleander eingebettet wurden.

Kemer-Stadt: lebhaftes Treiben am Jachthafen, mit vielen Geschäften, Bars, Lokalen sowie uriger Wochenmarkt mit vielfältigen Obst- und Gemüseangeboten.

Camyuva: zu Fuß oder per Fahrrad kann man die reizvolle Landschaft mit dem großartigen Panorama des Taurusgebirges im Hintergrund erkunden.

Tekirova: die langen, breiten Sandstrände zählen zu den schönsten der Region und laden zu ausgedehnten Spaziergängen ein.

Zwischen Antalya und Alanya

Die in den letzten Jahren entstandene reine Urlaubsregion **Belek** liegt ca. 35 km östlich von Antalya. Der über 20 km lange Sandstrand (teilweise mit Kies) ist breit und flach abfallend. Die Hotels zählen zur gehobenen Luxus-Kategorie. Mit mehreren Golfplätzen, darunter ein 27-Loch-Platz, ist Belek das Golfzentrum der Südtürkei. In den Hotels und Clubanlagen stehen meist eine Vielzahl von Tennisplätzen zur Verfügung, Segeln, Surfen und Bootsfahrten runden das Angebot ab. Platz genug ist noch vorhanden, das Gebirge tritt hier weit von der Küste zurück.

In der weiten Bucht westlich und östlich des auf einer Landzunge gelegenen Ortes **Side** erstrecken sich Sandstrände, die zu den schönsten der Südküste gehören. Am Eingang des bereits in der Antike bekannten Ortes befindet sich das antike Theater aus römischer Zeit. Von den oberen Rängen hat man einen ausgezeichneten Blick über die Stadt und die Umgebung. Das Theater bildet einen Teil der mächtigen inneren Stadtmauer aus dem 4. Jahrhundert v. Chr. In unmittelbarer Nähe befindet sich das Haupttor (Hadrianstor). Durch die lebhafte Hauptstraße (viele Souvenir-, Teppich-, Schmuck-, Ledergeschäfte) kommt man am Hafen zu den Resten eines Apollotempels.

2 Geschäftsreisen

2.1 Travel Management

Unter dem Begriff **Travel Management** (oder auch **Business Travel Management**) wird die Gesamtheit der strategischen und operativen Maßnahmen verstanden, die zur Planung, Organisation und Kontrolle von Geschäftsreisen vorgenommen werden.
Als wichtige Ziele des Travel Managements[1] werden vom VDR (Verband Deutsches Reisemanagement e. V.) genannt:

» direkte und indirekte Kosteneinsparungen
» Prozessoptimierung
» Sicherheit und Zufriedenheit der Geschäftsreisenden
» effiziente Durchführung der Geschäftsreise

Das wichtigste Instrument zur Erreichung dieser Ziele ist die Einführung einer Reiserichtlinie.
Als Kernaufgaben[2] zählen nach dem VDR:

» Verhandlungen mit Leistungsträgern und Reisebüros
» Festlegung bevorzugter Vertragspartner
» Festlegung von Reiserichtlinien
» Vertragsgestaltung
» Optimierung des Einkaufs mit dem Ziel der Minimierung von Reisekosten
» Steuerung und Kontrolle von Reisekosten
» Qualitätskontrolle

2.2 Reiserichtlinien

Reiserichtlinien regeln die Genehmigung, Buchungswege, Durchführung, Abrechnung von Leistungen sowie die Wahl der Leistungsträger.
Sie bieten den Unternehmen u. a. folgende Vorteile:

» Geschäftsreiseprozesse können vereinfacht und rationalisiert werden.
» Direkte Kosten (Leistungsträger) und indirekte Kosten (Prozesskosten) können reduziert werden.
» Die klaren Vorgaben für Leistungsträger sorgen für Transparenz und somit auch für mehr Zufriedenheit bei den Geschäftsreisenden.
» Sie bilden die Grundlage für das Controlling.

Bei der Aufstellung der Reiserichtlinien hat der Betriebsrat ein Mitbestimmungsrecht.

Geschäftsreisen stellen für die Unternehmen einen erheblichen Kostenfaktor dar, dessen Wirtschaftlichkeit permanent überprüft wird.

Vor jeder Genehmigung einer Geschäftsreise ist zu klären, ob nicht Alternativen möglich sind: Net-Meeting, Telefon- oder Videokonferenz. Heute ist es üblich, die Organisation und Abwicklung von Geschäftsreisen nicht mehr in Eigenregie durchzuführen, sondern den Reiseetat an einen Spezialisten (Geschäftsreisebüro oder -kette) zu delegieren (Outsourcing, mitunter als „Implant"

1 Vgl. Verband Deutsches Reisemanagement e. V. (VDR): Berufsbild Travel Manager. In: www.vdr-service.de/berufsbild-travel-manager [24.10.2021].

2 Vgl. ebd.

im delegierenden Unternehmen). Die Unternehmen vergeben ihr Reisebudget an Geschäftsreisebüros über zeitlich begrenzte Ausschreibungen (drei bis fünf Jahre), in denen sich Kunde und Reisebüro bzw. Kette vertraglich binden. Für seine Leistung erhält das Reisebüro eine entsprechende Provision (Service-Entgelt). Umgekehrt sind die Mitarbeiter bei der Organisation ihrer Reisen an das Reisebüro gebunden.

EXKURS»

Glossar

Travel Policy: Reiserichtlinien
Travel Turnover: die über das Reisebüro abgewickelten Reiseleistungen (Flug, Bahn, Hotel usw.) dargestellt in Transaktionen und Umsätzen
Travel Management: die Person oder Abteilung des Firmenkunden, die die strategischen und operativen Maßnahmen zur Planung, Organisation und Kontrolle der Geschäftsreiseprozesse durchführt
Travel Approver: die Person, die beim Firmenkunden die Geschäftsreise grundsätzlich genehmigt
Travel Arranger: die Person, die beim Firmenkunden die Geschäftsreise bucht bzw. beauftragt

Inlandsreisen

Reiserichtlinien regeln u. a.
- » wer im Unternehmen die Reise genehmigt und wie der Ablauf des Verfahrens ist,
- » den Versicherungsschutz des Mitarbeiters (Unfallversicherung, Reisegepäckversicherung, Kfz-Versicherung),
- » die Nutzung der Verkehrsmittel einschließlich Mietwagen, privater und betriebseigener Pkw,

> „Bei allen Reisen sind vorzugsweise die preisgünstigsten Verkehrsmittel zu nutzen, soweit dies möglich und zweckmäßig ist. Vorrangig sollte online über unsere Internetanwendung gebucht werden. Bei Beratungsbedarf ist gegen höhere Gebühren bei unserem Vertragsbüro zu buchen. Dabei sind alle Ermäßigungen auszunutzen."

> „Alle Mitarbeiter reisen in der Economyclass, Businessclass ist nur möglich bei Nachtflügen und einer Flugdauer von mehr als acht Stunden. Ein Flug in der Businessclass muss von der Geschäftsleitung genehmigt werden. Die vom Reisebüro ermittelten Tarife und Airlines sind zu akzeptieren. Bonusmeilen können weiterhin privat genutzt werden.
>
> Nicht genutzte Fahrscheine/Flugtickets sind unmittelbar zur Gutschrift zurückzugeben."

- » die Reisenebenkosten (z. B. Gepäckaufgabe, Telefon einschließlich Handy, Trinkgelder, Repräsentationskosten),
- » die Übernachtungskosten (ausschließlich Frühstück) und die Festlegung von Übernachtungspauschalen,

> „Eine Erstattung der tatsächlich angefallenen Aufwendungen erfolgt gegen Vorlage der Originalrechnung, die auf das Unternehmen ausgestellt sein muss. Das Unternehmen behält sich vor, bestimmte Hotels vorzuschreiben. Das Frühstück zählt nicht zu den Unterbringungskosten."

» die Verpflegungskosten,

> „Pro Tag werden die vom Bundesministerium für Finanzen festgelegten Pauschbeträge für Verpflegungsmehraufwendungen ohne die dort angeführten Minderungen ersetzt. Das Hotelfrühstück ist Teil des Verpflegungsmehraufwandes."

» die Gästebewirtung im Rahmen einer Dienstreise,
» die Reisekostenvorschüsse,
» das Verhalten bei Erkrankung oder Unfall während der Reise und die Situation, wenn eine Weiterreise nicht mehr möglich ist, und
» mit welchem Zahlungsmittel Arztkosten während der Reise bezahlt werden können.

Für **Auslandsreisen** sollten die Reiserichtlinien zusätzliche Sonderregeln enthalten:

» Bei jeder Auslandsreise ist eine Risikoprüfung vorzunehmen. Sollte für das Zielland eine Reisewarnung des Auswärtigen Amtes vorliegen, entscheidet der Mitarbeiter nach Rücksprache mit der Geschäftsleitung, ob er die Reise durchführt, verschiebt oder absagt. Das Reisemanagement besorgt die notwendigen Visa und stellt Bargeldmittel für die Länder zur Verfügung, in denen die Firmenkreditkarten nicht akzeptiert werden.
» Je nach Land gibt es für Übernachtungs- und Verpflegungskosten unterschiedliche Pauschbeträge. Dies ist dadurch begründet, dass die Lebenshaltungskosten länderspezifisch unterschiedlich hoch sein können. Sie können sogar innerhalb eines Landes variieren.
» Vom Arbeitgeber werden eine zusätzliche Auslandskranken- und Unfallversicherung abgeschlossen. Die Krankenversicherung bietet vollen Schutz bei allen Behandlungskosten im Ausland. Im Inland gilt weiterhin die gesetzliche Krankenversicherung des Mitarbeiters.
» Bei längeren Flugstrecken, z. B. über acht Stunden, können die Mitarbeiter in einer höheren Reservierungsklasse buchen.

Digitalisierung

> „Über Smartphones/Tablets dürfen nur richtlinienkonforme Buchungen/Umbuchungen vorgenommen werden."

Mit dieser Vorschrift soll das „Direct Connect" eingedämmt werden, denn die Leistungsträger versuchen unter Ausnutzung der Möglichkeiten der neuen Medien verstärkt Geschäftsreisenden interessante Angebote direkt zu unterbreiten unter Umgehung des Travel Managements und unter Missachtung der Reiserichtlinie.

In nächster Zeit wird den auf den Smartphones der Business Traveller installierten **Reise-Apps** eine zentrale Bedeutung zukommen. So dürfte es in Zukunft genügen, in die App Ort, Datum und Reisezeit einzugeben, und die App kümmert sich anschließend um alles Weitere: Der virtuelle Assistent bucht automatisch eine Bahnreise, da die App weiß, dass die Bahn für dieses Reiseziel die bevorzugte Art zu reisen ist. Nach der Ankunft führt das Handy den Business Traveller zu seinem Mietwagen, der den Reisenden zu seinem bevorzugten Hotel bringt, wo das Lieblingsessen bereits wartet – ohne dass der Reisende selbst eine Buchung oder Zahlung ausführen oder eine Anfrage stellen muss.

Themen wie Digitalisierung (End-to-End- und Door-to-Door-Buchung), Travel Risk Management und Globalisierung sind seit einigen Jahren die beherrschenden Themen im Bereich des Travel Managements und werden dies sicherlich auch noch lange bleiben. Hinzu kommen die neuen

Möglichkeiten der künstlichen Intelligenz (KI). Chatbots und Robotik-Systeme sollen durch eine Unterstützung der Steuerung zu weiteren Einsparungen führen. Einsparungen werden auch im Bereich Dienstreisen gesucht. Immer häufiger werden persönliche Treffen/Konferenzen durch Videokonferenzen ersetzt. Allerdings, so wird mitunter beklagt, würden persönliche Treffen einen höheren Umsatz generieren, weil die Abwechslung durch Treffen die Motivation steigert.

Reiseprofile

Ein Instrument zur Unterstützung der Ziele des Travel Managements sind Reiseprofile der Geschäftsreisenden. Sie bieten folgende Vorteile:

- Überwachung der Reiserichtlinien bei der Buchung von Reiseleistungen
- schnellere und effizientere Abwicklung der Buchung und dadurch Kosteneinsparung
- höhere Servicequalität durch Berücksichtigung der Wünsche und Präferenzen des Reisenden
- Datenänderungen können schnell vorgenommen werden, somit sind schnellere Reaktionen möglich.

Wesentliche Bestandteile dieser Reiseprofile sind:

- Stammdaten: Name, Staatsangehörigkeit, Telefonnummer, E-Mail-Adresse, Abteilung, Position, Kostenstelle, Personalnummer, Spracheinstellung, Visa, Impfungen, Nummer und Gültigkeit des Reisepasses
- Firmendaten: Travelarranger, Telefonnummer, E-Mail-Adresse
- Flugreisen: Klasse, Sitzplatz, Menü, Fluggesellschaften, Kartennummern
- Präferenzen: Airlines, Sitzplätze, Essen
- Bahnreisen: BahnCard, Gültigkeit, Präferenzen Sitzplätze
- Hotel: Hotelkategorien, Hotelkette, Präferenzen Hotelkette, Zimmer
- Mietwagen: Autovermieter, Kartennummern, Präferenzen Autovermieter, Autotyp
- Kreditkarten: Firmen-/private Kreditkarten

Nachhaltigkeit

Das Bedürfnis nach Nachhaltigkeit in der Gesellschaft gewinnt für das Travel Management in Unternehmen immer mehr an Bedeutung. Nachhaltiges Handeln als Imagefaktor zur Förderung der Wettbewerbsfähigkeit ist hier ein wesentlicher Beweggrund.
Maßnahmen, die die Nachhaltigkeit von Geschäftsreisen fördern, sind z. B.:

- Vorgaben in den Reiserichtlinien, z. B. Zugfahrten statt Flügen innerhalb Deutschlands, internationale Flüge nur als Direktflüge oder, wenn möglich, nachhaltig zertifizierte Hotels, umweltbewusste Mobilität vor Ort
- Einsatz von Reporting-Tools, die alle Daten einer Geschäftsreise verknüpfen, um auf dieser Grundlage die Umweltbelastung, z. B. die CO_2-Emissionen, sichtbar zu machen
- Teilnahme an CO_2-Kompensationsprogrammen, wie z. B. Klimaschutzprojekte und Aufforstungsprogramme
- Leitfaden für Geschäftsreisende, Plastik und Müll auf Geschäftsreisen zu vermeiden

2.3 Travel Risk Management

Deutschland ist als eine der größten Exportnationen mit seinen Unternehmen und deren Mitarbeitern in allen Ländern der Welt tätig. Gleichzeitig werden die Reisen in einzelne Länder aus medizinischen und sicherheitsrelevanten Gründen immer risikoreicher. Krisenherde können entstehen aus Naturkatastrophen (Vulkanausbrüche, Erdbeben, Tsunamis, Hurrikane), Kriegen (Bürgerkriege, revolutionäre Bewegungen, religiöser Fundamentalismus), kriminellen Ursachen (Terrorismus, Kidnapping).

Daneben sind es häufig auch die eher alltäglichen Reiserisiken, die beachtet werden müssen, wie z. B.:

» Verspätungen und Ausfall von Transportmitteln
» Einreiseverweigerungen (fehlende Papiere, Visa)
» Verlust von Gepäck/Reisezahlungsmitteln
» Diebstahl eines mobilen Endgeräts und dadurch der Verlust von sensiblen Geschäftsdaten
» Beeinträchtigungen durch Unwetter (Sturm/Schneefall)
» Folgen durch mangelnden Impfschutz oder andere Krankheiten
» Unfallfolgen mit unter Umständen Krankenrücktransport
» Streiks

Für die Unternehmen besteht neben der Fürsorgepflicht für die Gesundheit und Sicherheit ihrer Mitarbeiter ein wirtschaftliches Interesse, dass die Leistungserstellung möglichst wenig unterbrochen wird, um direkte und indirekte Kosten zu minimieren. Sie müssen ein vorsorgendes und begleitendes Risikomanagement betreiben.

International tätige Unternehmen können dies selbst in ihre Geschäftsprozesse einbauen oder Geschäftsreiseanbieter, Sicherheitsunternehmen oder Reiseversicherungen mit dem Risikomanagement beauftragen.

Ein umfassendes Travel Risk Management beinhaltet mehrere Stufen:

» Vorsorgende **Pre-trip-Maßnahmen**: Medizinische und sicherheitsrelevante Länderinformationen mit Notfallrufnummern, Risikoanalysen, aktuelle Reisewarnungen, Krisenleitfaden, Versicherungspakete, Sicherheitstrainings. Abrufbar online oder telefonisch.
» Begleitende **On-trip-Maßnahmen**: Notfallrufnummern, medizinische Notfallhilfe, zentrale Koordinierungsstelle mit kompetenten Ansprechpartnern, Lokalisierung von Reisenden mit Kontaktmöglichkeit und aktive Kontaktaufnahme bei globalen Ereignissen.
» **Post-trip-Maßnahmen:** Hilfestellung bei der Krisenbewältigung, auch für Angehörige, und der Abrechnung mit Versicherungen; statistische Aufbereitung, Besprechung der Fälle (reportings).

In jedem Fall muss ein detaillierter **Krisenleitfaden** (Notfallplan, Sicherheitsleitfaden) in Zusammenarbeit zwischen Unternehmensleitung, Travel Management und Betriebsrat erstellt werden. Seine Strukturen und Regeln sind laufend zu überarbeiten.

Mobile Kommunikation muss sicherstellen, dass der Mitarbeiter im Notfall jederzeit informiert werden kann. Größtes Problem dabei ist es, den aktuellen Standort des Mitarbeiters zu kennen. Wird vor Ort ein Hotel oder ein Mietwagen direkt gebucht, fehlt die erforderliche Zuordnung.

Geschäftsreisebüros sind heute in der Lage, mithilfe von Travel Tracking Tools (Tracking-Systeme), ihren Partnern einen derartigen Sicherheitsservice anzubieten und eine verkehrsübergreifende Informationsversorgung jederzeit zu gewährleisten. Mithilfe dieser Software kann der Reisende schnell und effizient lokalisiert werden und es können entsprechende Maßnahmen via E-Mail oder SMS eingeleitet werden.

Tracking-Systeme

Basis bilden die PNR-Daten (Passenger Name Record), die bei einer Flugbuchung angelegt und über Schnittstellen, z. B. bei der elektronischen Buchung eines Mietwagens, aus den verschiedensten CRS (Computer-Reservierungs-System) in das System übernommen werden.

Tracking-Systeme sind verlässlicher als eine Ortung über Mobiltelefone, denn die Netze sind im Krisenfall überlastet oder werden aus politischen Gründen abgeschaltet. Auch Satellitentelefone sind entsprechend störanfällig.

2.4 Reiseversicherungen für Geschäftsreisende

Doppeltes Pech:

Der Mitarbeiter eines deutschen Unternehmens erkrankt plötzlich während einer Geschäftsreise in den USA und muss stationär behandelt werden. Um die Vertragsverhandlungen nicht zu unterbrechen, schickt das Unternehmen sofort einen weiteren Mitarbeiter zum Verhandlungsort. Dort angekommen, bricht dieser sich beim Verlassen des Flughafens das Bein. Kosten für Klinikaufenthalt und Rücktransport der beiden Mitarbeiter fast 100.000,00 €.

Dieser Fall ist sicher nicht alltäglich, aber der Arbeitgeber hat gegenüber seinen Mitarbeitern eine gesetzliche Fürsorgepflicht gemäß § 618 BGB und muss die angefallenen Kosten übernehmen. Die Leistungen der Krankenkassen im Krankheitsfall und der Berufsgenossenschaft im Falle eines Unfalles werden nur im Inland erbracht (Ausnahme – Sozialversicherungsabkommen der GKV) und schließen einen besonderen Reiseschutz praktisch aus. Der Arbeitgeber ist also an einem umfassenden Versicherungsschutz für seine Mitarbeiter interessiert.

Die Versicherungen tragen diesen Bedürfnissen Rechnung durch ihre Leistungsangebote:
- » Übernahme der Kosten bei Krankheit und Unfall einschließlich des Krankenrücktransportes (falls medizinisch erforderlich),
- » Gepäckversicherung,
- » Unfallversicherung,
- » permanente Erreichbarkeit ihrer Notrufzentralen – weltweit,
- » weltweite Gültigkeit aller Versicherungsleistungen,
- » Soforthilfe,
- » Garantie hoher Flexibilität der Mitarbeiter durch die Ausarbeitung von Notfallplänen,
- » Kostenübernahme eines zweiten Mitarbeiters, um die Geschäftsreise effizient fortzuführen und
- » Vermittlung zusätzlicher Dienstleistungen, z. B. Schlüsselnotdienst, Organisation von Rufumleitungen bei Verlust des Mobiltelefons, Vermittlung von Anwälten und Dolmetschern, Sicherheitstrainings für Reisen in Krisengebiete oder interkulturelle Weiterbildung.

Selbstverständlich werden diese Leistungen modular angeboten und individuell auf die nachfragenden Unternehmen zugeschnitten. Sie sind also nicht standardisiert wie beim Reiseschutz für Privatreisende.

2.5 Vergütungsmodelle im Geschäftsreisebereich

Wenn ein Unternehmen seine eigene Reisebüroabteilung/Reisestelle ganz oder teilweise auflöst und den Etat einem Spezialisten übergibt, handelt es sich um eine unternehmerische Entscheidung, die rational begründet ist. Es erwartet vom Reisebüro u. a. größere Kompetenz und vor allen Dingen Kosteneinsparungen. Dies muss zu einem Zielkonflikt führen, denn das Reisebüro ist grundsätzlich an seinen eigenen Provisionen interessiert, die möglichst hoch ausfallen sollen. Um diesen Konflikt zu entschärfen, vereinbaren Reisebüro und Unternehmen die Einführung einer Management Fee für die Leistungserbringung.

Management-Fee-Modell (MAF)

Für das gesamte Reisevolumen des Kunden wird eine Pauschalvergütung (Verwaltungsgebühr) vereinbart, mit der sämtliche Leistungen des Reisebüros abgegolten sind. Das Unternehmen erstattet nur die angelaufenen Kosten. Alle vom Reisebüro erwirtschafteten Provisionserlöse aufgrund der Buchungen bei den Leistungsträgern werden an den Kunden abgeführt. Die Vergütung ist für die Laufzeit des Vertrages festgelegt und wird monatlich, quartalsweise oder halbjährlich fällig. Das Modell ist vor allem verbreitet bei großen Unternehmen und sog. Implants (Reisebürofilialen in fremden Unternehmen). Das Reisebüro erhält seine Erlöse also nicht mehr von den beauftragten Leistungsträgern, sondern vom Kunden.

Vorteil für den Kunden:

» Die Ausgaben für das Reisebüro sind einfacher planbar.

Nachteile für den Kunden:

» Die Zuordnung auf die einzelnen Kostenstellen im Unternehmen ist schwierig und zeitaufwendig, da es nicht transparent ist, welche Kosten für die jeweiligen Einzelleistungen entstanden sind und welche Abteilungen die Dienste des Reisebüros am meisten in Anspruch genommen haben.

» Kommt es zu größeren Schwankungen in der Größe des Geschäfts, muss ggf. nachverhandelt werden.

Transaction-Fee-Modell (TAF)

In den Jahren 2004 und 2005 fingen die Fluggesellschaften an, den Reisebüros keine Provision mehr zu zahlen. Dies war der Auslöser, dass die Reisebüros über andere Bezahlmodelle für Privat- und Geschäftskunden nachdenken mussten. Im Privatkundenbereich haben sich in den letzten Jahren die Service-Entgelte durchgesetzt. Hier wird für jede Vermittlung eines Fluges vom Kunden ein Service-Entgelt erhoben, dessen Höhe i. d. R. abhängig ist von der geflogenen Strecke, z. B. Europaflug oder Langstreckenflug/Interkontinentaler Verkehr.

Im Geschäftskundenbereich hat die Nullprovision dazu geführt, dass die Vorherrschaft des Management-Fee-Modells (MAF) bei den Vergütungsmodellen auf dem Markt vom Transaction-Fee-Modell (TAF) abgelöst wurde.

Beim TAF werden die Kunden für jede Buchung bzw. Leistung (z. B. Buchung von Flügen, Bahnreisen oder Hotels, Umbuchungen, Visabeschaffung) mit unterschiedlichen, vorher vereinbarten Gebühren belastet.

Vorteil für den Kunden:

» Die Gebühren lassen sich einfach der jeweiligen Kostenstelle (z. B. Abteilugen) zuordnen.

Nachteil für den Kunden:

» Gebühren werden sofort fällig.

» Die Provisionen, die an das Reisebüro gezahlt werden müssen, variieren mit dem Reiseaufkommen der Mitarbeiter, sind also nicht mehr planbar.

» Je nach Modell ist es nicht immer nachvollziehbar, warum für unterschiedlich komplexe Leistungen nur ein Preis bezahlt werden muss, z. B. ein einfacher innerdeutscher Flug im Vergleich zu einer aufwendigen Recherche für eine bestimmte Destination.

Das Modell ist vor allem verbreitet bei kleinen und mittleren Unternehmen. Auf dem Markt werden hierbei hauptsächlich zwei Unterformen unterschieden:

Unbundled TAF (Ungebündeltes TAF)	**Bundled TAF** (Gebündeltes TAF)
Für jede gebuchte Leistung wird eine TAF erhoben. Beispiel: Es wird ein innerdeutscher Flug, ein Hotel und ein Mietwagen gebucht. Für jede Leistung ist ein Betrag vereinbart, der bei der Buchung anfällt (z. B. Flug innerdeutsch 20,00 €, Hotel 5,00 €, Mietwagen 5,00 €).	Die Vereinbarung sieht vor, dass immer der gleiche Betrag verrechnet wird. Also wird ein Durchschnittswert des angenommenen Geschäfts pro Buchungsvorgang (PNR) berechnet, unabhängig, ob es sich um einen Flug, einen Flug mit Hotel oder nur um eine Hotelreservierung handelt.

Situationsaufgabe

Situation:

Sie sind Mitarbeiter/-in eines Geschäftsreiseanbieters und sollen für einen Firmenkunden eine Geschäftsreise organisieren. Nach § 618 BGB haben Unternehmen dafür zu sorgen, dass ihre Mitarbeiter so weit wie möglich „gegen Gefahr für Leben und Gesundheit geschützt" sind. Dies gilt auch für Dienstreisen und bedeutet für den Arbeitgeber, dass er das Haftungsrisiko trägt, wenn er seiner Fürsorgepflicht nicht nachkommt.

Aufgabe:

Nennen Sie drei Services bzw. Dienstleistungen, die Sie als Mitarbeiter/-in des Geschäftsreiseanbieters dem Kunden anbieten können, um ihn beim Thema Reisesicherheit seiner Mitarbeiter vor und während einer Dienstreise zu unterstützen.

Aufgaben

1_ Warum muss die Kfz-Versicherung in einer Reiserichtlinie besonders geregelt werden?

2_ Warum ist für Dienstreisen im Inland keine spezielle Krankenversicherung erforderlich?

3_ Darf die Firmenkreditkarte für private Zwecke im Ausland genutzt werden?

4_ Entwickeln Sie eine Prozesskette für Geschäftsreisen.

5_ Welches Vergütungsmodell zwischen Unternehmen und Reisebüros ist im Sinne einer unkomplizierten Verteilung der Kosten auf die Kostenstellen für den Auftraggeber am vorteilhaftesten?

6_ Welche Nachteile des Management-Fee-Modells können sich für das Reisebüro und das Unternehmen ergeben?

7_ Nennen Sie vier wichtige Kriterien, die sich Geschäftsreisende auf einer Dienstreise wünschen.

3 Nationale und internationale Verkehrsträger

Verkehrsträger im Tourismus

- Luftverkehr
- Bahnverkehr
- Straßenverkehr
- Schiffsverkehr

3.1 Flugreisen

3.1.1 Rechtliche Rahmenbedingungen

Haftung im Luftverkehr

Zwischen Fluggästen und Fluggesellschaften entsteht ein **Beförderungsvertrag**. Ein Aspekt in diesen Verträgen ist die **Haftung der Fluggesellschaft** gegenüber Personen und Gepäck bei Unfällen. Diese Haftungsfragen bauen auf verschiedenen nationalen und internationalen rechtlichen Grundlagen auf, wobei die Bestimmungen des **Warschauer Abkommens** in der Vergangenheit die größte Rolle gespielt haben.
Im Juni 2004 sind in der Europäischen Union das **Montrealer Übereinkommen** vom 28. Mai 1999, die EG-Verordnung 889/2002 und das Gesetz zur Harmonisierung des Haftungsrechts im Luftverkehr in Kraft getreten.

Für die Beitrittsstaaten des Montrealer Übereinkommens bedeutet dies eine Ablösung vom Warschauer Abkommen von 1929 (Alte Fassung) bzw. 1955 (Haager Protokoll – Neue Fassung) mit seinen wesentlich geringeren Haftungsregelungen.

Das neue einheitliche und verbesserte Schadenersatzrecht gilt bei internationalen Luftbeförderungen zwischen allen Vertragsstaaten des Montrealer Übereinkommens (darunter alle EU-Staaten, USA, Kanada, Japan und Australien), bei Luftbeförderungen durch ein Luftfahrtunternehmen der Europäischen Union sowie bei allen Luftbeförderungen innerhalb Deutschlands, wenn es dabei zu Personen-, Gepäck- oder Güterschäden kommt. Aber auch für sog. „Rundreisen" von Deutschland in ein Urlaubsland (das kein Unterzeichnerstaat ist) und wieder zurück nach Deutschland gelten die neuen Regelungen.

Als verantwortliche **Luftfrachtführer** im Rahmen des Montrealer Übereinkommens gelten nicht nur das ausführende Luftfahrtunternehmen, sondern auch der vertragliche Luftfrachtführer. Hierzu zählen insbesondere die Reiseveranstalter, die Flugpauschalreisen anbieten.

Das Warschauer Abkommen (alte und neue Fassung) wird weiter auf unbestimmte Zeit neben dem Montrealer Übereinkommen bestehen und immer dann zur Anwendung kommen, wenn der Luftverkehr Länder berührt, die das Montrealer Abkommen nicht unterzeichnet haben.

Daneben können in seltenen Fällen auch nationale Gesetze (in Deutschland: BGB, HGB und Luftverkehrsgesetz) sowie weitere **internationale Vereinbarungen** zur Geltung kommen, wenn Staaten/Luftverkehrsunternehmen betroffen sind, die keines der internationalen Abkommen unterzeichnet haben oder in denen die Regelungen übergeordneter Abkommen keine Anwendung finden.

Das **internationale Transportrecht** ist sehr komplex und überschreitet weit die Grenzen Ihrer kaufmännischen Grundausbildung. Deshalb wird hier nur ein Überblick über die für Deutschland wichtigsten Regelungen gegeben, mit dem Schwerpunkt Montrealer Übereinkommen, und zum Vergleich einige Bestimmungen des Warschauer Abkommens.

In aktuellen Veröffentlichungen werden bei den Haftungsbeträgen immer unterschiedliche Beträge genannt. Der Hintergrund ist, dass in den Gesetzestexten alle Beträge in sog. **„Sonderziehungsrechten“** (**SZR**) angegeben werden, einer vom internationalen Währungsfonds festgesetzten Recheneinheit, die sich aus dem Tageskurs der fünf wichtigsten Weltwährungen (US-Dollar, Euro, Britisches Pfund, Japanische Yen und Chinesische Renminbi) ergibt und täglich festgesetzt wird. 1,00 SZR = ca. 1,23 € (Stand Februar 2022).

	Montrealer Übereinkommen	Warschauer Abkommen
Haftung bei Personenschäden	Grundsätzlich haftet bei Unfällen an Bord eines Flugzeugs oder beim Ein- und Aussteigen, die den Tod oder eine Körperverletzung des Fluggastes zur Folge haben, der Luftfrachtführer unbeschränkt. Die unbeschränkte Haftung bezieht sich auf vermutetes Verschulden mit der Möglichkeit des Entlastungsbeweises, d. h., er haftet nur dann, soweit er nicht beweisen kann, dass ihn keine Schuld an dem Unfall trifft. Für Schäden bis 113.000,00 SZR hat der Luftfrachtführer diese Möglichkeit des Entlastungsbeweises nicht. Bis zu dieser Höchstsumme unterliegt er der **Gefährdungshaftung,** d. h., allein der Besitz und das Betreiben eines Flugzeugs stellt eine Gefahr dar, aus der sich im Falle eines Unfalls verschuldensunabhängig Haftungsansprüche der Fluggäste ableiten lassen. Im Falle eines Luftfahrtunfalles, der zum Tod oder einer Körperverletzung eines Fluggastes führt, ist ein europäisches Luftfahrtunternehmen zur unverzüglichen Zahlung eines Vorschusses verpflichtet. Die Höhe des Vorschusses zur Deckung der unmittelbaren wirtschaftlichen Bedürfnisse ist abhängig von der Schwere des Falles. Bei Tod schreibt die Verordnung (EG) Nr. 889/2002 mindestens 16.000,00 SZR je Fluggast vor.	Die unbegrenzte Haftung ist hier ebenfalls festgelegt. Allerdings nur für den in der Praxis schwer zu beweisenden Fall, dass dem Luftfrachtführer oder seinem Personal nachgewiesen werden kann, den Schaden durch eine Handlung oder Unterlassung verursacht zu haben und dies in absichtlicher oder leichtfertiger und bewusster Weise. Eine begrenzte Haftung in Höhe von 13.677,00 €/27.354,00 € (WA von 1929/1955) besteht für vermutetes Verschulden mit der Möglichkeit des Entlastungsbeweises. Kann der Luftfrachtführer nachweisen, dass er alle erforderlichen Maßnahmen zur Verhütung des Schadens getroffen hat oder es ihm unmöglich gewesen ist, diese zu treffen, besteht für ihn keine Pflicht zur Haftung.
Haftung bei Gepäckschäden	Bei der Beförderung von Reisegepäck haftet der Luftfrachführer für Zerstörung, Verlust, Beschädigung oder Verspätung bis zu einem Betrag von 1.131,00 SZR je Reisenden, wobei bei aufgegebenem Gepäck die Haftung verschuldensunabhängig ist, bei Handgepäck muss der Reisende nachweisen, dass den Luftfrachtführer oder dessen Personal ein Verschulden trifft. Diese Haftungsgrenze ist unabhängig vom Gewicht des aufgegebenen Gepäcks. Die Haftung für Gepäck ist auf Schäden begrenzt, die an Bord des Flugzeuges oder beim Ein- und Aussteigen oder Ein- und Ausladen verursacht werden.	Der Höchstbetrag liegt bei 547,00 €, wobei für aufgegebenes Gepäck eine flexible, vom Koffergewicht abhängige Haftungsgrenze von 27,35 € pro kg besteht.

	Montrealer Übereinkommen	Warschauer Abkommen
Haftung bei Verspätung	Wird der Fluggast verspätet befördert, sind entstandene Schäden (z. B. Hotelübernachtung, Verpflegung, entgangener Geschäftsgewinn usw.) bis zu einem Betrag von 4.694,00 SZR zu ersetzen.	Keine spezielle Regelung für Verspätungsschäden.

Die hier genannten Höchstsummen sind keineswegs die Beträge, die dem Geschädigten automatisch zustehen. Sie können nur beim Nachweis eines tatsächlich entstandenen Schadens gefordert werden.

Fluggastrechte bei Annullierung, Nichtbeförderung oder Verspätung

Flugreisende in der Europäischen Union können seit 2005 weiterreichende Rechte gegenüber den Fluggesellschaften geltend machen. Die VO (EG) Nr. 261/2004 befasst sich mit drei Kategorien von **inakzeptabler Beförderungsleistung:**

» **Nichtbeförderung:** Verweigert eine Fluggesellschaft die Beförderung, obwohl der Fluggast über eine bestätigte Buchung verfügt und sich rechtzeitig zum Check-in begibt, liegt eine Nichtbeförderung vor. Dies geschieht i. d. R. aufgrund einer Überbuchung (➜ Seite 434, Yield Management).
  In diesem Fall versucht die Fluggesellschaft, zunächst Freiwillige zu finden, die bereit sind, gegen Vergünstigungen ihren Flug umzubuchen oder auf ihn zu verzichten. Man spricht dann von einer **freiwilligen Nichtbeförderung** und der Fluggast hat keine Ansprüche gemäß der EU-Verordnung auf Ausgleichszahlungen und Versorgungsleistungen.
  Finden sich nicht genug Freiwillige und die Fluggesellschaft wählt in der Folge einige Fluggäste aus, die den Flug nicht antreten können, spricht man von einer **unfreiwilligen Nichtbeförderung**. Nur in diesem Fall bestehen die Rechte auf Ausgleichszahlungen gemäß der EU-Verordnung sowie die Ansprüche auf Versorgungsleistungen.

» **Annullierung:** Eine Annullierung liegt vor, wenn ein geplanter und dem Fluggast bestätigter Flug von der Fluggesellschaft abgesagt wird.

» **Verspätung:** Eine Verspätung liegt vor, wenn die Abflugzeit eines geplanten und bestätigten Fluges nicht eingehalten und erst später durchgeführt wird.

Die Regelungen beziehen sich sowohl auf Linien- als auch auf Nichtlinienflüge einschließlich der Flüge im Rahmen einer Pauschalreise und der Low Cost Airlines.

Voraussetzungen für die Ansprüche:

» Der Fluggast hat rechtzeitig eingecheckt und
» der Beförderer ist eine Fluglinie mit Sitz in der EU oder
» der Flug wird in der EU angetreten.

Dies bedeutet, dass bei einem Flug mit einer EU-Fluggesellschaft die Voraussetzungen immer erfüllt sind, bei einer Nicht-EU-Fluggesellschaft dagegen nur für die Strecke, die aus der EU herausführt.

Wer wegen Überbuchung oder Annullierung nicht befördert wird, erhält eine Ausgleichszahlung in Höhe von

- 250,00 € bei Flügen von 1 500 km oder weniger,
- 400,00 € bei Flügen innerhalb der EU und anderen Flügen über eine Entfernung von weniger als 3 500 km,
- 600,00 € bei Flügen außerhalb der EU und über eine Entfernung von mindestens 3 500 km.

> **!** **Bei Überbuchung kann die Ausgleichszahlung auch nur die Hälfte betragen, wenn sich die Reise, je nach Entfernung, nicht länger als zwei, drei oder vier Stunden verzögert.**

Bei Annullierung eines Fluges besteht kein Anspruch auf die Ausgleichszahlungen, wenn die Annullierung 14 Tage vorher bekannt gegeben wird und gleichzeitig ein Angebot zu einer anderen zumutbaren Beförderung erfolgt. Bei einer Absage drei Wochen vor Abflug hat der Fluggast also keinen Anspruch.

Neben diesen Ausgleichszahlungen muss die Fluggesellschaft dem Fluggast zusätzlich anbieten:
- Die Wahl zwischen Erstattung des Flugpreises (und notfalls einen kostenlosen Rückflug zum Abflugort) oder eine anderweitige Beförderung zum Zielort und
- Mahlzeiten, Getränke, notfalls Hotelunterkunft (inkl. Transfer) sowie Möglichkeiten zur Telekommunikation (E-Mail, Fax, Telefon).

Für **Verspätungen** sieht die Verordnung keine Ausgleichszahlungen vor. Die Fluggesellschaft muss dem Fluggast Mahlzeiten, Getränke, notfalls Hotelunterkunft (inkl. Transfer) sowie Möglichkeiten zur Telekommunikation anbieten.

Dies gilt für den Fall, dass die befördernde Fluggesellschaft eine Verspätung erwartet,
- die bei Flügen unter 1 500 km zwei Stunden oder mehr,
- bei längeren Flügen innerhalb der EU und anderen Flügen zwischen 1 500 und 3 500 km drei Stunden oder mehr,
- und bei Flügen über 3 500 km außerhalb der EU vier Stunden oder mehr beträgt.

Nach einer Entscheidung des Europäischen Gerichtshofes gelten allerdings Verspätungen ab drei Stunden (der geplanten Ankunftszeit am Zielort) als Annullierung des Fluges. Die Fluggesellschaften sind dann auch zu den oben genannten Ausgleichzahlungen je nach Länge der Flugstrecke verpflichtet.

Beträgt die Verspätung fünf Stunden oder mehr, muss die Fluggesellschaft auch eine Erstattung des Ticketpreises und ggf. einen kostenlosen Rückflug zum Abflugort anbieten.

Ausgleichszahlungen oder Erstattungen müssen bar, per Überweisung, per Scheck oder – mit dem schriftlichen Einverständnis des Fluggasts – in Form von Reisegutscheinen innerhalb von sieben Tagen geleistet werden.

Eine Ausgleichszahlung entfällt, wenn die Fluggannullierung oder die Verspätung auf **außergewöhnlichen Umständen** beruht. Als Beispiele werden in der Verordnung schlechte Wetterbedingungen, politische Instabilität, Sicherheitsrisiken oder unerwartete Sicherheitsmängel genannt. Aber auch wenn ein solcher außergewöhnlicher Umstand vorliegt, muss die Fluggesellschaft zusätzlich nachweisen, dass sie alle zumutbaren Maßnahmen ergriffen hat, um den Flugausfall zu vermeiden. **Technische Defekte**, wie sie beim Betrieb eines Flugzeugs gelegentlich auftreten können, begründen für sich gesehen keine außergewöhnlichen Umstände. Dies gilt auch dann, wenn das Luftfahrtunternehmen alle vorgeschriebenen oder sonst bei Beachtung der erforderlichen Sorgfalt gebotenen Wartungsarbeiten frist- und ordnungsgemäß ausgeführt hat. Als außergewöhnlicher Umstand kann nach der Rechtsprechung des Europäischen Gerichtshofs ein technisches Problem nur dann angesehen werden, wenn es seine Ursache in einem der in Erwägungsgrund 14 der Verordnung genannten Umstände hat, beispielsweise auf versteckten Fabrikationsfehlern, Sabotageakten oder terroristischen Angriffen beruht.

Die bisherige Praxis hat gezeigt, dass bei der Umsetzung der EU-Verordnung teilweise Rechtsunsicherheiten bestehen oder die Regelungen nicht konsequent umgesetzt werden. Die Fluggesellschaften berufen sich häufig auf außergewöhnliche Umstände und es liegt dann an den Fluggästen, ihre Ansprüche vor Gericht durchzusetzen. Inzwischen gibt es auch Unternehmen, wie z. B. Fairplane, die Fluggästen gegen ein prozentuales Honorar anbieten, ihre Ausgleichsansprüche vor Gericht durchzusetzen.

Das Luftfahrtbundesamt ist die offizielle Durchsetzungs- und Beschwerdestelle für die Rechte der Fluggäste und sie überwacht die Einhaltung der Bestimmungen der EU-Verordnung. Sie nimmt die Anzeigen vermeintlicher Verstöße entgegen, zivilrechtliche Ansprüche, wie z. B. Ausgleichs- und Erstattungsleistungen, müssen vom Fluggast allerdings eigenständig durchgesetzt werden.

Pauschalreisende haben den Vorteil, dass sie sich zusätzlich an den Reiseveranstalter wenden können, um ihre Ansprüche aus dem Reisevertrag geltend machen zu können. Dies insbesondere, wenn die Voraussetzungen für eine Ausgleichszahlung nicht vorliegen.

Situationsaufgabe

Situation:

Ihr Kunde hat davon erfahren, dass seine Rechte als Fluggast durch EU-Regelungen stark verbessert wurden, und bittet Sie, ihm einige Beispiele für diese Verbesserungen zu nennen.

Aufgabe:

Welche beiden Aussagen dürfen Sie in diesem Zusammenhang nicht treffen?

a) „Falls die Fluggesellschaft Ihren Flug absagt, haben Sie in jedem Fall einen Anspruch auf eine Ausgleichszahlung."

b) „Ansprüche auf eine Ausgleichszahlung bestehen grundsätzlich, wenn der Flug in der EU angetreten wurde."

c) „Bei Überbuchungen hängt die Höhe der Ausgleichszahlung davon ab, um wie viele Stunden sich Ihre Abreise verzögert."

d) „Falls Ihr Flug nach Bangkok am Abend, z. B. aufgrund einer Verzögerung, auf den nächsten Vormittag verlegt wird, haben Sie Anspruch auf eine Hotelübernachtung und Verpflegung."

e) „Neben einer Ausgleichszahlung muss die Fluggesellschaft bei Annullierung oder Überbuchung zusätzlich eine Erstattung des Flugscheins oder eine andere Weiterbeförderung anbieten."

f) „Im Falle einer Nichtbeförderung wegen eines technischen Defekts am Fluggerät kann sich die Fluggesellschaft auf höhere Gewalt berufen."

g) „Bei Annullierung, Überbuchung und Verspätungen sind kostenlose Mahlzeiten, Getränke und Möglichkeiten zur Telekommunikation als Entschädigung grundsätzlich vorgesehen."

3.1.2 Allianzen und Kooperationen von Fluggesellschaften

Fluggesellschaften arbeiten schon immer in vielen Bereichen zusammen, um ihre Kosten- und Ertragssituation zu verbessern. Die in den 1990er-Jahren entstandenen strategischen Allianzen im Linienluftverkehr verbinden bereits bestehende **Kooperationsformen** mit der langfristigen Zielsetzung, die Marktposition der angeschlossenen Fluggesellschaften zu verbessern und zu stärken.

Die **Star Alliance** mit Lufthansa ist der größte und der am weitesten entwickelte Verbund. **Oneworld** (British Airways) und **Skyteam** (Air France-KLM) folgen auf den Rängen zwei und drei.

Mit der Abstimmung der einzelnen Netze zu einem weltumspannenden Netzwerk (**Codeshare-Flüge**), der Kooperation bei den Vielfliegerprogrammen und Lounges, der Nutzung gemeinsamer Flughafeneinrichtungen und Stadtbüros ergeben sich nicht nur Ertrags- und Kostenvorteile für die einzelnen Partner, sondern auch die Möglichkeit, Kunden an die eigene Allianz zu binden und die oben genannte langfristige Zielsetzung zu erreichen.

Die Marktstellung im Verbund sichert Vorteile bei Flughafen- und Terminalneubauten, dem Einkauf von Kommunikationsdienstleistungen sowie bei der Spezifikation von Flugzeugen.

Vorteile für die Kunden sind u. a.:
» geringere Umsteigezeiten durch abgestimmte Flugpläne
» größeres Streckennetz und hier insbesondere Vorteile bei Gabelreisen und Multistopp-Flügen
» Durchchecken des Gepäcks auch bei verschiedenen Fluggesellschaften
» gegenseitige Anerkennung von Vielfliegerprogrammen

Weitere Kooperationsformen sind **Ground Handling Agreements** (Vereinbarung über die Bodenabfertigung durch eine andere Fluggesellschaft auf einem Flughafen, auf dem man selbst keine eigene Station unterhält), Reparatur-, Wartungs- und Instandhaltungsabkommen, Cateringverträge oder auch **General Sales Agreements.** Hierunter versteht man, dass Reservierung, Ticketverkauf und Marketing gegen eine Provision an einem bestimmten Standort von einer anderen Fluggesellschaft übernommen werden.

Interline-Abkommen (auch Interlining genannt) sind Vereinbarungen zwischen Luftverkehrsgesellschaften, in denen sich die Vertragspartner verpflichten, ausgestellte Flugscheine gegenseitig zu akzeptieren und nach gemeinsam festgelegten Grundsätzen zu verrechnen. Die Abrechnung zwischen den Airlines für die einzelnen Streckenanteile erfolgt über das ICH (IATA Clearing House). Interlining ermöglicht es, internationale Flugreisen mit verschiedenen Fluggesellschaften auf einem einzigen **Flugschein** in einer einzigen Währung ausstellen zu können, ohne auf das Netz einer Fluggesellschaft oder einer Allianz angewiesen zu sein, was auch eine unkomplizierte Gepäckbeförderung bis zum Ziel einschließt.
Diese Abkommen gehen von einer Vergleichbarkeit der Leistungen aus (Preis, Bedingungen, Service usw.). Die individuelle **Tarifgestaltung** vieler Airlines, insbesondere im unteren Preissegment, hat aber dazu geführt, dass zunehmend Flugscheine von konkurrierenden Airlines als Berechtigung für die Beförderung auf eigenen Diensten nicht mehr anerkannt werden.

Ein **Codesharing-Abkommen** ist eine Marketingvereinbarung zwischen zwei Fluggesellschaften, in denen vereinbart wird, einen Flug jeweils mit eigener Flugnummer zu verkaufen, obwohl er teilweise oder ganz von der anderen Fluggesellschaft durchgeführt wird.

Beide Fluggesellschaften treten am Markt selbstst ändig auf. Die tatsächlich fliegende Fluggesellschaft (**Operating Airline**) erhält für die zugekauften Plätze des Partners, die er unter eigener Flugnummer (**Marketing-Flugnummer**) verkauft hat, einen Anteil aus dem Ticketpreis.

Beispiel 1

Der Flug von Frankfurt nach Los Angeles wird von Lufthansa mit der Flugnummer LH 456 durchgeführt (Laufnummer 1). Mit der Laufnummer 2 wird derselbe Flug auch von United Airlines mit der Flugnummer UA 8845 angeboten – operating carrier ist Lufthansa.

```
AN01APR FRALAX
** AMADEUS AVAILABILITY - AN ** LAX LOS ANGELES.USCA
1    LH 456    F9 A9 J9 C9 D9 Z9 P9  /FRA 1 LAX B  1005    1240   E0/388        11:35
               G9 E9 N9 Y9 B9 M9 U9 H9 Q9 V9 W9 S9 T9 L9 K9
2LH:UA8845     F4 A0 J4 C4 D4 Z4 P4  /FRA 1 LAX B  1005    1240   E0/388        11:35
               Y4 B4 M4 U4 H4 Q4 V4 W4 S4 T4 L4 K4
```

Beispiel 2

```
AN20JUL FRAAKL
** AMADEUS AVAILABILITY - AN ** AKL AUCKLAND.NZ          289 WE 20JUL 0000
1 SQ:NZ 3335   C4 D4 Z4 J4 U4 E4 A4  FRA 1 SIN    1235    0650+1E0/388  TR
               O4 Y7 B7 M7 H7 Q7 T7 V7 W7 L7 S7 G7 K7
  NZ 281       C4 D4 Z4 J4 U4 E4 O4  SIN 3 AKL I  0840+1  2220+1E0/789      23:45
               A4 Y7 B7 M7 H7 Q7 V7 W7 T7 L7 S7 G7 K7 P7
```

Der Flug von Frankfurt nach Auckland mit der Laufnummer 1 führt über zwei Teilstrecken:
- Flugnummer NZ 3335 von Frankfurt nach Singapur – operating carrier ist Singapore Airlines (SQ)
- Flugnummer NZ 281 von Singapur nach Auckland – operating carrier ist Air New Zealand (NZ)

Air New Zealand muss einen Anteil des eingenommenen Flugpreises für die Strecke Frankfurt – Auckland an Singapore Airlines abgeben.

Aus Gründen des **Verbraucherschutzes** und der Produktwahrheit stellen die Fluggesellschaften Codeshare-Flüge deutlich als solche dar. Lufthansa kennzeichnet Codeshare-Flüge im Reiseplan/Flugschein durch Angabe des operating Carriers nach der Flugnummer, z. B. LH 4890 „durchgeführt von All Nippon Airways".

Vorteile von Allianzen und Codeshare-Abkommen für die beteiligten Unternehmen sind u. a.:
- eine höhere Auslastung der eigenen Flugzeuge,
- geringerer Wettbewerb zwischen den Codeshare Partnern,
- mehr Marktanteile und Marktpräsenz durch die Ausweitung des Streckennetzes und der größeren Zahl von Flugverbindungen auf einer Strecke,
- Ausweitung des Vielfliegerprogramms auf die Flüge des Partners, Nutzung der Lounges der Partner und
- vorteilhaftere Darstellung in den Reservierungssystemen.

3.1.3 Angebote der Fluggesellschaften

Service bzw. Beförderungsklassen

Die großen Linienfluggesellschaften bieten ihren Kunden drei Beförderungsklassen an, die sich hinsichtlich der Service- und Komfortleistungen am Flughafen und an Bord sowie im Preis unterscheiden. Traditionell spricht man von

- First Class (mit der Abkürzung F),
- Businessclass (mit der Abkürzung C),
- Economyclass (mit der Abkürzung Y).

Inzwischen wird von vielen Fluggesellschaften – meist nur auf der Langstrecke – eine höherwertige Economyclass mit mehr Service und Komfort angeboten. Zielgruppen für diese sog. **Premium Economyclass** sind Geschäftsreisende, denen auf der Langstrecke die Businessclass durch ihre Reiserichtlinien verwehrt bleibt, sowie Privatreisende, die einen höheren Komfort wünschen, für die aber die Businessclass aus Kostengründen nicht infrage kommt.
Je nach Fluggesellschaft werden abhängig von der Strecke und dem Flugzeugtyp alle drei bzw. vier Beförderungsklassen, nur zwei oder nur eine angeboten. So gibt es wegen der Kürze der Strecke und auch der Größe der eingesetzten Maschinen innereuropäisch meist nur Economyclass- und Businessclass-Bestuhlung und der Komfort in der Businessclass ist auf diesen Strecken nicht mit dem in größeren Maschinen auf der Langstrecke zu vergleichen (z. B. kaum größerer Sitzabstand, aber freier Mittelplatz in einer Dreierreihe).
Grundsätzlich unterscheidet sich der Service an Bord bei einem Kurz-, Mittel- oder Langstreckenflug. Während bei einem Kurzstreckenflug meist nur ein Getränk und ein Imbiss angeboten werden, gibt es bei einem Langstreckenflug zwei bis drei Mahlzeiten.

Die **Premium Economyclass** bietet gegenüber der Economyclass i. d. R. folgende Leistungen:

- mehr Komfort durch größeren Sitzabstand, breitere Sitze mit bequemerer Polsterung und eigener Armlehne, Fußstützen, mehr Stauraum
- mehr Hand- und Freigepäck
- bevorzugtes Check-in
- höhere Meilengutschrift
- kostenfreie Sitzplatzreservierung

Je nach Fluggesellschaft gibt es Unterschiede bei den Produktmerkmalen für die Premium Economyclass, so werden z. B. eigene Check-in-Schalter, mehr Auswahl an Speisen und Getränken, mehr Freigepäck oder ein Lounge-Zugang nicht von allen angeboten.

In der **Economyclass** bieten Linien- und Charterfluggesellschaften in ihren günstigsten Tarifen sowie Low Cost Carrier generell nur einen geringen Service. Für viele Leistungen muss ein Aufpreis bezahlt werden, z. B. für aufgegebenes Gepäck, Sitzplatzwahl, Verpflegung.

Komfort und Service in ihren Beförderungsklassen sind für die Fluggesellschaften wichtige Elemente ihrer Produktpolitik, mit denen sie versuchen, sich von ihren Konkurrenten zu unterscheiden. Mit den **„Vollzahlern"**, insbesondere in der Businessclass und First Class, erzielen die Linienfluggesellschaften ihre wichtigsten Erträge, sodass für diese Kundengruppen der Markt besonders umkämpft ist.

Leistungen der einzelnen Beförderungsklassen		
Economyclass	**Businessclass**	**First Class**
» Imbiss oder warme Mahlzeit je nach Flugdauer » Spezialessen (nach vorheriger Anmeldung) » Tageszeitungen oder eJournals zum Herunterladen, z. B. auf Smartphone oder Tablet » Alkoholfreie und alkoholische Getränke, Kaffee, Tee » Kopfhörer für das Unterhaltungsprogramm » Speisen, Getränke und Kopfhörer werden je nach Fluggesellschaft und Strecke inzwischen oft nur gegen Gebühr angeboten	» Höheres Freigepäck » Businessclass-Lounge am Flughafen » Eigener Check-in-Schalter » Prioritätsstatus bei überbuchten Maschinen » Kürzere Annahmeschlusszeiten » Höhere Anzahl gutgeschriebener Meilen für das Vielfliegerprogramm » Individueller Kabinenservice mit Begrüßungsgetränk » Menüwahl und getrenntes Servieren der einzelnen Gänge auf Porzellangeschirr » Größere Auswahl an alkoholischen Getränken, insbesondere an Weinen » Bequemere Sitze mit großem Neigungswinkel zum Liegen und höherem Sitzabstand » Umfangreicheres Unterhaltungsprogramm mit größerem eigenen Bildschirm » Große Auswahl an Lektüre » Ausstattungsutensilien für die Nacht » Eigene Toiletten und Waschräume » Individueller Laptop-Anschluss » Schnellere Gepäckausgabe am Zielflughafen	» Service- und Komfortleistungen der Business Class und zusätzliche Leistungen: » Noch höheres Freigepäck sowie höhere Anzahl der gutgeschriebenen Meilen » Eigenes First-Class-Terminal mit Limousinenservice zum Flugzeug (nur LH in Frankfurt) » First-Class-Lounge mit freiem Essen und Getränken und teilweise eigenen Duschräumen » Noch größere Sitze mit mehr Sitzabstand, die zu einem Bett umgewandelt werden können » Menüwahl oder sogar Wunschmenü nach Voranmeldung, serviert auf besonderem Geschirr » Eigene Bettwäsche und exklusive Utensilien für die Nacht

Buchungs- bzw. Reservierungsklassen (Tarifstruktur innerhalb der Beförderungsklassen)

Während in der First Class und Businessclass die Passagiere i. d. R. den vollen **Normaltarif** bezahlen (aber auch hier gibt es ermäßigte Sondertarife), werden in der Economyclass neben einem Normaltarif eine Vielzahl von günstigeren **Sondertarifen** angeboten, die sich u. a. in Einschränkungen der Gültigkeit, der Vorausbuchungsfrist, der Stopover-Möglichkeiten oder der Kosten bei Umbuchung/Stornierung unterscheiden. Generell gilt, je flexibler ein Tarif, also je weniger Einschränkungen er hat, umso teurer ist er. Die teuersten Tarife sind die Normaltarife. Sie gelten ein Jahr und haben keine der für Sondertarife typischen Einschränkungen (sie sind z. B. kostenlos umbuchbar und stornierbar).

Diesen unterschiedlichen Tarifen einer Beförderungsklasse sind Buchungs- bzw. Reservierungsklassen in Buchstabencodes zugeordnet, z. B.: LH

- First Class: Buchungsklassen A, F, O
- Businessclass: Buchungsklassen C, D, J, Z, P, I
- Premium Economyclass: Buchungsklassen E, G, N, R
- Economyclass: Buchungsklassen Y, B, M, H, X, V, W, Q, S, K, L, T, U

Unterschiede in den Buchungsklassen zeigen sich vor allem in der Flexibilität in Bezug auf Umbuchung und Rückerstattung des Tickets oder aber in Bezug auf Meilengutschriften und Upgradefähigkeit.

Yield-Management

Ziel des Yield-Managements ist es, mit der vorhandenen Kapazität den größtmöglichen Ertrag zu erwirtschaften.

Merkmale/Maßnahmen dieses Instruments bei einer Fluggesellschaft sind u. a.:

» Die Tarifstruktur innerhalb einer Beförderungsklasse bildet die Grundlage für das Yield-Management. In den einzelnen Beförderungsklassen werden unterschiedliche Buchungsklassen gebildet, die sich hinsichtlich der Tarifbedingungen und im Preis unterscheiden.
» Die Buchungsklassen werden zusätzlich kontingentiert hinsichtlich der angebotenen Sitzplätze. Je nach Buchungslage können diese Kontingente vergrößert oder verkleinert werden.
» Durch Überbuchung (Overbooking) werden mehr Sitzplätze verkauft, als vorhanden sind. Kurzfristige Umbuchungen, Stornierungen und „No-Shows“[1] oder „Missed Connections“ (verpasste Anschlussflüge) führen zu einer geringeren Auslastung. Überbuchung hat das Ziel, die durchschnittliche Auslastung und den Ertrag pro Flug zu erhöhen.
» Nesting ist ein Verfahren zur Steuerung der zur Verfügung stehenden Sitzplätze mit verschiedenen Tarifen (Buchungsklassen). Nesting erlaubt es höherwertigen Buchungsklassen, auf Sitzplätze in niedrigeren Buchungsklassen zurückzugreifen, um deren Kapazität bei Bedarf zu nutzen. Umgekehrt ist dies nicht möglich.

Lounges

Sie dienen einem ausgewählten Kreis von Reisenden dazu, die Wartezeit in möglichst angenehmer und ruhiger Atmosphäre zu überbrücken. Inzwischen werden auch spezielle Ankunftslounges angeboten, in denen der Reisende neben Plätzen zum Arbeiten und Ruheräumen auch Bäder mit Dusche vorfindet. Lounges werden insbesondere von Fluggesellschaften im Rahmen der **Kundenbindung** für Vielflieger angeboten. Der Loungebesuch zählt für diesen Personenkreis zu einem der wichtigsten Privilegien in einem Vielfliegerprogramm. Daneben betreiben auch Flughäfen und private Dienstleister gegen Entgelt eigene Lounges. Airport Lounge Programme wie Priority Pass betreiben keine eigenen Lounges, sondern kooperieren mit bestehenden Lounges. Hier haben die Kunden mit einer Mitgliedskarte weltweit Zugang zu über 600 Lounges.

Bei Airline Lounges haben zunächst die eigenen Reisenden und Teilnehmer der Vielfliegerprogramme sowie Reisende der Allianzpartner freien Zugang. Die Beförderungsklasse (Business, First, evtl. Premium Economy) oder der Status entscheiden darüber, für welche Lounges der Eintritt berechtigt. Bei den Anbietern, die ein Entgelt für einen Lounge-Besuch oder ihre Mitgliedskarte verlangen, stehen die Lounges i. d. R. allen zur Verfügung.

Flughafenlounges unterscheiden sich in der Ausstattung, der Innenarchitektur und beim Service. Sie sind meist in der Nähe zu den Abflugsteigen gelegen, sodass sie erst zu Beginn des Boardings verlassen werden müssen. Zum Standard gehören eine gediegene, ruhige Atmosphäre (Teppichboden und Sessel) mit einem Angebot an Getränken und Essen, Arbeitsmöglichkeiten, Fernsehen und eine große Auswahl an Zeitungen und Zeitschriften.

---

1 „No-shows“ – fest gebuchte Passagiere, die ihren Flug nicht antreten

222251434

Die Businessclass-Lounges sind stärker auf funktionale Aspekte wie Arbeitsplätze mit PC, Telefon, Fax und WLAN ausgerichtet. Gelegentlich werden auch Bäder mit Dusche, Ruheräume oder ein Bügelservice für den Anzug angeboten. Insbesondere für Geschäftsreisende steigert ein ruhiger Arbeitsplatz oder ein Ort zum Entspannen die Produktivität auf Reisen und auch die Motivation. Keine Berechtigung zu einer Lounge zu haben, bedeutet oft Zeitverlust.

In den **First-Class-Lounges** wird versucht, dem Kunden in edlem Ambiente den perfekten Service zu bieten. Darunter fallen z. B.

- persönliche Betreuung bis zum Einsteigen,
- Limousinenservice zum Flugsteig,
- Restaurant mit Bedienung,
- exklusive Getränkeauswahl („80 Whiskey-Sorten") und
- großzügiger Bad- und Wellnessbereich mit Spa.

Situationsaufgabe

Situation:

Sie sind als Mitarbeiter/-in im Firmendienst damit beschäftigt, möglichen neuen Kunden und Interessenten die Vorteile bzw. Unterschiede der verschiedenen Beförderungs- und Buchungsklassen zu näherzubringen.

Aufgaben:

1_ Erläutern Sie, wodurch sich Beförderungsklassen und Buchungsklassen unterscheiden.

2_ Beschreiben Sie einem Kunden jeweils drei Vorteile am Boden und in der Kabine, die er bei einer Buchung in der Businessclass gegenüber der Economyclass hat.

Aufgaben

1_ Bei welcher Haftungsregelung im internationalen Luftverkehr hat der Fluggast bzw. der Berechtigte im Schadenfall und im Vorgriff auf eine spätere Regelung einen Anspruch auf Zahlung eines Vorschusses?

2_ Ein Fluggast stellt bei seiner Rückkehr aus Berlin in Frankfurt fest, dass Kleidungsstücke im Wert von 2.300,00 € durch eine ätzende Flüssigkeit beschädigt sind. In welcher Höhe und gemäß welchem Abkommen wird die Fluggesellschaft seinen Schaden maximal erstatten?

3_ Nennen Sie Beispiele, bei denen die Fluggesellschaften nicht zu Ausgleichszahlungen verpflichtet sind.

Weitere Aufgaben finden Sie unter BPW

Web

3.1.4 Kundenbindungsprogramme

Wesentliche Ziele
» Herstellung einer dauerhaften und stabilen Kundenbeziehung, » Sammeln von Kundendaten für das Kundenbeziehungsmanagement und zur Optimierung von Werbemaßnahmen, » Erzielung von zusätzlichen Einnahmen durch Kooperationen mit anderen Unternehmen.

Kundenbindung ist ein wichtiges Element der **Produktdifferenzierung** im Rahmen der Produktpolitik eines Unternehmens. Sie gehört zum Aufgabenfeld des **Kundenbeziehungsmanagement (Customer-Relationship-Management).**

Für Fluggesellschaften sind **Vielfliegerprogramme (Frequent Flyer Programs – FFP)** das wichtigste Instrument der Kundenbindung. Die Mitgliedschaft in den Programmen ist für den Kunden i. d. R. kostenlos.

Viele Programme bestehen aus einer großen Anzahl von **Partnern** wie angeschlossene Fluggesellschaften, Hotelketten, Mietwagenfirmen sowie Unternehmen, die nicht der Reisebranche verbunden sind wie Einzelhandelsunternehmen, Zeitungen, Zeitschriften, Kreditkarten- und Telefongesellschaften, Versicherungen und Banken. Bei all diesen Partnern können **Punkte/Meilen** (bei Lufthansa: Prämienmeilen) gesammelt werden, die ab einer bestimmten Anzahl in eine **Prämie** eingelöst werden können (Flüge, Upgrades, Erlebnisreisen, Hotelaufenthalte, Mietwagen usw.). Neben diesen **Prämienmeilen**, erhalten die Kunden bei Flügen mit bestimmten Airlines der eigenen Allianz gleichzeitig Meilen/Punkte, mit denen sie einen höheren Status erreichen können (bei Lufthansa: Frequent Traveller, Senator, HON). Dieser bietet weitere Vorteile, wie z. B. privilegierter Check-in, mehr Freigepäck, Zugang zu speziellen Lounges, bevorzugte/s Gepäckbehandlung und Boarding, höhere Wartelistenpriorität und höhere Meilengutschrift. Lufthansa gewährt den Status Frequent Traveller auch ab einer bestimmten Anzahl von Flügen im Jahr.

Statusmeilen unterscheiden sich von Prämienmeilen, indem sie meist schneller verfallen (Lufthansa: Statusmeilen zum Ende eines Kalenderjahres, Prämienmeilen nach 36 Monaten), nur auf Flügen erworben und nicht in Prämien eingetauscht werden können.

Daneben gibt es auch Programme, die ohne Partner operieren. Hier können nur Meilen oder Punkte bei einer speziellen Fluggesellschaft gesammelt und eingelöst werden (z. B. Icelandair).

> Das Vielfliegerprogramm Miles & More ist das wichtigste Kundenbindungsinstrument der Lufthansa. Durch Marketingkooperationen mit Unternehmen aus dem Non-Airline Bereich werden zusätzliche Einkünfte erzielt. Mit weltweit mehr als 28 Mio. Teilnehmern zählt es zu den erfolgreichsten Kundenbindungsprogrammen in Europa. Miles & More hat über 350 Kooperationspartnerschaften mit Unternehmen aus den verschiedensten Branchen (darunter mehr als 40 Fluggesellschaften). Bei jedem zweiten Flug entscheiden sich Miles-and-More-Teilnehmer für einen Lufthansaflug und zu rund 75 % werden die gesammelten Prämienmeilen für Flüge und Erlebnisreisen eingelöst.

Der Vorteil für die beteiligten Unternehmen liegt vor allem darin, dass der Kunde, wenn er die Wahl hat, bevorzugt bei den Fluggesellschaften bucht bzw. dort seine Einkäufe tätigt, bei denen ihm Punkte/Meilen auf seiner Kundenkarte gutgeschrieben werden. Ein weiterer Vorteil besteht darin, dass eine große Anzahl an gesammelten Punkten/Meilen nicht eingetauscht werden, sei es, weil sie verfallen oder der Kunde sie einfach nicht einlöst.

Alle namhaften Fluggesellschaften nehmen gleichzeitig an Programmen anderer Fluggesellschaften teil, wobei die Kooperation zum Sammeln von Meilen/Punkten sich teilweise nur auf bestimmte Flugnummern beschränkt. Der Flugreisende muss entscheiden, an welchen Programmen er teilnehmen möchte und in welchem Programm er seine Punkte/Meilen gutschreiben will. Hat ein Reisender eine Vielfliegerkarte von Qantas und Iberia, muss er bei einem Flug mit Iberia entscheiden, bei welchem Programm er sich seine Punkte gutschreiben lassen will. Welche Wahl die beste ist, wird davon abhängen, mit welchen Fluggesellschaften er bevorzugt oder gewöhnlich fliegt und welche Vorteile die einzelnen Programme bieten, z. B. wie viele Meilen für einen Freiflug erforderlich sind.

Für Unternehmen stellen die Kundenbindungsprogramme der Fluggesellschaften in erster Linie eine Möglichkeit dar, ihre Kosten zu reduzieren. Im Vordergrund steht die Frage, mit welcher Fluggesellschaft im Falle einer Geschäftsreise geflogen wird.

Hier bieten die Fluggesellschaften kostenlose **Firmenförderprogramme** an. Sie funktionieren analog zu den individuellen Programmen, nur mit dem Unterschied, dass nicht der einzelne Passagier die Punkte/Meilen sammelt, sondern das Unternehmen. Für Unternehmen werden als einzig sinnvolle Prämienauswahl Freiflüge und Upgrades genannt.

Firmenförderprogramme für Großkunden werden meist zwischen dem Unternehmen und der Fluggesellschaft ausgehandelt. Hier geht es konkret um ermäßigte Tarife (**Corporate Net Rates – CNR**) für bestimmte Strecken, die vom Vertragsreisebüro gebucht werden können.

Firmenförderprogramme für kleine und mittlere Unternehmen sind meist für alle Teilnehmer einheitlich. Einige Programme orientieren sich an den oben dargestellten Vielfliegerprogrammen und bieten Freiflüge, Upgrades, Sachprämien o. Ä. ab einer bestimmten Anzahl von Meilen/Punkten an. Andere gewähren konkrete Rabatte auf ihre Flüge. Bei manchen Programmen wird auch ein Mindestumsatz verlangt. Ab einem bestimmten Volumen lassen sich auch weitere Vorteile wie Upgrades, Lounge-Zutritt, bevorzugter Check-in oder Aufhebung der Restriktionen für bestimmte Sondertarife firmenindividuell vereinbaren.
Ob sich die Firmenförderprogramme lohnen, müssen die Unternehmen entscheiden. Wenn bekannt ist, wie viele Reisende wie oft auf welcher Strecke unterwegs sind und auf welche Fluggesellschaften sich dieses Volumen steuern lässt, ist die gezielte Auswahl eines bestimmten Firmenförderprogramms sinnvoll. Bei kleineren Fluggesellschaften kann es vorteilhafter sein, mit der Fluggesellschaft feste Firmenraten auszuhandeln.

Das Buchungsverhalten oder die vorgeschriebenen Buchungswege eines Unternehmens sind ebenfalls Entscheidungskriterien. Häufiges kurzfristiges (Um-)Buchen und Stornieren oder die Nutzung von günstigen Tarifen nach dem Best-Buy-Prinzip, die meist nur online buchbar sind, passen i. d. R. nicht zu den Nutzungsbedingungen eines Förderprogramms.

Daneben bietet z. B. die Lufthansa Group in Zusammenarbeit mit einigen Star-Alliance-Partnern mit **PartnerPlusBenefit** ein kostenloses **Firmenbonusprogramm** für Unternehmen an. Bei jedem Flug oder auch teilnehmenden Partnern wie Mietwagenunternehmen sammelt der Geschäftsreisende Benefit-Punkte auf einem Firmenkonto, die gegen Benefit-Prämien (Freiflüge, Upgrades, Sachprämien aus dem Lufthansa-Shop) eingelöst werden können. Ist der Geschäftsreisende auch Teilnehmer von Miles & More, sammelt er gleichzeitig auch Meilen.

3.1.5 Gepäckbestimmungen

Gepäck	
Freigepäck (Free Baggage Allowance)	Das erlaubte Gewicht bzw. Größe/Menge des aufgegebenen Gepäcks (wird im Gepäckraum des Flugzeugs befördert).

Gepäck	
Handgepäck (Free Carry on Items)	Das erlaubte Gewicht bzw. Größe/Menge, das zusätzlich zum aufgegebenen Gepäck mit in die Kabine genommen werden darf.
Übergepäck (Excess Baggage)	Das die Freigepäckgrenze überschreitende Gepäck.

Gepäckbestimmungen der Lufthansa (Auszüge) – Stand Dezember 2021

	Stückkonzept (Piece Concept)
Freigepäck **Erwachsene/ Kinder**	First Class 3 Stück à 32 kg Businessclass 2 Stück à 32 kg Premium Economyclass 2 Stück à 23 kg Economyclass 1 Stück à 23 kg jedes Stück mit den maximalen Ausmaßen von 158 cm (Summe aus Länge + Breite + Höhe)
Kleinkinder (INF)	1 Stück à 23 kg unabhängig von der Beförderungsklasse (Ausnahme Economy Light Tarif)
Handgepäck	» 1 Gepäckstück in der Economyclass, und Premium Economyclass à 8 kg » 2 Gepäckstücke in Businessclass//First Class, mit den maximalen Ausmaßen von 55 × 40 × 23 cm à 8 kg, sowie » 1 weiteres Gepäckstück (maximal 30 × 40 × 10 cm, z. B. Handtasche, Laptoptasche) » pro Kind ein Babytragekorb oder ein Kinderautositz oder ein faltbarer Kinderwagen/Buggy (ggf. Transport im Frachtraum) sowie Rollstühle/orthopädische Hilfsmittel (z. B. Mobilitätshilfen)
Übergepäck	Festbetrag für jedes Gepäckstück, » über der Freigepäckgrenze (1 bzw. 2 Stück) » über dem erlaubten Gewicht (23 bzw. 32 kg) » über den erlaubten Maßen (158 cm) Der Festbetrag ist abhängig von der geflogenen Strecke.

Die in der Tabelle dargestellten Freigepäckregeln gelten für alle Lufthansa-Tarife, außer für den Economy-Light-Tarif. Bei diesem Tarif kann nur Handgepäck mitgenommen werden. Weitere Gepäckstücke werden berechnet. Der Preis im Economy-Light-Tarif für das erste Gepäckstück bis 23 kg ist abhängig von der gebuchten Strecke, der Art der Buchung (online, Servicecenter oder Flughafen) und dem Zeitpunkt der Buchung vor Abflug.

Für die Freigepäck-Höchstgrenzen gelten weltweit zwei unterschiedliche Regelungen. Dies sind:
- **Gewichtskonzept** (Weight Concept): das Freigepäck wird nach Gewicht festgelegt – ohne Beschränkung der Anzahl der Gepäckstücke (z. B. 20 kg, 30 kg, 40 kg für Y/C/F-Class) und
- **Stückkonzept** (Piece Concept): das Freigepäck wird nach der Anzahl der Gepäckstücke festgelegt, die bestimmte Maße und Höchstgewichte nicht überschreiten dürfen.

Die Fluggesellschaften der großen Allianzen wenden inzwischen weitgehend das Stückkonzept an, wobei jede Fluggesellschaft zahlreiche Sonderregelungen aufweist. Generelle Aussagen über Gepäckbestimmungen sind kaum mehr möglich, sodass für eine fundierte Aussage immer ein Blick in die Gepäckbestimmungen der jeweiligen Fluggesellschaft notwendig ist.

Das Gewichtskonzept findet nur noch bei wenigen großen Fluggesellschaften Anwendung.

Weitere Gepäckbestimmungen

Für Flüssigkeiten im Handgepäck gilt folgende Beschränkung:

- Die Flüssigkeit befindet sich ein einem Behälter mit einem Fassungsvermögen von maximal 100 ml.
- Alle Flüssigkeitsbehälter mit einem maximalen Fassungsvermögen von 100 ml passen problemlos in eine durchsichtige, wieder verschließbare Plastiktasche mit 1 Liter Fassungsvermögen.

Sportgepäck

Jede Fluggesellschaft hat eigene Bestimmungen hinsichtlich der Beförderung von Sportgepäck. Teilweise gibt es feste Sondergepäckgebühren, teilweise auch eine Anrechnung auf das Freigepäck. Meist müssen auch Größe, Gewicht und Art des Gepäckstücks rechtzeitig angemeldet werden.

Situationsaufgabe

Situation:

Sie arbeiten am Check-in und fertigen einen Lufthansa-Flug nach Lissabon ab (nonstop). Das Ehepaar Meissner kommt an Ihren Schalter. Beide haben einen Flugschein mit dem günstigen Economy-Light-Tarif gebucht. Sie haben jeweils ein Handgepäckstück mit 7 kg bzw. 12 kg sowie einen Koffer mit 23 kg dabei, die sie nicht vorab online abgerechnet haben.

Aufgabe:

In welcher Höhe fallen Gepäckgebühren für das Ehepaar Meissner an?

(Nutzen Sie als Information die Freigepäckregeln der Lufthansa unter www.lufthansa.com/de/de/freigepaeck-regeln.)

Eine weitere Aufgabe finden Sie im BPW unter Zusatzaufgaben zu LF 8, Kapitel 3.1.5.

3.1.6 Tarifabfragen

FQD – Fare Quote Display

Beispiel: **FQDFRANYC/D20JAN/ALH** (Tarifabfrage Frankfurt – New York City)

```
20JAN..**20JAN../LH FRANYC/NSP;AT/TPM 3851/MPM 4621
LN FARE BASIS     OW    EUR RT     B PEN  DATES/DAYS    AP    MIN   MAX  R
01+FCOUPON        9683     19366  F  -       -       -   + -    -    12M  R
02+JCOUPON        6899     13798  J  -       -       -   + -    -    12M  R
03+F77OW          6854            F  -       -       -     -    -     -   M
04+F77RT                    9140  F  -       -       -     -    -    12M  M
05+J77OW          4291            J  -       -       -     -    -     -   M
06+FFFDEW                   8180  F  -       -       -   + -    -    12M  R
07+AFFDEW                   6970  A  -       -       -   + +    -    12M  R
08+GCOUPON        3271      6542  G  -       -       -   + -    -    12M  R
09+G77OW          3269            G  -       -       -     -    -     -   M
10+J77RT                    6130  J  -       -       -     -    -    12M  M
```

```
11+YCOUPON      2812    5624  Y  -     -       -      + -    -   12M  R
12+Y77OW        2810          Y  -     -       -        -    -    -   M
13+JFFDEW               5170  J  -     -       -      + -    -   12M  R
14+ARCDE14W             4970  A  +     -       -      + +    -   12M  R
15+G77RT                4670  G  -     -       -        -    -   12M  M
16+ARNDEW               4470  A  410+  -       -      +60+  6+    1M  R
17+CFFDEW               4470  C  -     -       -      + -    -   12M  R
18+Y77RT                4014  Y  -     -       -        -    -   12M  M
19+DFFDEW               3670  D  -     -       -      + -   4+   12M  R
20+ZFFDEW               3370  Z  -     -       -      + -   4+   12M  R
21+ZRCDEW               2970  Z  +     -       -      + +  SU+   12M  R
22+GFFEU2W              2810  G  -     -       -      + -    -   12M  R
23+PNCDE28W             2720  P  NRF   -       -      + +    +   12M  R
24+PNCDE60W             2470  P  NRF   -       -      +60  SU+   12M  R
25+EFFEU2W              2410  E  -     -       -      +   +  -   12M  R
26+PNCDE90W             2220  P  NRF   -       -      +90  SU+   12M  R
27+YFFDEW               2210  Y  -     -       -      +   -  -   12M  R
28+BFFDEW               2010  B  -     -       -      +   -  -   12M  R
29+MFFDEW               1810  M  -     -       -      +   -  -   12M  R
30+ELRCEU2W             1510  E  +   S25DEC  17MAR+     +    +   12M  R
31+ULRCDEW              1230  U  +   S25DEC  17MAR+     +    +   12M  R
32+NLRCEU0W             1140  N  +   S25DEC  21MAR+21+  2+       12M  R
33+HLRCDEW               930  H  +   S25DEC  21MAR+21+  2+       12M  R
34+NLNCEU2W              780  N  NRF S25DEC  17MAR+     +    +   12M  R
35+QLWRCDEW              760  Q  +     -       1567+    +    +   12M  R
                                     S25DEC  17MAR
36+QLXRCDEW              730  Q  +     -        234+    +    +   12M  R
                                     S25DEC  17MAR
.
.
.
88+NLNCP4W               601  N  NRF S  -    B30MAY+14+ 6+        3M  R
                                             12DEC      -
89+QLPB4LGT              531  Q  NRF S18OCT  22DEC+     + 4+     12M  R
90+VLNCB4                481  V  NRF S18OCT  22DEC+     + 4+     12M  R
91+VLPB4LGT              381  V  NRF S18OCT  22DEC+     + 4+     12M  R
92+WLNCB4                381  W  NRF S18OCT  22DEC+     + 4+     12M  R
93+SLRCD8                361  S  190+S18OCT  22DEC+     + 6+     12M  R
```

Erläuterungen zur FQD-Abfrage

20JAN**20JAN/LH FRANYC/NSP;AT/TPM 3851/MPM 4621
gültig für den 20. Januar / LH-Tarife für FRANYC / NSP = Normal and Special Fares; AT = global indicator (Richtungscode) / Angabe der TPM = Ticketed Point Mileages (geflogene Meilen) / MPM = Maximum Permitted Mileage (erlaubte Meilen)

LN	Line – Laufnummer
FARE BASIS	Tarifart
OW	Oneway-Preis: Preis für die einfache Strecke
EUR	Währung, in der die OW- und RT-Preise angezeigt sind (hier: Euro)
RT	Roundtrip-Preis: Preis für die Hin- und Rückstrecke
B	Booking Class: Buchungs- bzw. Reservierungsklasse (→ Kapitel 3.1.3)

Die meisten Fluggesellschaften haben in ihren Beförderungsbedingungen festgelegt, dass die einzelnen Coupons eines Tickets nur in der vorgegebenen Reihenfolge abgeflogen werden dürfen, andernfalls haben die übriggebliebenen Coupons nur noch einen evtl. Erstattungswert, sind aber nicht mehr zur Beförderung gültig. Die Fluggesellschaften stornieren gebuchte Rückflüge automatisch, wenn sie merken, dass der Hinflug nicht angetreten wurde.

EMD – Electronic Miscellaneous Document

Ein EMD ist ein offizielles Standarddokument der IATA und funktioniert wie ein E-ticket. Es wird eingesetzt, um Leistungen rund um das Fliegen abrechnen zu können, die nicht auf dem Flugschein selbst stehen. Für den Fluggast ist es eine Quittung oder ein Gutschein für eine Leistung der Fluggesellschaft.
Das EMD ersetzt die früher ausgestellten Miscellaneous Charges Order-Varianten, z. B. MCO, VMCO, MPD.

Der Gültigkeitszeitraum, sofern von Bedeutung, beträgt ein Jahr (ab Ausstellungsdatum).

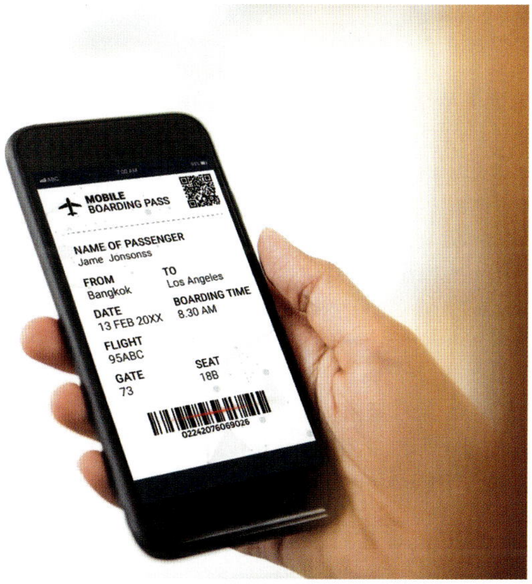

Zu den mit einem EMD abgerechneten Leistungen gehören z. B.:

» Umbuchungs- und Stornogebühren
» Gebühren für unbegleitete Kinder
» Gebühren für Übergepäck, Sitzplatzreservierungen, Lounge Access
» Aufzahlungen für Stretcher, Upgrading, Umschreibungen, Klassendifferenzen
» Gebühren für die Mitnahme von Tieren
» Meilen-Upgrade
» Refunds-Gutschrift für einen Kunden (z. B. aus Ticket-Umschreibungen)

Aufgabe

Herr Platz hat einen Flug nach Australien gebucht. Welche sechs Aussagen zu dem auf Seite 446 abgebildeten elektronischen Ticket sind richtig?

a) Auf der Hin- und Rückstrecke macht er einen Stop over.

b) Es handelt sich hier um eine Gabelreise (Open Jaw).

c) Das Ticket ist nicht stornierbar, aber Umbuchungen sind möglich.

d) Das Ticket wurde auf Rechnung bezahlt.

e) Herr Platz fliegt auf allen Strecken in der gleichen Buchungsklasse.

f) Auf der gesamten Reise gilt für ihn das Weight Concept.

g) Singapore Airlines hat Airline-Prefix 220.

h) Auf der gesamten Reise fliegt er nur mit Singapore Airlines.

i) Alle Flüge sind bestätigt.

j) Die Ankunft in Adelaide ist am 25. November.

k) Der Flugschein besteht insgesamt aus acht Coupons.

l) Für diese Reise ist ein Conjunction Ticket mit zwei Ticketnummern ausgestellt.

Web

Zusätzliche Aufgaben finden Sie im BPW unter Zusatzaufgaben zu LF 8, Kapitel 3.1.6 bis 3.1.9.

3.2 Bahnreisen

3.2.1 Wettbewerbssituation des Verkehrsträgers Bahn

Als Flugzeug und Kfz noch keine Konkurrenz für den Zug darstellten, war die Bahn das einzige schnelle Massenverkehrsmittel, das große Entfernungen in relativ kurzer Zeit bewältigte: konkurrenzlos, relativ billig, nicht immer komfortabel, aber sicher, pünktlich und zuverlässig. Diese Position gilt – mit Abstrichen – heute noch für den **Nahverkehr**. Im **Fernverkehr** hat die Bahn dieses Monopol und damit wichtige Marktanteile verloren, obwohl sie immer noch der bedeutendste Verkehrsträger Deutschlands ist.

Innerhalb Deutschlands kann sich die Bahn gegenüber dem Flugzeug mit dem Bau der Hochgeschwindigkeitsstrecken, anderer Infrastrukturprogramme und den schnellen ICE-Zügen behaupten. Auf vielen europäischen Strecken ist sie allerdings dem Flugzeug unterlegen, da zu langsam und zu teuer.

Im wesentlichen stellt sich die Wettbewerbssituation gegenwärtig wie folgt dar:

» in Bezug auf die **Reisezeit** schlägt die Bahn innerhalb Deutschlands (vielleicht mit Ausnahme Hamburg – München) sowohl das Flugzeug wegen langer Anreise- und Wartezeiten als auch den Bus (wegen häufiger Staus).

» in Bezug auf die **Kosten** stellt sich die Situation anders dar: Der Bus ist i. d. R. die günstigste Alternative, gefolgt von der Bahn, die sogar für einige Verbindungen bei Nutzung von Angeboten wie Super- und Sparpreis günstiger als der Bus ist, während der Flug auch bei etwa einer vierwöchigen Vorausbuchung teurer ist. Für kurzfristige Buchungen bleibt der Bus günstiger, dann folgen Bahn und Flug.

Wenn es allerdings gelingt, die Produkte der nationalen privaten und staatlichen Eisenbahngesellschaften grenzüberschreitend zu vernetzen und weitere durchgehende Verbindungen anzubieten, könnte diese Entwicklung umgekehrt werden. Der Bau der französischen Hochgeschwindigkeitsstrecke Paris – Straßburg hat dazu geführt, dass sich die Fahrzeit zwischen Frankfurt und Paris um 2,5 Stunden verkürzt und mit 3h 45 min die Reisezeit mit dem Flugzeug unterbietet (München – Paris 5h 40 min), da die beiden beteiligten Bahngesellschaften – SNCF und DB – noch weitere Systemvorteile geltend machen können. Die Konferenz der EU-Verkehrsminister hat für 2030 ein gemeinsames Hochgeschwindigkeitsnetz konzipiert und fordert die Bildung eines „Integrierten Europäischen Eisenbahnraums". Das Hochgeschwindigkeitsnetz befindet sich weiterhin im Aufbau und verspricht den beteiligten Eisenbahngesellschaften weitere Marktanteile (→ siehe Karte).

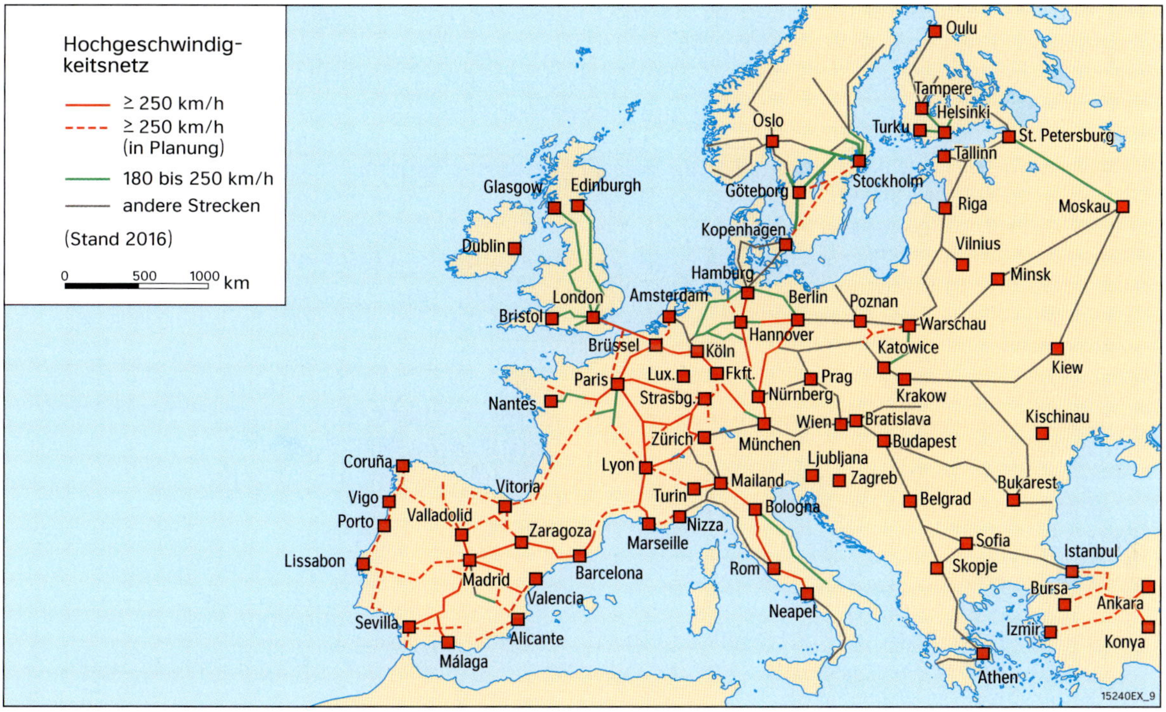

Transeuropäisches Eisenbahnverkehrsnetz (TEN-V), Kernnetz Schiene (Personenverkehr)

Die ICE-Hochleistungstrasse zwischen Nürnberg und Berlin erlaubt Reisegeschwindigkeiten von bis zu 300 km/Stunde und verkürzt die Fahrzeit zwischen Berlin und München von gegenwärtig knapp sechs auf etwas mehr als vier Stunden.

Inzwischen stellt der **Fernlinienbus** ein weiteres konkurrierendes Verkehrsmittel dar. Als Antwort auf das schnelle und starke Wachstum des Fernbusverkehrs platzierte die Bahn auf vielen Strecken, vor allem auf den stark frequentierten wie Berlin – Hamburg oder Frankfurt – München/Berlin, jede Menge Sparpreise ab 17,90 € (Stand 2022), abhängig von Tageszeiten sowie Wochentagen (sog. Yield-Management), die man über den „Sparpreis-Finder" auf der Bahn-Webseite angezeigt bekommt (Der Flexpreis, früher Normalpreis, für die einfache Strecke Berlin – München beträgt 139,60 € – Stand Juli 2022).

Zunächst reagierte die DB AG situativ auf die neue Konkurrenz:

Mit dem Programm **„Zukunft Bahn"** startete der Konzern 2015 eine Kundenoffensive. Bis 2030 soll das Fernverkehrsangebot um 25 % gesteigert und 50 Mio. Reisende sollen als zusätzliche Bahnkunden gewonnen werden.

Kundenoffensive im Fernverkehr der Bahn zur Wiedergewinnung verlorener Marktanteile bei Auto, Bus und Flugzeug

Ausbau des Fernverkehrsangebotes bis 2030 um 25 %

– Programm Zukunft Bahn –

ICE (Kernnetz)
- Ausbau des Netzes in der Fläche
- Flottenausbau ermöglicht bis zu 150 zusätzliche Fahrten täglich
- Einsatz der neuen ICE-4-Züge
- IC-Verbindungen werden integriert
- Angebot von mehr Frequenzen bei Nord-Süd-Verbindungen zwischen den Metropolen
- Ausbau der 30-Minuten-Takte
- weitere Reisezeitverkürzungen
- kostenloses WLAN in allen ICE-Zügen

IC (Flächennetz)
- neues IC-Netz mit Anbindung aller deutschen Städte im Zwei-Stunden-Takt
- 190 neue Direktverbindungen aus der Fläche in die 50 größten Städte
- Ersatz der alten Waggons durch neue Doppelstock-Züge mit Internetzugang
- weitere Tarifintegration mit dem ÖPNV

Tarife
- neue SparCards
- Sparpreise ab 17,90 €
- zum Teil kostenlose Sitzplatzreservierung
- Aufhebung der Vorkauffrist für alle Spezialtarife

Noch beherrscht der motorisierte Individualverkehr den Verkehrsmarkt denn nach wie vor wird in über 50 % der Urlaubsreisen der Pkw genutzt. Wir ziehen das eigene Auto dem Zug vor (auch wenn es teurer ist), es ist grundsätzlich komfortabler, erlaubt die Fahrt von zu Hause zum Zielort ohne aufwendiges Umsteigen und steht dort immer zur Verfügung. Für den Geschäftsreisenden gilt diese Aussage nur mit Einschränkungen:

» Kann ich für den Geschäftstermin aufgrund der Bahnreise eine Übernachtung einsparen?
» Kann ich während der Reise arbeiten und mein Projekt vor- bzw. nachbereiten?
» Werde ich bequem befördert?
» Erreiche ich ausgeruht das Ziel?

Sollte das Straßensystem allerdings immer öfter an seine Kapazitätsgrenzen gelangen (stundenlange Staus nicht nur während der Ferienzeit und am Wochenende) wird auch bei Privatreisenden ein Umdenken einsetzen und sie werden sich bewusst werden, dass die Bahn eines der umweltfreundlichsten Verkehrssysteme ist. Seit 2013 werden drei Viertel des gesamten Fahrstroms der DB AG aus regenerativen Quellen gewonnen. Inhaber von Kundenkarten fahren ohne Aufpreis mit Strom aus erneuerbaren Energien.

Mit der **Bahnreform** 1994 legte der Bund – als Eigentümer – wichtige Grundlagen für eine Neuordnung des Schienenverkehrs. Die Bahn wurde privatisiert, die erheblichen Schulden gestrichen und ein neues Unternehmen gegründet, die Deutsche Bahn Aktiengesellschaft (DB AG). Gleichzeitig erhielten andere Verkehrsunternehmen als Marktteilnehmer die Möglichkeit, Schienenverkehr auf dem bestehenden Schienennetz anzubieten, wie der **Flixtrain**, ein Unternehmen von Flixbus.

222251450

Flixtrain-Streckennetz

Hamburg – Köln – Frankfurt – München
Haltestellen: Hamburg – Bremen – Osnabrück – Münster – Gelsenkirchen – Essen – Duisburg – Düsseldorf – Köln – Bonn – Remagen – Andernach – Koblenz – Mainz – Frankfurt – Aschaffenburg – Würzburg – Augsburg – München

Berlin – Stuttgart
Haltestellen: Berlin – Halle (Saale) – Erfurt – Fulda – Gotha – Eisenach – Fulda – Frankfurt – Darmstadt – Heidelberg – Stuttgart

Aachen – Köln – Berlin – Leipzig
Haltestellen: Aachen – Köln – Düsseldorf – Duisburg – Essen – Dortmund – Hamm – Gütersloh – Bielefeld – Hannover – Stendal – Berlin – Leipzig

Hamburg – Berlin – Leipzig
Haltestellen: Hamburg – Büchen – Ludwigslust – Wittenberge – Berlin – Leipzig

Außerdem wurde die Bahn regionalisiert. Der öffentliche **Personennahverkehr** ist heute Angelegenheit der Bundesländer und die Bahnunternehmen schließen mit ihnen die erforderlichen Rahmenverträge zur Gestaltung des Fahrplans, des Angebots, ab. Mit diesen Maßnahmen konnte die Wettbewerbsfähigkeit des Verkehrsträgers Bahn erhöht werden und in den letzten Jahren (vor der Corona-Pandemie) hatte sich die Erlössituation der DB AG wesentlich verbessert.
Heute ist die Bahn ein mehrstufiger Konzern mit u. a. den Unternehmen DB Mobility Logistic AG und den Bereichen Personenverkehr und Transport und Logistik (Frachtverkehr).

Im Personenverkehr trennt die DB zwischen Fernverkehr, Regionalverkehr und Stadtverkehr.

Die weiteren Ausführungen beziehen sich ausschließlich auf den **Personenfernverkehr.** Die Bahn befördert jedoch mehr als 90 % ihrer Fahrgäste im Regional- und Stadtverkehr. Der Verkauf ihrer Produkte erfolgt zu mehr als 75 % im Eigenvertrieb, davon in Reisezentren knapp 12 %, am Automat 21 %, im Internet und Handy 50 %, der Rest in Reisebüros usw. Für den Fremdvertrieb im Vertriebsmix der Bahn sind Reisebüros zuständig, die aber nur rund 7 % der DB-Einnahmen generieren. Sie schließen mit der DB AG einen Agenturvertrag ab und erhalten dafür eine Provision, die in den letzten Jahren mehrfach gesenkt wurde, sodass ein gestaffeltes Serviceentgelt von Geschäfts- und Privatkunden verlangt werden muss, um die Erlöse zu stabilisieren. Gerade im Geschäftsreiseverkehr erfüllen die Agenturen wichtige Aufgaben, denn ca. 75 % des Umsatzes der Bahn mit Firmenkunden werden durch die Reisebüros generiert. Mit dem Onlinegeschäftsreiseportal Business.travel, das Bahn, Flug, Hotel und Mietwagen bündelt, versucht die DB AG den Eigenvertrieb zu verstärken.

Zunehmend wird der Vertrieb, neben Automaten oder online, auch über Firmen wie Lidl, Aldi oder Amazon meist mit zeitlich beschränkten Sondertickets gefördert.

3.2.2 Beförderungsangebote der DB AG

Intercity Express (ICE)

Für die Bahn zählt der Triebwagenzug ICE in seinen sechs Versionen ICE 1 bis 4, ICE T und ICE TD zum Premiumangebot der Hochgeschwindigkeitszüge. Es handelt sich hierbei um Triebwagenzüge mit zwei oder mehr Triebköpfen, mehreren Mittelwagen der ersten und zweiten Klasse und einem Restaurantwagen. Jeder Mittelwagen kombiniert geschlossene Abteile mit einem Großraumbereich, verbunden mit hohem Komfort für die Fahrgäste: indirekte Beleuchtung, Teppichboden, Klimaanlage mit Druckausgleich, ruckfreies Fahren, Stellplätze für Rollstühle, barrierefreie Einstiege, Konferenzabteile für Geschäftsreisende und Mutter-und-Kind-Abteile. Auf dem deutschen Schienennetz werden außerdem von Partnergesellschaften vergleichbare Zugeinheiten eingesetzt: Thalys (Dortmund – Brüssel – Paris), TGV (Paris – Straßburg – Stuttgart – München und Frankfurt – Paris/Lyon – Marseille), Railjet (Wien – München). Für einige dieser Züge besteht Reservierungspflicht.

Die ICE-Flotte

Baureihe	Inbetriebnahme	Anzahl[1] 2021 / 2023 / 2026	Sitzplätze	Max km/h
ICE 3 neo	2023	0 / 10 / 30	439	320
ICE 4 (BR 412)	2017	67 / 108 / 137	444–918	250–265[2]
ICE 3 (BR 403, BR 406, BR 407)	2000/4 (Redesign: seit 2017)	82[3]	419–450	320–330
ICE T (BR 411, BR 415)	1999 bzw. 2004	70	250–376	230
ICE 2 (BR 402)	1995 (Redesign: 2011)	44	381	280
ICE 1 (BR 401)	1991 (Redesigns: 2005 und seit 2020)	58	503–703	280

[1] Anzahl zu Beginn des jeweiligen Jahres | [2] Demnächst verfügbar | [3] Inklusive 3 Züge von Nederlandse Spoorwegen

Deutsche Bahn AG, 05/2021

Die neueren Versionen des ICE stellen technische Weiterentwicklungen dar. So wurde der Energieverbrauch beim **ICE 2** gesenkt. Er wurde als Flügelzug konzipiert, um zwei Strecken gleichzeitig bedienen zu können. Beim Flügelzug wird eine fahrplanmäßige Zuggarnitur in zwei autonome Halbzüge geteilt.

Der **ICE 3** wurde dann noch schneller. Er erreicht z. B. eine maximale Geschwindigkeit von 330 km/h auf der Neubaustrecke Frankfurt – Köln und er kann als ICE3M international eingesetzt werden, weil er für unterschiedliche Stromnetze kompatibel ist. Ende 2017 wurde der **ICE 4** in Betrieb genommen.

Steckbrief des ICE 4
- 12-teiliger Gliederzug (variable Zuglänge möglich)
- Länge 346 m
- Höchstgeschwindigkeit 250 km/h
- Sitzplätze 830 davon 205 in der 1. Klasse
- besonders leistungsfähige Klimaanlage
- Fahrradstellplätze

Mit dem **ICE-T** mit Neigetechnik können Kurven auf der Strecke mit einer 30 % höheren Geschwindigkeit durchfahren werden. Dieser Triebzug eignet sich hervorragend für Bahnstrecken, die nicht ausgebaut werden sollen und er kann die Reisezeit um bis zu 20 % verkürzen.

Bei dem **ICE TD** handelt es sich um einen dieselelektrisch betriebenen Neigezug. Er ist einsetzbar auf Strecken, die nicht elektrifiziert wurden, und im internationalen Verkehr.

Die ICE-Flotte wurde 2015 modernisiert, u. a. durch die Einrichtung von Familienzonen, die die Bereiche Handy- und Ruhezonen ergänzen. Die Fahrzeuge erhalten außerdem das moderne Zugsicherungssystem ETCS (European Train Control System) und sind somit für den Einsatz auf Hochgeschwindigkeits-/Neubaustrecken im Ausland geeignet.

Aktuelle Streckennetzpläne finden Sie unter www.bahn.de.

InterCity/EuroCity

IC-Züge verbinden wie der ICE die wichtigsten Wirtschaftszentren Deutschlands im integralen Taktverkehr (i. d. R. im Ein- oder Zweistundentakt). Das heißt, der IC verkehrt im regelmäßigen Rhythmus, sodass der Nutzer sich die Abfahrtszeiten leicht merken kann, und die Abfahrts- und Ankunftszeiten verschiedener Verbindungen an den Knotenpunkten sind aufeinander abgestimmt. Beim Umsteigen in einen anderen IC kann man komfortabel auf dem gleichen Bahnsteig von einem Zug in den anderen wechseln. IC/EC erreichen allerdings nicht den Standard des ICE. Ihre Reisegeschwindigkeit ist niedriger, vor allem wegen der häufigeren Haltepunkte. Die mittlere Reisegeschwindigkeit beträgt 90 km/h. Alle Wagen sind klimatisiert, Komfort und Service aber weniger umfangreich. Wenn IC und ICE auf der gleichen Strecke konkurrieren, kostet der IC weniger.

Bei den IC handelt es sich immer um lokbespannte Züge mit einem Steuerwagen am anderen Zugende. Das Wagenmaterial besteht hauptsächlich aus Großraumwagen in der zweiten Klasse und Abteilwagen in der ersten Klasse. Die beiden Klassen sind durch einen Restaurant- oder Bordbistrowagen getrennt. Eine Fahrradmitnahme (Reservierungspflicht) ist möglich.

Die internationale Variante des IC heißt EuroCity (EC). Er verfügt ebenfalls über klimatisierte Wagen. Sie haben den gleichen Standard wie der IC und Grenzkontrollen finden während der Fahrt und nicht am Grenzbahnhof statt. EuroCity fahren häufig mit dem Wagenmaterial ausländischer Bahngesellschaften, z. B. Wagen der SBB oder der ÖBB.

Seit 2016 löst die neue IC2-Familie schrittweise die bestehende IC-Flotte ab.

Es handelt sich um lokbespannte Gliederzüge mit insgesamt 399 Sitzplätzen in der zweiten und 70 in der ersten Klasse. Es können bis zu zehn Fahrräder mitgenommen werden. Die Höchstgeschwindigkeit beträgt 160 km/h.

Regionalexpress

Er zählt zwar nicht zum Fernverkehr der DB AG, bietet allerdings preislich günstige und schnelle Verbindungen auf vielen Strecken. Der Regionalexpress ist allerdings nicht so komfortabel wie ICE oder IC/EC und hat noch mehr Haltepunkte als der IC.

Regionalexpress

Nachtreisezüge

Es handelt sich um spezielle Zuggattungen des nationalen und internationalen Fernverkehrs, die über Nacht große Entfernungen zurücklegen, wobei die Reisezeit zwischen Start- und/oder Zwischen- bzw. Zielort in etwa der Nachtruhe entsprechen soll. Die Unterwegshalte werden deshalb eingeschränkt und die Reisegeschwindigkeit den Komfortwünschen der Kunden nach ungestörter Nachtruhe angepasst. Um ein nächtliches Umsteigen zu vermeiden, werden Nachtzüge häufig an bestimmten Unterwegsbahnhöfen neu zusammengestellt, sodass von einem Abgangsbahnhof aus möglichst viele Zielorte erreicht werden können. Es wird wie üblich zwischen erster und zweiter Klasse unterschieden.

Die DB AG hat ihren gesamten Nachtreisezugbetrieb eingestellt und das Zugmaterial an die ÖBB übergeben, die seit Winter 2017 Nachtverbindungen (zum Teil mit Autozuladung) unter dem Namen **ÖBB Nightjet** betreibt, und zwar nur internationale Verbindungen zwischen Hamburg/Berlin/Köln/Düsseldorf/Frankfurt/München und Städten in Österreich, der Schweiz, Italien, Kroatien, Ungarn und Polen.

Die Wagen bestehen aus Sitzwagen (Sechserabteile, ab 29,90 €), Liegewagen (Viererabteil ab 59,90 €) oder Standard- bzw. Deluxeschlafwagen (Dreierschlafwagen ab 69,90 €/Zweierschlafwagen ab 89,90 €/Einzelschlafwagen ab 129,90 €, Reservierungen inkludiert, Stand 2022). Fahrräder oder Pkw/Motorräder (nur ab/bis Hamburg und Düsseldorf, kosten einen Aufpreis).

Kinder fahren bis 5 Jahre umsonst, 6–14 Jahre ermäßigt; Kundenkarten (BahnCards der DB) werden anerkannt.[1]

Tickets und Informationen sind erhältlich auf www.nightjet.com; die DB bemüht sich um Buchungsmöglichkeiten. In den meisten Zügen ist bei rechtzeitiger Reservierung eine Fahrradmitnahme gegen Gebühr möglich. Die Mitnahme von Reisegepäck erfolgt kostenlos.

Der **Autozug** wendet sich an alle Reisenden, die auf ihren Pkw nicht verzichten, ausgeruht im Zielgebiet ankommen oder nur einen Teil ihrer Strecke mit dem eigenen Kfz bewältigen wollen. Der Nachtsprung spart Zeit, Kosten (Hotelübernachtung, Sprit, Maut), schont das Auto und die Nerven des Fahrers.

Auch der Autozug wird nur noch, aber nicht auf allen Verbindungen, von der ÖBB-Nightjet angeboten. Immerhin: Die SNCF hält weiter am Autozug fest.

3.2.3 Tarifstruktur der DB

Regeltarif (Flexpreis) der DB

Der Reisende kann voll flexibel reisen, ohne Zugbindung und einer möglichen Vorkaufsfrist. Er muss aber den Hinfahrt- sowie Rückfahrttag angeben und zu den angegebenen Tagen auch reisen. Die Preise liegen bei höchstens 160,00 € einfach in der 2. Klasse oder 260,00 € in der 1. Klasse (Stand 2022). Der Fahrausweis kann (mit Aufschlag) sogar noch im Zug als Bordpreis erworben werden. Eine Erstattung des Verkaufspreises vor dem ersten Geltungstag ist kostenpflichtig, eingeschlossen ist bei Fahrten über 100 km das sog. City-Ticket, die Nutzung des örtlichen Nahverkehrs, zum Abgangs- oder vom Zielbahnhof. Allerdings muss der Reisende damit rechnen, dass er evtl. nur noch einen Stehplatz findet. Eine Reservierung ist heute immer empfehlenswert. Auf einzelnen Hochgeschwindigkeitszügen besteht inzwischen Reservierungspflicht, z. B. den Berlin–Warschau–Expresszügen und dem TGV/ICE nach Paris. Mit dem Kauf einer Fahrkarte gilt der Beförderungsvertrag als abgeschlossen. Kinder unter sechs Jahren fahren kostenlos, ebenso Kinder von 6–14 Jahren in Begleitung von (Groß-)Eltern bei Eintrag in das Ticket. Als allein reisende Kinder zahlen sie 50 %, ab 15 Jahren den vollen Fahrpreis.

1 Quelle: Vgl. ÖBB-Personenverkehr AG: Entspannt über Nacht reisen! In: www.nightjet.com/dam/jcr:51e3c07e-c91e-46d6-beb4-0dce62d78347/nightjet-folder-2021.pdf [25.10.2021].

Das gesamte Reisegepäck gilt als Handgepäck und kann kostenlos mitgenommen werden. Der Reisende ist für den Transport selbst verantwortlich. Die Mitnahme von Hunden oder Katzen in geschlossenen Tierboxen, die über oder unter den Sitz passen, ist erlaubt und kostenlos. Größere Hunde kosten 50 % vom angewandten Flex- oder Sparpreis.

Heute gilt für den Fernverkehr, dass die Tarife nicht mehr nur an die Streckenlänge gebunden sind, sondern als Relationspreise auch andere Merkmale berücksichtigen: Streckengeschwindigkeit, Reisekomfort, Verbindungsqualität, Kapazitätsgrenzen, Zuggattungen (ICE, IC, andere), Wochen- und Tageszeiten, sodass die Preise nach dem sog. Yield-Management i. d. R. durch Algorithmen nach Angebots- und Nachfragesituationen jeweils aktuell gebildet und, innerhalb gewisser Schwankungsbreiten, veröffentlicht werden.

Sondertarife

Der Verkauf von Fahrkarten aufgrund des Flexpreises hat gegenüber den Sondertarifen erheblich an Bedeutung verloren. Heute werden 40 % aller Fahrausweise als Sondertarife verkauft.

Tarife des Fernverkehrs (Stand 2022)

	Super-Sparpreis	Sparpreis	Flexpreis	Sparpreis Europa
Preis (immer für einfache Fahrt)	ab 17,90 € (nach Verfügbarkeit)	ab 21,50 € (nach Verfügbarkeit)	Min.: 29,00 € Max.: 160,00 € (Fernverkehr, abhängig von Verfügbarkeit)	Super-Sparpreis: ab 18,90 €/39,90 € Sparpreis: ab 33,90 €/43,90 € (1. Kl.)
Kinder: » **0–5** » **6–14** » **ab 15**	 kostenlos alleinreisend: 50 %; mit (Groß-)Eltern reisend: kostenlos normaler Preis			
Geltung BC	ja (25 %)	ja (25%)	ja (25 %, 50 %, 100 %)	ja (25 %)
Vorkaufsfrist	Nein			
Zugbindung	ja	ja	nein	ja
Sitzplatzreservierung	nein	in 1. Klasse enthalten	in 1. Klasse enthalten	in 1. Klasse enthalten
Umtausch/ Erstattung	Umtausch/Erstattung aller online erworbenen Tickets innerhalb der ersten 12 Stunden nach Buchung ohne zusätzliche Kosten			
	nein	bis vor dem 1. Geltungstag 10,00 €, danach nicht mehr	» bis vor dem 1. Geltungstag ohne Kosten » ab 1. Geltungstag 19,00 € (im Fernverkehr) bzw. 17,50 € (im Nahverkehr)	» nein beim SSP » beim SP bis vor dem 1. Geltungstag 10,00 €, danach nicht mehr
City-Ticket	nein	ja (über 100 km)	ja (über 100 km)	im SSP nein (für D) im SP ja
Ticket im Zug	Ab 2022 nicht mehr im Zug lösbar sondern nur noch digital über bahn.de oder App bis 10 Minuten nach Abfahrt des Zuges			

Sondertarife der DB Regio AG (Stand 2019)

Tarif	Konditionen
Länder-Tickets (ab 24,00 € 2022)	Tageskarte für eine bis fünf Personen, gültig Mo–Fr ab 09:00, Sa + So ab 00:00 bis 03:00 Uhr des Folgetages, entweder Globalpreis für fünf Personen oder Grundpreis für die 1. Person und Aufschläge für 2. bis 5. Person, zusätzliche Kindermitnahme kostenlos[1], Geltungsbereich ein Bundesland
Quer-Durchs-Land-Ticket (1. Person 42,00 €, bei 5 Reisenden 70,00 €	Tageskarte für eine bis fünf Personen, gültig Mo–Fr ab 09:00 bis 03:00 Uhr des Folgetages, Grundpreis für 1. Person und Aufschläge für jede weitere Person, zusätzliche Kindermitnahme kostenlos[1], bundesweiter Geltungsbereich, Tarif auf 2. Klasse beschränkt

Neben den Sondertarifen des Fernverkehrs bietet die Bahntochter DB Regio AG für ihre Nahverkehrszüge RB (Regionalbahn), RE (Regionalexpress) und IRE (InterRegioExpress) landes- und bundesweite Sondertarife wie Gruppen-, Zeit- oder Eventtarife an, um die Auslastung ihrer Züge in den verkehrsschwachen Zeiten – Wochenende, außerhalb des Berufsverkehrs – zu verbessern.

Wegen der Zugbindung besteht die Möglichkeit, eine DB-Sparpreisversicherung abzuschließen, dann wird der Fahrpreis erstattet, sollte der Reisende den Zug verpassen. Die **Railplus** Ermäßigung gilt im grenzüberschreitenden Verkehr auf der inländischen und ausländischen Strecke, nicht aber für den Binnenverkehr im Ausland.

Mit dem **InterRail-Pass** kann man für einen Monat oder nur für einige Tage innerhalb eines Monats mit der Bahn Europa erkunden. Man kauft entweder den sog. „One-Country-Pass" oder den „Global-Pass". Preise für die Pässe werden in den Kategorien Jugendliche (bis 26 Jahre) und Erwachsene angeboten. Für Rentner ab 60 Jahren gibt es Ermäßigungen.

BahnCards

Hier setzt die DB AG auf Kundenbindungsprogramme, denn diese Karten rentieren sich aufgrund des Anschaffungspreises erst, wenn die Kunden häufiger das Verkehrsmittel nutzen. Mit der dreimonatigen Probe-BahnCard schafft die Bahn einen zusätzlichen Anreiz. Alle BahnCards sind im Nah- und Fernverkehr, bei den Buslinien der Bahn und bei zahlreichen Verkehrsverbünden gültig. Die BahnCards gelten jeweils für ein Jahr und die Zahl 25/50/100 bezeichnet die jeweilige Rabattstufe. Über die App „DB Navigator" kann jede BahnCard auf dem Smartphone gespeichert werden. Bei Reisen im Fernverkehr über eine Entfernung von 100 km ist das City-Ticket am Start- und Zielort in den meisten Städten im Fahrpreis mit einbegriffen. BahnCard-Besitzer können an den eigentlichen Kundenbindungsprogrammen „bahn.comfort" und „bahn.bonus" teilnehmen.

Bei der BahnCard 25 und BahnCard 50 fahren „Familienkinder" bis 14 Jahre in Begleitung kostenlos.

Die BahnCard 100 – die Vielfahrerkarte – bietet weitere Vorteile:
- kostenlosen Kurierservice für ein Stück Reisegepäck,
- Sonderkonditionen für Mietwagen, Carsharing und Call a Bike,

1 Bei maximal zwei gemeinsam reisenden Personen kann eine Person beliebig viele eigene Kinder unentgeltlich mitnehmen.

222251456

- bahn.comfort-Status und
- City-Ticket gilt für beliebig viele Fahrten.

BahnCards im Überblick (Stand 2022)

Angebot	**BahnCard 25** 25 % Rabatt auf alle Preise		**BahnCard 50** » 50 % Rabatt auf Flexpreise » 25 % auf Sparpreise » City-Ticket inkl.		**BahnCard 100** » 100 % Rabatt » City-Ticket inkl. » Platzreservierung inkl.	
Klasse	1	2	1	2	1	2
Preise Probe-BC (3 Monate)	36,90 €	17,90 €	146,00 €	72,90 €	1.499,00 €	999,00 €
Preise Jahres-BC	115,00 €	56,90 €	474,00 €	234,00 €	7.010,00 €	4.144,00 €
Ermäßigte BC Kinder/Schüler/Azubi/Studenten bis 26	74,90 €	35,90 €	231,00	66,90 €	–	–
Senioren ab 65/ Rentner/Schwerbehinderte	74,90 €	37,90 €	231,00 €	117,00 €	Für Partner: » BC 25: 74,90 € » BC 50: 231,00 €	Für Partner: » BC 25: 37,90 € » BC 50: 117,00 €
alleinreisende Kinder/Jugendliche (6–18)	9,50 €	9,50 €	–	–	–	–
Kinder bis 14 mit Groß-/Eltern	kostenlos					
Verkehrsmittel	alle, auch einige Verbünde mit BC 25					
weitere Vorteile	» ... % Rabatt je nach gewählter BahnCard auf DB-, vielen Privatbahnen, Verkehrsverbünden und Busgesellschaften » BahnBonus (Prämien) » RailPlus (Europa): Rabatt von 25 % auf Flexpreis in D; SSP Europa ab 18,90 (s. o.) € » Partnerkarten für Ehe-/Lebenspartner mit gemeinsamen Wohnsitz » digitale BahnCard » Kreditkartenfunktion (auf Wunsch) » Rabatte auf Car-Sharing, Mietwagen, Reiseschutz, Ameropa, Call a bike, Parken					

bahn.business (Firmenkundenprogramm)

Rund ein Drittel aller Reisen im Fernverkehr erfolgen durch Geschäftsreisende. Das Tarifangebot nur für Geschäftskunden heißt „bahn.business“. Es handelt sich um eine spezielle webbasierte Plattform zur Buchung, Organisation und Optimierung von Geschäftsreisen.

Das Unternehmen wird auf Antrag für dieses Portal freigeschaltet. Die Identifizierung der Mitarbeiter erfolgt über die BahnCard, einen Lichtbildausweis oder Firmenkreditkarten.

Fahrscheine können von den Travelmanagern der Unternehmen online gebucht werden bzw. sind in den Reisezentren der DB oder ihren Ticketautomaten hinterlegt oder über Smartphones abrufbar.

Ab einem Mindestumsatz von 3.000,00 € räumt die DB einen Sofortrabatt von 3 % auf alle Tickets des Regeltarifs ein. Die Bonusstaffel erhöht sich bis auf 5 % bei einem Umsatz von 200.000,00 €.

Voraussetzung für die Teilnahme am Firmenkundenprogramm ist neben der jährlichen Umsatzhöhe der Erwerb einer Business BahnCard für die Mitarbeiter. Die Preise unterscheiden sich von BahnCards für Privatreisende (Stand 2022).

	Business BahnCard 25	**Business BahnCard 50**	**Business BahnCard 100**
1. Klasse	67,00 €	600,00 €	7.010,00 €
2. Klasse	67,00 €	300,00 €	4.144,00 €

Für Mitarbeiter mit sehr geringem Reisevolumen kann das jeweilige Unternehmen eine kostenlose BonusCard Business beantragen. Beim Kauf einer Fahrkarte erhöht sie den Geschäftsreiseumsatz des Unternehmens und der Geschäftskundenrabatt (GKR) wird sofort abgezogen. Natürlich können die Business BahnCards – gemäß den Reiserichtlinien des Unternehmens – für private Fahrten genutzt werden, erhöhen aber in diesem Fall nicht den Umsatz für den GKR. Wie alle anderen Kundenkarten sind die Business BahnCards nicht übertragbar.

Der Geschäftskundenrabatt lässt sich mit den Ermäßigungen der verschiedenen BahnCards kombinieren. „Bahn.business" bietet seinen Firmenkunden weitere wichtige Vorteile:

» verlängerte Rücknahmefristen nicht benötigter Fahrscheine, d. h. ein kostenfreies Storno auch nach dem 1. Geltungstag,
» Angebot des City-Tickets, die kostenlose Weiterfahrt an Start- und Zielort,
» kostenlose Teilnahme aller Mitarbeiter des Unternehmens an den Kundenbindungsprogrammen „bahn.bonus" und „bahn.bonus comfort",
» mit dem Tool UmweltMobilCheck Beitrag zur Berechnung der Umweltbilanz.

Die BahnCard 100 wendet sich ebenfalls an Geschäftsreisende. Sie können für die Dauer eines Jahres die Transportleistungen unbegrenzt nutzen.

3.2.4 Serviceangebote der DB AG

Sie haben zur Zielsetzung

» die Kundenbindung zu vertiefen,
» die Mobilitätskette von Haus zu Haus zu ermöglichen,
» Neukunden zu gewinnen und
» die Bahnreise selbst angenehmer zu gestalten.

Als bestes Kundenbindungsprogramm erweist sich selbstverständlich die BahnCard in ihren unterschiedlichen Ausprägungen, denn jeder Kunde, der sie einmal erworben hat, will sie natürlich amortisieren, daher bezieht er den Verkehrsträger Bahn häufiger in seine Reiseplanungen ein. Das Kundenprogramm **„bahn.bonus"** ist ein reines Prämienprogramm für Bahnkunden. Voraussetzung für die Teilnahme sind BahnCard oder BonusCard Business. Für jeden bahn.bonusCard-Euro, der an die Bahn geht, gibt es je einen Prämien- und Statuspunkt. Das Programm bildet das Kundenbindungsprogramm „Miles & More" der Airlines ab. Der Reisende sammelt Punkte und kann sie gegen Prämien eintauschen. Ab einer bestimmten Punktzahl innerhalb eines Jahres erhält der Kunde den Status „bahn.bonus comfort" und damit zusätzliche Serviceleistungen wie eine exklusive Sitzplatzreservierung, einen speziellen Counter (nur für Kunden der ersten Klasse), freien Zutritt zu den nichtöffentlichen DB Lounges und reservierte Parkplätze an Bahnhöfen.

Die **DB Lounges** in den großen ICE-Bahnhöfen dienen nicht nur bei Zwischenaufenthalten zum Entspannen und Arbeiten. Sie sind reserviert für – wie bereits erwähnt – Bahn-Comfort-Kunden und Reisende der ersten Klasse (Exklusivbereich).

Der Tickethinterlegung dient der **Bahn-Tix-Service.** Der Reisende bestellt den Fahrausweis telefonisch oder online in seinem Reisebüro und er liegt sofort zur Abholung am DB-Automaten des Abgangsbahnhofs bereit. Als Identifizierung dient entweder die Bahn- oder Kreditkarte.

Gleiches gilt für die kombinierte Bahn- und Flugreise (**Rail&Fly**). Die Fahrkarte ist im DB-Automaten des Abgangsbahnhofs hinterlegt und die Identifizierung erfolgt mittels der Auftragsnummer, die bei der Flugbuchung zugeteilt wurde.

Das Kooperationsprogramm von Bahn und Lufthansa heißt **Lufthansa Express Rail**. Es wird ausschließlich für Lufthansa-Kunden aus 19 deutschen Städten angeboten und erlaubt beim Hinflug das Check-in zum Flug bereits im Zubringer ICE. Die Gepäckaufgabe erfolgt im Lufthansa-Terminal des Fernbahnhofs Frankfurt Flughafen und nicht im Terminal selbst, was den Kunden viel Zeit und Mühe erspart.

Ein weiteres Angebot stellt der Kuriergepäck-Service dar. Gerade für ältere oder in der Mobilität eingeschränkte Menschen handelt es sich um einen Service, der die Bahnreise nicht nur angenehmer, sondern vielleicht erst überhaupt möglich macht. Das Reisegepäck (**Kuriergepäck-Service**) wird zu Hause abgeholt und zur Zieladresse gebracht.

Die Zustellung im Inland erfolgt innerhalb von zwei Werktagen nach Abholung. Der Auftrag zur Abholung selbst muss spätestens ein Tag vorher vorliegen. Das Höchstgewicht darf 30 kg nicht überschreiten. Für Fahrräder und Skier (Sondergepäck) ist immer eine Verpackung erforderlich.

Auch am Zielbahnhof bleibt der Reisende mobil. Er kann
- mit dem City-mobil-Ticket den ÖPNV (Öffentlicher Personennahverkehr) nutzen,
- ein Fahrrad mieten,
- einen Mietwagen buchen oder
- das DB Carsharing Angebot nutzen.

Inzwischen wird ein Verbundticket für den öffentlichen Nahverkehr am Zielort bei den Flex- oder Sparpreis-Tickets mitgebucht. Bei Hin- und Rückfahrscheinen können zwei Einzelfahrkarten „**City mobil**" gegen Aufpreis ausgestellt werden.

Mit **Call a Bike** hat die Bahn in Ballungszentren einen Service aufgebaut, der sich großer Beliebtheit – nicht nur bei Bahnkunden – erfreut. Nach entsprechender Registrierung kann der Kunde ein Fahrrad telefonisch am Bahnhof oder in der Nähe seines gegenwärtigen Aufenthaltsortes stundenweise mieten und auch wieder an einem beliebigen Ort zurückgeben.
Natürlich kann man sein Fahrrad in der Mehrzahl der IC/EC- und ÖBB-Nachtzüge auch gleich mitnehmen. Das Fahrrad wird während der Reise im IC-Steuerwagen oder im Fahrradabteil eines Großraumwagens abgestellt.

Die Bahn bietet ihren Geschäfts- und Privatreisenden Mietwagen zu Sonderkonditionen an, wobei der Vertragsabschluss mit Extrapunkten im Bonusprogramm honoriert wird. Beim **DB Carsharing Programm Flinkster** richten sich die Tarife nach Fahrzeugklasse und Mietdauer. Der Wagen selbst kann stunden- bis monatsweise gebucht werden.

Nicht zuletzt kooperiert die DB AG mit der Hotelkette **InterCity Hotels.** Ihre Hotels im Drei- und Viersternebereich liegen direkt an den Bahnhöfen der großen Städte und sie bieten ihren Gästen ein kostenloses City-Ticket an.

Für mobilitätseingeschränkte Reisende (**barrierefreies Reisen**) hält die Bahn zahlreiche Hilfen vor, die über die gesetzlichen Auflagen hinausgehen: Ein-, Um- und Ausstiegshilfen entweder mechanisch durch Hublifte oder durch die Unterstützung der DB-Mitarbeiter und der Bahnhofsmission. Außerdem stehen reservierte Sitzplätze und spezielle Rollstuhlplätze in den Zügen zur Verfügung.

Die Hilfeleistungen können allerdings nicht zu jeder Zeit von der Bahn erbracht werden oder es treten Kapazitätsengpässe auf. Daher ist es sinnvoll, die Mobilitäts-Zentrale der Bahn vorab um Hilfe zu bitten. Sie berät, organisiert und reserviert die erforderlichen Zusatzleistungen.

3.2.5 Haftung

Haftung der DB für Personen- und Sachschäden

Unabhängig von ihren Beförderungsbedingungen ist die Bahn aufgrund der „Verordnung über die Haftpflichtversicherung der Eisenbahnen" gezwungen, eine Haftpflichtversicherung zur Deckung betriebsbedingter Personen- und Sachschäden abzuschließen. Sie beträgt knapp 10.226.000,00 € je Schadenereignis und je Halbjahr.

» Für Sachschäden beläuft sich die Höchsthaftung pro Schadenfall auf 1.000,00 €. Allerdings nur dann, wenn der Bahn nicht Vorsatz, grobe Fahrlässigkeit oder die Verletzung sog. Kardinalpflichten nachgewiesen werden können.
» Bei Personenschäden und der Verletzung von Kardinalpflichten wird die Haftung auf leichte Fahrlässigkeit erweitert. Bei Verletzung der Kardinalpflichten ist die Haftung auf den typischen, vorhersehbaren Schaden begrenzt. Für einen getöteten oder verletzten Fahrgast muss das haftende Eisenbahnunternehmen einen finanziellen Vorschuss zur Abdeckung des wirtschaftlichen Schadens leisten. Dieser Vorschuss beträgt im Todesfall mindestens 21.000,00 € je Reisenden. Er stellt allerdings keine Haftungsanerkennung dar und kann deshalb auch zurückgefordert werden.

! **Unter dem Rechtsbegriff „Kardinalpflicht" versteht man alle wesentlichen Pflichten für Auftraggeber und Auftragnehmer, die zur Erreichung des Vertragsziels von grundlegender Bedeutung sind.**

Bei Verlust oder Beschädigung von Reisegepäck (Kuriergepäck) werden maximal 1.200,00 SZR[1] (➔ Kapitel 3.1) pro Stück ersetzt. Bei verspäteter Auslieferung unterscheiden die Beförderungsbedingungen zwischen

» nachgewiesenem Schaden: Entschädigung maximal 14,00 SZR pro Gepäckstück für je angefangene 24 Stunden und
» nicht nachgewiesenem Schaden (Verspätungsschaden): Pauschalentschädigung 2,80 SZR pro Gepäckstück für je angefangene 24 Stunden.

Verspätungen – Fahrgastrechte der DB

Das nationale Fahrgastrechte-Gesetz regelt außerdem die Entschädigungsansprüche von Fahrgästen der Bahn bei Verspätungen. Dieses Gesetz geht auf eine EG-Verordnung zurück, sodass diese

1 SZR = Sonderziehungsrechte und deren Wechselkurse, hier zum Euro, werden wöchentlich vom Internationalen Währungsfonds, IWF, veröffentlicht. Sie orientieren sich am Wechselkurs zum Dollar (am 02.07.2021 betrug er (tägl. neu – am 4.2.22) 1,2274 € für 1,00 SZR).

Vorschriften EU-weit Anwendung finden werden. Der Anspruch auf Schadenersatz gilt allerdings nur, wenn die Bahn ein Verschulden trifft. Konkret heißt dies, dass für Verspätungen aufgrund von Bauarbeiten, auf die vorab ausdrücklich hingewiesen wurde, nicht gehaftet wird.

Art der Verspätung	Dauer der Verspätung	Rechte
Ankunftsverspätung von	mehr als 60 Minuten	Rücktritt vom Vertrag und Erstattung des Fahrpreises
Ankunftsverspätung	ab 20 Minuten	Fortsetzung der Reise mit einem anderen auch höherwertigen Zug
	60 bis 119 Minuten	Anspruch auf Rückzahlung von 25 % des einfachen Fahrpreises
	ab 120 Minuten	Anspruch auf Rückzahlung von 50 % des einfachen Fahrpreises
Anschlussverspätung oder Ausfall des letzten fahrplanmäßigen Zug des Tages, Zielort kann nicht mehr vor 24:00 Uhr erreicht werden	ab 60 Minuten bei planmäßiger Ankunft zwischen 00:00 Uhr und 05:00 Uhr	Angebot einer Alternativbeförderung (Bus/Taxi) oder Hotelübernachtung bis 80,00 €

Die Fahrpreiserstattung von 25 % bzw. 50 % gilt auch, wenn beim Umsteigen der Anschlusszug verpasst wird.

Spätestens ab 2023 muss auch die Bahn, ebenso wie andere Verkehrsträger, nicht für höhere Gewalt haften, wenn dies die Verspätungen oder Ausfälle trotz größter Sorgfalt nicht hätte vermeiden können. Laut Gesetzestext (Kapitel IV, Art. 17) sind das „extreme Witterungsverhältnisse, größere Naturkatastrophen oder größere Krisen im Bereich der öffentlichen Gesundheit (wie Folgen einer Pandemie) oder auch Personen auf dem Gleis, Kabeldiebstahl, Notfälle an Bord, Strafverfolgungsmaßnahmen, Sabotage oder Terrorismus."

Um seine Ansprüche geltend machen zu können, benötigt der Fahrgast ein sog. **Fahrgastrechte-Formular**, das er entweder im Zug zusammen mit der Bestätigung seiner Verspätung vom Zugpersonal oder am DB Service Point bzw. im Internet erhält. Als Entschädigung kann er wählen zwischen einem Gutschein oder der Auszahlung des Betrages. Diese Forderung kann der Kunde auch in einem Reisebüro mit Bahn-Agentur stellen.

Im Streitfall kann sich der Bahnkunde an eine Schlichtungsstelle wenden, die zwischen den beiden Parteien vermittelt und eine gütliche außergerichtliche Einigung anstrebt. Er kann aber auch das Eisenbahn-Bundesamt anrufen. Diese Behörde kann die Fahrgastrechte gegenüber dem Eisenbahnunternehmen im begründeten Einzelfall direkt durchsetzen, denn sie ist weisungsbefugt.

Situationsaufgabe

Situation: Ein potenzieller Firmenkunde

Sie erhalten eine Anfrage von einem Softwareunternehmen (Sitz: Frankfurt am Main), das über Ihr Reisebüro Geschäftsreisen mit der Bahn buchen möchte.

Beschreibung des Unternehmens:
Neben der Planung, Installation und Instandhaltung von EDV-Anlagen steht das Softwareunternehmen seinen Kunden auch für Servicearbeiten an sechs Tagen in der Woche zur Verfügung. Insgesamt arbeiten 83 Arbeitnehmer im Softwareunternehmen, davon 53 Außendienstmitarbeiter, 15 Innendienstmitarbeiter, sechs Bürokaufleute, zwei Buchhalter und vier Auszubildende. Die Geschäftsleitung besteht aus drei Personen. Insgesamt stehen mittlerweile nur noch zehn Firmenwagen zur Verfügung, die von den Außendienstmitarbeitern genutzt werden können, um Kundentermine wahrzunehmen. Es wird daher eine Kooperation mit der Deutschen Bahn in Betracht gezogen. Die Kunden des Unternehmens sind über ganz Deutschland verteilt, überwiegend befinden sie sich allerdings in Hessen, Rheinland-Pfalz, Thüringen und Baden-Württemberg.

Der zuständige Ansprechpartner im Softwareunternehmen bittet Sie um Informationen über mögliche Angebote der Bahn, die für die Außendienstmitarbeiter infrage kommen. Hierzu werden Ihnen einige Fragen zur Bahn gestellt.

Aufgaben:

1_ Welches Bahnfahrverhalten müssen Sie bei der Wahl eines geeigneten Angebotes für das Softwareunternehmen berücksichtigen? Beschreiben Sie dieses in einigen Worten.

2_ Welche Erwartungen und Anforderungen haben Firmenkunden wie das Softwareunternehmen an die Deutsche Bahn, wenn die Mitarbeiter des Unternehmens auf Bahnfahrten angewiesen sind? Nennen Sie vier bis fünf sinnvolle Kriterien.

3_ Recherchieren Sie im Internet nach einem geeigneten Angebot, das die Erwartungen des Softwareunternehmens befriedigt. Benennen Sie die Kriterien, anhand derer das ausgewählte Angebot genauer beschrieben wird.

4_ Ein Angebot soll morgen präsentiert werden. Fertigen Sie ein Flipchart an, auf welchem Sie das ausgewählte Programm anschaulich vorstellen.

Web Die Aufgaben zu Kapitel 3.2 finden Sie im BPW unter Zusatzaufgaben zu LF 8, Kapitel 3.2.

3.3 Fernlinienbusreisen

Eine regelmäßige Verkehrsverbindung zwischen bestimmten Ausgangs- und Endpunkten, auf der Fahrgäste an gekennzeichneten Haltestellen ein- und aussteigen können, bezeichnet man als Linienverkehr.

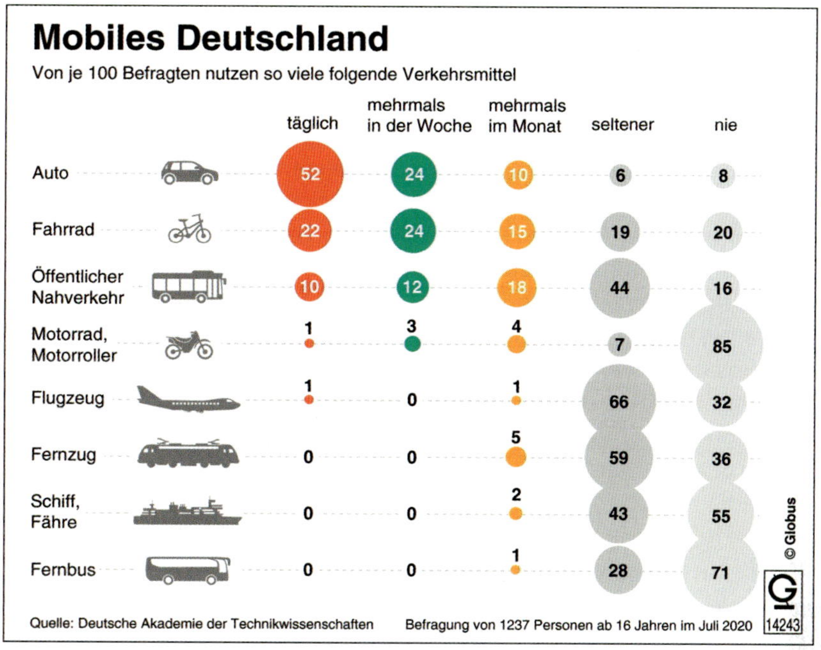

Das statistische Bundesamt und der Gesetzgeber sprechen von Linienfernverkehr, wenn die **Reichweite 50 km** und die **Reisezeit eine Stunde** übersteigt.

Der deutsche Fernbusmarkt kommt auf etwa 23 Mio. Fahrgäste im Jahr, europaweit befördert Marktführer Flixbus rund 40 Mio. Fahrgäste. (Zum Vergleich: die Bahn befördert im Fernverkehr 140 Mio. Reisende im Jahr, siehe Grafik).

Mit der Liberalisierung dieser Verkehrsart zum 1. Januar 2013 begann der Fernlinienbusverkehr zu boomen. Es entstand ein neues Marktsegment, dessen Dynamik die Verkehrsträger durcheinander wirbelt. Aber von ehemals fast 50 Fernbus-Unternehmen in Deutschland ist nur eine Handvoll übriggeblieben, die mehr anbieten als Flughafenzubringer oder regionale Transferdienste. Eindeutiger Platzhirsch mit einem Marktanteil von 93 % ist der Flixbus.

Das Angebot

Beim Marktführer **Flixbus** (19 Anteilseigner der Flixmobility GmbH) stellen rund 300 mittelständische Busbetriebe die grün lackierten Busse, ihre 5.000 Fahrer fahren sie durch Deutschland und Europa. Es werden immer neue Haltepunkte, auch zu touristischen Zielen, in das Programm aufgenommen. Die Digital-Plattform Flixbus dagegen entwirft die Fahrpläne, verkauft die Fahrscheine, steuert den Betrieb und kümmert sich um die Reaktionen der Kunden.

Die **Deutsche Touring/Eurolines**, bedient immerhin 700 Strecken, im Wesentlichen im internationalen Verkehr.

Der Markt ist weiter in Bewegung: So konnte Flixbus durch die Übernahme von Eurolines zwar seine Rolle als Marktführer stärken, jedoch macht BlablaCar Flixbus bereits seit dem Frühjahr 2019 mit einer eigenen Fernbuslinie Konkurrenz.

Der **IC-Bus** der Bahn bietet nur 13 internationale Streckenverbindungen an und stellt daher nur eine geringe Konkurrenz zum Flixbus dar.

Die Nachfrage

Fernbusfahrerkunden sind überwiegend junge Leute als Umsteiger von Mitfahrzentralen, der Bahn oder eigenem Auto, zu etwa ein Drittel ältere Menschen mit Zeit und Bequemlichkeit, nicht umsteigen zu müssen. Zu den beliebtesten Reisezielen zählen Berlin, München, Hamburg, Frankfurt am Main und Dresden.

Neben der Preissensibilität nennen die Reisenden als weitere Gründe für ihre Buchung
- das ausgebaute flächendeckende Streckennetz
  - mit den zahlreichen Punkt-zu-Punkt-Verbindungen,
  - mit den eingerichteten Taktverkehren im Stundenabstand und aufeinander abgestimmten Umsteigeverbindungen,
- die besonders gute Anbindung mittelgroßer Städte als Punkt-zu-Punkt-Verkehr, sodass der langsamere Fernbus durchaus mit den Fahrzeiten der Bahn mithalten kann, da eine oder mehrere Umsteigeverbindungen wegfallen,
- die gute Erschließung strukturschwacher Regionen,
- die Qualität der meist neuen Reisebusse mit ihren komfortablen Sitzabständen, WLAN, Multi-Media-Angebot, GPS-Livetracking,
- die Einführung von Nacht- und Expressdiensten ohne oder mit wenigen Zwischenstopps,
- das europaweite Angebot.

Wie von den meisten Experten bei der Marktliberalisierung angenommen wurde, haben die neuen Fernlinienbusreisen im Wesentlichen zu einem Substitutionswettbewerb geführt. Mit ihren Dumpingpreisen im einstelligen Eurobereich auch für Fahrten bis zu 800 km und ihren zeitlich limitierten Sonderaktionen erkaufen sich die Anbieter regelrecht ihre Marktanteile, sodass kaum Gewinne erwirtschaftet werden. Wenn ein Bus zur Hälfte besetzt ist (Durchschnitt laut Flixbus 60 %), ist auf einer Strecke von rund 300 Kilometern ein Fahrpreis von 25,00 € bis 30,00 € notwendig – 10 Cent je Kilometer gilt als Untergrenze der Gewinnschwelle. Wird dieser Preis nicht erreicht, macht man Verluste.

Die Preiskalkulation findet im Wesentlichen über das Yield-Management statt, dem dynamischen Abgleich von Nachfrage, Fahrpreis und Sitzplatzkapazitäten. Diese Entwicklung wird durch die Angebote der neu entstandenen Vergleichs- und Buchungsportale wie Check my bus, Fahrtenfuchs oder Fernbusse.de wesentlich unterstützt.

Das enorme Wachstum des Fernlinienbusverkehrs lässt sich daher nicht nur durch den Substitutionswettbewerb und die Zahl der Neukunden erklären, sondern man muss darüber hinaus davon ausgehen, dass die Kunden Busreisen im Laufe des Jahres häufig wiederholt haben.

Probleme im Busverkehr sind Lenkzeitüberschreitungen, Nichteinhaltung von Fahrplänen, Sicherheitsmängel und Kofferklau sowie viele Mängel auf FB-Bahnhöfen (fehlende Dächer, Anzeigetafeln, schmale Bürgersteige).

Der Vertrieb

Der Vertrieb erfolgt im Allgemeinen über das Internet, Callcenter, die Ticketbüros der beteiligten Unternehmen am Unternehmenssitz und in den Omnibusbahnhöfen, über Reisebüros mit entsprechenden Agenturvertrag, den Ticket-Centern in den Bahnhöfen und beim Fahrer selbst, wobei der Onlineverkauf überwiegt.

3.3.1 Wettbewerbssituation der Busunternehmen

Der Schwerpunkt der geschäftlichen Aktivitäten der Busunternehmen – ein mittelständisch organisiertes Gewerbe – liegt neben dem Liniennahverkehr noch im **Gelegenheitsverkehr**, den sie sowohl im Direktvertrieb als auch über die Reisebüros anbieten. Man unterscheidet:

1. Ferienzielreisen	Pauschalreisen, der Unternehmer verantwortet die Beförderungsleistung und kauft die weiteren Leistungen (Unterkunft, Verpflegung) ein, bietet das Gesamtprodukt aber in seinem Namen an. Man spricht auch von Paketreisen oder von Pendelverkehr, gemeint sind immer Punkt-zu-Punkt Verkehre, also **direkte Fahrten vom Abgangs- zum Zielort** und wieder zurück. Zwischenstopps zur Aufnahme von Fahrgästen sind möglich. Es dürfen nur Rückfahrscheine verkauft werden. Die erste Rückfahrt und die letzte Hinfahrt in der Reihe der Pendelfahrten sind Leerfahrten.
2. Ausflugsverkehr	Tages- und Mehrtagesfahrten zu einem oder wechselnden Orten mit der Verpflichtung zum Ausgangsort zurückzukehren, auch hier können weitere Leistungen hinzugekauft werden. Der **Reisezweck** muss im Katalog des Busunternehmers klar beschrieben sein und die Kunden müssen im Besitz eines Fahrscheins sein, der Beförderungsstrecke und Beförderungsentgelt ausweist.
3. Mietomnibusverkehr	**Charterverkehr**, das Unternehmen stellt Bus und Fahrer, die Reiseorganisation wird vom Charterer vorgenommen. Es handelt sich immer um geschlossene Gruppenreisen.

Grundsätzlich bieten Fernlinienbusreisen den potenziellen Kunden Transportleistungen weltweit kostengünstig, umweltfreundlich und genauso sicher wie die Gelegenheitsverkehre an. Deshalb hat sich z. B. in Schweden, Finnland, USA, den Balkanstaaten und Großbritannien der Fernlinienverkehr mit Kraftomnibussen längst als alternativer Verkehrsträger zu Bahn und Flugzeug etabliert. Fernlinienbusse haben i. d. R. eine große Bedeutung in Ländern, in denen das Schienennetz schlecht ausgebaut oder der Bau einer Bahnstrecke wegen der geringen Bevölkerungsdichte betriebswirtschaftlich nicht vertretbar ist.

Inzwischen hat der Bundestag das Gesetz zur Liberalisierung des Personenbeförderungsgesetztes (PBefG) verabschiedet. Es soll auch neue, digitale Mobilitätsangebote und Sharing-Dienste berücksichtigen. Sowohl der Taxi- wie auch der Mietwagen-Betrieb soll von regulatorischen Entlastungen profitieren.

3.3.2 Das Personenbeförderungsgesetz (PBefG)[1]

Um das Produkt Personenbeförderung anbieten zu können, braucht bisher jedes Unternehmen/jeder Unternehmer eine staatliche Genehmigung (Konzession). § 13 regelt die Voraussetzungen

1 In der Fassung von 1990 zuletzt geändert durch die Novelle vom August 2020

für die Erteilung. Den Antrag kann jeder Unternehmer stellen. Er muss fachlich geeignet sein, was er durch entsprechende Tätigkeit in einem Unternehmen des Straßenpersonenverkehrs bzw. durch eine Prüfung nachweist. Das Führen eines Betriebes ohne Genehmigung gilt als Ordnungswidrigkeit und bei Verstößen kann sie jederzeit widerrufen werden. Im Fernlinienverkehr wird eine Genehmigung immer nur für eine Strecke erteilt. Ihre Laufzeit beträgt maximal zehn, i. d. R. acht Jahre, kann aber verlängert werden. Die zuständige Behörde kann eine Genehmigung nicht mehr ablehnen, sobald die sachlichen und personellen Voraussetzungen vorliegen.

Außerhalb des ÖPNV ermöglicht eine neue Kategorie des **gebündelten Bedarfsverkehrs** die Genehmigungsfähigkeit neuer Bedienformen im Bereich geteilter Nutzungen wie etwa **Ride Pooling** und **Sammeltaxis**. Digitalbasierte Angebote für solchen gebündelten Bedarfsverkehr unterliegen nicht der Betriebs- und Beförderungspflicht und sind grundsätzlich auch nicht zur Rückkehr zum Betriebssitz verpflichtet, bedienen aber ausschließlich den Bestellmarkt: Die spontane Kundenaufnahme bleibt Taxis vorbehalten. Die Kommunen können die von den neuen Angeboten zu erfüllenden Standards selbst festlegen.

Wird die Genehmigung erteilt, hat der Unternehmer folgende Auflagen zu beachten:

Streckenbindung	Verkehrsverbindung mit festen Ausgangs- und Endpunkten, mindestens zwei Haltestellen, Haltestellenschilder mit Firmennamen, Liniennummer und Fahrplanaushang.
Betriebspflicht	Linienbedienung muss fristgemäß aufgenommen und aufrechterhalten werden.
Tarifpflicht	Struktur des Tarifsystems, z. B. Kilometer- oder Zonentarif; Ermäßigungen für Kinder, Jugendliche oder Senioren, Gepäckregelungen, Sondertarife
Fahrplan	Er muss die Führung der Linie, ihren Ausgangs- und Endpunkt sowie die Haltestellen und Fahrzeiten enthalten und veröffentlicht werden. Die Aufstellung eines Fahrplanes ist allerdings nicht zwingend vorgeschrieben.
Beförderungspflicht	Kein Fahrgast darf abgewiesen werden, es sei denn, er stellt eine Gefahr für Fahrer und die anderen Reisenden dar (Fahrgastfreiheit).
Beförderungsentgelte	Veröffentlichung, Allgemeinverbindlichkeit, Ermäßigungen kommen unter gleichen Bedingungen jedermann zugute.

3.3.3 Art und Ausstattung von Fernbussen

Den Unternehmen werden von der Fahrzeugindustrie verschiedene Modelle unterschiedlicher Größe und Ausstattung angeboten. Die Platzangebote von Reisebussen liegen zwischen 30 und 59 Sitzen, Doppeldecker dürfen 70 Personen und mehr befördern. Stehplätze sind nicht erlaubt. Ausstattungsmerkmale können u. a. sein: Beckengurte (Anschnallpflicht bei Vorhandensein), Kopf- und Fußstützen, verstellbare Rücklehnen (Schlafsitze), Klapptische, Gepäckräume im Busboden, Klimaanlage, unterschiedliche Sitzabstände, WC. Die Gütegemeinschaft Buskomfort e. V. hat Reisebusse in unterschiedliche Güteklassen eingeteilt, vergleichbar den Sternen der Hotelzertifizierung. Sie vergibt diese Bussterne nach festgelegten, vom TÜV kontrollierten, Qualitätskriterien und verleiht eine Plakette mit dem zugeteilten Gütezeichen, die am Bus angebracht werden darf.

Speziell ausgerüstete barrierefreie Reisebusse spielen im Linienfernverkehr noch keine Rolle. Ab 2016 wurde die Barrierefreiheit für alle Neufahrzeuge Pflicht, es müssen zwei Rollstuhlplätze und eine Einstiegshilfe vorgehalten werden. Für Hochdeckerbusse ist eine aufwendige Hubvorrichtung erforderlich. Die neuen Vorschriften gelten nicht für den Gelegenheitsverkehr (Bustourismus).
In der **EU-Sozialverordnung** – VO (EG) Nr. 561/ 2006 – sind rechtlich bindend für alle Mitgliedsländer die Einsatzzeiten für Busfahrer geregelt. Mit dieser Vorschrift soll verhindert werden, dass die Nichtbeachtung der Lenk- und Ruhezeiten zu einer Übermüdung der Fahrer führt und es dadurch zu schwerwiegenden Unfällen kommt. Die Tageslenkzeit darf neun Stunden nicht übersteigen, mit der Ausnahmeregelung zwei Mal wöchentlich zehn Stunden, nach spätestens 4,5 Stunden Lenkzeit ist eine mindestens 45-minütige Pause einzulegen oder, falls früher pausiert wird, einmal 15 Minuten und später dann 30 Minuten innerhalb der maximalen Lenkzeit. Mit dem Einbau des EG-Kontrollgerätes (Fahrtenschreiber) in die Lenksäule des Busses kann die Einsatzzeit des Fahrers lückenlos überprüft werden. Die Überwachung der Vorschriften erfolgt durch die Autobahnpolizei bzw. durch die Beamten des Bundesamtes für Güterverkehr. Aufgrund dieser Regelungen muss bei der Planung des Fernlinienverkehrs – vor allen Dingen im internationalen Bereich – vom Unternehmer festgelegt werden, ob eine Einfahrer- oder Mehrfahrerbesatzung erforderlich ist und ab welcher Teilstrecke ein Fahrerwechsel erfolgt.

3.3.4 Tarif- und Beförderungsbedingungen im Fernlinienbusverkehr

Am Beispiel des Newcomers und Marktführers Flixbus und der Deutschen Touring GmbH, den beiden größten deutschen Unternehmen im nationalen und internationalen Fernlinienverkehr, zeigt sich, dass, wie auch bei anderen Verkehrsträgern, neben entfernungsabhängigen Tarifen auch zahlreiche Spezial- (Sparpreise, Frühbucherpreise oder nach Abfahrtszeiten) oder Sondertarife (für Kinder, Studenten, Senioren, Gruppen etc.) angeboten werden, über die man sich am besten im Internet informiert. Daneben gibt es je verschiedene Regelungen für Hand- oder größere Gepäckstücke. Grundsätzlich können alle Transportunternehmen ihre Tarife und Beförderungsbedingungen frei und unabhängig voneinander gestalten, wenn sie folgende Bedingungen beachten:

» Jeder Tarif/jede Tarifänderung ist vorab von der zuständigen Behörde zu genehmigen.
» Die „Verordnung über die Allgemeinen Beförderungsbedingungen für den Straßenbahn- und Obusverkehr sowie den Linienverkehr mit Kfz" ist zu beachten.

Verordnung über die Allgemeinen Beförderungsbedingungen für den Straßenbahn- und Obusverkehr sowie den Linienverkehr mit Kfz

Die Verordnung legt die Vertragsbedingungen zwischen Fahrgast und Unternehmer fest, d. h. Beförderungsrechte und -pflichten. Abweichungen sind möglich. Diese besonderen Beförderungsbedingungen des Unternehmers bedürfen allerdings der Zustimmung der Genehmigungsbehörde.

In der Verordnung werden u. a. geregelt

» Verhaltenspflichten der Fahrgäste
» Anspruch des Unternehmers auf Beförderungsentgelt

- Anspruch auf und Ausschluss von der Beförderung
- Erhöhtes Beförderungsentgelt für Passagiere ohne gültigen Fahrausweis
- Mitnahme von Sachen und Tieren
- Haftung für Sachschäden und Gerichtsstand
- Verjährungsfristen

Außerdem sind seit 2013 die Fahrgastrechte der Kunden für Fernlinienbusreisen ab einer planmäßigen Wegstrecke von über 250 km durch eine EU-Verordnung national und international geregelt. Bei geringeren Entfernungen bleibt den Unternehmen ein Ermessungsspielraum. Diese EU-Verordnung gilt nicht für den Bustourismus (Gelegenheitsverkehr).

Situationsaufgabe

Situation:

Sie sind Mitarbeiter/-in im Reisebüro Berger in Heilbronn, das sich auf die Vermittlung von Pauschalreisen und auf die Veranstaltung von Busreisen spezialisiert hat. Für die Sommersaison des nächsten Jahres soll die in diesem Jahr gut angenommene Busreise „Auf den Spuren von Rosamunde Pilcher" nach Südengland nochmals ganz genau hinsichtlich des Katalogtexts, der Attraktivität des Reiseverlaufs, der Dauer der Rundreise und der Reisekosten überprüft werden. Die siebentägige Reise im Viersterne-First-Class-Bus führt von Heilbronn zunächst nach Calais, dort erfolgt die Fährüberfahrt nach Dover, wo die Fahrt an der Küste nach Westen fortgesetzt wird. Die Stationen lauten: Bournemouth, Plymouth, Exeter, Salisbury und Brighton – am Schluss erfolgt die Heimreise wieder über Dover/Calais. Der Reisetermin ist Ende August/Anfang September, der Preis für die Reise beginnt bei 884,00 € pro Person im Doppelzimmer.

Aufgaben:

1_ Formulieren Sie gegenüber einem Kunden, der sich zum ersten Mal für eine Busreise interessiert, ganz allgemein vier Argumente für eine Reise mit dem Bus.

2_ Einer der Mitbewerber bietet u. a. folgende Leistungen an: Fahrt im Luxus-Class-Bus, Nachtfährüberfahrt von Hoek van Holland nach Harwich, Ausflug nach Windsor. Wie unterscheidet sich ein First-Class-Bus von einem Luxus-Class-Bus?

3_ Vergleichen Sie die unterschiedlichen Anreisemöglichkeiten laut Tabelle hinsichtlich

- der Dauer der Anreise bezüglich der Lenkzeiten (durchschnittliche Geschwindigkeit des Reisebusses: 90 km/h),
- des Fährschiffs in Bezug auf den Schiffstyp und die Bordeinrichtungen.

222251468

Begründen Sie, welchen Anreiseweg Sie bei der nächsten Südenglandreise bevorzugen.

	Heilbronn – Calais – Dover	Heilbronn – Hoek van Holland – Harwich
Entfernung	701 km	585 km
Fährüberfahrt mit	SeaFrance Berlioz	Stena Britannica
Personenkapazität	1.900	900
Länge	186 m	211 m
Breite	28 m	29 m
Bruttoraumzahl	34.000	43.400
Reisegeschwindigkeit	25 Knoten	22 Knoten
Schiffstyp	Passagierfähre, Ro/Ro-Fähre	Ro Pax Schiff/Combi-Carrier
Fahrzeit	1 h 15 min	6 h 30 min

Die Aufgaben zu Kapitel 3.3 finden Sie im BPW unter Zusatzaufgaben zu LF 8, Kapitel 3.3. Web

3.4 Fährpassagen

3.4.1 Zielgruppen der Reedereien

Fährschiffe dienen dem Transport von Personen, Pkw, Lkw, Personenzugwagen, Bussen und Fracht in Containern auf Trailern oder in Güterwagen. Sie verkehren in Europa in der Ost- und Nordsee, insbesondere im Ärmelkanal, im Mittelmeer, in den Meerengen von Gibraltar und Messina, zwischen Italien, Griechenland und der Türkei, aber auch nach den Inseln Korsika, Sardinien und Malta und von den südfranzösischen Häfen nach Algerien, Tunesien und Marokko. Die weiteren Ausführungen beschränken sich auf die Fährverbindungen und internationaler Reedereien in der Ostsee, die Verkehre von deutschen Häfen aus anbieten. Fähren werden von Individual- und Geschäftsreisenden gebucht, die entweder auf ihren Pkw nicht verzichten wollen oder ihr Ziel nur so erreichen können, weil kein anderes Transportmittel zur Verfügung steht. Städte- und Rundreisen in die skandinavischen und baltischen Länder, Campingurlaub oder die Anreise zum Ferienhaus lassen sich aufgrund der geografischen Gegebenheiten am besten mit der Fähre bewältigen. Für die Pauschalreise mit dem Ferienbus zu diesen Destinationen wird ebenfalls die Fähre gebucht.

In den letzten Jahrzehnten sind die Schiffe immer luxuriöser geworden, sodass einige Passagiere Fährschiffe nicht nur als Transportmittel, sondern als Vergnügungsreise bzw. Mini-Kreuzfahrt nutzen. Dabei handelt es sich nach deutschem Reiserecht um ein Pauschalangebot der Reederei im Rahmen ihrer fahrplanmäßigen Abfahrten einschließlich Besichtigungsprogramm am Zielort der Hinreise.

Seit 2000 existiert eine feste Landverbindung nach Schweden über Dänemark durch die Brücken über den kleinen und großen Belt und die Querung des Öresunds durch eine Kombination von Tunnel und Brücke von der Insel Seeland (Kopenhagen) nach Malmö. Die Strecke ist mautpflichtig und hat sich zu einem Erfolgsprodukt entwickelt. Sie hat aber die Entwicklung des Fährverkehrs auf der Ostsee von Deutschland aus noch nicht entscheidend beeinflusst (Ausnahme Vogelfluglinie) – im Gegensatz zu den Eurotunnel-Shuttle- und Eurostar-Zügen, die den Kanaltunnel zwischen Dover und Calais benutzen. Hier mussten einige Fährverbindungen eingestellt werden.

Öresundbrücke zwischen Kopenhagen und Malmö

3.4.2 Fährschiffsarten

Man unterscheidet zwischen konventionellen Fähren und Schnellfähren. Letztere dienen vor allem dem Transport von Personen.

Fährschiffarten, geeignet für	**Kennzeichen**	
Konventionelle Fähren: ca. 27 Knoten (= ca. 50 km/h)		
Roll-on/Roll-off (Ro/Ro) Fracht / Personen	» Einfahrt über Heck und Ausfahrt am Bug	
Cruise Ferries » für Fracht » 150 – 900 Autos » 500 – 3.000 Personen » Strecken: vor allem » Kiel – Oslo » Kiel – Göteborg	Fähre + Kreuzfahrtschiff: » Kabinen » mehrere Restaurants » Ladengalerie » Kasinos, Spa » Unterhaltung	 Color Fantasy
Ro/Pax-Fähren (Kombi-Carrier) » vor allem Fracht » Caravane, Wohnmobile » wenige Personen	Basis-Angebote an » Kabinen » Restaurants und Bars » begrenzte Unterhaltung	

Fährschiffarten, geeignet für ….	Kennzeichen
	Doppelendfähren
Einsatz auf » Flüssen/Seen » Ostsee: Puttgarten – Rödby (Vogelfluglinie) Für » Fracht » Autos, auch Bahnen » Personen	» Öffnung sowie Antrieb vorne und hinten » Auf- und Abfahren in der gleichen Richtung » wie Ro/Ro-Fähren 
	Schnellfähren: über 30 Knoten (ca. 55 km/h) können Fahrzeit konventioneller Fähren halbieren (nicht mehr auf der Ostsee) empfindlich bei rauer See, hoher Verbrauch
Jet-/Hydrofoil » Verkehr zwischen griech. Inseln » nur Personen, 200 – 286 Personen	bis 43 Knoten (= 80 km/h)
Katamaran » bis 900 Personen » 10 Busse/Lkw + 200 Pkw	2 Rümpfe wenige Einsatzgebiete 
Monohull » geringer Einsatz » 150 Pkw » 650 Personen	» strömungsgünstiger Rumpf (ein Rumpf) » keine Kabinen » geringer Service

Infolge der Erdölpreisverteuerungen befindet sich der Passagier- und Frachtmarkt im Umbruch. Auf der Ostsee werden im internationalen Verkehr kaum noch Schnellfähren eingesetzt, die diesen Geschwindigkeitsmerkmalen entsprechen. Die Reisegeschwindigkeit der neuen Super Speed Fähren von Color Line liegt nur noch bei 27 Knoten (knapp 50 km/h). Die künftige Entwicklung des Fährmarktes auf der Ostsee wird durch wachsende Umweltstandards beeinflusst, die eine Reduktion der Abgasemissionen verpflichtend machen.

Nach der IMO-Richtlinie (International Maritime Organization) werden die Reedereien gezwungen, die Schwefeldioxidemissionen (SOx) von momentan 3,5%m/m auf unter 0,5%m/m (Masse pro Masse) zu reduzieren.

Gegenwärtig setzen die großen Fährgesellschaften der Ostsee unterschiedliche technische Lösungen zur Begrenzung der Abgaswerte ein:

» **Hybrid-Fähren**: Riesige Batterien im Schiffsinnern dienen zum Speichern überschüssiger Energie, die bei Bedarf wieder abgegeben wird und somit den Verbrauch senken. Zusätzliche Scrubber reinigen die in die Luft abgegebenen Schadstoffe (Scandlines).
» **Scrubber**: Das billige Schweröl wird weiterhin verwendet. In den installierten Scrubbern (Abgaswaschanlagen) werden die Abgase von Schwefel und Feinstaub gereinigt (DFDS, Colorline).
» **Methanol-Antrieb**: Das herkömmliche Schweröl wird nach den entsprechenden Umbauten durch Methanol ersetzt, das praktisch frei von Abgasen verbrennt. Im Übrigen verursacht auslaufendes Methanol keine Ölpest, da es biologisch abbaubar ist (Stena).

Weitere Möglichkeiten, die Umweltauflagen zu erfüllen, bestehen für die Fährgesellschaften durch

» Einsatz von LNG (Liquefied Natural Gas, Flüssigerdgas); diese Lösung rechnet sich allerdings nur bei Neubauten,
» Wechsel von Schweröl zum wesentlich teureren Marinediesel.

3.4.3 Verkauf und Buchungsablauf einer Fährpassage

Der Kunde kommt mit konkreten Vorstellungen hinsichtlich des Zielhafens seiner Fährpassage in das Reisebüro. Im Beratungsgespräch kann es dann nur noch darum gehen, Alternativen vorzustellen und Zusatzleistungen anzubieten:

- Wahl eines günstigeren Abgangs- oder Zielhafens für das eigentliche Reiseziel
- Wahl einer anderen Reederei bzw. eines anderen Fährschiffstyps
- Wahl einer anderen Route
- Angebot zusätzlicher Leistungen während der Überfahrt
- Versicherungen
- Beratung bei der Abfertigung im Fährterminal

Buchungen sind seit August 2018 (auch für Reisebüros) nur noch über die Reedereien direkt oder Onlineagenten (wie www.seereisenportal.de oder https://ostseefaehren.com) möglich.

Bei einigen Reedereien ist es möglich (vergleichbar der Unterbringung im Schlafwagen), eine Kabine zur Alleinbenutzung zu mieten oder aber ein Einzelbett in einer Damen- bzw. Herrenkabine. In der Reservierung des Fährfahrscheins sind die Mahlzeiten i. d. R. nicht enthalten. Sie müssen extra gebucht oder während der Überfahrt an Bord bezahlt werden. Fährtickets sind i. d. R. übertragbar, wenn die Buchungscodes übereinstimmen.

Da die Reedereien auf vielen Routen um die Kunden konkurrieren, wird eine aktive Preispolitik betrieben. Ermäßigungen auf den Festpreis existieren in der Form von Frühbuchertarifen, verschiedene Saisonzeiten, Abschlägen für Kleinkinder, Kinder, Jugendliche, Studenten und Senioren und generell für die gleichzeitige Reservierung von Hin- und Rückfahrt. Häufig werden zudem Familientarife mit oder ohne Kabinenbenutzung oder Spezialtarife angeboten. Diese sind an bestimmte, einschränkende Bedingungen geknüpft, z. B. keine kostenlose Umbuchung für Hin- oder Rückfahrt.

222251472

4 Mietwagen

Der Mietwagenmarkt lässt sich in zwei Bereiche aufteilen: Den Urlaubs- und Freizeitmietwagenmarkt (Anmietung vorwiegend im Ausland) sowie den Markt für Firmennutzung, Umzüge und Unfallersatzwagen (Anmietung vorwiegend im Inland).

Anbieter

Als Anbieter auf dem Markt treten die sog. Direktanbieter und Broker auf.

Direktanbieter sind Anbieter mit eigener Autoflotte wie Sixt, Europcar, Avis, Hertz, Enterprise (die fünf Großen auf dem deutschen Markt) sowie National und Alamo.

Sie gehören i. d. R. internationalen Autovermieter-Ketten an und treten als Vermieter vor Ort auf. Daneben gibt es noch zahlreiche kleinere regionale Anbieter.

Broker vermitteln Fahrzeuge der Direktanbieter weiter, indem sie ihnen Kontingente abnehmen und dafür Rabatte eingeräumt bekommen. Im Gegensatz zu den Direktanbietern verfügen sie über keine eigene Wagenflotte. Die Wagen werden über eigene oder fremde Internetplattformen, Callcenter und in Zusammenarbeit mit Reisebüros angeboten. Vertragspartner für den Mietvertrag sind in diesem Fall der Mieter und die lokale Autovermietung vor Ort. Anbieter auf dem deutschen Markt sind u. a. Sunny Cars, Holiday Autos, Auto Europe, CarDelMar sowie die Reiseveranstalter-Marken DERTOUR Cars, DriveFTI und TUI Cars.

Im Internet gibt es Seiten zum Preisvergleich, bei dem der Kunde die Angebote der Mietwagenbroker vergleichen und buchen kann, ohne dabei jeden Anbieter einzeln abfragen zu müssen, z. B. www.billiger-mietwagen.de

billiger-mietwagen.de

Für Geschäftskunden und hier insbesondere für kleinere und mittlere Unternehmen, denen ein eigener Fuhrpark zu teuer ist, bieten die vier großen Direktanbieter auf dem deutschen Markt eigene Portale im Internet an (z. B. Avis Bonus Plus, Sixt Mobility Solution, Europcar Business Plus), die mit günstigen Firmentarifen werben. Diese Firmenraten sind auch über das Reisebüro buchbar. Großkunden schließen mit einem Direktanbieter oft Verträge über ein bis drei Jahre ab. Abhängig vom eigenen Bedarf eines Unternehmens sind die Kriterien für die Auswahl eines Anbieters u. a. Mietpreise, Mengenrabatte, Zusatzgebühren, Flottengröße, Internationalität, Standorte, Versicherungen, Winterreifen, Navi-Garantie, Anlieferung- und Abholservice.

CRS-Code

Die Fahrzeugflotten der Anbieter sind in verschiedene Fahrzeuggruppen eingeteilt, in denen mehrere Fahrzeugmodelle zusammengefasst sind. Die Buchung eines Mietwagens wird mit einem international standardisierten CRS-Code aus vier Buchstaben erfasst. Der Code gibt Auskunft über die Fahrzeuggruppe, die Bauartmerkmale, die Schaltung und das Vorhandensein einer Klimaanlage. Dieser Code wird weltweit anerkannt und wird auch als ACRISS- oder SIPP-Code[1]

1 ACRISS – Association of Car Rental Systems Standards, SIPP – Standard Interline Passenger Procedures

bezeichnet. Der Kunde kann i. d. R. nur eine bestimmte Fahrzeuggruppe buchen (und innerhalb der Gruppe meist nur ein Fahrzeug mit bestimmten Merkmalen), ohne einen Anspruch auf ein bestimmtes Fahrzeug zu haben. Die nachfolgende Tabelle zeigt eine Übersicht der CRS-/ACRISS-/SIPP-Codes und möchte nicht den Anspruch der Vollständigkeit erfüllen.

Fahrzeuggruppe	Beispiele bei Europcar	Bauartmerkmale	Schaltung	Treibstoff/ Klimaanlage
M Mini/Kleinstwagen	Smart	**B** 2 Türen **C** 2/4 Türen **D** 4 Türen **W** Kombi **V** Van **L** Limousine **S** Sport **T** Cabrio **F** Allrad (4x4) **P** Pick-up **J** Geländewagen **X** Special	**A** Automatik **M** Manuell	**R** ja **N** nein **E** Electric AC **V** Petrol AC
E Economy/Kleinwagen	VW Polo			
C Kompakt	VW Golf 8			
I Intermediate/Untere Mittelklasse	Opel Insignia			
S Standard/Mittelklasse	Audi A4			
F Full Size/Obere Mittelklasse	BMW 3er, Mercedes C-Klasse			
P Premium/Luxusklasse	BMW 5er, Audi A6			
L Luxury/Luxusklasse	Audi A8, Mercedes S-Klasse			
X Special/Obere Luxusklasse	Audi Q7			

Beispiel 1:

MBAR – Miniklasse, z. B. Smart Fortwo, 2 Türen, Automatik, mit Klimaanlage

Beispiel 2:

FDMR – Obere Mittelklasse, z. B. BMW 3er, 4 Türen, manuelle Schaltung, mit Klimaanlage

Der Markt für Urlaubsmietwagen hat in den letzten Jahren zugenommen. Immer mehr Menschen verreisen ohne Auto, möchten aber vor Ort mobil und flexibel sein. Das zunehmende Angebot von Billigfliegern verstärkt diesen Trend, da deren Zielflughäfen oft sehr abgelegen liegen.

Mietwagen sind für Geschäftsreisende ebenfalls interessant, insbesondere wenn sich ein Werk/eine Produktionsstätte in der Nähe von diesen Flughäfen befindet.

Vorteile für den Kunden bei der Anmietung in Deutschland:
- Er kann in Ruhe Preise und Konditionen vergleichen.
- Er kann die Buchung in seiner Muttersprache vornehmen.
- Er findet am Urlaubsort das von ihm gewünschte Fahrzeug vor.
- Er hat einen Vertrags- und Ansprechpartner in Deutschland (Betreuung vor, während und nach der Anmietung).

Versicherungen

Versicherungskürzel	Versicherungen
Third Party Liability Insurance	Haftpflichtversicherung
ALI (Additional Liability Insurance) **LIS** (Liability Insurance Supplement)	Pauschale Erhöhung der Haftpflicht-Deckungssumme, zum Schutz vor unterversicherten Unfallgegnern
LDW (Loss Damage Waiver)	Vollkaskoversicherung mit Haftungsbefreiung für Schäden am Mietwagen, auch bei Diebstahl und Vandalismus
CDW (Collision Damage Waiver)	Vollkaskoversicherung mit Haftungsreduzierung, aber nicht automatisch mit Haftungsbefreiung (von Land zu Land verschieden)
SCDW (Super CDW)	Vollkaskoversicherung mit besonders niedriger oder völlig ohne Selbstbeteiligung
PAI (Personal Accident Insurance)	Insassenversicherung bei Verletzung oder Tod
PEP (Personal Effects Protection) **PEC** (Personal Effects Coverage)	Gepäckversicherung
PERSPRO/CCP (Carefree Personal Protection)	Personen- und Gepäckversicherung, zusätzlich Deckung für einige Arztnotfalldienste
TP (Theft Waiver)	Diebstahlversicherung, häufig mit Selbstbeteiligung
STP (Super TP)	Diebstahlversicherung mit besonders niedriger oder völlig ohne Selbstbeteiligung
UMP (Uninsured Motorist Protection)	Zusatzversicherung bei Verletzung oder Tod durch unterversicherte/flüchtige Unfallgegner

Bei den aufgeführten Versicherungskürzeln ist zu beachten, dass sie sich laut ADAC von Land zu Land und sogar von Anbieter zu Anbieter unterscheiden können.

Mietbedingungen

Der Kunde sollte bei der Mietwagenbuchung auf verschiedene Aspekte achten.

Für welche Leistungen werden Zusatzgebühren in welcher Höhe erhoben?
So z. B. für die Anmietung an Bahnhöfen und Flughäfen, zusätzliche oder jüngere Fahrer, Einwegmiete, Kilometerbegrenzung, Winterreifen, Dachgepäckträger, Kindersitze. Versicherungsleistungen, die im Mietpreis enthalten sind, können je nach Anbieter oder Land sehr unterschiedlich ausfallen.

Wie hoch ist die Deckungssumme bei der Kfz-Haftpflichtversicherung?
Die Kfz-Haftpflichtversicherung deckt Personenschäden (z. B. zusätzliche Heilungskosten, Schmerzensgeld), Sachschäden (z. B. am anderen Fahrzeug) und Vermögensschäden (z. B. Umsatzeinbußen) ab, allerdings keine Schäden beim Unfallverursacher. Ein Unfall, bei dem Personen zu Schaden kommen, kann sehr teuer werden und die gesetzlich vorgeschriebenen Mindestdeckungssummen in den verschiedenen Ländern sind unterschiedlich hoch. Eine Zusatzversicherung mit höheren Deckungssummen sollte in Betracht gezogen werden, denn bei nicht ausreichendem Versicherungsschutz haftet der Kunde mit seinem Privatvermögen. In Deutschland betragen die Mindestdeckungssummen: 1 Mio. € für Sachschäden und 7,5 Mio. € für Personenschäden.

Ist eine Teilkasko- oder Vollkaskoversicherung im Mietpreis enthalten und wie hoch ist die Selbstbeteiligung im Schadenfall?

Die Kaskoversicherung ist im Gegensatz zur Kfz-Haftpflichtversicherung gesetzlich nicht vorgeschrieben. Sie deckt Schäden ab, die am eigenen Fahrzeug entstehen. Bei einer Vollkaskoversicherung sind im Gegensatz zur Teilkaskoversicherung auch Unfallschäden am eigenen Fahrzeug und Vandalismusschäden mitversichert. Die Höhe der Selbstbeteiligung bei beiden Versicherungsarten kann i. d. R. durch die Zahlung einer zusätzlichen Gebühr verringert werden oder ganz ausgeschlossen werden.

Kontrolle auf Schäden

Bei Abholung und bei Rückgabe sollte der Wagen im Beisein eines Station-Mitarbeiters auf Kratzer oder Schäden kontrolliert werden. Diese oder auch die Mängelfreiheit des Fahrzeugs sollte man sich schriftlich bestätigen lassen.

Mindestalter und Führerscheinbesitzdauer

Die Autovermieter fordern oft ein Mindestalter zwischen 21 und 25 Jahren, das auch abhängig von der Fahrzeugklasse sein kann. Der Kunde muss i. d. R. mindestens ein Jahr im Besitz eines Führerscheins sein.

Fahrteinschränkungen für einige Länder

Für viele ost- und südeuropäische Länder gibt es Einreisebeschränkungen (Verbot der Einreise mit dem gemieteten Fahrzeug). Diese Einschränkungen sind vor allem abhängig von der Fahrzeugklasse.

Zahlungsmittel: Kreditkarte

Fast alle Mietwagenfirmen verlangen vom Kunden bei der Anmietung eine Kreditkarte (bei sehr teuren Fahrzeugen sogar zwei), die als Sicherheit für die zu hinterlegende Kaution gilt. Bei einigen Vermietern im Ausland kann es passieren, dass die Kaution bei der Anmietung gleich abgebucht und bei der Rückgabe wieder gutgeschrieben wird.

Situationsaufgabe

Situation:

Viele Geschäftsreisende nutzen bei Geschäftsreisen vor Ort einen Mietwagen, um Termine wahrnehmen zu können. Für Mietwagenbuchungen im Ausland sucht Ihr Unternehmen einen Partner für einen Kooperationsvertrag. Sie schlagen den Mietwagen-Broker „Business“ vor.

Aufgabe:

Ihnen liegen die AGB (engl.) des Brokers „Business“ vor. Geben Sie vier Leistungsmerkmale an, mit denen Sie Ihre Empfehlung für diesen Anbieter begründen.

Business terms and conditions

"Car Business" solutions include:
- Special daily, weekly, and weekend rates for cars, including free mileage, collision damage waiver and theft protection
- Discounts when you book online
- One way rentals free of charge
- Van rental and long-term rentals

Forms of payment:
- Company credit cards
- Free "Car Business" Gold Plus Rewards membership with your company or your own credit card
- One Trip Travel Order (OTTO) forms of payment for individual, once only rentals
- AirPlus (AIR) cards

Aufgaben

1_ Wer sind die Vertragspartner bei der Buchung eines Mietwagens bei einem

a) Direktanbieter,

b) Mietwagenbroker?

2_ Welche Fahrzeugmerkmale verbergen sich unter den CRS-Codes?

a) EBMR

b) IDMR

c) PTMR

d) XSAR

e) PDMR

3_ Welche Nachteile können einem Kunden evtl. entstehen, wenn er seinen Mietwagen vor Ort anmieten will?

4_ Wodurch unterscheidet sich die Kfz-Haftpflichtversicherung von der Kfz-Kaskoversicherung?

5 Unterkunftsleistungen

Die Bedeutung der Branche ergibt sich aus der Tatsache, dass nach Angaben des Verbands in Deutschland 221 000 Hotel- und Gastronomiebetriebe existieren, die im Durchschnitt 2,42 Mio. Personen beschäftigen. Sie erzielen einen Branchenumsatz von 80,9 Mrd. € netto und durch Einkäufe von Vorprodukten und Materialien ist die Branche stark mit anderen Wirtschaftsbereichen verbunden. Das führt zu einer Gesamt-Bruttowertschöpfung von 89,7 Mrd. €. Im gleichen Zeitraum ist die Zahl der sozialversicherungspflichtig Beschäftigten um 23 % gestiegen (in der Gesamtwirtschaft waren es 12 %).). Hierbei handelt es sich bei knapp zwei Drittel aller sozialversicherungspflichtig Beschäftigten in Hotellerie und Gastronomie um Fachkräfte – die Quote entspricht somit dem Durchschnitt der Gesamtwirtschaft. Der Anteil der Beschäftigten ohne Berufsabschluss ist mit knapp 20 % recht hoch. Die Ausbildungsquote ist ebenfalls deutlich höher als in den meisten anderen Branchen. Einige Studien besagen, dass im Gastgewerbe auf etwa 24 Beschäftigte ein Azubi kommt. In der Gesamtwirtschaft kommt auf rund 86 Beschäftigte ein Azubi. Die Kehrseite der Medaille ist allerdings, dass im Gastgewerbe jede zweite Ausbildung wegen schlechter Arbeitsbedingungen, zu geringer Bezahlung und einem schlechten Arbeitsklima abgebrochen wird.

Im Auftrag seiner Kunden reserviert das Reisebüro Unterkunftsleistungen. Für diese Dienstleistungen erhält es vom Betreiber des Hotels (Hotelier) eine Provision von ca. 10 %, lediglich einige Budgethotels honorieren die Buchung nicht. Im Vertriebsmix der Beherbergungsunternehmen selbst stellt das Reisebüro allerdings nur einen Vertriebskanal dar. Die Leistungen werden zusätzlich angeboten über Veranstalter, die eigene Hotel-Website, die CRS-Dienstleister, spezielle Onlinebuchungsportale wie Hotel.de, HRS, Booking.com, Expedia und Callcenter. Die Plattformen haben sich zum zentralen Vertriebsweg für die Buchung von Unterkunftsleistungen entwickelt, wenngleich sie nur ungefähr 25–50 % des Marktes abdecken. Dies führt zu einer wachsenden strukturellen Abhängigkeit vieler Hotels. Gleichwohl kann man auch heute noch bei der Anreise direkt an der Rezeption des Hotels buchen oder besser direkt telefonisch reservieren!

Die Mehrzahl der Buchungen finden online statt: 25 %, per Telefon 22 %, E-Mail 16 %, und direkt über das Hotelportal 6 %, wobei die Ketten auf 15 % kommen.
Aber: Bei einer Preiserhebung von 100 deutschen und 100 internationalen Hotels auf den hoteleigenen Websites und in den zehn größten Buchungsportalen kam heraus, dass Hoteliers sieben von zehn Zimmern selbst günstiger anbieten.[1]
Generell wurden die besten Preise für Zimmer in 61 der 100 internationalen und 76 der 100 deutschen Hotels nicht bei einem Buchungsportal, sondern direkt auf der Site des jeweiligen Hotels gefunden.

Bei den Plattformen mit dem größten Angebot an Hotels (Expedia, Booking.com, Hotel.de und HRS) sahen die Zahlen nicht so gut aus. Am besten schnitt Expedia ab:

- Jeweils rund 40 % der deutschen und internationalen Hotels ließen sich über Expedia zum Bestpreis buchen.
- Booking.com bot Zimmer bei 38 % der deutschen und 33 % der internationalen Hotels zum günstigsten Preis an.
- Bei HRS und Hotel.de gab es jedes vierte (25 %) internationale und jedes dritte (31 %) deutsche Hotel zum besten Preis.

1 Quelle: Vgl. fvw: Hotelverband Deutschland. OTA gewinnen bei Hotels an Zulauf, 11.04.2018. In: www.fvw.de/touristik/veranstalter/hotelverband-deutschland-ota-gewinnen-bei-hotels-an-zulauf-185965 [29.10.2021].

Uneingeschränkte Best-Price-Garantie bedeutet für das Partnerhotel einer Buchungsplattform im Regelfall die Garantie des jeweils günstigsten Hotelpreises, der höchstmöglichen Zimmerverfügbarkeit und die Gewährung der günstigsten Buchungs- und Stornierungskonditionen im Internet.

Die Kartellbehörden Deutschlands haben, nun auch mit höchstrichterlichem Urteil des Bundesgerichtshofs, die sog. „enge Bestpreisklausel“, die es dem Hotel verbot, auf seiner eigenen Website einen günstigeren Preis anzubieten als die Plattform, für wettbewerbswidrig erklärt.

Mit dem Vordringen der Hotelketten und der damit verbundenen Globalisierung des Hotelmarktes wurde auch in Deutschland die **Markenhotellerie** zu einer feststehenden Größe. Es handelt sich um Hotelbetriebe mit einheitlichem Namen, Zeichen und Design als Identifikationsmittel für die Nachfrager. Es wird ein standardisiertes Qualitätsniveau angeboten, auf das der Kunde sich verlassen kann. Dies ist insbesondere bei Dienstleistungen, die vorab nicht auf ihre Qualität überprüft werden können, von großer Bedeutung. Für die Kunden, insbesondere den Geschäftsreisenden, wird der Suchaufwand erheblich vermindert, um in einer fremden Stadt das gewünschte Hotelzimmer zu finden. Außerdem ist die Markenhotellerie in der Lage, ihren Großkunden oder den Hotelsuchmaschinen für alle Häuser entsprechende Nachlässe zu gewähren.

Im Bereich der Markenhotellerie wurde auch der Begriff **Budgethotels (seltener Economy Hotels)** geprägt. Dabei handelt es sich um Beherbergungsstätten im Segment der Ein- und Zweisternehäuser. Budgethotels bieten ein standardisiertes Angebot, das auf die reine Übernachtung ausgerichtet ist, den Service auf ein Minimum einschränkt und soweit wie möglich durch automatisierte Vorgänge ersetzt. Zu den Budgethotels zählen so bekannte Marken wie Motel One oder Ibis-Budget.

5.1 Der Hotelaufnahmevertrag

Jede Art der Zimmerreservierung ist verbindlich, denn der Kunde akzeptiert die allgemeinen Geschäftsbedingungen für den Hotelaufnahmevertrag (Gastaufnahmevertrag), auch Beherbergungsvertrag genannt. Grundsätzlich ist der Gast verpflichtet, den vereinbarten Zimmerpreis zu bezahlen, auch wenn er die Reservierung nicht wahrnimmt, d. h. einseitig vom Vertrag zurücktritt.

Im rechtlichen Sinne handelt es sich bei dem Beherbergungsvertrag immer um einen gemischten Vertrag, der im BGB nicht besonders geregelt ist und dessen wesentlicher Bestandteil die Zimmermiete (Mietvertrag) darstellt. Der Gast bucht aber nicht nur die kurzfristige Raumnutzung, sondern die Beherbergung, sodass unter Umständen die Vorschriften über den Dienst- und den Werkvertrag bei Service, Heizung, Telefon, Gastronomie und anderen Nebenleistungen Anwendung finden.

Entgeltliche Vertragsbestandteile	
» kaufvertragliche	» Entnahme aus der Zimmerbar
» dienstvertragliche	» Gast nimmt Babysitterservice in Anspruch
» werkvertragliche	» Aufarbeitung und Reparatur des Abendkleides

Sollten beim Vertragsabschluss allerdings keine Stornobedingungen erwähnt werden, kann die Buchung i. d. R. kostenfrei bis 18:00 Uhr am Anreisetag storniert werden. Und sollte die Reservierung für eine deutsche Beherbergungsstätte vorgenommen sein, müsste der Vermieter (Gastwirt/Hotelier) akzeptieren, dass sein verhinderter Gast Preisminderungen geltend macht. Gemäß den Mustergeschäftsbedingungen des Deutschen Hotel- und Gaststättenverbandes, DEHOGA e. V., betragen diese bei Übernachtung mit Frühstück 20 %, bei Halbpension 30 % und bei Vollpension 40 % (Auszug aus den Allgemeinen Geschäftsbedingungen für einen Hotelaufnahmevertrag).

GRANDHOTEL

Allgemeine Geschäftsbedingungen für den Hotelaufnahmevertrag (Auszug)

I. Geltungsbereich

1. Diese Geschäftsbedingungen gelten für Hotelaufnahmeverträge sowie alle für den Gast erbrachten weiteren Leistungen und Lieferungen des Hotels.
2. Abweichende Bestimmungen, auch soweit sie in Allgemeinen Geschäftsbedingungen des Gastes oder des Bestellers enthalten sind, finden keine Anwendung, es sei denn, sie werden vom Hotel ausdrücklich schriftlich anerkannt.

II. Vertragsabschluss

1. Auf eine Buchungsanfrage des Gastes hin kommt mit entsprechender Buchungsbestätigung des Hotels ein Hotelaufnahmevertrag (nachfolgend kurz „Vertrag") zustande.
2. Vertragspartner sind das Hotel und der Gast. Nimmt ein Dritter die Buchung für den Gast vor, haftet er dem Hotel gegenüber als Besteller zusammen mit dem Gast als Gesamtschuldner für alle Verpflichtungen aus dem Vertrag, sofern dem Hotel eine entsprechende Erklärung des Bestellers vorliegt. Davon unabhängig ist jeder Besteller verpflichtet, alle buchungsrelevanten Informationen, insbesondere diese Allgemeinen Geschäftsbedingungen, an den Gast weiterzuleiten.
3. Die Unter- und Weitervermietung der überlassenen Zimmer sowie deren Nutzung zu anderen als der Beherbergung dienenden Zwecken bedürfen der vorherigen schriftlichen Zustimmung des Hotels.

III. Leistungen, Preise, Zahlung

1. Das Hotel ist verpflichtet, die vom Gast gebuchten Zimmer nach Maßgabe dieser Allgemeinen Geschäftsbedingungen bereitzuhalten und die vereinbarten Leistungen zu erbringen.
2. Der Gast ist verpflichtet, die für die Zimmerüberlassung und ...

Kann das nicht in Anspruch genommene Zimmer anderweitig vermietet werden, so entfällt der Erfüllungsanspruch des Gastwirtes.

Buchungs- und Stornobedingungen

(No Prepayment) Cancel 2 days prior to arrival date to avoid penalty of 1 nights room charge guaranteed by Credit Card: NO PREPAYMENT, PAY AT CHECK-OUT

5.2 Betriebs- und Leistungsarten der Hotellerie

Die Betriebsarten des deutschen und internationalen Beherbergungsgewerbes sind so vielfältig, dass es unbedingt erforderlich ist, ihre wichtigsten Kategorien in Anlehnung an die Unterscheidungsmerkmale der Beherbergungsstatistik des Statistischen Bundesamtes, der DEHOGA bzw. der Touristischen Informationsnorm (TIN) des DTV und der DIRG im Überblick darzustellen. Gemeinsam ist allen Betriebsarten, dass sie jedermann zugänglich sein müssen.

Betriebsart	Merkmale
Aparthotel/ Apartmenthotel	Beherbergungsbetrieb in Stadtlage als Mittelfrist- und Langzeitangebot meist ohne Gastronomie, aber mit hotelmäßigen Roomservice (Serviced Apartments)
Hotel	Mindestens 20 Gästezimmer, Hotelempfang (Rezeption), Großteil der Zimmer mit Nasszelle, tägliche Zimmerreinigung und weitere Dienstleistungen, Restaurant für Hausgäste und Passanten
Hotel Garni	Beherbergungsangebot mit Frühstück, Getränken und höchstens kleinen Speisen für die Hausgäste
Gasthof	Ländliche Beherbergungsstätte mit Schwerpunkt auf der Gastronomie
Motel	Hotelbetrieb, der sich in erster Linie an Autofahrer wendet, ausreichende Parkmöglichkeiten und verkehrsgünstige Lage
Pension	Beherbergungsbetrieb für längeren Aufenthalt, Gastronomieangebot überwiegend für Hausgäste
Pension Garni/ Gästeheim	Vergleichbares Niveau wie Pension, es wird aber höchstens Frühstück an die Hausgäste ausgegeben
Jugendherberge/ Jugendhotel	Günstiges Übernachtungsangebot und Begegnungsstätte für Jugendliche, Gruppen und Familien mit Kindern; Gastronomie nur für Hausgäste, Voraussetzung für die Aufnahme ist die Mitgliedschaft im Deutschen Jugendherbergswerk
Hostel	Budgethotel der untersten Preisklasse, Schlafsäle, aber auch Einzelzimmer, Frühstück – vgl. Jugendherberge, jedoch ohne Zugangsbeschränkung
Privatunterkunft	Nicht gewerbliche Beherbergungsstätte mit bis zu acht Betten; Onlinevertriebsportale wie Airbnb. Dort wird mittlerweile etwa jede fünfte Übernachtung generiert. Allerdings gilt inzwischen in stark gebuchten Destinationen wie Ibiza oder Palma de Mallorca ein Vermietungsverbot z. B. über Airbnb.

Betriebsarten, die sich vorwiegend oder ausschließlich an Gäste im Rahmen der Rehabilitation aufgrund medizinischer Indikationen wenden und in Kurorten oder Heilbädern liegen:

Betriebsart	Merkmale
Kurheim	Vergleichbar der Pension oder dem Gästeheim, aber ausgerichtet an den medizinischen Bedürfnissen des Gastes
Kurhotel	Gäste müssen medizinisch versorgt werden können und in der Gastronomie müssen Diätmenus angeboten werden
Kurklinik	(Vorsorge- und Rehaklinik-) Beherbergungsstätte, die als Krankenanstalt (Sanatorium) zugelassen ist und unter ärztlicher Leitung steht oder die über Kurmöglichkeiten verfügt und sie in Zusammenarbeit mit Kurärzten anbietet

Reine Marketingbegriffe sind dagegen die folgenden Hotelbezeichnungen. Sie sagen entweder etwas über die Lage des Hotels oder suggerieren dem Gast ein besonderes Qualitätsmerkmal bzw. Angebotsschwerpunkt.

Landhotel, Bahnhofshotel, Flughafenhotel, Berghotel, Seehotel, Schlosshotel, Unterwasserhotel, Parkhotel, Kongresshotel, Golfhotel, Weinhotel, Gourmethotel, Ferienhotel, Designhotel, Resorthotel, Boutiquehotel

Beim **Resort** handelt es sich zunächst um die Einheit, die der Gast als Reiseziel wählt. Damit wird der Begriff Resort zur eigentlich touristischen Destination, die alle für den Aufenthalt notwendigen Einrichtungen für Beherbergung, Verpflegung und Freizeitaktivitäten vorhält. Von Resorthotels spricht man, wenn Urlaubshotels der gehobenen Kategorie gemeint sind. Und mit dem **Boutiquehotel** ist ein kleines, feines Luxushotel gemeint, das keiner Kette oder Konzern angehört und außergewöhnlich gestaltet wurde (Designhotel).

Nach der Touristischen Informationsnorm sind bestimmte Leistungsarten des Beherbergungsgewerbes standardisiert. Hier eine Auswahl:

Einzelbett Mindestmaße 90 × 190 cm

Doppelbett Bett für zwei Personen mit geteilten Matratzen (zwei Einzelbetten)

King-Size-Bett Mindestmaße 200 × 200 cm, einteilige Matratze

Queen-Size-Bett Mindestmaße 150 × 200 cm, einteilige Matratze (Grand-Lit)

Dépendance Nebengebäude eines Hotels, das praktisch nur aus Hotelzimmern besteht, alle übrigen Angebote wie Rezeption und Gastronomie befinden sich im Haupthaus

Weitere Leistungsarten werden nicht nur in der TIN definiert, sondern sind auch international typisiert und finden bei der Abgrenzung der Hoteltarife von Pauschalreisen Anwendung:

Continental Breakfast einfachste Form eines Frühstücks (Kaffee/Tee, Brot/Brötchen, Butter und Marmelade)

American Breakfast Frühstück mit Müsli, Wurst, Käse, Eierspeisen, Fruchtsäften; Selbstbedienung am Frühstücksbuffets

Continental Plan Hoteltarif mit Übernachtung und Frühstück, wobei immer ein Continental Breakfast gemeint ist.

European Plan Preis für Übernachtung ohne Frühstück

Full American Plan (FAP) Hoteltarif der Frühstück und zwei weitere warme Mahlzeiten umfasst (Vollpension)

American Plan (AP) FAP mit reduzierter Speiseauswahl

Modified American Plan Pauschalpreis für Halbpension und Übernachtung (MAP)

5.3 Weitere Unterkunftsarten (Parahotellerie)

Im Folgenden werden Betriebsarten und Beherbergungsstätten vorgestellt, die sich vorwiegend oder ausschließlich an Feriengäste wenden und an ihre Entscheidung, wie sie ihren Urlaub organisieren wollen. Diese Unternehmensformen werden den Einrichtungen der Parahotellerie zugerechnet und entstanden als Zwischenformen zwischen den Eckpunkten Campingplatz und Resorthotel. Zentraler Begriff ist dabei das **Ferienzentrum** mit mindestens 50 Einzelhäusern (Bungalows) oder Apartments und einem kompletten Freizeitangebot in Gemeinschaftseinrichtungen. Weitere Beispiele sind: Appartements, Almhütten, Berghütten, Campingplätze, Ferienhäuser, Ferienwohnungen, Jugendherbergen, Bauernhofgüter, Naturfreundehäuser, Pensionen, Sommerhäuser und weitere zu mietende Räumlichkeiten aller Art.

5.3.1 Freizeitparks

Die Freizeit- oder Vergnügungsparks als fest installierte Einrichtungen in einem abgegrenzten Gelände und unterschiedlichen globalen Eintrittspreisen haben sich in der Sonderform der Themenparks zu touristischen Einrichtungen entwickelt, die neben Fahrgeschäften, Shows, Gastronomiebetrieben und Boutiquen ebenfalls Übernachtungsmöglichkeiten in Hotels oder Bungalows auf ihrem Gelände anbieten. Der größte deutsche Freizeitpark, der **Europapark Rust** bei Freiburg, verfügt im Rahmen einer langfristig angelegten Konzeption zum Ausbau europäischer Städtelandschaften über 14 unterschiedliche Themenbereiche mit mehr als 100 Attraktionen, Shows, mehreren Hotels und anderen Übernachtungsmöglichkeiten (Camp Resort). Bereits ein Viertel der über 5 Mio. Besucher (2015) übernachten im Park.

5.3.2 Ferienparks

Das Unternehmen **Center Parcs** Europe Group[1] bietet als Europas Marktführer mit den Marken Center Parcs und Sunparks im Segment der Ferienparks Familienkurzurlaube an. Mit 21 Anlagen in Europa, davon sechs in Deutschland, wurde ein Urlaubskonzept entwickelt, das eine gelungene Kombination zwischen natürlich belassener, parkartiger Umgebung und wetterunabhängigen, ganzjährig nutzbaren Freizeitaktivitäten einschließlich komfortabler Unterbringung in Hotels, Hausbooten oder Bungalows unterschiedlicher Preiskategorien darstellt. Zentraler Treffpunkt der Gäste ist der Market Dome mit seinen Gastronomiebetrieben, und als Hauptattraktion gilt die subtropische überdeckte Badelandschaft mit ihren Wasserrutschen und Wildwasserbahnen und der angeschlossenen Sauna (Aqua Mundo). Darüber hinaus können die Gäste unter verschiedenen Freizeitaktivitäten wählen, wie Squash, Reiten, Golf usw.

Sowohl der Europapark als auch die Center Parcs mit ihrer Marke **Business Solution** wenden sich mit der Einrichtung und dem Ausbau von Tagungsräumen im Rahmen des Geschäftstourismus an eine weitere Zielgruppe: Unternehmen mit ihrem Weiterbildungsangebot (MICE). Denn diese Destinationen stellen eine außergewöhnliche Kulisse für Firmenevents und Meetings dar.

5.3.3 Lifestyleprodukt Cluburlaub

Von den zahlreichen weiteren Angebotsformen der Parahotellerie wie Hotelzüge und Hotelschiffe soll an dieser Stelle lediglich noch auf den Cluburlaub eingegangen werden, der als Lifestyleprodukt auf ein breites Stammpublikum zurückgreifen kann. Die Idee des Cluburlaubs (→ LF 7, Kapitel 12.1) entstand aus der Weiterentwicklung der Ferienlager. Beim Cluburlaub kümmert sich der Veranstalter nicht nur um die Unterbringung der Gäste, sondern auch um deren Freizeitgestaltung, für die ausgebildete Animateure zur Verfügung stehen. Das erste Clubdorf des späteren Club Med (**Club Méditerrané**) entstand 1950 in Alcudia (Mallorca). Der Gründer – Gerald Blitz – wollte, dass seine Gäste, die seine Freude an Sport und Meer teilten, ihre Ferien in aktiver Gemeinschaft auf einer Insel verbringen. Heute erfolgt die Unterbringung ausschließlich in exklusiven Hotelanlagen. Auch die Perlenkette als Zahlungsmittel hat ausgedient und wurde durch All-inclusive-Angebote ersetzt. Die Freizeitprogramme wurden immer ausgefeilter. Heute werden für das Training in zahlreichen Sportarten ehemalige Spitzensportler eingesetzt und die abendlichen Animationen von professionellen Künstlern gestaltet. Hoch geschätzt ist die fachmännische Kinderbetreuung, die den Eltern ein Optimum an stressfreiem Urlaub gewährt.

Club Med fand in Deutschland zahlreiche Nachahmer: **Robinson** und Magic Life von TUI, **Aldiana**, aber auch die Clubschiffe der Aida-Serie. Kritiker beklagen den Ghettocharakter der Clubanlagen, da die Gäste aufgrund des All-inclusive-Konzeptes die Anlagen kaum noch verlassen und die touristische Infrastruktur des Umlandes verödet, wenn bereits existierende Restaurants und Geschäfte schließen müssen.

5.4 Hotelsterne

Hotelangebote sind außerordentlich vielfältig und reichen von der preiswerten Privatunterkunft oder der Herberge bis zur Luxusübernachtung in einem der berühmtesten Hotels der Welt wie dem Frankfurter Hof in Frankfurt, dem Ritz in Paris, dem Carlton in London, dem Sacher in Wien, dem Burj al Arab in Dubai und dem ersten Armani Hotel im höchsten Gebäude der Welt, dem 828 m hohen Burj Khalifa (ausgesprochen Burdsch Chalifa) in Dubai.

1 Center Parcs Euope Group ist eine Tochter des französischen Veranstalters Pierre & Vacances.

Kategorien der Hotelsterne nach DEHOGA

* Unterkunft für einfache Ansprüche

** Unterkunft für mittlere Ansprüche

*** Unterkunft für gehobene Ansprüche

**** Unterkunft für hohe Ansprüche

***** Unterkunft für höchste Ansprüche

Burj al Arab, Dubai

Überprüfungsbereiche der DEHOGA Hotelklassifizierung: Gebäude/Raumangebot, Einrichtung/Ausstattung, Freizeitangebot, Service, Angebotsgestaltung, hauseigener Tagungsbereich

Komfort und Leistungsstandard der Beherbergungsbetriebe stellen sich dabei so unterschiedlich dar, dass die Gäste eine verlässliche Übersicht verlangen, die die Qualität der einzelnen Anlage beschreibt, vor allen Dingen auch deshalb, weil der Übernachtungspreis nicht immer ein zuverlässiges Kriterium darstellt und die Reservierung im Allgemeinen erfolgt, bevor der Gast **sein** Zimmer in Augenschein genommen hat. Umgekehrt sehen gerade die mittelständischen Hotels in Deutschland in einer allgemein anerkannten Hotelklassifizierung ein absatzpolitisches Instrument, das sie am Markt besser positioniert. Seit 1996 bietet die Fachgruppe Hotel des DEHOGA ein bundesweit einheitliches Klassifizierungssystem an, das sich an internationalen Standards orientiert. Die Teilnahme ist – im Gegensatz zu anderen Ländern – freiwillig und längst nicht alle deutschen Hotels haben sich an diesem Verfahren beteiligt. Der Anteil der Betriebe, die die Klassifizierung haben, liegt bei über 40 % – mit steigender Tendenz.

Die Verwendung von nicht in Deutschland klassifizierten Hotelsternen ist wettbewerbswidrig.

Nach einem Urteil des Landgerichts Berlin darf eine ausländische Hotelkette nicht in der Bundesrepublik Deutschland mit Hinweisen auf eine Sterneklassifizierung werben, wenn dem keine gültige Zertifizierung nach Maßgabe der deutschen Hotelklassifizierung zugrunde liegt. Die Sterne folgten einer eigenen Klassifizierung mit eigenen Kriterien und wurden nicht vom DEHOGA vergeben. Eine solche Zertifizierung sei irreführend, da der Verbraucher den Eindruck bekommen könnte, es handele sich um die objektive Einordnung einer unabhängigen Stelle.

Von DEHOGA wurden Mindestkriterien entwickelt und für die einzelnen Bereiche werden Punktzahlen vergeben, wobei das Prinzip gilt, je mehr Punkte erreicht werden, desto mehr Sterne werden vergeben. Bestimmte Kriterien müssen in der jeweiligen Klasse mindestens erfüllt werden (Pflichtkriterien), während andere Leistungen zusätzlich erbracht werden können und somit weitere Punkte bringen, ohne verbindlich zu sein. Für die Kategorie „Fünf Sterne" benötigt der Hotelier mindestens 570 und für die Kategorie „Ein Stern" lediglich 90 Punkte. Außerdem wird in jeder Klasse nochmals unterschieden zwischen „Garni" – es wurde nur die Mindestpunktzahl erreicht – und „Superior" – es handelt sich um einen Spitzenbetrieb, der deutlich die vorgegebene Punktzahl seiner Klasse überschreitet. In den Ferienkatalogen mancher Veranstalter erhöht man dann die Zahl der Sterne um 0,5 Punkte.

Nach Abschluss der Überprüfung, die alle drei Jahre wiederholt wird, erhält der Hotelier neben der Urkunde eine repräsentative bronzene Plakette, die die Anzahl der erteilten Sterne verbrieft und die er im Eingangsbereich seines Betriebes anbringen kann. Um den Besonderheiten der deutschen Beherbergungsbetriebe besser gerecht zu werden, führte DEHOGA 2005 eine weitere Klassifizierung für Gästehäuser, Gasthöfe und Pensionen ein.

In der Hotelklassifizierung wurden 270 (!) verschiedene Kriterien zur Festlegung der Leistungsstandards entwickelt, die wichtigsten beziehen sich dabei auf Rezeption und Services, Zimmer, Gastronomie, Veranstaltungsbereich, Freizeit sowie Qualitäts- und Onlineaktivitäten. Aber bei allen Hotelkategorien gilt, dass Zimmer mit Dusche/Bad und WC heute zum Mindeststandard in Deutschland zählen.

Lediglich im Ein- bis Zweisternesegment dürfen noch Zimmer mit Etagendusche/WC angeboten werden. Der Hotelier ist jedoch verpflichtet, seinen Gast vorab auf diesen Umstand hinzuweisen. Gleiches gilt hinsichtlich der Mindestzimmergröße.

Es existiert kein verbindliches und einheitliches internationales Hotelklassifizierungssystem, denn dazu sind die landestypischen Unterschiede und die spezifischen Ansprüche der Gäste zu groß. Ein Vergleich unter den Nationen ist eigentlich nicht möglich und wenig sinnvoll. So sind sieben Sterne des Burj Al Arab ein reiner Marketinggag, denn auch in Dubai werden offiziell nur maximal fünf Sterne vergeben.

Bei der internationalen Einteilung der Hotelkategorien wird grundsätzlich zwischen einer freiwilligen oder obligatorischen Vergabe unterschieden. In Belgien, Dänemark und Spanien ist die Zertifizierung für alle Beherbergungsstätten verpflichtend und wird von einer nationalen Behörde durchgeführt. In Frankreich, Deutschland und Österreich ist sie dagegen freiwillig, wird aber in Frankreich vom Tourismusministerium und nicht von einem Fachverband vorgenommen. Diese Unsicherheiten öffnen den Markt für zahlreiche Hotelführer (Varta, Michelin, Gault Millau), die in Verbindung mit dem gastronomischen Angebot eine gezielte Auswahl der Hotels vor Ort für unterschiedliche Ansprüche treffen. Mit der Gründung der **Hotelstars Union** (2009) wird eine europaweite Harmonisierung der Hotelklassifizierung angestrebt. Viele Länder Europas haben sich bereits auf einen einheitlichen Kriterienkatalog geeinigt. Dazu gehören u. a. Deutschland, Österreich und die Schweiz, allerdings bisher nicht die von deutschen Reisenden so beliebten Destinationen Spanien oder Italien.

In der jüngsten Vergangenheit haben im Internet **Bewertungsportale** – wie die HolidayCheck AG oder Tripadvisor – ihre Websites geöffnet, die u. a. dem Nutzer eines konkreten Hotels die Möglichkeit bieten, seine Übernachtung zu bewerten und potenzielle Gäste über seine Erfahrung zu informieren. HolidayCheck sammelt, prüft, organisiert und publiziert dieses Informationen und gehört heute zu den mit am meisten nachgefragten Reiseportalen im Internet.

Im internationalen Pauschaltourismus haben die großen deutschen Veranstalter eigene einheitliche Standards für ihre Vertragshotels entwickelt. Sie orientieren sich an der offiziellen Einstufung des jeweiligen Landes und den eigenen Maßstäben. Die Bewertung der Veranstalter muss dabei nicht unbedingt mit den landesüblichen Kategorien übereinstimmen. Sie verwenden deshalb auch andere Symbole: z. B. Sonnen (TUI) oder Rauten (DERTOUR).

5.5 Unternehmensformen

Die Unternehmensformen und Unternehmenszusammenschlüsse der nationalen und internationalen Hotellerie unterscheiden sich grundsätzlich nicht vom Reisegewerbe. Atemberaubend kann allerdings ihre Größe sein. So verfügt die **InterContinental** Hotels Group – eine der größten der Branche – über mehr als 630 000 Zimmer und mehr als 4 600 Hotels in fast 100 Ländern der Erde. Zum Konzern, das in der Rechtsform einer AG betrieben wird, gehören u. a. die Marken InterContinental, Crowne Plaza und Holiday Inn. Der Konzern besitzt eigene Hotels, leitet Hotels der eigenen Gruppe, die an Investoren verkauft wurden (Betreiberverträge), least Hotels und betätigt sich als Franchisegeber. Die meisten Hotels befinden sich im Einzelbesitz und werden unabhängig voneinander geführt, entsprechen aber in ihrem Standard der jeweiligen Marke.

Die **Accor** Gruppe, Europas größter Hotelkonzern, zählt mit mehr als 3 800 Hotels in allen Kategorien (Multi-Branding-Strategie) zu den Top Ten der Hotelketten der Welt und liegt im weltweiten Ranking der umsatzstärksten Hotelunternehmen auf Platz drei. Accor bietet ausschließlich Franchising an und betreibt die Mehrzahl seiner Häuser als Eigenbetriebe.

Die **Steigenberger** Hotels AG dagegen war bis 2009 ein reines Familienunternehmen in der Rechtsform der AG und wurde dann von der Travco Group, Ägypten übernommen. Der Konzern betreibt die Marken Steigenberger Hotels und Resorts im Luxussegment und InterCityHotel für gehobene Ansprüche und der Zielgruppe Geschäftsreisende. InterCityHotels liegen grundsätzlich in unmittelbarer Nähe zu Bahnhöfen und befinden sich zum Teil im Eigentum von Franchisepartnern.

Accor – Internationale Hotelmarken im Überblick			
	Standardisiert	**Nicht standardisiert**	**Langzeitaufenthalt**
Luxury		Sofitel, Raffles	
Upscale		Pullmann, Grand Mercure, MGallery	The Sebel
Midscale	(Suite) Novotel , MamaShelter	Mercure	Adagio
Economy/Budget	Ibis Budget/Hotel F1	Ibis Styles	

Die **Kempinski** AG, zu deren Aktionären Lufthansa zählt, leitet unter dem Namen Kempinski Hotels ausschließlich Luxushotels in der ganzen Welt. Der wirtschaftliche Schwerpunkt von Kempinski Hotels liegt im Hotelmanagement. Lediglich das Hotel Vier Jahreszeiten Kempinski in München gehört dem Konzern. Das Hotel Adlon Kempinski in Berlin wurde geleast.

Die Kooperation **Ringhotels** e. V. gehört neben den **Romantik**-Hotels mit über 130 angeschlossenen Hotels im Drei- oder Viersternesegment zu den führenden privaten Hotelkooperationen Deutschlands. Zur Kernzielgruppe zählen Urlaubs- und Geschäftsreisende mit besonderem Interesse für die jeweilige Region sowie Vorlieben für Kulinarik, Wellness, Kultur, Golf, Wandern, Fahrrad- und Motorradreisen. Ringhotels wurde gegründet als Gegenpol zu den sich am deutschen

Markt etablierenden internationalen Hotelketten. Mitglieder dürfen nur Hotels werden, die sich im Familienbesitz befinden. Als Kooperation in der Rechtsform eines Vereins mit dem Status der Gemeinnützigkeit verfolgt Ringhotels keine eigenwirtschaftlichen Zwecke. Ziele dagegen sind der gemeinsame Markenauftritt, die Stärkung der Marktposition, die Steigerung des Umsatzes und ein zusätzlicher Imagegewinn für die Mitglieder der Kooperation. Diese Ziele sollen erreicht werden durch die Durchführung und Koordination gemeinsamer Maßnahmen in den Bereichen

- Marketing (Messeauftritte, freiwillige Qualitätskontrolle, Prospektproduktion, Gästemagazin),
- Promotion/Verkaufsaktivitäten (Kundenkarten, Rahmenabkommen mit Firmen und Reisebüros, Einrichtung von Shops in den Hotellobbies) und
- Ausbau der elektronischen Reservierungs- und Vertriebswege und des Callcenters.

Die Kooperationen bewegen sich eher auf mittelständischem Niveau. Nicht vergessen werden dürfen die zahlreichen, zum Teil alt eingesessenen, wirtschaftlich unabhängigen und inhabergeführten Privathotels. Die Stellung der Individualhotels – also die der klassischen Hotelbetriebe in der Form des Eigentümerhotels – wird allerdings durch den zunehmenden Konkurrenzdruck der Ketten immer schwieriger.

Situationsaufgabe

Situation:

Sie sind in einem Reiseunternehmen für die Betreuung und Neugewinnung von Firmenkunden verantwortlich und planen ein Event für alle Firmenkunden, die zum Kundenkreis aus der Region Frankfurt am Main gehören. Für die Teilnehmer des Events, die von außerhalb kommen, soll eine Hotelübernachtung angeboten werden. Ihr Unternehmen bevorzugt die Zusammenarbeit mit Leistungsträgern, die großen Wert auf Nachhaltigkeit legen. Die Projektgruppe sucht einen entsprechenden Hotelpartner.

Aufgabe:

Geben Sie sechs Kriterien an, die der gewünschte Hotelpartner im Hinblick auf Nachhaltigkeit erfüllen soll.

Aufgaben

1_ Welche Rechte und Pflichten hat der Gast nach Abschluss eines Beherbergungsvertrages?

2_ Erläutern Sie einem Kunden die englischen Buchungs- und Stornobedingungen in Kapitel 5.1.

3_ Als einer der bedeutendsten Freizeitparks Europas gilt der Disneyland Park, Paris. Bitte informieren Sie sich,

- welche Attraktionen dieser Freizeitkomplex anbietet,
- wie er am besten erreicht werden kann (Verkehrsinfrastruktur) und
- wie er in Deutschland vermarktet wird.

222251492

6 Reiseversicherungen und andere Zusatzleistungen

6.1 Reiseversicherungen

2015 EU-Versicherungsvertriebs-Richtlinie verabschiedet

Der Versicherungsvertrieb wird europaweit harmonisiert. Die Richtlinie betrifft auch Veranstalter und Reisebüros, da sie nebenberuflich Reiseversicherungen gegen Entgelt anbieten. Bis zu einem Schwellenwert der Prämie von 600,00 € pro Jahr und pro Person oder von 200,00 € für unterjährige Reiseversicherungen gilt weiter die Ausnahmeregelung für nebenberufliche Versicherungstätigkeit. Darüber hinaus wird eine jährliche spezielle Qualifikation von mindestens 15 Stunden von den Mitarbeitern verlangt.

Zur Absicherung der Reiserisiken vermittelt das Reisebüro im Rahmen seiner Tätigkeit als Agent im Auftrag von Versicherungsunternehmen Versicherungsverträge zwischen den Kunden und den Reiseversicherern. Dabei entsteht zwischen dem Reisebüro und seinem Kunden ein Geschäftsbesorgungsvertrag. Von den sich daraus ergebenden Rechten und Pflichten sind die wichtigsten:

- Anspruch auf Provision und
- sorgfältige Beratung des Kunden.

Die Versicherer bieten zahlreiche Reiseversicherungen entweder als **Paket** (Bündelung mehrerer Leistungen) für Einzelpersonen (Privat- oder Geschäftsreisende) bzw. Familien und Gruppen oder als **Einzelleistung** an, um die unterschiedlichen Reiserisiken abzudecken. Beide Produkte werden auch als **Jahrespolicen** angeboten.

Der Verkauf von Versicherungen ist für die Vermittler ein lukratives Zusatzgeschäft, gewähren doch die Versicherungen relativ hohe Provisionen von bis zu 25 %. So nimmt es nicht wunder, dass die Expedienten dies kräftig verkaufen, vor allem Reiserücktritts-, Abbruch oder Rundum-Sorglos-Versicherungen.

Die Prämien für die Einzelversicherungen berechnen sich aus der Höhe des Reisepreises, dem Alter des Versicherten und der Reisedauer.

Im ersten Jahr nach Vertragsabschluss sind die Jahresversicherungen sehr günstig, verteuern sich aber in den Folgejahren. Die Bedingungen können sich bei den einzelnen Versicherern unterscheiden. Ein Vergleich ist zu empfehlen (z. B. über Vergleichsportale wie www.check24.de).

Den Kunden ist wichtig: all-inclusive, keine Eigenanteil, hohe Deckungssummen. Grob geschätzt gilt für deren Buchungsverhalten:

- Ein Drittel schließt eine oder mehrere Reiseversicherungen ab.
- Ein Drittel meint über die eigene Kreditkarte ausreichend abgesichert zu sein.
- Ein Drittel verzichtet auf Reiseschutz.

Zahlreiche Kreditkartenunternehmen bieten Reiseversicherungen im Rahmen ihres Leistungsvertrages kostenlos an. Die Kunden glauben, sie seien bereits rundum abgesichert. Aber oft sind gerade die Reiserücktritts- und Reiseabbruchversicherung nicht im Leistungskatalog aller Kreditkartenunternehmen enthalten oder der Schutz ist nur unzureichend und gilt nicht für mitreisenden Angehörigen (Ausnahme: vom Veranstalter herausgegebene Kreditkarten). Dies gilt auch für Geschäftsreisende. Ihre Firmenkreditkarten beinhalten häufig Versicherungspolicen, aber auch hier mit eingeschränkten Leistungen, z. B. begrenzte Schadensummen, höhere Selbstbehalte oder die Ersatzpflicht beschränkt sich auf die Reisebausteine, die tatsächlich über die Karte gebucht wurden. Dies gilt umso mehr für die Risikoabsicherung für Folgen der Corona-Pandemie, für die die Versicherer Zusatzpolicen anbieten, teilweise sogar die Übernahme von Kosten einer Quarantäne im Reiseland.

Jedem Kunden sei daher geraten, sich genau über den Versicherungsumfang seines Kreditkartenvertrages zu informieren, um Unter- oder Überversicherung zu vermeiden.

6.1.1 Reiserücktrittskostenversicherung[1]

! Sie ersetzt die Stornokosten, wenn die Reise aus einem versicherten Grund nicht angetreten werden kann.

Bei der Buchung einer Pauschalreise und zusätzlicher touristischer Einzelleistungen tritt der Käufer in Vorlage. Er kauft und zahlt für eine Dienstleistung, die erst in der Zukunft fällig wird. Dienstleistungen sind aber nicht lagerbar wie Industrieprodukte. Man kann den einmal abgeschlossenen Reisevertrag nicht kostenfrei kündigen, weil der Verkäufer bereits Vorleistungen erbracht hat, die er erstattet haben will.

Die häufig Monate im Voraus reservierte Karibikreise kann nicht um drei Tage verschoben oder gegen eine andere umgetauscht werden, wenn der Kunde eine wichtige Familienfeier vergessen hat oder jemand krank geworden ist. Den Hinflug der Reise zu verpassen, bedeutet im ungünstigsten Fall, dass der Reisepreis für die Kreuzfahrt verloren ist oder dass ein Hotelvoucher verfällt. Sagt der Kunde die geplante Reise ab, können sich die Stornokosten schnell auf bis zu 90 % des Reisepreises beziffern.

! Reiseschutz ist notwendig, weil Ereignisse auf den Reisenden zukommen können, die nicht vorhersehbar sind und die nicht abgewendet werden können.

Eine entsprechende Versicherung kann zumindest große Teile des materiellen Schadens ausgleichen. Im Versicherungsfall erstattet die Reiserücktrittskostenversicherung – mit oder ohne Selbstbehalt – die Stornokosten des Veranstalters, wenn der Kunde eine Reise vorzeitig absagt oder überraschend nicht antreten kann.

Während des Verkaufsgesprächs für eine Pauschalreise muss die Expedientin ausdrücklich fragen, ob der Kunde eine Reiserücktrittskostenversicherung und eine Versicherung zur Rückführung im Falle von Krankheit/Unfall wünscht. Die Expedientin ist dazu aufgrund des mit dem Veranstalter abgeschlossenen Agenturvertrages sowie den vorvertraglichen Pflichten nach Art. 250 § 3 Ziff. 8 EGBGB verpflichtet.

Die Expedientin bietet die Reiserücktrittskosten- und die Reiseabbruchversicherung bereits bei der Buchung an und lässt sich durch die Unterschrift des Kunden bestätigen, ihn entsprechend beraten zu haben. Würde sie dies nicht tun, könnte der Kunde im Schadenfall das Reisebüro in

1 Anmerkung: Man spricht auch von der Reiserücktrittsversicherung.

Regress nehmen. Die Fristen für den Abschluss der Versicherung sind von Unternehmen zu Unternehmen unterschiedlich geregelt, meist aber:

! **Sofort bei Buchung der Reise, spätestens jedoch 21–30 Tage vor planmäßigem Reiseantritt. Bei Buchung innerhalb von 30 Tagen (Last minute) ist der Versicherungsabschluss nur am Buchungstag, spätestens innerhalb der nächsten drei Werktage möglich.**

Bucht der Kunde einen Reiseschutz, wird zum Reisevertrag ein Versicherungsvertrag abgeschlossen. Darüber muss ein Versicherungsschein ausgestellt werden, auf dem Prämie und Code der Leistung zu erfassen sind.

Leistungsumfang Reiserücktrittskostenversicherung (Überblick)

Mögliche Leistungen der Reiserücktrittskostenversicherung:
» Sie ersetzt die Stornokosten bei Reiserücktritt.
» Sie findet weltweit Anwendung für alle Reisearten mit einer maximalen Laufzeit von einem Jahr.
» Selbstbeteiligung: Es gibt Versicherungen sowohl mit Selbstbehalt (meist 20 %) als auch ohne (i. d. R. teurer).
» Die Familienprämie gilt für zwei Erwachsene und Kinder bis zur Vollendung des 21. (mitunter 25.) Lebensjahres, unabhängig vom Verwandtschaftsverhältnis, wenn sie im Versicherungsvertrag namentlich genannt werden.
» Die Höchsthaftung ist i. d. R. auf einen Reisepreis von 10.000,00 € beschränkt.
» Mit der Notrufzentrale (Reise-Assistance) bieten die Versicherer weltweit Hilfe im Notfall an und organisieren diese falls erforderlich. Die Help-Line (Notrufzentrale) ist täglich 24 Stunden besetzt.
» Es gilt eine Reisepreisgarantie bei Umbuchung einer Reise in eine Saison mit höherem Preis – Ersatz der Mehrkosten bis zur Höhe der Stornokosten.

Die Prämien und Bedingungen der Versicherer können unterschiedlich sein, auch aufgrund ungleicher Reisepreis-Staffeln. Ein Vergleich könnte sich lohnen.

Die versicherten Reisenden, die in der Police namentlich genannt werden, können den Rücktritt von der Reise auslösen. Darüber hinaus können aber auch die in den Versicherungsbedingungen ausdrücklich genannten **Risikopersonen** (Personen, die nicht an der Reise teilnehmen) den Versicherungsfall auslösen.

Risikopersonen:

Angehörige der Versicherten
Ehegatte, Lebenspartner, Verlobte, Kinder, Eltern, Großeltern, Geschwister, Onkel, Tante, Cousine, Cousin, Pflegeeltern, Pflegekinder, Adoptiveltern, Adoptivkinder

Betreuer
nicht mitreisender Minderjähriger bzw. pflegebedürftiger Angehöriger

Es ist leicht nachzuvollziehen, dass die schwere Unfallverletzung des nicht mitreisenden Sohnes die Eltern bewegen wird, die gebuchte Reise zu stornieren.

Allgemein anerkannte **Gründe für einen Reiserücktritt** sind:

Versicherungsnehmer und seine Mitreisenden
Impfunverträglichkeit bzw. aus aktuellem Anlass Reisebeschränkungen aufgrund der Corona-Pandemie (werden nicht von allen Versicherungen versichert, vgl. https://www.reiseversicherung.com/info/versicherungen_corona/corona_reiseruecktrittsversicherung.html (15.12.21)
Erheblicher Schaden am Eigentum durch Feuer, Explosion, Sturm, Blitzschlag, Erdbeben, Hochwasser oder durch Einbruch, Einbruchdiebstahl und Raubüberfall
Unerwartete Kündigung des Arbeitsverhältnisses
Unerwartete Aufnahme eines Beschäftigungsverhältnis nach Arbeitslosigkeit
Überraschender Termin zur Wiederholung einer Prüfung
Krankheit, Unfall und Impfunverträglichkeit des zur Reise angemeldeten Hundes

Bei Risikopersonen
Schwere Unfallverletzung
Schwere Erkrankung
Beschwerden während der Schwangerschaft
Todesfall

In allen Fällen muss das Schadenereignis unerwartet eingetreten, von erheblicher Bedeutung und nicht abwendbar sein. Fast 90 % aller gemeldeten Schadenfälle lassen sich auf schwere Erkrankung oder Unfallverletzung zurückführen.

Die ursprünglich für die Abdeckung der Stornokosten bei Pauschalreisen entwickelte Reiserücktrittskostenversicherung wird inzwischen auf weitere Produkte ausgedehnt und zwar auf alle Reisearten und touristischen Leistungen, die nicht kostenlos storniert/umgebucht werden können bzw. deren Leistung an die Einhaltung eines bestimmten Termins gebunden ist: Flugtickets, Sparpreise bei der Bahn, Autoreisezug, Fährpassagen, Theaterkarten. In diesen Fällen sind die Leistungen der Reiserücktrittskostenversicherung auch für den Sektor der Geschäftsreisen von Bedeutung.

Die im Reisebürovertrieb aktiven Versicherer haben während der Corona-Krise passende Policen aufgelegt, die im weitestgehenden Fall den Covid-19-Schutz in alle Reisebüroprodukte integrieren. Andere setzen auf Ergänzungspolicen und lassen Reisenden die Wahl, ob sie eine Covid-19-Police hinzubuchen und bezahlen möchten. Inhalte sind Erweiterungen der Reiserücktritts- und Reiseabbruchpolicen um coronabedingte Situationen, persönliche Verhinderungsgründe wie die Anordnung einer Quarantäne, die Verweigerung der Aus- oder Rückreise sowie ein vorzeitiger Reiseabbruch aufgrund einer Covid-19-Erkrankung. Nicht abgesichert ist, wer aus bloßer Angst vor einer Ansteckung am Zielort wegen hoher Inzidenzen storniert.

6.1.2 Reiseabbruchversicherung

Sie kann zusätzlich zur der Reiserücktrittskostenversicherung oder unabhängig von ihr vereinbart werden. Der Abschluss unterliegt keiner zeitlichen Begrenzung, kann also bis zum Abreisetag erfolgen.

Es sind viele Schadenfälle vorstellbar, die den Versicherungsnehmer bzw. die versicherten Mitreisenden veranlassen, die gebuchte Reise abzubrechen, zu unterbrechen oder zu verlängern. Das gilt auch für den Schutz der Risikopersonen.

Den Reisenden entstehen zusätzliche Kosten, wenn die vorzeitige Rückreise extra bezahlt werden muss und die Ausgaben für die verlorenen Urlaubstage und des regulären Rückfluges nicht erstattet werden.

Die Versicherer erstatten die Kosten im Versicherungsfall den gleichen Personengruppen wie bei der Reiserücktrittskostenversicherung und zwar:

» die nachweislich entstandenen Rückreisekosten,
» die anteilig nicht genutzten Reiseleistungen, wenn die Reise vorzeitig beendet werden musste unter Abzug der gebuchten Rückreisekosten,
» zusätzliche Kosten (nicht unbeschränkt) für die Unterkunft eines Mitreisenden, weil eine versicherte Person aufgrund eines schweren Unfalls oder einer schweren Erkrankung nicht transportfähig ist und am Urlaubsort weiterhin stationär behandelt werden muss,
» Nachreisekosten bei notwendiger Reiseunterbrechung zum Wiederanschluss an eine Reisegruppe bis zum Wert der noch nicht genutzten Reiseleistungen und
» bei Abbruch in der ersten Reisehälfte besteht die Berechtigung zur Wiederholung der gesamten Reise (Reisegutschein).

6.1.3 Reisekrankenversicherung

Die BGB-Informationspflichten verpflichteten den Veranstalter weiterhin – und damit das Reisebüro – auf den Abschluss einer „Versicherung zur Deckung der Rückführungskosten bei Unfall oder Krankheit" hinzuweisen. Wegen der Beweissicherung quittiert dies der Kunde ebenfalls auf der Reisebestätigung.

Eine Einzelversicherung zur Deckung der Kosten für den Krankenrücktransport wird von den Versicherern nicht angeboten, sondern immer nur verbunden mit einer Auslandskrankenversicherung.

Viele Privat- und Geschäftskunden gehen irrtümlicherweise davon aus, dass die eigene gesetzliche Krankenversicherung oder die Privatversicherung uneingeschränkt im Ausland wie im Inland gelte und damit eine zusätzliche Krankenversicherung überflüssig mache. Die Expedienten sollten im Interesse des Kunden über den Sachverhalt aufklären.

Der Versicherungsschutz der gesetzlichen Krankenkassen wird nach dem sog. Territorialprinzip geregelt, was nichts weiter heißt, als dass diese Versicherungsleistungen ausschließlich im Inland erbracht werden. Dieses Prinzip wurde im Rahmen der europäischen Integration auf die Länder des Europäischen Wirtschaftsraums (EWR) ausgeweitet. Zusätzlich existieren spezielle Sozialversicherungsabkommen zwischen weiteren europäischen Ländern, Tunesien und der Türkei. Für **alle** übrigen Länder gilt der Grundsatz, dass die deutschen Krankenkassen keine Leistungen übernehmen. Der Reisende muss seine Behandlungskosten im Krankheitsfall „aus eigener Tasche" bezahlen. Krankenrücktransporte zählen grundsätzlich nicht zu den Leistungen der gesetzlichen Krankenversicherung, auch nicht in Europa. Viel wert ist eine Auslandsreisekrankenpolice schon deswegen, weil pandemische Erkrankungen wie Covid-19 nicht bei allen Assekuranzen abgedeckt werden, bei den vier genannten Marktführern im Reisebürovertrieb aber inzwischen durchgängig.

Europäische Krankenversicherungskarte

Sie ersetzt den sog. Auslandskrankenschein E 111, ist in der Versicherungskarte der jeweiligen gesetzlichen Krankenkasse integriert und gilt für alle Länder des EWR, Mazedonien, Serbien, Island, Liechtenstein, Norwegen, Kroatien und die Schweiz.

Der Kranke legt die Karte direkt beim Vertragsarzt oder dem Vertragskrankenhaus vor. Die Kosten werden – abhängig vom jeweiligen Staat – von der ausländischen Krankenkasse übernommen oder in Deutschland auf Antrag erstattet. In der Mehrzahl der angeschlossenen Länder muss der Kranke allerdings die Behandlungskosten zunächst selbst bar bezahlen. Bei der Erstattung verlangt die deutsche Krankenkasse Verwaltungsgebühren und leistet ausschließlich nach deutschen Gebührensätzen. Neuerdings besteht für den Kranken die Möglichkeit, sich in einzelnen Urlaubsländern wie Österreich, Spanien und Italien, in ausgesuchten Kliniken behandeln zu lassen, wobei die Klinikleitung **direkt** mit der deutschen Krankenkasse abrechnet. Nähere Auskünfte erteilt Ihre gesetzliche Krankenversicherung. Der Auslandsreiseschutz für Personen, die nicht gesetzlich versichert sind, ist von den Vertragsbedingungen des jeweiligen Versicherers abhängig.

Rückseite der Versichertenkarte

In den anderen europäischen Ländern sowie in der Türkei und Tunesien kann die Versicherungskarte noch nicht eingesetzt werden. Stattdessen stellt die Krankenkasse einen Anspruchsnachweis aus, mit dem der Versicherte sich bei der jeweiligen Krankenkasse vor Ort einen Krankenschein besorgt und anschließend den Arzt aufsucht, der diesen Krankenschein anerkennt, sonst ist eine Kostenübernahme nicht möglich.

Auslandsreisekrankenversicherung

Die Auslandsreisekrankenversicherung gilt **weltweit** ohne Beschränkung des Reisepreises und kann bis zum Abreisetag abgeschlossen werden. Krankenrücktransport und Reise-Assistance sind Teil dieser Versicherung. Die Prämien können altersabhängig gestaffelt sein. Die Reisekrankenversicherung erstattet die Kosten für notwendige ärztliche Hilfe bei Krankheiten und Unfallverletzungen. Nimmt der Versicherte bei notwendigem stationären Aufenthalt Kontakt mit der Notfallnummer der Reise-Assistance auf und folgt ihren Empfehlungen, werden weitere Nebenkosten berücksichtigt. Der Versicherer trägt die Aufwendungen für den Rücktransport in das Krankenhaus am Wohnort des Versicherten – soweit medizinisch sinnvoll und vertretbar. Im Todesfall werden die Überführungskosten übernommen.
Versicherer können von diesen Bedingungen abweichen, z. B.:

- » Verzicht auf den Selbstbehalt bei Minderjährigen oder wenn der Versicherte nachweist, dass sich eine weitere Versicherung an den Krankheits- oder Unfallkosten beteiligt,
- » Unterschiedliche Prämienstaffeln für Reisen nach Europa und dem Rest der Welt,
- » Unterschiede bei der Stufung der Reisedauer und der Prämienhöhe.

Der Verzicht des Selbstbehaltes hat natürlich bei Reisen in Europa, Türkei und Tunesien aufgrund der Kostenerstattung durch die gesetzliche Krankenversicherung eine große Bedeutung, da sich ja ein anderer Versicherer beteiligt. Dem Versicherten werden dann die Aufwendungen der Heilbehandlung voll ersetzt.

6.2 Reisespezifische Zusatzleistungen

Zusatzleistungen komplettieren eine Reise und sind ein wichtiges Element im Verkaufsgespräch mit dem Privatkunden, nachdem er sich für eine Reise entschieden hat. Bei Geschäftsreisenden sind sie eher eine Leistung, die konkret nachgefragt wird.

Typische Zusatzleistungen:
» spezielle Reiseversicherungen (z. B. Reisegepäckversicherung),
» Sitzplatzreservierungen,
» Transfers/Mietwagen,
» Ausflüge im Zielgebiet,
» Eintrittskarten,
» Sportkurse/Wellness-Angebote,
» besondere Verpflegung (z. B. Spezialitätenrestaurants, Galadinner),
» Visabeschaffung.

Bei Flugreisen werden zumeist Sitzplatzreservierungen gebucht, gefolgt von Flugklassen-Upgrades, ansonsten Mahlzeiten, Privattransfers, in geringem Maße Ausflüge oder Sonstiges (z. B. Mietwagen, Wellness, Zusatzgepäck oder Sportpakete). Untersuchungen haben gezeigt, dass hier für die Reisebüros noch viel Luft nach oben ist, d. h., sie könnten deutlich mehr verkaufen.

Geschäftsreisende nutzen dieselbe Infrastruktur vor Ort wie Privatreisende, sodass sie prinzipiell auch die gleichen Zusatzangebote in Anspruch nehmen. Darüber hinaus fragen sie weitere Zusatzleistungen nach:

Zusatzleistungen speziell für Geschäftsreisende:
» Incentive-Reisen organisieren,
» Tagungs- und Kongressräume,
» Catering für Veranstaltungen,
» Ausstellungsflächen,
» IT-Spezialisten,
» Sekretariatsdienst,
» Chauffeur-Service/Airport-Pickup,
» Übersetzungsdienste,
» spezielle Geschäftsreiseversicherungen,
» „Rundum-Sorglos-Pakete" für Messen/Events,
» VIP-Service.

Im Gruppen- und Incentivegeschäft spielen touristische Angebote wie Ausflüge, Abendveranstaltungen oder Restaurant-Reservierungen eine größere Rolle als im Einzelgeschäft.

6.3 Weitere Verträge

Ein Veranstaltungsvertrag kommt im Rahmen eines Überlassungsvertrages zwischen einem Raumanbieter und einem Besteller zustande, wenn z. B. Bankett- und Veranstaltungsräume oder Bühnen zur Durchführung von Veranstaltungen wie Konferenzen, Seminare, Tagungen, Aufführungen usw. zeitweise und zweckgebunden überlassen werden.

„[...] Gastspielverträge sind Verträge, die der Unternehmer zur Ergänzung seines ständigen Personals und zur Ausgestaltung seines Spielplans mit Bühnenkünstlern in der Weise abschließt, dass sie nicht als ständige Mitglieder angestellt, sondern nur zur Mitwirkung für eine bestimmte Anzahl von Aufführungen, aber für nicht mehr als zweiundsiebzig während der Spielzeit, verpflichtet werden. [...]"

Quelle: Bundesarbeitsgericht (BAG): Gastspielvertrag mit Opernsängerin, Urteil vom 02.07.2003, 7 AZR 613/02. In: https://lexetius.com/2003,1869 [28.10.2021].

Situationsaufgabe

Situation:

Die RRV spielt für Geschäftsreisende keine entscheidende Rolle, denn flexible Buchungsmöglichkeiten und die kurzfristige Verschiebung von Terminen widersprechen den festen Buchungen bei Pauschalreisen.

Aufgaben:

1_ In welchen Fällen könnten Business-Travel-Storno- und Abbruch-Versicherungen für Geschäftsreisende trotzdem interessant sein?

2_ In den Versicherungsbedingungen wird deutlich darauf hingewiesen, dass die Buchung sofort zu stornieren ist, sobald der Versicherungsfall eintritt. Warum haben die Versicherer diese Klausel eingefügt?

3_ Aus welchem Grund verlangen die Versicherer eine Selbstbeteiligung des Versicherten?

4_ Familie Kern steckt auf der Autobahn vor dem Frankfurter Flughafen im Stau. Sie wird den Abflug um mindestens zwei Stunden versäumen.

Auszug aus den Versicherungsbedingungen der Union Reiseversicherung:

> Der Versicherer erstattet die Mehrkosten der Hinreise, wenn die versicherte Reise […] wegen einer Verspätung von öffentlichen Verkehrsmitteln verspätet angetreten wird. […]

Die Anreise erfolgte

a) mit dem eigenen PKW

b) mit einem Taxi

c) mit einem Linienbus des Verkehrsverbundes

5_ Welche Situation ergibt sich bei Nichtantritt der Reise (No-Show) hinsichtlich des Versicherungsschutzes?

6_ Recherchieren Sie: Bei welchen Reiseverträgen wird der Storno-Versicherungsschutz nach dem Objekttarifvertrag abgerechnet?

7_ Was versteht man unter der Reisepreisgarantie und warum wird diese Leistung im Zusammenhang mit einem möglichen Reiserücktritt angeboten?

Web Weitere Aufgaben zu Kapitel 6 finden Sie im BPW unter Zusatzaufgaben zu LF 8, Kapitel 6.

222251500

Eigenveranstaltungen entwickeln

1 Marktformen und Preisbildung

Märkte können nach **qualitativen Merkmalen,** wie z. B. Gütermarkt, Arbeitsmarkt, Reisemarkt, aber auch nach **quantitativen Gesichtspunkten** eingeteilt werden. Im Vordergrund der quantitativen Betrachtungsweise steht die relative Stärke der Marktparteien aufgrund der Anbieter- und Nachfragerzahlen.

I. d. R. sind sie durch die Kombinationen **„viele relativ schwache – wenige etwa gleich starke – ein starker Anbieter" auf der Angebotsseite und „viele relativ schwache – wenige etwa gleich starke – ein starker Nachfrager" auf der Nachfrageseite** gekennzeichnet.

Diese 3 x 3-Besetzungen der jeweiligen Marktseite ergeben kombiniert die neun einfachen typischen **Marktformen.**

! Die wichtigsten Marktformen sind Polypol, Oligopol und Monopol.

Die Begriffe sind Zusammensetzungen aus Wörtern der griechischen Sprache und bedeuten im Einzelnen:
polys = viel, mehr
olígos = wenig, gering
mónos = allein, einzig

Angebotsseite / Nachfrageseite	Viele relativ schwache Anbieter	Wenige gleich starke Anbieter	Ein starker Anbieter
Viele relativ schwache Nachfrager	zweiseitiges Polypol (vollständige Konkurrenz)	Angebotsoligopol	Angebotsmonopol
Wenige etwa gleich starke Nachfrager	Nachfrageoligopol	zweiseitiges Oligopol	beschränktes Angebotsmonopol
Ein starker Nachfrager	Nachfragemonopol	beschränktes Nachfragemonopol	zweiseitiges Monopol

Einen **Markt beherrschen** i. d. R. Monopolisten sowie Oligopolisten dann, wenn zwischen ihnen **kein wesentlicher Wettbewerb** herrscht.

Marktformen	Anbieter/Nachfrager	Güterart (Beispiel)
Polypol	**A:** Blumenzüchter **N:** Einzelhändler und Verbraucher	Blumen
Nachfrageoligopol	**A:** Landwirte **N:** Molkereien	Milch
Nachfragemonopol	**A:** Kleiderfabriken **N:** Staat	Uniformen für die Bundeswehr
Angebotsoligopol	**A:** Mineralölgesellschaften **N:** Autofahrer	Benzin

Marktformen	Anbieter/Nachfrager	Güterart (Beispiel)
zweiseitiges Oligopol	**A:** Autoproduzenten **N:** Bundesländer	Polizeifahrzeuge
Angebotsmonopol	**A:** DBAG (ICE Hamburg-München) **N:** Haushalte	Beförderung
zweiseitiges Monopol	**A:** Hersteller **N:** Deutsche Post AG	patentierte Postsortiermaschinen

Die relative **Stärke** der **Marktparteien** findet u. a. ihren Ausdruck in den Marktpreisen.

Der **ideale Markttyp** ist der **vollkommene Markt.** Auf ihm herrscht **vollkommener Wettbewerb** ohne Störung. Für diesen **Modellmarkt** müssen folgende Voraussetzungen erfüllt sein:

→ *Homo oeconomicus*
Der Mensch handelt ständig rational nach dem Wirtschaftlichkeitsprinzip (ökonomisches Prinzip).

Maximalprinzip

Mit einer Tankfüllung Benzin eine möglichst weite Strecke zurücklegen.

Minimalprinzip

Mit dem Fahrzeug nach Berlin fahren und auf dieser Reise möglichst wenig Benzin verbrauchen.

→ **keine persönlichen Präferenzen**
Nachfrager und Anbieter dürfen sich nicht wechselseitig bevorzugen.

Kein Anbieter wird z. B. wegen besonders freundlicher Bedienung bevorzugt.

→ **vollständige Konkurrenz**
Ein Marktteilnehmer darf den Preis eines Gutes nicht von sich aus bestimmen können.

Auf dem Wochenmarkt treffen viele Anbieter und viele Nachfrager von Obst aufeinander.

→ **Gleichartigkeit der Güter**
Die Güter müssen vollkommen gleichartig (homogen) sein.

Es gibt keine Unterschiede in Qualität, Größe, Farbe und Umweltverträglichkeit.

→ **keine räumlichen Präferenzen**
Kein Anbieter hat Standortvorteile.

Angebot und Nachfrage treffen auf einem Punktmarkt zur gleichen Zeit am gleich Ort zusammen, z. B. Wochenmarkt.

→ **keine zeitlichen Präferenzen**
Es bestehen keine unterschiedlichen Lieferfristen oder Abnahmetermine.

Sämtliche Anbieter liefern sofort und alle Nachfrager sind bereit sofort abzunehmen.

→ **Markttransparenz**
Jeder einzelne Marktteilnehmer hat eine vollständige Marktübersicht.

Anbieter und Nachfrager wissen was, wann, wo, in welcher Menge, zu welchem Preis und von wem angeboten oder nachgefragt wird.

Ein **Gleichgewichtspreis** kann sich nur auf **vollkommenen Märkten** bilden. In der **Realität** sind die **Märkte** aber **unvollkommen.** Den **Anbietern** ist es deshalb möglich, für ein homogenes Gut innerhalb eines bestimmten Rahmens **unterschiedliche Preise** zu verlangen.

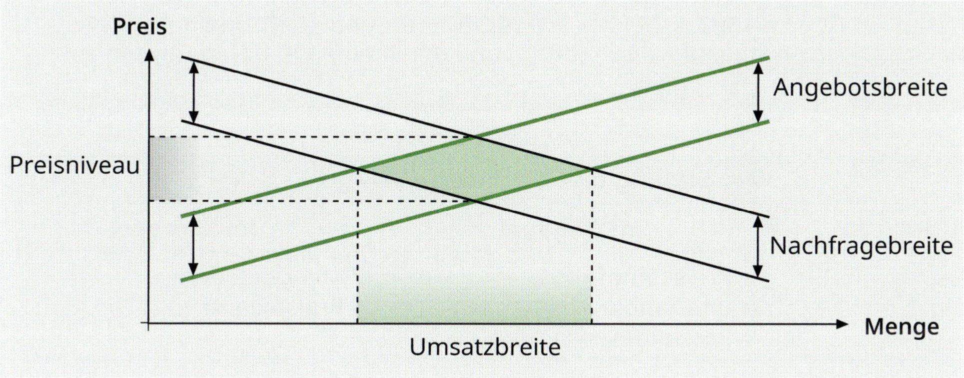

Auf einem Produktmarkt stehen sich Anbieter und Nachfrager gleichberechtigt gegenüber. Somit beeinflussen sie auch gleichberechtigt den Preis, der wiederum sie selbst beeinflusst.

Dem **Preis** kommen demnach generell die drei folgenden Funktionen zu:

Funktionen des Preises

Lenkungsfunktion
Einsatz der Produktionsfaktoren in profitablen Märkten.

Anreizfunktion
Profitable Märkte ziehen weitere Anbieter an.

Ausgleichsfunktion
Gleicht die unterschiedlichen Interessen von Anbietern und Nachfragern aus.

1.2 Preisbildung im Angebotsoligopol und -monopol

Im **Angebotsoligopol** stehen **wenige etwa gleich starke Anbieter** vielen Nachfragern gegenüber. Die Preisbildung vollzieht sich entsprechend dem Vollkommenheitsgrad des Marktes unterschiedlich:

1. Preisbildung im Angebotsoligopol bei vollkommener Konkurrenz

In diesem Fall führt eine Preissenkung aufgrund der Gegebenheiten des vollkommenen Marktes zu einer unverzüglichen Reaktion bei den Nachfragern. Somit wäre es einem Oligopolisten möglich – entsprechende Kapazitäten vorausgesetzt – **die gesamte Nachfrage auf sich zu ziehen.** Diese Tatsache zwingt die übrigen Anbieter zu Preisreaktionen, es kommt zu Preiskämpfen. Da dies für alle Anbieter schädlich ist, verleitet eine solche Marktkonstellation zu Absprachen, die diese Situation entschärfen.

Angebot < Nachfrage

2. Preisbildung im Angebotsoligopol bei unvollkommener Konkurrenz

In dieser Konstellation sind die einzelnen Anbieter nicht unbedingt gezwungen, auf Preisveränderungen ihrer Mitbewerber zu reagieren, da unterschiedliche Preise für eine Güterart am Markt durchsetzbar sind. In diesem Zusammenhang sei auf das → Kapitel 2.4.2 „Preispolitik“ hingewiesen. So ist es erklärtes Ziel der Preisdifferenzierung, aufgrund der Umsätze auf allen Teilmärkten eine optimale Ausschöpfung und damit einen höheren Gewinn zu erzielen.

Preisbildung und Marktformen		
im Polypol	**im Oligopol**	**im Monopol**
» Mengenanpassung » Preisanpassung	» Preiskämpfe » unerlaubte Absprachen » Preisdifferenzierung	» Mengenfixierer » Preisfixierer

Im Angebotsmonopol steht ein Anbieter vielen Nachfragern gegenüber, wobei sich die Preisbildung mit Blick auf den Vollkommenheitsgrad des Marktes unterschiedlich darstellt:

1. Preisbildung im vollkommenen Angebotsmonopol

Dem Anbieter stehen zwei Handlungsalternativen zur Verfügung. Er kann die Gütermenge festlegen (**Mengenfixierer**), und die Nachfrager entscheiden durch ihr Verhalten über den Preis, oder er legt den Preis für sein Gut fest (**Preisfixierer**), und die Nachfrager entscheiden durch ihren Kauf über die absetzbare Gütermenge. Aufgrund der Vollkommenheit des Marktes ist dem Monopolisten keine Preisdifferenzierung möglich.

2. Preisbildung im unvollkommenen Angebotsmonopol

Diese Konstellation erlaubt es dem Monopolisten, für eine Güterart Preisdifferenzierung zu betreiben, indem er den Gesamtmarkt segmentiert und Präferenzen schafft.

1.3 Preisbildung in der Tourismusbranche

Der Tourismusmarkt ist ein **Käufermarkt,** d. h., hier stehen viele Anbieter (Vermittler und Veranstalter) einer begrenzten Nachfrage durch Kunden gegenüber. Der Preis wird daher als zentrales Instrument zur Marktplatzierung genutzt und schlägt sich in der Preispolitik eines touristischen Unternehmens genauso nieder wie in seinen Marketingstrategien.

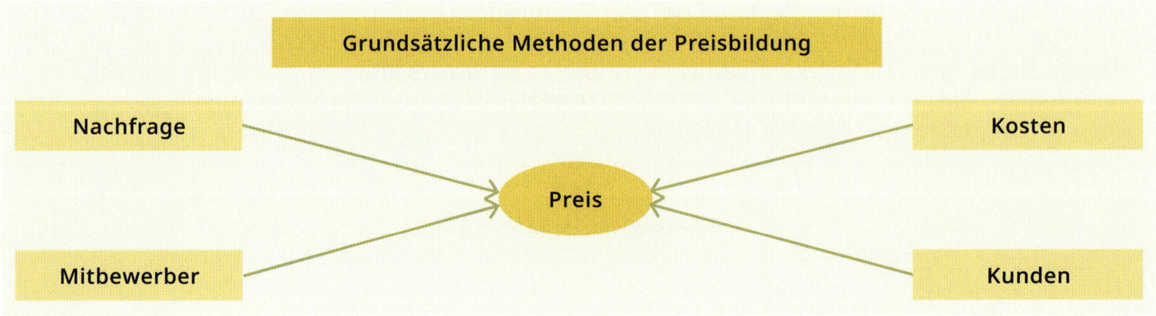

Angebot > Nachfrage

! Die Preisbildung auf dem Tourismusmarkt erfolgt auf grundsätzlich einem Käufermarkt angepassten Wegen.

Kostenorientierte Preisbildung

Bei diesem Verfahren werden die Preise für eine touristische Leistung anhand der Produktionskosten für diese Dienstleistung festgesetzt. Zu beachten ist dabei die Preisobergrenze. Das ist der Preis, für den der Abnehmer das Produkt maximal kaufen würde.

Zur Vermeidung von finanziellen Engpässen sollten durch eine gesetzte Preisuntergrenze langfristig die Vollkosten, kurzfristig die variablen Kosten zuzüglich eines Deckungsbeitrags zu einer mehr oder weniger großen Abdeckung der Fixkosten erwirtschaftet werden. Grundlage der kostenorientierten Preisbildung ist die Kalkulation der anfallenden Kosten.

Kalkulationsschema (vereinfacht)

Einzelkosten
\+ Gemeinkosten (Personal, Miete ...)
\+ Gewinnzuschlag
= Nettopreis
\+ USt.
= Bruttoverkaufspreis

! Ein Problem dieses Vorgehens ist, dass der Preis oft festgelegt werden muss, bevor die Leistung erbracht wird.

Nachfrageorientierte Preisbildung

Diese Form der Preisbildung geht von der Nachfrage und dem vorhandenen Angebot auf dem Markt aus. Der Preis ergibt sich entsprechend aus der Marktsituation und der Bereitschaft der Kunden, einen bestimmten oder einen höheren Preis zu zahlen. Die Preisbestimmung orientiert sich also am Nachfrager.
Basis für die Preisbestimmung bilden dabei eine Reihe von Preistests, mit denen die Bereitschaft der Kunden, einen bestimmten Preis zu bezahlen, überprüft wird.

- Abstufung des Preises nach Saisonzeiten
- Studententarife
- 14 = 10 – Offerte

Vorteil dieses Verfahrens ist, dass einerseits die Kapazitäten ausgenutzt werden und der Preisforderung der Tourismusbetriebe Rechnung getragen wird. Eine solche flexible Preispolitik trägt zu einem Ausgleich von Angebot und Nachfrage bei.

Ausschlaggebend für die Preisforderung des Anbieters ist der Nutzen des angebotenen Produktes für den Nachfrager. Hoher Nutzen bedeutet hoher Preis.

! Ziel dieser Strategie ist es, verschiedenen Kundengruppen dasselbe Produkt für unterschiedliche, jedoch der Kundengruppe angepasste, Preise zu verkaufen.

Kundenorientierte Preisbildung

Sie ist die kundenfreundlichste Preisbildung und richtet sich entweder nach Zufriedenheit und/oder nach der Beziehung zwischen Anbieter und Kunden aus.

Zufriedenheitsorientierte Preisbildung

Das bestimmende Element dieses Konzeptes liegt in einem sehr guten Preis-Leistungs-Verhältnis, das die Kunden überzeugen und begeistern soll. Hierzu gehören z. B. die Angebote, bei denen die Preis- und Qualitätsrisiken der Kunden vor allem durch Preis- und Leistungsgarantien sowie durch Pauschalpreise vermindert werden. Der Budgetsicherung des Kunden wird Rechnung getragen.

Beispiele: *all-inclusive, all-inclusive-ultra*

Beziehungsorientierte Preisbildung

Hierbei versucht man Kunden durch Bonusprogramme langfristig an das Unternehmen zu binden.

Beispiel: *miles & more*

Mitbewerberorientierte Preisbildung

Die Preise und Strategien der Mitbewerber werden berücksichtigt. Diese Methode bestimmt den Preis auf der Grundlage der Preisfestlegung der Mitbewerber; entsprechend wird der Preis kopiert, über- oder unterboten.

- Der Anbieter kann sich am Branchenpreis oder am Preis des Preisführers der Branche orientieren. Er richtet also seine Preisforderung nach einem sog. Preisführer. Ein Preiskampf wird hierdurch i. d. R. vermieden.
- Bei Anstreben einer Preisführerschaft, also preisaktives Verhalten durch das Unterbieten der Mitbewerber, ist in besonderem Maße die Reaktionen der Mitwerber zu berücksichtigen: Sind diese in der Lage ebenfalls die Preise zu senken, und somit die frühere Preisrelation auf einem dann allerdings niedrigeren Niveau wiederherzustellen, so führt ein daraus entstandener Preiskampf zur Verdrängung schwacher Mitbewerber und zu einem unvorteilhaften Erlösverfall für die übrigen Beteiligten.

! Preisaktives Verhalten in Form von häufigen Aktionspreisen gefährdet das Qualitätsimage des Anbieters und führt zu einer Verunsicherung der Kunden.

Für die Tourismuswirtschaft lässt sich für das Nachfrageverhalten auf Preisänderungen (Preiselastizität) Folgendes feststellen:

- In der Hauptreisezeit reagieren die Nachfrager weniger stark als bei Zweit- und Drittreisen während eines Kalenderjahres.

222251510

- » Urlaubsreisende reagieren auf Preisänderungen im unteren Preissegment stärker als im Hochpreissegment.
- » Nachfragereaktionen auf Preisänderungen sind in der Hochsaison geringer als in der Nebensaison.
- » Geschäftsreisende reagieren weniger stark auf Preisänderungen als Privat- und Urlaubsreisende.

Situationsaufgabe

Aufgabe:

Ermitteln Sie rechnerisch und grafisch den Gleichgewichtspreis.

Kaufaufträge für die x-Aktie	Verkaufsaufträge für die x-Aktie
750 Stück zu 100,00 € höchstens	270 Stück zu 100,00 € mindestens
600 Stück zu 105,00 € höchstens	420 Stück zu 105,00 € mindestens
460 Stück zu 110,00 € höchstens	580 Stück zu 110,00 € mindestens
330 Stück zu 115,00 € höchstens	330 Stück zu 115,00 € mindestens

Aufgaben

1_ Erklären Sie den Begriff Markt.

2_ Warum sagt die Zuordnung der Marktteilnehmer, nach ihrer Anzahl zu den Marktformen, nicht unbedingt etwas über das reale Marktgeschehen aus?

3_ Welche Marktformen existieren in der Bundesrepublik Deutschland für Erdgas, Wasser, Grundnahrungsmittel, Gold, Wertpapiere, Textilien, Pauschalreisen, Reiseversicherungen, Charterflüge, Mietwagen, Internetzugänge und Buchungssysteme?

4_ Wie findet generell eine Preisbildung auf dem Markt statt?

5_ Worin unterscheiden sich vollkommener und unvollkommener Markt?

6_ Warum können für ein homogenes Gut (z. B. Pauschalreisen) unterschiedliche Preise auf dem Markt durchgesetzt werden?

7_ Erläutern Sie drei Beispiele aus Ihrer Praxis, wie Sie Präferenzenbildung als Vermittler bzw. als Veranstalter betreiben.

8_ Wozu würde ein homogener Markt im Reiseverkehr führen?

9_ Beschreiben Sie die Angebots- und die Nachfragebreite Ihres Betriebes.

2 Marketingmanagement

In einer Branche, die vom bedarfsgerechten Verkauf lebt und immer neue touristische Leistungen erschließen muss, ist das *Marketingmanagement* das bedeutendste Instrument. Eine ganzheitliche, dienstleistungs- und prozessorientierte Marketingplanung und eine strategisch günstige Vertriebspolitik sind die Grundlagen für einen wirtschaftlichen Erfolg, für Kundenzufriedenheit und die langfristige Platzierung auf dem schnelllebigen Tourismusmarkt.

2.1 Grundlagen des Tourismusmarketings

Tourismus erfasst die Aktivitäten von Personen, die an Orte außerhalb ihrer gewohnten Umgebung reisen und sich dort zu Freizeit-, Geschäfts- oder bestimmten anderen Zwecken aufhalten, aber wieder zum angestammten Platz zurückkehren.

Bereitstellungsträger
- Reiseveranstalter
- Beherbergungsbetriebe

Grundleistungsträger
- Reisemittler
- Transportbetriebe

Der Begriff **Marketing** leitet sich von der Umschreibung *„to go into the market"* ab. Unter **Tourismusmarketing** versteht man systematische, konzeptionelle Methoden, um sich auf dem Markt zu platzieren.

Das Marketing hat die Aufgabe, Marktanteile zu erschließen, zu sichern und auszuweiten. Marketing muss ferner den Markt gestalten. Marketing ist eine Führungstechnik, weil sie vom gesamten Unternehmen getragen werden muss.

! **Marketing ist eine kundenorientierte Unternehmensphilosophie!**

Der Begriff **Management** bezeichnet den notwendigen Prozess, der Marketing in die Praxis umsetzt. Der Markt, an dem Produzenten und Konsumenten ihre Güter und Dienstleistungen austauschen, ist zentraler Bezugspunkt.

Marketingzielbestimmung

Die Marketingzielfindung erfolgt in der Praxis mithilfe von Handlungs- bzw. Orientierungszielebenen, welche in einer Wechselbeziehung zueinander stehen.

Handlungsziele geben den „Weg" an. An der Spitze der **Orientierungsziele** steht die **Unternehmensidentität.** Sie prägt maßgeblich die Marketingziele. Die spezielle Marketingstrategie wird von dort formulierten Zielen abgeleitet.

! Eine Konkretisierung der primären Unternehmensziele muss für alle Aufgabenbereiche bzw. Abteilungen vorgenommen werden; so auch für den Marketingbereich bzw. die Marketingabteilung.

Die so erhaltenen **Aufgabenbereichsziele des Marketings** legen eindeutig fest, welche Ziele in welchem Umfang erreicht werden müssen. Um den Zielerreichungsgrad messen zu können, bedarf es **Zielvereinbarungen** und deren Bestimmung mithilfe von **Zielelementen.**

Zielvereinbarung

Steigerung des Umsatzes im Marktsegment „Pauschalreisen" durch Familien um 15 % in einem Jahr.

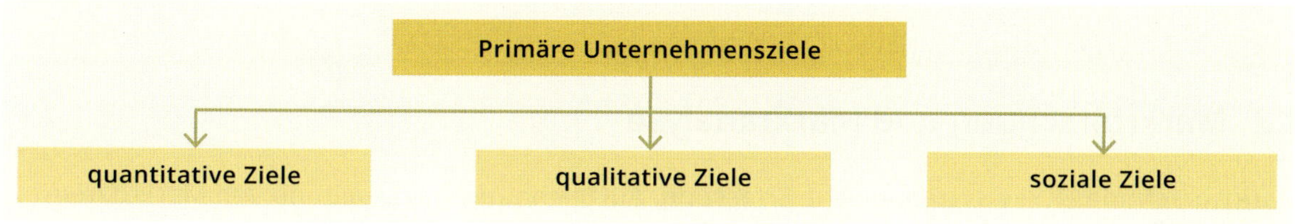

Analysiert man die Zielvereinbarung genauer, so lassen sich fünf Zielelemente einer solchen Operationalisierung erkennen:

- Steigerung
- um 15 %
- Marktsegment „Pauschalreisen"
- in einem Jahr
- durch Familien

Der Zielerreichungsgrad wird gemessen:

1. durch einen Vergleich zum derzeitigen Ist-Zustand;
2. durch einen Vergleich des jeweiligen Leistungsangebotes, z. B. Städtereisen, Kreuzfahrten, Fernreisen;
3. im Hinblick auf die Akzeptanz von Konsumenten, z. B. Singles, Senioren;
4. in quantitativer Hinsicht, z. B. prozentual, absolut;
5. unter Berücksichtigung des Zeitraumes, z. B. Jahr, Monat.

Weitere Erläuterungen zu den primären Unternehmenszielen finden Sie im Lernfeld 10, Kapitel 2.2.1.

Marketingziele in Bezug auf ihre Konkretisierung

Marketing als kundenorientierte Unternehmensführung geht von vorhandenen und potenziellen Kunden aus. Durch Befriedigung von Kundenwünschen sollen Gewinne erzielt werden. Zur Umsetzung eines Marketingkonzepts werden die Marktforschung und die marketingpolitischen Instrumente eingesetzt.

Eine solche marktorientierte Unternehmenspolitik muss einerseits gezielt Kundenwünsche ansprechen, also Präferenzen erzeugen, und andererseits dem gesellschaftlichen Wertewandel etwa von Arbeit und Freizeit Rechnung tragen.

Notwendigkeit von Marketingaktivitäten
Alle großen Reiseveranstalter bieten Reisen zu den Urlaubsgebieten auf den Balearen und Kanaren an. Der Kunde kann somit zwischen verschiedenen Anbietern wählen. Die Anbieter müssen sich, um erfolgreich zu sein, mit ihren Marketingaktivitäten an den Kundenwünschen orientieren.

Marktgegebenheiten, z. B. Kundenwünsche, Ferienzeiten, Einkommen, Bevölkerungsstruktur bestimmen die Leistungen für den Markt.
Tourismusmarketing hat das Ziel, ein profitables Umsatzvolumen zu erwirtschaften auf der Grundlage von Kundenzufriedenheit.

2.2 Marktforschung und Marktanalyse

Marktforschung ist die systematische Erfassung, Aufzeichnung, Verarbeitung von Marktdaten sowie deren Kontrolle, Analyse und Interpretation. Ihre Aufgaben sind vielfältig.

Grundsätzlich kann Marktforschung vom eigenen Unternehmen oder durch fremde Personen durchgeführt werden.

Man unterscheidet in der Marktforschung zwei Methoden:

Im Rahmen der Primärforschung (eigene Datenerhebung) werden Daten erhoben, die die Sekundärforschung (Auswertung bereits vorhandener Daten) nicht bereitstellen kann. Die Methoden der Primärforschung sind die **Marktbeobachtung,** das **Experiment** und die **Befragung.**

Für die Befragung ist die Auswahl der Befragten von wesentlicher Bedeutung für die Qualität der Ergebnisse.

Primärforschung *(field research)*

= Demoskopie

dient der Erhebung von

- subjektiven Sachverhalten, z. B. Einstellungen, Meinungen, Motiven
- objektiven Sachverhalten, z. B. Käufer, Alter, Einkommen

Sekundärforschung *(desk research)*

= Ökoskopie

Auswertung von

- internen Betriebsdaten und Verbrauchsdaten, z. B. Umsatz/Mitarbeiter des eigenen Betriebes zu gleichartigen Betrieben
- externen Quellen im Hinblick auf den Markt, z. B. Marktanteil

	Primärforschung	Sekundärforschung
Vorteile	» Die Daten sind aktuell. » Es werden genau die Daten erhoben, die benötigt werden. » Die Daten beziehen sich auf das eigene Produkt. » Nur das Unternehmen selbst hat Zugriff auf die Daten.	» Es entstehen geringere Kosten. » Die Daten sind schnell verfügbar. » Die Auswertung ist schneller möglich. » Meist sind vielfältige Quellen im Unternehmen vorhanden. » Die Sekundärforschung ist vom Unternehmen selbst durchführbar.
Nachteile	Die Untersuchungsmethoden » verursachen hohe Kosten, » sind zeitaufwendig und » ergeben oft eine komplexere Datenlage zur Analyse.	» Die Daten sind häufig nicht mehr aktuell. » Die Qualität der Daten ist oft schwierig zu beurteilen. » Die Daten passen nicht genau zur Fragestellung oder zum Produkt. » Es finden sich keine geeigneten Daten.

Methoden der Primärforschung			
	Marktbeobachtung	**Experiment**	**Befragung**
Definition	Beobachtung des Marktgeschehens im Zeitablauf	Ermittlung der Entwicklung auf dem Markt aufgrund bewusster Veränderungen	Personen werden durch Fragen zur Abgabe von Informationen veranlasst
Durchführung	teilnehmende und nicht teilnehmende Beobachtung	*Pre-Tests* (vorherige Tests) bei Testpersonen oder auf Testmärkten	persönlich, telefonisch, schriftlich, per E-Mail, online, durch direkte/indirekte sowie offene/geschlossene Fragen
Beispiele/ Tourismus	» Kaufverhalten am Counter » Zählen von Besuchern an einem bestimmten Ausflugsziel » Durchführung von Testverkäufen	» Preistest » Produkttest » Anzeigetest	» Wie oft im Jahr fahren Sie in den Urlaub? » Welche Reiseveranstalter kennen Sie? » Kennen Sie den Reiseveranstalter?

Die Primärforschung unterscheidet verschiedene Auswahlverfahren:

Vollerhebung
Alle Personen der Grundgesamtheit werden befragt; z. B. alle Mitarbeiter eines Reisebüros.

Stichprobe
Alle Personen aus der Gesamtheit müssen dieselbe Chance haben, in die Auswahl aufgenommen zu werden; z. B. jeder zehnte Passant wird befragt.

Random
Alle Personen werden so in Gruppen aufgeteilt, dass diese repräsentativ sind. Aus jeder Gruppe werden dann Stichproben gezogen; z. B. jeder Zehnte einer spezifischen Gruppe wird befragt.

Daten über das allgemeine Reiseverhalten und die spezielle Tourismus-Marktentwicklung, die für die Sekundärforschung benötigt werden, bieten u. a. amtliche Statistiken, Tourismusverbände und touristische Fachzeitschriften.

2.2.1 Die Aufgaben der Marktforschung

! **Eine touristische Leistung wird im Prozesscharakter bewirkt und zeichnet sich dadurch aus, dass sie immateriell ist sowie den externen Faktor Kunde integrieren muss.**

Entsprechend dem Prozesscharakter wird die Marktforschung für die einzelnen Bereitstellungsstufen gegliedert durchgeführt.

Die Aufgaben der Marktforschung in der Bereitstellungsstufe	
» **Bereitstellungsbewertung** Die Marktforschung hat die Aufgabe, Bewertungskriterien der potenziellen Kunden im Hinblick auf das eigene Angebot sowie im Vergleich zu den Mitbewerbern zu erforschen.	– Gästebefragung im Hinblick auf die Erwartungshaltung an eine Pauschalreise (all-inclusive, Animation, ...).
» **Kaufverhaltensforschung** Diese Teilphase versucht, Aufschluss über die Nutzung von Informationsquellen und Buchungsstellen zu geben.	
» **Bereitstellungsforschung** Sie gibt Auskunft über die saisonale Verteilung von Reiseinformationsnachfrage, Reisebuchung, Reisezahlung und Reisedurchführung.	– Reiseveranstalter benötigen die Daten, um entsprechende Kontingente in Hotel- und Transportbetrieben zu beschaffen.
» **Qualitätsforschung** Im Vordergrund steht hier die Messung der Servicequalität im Hinblick auf Beratung und Bereitstellung der zu erbringenden touristischen Leistungen.	

↓ Dominante Aufgabe der Marktforschung in der anschließenden Durchführungsstufe ist die Erforschung des Interaktionsvorganges zwischen den touristischen Leistungserstellern und den Leistungskonsumenten.

Die Aufgaben der Marktforschung in der Durchführungsstufe
» **Integrationsverhaltensuntersuchung der Konsumenten und Kontaktpersonen** Sie soll Aufschluss über die Gästezufriedenheit geben und erfolgt durch Befragung der Kontaktpersonen wie Reiseleiter, Empfangspersonal, Animateure usw. Diese können durch Beobachtungen und Gespräche den Grad der Zufriedenheit und weitere Bedürfnisse des Reisenden ermitteln.

222251516

» **Reiseverhaltensanalyse**
Aufgrund von Beobachtungen und Befragungen ergründet man die Aktivitäten des Konsumenten am Urlaubsort im Hinblick auf die Nutzung der touristischen Leistungspalette.
Diese Teilphase kann Auskunft über die Übereinstimmung von Reiseabsichten und tatsächlichem Reiseverhalten geben. Dem kommt besondere Bedeutung im Hinblick auf die Reisedestination und die saisonale Verteilung von Reisen zu.

» **Reisezufriedenheits- und Qualitätsanalyse**
Durch die Befragung der Reisenden ermittelt man eine Bewertung des vorhandenen touristischen Angebotes und eine Einschätzung über weitere gewünschte Leistungen. Für eine Qualitätsanalyse werden auch neutrale Testpersonen eingesetzt.

Auch in der **Ergebnisstufe der Marktforschung** ist die Gästebefragung das häufigste Instrument, um Aufschluss über die Erfüllung von Urlaubsmotiven und -erwartungen zu erhalten.

Die Aufgaben der Marktforschung in der Ergebnisstufe

» **Zufriedenheitsanalyse**
Die Zufriedenheitsanalyse gibt Aufschluss über die Zufriedenheit mit Teilleistungen wie Transport und Beherbergung und zeigt Unterschiede im Hinblick auf die Bereitstellungs- und Durchführungsstufe auf. Urlaubszufriedenheit ist das wichtigste Entscheidungskriterium für den Konsumenten, z. B. an einen Urlaubsort zurückzukehren, die gleiche Urlaubsform wieder zu wählen oder bei dem gleichen Veranstalter wieder zu buchen bzw. dasselbe Reisebüro erneut als Vermittler zu beauftragen.

! **Der Zufriedenheitsanalyse kommt eine zentrale Bedeutung zu. Sie erforscht u. a. die Abweichung zwischen den zugesicherten Eigenschaften einer Reise und der tatsächlichen Erfüllung.**
Hinweise hierzu liefern die Auswertung von Kummerkästen und Beschwerdebüchern sowie die Auswertung von Gästekritiken, um die Wiederholerrate zu ermitteln.

Da die Leistungsträger am Urlaubsort auf die Urlaubszufriedenheit einen entscheidenden Einfluss haben, werden die Gastgeber im Hinblick auf die wirtschaftlichen, sozialen und ökologischen Folgen des Reisens in die Untersuchung miteinbezogen (Total-Quality-Management).[1]

» **Einstellungs- und Imageanalyse**
Hier erfolgt ein Abgleich des Bildes, das die touristischen Leistungsträger von sich selbst haben, mit dem Bild, das die Konsumenten von ihnen haben (*Corporate Identity und Corporate Image).*

» **Ergebnisqualitätsmessung**
Gästebefragungen geben Aufschluss über die Zufriedenheit im Vergleich zu den Erwartungen oder die Versprechungen im Vergleich mit der jeweiligen Erfüllung.

Ergebnisse solcher Messungen spiegeln sich z. B. in der Anzahl der Stammgäste, in den Hitlisten der Fluggesellschaften und den Untersuchungen u. a. der Stiftung Warentest wider.

Die Marktforschung ist zum einen in der Lage zu erforschen, ob ein Absatzmarkt für ein bestimmtes Produkt oder eine bestimmte Dienstleistung vorhanden ist, und zum anderen in der Lage, ei-

1 Unter Total-Quality-Management (TQM, Totalem Qualitätsmanagement) wird eine Managementmethode verstanden, die unter Mitwirkung aller Beteiligten die Qualität in den Mittelpunkt unternehmerischen Handelns stellt. Hierdurch soll ein hohes Niveau der touristischen Dienstleistung erreicht werden.

nen ganzen Prozess, in Einzelteile „zerlegt" durch das Sammeln von Informationen zu erforschen und zu analysieren.

Die Marktforschung im Tourismus wird sinnvollerweise in die quantitative und qualitative Marktforschung unterteilt.

» Die **quantitative Marktforschung** befasst sich mit der Sammlung, Aufbereitung sowie Interpretation von unternehmensrelevanten Daten.
» Die **qualitative Marktforschung** versucht Begründungen und Motive für das Reiseverhalten transparent zu machen.

Im Vordergrund der Untersuchungen stehen somit Bedürfnisse, Einstellungen und Meinungen von Personen. Sie sind zur Entscheidungsfindung (z. B. Marketingzielbestimmung) und/oder zur Absicherung von Entscheidungen (Marketingentscheidungen) geeignet.

! **Marktforschung ist die Voraussetzung für eine marktnahe Umsetzung aller Marketingaktivitäten. Sie ist eines der wichtigsten Werkzeuge des Marketings.**

Die Marktforschung zeigt die Trends für die nächsten Jahre auf.

2.2.2 Die Kaufverhaltensforschung

Dieser Bereich der Marktforschung bzw. Konsumforschung erklärt und **prognostiziert das Konsumverhalten.** Vor allem die Auswahl des Zielgebietes sowie das Reiseverhalten werden untersucht. Dabei fließen in das touristische Kaufverhalten verschiedene Aspekte ein:

Aspekte beim touristischen Kaufverhalten

Konsument	Wer?	Reisekäufer
Marke	Was?	Reiseform/-art
Motivation	Warum?	Reisemotiv
Entscheidung	Wie?	Buchungsverhalten
Kaufmenge	Wie viel?	Reisehaupt- und -nebenleistungen
Zeitpunkt	Wann?	Ankunfts-, Abreisedatum, Zeit
Einkaufsort	Wo?	Reisebüro, Internet, Direktbuchung
Zahlungsweise	Womit?	Kreditkarte, bar, Scheck

Beschließt also ein potenzieller Kunde, seine Kaufabsicht durchzuführen, werden bis zu acht Entscheidungen getroffen.

Modelle zur Prognose des Konsumverhaltens

Das **Blackbox-Modell** geht davon aus, dass der psychische Prozess bei der Kaufentscheidung der Konsumenten nicht beobachtbar ist. Er findet in einer sog. „Blackbox" statt und ist somit kein Untersuchungsgegenstand. Das Verhalten der Konsumenten wird vielmehr als Reaktion (R) auf beobachtbare Stimuli (S), d. h. Einflussgrößen, interpretiert. Die touristische Reiseverhaltensforschung unterscheidet folgende Stimuli:

1. Der räumliche Gesichtspunkt

Diese Form der Eingrenzung umfasst alle möglichen und vorhandenen Konsumenten für eine touristische Leistung innerhalb eines Einzugsgebietes.

Lokale Marktsegmentierung

- Für ein Reisebüro in München ist der zu berücksichtigende bzw. erreichbare Markt auf einen Teilbereich der Stadt beschränkt.
- Für einen Einwohner von Bad Vilbel sind die Angebote der Reisebüros in Bad Vilbel relevant.
- Für eine internationale Airline mit einer Niederlassung in Frankfurt ist ganz Deutschland als Markt anzusetzen.

Strategiebildung aufgrund der Nielsen-Regional-Strukturen

Der Tourismusmarkt Deutschland kann nach den sog. „Nielsengebieten" unterteilt werden. Eine solche Segmentierung beantwortet zum einen die Frage nach der Herkunft des Konsumenten und zum anderen gibt sie Aufschluss über die Kaufkraft, das Konsumverhalten und auch über die Reiseziele der Verbraucher in Deutschland, um ganz bestimmte Produkte ein- oder Werbekampagnen durchzuführen.

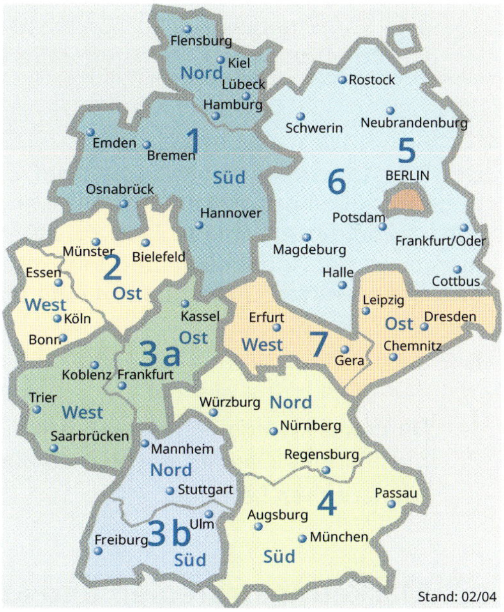

2. Der saisonale Gesichtspunkt

Die meisten touristischen Märkte verändern sich saisonal.

Saisonale Marktsegmentierung

- Während im Sommer vorrangig Reisen ins westliche und östliche Mittelmeer gebucht werden, sind im Winter zumeist Fernreisen und Skireisen gefragt.

3. Der produktbezogene Gesichtspunkt

Es folgt eine Abgrenzung hinsichtlich der gehandelten konsumierenden und substituierenden touristischen Leistungen.

Produktbezogene Marktsegementierung

- Fast von jedem Veranstalter werden Pauschalreisen in den Mittelmeerraum angeboten. Dabei stehen sich die Angebote westliches und östliches Mittelmeer konkurrierend gegenüber. Tendenziell könnte dabei Griechenland als Urlaubsregion die Balearen ersetzen.

4. Der sozioökonomische Gesichtspunkt

Diese Markteingrenzung erfolgt mithilfe von personenbezogenen Daten wie z. B. Alter, Geschlecht, Beruf, Einkommen, Familienstand und Haushaltsgröße. Hierbei werden demografische und psychografische Aspekte unterschieden:

» **Demografische Marktsegmentierung**
Alter, Geschlecht, soziale Schicht, Religion, Nationalität, Bildung, Einkommen

» **Psychografische Marktsegmentierung**
eine Kombination aus Persönlichkeitsmerkmalen, Motiven, Lebensstilen sowie Einstellungen und Erwartungen an das Produkt

Demografische Marktsegmentierung
- Alter, Geschlecht, soziale Schicht, Religion, Nationalität, Bildung, Einkommen

Psychografische Marktsegmentierung
- eine Kombination aus Persönlichkeitsmerkmalen, Motiven, Lebensstilen sowie Einstellungen und Erwartungen an das Produkt.

5. Die Marktform

Der Tourismusmarkt stellt sich bis auf wenige Ausnahmen als Käufermarkt dar. Über die zunehmende Onlinebuchung treffen zwar viele Anbieter auf Millionen von Nachfragern/Käufern, sodass von der Anzahl her fast von einem Polypol gesprochen werden kann. Allerdings dominieren auf der Angebotsseite fünf große Unternehmen den Veranstaltermarkt, sodass von der tatsächlichen Buchungssituation eher von einem Angebotsoligopol zu sprechen ist.

Als Ergebnis einer Segmentierung erhält man das Markt- und Absatzvolumen.

! **Unter Marktvolumen versteht man die realisierten Umsätze aller Marktteilnehmer des Tourismusmarktes. Das Absatzvolumen hingegen ist der mengen- und wertmäßige Absatz eines touristischen Betriebes.**

2.3 Marketingstrategien und Methoden der strategischen Diagnose/Analyse

betriebliche Ausgangssituation → **Weg = Marketingstrategie** → **Ziel**

- Profit
- Kundenzufriedenheit
- Umweltverträglichkeit

Touristische Betriebe müssen sich auf dem Markt systematisch und zielorientiert verhalten. Diese für eine bestimmte Zeit festgelegte Verhaltensweise bezeichnet man als **Marketingstrategie**.

Strategisches Marketing heißt langfristiges Agieren! Um jedoch auf dem Markt strategisch handeln zu können, ist es notwendig, die Ausgangssituation des jeweiligen Betriebes zu analysieren, Entwicklungsmöglichkeiten aufzuzeigen und Unternehmensziele zu definieren.

Im Folgenden werden **Diagnosemethoden** beschrieben, die die eigene betriebliche Lage beleuchten und entsprechend unterschiedliche strategische Aussagen ermöglichen.

Chancen-Risiken-Analyse

Für die Chancen-Risiken-Analyse werden externe Einflussfaktoren herangezogen, die von außen unmittelbaren Einfluss auf das Unternehmen haben und die das Unternehmen nicht beeinflussen kann.

Hierzu dienen zum einen die Umfeldanalyse, die politische, gesamtwirtschaftliche, demografische und gesellschaftliche Rahmenbedingungen untersucht, und zum anderen die Branchenanalyse u. a. mit den Aspekten Branchenentwicklung, Wettbewerbsintensität sowie Käufermacht.

Im Ergebnis zeigt die Chancen-Risiken-Analyse generelle Entwicklungstendenzen für den Absatzmarkt auf in den Richtungsausprägungen Optimismus bis Pessimismus.

Chancen
- Pauschalurlauber
- Sehenswürdigkeiten
- Freizeitwert

Risiken
- Landschaftszersiedlung
- Verkehrsaufkommen
- Umweltbelastung

Chancen für den Mallorca-Tourismus
- Trend zu Kurzreisen
- mehr Individualurlauber
- neues „Sylt“

Risiken für den Mallorca-Tourismus
- Stagnation bzw. Rückgang der Pauschalreisen
- zunehmende Umweltprobleme
- hohes Preisniveau

Stärken-Schwächen-Analyse

Sie ist eine Untersuchung auf Unternehmensebene, bei der die Stärken und Schwächen im Vergleich zu Konkurrenzunternehmen im Vordergrund stehen. Ungenutzte Potentiale, auszugleichende Schwächen und Erkenntnisse für die eigene Kompetenz werden hier anhand verschiedener Beurteilungskriterien sichtbar gemacht.

Eine Bewertung erfolgt zwischen „sehr gut“ und „mangelhaft“ für die einzelnen Elemente. Stärken zeigen dabei Wettbewerbsvorteile und Schwächen Wettbewerbsnachteile auf.

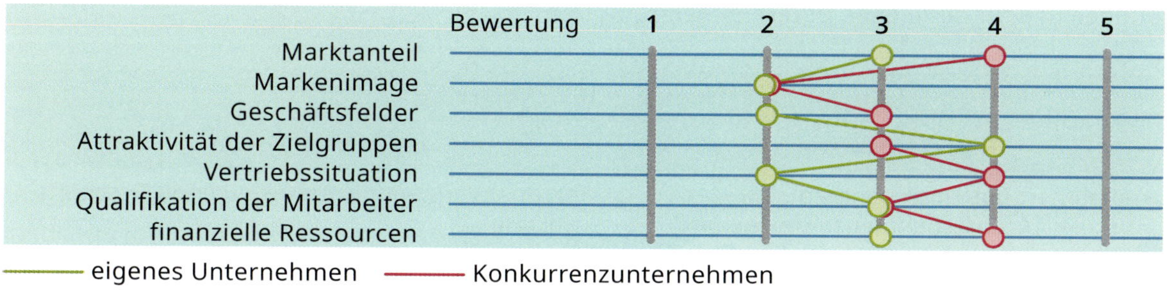

SWOT-Analyse

S = *Strength* W = *Weakness*
O = *Opportunity* T = *Threats*

Sinnvollerweise werden die Chancen-Risiken-Analyse (externe Faktoren) und die Stärken-Schwächen-Analyse (interne Faktoren) zu einer SWOT-Analyse verknüpft, die sich in einer Tabelle oder Matrix darstellen lässt. Mit dieser Untersuchung werden die Stärken und Schwächen offengelegt und der Handlungsbedarf für das Unternehmen erkennbar.

Strength (Stärken)	Weakness (Schwächen)
» Wo sind wir stark? » Welche Vorteile gegenüber Mitbewerbern haben wir? » Welche Kernkompetenzen haben wir? » In welchen Zielgebieten sind wir gewinnbringend?	» Welche Schwächen haben wir? » Wo können wir uns verbessern? » Wo sind unsere Mitbewerber stärker? » In welchen Bereichen machen wir Verlust oder sind umsatzschwach?
Opportunity (Chancen)	**Threats (Risiken)**
» Welche neuen Trends und Kundenbedürfnisse können wir bedienen? » In welchen Feldern können wir wachsen? » Welche neuen Zielgebiete können wir aufbauen? » Welche Möglichkeiten haben wir, um uns zu verbessern?	» Welche negativen Entwicklungen in Markt, Wirtschaft und Politik sind zu erwarten? » Welche Bereiche im Unternehmen werden davon betroffen sein? » Welche Zielgebiete sind durch politische Instabilität gefährdet? » Wie ist das Unternehmen finanziell aufgestellt?

Benchmarking

Benchmarking ist eine Methode, die Qualität eines Unternehmens und seiner Leistungen zu erhalten und zu verbessern. Dies geschieht, indem ein ständiger Vergleich von Produkten, Leistungen und Abläufen mit anderen Unternehmen durchgeführt wird, wobei die Benchmark („Referenzpunkt") die Bestleistung eines Mitbewerbers ist, die es zu erreichen gilt.

Die Fragestellungen für das eigene Unternehmen hierbei sind:
- » Was unterscheidet mein Unternehmen mit seinen Leistungen von denen meiner Mitbewerber?
- » Was machen meine Mitbewerber besser?
- » Warum bestehen diese Unterschiede?
- » Welche Möglichkeiten habe ich, mich zu verbessern?

Ziel des Benchmarking ist es, die wirkungsvollsten Methoden der Besten einer Branche herauszufinden und für das eigene Unternehmen zu nutzen.

Nutzwert von Benchmarking	
Direkter Nutzen	**Indirekter Nutzen**
» analysiert das Unternehmen » vergleicht Unternehmensbereiche und Unternehmen » definiert Bestleistungen » identifiziert Leistungsdefizite » bewertet Lösungsalternativen	» erzeugt Verständnis für die eigenen Geschäftsabläufe » legt die Unternehmensziele fest » überprüft die Unternehmensstrategien » stärkt die Wettbewerbsfähigkeit » initiiert einen kontinuierlichen Verbesserungsprozess

Quelle: Vgl. Berg, Waldemar: Tourismusmanagement, 3. Auflage, Herne: Kiehl Verlag 2012, S. 558.

222251526

2.3.1 Produkt-Markt-Strategien

Die Marktstrategie gibt den Orientierungsrahmen vor, ob und wie das derzeitige Leistungsangebot aktualisiert und ausgestaltet werden soll.

Grundsatzfragen der Strategieentscheidung:
1. Wo soll der touristische Einzelbetrieb aktiv werden?
2. Wie soll er dabei vorgehen?

Um die entsprechenden strategischen Möglichkeiten zu bestimmen, bedient man sich verschiedener Methoden. Die bekannteste ist die **Produkt-Markt-** oder auch **Ansoff-Matrix.** Sie unterscheidet vier Strategiemöglichkeiten:

Produkte \ Märkte	Gegenwärtig	Neu
Gegenwärtig	Marktdurchdringung	Markterschließung
Neu	Produktentwicklung	Diversifikation

1. Marktdurchdringung	Devise:	Mit einem unveränderten Leistungsangebot wird der gleiche, also unveränderte Markt besser genutzt.
	Strategie:	Werbemaßnahmen werden z. B. für eine Destination unter Beibehaltung der Zielgruppe erhöht.
2. Markterschließung	Devise:	Mit einem unveränderten Leistungsangebot werden zusätzliche Märkte erschlossen.
	Strategie:	Werbemaßnahmen für eine Destination werden erhöht, um weitere Zielgruppen anzusprechen.
3. Produktentwicklung	Devise:	Mit einem neuen Leistungsangebot soll die bisherige Zielgruppe verstärkt erreicht und gewonnen werden.
	Strategie:	Werbemaßnahmen für das neue Leistungsprofil unter Beibehaltung der Adressaten.
4. Diversifikation	Devise:	Mit neuem Leistungsangebot erschließt man neue Märkte.
	Strategie:	Aufnahme vergleichbarer bzw. bisher nicht angebotener Leistungen in das Angebot.

I. d. R. werden die einzelnen Strategien in Z-Form nacheinander eingesetzt.

Die Ansoff-Matrix erlebte mehrere Erweiterungen, u. a. unter Hinzufügen weiterer Kategorien, wie modifizierte Produkte und geplante Märkte (z. B. neue Geografie) zwischen gegenwärtigen und neuen. Das kann, insbesondere in schnelllebigen Branchen wie dem Tourismusmarkt einfacher zu analysieren sein, da die Entwicklungs- oder Etablierungszeit von einem gegenwärtigen zu einem neuen Produkt oder auf einen neuen Markt viele (Zwischen-)Modifikationen zulässt.

Portfolio-Analysen

Im Rahmen dieser Analyse werden Produkte bzw. Produktgruppen, die gleiche Marketingmaßnahmen erfordern, zu strategischen Geschäftsfeldern (SGF) zusammengefasst. Mithilfe betriebsinterner und betriebsexterner Daten wird die Stellung der SGF am Markt untersucht:

1. Erstellung einer **Vierfelder-Matrix.**
2. Achsen der Matrix werden in die Bereiche niedrig und hoch unterteilt.
3. Das zu analysierende Geschäftsfeld/Produkt wird nach den **Kriterien Marktanteil und Marktwachstum** in eines der Matrixfelder positioniert.
4. Entsprechend der Eingruppierung des SGF werden unterschiedliche Strategien empfohlen, die auf den sog. **Normstrategien Wachsen, Selektieren und Ernten** aufbauen.

» Im Matrixfeld oben links stehen die sog. Question Marks (Fragezeichen):

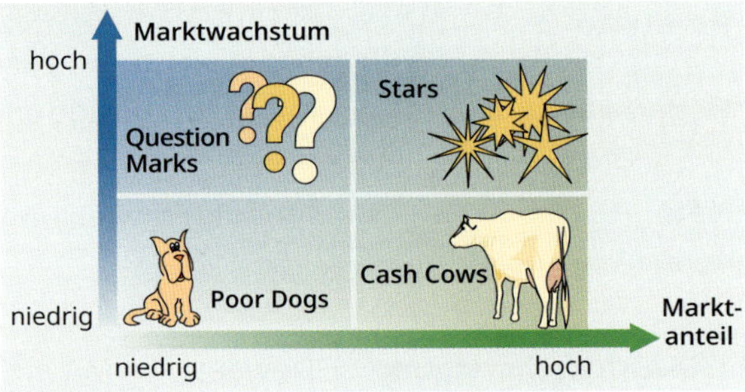

Als solche werden Produkte bezeichnet, die sich in der Einführungsphase befinden und noch einen relativ niedrigen Marktanteil haben.

Erfolgversprechende Produkte sollten ausgewählt und zu *Stars* entwickelt werden. Produkte mit geringem bzw. keinen Erfolgsaussichten werden eliminiert.

Question Marks erfordern i. d. R. Investitionen (Finanzbedarf) damit sie der Wachstumsmarkt von morgen werden. Das Fragezeichen für das Geschäftsfeld oben links in der Matrix verweist auf das Risiko für die Unternehmensleitung im Rahmen einer solchen Entscheidung.

Marketingstrategie: **offensiv**

» Im Matrixfeld oben rechts stehen die sog. *Stars* (Sterne):

Die Produkte eines solchen SGF haben sich in einem attraktiven Markt etabliert. Kennzeichnend für sie sind ein hoher Marktanteil und ein hohes Marktwachstumspotenzial. Zur Sicherung und Stärkung der Marktposition sind weitere Investitionen notwendig, sollen die „Sternchen" doch die *Cash Cows* von morgen werden und das „Geld verdienen".

Marketingstrategie: **Investition**

» Im Matrixfeld unten rechts stehen die sog. *Cash Cows* („Geldkühe"):

Sie zeichnen sich durch einen hohen Marktanteil in einem zunehmend unattraktiveren Markt und durch ein niedriges Wachstumspotenzial aus.

Aufgrund der Marktstellung ist die Ertragssituation (*Cashflow* = Zahlungsmittelüberschuss) ausgezeichnet. Der *Cashflow* sollte aufgrund des schrumpfenden Marktes

1. zur Entwicklung und Markteinführung neuer Produkte,
2. zur Sicherung der Marktpositionen der *Cash Cows* und
3. zur Förderung der *Question Marks* und *Stars* verwendet werden.

Marketingstrategie: **Abschöpfung**

» **Im Matrixfeld unten links stehen die sog. *Poor Dogs* (armen Hunde):**

Sie sind unattraktive Geschäftsfelder in unattraktiven Märkten mit niedrigem Marktanteil. Auch die Marktwachstumsprognose ist negativ, obwohl sie durchaus noch eine positive Ertragssituation aufweisen. Auf weitere Investitionen sollte zugunsten von *Question Marks* und *Stars* verzichtet werden und vorhandene Kapazitäten für erfolgversprechendere Produkte eingesetzt werden. Bei einem negativen *Cashflow* sollten sie aus dem Markt genommen werden.

Marketingstrategie: **Desinvestition**

! ***Portfolio*-Analysen sind ein Instrument der strategischen Marketingplanung. Über eine einfache grafische Darstellung werden komplexe Zusammenhänge veranschaulicht, z. B. das unternehmerische Potenzial eines SGF.**

Eine weitere Form dieser Strategiefindung ist die **Marktattraktivitäts-Wettbewerbsvorteils-Matrix**. In ihr wird unterstellt, dass der Vorteil gegenüber den Mitbewerbern in der Qualität oder im Preis liegt. Dazu vergleicht der Einzelbetrieb zunächst seine Marktattraktivität mit den Mitbewerbern und bewertet diese. Den gleichen Vorgang wiederholt er in Bezug auf den Preis.

Attraktivitätsvorteile
- Leistungsangebot, Leistungsbreite
- Leistungstiefe, Service, Pünktlichkeit
- Beratungsqualität

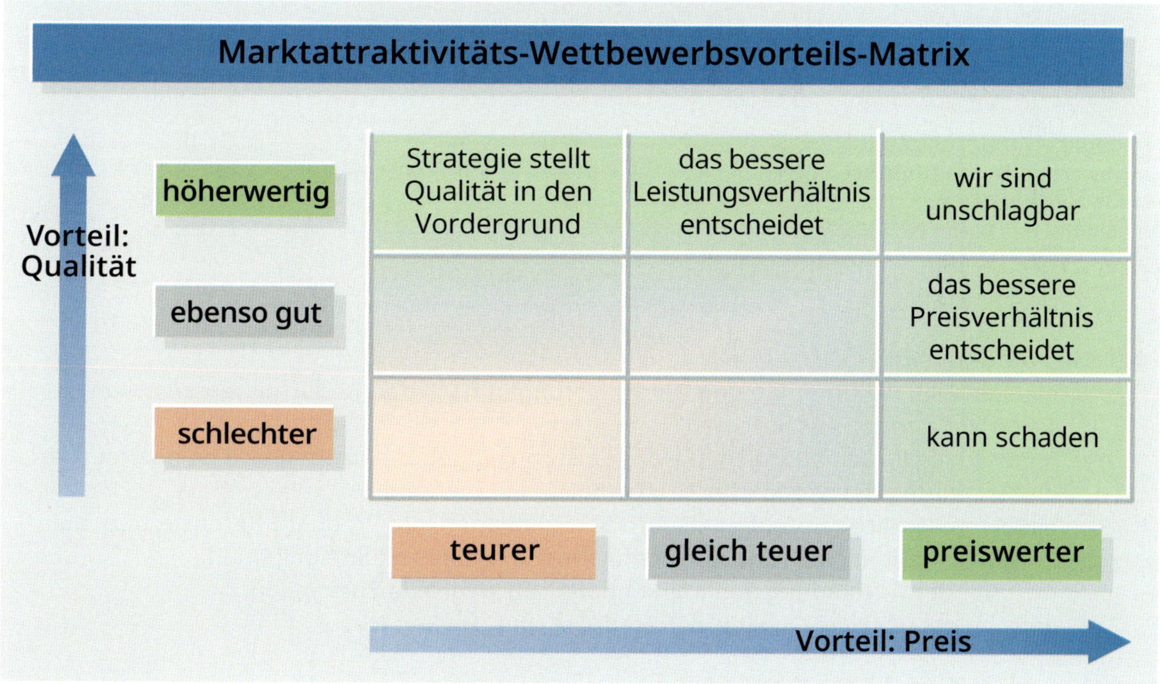

2.4 Marketinginstrumente

Sie dienen dem Unternehmen dazu, die verschiedenen strategischen Ziele durch aktiven Einfluss auf dem Absatzmarkt umzusetzen.

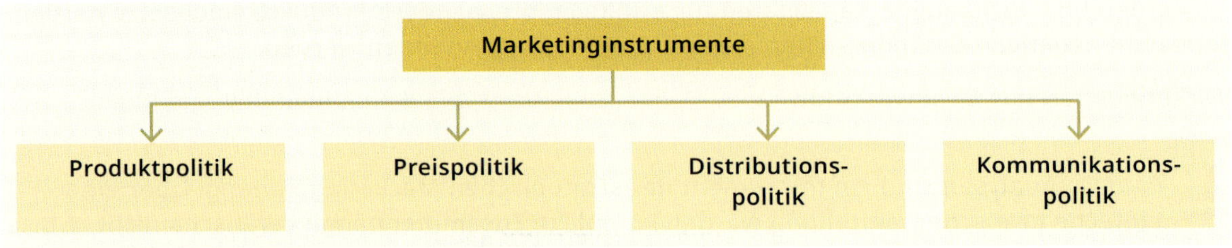

Im Weiteren werden die einzelnen marketingpolitischen Instrumente entsprechend den Prozessstufen beim touristischen Marketing behandelt.

2.4.1 Produktpolitik

Unter Produktpolitik versteht man alle mit der touristischen Leistung zusammenhängenden Maßnahmen, um für ein Preisangebot eine bessere subjektive Einschätzung der Kunden zu erreichen.

Dem Leistungsträger muss im Rahmen seiner Produktpolitik bewusst sein, dass die Konsumenten die **touristischen Grundleistungen** häufig bereits als selbstverständlich betrachten. Der Kunde wünscht ein darüber hinausgehendes „Produkterlebnis“, das er über seine Sinne wahrnehmen kann und bei ihm erst sein persönliches „Urlaubsfeeling“ auslöst.

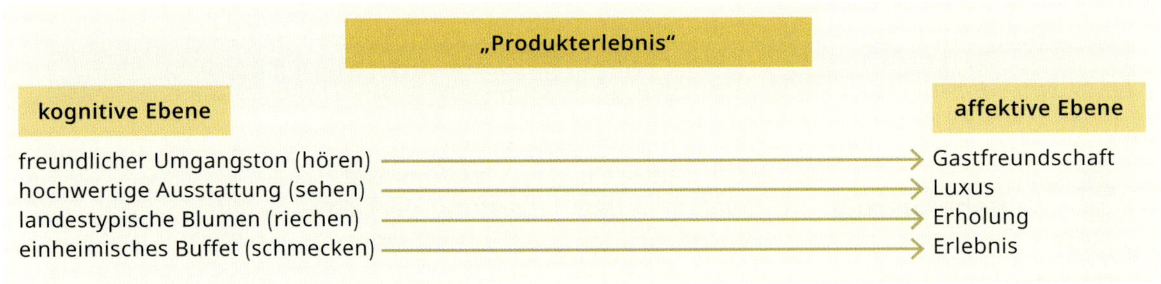

Die Produktpolitik
- hat zum Ziel, die Produkte und Dienstleistungen nach den Bedürfnissen und Wünschen der Kunden auszurichten,
- umfasst alle Entscheidungen, die das Leistungsangebot betreffen und beinhaltet u. a. die Gestaltung der Produktbeschaffenheit,
- hat als wesentliche Aufgaben die Produktinnovation, die Produktdifferenzierung, die Produktvariation, die Produktdiversifikation und die Produktelimination,
- trifft mit der Anwendung von Markenpolitik strategische Entscheidungen,
- entscheidet über die Qualität der Produkte und des Service.

Der Produktlebenszyklus

Der Produktlebenszyklus zeigt den gesamten **„Lebensweg" eines Produktes.** Mithilfe von unternehmensinternen und Branchendaten kann ein bestimmtes Produkt bzw. Geschäftsfeld einer Phase zugeordnet werden.

Aus dieser Erkenntnis heraus können Strategien entwickelt werden, wann z. B. ein neues Produkt eingeführt bzw. ein altes Produkt aus dem Markt genommen wird. Grundgedanke hierbei ist, dass genau so viele neue, erfolgversprechende Produkte in den Markt gelangen, wie ihn alte verlassen, um so die **Unternehmenskontinuität** im Markt zu sichern.

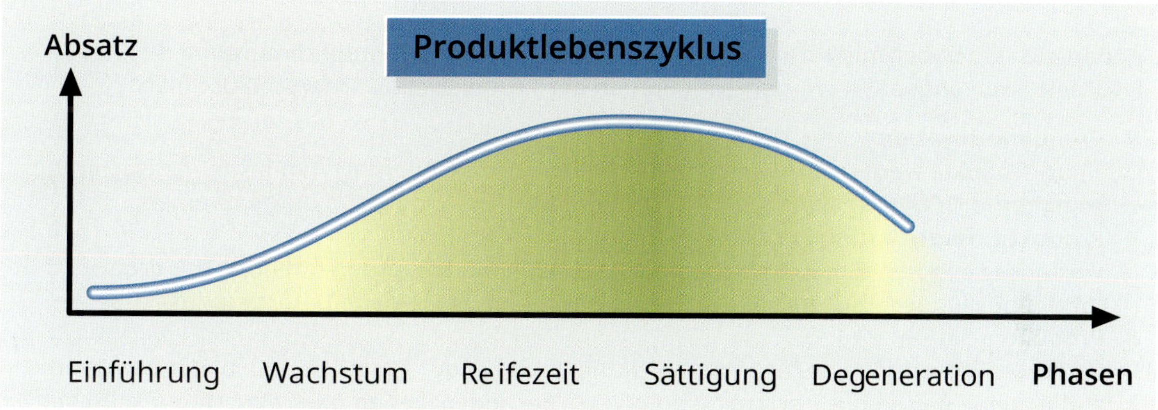

! Der Produktlebenszyklus kann z. B. auf eine Destination (d. h. die Reiseattraktivität eines Zielgebietes), auf Transferleistungen, Zusatzleistungen und auf eine spezielle Reiseform angewendet werden.

Phasen des Produktlebenszyklus	
Einführungs-phase	Der Kunde wird mit einem neuen Produkt vertraut gemacht. Es kommt zu Neugierbuchungen.
Wachstumsphase	Das Produkt wird einem größeren Kundenkreis bekannt und die Nachfrage erhöht sich kontinuierlich oder sprunghaft.
Reife- und Sättigungsphase	Das Produkt hat sich am Markt durchgesetzt. Absolut steigt die Anzahl der Buchungen weiterhin, aber die Zuwachsraten flachen ab.
Degeneration	Die Nachfrage nach dem Produkt geht absolut zurück. Es lässt sich zunehmend nur noch über den Preis absetzen. Neue Produkte ersetzen zunehmend das vorhandene.

Das Produktportfolio

! Die Gesamtheit der von einem Unternehmen angebotenen und vertriebenen Produkte wird als Produktportfolio, Produktprogramm oder Sortiment bezeichnet.

Als **Programmbreite** wird die Anzahl der nebeneinander existierenden Produktlinien verstanden, als **Programmtiefe** die Anzahl der Produktvarianten innerhalb einer Produktlinie.

Programmtiefe – Programmbreite
Spezialanbieter – Pauschalanbieter

Das Produktportfolio ermöglicht dem touristischen Unternehmen die Abgrenzung gegenüber Mitbewerbern.

Die Zusammenstellung des Produktprogramms unterliegt Überlegungen der Unternehmenszielplanung, die das **Unternehmensleitbild** (**Corporate Identity, CI**) und das **Total-Quality-Management** (**TQM**) miteinbezieht, sowie den Marktgegebenheiten und Kundenbedürfnissen.

Ändert sich eine oder mehrere dieser Bedingungen, muss das Produktprogramm den neuen Erfordernissen angepasst werden. Im Rahmen der Produktpolitik unterscheidet man:

» **Produktinnovation**
Neue Produkte werden auf einem bestehenden Markt eingeführt, um bisherige Nachfrager zu halten, z. B. werden neue Zielgebiete/Reisearten ins Programm aufgenommen.

» **Produktdifferenzierung**
Vorhandene Produktlinien auf einem bestehenden Markt werden um Produkte ergänzt, z. B. führt eine Fluggesellschaft mit der Premium Economy eine neue Beförderungsklasse ein.

» **Produktvariation**
Verbesserung oder neue Zusammenstellung bestehender Produkte, z. B. bietet ein Veranstalter seine Reisen nur noch mit einem Versicherungspaket an oder eine Fluggesellschaft stattet ihre Economyclass mit neuen bequemeren Sitzen aus (Imagegewinn).

» **Produktdiversifikation**
Ein neues Produkt wird auf einem neuen Markt eingeführt, um neue Kunden zu gewinnen. Hier werden unterschieden:
- *Horizontale Diversifikation*
  Gleiche Produktionsstufe der Wertschöpfungskette, z. B. kauft ein Veranstalter für Wanderreisen einen Veranstalter für Studienreisen.
- *Vertikale Diversifikation*
  Gleiche Wertschöpfungskette, aber andere Produktionsstufe, z. B. gründet ein Reiseveranstalter eine eigene Hotelkette.
- *Laterale Diversifikation*
  Ohne sachlichen Bezug zur Wertschöpfungskette, z. B. gründet eine Hotelkette eine eigene Modemarke.

» **Produktelimination**
Herausnahme des Produkts aus dem Sortiment, z. B. nimmt ein Veranstalter Reisen in ein Land/Zielgebiet vom Markt wegen zu geringer Buchungszahlen.

Ebenso wie die Produkte selbst unterliegt auch das gesamte, unternehmenseigene Produktportfolio einem Lebenszyklus, der fortlaufend beobachtet und analysiert werden sollte.

Markenpolitik

Im Rahmen des Produktportfolios hat die Markenpolitik eine besondere Bedeutung. Ihre Aufgabe ist es, vorher eigentlich austauschbare Produkte so miteinander zu verbinden und zu vertreiben, dass sie in ihrer Gesamtheit zu einem Begriff werden und dann nicht mehr „austauschbar“ oder anonym sind.

Vom Kunden kann dann eine Abgrenzung zu Konkurrenzprodukten erfolgen und er wird „seiner Marke“ weitgehend treu bleiben, denn sie gibt ihm Sicherheit, das zu erhalten, was er wünscht oder bereit ist, dafür zu bezahlen. Wichtig in diesem Zusammenhang ist, dass für die Marke ein signifikantes Logo gefunden wird. Es dient als Kommunikationsmittel mit dem Kunden und hat einen Wiedererkennungswert.

> **!** **Eingetragene Marken sind geschützt und dürfen von niemand anderem als dem markenführenden Unternehmen verwendet werden.**

Für die Produktpolitik eines Unternehmens bedeutet die Anwendung von Markenpolitik eine strategische Erweiterung und eine eigene Sparte. Wie auch für das Portfolio ist zu entscheiden, ob die Marke den sich verändernden Bedingungen angepasst werden soll oder ob sogar eine Markenerweiterung infrage kommt. Es ist eine Tatsache, dass bereits bekannte Marken, die um ein neues, bisher noch nicht in der Marke verankertes Produkt erweitert werden oder auf eines übertragen werden, bei den Kunden gut ankommen und gute Marktanteile erzielen.

Strategische Produktpolitik

Grundsätzlich beziehen sich Strategien der Produktpolitik im touristischen Einzelbetrieb auf folgende Komponenten:

- Leistungssortiment (Was?)
- Leistungsquantität (Wie viel?)
- Leistungsqualität (In welcher Ausprägung?)
- Leistungspositionierung (Auf welchem Marktsegment?)

Grundstrategien strategischer Produktpolitik:

Leistungssortiment – Status quo → Studienreisen, Städtereisen, Badereisen, Fernreisen

\+

Leistungssortiment – Differenzierung → **Sommer:** Paragliding, Riverrafting, Wandern, Klettern, Canyoning, Bergesteigen
Winter: Snowboard, Skitouren, Ski-Safaris, Iglu, Baukurse, Schneeschuh-Trekking

=

neues Leistungssortiment

Es sind für alle vier Bereiche **zwei Grundstrategien denkbar:**
1. Beharren auf dem *Status quo*
2. Differenzierung in quantitativer und qualitativer Hinsicht
   - im Hinblick auf eine Erweiterung/Verbesserung
   - im Hinblick auf eine Reduktion/Verschlechterung

2.4.2 Preis- und Konditionenpolitik (Kontrahierungspolitik)

! **Preispolitik beinhaltet alle marktbezogenen Maßnahmen und Entscheidungen, einen Verkaufspreis unter Berücksichtigung der Marketingziele und -strategien festzulegen.**

Preispolitik bezieht sich auf alle Entscheidungen des Unternehmens, zum einen Einfluss auf die Reise zu nehmen und zum anderen, diese auf dem Markt durchzusetzen.

Zielorientierte Preispolitik

» Gewinn
» Umsatz
» Kostenziele
» Existenzerhaltung
» Wachstumsziele
» Image
» Bekanntheitsgrad

Strategische Preispolitik

» Positionierung auf bestimmten Marktsegmenten
» mitbewerberorientierte, aggressive Preisstrategie
» konsumentenorientierte Preispolitik
» optimale Kapazitätenauslastung durch Preisdifferenzierung

Grundformen der strategischen Preispolitik

Hochpreispolitik
» Prämienpreisstrategie
» *Skimming*-Preisstrategie

Niedrigpreispolitik
» Penetrationspolitik
» Promotionspolitik

Marktpreispolitik

Preisdifferenzierung
» zeitliche, räumliche, personelle Preisdifferenzierung
» vertikale und horizontale Preisdifferenzierung
» *Yield-Management*

Die Hochpreispolitik

Bei dieser Strategie versucht man einen relativ hohen Preis aufgrund von Produktqualität, Image und Exklusivität zu erzielen. Sie setzt auf Präferenzbildung beim Konsumenten und auf Preis-Nutzen-Vorteil beim Leistungsträger.

Sie findet ihren Ausdruck in
- der **Prämiumpreisstrategie**, bei der die Preise dauerhaft über dem Marktdurchschnitt liegen (z. B. Kreuzfahrten mit der MS Europa) sowie
- der **Skimming-Preisstrategie** (engl. skimming = abschöpfen), bei der ein zunächst hoher Einführungspreis für ein neues Produkt, später nach und nach gesenkt wird (meist angewendet bei neuen Technologieprodukten).

Die Niedrigpreispolitik

Diese Strategie kann sowohl als Penetrationspreispolitik als auch Promotionspreispolitik betrieben werden.

Penetrationspolitik wird als Strategie häufig beim Neuzugang zu einem Markt eingesetzt. Zunächst ist der Preis niedrig, um sich nach erfolgreichem Markteintritt auf das Marktniveau einzupendeln. Mit dieser Politik versucht man für neue Produkte schnell große Absatzmengen zu erzielen.

Bei der **Promotionspreispolitik** versucht man über einen längeren Zeitraum, aufgrund niedriger Preise gegenüber den Mitbewerbern Marktvorteile zu erzielen.

Die Marktpreispolitik

In diesem Fall dient die Preisstrategie lediglich dazu, auf dem Markt mit anderen Anbietern mitzuschwimmen, ohne eigene Akzente zu setzen.

Die Preisdifferenzierung

In der Tourismusbranche ist die am häufigsten eingesetzte Strategie die Preisdifferenzierung. Ein Leistungsträger fordert für die gleiche Leistung verschiedene Preise.

Dies ist jedoch nur unter bestimmten Voraussetzungen möglich.
- Der Markt muss sich in Teilmärkte gliedern lassen.
- Der Nachfrager kann nicht ohne Weiteres auf andere Teilmärkte wechseln.
- Der Markt muss unvollkommen sein.
- Der Leistungsträger muss über eine Marktmacht verfügen.
- Es müssen sich Nachfragergruppen unterscheiden lassen.

In der Theorie der Preisdifferenzierung werden generell zwei Formen unterschieden:
- Bei der **horizontalen Preisdifferenzierung** wird der Gesamtmarkt künstlich in Teilmärkte unterteilt. Durch eine sektorale Preisabsenkung in den Teilmärkten werden verschiedene Käuferschichten angesprochen. Die horizontale Preisdifferenzierung sondiert somit den Markt nach Kaufkraft und Bedarf.
- Die **vertikale Preisdifferenzierung** kommt bei vorgegebenen Einzelmärkten zum Tragen. Diese unterschiedlichen, voneinander unabhängigen Teilmärkte führen zu abweichenden Preisen.

! **Ziel der Preisdifferenzierung ist es, auf allen Teilmärkten eine optimale Ausschöpfung und damit einen höheren Gewinn zu erzielen.**

- Hochsaison – Hochpreispolitik
- Nebensaison – Niedrigpreispolitik

Voraussetzung für eine Preisdifferenzierung ist eine **Marktsegmentierung.** Diese kann in Bezug auf den Preis für eine Reise oder Leistung strategisch nach Konsum- oder Buchungszeit, Regionsstruktur und Zielgruppe erfolgen:

Zeitliche Differenzierung

Hauptgrund ist hier das Schwanken der Nachfrage hinsichtlich des Reisezeitpunktes bzw. der Buchung der Reise.

- Hauptsaison, Nebensaison
- Wochentage, Sonn- und Feiertage, Wochenenden
- Frühbucherrabatt
- Last-Minute

Räumliche Differenzierung

Aufgrund der geografischen Lage und der damit unterschiedlichen Kunden- und Konkurrenzstruktur kommt es hier zu einer Differenzierung.

Abflughäfen

Personelle Differenzierung

Für diese Unterteilung sind Käufermerkmale relevant.

- Rabatte für Kinder, Schüler, Studenten, Senioren, Gruppen
- Sonderpreis für Reisemittler
- Familienpreise, Single mit Kind

Neben der strategischen Preispolitik müssen die Anbieter auch die aktuelle Situation im Blick haben und darauf reagieren. Dies war im Sommer 2021 zu beobachten, als der Tourismus langsam wieder anlief, die Buchungen aber immer noch sehr zögerlich blieben aufgrund der Unsicherheiten in Bezug auf Einreisebeschränkungen oder mögliche Quarantäneauflagen nach dem Urlaub.

Hier drehten viele Veranstalter an zwei Schrauben: den Umbuchungsbedingungen bzw. den Stornoregelungen. Anbieter, die Flexibilität als i. d. R. kostenpflichtiges, eigenes Produkt ins Angebot genommen hatten – nach dem Vorbild von Airlines oder Autovermietern –, taten sich schwer, das Rad wieder zurückzudrehen. Aber Flexibilität, kostenfreie Umbuchbarkeit, großzügige Stornoregelungen bis zum Teil eine Woche vor Abreise oder auch keine oder nur geringe Anzahlungen waren aus Kundensicht wesentliche Buchungsgründe.

Yield-Management

Yield-Management[1] findet in der Reisebranche insbesondere Anwendung bei Verkehrsträgern, in der Hotellerie sowie bei Veranstaltern und Autovermietern.
Die Angebote dieser touristischen Leistungsträger haben gemeinsam:

» Ungenutzte Kapazitäten können nicht gelagert werden, sodass z. B. Sitzplätze im Flugzeug oder Hotelbetten zeitlich verfallen können.
» Die Übertragbarkeit der angebotenen Leistungen ist begrenzt.

Zudem unterliegen Leistungen von Verkehrsträgern und Tourismusunternehmen Nachfrageschwankungen aufgrund der Saisonalität, des Standorts oder aufgrund von Kunden, die in der Planung des Reisezeitpunktes flexibel bzw. unflexibel sind.

Für eine bessere Auslastung der Kapazitäten und Steuerung der Nachfrage wird mit Preissystemen gearbeitet, die für ein und dieselbe Leistung unterschiedliche Preise anbieten. So können z. B. die Angebotspreise in nachfrageschwachen Zeiten deutlich unter denen für nachfragestarken Zeiten liegen, um die Nachfrage zu stimulieren und die Kapazitäten besser auszulasten.

Das Yield-Management steuert diesen Prozess, indem es versucht, für eine gegebene Kapazität unter Berücksichtigung der Nachfrage und der Konkurrenz-/Marktsituation im Rahmen der Preisdifferenzierung einen maximalen Gesamtumsatz bzw. Ertrag zu erwirtschaften.

Weitere Merkmale des Yield-Managements sind:

» Mit seinen preisdifferenzierenden Maßnahmen ist es ein Instrument der Preispolitik.
» Es erreicht auch bei schwankender Nachfrage eine gleichmäßige Auslastung.
» Es lenkt die Nachfrage im Zeitverlauf durch Kontingentierung des Angebots einzelner Leistungen.
» Es nutzt statistische Verfahren, um Buchungsverläufe umsatzmaximierend steuernd zu können.

Yield-Management **ist unter folgenden Gesichtspunkten sinnvoll:**

» Am Markt können unterschiedliche Preise für dieselbe Leistung durchgesetzt werden.
» Die angebotenen Leistungen unterliegen Nachfrageschwankungen.
» Die angebotene Leistung ist endlich, sie verfällt also bei Nichtabnahme.
» Die Preisuntergrenzen für die Leistung werden von den Fixkosten bestimmt.
» Die Leistung kann aufgrund von Leistungsdifferenzierung in verschiedene Preisklassen eingeteilt werden.

1 Yield-Management: höchstmögliche Steuerung der Erträge

Das Reisebüro Ehrlich Reisen GmbH bietet eine 14-tägige Pauschalreise nach Bulgarien an. Dazu hat der Veranstalter 200 Flugsitze und dieselbe Anzahl Hotelbetten eingekauft.

Abhängig vom Reisepreis wird folgende Nachfrage erwartet:

Reisepreis pro Person	potenzielle Teilnehmer	Gesamtumsatz
750,00 €	60 ≙ A	45.000,00 €
600,00 €	100 ≙ B	60.000,00 €
450,00 €	200 ≙ C	90.000,00 €

Die potenzielle Nachfrage beträgt somit 360 Reisende, das Reisekontingent ist jedoch auf 200 (= Kapazität) Reisende limitiert. Handelt der Veranstalter nach dem Maximalprinzip (hier höchster Gewinn), so wird er folgende Verkaufsstrategie zugrunde legen:

Reisepreis pro Person	angestrebte Teilnehmer	Gesamtumsatz
750,00 €	60 ≙ A	45.000,00 €
600,00 €	100 ≙ B	60.000,00 €
450,00 €	40 ≙ C	18.000,00 €

Da die Ehrlich Reisen GmbH Gewinnmaximierung anstrebt, wird sie versuchen, die Vollzahler alle zu befriedigen und die übrigen entsprechend in der Reihenfolge ihrer Nachfragepreise. Dabei gilt es zu beachten, dass die Vollzahler jederzeit die Möglichkeit haben müssen, ihre Reise zu buchen.

Um diese Absatzstrategie zu realisieren, nutzt der Veranstalter eine Vielzahl von Daten, z. B. Ferientermine der Schulen, Werksferien großer Unternehmen, Feiertage, Brückentage, Reisetrends und Buchungsdaten vorausgegangener Jahre. Aus diesen Informationen wird der mögliche Buchungsverlauf prognostiziert (= Soll-Kurve) und mit der aktuellen Buchungssituation (= Ist-Kurve) verglichen.

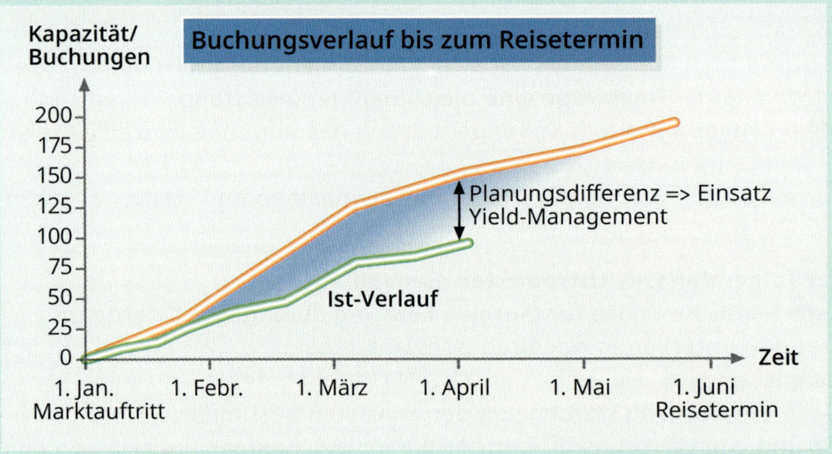

Unterscheiden sich der geplanter und der tatsächlicher Buchungsverlauf, so ist mit *Yield-Management* dafür zu sorgen, dass die Abweichung aufgehoben oder zumindest verringert wird.

Situationsaufgabe

Situation:

Sie wollen die Chancen und Risiken eines Vorhabens (Auflegen einer Veranstaltung etc.) beurteilen. Dafür benötigen Sie umfangreiche Informationen, die Sie auch im Rahmen der Marktforschung erhalten.

Aufgaben:

1_ Welche Methoden der Marktforschung werden unterschieden, wie werden sie durchgeführt?

2_ Welche Vorteile bzw. Anwendungsmöglichkeiten haben die unterschiedlichen Methoden?

3_ Wozu dienen die Beobachtungen und Kundenbefragung im Rahmen der Kaufverhaltensforschung?

4_ Worin sehen Sie den Nutzen der Marktforschung für die Tourismusbetriebe und speziell für Ihren Ausbildungsbetrieb? Überlegen Sie, wie die Ergebnisse der Marktforschung von Destinationen, Reiseveranstaltern, Fluggesellschaften und Reisemittlern verwertet werden können.

Aufgaben

1_ Beschreiben Sie die Zielsetzung des Tourismusmarketings.

2_ Warum wird Marketing als kundenorientierte Unternehmensphilosophie bezeichnet?

3_ Sowohl die Tourismusunternehmen als auch die Konsumenten verhindern die Bildung eines vollkommenen Marktes.

a) Welche Maßnahmen treffen dazu die Tourismusbetriebe?

b) Welche Aktivitäten gehen dazu vom Konsumenten aus?

c) Welche Zielsetzung steht dabei seitens der Marktpartner im Vordergrund?

4_ Nehmen Sie zur folgenden Aussage Stellung: „Marketing hat die Aufgabe, einen unvollkommenen Markt zu schaffen."

5_ Wodurch ist derzeit der touristische Markt gekennzeichnet?

Zusätzliche Aufgaben zu Kapitel 2 finden Sie im BPW unter Zusatzaufgaben zu LF 9, Kapitel 2.

Web

3 Reiseveranstalter

3.1 Reiseveranstalterarten

! Ein Reiseveranstalter (Tour Operator) ist eine Unternehmung, die eigene Leistungen sowie Leistungen Dritter (Leistungsträger) zu marktfähigen touristischen Angeboten (Pauschalreisen) kombiniert und für deren Vermarktung sorgt, wobei diese Pauschalreisen in eigenem Namen, auf eigene Rechnung und auf eigenes Risiko angeboten werden.
(Quelle: Vgl. Kirstges, Thorsten: Expansionsstrategien im Tourismus, Wiesbaden: Verlag Springer Gabler 1996. In: neue betriebswirtschaftliche Forschung (nbf), Band 389, S. 63).

Zur näheren Präzisierung können in Anlehnung an W. Pompl: Touristikmanagement, Band 1 Beschaffungsmanagement, 1997 folgende Veranstaltertypen unterschieden werden:

Reiseveranstalter

nach Größe
- Großveranstalter
- mittelgroße Veranstalter
- Kleinveranstalter
- Gelegenheitsveranstalter

nach Angebotsregionen
- multinational
- überregional
- regional
- lokal

nach Programmspezialisierung
- Generalisten
- Sortimenter
- Spezialisten

nach wirtschaftlicher Zielsetzung
- kommerzielle
- gemeinnützige

Zu einem neuen Typ Veranstalter zählen die sog. X-Veranstalter. Meist sind das Töchter etablierter Veranstalter. Sie haben Namen wie Alltours-X, LMX oder X-1-2-Fly und bieten Pauschalreisen aus verfügbaren Hotelzimmern und Flügen zum günstigen Tagespreis. Festpreise gibt es nicht – Angebot und Nachfrage bestimmen den Preis.

Klassifikation von Reiseveranstaltern

Klassifikation nach Größe

- **Großveranstalter**: Hierzu zählen Veranstalter mit jährlich über 1 000 000 Teilnehmern. Die „Big Four" der Touristikbranche heißen: TUI Deutschland, DER-Touristik, FTI und Alltours.
- **Mittelgroße Veranstalter**: verbuchen jährlich zwischen 10 000 und 1 000 000 Teilnehmer.
- **Kleinveranstalter**: Diese Gruppe hat jährliche Teilnehmerzahlen von unter 10 000.
- **Gelegenheitsveranstalter**: Für diese Unternehmen ist die Veranstaltung von Reisen nur eine Nebentätigkeit, z. B. Zeitungsverlage, die mit Leserreisen eine Kundenbindung an die Zeitung erreichen wollen.

Klassifikation nach dem Angebotsgebiet

- **Multinationale Veranstalter**: Bieten ihre Reisen in mehreren Ländern an bzw. haben dort eigene Niederlassungen oder Beteiligungen an touristischen Unternehmungen.
- **Überregionale Veranstalter**: vertreiben ihre Reisen bundesweit.
- **Regionale Veranstalter:** bieten ihre Reisen nur in einem geografisch begrenzten Gebiet an.

» **Lokale Veranstalter**: sind mit dem Vertrieb von Reisen nur auf ihren Niederlassungsort beschränkt, z. B. ein örtlicher Busreiseveranstalter.

Klassifikation nach Spezialisierung des Reiseprogramms

» **Generalisten** decken den Markt umfassend mit verschiedenen Reiseformen ab. Sie besitzen eine große Programmbreite (Angebot an verschiedenen Reisearten, z. B. Bade-, Studien-, Städtereisen) und eine große Produkttiefe (Angebot von verschiedenen Produkten innerhalb einer Reiseart, z. B. Studienreisen mit unterschiedlichen Verkehrsträgern, Studienreisen für verschiedene Kundentypen, Studienreisen unterschiedlicher Komfortklassen usw.).
» **Sortimenter** besitzen eine Stellung zwischen den Generalisten und den Spezialisten. Mehrere Reisearten werden in unterschiedlicher Produkttiefe angeboten, z. B. Linienflugreisen in viele Länder in Form von Bade-, Erlebnis-, Städte- oder Studienreisen.
» **Spezialreiseveranstalter** haben sich auf bestimmte Reisearten und/oder Reiseziele spezialisiert und bieten die Produkte in einer großen Tiefe, sprich in vielen Variationen an.

Klassifizierung nach dem kommerziellen Status

» **Kommerzielle Veranstalter**: Bei ihnen steht die Gewinnerwirtschaftung im Vordergrund.
» **Gemeinnützige Veranstalter**: Die Gewinnerzielung steht bei diesen Veranstaltern nicht im Vordergrund, sondern eher soziale oder gemeinnützige Ziele. Dies kann z. B. eine vom Jugendamt der Stadt organisierte Kinderfreizeit in den Ferien sein.

3.2 Volkswirtschaftliche Bedeutung der Reiseveranstalter

Wie aus der Definition des Reiseveranstalters ersichtlich wird, kombiniert er eigene und fremde Teilleistungen zu einem eigenständigen Produkt, weshalb man auch von der **Produktion** von Reisen sprechen kann. Der Reisende hat gegenüber einer selbst organisierten Reise (Individualreise) mit der Einschaltung eines Reiseveranstalters u. a. Kostenvorteile. Ein Reiseveranstalter bezahlt bei Leistungsträgern einen wesentlich günstigeren Preis als Individualreisende, da er größere Mengen an Hotelbetten oder Flugsitzplätzen abnimmt. Obwohl Leistungsträger von Individualreisenden höhere Preise verlangen können, ist es auch für sie vorteilhaft, mit einem Reiseveranstalter zusammenzuarbeiten. Denn ein Reiseveranstalter
» garantiert den Leistungsträgern, über einen längeren Zeitraum (Saison) einen Teil ihrer Kapazitäten abzunehmen;
» übernimmt für die Leistungsträger die Vermarktung des Angebots, d. h., er übernimmt es, die Angebote der Leistungsträger über seine Absatzkanäle zu den Kunden zu bringen;
» übernimmt beim Einkauf von Festkontingenten[1] für den Leistungsträger das Auslastungsrisiko.

Die einzelnen Aufgaben der Reiseveranstalter für die Leistungsträger fasst man auch unter dem Begriff der **Handelsfunktion** von Reiseveranstaltern zusammen.

Aber auch für die Kunden hat der Reiseveranstalter wichtige Aufgaben zu erfüllen. Indem er mit seiner Erfahrung die einzelnen Leistungsbestandteile zu einer Pauschalreise zusammenstellt, entlastet er die Urlauber, von für sie fremden ausländischen Herstellern zum Teil unbekannte Produkte zu beziehen. Auch rechtlich vermindert sich für den Urlauber durch die Inanspruchnahme eines Veranstalters das **Risiko,** da er nach den Allgemeinen Geschäftsbedingungen des eigenen Landes für Mängel haftet und nicht der einzelne Leistungsträger im Ausland. Die Kataloge

1 Zum Beispiel bei einem Kontingentvertrag zwischen Hotelier und Reiseveranstalter. Hier verpflichtet sich der Reiseveranstalter, eine feste Anzahl von Betten zu vereinbarten Zeiten zu belegen und zu bezahlen. Leer stehende Betten oder Zimmer sind das Risiko des Reiseveranstalters.

der Veranstalter enthalten, obwohl sie zuallererst Werbeinstrument sind, zudem die wichtigsten Informationen über die Reiseländer. Diese über die Kataloge ausgeübte **Informationsfunktion** der Reiseveranstalter ist nicht nur für Pauschalurlauber wichtig, sondern auch für die Individualreisenden, da sie Kataloge oftmals als Anregung und Informationsquelle für die Planung ihrer Reise verwenden. Nicht zuletzt erfüllt der Reiseveranstalter auch für das Zielgebiet wichtige Aufgaben, denn erst durch seine Tätigkeit ist gewährleistet, dass das Zielgebiet über einen längeren Zeitraum mit Gästen versorgt wird. Nur wenn für die Zielgebiete ein hohes Gästeaufkommen vorhergesagt werden kann, wird auch die Infrastruktur wie z. B. das Verkehrsnetz und die Abfallentsorgung, entsprechend angepasst. Der Veranstalter übernimmt damit die Aufgabe, ein Zielgebiet zu erschließen (**Erschließungsfunktion**).

3.3 Produkte der Reiseveranstalter

Wie aus der Definition am Anfang dieses Kapitels hervorgeht, kombinieren Reiseveranstalter die Leistungen mehrerer Leistungsträger zu einem Leistungsbündel, sprich Pauschalreise. Eine Pauschalreise muss – auch rechtlich gesehen – mindestens zwei Reiseleistungen enthalten, die beide einen von der anderen Leistung losgelösten erheblichen Eigenwert haben. Solche Leistungen nennt man auch **Hauptleistungen** und dies sind z. B. innerhalb einer Pauschalreise die Flug- bzw. die Hotelleistung. Nur wenn mindestens zwei dieser Hauptleistungen vom Reiseveranstalter kombiniert werden, entsteht eine Pauschalreise. Keine Pauschalreise entsteht wenn eine Hauptleistung und eine Nebenleistung kombiniert werden, wie z. B. ein Flug mit Bordverpflegung, eine Unterkunft mit örtlicher Reiseleitung oder einer Fährüberfahrt mit Unterkunft.

Neben den eher formalen Kriterien einer Pauschalreise lassen sich verschiedene Arten von Pauschalreisen unterscheiden, wobei die Grenzen zwischen diesen einzelnen Arten allerdings fließend sind.

Vollpauschalreisen
Hier ist der Urlauber vom Anfang bis zum Ende seiner Reise an das Produkt des Reiseveranstalters gebunden. Solche Leistungen eines Reiseveranstalters umfassen i. d. R. die Beförderung, den Transfer, die Unterkunft/Verpflegung, eine örtliche Reiseleitung sowie oftmals ein Ausflugs- und Besichtigungsprogramm. Dies wird zu einem Gesamtpreis angeboten.
Einzel- oder Gruppenpauschalreisen, IT-Reisen (Inclusive Tours)
Dies sind Flugpauschalreisen mit Linienfluggesellschaften, die auf Sondertarifen der Fluggesellschaften beruhen. Diese Sondertarife dürfen dem Kunden i. d. R. nur in Verbindung mit einer Unterkunft und einer weiteren Leistung, z. B. Transfer, Mietwagen oder Stadtrundfahrt angeboten werden. Auf den Flugtickets selbst fehlen die Preisangaben. Die Bedeutung dieser IT-Reisen ist mit der Liberalisierung des Flugverkehrs in der Europäischen Union gesunken. Ein großer Veranstalter, der IT-Reisen anbietet, ist die Firma Airtours International. Eine Sonderform der IT-Reisen ist die RIT (Rail Inclusive Tour). Dieser Tarif ermöglicht es Bahnkunden, innerhalb Europas zu stark ermäßigten Preisen zu fahren. Voraussetzung ist auch hier, dass in dem Pauschalangebot mindestens die Übernachtung enthalten sein muss. Anbieter von RIT-Reisen sind z. B. Ameropa und DERTOUR.

Teilpauschalreisen
Darunter fallen die über Kataloge angebotenen Einzelleistungen der Veranstalter, z. B. „Nur-Flug“- oder „Nur-Hotel“-Angebote, die der Kunde einzeln buchen kann. Diese Angebote enthalten keine zwei Hauptleistungen, werden aber rechtlich wie Pauschalreisen behandelt, da sie über die Kataloge der Reiseveranstalter angeboten werden.
All-inclusive-Reisen
Neben den üblichen Leistungen einer Pauschalreise sollten bei dieser Reiseart auch alle vor Ort erbrachten Leistungen im Reisepreis enthalten sein. Dies gilt grundsätzlich für alle Verpflegungsleistungen sowie für die meisten Sport- und Freizeitangebote. Besondere Sportarten, wie z. B. Tauchen, Golfen, müssen meist extra bezahlt werden. Da es in der Vergangenheit zu Unstimmigkeiten gekommen ist, welche Leistungen grundsätzlich in All-inclusive-Angeboten enthalten sein müssen, sind deutsche Reiseveranstalter dazu übergegangen, Mindeststandards festzulegen. Bei TUI beinhaltet all-inclusive mindestens die folgenden Leistungen vor Ort: Vollpension, Snacks und/oder Kuchen, alle nationalen alkoholischen und alkoholfreien Getränke während der Mahlzeiten und zu den Öffnungszeiten der Bars, mindestens drei Sportarten sowie zweimal wöchentlich abendliche Unterhaltung.
Individuelle Pauschalreisen
In Form eines Bausteinsystems wird das relativ starre Angebot einer Vollpauschalreise flexibilisiert. Für den Kunden heißt das, dass er innerhalb eines Bausteinkatalogs verschiedene Anreisearten, die Verpflegungsarten und unterschiedliche Serviceangebote einzeln auswählen und während der Reise das Urlaubsquartier einmal oder mehrmals wechseln kann. Der Kunde kann so die Einzelleistungen innerhalb eines gewissen Rahmens beliebig kombinieren. Solche individualisierten Pauschalreisen werden mittlerweile von vielen Veranstaltern angeboten, z. B. TUI und DERTOUR.
Dynamic Packaging
Dynamic Packaging ist ein spezielles Produkt vieler Veranstalter, das in letzten Jahren immer mehr an Bedeutung gewonnen hat. Hier wird bei einer Buchungsanfrage gemäß den individuellen Wünschen des Kunden ein Pauschalangebot in Echtzeit zusammengestellt. Bei jeder Buchungsanfrage kann sich der Preis verändern, da die Reise erst in diesem Moment zu einem Gesamtpaket gebündelt wird. Im Falle einer Kundenanfrage Flug oder Hotel bedeutet dies, dass aktuelle Informationen von Fluggesellschaften und Hotels über freie Kontingente abgefragt und zu einem Reisepaket mit einem tagesaktuellen Gesamtpreis angeboten werden. Neben Dynamic-Packaging-Spezialisten wie Vtours, die auch als virtuelle Veranstalter bezeichnet werden, bieten inzwischen fast alle großen bekannten Veranstalter wie TUI oder DERTOUR diese Produkte an. In diesem Zusammenhang spricht man auch von X-Reisen, X-Veranstaltern oder X-Produkten, weil in den Buchungscomputern vor dem Veranstalternamen meist ein X steht (z. B. XTUI oder XDER). Der Vertrieb erfolgt über stationäre Reisebüros (verfügbar u. a. in Toma, Merlin oder Bistro Portal) und Onlineplattformen wie Expedia oder Opodo bzw. die eigenen Onlineportale der Veranstalter. Neben einer Pauschalreise können die Kunden bei den virtuellen Reiseveranstaltern die einzelnen Reisebausteine wie Flug, Hotel oder Transfer auch separat buchen.

Was unterscheidet Dynamic Packaging von klassischen Veranstaltern?

» Keine Produktion von Reisen und Festlegung von Preisen im Voraus,
» kein gedruckter Katalog (nur Onlinekatalog), Kalkulation der Preise erst bei Buchungsanfrage,
» Flexiblere Produktion durch virtuelle Lagerhaltung und schnelle Reaktionsfähigkeit auf Marktveränderungen.

Dynamic Packaging

Vorteile für Kunden:
» Individuelle Wünsche des Kunden können realisiert werden hinsichtlich Fluggesellschaft, Hotel, Termin, Dauer der Reise, mit/ohne Transfer usw.
» Er muss sich nicht bei verschiedenen Veranstaltern oder Internetseiten seine Reise zusammenstellen, sondern erhält alles aus einer Hand.
» Er erhält nach dem Best-Price-Prinzip im Moment der Buchungsanfrage den bestmöglich verfügbaren Preis.
» Er erwirbt eine reiserechtlich abgesicherte Pauschalreise.

Darauf sollte der Kunde achten:
» Transfers und/oder Reiseleitung sind häufiger im Gesamtpaket nicht enthalten.
» Zwischen Buchungsanfrage und Buchungsabschluss kann es zu Preissteigerungen kommen.
» Anzahlungen und Stornogebühren bei X-Reisen liegen i. d. R. höher.
» Einige Versicherer haben ihre Tarife für die Reiserücktrittskostenversicherung den höheren Stornogebühren angepasst.

3.4 Touristischer Kreislauf eines Reiseveranstalters

Die Leistungen eines Reiseveranstalters (RVA) lassen sich auch als Kreislauf darstellen:

3.4.1 Planung

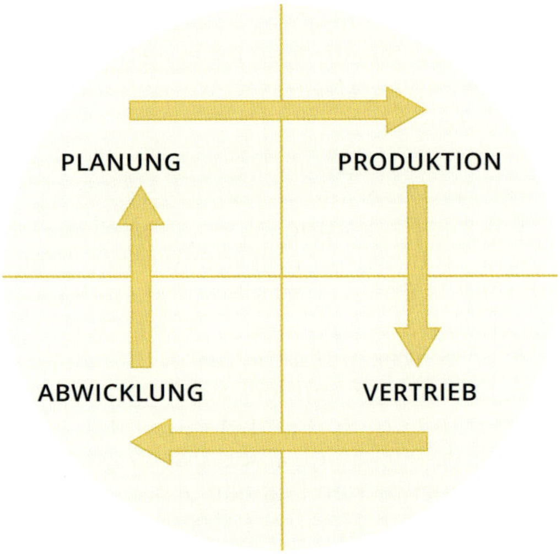

Marktanalyse

Das Produktmanagement wertet in Zusammenarbeit mit der Marketingabteilung Buchungsstatistiken, die Fachpresse, Kataloge sowie Kundenbefragungen aus, um Antworten auf die folgenden Fragen zu erhalten:

» Wie erfolgreich haben sich einzelne Destinationen/Angebote/Hotels/Zusatzleistungen/Bausteine entwickelt?
» Welche Leistungen sind besonders gut gebucht worden und bei welchen gab es eine sehr hohe Reklamationsquote?
» Welche Trends sind auf dem Markt zu beobachten (Marktforschung)?
» Was macht die Konkurrenz und zu welchen Preisen bietet sie gleichwertige Leistungen an (Konkurrenzbeobachtung)?

Planung des Angebots

Die Ergebnisse der Marktanalyse werden der Unternehmensleitung vorgelegt und diese entscheidet dann letztlich darüber, welche Zielgebiete, Urlaubsarten und Leistungen angeboten werden sollen. Ebenso wird über die Katalogplanung entschieden (Seitenzahl, Auflagenvolumen, Gestaltung usw.).

Planung der Nachfrage

Es ist schwierig, aus der Auswertung der vergangenen Saison eine Prognose für die zukünftige Saison zu erstellen. Neuerungen in den Zielgebieten (z. B. neue Rundreisen oder Hotels) müssen berücksichtigt werden, aber auch Unwägbarkeiten wie mögliche Veränderungen der Kundenwünsche oder der Präferenzen hinsichtlich der Zielgebiete sind zu beurteilen. Das Produktmanagement wird letztlich nur eine Grobplanung erstellen, in der die wichtigsten Inhalte des Veranstalterprogramms und die Planzahlen für die erwarteten Passagiere (Paxe) festgehalten sind.

Bei der Zusammenstellung muss auch das Spektrum an verschiedenen Preis- und Leistungskategorien beachtet werden. Von Low Budget Kunden bis zu den Kunden, die ein höheres Preissegment wünschen.

3.4.2 Produktion

Leistungen einkaufen

Zu Beginn der Produktion müssen die Leistungen eingekauft werden. Zuständig hierfür sind spezielle Abteilungen wie Hoteleinkauf oder Flugeinkauf, die in Abstimmung mit dem Produktmanagement und dem Linienflugmanagement die Kontakte zu den Leistungsträgern herstellen. Dies geschieht beim Hoteleinkauf mit dem Besuch des Einkäufers im Zielgebiet, über Zielgebietsagenturen oder auch mit dem Besuch von touristischen Fachmessen wie der ITB in Berlin.

Die Verhandlungen über Preise und Kontingente bis zum Abschluss des Vertrages dauern oft Wochen oder Monate und führen letztlich zum Angebot des Reiseveranstalters.

Kalkulation

Basis für die Kalkulation der Einzel- und Pauschalangebote sind die Einkaufspreise (Hotel, Flug, Transfer, Reiseleitung usw.). Auf diese Einzelkosten wird noch (mit einem Prozentsatz) die Marge aufgeschlagen, mit der die Gemeinkosten des Unternehmens und der Gewinn abgedeckt werden sollen. Die Marge ist aber keine unabänderliche Größe. Die Preispolitik der Konkurrenz beeinflusst auch die Kalkulation des jeweiligen Veranstalters. Abstriche beim Gewinn sind durchaus möglich, wenn man die Preise der Konkurrenz unterbieten möchte.

Ein wichtiger Aspekt bei der Kalkulation sind die Schwankungen der Devisenkurse, da viele Leistungen in Fremdwährung eingekauft werden. Wenn im Frühjahr Hotelverträge in US-Dollar für den Winterkatalog abgeschlossen und die Leistungen erst in der Wintersaison abgerechnet werden, ist zum Zeitpunkt der Kalkulation unklar, wie sich der Kurs des Dollar entwickeln wird.

Die Entscheidung, mit welchem Devisenkurs kalkuliert werden soll, ist somit nicht ohne Brisanz und gehört zum unternehmerischen Risiko.

Liegt der Kurs des Euro zum Zeitpunkt der Abrechnung über dem kalkulierten Kurs, verringern sich die Kosten für die eingekaufte Leistung und ein zusätzlicher Gewinn ist möglich. Liegt er unter dem kalkulierten Kurs, bedeutet dies höhere Kosten für den Einkauf und ein geringerer Gewinnanteil innerhalb der Marge. Bei einer Kalkulation mit einem zu niedrigen Euro-Kurs besteht außerdem die Gefahr, dass es zu Absatzproblemen kommt, da das Produkt zu teuer angeboten wird (vgl. Angebotskalkulation im Rechnungswesenbuch).

Katalog herstellen

Für die meisten Veranstalter geht das Geschäftsjahr vom 1. November bis zum 31. Oktober und es besteht aus zwei Saisonzeiten, der Wintersaison vom 1. November bis 31. März und der Sommersaison vom 1. April bis 31. Oktober. Die Winterkataloge entstehen im Frühjahr und die Sommerkataloge im Spätsommer und Herbst. Auch eine Neuauflage einige Monate nach Erscheinen des Katalogs ist möglich. Nachverhandlungen mit den Leistungsträgern als Reaktion auf das Angebot der Mitbewerber sowie eine Anpassung auf veränderte Marktverhältnisse, etwa der

Nachfrage, sind die Gründe hierfür. Es gibt inzwischen auch einige Ganzjahreskataloge, i. d. R. sind das Spezialkataloge für z. B. Wellness-, Golf- oder Erlebnisreisen.

Für die eigentliche Herstellung des Katalogs müssen die Seitenzahl und die Reihenfolge der Objekte bestimmt werden sowie deren Beschreibung und Bildauswahl. Der Inhalt muss leicht lesbar und übersichtlich sein, aber er soll auch beim potenziellen Kunden die Lust auf Urlaub wecken, denn schließlich ist der Katalog das Aushängeschild des Veranstalters.

Wichtig für die Katalogerstellung sind auch die rechtlichen Rahmenbedingungen. Dies ist im Wesentlichen die Informationsverordnung (InfVO) für die Kataloggestaltung, aber auch das Gesetz gegen den unlauteren Wettbewerb (UWG), die Preisangabenverordnung (PAngVO), das Gesetz zur Regelung der allgemeinen Geschäftsbedingungen (AGBG) sowie Vorschriften zum Markenzeichenrecht und zum Urheberrecht.

Der Katalog ist Bestandteil des Reisevertrages und die darin enthaltenen Angaben sind rechtlich bindend. Die Beschreibungen (z. B. Meerblick, Strandentfernung, Leistungen des Hotels) müssen den Tatsachen entsprechen, Bilder dürfen nicht retuschiert sein und bei den Preisen müssen immer die Endpreise angegeben werden (Ausnahmen davon müssen ausgeschrieben werden).

Aber nicht alles muss neu gemacht werden. I. d. R. werden nur 20 % neu erstellt, 80 % des Angebots wird aus dem Vorjahr übernommen.

Zum Ende der Produktion wird der Druck des Katalogs in Auftrag gegeben und die Auslieferung an die Reisebüros (Distribution) kann erfolgen. Gleichzeitig muss das Angebot auch auf die Internetseite des Veranstalters gestellt werden (falls auch dieser Vertriebsweg gewählt wurde). Dort werden auch Angebote eingestellt, die sich nicht in den Katalogen des Veranstalters befinden. Dieser Weg des Internetkatalogs wird immer häufiger gewählt, einige Veranstalter (wie FTI) drucken schon keine Kataloge mehr.

3.4.3 Vertrieb

Das Angebot ist bereitgestellt und wird jetzt vom Kunden gebucht. In dieser Phase der eingehenden Buchungen werden die gebuchten Leistungen vom Veranstalter disponiert, d. h., Flüge, Hotels, Transfers müssen angefordert werden. Je nach Buchungslage werden evtl. zusätzliche Kontingente an Flugsitzplätzen oder Hotelzimmern eingekauft bzw. bestehende Kontingente werden reduziert. Ebenso werden bei schlechter Buchungslage zur Förderung des Verkaufs Preisnachlässe oder Extras wie z. B. Doppelzimmer als Einzelzimmer gewährt. Voraussetzung für eine flexible Disposition beim Veranstalter sind die mit den Leistungsträgern abgeschlossenen Verträge.

3.4.4 Abwicklung

Bevor der Kunde seine Reise antritt, werden die eingegangenen Reiseaufträge fest gebucht, die Kundendokumente und die Rechnungen erstellt und versendet.

Die Durchführung der Reise steht in der Abwicklungsphase im Mittelpunkt. Alle Leistungen müssen wie versprochen erbracht werden. Wichtig hierbei ist auch die Betreuung durch den Reiseveranstalter und die Reklamationsbearbeitung durch die Reiseleiter im Zielgebiet.

Nach der Reise bzw. am Ende der Saison erfolgen Maßnahmen zur Qualitätsmessung und -sicherung, des Dialogmarketings, Bearbeitung der eingegangenen Beschwerden (Beschwerdemanagement) sowie eine Nachkalkulation der Reisen (Soll-Ist-Vergleich).

3.5 Aufgabenbereiche (Abteilungen) eines Reiseveranstalters

Die hier dargestellten Abteilungen haben je nach Veranstalter unter Umständen andere Bezeichnungen oder sind mit Teilbereichen anderen Abteilungen zugeordnet. Je nach Größe des Veranstalters wird sich auch die Anzahl der Abteilungen unterscheiden. So können sich bei einem kleinen Veranstalter die Aufgabenbereiche auf nur wenige oder sogar nur eine Person reduzieren.

Das Produktmanagement

Die Abteilung Produktmanagement hat eine zentrale Bedeutung bei einem Reiseveranstalter. Hier entstehen die einzelnen Produkte (klassische Flug- und Hotelangebote, Rundreisen, Kombinationsangebote usw.). Zudem ist das Produktmanagement vom ersten Kontakt mit den Leistungsträgern über den Einkauf der Leistungen bis zum fertigen Katalog beteiligt. Je nach Größe des Unternehmens sowie der Zielgebiete gibt es Produktmanager für einzelne Länder oder Regionen.

Aufgaben
» Planungen und Prognosen für einzelne Zielgebiete erstellen » Seiten planen » Flugpreise kalkulieren » Produkte beschreiben » Bilder für den Katalog beschaffen » Katalogproduktion überwachen » Termine koordinieren » Produkte mit dem Hoteleinkauf und dem Linienflugmanagement abstimmen

Der Hoteleinkauf

Die Abteilung Hoteleinkauf hält den unmittelbaren Kontakt mit den Hotels und der Entwicklung im Zielgebiet und arbeitet deshalb eng mit dem Produktmanagement bei der Planung für die nächste Saison zusammen. Das Aushandeln der Verträge mit den Hotels sowie die Katalogerstellung gehören ebenfalls zu ihren Hauptaufgaben.

Aufgaben
» in Absprache mit dem Produktmanagement die kommende Saison planen » Vertragsverhandlungen führen (Einkaufen der Leistungen vor Ort) » Konkurrenz im Zielgebiet beobachten und analysieren » Kalkulationen vorbereiten » Preisteil im Katalog erstellen » Preise vergleichen und analysieren » Konditionen nachverhandeln

Die Marketingabteilung

Das Marketing umfasst einerseits die strategische Vorgaben für die Unternehmensführung hinsichtlich Markt-, Wettbewerbs- und Kundenorientierung auf allen Ebenen der Unternehmensprozesse und andererseits alle operativen Aktivitäten zu ihrer Umsetzung im Rahmen des Marketingmix. Bei vielen Reiseveranstaltern existiert deshalb eine eigene Marktforschungsabteilung, die unmittelbar der Geschäftsleitung unterstellt ist.

Aufgaben

» Veranstalter und seine Produkte bekannt machen
» Produkte vermarkten
» Corporate Identity (einheitliches Erscheinungsbild) entwickeln
» Marketingmix planen
» Dialogmarketing
» Werbeplan ausarbeiten
» Markt und Konkurrenz beobachten

Der Vertrieb

Die Vertriebsabteilung organisiert den Verkauf über die verschiedenen Vertriebskanäle. Hierunter fällt vor allem die Agenturbetreuung mit der Beratung bei Buchungs- und Abrechnungsfragen und verkaufsfördernden Maßnahmen wie z. B. Bereitstellung von Informationen und Schulungen für Expedienten. Die Produktion und der Versand der Kataloge sowie Zusammenstellung und Versand der Reiseunterlagen an die Kunden sind ebenfalls Aufgaben des Vertriebs.

Aufgaben

» Provisions- und Abrechnungsmodalitäten festlegen
» Agenturnetze organisieren
» Zielvereinbarungen mit Ketten und Kooperationen treffen
» Agenturen bei ihrer Arbeit unterstützen (siehe unten: Produkt-Service-Team)
» Verkaufsmaterial für die Agenturen bereitstellen
» Schulungen für die Agenturen durchführen

Das Produkt-Service-Team/Die Reservierung

Das Produkt-Service-Team gehört zum Vertriebsbereich und ist die Schaltstelle zwischen Veranstalter und Reisebüro, die eine Beratung bei Buchungs- und Abrechnungsfragen anbietet.

Aufgaben

» anfallende Rückfragen zu Buchungen, Katalogen und Zielgebieten (Unterstützung der Reisebüros) bearbeiten
» Sonderwünsche (z. B. Leerwochen, eigene Anreise, Langzeitaufenthalte usw.) ermöglichen

Der Serviceschalter am Flughafen

Nur bei großen Veranstaltern werden die Kunden bei Flugpauschalreisen an eigenen Schaltern des Abflughafens betreut und informiert. Der Check-in erfolgt entweder an den Schaltern des Flughafenbetreibers oder direkt bei der Fluglinie.

222251548

Aufgaben

- Veranstaltergäste betreuen
- untergeordnete Veranstaltermarken betreuen
- Flugscheine verkaufen
- Tickets hinterlegen
- Abflugmeldungen anfertigen

Die Reiseleitung

Die Reiseleitung im Zielgebiet ist für die Kunden meist der einzige persönliche Kontakt zum Veranstalter. Neben der Qualität der eigentlichen Reise wird die Reise für den Kunden wesentlich durch die Leistung der Reiseleitung geprägt.

Aufgaben

- An- und Abreise zum/vom Hotel organisieren
- Informationen über das Zielgebiet bereitstellen
- Sprechstunden in Hotels – „Begrüßungstreff" durchführen
- Zusatzleistungen (z. B. Ausflüge) vermitteln
- Beschwerden entgegennehmen
- Bei der Abstellung von Mängeln helfen
- Kontakt zu Leistungsträgern vor Ort herstellen

3.6 Der Einkauf von Fremdleistungen

Wie bereits im Kapitel 3.5 ausgeführt, gehört der Einkauf von Fremdleistungen zur Produktionsphase bei einem Reiseveranstalter. Das Produktmanagement hat in enger Abstimmung mit der Unternehmensleitung und den jeweiligen Beschaffungsabteilungen (z. B. Flug und Hotel) die Zielgebietsplanungen für die nächste Saison festgelegt. Der eigentliche Einkauf von Fremdleistungen erfolgt nun durch die jeweilige Abteilung. Je nach Größe eines Veranstalters oder seiner internen Organisationsform kann dies auch durch eine bestimmte Abteilung geschehen oder Aufgabenbereiche können auch einer Abteilung zugeordnet sein (z. B. Flugeinkauf dem Produktmanagement).

Der Einkauf von Fremdleistungen vollzieht sich in mehreren Schritten:
- Einholung von Angeboten,
- Überprüfung der Angebote und Vorverhandlungen über Preise und Konditionen,
- Entscheidung über die Auswahl der Leistungsträger,
- Verhandlungen über Preis, Dauer und vertragliche Bedingungen der Leistung und
- Vertragsabschluss.

Einkauf von Unterkunftsleistungen

Die Grundlage für die rechtliche Beziehung zwischen Hotelier und Veranstalter ist der Hotelvertrag. Der Hotelier verpflichtet sich, die im Vertrag vereinbarten Leistungen mängelfrei zu erbringen und sein Hotel in einwandfreien Zustand zu halten. Der Veranstalter verpflichtet sich, das Hotel in sein Reiseprogramm aufzunehmen, dafür zu werben, die eingekauften Kapazitäten zu belegen und Rechnungen unverzüglich zu bezahlen.

Wesentliche Vertragsinhalte des **Hotelvertrags** sind:

» Vertragspartner,
» Zeitraum (Winter, Sommer) oder Saison (Hochsaison, Nebensaison),
» Zimmerart (Lage, Belegung, Ausstattung), Anzahl der Zimmer (Kontingent) und Verpflegung,
» Einrichtungen des Hotels,
» Zusatzleistungen,
» Preis (i. d. R. in der Landeswährung),
» Preiselemente (Zuschläge, Ermäßigungen, Sonderleistungen usw.),
» Zahlungsart,
» Meldefrist (Verfallfrist) und
» Allgemeine Vertragsbedingungen (Haftung, Gerichtsstand).

Je nach Interesse und Verhandlungsposition der Vertragspartner werden unterschiedliche Arten von Hotelverträgen unterschieden:

Kontingent- oder Allotmentvertrag (Optionsvertrag)
Der Veranstalter kauft ein festes Kontingent von Betten zu einem festen Preis ein. Bis zu einem bestimmten Termin (Verfallfrist) kann er über die Betten frei verfügen. Nach Ablauf der Frist kann er die nicht in Anspruch genommenen Kontingente kostenneutral zurückgeben. Dies ist die gebräuchlichste Form des Hotelvertrages und das Risiko einer evtl. nicht vollständigen Auslastung trägt der Hotelier.
Garantievertrag
Der Veranstalter verpflichtet sich zu einer Belegungsgarantie für ein bestimmtes Bettenkontingent (z. B. 80 %). Dies geschieht meist in Form einer kumulativen Garantie, d. h., der Veranstalter garantiert eine durchschnittliche Belegungsquote für einen vereinbarten Zeitraum. Wenn bei der Abrechnung am Saisonende festgestellt wird, dass die Belegungsquote niedriger war, kann dies zu Konventionalstrafen seitens des Veranstalters führen.
Festanmietungsvertrag
Der Veranstalter verpflichtet sich, für einen vereinbarten Zeitraum ein bestimmtes Kontingent von Betten zu einem vereinbarten Preis abzunehmen. Diese Vertragsform findet sich häufig bei Appartementhäusern.
Free-Sale-Vertrag
Der Veranstalter kauft seine benötigten Betten nur nach Bedarf ein.

Einkauf von Flugleistungen

Wichtige Kriterien eines Reiseveranstalters für die Auswahl von Fluggesellschaften sind:

» Linien-, Charterverkehr, Low Cost,
» Flugtage, Fluggerät,
» Abflug-/Ankunftszeiten,
» Streckenführung,
» Pünktlichkeit und Zuverlässigkeit,
» Sicherheit und
» Preis.

1.2 Ökologische Unternehmenspolitik

> **! Ziel einer ökologischen Unternehmenspolitik muss es sein, das Gewinnstreben mit den Erfordernissen des Umweltschutzes in Einklang zu bringen.**

Es müssen folgende Gleichungen gelten:

Umweltbelastung = Kostenfaktor

Umweltschutz = Ertragsfaktor

Ökologische Unternehmenspolitik erbringt Lösungsbeiträge durch Produkte und Dienstleistungen, die der globalen Herausforderung etwa durch steigende Weltbevölkerung, Ressourcenverknappung und zunehmende Wohlstandsunterschiede begegnet. Dabei **haben wirtschaftliche Belange** gegenüber Umwelt-, Arbeits- und Gesundheitsaspekten **keinen Vorrang.**

Zur Überprüfung der Qualität und Nachhaltigkeit von Tourismusbetrieben gibt es eine ganze Menge sog. Qualitätssiegel. Die nachfolgenden Siegel werden im Allgemeinen als für den Reisebereich wichtig erachtet.

Das TourCert-Siegel wird Reiseveranstaltern, Reisebüros, Beherbergungsbetrieben und Destinationen verliehen. Es gelten jeweils sektorspezifische Anforderungen für die Datenerhebung und Zertifizierung. Zertifizierte Unternehmen und Destinationen führen ein Nachhaltigkeitsmanagementsystem ein. Der „TourCert Qualified" bietet einen einfachen Einstieg in das System.

TourCert-Siegel

Das offizielle Umweltzeichen der Europäischen Union wird im Bereich Tourismus für Beherbergungsbetriebe und Campingplätze vergeben. Die Prüfung der Betriebe und die Vergabe des Zertifikates erfolgen durch die nationalen Partnerorganisationen, z. B. Umweltministerien.

Bei den Reisebüroketten und -kooperationen zeichnet sich ab, dass Qualitätskriterien und Zertifikate immer öfter aus dem eigenen Haus kommen. Das gilt für TUI ebenso wie DERPART oder die Reisebüroallianz DTPS sowie Alltours Reisecenter.

EU-Ecolabel

Umweltlizenzen und **Schadstoffzertifikate** können helfen, eine solche Unternehmenspolitik durchzusetzen. Der Staat begrenzt mengenmäßig die Gesamtemission eines Schadstoffes und bietet den Unternehmen zu einem bestimmten Preis ein Paket von Verschmutzungsrechten an. Jedes betroffene Unternehmen muss diese Emissionsrechte erwerben und kann sie bei Nichtinanspruchnahme wieder verkaufen (Emissionshandel). So bekommt jede ausgestoßene Schadstofftonne einen Preis.

Schadstoffemissionen

Durch die weltweite Seeschifffahrt (dazu zählen auch die Hochseekreuzfahrten) werden jährlich hohe Abgasemissionen verursacht. Dies hat verschiedene klima- und umweltschädliche Auswirkungen. Durch die Verbrennung des Treibstoffs entstehen, wie bei allen Verbrennungsmotoren, verschiedene Abgase: Stickoxide (NO_x), Kohlenmonoxid (CO), Kohlendioxid (CO_2) und als Besonderheit aufgrund des erhöhten Schwefelanteils bei Schiffstreibstoffen Schwefeloxide (SO_x).

Viele Kreuzfahrtschiffe verwenden immer noch Schweröl anstatt umweltfreundlicherer alternativer Treibstoffe. Schweröl ist ein zähflüssiges, stark riechendes, aber billiges Abfallprodukt der Mineralölindustrie. An Land darf es schon lange nicht mehr verbrannt werden, zu giftig ist der Qualm voller Schwefel, Ruß und Asche. Eine Tonne kostet etwa die Hälfte gegenüber dem umweltfreundlicheren Marine Diesel Oil (MDO).

Die Reedereien stehen in der Pflicht, ihre Umweltschutzanstrengungen zu intensivieren. Die Umsetzung der IMO-Richtlinie (→ LF 8, Kapitel 3.2 Fährpassagen) in geltendes Recht hat das Umdenken beschleunigt. Am Beispiel von AIDA Cruises werden wichtige Maßnahmen zur Emissionsminderung vorgestellt:[1]

- Von 2017 bis 2019 wurde bereits der Treibstoffverbrauch um 10 % gesenkt durch
  - Reduzierung der Geschwindigkeit,
  - effektiveres Routenmanagement durch Verkürzung der Liegezeiten und Optimierung der Fahrpläne,
  - giftfreie und umweltfreundliche Unterwasseranstriche, die die Reibung während der Fahrt reduzieren,
  - optimiertes Rumpfdesign.
- Einsatz schwefelarmer Treibstoffe, wo erforderlich
- Einbau von Rußpartikelfiltern (Scrubber)
- Einbau von Katalysatoren
- Verjüngung der Kreuzfahrtflotte
- Kreuzfahrtneubauten sollen in Zukunft komplett ohne Schweröl auskommen und werden mit Motoren ausgerüstet, die nicht nur mit Diesel, sondern auch mit Flüssiggas betrieben werden können.
- Einsatz einer LNG-Hybrid-Barge (E-Power-Barge, Schute) für die Stromversorgung des Kreuzfahrtschiffes im Hamburger Hafen

Andere Reedereien haben ähnliche Maßnahmen geplant bzw. umgesetzt. Langfristiges Ziel ist die CO_2-freie Kreuzfahrt. Die deutsche Kreuzfahrtschifffahrt will ihren guten Ruf als umweltfreundliche Reiseart nicht verlieren, und nur eine intakte Umwelt gewährleistet unbeschwerten Urlaub. AIDA Cruises bietet in Zusammenarbeit mit der unabhängigen Klimaschutzorganisation atmosfair seinen umweltbewussten Kunden die CO_2-Kompensation an.

Emissionshandel

Der Emissionshandel ist seit 2005 ein Instrument der EU-Klimapolitik mit dem Ziel, den Ausstoß klimaschädlicher Gase zu senken. Das System richtet sich dabei nicht an einzelne Unternehmen oder Länder, sondern erfasst jede einzelne Anlage (z. B. Fabrik oder Kraftwerk). Jede Anlage erhält das Recht, für einen bestimmten Zeitraum, eine nach festgelegten Regeln bestimmte Menge

1 Quelle: Vgl. AIDA Cruises (Hrsg.): AIDA Cares – Nachhaltigkeitsbericht Geschäftsjahr 2019. In: www.aida.de/v10/fileadmin/user_upload_v8/AIDA_Cares/201117_AIDA_Cares_Nachhaltigkeitsbericht_Geschäftsjahr_2019.pdf, S. 30 ff. [26.10.2021].

klimaschädliche Gase auszustoßen. Sind diese Emissionen geringer als die zugeteilte Berechtigung, z. B. infolge eigener Anstrengungen zur Emissionsminderung, kann die nicht benötigte Berechtigung am Markt verkauft werden. Umgekehrt können auch Emissionszertifikate gekauft werden, falls Maßnahmen zur eigenen Emissionsminderung teurer ausfallen würden. So soll ein ökonomischer Anreiz entstehen, den Ausstoß schädlicher Klimagase dort zu senken, wo es am effizientesten ist.

Nach einem Urteil des Europäischen Gerichtshofes kann die EU nun auch alle Fluggesellschaften in den Handel mit Luftverschmutzungsrechten einbeziehen. Seit dem 1. Januar 2012 sind etwa 900 Airlines verpflichtet, Zertifikate für den Ausstoß des Treibhausgases Kohlenstoffdioxid zu kaufen, den sie durch Starts und Landungen in Europa verursachen. Zur Berechnung des CO_2-Ausstoßes wird die gesamte Flugstrecke betrachtet.

Von diesem Emissionshandel der EU ist die nationale **Luftverkehrsabgabe** zu unterscheiden, die seit dem 1. Januar 2011 erhoben wird. Sie wurde aus rein fiskalischen Gesichtspunkten eingeführt, denn es wird nicht nach dem Energieverbrauch oder Lärmpegel der Flugzeuge unterschieden, sondern lediglich nach der Länge der geflogenen Strecke des jeweiligen Passagiers. Der Steuersatz soll jedoch mit den künftigen Kosten für den Emissionshandel verrechnet werden. Gerade durch die CO_2-Emissionen und den damit verbundenen Treibhauseffekt ist bereits heute deutlich, dass unter gleichbleibenden Voraussetzungen in 50 Jahren 320 Mrd. € jährlich für die Beseitigung der Folgeschäden notwendig sein werden.

Die ökologische Unternehmenspolitik verankert den Schutz der Umwelt als **strategisches Unternehmensziel.** Außerdem bedeutet ökologische Unternehmenspolitik
- umweltbezogene betriebliche Leistungen zu definieren,
- in Form von betrieblichen Programmen umzusetzen und
- die ökologische Qualität des Arbeitens zertifiziert zu erhalten.

Umweltkennzahlen

Durch die Bildung von Umweltkennzahlen werden umweltbezogene Leistungen eines Unternehmens mess- und nachvollziehbar.

- **Umweltleistungskennzahlen** konzentrieren sich auf Planung und Kontrolle der Umweltauswirkungen des Unternehmens.

  - Energieverbrauch
  - Abfallaufkommen pro Produktionseinheit
  - Gesamtverkehrsaufkommen des Betriebes

- **Umweltzustandskennzahlen** beschreiben die Qualität der Umwelt in der Umgebung des Unternehmens.

  - Wassergüte
  - Luftqualität

- **Umweltmanagementzahlen** stellen die organisatorischen Anstrengungen des Managements dar, die Umweltauswirkung des Unternehmens zu minimieren.

Nachdem ein Unternehmen ein Umweltmanagementsystem eingeführt hat, wird es anschließend von einem unabhängigen Sachverständigen geprüft. Die Teilnahme am Zertifizierungsverfahren kann dann durch die Verwendung eines speziellen Emblems (z. B. EMAS-Logo) in der Unternehmenskommunikation herausgestellt werden.

EMAS steht für das freiwillige europäische Umweltmanagementsystem *Eco-Management and Audit Scheme.* Unternehmen und andere Einrichtungen, die sich an EMAS beteiligen wollen, müssen sich zur Einhaltung der national geltenden Umweltvorschriften und zur kontinuierlichen Verbesserung ihres betrieblichen Umweltschutzes verpflichten.

EMAS ist das weltweit anspruchsvollste Gütesiegel hinsichtlich Lärm- und Klimaschutz, Luftqualität, Natur- und Ressourcenschutz. In der jährlichen Umwelterklärung berichten u. a. die Fraport AG, Frankfurt und The Ritz-Carlton, Berlin über ihre selbst gesteckten Umweltziele und deren Umsetzung. Die Kontrolle dieser Audits erfolgt durch unabhängige Umweltgutachter. Das Umweltprogramm der Fraport AG ist 2019 fortgeschrieben worden (vgl. „Verkürzte Umwelterklärung 2019“, zu finden auf der Website www.fraport.com).

Einen ehrgeizigen Ansatz versucht das **„forum anders reisen“**, ein Zusammenschluss von ca. 130 Reiseunternehmen, die sich dem nachhaltigen Tourismus verpflichtet haben:

„Anders reisen: Verantwortung übernehmen

Das forum anders reisen e. V. ist ein Zusammenschluss von Reiseunternehmen, die sich dem nachhaltigen Tourismus verpflichtet haben. Unser Name steht für Reiseerlebnisse, die sich am Menschen und an der Umwelt orientieren. Wir nutzen Ressourcen vor Ort sorgsam und gezielt, begegnen fremden Kulturen mit Respekt. Gemeinsam stellen wir uns der Verantwortung für wirtschaftliche und soziale Entwicklung hier und in den Reiseländern. [...]

Die Mitglieder des forum anders reisen streben eine Tourismusform an, die langfristig ökologisch tragbar, wirtschaftlich machbar sowie ethisch und sozial gerecht für ortsansässige Gemeinschaften sein soll (nachhaltiger Tourismus). Konkret bedeutet dies, dass Nachhaltigkeit eine wesentliche Vorgabe für die Angebote unserer Veranstalter ist. Sie entwickeln nachweislich umweltschonende und sozialverträgliche Reisen von besonderer Qualität, die auch wirtschaftlich realisierbar sind. Sie achten die Menschenrechte und setzen sich insbesondere für den Schutz von Kindern vor sexueller und wirtschaftlicher Ausbeutung im Tourismus ein. [...]

Der Kriterienkatalog weist ökonomische, ökologische und soziale Dimensionen einer Reise genauso aus wie die Verantwortung gegenüber den Reisenden und den Mitarbeitenden im Unternehmen. [...]

Alle Mitglieder im forum anders reisen verpflichten sich zu einem einheitlichen und verbindlichen **CSR-Prozess.** CSR steht für Corporate Social Responsibility und bezeichnet den Beitrag von Unternehmen zu einer nachhaltigen Entwicklung. Der CSR-Bericht (Nachhaltigkeitsbericht) gibt messbar und nachprüfbar Auskunft darüber, welche soziale, ökologische und ökonomische Verantwortung ein Unternehmen in seiner Geschäftstätigkeit übernimmt. [...]“

Quelle: forum anders reisen e. V.: Philosophie. Anders reisen: Verantwortung übernehmen. In: https://forumandersreisen.de/ueber-uns/philosophie [28.10.2021].

Ein weiterer Aspekt ist, dass Veranstalter mehr denn je die Menschen an den Reisezielen unterstützen (müssten) mit der Frage: Was nützt den Einheimischen“, dass diese auch in schwierigen Zeiten wie diesen weiter existieren können.

(Vgl. F. Langer, Den Schlitten mit toten Robben teilen, in FAZ vom 6.1.22, S. R 1)

Zu den Wechselwirkungen von Wirtschaft und Umwelt siehe auch LF 12, Kapitel 8 Umweltökonomische Gesamtrechnungen.

1.3 Ökologische Arbeitnehmerpolitik

Eine solche Politik ist sowohl auf den Erhalt der Arbeitsplätze als **Einkommens-** und **Wohlstandsquelle** als auch auf die **Erhaltung der Natur** als Lebensraum ausgerichtet. Erste Ansätze sind u. a.:

- Schwerpunkt der Arbeitsplatzerhaltung und Bildung ist dort durchzusetzen, wo sie den Interessen gegenwärtiger und künftiger Generationen dienen.
- In umweltschädlichen Bereichen sind Produktionseinschränkungen und Konsumreduzierungen vorzunehmen.

Ökologische Arbeitnehmerpolitik muss gelebt werden, d. h., die Mitarbeiter selbst sollen erkennen, welche Arbeitsbedingungen bereits herrschen und/oder erschaffen werden können, um die ökologische Politik ihres Unternehmens zu unterstützen.

Mitarbeiterbeteiligung in verschiedenen Bereichen kann die Verantwortlichkeit der Mitarbeiter für das Unternehmen fördern. Das Thema Umwelt kann in das betriebliche Vorschlagswesen genauso eingehen wie in die Betriebsratsarbeit, z. B. in Form einer Gründung von Umwelt-Teams, durch die Ernennung von Umwelt-*Controllern* und der Bildung eines Umwelt-Forums, das Ansprechpartner und Informationsveranstalter zugleich sein kann.

Ökologische Arbeitnehmerpolitik

- kann betriebsintern und in der Öffentlichkeit das Umweltimage verbessern,
- kann die Einhaltung der gesetzlichen Vorschriften des betrieblichen Umwelt- und Gesundheitsschutzes garantieren,
- kann helfen, Materialien wie Papier oder natürliche Ressourcen wie Wasser usw. einzusparen und Kosten verringern bzw. Kostensteigerungen verhindern.

Eine solche **Arbeitnehmerpolitik schützt** die Mitarbeiter über die gesetzlichen Anforderungen hinaus, entlohnt **anforderungs-** und **leistungsgerecht,** berücksichtigt angemessene Sozialleistungen und bietet **zukunftsfähige Arbeitsplätze.**

1.4 Ökologische Verbraucherpolitik

Touristische Unternehmen müssen der Konsumentennachfrage ein umweltgerechtes Angebot gegenüberstellen. Die **Anbieter** müssen **Kaufanreize** unter dem Gesichtspunkt der Umweltverträglichkeit **für umweltfreundliche Produkte schaffen.**

! **Eine ökologische Verbraucherpolitik setzt voraus, dass nur solche Produkte und Dienstleistungen erzeugt bzw. angeboten werden, die sicher herzustellen, sicher zu verwenden und sicher zu entsorgen sind und keine Belastung von Mensch und Umwelt bei Herstellung, Lagerung, Vertrieb und Verwendung hervorrufen.**

Ökokompetenz in der Kundenberatung:

- Weisen Sie auf die kulturellen und ökologischen Besonderheiten des jeweiligen Zielgebietes hin.
- Werben Sie dafür, die Bahn oder den Bus statt das Flugzeug auf Strecken bis 500 km zu nutzen.

Umweltauszeichnungen im Tourismus können ein sinnvolles Mittel zur Förderung umweltgerechter Angebote sein. Allerdings müsste eine einheitliche Kennzeichnung und Auszeichnung von Tourismusdestinationen und -regionen, Beherbergungsbetrieben sowie Reiseveranstaltern erfolgen. Zurzeit sind ca. 50 Auszeichnungen national und international zu lokalisieren.

Die Vielzahl von Umweltzeichen, Umweltwettbewerben und Umweltpreisen und der auch leider damit verbundene „Etikettenschwindel" verunsichern den Verbraucher. Es muss eine verstärkte Konzeption und Förderung von Öko-Audits und Zertifikaten für die Tourismuswirtschaft angegangen werden.

Das europäische Umweltzeichen, EU Ecolabel und auch Euroblume genannt, wird von der EU-Kommission vergeben, die damit umweltorientierte Beherbergungsbetriebe und Campingplätze auszeichnet. Unter die Vergabekriterien fallen beispielsweise der betriebliche Kohleausstieg und die ausschließliche Nutzung von Ökostrom. Aber auch Einsparungspotenziale sind auszuschöpfen. So sind beispielsweise LED-Beleuchtung, wassersparende Duschköpfe und WC-Spülungen vorgeschrieben. Näheres finden Sie im Internet unter www.eu-ecolabel.de

Situationsaufgabe

Situation:

Umweltschutz, Nachhaltigkeit und die Verringerung des CO_2-Fußabdrucks infolge des Reisens stehen zunehmend im Vordergrund der Diskussionen auch in der Fachpresse. Es wird überlegt, wie man den Tourismus nach der Pandemie wieder stärken kann, aber gleichzeitig (wenn möglich) möglichst umweltschonend gestaltet.[1]

Aufgabe:

Geben Sie jeweils zwei typische Beispiele an, wie Veranstalter versuchen, der sozialen, ökonomischen und ökologischen Verantwortung gerecht zu werden.

1 Vgl. (z. B. fvw 25/2021 oder 26/2021)

222251560

2 Marketing

In Lernfeld 9 war die Planung aller auf die aktuellen und potenziellen Märkte ausgerichteten Unternehmensaktivitäten Gegenstand der Untersuchung. In Lernfeld 10 geht es um die Instrumente der Distributions- und Kommunikationspolitik bei eigenen Reiseveranstaltungen, sodass aus systematischen Gründen auf eine Wiederholung der Strategien und Instrumente des Marketing verzichtet werden kann.

2.1 Distributionspolitik

Die Distributionspolitik (Vertriebspolitik) beschäftigt sich grundsätzlich mit allen Fragen, wie der Weg von Produkten oder Leistungen vom Produzenten zum Endverbraucher bzw. -verwender im Tourismus gestaltet werden muss.

Hierbei sind jedoch im Tourismus folgende Besonderheiten zu beachten:

» Die touristische Leistung ist immateriell (Produktbesonderheit), daher ergibt sich keine Warenlogistik im Sinne von z. B. Warentransport, Lagerhaltung, Zulieferservice.
» Das touristische Leistungsangebot kann nicht auf Vorrat produziert werden. Zeitpunkt und Ort der Leistungserbringung sind somit unteilbar.
» Der Konsument muss zum Produzenten kommen, um die Leistung zu verwerten; somit tritt das Transportproblem in den Vordergrund.
» Tourismusproduzenten schließen in der Bereitstellungsstufe mit dem Konsumenten Verträge ab, aus denen sich aus Sicht der „Käufer" Inanspruchnahmerechte bzw. für den „Verkäufer" Verpflichtungen zur Erbringung der touristischen Leistung ergeben.

! Die Distributionspolitik versteht sich dabei als „Einbahnstraße" zwischen Konsumenten und Tourismusproduzenten.

Die Festlegung des **Absatzweges,** also die Art und Anzahl von Institutionen (**Distributionsorgane),** die die Buchungs- und Reservierungsmöglichkeiten durch den Konsumenten beim touristischen Leistungsanbieter bzw. bei zwischengeschalteten Agenturen (Reisemittler) beschreibt, kann direkt und/oder indirekt sein.

Beim **indirekten Vertrieb** bedient sich der Veranstalter eines Mittlers (des Reisebüros), um seine Produkte an den Kunden zu verkaufen. Hier wird zwischen Eigenvertrieb und Fremdvertrieb unterschieden. **Eigenvertrieb** eines Veranstalters kann erfolgen über eigene Reisebüros (z. B. Reisebüroketten) oder auch über selbstständige Reisebüros, die aber wirtschaftlich an ihn gebunden sind (z. B. Franchising). **Fremdvertrieb** erfolgt über unternehmensfremde Absatzhelfer, d. h. vorwiegend über unabhängige Reisebüros (stationär oder im Internet), und beeinflusst die Vertriebskosten.

Die Reiseveranstalter und auch die Leistungsträger mit indirektem Vertrieb sind aus Gründen der (örtlichen) Kundennähe daran interessiert, über ein möglichst flächendeckendes und dichtes Agenturennetz zu verfügen, das sie aus Kostengründen nicht selbst aufbauen und unterhalten können oder wollen. Sie bedienen sich daher selbstständiger Reisemittler als Alternative zum Eigenvertrieb. Für die nachfragenden Reisenden hat das örtliche Reisebüro die Vorteile des kurzen Einkaufsweges, des One-stop-shoppings (alle Reiseleistungen aus einer Hand) und bei Bedarf, der Auswahl-, Beratungs- und Entscheidungshilfe.

Beim **direktem Vertrieb** entfällt die Mittlerstufe Reisebüro, der Kunde bucht also direkt beim Produzenten (ohne Zwischenschaltung eines eigenen oder fremden Reisebüros) per Post, Telefon (Callcenter), Internet, Märkte und Messen oder Buchungsstelle im eigenen Unternehmen. Heute verfolgen die touristischen Leistungsanbieter (Veranstalter, Fluggesellschaften, Hotels, Mietwagenfirmen usw.) meist mehrere Absatzweg-Varianten parallel. So lässt sich eine Veranstalterreise sowohl im eigenen Buchungsportal im Internet und auch über eigene oder fremde Reisebüros buchen.

Aus strategischer Sicht wird die Wahl eines direkten und/oder indirekten Absatzweges von den spezifischen Gegebenheiten der touristischen Leistung, der Konkurrenzsituation, der Marktstruktur und den daraus resultierenden Vor- und Nachteilen für die Vertriebswege bestimmt.

direkter Vertrieb ←	**Vorteile und Nachteile**	→ **indirekter Vertrieb**
» niedrigere Kosten, z. B. keine Provisionszahlung » keine unterschiedlichen Interessen von Produzenten und Reisemittlern, z. B. Unternehmensziele » keine Mitbewerber im Sortiment, z. B. verschiedene Veranstalter » Einfluss auf Verkaufsumfang » größere Kundenbindung durch direkte Kommunikation mit Kunden, da auf Nachfrageschwankungen besser reagiert werden kann » Einfluss auf die Beratungsqualität » einfachere Erfüllung von Kundenwünschen möglich		» der hohe Beratungsaufwand einer touristischen Leistung wird auf den Reisemittler übertragen » räumliche Trennung zwischen Produzenten und Konsumenten » flächendeckendes Absatznetz » Berücksichtigung individueller Kundenwünsche » Handelsmittler sind Imageträger und » dienen als Informationsquelle für die Marktforschung

Im Rahmen der touristischen Leistungsstufen muss für die Distributionspolitik folgender Ablauf berücksichtigt werden:

Vertriebsstrategie

» aktive Suche nach Kunden
» Bearbeiten der qualifizierten Kundenadressen
» Kundeninformation und entsprechend den Bedürfnissen weitere Kundenqualifikation
» Verfügbarkeit der Reiseanrechte sicherstellen
» Vertrieb der Reise-Inanspruch-Rechte
» Reisemittelpolitik
» Gästeakquisition
» Incoming-Leistung
» Kundenbindungskonzepte der beteiligten Absatzorgane

222251562

Die **ermittelten Kundenadressen** sind qualifiziert zu bearbeiten. Sie sind zu umwerben und mit Informationen zu versorgen. Dadurch wird beim Kunden Kaufinteresse erzeugt und im Idealfall durch eine Anfrage zum Ausdruck gebracht. Ist die Verfügbarkeit der touristischen Leistung gegeben, erfolgt ein entsprechendes Angebot. Da dies für den Kunden aufgrund der qualifizierten Bearbeitung seines speziellen Bedarfs ein Nutzenoptimum darstellt, kommt es oft zur Buchung.

Im Rahmen einer professionellen Beratung werden dem Kunden die Buchungsunterlagen übermittelt; er wird nochmals auf die Rahmenbedingungen wie Stornofristen und Zahlungsbedingungen hingewiesen und erhält nochmals spezifische Produktinformationen wie Ankunfts- und Abreisezeiten.

Die Entscheidung darüber, welche Form des Absatzweges letztlich gewählt wird, hängt von verschiedenen Faktoren ab, u. a. wie beratungsintensiv das Produkt ist (Kreuzfahrtveranstalter wählen z. B. oft den indirekten Vertrieb), ob sich der Vertriebsweg mit den Unternehmens- und Marketingzielen vereinbaren lässt (Ryan Air) oder einfach nur aufgrund von kostenrechnerischen Überlegungen (wie hoch sind jeweils die Kosten der verschiedenen Vertriebsalternativen).

Kein Geheimnis ist, dass der direkte Vertriebsweg über das Internet schnell wächst. Zwar hat der Onlinehandel bislang nur einen Anteil von 15 % am Einzelhandel, aber vor allem die Generation 50+ kauft Freizeitartikel bzw. -leistungen bereits zu über der Hälfte online, bei Reisen sind es über 40 % – Tendenz: zunehmend.
Vor allem die Giganten des Onlinebereichs (Google, Amazon & Co) arbeiten an integrierten Lösungen. Eine eine einzige App soll dem Reisenden Folgendes bieten:

- » Inspiration über mögliche Ziele aufgrund seiner bisherigen Präferenzen
- » Buchung auch durchaus verschiedener Leistungsträger
- » Bereitstellung der Unterlagen
- » Antworten auf Fragen der möglichen Aktivitäten vor Ort
- » Informationen über benötigte Reisedokumente bis hin zu mitzunehmender Kleidung sowie bevorzugtem Essen

Große Veranstalter (wie die TUI), die meist Pauschalreisen nach wie vor über den indirekten Vertrieb verkaufen, treiben die Multikanal-Strategie weiter voran.

2.2 Kommunikationspolitik

Nachdem mit den ersten drei Marketinginstrumenten Produkte entwickelt, Preise kalkuliert und Vertriebswege gestaltet wurden, müssen nun Instrumente bestimmt werden, die den Kunden auf dem Markt ansprechen.

! **Kennzeichnend für die Kommunikationspolitik ist, dass sie nur noch die Einstellung der Konsumenten bzw. deren Vorstellungen vom Angebot beeinflussen kann und nicht mehr die eigentliche touristische Leistung.**

Elemente der Kommunikationspolitik

- Werbung
- Direktmarketing
- Verkaufsförderung
- Public Relations
- Persönlicher Verkauf

Die Festlegung der Kombination (der Elemente der Kommunikationspolitik) wird **Kommunikationsmix** genannt. Dieser erfüllt die kundenorientierte Zielsetzung des Unternehmens möglichst optimal.

Um eine erfolgreiche Marketingkommunikation zu betreiben, muss der Vermarkter über den **Kommunikationsprozess** informiert sein.

> **!** **Störungen innerhalb des Kommunikationsprozesses treten dadurch auf, weil der Sender nicht allein am Markt kommuniziert.**

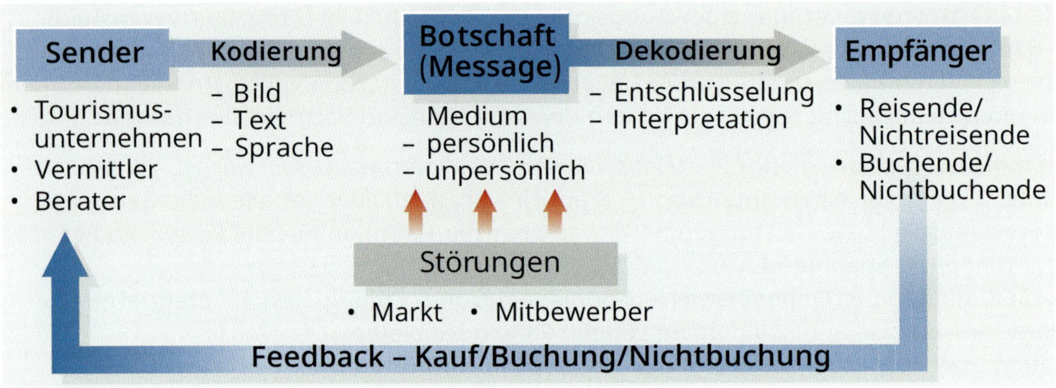

Ein Unternehmen muss sich mithilfe seiner Kommunikationspolitik auf dem Markt bemerkbar machen.

Aufgaben im Rahmen der Kommunikationspolitik
» Werbung » Verkaufsförderung » Public Relations » Eingliederung des Konsumenten in die Leistungserstellung » Konsumentennachbetreuung » Reklamationsmanagement » Public Relations

In der Phase der Planung und Bereitstellung der Reise sollen bei den Konsumenten Präferenzen für die touristischen Leistungsträger (Destinationen, Veranstalter) entwickelt werden, die, unterstützt durch die *Corporate Identity*, zur Buchung führen. Im Rahmen der Verkaufsförderung werden die Buchungsanreize zeitlich begrenzt unterstützt.

Kommunikationsmix in der Bereitstellungsstufe

Werbung

- Broschüren, Poster
- Website
- Display
- Audios/Videos
- Flyer

Verkaufsförderung
- Wettbewerbe
- Messen
- Fortbildungen/Schulungen
- Finanzierungshilfen
- Product-Placement

Public Relations
- Sponsoring
- Firmenmagazin
- Pressemitteilung
- Jahresbericht
- Firmenfeste

Die Kommunikationspolitik **während der Durchführung der Reise** findet fast ausschließlich zwischen dem Leistungsersteller und dem Konsumenten statt. Hier steht die **Integration des Gastes** in den Leistungsprozess im Vordergrund.

Integrationsmöglichkeiten
- Begrüßungsveranstaltung durch den örtlichen Reiseleiter
- Sprechstunden der Reiseveranstalter
- Beschwerdebücher der Veranstalter/Beherbergungsbetriebe

Die beste Kommunikationspolitik nach Abschluss der Reise ist das positive *Feedback* der Konsumenten. Kundenzufriedenheit dient der Gewinnung von Stammkunden und dient der „Mund-zu-Mund-Propaganda".

! Unzufriedene Gäste sind so weit wie möglich im Nachhinein zufrieden zu stellen.

Hierin zeigt sich die Unternehmenskultur und damit die Möglichkeit zu guter Öffentlichkeitsarbeit.

Nachbereitung
- Stammtische
- Anrufe
- Berichte aus den Urlaubsgebieten
- Mitteilungen über neue Reisekataloge
- Festtagsgrüße
- Zufriedenheitsbefragung

Beschwerden sind im Rahmen des Reklamationsmanagements so zu behandeln, dass die Kundenzufriedenheit wiederhergestellt wird.

Zum Beschwerdemanagement und zu Reklamationen siehe LF 4, Kapitel 9.1 und 9.2.

Weitere Ziele des Beschwerdemanagements sind die Verhinderung von negativer „Mund-zu-Mund-Propaganda", um einem Abwandern zu Mitbewerbern vorzubeugen.

2.2.1 Handlungs- und Orientierungsziele

Empirische Untersuchungen ermittelten drei Kategorien von **Handlungszielen** bei touristischen Unternehmen.

Handlungsziele sind **Primärziele** eines Unternehmens. Eine Konkretisierung dieser Ziele muss ein Einzelbetrieb für alle Aufgabenbereiche bzw. Abteilungen vornehmen, z. B.:

Steigerung des Umsatzes im Marktsegment „Pauschalreisen" durch Familien um 15 % in einem Jahr.

Unternehmensziele

quantitative Ziele
- Existenzerhaltung
- Gewinn
- Kostenminimierung
- Wachstum
- Unabhängigkeit
- Marktanteil

qualitative Ziele
- Image
- Bekanntheitsgrad
- Kundenzufriedenheit
- Corporate Identity
- Sicherheit
- Kundenbindung
- Kompetenz

soziale Ziele
- Arbeitszufriedenheit
- Mitarbeiterzufriedenheit
- soziale Sicherheit
- ökologische Ziele
- Leistungsfähigkeit
- Gesundheit
- Fort- und Weiterbildung

Von den Primärzielen eines Unternehmens können **Orientierungsziele** unterschieden werden:

Unternehmensabsicht	Unternehmensrichtlinie	Unternehmensidentität
Die Unternehmensabsicht des touristischen Einzelbetriebes, also z. B. des Reisebüros oder des Reiseveranstalters, muss definiert sein. **Kernfrage:** Welchen Sinn und Zweck hat der touristische Einzelbetrieb? **Beispiel:** Soll das Leistungsangebot z. B. Pauschalreisen, Städtereisen und Kreuzfahrten umfassen oder möchte man diese Leistungen zusätzlich für spezielle Zielgruppen zusammenstellen und anbieten?	Diese legt die Grundsätze der Handlungsweisen gegenüber Kunden sowie Mitarbeitern und Mitbewerbern fest. **Kernfrage:** Wie wird der Einzelbetrieb dem Sinn und Zweck der Unternehmensabsicht gerecht? **Beispiel:** Das Unternehmen hat das Ziel eine Arbeitsumgebung zu bieten, die Individualität jedes einzelnen Mitarbeiters respektiert und die Intitiative aller Mitarbeiter fördert. Außerdem ist erklärtes Ziel, das Vertrauen bestehender und neuer Kunden zu gewinnen.	Die Unternehmensidentität *(Corporate Identity)* bewirkt ein unternehmensspezifisches Leitbild *(Image)* nach innen. **Kernfrage:** Wie wird der Sinn und Zweck des Einzelbetriebes zum Ausdruck gebracht? **Beispiel:** Zielgruppe und Wirkung: » Gesellschafter/Motivation » Mitarbeiter/Leistung » Auszubildende/Engagement

2.2.2 Unternehmensleitbild

Corporate Identity ist auch die Öffentlichkeitswirkung der Erscheinungsformen eines Unternehmens nach außen. Sie ist hierbei allerdings vom *Corporate Image,* dem Fremdbild, zu unterscheiden. Das Ziel ist auch hier die Identifizierung mit dem Unternehmen.

Die **Unternehmensidentität** hat zum einen strategisch die Funktion, ein Unternehmensleitbild zu entwickeln. Zum anderen muss sie im kommunikativen Bereich die unternehmensspezifische Identität sichtbar, ggf. hörbar machen.

Zielgruppe und Wirkung
- Leistungsanbieter/Akzeptanz
- Kunden/Glaubwürdigkeit
- Mitarbeiter/Vertrauen

Einflussfaktoren auf die Leitbildbestimmung sind Gewinnerzielungsabsichten, Kundenzufriedenheit und ideelle Gesichtspunkte wie Image und Arbeitszufriedenheit.

Zur Realisierung bedient man sich folgender Instrumente:

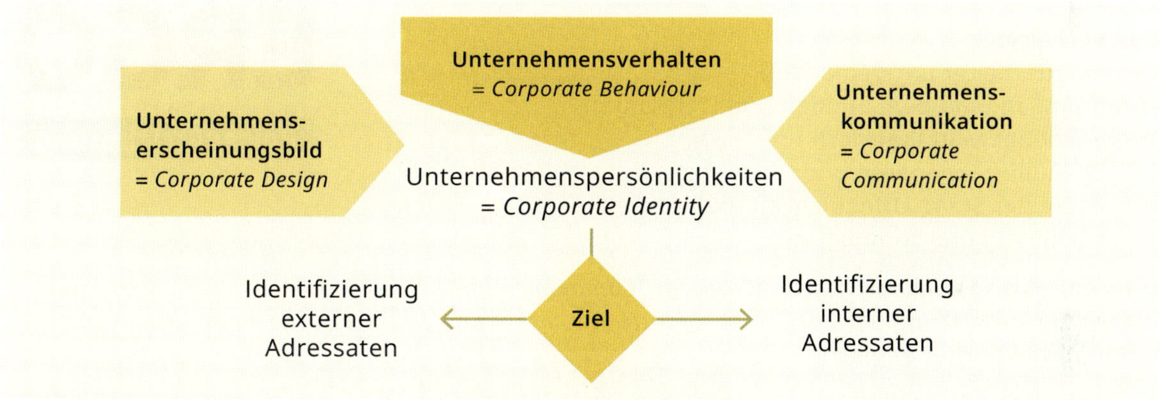

Das **Unternehmenserscheinungsbild** *(Corporate Design)* ist die optische und ggf. akustische unverwechselbare Unternehmensdarstellung. Es wird durch die immer wiederkehrende Verwendung verschiedener Elemente erreicht.

Corporate Design
- Eiffelturm steht für Paris
- Scala steht für Mailand
- Porta Nigra steht für Trier
- Kranich steht für die Lufthansa

! Ziel des Corporate Designs ist es, dass visuell-formale Elemente automatisch mit dem touristischen Betrieb identifiziert werden.

Was verbinden Sie mit den hier abgebildeten Logos?

Das zweite Instrument von *Corporate Identity* beinhaltet die Umsetzung der Unternehmensrichtlinien in **Verhaltensleitlinien** *(Corporate Behaviour)*.

Da heute viele touristische Einzelbetriebe Leistungen anbieten, die sich kaum noch in ihrer Qualität und ihrem Preis voneinander unterscheiden, ist dies eine Möglichkeit, sich von den Mitbewerbern zu unterscheiden.

Zentraler Bestandteil des *Corporate Behaviour* ist das konsequent an der Identität ausgerichtete Verhalten der Mitglieder des Unternehmens.

Das Verhalten
» der Mitarbeiter untereinander
» im Umgang mit dem Kunden und Lieferanten
» gegenüber Marktpartnern
» gegenüber Aktionären und Geldgebern
» gegenüber Staat, Öffentlichkeit und Umwelt
muss schlüssig und stimmig sein.

Die **Kommunikationsaktivitäten** *(Corporate Communications)* eines touristischen Einzelbetriebs dienen zur Umsetzung der Corporate Identity. Mit ihrer Hilfe wird das Unternehmensspezifische sichtbar und hörbar gemacht.

Durch koordinierte Kommunikation können einheitliche Botschaften vermittelt werden, die dazu beitragen, ein gewünschtes *Image* zu entwickeln und bestehen zu lassen.

Zu den Kommunikationsaktivitäten zählen neuerdings die Auftritte der Unternehmen in den sozialen Netzwerken (Social-Media-Marketing). Hierunter versteht man Netzgemeinschaften (z. B. Facebook, Twitter, Instagram), die über Portale im Internet miteinander in Kontakt treten. Zunächst sind die Nutzer ausschließlich Privatleute. Sie erstellen ein persönliches Profil für die Mitglieder ihres Netzes oder generell für die Öffentlichkeit des Netzes. Sie empfangen und versenden persönliche Nachrichten oder nehmen Stellung zu diversen Ereignissen. Mit dem zunehmenden Erfolg der sozialen Medien haben die gewerblichen Unternehmen das Potenzial dieser Kommunikationsform für die Verkaufsförderung erkannt und nutzen es, um mit ihren Kunden zu korrespondieren oder um neue Kunden zu gewinnen.

Untersuchungen zeigen, dass vor allem Jugendliche fast schon süchtig sind nach ihrem Smartphone, immer mit der Angst, etwas verpassen zu können. Dabei bleibt, trotz Rückgängen, Facebook das am meisten, vor allem bei der Generation 50+, genutzte soziale Medium Nr. 1, wobei es bei den Jugendlichen durch Instagram (Bilderdienst), Youtube (Filme), Snapchat (Story-Anbieter) und vor allem WhatsApp abgelöst wurde.

Das bedeutet: Die Anbieter, auch und vor allem die Reiseanbieter, müssen, um erfolgreich zu sein, einen „Mobile-First-Ansatz" verfolgen, d. h. Apps entwickeln, die die Reisenden informieren, inspirieren und immer Begleiter sind. Da durchschnittlich jeder Nutzer ca. 30 Apps geladen hat, aber regelmäßig nur fünf nutzt, kommt es darauf an, einer solchen (noch zu entwickelnden) App zu vertrauen, damit er sie immer wieder nutzen wird.

Kanalnutzung nach Altersgruppen

Kanal	14–19 Jahre	20–29 Jahre	30–39 Jahre	40–49 Jahre	50–59 Jahre	60–69 Jahre	Über 70 Jahre
E-Mail	Relativ wenig E-Mail-Nutzung, vor allem privat	E-Mail-Nutzung vorallem im Ausbildungskontext, aber auch privat	Viel E-Mail-Nutzung, vor allem im beruflichen Kontext, aber auch sehr viel privat	Viel E-Mail-Nutzung, vo rallem im beruflichen Kontext. Höchste Quote im privaten Bereich	Viel E-Mail-Nutzung, vor allem im beruflichen Kontext, aber auch sehr viel privat	Kaum berufliche E-Mail-Nutzung, auch privat wenig	Kaum berufliche E-Mail-Nutzung, auch privat wenig
SMS	Kaum SMS-Nutzung	Wenig SMS-Nutzung	Durchschnittliche SMS-Nutzung	Viel SMS-Nutzung	Viel SMS-Nutzung	Durchschnittliche SMS-Nutzung	Wenig SMS-Nutzung
Telefon	Telefonieren/Sprachnachrichten oft über Messenger	Telefonieren/Sprachnachrichten oft über Messenger	Telefonieren viel, meist über Mobilphone	Telefonieren viel, meist über Mobilphone	Telefonieren viel, eher per Festnetz	Telefonieren viel, eher per Festnetz	Telefonieren durchschnittlich, meist über Festnetz
Social Media	Sehr hoher Nutzungsgrad, vor allem Snapchat, Youtube und Plattformen wie Instagramm, Facebook zunehmend weniger	Sehr hoher Nutzungsgrad, viel Instagramm, Youtube und Snapchat, aber auch Facebook und Twitter	Hoher Nutzungsgrad, viel Facebook, Instagramm, Youtube, Twitter, selten Snapchat. Beruflich Xing und LinkedIn	Normaler Nutzungsgrad, vorallem Facebook, Youtube und Twitter. Beruflich: Xing und LinkedIn	Unterdurchschnittlicher Nutzungsgrad, meist Facebook und Twitter. Beruflich: Xing und Linked In	Geringer Nutzungsgrad, Facebook und Twitter	Fast keine Nutzung
Messenger	Extrem hoher Nutzungsgrad, vorallem Whatsapp und Facebook Messenger	Sehr hoher Nutzungsgrad, vorallem Whatsapp und Facebook Messenger	Hoher Nutzungsgrad, vor allem Whatsapp und Facebook Messenger	Normaler Nutzungsgrad, vor allem Whatsapp und Facebook Messenger	Geringer Nutzungsgrad, wenn, dann eher Whatsapp	Geringer Nutzungsgrad. Aber: Rund ein Viertel der über 65-Jährigen nutzt Whatsapp	Geringster Nutzungsgrad. Aber: Rund ein Viertel der über 65-Jährigen nutzt Whatsapp
Communities und Foren	Hoher Nutzungsgrad	Sehr hoher Nutzungsgrad	Hoher Nutzungsgrad	Normaler Nutzungsgrad	Geringer Nutzungsgrad	Sehr geringer Nutzungsgrad	Fast keine Nutzung

Weitere Informationen: Statistisches Bundesamt: Anteil der Nutzer von Zeremonialplattformen nach Altersgruppen in Deutschland im Jahr 2018

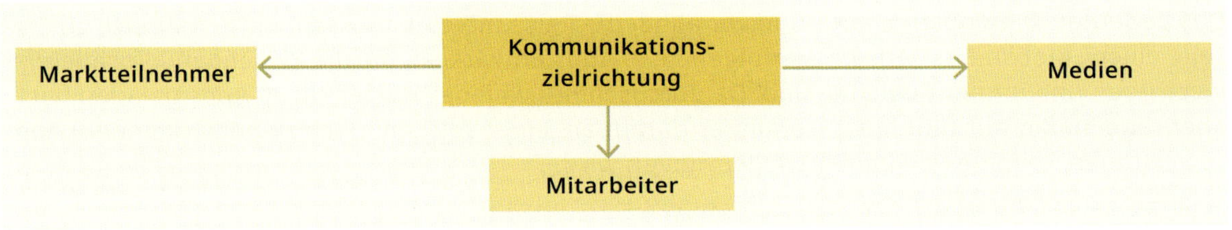

Entscheidend für den Erfolg der *Corporate Communications* ist das Konzept, dass Ziele, Maßnahmen und Botschaften aus dem Leitbild hergeleitet, aufeinander abgestimmt und konsequent und einheitlich eingesetzt werden. Zur Zielerreichung werden häufig Imageslogans verwendet.

Imageslogans
- „So flieg ich gern"
- „Die sonnige Urlaubslinie"
- „Das Wichtigste für uns sind Sie"

! Die *Corporate Communications* vermitteln die Firmenidentität durch strategisch geplante, widerspruchsfreie Kommunikation konsequent nach innen und außen – in Werbung, Öffentlichkeitsarbeit, Verkaufsförderung usw. (Kommunikationspolitik).

Fazit:
In Zeiten austauschbarer Produkte, zunehmender Konkurrenz und einer kritischer werdenden Öffentlichkeit scheint es für viele Unternehmen lebensnotwendig geworden zu sein, ihren Kunden, Lieferanten, Behörden, Finanzgebern, aber auch Mitarbeitern durch eine einzigartige, unverwechselbare Identität Orientierung und Sicherheit zu bieten und sich von anderen Unternehmen abzuheben.

2.2.3 Die Werbung

Die Werbung ist wichtiger Teilbereich der Kommunikationspolitik. Sie umfasst jede Form **nicht persönlicher Präsentation** von touristischen Betrieben gegenüber bestimmten Zielgruppen, um über das touristische Leistungsangebot zu informieren. Sie soll zur Buchung führen.

Um diesem Ziel gerecht zu werden, muss zunächst das Werbefundament errichtet werden. Es besteht aus der Konkretisierung der „6 Ws".

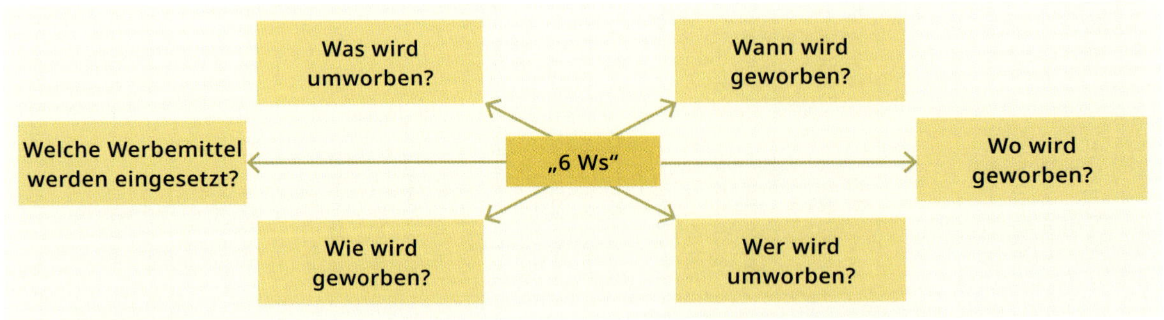

! Das „Was" und das „Wie" definieren die Werbeziele und die Werbebotschaft.

Konkret bedeutet dies, dass der Bekanntheitsgrad von Produkten und Tourismusbetrieben gesteigert werden soll, dass Informationen über das Tourismusangebot und die Leistungsträger zu vermitteln sind, sowie Buchungsimpulse gegeben werden müssen.

! Die Zielgruppenbestimmung erfolgt mit der „Wer-Frage".

Diese kann zum einen auf Personengruppen, wie z. B. Senioren oder Familien, oder auf Destinationen für Sportler oder Fun-Urlauber abgestellt sein.

Im Hinblick auf die **Werbemittel** kommen alle Medien in Betracht, mit deren Hilfe Werbebotschaften vom „Sender" zum „Empfänger" gelangen sollen.

Davon zu unterscheiden sind die **Werbeträger**, die Medien also, die die gestaltete Werbebotschaft an die Zielpersonen vermitteln (Werbeträger: Tageszeitung – Werbemittel: Anzeige). Im Werbemittel wird die Botschaft formuliert, während sie im Werbeträger an die Zielpersonen transportiert wird.

Werbemittel gedruckte:	audio-visuelle:	sonstige:
– Prospekte	– TV-Werbung	– Auslagengestaltung
– Inserate	– Kinowerbung	– Büroausstattung
– Plakate	– Werbefilme	– Werbegeschenke, -fahrten
– Kataloge	– Rundfunkwerbung	– Product-Placement
– Werbebriefe	– Internetwerbung	– Messen
– Flugblätter	– Multimediawerbung	– Landesabende
– Beilagen	– CD, DVD	– Sponsoring

Generell sollte man zur Kaufanbahnung emotional wirkende Medien wie Bilder, DVDs, TV-Werbung einsetzen und in der Phase der Kaufentscheidung textdominante Werbeträger wie Kataloge und Informationsbroschüren verwenden.

! Das „Welche" ist eng mit dem „Wo" und „Wann" verbunden.

Des Weiteren sollten bei der **Auswahl des Werbemittels** berücksichtigt werden:
» das Streugebiet, in dem geworben wird,
» die Streuzeit, d. h., wann und wie oft geworben werden soll,
» die Reichweite, d. h. die Anzahl derer, die durch die Werbebotschaft mindestens einmal erreicht werden soll,
» die Kosten.

Die **Werbekonzepte** können nach unterschiedlichsten Gesichtspunkten gegliedert werden.

Kriterium	Einteilung
Strategieziel	Einführungswerbung für neue Produkte Vertiefungswerbung für eingeführte Produkte Ausweitungswerbung für neue Käuferschichten
Umworbene	Einzeln: Der Konsument Massenwerbung: Konsumentengruppen
Werbende	» Allein: Ein Unternehmen » Gemeinschaftswerbung (Verbundwerbung): geografische bzw. reisemotivorientierte Werbung » Influencer-Werbung/-Marketing: Prominente und Nichtprominente mit mehreren Tausend sog. Followern, die Vorschläge, Aktionen, „Posts“ der Influencer „liken“ und damit deren Werbewirkung fördern.

Neben den Wirkungserfolgen gilt es, die Werbegrundsätze zu beachten.

Werbegrundsätze

1. Werbung darf keine Unwahrheiten beinhalten.
2. Werbung muss eindeutig den Produktnutzen vermitteln.
3. Werbung bedarf einer kontinuierlichen Wiederholung.
4. Werbung muss einen Wiedererkennungseffekt haben.
5. Werbeversprechen müssen erlebbar sein.
6. Werbung muss aktuell sein.
7. Werbung darf keine Verwechslungen mit Mitbewerbern zulassen.
8. Werbung darf keinen Mitbewerber verunglimpfen.

Werbeaufwendungen müssen in einem angemessenen Verhältnis zum möglichen Erfolg stehen.

Werbung unterliegt verschiedenen **Gesetzmäßigkeiten** oder ist an diese gebunden. In diesem Zusammenhang sollten die dargestellten Grenzen des freien Wettbewerbs gesehen werden (GWB, Verbraucherschutzgesetze, Preisangabenverordnung und UWG).

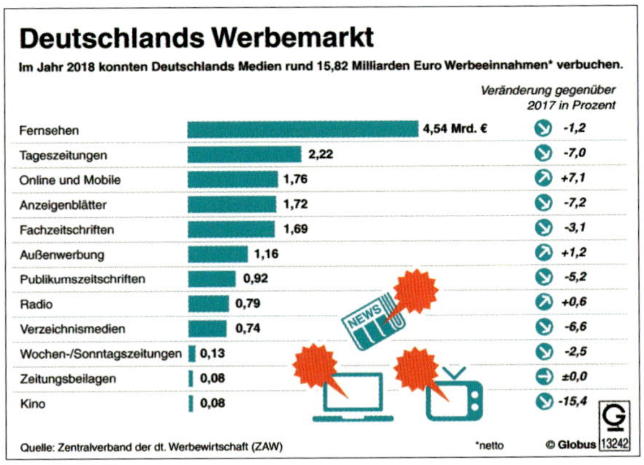

2.2.4 Verkaufsförderung (Salespromotion)

Einsatz von zeitlich begrenzten Aktionen mit dem Ziel, bei nachgelagerten Vertriebsstufen sowie Endabnehmern von Produkten und Dienstleistungen durch zusätzliche Anreize Absatzsteigerungen zu bewirken.

Bei der Verkaufsförderung im Tourismus geht es im Wesentlichen darum, über die jeweiligen Vertriebswege möglichst gut mit dem Kunden zu kommunizieren, um ihn zu Verkaufsabschlüssen zu bewegen bzw. als Kunden zu erhalten.

Beispiele für Verkaufsförderungsmaßnahmen bezogen auf:

Veranstalter
- Inspektionsreisen (Besichtigung der Ferienanlage)
- Schulungen im Außen- und Innendienst
- Businesspromotion (auf Messen)

Reisemittler
- Produkt- und Verkaufsschulungen
- Inforeisen und Produkt-Erfahrungs-Programme (PEP)
- Expedientenrabatte
- Superprovisionen
- Info- und Dekomaterialien
- Prospekte

Konsumenten
- Geschenkartikel
- Gewinnspiele
- Gutscheine
- POP (Point-of-Purchase)
- Klubmitgliedschaften mit Treuebonus und Gratifikationen (Upgrading, Bordguthaben ...)

Verkaufsförderung lässt sich mit der Werbung gut verbinden. Die Werbung gibt den Kaufgrund, die Verkaufsförderung den Anreiz dazu. In der Praxis ist zu beachten, dass aufgrund der Kosten die „Anreize" erst bei der Buchung bzw. Leistungserstellung eingelöst werden, und dass solche Programme nur eine **kurzfristige Belebung der Nachfrage** mit sich bringen.

Das **Product-Placement** als Verkaufsförderungs- und Werbemittel platziert bestimmte Produkte oder Produktnamen als reale Requisiten in Fernseh- und Kinofilmen und erhöht somit ihren Bekanntheitsgrad. So ist in den James-Bond-Filmen immer ein Fahrzeug prägnant in Szene gesetzt.

Placement-Arten

Country

Orte oder Destinationen sind in die Handlung eingebunden
- » Traumschiff
- » Eiffelturm in Paris

Image

Inhalt des Films wird auf eine Destination oder einen Leistungsträger zugeschnitten
- » Ein Bayer auf Rügen
- » Hotel Paradies

Marken

Eine bestimmte Marke wird dominant in den Filmen hervorgehoben
- » TUI-Reisen
- » Lufthansa

Ebenso sind in den vergangenen Jahren touristische Destinationen und touristische Leistungsträger prägnant in filmischen Einstellungen zu sehen.

Product-Placement ist in Deutschland nur als sog. **Produktbeistellung** erlaubt. Das heißt, Firmen können ihre Produkte unentgeltlich für Filmproduktionen zur Verfügung stellen, sodass die Marke zu sehen ist, aber nicht als Werbung empfunden wird. Es erfüllt aber den Tatbestand der „Schleichwerbung", wenn Geld bei der Produktbeistellung eine Rolle spielt.

Vorteile des Product-Placements

- Werbeabsicht ist nicht offensichtlich
- emotionale Ansprache der potenziellen Zielgruppe
- größere Glaubwürdigkeit der Kommunikationsinhalte
- Imagetransfer von Filmen/Darstellern wird genutzt
- Erhöhung des Bekanntheitsgrades

Ein relativ neuer Ansatz beschäftigt sich mit sog. **Influencern**, Einflussnehmern, die Verbraucher für ein Produkt oder eine Leistung interessieren sollen. Zu Influencern gehören schon allein aufgrund ihrer Bekanntheit Personen der Öffentlichkeit, z. B. Sportler, Stars. Aber auch Privatpersonen mit Sympathiewirkung können, evtl. sogar besser, Einfluss ausüben. Durch die Zusammenarbeit mit Influencern können Firmen ihre Markenbekanntheit steigern und ihr Image verbessern.

2.2.5 Öffentlichkeitsarbeit *(Public Relations)*

Unter *Public Relations* (PR) versteht man alle Arten von Öffentlichkeitsarbeit zur Schaffung eines positiven Erscheinungsbildes.

Charakteristisch für PR ist zum einen die **Glaubwürdigkeit,** indem häufig von unabhängigen Dritten (z. B. Journalisten) Informationen über das Unternehmen an die relevanten Zielgruppen „transportiert" werden, und zum anderen die **Publizität** (z. B. Zeitungsartikel), deren Inhalte vom Empfänger eher als Information und nicht als störende Werbung empfunden werden.

! PR ist ein zweiseitiger Kommunikationsprozess zwischen Unternehmen und der Öffentlichkeit mit dem Ziel der Imageförderung und der Vertrauensschaffung.

Mittel im Rahmen der PR-Arbeit sind Veröffentlichungen (wie Jahresberichte, Gästemagazine, Pressemitteilungen oder Reiseberichte), Veranstaltungen (wie Pressekonferenzen, Ausstellungen, Sportveranstaltungen und Tag der offenen Tür) und sonstige Maßnahmen (wie Veranstaltungskalender, Hotelführer, Empfänge und Seminare).

Die nach außen gerichteten PR-Aktivitäten werden als **externe Öffentlichkeitsarbeit** bezeichnet.

Interne PR bezieht sich auf die eigenen Mitarbeiter (Human Relations) sowie die Beteiligten der Produkterstellung (Bewohner, Unternehmer, Verbände und Behörden eines Zielgebiets).

Die interne PR ist eng verknüpft mit dem unternehmerischen Leitbild *(Corporate Identity).*

! Human Relations ist ein wichtiges innerbetriebliches Instrument, mit dem Ziel, die Identifikation, Motivation und Kooperationsbereitschaft der Mitarbeiter oder ganz allgemein das Betriebsklima bzw. das Wir-Gefühl zu fördern. Eine höhere Zufriedenheit der Mitarbeiter fördert die Leistungsbereitschaft und die Identifikation mit dem Unternehmen. Motivation und Arbeitszufriedenheit hängen somit nicht nur von den objektiven Arbeitsbedingungen, sondern gleichzeitig vom psychologischen Arbeitsklima des Betriebes ab.

Da für den Tourismus die Berichterstattung der Medien von großer Bedeutung ist, sollen an dieser Stelle **Regeln für die Pressearbeit** zusammengefasst werden.

Regeln für die Pressearbeit

Am Anfang stehen auch hierbei immer die W-Fragen.

Wer: touristisches Unternehmen (z. B. Mittel im Rahmen der PR-Arbeit)
Was: aktueller Aufhänger (z. B. Verbesserung, Neuerung)
Wann: Zeitpunkt, Zeitraum
Wo: Ort
Wie: Abläufe

Und dann heißt es:

- Fremdwörter und Fachbegriffe vermeiden
- Verzicht auf Übertreibung (z. B. sensationell)
- in Spalten schreiben
- lange Texte durch Zwischenüberschriften gliedern
- ggf. Bildmaterial 13 × 18 cm
- keine Abkürzungen
- keine Namen in Großbuchstaben
- Ansprechliste mit Namen, Adresse, Telefon usw. mitliefern (Referenz angeben, Logo verwenden, Anschrift, Absender)

Die **Kommunikationspolitik** ist das Bindeglied zwischen dem Unternehmen und den Kunden. Sie ist wichtiger Bestandteil, um glaubwürdiges Marketing zu betreiben und eine langfristige Kundenbindung zu erzielen.

! Die Kommunikationspolitik fasst alle zielgerichteten Marketingmaßnahmen eines Unternehmens zusammen, die der Steuerung von Meinungen, Einstellungen, Erwartungen und Verhaltensweisen der Zielgruppe dienen.

2.2.6 Sponsoring

Sponsoring ist die gezielte Unterstützung und Förderung von Unternehmen, Ereignissen, Projekten und Personen in den Bereichen Sport, Kultur, Soziales und Ökologie.

Mit dem entsprechenden öffentlichen und medialen Interesse ist Sponsoring ein zusätzliches Mittel, um kommunikative Wirkungen zu erzielen. Ähnlich der externen Public Relations sind die Maßnahmen an die gesamte Öffentlichkeit gerichtet.

Der Gedanke „Tue Gutes und rede darüber" spielt zwar durchaus eine Rolle, allerdings ist Sponsoring in erster Linie eine zweckgebundene, zielgerichtete Maßnahme nach dem Prinzip von Leistung und Gegenleistung. Die Empfänger der Sponsorleistungen erhalten zusätzliche Mittel für ihre Aktivitäten, die sonst nicht möglich wären. Die Sponsorgeber erwarten dafür eine Unterstützung ihrer Marketingaktivtäten mit den Zielen:

- Stabilisierung oder Erhöhung des Bekanntheitsgrades
- Imageaufbau und Imageprofilierung
- Erreichung neuer Zielgruppen
- Dokumentation der gesellschaftlichen Verantwortung

Sponsoren fördern u. a.:

- Sportvereine und Sportveranstaltungen
- touristische Regionen
- Museen, Theater, Events, Ausstellungen
- Forschungs- und Umweltprojekte

Problembereiche des Sponsorings:

- effektiv ist Sponsoring nur in Verbindung mit anderen Werbemaßnahmen, weshalb eine Erfolgskontrolle schwierig ist
- geringe Gestaltungsmöglichkeit der kommunikativen Botschaft
- Risiko negativer Effekte (unerwünschtes Image)

2.2.7 Eventmarketing

Durch Eventmarketing soll im Rahmen einer informierenden oder unterhaltenden Veranstaltung für eine bestimmte Zielgruppe die Grundlage für eine erlebnisorientierte Vermittlung von unternehmens- bzw. produktbezogenen Inhalten geschaffen werden.

Ein Event ermöglicht eine Kommunikation im Dialog und Interaktion zwischen dem Unternehmen und den Zielgruppen. Es ist ebenso einsetzbar als Kommunikationsmittel im Rahmen anderer Kommunikationsinstrumente, z. B. Verkaufsförderung, Public Relations, Messen.

Merkmale für ein Event sind u. a.:

- eine positive Emotionalisierung mit der Marke/dem Produkt
- ein mit allen Sinnen aktives Erleben (Ort, Show, Theater, Musik, Lichttechnik, Essen und Trinken, eigenes Handeln)
- ein besonderes, einzigartiges Ereignis an einem bestimmten Ort für eine bestimmte Zeit
- ein Empfinden von Authentizität und Exklusivität durch ein Vor-Ort-Erlebnis
- Ausrichtung auf die Bedürfnisse der Zielgruppe
- eine hohe Kontaktintensität

Eventziele entsprechen in erster Linie den klassischen Kommunikationszielen, wie Bekanntheit aufbauen/steigern und Image aufbauen/steigern/verändern. Daneben lassen sich mit dem erlebnisorientierten Charakter von Events mit ihrem hohen Aktivierungspotenzial auch eine emotionale Bindung/Positionierung erreichen.
Die meisten Events (Ausnahmen z. B. Messen) zielen somit eher auf eine langfristige Gedächtniswirkung im Sinne einer Beeinflussung von Einstellungen und weniger auf eine kurzfristige Verhaltensreaktion, z. B. Kauf.

Eventmarketing muss dabei in das Kommunikationskonzept des Unternehmens integriert sein, damit die inhaltliche und zeitliche Abstimmung mit anderen kommunikationspolitischen Maßnahmen gewährleistet ist. Vor diesem Hintergrund stellt das Eventmarketing keinen eigenständigen Marketingansatz dar, sondern ist ein Bestandteil der Kommunikationspolitik.

Ein gutes Beispiel hierfür könnte eine **Roadshow** sein:
- » Durch eine Roadshow können den Expedienten wichtige Produktinformationen und verbesserte Produktkenntnisse zum Produkt und zur Destination vermittelt werden.
- » Den Expedienten können wertvolle Insidertipps und Produkthighlights der beteiligten Partner vermittelt werden.
- » Es können durch den persönlichen Kontakt vor Ort die Beziehungen zwischen Veranstalter und Reisebüro verbessert und Präferenzen gebildet werden.
- » Der Veranstalter kann sich positiv von potenziellen Mitbewerbern abheben, dadurch sein Image verbessern und seine Bekanntheit sowie die des angebotenen Produktes steigern.

Darüber hinaus können potenzielle Partnerunternehmen eingeladen und informiert werden:
- » Fluggesellschaften, die die entsprechende Destination anfliegen
- » Hotels oder Hotelketten, die in der Destination vertreten sind
- » Fremdenverkehrsamt der Destination
- » Anbieter von Transfer-/Transportleistungen aus der Destination
- » Dienstleistungspartner aus der Destination (z. B. Ausflugsanbieter)
- » Reiseversicherungen, die mit dem Veranstalter zusammenarbeiten

2.2.8 Direktmarketing

Direktmarketing wird gezielt eingesetzt, um Neukunden zu gewinnen, den Umsatz zu steigern und Kunden zu binden. Es wird hierbei eine Vielzahl von Instrumenten genutzt, um den Kunden zu erreichen und anzusprechen.

Direktmarketinginstrumente

Mailings, Kataloge, E-Mail- und SMS-Service, Kundenservice im Internet, Haushaltsdirektwerbung und Postwurfsendungen, z. B. Flyer. Hierbei sollte darauf geachtet werden auf
- ein ausgewogenes Verhältnis von Bild und Text,
- ansprechende und repräsentative Bilder,
- eine einheitliche Schriftart und angemessene Schriftgröße,
- eine übersichtliche Gestaltung mit klaren, einprägsamen Überschriften,
- ein geeignetes Format mit ruhigen, aber hervorstechenden Farben,
- die Hervorhebung der Corporate Identity und
- das Angebot, den Handlungsaufruf sowie die Aufnahme von Kontaktinformationen.

Direktmarketing ist eines der bedeutendsten Kommunikationswerkzeuge zur Kundenwerbung im Tourismus. Charakteristisch für das Direktmarketing sind die folgenden Punkte:
1. Es ist **interaktiv,** d. h., zwischen Reisemittler und Kunden kann individuell kommuniziert werden.
2. Es ist **medienunbeschränkt,** d. h., es ist auf kein spezielles Medium beschränkt.
3. Es ist **messbar,** d. h., der Erfolg ist mit geringen Abweichungen genau zu bestimmen.
4. Es ist vom **Standort unabhängig,** d. h., Direktmarketing kann von überall durchgeführt werden.
5. Es **beeinhaltet einen Antwortmechanismus,** d. h., potenzielle Kunden werden durch direkte Ansprache zu einer sofortigen Reaktion bewogen.

Ein Konzept der aktiven Kundenbindung (Customer-Relationship-Management) verschafft Ihnen einen klaren Wettbewerbsvorteil. Die regelmäßige „Pflege" Ihrer Kundendatei, d. h., regelmäßige Adressenaktualisierung und lückenlose Eingabe aller Kundenwünsche und Reklamationen, sind hierfür allerdings Voraussetzungen.

Mailings (per Brief)

Die Bestandteile eines solchen Instrumentes sind:
1. **Umschlag/Kuvert**
2. **Werbebrief**
3. **Produktangebot**
4. **Antwortelement**

Gestalten Sie Ihren **Werbebrief** wie eine Zeitschrift. Geübte Leser überfliegen z. B. Tageszeitungen anhand von Überschriften. Ist sie interessant, wird der gesamte Artikel gelesen. Die Ansprache erfolgt mit Sie, Ihr, Ihre. Das dritte Element des klassischen Direktwerbepaketes ist das **Produktangebot.** Der potenzielle Kunde muss unverzüglich erkennen, was er bestellen und auf welchem Wege er antworten kann. Das **Antwortelement,** z. B. Antwortkarte, Kupon, Bestellschein, muss schnell und unkompliziert zu handhaben sein.

Telefonmarketing

Unter Telefonmarketing (Telemarketing) versteht man den systematischen Einsatz des Telefons mit der Zielsetzung, Kunden an ein Unternehmen zu binden und Kunden zu betreuen. Beim **aktiven Telefonmarketing (Outbound)** geht der Anruf vom Reisebüro/-veranstalter aus; ruft ein Verbraucher ein Unternehmen an, spricht man von **passivem Telefonmarketing (Inbound).**

Nach der Neuregelung des Gesetzes gegen den unlauteren Wettbewerb (UWG) wie auch der neuen DSGVO hat das aktive Telefonmarketing stark an Bedeutung verloren. Denn hier wurde festgelegt: Die Werbung mit einem Telefonanruf gegenüber einem bisherigen Nichtkunden ist ohne dessen vorherige ausdrückliche Einwilligung unzulässig.
(→ LF 10, Kapitel 4). Allerdings wird es nach wie vor im B2B-Geschäft genutzt.

Die **Angebotsunterbreitung am Telefon** muss genauso vorbereitet werden wie die persönliche Kundenberatung.

Informationen über die Gesprächsführung finden Sie im LF 4, Kapitel 2.3.3.

Weitere Direktmarketing-Mittel

Die klassischen Varianten sind das Zusenden von Werbesendungen und Katalogen (**Katalogmarketing**).

Das **Onlinemarketing (Internetmarketing)** ist eine Werbemethode, bei der es im ersten Schritt gilt, die Aufmerksamkeit des Kunden zu erzielen und im zweiten Schritt den Kunden auf der

Homepage zu halten bzw. seine E-Mail-Adresse weiterzunutzen. Das Onlinemarketing hat viele unterschiedliche Werbeformen hervorgebracht, wie z. B. Suchmaschinen- und Newslettermarketing, selbstständig arbeitende Bereiche (**Onlinetools**) auf der Homepage, Partner-Verknüpfungsprogramme (Links), Social Media, Blogs sowie Banner- und Keyword-Werbung (sie können in die Seite eingearbeitet sein oder sich für einige Sekunden einblenden).

Die Möglichkeiten sind fast unbegrenzt und das Ziel der Werbung ist die **direkte Kontaktaufnahme des Kunden.** Entscheidend für die erfolgreiche Kundenbindung ist vor allem ein aktueller Auftritt mit klarer Werbebotschaft.

Adressierte Directmails und **unadressierte Mails** (z. B. als Beilage in Zeitschriften) sind Formen der Direktwerbung und dienen als feste Kommunikationsbindeglieder zwischen Angebot und Nachfrage.

Hinsichtlich der Gestaltung und des Streukreises von **Mailings** sind keine Grenzen gesetzt. Entsprechend gelangen die Werbemittel, z. B. als Prospekt, Broschüre, Katalog oder Produktmuster, in alle internetfähigen Haushalte.

Bei **Mobile-Marketing** geht es darum, die Nutzer über mobile Endgeräte anzusprechen. Hierbei werden u. a. allgemeine Werbe-SMS oder gezielte SMS an entsprechend ausgewählte Kunden versendet. Viele Unternehmen setzen mittlerweile auf eigene Apps, mit denen sich z. B. ein Kundenkonto verwalten lässt und die Kontaktaufnahme des Kunden mit dem Veranstalter und Vermittler möglich wird. Ist dieser Kontakt einmal hergestellt, bieten sich ähnliche Möglichkeiten wie beim Onlinemarketing.

Beim **Direct-Response-Marketing** geht es darum, dass der Kunde aktiv auf Werbung reagiert. Dafür enthalten Anzeigen/Beilagen in Printmedien, Funk- und Fernsehwerbung, Plakat- und Außenwerbung sog. Response-Elemente wie Telefonnummer, Internetadresse oder Coupon. Bei TV-Werbung mit direct response, auch **TV-*Shopping*** genannt, kann unter der während der Produktpräsentation eingeblendeten Nummer oder Adresse direkt gebucht werden.

Couponing ist ein Kommunikationsinstrument im Rahmen des Marketings, das darauf abzielt, die Kaufbereitschaft potenzieller Kunden durch die Gewährung eines Preisnachlasses zu erhöhen, sofern der Kunde einen gültigen Coupon vorlegen kann. Diesen hat er meistens kostenlos oder im Rahmen des Erwerbs anderer Produkte erhalten.

2.3 Marketingmix

> **!** **Unter Marketingmix ist die Festlegung der Kombination der Marketinginstrumente zu verstehen, die die kundenorientierte Zielsetzung des Unternehmens optimal erfüllen.**

Hierbei ist zu beachten, dass die einzelnen Marketinginstrumente harmonisch kombiniert werden, da sie sich gegenseitig beeinflussen. Marketingmix ist das harmonische **Quartett der Marketinginstrumente.**

Von diesem Quartett soll ein positiver **Synergieeffekt** ausgehen, d. h., die einzelnen Instrumente sollen sich gegenseitig positiv beeinflussen und in ihrer Wirkung unterstützen.

> **positive Synergie**
> Direktmarketing in Form des persönlichen Anschreibens für Kreuzfahrtangebote

Widersprüche bei der Kombination der Marketinginstrumente führen hingegen zu einer Verunsicherung des Kunden, zu einer negativen Synergie.

negative Synergie

a) zwei Wochen Pauschalreise nach Hawaii für 499,00 €

b) Handzettelwerbung für einen Golfclub in Andalusien

Im Beispiel a) besteht der Widerspruch zwischen Produkt und Preis, im Beispiel b) ist der Kommunikationsweg mit der Exklusivität des Produktes unvereinbar.

Der Kunde wird solchen Offerten misstrauen. Ein solches Vorgehen unterstützt eine kundenorientierte Unternehmensphilosophie nicht, sie untergräbt sie.

Bei der Kombination der Marketinginstrumente ist das ökonomische Prinzip zu beachten. Mit dem **vorhandenen Marketingbudget** muss die **angestrebte Zielsetzung** in einer bestmöglichen Form umgesetzt werden.

Für die unterschiedlichen Bereiche der Tourismuswirtschaft lassen sich folgende **Marketingmix-Strategien** nennen (Beispiele):

Beispiel	Hotel	Reiseveranstalter	Reisebüro	Fluggesellschaft
Produktpolitik	» Ambiente » Zimmerausstattung » Fachpersonal » Restauration » Wellnesscenter » Tagungsmöglichkeit	» Leistungsumfang » Produktbreite und -tiefe » Qualitätsstandards	» Fachpersonal » Service- und Beratungsqualität » Büro- und Countergestaltung » Agenturbreite	» Fachpersonal » Sicherheit » Zuverlässigkeit » Pünktlichkeit » Komfort » Serviceangebot » Reisekategorien
Preispolitik	vertikale Differenzierung	vertikale und horizontale Differenzierung	als Vermittler nur indirekt über Veranstalter	vertikale und horizontale Differenzierung
Distributionspolitik	» direkt » indirekt	» direkt » indirekt	» i. d. R. direkt	» direkt » indirekt
Kommunikationspolitik	» Direktmarketing » Radio-/Fernsehspots » Internet- und Zeitschriftenanzeigen	» Radio-/Fernsehspots » Internetauftritt » Veranstaltungen » Kataloge » Prospekte » Anzeigen » Product-Placement	» Direktmarketing » Anzeigen » Handzettel » Schaufenstergestaltung	» Direktmarketing » Medienpräsenz in unterschiedlicher Form

Schließlich sei auch darauf hingewiesen, dass die **Kombination der Marketinginstrumente** das **Image eines Unternehmens prägt.**

222251580

2.4 Marketingcontrolling

Es ist sinnvoll zu überprüfen, ob die Marketingaktivitäten zu den gewünschten Ergebnissen geführt haben. Das geschieht mithilfe der **Marketingkontrolle**, die lediglich die Effizienz und die Erfolge der jeweils durchgeführten Maßnahmen untersucht. **Marketingcontrolling** dagegen ist zukunftsorientiert. Hier werden mit den Zahlen aus der Marktforschung und dem Finanzwesen ergebnisorientierte Zielgrößen analysiert. Dabei werden auch nichtmonetäre Zielgrößen berücksichtigt.

Da viele Touristik-Unternehmen über ein hohes Marketingbudget verfügen, sind Marketingkontrolle und Marketingcontrolling besonders wichtig.

Es werden Parallel- und Endkontrolle unterschieden.

Die **Parallelkontrolle** (Controlling) findet fortlaufend während der Planung und Durchführung statt und berücksichtigt:
» Überprüfung der Analysemethoden und Einschätzung der Ziele-Realisation
» den Fortschritt der Maßnahmen
» die Erreichung von Zwischenzielen
» die qualitative Überprüfung (der Marktanalyse, der gesetzten Ziele, des Marketingmix)
» Korrekturen falls erforderlich
» immanente Ursachenanalyse für Zielversäumnisse

Die **Endkontrolle** wird am Ende der jeweiligen Marketingaktivität durchgeführt und beinhaltet einen:
» qualitativen Ansatz, z. B. Bekanntheitsgrad
» quantitativen Ansatz, z. B. Umsatz, Marktanteil
» Soll-Ist-Vergleich.

Effektive Maßnahmen für mehr Umsatz[1]:
» Im Durchschnitt brachte der Social Proof 2,3 % mehr Umsatz. Im nunmehr von sozialen Netzwerken geprägten Internet stehen anstehende Kaufentscheidungen unter dem Stern der Fremdorientierung. Dabei informieren sich potenzielle Kunden über Produktbewertungen z. B. bei Amazon oder lassen sich per Influencer-Marketing (Autorität) von einem Produkt überzeugen. Für Marketer gibt es allerdings noch weitere Wege, das Social-Proof-Phänomen beim User anzusprechen: Deutlich sichtbare Markierungen der Zahlen von Shares oder Followern in Social Media, der Abonnenten oder auch das Lenken der Aufmerksamkeit auf gute Testergebnisse (z. B. Stiftung Warentest) können den User zu einer Kaufentscheidung verleiten.
» Umsatz steigernd sind nach der Analyse der Zahlen auch Anzeigen von Produktknappheit sowie die zeitliche Limitierung von Käufen. Gegenüber rein kosmetischen Änderungen wie Umgestaltung von Menüs, Pop-up-Meldungen oder Änderungen von Schaltflächen sind diese Maßnahmen deutlich effizienter.

1 Basis der statistischen Zahlen ist eine von PWC verifizierte Langzeitstudie, die Ergebnisse aus über 2 Mrd. User Journeys von 120 Mio. Käufern liefert.

Situationsaufgabe

Situation:

Sie sind als Mitarbeiter/in zurzeit in der Abteilung Reiseveranstaltung beschäftigt. Die Geschäftsleitung hat beschlossen, das Unternehmensleitbild stärker auf Nachhaltigkeit und Kundenzufriedenheit auszurichten. Des Weiteren soll das Leistungsangebot der aktualisiert werden.

Aufgaben:

1_ Eine ins Auge gefasste neue Reise soll zunächst ausschließlich über die unternehmenseigene Reisevermittlung (Callcenter, Online) vertrieben werden. Erläutern Sie die Chancen, die sich ergeben könnten, wenn die Reise auch über externe Reisebüros angeboten würde.

2_ Begründen Sie mit mindestens zwei Argumenten, warum die klare Definition von Zielgruppen für ein touristisches Unternehmen besonders wichtig ist.

3_ Über die bewährten Kundenabende hinaus, wünscht die Geschäftsleitung eine stärkere Bewerbung des neuen Produkts. Schlagen Sie er Geschäftsleitung drei weitere konkrete Maßnahmen der Kommunikationspolitik vor, mit denen die passende Zielgruppe auf das neue Produkt aufmerksam gemacht werden könnte.

4_ Schlagen Sie zusätzlich jeweils eine konkrete Maßnahme vor aus dem Bereich der
- Verkaufsförderung (customer sales promotion)
- Öffentlichkeitsarbeit
- klassische Werbung
- Social Media Marketing

5_ Erläutern Sie, welche Möglichkeiten es gibt, den Erfolg der kommunikationspolitischen Maßnahmen zu erkennen – bitte geben Sie drei Beispiele an.

Aufgaben

1_ Formulieren Sie je eine Unternehmenszielvereinbarung für zwei verschiedene touristische Marktsegmente.

2_ Beschreiben Sie anhand von drei Beispielen die Unternehmensabsicht eines touristischen Unternehmens.

3_ Welchen Beitrag als Auszubildende/-r leisten Sie zur *Corporate Identity?*

4_ Begründen Sie, warum *Corporate Identity* und *Corporate Image* unterschiedlich sein können.

5_ Beschreiben Sie das *Corporate Design* von drei Fluggesellschaften und drei Reiseveranstaltern.

Web **Zusätzliche Aufgaben zu Kapitel 2 finden Sie im BPW unter Zusatzaufgaben zu LF 10, Kapitel 2.**

222251582

3 Gesetz gegen Wettbewerbsbeschränkungen

Das **Grundgesetz** (Art. 14, 15, 20 GG) **verbrieft Freiheitsrechte, schränkt** aber auch die **Freiheit** der **Wirtschaftssubjekte** im Interesse der sozialen Sicherheit **ein.**

Artikel 20 (1) GG:

„Die Bundesrepublik Deutschland ist ein demokratischer und sozialer Bundesstaat."

Bedeutung:
- Individuelle Interessen müssen zugunsten der sozialen Gerechtigkeit zurückstehen.
- Es besteht eine Abhängigkeit zwischen dem Umfang der persönlichen Geschäftsfähigkeit und der Inanspruchnahme der Vertragsfreiheit.
- Ein Gewerbe muss trotz Gewerbefreiheit angemeldet werden.
- Ein Apotheker kann sich nur niederlassen, wenn er über die staatliche Zulassung (Approbation) verfügt.

Artikel 14 (3) GG:

„Eine Enteignung ist nur zum Wohle der Allgemeinheit zulässig."

Bedeutung:
Eine Enteignung von Grundstücken ist möglich, wenn sie dem „Wohl der Allgemeinheit" dient.

Artikel 15 GG:

„Grund, Boden, Naturschätze und Produktionsmittel können zum Zwecke der Vergesellschaftung durch ein Gesetz, das Art und Umfang der Entschädigung regelt, in Gemeineigentum [...], überführt werden."

Bedeutung:
Grund, Boden, Gas-, Erdöl-, Kohlevorkommen können dem Staatseigentum zugeführt werden, allerdings nur gegen Entschädigung.

Der Staat muss dafür sorgen, dass der Wettbewerb durch **Missbrauch** der **Vertragsfreiheit** die Freiheitsrechte von Unternehmen und Verbrauchern nicht einschränkt.

! Deshalb sind gesetzliche Maßnahmen zur Sicherung eines funktionsfähigen Wettbewerbs von entscheidender Bedeutung. Sie stellen den sog. sozialen Ordnungsrahmen her.

Dem Schutz vor einem Missbrauch von Freiheiten dient das **Wettbewerbsrecht.** Es ist geregelt im **Gesetz gegen Wettbewerbsbeschränkungen (GWB)** bzw. in den **Vorschriften des europäischen Kartellrechts.** Schutzobjekt ist der freie Wettbewerb unserer Volkswirtschaft.

Die auf die Freiheit des Wettbewerbs gerichtete Zielsetzung des GWB wird in erster Linie durch
- » das Kartellverbot und die daraus folgenden Vereinbarungen (§§ 1–3 GWB),
- » das Verbot wettbewerbsbeschränkender einseitiger Handlungen marktbeherrschender und marktstarker Unternehmen (§§ 18–21 GWB) sowie
- » die Zusammenschlusskontrolle (§§ 35–43 GWB)

verfolgt.

Die Durchsetzung des GWB im konkreten Einzelfall ist grundsätzlich Aufgabe der Kartellbehörden. Dies sind auf Bundesebene das **Bundeskartellamt** mit Sitz in Bonn und bei Fällen mit nur regionaler Auswirkung die Landeskartellbehörden in dem betreffenden Bundesland. Auf europäischer Ebene wacht eine EU-Kommission darüber, dass keine wettbewerbsbehindernden Vereinbarungen zwischen Unternehmen getroffen werden oder marktbeherrschende Unternehmen ihre Stellung missbrauchen.

Kartellverbot

Grundsätzlich verboten sind zwischen den Wettbewerbern		
» **Preisabsprachen** Verboten sind alle Absprachen, die Preise zwischen Wettbewerbern festzulegen oder zu stabilisieren. Dazu zählen z. B. Absprachen über Höchst- und Mindestpreise, Rabatte, den Zeitpunkt von Preisänderungen sowie über preisbegleitende Maßnahmen, wie z. B. Zahlungsbedingungen, Kreditziele, Verzugszinsen und Umfang von Garantien.	» **Marktaufteilung** Teilen Wettbewerber Märkte untereinander auf, indem sie sich Gebiete oder Kunden zuweisen, oder indem sie bestimmte Absatz-Quoten festlegen, so ist dies als eine sog. *Hardcore*-Vereinbarung grundsätzlich nicht freistellungsfähig.	» **Preisbindungen der zweiten Hand** Preisbindungen der zweiten Hand sind ausnahmslos verboten. So darf beispielsweise der Lieferant seinem Händler nicht die den weiteren Abnehmern zu berechnenden Preise vorschreiben. Ausnahmen sind gesetzlich geregelt.

Erlaubt sind aber Einkaufs- und Vertriebskooperationen (wie die des Reisevertriebs, → LF 12, Kapitel 2), Mittelstandskartelle, Spezialisierungskartelle oder Forschungskooperationen.

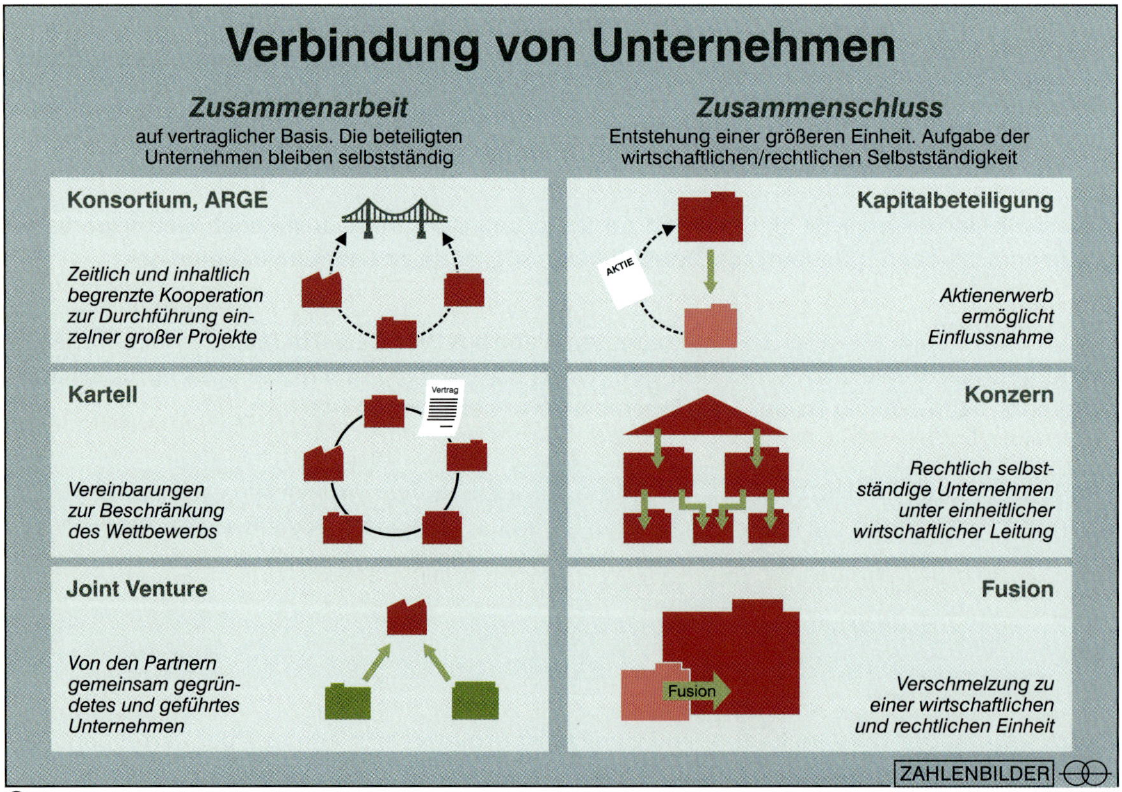

 210 110

Andere, den **Wettbewerb beschränkende Vereinbarungen,** können im Einzelfall wegen mangelnder Spürbarkeit (der Marktanteil übersteigt zusammen genommen nicht 10 %) von dem Kartellverbot ausgenommen sein, da das Kartellverbot nicht jede unbedeutende **Bagatellbeschränkung** erfassen soll.

Das **Bundeskartellamt** führt über marktbeherrschende Unternehmen eine Missbrauchsaufsicht.

Ein marktbeherrschendes Unternehmen verhält sich kartellrechtswidrig, wenn es ein anderes Unternehmen diskriminiert, behindert oder seine Marktmacht missbraucht. Das Kriterium für Missbrauch ist dann gegeben, wenn das Unternehmen sein Verhalten selbst bestimmen kann, ohne auf Mitbewerber Rücksicht zu nehmen. In das Gesetz wurde eine kaufpreisbezogene Aufgreifschwelle für die Fusionsprüfung eingeführt, um sicherzustellen, dass innovative Start-ups, die bislang nur wenig Umsatz erzielen, nicht ungeprüft von Platzhirschen aufgekauft werden. Ferner hat das Bundeskartellamt beispielsweise Facebook die Zusammenführung von Nutzerdaten aus verschiedenen Quellen untersagt.

» **Preisdiskriminierung**
Ausbeutung der Marktgegenseite kann vorliegen, wenn ein marktbeherrschendes Unternehmen einzelne Geschäftspartner preislich diskriminiert, indem ohne sachlichen Grund unterschiedliche Preise verlangt werden.
Das Bundeskartellamt ist seit Mitte 2017 auch für Fragen des Verbraucherschutzes zuständig. Nach dem Aus von Air Berlin Anfang 2018 betrugen die Preissteigerungen für Flüge von und nach Berlin bis zu 300 %, weshalb das Bundeskartellamt nun hinterfragt, ob ein Preisanstieg in dieser Höhe gerechtfertigt ist, oder ob hier bereits Unternehmen ihre Marktmacht missbrauchen.

» **Beispiel: Verbot der Bestpreisklausel**

Die Bestpreisklausel besagte, dass niemand, auch das Hotel selbst nicht, niedrigere Preise anbieten durfte als das Onlineportal. 2013 untersagte das Kartellamt die Bestpreisklausel von HRS, damals noch klarer Marktführer. Zwei Jahre später ereilte Booking.com das gleiche Verbot. Mittlerweile hat der Bundesgerichtshof das Verbot der Vereinbarung einer Bestpreisklausel (bei booking.com und anderen) bestätigt.

Weitere aktuelle Fälle sind die Überprüfung der Onlinewelt bezüglich des 9 Mrd. € schweren Werbemarktes in Bezug auf die Werbe- und Datensammelmechanismen oder auch, inwieweit Konzerne wie Google Wettbewerb verhindern.

» **Auslistung/Lieferverweigerung**
Marktbeherrschende Unternehmen dürfen ihre Kunden grundsätzlich frei wählen und auch hohe Preise und günstige Konditionen aushandeln. Sie dürfen ihre Forderungen aber nicht mit unlauteren Mitteln durchsetzen. Sie dürfen einzelne Lieferanten nicht ohne Weiteres von der Abnahme ihrer Produkte oder Dienstleistungen ausschließen. Eine Behinderung von Konkurrenten kann bei Verweigerung von Geschäftsbeziehungen (z. B. Liefer- oder Bezugssperre) vorliegen.
Eine Lieferverweigerung durch marktbeherrschende und marktstarke Lieferanten ist nur möglich, wenn sie sachlich begründet ist, etwa durch die Entscheidung des Unternehmens, seine Produkte nur über ein bestimmtes Vertriebsnetz (selektiver Vertrieb) zu verkaufen.

» **Koppelungsverbot**
Ein missbräuchliches Verhalten kann darin liegen, dass ein marktbeherrschendes Unternehmen den Verkauf eines Produktes ohne sachlichen Grund mit dem Verkauf eines anderen Produktes oder einer anderen Dienstleistung koppelt.

» **Verkauf unter Einstandspreis**
Unternehmen, die gegenüber kleinen und mittleren Unternehmen überlegene Marktmacht haben, dürfen ihre Marktmacht nicht dazu nutzen, die kleinen und mittleren Unternehmen unbillig zu behindern. Eine unbillige Behinderung wird angenommen, wenn Waren oder gewerbliche Leistungen nicht nur gelegentlich unter Einstandspreis angeboten werden (wie z. B. die allseits üblichen Bonuskarten des Einzelhandels oder auch von Verkehrsunternehmen wie LH Miles & More oder DB BahnComfort).

» **Rabattsysteme**
Bestimmte Rabattpraktiken marktbeherrschender Anbieter können einen Missbrauch ihrer Marktstellung darstellen. Dies gilt insbesondere für Treuerabatte (Kundenbindungskonzepte) und ggf. auch für Umsatzrabattsysteme. Mengenrabattsysteme dagegen, deren Höhe ausschließlich vom Umfang des einzelnen Auftrages eines Abnehmers abhängen, können auch von marktbeherrschenden Lieferanten gewährt werden.

Der Zusammenschluss von Unternehmen kann sich nachteilig auf das Funktionieren eines effektiven Wettbewerbs durch eine eventuelle Vergrößerung des Markteinflusses auswirken. Aus diesem Grunde sieht das GWB präventive **Fusionskontrollen** vor. Das geschah im Falle der Insolvenz und des anschließenden Verkaufs von bestimmten Strecken der Air Berlin, als das Kartellamt der Lufthansa die volle Übernahme bestimmter Strecken (z. B. Frankfurt - Berlin) untersagte, weil damit die Lufthansa ein Monopol erlangt hätte.

Situationsaufgabe

Situation:

Sie werden beauftragt zu prüfen und bewerten, ob die nachfolgenden Verabredungen zwischen Veranstalter A, B und C mit dem GWB vereinbar sind.

Aufgabe:

„Da das statistisch durchschnittliche Haushaltseinkommen in Süddeutschland höher ist als in Norddeutschland, vereinbaren wir Veranstalter für die kommende Reisesaison:

a) 10 % Zuschlag auf alle Katalogpreise für Touristen aus Süddeutschland;

b) für diese Zielgruppe generell keinen Frühbucherrabatt zu gewähren (im Gegensatz zur Zielgruppe der norddeutschen Kunden);

c) für Norddeutsche eine Reiseanzahlung aufgrund ihrer Einkommenssituation von 40 % bei Buchung und für Süddeutsche von 10 % bei Buchung zu verlangen;

d) die Aushändigung der Reiseunterlagen für alle Kunden erst bei Reisepreisrestzahlung;

e) A wird lediglich 30 % seiner Pauschalreiseangebote in Süddeutschland und B lediglich 20 % seines Reiseangebotes in Süddeutschland vermarkten und dafür 10 % des Umsatzes von C in Süddeutschland als „Entschädigung" erhalten;

f) generell unsere Angebote nur durch stationäre Reisemittler zu vermarkten;

g) gemeinsam für unsere Reisen zu werben;

h) Hotelbetten in Spanien für die nächste Saison gemeinsam einzukaufen. [...]"

Aufgaben

1_ Inwiefern wirkt sich die Ratenparität – die Meistbegünstigungsklausel – negativ auf den Wettbewerb aus?

2_ Müssen andere Buchungsportale ein für HRS negatives Urteil des zuständigen Gerichts hinsichtlich ihrer Geschäftspolitik umsetzen, wenn die Bestpriceklausel ebenfalls Teil ihrer Geschäftspolitik ist?

3_ Was versteht man unter der Meistbegünstigungsklausel?

4 Gesetz gegen den unlauteren Wettbewerb

Grundsätzlich gilt in Deutschland das **Prinzip der Wettbewerbsfreiheit,** somit ist es jedem erlaubt, sich am wirtschaftlichen Wettbewerb zu beteiligen. Der Wettbewerbsfreiheit sind jedoch auch Grenzen gesetzt, z. B. durch das Gesetz gegen den unlauteren Wettbewerb (UWG).

! Das UWG dient zum Schutz der Mitbewerber, der Verbraucherinnen und der Verbraucher sowie der sonstigen Marktteilnehmer vor unlauterem Wettbewerb. Es schützt zugleich das Interesse der Allgemeinheit an einem unverfälschten Wettbewerb (§ 1 UWG).

Voraussetzung für die Anwendbarkeit des UWG ist, dass ein Handeln vorliegt, das einen eigenen oder fremden beliebigen Geschäftszweck fördert, aber als Maßnahme dazu geeignet ist, den Absatz oder Bezug einer Person zum Nachteil einer anderen Person zu fördern.

§

§ 3 UWG Verbot unlauterer geschäftlicher Handlungen

(1) Unlautere geschäftliche Handlungen sind unzulässig.

(2) Geschäftliche Handlungen, die sich an Verbraucher richten oder diese erreichen, sind unlauter, wenn sie nicht der unternehmerischen Sorgfalt entsprechen und dazu geeignet sind, das wirtschaftliche Verhalten des Verbrauchers wesentlich zu beeinflussen.

[...]

Mit dieser Generalklausel sind Handlungen verboten, die den Wettbewerb **nicht unerheblich** beeinträchtigen, aber auch schlicht jede unlautere Wettbewerbshandlung. In § 4 nennt das Gesetz Beispiele für unlautere geschäftliche Handlungen.

Als **unlauter** gelten weiterhin:

UWG

Irreführende geschäftliche Handlungen (§ 5)
- Irreführung über den Preis
- Lockvogelwerbung
- Werbung mit Testurteilen
- Mogelpackung
- vergleichende Werbung

Vergleichende Werbung (§ 6)
- Nachprüfbarkeit muss da sein
- Preisvergleiche müssen sich auf die gleiche Maßeinheit beziehen
- bei Sonderangeboten muss Anfang und Ende des Zeitraums für das Sonderangebot erkennbar sein

Unzumutbare Belästigungen (§ 7)
- Werbung, die Empfänger erkennbar nicht wünscht
- unzulässige Verwendung von Empfängeradressen

Ergänzungen:
- Freihalten von Waren ohne Angabe der Gütebezeichnung und der Verkaufseinheit
- Bestechung von Angestellten fremder Geschäfte zum Zwecke des Wettbewerbs
- Anschwärzen von Mitarbeitern durch Verbreitung falscher Nachrichten
- Missbrauch fremder Namen, Firmen- oder Warenbezeichnungen
- Verrat von Geschäftsgeheimnissen
- Verschweigen von Tatsachen

In § 8 UWG folgen Regelungen über den Beseitigungs- und Unterlassungsanspruch, in § 9 UWG über den Schadenersatzanspruch und in § 10 UWG über die Gewinnabschöpfung zugunsten der Allgemeinheit. Die Verjährungsfrist (§ 11) beträgt i. d. R. sechs Monate und beginnt mit der Kenntnisnahme der Handlung durch den Kläger.

Die §§ 16–19 UWG stellen bestimmte Arten irreführender Werbung, Schneeballsysteme, den Geheimnisverrat und den Vorlagenmissbrauch unter Strafe.

Das UWG gewährt zwar Ansprüche im Rahmen des geschäftlichen Verkehrs, unmittelbare Ansprüche des Verbrauchers ergeben sich jedoch aus dem neuen UWG nicht. Daher gehört es auch nicht direkt zu den Verbraucherschutzgesetzen. Direkte Rechtsansprüche können Mitbewerber oder Interessenverbände von Marktteilnehmern sowie auch Verbraucherverbände geltend machen. Privatpersonen können eine Beschwerde bei der **Wettbewerbszentrale (WBZ, Zentrale zur Bekämpfung unlauteren Wettbewerbs e. V.)** einreichen.

Situationsaufgabe

Situation:

Sie werden von Ihrem Chef beauftragt zu prüfen, ob die nachfolgend abgedruckten Regelungen in den AGB von Leistungsträgern mit dem UWG zu vereinbaren sind, so dass Sie mit den Leistungsträgern für bestimmte eigene Veranstaltungen ins Geschäft kommen können, ohne rechtliche Nachteile fürchten zu müssen.

Aufgabe:

1_ Überprüfen Sie mithilfe von § 4 bis 7 UWG (Gesetz siehe QR-Code) folgende Fälle:

a) Die Teilnehmer einer „Kaffeefahrt" mit Verkaufsveranstaltung können ihre Heimreise mit dem Bus erst antreten, wenn jeder Teilnehmer einen Kaufvertrag von mindestens 25,00 € Wert geschlossen hat.

b) Es wird eine Tombola veranstaltet, bei der es kostenlose Reisegutscheine als Gewinn für eine Person gibt, mit der Einschränkung, dass eine weitere Person den Gewinner begleiten muss und diese pauschal 150,00 € zahlt.

c) Ein Busreiseveranstalter behauptet vor seinen Fahrgästen, dass die Fahrzeuge seines Mitbewerbers generell verkehrsunsicher sind.

d) Ein Hotelier behauptet gegenüber seinen Gästen, dass sein Konkurrent am Ort einen Insolvenzantrag gestellt hat. Diese Information habe ihm der Oberkellner des Mitbewerbers gegeben.

2_ Überprüfen Sie mithilfe der nachfolgend abgedruckten Gesetzesauszüge, inwieweit die folgenden Tatbestände gegen das UWG verstoßen:

a) Ein Hotelbetrieb im Schwarzwald mit angeschlossenem landwirtschaftlichen Betrieb wirbt damit, dass alle seine für die Speisezubereitung der Gäste verwendeten Rohstoffe ganzjährig erntefrisch sind.

b) Selbst erntefrische Zitrusfrüchte aus eigenem biologischen Anbau geben sowohl in der Wintersaison als auch in der Sommersaison seinem Cocktailangebot einen unverwechselbaren Geschmack.

c) Um für seinen Hotelbetrieb im Kundensegment der Best Ager zu werben, bedient er sich Anrufmaschinen, Faxgeräten und elektronischer Postzustellungen, ohne vorher mit einer Person in Kontakt getreten zu sein.

Unternehmerisches Handeln mitgestalten

1 Das Reisebüro, der Reisemittler

1.1 Die Gründung und Struktur eines Reisebüros

Mittelständisches Gewerbe

Die Organisationsformen der Reisemittler sind außerordentlich vielfältig. Wir unterscheiden u. a. selbstständige Vollreisebüros, Ketten, Franchiseunternehmen, Kooperationen, virtuelle Vertriebsstellen im Internet mit reinem Onlineverkauf und den Travel Consultant, den selbstständigen mobilen Urlaubsverkäufer (derzeit ca. 3.000 bis 4.000).

Reisebüros verkaufen ihre Leistungen

- in allgemein zugänglichen Ladengeschäften,
- in Implants (Reisebürofiliale in einem fremden Unternehmen, zuständig für dessen Belange, ohne freien Publikumsverkehr),
- in Firmendiensten,
- in Shop-in-Shop-Geschäften und
- in Großreisebüros wie z. B. dem World-of-TUI Reise-Erlebniscenter in Berlin, einem Reisebüro der Zukunft mit Lounge-Atmosphäre, in dem die Beratung – auch über WLAN, Flachbildschirm samt interaktiver Weltkarte, 3D-Digitalbrille und iPads – im Vordergrund steht und der Kunde seine Reise selbst buchen kann. Online- und Offlinewelten werden strategisch miteinander verknüpft. Es werden allerdings nur TUI-Produkte angeboten.

Durch E-Commerce und Heimverkauf ist der Vertrieb aber nicht mehr unbedingt standortgebunden.

Gründung eines Reisebüros

Die Eröffnung und selbstständige Führung eines Reisebüros wird durch keinerlei gesetzliche Vorschriften eingeschränkt. Nicht einmal die erfolgreiche Abschlussprüfung vor der Industrie- und Handelskammer (IHK) muss nachgewiesen werden. Mit der Anmeldung beim Gewerbeamt kann die Geschäftstätigkeit aufgenommen werden. Für die Gründung eines Reisebüros werden 60.000,00 € bis 80.000,00 € Fremdkapital und 10.000,00 € bis 20.000,00 € Eigenkapital für ein Büro mit bis zu zwei Angestellten veranschlagt.
Der Wert eines übernommenen Reisebüros sollte nicht mehr als 3 % bis 5 % vom Umsatz oder 50 % der Erlöse kosten, in Abhängigkeit vom Standort, dem Marktumfeld und der Qualität der Kundendaten.
Sowohl bei einer Neugründung als auch bei der Übernahme eines bestehenden Büros ist zu beachten, dass eine Anlaufzeit zu bewältigen ist. Allerdings werden heute in der Folge der Corona-Pandemie (Mitte 2021) nach der Schließung von Reisebüros – man geht von etwa 20 % Insolvenzen aus –

mit Arbeitslosengeld oder Kurzarbeitergeld wieder mehr Selbstständige als mobile Reiseberater gezählt. Dies hat für die Berater den Vorteil der geringeren Gründungs- und Bürokosten sowie der Möglichkeit der flexiblen Arbeitseinteilung sowie der Option, ihre Leistungen möglichen Kunden bei diesen zu Hause verkaufen zu können.

Um eine hohe Produktqualität mit dem entsprechenden Service zu gewährleisten, verpflichten sich Reisebüros im Rahmen ihres Qualitätsmanagements zur freiwilligen Selbstbindung (Code of Conduct) und lassen ihre Leistungen durch unabhängige Experten überprüfen.

Bei der Gründung müssen das Finanzamt und die IHK informiert werden. Jeder, der ein Handelsgewerbe betreibt, wird automatisch Mitglied bei der IHK. Das Reisebüro muss darüber hinaus bei der Berufsgenossenschaft angemeldet werden, damit die Mitarbeiterinnen und Mitarbeiter gegen Arbeits- oder Wegeunfälle (von/zur Arbeit) und Berufskrankheiten versichert werden.

Reisebüros unterliegen u. a. der Reisebüroverordnung, die bundesweit gilt. Sie schreibt im Wesentlichen vor, dass alle Geldbewegungen im Rahmen der Geschäftstätigkeit aufzuzeichnen und auf getrennten Konten zu erfassen, sofern das Reisebüro Kundengelder als Vermittler treuhänderisch in Empfang nimmt.

Für Reiseveranstalter gelten andere Kriterien für die Gründung. Ein Reisebüro, das auch Reisen veranstalten möchte, muss demnach weitere Voraussetzungen, wie z. B. den Nachweis einer Insolvenzversicherung, erfüllen.

Reisemittler (hier: auch Reisebüro)

Damit ist der selbstständige Handelsvertreter im Bereich Tourismus gemeint, also eigentlich der Eigentümer des Reisebüros, nicht seine Verkaufs- und Buchungsstelle, sein Handelsbetrieb. Reisemittler und Reisebüros schließen die Kette zwischen den Produzenten der touristischen Leistung und den Geschäfts- und Privatkunden, den Endverbrauchern.

Der Handelsvertretervertrag – in der Reisebranche spricht man allerdings von einem Agenturvertrag, so wie man auch das Reisebüro als Agentur bezeichnet – wird zwischen dem Unternehmen (Leistungsträger) und einem Handelsvertreter (Agent) abgeschlossen, wobei es sich, wie bereits erwähnt (→ LF 4, Kapitel 8), um einen Geschäftsbesorgungsvertrag mit Dienstleistungscharakter handelt. Der Handelsvertreter bemüht sich um die Vermittlung oder den Abschluss von Geschäften (Reise-, Beförderungs-, Beherbergungsverträge usw.).

Status des Handelsvertreters

Für seine Leistungen erhält das Reisebüro – als stationärer Handelsvertreter – eine Provision unterschiedlicher Höhe im Wesentlichen (neben Versicherungen) nur noch vom Veranstalter. Der Kunde erachtet es für selbstverständlich, dass ihm die Vermittlungs- und Beratungsleistungen des Mittlers kostenlos zur Verfügung gestellt werden.

Mit Einführung der sog. Nullprovision bei der Buchung von Flugtickets änderte sich der rechtliche Status der Reisemittler. Aus dem Handelsvertreter wurde der Handelsmakler, der jetzt dem Kunden – dem Nachfrager einer Leistung – ein Serviceentgelt (Bearbeitungsgebühr) berechnen muss, zumal da etliche Anbieter Gutscheine, Rabatte oder Rückvergütung anbieten, wenn bei ihnen gebucht wird.

Unabhängige Reisebüros

Die Zahl der inhabergeprägten und von den Reisekonzernen unabhängigen „klassischen" Vollreisebüros geht immer stärker zurück. Der Marktanteil der sog. freien Reisebüros, die ihre Agen-

222251592

turverträge nach eigenen wirtschaftlichen Entscheidungen abschließen, hat sich in den letzten 20 Jahren von über 50 % auf gerade einmal 5 % reduziert. Im Rahmen des Strukturwandels haben sich diese Reisebüros Kooperationen bzw. Allianzen angeschlossen oder sind Franchise-Marken beigetreten, ohne dabei ihre rechtliche Selbstständigkeit aufzugeben. Ihre wirtschaftliche und rechtliche Selbstständigkeit steht allerdings zur Disposition, wenn das Unternehmen als Filiale an eine Reisebürokette verkauft wurde. Ketten zählen entweder zum Eigenvertrieb eines großen Veranstalters oder zu einem Reisebürokonzern. Sie sind damit eigene Vertriebsstellen (Filialen) der Konzerne oder bleiben inhabergeführte Reisebüros als Franchisenehmer.

Vollreisebüros

Das Angebot des klassischen Vollreisebüros, unabhängig von seiner wirtschaftlichen oder rechtlichen Stellung, umfasst mindestens die folgenden touristischen Leistungen (Hauptleistungen), wobei der Firmendienst nicht berücksichtigt wurde:

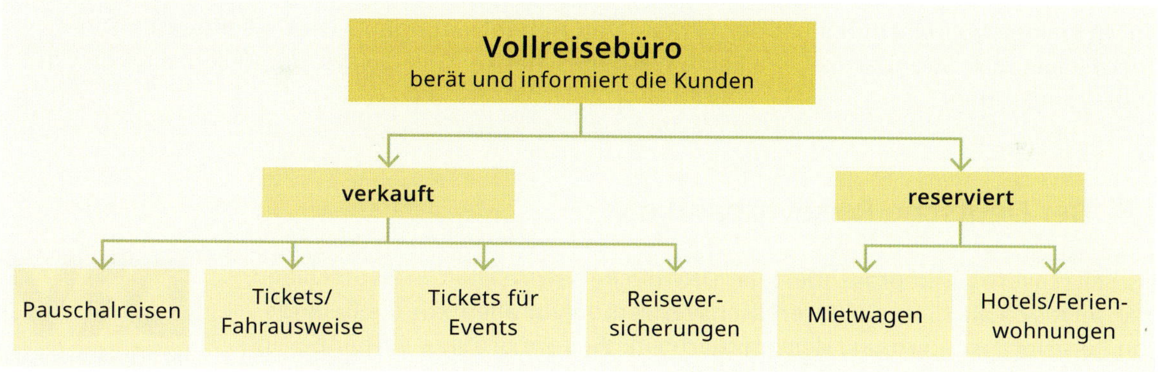

1.2 Tätigkeiten im Reisebüro

Das Reisebüro bewirbt und verkauft Pauschalreisen, Einzel- oder verbundene Reiseleistungen wie Kreuzfahrten usw., aber zunehmend auch eigene Veranstaltungen als weiteres Standbein (zumindest in größeren Büros) an seine Kunden. Die gebuchten (verkauften) Reisen werden elektronisch an die Reiseveranstalter oder Leistungsträger weitergeleitet. Die Reiseanzahlung des Kunden wird entgegengenommen und an den Veranstalter überwiesen, dafür erhält der Kunde den sog. Reisepreis-Sicherungsschein des Veranstalters, der die Kundenzahlungen gegen einen etwaigen Konkurs absichern soll. Das Reisebüro prüft die Reiseunterlagen des Veranstalters und leitet sie an den Kunden weiter, sofern diese dem Kunden nicht direkt zugestellt werden. In einzelnen Fällen kassiert das Reisebüro den Reisepreis treuhänderisch für den Veranstalter, heute überwiegt das Direktinkasso. Für die Vermittlungstätigkeit erhält das Reisebüro vom Veranstalter eine Provision.

Nach Ablauf der Reise werden im Rahmen von Befragungen die Kundenzufriedenheit untersucht und neue Reiseziele beworben.

Ebenfalls mithilfe des Computer-Reservierungs-Systems (CRS, engl. GDA) werden die Fahrausweise für nationale und internationale Bahn- und Busfahrten, die Flugscheine für nationale und internationale Flüge, die Fahrausweise für Schiffs- und Fährpassagen sowie die Passenger Tickets (Voucher) für Kreuzfahrten erstellt. Hier erhält der Kunde – mit Ausnahme der Kreuzfahrt – sofort das entsprechende Transportdokument und begleicht den Rechnungsbetrag entweder bar, mit EC- oder Kreditkarte. Falls erforderlich, können die Mitarbeiter Reisedokumente (Visa) und

Reiseschecks besorgen. Die Abrechnung erfolgt über die jeweiligen Buchungszentralen oder beim Leistungsträger direkt. Immer wichtiger wird für das Reisebüro der Ticketvorverkauf für die zunehmende Zahl der regionalen und überregionalen Events (Veranstaltungen). Dies geschieht im Rahmen einer Pauschalreise, einer verbundenen Reiseleistung oder als Einzelverkauf. Die Abrechnung erfolgt über den Ticketvermarkter. Der Verkauf von Reiseversicherungen stellt ein weiteres Angebot dar.

Reserviert das Reisebüro eine Hotelübernachtung, eine Ferienwohnung bzw. einen Mietwagen als Einzelleistung für den Kunden, wird grundsätzlich ein Voucher (Gutschein über die gebuchte Leistung) ausgestellt. Eine Zahlung im Reisebüro ist eher die Ausnahme. Natürlich kann eine derartige Reservierung auch über die Kontingente der Veranstalter erfolgen. Mit dem **Cross-/ Multi-Channel-Vertrieb** versucht der stationäre Vertrieb über die Veranstalter am Onlinegeschäft zu partizipieren. Der Kunde sucht seine Reise im Internet, wird aber für die Buchung zu tagesaktuellen Preisen auf das Reisebüro seiner Wahl verwiesen.

Nur in einigen Vollreisebüros hat der Verkauf von Nebenleistungen – wie Reiseliteratur, DVDs über Zielgebiete, Strandartikel, die keine Werbegeschenke (Give-aways) darstellen, eine gewisse Bedeutung erlangt.

1.3 Der Deutsche Reiseverband e.V.

DRV DIE REISEWIRTSCHAFT

Als Spitzenverband repräsentiert der DRV die Reisewirtschaft in Deutschland und setzt sich als führende Interessensvertretung vor allem für die Belange von Reiseveranstaltern und Reisemittlern ein. Weitere größere Verbände sind der Verband unabhängiger selbstständiger Reisebüros (VUSR), die Allianz selbständiger Reiseunternehmen (asr), der Bundesverband der Deutschen Tourismuswirtschaft (BTW) sowie der Verband Internet Reisevertrieb (VIR). Der Verband steht in Kontakt mit politischen Entscheidern und bringt seine Positionen und Argumente im Sinne der Branche in Gesetzgebungsverfahren ein und macht sich für fairen Wettbewerb stark.

Die Aufgaben des DRV

- Interessenvertretung in Politik, Wirtschaft und Öffentlichkeit
- Krisen- und Sicherheitsmanagement für die Tourismusbranche
- Unterstützung beim digitalen Wandel
- Beratung und Unterstützung der Mitglieder
- Engagement zur Sicherung von Fachkräften
- Einsatz für Nachhaltigkeit und Klimaschutz
- Entwicklung von Branchenstandards für Geschäftsprozesse

Hinter dem DRV steht eine bedeutende Wirtschaftskraft: Die Mitglieder repräsentieren den größten Teil des Umsatzes im Reiseveranstalter- und Reisemittlermarkt. Mehrere Tausend Mitgliedsunternehmen, darunter zahlreiche touristische Dienstleister, machen DRV-Mitglieder zu einer starken Gemeinschaft, die die vielfältigen Interessen bündelt. So repräsentieren die Mitglieder des DRV über 90 % des touristischen Umsatzes. Der asr (Allianz selbständiger Reiseunternehmen E.V., Berlin) als kleinerer Verband repräsentiert hingegen über 400 inhabergeführte Veranstalter sowie mehr als 700 Reisebüros.

222251594

Der DRV gliedert die Reisebüros (Vertriebsstellen oder Points of Sales) in vier Gruppen:

- » das **klassische Vollreisebüro** mit mindestens einer Veranstalter- und mindestens einer Verkehrsträgerlizenz (entweder IATA- oder DB-Lizenz),
- » das reine **Firmendienstbüro** (Business Travel) inkl. Implants, das sich nur an die Unternehmen und ihre Mitarbeiter wendet, für die es arbeitet (Urlaubsreisen für die Mitarbeiter werden ebenfalls angeboten),
- » das reine **Touristikbüro** mit mindestens zwei Veranstalterlizenzen, aber ohne Verkehrsträgerlizenz,
- » die **sonstigen** Buchungsstellen mit u. a. nur einer Veranstalterlizenz, in der alle weiteren Touristikunternehmen erfasst werden. Hierzu zählen auch Reisevermittlungsstellen, deren Haupttätigkeit auf anderen Erwerbsquellen beruht (Verlage, Verkaufsstellen der Versandhäuser, Toto/Lotto-Annahmestellen usw.).

Reisestellen in Deutschland				
	2000	**2005**	**2011**	**2018**
Klassische Reisebüros	5.173	3.636	2.697	2.216
Business Travel	1.175	980	791	728
Touristische Reisebüros	7.657	8.023	6.752	8.359
Summe Reisebüros	**14.005**	**12.639**	**10.240**	**11.303**
Sonstige Buchungsstellen	6.525	2.905	1.800	
Vertriebsstellen insgesamt	**20.530**	**15.544**	**12.040**	
Davon				
IATA-Agenturen	4.771	4.465	3.105	2.602
DB-Agenturen	3.980	3.246	2.676	2.038

Quelle: Vgl. DRV-Vertriebsdatenbank 2005, 2006, 2009, zitiert nach „Fakten und Zahlen zum deutschen Reisemarkt" – Ausgaben 2006, 2011, 2018 und 2020 DRV, Berlin

Die Tabelle zeigt, dass die wirtschaftliche Krise nach den Terroranschlägen vom 9. September 2001 in New York sowie Finanzkrise 2008 und Strukturwandel durch die Digitalisierung nicht spurlos an den Reisemittlern vorübergegangen sind. Laut Statistischem Bundesamt sind in den Jahren seit 2008 aber auch **etwa 10.000 Vertriebsstellen neu gegründet worden**. Veränderte Provisionszahlungen der Leistungsträger und der verstärkte Eigenvertrieb über das Internet werden auch die zukünftige Entwicklung der Branche beeinflussen. Im Gegensatz zur Zahl der Reisevertriebsstellen ist in den letzten Jahren der Anteil der Umsätze am Gesamtumsatz von ca. 20 % auf 26 % leicht gestiegen, wobei das Privatkundengeschäft davon etwa zwei Drittel des Umsatzes erwirtschaftet.

Auch wenn insgesamt die Onlinequote steigt, dürften Reisebüros gerade bei hochwertigeren und komplexen Produkten wie Kreuzfahrten, Fern- und Luxusreisen gut im Geschäft bleiben. Stationäre Büros erzielen bereits 13,4 % ihres Umsatzes mit Kreuzfahrten und 22 % mit Fernreisen und damit auch höhere Preise pro Buchung. Das hat auch damit zu tun, dass Onlineportalen häufig mangelnde Seriosität bescheinigt wird, nennen doch nur ein Drittel korrekte Preise, und auch bei den restlichen waren sie nicht immer zuverlässig. Unklar bleibt häufig auch, wie sich der Preis letztlich zusammen setzt oder ob die Leistungen überhaupt buchbar sind.

Im Gegensatz dazu hat eine Untersuchung über die Qualität von Reisebüro-(ketten) ergeben, dass 12 von 13 Kandidaten mit „gut" abschnitten. Die Unternehmen überzeugten mit der Beratung in den Reisebüros, die Mitarbeiter zeichnen sich durch Kompetenz und Freundlichkeit aus, auch am Telefon und per E-Mail. Weitere Pluspunkte: „ausgesprochene Hilfsbereitschaft" und „äußerst kurze Wartezeiten" bis zum Gesprächsbeginn oder auch freundliches und individuelles Eingehen auf die Kunden.

Im Onlinereisemarkt, dessen Gesamtumsatz ähnlich hoch ist wie der des stationären Vertriebs, spielen die Onlinereisebüros (Online Travel Agencies, OTA) mit einem Umsatz von geschätzten 5 Mrd. € (entspricht 7,5 %) keine bedeutende Rolle. Der Löwenanteil entfällt auf die Leistungsträger (Bahn, Bus, Fluggesellschaften, Hotels) und auf die Flug- und Hotelportale.

Daneben dominieren die großen Veranstalter aber auch Newcomer wie das Vergleichsportal check 24. Die Portale der Veranstalter vertreiben zunächst nur eigene Produkte und bieten zusätzlich als neutrale OTA ein umfassendes Sortiment zum Produkt Urlaubsreise.

Von vorab gebuchten Reiseausgaben (2018: 67,9 Mrd. €) entfielen 46 % auf Veranstalter, 35 % direkt auf Leistungsträger und 7 % auf Produktportale, insgesamt zu 40 % online und 28 % bei den Reisebüros (= 11.303 Vertriebsstellen) – bei ihnen der größte Teil der Veranstalter (-pauschalreisen).[1]

Online- und Offlineanteile am Umsatz

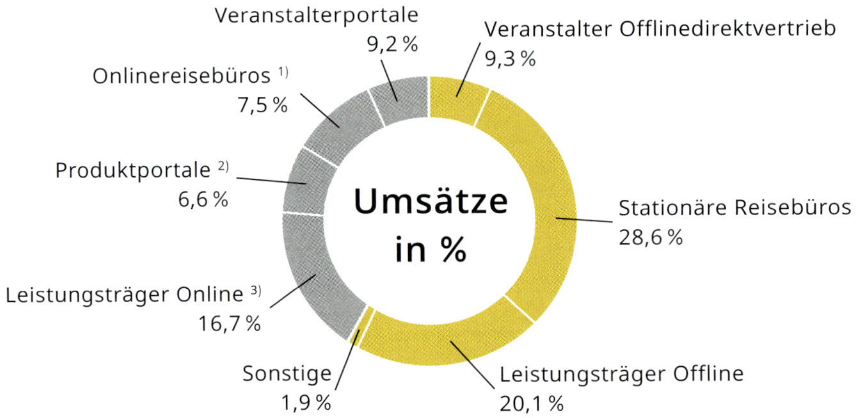

1) Onlinereisebüros = Websites, auf denen Veranstalter-Reisen angeboten werden
2) Produktportale = Websites, auf denen nur Monoprodukte angeboten werden (Hotel-, Flug- und Mietwagenportale)
3) Leistungsträger = Airlines, Bahn-, Hotel- und Mietwagen

Quelle: Lanz, Ira; Hildebrandt, Klaus: Große Offline-Online-Schere im Vertrieb. In: fvw, 12/2019, S. 4 ff.

Knapp die Hälfte der Deutschen lässt sich von einem Reisebüro für eine Reise inspirieren. Der stationäre Vertrieb insgesamt – also Reisebüros, Plakate und direkte Informationen der Anbieter – wird von gut zwei Dritteln der Deutschen genutzt. Nur etwa 25 % der Reiselustigen aller Altersklassen informieren sich ausschließlich online. Online informieren sich Konsumenten vor allem, weil sie jederzeit Angebote abrufen können und eine gute Vergleichbarkeit haben. Doch die Onlinesuche gilt auch als aufwendig, weil es so viele Angebote gibt.

1 Quelle: Vgl. Lanz, Ira; Hildebrandt, Klaus: Große Offline-Online-Schere im Vertrieb. In: fvw, 12/2019, S. 4 ff.

Gerade heute – in Anbetracht der häufig unklaren und sich ändernden Corona-Regelungen – suchen Kunden verstärkt nach Sicherheit, Nachhaltigkeit und nach einem optimalen Preis-Leistungs-Verhältnis und dieser Trend wird sich in Zukunft noch fortsetzen. Der Reisende von heute ist papierlos unterwegs und checkt via PC, Tablet oder Smartphone vorab online ein, bucht Tischreservierungen, Ausflüge und sonstige Events bequem mit einem Click. Er will während seiner Reise ständig über die Fahrt zum Flughafen, Wartezeiten am Security oder an der Gepäckausgabe o. Ä. informiert werden. Er hat also einen steigenden Bedarf an globaler Mobilität, Multipräsenz, maximaler Vernetzung, künstlicher Intelligenz und digitaler Assistenz, was seine Reise einfach und bequem gestaltet.

Neue Technologien wie **Chatbots** und künstliche Intelligenz (KI), insbesondere Sprach-Bots, konnten sich in den letzten Jahren gut etablieren. Verschiedene Unternehmen haben Konfigurationen (sog. Skills) für Funktionen im Reisevertrieb entwickelt und arbeiten ständig an deren Verbesserung und Erweiterung.

- So kann der sprachgesteuerte Lautsprecher von Amazon „Alexa" nun auch Urlaubsreisen finden.
- Traffics hat mit „Reisesuche" den ersten Skill programmiert, der per Sprachsteuerung nicht nur einfache, sondern auch komplexe Pauschalreisen findet. Die die gefundenen Angebote lassen sich nach Zielgebieten, Reisezeiträumen, Hotelkategorien und auch Freizeitaktivitäten, wie z. B. Sportarten oder sonstigen Events, selektieren. Traffics hat durch das Preisvergleichs- und Buchungssystem Cosmonaut Zugriff auf die Angebote von über 160 Veranstaltern sowie zusätzliche Leistungen wie Hotels, Flüge, Mietwagen und Reiseversicherungen.[1]

Situationsaufgabe

Situation:

Seit Jahren diskutiert die Branche über die zukünftige Rolle des Reisebüros auf dem Hintergrund der zunehmenden Digitalisierung und der damit verbundenen Online-Buchungen von Reisen, nochmals verstärkt durch lange Geschäftsschließungen zur Bekämpfung der Coronapandemie 2020/21.

Aufgaben:

1_ Diskutieren Sie mit der Gruppe oder Klasse Ihre Erfahrungen 2020/21.

2_ Untersuchen und beurteilen Sie die Situation verschiedener
a) Großveranstalter (TUI, FTI, DERTOUR, Alltours)
b) Spezialveranstalter (Studiosus, Gebeco, Ikarus)
c) Nischenveranstalter (forum anders reisen)
und deren Bedeutung für Ihr Reisebüro.

3_ Erarbeiten Sie Vorschläge für die Aufwertung und Existenzsicherung von Reisebüros.

1 Quelle: Vgl. Hildebrandt, Klaus: Skill von Traffics. Pauschalreise-Suche mit Amazon Alexa, 19.12.2017. In: www.fvw.de/touristik/vertrieb/skill-von-traffics-fvw-exklusiv-pauschalreise-suche-mit-amazon-alexa-181736 [29.10.2021].

2 Kooperationsformen

Wenn der Inhaber eines unabhängigen Reisebüros vor der Entscheidung steht, seine Marktposition durch Neustrukturierung zu optimieren, stehen ihm mehrere Möglichkeiten zur Verfügung. Intern kann er beispielsweise versuchen, durch Sortimentsbereinigung, d. h. einer Konzentration auf wenige Veranstalter, seine Beratungskompetenz und damit die Provision (Staffel- statt Basisprovision) zu erhöhen. Andere Erfolg versprechende Aktivitäten sind:

- den Verkaufsraum umgestalten (weniger Kataloge und Flyer),
- die Technik verbessern (große Monitore, Pflege von Social Media),
- die Arbeitsweise überprüfen (z. B. mit Leitfäden für die Kommunikation mit Kunden),
- die Erstellung eines originellen Marketingkonzepts,
- Innovationen im Geschäftsablauf,
- die Konzentration auf Nischen (Nachhaltigkeits-, Luxusreisen),
- die Generierung von mehr Zusatzgeschäften oder
- die Erstellung und Durchführung von Eigenveranstaltungen.

Im Umgang mit den Kunden kommt es darauf an, mehr zu bieten als Onlineanbieter: authentische Produktkenntnisse (95 %), einen bleibenden Vorsprung als Experte (86 %), das Liefern von bedarfs- und zielgerichteten Angeboten (83 %), preissensibel zu sein (80 %) und dem Kunden bei der unübersehbaren Informationsflut mehr Unterstützung bei Urlaubsplanung zu geben (64 %).[1]

Daneben kann sich das Reisebüro aber auch externen Partnern anschließen, um am Markt bestehen zu können.

2.1 Allianzen (Kooperationen im Reisevertrieb)

Unabhängige, inhabergeführte Reisebüros werden Mitglied in einer bereits existierenden Kooperation. Rein theoretisch könnten sie selbst eine neue Kooperation mit einer gemeinsamen Zentrale gründen, in denen ca. 55 % der Büros eingebunden sind. Am besten ist die Kooperation vergleichbar mit einer Einkaufsgenossenschaft.

Beim Beitritt zu einer Kooperation erwarten den Inhaber des Reisebüros wichtige **Vorteile**:

- bessere Konditionen für die eigenen Agenturverträge durch Zusatzprovisionen und damit Erhöhung der Rendite,
- als sog. Zubucher besteht die Möglichkeit, Leistungen von Veranstaltern zu verkaufen, mit denen keine eigenen Agenturverträge abgeschlossen wurden oder wegen der Mindestumsatz-Verpflichtung keine Verträge abgeschlossen werden konnten,
- geringe Kosten für die Mitgliedschaft in der Kooperation,
- volle wirtschaftliche und rechtliche Unabhängigkeit der Mitglieder mit der Einschränkung, dass sie durch entsprechende Vollmacht bei Vertragsverhandlungen mit Leistungsträgern und Veranstaltern der Kooperationszentrale die Handlungsführung überlassen,
- Nutzung von Einkaufsvorteilen bei Soft- und Hardware,
- Rechtsberatung.

Um die Attraktivität für die Mitglieder zu erhöhen und die Einkaufsmöglichkeiten weiter zu verbessern, haben sich die Vertriebsorganisationen zu strategischen Allianzen zusammengeschlossen. Gemäß der Dokumentation von fvw „Deutscher Reisevertrieb 2019“ (siehe Seite 601) bündeln die drei Megaallianzen QTA (Quality Travel Alliance mit RTK, Schmetterling, TUI Travel Star und

1 Quelle: Vgl. Krane, Michael: fvw-Befragung: Wie sieht der Kunde von morgen aus?, 10.08.2017. In: www.fvw.de/touristik/vertrieb/fvw-befragung-wie-sieht-der-kunde-von-morgen-aus-176380 [29.10.2021].

Alpha), TSS (Touristik Service System) und DTPS (DER Touristik Partner Service) mit ihren Kooperationen, an denen wiederum die drei deutschen Großveranstalter beteiligt sind, rund 13 Mrd. € Umsatz. Allerdings ist zu beobachten, dass die Umsätze pro Büro sehr unterschiedlich sind: Bei der kleinsten Kooperation (Tour Contact) mit 1,7 Mio. € am höchsten, bei der größten (RTK) mit 0,62 Mio. € an niedrigsten. Zusätzlich haben sich die Kooperationen zu modernen Servicecentern entwickelt, die ihren Mitgliedern eigene Handelsmarken (Hausmarken), Web-Portale und gezielte Schulungen zur Verkaufsförderung anbieten.[1]

2.2 Franchisesysteme

Unabhängige, inhabergeführte Reisebüros können sich aber auch einem Franchisesystem anschließen und greifen damit auf das erprobte und erfolgreiche Know-how eines Großunternehmens, seines Markennamens und seines Marketingkonzeptes zurück, um die eigene Erlössituation zu verbessern. Zusätzlich gewährt ihnen der Franchisegeber Exklusivität für ein bestimmtes Gebiet. Als Franchisenehmer kann sich das Reisebüro einer reinen Reisebürokette anschließen, z. B. der **Lufthansa City Center Reisebüropartner** GmbH, oder der Vertriebskette eines bedeutenden Veranstalters, z. B. **TUI Reise Center**. Hier kombiniert das Franchisekonzept die Marktmacht eines Großunternehmens mit der Flexibilität eines mittelständischen Betriebes. Mit der Franchisepartnerschaft wird die wirtschaftliche Selbstständigkeit des Reisebüros auf die Unternehmensphilosophie des Franchisegebers abgestimmt und Managemententscheidungen des Eigentümers am Geschäftskonzept des Franchisegebers ausgerichtet.

Die **wirtschaftliche Einbindung ist also ungleich größer** als bei der Mitgliedschaft in einer Kooperation. Das Reisebüro bleibt aber weiter **rechtlich unabhängig** und die Neutralität in der Kundenberatung wird durch die Partnerschaft nicht berührt. Über den Beirat als beratendem Gremium aller Franchisenehmer besteht zudem die Möglichkeit, das System in ihrem Sinne weiter zu entwickeln.Für die Kunden ist es häufig kaum erkennbar, ob es sich bei der Vertriebsstelle noch um ein selbstständig geführtes Unternehmen handelt oder um die Filiale eines Großveranstalters. Alle Verkaufsstellen eines Franchisegebers treten nach außen in der gleichen Weise auf. Diese Öffentlichkeitswirkung im Sinne einer **Corporate Identity** ist beabsichtigt, um Image und Überzeugungskraft der Marke beim Kunden zu erhöhen. Verkaufsräume, Informationspolitik, Werbemaßnahmen, Schaufensterdekoration, Mailings und Kundenabende werden einheitlich gestaltet. Die Supportleistungen des Franchisegebers sind erheblich. Er führt Betriebsvergleiche durch, gibt aber auch Umsatzziele vor, schult Angestellte und Geschäftsleitung und entwickelt zur Profilierung der Mitglieder neue Verkaufsstrategien wie eigene Handelsmarken, Internetportale und den Verkauf über Callcenter (Multi-Channel-Strategie).

Der Kapitalbedarf für den Beitritt zur Franchisepartnerschaft ist allerdings höher als bei der Kooperation. Die Kosten für den Franchisenehmer umfassen häufig eine hohe einmalige Eintrittsgebühr, Investitionen für die Einrichtung, eine laufende prozentuale Franchisegebühr vom Umsatz oder vom Bruttoerlös und ein monatliches Fixum, z. B. für Werbemaßnahmen.
Als Franchisenehmer erwarten den Inhaber des Reisebüros wichtige Vorteile:

- bessere Konditionen für die eigenen Agenturverträge und Unterstützung für das Backoffice,
- ein erfolgreiches Marketingkonzept und ein komplettes Leistungspaket,
- Aufbau und Pflege des Markenimages,
- eine professionelle Verkaufsschulung und Förderung der Motivation der Mitarbeiter und Mitarbeiterinnen durch betriebliche Weiterbildung,

1 Quelle: Vgl. https://www.fvw.de/touristik/datenanalyse/dossier-vertrieb-die-grosse-offline-online-schere-201948 (15.12.21)

» Gebietsschutz, d. h. keine weiteren Verkaufsniederlassungen des gleichen Franchisegebers für einen bestimmten Bereich,
» höhere Kreditwürdigkeit bei der Hausbank, da das unternehmerische Risiko reduziert wurde,
» Beschleunigung der Marktdurchdringung, da die Marke den Kunden bekannt ist,
» das Produkt ist überregional präsent und damit für den Kunden transparent,
» Erhalt der rechtlichen Selbstständigkeit.

Es sollte allerdings nicht unerwähnt bleiben, dass für den Franchisegeber neben den laufenden Einnahmen aus den Lizenzgebühren weitere Strukturvorteile entstehen, vor allen Dingen dann, wenn es sich um einen der großen Veranstalter handelt. Er kann nämlich den Kapitaleinsatz für sein Filialsystem erheblich verringern, wenn er – statt eine neue Filiale zu eröffnen – einen weiteren Franchisepartner gewinnt und er ist trotzdem in allen Regionen Deutschlands vertreten. Er nutzt darüber hinaus die hohe wirtschaftliche Motivation des Franchisenehmers, der als weiterhin selbstständiger Unternehmer in erster Linie an der Erhöhung seines Betriebsgewinnes interessiert ist.

Die sechs größten Reisevertriebssysteme 2018		
Reisebürokette Franchise-System	**Umsatz in Mrd. Euro (gerundet)**	**Vertriebsstellen**
DER Touristik	4,9	2.067
RTK (Raiffeisen)	4,1	5.474
TUI Deutschland	3,9	1.519
BCD (Business)	1,9	49
LH CityCenter	1,5	300

Quelle der Zahlen: Lanz, Ira; Hildebrandt, Klaus: Große Offline-Online-Schere im Vertrieb. In: fvw, 12/2019, S. 4 ff.

2.3 Reisebüroketten

Zunächst muss festgestellt werden, dass jedes inhabergeführte Reisebüro, das über mehr als einen Point-of-Sale verfügt, bereits eine Kette bildet. Deshalb unterscheidet man sinnvollerweise zwischen regionalen und überregionalen Ketten, wobei zunächst immer Filialbetriebe gemeint sind, also **rechtlich unselbstständige** Ladengeschäfte. **Carlson Wagonlit Travel** ist ein typisches Beispiel für eine solche überregionale reine Reisebürokette, die hauptsächlich im Geschäftsreiseverkehr tätig ist. Der größte Filialbetrieb im Privatkundengeschäft ist **DER-Touristik** mit über 2 000 Reisestellen und einem Umsatz von knapp 5 Mrd. €. Die großen Reiseveranstalter stützen sich im stationären Eigenvertrieb ebenfalls auf ihre überregionalen Verkaufsstellen, die sie aber sowohl als Filialbetriebe als auch als Franchiseunternehmen führen. (TUI beispielsweise verkauft ca. 75 % seiner Reisen und Leistungen im Direktvertrieb, davon 40 % online).[1]

Die Firmenpolitik der Konzerne favorisiert nicht eindeutig ein bestimmtes System. Es ist durchaus denkbar, eine Filiale an einen Franchisepartner zu verkaufen, wie auch umgekehrt. Gegenwärtig stützen sich die beiden deutschen größten Veranstalter im Privatkundenbereich auf die folgende Vertriebsstruktur, wobei die Beteiligung an Kooperationen nicht erfasst wurde:

1 Quelle: Vgl. Lanz, Ira; Hildebrandt, Klaus: Große Offline-Online-Schere im Vertrieb. In: fvw, 12/2019, S. 4 ff.

222251600

TUI Deutschland	
Filialen	**Franchise**
TUI-Reisebüro, Hapag-Lloyd Reisebüro, Discount Travel (OTA)	TUI Reise Center, Hapag-Lloyd
Kooperationen TUI Travel Star (mit RT Reisen GmbH), Take off (selbständige Reiseberater)	
DER Touristik (REWE-Gruppe)	
Filialen	**Franchise**
DER.com, Dertour Reisebüros, ADAC, GALERIA Reisen	DERPART, ADAC, DERPART Business Travel, DER Touristik Partner Unternehmen (DTPU)
Kooperationen Pro Tours/RCE, Tour Contact, Deutscher Reisering, AER	

Hinzu kommen noch weitere Minderheitsbeteiligungen an einzelnen Reisebüros insbesondere bei der Touristikgruppe des REWE-Konzerns. Die Filialisten sind wie alle anderen Reisemittler zur Beratungsneutralität verpflichtet, d. h., ihre Lizenzen umfassen auch die Produkte der Konkurrenz. Ihr Verkaufsschwerpunkt liegt aber eindeutig bei den Hausmarken.

2.4 Künftige Entwicklungen

Die Vertriebslandschaft des Touristikmarktes in Deutschland verändert sich. Neben dem stationären Vertrieb gewinnen die virtuellen Reisebüros des E-Commerce über Onlineportale, Internetreisebüros, Onlineveranstalter, die Websites der Leistungsträger, aber auch Reisekanäle im Fernsehen, Callcenter und Heimverkäufer zunehmend an Bedeutung. Auch Konzerne wie Google, Amazon oder Airbnb steigen immer stärker in das Veranstalter- und Vertriebsgeschäft ein.

Über die zunehmende Sprachsteuerung können sogar komplexe Pauschalreisen gefunden und gepackt werden. Die Angebote lassen sich nach Zielgebieten, Reisezeiträumen, Hotelkategorien und auch Freizeitaktivitäten wie Sportarten eingrenzen. Ein Preisvergleichs- und Buchungssystem ermöglicht den Zugriff auf die Angebote von über 160 Veranstaltern sowie zusätzliche Leistungen wie Hotels, Flüge, Mietwagen und Reiseversicherungen.

Über seine Internetadresse kann das einzelne Reisebüro mithilfe seiner Website den Kunden Zugriff auf Reiseinformationen und Reiseangebote ermöglichen. Dieser kann sich zu Hause in Ruhe umfassend am PC informieren, zusätzliche Informationen abfragen, planen, Angebote vergleichen, über Video seine Reise „erleben" und – vielleicht – entweder direkt (Buchungsplattform) oder über ein Callcenter buchen bzw. am nächsten Tag im Reisebüro den Reisevertrag abschließen. Gleiches gilt für Veranstalter und Leistungsträger, wenn sie ihre Produkte im Netz anbieten und durch die entsprechende Hotline ergänzen.

! **In diesem Zusammenhang spricht man von einer Multi-Channel-Vertriebsstrategie, d. h., das Produkt wird auf verschiedenen Kanälen gleichzeitig angeboten: stationär, im Web und über Callcenter.**

B2C-Marketing (Business-to-Consumer)

Sollte der Kunde bereit sein, dem Anbieter seine E-Mail-Adresse zur Verfügung zu stellen, kann das Tourismusunternehmen diesem registrierten Nutzer laufend per Newsletter über Reiseberichte, Veranstaltungen, Preisausschreiben und günstige Angebote (Lastminute) informieren, in der Hoffnung, seine Buchungsbereitschaft zu verstärken und ihn als festen Kunden zu gewinnen, denn gerade in diesem neuen Markt stellt die Kundenbindung eines der größten Probleme dar. Unter dem Schlagwort „**Customer Journey**" betreut der Veranstalter den Kunden digital in allen Phasen der Reise (vor/während/nach), um so die Kundenbindung zu intensivieren.

Onlinereisemarkt

Der Wandel zur Onlineurlaubsbuchung ist bei Einzel-(standard) buchungen, Unterkunftsanbietern und Internetportalen deutlich zu beobachten.
Bei den kurzen Urlaubsreisen dominiert die Digital-Touristik bereits den Markt. Bei knapp einem Drittel der Reisen wird eine Leistung online gebucht. Ganz online werden vielfach Kurztrips (zwei bis vier Tage) mit Eigenanreise, kurzfristig gebuchte und preisgünstige Flugpauschalreisen sowie Hotelzimmer und Flüge gebucht.

Der stationäre Vertrieb muss hier seinen Platz finden zwischen den Systemen: beweglich und flexibel bleiben, den Kunden kennen, modernste Technik einsetzen, sich laufend weiterbilden, emotionale Nähe zum Produkt und Kunden nutzen, Übersetzungshilfe und Orientierung anbieten.

„Coole Stores, chilliges Ambiente", wie beim Schnäppchenportal Urlaubsguru oder auch bei STA locken junge Leute in die Reisebüros. Special-Interest-Seiten und auch Lebenshilfe sind für diese Zielgruppe besonders interessant. Große Bildschirme zeigen aktuelle Angebote und sprechen damit besonders junge Leute an. Informationen, die sie sonst an Smartphones in kleinen Ausschnitten sehen, können sie hier an Touchscreens oder auf zahlreichen Tablets zielgruppengerecht erkunden.

Die große Frage ist und bleibt: Wie kann das Reisebüro seine Kunden halten und neue gewinnen? Interessanterweise klafft die Beurteilung über den Wert der persönlichen Beratung zwischen dem Kunden und Expedienten deutlich auseinander:
Touristiker stufen die Rolle des Reisebüros weitaus wichtiger ein als die Kunden. Auch die Annahme, Corona habe den Wert der Pauschalreise erhöht, teilen allenfalls die Touristiker, weitaus weniger die Kunden. Andererseits sind mehr Kunden als Anbieter offen für Reisebuchungen (online) mithilfe neuer Technologien von zu Hause aus.
Allerdings können die stationären Reisebüros beim Service punkten. Studien (zu Reisebüroketten) bescheinigen den DER-Reisebüros, First- und Galeria-Reisen korrekte und strukturierte, freundliche Beratung. Schwächen wurden am Telefon sowie der E-Mail-Beratung festgestellt, wo die Tester häufig nur unvollständige und wenig individuelle Auskünfte bekommen hätten.[1]

Gleichwohl: Man muss es versuchen, welche Mittel sehen die Experten?

- **Junge Kunden** versucht man über die Einbindung von sozialen Medien wie WhatsApp oder Instagram, aber auch über die eigene Website zu erreichen. Für diese Kundengruppe sind Ansätze wie von DTS interessant: Hier können der Reiseplan, das Handy-Ticket, der Online-Check-in, Hotel- und Tischreservierungen in Restaurants mit einer App verwaltet werden. Auch Informationen über aktuelle Einreisebeschränkungen können bereitgestellt werden.
- **Bestandskunden** können über Bekannte und Verwandte angesprochen werden, auch Gutscheine für vermittelte potenzielle Kunden könnten ein Weg sein.

---

1 Vgl. Georg Kern: DER Reisebüro ist Testsieger bei N-TV in fvw vom 13. Februar 2020
https://www.fvw.de/touristik/vertrieb/servicestudie-der-reisebuero-siegt-bei-test-von-n-tv-206246 [20.12.2021].

Die vier Phasen des Konjunkturzyklus

gesamtwirtschaftliche Größe	Depression	Expansion	Boom	Rezession
Kapazitätsauslastung	niedrig	steigend	hoch	sinkend
Produktion	niedrig	steigend	stark steigend	sinkend
Gewinne	sinkend	stark steigend	hoch	stark sinkend
Investitionen	sinkend	steigend	stark steigend	stark sinkend
Nachfrage	niedrig	stark steigend	hoch	sinkend
Preise	niedrig	steigend	stark steigend	sinkend
Beschäftigung	sinkend	steigend	stark steigend	stark sinkend
Löhne	niedrig	steigend	stark steigend	sinkend
Zinsen	niedrig	steigend	stark steigend	sinkend
Sparen	hoch	stark sinkend	sinkend	stark steigend
Tourismus	niedrig	stark steigend	hoch	sinkend

= hoch; = niedrig; = steigend; = sinkend; = stark steigend; = stark sinkend

Hochkonjunktur (Boom)

Es herrscht eine hohe Kapazitätsauslastung und geringe Arbeitslosigkeit. In der Folge werden von vielen Unternehmen Kapazitäten erweitert, sodass es anschließend zu Überkapazitäten kommt. Inflationsgefahr (Kaufkraftverlust) besteht, da die Löhne, Preise und Zinsen infolge von hohen Gewinnen steigen. Die Unternehmergewinne nehmen ab, die Wertpapierkurse sinken. Die Investitionsbereitschaft nimmt ab, Kapazitäten liegen brach, Unternehmen arbeiten kurz oder schließen. Die Preissteigerung übersteigt schließlich die Einkommenszuwächse.

Aber: Wie die Entwicklung seit 2015 zeigt, ist die Inflation (Preissteigerung) gering (trotz Flutung der Geldmärkte durch die EZB), Unternehmensgewinne, aber auch Einkommen steigen und die Kurse an den Börsen sind hoch, schon weil die Zinsen nahe 0 % liegen.

Abschwung (Rezession)

Die gesamtwirtschaftliche Nachfrage sinkt. Die Zahl der Arbeitslosen nimmt zu. Pessimistische Gewinnerwartungen führen zu Kursrückgängen. Preise und Löhne steigen nur noch moderat. Es ist eine zunehmende Sparneigung festzustellen. Die Zinsen sinken.

Konjunkturtief (Depression)

In dieser Konjunkturphase herrscht Unterbeschäftigung. Die Produktionsmöglichkeiten werden durch die gesamtwirtschaftliche Nachfrage in einem nur geringen Maße ausgelastet. Die Preise und Löhne sind relativ stabil. Die Zinsen sinken weiter.

Einflussfaktoren auf die Konjunktur

Konjunkturschwankungen treten vor allem in Volkswirtschaften auf, die

- einen hohen Grad der Industrialisierung haben,
- sich in einem Strukturwandel befinden,
- marktwirtschaftlich organisiert sind.

Dabei wirken auf den konjunkturellen Prozess

» Änderungen der Einkommensverteilung,
» Investitionsverhalten der Unternehmen,
» Konsumverhalten der Haushalte,
» optimistische bzw. pessimistische Wirtschaftseinschätzungen.
» äußere Faktoren wie die geopolitische Entwicklung des Welt- und Außenhandels (Deutschlands Industrie exportiert ca. 70 % ihrer Leistung) oder auch der Importpreise vor allem für Öl.

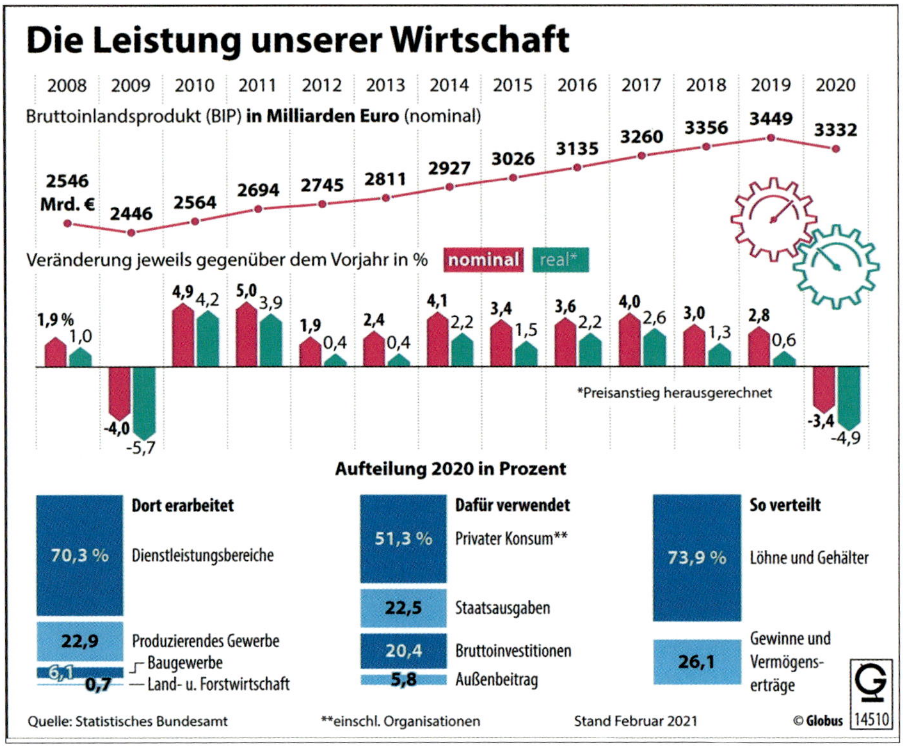

3.1.1 Konjunkturindikatoren und gesamtwirtschaftliche Lage[1]

Konjunkturindikatoren sind veröffentlichte Größen, die auf den Zustand einer Volkswirtschaft schließen lassen. Entsprechend ihren Veränderungen lässt sich eine Aussage über den **aktuellen Stand der Konjunktur** ableiten, der **Konjunkturverlauf analysieren** und eine künftige **Entwicklung prognostizieren.**

Konjunkturindikatoren werden unterteilt in

» **Frühindikatoren:** Auftragseingänge, Investitionen, Zukunftserwartungen, Lagerbestände, Einzelhandelsumsätze
» **Präsensindikatoren:** reales BIP, Kapazitätsauslastung, Produktivität
» **Spätindikatoren:** Arbeitsmarktzahlen, Preisentwicklung

! **Der Sachverständigenrat zur Begutachtung der gesamtwirtschaftlichen Entwicklung verwendet Konjunkturindikatoren zur Begutachtung der gesamtwirtschaftlichen Lage.**

1 siehe auch: Konjunkturprognosen der Bundesbank in den jeweiligen Monatsberichten

Im Folgenden sind volkswirtschaftlich wichtige und besonders aussagefähige Größen beschrieben:

Arbeitslosenzahl und offene Stellen

Ein Anstieg der Arbeitslosenzahlen und ein Rückgang an offenen Stellen signalisieren eine Unterbeschäftigung der Wirtschaft.
Es ist eine zurückhaltende Nachfrage zu erwarten. Die Unternehmen investieren verhalten. Eine Zunahme der offenen Stellen und ein Rückgang der Arbeitslosenzahlen lassen auf eine Belebung der Wirtschaft schließen.

Investitionsgüternachfrage

Eine zunehmende Investitionsgüternachfrage lässt einen Anstieg der Beschäftigung erwarten und kann somit zu einer stärkeren Nachfrage nach Arbeitskräften führen. Die steigende Nachfrage zieht unter Umständen Preis- und Lohnerhöhungen nach sich. Eine verringerte Investitionsneigung hat das Gegenteil zur Folge.

Konsumgüternachfrage

Sind steigende Einzelhandelsumsätze zu verzeichnen, so wirkt sich dies positiv auf die Großhandelsumsätze aus und führt zu einer höheren Nachfrage bei den Herstellerbetrieben. Preissteigerungen sind zu erwarten. Eine stockende oder gar schrumpfende Konsumgüternachfrage hat den umgekehrten Effekt.

Außenhandel

Entwickelt sich der Export in einem schnelleren Maße als das Importvolumen, führt dies zu einer Erhöhung der Gesamtnachfrage (Inlands- und Auslandsnachfrage). Eine Konjunkturbelebung ist die Folge. Die Preise werden steigen. Steigt der Import schneller als der Export, führt dies wahrscheinlich zur umgekehrten Reaktion.

Staatseinnahmen und -ausgaben

Eine zunehmende Nachfrage des Staates nach Konsum- und Investitionsgütern führt i. d. R. zu einer Belebung der Wirtschaft. Voraussetzung hierfür ist allerdings, dass die Nachfrage nicht aus Steuererhöhungen finanziert wird. Preiserhöhungen sind wahrscheinlich. Eine Erhöhung von direkten und indirekten Steuern vermindert die Investitionstätigkeit der Unternehmen.

Lagerbestände

Eine verhaltene Nachfrage und Überproduktion führen zu hohen Lagerbeständen, wobei in der heutigen Zeit der Just-in-time-Produktion immer weniger Lagerbildung betrieben wird. Die Unternehmen werden die Produktion entsprechend verringern. Dies bewirkt einen Konjunkturabschwung. Niedrige Lagerbestände lassen den gegenteiligen Fall erwarten.

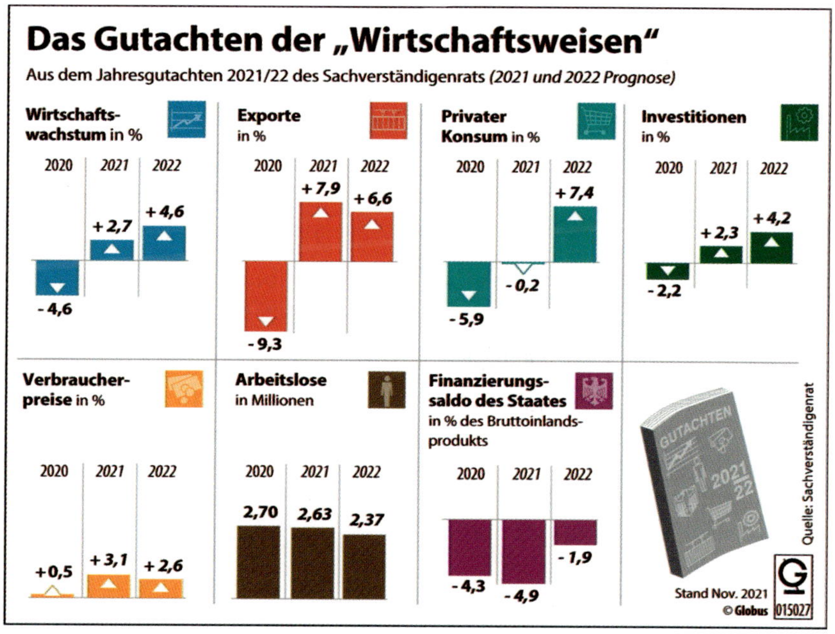

Zukunftserwartungen
Beurteilen die Unternehmen die zukünftige wirtschaftliche Entwicklung optimistisch, wirkt sich dies positiv auf den Trend aus.

Geld und Kredit
Die Europäische Zentralbank kann u. a. durch ihre Zinspolitik und andere Maßnahmen Einfluss auf den Konjunkturverlauf nehmen.

Konjunkturindikatoren werden zu einem **Gesamtkonjunkturindikator** zusammengefasst, weil eine isolierte Betrachtung eines einzelnen Indikators wenig aussagekräftig ist. Die Prognosen von Forschungsinstituten oder vom Sachverständigenrat liegen häufig daneben, zum einen, weil die Gewichtung der Indikatoren umstritten ist, und zum anderen weil die theoretischen Modelle die Wirklichkeit nicht (genügend) abbilden.

3.1.2 Wirtschaftliche Lage des Tourismus

Die Schwierigkeit, eine aktuelle **gesamtwirtschaftliche Lage der Tourismusbranche** zu beschreiben, liegt in der Tatsache, dass es keine „Tourismusbranche" im üblichen Sinne einer produktionsseitigen Klassifikation wie z. B. „Automobilindustrie" gibt. In einigen Bereichen wie dem Hotel- und Gaststättengewerbe oder den Beförderungsbetrieben kann nur ein Teil des jeweiligen Umsatzes dem Tourismus zugerechnet werden, sie sind also nur **tourismusnah.**

Praktisch sind so alle Wirtschaftszweige mit dem Tourismus verflochten, seien es die Banken, das Ernährungsgewerbe, der Einzelhandel, das Baugewerbe oder die Mineralölverarbeitung.

Neben den direkten Ausgaben der Touristen sind das: Die Zulieferung von Waren (z. B. Groß- und Einzelhandel, Automobilindustrie, Bäcker, Metzger), die Investitionen in die Substanzerhaltung (z. B. Handwerker, Bauunternehmen) und die Bereitstellung von Dienstleistungen (z. B. Werbeagenturen, Banken, Versicherung, Steuerberatung), die Ausgaben für Eintrittsgebühren, Gastronomiebesuche, Einkäufe, die Benutzung öffentlicher Verkehrsmittel für Pauschalarrangements und für sonstige Leistungen.

Deutschlands Tourismusbranche liegt gemessen an der gesamten Wirtschaftsleistung an der Spitze in Europa. Weltweit ist die Wirtschaftsleistung durch die Reisebranche nur in den USA, Japan und in China größer. Nach neueren Erhebungen erzeugt die direkte (4 %) und indirekte touristische Produktion in Deutschland 7 % der gesamten Wertschöpfung in Höhe von 216 Mrd. Euro und verursacht 2,6 % der Treibhausgasemissionen von 24,6 Mrd. Tonnen CO_2-Äquivalenten, was 3,3 % des deutschen Energieverbrauchs entspricht.

Für marktbestimmte Umweltschutz-Dienstleistungen gaben die touristischen Unternehmen 1,9 Mrd. Euro und stiegen seit 2015 um knapp 20 %.

Selbst in Regionen von sehr weit entwickeltem Tourismus wie Europa war das Wachstum der Branche in 16 der letzten 17 Jahre stets stärker als das des Bruttoinlandprodukts der Länder insgesamt.

Weltweit beziehen mehr als 300 Mio. Menschen bis 2019 ihr Einkommen aus dem Fremdenverkehr, das entspricht jeder 10. Stelle. Doch hier sind durch die Pandemie 2020/21 jetzt schon 60 Mio. Stellen verloren gegangen. Und auch hierzulande rechnen 60 % der Firmen erst 2023 wieder mit Umsätzen wie im Vorkrisenjahr, 30 % sogar erst 2024. 57 % der Fachkräfte bei den Reisepartnern seien in andere Branchen gewechselt, Fachkräfte fehlen, für die Ausbildung interessiere sich nur wenige.[1]

1 Vgl. F. Langer: Den Schlitten mit toten Robben teilen, in FAZ vom 06.01.2022, S. R 1

Immer noch ein Großteil der generierten Wertschöpfung, rund 78 %, werden laut WTTC durch Urlaubs- und Freizeitreisen erzielt, die restlichen 22 % entfallen auf den Bereich Business Travel. Für die Wirtschaftsleistung sind aber nicht die ausländischen Besucher, sondern vor allem Inlandsreisen von Bedeutung: Knapp 82 % der Wirtschaftsleistung werden aktuell durch Reisen im eigenen Land erzielt. In Zukunft sollen vor allem der Ausbau der Kreuzfahrtrouten, die Entwicklung des südostasiatischen Marktes und die Digitalisierung des Tourismus vorangetrieben werden.

Somit beinhaltet der **Begriff Tourismus** nicht nur private Reisen, sondern auch **Dienst- und Geschäftsreisen. Tagesreisen,** die nicht mit einer Übernachtung verbunden sind, werden ebenfalls dem Tourismus zugerechnet. Tagespendler auf dem Weg zur Arbeit oder zu einer Bildungseinrichtung werden dem gegenüber vom Tourismus abgegrenzt.

Eine weitere Schwierigkeit besteht in der Erfassung der indirekten Ausgaben, die von Touristen verursacht werden.

Tourismuswirtschaft in Deutschland 2019 (Zahlen gerundet)

» Reiseausgaben:	90 Mrd. €
» Umsatz der Veranstalter:	35 Mrd. € (Umsatz der Reisebüros: 27 Mrd. €)
» Anzahl der Urlaubsreisen:	70 Mio., davon > 40 % über Veranstalter/Reisebüros
» Reiseintensität:	78 % – durchschnittlich 1,3 Reisen pro Reisenden
» Kreuzfahrtpassagiere:	3,15 Mio., davon 2,5 Mio. Hochsee- und 0,65 Mio. Flusskreuzfahrer
» Reiseziele:	74 % Ausland, davon Mittelmeer 37 %, 8 % Fern/26 % Inland
» Übernachtungen:	406 Mio. Deutsche, 90 Mio. Ausländer, Auslastung der Hotels 72 %, durchschnittlicher Zimmerpreis: 95,00 €
» Verkehrsmittel:	43 % Pkw, 42 % Flugzeug, 6 % Bus, 5 % Bahn

Quelle: Vgl. Deutscher Reiseverband e. V. (Hrsg.): Der Deutsche Reisemarkt – Zahlen und Fakten 2019. In: www.drv.de/public/Downloads_2019/Archiv_Reisen_in_Zahlen/20-03-06_Titelbild_-_DRV_ZahlenFakten_2019.pdf [26.10.2021].

3.1.3 Soziale Marktwirtschaft, wirtschaftspolitische Ziele und Zielkonflikte

Wirtschaftspolitik umfasst **ordnungspolitische** und **prozesspolitische Ziele.**

Ordnungspolitik
Die wirtschaftspolitische **Ordnungspolitik** der Bundesrepublik Deutschland lässt sich folgendermaßen charakterisieren:

1. Die Funktionsfähigkeit der Marktwirtschaft soll erhalten und dort, wo sie nicht besteht, geschaffen werden.
2. Sozial unerwünschte Ergebnisse oder Begleiterscheinungen sollen korrigiert werden.

Somit kann dieser Teil des Zielsystems kurz mit **Erhaltung** und **Ausbau** der sozialen **Marktwirtschaft** beschrieben werden.

Soziale Marktwirtschaft
Das wirtschaftliche Handeln nach den Regeln einer bestimmten **Wirtschaftsordnung** wird dominant von den gesellschaftlichen Grundentscheidungen beeinflusst. Ist die Freiheit des Individuums gegenüber anderen und der Gesellschaft die Maxime, spricht man von **Individualismus**. Der Individualismus hat seine geistigen Wurzeln im Liberalismus.

Die Übertragung dieser Geisteshaltung auf die Wirtschaftsordnung spiegelt sich im **Modell der freien Marktwirtschaft** wider. Der Staat greift nicht in das wirtschaftliche Geschehen ein.

Ist das Individuum weitgehend dem gesellschaftlichen Ganzen, insbesondere dem Staat untergeordnet, spricht man von **Kollektivismus.** Die Ausschaltung des Markt-Preis-Mechanismus führt grundsätzlich zur **Zentralverwaltungswirtschaft.** Der Staat plant, lenkt und kontrolliert das gesamte wirtschaftliche Geschehen.

Die in der Wirklichkeit realisierten Wirtschaftssysteme sind **Mischformen.** Sie weisen Merkmale der freien Marktwirtschaft und der Zentralverwaltungswirtschaft auf.

! Die Wirtschaftsordnung der Bundesrepublik Deutschland ist die soziale Marktwirtschaft.

Die Konzeption der sozialen Marktwirtschaft entstand zu Beginn der Vierzigerjahre des vergangenen Jahrhunderts unter dem Eindruck der wirtschaftslenkenden, dirigistischen Maßnahmen des Staates während des Zweiten Weltkrieges sowie aus der Erkenntnis des Liberalismus, dass Marktwirtschaft ohne Kontrolle der wirtschaftlichen Macht zur Selbstzerstörung führt (z. B. Kinderarbeit, menschenunwürdige Arbeitsbedingungen).

Wirtschaftsordnung

Soziale	Marktwirtschaft
» Sozialgesetze (Sozialhilfe, Sozialversicherung) » Sozialbindung des Eigentums (Mitbestimmung, Tarifvertrag) » Verbraucherschutz » Arbeitsschutz » Wettbewerbsaufsicht (UWG,GWB)	» Vertragsfreiheit » Preisbildung nach Angebot und Nachfrage » Investitionsfreiheit » Privateigentum an Produktionsmitteln

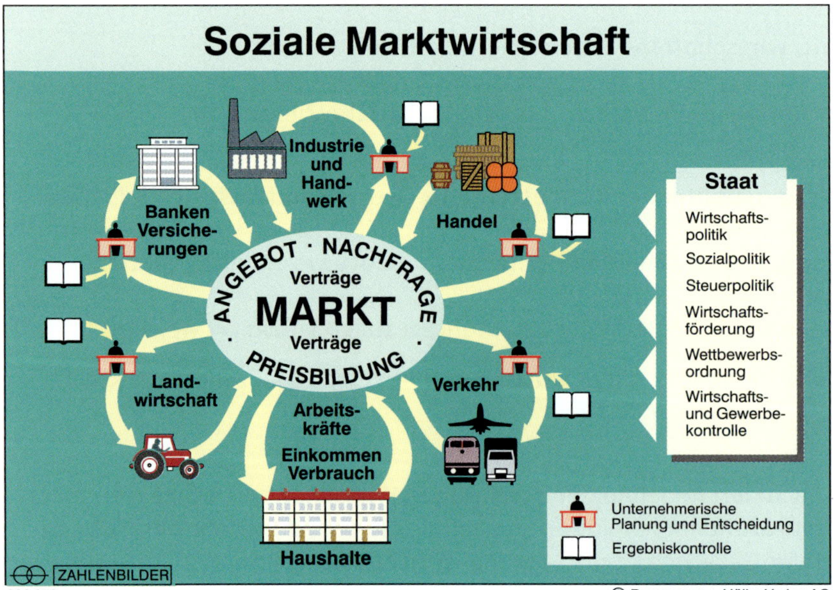

200 250

Die strategische Idee der sozialen Marktwirtschaft war es, einen Ausgleich zwischen den sich widerstrebenden Zielen persönliche Freiheit, wirtschaftliche und gesellschaftliche Sicherung sowie Wohlstandsmehrung durch aktiven Staatseinfluss zu finden. Man war davon überzeugt, dass eine Marktwirtschaft ohne einen freiheitlichen staatlichen Ordnungsrahmen und ohne sozialen Ausgleich innere Fehlentwicklungen nicht korrigieren könne und den äußeren Herausforderungen nicht gewachsen sei.

Artikel	Text	Bedeutung für die Wirtschaftsordnung
2 (1)	Jeder hat das Recht zur freien Entfaltung seiner Persönlichkeit.	Vertrags-, Gewerbe-, Konsum- und Wettbewerbsfreiheit
9 (3)	Das Recht, zur Wahrung und Förderung der Arbeits- und Wirtschaftsbedingungen Vereinigungen zu bilden, ist für jedermann und für alle Berufe gewährleistet.	Bildung von Verbraucherverbänden, Gewerkschaften, Interessenvertretungen u. Ä.
11 (1)	Alle Deutschen genießen Freizügigkeit im ganzen Bundesgebiet.	Freiheit beim Arbeitsplatzwechsel, Niederlassungsfreiheit für Gewerbetreibende
12 (1)	Alle Deutschen haben das Recht, Beruf, Arbeitsplatz und Ausbildungsstelle frei zu wählen.	freie Berufswahl, freie Wahl der Arbeitsstätte
14 (1)	Das Eigentum und das Erbrecht werden gewährleistet.	freie Verfügungsgewalt über Privateigentum an Produktionsmitteln und Konsumgütern
14 (2, 3)	Eigentum verpflichtet. Sein Gebrauch soll zugleich dem Wohle der Allgemeinheit dienen. Eine Enteignung ist nur zum Wohl der Allgemeinheit zulässig.	Soziale Hilfen, Arbeitsschutz, Sozialversicherung, Verbraucherschutz

Wettbewerb und Staat sind Regulatoren. In der sozialen Marktwirtschaft ist der freie Wettbewerb der Motor der Wirtschaft. Nachfrage, Angebot und Wettbewerb bestimmen sowohl Art und Umfang der Produktion sowie den Preis. Der Staat greift nur unterstützend ein, wenn es im Interesse der Gesellschaft oder eines wirtschaftlich Schwachen notwendig ist.

! Wettbewerb so viel wie möglich, staatliche Planung so viel wie nötig.

Eine freiheitliche, sozial verpflichtende Wirtschaftsordnung weist dem Staat eine aktive Rolle zu.

Ein Staat wie die Bundesrepublik Deutschland muss einen Ordnungsrahmen schaffen, der sowohl den funktionsfähigen Wettbewerb sichert als auch den Bürgern Wohlstand und soziale Sicherheit garantiert.

EXKURS»

Ein geradezu klassisches Feld der staatlichen Für-/Vorsorge wäre/ist der Umgang mit dem Problem der Versorgung mit bezahlbarem Wohnraum. In den Städten der Ballungsräume, wie Frankfurt, Stuttgart, München, Berlin, Hamburg usw., gibt es nach Ergebnissen von Studien schon heute ca. 1,9 Mio. bezahlbare Wohnungen zu wenig, bis 2030 wird mit einem Anstieg auf 4,4 Mio. gerechnet. Als bezahlbar gelten Wohnungen, für die 30 % des verfügbaren Medianeinkommens[1] aufgebracht werden.

30 % der Warmmiete würden dann für einen Alleinstehenden knapp 500,00 € (Medianeinkommen: 1.667,00 €) für eine 40 m² große Wohnung und bei Familien dann 1.000,00 € für 80 m² bedeuten. Solche Mietpreise sind in den Innenstädten der genannten Städte kaum oder gar nicht zu finden, denn bei Neuvermietungen liegen die (Nettokalt-)Mieten bei ca. 13,50 € (z. B. Hamburg) bis 18,50 € (z. B. München) pro Quadratmeter und dazu kommen noch einmal Nebenkosten von ca. 2,00 € pro Quadratmeter (Umlagen, Heizung). Mit anderen Worten: Die Mieten verschlingen dann ca. die Hälfte des verfügbaren Einkommens und machen es für die meisten Durchschnittsverdiener fast unmöglich, eine Wohnung in den (Innen-)Städten bezahlen zu können.[2]

So ist auch der politische Streit programmiert, was getan werden soll:
- mehr sozialer Wohnungsbau und/oder
- Änderung der Sozialmietrichtlinien
- Mietpreisbremse
- Wohnraumbewirtschaftung
- Diskussion über die Enteignung großer Wohnungsunternehmen (Beispiel Berlin 2021)

Das Problem verschärft sich, wenn dann auch noch viele der 4,2 Mio. Hartz-IV-Empfänger quasi vom Wohnungs- bzw. Sozialamt über Anmietungen von Hotels oder leer stehenden Wohnungen zum Marktpreis versorgt werden.

---

1 Medianeinkommen ist der Wert, der genau in der Mitte liegt, wenn alle Einkommen aufsteigend geordnet werden. Nettohaushaltseinkommen: Das Nettohaushaltseinkommen ergibt sich aus den Gesamteinkünften aller Mitglieder eines Haushaltes nach Steuern.

2 Vgl.: Handelsblatt: In diesen Städten sind die Mieten pro Quadratmeter am höchsten, veröffentlicht am 28.04.2021 unter: https://www.handelsblatt.com/finanzen/immobilien/mietpreise-in-deutschland-in-diesen-staedten-sind-die-mieten-pro-quadratmeter-am-hoechsten/25430390.html?ticket=ST-2239108-OrMl5Yqm2UBxOzxbZgYb-cas01.example.org [12.01.2022].

Grundlagen eines funktionsfähigen Wettbewerbs sind u. a. die im Grundgesetz verbrieften Freiheitsrechte.

Damit ist aus wirtschaftlicher Sicht jedem Unternehmen und jedem Arbeitnehmer die Möglichkeit gegeben, auf allen Märkten ihre Verdienst- bzw. Gewinnmöglichkeiten zu testen und zu realisieren. Der damit verbundene Wettbewerb ist Grundlage für das ökonomische Überleben der Gesellschaft.

Prozesspolitik/Wirtschaftspolitik

Gegenstand der **Prozesspolitik** ist die Erhaltung oder Wiederherstellung der Vollbeschäftigung, der Geldwertstabilität, des außenwirtschaftlichen Gleichgewichts und eines angemessen starken und stetigen wirtschaftlichen Wachstums (vgl. § 1 Gesetz zur Förderung der Stabilität und des Wachstums der Wirtschaft).

! **Die Gesamtheit der Maßnahmen, die zur Verwirklichung dieser Ziele angewandt werden, bezeichnet man als Fiskalpolitik oder Wirtschaftspolitik.**

Ziel: Vollbeschäftigung (→ LF 12, Kapitel 4)

Die **Beschäftigungspolitik** als Teil der Prozesspolitik hat die Aufgaben:

1. Die Vernichtung von Arbeitsplätzen zu erschweren.
2. Die zügige Wiedereingliederung von Arbeitslosen oder derjenigen, die arbeitslos zu werden drohen, in den Arbeitsprozess zu fördern.
3. Sich um die Beschaffung ausreichender Ausbildungs- und Arbeitsplätze für Berufsanfänger zu bemühen.

Der Grad der Zielerreichung wird in einer Volkswirtschaft (also der Wirtschaft eines Landes) i. d. R. an den Arbeitslosenzahlen und an den offenen Stellen gemessen.

Vollbeschäftigung im Wortsinn ist gegeben, wenn jeder, der eine Beschäftigung sucht, auch eine Beschäftigung findet.

Dies ist jedoch nicht zu erreichen.

! **Nach der gebräuchlichsten Definition ist Vollbeschäftigung gegeben, wenn die Arbeitslosenquote zwischen 1 % und 3 % liegt.**

Ziel: Preisstabilität (→ LF 12, Kapitel 5)

Stabilitätspolitik ist durch das Bemühen gekennzeichnet, Preissteigerungen zu vermeiden bzw. zu verhindern. In der Realität wird dies jedoch nur für kurze Zeit erreicht.

! **Deshalb strebt man eine relative Preisstabilität an, die jährlichen Preissteigerungen sollen möglichst niedrig gehalten werden.**

Der Erfolg der Bemühungen wird mithilfe eines Index (Messzahl) gemessen. Dabei gelten **Preissteigerungsraten** im **Vergleich zum Vorjahr als Erfolg.**

Ziel: Außenwirtschaftl. Gleichgewicht (→ LF 12, Kapitel 6)

Ein außenwirtschaftliches Gleichgewicht ist gegeben, wenn die **Leistungen an das Ausland** in Form von Waren und Dienstleistungen sowie Kapitalexporten sich mit den entsprechenden **Leistungen und Kapitalimporten aus dem Ausland** ausgleichen.

! **Man misst das außenwirtschaftliche Gleichgewicht mithilfe der Zahlungsbilanz.**

Hierunter versteht man die zusammengefasste Gegenüberstellung der Werte aller statistisch erfassten wirtschaftlichen **Transaktionen** zwischen **Inländern** und **Ausländern** in einem bestimmten Zeitraum, dargestellt an den Teilbilanzen des Außenbeitrags, der Zusammenfassung aus Waren-, Dienstleistungs-, Ex- und Import- sowie Transferleistungen (Übertragungen) mit dem Ausland.

Ziel: Wirtschaftswachstum

Alle Maßnahmen zur Verwirklichung der bisher vorgestellten Ziele dienen hauptsächlich der Dämpfung der zyklischen Ausschläge der Konjunktur. Das wirtschaftspolitische Ziel Wachstum orientiert sich am **Wachstumspfad,** der nur geringe Veränderungen zulässt.

Ferner soll das Wirtschaftswachstum des Bruttoinlandsprodukts entsprechend dem Stabilitätsgesetz **angemessen sein** (3–5 % **jährlich**), wobei heute in entwickelten Volkswirtschaften wie bei uns Wachstumsraten von deutlich weniger als 3 % üblich und realistisch sind. Dies bedeutet, dass das Wachstum die übrigen Ziele unterstützen soll oder mindestens nicht gefährden darf.

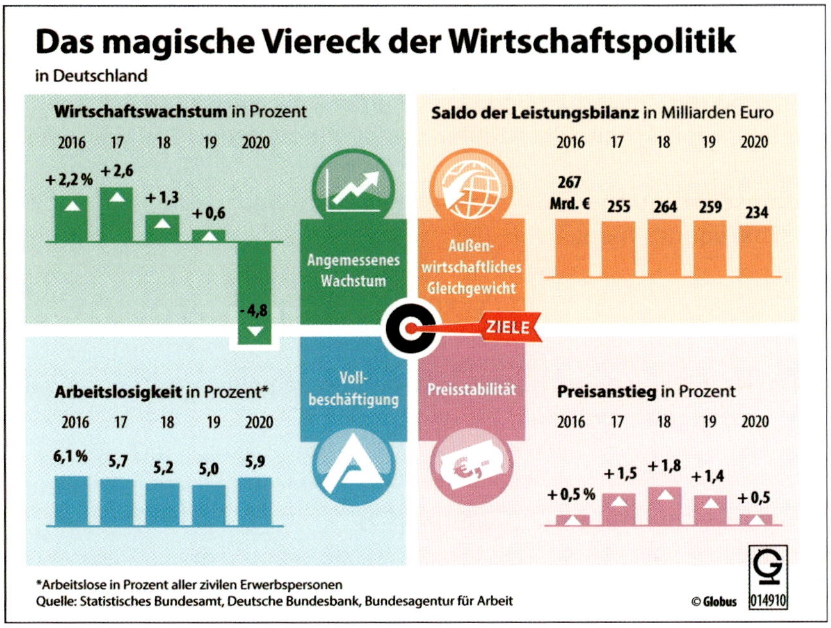

Zielkonflikt: Preisstabilität – Vollbeschäftigung

Angenommen, die Europäische Zentralbank (EZB) als „Hüterin der Währung" bekämpft mithilfe des ihr zur Verfügung stehenden Instrumentariums eine hohe Preissteigerungsrate. Sie erhöht z. B. die Leitzinsen. **Folgen:** Der höhere Leitzins führt zu einer allgemeinen **Zinserhöhung.**

Weitere Folgen:

a) weniger Kreditaufnahmen durch die Unternehmer
   - geringere Investitionstätigkeit
   - **Entlassungen**

b) hohe Sparneigung bei Haushalten
   - Verringerung der volkswirtschaftlichen Gesamtnachfrage
   - Absatzstockungen, Einschränkung der Produktion, Gewinnrückgang
   - **Entlassungen**

Zielkonflikt: Wachstum – Preisstabilität

Angenommen, die Bundesregierung strebt ein höheres Wirtschaftswachstum an. Im „konsumtiven" Bereich (Haushalte) fördert sie die Nachfrage nach Konsumgütern, indem sie die Ertragsteuern senkt. Nach dem Gesetz von Angebot und Nachfrage ergeben sich hieraus **Preissteigerungen.**

Weitere Folgen:
- Erhebliche Preissteigerungen führen zu einem Rückgang der Auslandsnachfrage (Export sinkt!),
- **Im- und Export sind nicht mehr im Gleichgewicht,**
- Export stützt nicht mehr die Konjunktur;
- mögliche **negative Auswirkungen auf die Beschäftigung.**

Zielkonflikt: Außenwirtschaftl. Gleichgewicht – Vollbeschäftigung – Preisstabilität

Angenommen, das Ziel „außenwirtschaftliches Gleichgewicht" ist erreicht (der Außenbeitrag ist ausgeglichen), aber im Inland geht die Nachfrage zurück, die Unternehmer bleiben auf ihren Produkten sitzen, es kommt zu einem konjunkturellen Tief mit Arbeitslosigkeit. Der Staat beschließt zur Bekämpfung der Arbeitslosigkeit exportfördernde Maßnahmen (z. B. Exportsubventionen), soweit dies im Rahmen der EU zulässig ist.

Folgen: positiv
- Überdurchschnittliche Gewinne in der Exportbranche; weitere hohe Gewinnaussichten führen zu Produktionsausdehnungen.
- **Vollbeschäftigung**

Folgen: negativ
- Export übersteigt deutlich den Import; kein außenwirtschaftliches Gleichgewicht mehr;
- Der Exportüberschuss führt zu Devisenzuflüssen, die das Geldvolumen im Inland übermäßig ausdehnen und damit inflationistisch wirken.
- **Preissteigerungen**

Erweiterter Zielkatalog

In einer modernen Volkswirtschaft gibt es weitere Forderungen, die zu Zielen der Wirtschafts- und Gesellschaftspolitik geworden sind. Zu nennen sind eine **gerechte Einkommens- und Vermögensverteilung** und die **Erhaltung einer lebenswerten Umwelt.** In der volkswirtschaftlichen Literatur spricht man deshalb vom **„Magischen Sechseck".**

Ziel: Gerechte Einkommens- und Vermögensverteilung (→ LF 12, Kapitel 7)

Einkommen und Vermögen sollen künftig gleichmäßiger **unter den Arbeitnehmern** einerseits **und den Unternehmern sowie Vermögensbesitzern** andererseits verteilt werden. Der Staat hat dafür Sorge zu tragen, dass die **Lohnquote,** also der Anteil der Arbeitnehmer am Gesamteinkommen, erhöht wird. Er kann u. a. mithilfe folgender Maßnahmen diese Zielsetzung unterstützen:
- progressive Besteuerung von Einkommen und Vermögen,
- Erhöhung von Einkommenssteuern,
- Unterstützung der Vermögensbildung,
- Transferzahlungen in Form von Kindergeld, Wohngeld und Arbeitslosenunterstützung.

Wächst eine Volkswirtschaft, so können diese Zuwächse auf Einkommens- und Vermögensschwächere verlagert werden, **ohne dass dadurch die Investitionsneigung abnimmt.**

! **Lohnerhöhungen in einer stagnierenden Volkswirtschaft bei Unterbeschäftigung führen unter Umständen aber zu Zielkonflikten.**

Lohnerhöhungen führen zu einer steigenden Konsumnachfrage und unter Umständen zu steigenden Preisen. Sie sind aber auch verantwortlich für eine Abnahme der Investitionstätigkeit, da die Kapazitäten nicht voll ausgelastet sind.

Ziel: Erhaltung einer lebenswerten Umwelt (→ **Kapitel 8**)

Industrielles Wachstum führt zu einer zunehmenden Umweltbelastung. Die Störung des **ökologischen Gleichgewichts** ist die Folge.

> **!** **Zwischen wirtschaftlichem Wachstum und der Erhaltung einer lebenswerten Umwelt besteht ein Zielkonflikt.**

Eine Einschränkung des Wachstums wird zur Schonung der Umwelt führen, Vollbeschäftigung und Außenwirtschaftliches Gleichgewicht werden jedoch gefährdet (→ LF 12, LF 10, Kapitel 1 sowie LF 12, Kapitel 8).

Worin besteht nun die wirtschaftspolitische Aufgabe des Staates?

Wirtschaftspolitik der Bundesregierung ...

... bei Übernachfrage mit Inflation

1. Heraufsetzung der **Einkommensteuer**/Lohnsteuer und Körperschaftssteuer um höchstens 10 % für längstens 1 Jahr (Konjunkturzuschlag)
2. Beschränkung der **Abschreibungsmöglichkeiten**
3. Aufhebung der Sonderabschreibungen zur Dämpfung der Investitionen
4. Stilllegung von **Staatseinnahmen** bei der EZB (Konjunkturausgleichsrücklage)
5. Kreditaufnahmebeschränkung des Staates
6. Ausgabekürzungen und -verschiebungen

... bei fehlender Nachfrage mit Arbeitslosigkeit

1. Herabsetzung der **Einkommen-**/Lohnsteuer um höchstens 10 % für längstens 1 Jahr
2. Gewährung eines **Investitionsbonus** = Abzug von bis zu 7,5 % der Investitionsausgaben von der Steuerschuld
3. Verbesserung der **Abschreibungsbedingungen**
4. Finanzierung **zusätzlicher Ausgaben** aus der Konjunkturausgleichsrücklage und/oder durch zusätzliche Kredite
5. Senkung der **Unternehmenssteuern**
6. Ausbau der **Infrastruktur**
7. Förderung von **Innovationen** (Forschung und Entwicklung)

Situationsaufgabe

Situation:

Im Rahmen des Unterrichts zu Lernfeld 12 stellen Sie und Ihre Mitschüler sich die Frage, ob und gegebenenfalls welche Auswirkungen die allgemeine wirtschaftliche und gesellschaftliche Entwicklung auf Ihre Tätigkeit und den Erfolg Ihres Unternehmens hat.

Aufgabe:

1_ Beurteilen Sie die derzeitige Konjunkturphase (am Beispiel 2021/2022) anhand folgender Merkmale: Kapazitätsauslastung, Beschäftigungsgrad, Preis- und Lohnentwicklung, Investitionen, Sparneigung, Zinsen, Auftragslage der Industrie, Nachfrage nach Urlaubs- und Geschäftsreisen.

2_ Wenn Sie zudem die aktuelle Lage wegen der Pandemie mit berücksichtigen: Welche Schlussfolgerungen ergeben sich für Sie und Ihren Betrieb aus der Entwicklung?

Aufgaben

1_ Begründen Sie, warum Konjunkturschwankungen primär in marktwirtschaftlich organisierten Industriestaaten auftreten.

2_ Erläutern Sie die Auswirkungen und die Bedeutung einer Hochkonjunktur für die privaten Haushalte, die Unternehmen und den Staat.

3_ Nehmen Sie zu der folgenden Aussage Stellung: „Konjunkturphasen werden durch die zunehmende Globalisierung immer weniger durch die eigene Volkswirtschaft bestimmt."

4_ Worin liegt die Schwierigkeit, eine „gesamtwirtschaftliche Lage Tourismus" zu beschreiben?

5_ Die Ziele des Magischen Vierecks stehen bereits in Konflikt zueinander. Warum ist es trotzdem zu einem Magischen Sechseck erweitert worden?

4 Beschäftigungspolitik

Beschäftigungspolitik umfasst alle wirtschaftspolitischen Aktivitäten, die das Angebot und die Nachfrage auf dem Arbeitsmarkt unmittelbar beeinflussen. Dazu gehören auch konjunktur-, wachstums- und strukturpolitische Maßnahmen.

4.1 Arbeitslosigkeit

Der Präsident der Bundesagentur für Arbeit (BA) in Nürnberg gibt zu Beginn eines jeden Monats die neuesten Arbeitsmarktzahlen des Vormonats bekannt.

Der Begriff des **Arbeitslosen** ergibt sich aus § 16 und § 119 des SGB III. Als **arbeitslos** gilt, wer
- ohne Arbeit ist,
- dem Arbeitsmarkt zur Verfügung steht und
- Arbeit sucht.

Als nicht arbeitslos gelten:
- Teilnehmer an Maßnahmen der aktiven Arbeitsmarktpolitik
- beschäftigte Personen, die mindestens 15 Stunden in der Woche arbeiten, aber wegen zu geringen Einkommens bedürftig nach dem SGB II sind und deshalb Arbeitslosengeld II erhalten
- erwerbsfähige Leistungsberechtigte, denen Arbeit nach § 10 SGB II nicht zumutbar ist, insbesondere Leistungsberechtigte, die Kinder erziehen, Angehörige pflegen oder zur Schule gehen

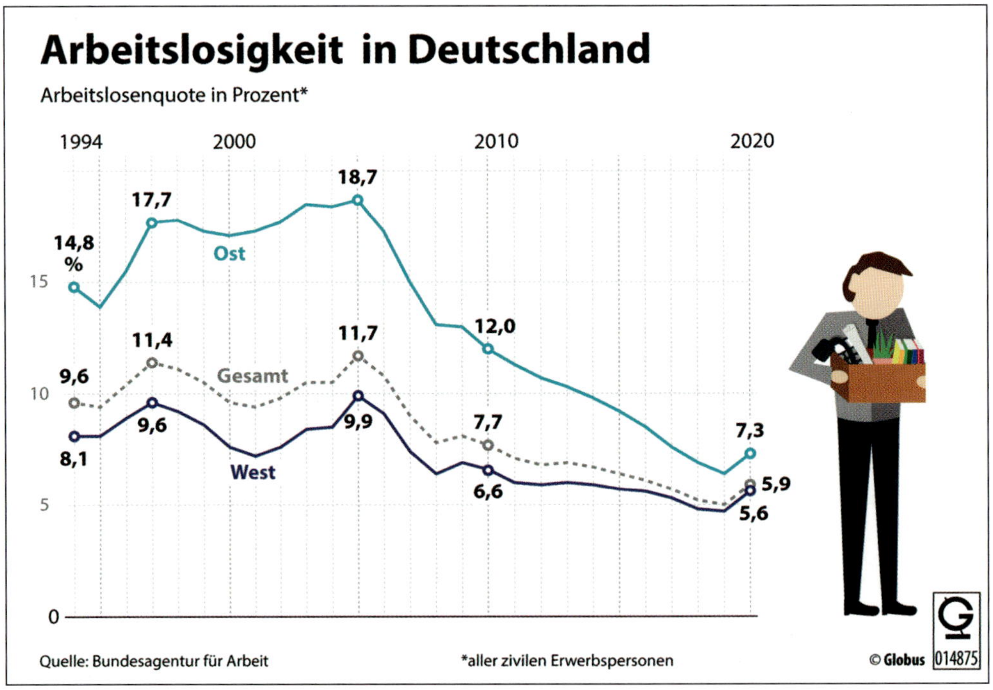

Die Arbeitsagentur versteht unter **Erwerbspersonen:**
- sozialversicherungspflichtige Beschäftigte, Auszubildende und geringfügig Beschäftigte,
- Beamte, ohne Soldaten,
- Selbstständige, mithelfende Familienangehörige,
- Volljährige, die in der Lage sind, drei Stunden am Tag zu arbeiten.

Entsprechend ermittelt die BA die **Arbeitslosenquote** durch folgende Verhältnisbildung:

$$\textbf{Arbeitslosenquote} = \frac{\textbf{Arbeitsuchende} \cdot \textbf{100}}{\textbf{alle zivilen Erwerbspersonen}}$$

! **Liegt die Arbeitslosenquote zwischen 2 % und 3 %, spricht man von Vollbeschäftigung, liegt sie unter 1 %, von Überbeschäftigung.**

Die Statistik bezieht sich dabei nur auf die **offene Arbeitslosigkeit,** verdeckte Arbeitslosigkeit wird nicht erfasst. Um die **verdeckte Arbeitslosigkeit** zu erhalten, muss zu der offenen Arbeitslosenquote noch etwa ein Drittel an „stiller Reserve" hinzugerechnet werden – Menschen die nicht als arbeitslos amtlich registriert sind, weil sie z. B. an Umschulungs- oder Arbeitsbeschaffungsmaßnahmen teilnehmen.

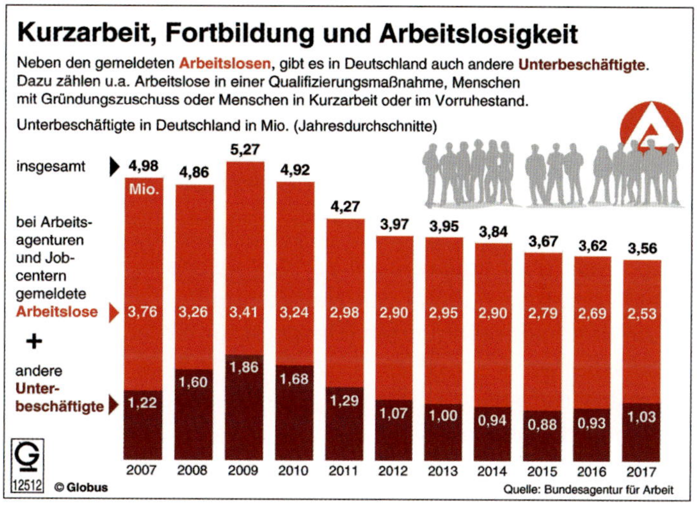

4.2 Ursachen und Folgen von Arbeitslosigkeit

Arbeitslosigkeit hat unterschiedliche Ursachen. So spielen die Jahreszeiten, die wirtschaftliche Situation eines Landes, die Preise von Rohstoffen, aber auch strukturpolitische Entscheidungen einer Regierung oder eines Unternehmers, die Entwicklung neuer Technologien und die gesellschaftlichen Erwartungen eine Rolle. Nicht zu vergessen: Die Welt ist medientechnisch „näher zusammengerückt". Hierdurch wurden globale Verflechtungen gebildet, deren Wirtschaftskräfte Einfluss auf die einzelnen Länder nehmen.

Arten der Arbeitslosigkeit

- **Konjunkturelle** Arbeitslosigkeit in Zeiten des Abschwungs und der Depression (z. B. Baugewerbe).
- **Strukturelle** Arbeitslosigkeit durch Veränderungen innerhalb von Wirtschaftszweigen und Branchen, aber auch durch Verlagerungen ins Ausland als Folge der Globalisierung (z. B. Werften, Kohlebergbau, Textilindustrie).
- **Technologische** Arbeitslosigkeit ergibt sich aus dem Ersatz der menschlichen Arbeitskraft durch Rationalisierungsmaßnahmen (z. B. in Banken) oder zunehmend auch in der Industrie 4.0 (Digitalisierung).
- **Freiwillige** Arbeitslosigkeit ist gegeben, wenn Arbeitnehmer zwar arbeitsfähig, aber nicht arbeitswillig sind.
- **Friktionale** Arbeitslosigkeit wird durch Betriebsaufgabe und den Abbau von Betriebsbereichen hervorgerufen (z. B. Produktion wird ins Ausland verlagert).
- **Qualifikationsbedingte** Arbeitslosigkeit bedeutet, dass die individuellen Fähigkeiten des Arbeitsuchenden nicht mit den aktuellen Anforderungen der Unternehmen übereinstimmen.
- **Saisonale** Arbeitslosigkeit ist auf die Klimaveränderungen in den Jahreszeiten zurückzuführen (z. B. Hotel- und Gaststättengewerbe).

Aus Arbeitslosigkeit entstehen Probleme, das Armutsrisiko steigt.

Probleme der Arbeitslosigkeit
» Drohende Arbeitslosigkeit führt aus Angst- und Vorsorgemotiven zu erhöhter Sparneigung. Dies bewirkt einen **Nachfragerückgang.** » Daher sinken bei Arbeitslosigkeit die **Staatseinnahmen** aus direkten und indirekten Steuern. Der Staat kann unter Umständen seinen Verpflichtungen nicht mehr gerecht werden. » Der bisherige **Lebensstandard** der Betroffenen kann nicht mehr beibehalten werden. Es kommt zu sozialen und psychologischen Belastungen der Familie. Das Armutsrisiko steigt. » Das Vertrauen in die politische Führung nimmt ab. Es kann zur **Radikalisierung** kommen.

4.3 Arbeitsmarktpolitik

Die Arbeitsmarktpolitik ist im **Arbeitsförderungsgesetz (AFG)** geregelt. Ihr Ziel ist es, Vollbeschäftigung zu erhalten bzw. wiederherzustellen und so die zahlreichen negativen Auswirkungen der Arbeitslosigkeit zu vermeiden.

Neben dem quantitativen Ziel der Vollbeschäftigung hat die **Arbeitsmarktpolitik** die folgenden, inhaltlichen bzw. qualitativen Zielsetzungen:

» die Rahmenbedingungen (Gesetze) für ein ausreichendes Angebot an Teilzeitarbeitsplätzen zu schaffen,
» Inhalte der Arbeit sollen der jeweiligen Qualifizierung der Arbeitnehmer und Arbeitnehmerinnen entsprechen,
» für optimale Arbeitsbedingungen zu sorgen (Sicherheit am Arbeitsplatz herstellen, keine Gesundheitsgefährdung zulassen usw.).

Bei der Arbeitsmarktpolitik lassen sich in passive, aktive und proaktive Maßnahmen unterscheiden.

Die **passive Arbeitsmarktpolitik** ist darauf ausgerichtet, die materiellen Schäden bei Arbeitslosen und ihren Angehörigen für eine bestimmte Zeit durch Arbeitslosengeld, Insolvenzgeld o. dgl. abzumildern. Die **aktive Arbeitsmarktpolitik** zielt darauf ab, arbeitslose Personen bei der (Wieder-)Eingliederung in den Arbeitsmarkt zu unterstützen. Die **proaktive Arbeitsmarktpolitik** richtet sich bereits im Vorfeld von Arbeitslosigkeit an von Arbeitslosigkeit bedrohte Arbeitnehmerinnen bzw. Arbeitnehmer. Diese erhalten Unterstützungsleistungen zur Abwendung von Arbeitslosigkeit.

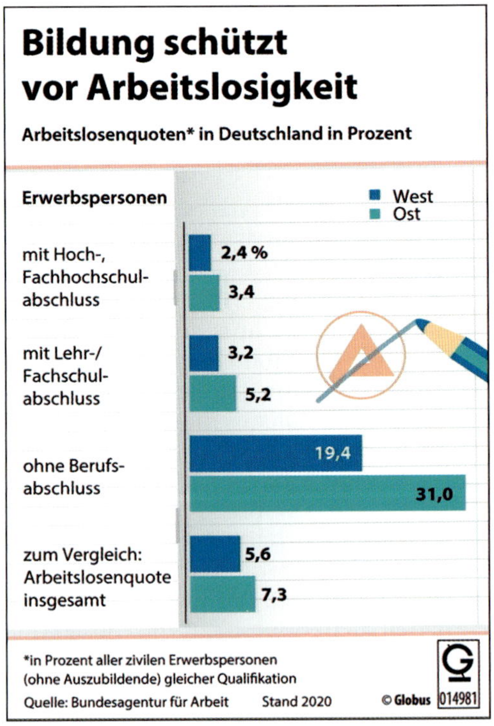

Maßnahmen der Bundesagentur für Arbeit:

» Vermittlung in Ausbildungs- und Arbeitsstellen
» Berufsberatung
» Arbeitgeberberatung
» Förderung der Berufsausbildung
» Förderung der beruflichen Weiterbildung
» Förderung der beruflichen Eingliederung von Menschen mit Behinderung

» Leistungen zur Erhaltung und Schaffung von Arbeitsplätzen, wie z. B. Kurzarbeitergeld und Insolvenzgeld

Daneben ist es auch Aufgabe der Bunderegierung, die Arbeitsmarktpolitik zu unterstützen.

Maßnahmen der Regierung

» Senkung der Lohnnebenkosten,
» Förderung von Existenzgründungen (Gründungszuschuss),
» Lohnzuschüsse für Neueinstellungen,
» Änderung des Renteneintrittsalters,
» Altersteilzeitregelung,
» Konjunkturprogramme zur Nachfragebelebung,
» Erhöhung der Bildungs- und Forschungsinvestitionen.

Sozialpolitisch sind auch **Arbeitgeber und Arbeitnehmer** sowie die **Tarifparteien** aufgerufen, durch ihr Verhalten Arbeitslosigkeit zu bekämpfen, z. B. durch die Öffnung von Tarifverträgen, zurückhaltende Lohnforderungen und über Arbeitszeitverkürzungen ohne Lohnausgleich.

Arbeitgeber können u. a. durch folgende Maßnahmen direkt Einfluss nehmen:
» Tätigung von zurückgestellten Investitionen,
» Überstundenabbau zugunsten von Neueinstellungen,
» Schaffung bzw. Ausweitung von Teilzeitarbeitsplätzen.

Arbeitnehmer können sich u. a. durch berufliche Fortbildung und größere Mobilität vor Arbeitslosigkeit schützen bzw. besser wieder in den Arbeitsmarkt integriert werden.

Zukunft der Arbeit

Zwei der bedeutendsten Themen in Zukunft dürften aufgrund der Entwicklungen der Industrie 4.0 die Automatisierung und der Einsatz von Robotern werden.

Schon heute können sog. Bots (Softwareroboter für Büroarbeit) Termine planen, Anrufe annehmen, Chats beantworten und E-Mails weiterleiten. Sie stellen Rechnungen aus, arbeiten Kreditanträge ab und übernehmen Buchhaltung, Controlling, Berichtswesen und Qualitätsmanagement. Je monotoner die Arbeit ist, desto leichter lässt sie sich durch Bots automatisieren.

Zwar hat sich im Bürobereich in den letzten 30 Jahren nur wenig bewegt, aber dieser Prozess wird sich, insbesondere durch die Erfahrungen während der Corona-Pandemie, nicht zuletzt durch Videocalls und Chatrooms beschleunigen. Viele –

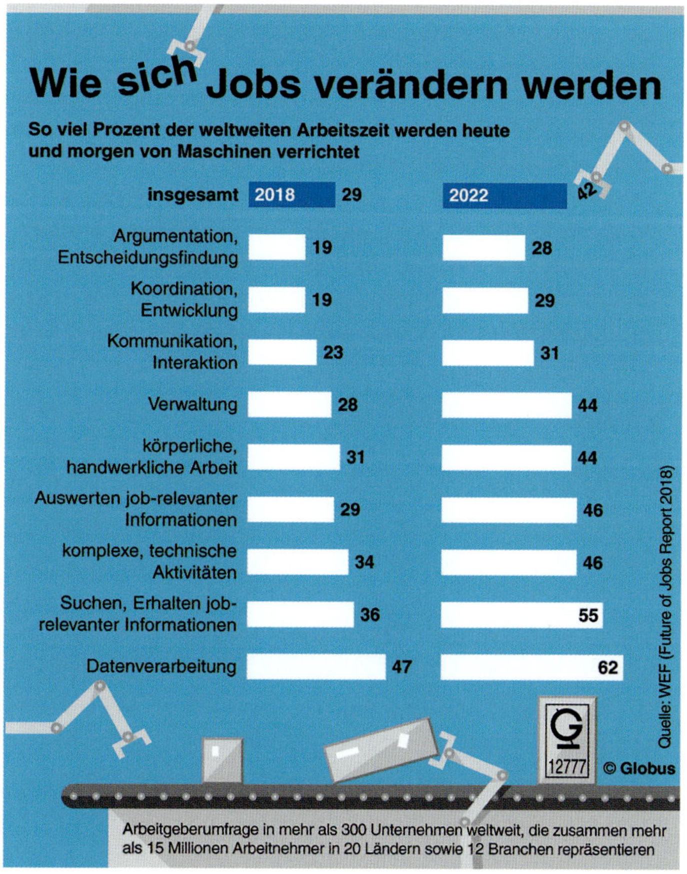

manche sprechen von der Hälfte – Jobprofile werden sich in den nächsten drei bis zehn Jahren ändern, manche werden verschwinden.

Im Ganzen betrachtet ist insbesondere Bildung gefragt. Manche Unternehmen fordern von ihren Arbeitnehmern pro Quartal einen Tag zum Lernen, Lesen und Studieren, abgesehen von der Aufforderung, einige der zahllosen Onlinekurse zu belegen. Das Bundesministerium für Bildung und Forschung baut mit dem Deutschen Forschungszentrum für Künstliche Intelligenz eine Lernplattform für jedermann auf.

Umstritten ist nur, in welchem Tempo und Ausmaß die Entwicklung vonstatten gehen wird, wie viele und welche Berufe verschwinden bzw. einem dramatischen Wandel unterworfen werden. Je nach Bereich spricht man von einem Viertel bis einem Drittel der Beschäftigten, vor allem in Finanzen, Verwaltung, Logistik, Spedition und Produktion. Selbst bisher sehr persönliche Dienstleistungen (wie Alten- und Krankenpflege) und viele der sog. Helferberufe – oft gering bezahlt – könnten ersetzt werden, zumindest zum Teil durch Roboter. Mitunter wird gefragt, ab wann sich ein solcher Maschineneinsatz rechnen würde (bislang noch nicht) und auch ethische oder rechtliche Aspekte werden bisher noch nicht berücksichtigt.

Bleibt die Frage, was die Menschen (noch) leisten können oder müssen. Wenn sie der künstlichen Intelligenz etwas voraushaben wollen, müssen sie zusammenarbeiten, um komplexe Probleme effizient in der Gruppe zu lösen. Kreativität, emotionale Intelligenz und kritisches Denken werden nur schwer von Maschinen leistbar sein.

Bei alldem sind weitere Fragen ungelöst:

» Kann die Freistellung von Arbeitskräften in bestimmten Branchen bzw. Berufen anderweitig aufgefangen werden?
» Wenn das nicht der Fall ist, wovon sollen die Menschen dann leben – hier bekommt die Diskussion um das sog. bedingungslose Grundeinkommen ihren Stellenwert
» Wie und wo wird dann in Zukunft gearbeitet werden – im Co-Working, Großraumbüro oder vielleicht freiberuflich zuhause – und was bedeutet das für die soziale Absicherung?
» Wie muss sich Führung darauf einstellen? Nach allem, was Erhebungen deutlich machen, ist bisher nur eine Minderheit von Managern für die beschriebene Transformation gerüstet. Damit zusammenhängend ist auch offen, ob dafür in Zukunft flache Hierarchien mit weitgehend selbstbestimmter Arbeit erfolgversprechend sind oder nicht.

Situationsaufgabe

Situation:

Bereits heute sind in Deutschland nur noch zwei Drittel der Arbeitnehmer in sog. „Normalarbeitsverhältnissen" beschäftigt. Künftig dürften es noch weniger werden. Damit gewinnen die sog. „atypischen Arbeitsverhältnisse", wie Teilzeitarbeit, geringfügige Beschäftigungsverhältnisse, Werkvertragsbeschäftigungen und Scheinselbstständigkeit, befristete Arbeitsverhältnisse und Leiharbeit, zunehmend an Bedeutung.

Aufgabe:

Welche Gefahren können in einer Zunahme dieser atypischen Arbeitsverhältnisse gesehen werden?

5 Stabilität des Preisniveaus

Das statistische Bundesamt berechnet den Verbraucherpreisindex (VPI). Dazu ermittelt es, wie sich die Preise der Güter eines für alle Haushalte repräsentativen Warenkorbes im Durchschnitt über die Zeit geändert haben. Der VPI ist der zentrale Indikator zur Beurteilung der Geldentwertung in Deutschland. Er trifft Aussagen über die Höhe der Inflation oder Deflation.

5.1 Inflation und Deflation

Eine Inflation kann in Abhängigkeit der quantitativen Geldentwertung in drei Arten gegliedert werden:

Ursachen einer Inflation

Im Wesentlichen lassen sich folgende Gründe für eine Geldentwertung anführen:

1. a) Nachfrage > Güterangebot
   = **nachfrageinduzierte Inflation**
   Sie kann durch die Binnennachfrage und durch Exporte ausgelöst werden.
   b) Export > Import
   = **importierte Inflation**
   Sie wird ausgelöst, wenn die steigenden Preise von aus dem Ausland importierten Waren oder Leistungen an die Verbraucher weitergegeben werden (z. B. Rohöl).
2. a) Die Angebotsseite gibt Kosten, die durch den Produktivitätszuwachs nicht gedeckt wurden, an die Nachfrager weiter.
   = **angebotsinduzierte Inflation**
   b) Die Anbieter möchten durch Preissteigerungen ihre Gewinnsituation verbessern.
   = **Gewinninflation**

Tempo der Inflation

Inflation

Entwertung des Geldes durch allgemeine Preiserhöhungen. Verhinderung ist ein wichtiges Ziel der Wirtschaftspolitik.

Inflationsrate (Preissteigerungs-/Teuerungsrate)

Prozentualer Anstieg des allgemeinen Preisniveaus. Zeigt an, wie sich Preise für Waren und Dienstleistungen eines typischen Haushalts (z. B. Nahrungsmittel, Kleidung, Miete) verändern. Preisänderungen werden gemessen und ein Mittelwert gebildet (**Verbraucherpreisindex**).

Beispiel:
***Verbraucherpreisindex** in Deutschland stieg 2012 von 110,7 auf 112,9 Punkte. Das entspricht einer **Inflationsrate** von 2,0 Prozent.*

Formen der Inflation nach Geschwindigkeit:

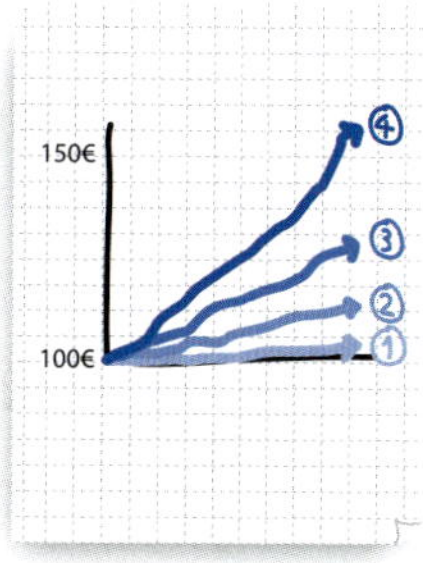

① **Schleichende Inflation**
jährl. Inflationsrate unter 5 %
Preise steigen langsam, nahezu unmerklich.

② **Trabende Inflation**
5 (bzw. 10) bis 20 %
Auch beschleunigte Inflation genannt.

③ **Galoppierende Inflation**
über 20 %
Preise steigen rasend schnell, Ausweitung zur Hyperinflation möglich.

④ **Hyperinflation**
mindestens 50 %
Gigantische Preissteigerungen.

- ↗ Umlaufgeschwindigkeit des Geldes nimmt ständig zu, da jeder sein Geld möglichst sofort für Güter ausgibt, um weiteren Preissteigerungen zuvorzukommen.
- ↗ Die Nachfrage steigt.
- ↗ Die Preise steigen immer höher, bis das Vertrauen der Bevölkerung in die Währung total verloren geht.
- ↗ Ausweichen auf wertbeständiges ausländisches Geld oder auf knappe Sachgüter als Ersatzwährung.

Quelle: Statistisches Bundesamt, nach Bundeszentrale für pol. Bildung (Duden Wirtschaft von A bis Z) © Globus 5483

Folgen einer Inflation

Hohe Inflationsraten führen zu **Einkommens- und Vermögensverschiebungen** in der Bevölkerung. Sparer müssen Einbußen hinnehmen, wenn die Inflationsrate größer als die Sparzinsen ist. Kreditnehmer und Eigentümer von Grundvermögen hingegen sind die Nutznießer einer solchen Situation.

> **!** **Der allgemeine Anstieg des Preisniveaus wird Inflation genannt. Ein stetiges Sinken der Preise im Vergleich zur Vorperiode wird als Deflation bezeichnet.**

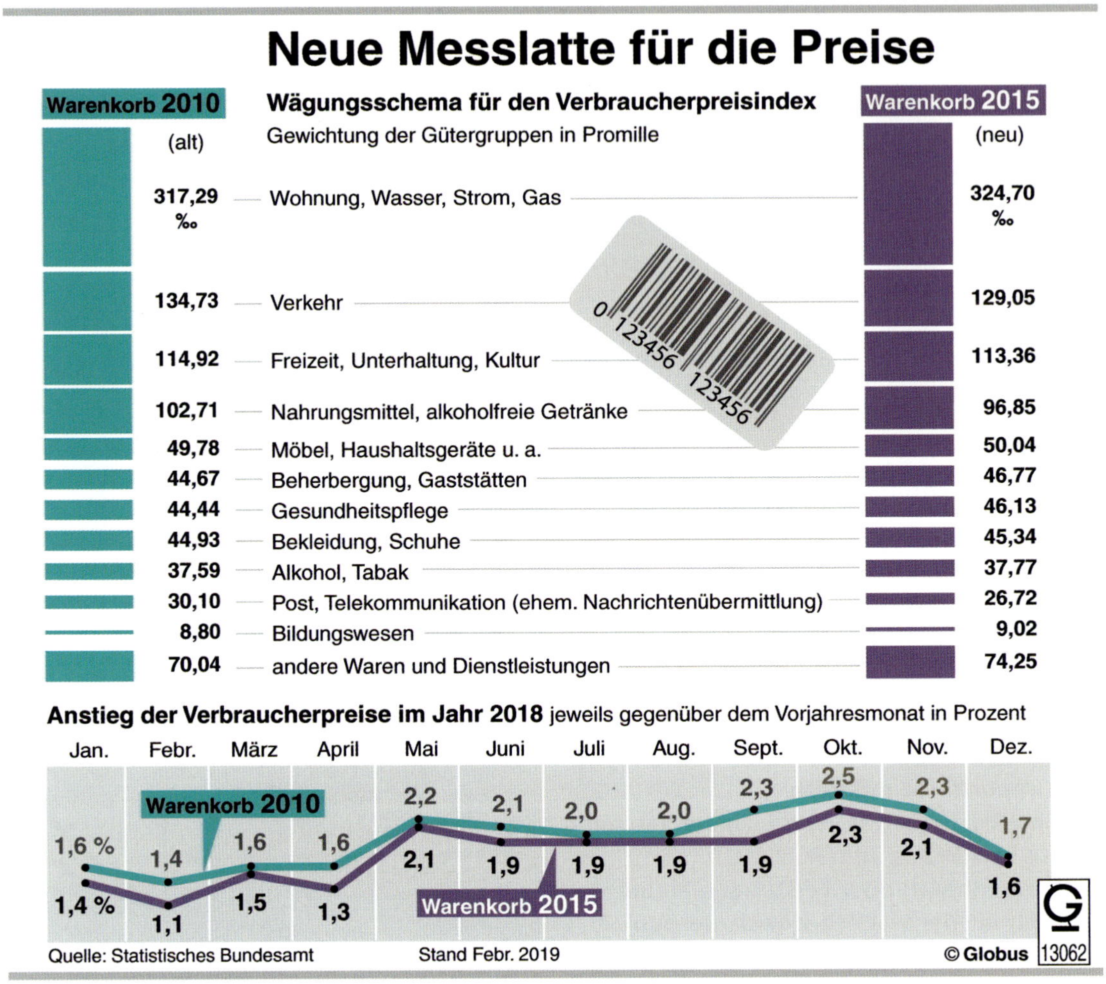

Zu einer **Deflation** kommt es, wenn die nachfragewirksame Geldmenge geringer als die angebotenen Güter- und Dienstleistungsmengen ist.

Eine Deflation kann auf vier Gründe zurückgeführt werden:

1. Kaufbereitschaft und Investitionsneigung der inländischen Konsumenten geben sich verhalten aufgrund pessimistischer Zukunftserwartungen.
   = **Abnahme der Binnennachfrage**

2. Die Auslandsnachfrage lässt nach, weil sich z. B. die Wechselkurse verändern, d. h. exportierte Waren im Ausland (z. B. auch durch höhere Importzölle des Einfuhrlandes) teurer werden.
   = **Abnahme der Auslandsnachfrage**

3. Das Güterangebot ist größer als die gesamtwirtschaftliche Nachfrage.
   Diese Situation kann durch Billigimporte hervorgerufen werden.

4. Das **Angebot wächst schneller** als die gesamtwirtschaftliche Nachfrage.
   Dies ist i. d. R. auf Überkapazitäten zurückzuführen.

Bei den Unternehmen führt ein langfristiger Preisverfall zu **Gewinneinbußen.** Diese versucht man durch Kostensenkung zu kompensieren, z. B. durch die **Freisetzung von Mitarbeitern.** Anbieter, die keine Möglichkeiten zur Kostensenkung haben, werden aus dem Markt gedrängt.

Aufgrund der zunehmenden Arbeitslosigkeit entsteht eine **Nachfragelücke.**

Der Staat erzielt **weniger Steuereinnahmen** und wird durch **zunehmende Sozialausgaben** (z. B. Arbeitslosengeld) belastet.

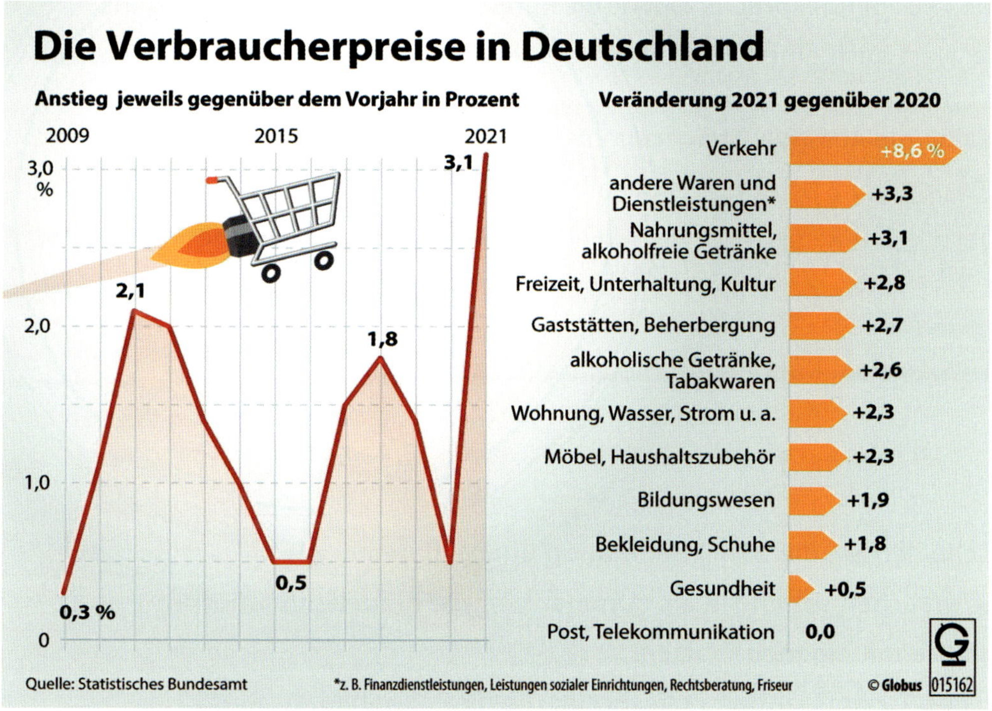

Vermögenswerte wie Aktien verlieren, da die **Börsenkurse** entsprechend den abnehmenden Unternehmensgewinnen **fallen.**

Eine solche Situation begünstigt Besitzer von Geldvermögen und Gläubiger von Geldforderungen.

Manchmal passen Gefühl und Fakten einfach nicht zueinander: Die Inflationsrate in Deutschland liegt seit Jahren zwischen 0 % und 1 %, aber ab 2021 legten die Preise wieder um ca. 4,5 % zu, und auch danach wird weitgehend wieder für die nächsten Jahre eine moderate Steigerung von ca. 3 % erwartet.[1]

Zum Frühjahr 2022 schwankten die Prognosen zur Inflationssteigerung (von sieben führenden Chefvolkswirten und Managern von Banken, ähnlich wie die Bundesbank) zwischen 2,7 und 4,1 %, Mittlerweile werden 5 % und mehr für das Jahr 2022 genannt. Hauptpreistreiber sind dabei Kraftstoffe (+ 45 %, Gewichtung im Warenkorb: 13 %) und Haushaltsenergie (+ 12 %, Anteil 33 %), aber auch Freizeit mit + 4,5 % (Gewichtung 12 %).[2] Im Empfinden vieler Bürger wird das Leben immer teurer. Das kann z. B. daran liegen, dass sich die Preise für häufig gekaufte Produkte erhöhen – was dem Betroffenen besonders stark auffällt. Der Einfluss dieser Erhöhung auf die Inflationsrate ist wegen deren geringen Gewichtung aber gering. Bei anderen Kosten, z. B. für Wohnung (Miete usw.) oder Kraftstoffe, die zusammen fast 50 % eines Haushaltsbudgets ausmachen, spielen Preissteigerungen eine besonders starke Rolle für den Gesamtindex. Andere Kosten wie Telefon- oder Postkosten haben eher wenig Gewicht.

1 Quelle: Vgl. Statistisches Bundesamt: Gemeinschaftsdiagnose: Inflationsrate in Deutschland von 2008 bis 2017 und Prognose bis 2020 (Veränderung gegenüber Vorjahr), veröffentlicht 2019.

2 D. Scherff/F.Brocker: Steigende Preise machen uns ärmer, in FAZ vom 02.01.2022, S. 29.

Situationsaufgabe

Situation:

Während eines Kundengesprächs macht Ihr Kunde u. a. folgende Äußerungen:

- „Was interessiert mich eine Preissteigerung beim Benzin? Ich tanke immer nur für 20,00 €!"
- „Was beinhaltet die Aussage ‚Steigerung des BIP um 1,5 % Preissteigerung um 2,5 %'?"
- „Preissteigerung um 2 %? Aber ich bekomme ja 3 % mehr Gehalt."
- „Preissteigerung bei Reisen? Kann ich nicht erkennen. Ich wollte ohnedies nur zwölf statt wie bisher 14 Tage verreisen."

Aufgabe:

Was erwidern Sie Ihrem Kunden auf die einzelnen Äußerungen?

Aufgaben

1_ Unterscheiden Sie die Begriffe Inflation und Deflation.

2_ Welche Ursachen sehen Sie als dominant für die aktuelle Inflationsrate an?

3_ Erklären Sie mit eigenen Worten:

a) Welchen Zusammenhang beschreibt die hier abgebildete Grafik?

b) Welche Bezeichnungen befinden sich auf der x- und y-Achse des Diagramms?

c) Wie kommt es nach und nach zu den dargestellten Szenarien und am Ende zu einer Inflation?

d) Wie kann diese Entwicklung gestoppt/durchbrochen werden?

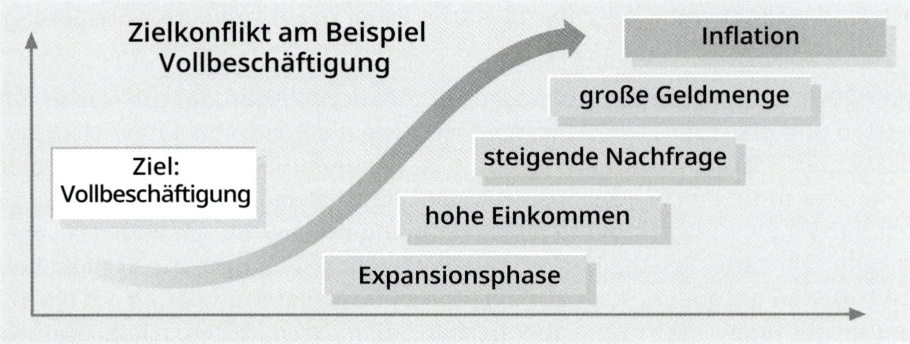

4_ Worin unterscheidet sich der Aussagewert folgender Indizes:

allgemeine Teuerungsrate, Veränderung der Kaufkraft, Verbraucherpreisindex?

5_ Wie wird eine Messung der Kaufkraft durchgeführt?

6 Außenwirtschaftliches Gleichgewicht

Ein Außenwirtschaftliches Gleichgewicht ist durch die Wirtschaftspolitik anzustreben. Deutschland als „Exportland" kann schon seit Jahrzehnten einen **positiven Außenbeitrag** (Exporte > Importe) aufweisen.

! Die Erfassung der Außenwirtschaftsbeziehungen eines Landes erfolgt in der Zahlungsbilanz.

Der Aufbau der Zahlungsbilanz

<table>
<tr><th></th><th></th><th>Aktiva</th><th>Bilanz Passiva</th><th></th></tr>
<tr><td rowspan="4">Leistungsbilanz</td><td>– Handelsbilanz →</td><td>Warenexporte (Einnahmen/ Forderungen aus ...)</td><td>Warenimporte (Ausgaben/ Verbindlichkeiten für ...)</td><td rowspan="3">Saldo der 3 Teilbilanzen = Außenbeitrag</td></tr>
<tr><td>– Dienstleistungsbilanz →</td><td>Dienstleistungsexporte (Einnahmen von Ausländern im Inland)
» touristischer Reiseverkehr wie der Besuch ausländischer Touristen in Deutschland
» Finanzdienstleistungen
» Transporte
» Patente
» Lizenzen</td><td>Dienstleistungsimporte (Ausgaben von Inländern im/an Ausland)

Beispiel: Reisen deutscher Touristen ins Ausland oder Ausgaben dort sind aus deutscher Sicht ein Dienstleistungsimport.</td></tr>
<tr><td>– Bilanz der Erwerbs- und Vermögenseinkommen (auch Primäreinkommen) →</td><td>Vom Ausland erhaltene Erwerbs- und Vermögenseinkommen
Einkommen aus:
» unselbstständiger Arbeit
» Dividenden
» Zinsen
» Miete
» Pacht</td><td>Ans Ausland geleistete Erwerbs- und Vermögenseinkommen</td></tr>
<tr><td>– Bilanz der laufenden Übertragungen (auch Sekundäreinkommen) →</td><td>Empfangene Übertragungen (Einnahmen – Leistungen an Deutschland)
» Beiträge von internationalen Organisationen (z. B. Infrastrukturhilfen der EU)
» private Renten- und Unterstützungszahlungen</td><td>Geleistete Übertragungen (Ausgaben – Leistungen von Deutschland an das Ausland)
» staatliche Entwicklungshilfe
» Heimatüberweisungen von ausländischen Mitbürgern
» Renten- oder Unterstützungszahlungen an im Ausland lebende Rentner
» Überweisungen an die EU/ andere internationale Organisationen (UN)</td><td></td></tr>
<tr><td>Vermögensbilanz</td><td>→</td><td>Empfangene Schenkungen, Erbschaften</td><td>Geleistete Schenkungen, Erbschaften</td><td></td></tr>
<tr><td>Kapitalbilanz</td><td>→</td><td>Kapitalimporte:
» Zunahme von Verbindlichkeiten/Abnahme des Nettoauslandsvermögens
» Verringerung von Forderungen</td><td>Kapitalexporte:
» Zunahme von Forderungen/ Nettoauslandsvermögen
» Verringerung von Verbindlichk.</td><td></td></tr>
<tr><td>Devisenbilanz</td><td>→</td><td>Verringerung des Devisenbestandes der Zentralbank</td><td>Erhöhung des Devisenbestandes der Zentralbank</td><td></td></tr>
<tr><td></td><td></td><td>Summe</td><td>Summe</td><td></td></tr>
</table>

6.1 Zahlungsbilanz und Leistungsbilanz

Die **Zahlungsbilanz** eines Landes **erfasst alle außenwirtschaftlichen Transaktionen** zwischen dem wirtschaftlichen Inland und dem wirtschaftlichen Ausland in einem definierten Zeitraum, i. d. R. ein Jahr.

Die Zahlungsbilanz zeigt keine Bestände, sondern **Veränderungen** innerhalb eines bestimmten Zeitraumes, sie ist eine **Bewegungsbilanz.**

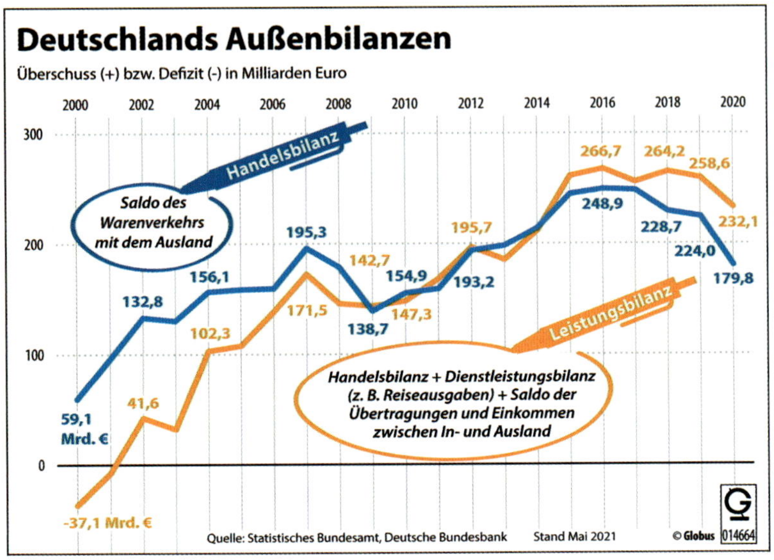

Hinweis: Aktuelle Zahlen finden Sie unter: www.bundesbank.de (Statistik – Außenwirtschaft – Zahlungsbilanz – Tabellen).

Die Zahlungsbilanz gibt darüber **Auskunft,** ob bzw. in welchem Umfang das im Stabilitätsgesetz verankerte Ziel des **außenwirtschaftlichen Gleichgewichts** erreicht ist, wobei in der Literatur meist schon ein ausgeglichener Außenbeitrag, mindestens aber eine ausgeglichene Leistungsbilanz als außenwirtschaftliches Gleichgewicht angesehen wird.

Im Weiteren werden insbesondere die **Dienstleistungen** innerhalb dieser Teilbilanz analysiert. Sie stellen Import- und Exportwerte verschiedener immaterieller Güter dar. Hierzu zählt auch der Reiseverkehr (➔ Kapitel 6.2).

6.2 Auswirkungen des Tourismus auf die Leistungsbilanz

Die passive Dienstleistungsbilanz der Bundesrepublik Deutschland ist in erster Linie auf den **negativen Saldo im Reiseverkehr** 46,2 Mrd. € (2019) zurückzuführen.

Die **Reiseverkehrsbilanz** wird von der Deutschen Bundesbank als Teil der Zahlungsbilanz im Bereich Dienstleistungsverkehr mit dem Ausland geführt. Sie erfasst

» die Ausgaben der Deutschen auf Reisen im Ausland (*Outgoing*-**Tourismus**) und wertet diese als Import für Deutschland
» die Einnahmen des *Incoming*-**Tourismus** von ausländischen Gästen in Deutschland als Export.

222251630

! Der Saldo der Einnahmen und Ausgaben ist in der deutschen Reiseverkehrsbilanz traditionell negativ, d. h., die Ausgaben überwiegen deutlich gegenüber den Einnahmen.

Situationsaufgabe

Situation:

„Die volkswirtschaftliche Bedeutung des Tourismus hat trotz einer vom Tourismus verursachten negativen Zahlungsbilanz der Bundesrepublik Deutschland positive Effekte im Hinblick auf die Beschäftigung, das Einkommen (Multiplikatoreffekt) und die Produktion (Wertschöpfungseffekt) der heimischen Volkswirtschaft."

Aufgabe:

Belegen Sie die einzelnen Komponenten dieser Aussage unter Zuhilfenahme von jeweils zwei Beispielen.

Aufgaben

1_ Erklären Sie folgende Begriffe:
Zahlungsbilanz, Leistungsbilanz, Außenbeitrag, Dienstleistungsbilanz.

2_ Erläutern Sie folgende Aussage:
„Ausgaben im Reiseverkehr können sowohl Dienstleistungsimporte als auch Dienstleistungsexporte sein."

3_ Was verstehen Sie unter einer aktiven Dienstleistungsbilanz?

4_ Die Zahlungsbilanz setzt sich aus den Einzelbilanzen Leistungsbilanz, Vermögensbilanz, Kapitalbilanz und Dienstleistungsbilanz zusammen. Ordnen Sie die folgenden Gegebenheiten den Einzelbilanzen der deutschen Zahlungsbilanz zu:
- Autos aus Frankreich kaufen,
- Bier in Dänemark kaufen,
- Kellnereinkommen in Deutschland,
- deutscher Gast zahlt seine Hotelrechnung in Portugal,
- Kunde aus Deutschland überweist Geld in die Türkei für Lederwaren,
- Eltern überweisen ihrer Tochter Geld nach Großbritannien,
- griechischer Mitarbeiter überweist Geld nach Griechenland,
- ein Österreicher überweist die Miete für seine Ferienwohnung an der deutschen Nordsee.

7 Einkommens- und Vermögensverteilung

Unter **Einkommen** werden Geldbeträge, Güter, Nutzungsrechte sowie Transferzahlungen verstanden, die einer Person in einer Periode als Gegenleistung für ihren Beitrag am volkswirtschaftlichen Produktionsprozess zufließen und ohne Schmälerung des persönlichen Vermögens zur Befriedigung von Bedürfnissen verwendet werden können.

Im Gegensatz zum Einkommen wird das **Vermögen** als eine Bestandsgröße zu einem bestimmten Zeitpunkt festgestellt. Vermögen im engeren Sinne umfasst das **Geldvermögen** (wie Bargeld, Geldanlagen, Wertpapiere oder Versicherungen) oder **Sachvermögen** an beweglichen Gütern (wie Produktionsmittel, Schutzrechte, Beteiligungen) oder unbeweglichen Gütern (Immobilien). an einem bestimmten Stichtag.

Eine **gerechte Einkommens- und Vermögensverteilung** ist durch die **Wirtschaftspolitik anzustreben.**

Primäres Ziel einer **Volkswirtschaft** muss zunächst sein, einer Person die **Sicherung** seiner **Existenz** *(Living Wage)* durch ein ausreichendes Einkommen zu ermöglichen. Versagt der Einkommens-Verteilungsmechanismus, muss der Staat in einer sozialen Marktwirtschaft korrigierend eingreifen.

Dabei kann es nicht um die Frage einer gerechten Verteilung gehen, da dies eine ethische Größe ist, für die es keinen objektiven Maßstab gibt.

Zur Realisierung einer „gerechten" Einkommens- und Vermögensverteilung können jedoch die Verteilungsprinzipien **Bedarf und Leistung** herangezogen werden.

- Das **Leistungsprinzip** verteilt das Einkommen und somit auch das Vermögen nach dem individuellen Beitrag des Einzelnen am Wert des Produktionsprozesses.
- Der **Markt**, das Gesetz von Angebot und Nachfrage, sorgt dafür, dass einzelne Spitzenleistungen (in der Wirtschaft, im Sport) sehr hoch bezahlt werden, da das Angebot an solchen Menschen sehr klein, die Nachfrage danach sehr hoch sein kann. Umgekehrt erzielen Menschen mit Qualifikationen, die massenhaft vorkommen und/oder an denen sogar unter Umständen ein Überangebot besteht, niedrige(re) Einkommen.
- Ausgangspunkt des **Bedarfsdeckungsprinzips** ist, dass der Mensch neben den Grundbedürfnissen auch seine „kulturelle Existenz" *(Cultural Wage)* mit dem erzielten Einkommen sichern möchte. Da diese aber individuell geprägt ist, wird es schwer sein, eine entsprechende Verteilung vorzunehmen.
- Es gibt keinen „Schlüssel" für eine gerechte Einkommens- und Vermögensverteilung. Konsens besteht jedoch in der Frage, dass eine gerechte Verteilung die **gleichmäßige Verteilung von Einkommen und Vermögen innerhalb einer Gesellschaft** zum Ziel haben muss.

7.1 Einkommens- und Vermögenspolitik

Grundsätzlich gibt es in einer Volkswirtschaft zwei „Wege“, Einkommen zu verteilen:

Einkommensverteilung

primär
Verteilung des Volkseinkommens entsprechend dem individuellen Beitrag des einzelnen Wirtschaftssubjektes

sekundär
nachträgliche Umverteilung von Teilen des Primäreinkommens über den Staat

Primärverteilung

Die Verteilung des Volkseinkommens lässt sich in zwei Kategorien einteilen:

1. Lohnquote

Die Lohnquote ist der Anteil der Einkommen aus unselbstständiger Arbeit am Volkseinkommen.

$$\textbf{Lohnquote} = \frac{\textbf{Einkommen aus unselbstständiger Arbeit}}{\textbf{Volkseinkommen}} \cdot 100$$

2. Gewinnquote

Sie ist der Anteil der Einkommen aus Unternehmertätigkeit und aus Vermögen am Volkseinkommen.

$$\textbf{Gewinnquote} = \frac{\textbf{Einkommen aus Unternehmertätigkeit + Vermögen}}{\textbf{Volkseinkommen}} \cdot 100$$

Den Tarifparteien kommt in Hinblick auf die primäre Verteilung der Gewinnquote besondere Bedeutung zu.

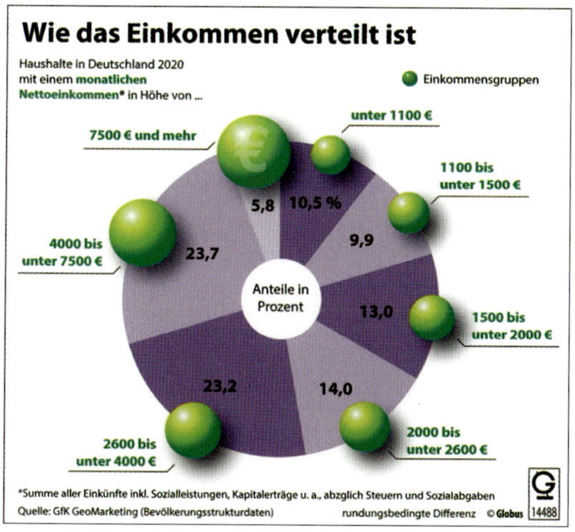

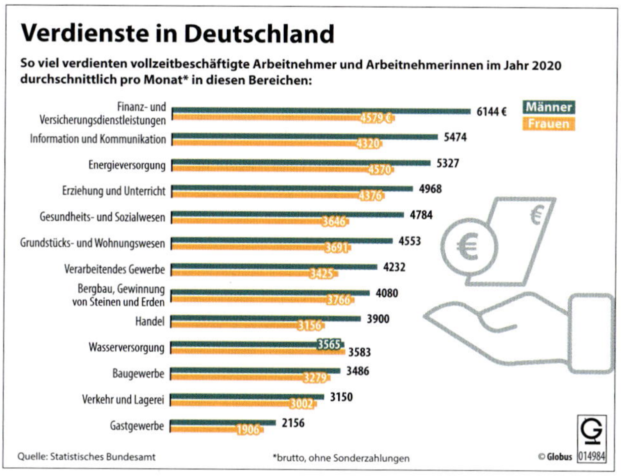

Sekundärverteilung

Im Rahmen der Sekundärverteilung, also der Korrektur der Primärverteilung, stehen dem Staat viele Möglichkeiten zur Verfügung. Besonders hervorzuheben sind folgende:

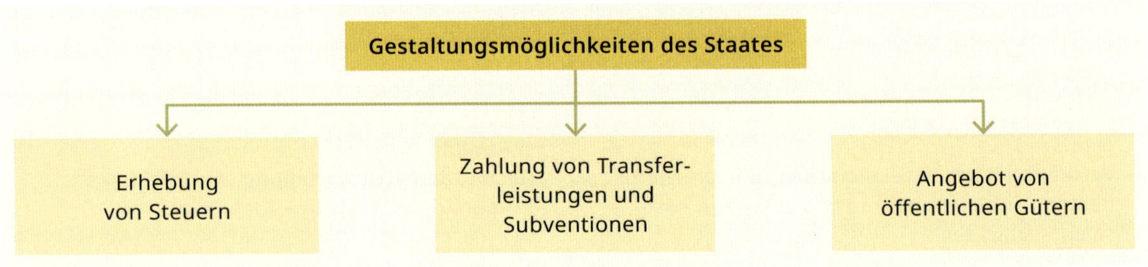

Durch die Zahlung von **Transferleistungen und Subventionen** erfolgt eine Umverteilung des Primäreinkommens an Haushalte bzw. Unternehmen. Ihnen stehen keine speziellen Gegenleistungen durch die Leistungsempfänger gegenüber.

Im Ergebnis bleibt die Zahl der Armutsgefährdeten trotz eines langen Aufschwungs und der Einführung des Mindestlohns, von dem ca. ein Fünftel der Beschäftigten betroffen sind, konstant. Ende 2019 waren knapp 7 Mio. Menschen Empfänger von Leistungen der sozialen Mindestsicherung (Hartz IV, Sozialgeld, Sozialhilfe oder Asylbewerberleistungen). Hinzu kommt, dass im Jahr 2019 auch 8 % der Erwerbstätigen armutsgefährdet waren, weil sie von der Arbeit allein nicht leben konnten. In der Gesamtbevölkerung gelten knapp 16 % (ein Sechstel) als armutsgefährdet (Einkommen von unter 1.074,00 € netto im Monat pro Person), unter ihnen besonders Menschen ohne Schulabschluss, mit vielen Kindern (30,9 %), Alleinerziehende (42,7 %) oder Ausländer (35,2 %).[1]

Transferleistungen

- Kindergeld
- Wohngeld
- ALG II (Hartz IV)
- BAföG

Subventionen

- Kohlesubvention
- Zinsverbilligung (z. B. für Energieeinsparungen)
- Steuerermäßigung
- Finanzhilfen (z. B. für Forschungsvorhaben)

Transferzahlungen sind eine **direkte Umverteilung** zugunsten der privaten Haushalte.

Subventionen werden eingesetzt, um die **Preise für Güter und Dienstleistungen** zu senken.

Der Staat bietet durch **öffentliche Güterangebote** die kostenlose Nutzung von Gütern und Dienstleistungen (z. B. Schule, Hochschule) an bzw. stellt einkommensschwächeren Personenkreisen eine kostengünstigere Nutzung (z. B. Eintrittsermäßigung für Schüler, Studenten, Rentner) zur Verfügung.

Der Staat unterstützt des Weiteren die **Vermögensbildung** für breite Schichten der Bevölkerung.

Vermögensbildung

- staatliche Sparförderung
- Steuerfreibeträge bei Einkünften aus Kapitalvermögen
- steuerlicher Abzug von Vorsorgeaufwendungen

1 Quelle: Vgl. Schäfer, Christoph: Die Armut will nicht weichen. In: Frankfurter Allgemeine Zeitung, 21.06.2021, S. 26.

8 Umweltökonomische Gesamtrechnungen

Die Natur stellt für wirtschaftliche Nutzungen vielfältige Leistungen zur Verfügung.

Natur

liefert
- Energie
- Rohstoffe
- Wirtschaftsstandorte

dient
- als Aufnahmebecken für Schadstoffe und Abfälle

aber:
Ihr Leistungspotenzial ist nicht unendlich.

Die Natur ist ein Produktionsfaktor, der durch Inanspruchnahme vermindert, schlimmstenfalls zerstört wird.

Die statistische Erfassung von Veränderungen im „Vermögen Natur" durch wirtschaftliches Handeln ist Ziel der **Umweltökonomischen Gesamtrechnungen (UGR).** Entsprechend den Volkswirtschaftlichen Gesamtrechnungen, in denen für produzierende Vermögensgegenstände Abschreibungen kalkuliert werden, die die Wertminderung erfassen, werden in der UGR die Daten für die Berechnung der **Abschreibung auf das Naturvermögen** ermittelt.

! Die UGR zeigen, welche natürlichen Ressourcen durch die wirtschaftlichen Aktivitäten (Produktion/Konsum) einer Periode beansprucht, verbraucht, entwertet oder zerstört werden.

Module der deutschen Umweltökonomischen Gesamtrechnungen

Belastung	Zustand	Maßnahmen
Material-/Energieflussrechnungen (Physische Materialströme) » Gesamtwirtschaftliches Materialkonto » Rohstoffrechnung nach Branchen » Energieflussrechnungen nach Branchen » Primärmaterial nach Branchen » Emissionsrechnungen nach Branchen » Wassergesamtrechnungen nach Branchen » Physische Input-Output Tabellen	**Umweltzustand** (Quantitative und qualitative Bestandsveränderungen des Naturvermögens in physischen Einheiten) » Siedlungsfläche nach Branchen » Wälder und deren Zustand » landwirtschaftliche Nutzfläche	**Umweltschutzmaßnahmen** (Umweltbezogene monetäre Ströme und Bestände) » Umweltschutzausgaben » Umweltsteuern

Sektorale Berichtsmodule

» Verkehr und Umwelt
» Landwirtschaft und Umwelt
» Waldgesamtrechnungen
» Private Haushalte und Umwelt

Für die UGR gilt eine **nachhaltige Entwicklung** (Sustainable Development) als Leitbild, also der langfristige Erhalt von Naturpotenzialen, sodass die Lebensgrundlagen für zukünftige Generationen erhalten bleiben.

Ziel der UGR und ihrer Module ist es, mithilfe von Modellrechnungen einen **Entwicklungspfad** in Richtung **Nachhaltiges Wirtschaften** zu skizzieren. Das **Ökosozialprodukt** als die amtliche statistische Zahl wird es allerdings nicht geben.

Das Konzept soll vielmehr Antworten auf wirtschaftliche und umweltpolitische Fragen und die **Wechselwirkungen von Wirtschaft und Umwelt** geben. Insbesondere soll aufgezeigt werden:

- wie sich der Einsatz von Rohstoffen, Energie und Bodenflächen in den Sektoren der Wirtschaft zeitlich verändert,
- welche Stoffe an die Umwelt abgegeben werden (CO_2, NO_x, SO_2, ...)
- die qualitative Veränderung des Umweltzustandes,
- die aktuelle Belastung (Kosten) der Wirtschaft für tatsächlich durchgeführte Umweltschutzmaßnahmen,
- die Schätzung von Vermeidungskosten für zusätzliche präventive Umweltmaßnahmen,
- die Nachhaltigkeit des Wirtschaftens.

Ein Beispiel für nachhaltige Entwicklung im Tourismus sind die Leitlinien der TUI GROUP:

Unsere Reise

Die komplette Urlaubsreise steht bei uns im Zeichen der Nachhaltigkeit

- Nachhaltige Urlaubsreisen entwickeln
- Sicherstellen, dass die Menschen vor Ort vom Tourismus profitieren
- Nachhaltige Ausflugsprogramme entwickeln
- Mit Destinationen nachhaltiges Tourismusmanagement umsetzen
- Mitarbeiter zu Botschaftern für nachhaltigen Tourismus machen
- In Qualifizierung und Ausbildung investieren
- Hotels unterstützen, anerkannte Nachhaltigkeitsstandards einzuführen
- Kunden in nachhaltigen Tourismus einbeziehen
- Busflotte umweltfreundlicher gestalten
- Effizienz der Kreuzfahrtschiffe steigern
- Artenvielfalt schützen und für Tierschutz eintreten
- Europas emissionsärmste Flugzeuge betreiben
- Nachhaltige Reiseangebote fördern
- CO_2-Fußabdruck der Reisebüros reduzieren

Quelle: TUI Group: better holidays, better world. Nachhaltigkeitsstrategie 2015–2020.
In: www.tuigroup.com/damfiles/default/tuigroup-15/de/nachhaltigkeit/berichterstattung-downloads/2015/TUI-Group-Better-Holidays-Better-World-strategie_DE-d198521f6f43378e0ad1789d664218e1.pdf [29.10.2021].

222251640

8.1 Produktivität der Naturnutzung

Die **Inanspruchnahme der Umwelt** lässt sich über verschiedene Faktoren messen. Unterschieden werden:

- die **Entnahme von Materialien** aus der Umwelt, wie Energie, Rohstoffe und Wasser,
- **strukturelle Eingriffe** in die Umwelt als Siedlungs- und Verkehrsflächen und
- die **Abgabe von Materialien** an die Umwelt, nämlich Abwässer und Abgase sowie Abfälle.

Setzt man die einzelnen physischen Einheiten zu der wirtschaftlichen Leistung in Bezug, dann lassen sich **Produktivitäten** als ein Indikator für die **Effizienz der Nutzung natürlicher Einsatzfaktoren** errechnen.

Eine Verbesserung der Umweltnutzung liegt dann vor, wenn bei der Produktion gleicher Mengen von Gütern (d. h., bei gleicher wirtschaftlicher Leistung) immer weniger Ressourcen eingesetzt werden.

> **!** **Die Wirtschaftlichkeit des Einsatzes von Umweltressourcen wird mit deren Produktivität gemessen.**

Umfang und Effizienz der Umweltnutzung

Die Umwelt wird in vielfältiger Weise durch Produktions- und Konsumaktivitäten in Anspruch genommen. Bei diesen Aktivitäten werden Materialien als Rohstoffe aus der Natur entnommen, die Fläche dient als Standort für wirtschaftliche Aktivitäten und bei der Abgabe von Rest- und Schadstoffen wird die Natur als Senke genutzt, das heißt sie nimmt Stoffe auf. Die UGR beschreiben diese Zusammenhänge durch entsprechende Daten, um eine Grundlage für eine handlungsorientierte auf das Prinzip der Nachhaltigkeit ausgerichtete Umweltpolitik zu liefern. [...]

Produktivität Intensität – Indikatoren für die Effizenz der Faktornutzung

Die Produktivität eines Einsatzfaktors gibt an, wie viel wirtschaftliche Leistung mit der Nutzung einer Einheit dieses Faktors produziert wird.

$$\text{Produktivität} = \frac{\text{Bruttoinlandsprodukt}}{\text{Einsatzfaktor}}$$

Die Produktivität drückt aus, wie effizient eine Volkswirtschaft mit dem Einsatz von Arbeit, Kapital und Umwelt umgeht. So steigt z. B. bei einer Zunahme des Bruttoinlandsproduktes und gleichbleibender Nutzung eines Einsatzfaktors dessen Produktivität. Direkt untereinander vergleichbar sind diese Faktoren wegen ihrer unterschiedlichen Beschaffenheit und Funktionen nicht. Die Beobachtung ihrer Entwicklung über längere Zeiträume kann aber darüber Auskunft geben, wie sich das Verhältnis dieser Faktoren verändert.

Weiterhin ist zu beachten, dass bei der Berechnung von Produktivitäten der gesamte Ertrag der wirtschaftlichen Tätigkeit ausschließlich auf den jeweiligen Produktionsfaktor bezogen wird, obwohl das Produkt aus dem Zusammenwirken sämtlicher Produktionsfaktoren entsteht. Die ermittelten Produktivitäten können deshalb nur als grobe Orientierungshilfen dienen. [...]

Quelle: Statistisches Bundesamt: Umweltnutzung und Wirtschaft – Bericht zu den Umweltökonomischen Gesamtrechnungen 2014, 11.12.2014. In: www.destatis.de/DE/Themen/Gesellschaft-Umwelt/Umwelt/Publikationen/Umweltnutzung-Wirtschaft/umweltnutzung-und-wirtschaft-bericht-5850001147004.pdf;jsessionid=0C137805899FE5BF3E8A9CCBD2D5DDA0.live741?__blob=publicationFile [29.10.2021], S. 24 f.

8.2 Umweltschutzmaßnahmen und umweltbezogene Steuern

Umweltschutzmaßnahmen sind solche, die die **Beeinträchtigung der Natur vermeiden, verringern bzw. beseitigen** sollen. Die nachstehenden Zahlen beschreiben in erster Linie die Kosten von Umweltschutzmaßnahmen.

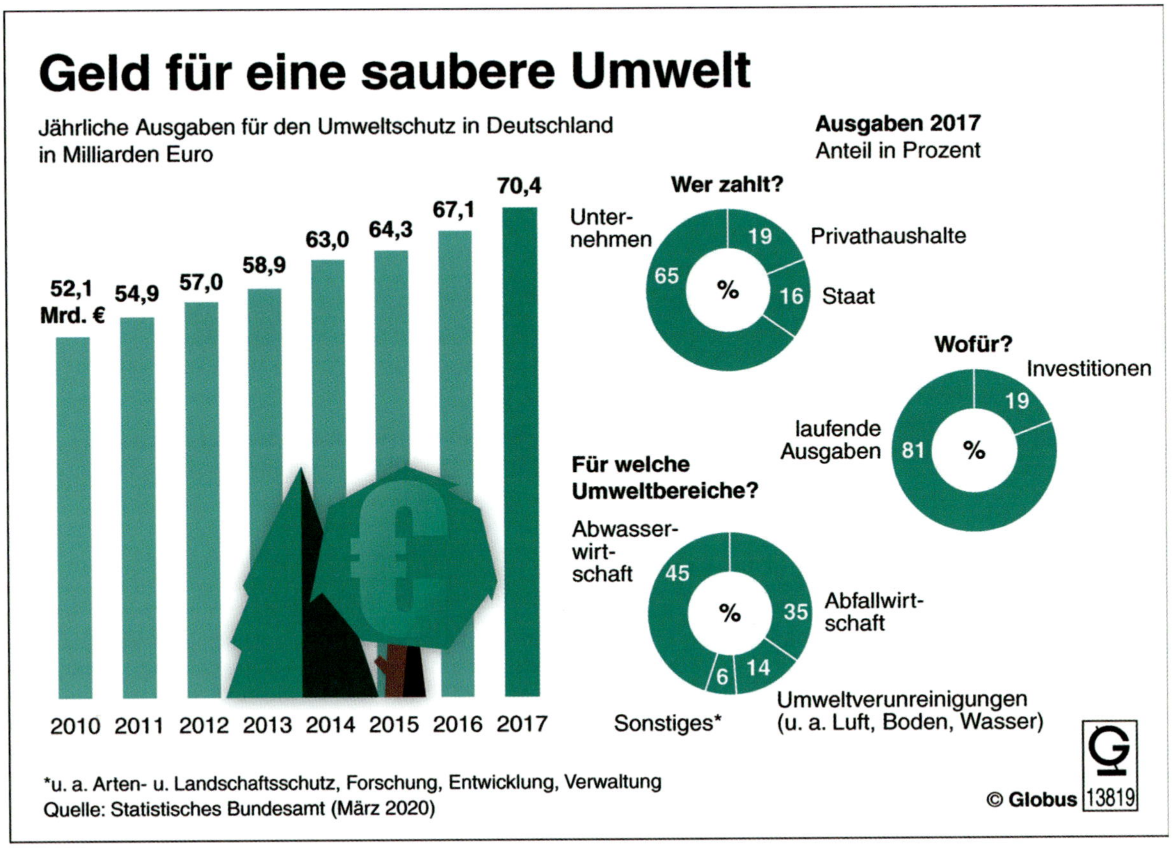

Die **Umweltschutzausgaben** setzen sich aus den entsprechenden Investitionen und laufenden Kosten zusammen. Größte Ausgabenposten sind die Abwasserwirtschaft mit 31,1 Mrd. €, die Abfallwirtschaft mit 27 Mrd. € und die Beseitigung von Umweltbelastungen mit 10 Mrd. € (Klimaschutz, Sanierungen, Lärm- und Strahlenschutz).

So subventioniert der Staat die Anschaffung und den Betrieb von umweltschonenden Energiegewinnungsanlagen und die umweltschonende Mobilität von Verbrauchern.

Subventioniert werden u. a.:

- Solarenergie
- Windernergie
- Wärmerückgewinnung
- Wärmedämmung von Gebäuden

Als Ausgleich erhebt der Staat **umweltbezogene Steuern und Gebühren** (z. B. für Abwasser, Abfall). Sie sind von besonderem Interesse für den Einsatz in der Umweltpolitik.

222251642

Die „Ökosteuern“ und „Ökoabgaben“ haben als **marktwirtschaftliche Instrumente eine Lenkungsaufgabe,** mit der der Kauf bestimmter Produkte oder Verhaltensweisen belohnt bzw. „bestraft“ wird. Sie dienen letztlich dem Ziel, Energieeffizienz zu erreichen.

Umweltbezogene Steuern

Besteuerungsgrundlage für umweltbezogene Steuern ist eine physische Einheit, die nachweislich spezifische negative Auswirkungen auf die Umwelt hat. Konkret fallen darunter:

- Emissionen (verunreinigte Luft, Abwasser, Abfall, Lärm),
- Energieerzeugnisse,
- Dünge- und Pflanzenschutzmittel und
- Verkehr.

Dabei wird nach dem **Verursacherprinzip** verfahren, d. h., wer mehr verunreinigt (Menge, Zeitraum, Intensität), zahlt auch mehr.

Für die Bundesrepublik Deutschland sind u. a. die Energiesteuer, die Stromsteuer und die Kraftfahrzeugsteuer umweltbezogene Steuern und wichtige Steuereinnahmequellen.

Umweltbezogene Steuern

	2019 Milliarden Euro	2020 Milliarden Euro
Umweltbezogene Steuern	60,7	57,1
Energiesteuer	40,7	37,6
Stromsteuer	6,7	6,6
Emissionsberechtigungen	2,8	3,1
Kraftfahrzeugsteuer	9,4	9,5
Luftverkehrsteuer	1,2	0,3
[...]	[...]	[...]

Quelle: Statistisches Bundesamt: 57,1 Milliarden Euro Einnahmen aus umweltbezogenen Steuern im Jahr 2020 – 3,6 Milliarden Euro Rückgang gegenüber dem Vorjahr. In: www.destatis.de/DE/Themen/Gesellschaft-Umwelt/Umwelt/UGR/steuern-weitere-abgaben/umweltbezogene-steuereinnahmen.html [28.10.2021].

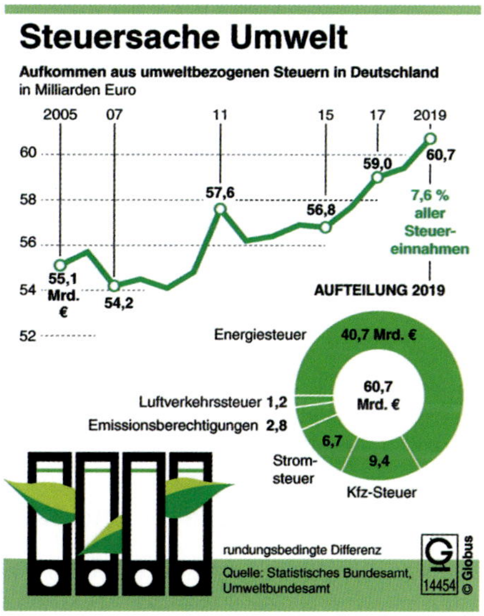

8.3 Umweltpolitik

Im **Grundgesetz Artikel 20a** ist das wirtschaftspolitische und sozialpolitische Ziel verankert, die Umwelt lebenswert zu erhalten und zu verbessern.

§ „Der Staat schützt auch in Verantwortung für die künftigen Generationen die natürlichen Lebensgrundlagen im Rahmen der verfassungsmäßigen Ordnung durch die Gesetzgebung und nach Maßgabe von Gesetzen und Recht durch die vollziehende Gewalt und die Rechtsprechung.“

Ohne Rücksichtnahme auf die Natur führen die Faktoren der Umweltbelastungen zu einer Zerstörung der natürlichen Lebensgrundlagen.

Die Ursachen der Umweltbelastungen	Die Ziele der Umweltpolitik
» die zunehmende Industrialisierung » die stetig wachsende Weltbevölkerung » die Intensivierung der Landwirtschaft	» Folgen von Umweltverschmutzungen beseitigen » Nachhaltiges Wirtschaften

! **Demnach hat Umweltpolitik vor allem vier Aufgaben:**

1. **Menschen eine menschenwürdige Umwelt sichern.**
2. **Die Umweltindikatoren Klima, Luft, Boden, Wasser, Energie und Rohstoffe sichern.**
3. **Pflanzen- und Tierwelt schützen.**
4. **Schäden aus menschlichen Umwelteingriffen beseitigen.**

Die **Umweltauswirkungen des Tourismus** sind vielfältig. Urlaubsreisen verursachen z. B. Treibhausgasemissionen und tragen zur Klimaveränderung bei. Im Schnitt entstehen etwa drei Viertel der Emissionen einer Urlaubsreise durch den Kraftstoffverbrauch der An- und Abreise. Besonders klimaschädlich sind dabei das Flugzeug und das Auto – deutlich klimaschonender sind Reisebus oder Bahn. Rund ein Fünftel der Treibhausgasemissionen entstehen durch den Energieverbrauch der Unterkunft. Der Rest entfällt auf die Aktivitäten vor Ort.

Sind diese Emissionen unvermeidbar, können die Klimaauswirkungen durch eine Spende an ein Klimaprojekt ausgeglichen werden. Weisen Sie Ihre Kunden auf die verschiedenen Kompensationsdienstleister wie z. B. **Atmosfair.de, Myclimate.org** sowie **Goclimate.de** hin. Die Reisenden können hier Ihre verursachten Treibhausgase und die entsprechenden Ausgleichszahlungen für Klimaprojekte berechnen. Oft kann diese Zahlung als Spende von der Steuer abgesetzt werden.

Umweltpolitik ist keine nationale Aufgabe, sondern kann nur mit gemeinsamen Bestrebungen von Staatengemeinschaften zum Ziel führen.

Um die internationalen Verhandlungen voranzubringen, haben die Staats- und Regierungschefs der EU beschlossen, dass die Mitgliedsstaaten ihre Treibhausgasemissionen bis zum Jahr 2030 um mindestens 55 % im Vergleich zu 1990 reduzieren werden.

Umweltpolitik kann auch ein **Instrument zur Friedenssicherung** sein. Insbesondere in Entwicklungs- oder Schwellenländern kommt es immer wieder zu extremen Gewaltausbrüchen, die u. a. auf Umweltveränderungen und dadurch bedingte Ressourcenverknappung zurückzuführen sind.

Politik und Wissenschaft konzentrieren sich daher verstärkt auf diese neuen Bedrohungsszenarien, die von der Zerstörung der natürlichen Lebensräume herrühren.

Zunehmend in den Fokus geraten auch Entwicklungen, die mit dem Schlagwort „Overtourism" erfasst werden.
Zunehmend werden vor allem Städteziele wie Barcelona, Venedig, Dubrovnik oder Palma de Mallorca an manchen Tagen von Besuchermassen gestürmt, die z. B. durch die Anlandung von bis zu fünf Kreuzfahrtschiffen in die Stadt strömen, Straßen und Sehenswürdigkeiten verstopfen, viel verschmutzen, aber i. d. R. wenig Geld da lassen, weil sie auf den Schiffen verköstigt werden.

Auch andere Gebiete wie z. B. Oberstdorf, Sylt oder einige Alpendestinationen werden durch die Vermietung von Ferienwohnungen, -häusern oder Zimmern durch das Vordringen von Unterkunftplattformen wie Airbnb usw. häufig als Wohngebiete für Einheimische bzw. Beschäftigte unerschwinglich, und, wie bei Großstädten (wie München, Stuttgart, Frankfurt usw.) verstärken die Verdrängung ins Umland und damit auch Pendlerströme mit entsprechenden Umweltbelastungen.

Instrumente der Umweltpolitik

Ordnungspolitische Instrumente	Fiskalische Instrumente
» Ge- und Verbote (z. B. Auflagen) » Umweltverträglichkeitsprüfung (z. B. Chemikalien) » Herstellerrücknahmegarantie (z. B. Kfz) » Umweltauflagen (z. B. Baugenehmigung)	» Steuern (z. B. Ökosteuer) » Subventionen (z. B. für Solaranlagen) » Umweltabgaben (z. B. auf Abwasser)

An den fachlichen Bewertungen der **Umweltindikatoren** können die aktuelle Umweltpolitik und deren ordnungspolitischen und fiskalischen Instrumente ausgerichtet werden. Umweltverträgliche Verhaltensweisen und Schäden aus Umwelteingriffen werden mit ökonomischem Druck und positiven Anreizen durch den Staat reguliert.

Situationsaufgabe

Situation:

Als ein Ergebnis des Klimagipfels 2021 in Glasgow wurde auch die Verantwortung des Tourismus thematisiert. Man wolle bzw. müsse eine Tourismusform finden, die langfristig ökologisch tragbar, wirtschaftlich machbar sowie ethisch und sozial gerecht für ortsansässige Gemeinschaften sein soll (nachhaltiger Tourismus). Diskutieren Sie (in der Klasse, Gruppe) oder überlegen Sie (auch mithilfe der Stichworte in der Aufgabe), was auch in Ihrem Bereich geschieht oder verändert werden kann/soll.

Aufgabe:

„Umweltpolitik ist aktive Tourismuspolitik." Belegen Sie die Aussage anhand folgender Beispiele:
- Küstenschutz
- Aufforstung des Regenwaldes
- Emissionsreduzierung
- Errichtung von Naturschutzgebieten
- geführte Wanderungen
- Versorgung der Gäste mit heimischen Produkten

Aufgaben

1_ Welches Ziel verfolgen die Umweltökonomischen Gesamtrechnungen (UGR)?

2_ Was verstehen Sie unter „Abschreibung auf das Naturvermögen"?

3_ Inwieweit ist der Tourismus Ursache solcher Abschreibungen? Begründen Sie Ihre Antwort anhand von Beispielen. Warum muss „Sustainable Development" Leitbild für die UGR und den Tourismus sein?

4_ Interpretieren Sie die Abbildung „Module der Umweltökonomischen Gesamtrechnungen" (→ Seite 639 unten).
a) Mit welchen Themenbereichen der Abbildung korrespondiert die Touriswirtschaft?
b) Geben Sie Beispiele zu den einzelnen Themenbereichen an.

5_ Inwieweit kann der sanfte Tourismus bzw. ein nachhaltiger Tourismus die UGR positiv beeinflussen?

9 Geldpolitik der Europäischen Zentralbank

Neben den Maßnahmen durch den Staat (Fiskalpolitik) hat die Europäische Zentralbank mit ihrer Geldpolitik eine wichtige Funktion bei der Steuerung des Konjunkturverlaufs.

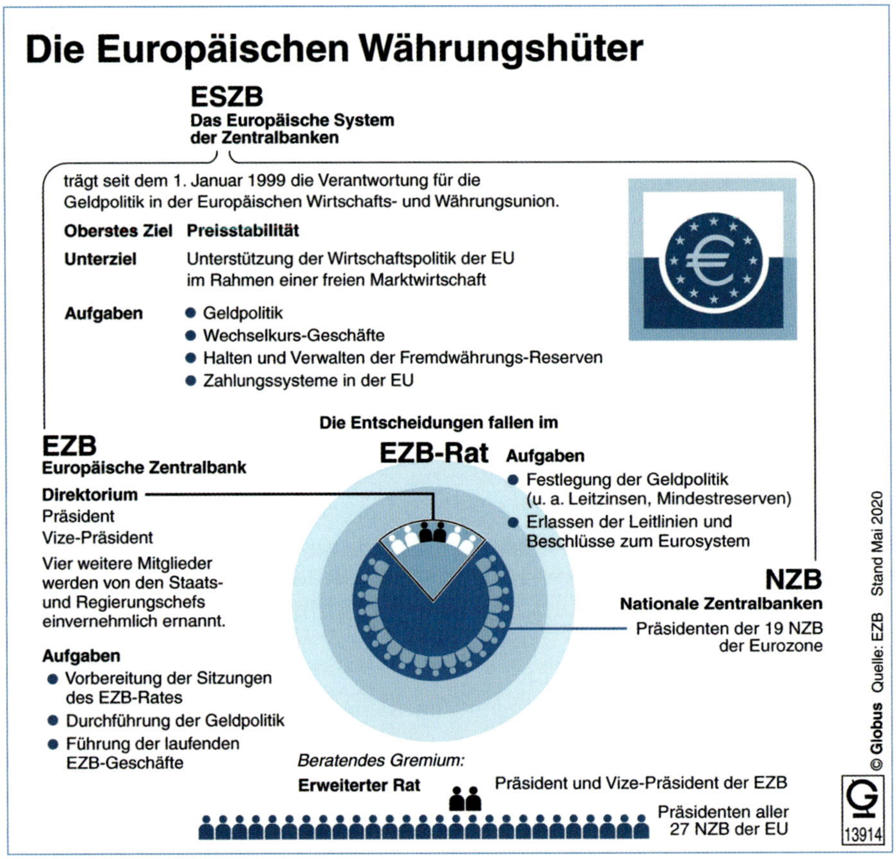

Als **Nationale Zentralbank (NZB)** wird die Zentralbank eines einzelnen Staates bezeichnet. Die deutsche Zentralbank ist die **Deutsche Bundesbank.**

Die NZBen aller EU-Mitgliedstaaten bilden gemeinsam mit der **Europäischen Zentralbank (EZB) das Europäische System der Zentralbanken (ESZB).** Zu dem ESZB gehören somit auch die Zentralbanken der EU-Länder, die den Euro noch nicht eingeführt haben.

Die NZBen der Mitgliedsstaaten, die den Euro bereits eingeführt haben, bilden dagegen mit der EZB das **Eurosystem.**

Oberstes Entscheidungsorgan des Eurosystems ist der **EZB-Rat.** Er entscheidet über die Geldpolitik im Euroraum.

Die **Hauptaufgabe des Eurosystems** ist die **Sicherung der Preisstabilität.** Von Preisstabilität wird gesprochen, wenn die Verbraucherpreise für das Euro-Währungsgebiet nicht mehr als 2 % gegenüber den Preisen im Vorjahr steigen. Neben der Bekämpfung der Inflation ist es auch erklärtes Ziel der EZB, eine Deflation, also ein sinkendes Preisniveau, zu verhindern. Natürlich kann das Eurosystem nicht direkt Einfluss auf die Preise nehmen. Vielmehr versucht es, mit verschiedenen geldpolitischen Instrumenten die Geldmenge im Bankensystem zu steuern und die Preise dadurch indirekt zu beeinflussen.

Weitere Aufgaben des Eurosystems:

» Die Geldpolitik des Eurowährungsgebiets festlegen und ausführen,
» Devisengeschäfte durchführen,
» die offiziellen Währungsreserven der Euro-Mitgliederstaaten halten und verwalten und
» das reibungslose Funktionieren der Zahlungssysteme fördern.

Für eine erfolgreiche stabilitätsorientierte Geldpolitik muss das Eurosystem bei der Ausübung seiner Aufgaben unabhängig von den Weisungen der Regierungen der Mitgliedsstaaten sein. Weil die Gefahr der Einflussnahme groß ist, ist das Eurosystem personell, institutionell, funktionell und finanziell unabhängig.

Geldpolitische Instrumente

! Wirtschaftspolitische Maßnahmen, die die Zentralbank ergreift, um ihre Ziele zu verfolgen, werden zusammenfassend als Geldpolitik bezeichnet. Die Steuermechanismen werden geldpolitische Instrumente genannt.

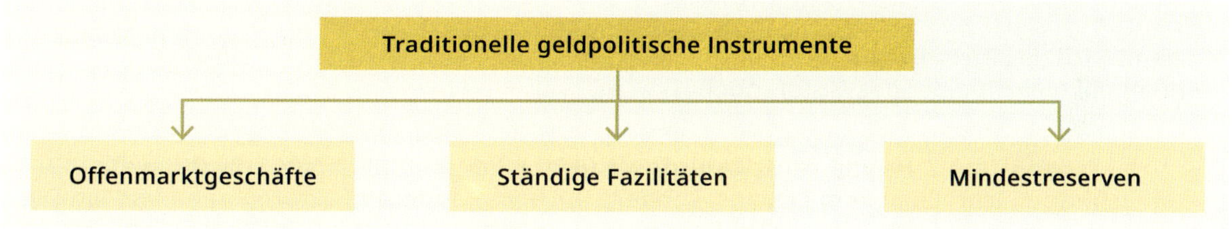

Offenmarktgeschäfte

Die Offenmarktgeschäfte bilden den Schwerpunkt der Geldpolitik. Sie bestehen darin, dass die EZB den Geschäftsbanken Kredite mit einer Laufzeit von einer Woche (**Hauptrefinanzierungsgeschäfte**) oder drei Monaten (**langfristige Refinanzierungsgeschäfte**) zur Verfügung stellen.

Durch die Kreditvergabe wird den Geschäftsbanken Liquidität bereitgestellt und durch die Kreditrückzahlung wird ihnen Liquidität entzogen.

Der Zinssatz, zu dem die Liquiditätsbereitstellung erfolgt, wird von der EZB festgelegt. Er wird Leitzins genannt, da sich die Geschäftsbanken wiederum bei ihrer Kreditvergabe an ihm orientieren.

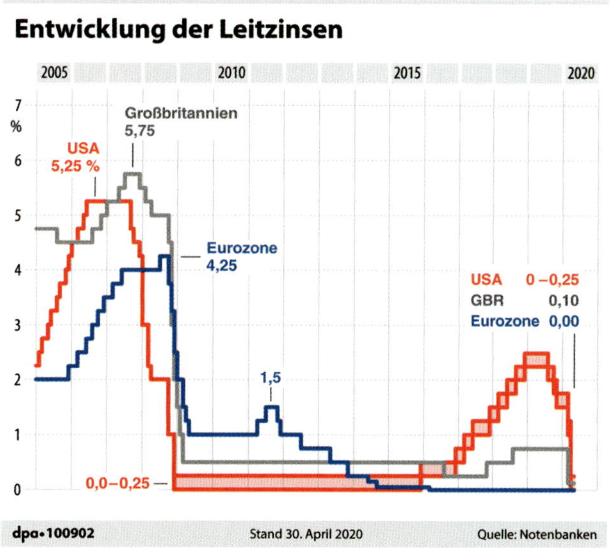

Weitere Instrumente der Offenmarktpolitik der EZB sind **Feinsteuerungs- und strukturelle Operationen.** Diese unregelmäßigen Geschäfte werden z. B. durch Ausgabe von Schuldverschreibungen und durch Hereinnahme von Termingeld durchgeführt.

Offenmarktgeschäfte wirken sich somit auf die Geldmenge im Bankensektor und die Kosten für Kredite in der Euro-Zone aus.

Durch eine **Leitzinssenkung** der EZB wird dem Bankensektor Zentralbankgeld zugeführt. Es wird für die Geschäftsbanken billiger, sich bei der EZB Geld zu leihen. Damit steht den Geschäftsbanken mehr Geld für ihr eigenes Kreditgeschäft zur Verfügung. Kredite für Unternehmen und Privatpersonen werden billiger. Die Kreditpreise wirken sich wiederum auf die Investitionen und den Konsum aus. Werden die Kredite billiger, sinken auch die Zinsen für Guthaben. Sparen wird weniger attraktiv und die Nachfrage nach Konsum- und Investitionsgüter steigt. Wird das Güterangebot dann nicht ausgeweitet, steigen die Preise.

Eine **Leitzinserhöhung** der EZB wirkt genau in die entgegengesetzte Richtung.

Wirkmechanismus der Leitzinsänderungen durch die EZB		
Wenn der Leitzins ...	sinkt	steigt
... dann wird die Refinanzierung der Geschäftsbanken	billiger	teurer
... dann werden die Kreditzinsen für Bankkunden	sinken	steigen
... dann wird die Kreditnachfrage der Nichtbanken	steigen	sinken
... dann wird die Nachfrage nach Investitions- und Konsumgüter	steigen	sinken
... dann wird das Preisniveau (Annahme: gleichbleibendes Güterangebot)	steigen	sinken

Was hier vereinfacht dargestellt wird, ist in Wirklichkeit etwas komplizierter, weil die Geld- und Kreditnachfrage nicht allein vom Leitzins, sondern auch von anderen Faktoren abhängig ist. Die Erwartungen von Unternehmen und Verbrauchern an die Zukunft haben ebenfalls großen Einfluss auf das Konsum- oder Kreditverhalten. So ist z. B. ein Arbeitnehmer mit sicherem Arbeitsplatz eher bereit, einen Kredit aufzunehmen oder eine größere Anschaffung zu tätigen, als ein Arbeitnehmer mit unsicherem Arbeitsplatz.

Ständige Fazilitäten

Fazilität (von lat. facilitas – Leichtigkeit) beschreibt allgemein die Möglichkeit, innerhalb festgelegter Grenzen kurzfristig und problemlos Kredite in Anspruch zu nehmen oder Guthaben anzulegen.

Wenn die einzelnen Geschäftsbanken bei der EZB aus eigener Initiative Geld für einen Geschäftstag gegen bestimmte Sicherheiten, z. B. Wertpapiere, zu einem vorgegebenen Zinssatz aufnehmen, spricht man von **Spitzenrefinanzierungsfazilitäten.** Wenn die Geschäftsbanken dagegen überschüssige Guthaben bei der EZB gegen Zins anlegen, spricht man von **Einlagefazilitäten.**

Die Spitzenrefinanzierungsfazilität dient der Deckung des kurzfristigen Liquiditätsbedarfs der Geschäftsbanken. Durch ihre Inanspruchnahme wird die Liquidität im Bankensystem erhöht. Das Ziel ist, einen Ausbruch des Tagesgeldsatzes nach oben zu verhindern.

Die Einlagenfazilitäten dienen den Geschäftsbanken dazu, überschüssige Liquidität für einen Tag anzulegen und dafür Zinsen zu erhalten. Durch ihre Inanspruchnahme wird die Liquidität im Bankensystem gesenkt. Das Ziel ist, einen Ausbruch des Tagesgeldsatzes nach unten zu verhindern.

Da beide Möglichkeiten dauerhaft und in unbegrenztem Volumen zur Verfügung stehen, spricht man zusammenfassend von **ständigen Fazilitäten.**

Mindestreserve

Privatleute und Unternehmen unterhalten bei den Geschäftsbanken Konten (z. B. Girokonto, Sparkonto). Die Guthaben auf diesen Konten sind entweder täglich (**Sichteinlagen**) oder zu einem bestimmten Zeitpunkt (**Termineinlagen**) für die Kunden verfügbar. Das bedeutet, dass die Geschäftsbanken nicht die kompletten Guthaben für ihre Kreditgeschäfte verwenden können. Sie müssen immer damit rechnen, dass ein Teil dieser Guthaben wieder abgehoben wird. Um das zu gewährleisten, sind sie dazu verpflichtet, einen bestimmten Anteil an diesen Guthaben bei den NZBen als Mindestreserve zu hinterlegen.

Der **Mindestreservesatz** ist variabel und wird von der EZB festgelegt. Da die zu unterhaltenden Pflichtguthaben bei den NZBen die Liquidität der Geschäftsbanken bestimmen, nimmt die EZB somit über die Höhe des Mindestreservesatzes Einfluss auf den Geldumlauf und die Kreditgewährung.

! **Werden die geldpolitischen Instrumente der EZB zur Erweiterung der Liquiditätsspielräume der Geschäftspartner genutzt, spricht man von expansiver Geldpolitik, wird das Gegenteil beabsichtigt, von kontraktiver Geldpolitik.**

Die Geldpolitik der EZB nimmt also indirekt Einfluss darauf, wie teuer ein Urlaub wird, welche touristische Leistung mit einer bestimmten Menge Geld bezahlt werden kann, oder sie nimmt Einfluss auf Kreditvergaben und Gewinne der veranstaltereigenen Kreditinstitute.

Geldpolitische Sondermaßnahmen und Krisenreaktion[1]

- **Geldpolitische Outright-Geschäfte (OMT):** Anpassungsprogramm für den Europäischen Stabilitätsmechanismus (ESM) – wurde jedoch nicht genutzt
- **Forward Guidance:** Beurteilung der aktuellen wirtschaftlichen Bedingungen und Risiken für die Preisstabilität und deren Bedeutung für die Ausrichtung der Geldpolitik
- **Längerfristige Refinanzierungsgeschäfte:** Verbesserung der Kreditvergabe durch die Banken an Kreditinstitute durch Senkung der Zinssätze, derzeit durch zusätzliche längerfristige Pandemie-Notfallrefinanzierungsgeschäfte
- **Programme zum Ankauf von Vermögenswerten** aus dem Unternehmenssektor in Höhe von monatlich 20 Mrd. € zur Stützung des Wachstums im Währungsgebiet und zur Verwirklichung des Ziels der Inflationsrate von 2 %
- Als **Reaktion auf die Corona-Pandemie** wurde der Ankauf von Vermögenswerten auf jetzt 1,85 Billionen € aufgestockt und bis 2022 verlängert.

---

1 Quelle: Vgl. Rakić, Dražen: Europäische Geldpolitik, Mai 2021. In: www.europarl.europa.eu/factsheets/de/sheet/86/europaische-geldpolitik [26.10.2021].

Situationsaufgabe

Situation:

Die Europäische Zentralbank ist laut Gesetz und Statut gegenüber den Regierungen unabhängig.

Aufgaben:

1_ Welche Gründe sind dafür ausschlaggebend?

2_ Zeichnen Sie die Politik der EZB ab dem Jahr 2008 (Finanzkrise) bis heute (Corona-Krise) nach und erläutern Sie, wie diese Politik begründet wurde.

Aufgaben

1_ Welche Wirkung haben Offenmarktgeschäfte auf die Zinsen und den Konsum?

2_ Was verstehen Sie unter expansiver und kontraktiver Geldpolitik?

3_ Welche Vorteile bieten die ständigen Fazilitäten den Geschäftsbanken?

4_ Warum ist ein stabiles Preisniveau wichtig für die Tourismuswirtschaft?

5_ Inwiefern bzw. unter welchen Bedingungen kann die Politik der EZB Ihr Unternehmen beeinflussen?

10 Qualitätsmanagement

Eine Grundlage des wirtschaftlichen Erfolgs eines Reisebüros sind loyale Kunden. Je höher die Zufriedenheit der Kunden mit den Leistungen des Reisebüros, desto größer ihre Loyalität. Zur Sicherung und Verbesserung der Kundenzufriedenheit setzen Reisebüros und Reiseveranstalter verstärkt ein aktives Qualitätsmanagement in ihren Unternehmen ein.

10.1 Qualität

Nach der ISO-Norm 9000:2015-11 (→ Kapitel 10.5) ist Qualität das Maß, in welchem ein Produkt (Ware/Dienstleistung) den bestehenden Anforderungen entspricht.

! Die Qualität drückt die Wertigkeit eines Produktes aus.

Im Fall einer Reisevermittlungsleistung (= Dienstleistung) stellt jeder Kunde individuelle Anforderungen an die Vermittlung und beurteilt die Qualität anhand der Erfüllung dieser Anforderungen. Aus Sicht eines Kunden kann die Qualität eines Reisebüros an unterschiedlichen Stellen wahrgenommen werden.

Die Einrichtung, Sicherung und Verbesserung der Qualität, das sog. Qualitätsmanagement, betrifft jeden Bereich des Unternehmens.

Kriterien zur Qualitätsbeurteilung eines Reisebüros aus Kundensicht

» Ausstattung des Reisebüros.
» Erscheinungsbild des Büros und des Personals.
» Freundlichkeit des Personals.
» Übereinstimmung der Reise mit Kundenwünschen.
» Fachspezifisches Wissen des Personals.
» Erreichbarkeit und Öffnungszeiten des Büros.
» Sortiment an Reiseveranstaltern.
» Flugzeiten der gebuchten Reise.
» Mahlzeiten während des Fluges und im Hotel.
» Informationen zum Zielgebiet.
» Verfügbarkeit eines Mietwagens im Zielgebiet.
» Erreichbarkeit und Engagement der Reiseleitung.
» Sauberkeit der Hotelzimmer.
» Bearbeitung von Kundenbeschwerden.
» ...

10.2 Dienstleistungsqualität

Im Dienstleistungssektor wird der Qualitätsbegriff untergliedert in **Strukturqualität** und **Prozessqualität.**

Die **Strukturqualität** bezeichnet sämtliche Rahmenbedingungen, die Einfluss auf die Arbeitsprozesse (→ Kapitel 10.3) und damit auf die Prozessqualität haben. Die Strukturqualität stellt die Basis für eine gute Prozessqualität. Einfluss auf die Strukturqualität haben die personelle, räumliche und sachliche Ausstattung.

Personelle Ausstattung	Räumliche Ausstattung	Sachliche Ausstattung
» Anzahl der Mitarbeiter » Zielgebietswissen » Kommunikative Fähigkeiten » Ausbildungsstand » ...	» Lage des Büros » Bauliche Beschaffenheit » Design der Einrichtung » Beschaffenheit der Einrichtung » ...	» Buchungssoftware » Anzahl Computer » Internetverbindung » CRM-Software » ...

Die **Prozessqualität** beschreibt die Eigenschaften aller beratenden und administrativen Tätigkeiten, welche innerhalb des Unternehmens sowie zwischen Unternehmen und Kunden stattfinden. Aus der Struktur- und der Prozessqualität lässt sich schließlich ein Urteil über die Qualität des gesamten Unternehmens ableiten.

Entscheidenden Anteil an der Qualität eines Reisebüros haben insbesondere die innerbetrieblichen Abläufe und damit die Prozessqualität.

10.3 Prozessebenen im Reisebüro

Ein typisches Verkaufsgespräch lässt sich in unterschiedliche kleine, aneinandergereihte Dienstleistungs-Prozesse aufteilen. Diese Prozesse sollten für einen erfolgreichen Abschluss die Kundenbedürfnisse bestmöglich abdecken. Die Qualität jedes einzelnen Prozesses entscheidet darüber, ob sich der Kunde für oder gegen eine Buchung entschließt.

Ein potenzieller Kunde betritt das Reisebüro mit einem mehr oder weniger ausgeprägten Bedürfnis, eine touristische Leistung zu buchen. Bei diesem Bedürfnis kann es sich um ein rein informatives Bedürfnis handeln, wie beispielsweise eine Auskunft zu einem bestimmten Hotel, oder um eine konkrete Buchungsabsicht.

Die durch den Expedienten nun folgende Bedarfsermittlung ist Teil des **Verkaufsprozesses** (LF 4, Kapitel 1.2). Die Qualität des Verkaufsprozesses hängt im entscheidenden Maß von den persönlichen Kompetenzen und kommunikativen Fähigkeiten des beratenden Mitarbeiters ab und hat großen Einfluss auf die Buchungsentscheidung.

Unterstützend kann ein Gesprächsleitfaden in den einzelnen Phasen des Verkaufsgesprächs eingesetzt werden. Ein Leitfaden standardisiert das Gespräch und stellt sicher, dass alle wichtigen Aspekte berücksichtigt werden (➜ LF 4, Kapitel 2).

Die Qualität der **angebotenen Produkte** wird bestimmt durch das individuelle **Sortiment** eines jeden Reisebüros an Reiseveranstaltern und Leistungsträgern. Diese Auswahl sollte sich an der Zielgruppe des Reisebüros orientieren, um den Kunden bedarfsgerechte Leistungsträger anbieten zu können.

Neben der Beratung und dem angebotenen Sortiment beeinflusst auch die **Servicequalität** das Buchungsverhalten des Kunden. Das Anbieten von Zusatzleistungen wie Versicherungen oder Mietwagen und die Erfüllung von Sonderwünschen des Kunden haben beispielsweise Einfluss auf die Servicequalität.

Während eines Beratungsgesprächs ist der Kunde nicht nur in die direkte Kommunikation mit seinem Berater eingebunden, er nimmt auch die Kommunikation zwischen den Mitarbeitern wahr. Die Ausgestaltung des Prozesses der **internen Kommunikation** im Büro kann das Buchungsverhalten des Kunden positiv oder negativ beeinflussen.

Hat der Kunde eine Reise gebucht, ist die Prozesskette des Büros noch nicht beendet. Der Umfang und die Vollständigkeit an Informationen sowie der Zeitpunkt des Empfangs der Reisedokumente bestimmen die Qualität des **Dokumentenversands.**

Sollten nach Dokumentenversand Änderungen der gebuchten Leistungen eintreten, wie beispielsweise eine Baustelle in der Nachbarschaft zum gebuchten Hotel oder eine Flugzeitenänderung, ist ein aktives Handeln des Reisebüros gefragt, um eine hohe **Umsetzungsqualität** zu erreichen. Ebenso betrifft dies die Behebung von Mängeln noch während der Reise.

Nach Beendigung der Reise folgt der Prozess des **Aftersales-Marketings.** Die Qualität dieses Prozesses wird hauptsächlich beeinflusst durch die Art der Kundenbetreuung in Bezug auf das Beschwerdemanagement, sowie die Ermittlung der Kundenzufriedenheit.

Im letzten Prozess erfolgt die **Ergebniskontrolle.** Die aus dem Prozess des Aftersales-Marketings gewonnenen Erkenntnisse müssen ausgewertet werden, um die Qualität der vorangegangenen Prozesse weiter steigern zu können.

Qualitätskreis im Reisebüro

Maßnahmen zur Verbesserung der Prozessqualität können sein:

- » Besuch von Inforeisen für verbesserte Zielgebietskenntnisse
- » Verkaufsschulungen für höhere Abschlussquoten
- » Information über Leistungsträger für bessere Produktkenntnisse
- » Weiterbildung in Marketingmaßnahmen für effektivere Kundenbetreuung und -gewinnung
- » Aufbau eines Customer-Relationship-Managements (CRM) für die individuellere Weiterbetreuung der Kunden.

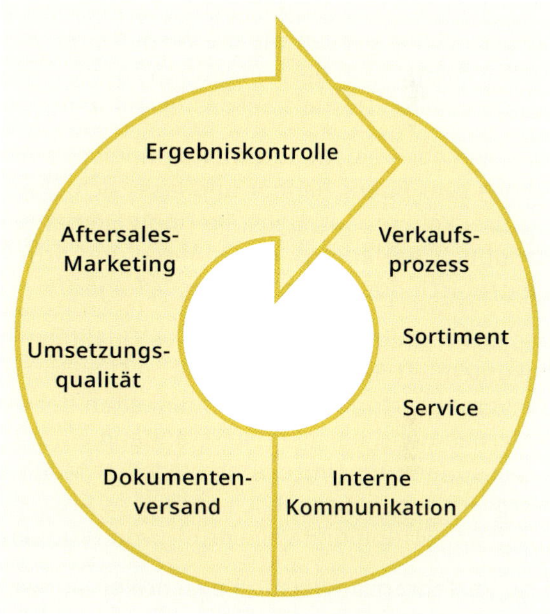

In Anlehnung an: Zollondz, Hans-Dieter: Grundlagen Qualitätsmanagement, 3. Auflage, München: R. Oldenbourg Verlag 2011, S. 259 ff.

Diese Einzelmaßnahmen stellen sinnvolle Instrumente zur Verbesserung der Qualität einzelner Prozesse dar. Beim Qualitätsmanagement muss aber jeder einzelne Prozess im Blick behalten werden; eine geringe Qualität in einem einzelnen Bereich kann bereits zum Kundenverlust führen.

Die Abbildung des Qualitätskreises im Reisebüro veranschaulicht alle beschriebenen Prozessebenen.

10.4 Qualitätsmanagement im Reisebüro

! Als Qualitätsmanagement werden sämtliche aufeinander abgestimmte Tätigkeiten zum Leiten und Lenken einer Organisation bezüglich der Qualität verstanden.

Nach der Qualitätsnorm EN ISO 9001:2008 (➔ Kapitel 10.5) ist hierbei eine konsequente Beachtung aller qualitätsrelevanten Prozesse gefordert. Eine zentrale Anforderung ergibt sich für die jeweilige Unternehmensführung. Sie hat ihre Selbstverpflichtung bezüglich der Entwicklung und Verwirklichung des Qualitätsmanagementsystems nachzuweisen.

Ausgestaltung des Qualitätsmanagements

Bei der Ausgestaltung des Qualitätsmanagements, der Implementierung eines sog. Qualitätsmanagementsystems, steht die Leistungserstellung des Unternehmens im Mittelpunkt. Alle Elemente zur Erbringung einer Leistung sind zu berücksichtigen. Die Kernelemente (Kapital 10.5) sind:

- Prozesse der Leitungstätigkeit,
- Bereitstellung von Ressourcen,
- Produktrealisierung und
- Messung, Analyse und Verbesserung.

Übertragen auf ein Reisebüro bedeutet dies, dass die Unternehmensleitung gezielt in das Qualitätsmanagement einbezogen werden muss. Die entscheidenden Ressourcen des Reisebüros sind seine Mitarbeiter und deren Kenntnisse. Diese müssen ebenso im Qualitätsmanagement berücksichtigt werden wie die Vermittlung und Erstellung eigner Reisen oder Touren (Produktrealisierung). Auch die Kundenbefragung nach erfolgter Reise sowie die Auswertung der Befragungen sollten Bestandteil des Qualitätsmanagements sein.

Was sich nach einem enormen administrativen Aufwand anhört, ist bei konkreter Ausgestaltung jedoch sehr überschaubar und lässt sich ohne großen Aufwand in den Büroalltag einbauen. Die drei konkret auszugestaltenden Elemente des Qualitätsmanagementsystems sind das QM-Handbuch, Verfahrensanweisungen und Arbeitsmittel. Die Umsetzung der drei Elemente kann elektronisch oder in Papierform erfolgen.

Das **QM-Handbuch** beschreibt das Qualitätsmanagementsystem des Unternehmens. Hierzu dokumentiert es die grundsätzliche Qualitätspolitik der Unternehmensführung. Es beschreibt die Verantwortung und Zuständigkeiten der einzelnen Positionen, sowie die Organisation des Unternehmens, beispielsweise anhand eines Organigramms. Auch Aussagen über Verfahren und Anweisungen zur Umsetzung einzelner Maßnahmen des Qualitätsmanagementsystems werden festgeschrieben. Schließlich enthält es Aussagen über Maßnahmen zur Überprüfung, Verbesserung, Bewertung und Validierung von Produkten und Prozessen.

Eine **Verfahrensanweisung** beschreibt, auf welche Art und Weise ein bestimmter Prozess auszuführen ist. Arbeitsanweisungen können die Verfahrensanweisung durch detaillierte Anweisung zur Ausführung eines Tätigkeitsschritts weiter konkretisieren.

Die Arbeitsanweisungen zählen zusammen mit den sog. Mitgeltenden Unterlagen wie Formblätter und Checklisten zu den **Arbeitsmitteln.**

Funktionsweise des Qualitätsmanagements

Ziel des Qualitätsmanagements ist es, die Qualität der angebotenen Leistung stetig zu verbessern. Anhand eines Qualitätsregelkreises kann verdeutlicht werden, wie dieses Ziel erreicht werden kann:

Ein potenzieller Kunde betritt ein Reisebüro und übermittelt seine persönlichen Reisewünsche (Bedürfnisse) an den Mitarbeiter. Anhand dieser Informationen (Input) des Kunden kann der Expedient sein Verkaufsgespräch aufbauen.

Nun beginnt der Teil der **Leistungserstellung.** Hierzu zählen u. a. die Buchung der gewünschten Reiseleistungen, ggf. zusätzliche Serviceleistungen sowie der Dokumentenversand.

Im nächsten Schritt des Qualitätsmanagements wird die **Zufriedenheit des Kunden** zur erfolgten Reise **gemessen.** Dies kann durch einen Telefonanruf, eine schriftliche Anfrage oder beim nächsten Kundenbesuch im Büro erfolgen. Je besser die Bedürfnisse des Kunden während der Reise abgedeckt wurden, desto höher wird der Grad der Kundenzufriedenheit ausfallen. Die auf diese Weise gewonnenen Daten werden **analysiert** und archiviert und dienen als Grundlage der **Verbesserung** einzelner Prozesse.

Das Reisebüro Müller wird durch die eigene EDV erinnert, zu welchem Zeitpunkt die Kunden aus ihrem Urlaub zurückkommen. Die Auszubildende Ines sendet dazu jedem Kunden einen Fragebogen, welcher die Zufriedenheit des Kunden zu einzelnen Elementen der Reise misst. Dabei wird der Kunde zu folgenden Themen befragt:

- Ausstattung des Hotels
- Sauberkeit der Zimmer
- Mahlzeiten des Hotels
- Pünktlichkeit der Beförderungsleistung
- Kompetenz der Reiseleitung
- Kompetenz und Freundlichkeit der Mitarbeiter des Reisebüros
- Wartezeit im Reisebüro
- Erreichbarkeit des Reisebüros bei Fragen
- Freizeitangebote des Hotels
- Service des Hotels

Die Auswertung der Kundenbefragung kann beispielsweise ergeben, dass mehrere Kunden unzufrieden sind mit der Erreichbarkeit des Reisebüros bei Fragen, die sich nach einem Verkaufsgespräch im Reisebüro ergeben. Die **Geschäftsleitung** kann eine Verbesserung herbeiführen, in dem sie z. B. eine spezielle Rufnummer für derartige Fälle einrichtet oder eine Halbtagskraft einstellt, um die Erreichbarkeit zu verbessern.

Mit dem Schritt der Ressourcenanpassung schließt sich der Funktionskreis des Qualitätsmanagements. Ein sog. **kontinuierlicher Verbesserungsprozess** (KVP) ist in Kraft getreten. Mit jeder Anpassung auf Basis der analysierten Daten zur Kundenzufriedenheit erhöht sich die Qualität der Leistungserstellung des Reisebüros. Durch das zeitnahe Kundenfeedback kann sich das Reisebüro sehr schnell den veränderten Marktgegebenheiten anpassen und kann dadurch die Bindung des Kunden zum Reisebüro erhöhen.

Die Notwendigkeit dieser ständigen Anpassung wurde bereits in den 1930er Jahren von verschiedenen amerikanischen Wissenschaftlern erkannt. Daraus entstand der sog. Demingkreis, bekannter unter dem Namen **PDCA-Zyklus**. Er steht für die immer wiederkehrende Abfolge von **„Planen"** (z. B. Maßnahmen zur Kundenzufriedenheit) – **„Durchführen"** (dieser Maßnahmen) – **„Checken"** (Überprüfen, z. B. durch Kunden-Feedback) – **„Agieren"** (z. B. Standards, neue Ziele einführen).

10.5 Qualitätsmanagementnormen

Im Jahr 1946 wurde die Internationale Organisation für Normung, kurz **ISO** (International Organisation for Standardization; www.iso.org) gegründet. Ziel der Organisation ist es, für Kunden, Industrie und öffentliche Organisationen einheitliche Normen zu erarbeiten. Bis heute haben sich über 160 Länderorganisationen der ISO angeschlossen. Seit 1951 ist die Bundesrepublik durch das Deutsche Institut für Normung e. V. (**DIN**) Mitglied in der ISO. Für den Bereich des Qualitätsmanagements sind insbesondere die von der ISO erarbeiteten Normen 9000, 9001 und 9004 relevant.

Eine Qualitätsmanagementnorm beschreibt, welche Anforderungen das Management eines Unternehmens erfüllen muss, um einen bestimmten Standard bei der Umsetzung des Qualitätsmanagements zu erzielen. Eine Norm kann dem Unternehmen rein informativ bei internen Aufbau und Pflege eines Qualitätsmanagements dienen oder als Nachweis der Einhaltung bestimmter Standards gelten. Dieser Nachweis wird durch einen erfolgreich abgeschlossenen Zertifizierungsprozess erbracht (→ Kapitel 10.6).

Dieser Prozess wird meist als Projekt durchgeführt (→ LF 13, Projektmanagement) und umfasst mehrere Stufen:

- Beratung und Information durch externe Berater
- Offizieller Beginn („Kick-off") des Projekts unter Einbeziehung aller Mitarbeiter
- Erstellung eines Projektplans
- Ernennung eines Qualitätsbeauftragten
- Beginn der Erstellung des Qualitätshandbuchs
- Ausarbeitung von Verfahrens- und Arbeitsanweisungen sowie sonstiger Formblätter und Checklisten
- Schulung der Mitarbeiter
- Auswahl einer Zertifizierungsgesellschaft

In der Norm **EN ISO 9001** werden die **Anforderungen an ein Qualitätsmanagementsystem** definiert. Die Norm beschreibt modelhaft das gesamte Qualitätsmanagementsystem und definiert die wesentlichen Grundsätze des Qualitätsmanagements.

- Kundenorientierung
- Verantwortlichkeit der Führung
- Einbeziehung der beteiligten Personen
- Prozessorientierter Ansatz
- Kontinuierliche Verbesserung
- Sachbezogener Entscheidungsfindungsansatz
- Lieferantenbeziehungen zum gegenseitigen Nutzen

Die in Kapitel 10.4 beispielhaft beschriebenen Hauptprozesse des Qualitätsmanagementsystems, Verantwortung der Leitung, Management der Ressourcen, Produktrealisierung sowie die Messung, Analyse und Verbesserung sind wesentlicher Bestandteil der Norm. Durch eine Anpassung der Norm im Jahr 2000 ist die Anwendung der ISO-Norm insbesondere für kleine und mittelgroße Unternehmen erheblich erleichtert worden. Die letzte Aktualisierung der Norm erfolgte im Jahr 2015 (EN ISO 9001:2015).

Neben den am häufigsten verwendeten EN ISO-Normen existieren eine Vielzahl weiterer allgemeiner oder branchenspezifischer Normen zum Aufbau eines Qualitätsmanagementsystems. Besonders für den Dienstleistungssektor wurde im Jahr 2001 das Siegel „Servicequalität Deutschland" („Service-Q") des DTV eingeführt.

10.6 Zertifizierungsmöglichkeiten

Eine Zertifizierung nützt beispielsweise Unternehmen, die sich intern verbessern wollen, eine Produktzulassung benötigen, gesetzliche Auflagen zu erfüllen haben oder deren Kunden einen Nachweis über ein funktionierendes Qualitätsmanagementsystem benötigen. Dieser Nachweis erfordert ein Zertifizierungsaudit (Prüfungsverfahren) einer unabhängigen Zertifizierungsgesellschaft.

Zertifizierungsgesellschaften
» DEKRA » TÜV » DQS » Servicequalität Deutschland (Kooperationsgemeinschaft der deutschen Bundesländer für den DTV)

Die Zertifizierung wird durch ein Auditorenteam durchgeführt. Bei Zertifizierungs-Auditoren handelt es sich um Gutachter, die aufgrund ihrer Qualifikation und ihrer Erfahrung durch die Zertifizierungsgesellschaften berufen wurden und zur Geheimhaltung verpflichtet sind.

Bei einem erfolgreichen Audit wird dem Unternehmen ein offizielles Zertifikat ausgestellt, welches zeitlich befristet einen normengemäßen Aufbau und eine sachgerechte Funktionsweise bescheinigt. Nach Ablauf des Zertifikats muss sich das Unternehmen für eine Zertifikatsverlängerung abermals auditieren lassen. Dabei sollten natürlich die nicht unerheblichen Kosten einer Zertifizierung durch ihre positiven Effekte aufgewogen werden. Solche können z. B. sein:

» Verbesserung von Außendarstellung und Image
» Ergebnis- und Prozessoptimierung durch vorgegebene Richtlinien und Zeitrahmen
» Verbesserung der Reputation als Arbeitgeber bzw. der Mitarbeiterbindung
» Erhöhte Transparenz der Arbeitsabläufe und Zuständigkeiten für neue Mitarbeiter und Partner

Situationsaufgabe

Situation:

Sie werden beauftragt, der Geschäftsleitung des Reisebüros Sonnenschein bei der Implementierung eines Qualitätsmanagementsystems behilflich zu sein.

Aufgaben:

1_ Stellen Sie Listen mit Ihren Ideen zusammen über
- Maßnahmen zur Beurteilung der Struktur- und Prozessqualität,
- Maßnahmen zur Verbesserung der Kundenzufriedenheit sowie
- Mittel zur Sicherstellung eines langfristigen Verbesserungsprozesses.

2_ Entscheiden Sie sich für ein Qualitätszertifikat und recherchieren Sie, welche Vorbereitungsschritte nötig sind, um dieses Zertifikat erhalten zu können.

Aufgaben

1_ Erläutern Sie, warum sich die Qualität eines Reisebüros nicht nur anhand einzelner Kriterien beurteilen lässt.

2_ Beurteilen Sie die strukturelle Qualität Ihres Ausbildungsbetriebes anhand der drei genannten Ausstattungsmerkmale.

3_ Welche Verhaltensweisen der Mitarbeiter können aus Ihrer Sicht die Qualität des Prozesses der internen Kommunikation negativ (positiv) beeinflussen?

4_ Warum ist die Auswertung einer Kundenbefragung wichtig für die Qualität eines Reisebüros?

5_ a) Nennen Sie die vier Kernelemente der Ausgestaltung eines Qualitätsmanagementsystems.

b) Beurteilen Sie die Ausgestaltung dieser Elemente in Ihrem Ausbildungsbetrieb.

6_ Warum orientiert sich eine Vielzahl von Unternehmen bei der Erstellung eines Qualitätsmanagements an den EN-ISO-Normen?

7_ Finden Sie Beispiele für EN ISO 9000 ff. und mit dem Service-Q zertifizierte Airlines, Hotels und Tourismusverbände.

a) Welche Branche hatten den höchsten Anteil an Zertifizierungen? Begründen Sie Ihre Antwort.

b) Diskutieren Sie, welche Rolle die sozialen Netzwerke bei der Qualitätsbeurteilung von touristischen Leistungen spielen.

Projekte planen, durchführen und auswerten

1 Grundlagen des Projektmanagements

Jede Aufgabe, die einmalig ist und nicht routinemäßig abgewickelt werden kann, kann Projekt genannt werden. Projektmanagement ist die Art und Weise, solche Aufgaben mit einem bestimmten Ziel zu planen und durchzuführen. Dies kann die Entwicklung eines neuen Produkts sein, der Umzug in ein neues Gebäude oder die Organisation einer Veranstaltung. Die Aufgabe ist i. d. R. so komplex, dass eine fach- und bereichsübergreifende Zusammenarbeit nötig ist. Somit arbeiten meist Mitarbeiter mit unterschiedlichen Kenntnissen und Hierarchiestufen gemeinsam an der Erreichung des Projektziels, was sich auf den Arbeitsprozess und die Ergebnisse sehr fruchtbar auswirken kann.

! **Merkmale von Projekten:**
- **Eindeutige Zielvorgabe**
- **Einmaligkeit**
- **Zeitliche und finanzielle Begrenzung**
- **Hohe Komplexität (über einzelne Unternehmensbereiche hinausgehend)**
- **Gewisses Risiko (bezogen auf Kosten und Erfolg)**
- **Bearbeitung durch eine Projektgruppe**

Projektmanagement

Projektmanagement ist die Grundlage jedes Veranstaltungsmanagements. Jede Veranstaltung sollte nach den Methoden des Projektmanagements geplant und organisiert werden.

Beispiel: Julia soll eine Geburtstagsfeier für eine Freundin organisieren. Das ist ihre Aufgabe, ihr Projekt.

Vorgehensweise: Julia wird sich bei der Freundin nach dem Termin der Feier erkundigen, klären, wie viel Geld für die Feier zur Verfügung steht und andere Freunde bitten, ihr zu helfen. Bestimmte Aufgaben (z. B. Druck und Versendung der Einladungen, Besorgung der Getränke, Vorbereitung des Essens, Dekoration der Räume, Vorbereitung von Musik und Programm, usw.) wird sie delegieren (an andere verteilen). Julia selbst als Verantwortliche muss versuchen, den Überblick zu behalten, auf die Einhaltung der Termine zu achten und, wenn nötig, in die Vorbereitungen eingreifen. Auch bei der Feier selbst achtet sie auf reibungslosen Ablauf. Nach dem Fest möchte sie natürlich wissen, inwiefern ihre Freundin zufrieden war oder was sie hätte ändern müssen (vielleicht wird sie ja noch einmal um einen solchen Gefallen gebeten?).

! **Projekte zu managen, bedeutet demnach:**
- **Eine Aufgabe zielgerichtet vorzubereiten, zu planen und zu organisieren;**
- **für diese Aufgabe ein Team, möglichst aus Spezialisten, zusammenzustellen;**
- **die Aufgabenerfüllung zu überwachen und zu steuern;**
- **das Projekt abzuschließen und den Erfolg zu kontrollieren.**

Während der Bearbeitung des Projekts dürfen die vorgegebenen Eckpunkte niemals aus den Augen gelassen werden:

Grundsätzlich sollten gesetzte Ziele für ein Projekt immer nach der sog. **SMART**-Formel definiert werden. Das heißt, sie sollten spezifisch, messbar, attraktiv (oder akzeptiert), realistisch und terminiert sein. Neben das Primärziel können sekundäre Ziele treten, deren Erreichung wünschenswert, aber nicht vorrangig ist.

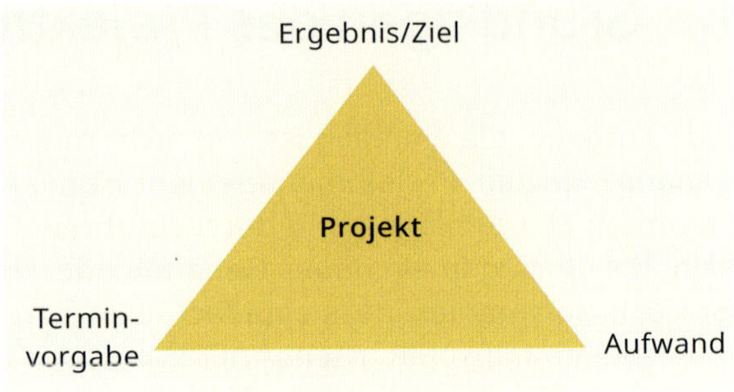

Um den festgelegten Termin einzuhalten, empfiehlt es sich, Zwischenziele zu definieren, sog. Meilensteine. Ihre Erreichung wird in einer Meilensteinsitzung überprüft. Bei dieser werden beispielsweise die zu erstellenden Dokumente und Leistungen geprüft. Vom Erreichen der Zwischenziele hängt es jeweils ab, ob das Projekt wie geplant weiter laufen kann oder neuen Maßnahmen ergriffen werden müssen, die zum Erfolg führen sollen. Auch der jeweilige Aufwand kann in regelmäßigen Sitzungen überprüft werden. Er beinhaltet nicht nur finanzielle Mittel (z. B. vorgegebenes Budget, Sponsoring), sondern auch Material, Arbeitszeit des Teams und benötigte Räume.

1.1 Projekte im Tourismus

Die Tourismusbranche befindet sich im ständigen Wandel der Zeit und der Trends und muss dadurch sehr flexibel reagieren. Wertvorstellungen und Konsumgewohnheiten sowie die Struktur des Kundenkreises verändern sich immer schneller. Die Entwicklung von neuen Angeboten und Ereignissen soll dieser Tatsache Rechnung tragen. Das Projektmanagement ist daher in diesem Bereich eine beliebte Managementform, um einmalige, komplexe und risikobehaftete Vorhaben effektiv zu verfolgen. Beispiele in diesem Bereich sind

- Einführung neuer IT-Systeme und Websites;
- Aufbau, Umgestaltung und Ausbau von Destinationen;
- Einführung und Vermarktung neuer Angebote (je nach touristischen Trends, z. B. im Wellness- und Sportbereich);
- Zusammenschlüsse und Kooperationen verschiedener touristischer Anbieter;
- Planung von Events und Veranstaltungen.

In allen Bereichen, in denen Dienstleistungen erstellt werden, benötigt man ein Medium, das Kunden und Verkäufern das Angebot näher bringt. In einer so emotionsbetonten Sparte wie der Tourismusbranche bieten sich dafür besondere Veranstaltungen an, sog. **Events.**

Der Begriff „Event“ leitet sich vom lateinischen Wort „eventus“ oder „eventum“ ab und bedeutet so viel wie ein „Ereignis“. Mitte der 1980er-Jahre kam dieser Begriff ebenso wie der Begriff Incentives aus dem Angelsächsischen in unseren Sprachgebrauch. Im heutigen Geschehen werden die Begriffe Events und Veranstaltung häufig und einheitlich verwendet. Doch für Fachleute ist nicht jede Veranstaltung gleich ein Event.

> **!** **Events sind einmalige, inszenierte Ereignisse in Form einer Veranstaltung oder Aktion, bei denen es den Eventmanagern gelingt, das Ereignis über den eigentlichen Anlass hinaus zu einem bleibenden Erlebnis zu machen. Ziel ist eine nachhaltige positive Imagewirkung. Jedes Event ist eine Veranstaltung, aber nicht jede Veranstaltung ist ein Event!**

Eventmarketing ist ein wichtiges Instrument im Geschäftsreise- sowie im Destinationsmanagement geworden: Ein Fünftel der Marketinggelder fließen in Events. Während im Geschäftsreisemanagement Events den primären Anlass der Reise (Grundnutzen des Reiseprodukts; z. B. Tagungen, Präsentationen) darstellen, stellen sie im Destinationsmanagement häufig den sekundären Anlass dar (Zusatznutzen des Reiseprodukts; z. B. Konzerte, Märkte, Sportevents). Sie dienen zur Attraktivierung touristischer Zielgebiete und als Quelle von Zusatzerlösen für alle am Tourismus Beteiligten.

Dem Event- und Veranstaltungsmanagement liegt immer ein Projektmanagement zugrunde. Die einzelnen Phasen entsprechen sich daher auch meist. Grundsätzlich lassen sich Events und Veranstaltungen nach Inhalten, Zielgruppen und/oder Anlässen unterscheiden:

Inhalt
z. B. arbeitsorientierte Veranstaltungen, Produktschulungen, Produktvorführungen ..., politische, kulturelle, sportliche, wissenschaftliche Events, ...

Anlass
z. B. Einweihung eines neuen Bürogebäudes, Jubiläum, Förderung sozialer Interaktion in einer Gruppe, ...

Zielgruppen
z. B. Public Events (heterogener Kundenkreis, Öffentlichkeit), Corporate Events (Mitarbeiter, Angehörige einer Branche) und Exhibition Events (Interessierte und Fachleute hinsichtlich einer Messe/Ausstellung).

Eventagenturen sind meist auf bestimmte Branchen oder Zielgruppen spezialisiert.

Ihre Aufgaben beinhalten z. B.
- Ideenentwicklung
- Konzeptionierung
- Locationscouting
- Einladung der Teilnehmer und Gäste
- Ressourcenplanung
- Künstlerbooking
- Zeitplanung
- Technische und gestalteriche Planung und Umsetzungskontrolle
- Projektmanagement
- Catering
- PR-Management (Presseverteiler, Nachbearbeitung)
- Erfolgskontrolle

Informationen zum Eventmarketing finden Sie im LF 10, Kapitel 2.2.7.

1.2 Grundlegendes zur Teamarbeit

Von besonderer Bedeutung im Projektmanagement ist die Bildung eines **Projektteams,** deren Mitglieder sich möglichst ganz auf die anstehende Aufgabe konzentrieren können. Hierarchien sollten vermieden werden, ebenso ist die Einhaltung von bestimmten **Kommunikations-** und **Moderationsregeln** erforderlich (z. B. respektvoller Umgang, keine Alleingänge der Teammitglieder, zuverlässiges Einhalten von Terminen, Beachten von vereinbarten Kommunikations- und Feedbackregeln usw.). Neben ihren individuellen Fachkompetenzen benötigen die Mitglieder des Projektteams also Methoden-, Sozial- und Persönlichkeitskompetenzen (sog. Projektkompetenzen), die ggf. vorab aufgefrischt werden können. Die Bearbeitung einer Aufgabe nach den Prinzipien des Projektmanagements bringt gegenüber der Aufteilung der Aufgabe auf mehrere Abteilungen einige Vorteile mit sich:

!
- **Fachkompetenzen aus verschiedenen Abteilungen werden im Projektteam gebündelt;**
- **die volle Konzentration des Teams auf das Projekt ist gewährleistet;**
- **die Teammitglieder identifizieren sich mit der Aufgabe;**
- **dadurch wird eine schnellere und effizientere Bearbeitung der komplexen Aufgabe sichergestellt.**

Ein Team besteht aus mindestens zwei Personen, die sich zur Erreichung eines bestimmten Ziels zusammenschließen. Voraussetzung ist, dass sich die Beteiligten mit dem Ziel identifizieren; besonders positiv wirkt sich häufig die gemeinsame Formulierung eines Leitmotivs aus („Wir organisieren einen unvergesslichen spanischen Abend“). Die Aussage „Wir sind ein gutes Team“ drückt meistens aus, dass sich die Beteiligten mit ihren jeweiligen Erfahrungen, Kenntnissen und Herangehensweisen an die Erreichung des Ziels gut ergänzen, keinesfalls in Konkurrenz zueinander stehen und eine gute Kommunikation pflegen. Jeder kann und soll seine individuellen Stärken einbringen und zur Zielerreichung beitragen. Dabei ist der kreative Träumer ebenso wichtig wie der skeptische Realist oder der Spaßvogel, der für eine entspannte und angenehme Atmosphäre im Team sorgt. Hierarchien sollten so weit wie möglich aufgehoben werden, allerdings ist die Bestimmung eines Teamleiters oder Koordinators besonders bei zunehmender Gruppengröße wichtig.

Niemand sollte in ein Team gezwungen werden. Denn für eine erfolgreiche Teamarbeit bedarf es einer Bereitschaft und Fähigkeit zu verschiedenen Aspekten, die grundlegend für den Erfolg sind:

» Toleranz – Meinungen von anderen sollten respektiert werden.
» Wertschätzung – alle Teammitglieder sollten sich gegenseitig wertschätzen – keine Rivalitäten oder Antipathien! Die Kommunikation soll freundlich und sachlich sein, möglichst ohne persönliche Kritik.
» Konfliktfähigkeit – alle Teammitglieder sollten daran interessiert sein, Konflikte sofort zu lösen, und zwar sachlich und fair im Sinne eines professionellen **Konfliktmanagements.**
» Konzentration auf das Endziel – dies erfordert ein hohes Maß an Flexibilität und Hilfsbereitschaft, denn bei komplexen Projekten sind häufig Planänderungen nötig, die ein Umdenken oder eine Verschiebung der Aufgaben erfordern.
» Akzeptanz von Vorgaben und sachgerechten Anweisungen.
» Zuverlässigkeit – jeder soll sich auf den anderen verlassen können, zeitliche und inhaltliche Absprachen müssen eingehalten werden.
» Einhalten von vereinbarten Feedback-Regeln – eine gute Feedback-Kultur im Team hilft Fehler zu vermeiden oder im Keim zu beheben. Je früher Fehler behoben werden, desto geringer sind die Folgeschäden. Auf der anderen Seite ist (positives) Feedback wichtig für die Motivation und gute Stimmung der einzelnen Teammiterbeiter – Lob und Anerkennung werden viel zu häufig vernachlässigt! Feedback muss aber auch angemessen angenommen und gewürdigt werden. Die Feedback-Regeln beziehen sich daher sowohl auf den Feedback-Geber als auch auf den -Nehmer.

222251662

Feedbackregeln

Feedback geben	Feedback nehmen
Der Feedback-Geber bietet das Gespräch an. Er übernimmt die aktive Rolle und die Gesprächsführung. Möglich ist auch ein terminlich vereinbartes Gespräch mit Moderation.	Der Feedback-Nehmer hat während des Feedback den passiveren Part inne. Seine Aufgabe besteht hauptsächlich darin, Informationen aufzunehmen, Rückfragen und Klarstellungen sind erlaubt.
» Informelle und persönliche Atmosphäre schaffen. » Immer positive Eindrücke und Lob voranstellen. » Nur sachlich richtige, präzise und klar formulierte Aussagen treffen. Keine moralischen Wertungen geben. » Keine „Du-Botschaften", sondern „Ich-Botschaften" senden. » Darauf achten, dass der Empfänger nicht „überrannt" wird und die Äußerungen nachvollziehen kann. » Kritik ausschließlich an veränderbaren Verhaltensweisen äußern, damit gewünschte Veränderungen vorgenommen werden können. » Keine Forderungen nach unzumutbaren Wesensänderungen stellen. » Vorschläge möglicher Alternativen geben – keine „Richtig-Falsch-Aussagen" treffen.	» Genau zuhören und den Feedback-Geber aussprechen lassen. » Offen für Kritik und Anregungen sein und diese nicht als persönlichen Angriff sehen. » Sich nicht für das Gehörte entschuldigen oder rechtfertigen, sondern für sich entscheiden, inwiefern die Aussagen ihre Berechtigung haben. » Nach konkreten Kritikpunkten oder Beispielen fragen statt sich mit Allgemeinplätzen zufrieden zu geben. » Offen zum Ausdruck bringen, wenn das Feedback nur negative Aspekte enthält oder demotivierend wirkt. » Dem Feedback-Geber für konstruktive Hinweise danken und sie zukünftig in das eigene Handeln einfließen lassen.

Konflikte frühzeitig erkennen und lösen

Zum Konfliktmanagement gehören sämtliche Maßnahmen zur Verhinderung der Eskalation eines bestehenden Konfliktes. Dazu zählen insbesondere Konfliktberatung und Mediation. Ziele eines betrieblichen Konfliktmanagements sind nicht nur die Verbesserung des Betriebsklimas, sondern auch die Reduktion von Konfliktkosten: Ungelöste und verhärtete Streitigkeiten und Meinungsverschiedenheiten lähmen die Produktivität, können Fehlentscheidungen auslösen und führen damit zu unnötigen Kosten. Ein professionelles Konfliktmanagement besteht aus verschiedenen Elementen: denkbar sind Konfliktberater oder Mediatoren, Konfliktanlaufstellen, Hotlines, Mobbing-Beauftragte, usw. Sie helfen dabei, einen beginnenden Konflikt vor seiner Eskalation zu lösen. Typischerweise durchlaufen ungelöste Konflikte mehrere **Eskalationsstufen**:

1. Sachlicher Austausch verschiedener Meinungen. Ist keine Lösung in Sicht, verhärten sich die Fronten und die sachliche Ebene wird immer mehr von der Beziehungsebene verdrängt. Hier sollte bereits ein Konfliktmanagement eingreifen.
2. Der Konflikt rutscht in die Beziehungsebene, die Kommunikation wird allgemeiner und rauer, neue oder alte „Kriegsschauplätze" werden eingebracht, andere Personen hineingezogen. Gerüchte entstehen, Beleidigungen werden direkt oder indirekt ausgesprochen. An dieser Stelle ist der Einsatz eines Mediators sinnvoll.
3. Es geht nicht mehr um das eigentliche Thema des Konflikts, sondern nur noch um Sieg oder Niederlage der Streitenden, trotz Gesichtsverlust. Eine Beilegung des Konflikts ist ab hier nur noch sehr schwer möglich.

4. Die unterlegene Partei zieht sich entweder ganz zurück, eine Zusammenarbeit ist nicht mehr möglich, was im betrieblichen Kontext ein Verlassen des Arbeitsplatzes durch Wechsel oder Kündigung bedeutet. Eine andere Möglichkeit ist die heimliche Planung von Rachefeldzügen und damit dauerhaft gestörter Zusammenarbeit innerhalb des Teams. Nicht selten sind auch Schuldzuweisungen auf andere, bisher nicht oder kaum betroffene Kollegen.

Methoden der Moderation

Die Aufgabe des Projektleiters im Sinne eines Moderators ist es, die Kreativität der Teammitglieder zu fördern, ihre Ideen zugänglich zu machen, die Beteiligung aller Teilnehmer zu fördern und aufrecht zu halten, Konflikte zu erkennen und zur Lösung beizutragen und gemeinsam zu Ergebnissen zu kommen. Dazu muss er auch die Atmosphäre im Team und die Rollen der einzelnen Mitglieder erkennen und gewinnbringend gestalten.

Als Hilfsmittel dient meist ein Moderationskoffer, der die Anwendung verschiedener Moderationsmethoden erleichtert, wie z. B.

» Metaplantechnik mit Pinnwand, Packpapier und Kärtchen: Meinungen und Ideen können z. B. durch Brainstorming gesammelt, an die Pinnwand geheftet, umgruppiert und geclustert werden.
» Mindmapping mit dicken Stiften und Flipchart: Ein Thema kann mit seinen verschiedenen Facetten dargestellt und verdeutlicht werden.
» Regeln, Hinweise, Zusammenfassungen mit OHP und Folien: Anhand vorbereiteter Folien kann Wichtiges erläutert werden.
» Blitzlicht, Kartenabfrage, Ein-Punkt-Abfrage: Verschiedene Techniken stehen zur Verfügung, um Meinungen, Stimmungsbilder oder abschließende Auswertungen (Evaluation) darzustellen.

Situationsaufgabe

Situation:

Die Planung und die Veranstaltung des 50-jährigen Jubiläums der Sonnenreisen GmbH, bei der Sie tätig sind, stehen an. Vor dem Bürogebäude soll ein kleines Fest mit Livemusik, einem Gewinnspiel sowie internationalen Snacks und Getränken stattfinden.

Aufgabe:

Erläutern Sie, welche Vorteile das Projektmanagement für die erfolgreiche Durchführung dieser einmaligen Veranstaltung bietet und wie Sie konkret bei der Planung vorgehen.

Aufgaben

1_ Beschreiben Sie, was ein Projekt von anderen Aufgaben unterscheidet.

2_ Inwiefern zeigt das unten stehende Bild Probleme auf, die bei Teamarbeit entstehen können? Welche Maßnahmen zur Verbesserung der Situation schlagen Sie vor?

2 Aufbau- und Ablauforganisation von Projekten

Die **Projektorganisation** wird vom Projektmanagement vorgenommen und strukturiert die Planung des Projekts in die **Projektaufbauorganisation** und die **Projektablauforganisation.**

Die Projektaufbauorganisation

Besonders bei großen Projekten und zunehmender Teamgröße wird ein Projektleiter bestimmt, der die Verantwortung für das Projekt trägt und bestimmte Weisungs- und Entscheidungsbefugnisse hat. Er steuert und kontrolliert Termine und Budgetvorgaben und hält das Team zusammen. Die erforderlichen fachlichen Qualifikationen des Projektleiters sind eher im Bereich der Organisationsmethoden als in besonderen Fachkompetenzen zu finden; außerdem sollte er Erfahrungen mit Projektarbeit und einen Überblick über die Gesamtaufgabe und ihre Teilbereiche haben. Persönliche Qualifikationen des Projektleiters sind z. B. Kooperationsfähigkeit, einfühlsames und diplomatisches Durchsetzungsvermögen und Konfliktfähigkeit.

Die Projektgruppenmitglieder sind meistens nur zeitlich befristet mit dem Projekt beschäftigt. Manche Unternehmen arbeiten mit Gruppen, die immer wieder an neuen Projekten arbeiten, in anderen werden die Mitarbeiter für die Dauer des Projekts von ihren hauptamtlichen Aufgaben befreit, um sich voll der Projektarbeit widmen zu können. Die Größe und Zusammenstellung der Projektgruppe hängt von der Projektaufgabe und ihrer Komplexität sowie den erforderlichen Fachkompetenzen der Mitglieder ab.

Im Unternehmen können Projekte in verschiedenen Weisen in die bestehende Aufbauorganisation integriert werden:

Projektorientierter Teilbereich

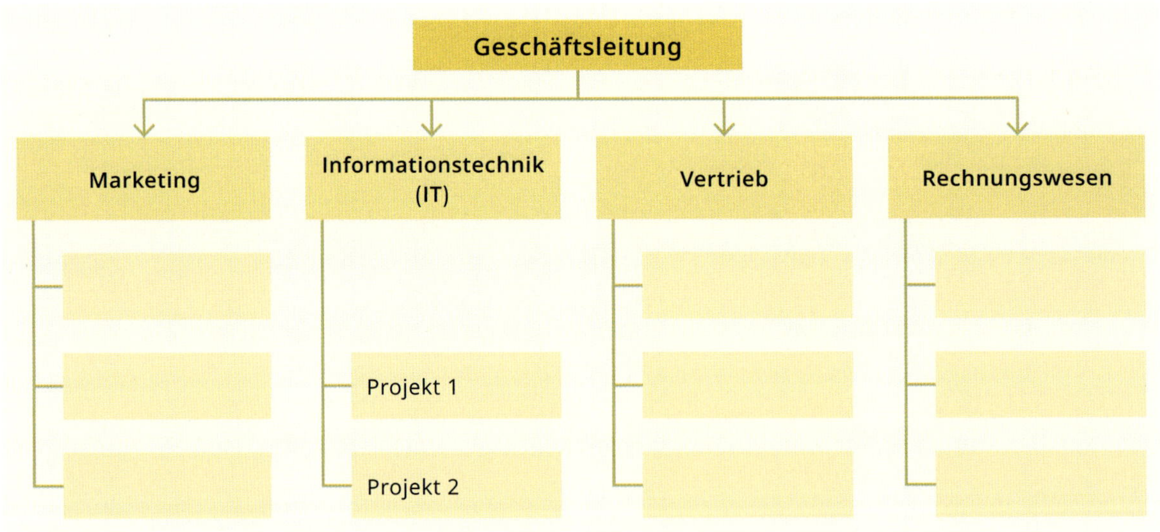

Hier wird ein Projekt von einem bestehenden Fachbereich durchgeführt, die Organisationsstruktur des Unternehmens wird nicht verändert. Die Mitarbeiter arbeiten neben dem normalen Tagesgeschäft auch an Projekten. Die Projektmitglieder berichten an den Projektleiter, der seinerseits an den Abteilungsleiter berichtet, wenn er nicht sogar selbst die Funktion des Projektleiters übernimmt. Diese Art der Projektintegration wird vor allem bei Projekten verwendet, die ausschließlich die Fachabteilung betreffen, wie z. B. die Einführung eines neuen Betriebssystems im Bereich der IT.

Reine Projektorganisation

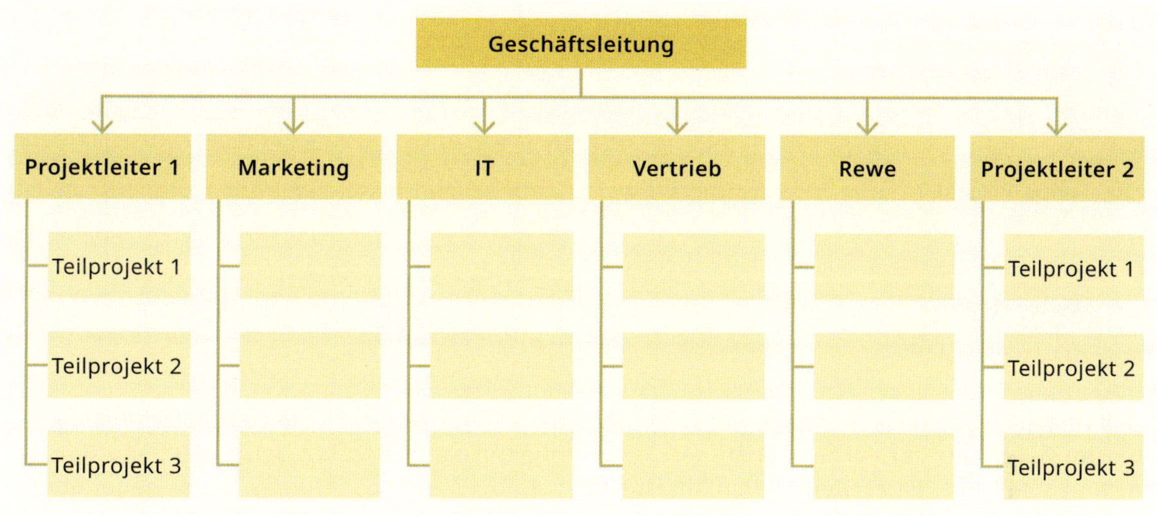

Jedes Projekt wird hier als eine Fachabteilung gesehen, wobei der Projektleiter den gleichen Status eines Abteilungsleiters erlangt und direkt an die Geschäftsführung berichtet. Die bestehende Organisation des Unternehmens orientiert sich stark an Projekten und sollte sehr variabel sein. Die Mitarbeiter des Projektes arbeiten ausschließlich an „ihrem" Projekt und stehen für das Tagesgeschäft nicht zu Verfügung.

Stabs-Projektorganisation

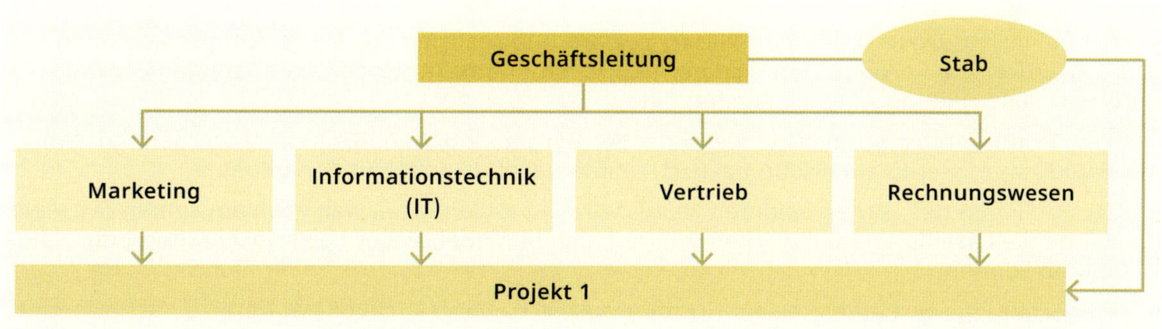

Die Stäbe übernehmen die Funktion des Projektleiters und berichten direkt an die Geschäftsführung. Allerdings haben sie keine Weisungsbefugnis gegenüber anderen, z. B. ihren Projektmitarbeitern und den Fachabteilungsleitern. Sie üben gegenüber der Geschäftsleitung eine rein beratende Funktion aus. Die Projektmitarbeiter arbeiten sowohl im Tagesgeschäft ihrer Abteilungen als auch im Projekt mit.

Matrix-Projektorganisation

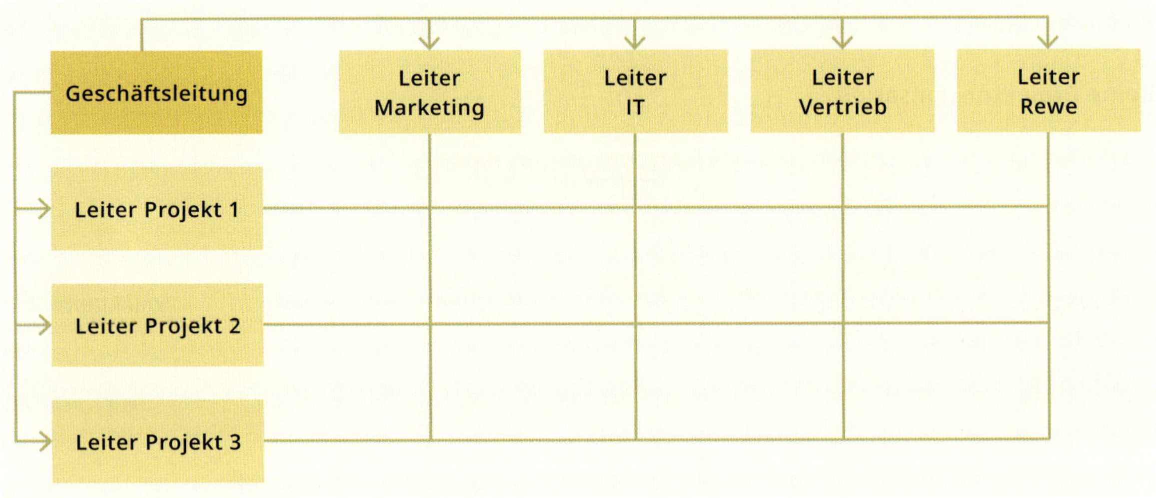

Auch in dieser Organisationsform berichtet der Projektleiter direkt an die Geschäftsführung, aber im Gegensatz zur vorher genannten Stabs-Projektorganisation hat der Projektleiter hier Weisungsbefugnis gegenüber seinen Mitarbeitern. Keine Weisungsbefugnis hat er gegenüber den Fachabteilungsleitern. Die einzelnen Mitarbeiter des Projekts arbeiten auch hier im Tagesgeschäft und an dem jeweiligen Projekt.

Die Projektablauforganisation

Das gesamte Projekt sollte mithilfe eines Phasenkonzepts zeitlich und organisatorisch terminiert werden. Zu jeder Phase können Meilensteine definiert werden, also bestimmte Zeitpunkte, die jeweils durch ein bestimmtes Ergebnis definiert sind. Damit wird der „last-minute"-Stress kurz vor dem meist vorgegebenen Abschlusstermin vermieden.

Auch private Projekte können in Phasen geplant und realisiert werden. Häufig schiebt man die erforderlichen Arbeiten vor sich her und kommt dann Tage oder auch Stunden vor dem Termin „ins Schleudern". Viele kennen das:

- Eine Prüfung muss vorbereitet werden – der Berg an Inhalten, die gelernt werden müssen, wird oftmals viel zu kurzfristig hektisch und in nächtlichen Sitzungen gepaukt.
- Das Gelingen des lange geplanten Festes wird zur Zitterpartie, weil noch am selben Tag viele Dinge gleichzeitig erledigt werden müssen, die man ebenso gut hätte vorbereiten oder delegieren können.
- Der Erholungswert einer Reise schrumpft merklich, wenn kurz vor der Abreise noch wichtige Dokumente oder Medikamente fehlen.

Anhand eines mehr oder weniger ausführlichen Phasenplans mit Meilensteinen kann auch hier das stressfreie Gelingen der Projekte gewährleistet werden!

Die Projektphasen sind deutlich voneinander abgegrenzte Abschnitte, an deren Ende der Meilenstein gleichzeitig Startpunkt für die nächste Phase ist. In der Praxis ist es ggf. schwierig und unpraktikabel, die Trennung der Phasen immer strikt einzuhalten. Eine Grundstruktur der Phasen ist aber unbedingt einzuhalten, um vor allem bei engem Zeitplan die Zielerreichung sicherzustellen.

Es kann z. B. sinnvoll sein, noch vor der endgültigen Entscheidung ein großes Fest zu feiern, einen Raum zu reservieren.

Im Allgemeinen laufen Projekte in den folgenden Phasen ab:

! Initiative → Planung → Entscheidung → Durchführung → Abschluss → Auswertung

In der **Projektinitiative** wird ein Problem (z. B. „Wir haben fast keine Angebote für die Zielgruppe der Best Ager") erkannt, analysiert und definiert. Am Ende sollten schon konkrete Ziele des Projekts stehen. Die Definition des Problems oder auch das Projektziel selbst kann mithilfe von Kreativitätstechniken erarbeitet werden.

Im **Projektplan** wird die Arbeit strukturiert, indem Aktivitäten, Personaleinsatz, Termine und Meilensteine, Sachmittel und Projektkosten geplant werden.

In der **Projektentscheidung** (i. d. R. durch die Unternehmensleitung sowie ggf. externe Berater) wird die Durchführbarkeit des Projekts geprüft sowie ein Projektauftrag vergeben.

Während der **Projektdurchführung** beschäftigt sich die Projektkontrolle mit der Sammlung der Ist-Daten und deren Vergleich mit den Soll-Vorgaben, der Analyse der Abweichungen und ihrer Ursachen.

Der zeitlich festgelegte **Projektabschluss** macht die Ergebnisse der Öffentlichkeit ggf. in einer **Projektpräsentation** zugänglich.

In der **Projektauswertung** werden die Realisierung der Ziele, die Zusammenarbeit innerhalb des Teams sowie aufgetretene Fehler und Konflikte reflektiert und über eine mögliche Weiterführung des Projekts entschieden.

2.1 Die Projektinititative

Ausgangspunkt eines Projektes ist meist eine Problemerkennung, z. B. die Abweichung des momentanen Ist-Zustands von einem gewünschten Soll-Zustand. Für das Ergebnis des Projekts, mit dem das Problem behoben werden soll, ist die genaue Problemanalyse von großer Bedeutung. Häufig wird hier mit Checklisten und Kennzahlen gearbeitet.

Das Problem kann z. B. der Buchungsrückgang für ein bestimmtes Zielgebiet oder einen bestimmten Veranstalter sein. Hier müssen zunächst die Ursachen für den Rückgang ermittelt werden, bevor sinnvolle Lösungsansätze gesucht werden können. Es macht z. B. keinen Sinn, verstärkt Marketingaktionen für Abenteuerreisen zu planen, wenn die Kundendatei ergibt, dass der Kundenstamm im Wesentlichen aus erholungssuchenden Familien mit Kleinkindern besteht.

Es gibt viele Möglichkeiten, Lösungen für eine Aufgabe oder ein Problem zu finden. Am Anfang stehen die Ideen, was möglich wäre. Um möglichst viele Ideen zu sammeln, bedient man sich bestimmter Techniken, den sog. **Kreativitätstechniken.** Hierbei unterscheidet man Ansätze mit intuitivem Schwerpunkt, systematische Ansätze sowie Analogietechniken.

2.1.1 Assoziationstechniken (intuitive Methoden)

Bei den Assoziationstechniken geht es darum, seinen Gedanken freien Lauf zu lassen und in alle Richtungen zu denken. Durch die Verknüpfung von Gedanken und Vorstellungen zu neuen Kombinationen erhalten Sie eine Vielzahl von Begriffen, die zu Lösungsmöglichkeiten ausgearbeitet werden können.

Brainstorming

In einer Gruppe zwischen sechs und acht Teilnehmer/-innen mit unterschiedlichen Vorkenntnissen wird das Problem klar benannt. Ein Gruppenmitglied schreibt Ideen mit, alle anderen sagen, was ihnen zu diesem Thema einfällt. Während des Brainstormings gibt es keine Diskussion und Kritik. Die Ideen anderer Teilnehmer/-innen können weiterentwickelt werden. Nach 20 Minuten werden die gesammelten Einfälle ausgewertet und besprochen.
Brainstorming eignet sich sehr gut für Gruppenprozesse und Lösungen eines klar definierten Problems. Da es sich um eine kommunikative Form der Ideenfindung handelt, sollten die Teilnehmenden aufgeschlossen und nicht zu zurückhaltend sein.

Brainwriting (sog. 6-3-5-Methode)

Hier sind die Spielregeln etwas umfangreicher als beim Brainstorming. Jede Teilnehmerin, jeder Teilnehmer einer 6-Personen-Gruppe bekommt ein gleichgroßes Blatt Papier, das in drei Spalten (vertikal) und sechs Reihen (horizontal) aufgeteilt wird. Jedes Blatt hat 18 Kästchen. Die Problemstellung wird von allen definiert. Jede Person schreibt dann in die erste Reihe pro Kästchen eine Idee und reicht das Blatt an den/die Nachbar/-in zur Rechten weiter. Dieser Vorgang wird fünf Mal wiederholt (6-3-5-Methode: 6 Personen haben 3 Ideen 5 Mal). Auch beim Brainwriting wird während der Schreibphase nicht diskutiert oder kritisiert. Ideen der anderen können weiterentwickelt oder verändert werden. Insgesamt entstehen 108 Lösungsvorschläge. Sind alle Vorschläge abgegeben, werden die passendsten oder interessantesten herausgeschrieben und diskutiert.

Je nach Anzahl der Teilnehmer/-innen wird das Brainwriting etwas abgewandelt, z. B. zur 5-3-4- oder 7-3-6-Methode (5 Personen, 3 Spalten, 4 „Runden" bzw. 7 Personen, 3 Spalten, 3 „Runden").

Mindmapping

Diese Methode wurde in den 1970er-Jahren von dem Engländer Tony Buzan entwickelt. Grundidee von Buzan ist, dass Informationen nicht vertikal von links oben nach rechts unten aufgeschrieben werden, sondern sich von einem zentralen Begriff in der Mitte des Blattes weiterentwickeln lassen.
Das Thema, um das es geht, wird als Wort in die Mitte geschrieben und eingekreist. GROSSBUCHSTABEN erleichtern es dem Gedächtnis, die Wörter als Bilder aufzunehmen und zu behalten. Von diesem Zentrum aus werden Linien (Hauptäste) zu weiteren Assoziationen gezogen. Von den Hauptästen gehen Seitenäste ab, auf denen weitere Unterpunkte notiert werden können. Die Wörter sollen auf Linien geschrieben sein, jede Linie ist mit einer anderen verbunden. Jedes Wort bekommt eine Linie.
Weitere intuitive Methoden sind z. B. die Cluster-Methode (kreatives Schreiben), die Metaplan-Technik (Kartenabfrage, Sammlung und Sortierung der Kärtchen auf Plakat oder Flipchart) oder die Provokationstechnik (eine mentale Provokation soll die Teilnehmer auf kreative Ideen bringen).

222251670

2.1.2 Bild- und Analogietechniken

Analogien sind Ähnlichkeiten, d. h. selbst Dinge, die im ersten Moment vielleicht nicht zum Problem passen, können dennoch eine Lösung beinhalten.

Visualisierung

Bei der Visualisierung wird das gewünschte Ergebnis in Gedanken bildhaft dargestellt, ganz konkret und mit möglichst vielen Details. Durch intensive „Tagträume“ entstehen „Kopffilme“, die angehalten, zurückgespult oder neu gedreht werden können.

Sogar im Leistungssport konnte in Versuchen gezeigt werden, dass sich sportliche Leistungen allein durch die bildliche Vorstellung „vor dem inneren Auge“ verbessern lassen.

Bisoziation

Unter Bisoziation versteht man bildhafte Vergleiche. Schon kleine Kinder sind mit der Bildersprache vertraut, in den Märchen werden vielfach Tieren bestimmte Eigenschaften zugeordnet: arm wie eine Kirchenmaus, schlau wie ein Fuchs, hungrig wie ein Wolf. Bildhafte Sprache macht es leichter, sich etwas vorzustellen, das weiß jeder, der liest.

Als Kreativitätstechnik wird die Bisoziation folgendermaßen eingesetzt: Ein Problem wird als Fragestellung formuliert; anschließend wird willkürlich ein Bild, Foto, Zeitungsausschnitt usw. ausgewählt. Die Einzelheiten dieses Bildes sollen den Betrachter inspirieren, es wird dann mit der Fragestellung bzw. möglichen Lösungsansätzen verbunden. Alle Gedanken, die auftauchen, werden notiert. Anschließend werden sie anhand ihrer Umsetzbarkeit beurteilt.

2.1.3 Systematische Ideensuche

Bei der systematischen Ideensuche geht es mehr um Struktur und Systematisierung, d. h., anhand verschiedener Checklisten wird das Problem unter verschiedenen Gesichtspunkten beleuchtet.

Morphologische Matrix

Die morphologische Matrix basiert auf Analyse. Das Problem wird in kleinere Einheiten aufgespalten. Auf der linken Seite eines Blattes werden die Eigenschaften dieser Einheiten notiert, daneben die entsprechenden Ausprägungen. Fügt man die jeweils optimalen Ausprägungen schließlich zusammen, erhält man eine Komplettlösung.

Beispiel: Eine neue Einrichtung für ein auf Familien spezialisiertes Reisebüro soll geplant werden. Wie könnte sie aussehen?

Material	Holz Kunststoff Metall Pappe
Farbe	weiß braun rot bunt
Form	eckig/kubistisch abgerundet offen geschlossen
Stil	klassisch südländisch elegant modern
Sitzmöbel	bequem schlicht Hocker Sessel
Sonstiges	Sitzgruppen Spielecke Fernseher Kaffee-Ecke PC

Lösung: Die Entscheidung fällt auf eine bunte Kunststoffeinrichtung mit variablen kubistischen Elementen, schlichte, aber bequeme Sessel sowie eine Sitzecke mit Spielzeug und Fernseher/DVD-Anlage.

Osborn-Methode

Alexander Osborn war ein amerikanischer Werbefachmann, der in den 1950er-Jahren schon das Brainstorming entwickelt hatte. Bei der nach ihm benannten Methode entwarf er einen Fragenkatalog, der sowohl im Berufs- als auch im Privatleben eingesetzt werden kann und neun Komplexe umfasst, die sich auf die Aufgabe bzw. das Problem beziehen: (Beispiel: Unsere Wanderreise im Allgäu verkauft sich schlecht.)

- Wofür kann ich es noch verwenden? Kann ich es anders einsetzen?
- Weist das Problem auf andere Ideen hin? Ist es etwas anderem ähnlich?
- Was lässt sich ändern? Welche Eigenschaften lassen sich umgestalten?
- Lässt sich etwas vergrößern, hinzufügen, vervielfältigen?
- Lässt sich etwas verkleinern, wegnehmen, verkürzen?
- Was kann ersetzt werden? Welche Bedingungen können geändert werden?
- Kann die Reihenfolge oder Struktur geändert werden?
- Kann die Idee ins Gegenteil gekehrt werden? Kann der Ablauf umgekehrt werden?
- Können Ideen kombiniert oder Personen verbunden werden?

2.1.4 Kreativitätsansätze mit intuitiven und systematischen Elementen

Walt-Disney-Methode

Diese Methode basiert auf einer Aussage über Walt Disney: „... tatsächlich gab es drei Walts: den Träumer, den Realisten und den Miesepeter." Eine oder mehrere Personen betrachten und diskutieren ein Thema aus drei Blickwinkeln:

Der *Träumer* ist subjektiv orientiert und enthusiastisch, enthält sich aber eines praktischen Urteils zu einer Idee oder Analyse.

Der *Realist* nimmt einen pragmatisch-praktischen Standpunkt ein, entwickelt Aktivitätenpläne und untersucht die notwendigen Arbeitsschritte, -mechanismen und Voraussetzungen.

Der *Kritiker* fordert heraus und prüft die Vorgaben der anderen. Ziel ist konstruktive und positive Kritik, die mögliche Fehlerquellen identifizieren hilft.

Die Methode kann sowohl von Einzelpersonen als auch von Gruppen angewendet werden. Sie ist besonders hilfreich, wenn es darum geht, Ziele und Visionen zu konkretisieren und alltagstauglich zu gestalten.

Denk-Hüte von De Bono

Diese Technik ist besonders geeignet für Gruppendiskussionen, in denen die Ausgestaltung einer Idee oder eines Vorhabens konkretisiert werden soll. Die Gruppenmitglieder nehmen verschiedene Rollen ein, die durch verschiedenfarbige Hüte repräsentiert werden. Jeder Hut entspricht einer Denkweise oder einem Blickwinkel, wodurch ein effizienter Diskurs über ein Thema erreicht werden soll und gleichzeitig kein Blickwinkel außer Acht gelassen wird. Durch die Übernahme verschiedener Rollen fallen Bedenken, die jeweilige Meinung zu äußern – etwa weil sie nicht der üblichen Arbeitsweise in der Gruppe entspricht – weg, da keines der Mitglieder persönlich hinter seiner Aussage steht, sondern nur die jeweilige Rolle.

Die einzelnen Rollenhüte stehen für

- weiß: analytisches Denken: Konzentration auf Tatsachen, Anforderungen und wie sie erreicht werden können (Objektiv),
- rot: emotionales Denken, Empfinden: Konzentration auf Gefühle und Meinungen (Subjektiv),
- schwarz: kritisches Denken: Risikobetrachtung, Probleme, Skepsis, Kritik und Ängste mitteilen (Objektiv),

» gelb: optimistisches Denken: Was ist das Best-Case-Szenario (Spekulativ),
» grün: kreatives, assoziatives Denken: Neue Ideen, Kreativität (Konstruktiv) und
» blau: ordnendes, moderierendes Denken: Überblick über die Diskussion und die Prozesse

Den Teilnehmern wird entsprechend der Art, in der sie denken sollen, ein Hut bzw. Armband oder Tischkärtchen in der zugehörigen Farbe gegeben. Wichtig ist es, sich vor der Diskussion auf die zugeordnete Farbe mit den geforderten Eigenschaften einzustellen und in der Diskussion „in der Farbe" zu bleiben. Dadurch werden Konflikte vermieden und dennoch alle Positionen berücksichtigt. De Bono selbst bezeichnet die sechs Denkhüte auch als Methode zur Verbesserung der Kommunikation in einer Gruppe.

Nachdem das Problem analysiert und die eigentliche Aufgabe, also das Projektziel definiert worden ist, muss dieses Ziel möglichst genau beschrieben werden und in einem Projektauftrag (oder einfach: in einer Aufgabenbeschreibung) festgehalten werden.

2.2 Die Projektplanung und -entscheidung

Anhand der Prozesse während der Projektinitialisierung wird das Projekt bzw. sein Ziel definiert und die anstehenden Aufgaben festgelegt. In der Projektplanung werden die einzelnen Schritte der Projektdurchführung im Rahmen der Projektablauforganisation festgelegt. Dabei müssen verschiedene Aspekte des Projektablaufs berücksichtigt werden:
» die Beschreibung und Planung der einzelnen Aufgaben, ggf. Festlegung der einzelnen Arbeitsabläufe in einem Projektstrukturplan;
» die Ermittlung des Personalbedarfs;
» die Aufstellung eines Zeitplans und der Meilensteine, ggf. anhand eines Netzplans;
» die Planung von Sachmitteln (Arbeitsplätze, Räume, Arbeitsmittel, usw.) und projektbezogenen Kosten;
» die Entscheidung über die Finanzierung des Projekts durch Eigen- oder Fremdfinanzierung und entsprechende Finanzierungspartner (Banken, Unternehmen als Sponsor, öffentl. Fördermittel);
» die Abschätzung der mit dem Projekt verbundenen Risiken und Möglichkeiten ihrer Behebung (Erstellung eines Risikomanagements).

EXKURS»

Budgetierung von Projekten

Budgetierung ist die Festlegung von definierten Geld- oder Mengengrößen für die einzelnen Projektbereiche oder Teilaufgaben. Anhand möglichst klar definierter Pläne und Vorgaben im Aufwands- und Einnahmebereich wird ein bestimmter Geldbetrag, das Budget, bestimmt. Sämtliche Aktivitäten bei der Erstellung, Genehmigung, Durchsetzung und Anpassung dieses Budgets gehören zur Budgetierung. Es handelt sich also stets um einen Prozess. Die operative Budgetierung umfasst die vollständige mengen- und wertmäßige Zusammenfassung der erwarteten Entwicklung der Unternehmung/des Projekts in der zukünftigen Planungsperiode. Die strategische Budgetierung dagegen umfasst sämtliche Pläne zur Existenzsicherung (langfristig), sie bildet also den Rahmen für die operative Budgetierung einzelner Projekte. Regelmäßige Kontrollphasen (Soll-Ist-Vergleiche, Abweichungsanalysen) dienen der rechtzeitigen Korrektur von Abweichungen.

Folgende Regeln sind bei der Budgetierung zu beachten:
» Budgets müssen sich auf klar umrissene Verantwortlichkeiten beziehen.
» Budgetvorgaben müssen messbar sein.
» Budgetvorgaben müssen seitens der Budgetverantwortlichen beeinflussbar sein.
» Budgetvorgaben müssen herausfordernd, aber erreichbar sein.

» Budgetvorgaben müssen einen Handlungsspielraum enthalten.
» Budgetverantwortliche sind am Budgetierungsprozess zu beteiligen.

Gefahren:
Häufig versuchen die Beteiligten das Budget auszutricksen. Ein Fall ist das „budget wasting". Budgetierte Mittel werden verschwendet, nahezu „weggeworfen". Das liegt daran, dass häufig der budgetierte Betrag an den Verbrauch des Vorjahres angepasst wird, obwohl dieser drastisch gesunken ist. Hier hilft nur eine Glaubhaftmachung des Erfolgs beim Mitteleinsatz.

Anhand der Projektplanung, insbesondere der Kosten- und Finanzierungsplanung wird entweder von der Unternehmensführung oder – insbesondere bei größeren oder öffentlichen Projekten – durch ein externes Beratungsteam entschieden, ob unter Wirtschaftlichkeitsaspekten die Umsetzung des Projekts machbar bzw. sinnvoll ist. Bei größeren Vorhaben wird eine Feasibility-Studie (Machbarkeitsstudie) in Auftrag gegeben. Sie beinhaltet z. B. Marktbeschreibung und -analyse, Wertung des Standortes sowie Prognosen hinsichtlich der Rentabilität (Wirtschaftlichkeitsrechnung) und führt zu einer positiven oder negativen Bewertung des Vorhabens.

Bei positiver Beurteilung wird eine Projektvorgabe erstellt, die in einem Projektauftrag besteht und den „Startschuss" für die Durchführung des Projekts nach den erarbeiteten Plänen gibt.

2.2.1 Die Ablaufplanung von Projekten

Die Planung von Abläufen von Projekten fragt zunächst, welche Arbeitsschritte („Verrichtungen", „Aufgaben" oder „Vorgänge") insgesamt zur Erreichung eines Projektzieles erforderlich sind. Diese werden in einem übersichtlichen Netzplan zusammengefasst, der die Reihenfolge und die Abhängigkeiten der zu erledigenden Aufgaben darstellt.

Netzpläne eignen sich hervorragend zur:
» Gewinnung eines Überblicks über den gesamten Projektverlauf,
» Darstellung von logischen Abhängigkeiten zwischen einzelnen Verrichtungen sowie ihrer zeitlichen Abfolge,
» genaue Abschätzung der Dauer von einzelnen Teilaktivitäten sowie des gesamten Projekts,
» vorausschauende Abschätzung von Verzögerungen im Hinblick auf die termingerechte Fertigstellung des Gesamtprojektes und
» Vergleich verschiedener Planungsvarianten im Hinblick auf Termine, Kosten und Einsatzmittelbedarf.

Werden Aussagen über die Dauer der einzelnen Arbeitsschritte zugefügt, so lassen sich Angaben über die Anfangs- und Endzeitpunkte sowie über Leerlaufzeiten ableiten und in den Netzplan eintragen. Ein solcher Netzplan ist dann die Grundlage für die Projektablauf- und die Terminplanung.

Anders als bei der Aufbauplanung wird eine funktionierende Teamstruktur vorausgesetzt. Die Ablaufplanung folgt also auf die Aufbauplanung.

Aufstellung des Netzplanes

Betrachten wir die Planung einer Klassenfahrt als Beispiel: Zunächst muss die Klasse den Termin und den möglichen Preis festlegen, den die Schüler bereit sind, für die Klassenfahrt zu zahlen. Dann müssen Angebote, am besten über die touristischen Ausbildungsbetriebe eingeholt werden. Wurde in der Klasse über ein Reiseziel entschieden, müssen alle Ausbildungsbetriebe informiert und die Genehmigung der Schule eingeholt werden. Gleichzeitig können Informationen über das Zielgebiet eingeholt werden, damit das Wochenprogramm zur Klassenfahrt gestaltet werden kann. Liegen die erforderlichen Einwilligungen vor, werden sich

222251674

die Schüler verbindlich zur Klassenfahrt anmelden. Gleichzeitig kann die Anzahlung für die Klassenfahrt eingesammelt werden (was erfahrungsgemäß etwas länger dauert) und dann die Fahrt gebucht werden. Anschließend erfolgt die Ausarbeitung des Wochenprogramms durch die Schüler, die auch die dafür erforderlichen Reservierungen, z. B. für Busse vor Ort oder Hotelbesichtigungen, vornehmen müssen. 21 Tage vor Abfahrt muss dann die Restzahlung überwiesen werden.

Lfd. Nr.	Vorgang	Vorgänger	Nachfolger	Dauer in Tagen
1	Termin und Preis festlegen	–	2/3	1
2	Angebote Hotel suchen	1	4	14
3	Angebote zu Anreise suchen	1	4	7
4	Abstimmung und Entscheidung	2/3	5/6/7	1
5	Informationen über die Region einholen	4	11	7
6	Betriebe informieren	4	8/9	7
7	Genehmigung durch Schule	4	8/9	14
8	Verbindliche Reiseanmeldung der Schüler	6/7	10/12	1
9	Anzahlung einsammeln	6/7	10	14
10	Buchung der Klassenfahrt	8/9	13	1
11	Ausarbeitung des Wochenprogramms	6/7	12	14
12	Reservierung für das Wochenprogramm	5	14	4
13	Restzahlung anweisen	10	14	21
14	Abfahrt	12/13	–	1

Der Klassenlehrer – in diesem Fall der Projektleiter – überlegt zunächst, welche Aufgaben überhaupt zu erledigen sind. Anschließend wird festgelegt, in welcher Reihenfolge die Aufgaben auszuführen sind bzw. welche Tätigkeiten bereits erledigt sein müssen, bevor der nächste Planungsschritt ausgeführt werden kann. Außerdem gilt es zu überlegen, welche Tätigkeiten zeitgleich ausgeführt werden können. Mit dem Netzplan lässt sich nun feststellen, wann die Klasse frühestens auf Klassenfahrt gehen, bzw. mit wie viel (Unterrichts-)Zeit bei der Planung zu rechnen ist.

Inhalte des Netzplanes

Das wichtigste Element eines Netzplans ist das Element Aufgabe. Aufgaben sind Anweisungen für ein bestimmtes Handeln. Für jede Aufgabe müssen die Nummer und besonders bei großen Netzplänen, die Kurzbezeichnung angegeben werden. Weiterhin sind die folgenden Bezeichnungen einzutragen oder zu berechnen:

- **Dauer:** Die Dauer der Aufgaben gemäß des Aufgabenplans, hier in Tagen angegeben, es können aber natürlich auch andere Zeiteinheiten herangezogen werden.
- **FAZ:** Frühester Anfangszeitpunkt der einzelnen Aufgaben. Der FAZ aller Aufgaben, die keinen Vorgänger haben, ist der erste Tag oder die erste Zeiteinheit.

- **FEZ:** Frühester Endzeitpunkt der einzelnen Aufgaben. Es gilt: FEZ = FAZ + Dauer –1.
- **SEZ:** Spätester Endzeitpunkt der einzelnen Aufgaben. Der SEZ der letzten Aufgabe ist identisch mit dem FEZ der letzten Aufgabe. Der SEZ aller Aufgaben, die Nachfolger haben, ist der SAZ der Nachfolgeraufgabe –1.
- **SAZ:** Spätester Anfangszeitpunkt der einzelnen Aufgaben. Es gilt: SAZ = SEZ – Dauer +1.
- **Puffer:** Zeit, die eine Aufgabe verzögert werden könnte, ohne das Gesamtprojekt zu verzögern. Es gilt: Puffer = FEZ – SEZ oder Puffer = SAZ – FAZ.

Ein weiteres Element von Netzplänen sind **Meilensteine.** Man unterscheidet:

Anfangs-Meilenstein („Kick-off" des Projekts): Ist immer erforderlich, wenn im Projekt-Strukturplan mehrere Aufgaben keine Vorgänger haben, d. h., am Anfang eines Projektes mehrere Aufgaben gleichzeitig zu erledigen sind:

End-Meilenstein: Analog zum Anfangs-Meilenstein ist ein End-Meilenstein erforderlich, wenn mehrere Aufgaben gleichzeitig keine Nachfolger in der Projekt-Strukturplanung haben, d. h., Endaufgaben sind:

Binnen-Meilenstein: Ein Meilenstein innerhalb eines Projektes ist immer dann erforderlich, wenn mehrere Aufgaben auf mehrere folgen, d. h., mehr als ein Nachfolger für mehr als eine Aufgabe angegeben ist:

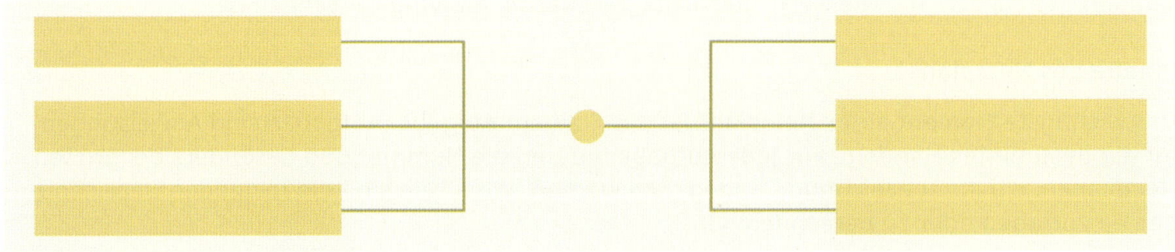

Ohne den Einsatz von Binnenmeilensteine wäre die Darstellung unübersichtlich und würde falsche Terminierungen fördern:

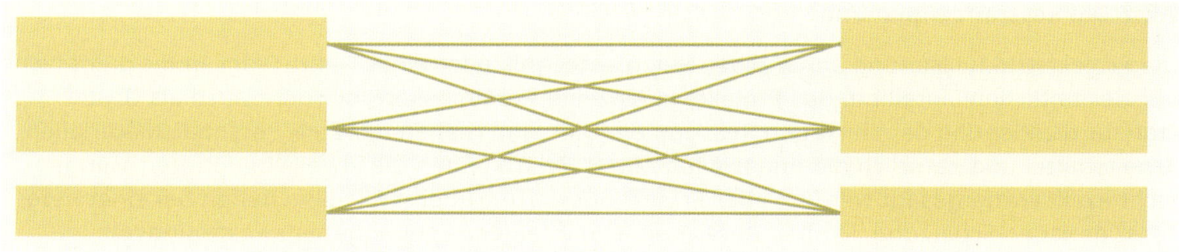

Im Beispiel Klassenfahrt haben die Aufgaben 6 „Betriebe" und 7 „Schule" beide die Nachfolger 8 „Anmeldung" und 9 „Anzahlung". Um grafisch zu symbolisieren, dass die Arbeitsschritte 8, 9 und 10 nach 6 und 7 folgen müssen, ist ein Binnen-Meilenstein erforderlich.

Ermittlung des kritischen Pfades

Von der ersten bis zur letzten Aufgabe bzw. vom Anfangs- bis zum End-Meilenstein durch das ganze Projekt wird sich stets eine Reihe von Aufgaben finden, deren Pufferzeit null ist. Tritt bei nur einer einzigen dieser Aufgaben eine Verzögerung ein, so verzögert sich das ganze Projekt. Diese Aufgaben sind die kritischen Aufgaben, und deren Reihenfolge, die im Netzplan durch eine fette Linie dargestellt ist, sind der sog. kritische Pfad. Würde beispielsweise bei einer der Aufgaben 2 „Hotel" oder 9 „Anzahlung" eine Verzögerung eintreten, so wäre das Gesamtprojekt erst um die Dauer der Verzögerung später als am 67. Tag abgeschlossen. Diese Aufgaben bilden daher den kritischen Pfad. Die Projektsteuerung sollte besonderes Augenmerk auf die Einhaltung der kritischen Aufgaben legen. Der kritische Pfad eines Projektes kann sich gabeln und mehrere parallele Verläufe nehmen, hat aber stets einen einzigen Anfangs- und einen einzigen Endzeitpunkt.

Nehmen wir beispielsweise an, aus irgendeinem Grunde müssten wir für die Aufgabe 8 „Anmeldung" nicht einen, sondern 14 Arbeitstage einplanen, hätten dies eine Zweiteilung des kritischen Pfades zur Folge. Die Zusage eines festen Endtermines an einen Kunden ist risikoreicher, wenn es mehrere parallele kritische Pfade gibt, weil dann mehr Aufgaben schon bei einer geringen Verzögerung die Durchlaufzeit des Gesamtprojektes verzögern können.

Netzplan Klassenfahrt

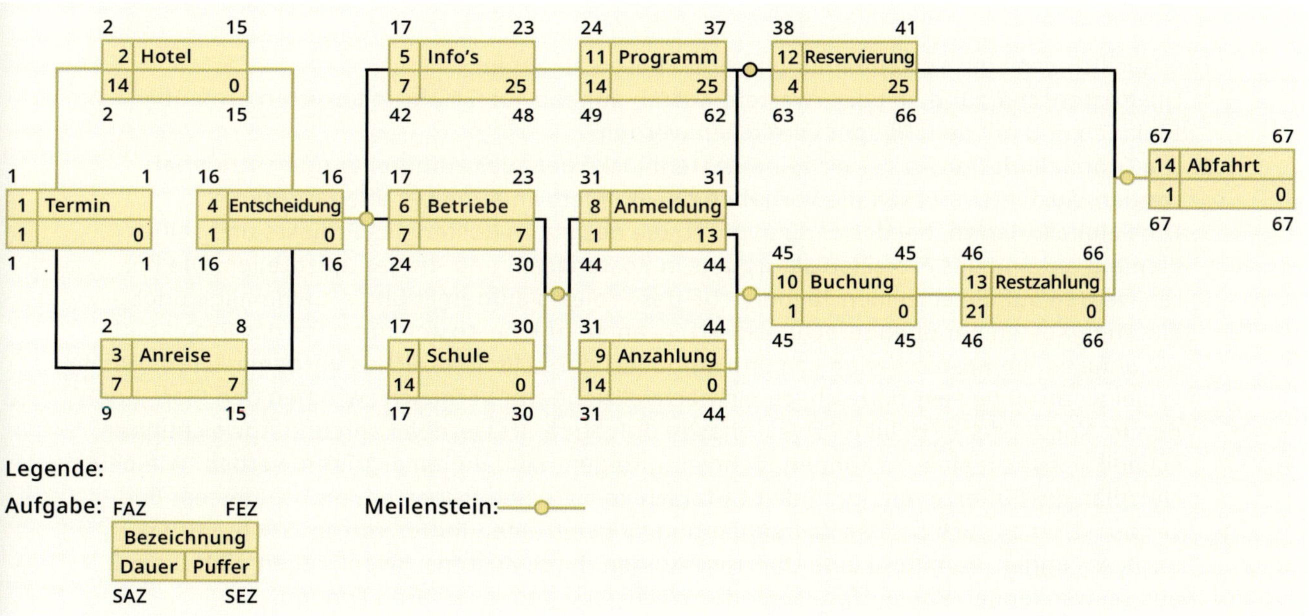

2.2.2 Die Ressourcenplanung

Die Projektstrukturplanung anhand der Netzplantechnik oder eines Gantt-Diagramms dient nicht nur der zeitlichen Einteilung des Projekts in einzelne Arbeitspakete, sondern auch als Grundlage für die Planung der sonstigen Ressourcen. Dies sind (neben der Zeit) Personal, Materialien, Arbeitsmittel und natürlich die finanziellen Mittel. Zwar können die jeweils benötigten Mengen nicht exakt vorhergesagt werden, aber Erfahrungswerte früherer Projekte helfen bei einer möglichst genauen Schätzung. In allen Bereichen ist die folgende Herangehensweise sinnvoll:

- » genaue Definition des **Projektziels,**
- » Zerlegung des Projekts in einzelne **Arbeitspakete** (z. B. anhand eines Netzplans),
- » Erfassung von **Einflussfaktoren** wie klimatische Gegebenheiten, Teilnehmerzahl, Komplexität des Projekts (Dauer, Mitarbeiterzahl, Größe usw.), Erstellung eines Best-Case- sowie eines Worst-Case-Szenarios, um Risiken abschätzen zu können,
- » **Vergleich** des Projekts mit ähnlichen bereits durchgeführten Veranstaltungen/Projekten,
- » **Aufwandsschätzung** für die einzelnen Arbeitspakete mit Berücksichtigung der Best- und Worst-Case-Szenarien und
- » **Ermittlung des Gesamtaufwandes** durch Aufsummierung der einzelnen Aufwände für die Arbeitspakete.

Tücken bei der Aufwandsschätzung sind zu beachten! Dies sind z. B. mögliche Ausfälle von Mitarbeitern aufgrund von Krankheit/Urlaub usw., lange Wege- und Wartezeiten insbesondere bei organisatorischen Aufgaben mit Beteiligung von externen Firmen und Behörden sowie mögliche Kommunikationsstörungen bzw. ein hoher Kommunikationsaufwand (bes. bei komplexen Projekten). Besonders die Personal- und Finanzplanung sollte daher **Puffer** berücksichtigen, um keine bösen Überraschungen zu erleben, die den Projekterfolg gefährden.

Die Finanz- oder Kostenplanung

Projektmittel in Form von Sachmitteln sind teilweise bereits vorhanden oder müssen beschafft werden. Dies können Arbeitsräume und -plätze, Maschinen, Arbeits- und Kommunikationsmittel sein. Dafür und z. B. für Reisen, Personal, Versicherungen u. a. ist eine bestimmte finanzielle Versorgung des Projekts notwendig: das Budget (siehe Exkurs: Budgetierung von Projekten). Die Kostenplanung dient also auch dazu, die Deckung der voraussichtlichen Kosten durch das Budget zu überprüfen.

Grundsätzlich kann die Kostenplanung in drei Phasen ablaufen:

1. **Die Kostenschätzung,** in der erwartete Kosten anhand von Erfahrungswerten grob überschlagen und mit dem Budget verglichen werden.
2. **Die Grobkalkulation,** in der einzelne Kostenblöcke genauer aufgeteilt und beschrieben werden. Auch hier müssen die Vorgaben des Budgets im Auge behalten werden.
3. **Die Feinkalkulation,** bei der es sinnvoll ist, die gesamten Kosten des Projekts und seiner Planung anhand des Projektstrukturplans in Kostenarten und -träger aufzuteilen: Die Kosten werden auf die einzelnen Teilbereiche des Projekts aufgeteilt und als einmalige oder laufende Kosten periodengerecht erfasst. So entsteht eine Kostenkurve für das Projekt, die die anfallenden Kosten periodisch und kumuliert darstellt. Ein solches Vorgehen ist für das Projektcontrolling sehr hilfreich, da ein nachvollziehbarer Vergleich zwischen den Plan- und den Ist-Kosten der einzelnen Projektphasen durchgeführt werden kann und Abweichungen schnell analysiert sind. So können rechtzeitig Gegenmaßnahmen ergriffen werden. Wie beim Netzplan die Pufferzeiten durch den Unterschied zwischen frühestem und spätestem Endzeitpunkt, ist es auch bei der Kostenplanung sinnvoll, einen Puffer von ca. 5 % bis 10 % zu berücksichtigen, damit es keine Überraschungen durch Kostenschwankungen gibt, die z. B. aus schwankenden Rohstoffpreisen oder Wechselkursen resultieren können.

Beispiel für eine Feinkalkulation eines Reisebüroevents (z. B. Präsentation eines Zielgebiets)

Kostenarten

Projekteinzelkosten: Personalkosten, Raumkosten (bei Anmietung externer Räume für die Veranstaltung), Kosten für Fachliteratur, Versicherungskosten, Transportkosten, Kosten für das Catering und die Künstler (Musiker o. A.), ggf. Kosten für Fremdleistungen, GEMA usw.

Projektgemeinkosten (lassen sich nicht eindeutig dem Projekt zuordnen): Allgemeine Verwaltungskosten, Raumkosten (bei Nutzung der eigenen Räume), Kosten für projektübergreifende Dienstleistungen und Materialien usw.

Kostenträger

Die Kostenträger könnten die einzelnen Vorgänge oder Arbeitspakete aus dem Netzplan sein, z. B. Programm planen, Raum mieten, Einladungen schreiben und versenden, Technik, Caterer und Deko besorgen, Präsentation durchführen, Gästebefragung usw.

Die Personalplanung

Ein Vorteil der Projektarbeit liegt im Einsatz von Mitarbeitern, die sich für eine gewisse Zeit ausschließlich um das Projekt kümmern und gemäß ihren Fähigkeiten und Erfahrungen aus verschiedenen Unternehmensbereichen zusammenkommen. So entsteht ein Team, das sich mit dem Projekt identifiziert und somit hoch motiviert ist, das Projekt erfolgreich zu gestalten. Fachliche Kompetenz, Methodenkompetenz sowie persönliche und soziale Kompetenz sind also Grundvoraussetzungen, die die Projektmitarbeiter mitbringen sollten – diese Kompetenzen werden auch Projektkompetenzen genannt.

Beispiel für einen Teil eines Personaleinsatzplans des Projekts: Präsentation Zielgebiet am 23.04.

	Bedarf an Mitarbeitern (MA) pro Arbeitswoche					
Arbeitspaket	14.03.–20.03.	21.03.–27.03.	28.03.–03.04.	04.04.–10.04.	11.04.–17.04.	18.04.–24.04.
Programm planen, Projektleitung	4 MA Maria, Lars, Tom, Eva	3 MA Maria, Lars, Tom	2 MA Maria, Lars	2 MA Maria, Lars	2 MA Eva, Lars	2 MA Maria, Lars
Miete von Raum, Künstler, Technik		1 MA Eva				
Einladungen			1 MA Eva	1 MA Eva		
Catering, Deko			1 MA Tom			2 MA Tom, Eva
Gästeempfang, Moderation						2 MA Tom, Eva
Nachbereitung						
Summe	4 MA	4 MA	4 MA	3 MA	2 MA	4 MA
Vorrat	4	**3**	3 Tom Urlaub	**4**	4	3 Maria Inforeise

Beispiel für einen Teil eines Personaleinsatzplans des Projekts: Präsentation Zielgebiet am 23.04.						
	Bedarf an Mitarbeitern (MA) pro Arbeitswoche					
Lücke/Überhang	–	–	–1	+1 (Tom)	+2 (Maria, Tom)	–1

Kann der Personalbedarf mit den zur Verfügung stehenden Mitarbeitern nicht gedeckt werden oder fehlen bestimmte Qualifikationen, können evtl. Fortbildungen helfen oder es müssen Fremdleistungen in Anspruch genommen werden.

Im Zentrum der Personalplanung steht aber zunächst der **quantitative Personalbedarf.** Anhand des Projektstrukturplans und den hier ermittelten einzelnen Arbeitsbereichen und -paketen kann – besonders bei komplexen Projekten – ein Personaleinsatzplan erstellt werden, der die jeweils benötigten Mitarbeiter mit den entsprechenden Qualifikationen den einzelnen Arbeitspaketen zuordnet.

2.2.3 Die Projektentscheidung

Die Entscheidung über die Realisation kleinerer Projekte wird meist „aus dem Bauch heraus" gefällt. Bei der Planung ist bereits klar geworden, ob der Nutzen des Projekts seine Kosten rechtfertigt. Bevor allerdings große Projekte in Auftrag gegeben werden, müssen sie bewertet werden. Dies kann anhand verschiedener mathematischer Methoden geschehen, z. B. Investitions- oder Nutzwertrechnungen. Eine Möglichkeit ist auch die Beauftragung einer Machbarkeitsstudie (feasibility study). Oft vernachlässigt, aber für die Projektentscheidung und als elementare Voraussetzung für die reibungslose Projektdurchführung äußerst wichtig, ist die **Risikoanalyse.**

Die Risikoanalyse
- » deckt allgemeine und **projektspezifische Risiken** auf, die die Projektkosten erhöhen, den Projektablauf behindern oder sogar das Projekt zum Scheitern bringen könnten;
- » dient der Entwicklung von geeigneten **Gegenmaßnahmen** im Falle des Auftretens dieser Risiken;
- » sollte mit dem gesamten Projektteam durchgeführt werden, um möglichst viele Risikoquellen und Erfahrungswerte zu erfassen und alle Mitglieder zu sensibilisieren;
- » nimmt mit zunehmender Komplexität von Projekten mehr Zeit und Ressourcen in Anspruch, ggf. können Experten im Umgang mit speziellen Risiko-Tools eingesetzt werden;
- » überprüft alle Arbeitspakete eines Projektstrukturplans auf ihren Risikogehalt hin. Jeweils sollten mögliche Zeitverzögerer und Kostentreiber (z. B. technische Probleme) identifiziert werden.
- » versucht, die Projektrisiken quantifizierbar zu machen, indem sie gemeinsam im Team z. B. nach ihrer **Eintrittswahrscheinlichkeit,** ihren (messbaren) Auswirkungen auf Kosten, Zeit und Qualität sowie der möglichen Gegenmaßnahmen bewertet werden:

Beispiel: Risikoanalyse des Reisebüro-Projekts „Präsentation eines Zielgebiets"					
Risiko	**Wahrscheinlichkeit**	**Auswirkung Kosten**	**Auswirkung Zeit**	**Auswirkung Qualität**	**Gegenmaßnahme**
Geringe Zahl der Besucher	20 %	0	0	4	Einladungen mit Rückantwort, Handzettel, Radiowerbung

222251680

Beispiel: Risikoanalyse des Reisebüro-Projekts „Präsentation eines Zielgebiets“					
Risiko	**Wahrscheinlichkeit**	**Auswirkung Kosten**	**Auswirkung Zeit**	**Auswirkung Qualität**	**Gegenmaßnahme**
Personalmangel	30 %	1	**3**	3	Einbindung des Azubis in die Planung
Ausfall der Künstler	20 %	**1**	2	3	Alternativprogramm: zusätzliche Musiker, Film, ...
Ausfall der Technik	10 %	**1**	1	2	Möglichkeit der Ersatzanlage überprüfen, Techniker aus Freundeskreis einladen

Intensität der Auswirkung von 0 (keine) bis 4 (sehr große Auswirkung)

Die endgültige Projektentscheidung wird i. d. R. von der Unternehmensleitung getroffen, häufig wird auch ein Ausschuss eingesetzt. Die Entscheidungskriterien richten sich nach der vorangegangenen Planung und Risikoanalyse:

» Welchen Nutzen hat das Projekt kurz- und langfristig?
» Wie wichtig ist das Vorhaben derzeit für das Unternehmen?
» Können Kosten und andere Ressourcen (Personal) dafür aufgebracht bzw. aus dem Tagesgeschäft abgezogen werden?
» Wie lange dauert das Projekt?
» Wie riskant ist das Projekt?

Ablehnungen von Projekten kommen natürlich vor. Wichtig ist dann die genaue Erläuterung der Gründe, um keine Demotivation und Frustration bei denjenigen, die bei der Planung beteiligt waren, aufkommen zu lassen.

2.3 Die Durchführung und Auswertung von Projekten

Das Kernstück des Projekts, die Projektdurchführung, folgt auf die Phase der Projektplanung. Sie ist durch die folgenden Vorgänge gekennzeichnet:

» Erledigung der Arbeitspakete, Kommunikation und regelmäßiger Informationsaustausch,
» Überwachung des Projektfortschritts (Projektstatusberichte),
» Erfassung und Analyse der Abweichungen von der Planung (Projektcontrolling und -dokumentation),
» Abschluss der Projektdurchführung durch Präsentation (z. B. Ausstellung, Broschüre, Pressekonferenz, Veranstaltung),

Um den Startpunkt der Durchführungsphase zu betonen und alle Beteiligten zu motivieren, findet in großen Unternehmen mit langfristigen und komplexen Projekten häufig eine **„Kick-off“**-Veranstaltung für alle Teammitglieder statt. Sie kann aber auch bereits vor der Initiierung und Planung des Projekts stehen, um das Team zusammenzuführen.

In der Durchführungsphase ist es primär die Aufgabe des Projektleiters, den Projektverlauf so zu steuern (**Projektcontrolling**), dass die geplanten Projektziele erreicht werden. Hierzu ist ein ständiger und konsequenter Soll-Ist-Vergleich notwendig. Abweichungen müssen frühzeitig erkannt und Gegenmaßnahmen eingeleitet werden.

Abweichungen können sich ergeben, weil
- » bei der Planung einzelne Aufgaben, Meilensteine oder bestimmte Einflussfaktoren vergessen wurden,
- » Schätzungen zu ungenau oder zu optimistisch gemacht wurden,
- » unvorhergesehene externe Einflüsse und Störungen auftreten,
- » Termine nicht eingehalten wurden,
- » Annahmen, die der Projektplanung zugrunde liegen, nicht eintreffen,
- » Arbeitspakete nicht oder nur unzureichend bearbeitet werden (ggf. durch Kompetenzkonflikte) usw.

! **Die Projektdokumentation ist ein wichtiges Instrument des Projektcontrolling. Die Projektleitung kann ein Teammitglied mit der Erstellung der Dokumentation beauftragen. Sie sollte enthalten:**
- **Alle Daten und Annahmen der Planungsphase, Sach-, Kosten- und Terminziele,**
- **Chronologische Darstellung der Methoden und Vorgehensweisen im Projektverlauf,**
- **Erfassung aller Aufwendungen,**
- **Erfassung von Teilergebnissen,**
- **Erfassung von Änderungen und Abweichungen,**
- **Protokolle von Teambesprechungen,**
- **Stimmen der Beteiligten,**
- **Veröffentlichungen (Fotos, Berichte),**
- **Gesamtergebnisse,**
- **ggf. Verbesserungsvorschläge („lessons learned"), Ideen zur Weiterentwicklung, Evaluation.**

Voraussetzung für ein funktionierendes Projektcontrolling ist eine regelmäßige Kommunikation zwischen Teammitgliedern und Projektleitung sowie eine aussagefähige **Dokumentation** aller projektrelevanten Daten. Sie kann darüber hinaus hilfreich bei späteren Projektvorhaben sein. Außerdem dient sie als Grundlage für ggf. notwendige Projektstatusberichte (z. B. für Auftraggeber, beteiligte Partnerunternehmen usw.), für den Abschlussbericht bzw. die Evaluation des Projekts.

Neben der Dokumentation ist der ständige Informationsfluss zwischen Projektteam und Projektleiter zwingend notwendig, um bei evtl. auftretenden Planabweichungen oder Problemen schnell geeignete Gegenmaßnahmen einleiten zu können. Dazu dient eine funktionierende Kommunikationskultur innerhalb der Teams und zwischen Projektmitarbeitern und Projektleitung (zur Teamarbeit → Kapitel 1.2). Nach Möglichkeit sollten regelmäßige Teamsitzungen abgehalten werden, um die Projektkommunikation zu intensivieren, sowie zusätzliche Meilensteinmeetings. Sollte dies nicht möglich sein (räumliche Trennung, terminliche Gründe usw.), so können elektronische Plattformen (E-Mail, Newsgroup usw.) gestaltet werden, um ein Mindestmaß an Kommunikation zu ermöglichen.

Sind die festgestellten Abweichungen zwischen geplanten und tatsächlichen Größen hinsichtlich Zielen, Ressourcen oder Terminen sehr groß, können weiterreichende Maßnahmen nötig werden, wie z. B.
- » Erhöhung des Projektbudgets,
- » Erhöhung der personellen oder materiellen Ressourcen,
- » Anpassung des Projektziels,
- » Verschiebung des Projektabschlusstermins oder sogar
- » Abbruch des Projekts.

Der **Abbruch eines Projekts** erfordert sehr viel Mut und Durchsetzungsfähigkeit der entscheidenden Personen. Es muss rechtzeitig erkannt werden, wenn Projekte so „aus dem Ruder laufen", dass das geplante Projektziel (Zeit, Qualität, Kosten) nicht mehr zu erreichen ist. Projekte zu stoppen, ist keine Schande, sondern sollte als Zeichen einer intakten Projektkultur gesehen werden.

Nach der Durchführung des Projekts, die meist in eine Präsentation mündet, sollte nicht sofort zum Tagesgeschäft übergegangen werden. Der Abschlussphase wird oftmals zu wenig Bedeutung zugemessen, unabhängig von ihrem Erfolg verlaufen Projekte dann im Nichts. Das ist sehr schade, denn die gründliche Evaluation des Projekts bietet Gelegenheit, Erkenntnisse, Einsichten und Erfahrungen festzuhalten, damit diese für zukünftige Projekte genutzt werden können. Darüber hinaus dient sie der nachhaltigen Motivation der Projektmitarbeiter.

EXKURS»

Protokollieren

Über alle Teambesprechungen sollte ein Protokoll angefertigt werden, um spätere Missverständnisse oder Unklarheiten zu vermeiden. Ein Protokoll ist ein Sitzungsbericht, der in unterschiedlichen Ausprägungen formuliert werden kann: als **wörtliches Protokoll** mit genauer Wiedergabe jedes Wortbeitrags (selten); als **Verlaufsprotokoll** mit allen wichtigen Beiträgen und Meinungen unabhängig vom Ergebnis der Sitzung; als **Kurzprotokoll,** das die wesentlichen Inhalte und Ergebnisse festhält (üblich); oder als **Ergebnisprotokoll,** in dem lediglich die Ergebnisse der Sitzung aufgeführt werden.

Für eine gute Übersichtlichkeit sollte das Protokoll folgendermaßen strukturiert werden:
1. Protokollüberschrift
2. Kopfteil mit Zeit- und Ortsangaben, Teilnehmern, Anlass und/oder Thema
3. Textteil, z. B. gegliedert nach Tagesordnungspunkten (TOP 1: ..., TOP 2: ...) und den Ergebnissen
4. Schlussteil mit vereinbarten neuen Terminen, Hinweisen auf Anlagen und Verteiler sowie der Unterschrift des Protokollanten.

! **Der Begriff „Evaluation" kommt ursprünglich aus dem Französischen, später auch aus dem Englischen und bedeutet „Beurteilung" oder „Bewertung" (engl. value = Wert). Nach Abschluss eines Projekts sollen anhand der Evaluation einzelne Aspekte des Projekts sowie sein Gesamtergebnis beurteilt werden. Einzelne Aspekte können z. B. die Kommunikation im Team, die Einhaltung von Terminen, Umgang mit Ressourcen, Lösung von Konflikten oder die öffentliche Darstellung der Ergebnisse sein. Dabei geht es nicht vordergründig darum, Fehler aufzuzeigen! Wichtig ist vor allem auch die Hervorhebung von Positivem. Damit dient Evaluation nicht nur dazu, für zukünftige Projektvorhaben Rückschlüsse zu ziehen und aus Fehlern zu lernen, sondern kann (und sollte) auch motivierend für die Initiierung neuer Projekte wirken.**

Wie ein Projekt evaluiert wird, hängt ganz von der jeweiligen Unternehmenskultur und den Vereinbarungen im Projektteam ab. Denkbar sind folgende Herangehensweisen:

» **Abschlussbesprechung mit gegenseitigem Feedback** (→ Feedbackregeln unter Kapitel 1.2), ggf. auch mit Beteiligung externer Moderatoren und/oder Beratern. Es können Fragen erörtert werden, wie z. B. „Was ist gut, was weniger gut gelaufen?", „Was würden Sie nächstes Mal genauso, was anders machen?"

- **Projektreflexion** anhand von schriftlichen **Fragebögen** und anschließende Besprechung der Auswertung. Möglich sind auch übersichtliche und schnell auszuwertende **Bewertungsbögen** wie im folgenden Beispiel (die Bewertung kann im Plenum mittels aufzuklebender oder -zumalender Punkte stattfinden):

Beurteilung	**Sehr gut**	**Gut**	**Zu verbessern**	**Ungenügend**
1. Ideenfindung, Kreativität				
2. Teamarbeit, Kommunikation				
3. Entscheidungsfindung				
4. Finanzierung, Ausstattung				
5. Projektleitung				
6. Anerkennung, Motivation				
7. Zeitressourcen				

Ähnliche Methoden sind auch als Zwischenevaluation oder Stimmungsbarometer geeignet.

- **Blitzlicht** (auch als Zwischenevaluation geeignet): ähnlich wie beim Brainstorming wird von den Teilnehmern spontan zu einer Frage Stellung genommen, meist in der Ich-Form („ich fühle mich von der Projektleitung ungenügend unterstützt"). Die Äußerungen werden nicht kommentiert, aber im Anschluss der Blitzlicht-Runde ggf. diskutiert, um Fehlentwicklungen zu verhindern oder Rückschlüsse für zukünftige Projekte zu ziehen.
- Möglichkeiten für **anonymes Feedback** sollten immer zur Verfügung gestellt werden. Nicht jedes Mitglied möchte offene Kritik, z. B. an der Projektleitung oder der Zusammenarbeit mit Kollegen, äußern. Am besten eignen sich hierzu anonymisierte Fragebögen mit offenen Fragen („Was könnte geändert werden?", „Welche Verbesserungsvorschläge haben Sie für zukünftige Projekte?").

2.4 Beispiele für Unterrichtsprojekte

Bevor ein Projekt im Unterricht bzw. während der Schulzeit initiiert und durchgeführt wird, sollten zunächst von der Lehrkraft die Rahmenbedingungen abgesteckt werden:

- Wie ist der zeitliche Rahmen, welche Zeit steht für die Projektarbeit, welche für die Projektpräsentation zur Verfügung?
- Welche finanziellen und materiellen Ressourcen stehen zur Verfügung? Können mehrere Räume genutzt werden, sind genügend Computer mit Internetanbindung vorhanden?
- Wer soll die „Zielgruppe" für das Projekt sein? Nur die Schülerinnen und Schüler der Klasse oder auch die anderer Klassen der Schule oder sogar die interessierte Öffentlichkeit?

Die Projektinitiative sollte möglichst bald nach Beginn der Ausbildung gestartet werden, um den Abschluss des Projekts durch Prüfungsstress und Zeitverzögerungen nicht zu gefährden. Es ist sehr frustrierend für alle Beteiligten, wenn ein Projekt, in das bereits viel Zeit, Energie und Engagement gesteckt wurde, aufgrund von Zeitnot nicht beendet werden kann.

Obwohl die Idee für das Projekt natürlich anhand verschiedener Kreativitätstechniken (→ Kapitel 2.1) in der Klasse entwickelt werden sollte, hier ein paar Ideen für Unterrichtsprojekte in Klassen mit touristischem Schwerpunkt:

» Der Klassiker: Veranstaltung einer Klassenfahrt (Entscheidung über Ziel, Zeitraum, Budget, Anreise, Unterkunft, Programm; Kontaktaufnahme mit den Leistungsträgern und Buchung; Gestaltung des Programms vor Ort; Abschluss von Versicherungen; Controlling durch Kostenkontrolle und Abrechnung; Präsentation in der Schule nach Durchführung der Fahrt).
» Für kleinere Budgets oder bei Zeitmangel: Organisation eines Ausflugs in eine nahe gelegene Destination (erfordert ähnliche Überlegungen wie oben!).
» Für Marketingspezialisten: Roadshow oder Reisemesse in der Schule, zu einem bestimmten Zielgebiet oder einer bestimmten Reiseart (z. B. Jugend-Busreisen). Die Inhalte hängen von den Schwerpunkten der Ausbildungsbetriebe und evtl. deren Engagement ab. Möglich ist auch die Einladung von Referenten (z. B. von Fremdenverkehrsämtern, Spezialveranstaltern o. A.). Geeigneter Raum in der Schule erforderlich!
» Für angehende Reiseleiter: Geführte Stadtrundgänge, Museenbesuche, Wanderungen, o. Ä. als Angebot für die Mitschüler/-innen und Lehrer/-innen der Schule.
» Für Umweltbewusste: Veranstaltung zum Thema „nachhaltiges Reisen“ mit Vorträgen, Broschüren mit Tipps und Hinweisen, Videoinstallationen usw. für die Mitschüler/-innen und Lehrer/-innen der Schule oder sogar für die Öffentlichkeit. Eine solche Veranstaltung kann in der Schule oder auch auf Fußgängerzonen oder Flughäfen stattfinden (Vorsicht: Genehmigungen!).
» Für Gesellige: Veranstaltung eines Schulfestes (Sommerfest, Abschlussfest, Sportfest usw.). Diese Arbeit erfordert u. a. eine Auseinandersetzung mit Genehmigungen und rechtlichen Rahmenbedingungen (bezüglich Ausschank, Verkauf von Speisen, Musikdarbietungen, zeitlicher Rahmen, Sicherheitsvorkehrungen usw.)!

Viel Erfolg!

Situationsaufgabe

Situation:

Sie möchten in Ihrer Klasse ein gemeinsames Frühstück organisieren. Planen Sie dieses als kleines Projekt, indem Sie die folgenden Aufgaben bearbeiten.

Aufgaben:

1_ Bestimmen Sie einen Termin. Halten Sie in einer Projektskizze Termine und Meilensteine fest.

2_ Welches „Material“ wird benötigt? Führen Sie eine Kalkulation durch.

3_ Legen Sie die Arbeitspakete fest und planen Sie das „Personal“. Bestimmen Sie zumindest einen Projektleiter sowie ein Mitglied, das die Dokumentation übernimmt.

4_ Welche Risiken können auftreten? Entscheiden Sie sich für geeignete Gegenmaßnahmen.

5_ Evaluieren Sie Ihr Projekt ggf. zu einem festgelegten Termin vor dem Frühstück (als Zwischenevaluation) und nach der Durchführung anhand einer der o. g. Methoden.

Aufgaben

1_ Das Reisebüro, in dem Sie tätig sind, hat eine kleine Abteilung für Messen, Tagungen, Kongresse und Incentives (sog. MICE-Tourismus). Bisher wurden erst einige Incentives in den Alpen mit Rafting und Klettern als Schwerpunkt von Ihrem Büro organisiert. Nun bekommen Sie von einem Unternehmen aus der Versicherungsbranche den Auftrag, eine Incentive-Reise für dessen langjährige Mitarbeiter (im Alter zwischen 50 und 60 Jahren) zu gestalten. Sie soll etwa zwei Übernachtungen beinhalten und in Deutschland stattfinden.

a) Sie möchten diese Aufgabe nach den Regeln des Projektmanagements bearbeiten. Erläutern Sie Ihren Kolleginnen und Kollegen, wie Sie vorgehen würden.

b) Sammeln Sie Ideen für die Incentive-Reise. Teilen Sie sich dazu in Kleingruppen (4–5 Personen) auf und gehen Sie nach einer der Kreativitätstechniken vor:

Gruppe A – Brainstorming

Gruppe B – Brainwriting

Gruppe C – Visualisierung (Fantasiereise: Die Gruppenmitglieder machen es sich bequem und schließen die Augen, eine/r der Teilnehmer/-innen oder eine außenstehende Person leitet die Fantasiereise mit ruhiger Stimme ein, z. B. so: „Du begleitest eine Gruppe etwa 50-jähriger Männer und Frauen auf eine Kurzreise, die für alle unvergesslich sein wird. Wie sieht diese Reise aus? Wo fahrt ihr hin? Wie sieht die Umgebung aus, in der ihr euch aufhaltet? Welche Aktivitäten bietest du der Gruppe an? Lasse die Reise vor deinem inneren Auge ziehen und gestalte sie nach deinen Vorstellungen."

Der Gruppe wird genügend Zeit und Ruhe gegeben, um sich auf die Visualisierung einzulassen. Anschließend werden die Ideen schriftlich festgehalten.)

Gruppe D – Morphologische Matrix (Hinweis: Zunächst werden die Eigenschaften der Reise gesammelt und notiert, anschließend deren Ausprägungen festgehalten.)

2_ Strukturplan des Projektes: Frühstück

Vorgangsliste:

Vorgangsnummer	Vorgangsbezeichnung	Vorausgehender Vorgang	Vorgangsdauer
1	Küche betreten	–	1 Min.
2	Radio einschalten	1	1 Min.
3	Wasser kochen	2	5 Min.
4	Tisch decken	2	3 Min.
5	Brot schneiden	4	2 Min.
6	Kaffee filtern	3,5	4 Min.

Vorgangsnummer	Vorgangsbezeichnung	Vorausgehender Vorgang	Vorgangsdauer
7	Brot belegen	5	3 Min.
8	Brot essen	6, 7	8 Min.
9	Kaffee trinken	6, 7	14 Min.
10	Zeitung lesen	6, 7	10 Min.
11	Tisch abräumen	8, 9, 10	4 Min.
12	Radio ausschalten	2, 11	1 Min.
13	Küche verlassen	12	1 Min.

Als Startzeitpunkt des Projektes wird der Zeitpunkt 08:00 Uhr morgens angenommen. Da das Projekt so schnell wie möglich umgesetzt bzw. verwirklicht werden soll, wird bei der Rückrechnung der späteste Endtermin gleich dem frühesten Endtermin gesetzt.

a) Ermitteln Sie den Zeitraum, der notwendig ist, um das Projekt vollständig abzuschließen. Führen Sie eine Vorwärts- und Rückwärtsrechnung mithilfe des MPM-Netzes durch und bestimmen Sie die Gesamtpufferzeit und den freien Puffer.

b) Zeichnen Sie den kritischen Weg in Ihren Netzplan ein.

c) Welche Auswirkungen hat eine Verzögerung beim Vorgang „Zeitung lesen" (spannender Artikel in der FAZ über die Berufchancen von Tourismus-Absolventen) um zwei Minuten?

d) Welche Auswirkungen hat eine Verzögerung beim Tischdecken (Teller ist runtergefallen und zerbrochen) um zwei Minuten?

e) Welche Maßnahmen können bei Verzögerungen unternommen werden, um den Zeitplan einzuhalten (zwei Antworten)?

f) Welche wesentlichen Vorteile bietet der Netzplan im Rahmen der Projekt- und Prozessplanung (mindestens drei Antworten)?

Sachwortverzeichnis

222251688

L

Bildquellenverzeichnis

action press - die bildstelle, Hamburg: Rex Features Ltd. S. 365.1
Alamy Stock Photo (RMB), Abingdon/ Oxfordshire: Mitchell, John S. 318.3; PRISMA ARCHIVO S. 370.3
Bergmoser + Höller Verlag AG, Aachen: Zahlenbilder S. 51.1, 75.1, 136.1, 584.1, 612.1
BLUM Holiday-Tours GmbH, Ludwigshafen: S. 568.3
Bundesverband der Deutschen Volksbanken und Raiffeisenbanken (BVR), Berlin: S. 145.1
Color Line GmbH, Kiel: Øyvind Haug/Color Line S. 470.2
DER Touristik GmbH, Frankfurt: S. 533.1, 568.1
Deutsche Bahn AG/Mediathek, Frankfurt/M.: S. 452.1, 456.1
Deutsche Lufthansa AG, Frankfurt/M.: S. 568.2
Deutsche Rentenversicherung Bund, Berlin: S. 45.1
DRV Deutscher ReiseVerband e. V., Berlin (Mitte): S. 594.1, 604.1
ERGO Reiseversicherung, München: S. 568.4
EURO Kartensysteme GmbH, Frankfurt am Main: S. 151.1, 152.1, 152.2, 153.1, 153.2, 153.3, 153.5, 153.6
Europäische Kommission, Berlin: S. 558.1
FlixMobility GmbH, München: S. 451.1; FlixBus S. 465.1, S. 467.1
fotolia.com, New York: adimas S. 425.1; Adrian, Peter S. 535.1; adrian_ilie825 S. 58.2; AlcelVision S. 767.3; Andrey Burmakin S. 773.1; Banana Republic S. 297.1; Barry Barnes S. 665.1, S. 665.2; Bernd Ege S. 641.1; Bjrn Wylezich S. 243.1; bluedesign S. 275.1; connel_design S. 767.1; contrastwerkstatt S. 222.1; Creativemarc S. 366.1; Decellio S. 805.1; Delphotostock S. 317.3; dima_sidelnikov S. 256.1; dinosmichail S. 406.1; dmitrimaruta S. 430.1; Eichentopf, Wolfgang S. 287.2; Fälchle, Jürgen S. 643.1; Fotodil S. 470.1; Gajus S. 18.1; goodluz S. 14.1; Gregor, Adam S. 110.1; gurgenb S. 404.1; heebyj S. 767.2; helou88 S. 365.3; ikonoklast_hh S. 483.1; Image S. 304.2; Jansa, Thomas S. 513.1; jazz_paint S. 493.1; JFL Photography S. 356.4; JiSign S. 58.1; JL S. 260.1; Jr Casas S. 765.1; KB3 S. 769.1; Koraysa S. 406.2; Kzenon S 337.2; M. Rosenwirth S. 331.1; Marco2811 S. 65.1; Marcus Scholz S. 556.1; markobe S. 400.1; Martin S. 326.2; MohammedTareq S. 489.1; Monkey Business S. 246.2; Moyseeva Irina S. 342.1; NAN S. 395.1; natureguy S. 317.2; nicomax S. 370.2; nito S. 559.1; onepony S. 403.1; photo 5000 S. 365.4; Photocreo Bednarek S. 403.2; photogolfer S. 340.1; Pierre HELGER S. 366.2; pitsch22 S. 364.1; pixelcomet S. 550.1; robert cicchetti S. 315.1; ruslanita S. 177.2; s4svisuals S. 155.2; sborisov S. 368.1; Schuppich, M. S. 99.1; Sergii Figurnyi S. 401.2; shefkate S. 377.1; shoot4u S. 337.1; Stefan Yang S. 76.1; Studio Porto Sabbia S. 397.1; Turzak, Martin S. 486.2; VadimGuzhva S. 111.1; Vlada Z S. 341.1; were S. 589.2; wirojsid S. 294.1; Wylezich, Bjrn S. 589.1
FSC® Deutschland Gutes Holz Service GmbH, Freiburg i. Br.: S. 92.1
FTI Touristik, München: S. 74.1
GKV-Spitzenverband, Berlin: S. 498.1
Handelsverband Deutschland - HDE - e. V., Berlin: S. 151.2
Helga Lade Fotoagenturen GmbH, Frankfurt/M.: NDS S. 376.1
Hild, Claudia, Angelburg: S. 135.1, S. 135.2, S. 135.3, S. 135.4, S. 135.5, S. 135.6, S. 135.7, S. 135.8, S. 142.1, S. 162.1, S. 163.1, S. 163.2, S. 208.1, S. 209.1, S. 215.1, S. 217.2, S. 225.1, S. 226.1, S. 228.2, S. 237.1, S. 240.1, S. 246.1, S. 248.1, S. 248.2, S. 505.1, S. 505.2, S. 506.1, S. 506.2, S. 506.3, S. 506.4, S. 507.1, S. 522.1, S. 522.2, S. 523.1, S. 528.1, S. 529.1, S. 531.1, S. 538.1, S. 564.1, S. 605.1, S. 607.1, S. 628.1
Imago, Berlin: imagebroker S. 382.1
iStockphoto.com, Calgary: 1001slide S. 177.1; Alina Solovyova-Vincent S. 316.2; DaLiu S. 356.3; dell640 S. 314.1; Dimitry_Grebenyuk S. 486.1; Grafissimo S. 551.1; Juergen Sack S. 287.3; Kierran1 S. 325.1; kilhan S. 347.1; Kirillm S. 391.2; Kruklitis, Ingus S. 315.3; Meinzahn S. 379.3; Michal Krakowiak S. 325.2; Mueller, Christian S. 295.1; Pavliha S. 317.1; Pilat666 S. 305.3; SolStock S. 549.1; spanishjohnny72 S. 342.3; tekinturkdogan S. 383.1; Timurpix S. 432.1; Villalba, Jorge S. 314.2
Mall, Karin, Berlin: S. 234.1
Mastercard, Frankfurt am Main: S. 153.4
mauritius images GmbH, Mittenwald: imagebroker.net S. 316.1
ÖBB-Holding AG, Wien: S. 454.1

OKAPIA KG - Michael Grzimek & Co., Frankfurt/M.: Arndt, Hansgeorg S. 554.1
Orangefluid Gbr, Detmold: 23.1, 26.2, 28.1, 31.1, 37.1, 52.1, 80.1, 122.1, 139.1, 178.1, 186.1, 190.1, 197.1, 207.1, 236.1, 247.1, 253.1, 269.1, 277.1, 290.1, 299.1, 337.3, 367.1, 375.1, 393.1, 394.1, 435.1, 448.1, 462.1, 469.1, 476.1, 500.1, 539.1, 582.1
PantherMedia GmbH (panthermedia.net), München: Kneschke, Robert S. 13.1
Picture-Alliance GmbH, Frankfurt a.M.: dpa-infografik S. 29.1, S. 42.1, S. 46.1, S. 48.1, S. 50.1, S. 56.1, S. 59.1, S. 60.1, S. 70.1, S. 138.1, S. 141.1, S. 158.1, S. 463.1, S. 606.1, S. 608.1, S. 609.1, S. 616.1, S. 620.1, S. 621.1, S. 622.1, S. 623.1, S. 625.1, S. 626.1, S. 627.1, S. 630.1, S. 633.1, S. 635.1, S. 636.1, S. 638.1, S. 642.1, S. 643.2, S. 646.1, S. 647.1; dpa-infografik GmbH S. 26.1, S. 38.1, S. 49.1, S. 73.1, S. 572.1, S. 630.2, S. 633.2, S. 637.1; dpa/lbn/Rainer Jensen S. 461.1; Sueddeutsche Zeitung Photo/Robert Haas S. 427.1; ZB/Thermalbad Wiesenbad S. 377.2
RAL gGmbH, Bonn: S. 555.2
Schneider-Albert, Gabriela, Berlin: S. 220.1, S. 233.1, S. 233.2, S. 235.1, S. 249.1, S. 591.1
Seipelt, Andrea, Vechelde: S. 312.3
Shutterstock.com, New York: DinoPh S. 415.1; Dziewul S. 390.2, S. 402.1; ESB Professional S. 372.1; Foltin, Anton S. 316.3; K. Roy Zerloch S. 342.2; linerpics S. 358.2; mkldesigns S. 315.2; Nyokki S. 312.1; Shchipkova Elena S. 343.1; vvoe S. 373.1
SilverTours GmbH, Köln: S. 477.2
SINUS-Institut, Heidelberg: S. 180.1
stock.adobe.com, Dublin: 4zoom4 S. 305.2; aapsky S. 478.1; AK-DigiArt S. 490.1; Alex S. 373.2; Alexander S. 334.2; Aliaksei S. 470.3; Allard, Xavier S. 411.1; andranik123 S. 548.1; Andronov, Leonid S. 303.1; AnnaReinert S. 379.2; Arcady S. 292.2; aro49 S. 379.1, S. 380.1; Atstock Productions S. 447.1; BeckArt S. 381.1; Bill45 S. 318.1; Blickfang S. 371.2; BlueOrange Studio S. 228.1; Boris S. 370.1; Botond, Horváth S. 391.1; Breckwoldt, Dan S. 335.2; canaran S. 471.1; cge2010 S. 366.3; cha_ra_la S. 434.1; christophe S. 303.2; cristianbalate S. 285.3; dbvirago S. 471.2; DC Studio S. 312.2; Debat, Pablo S. 372.2; demerzel21 S. 326.1; dermot68 S. 401.1; dudlajzov S. 303.3; eileen10 S. 304.1; Ettmer, Sina S. 378.1; eyetronic S. 534.1, 650.1; fabiomax S. 369.2; Figurnyi, Sergii S. 365.2; fizkes S. 416.1; Flamingo Images S. 217.1; Fuhrmann, Rainer S. 272.1; Göthel, Falko S. 356.2; Gottschalk, Marek S. 155.1; Haak, Volker S. 334.1; Heitz, Thomas S. 358.1; Herhold, Robert S. 287.1; industrieblick S. 466.1; IndustryAndTravel S. 366.4; itsmejust S. 288.1; JFL Photography S. 318.2; jiduha S. 305.1; joan_bautista S. 286.2; Kalinin, Iakov S. 298.2; Konstantin Kulikov Titel; Kovalcik, Vit S. 285.1; Krautwald, Sven S. 478.2; Kurhan S. 262.1; KVN1777 S. 285.2; Loss, Stefan S. 359.1; Loïc Bourgeois S. 293.1; Madel,Thomas S. 104.1; Mainka, Markus S. 452.2; Manuel Schönfeld S. 381.3; Miki Studio S. 292.1; Mirko S. 335.1; Momentum S. 371.1; muratart S. 409.1; nd3000 S. 512.1; olyfreak S. 359.2; Panot S. 296.1; photo 5000 S. 364.3; Prochasson, Frédéric S. 373.3; Prott, Andreas S. 477.1; pure-life-pictures S. 364.4; reimax16 S. 358.3; rh2010 S. 390.1; rilueda S. 491.1; romanple S. 364.2; Sanders, Gina S. 334.3; Schönfeld, Manuel S. 380.2; Silvio S. 306.1; smoke666 S. 392.1; Sorokin, Nikolai S. 410.1; st1909 S. 298.1; Stan, Calin S. 392.2; Stevie S. 381.2; stgrafix S. 356.1; Studio Porto Sabbia S. 386.1; Syda Productions S. 578.1; tagstiles.com S. 289.1; Tavani, Romolo S. 555.3; Tobias S. 297.2; toshket S. 304.3; travelpeter S. 389.1; Trott, Liliya S. 407.1; Tsuboya S. 557.1; TTstudio S. 369.1; VadimGuzhva Titel, Titel, Titel; watman S. 487.1; Weinitschke, Jonas S. 286.1; Wellnhofer Designs S. 453.1; Wichmann, Tamme S. 394.2; ©Agota S. 243.2
TourCert gGmbH, Stuttgart: S. 555.1
United Nations: https://www.un.org/sustainabledevelopment/wp-content/uploads/2019/01/SDG_Guidelines_AUG_2019_Final.pdf), S. 175.1
Visum Foto GmbH, München: Christian O. Bruch S. 107.1
www.stiftungfuerzukunftsfragen.de, Hamburg: S. 164.1
Zwick, Joachim, Gießen: S. 194.1, S. 204.1, S. 313.1

222251704